Kleffmann · Soyka
Praxishandbuch Unterhaltsrecht
4. Auflage

Kleffmann · Soyka

Praxishandbuch Unterhaltsrecht

Systematische Darstellung anhand der aktuellen Rechtsprechung

Herausgegeben von

Dr. Norbert Kleffmann
Rechtsanwalt, Fachanwalt für Familienrecht und Notar

Dr. Jürgen Soyka
Vorsitzender Richter am Oberlandesgericht a.D.

4. Auflage

Luchterhand 2020

Zitiervorschlag: *Bearbeiter* in Kleffmann/Soyka, PraxisHB UnterhaltsR, Kap. … Rn. …

Bibliografische Information der Deutschen Nationalbibliothek

Die Deutsche Nationalbibliothek verzeichnet diese Publikation in der Deutschen Nationalbibliografie; detaillierte bibliografische Daten sind im Internet über http://dnb.d-nb.de abrufbar.

ISBN 978-3-472-09669-6

www.wolterskluwer.de

Alle Rechte vorbehalten.
© 2020 Wolters Kluwer Deutschland GmbH, Wolters-Kluwer-Straße 1, 50354 Hürth.

Das Werk einschließlich aller seiner Teile ist urheberrechtlich geschützt. Jede Verwertung außerhalb der engen Grenzen des Urheberrechtsgesetzes ist ohne Zustimmung des Verlages unzulässig und strafbar. Das gilt insbesondere für Vervielfältigungen, Übersetzungen, Mikroverfilmungen und die Einspeicherung und Verarbeitung in elektronischen Systemen.

Verlag und Autor übernehmen keine Haftung für inhaltliche oder drucktechnische Fehler.

Umschlagkonzeption: Martina Busch Grafikdesign, Homburg Kirrberg
Satz : Newgen Knowledge Works (P) Ltd., Chennai
Druck und Weiterverarbeitung: Williams Lea & Tag GmbH, München

Gedruckt auf säurefreiem, alterungsbeständigem und chlorfreiem Papier.

Vorwort

Kaum ein Gebiet im Bereich des Familienrechts ist von derart praktischer Bedeutung wie das Unterhaltsrecht.

Damit korrespondiert nahezu eine Flut obergerichtlicher und höchstrichterlicher Entscheidungen und Publikationen.

Dies und die Tatsache, dass die Vorauflage schon seit geraumer Zeit vergriffen ist, machten eine Neuauflage erforderlich.

Das Praxishandbuch ist vollständig aktualisiert und erweitert.

Es befindet sich auf dem Bearbeitungsstand Juni 2020.

Die bewährte Struktur des Werks ist unverändert geblieben.

Es soll weiterhin ein handliches Kompendium des gesamten Unterhaltsrechts sein und dem familienrechtlichen Praktiker das Unterhaltsrecht komprimiert und übersichtlich auch anhand zahlreicher Prüfungsschemata, Arbeitshilfen, Berechnungsbeispielen und Formulierungsvorschlägen nahebringen.

Herausgeber und Autoren sind für Anregungen, Hinweise und Verbesserungsvorschläge weiterhin dankbar.

Hagen/Düsseldorf im Juni 2020   Norbert Kleffmann

Jürgen Soyka

Autorenverzeichnis

Dr. Norbert Kleffmann
Rechtsanwalt, Fachanwalt für Familienrecht und Notar

Dr. Jürgen Soyka
Vorsitzender Richter am Oberlandesgericht a.D.

Dr. Michael Henjes
Vorsitzender Richter am Oberlandesgericht

Dr. Eberhard Jüdt
Rechtsanwalt, Fachanwalt für Familienrecht, Fachanwalt für Arbeitsrecht und Mediator

Dr. Carsten Kleffmann, LL.M.
Rechtsanwalt, Fachanwalt für Familienrecht und Fachanwalt für Steuerrecht

Dr. Franz-Thomas Roßmann
Rechtsanwalt und Fachanwalt für Familienrecht

Gerd Weinreich
Vorsitzender Richter am Oberlandesgericht a.D., Rechtsanwalt

Im Einzelnen haben bearbeitet

1. Düsseldorfer Tabelle und Leitlinien — Soyka
2. Einkommensermittlung — C. Kleffmann/N. Kleffmann
3. Kindesunterhalt — Roßmann
4. Ehegattenunterhalt — C. Kleffmann/N. Kleffmann/Soyka
5. Elternunterhalt — Weinreich
6. Unterhalt nicht miteinander verheirateter Eltern — Weinreich
7. Familienrechtliche Ausgleichsansprüche — Jüdt
8. Unterhalt eingetragener Lebenspartner — Jüdt
9. Begrenzung, Befristung und Verwirkung von Unterhaltsansprüchen — Henjes
10. Unterhaltsvereinbarungen — N. Kleffmann
11. Verfahrensrecht — Roßmann

Inhaltsverzeichnis

Vorwort	V
Autorenverzeichnis	VII
Im Einzelnen haben bearbeitet	IX
Abkürzungsverzeichnis	XV
Literaturverzeichnis	XIX

Kapitel 1 Düsseldorfer Tabelle und Leitlinien 1
- A. Vorbemerkung 1
- B. Düsseldorfer Tabelle 1
    - I. Rechtsqualität 1
    - II. Tabellenwerk 1
    - III. Übergangsregelung 14
    - IV. Anmerkungen 14
    - V. Geltungsdauer der Düsseldorfer Tabelle 19
- C. Leitlinien 19

Kapitel 2 Einkommensermittlung 23
- A. Grundlagen 23
- B. Einkünfte 27
    - I. Einkünfte aus nicht selbstständiger Tätigkeit 27
    - II. Einkünfte aus selbstständiger Tätigkeit 37
    - III. Sozialstaatliche Leistungen 47
    - IV. Einkünfte aus Kapitalvermögen, Wohnvorteil 59
    - V. Sonstige Einkünfte 74
    - VI. Fiktive Einkünfte 77
- C. Bereinigtes Nettoeinkommen 92
    - I. Steuern 93
    - II. Vorsorgeaufwendungen 95
    - III. Berufsbedingte Aufwendungen 97
    - IV. Umgangskosten 103
    - V. Verbindlichkeiten 105
    - VI. Unterhalt anderer Berechtigter 110
    - VII. Aufwendungen zur Vermögensbildung 113
    - VIII. Mehraufwendungen wegen Krankheit oder Alter 113
- D. Auskunfts- und Beleganspruch 114
    - I. Verfahrensrechtliche Auskunftspflichten 114
    - II. Materielle Auskunftspflichten 115

Kapitel 3 Kindesunterhalt 133
- A. Überblick 134
- B. Die Vertretung des minderjährigen Kindes sowie die Verfahrensstandschaft im Unterhaltsverfahren 134
    - I. Vertretung des Kindes 134
    - II. Verfahrensstandschaft, § 1629 Abs. 3 Satz 1 BGB 135
- C. Unterhaltsansprüche des minderjährigen Kindes 136
    - I. Der Unterhaltstatbestand 136
    - II. Die Bedürftigkeit, § 1602 BGB 136
    - III. Die Leistungsfähigkeit, § 1603 BGB 137
    - IV. Der Bedarf, § 1610 BGB 143
    - V. Die Rangverhältnisse mehrerer Unterhaltpflichtiger, § 1606 BGB 150
    - VI. Die Ersatzhaftung nach § 1607 BGB 153
    - VII. Der unterhaltsrechtliche Rang, § 1609 BGB 156
    - VIII. Die Art der Unterhaltsgewährung 157
- D. Unterhaltsansprüche des volljährigen Kindes 159
    - I. Die Bedürftigkeit des volljährigen Kindes 160
    - II. Die Leistungsfähigkeit 161
    - III. Der Bedarf des volljährigen Kindes 162
    - IV. Die anteilige Barunterhaltspflicht der Eltern 162

Kapitel 4 Ehegattenunterhalt 165
A. Familienunterhalt 167
    I. Verhältnis des Familienunterhalts zu anderen Unterhaltsansprüchen 168
    II. Anspruchsvoraussetzungen 171
    III. Bemessung des Familienunterhalts 173
    IV. Taschengeld 175
    V. Kostenvorschuss 176
    VI. Sonderfragen. 176
B. Trennungsunterhalt. 178
    I. Grundlagen. 178
    II. Anspruchsvoraussetzungen 179
C. Geschiedenenunterhalt 189
    I. Grundlagen. 189
    II. Betreuungsunterhalt. 200
    III. Unterhalt wegen Alters 212
    IV. Unterhalt wegen Krankheit 218
    V. Unterhalt wegen Erwerbslosigkeit und Aufstockungsunterhalt 224
    VI. Angemessenheit der Erwerbstätigkeit 237
    VII. Unterhalt wegen Ausbildung, Fortbildung und Umschulung 242
    VIII. Unterhalt aus Billigkeitsgründen 245
    IX. Maß des Unterhalts. 248
    X. Bedürftigkeit. 262
    XI. Leistungsfähigkeit. 272
    XII. Beschränkung oder Versagung des Unterhalts wegen grober Unbilligkeit 286

Kapital 5 Elternunterhalt. 295
A. Einleitung. 295
B. Tatbestand und Bedürftigkeit 295
    I. Voraussetzungen des Unterhaltsanspruchs. 295
    II. Verwirkung. 308
C. Auskunftsansprüche 309
D. Anspruchsübergang auf Sozialhilfeträger 310

Kapitel 6 Unterhalt nicht miteinander verheirateter Eltern. 313
A. Einleitung. 313
B. Tatbestand 314
    I. Befristeter Unterhalt (Abs. 1 Satz 1) 314
    II. Anspruch auf Kostenersatz (Abs. 1 Satz 2). 314
    III. Unterhaltsanspruch der Mutter gegen den Vater (Abs. 2 Satz 1) 314
    IV. Betreuungsunterhalt (Abs. 2 Satz 2) 315
    V. Verlängerung des Betreuungsunterhalts (Abs. 2 Satz4) 315
C. Bedarf und Bedürftigkeit 317
D. Leistungsfähigkeit und Selbstbehalt 320
E. Anspruchskonkurrenz mehrerer Pflichtiger 321
F. Rangfragen und Konkurrenz mehrerer Berechtigter 322
G. Beendigung des Anspruchs und Verwirkung 323
H. Verfahren 324

Kapitel 7 Familienrechtliche Ausgleichsansprüche 326
A. Einleitung. 326
B. Ausgleichsansprüche und Kindesunterhalt 327
    I. Ausgleichsansprüche infolge Forderungsübergang 327
    II. Der »familienrechtliche Ausgleichsanspruch« 340
C. Gesamtschuldnerausgleich zwischen den Ehegatten 349
    I. Einleitung. 349
    II. Gesamtschuldnerausgleich und Ehegattenunterhalt. 352
    III. Gesamtschuldnerausgleich und Zugewinn 358
    IV. Gesamtschuldnerausgleich und Steuern 365
    V. Gesamtschuldnerausgleich und Mietwohnung 369
    VI. Gesamtschuldnerausgleich und Bankkonten 373

Kapitel 8 Unterhalt eingetragener Lebenspartner 378
- A. Einleitung.. 378
- B. Ansprüche während des Zusammenlebens 381
- C. Ansprüche nach Trennung der Lebenspartner................................. 382
- D. Ansprüche nach Aufhebung der Lebenspartnerschaft 384
- E. Ansprüche bei Abschluss eines Partnerschaftvertrages....................... 385
- F. Ansprüche auf Unterhalt anlässlich des Todes eines Lebenspartners. 390

Kapitel 9 Die Verwirkung, Befristung, Herabsetzung und Verjährung 391
- A. Herabsetzung und Befristung gem. § 1578b BGB 392
  - I. Allgemeines... 392
  - II. Der Tatbestand des § 1578b BGB.. 393
  - III. Die Rechtsfolgen... 400
  - IV. Verfahrensrecht... 404
  - V. Verhältnis zwischen § 1578b BGB und § 1579 BGB 405
  - VI. Übergangsproblematiken in Abänderungsverfahren 406
- B. Beschränkung und Versagung des Unterhalts gem. § 1579 BGB................. 407
- C. Beschränkung oder Wegfall der Unterhaltsverpflichtung gem. § 1611 BGB 407
  - I. Härtegründe... 408
  - II. Rechtsfolge.. 411
  - III. Verzicht/Verzeihung... 412
  - IV. Konkurrenzen... 412
  - V. Ausschluss für den Minderjährigenunterhalt............................. 413
  - VI. Verfahrensrecht... 413
  - VII. Ausschluss des Forderungsübergangs § 94 SGB XII 413
- D. Verwirkung der Unterhaltsansprüche nach § 242 BGB.......................... 415
  - I. Allgemeines... 415
  - II. Geltendmachung rückständigen Unterhalts 415
  - III. Verwirkung nicht titulierter Unterhaltsansprüche..................... 416
  - IV. Verwirkung titulierter Unterhaltsansprüche............................ 417
  - V. Besonderheiten bei der Verwirkung von Unterhaltsansprüchen minderjähriger Kinder... 418
  - VI. Verwirkung übergegangener Unterhaltsansprüche......................... 418
  - VII. Wirkung der Verwirkung... 419
- E. Die Verjährung von Unterhaltsansprüchen 419
  - I. Allgemeines... 419
  - II. Nicht titulierte Unterhaltsansprüche.................................. 419
  - III. Titulierte Unterhaltsansprüche....................................... 419

Kapitel 10 Unterhaltsvereinbarungen 421
- A. Vereinbarungen zum Kindesunterhalt... 421
  - I. Obhutsprinzip beim minderjährigen Kind 421
  - II. Grenzen zulässiger Vereinbarungen..................................... 422
  - III. Mehrbedarf, Sonderbedarf... 423
  - IV. Titulierungsmöglichkeiten... 424
  - V. Vereinbarungen beim Unterhalt für volljährige Kinder 425
- B. Vereinbarungen zum Ehegattenunterhalt 426
  - I. Vereinbarungen zum Familienunterhalt................................... 427
  - II. Vereinbarungen zum Trennungsunterhalt................................. 428
  - III. Vereinbarungen zum Nachscheidungsunterhalt........................... 430

Kapitel 11 Verfahrensrecht 440
- A. Der Unterhaltsleistungsantrag... 442
  - I. Der Mindestinhalt des Unterhaltsantrags, § 253 Abs. 2 ZPO 442
  - II. Das zuständige FamG in Unterhaltssachen............................... 443
  - III. Die Bedeutung des § 258 ZPO.. 447
  - IV. Rechtsschutzbedürfnis für einen Unterhaltsantrag....................... 448
  - V. Die Geltendmachung von Kindesunterhalt................................. 452
- B. Der Unterhaltsstufenantrag.. 455
  - I. Der (isolierte) Auskunftsantrag....................................... 456
  - II. Das Stufenverfahren... 458
  - III. Der Unterhaltsantrag mit Einbindung der §§ 235, 236 FamFG 460

C.	Unterhaltsanträge im Scheidungsverbundverfahren	462
	I. Verbundfähige Unterhaltsanträge	462
	II. Die Antragstellung im Verbund	463
	III. Die Folgesache Kindesunterhalt, § 137 Abs. 2 Satz 1 Nr. 2 (1. Alt.) FamFG	464
	IV. Die Folgesache Ehegattenunterhalt, § 137 Abs. 2 Satz 1 Nr. 2 (2. Alt.) FamFG	464
	V. Die Abtrennung einer Unterhaltsfolgesache, § 140 FamFG	465
D.	Die Abänderungsverfahren	466
	I. Die Abänderung von gerichtlichen Endentscheidungen nach § 238 FamFG	467
	II. Die Abänderung von Vergleichen und Urkunden, § 239 FamFG	478
E.	Der Feststellungsantrag nach § 256 ZPO	482
	I. Anwendungsmöglichkeiten in Unterhaltssachen	482
	II. Das Feststellungsinteresse	482
	III. Der Feststellungsantrag	483
F.	Der Vollstreckungsabwehrantrag	483
	I. Zielsetzung des Vollstreckungsabwehrantrags	483
	II. Das zuständige Gericht	483
	III. Einwendungen	484
	IV. Die Antragstellung	485
	V. Rechtsschutzbedürfnis	486
G.	Die einstweilige Unterhaltsanordnung	486
	I. Der Streitgegenstand	486
	II. Der Antrag, § 51 Abs. 1 FamFG	487
	III. Der Anordnungsgrund	487
	IV. Der Anordnungsanspruch	488
	V. Die Entscheidung über den eA-Antrag	488
	VI. Das Außerkrafttreten der einstweiligen Unterhaltsanordnung	489
	VII. Rechtsschutz ggü. einer einstweiligen Unterhaltsanordnung	489
H.	Die Beschwerde in Unterhaltssachen	491
	I. Endentscheidungen	491
	II. Beschwerdewert	491
	III. Einlegung der Beschwerde	492
	IV. Beschwerdebegründung	493
	V. Anschlussbeschwerde nach § 66 FamFG	494
I.	Die Rechtsbeschwerde	495
J.	Das vereinfachte Unterhaltsverfahren	496
	I. Das Verhältnis zum »allgemeinen« Unterhaltsverfahren	497
	II. Die Beteiligten des vereinfachten Verfahrens	497
	III. Der Unterhaltsantrag im vereinfachten Verfahren	498
	IV. Einwendungen des Antragsgegners, § 252 FamFG	498
	V. Der Festsetzungsbeschluss nach § 253 FamFG	499
	VI. Das streitige Verfahren nach § 255 FamFG	499
	VII. Die Beschwerde gegen den Festsetzungsbeschluss, § 256 FamFG	500
K.	Der Verfahrenskostenvorschuss	500
	I. Die verfahrensrechtliche Umsetzung eines VKV-Anspruches	501
	II. Die Entscheidung über den eA-Antrag	505
	III. Rückzahlungsansprüche	506
L.	Verfahrenkostenhilfe	507
	I. Die »bedingte« Antragstellung	507
	II. Die Bewilligungsvoraussetzungen	508
	III. Die VKH-Entscheidung	512

Stichwortverzeichnis 513

Abkürzungsverzeichnis

a.A.	andere Ansicht
a.E.	am Ende
Abs.	Absatz
AfA	Absetzung für Abnutzung oder Arbeitsgemeinschaft für Agrarfragen
ALG	Arbeitslosengeld
ALG	Gesetz über die Alterssicherung der Landwirte
Alt.	Alternative
Anm.	Anmerkung
AO	Abgabenordnung (auch AO 1977) oder Anordnung
ArbZG	Arbeitszeitgesetz
Art.	Artikel
B	Bund(es)
BAföG	Bundesausbildungsförderungsgesetz
BB	Betriebs-Berater (Zs.)
BBesG	Bundesbesoldungsgesetz
BEEG	Bundeselterngeld- und Elternzeitgesetz
Beiträge	Die Beiträge zur Sozial- und Arbeitslosenversicherung (Zs.)
BErzGG	Bundeserziehungsgeldgesetz
BGB	Bürgerliches Gesetzbuch
BGBl.	Bundesgesetzblatt
BGH	Bundesgerichtshof
BGHZ	Amtliche Sammlung der Entscheidungen des Bundesgerichtshofs in Zivilsachen
BKGG	Bundeskindergeldgesetz (Artikel 2 des Jahressteuergesetzes 1996)
BMW	Bayerische Motoren Werke AG
bspw.	beispielsweise
BT-Drucks.	Bundestagsdrucksache
BVerfG	Bundesverfassungsgericht
bzgl.	bezüglich
bzw.	beziehungsweise
ca.	circa
D.	Deutscher
d.h.	das heißt
Das Recht	Rundschau für den deutschen Juristenstand (Zs.)
DDR	Deutsche Demokratische Republik
DM	Deutsche Mark
DT	Düsseldorfer Tabelle
E	Entwurf oder Entscheidung oder Ergebnis oder Entscheidungssammlung
e.V.	eingetragener Verein (siehe Verein) oder Eidesstattliche Versicherung oder einstweilige Verfügung
EGBGB	Einführungsgesetz zum Bürgerlichen Gesetzbuche
EGZPO	Einführungsgesetz zur Zivilprozessordnung
EheG	Ehegesetz
einschl.	einschließlich
ESt	Einkommensteuer
etc.	et cetera
EÜR	Einnahmenüberschussrechnung
evtl.	eventuell
F	Frankreich
F.	Fach (ZAP)

Abkürzungsverzeichnis

f.	folgende
FamFG	Gesetz über das Verfahren in Familiensachen und in den Angelegenheiten der freiwilligen Gerichtsbarkeit
FamG	Familiengericht
fest.	festgestellt
ff.	fortfolgende
G.	Gesetz oder Gehbehinderung oder Gutachten
geb.	geboren oder gebunden
gem.	gemäß
GG	Grundgesetz
ggf.	gegebenenfalls
ggü.	gegenüber
GKG	Gerichtskostengesetz oder Güterkontrollgesetz (Schweiz)
GmbH	Gesellschaft mit beschränkter Haftung
GOA	Gebührenordnung für Architekten
Grds.	Grundsatz
grds.	grundsätzlich/e
GVG	Gerichtsverfassungsgesetz
H.	Heft
Halbs.	Halbsatz
HGB	Handelsgesetzbuch
i.a.R.	in aller Regel
i.d.R.	in der Regel
i.H.d.	in Höhe des/der
i.H.e.	in Höhe eines/einer
i.H.v.	in Höhe von
i.S.	im Sinne
i.S.d.	im Sinne des/der
i.S.v.	im Sinne von
i.Ü.	im Übrigen
i.V.m.	in Verbindung mit
insb.	insbesondere
J.	Jahr/e
J.	Journal
K	Kopie (Verwendung in Tabellen)
K	Rechtsprechungsübersicht von Kusch in NStZ bzw. NStZ-RR
Kap.	Kapitel
Kfz	Kraftfahrzeug
KG	Kammergericht (Oberlandesgericht in Berlin)
KG	Kommanditgesellschaft
Kl.	Klage/Kläger
km	Kilometer
L	Rechtsprechungsübersicht von Lorenzen zur Rechtsprechung des OLG Schleswig in SchlHA
LG	Landgericht
LM	Lindenmaier-Möhring, Nachschlagewerk des Bundesgerichtshofs
LPartG	Lebenspartnerschaftsgesetz
LS	Leitsatz
M	Rechtsprechungsübersicht von Miebach in NStZ bzw. NStZ-RR
M.	Monat/e

Abkürzungsverzeichnis

m.H.a.	mit Hinweisen auf
max.	maximal
mtl.	monatlich
MuSchG	Mutterschutzgesetz (Verordnung zum Schutze der Mütter am Arbeitsplatz)
n.rk.	nicht rechtskräftig
NJW	Neue Juristische Wochenschrift (Zs.)
Not.	Notariat
Notar	Zeitschrift des Deutschen Notarvereins (Zs.)
Nr.	Nummer
o.g.	oben genannt
OLG Schleswig	Schleswig-Holsteinisches Oberlandesgericht
OLG	Oberlandesgericht
Pkw	Personenkraftwagen
Rdn.	Randnummer (werkinterner Querverweis)
Recht	Das Recht (Zs.)
Recht	Das Recht, begründet von Soergel (1897–1944)
Recht	Das Recht, Beilage zu Dt. Justiz
recht	Information des Bundesministers der Justiz (Zs.)
RegE	Regierungsentwurf
Rn.	Randnummer (externer Verweis)
RPflG	Rechtspflegergesetz
RVO	Rechtsverordnung
S	Satz
S	Seite
s.	siehe
SBG	Soldatenbeteiligungsgesetz
Senatsurt.	Senatsurteil
SGB	Sozialgesetzbuch
sog.	so genannt/e/r/s
Sp	Rechtsprechungsübersicht von Spiegel in DAR XLII
Staat	Der Staat (Zs.)
Std.	Stunde(n)
StGB	Strafgesetzbuch
SüdL	Unterhaltsrechtliche Leitlinien der Familiensenate in Süddeutschland
T	Tausend
u.	und
u.	unten
u.ä.	und ähnliche
u.a.	und andere
u.a.	unten angegebenen
u.a.	unter anderem
u.U.	unter Umständen
Urt.	Urteil
USt	Umsatzsteuer
usw.	und so weiter
UVG	Unterhaltsvorschussgesetz
v.	vom/von
VersAusglG	Versorgungsausgleichsgesetz (siehe Versorgungsausgleich)
vgl.	vergleiche

Abkürzungsverzeichnis

VKH	Verfahrenskostenhilfe
VKV	Verfahrenskostenvorschuss
Vor	Vorbemerkung
WF	Wertermittlungsforum (Jahr, Seite)
WoGG	Wohngeldgesetz
z.B.	zum Beispiel
z.T.	zum Teil
z.Zt.	zur Zeit
Ziff.	Ziffer
ZPO	Zivilprozessordnung
zzgl.	zuzüglich

Literaturverzeichnis

Beck'sches Formularbuch	Bürgerliches Handels- und Wirtschaftsrecht, 13. Aufl. 2019
Bergschneider	Verträge in Familiensachen, 6. Aufl. 2018
Borgmann/Junkg/Schwaiger	Anwaltshaftung, 5. Aufl. 2014
Bork/Jacoby/Schwab	FamFG, 3. Aufl. 2018
Dürbeck/Gottschalk	Prozess- und Verfahrenskostenhilfe, Beratungshilfe, 8. Aufl. 2016
Eder/Horndasch/Kubik	Das familienrechtliche Mandat – Unterhaltsrecht, 2. Aufl. 2016
Eschenbruch/Schürmann/Menne	Der Unterhaltsprozess, 6. Aufl. 2013
FA-FamR	Handbuch des Fachanwalts Familienrecht (Gerhardt/v. Heintschel-Heinegg/Klein), 11. Aufl. 2018
FamR-Komm	Familienrecht Kommentar (Weinreich/Klein), 6. Aufl. 2019
Göppinger/Rakete-Dombek	Vereinbarungen anlässlich der Ehescheidung, 11. Aufl. 2018
Graba	Die Abänderung von Unterhaltstiteln, 4. Aufl. 2011
HK-FamFG	Familienverfahrensrecht (Kemper/Schreiber), 3. Aufl. 2015
Horndasch/Viefhues	FamFG Kommentar, 3. Aufl. 2014
Johannsen/Henrich	Familienrecht, 6. Aufl. 2015
Kalthoener/Büttner/Wrobel-Sachs	Prozesskostenhilfe und Beratungshilfe, 5. Aufl. 2010
Keidel	FamFG, 19. Aufl. 2017
Kleffmann/Klein	Unterhaltsrecht Kommentar, 2. Auf. 2014
Klein	Handbuch Familienvermögensrecht, 2. Aufl. 2015
Koch	Handbuch des Unterhaltsrechts, 13. Aufl. 2017
Kogel	Strategien beim Zugewinnausgleich, 6. Aufl. 2019
Münch	Ehebezogene Rechtsgeschäfte, 4. Aufl. 2015
MünchKomm	Kommentar zum Bürgerlichen Gesetzbuch, Band 7, 7. Aufl. 2017
MünchKomm	Kommentar zum Bürgerlichen Gesetzbuch, Band 8, 7. Aufl. 2017
Muscheler	Das Recht der Eingetragenen Lebenspartnerschaft, 2. Aufl. 2004
Musielak/Borth	Familiengerichtliches Verfahren: FamFG, 6. Aufl. 2018
Niepmann/Seiler	Die Rechtsprechung zur Höhe des Unterhalts, 14. Aufl. 2019
NK-BGB	Nomos Kommentar BGB, Band 4, 3. Aufl. 2014
Palandt	Bürgerliches Gesetzbuch, 79. Aufl. 2020
Prütting/Helms	FamFG Kommentar, 4. Aufl. 2018
PWW	BGB Kommentar (Prütting/Wegen/Weinreich), 14. Aufl. 2019
Roßmann/Viefhues	Taktik im Unterhaltsrecht, 3. Aufl. 2018
Schael	Verfahrenshdb. Familiensachen, 2. Aufl. 2010
Scholz/Kleffmann/Doering-Striening	Praxishandbuch Familienrecht, 37. Aufl. 2019, Stand: 09/2019
Schulte-Bunert/Weinreich	FamFG Kommentar, 6. Aufl. 2019
Schulz/Hauß	Vermögensauseinandersetzung bei Trennung und Scheidung, 6. Aufl. 2015
Staudinger	Kommentar zum Bürgerlichen Gesetzbuch, LPartG, 14. Aufl. 2010

Literaturverzeichnis

Thomas/Putzo	ZPO, 40. Aufl. 2019
Wellenhofer	Die eingetragene Lebenspartnerschaft, 2003
Wendl/Dose	Das Unterhaltsrecht in der familienrichterlichen Praxis, 10. Aufl. 2019
Wever	Vermögensauseinandersetzung der Ehegatten außerhalb des Güterrechts, 7. Aufl. 2018
Zöller	Zivilprozessordnung, 33. Aufl. 2020

Kapitel 1 Düsseldorfer Tabelle und Leitlinien

Übersicht	Rdn.
A. **Vorbemerkung**	1
B. **Düsseldorfer Tabelle**.	3
I. Rechtsqualität	3
II. Tabellenwerk	4
1. Altersstufen	5
2. Einkommensgruppen.	7
3. Bedarfssätze	11
4. Kindergeld	21
5. Bedarfskontrollbeträge	27
6. Höher- oder Herabstufung.	34
7. Fester Bedarfssatz	43

Übersicht	Rdn.
8. Volljährige mit einer eigenen Lebensstellung	52
9. Konkrete Bedarfsberechnung	55
10. Dynamisierung des Mindestbedarfs .	59
III. Übergangsregelung	65
IV. Anmerkungen	70
1. Selbstbehalte	73
2. Eigenbedarfsätze.	77
3. Existenzminimum des unterhaltsberechtigten Ehegatten	81
V. Geltungsdauer der Düsseldorfer Tabelle.	88
C. **Leitlinien**.	89

A. Vorbemerkung

Die Düsseldorfer Tabelle, die den Kindesunterhalt regelt, hat sich inzwischen bundesweit durchgesetzt. Sie beruht auf Koordinationsgesprächen zwischen Richtern der Familiensenate an den OLG Düsseldorf, Hamm und Köln sowie allen übrigen OLG und der Unterhaltskommission des Deutschen Familiengerichtstages e.V. Die Düsseldorfer Tabelle hat Eingang in die Leitlinien der OLG gefunden. Dabei ist allerdings zwischen dem reinen Tabellenwerk und den Anmerkungen zu unterscheiden. Die Anmerkungen der Düsseldorfer Tabelle gelten in dieser Form nur für den Oberlandesgerichtsbezirk Düsseldorf. Die anderen OLG haben die dort enthaltenen Regelungen in den Leitlinien umgesetzt. In den meisten Punkten entsprechen sich die Hinweise allerdings. Die Düsseldorfer Tabelle besitzt keine einer Rechtsnorm vergleichbaren Verbindlichkeit. Es handelt sich um ein Hilfsmittel, das die Richter zur Ausfüllung des unbestimmten Begriffs »angemessener Unterhalt« anwenden. 1

Gleiches gilt für die Leitlinien der OLG. Die OLG geben im Interesse der Einheitlichkeit der Rechtsprechung Leitlinien heraus, in denen der Mindestkonsens der dort ansässigen Familiensenate wiedergegeben wird. Seit dem 01.07.2003 besteht eine bundeseinheitliche Leitlinienstruktur, die eine Gliederung bzw. ein Inhaltsverzeichnis der Leitlinien wiedergibt. Die Punkte der bundeseinheitlichen Leitlinien stimmen im Wesentlichen mit denen der OLG überein. Teilweise werden die Leitlinien der OLG aber mit unterschiedlichen Regelungen ausgefüllt. Auch die Leitlinien besitzen keinen Rechtsnormcharakter. Sie dienen dazu, den Rechtsuchenden einen Überblick über die Rechtsprechung der Familiensenate des jeweiligen Oberlandesgerichtsbezirks als Orientierungshilfe zu geben. 2

B. Düsseldorfer Tabelle

I. Rechtsqualität

Die Düsseldorfer Tabelle hat keine Rechtsnormqualität, sondern ist eine Richtlinie, worauf in der Tabelle unter Anmerkung A 1. ausdrücklich hingewiesen wird.[1] Sie ist keine Rechtsquelle, insb. kein Gewohnheitsrecht.[2] Sie dient als Hilfsmittel zur Ausfüllung des unbestimmten Rechtsbegriffs »angemessener Unterhalt« gem. § 1610 BGB. 3

II. Tabellenwerk

Die Richtsätze der Düsseldorfer Tabelle fußen auf dem Mindestbedarf gem. § 1612a BGB, der sich auf der Grundlage des doppelten Kinderfreibetrags nach § 32 Abs. 6 Satz 1 EStG errechnet. 4

---

1 *Scholz*, FamRZ 1993, 125.
2 Wendl/Dose/*Klinkhammer*, § 2 Rn. 317.

Bei Kindern bis zur Vollendung des 6. Lebensjahres beträgt der Mindestbedarf 87 %, bis zur Vollendung des 12. Lebensjahres 100 % und bis zur Volljährigkeit 117 % des zu ermittelnden Monatsbetrags. Dieser Mindestbedarf stellt die Richtsätze der 1. Einkommensgruppe dar. Die Tabellenwerte der weiteren Einkommensgruppen beruhen darauf, dass die minderjährigen oder auch volljährigen Kinder – letztere bis zu einer gewissen Grenze – ihren Bedarf von der Lebensstellung ihrer Eltern herleiten, so dass deren Einkünfte maßgebend sind für die Bemessung ihres Unterhaltsbedarfs. Die Bedarfsbemessung nach den zusammengerechneten Einkünften beider Elternteile gilt also sowohl für minderjährige[3] als auch für volljährige Kinder. Die Richtsätze der höheren Einkommensgruppen beruhen auf Erfahrungswerten zur Angemessenheit des Lebensbedarfs eines Kindes, das bei seinen Eltern mit entsprechenden Einkünften lebt. Da der Bedarf der Kinder außerdem mit zunehmendem Alter steigt, sieht die Düsseldorfer Tabelle Altersstufen vor, die auch hier durch den Mindestbedarf nach § 1612a BGB vorgegeben sind mit Ausnahme der vierten Altersstufe, die volljährige Kinder behandelt. Dabei ist davon auszugehen, dass mit der Volljährigkeit deren Bedürfnisse steigen, so dass sich auch ihr Bedarf von dem minderjähriger Kinder abhebt. Aus der Düsseldorfer Tabelle ergeben sich ferner Bedarfskontrollbeträge, die allerdings nicht von allen OLG übernommen werden. Diese Bedarfskontrollbeträge ermöglichen eine Kontrolle auf der Bedarfsebene. Sie sind also nicht identisch mit dem Selbstbehalt des Unterhaltspflichtigen. Ihre Aufgabe ist es, ein angemessenes Verhältnis zwischen den Kindesunterhalten und dem dem Unterhaltspflichtigen verbleibenden Einkommen unter Berücksichtigung sonstiger Unterhaltspflichten zu gewährleisten. Der BGH hat die Bedarfskontrollbeträge insb. im Hinblick auf den Nachrang des Ehegattenunterhalts ggü. dem Kindesunterhalt ausdrücklich gebilligt.[4] Bei Einkünften, die über den Höchstsatz der Düsseldorfer Tabelle hinausgehen, sieht die Düsseldorfer Tabelle eine Bemessung »nach den Umständen des Falles« vor. Daraus folgt, dass die Bedarfssätze nicht entsprechend den Prozentsätzen der Düsseldorfer Tabelle bei höheren Einkünften fortgeschrieben werden dürfen, sondern der Unterhalt einer konkreten Bedarfsermittlung zu entnehmen ist.[5]

1. Altersstufen

5   Im Hinblick darauf, dass die Bedürfnisse des Kindes mit zunehmendem Alter steigen, sieht die Düsseldorfer Tabelle unterschiedliche Richtwerte je nach Alter des Kindes vor. Entsprechend § 1612a Abs. 1 Satz 3 BGB sind für minderjährige Kinder drei Altersstufen vorgesehen. Die erste Altersstufe reicht bis zur Vollendung des 6. Lebensjahres. Die zweite Altersstufe reicht vom Beginn des 7. Lebensjahres bis zur Vollendung des 12. Lebensjahres und die dritte Altersstufe vom Beginn des 13. Lebensjahres bis zur Vollendung des 18. Lebensjahres. Aus § 1612a Abs. 1 Satz 3 BGB folgt, dass die neue Altersstufe am 1. des Monats erreicht wird, in dem das Kind 6 oder 12 Jahre alt wird. Dies hat zur Folge, dass der höhere Unterhalt mit Beginn des Geburtsmonats des Kindes entsteht.

6   Die vierte Altersstufe betrifft den Volljährigenunterhalt. Da § 1612a Abs. 3 BGB nur für minderjährige Kinder gilt, beginnt der Volljährigenunterhalt erst mit Eintritt der Volljährigkeit und nicht bereits am Monatsanfang oder Monatsende.[6] Die vierte Altersstufe beruht darauf, dass mit der Volljährigkeit die Bedürfnisse des Kindes steigen und dem durch einen höheren Bedarfssatz Rechnung zu tragen ist.

2. Einkommensgruppen

7   Der Bedarf des Kindes richtet sich ferner nach den finanziellen Verhältnissen der Eltern, von denen es seine Lebensstellung ableitet. Aus diesem Grunde sind die Bedarfssätze der Kinder in Einkommensgruppen unterteilt. Maßgebend dabei ist das Einkommen des barunterhaltspflichtigen Elternteils.[7] Die Einkünfte richten sich dabei nach dem um berücksichtigungsfähige Verbindlichkeiten

---

3   BGH, FamRZ 2017, 711..
4   BGH, FamRZ 2008, 2189.
5   BGH, FamRZ 2000, 358; OLG Düsseldorf, FamRZ 1998, 1191.
6   BGH, FamRZ 1988, 604; Wendl/Dose/*Klinkhammer*, § 2 Rn. 308.
7   BGH, FamRZ 2007, 707.

und berufsbedingte Aufwendungen bereinigten Nettoeinkommen des Barunterhaltspflichtigen. Sind beide Elternteile barunterhaltspflichtig, erfolgt die Einordnung in die richtige Einkommensgruppe nach der Summe der Einkünfte beider Eltern. Zurzeit gliedert sich das Tabellenwerk in 10 Einkommensgruppen, wobei die erste Einkommensgruppe bis 1.900 € und die letzte Einkommensgruppe bis 5.500 € reicht. Für jede Einkommensgruppe gibt es Einkommensspannen von 400 €, die oftmals eine genaue Ermittlung des Einkommens erübrigen.

Der Zuschnitt der Einkommensgruppen berücksichtigt nunmehr, dass die gesteigerte Unterhaltsverpflichtung lediglich für die Sicherstellung des Mindestbedarfs, also des Bedarfs nach der ersten Einkommensgruppe der Düsseldorfer Tabelle, gilt. Soweit Unterhalt ab der zweiten Einkommensgruppe in Frage steht, spielt die gesteigerte Unterhaltsverpflichtung keine Rolle mehr. Es kommt ab jetzt vielmehr darauf an, ob der Unterhaltsverpflichtete ohne Beeinträchtigung seines angemessenen Unterhalts in der Lage ist, höheren Kindesunterhalt als nach der ersten Einkommensgruppe zu zahlen. Diese rechtliche Würdigung ist eigentlich allen klar. Niemand käme auf die Idee, einem unterhaltsverpflichteten Elternteil eine Nebentätigkeit zuzurechnen, damit dieser Unterhalt nach Einkommensgruppe 2 der Düsseldorfer Tabelle bezahlen kann. Die sich für die Leistungsfähigkeit daraus ergebenden Konsequenzen wurden nunmehr im Tabellenwerk, nicht aber in den Anmerkungen umgesetzt.

Dies betrifft die Anwendungsbereiche des § 1603 BGB. Diese Vorschrift besteht aus zwei Absätzen. In § 1603 Abs. 1 BGB ist die »normale« Unterhaltspflicht geregelt. Danach ist unterhaltspflichtig, wer in der Lage ist, ohne Gefährdung seines angemessenen Unterhalts den Unterhalt zu gewähren. In § 1603 Abs. 2 BGB ist die gesteigerte Unterhaltsverpflichtung geregelt. Danach sind Eltern ihren minderjährigen unverheirateten Kindern ggü. verpflichtet, alle verfügbaren Mittel zu ihrem und dem Kinderunterhalt gleichmäßig zu verwenden.

Dass, je nachdem, welche Unterhaltsverpflichtung eingreift, unterschiedliche Selbstbehalte zur Anwendung gelangen, ist eben die Konsequenz, die bisher nicht berücksichtigt worden ist. Für die »normale« Unterhaltsverpflichtung nach § 1603 Abs. 1 BGB gilt nämlich der angemessene Selbstbehalt, der bei Kindern bei 1.400 € liegt, während bei der gesteigerten Unterhaltsverpflichtung nach § 1603 Abs. 2 BGB der notwendige Selbstbehalt einschlägig ist, der für nicht Erwerbstätige 960 € und für Erwerbstätige 1.160 € beträgt. Geht man davon aus, dass ab der zweiten Einkommensgruppe die gesteigerte Unterhaltsverpflichtung nicht gilt, kann sich der barunterhaltspflichtige Elternteil folgerichtig auch auf den angemessenen Selbstbehalt von 1.400 € berufen. Dies bedeutet also, dass der notwendige Selbstbehalt für Unterhaltsansprüche ab der zweiten Einkommensgruppe der Düsseldorfer Tabelle keine Bedeutung hat.

Dieser Aspekt ist bisher von den Betreuern der Düsseldorfer Tabelle nicht beachtet worden, so dass sich der Zuschnitt der Einkommensgruppen konsequenterweise ab Januar 2019 geändert hat. Ab diesem Zeitpunkt sind die bis dahin erste und zweite Einkommensgruppe zu einer verschmolzen. Auf diese Weise werden unabweisbare Rückstufen in die erste Einkommensgruppe wegen Unterschreitens des angemessenen Selbstbehalts vermieden.

Das betrifft ferner die Bedarfskontrollbeträge, soweit sie von den Oberlandesgerichten angewendet werden. Es macht nämlich keinen Sinn, einen Bedarfskontrollbetrag unter 1.400 € ab der zweiten Einkommensgruppe festzulegen, wenn der Selbstbehalt schon 1.400 € beträgt, auf sich der barunterhaltspflichtige Elternteil berufen kann.

3. Bedarfssätze

Das Tabellenwerk der Düsseldorfer Tabelle weist den Barunterhalt auf, den der barunterhaltspflichtige Elternteil zu erbringen hat. Dieser Unterhalt deckt den Barbedarf eines minderjährigen Kindes aber nicht unbedingt in voller Höhe, da sich der Barbedarf nach den Einkünften beider Elternteile bestimmt.[8] Das ändert aber nichts an der Höhe des Barunterhalts des barunterhaltspflichtigen

---

8   BGH, FamRZ 2017, 711

Elternteils. Es gilt nämlich der Grundsatz, dass jeder Elternteil höchstens den Unterhalt zu leisten hat, der sich bei Zugrundelegung allein seines Einkommens aus der Tabelle ergeben würde.[9] Bei der Bestimmung des Barbedarfs ist auf die durchschnittlichen Lebenshaltungskosten des Minderjährigen abzustellen, der im Haushalt eines Elternteils lebt. Der Bedarf des Kindes ist in § 1610 Abs. 2 BGB geregelt. Darunter fallen zunächst die üblichen Einzelbedürfnisse, die befriedigt werden müssen, um dem Unterhaltsberechtigten ein menschenwürdiges Dasein zu sichern. Zur Deckung der dafür aufzubringenden Kosten steht der Elementarbedarf zur Verfügung. Darunter fallen Aufwendungen für Unterkunft, Verpflegung, Kleidung, Bildung, Ausbildung, Erholung sowie Gesundheits- und Krankenfürsorge.

12 Bei minderjährigen Kindern wird der Unterhalt ferner durch deren Betreuung geleistet. Der Bar- und Betreuungsunterhalt sind gem. § 1606 Abs. 3 Satz 2 BGB gleichwertig. Dies bedeutet, dass der Elternteil, der die Betreuung des Kindes leistet, dadurch seinen Beitrag zum Kindesunterhalt erbringt, so dass die Barunterhaltspflicht den nicht betreuenden Elternteil trifft. Ausnahmsweise kann allerdings die Barunterhaltspflicht auf den betreuenden Elternteil übergehen.

13 In den Bedarfssätzen der Düsseldorfer Tabelle ist ferner ein Wohnbedarf des Kindes enthalten, der mit 20 % des Tabellenbetrags in Ansatz gebracht werden kann.[10] Aus diesem Grund kommt eine Kürzung des Tabellenbetrags in Betracht, wenn der barunterhaltspflichtige Elternteil dem Kind Wohnraum gewährt. Wird der Wohnraum auf Kosten des betreuenden Elternteils zur Verfügung gestellt, ist der volle Barunterhalt zu leisten, da die Wohnungsgewährung des betreuenden Elternteils dem barunterhaltspflichtigen Elternteil nicht zugutekommen darf und der betreuende Elternteil aus dem Kindesunterhalt den Wohnbedarf des Kindes abzudecken hat.[11]

14 Die Tabellensätze der Düsseldorfer Tabelle beruhen auf der Annahme, dass das Kind in der gesetzlichen Familienversicherung der Eltern oder eines Elternteils gegen Krankheit gem. § 10 Abs. 2 SGB V mitversichert ist. Sollte dies nicht der Fall sein, hat der barunterhaltspflichtige Elternteil zusätzlich für die Kosten der Krankenversicherung des Kindes aufzukommen. Aus diesem Grunde wird in Anm. A 9. der Düsseldorfer Tabelle ausdrücklich darauf hingewiesen, dass diese Kosten zusätzlich zum Tabellenbetrag aufzubringen sind. Auf der anderen Seite ist allerdings zu beachten, dass das Nettoeinkommen des Unterhaltspflichtigen vor Einordnung in die Einkommensgruppe um die Kosten der Krankenversicherung für das Kind zu bereinigen ist.

15 Gleiches gilt für ein volljähriges Kind. Ist dieses Kind in der Familienversicherung nicht mitversichert, sind die Kosten der Krankenversicherung zu dem Barunterhalt, auch zu dem Regelsatz von 670 €, zu zahlen. Auch hier ist es erforderlich, die Kosten der Krankenversicherung bei der Einkommensermittlung vorab zu berücksichtigen und nur das um diese Kosten bereinigte Einkommen für die Einordnung in die richtige Einkommensgruppe anzusetzen.

16 Solange ein volljähriges Kind noch keine wirtschaftliche Selbstständigkeit erreicht hat, leitet es ebenfalls seinen Bedarf von der Lebensstellung der Eltern ab. Aus diesem Grunde ist auch der Volljährigenunterhalt entsprechend dem Minderjährigenunterhalt in Einkommensgruppen unterteilt.

17 Grundsätzlich wird für die Ermittlung des Bedarfs des Kindes das Einkommen beider Elternteile zusammengerechnet. Allerdings gilt der Grundsatz, dass jeder Elternteil höchstens den Unterhalt zu leisten hat, der sich bei Zugrundelegung allein seines Einkommens aus der Tabelle ergeben würde.[12] Bei volljährigen Kindern besteht eine beiderseitige Barunterhaltspflicht beider Elternteile. Dies kann sich auch beim Minderjährigenunterhalt ergeben, wenn keiner der Elternteile oder beide hälftig den Betreuungsunterhalt leisten und damit die Gleichwertigkeit gem. § 1606 Abs. 3 Satz 2 BGB nicht gegeben ist. Ferner gilt § 1606 Abs. 3 Satz 2 BGB nicht für Mehr- und Sonderbedarf, so dass auch dafür eine beiderseitige Barunterhaltspflicht besteht.

---

9 BGH, FamRZ 1988, 1039; BGH, FamRZ 1986, 151.
10 Wendl/Dose/*Klinkhammer*, § 2 Rn. 326.
11 OLG Düsseldorf, FamRZ 1994, 1049.
12 BGH, FamRZ 1988, 1039; BGH, FamRZ 1986, 151.

B. Düsseldorfer Tabelle

Die Tabellensätze der Düsseldorfer Tabelle decken den Elementarbedarf ab. Mehr- oder Sonderbedarf wird demgegenüber von dem Tabellenwerk der Düsseldorfer Tabelle nicht erfasst und ist zusätzlich auszugleichen. 18

Mehrbedarf ist derjenige Teil des Lebensbedarfs, der regelmäßig – jedenfalls während eines längeren Zeitraums – anfällt und das Übliche derart übersteigt, dass er mit den Regelsätzen nicht erfasst werden kann, allerdings kalkulierbar ist und deshalb bei der Bemessung des laufenden Unterhalts berücksichtigt werden kann.[13] 19

Sonderbedarf ist in § 1613 Abs. 2 Nr. 1 BGB legal definiert. Danach ist Sonderbedarf ein unregelmäßiger außergewöhnlich hoher Bedarf. 20

4. Kindergeld

Kindergeld ist gem. § 1612b Abs. 1 BGB zur Deckung des Barbedarfs des Kindes zu verwenden. Es ist zur Hälfte anzusetzen, wenn ein Elternteil durch seine Unterhaltspflicht ggü. einem minderjährigen unverheirateten Kind durch Betreuung i.S.d. § 1603 Abs. 2 Satz 2 BGB erfüllt, in allen anderen Fällen ist es in voller Höhe anzurechnen. Daraus folgt, dass das Kindergeld zur Hälfte oder in voller Höhe als Einkommen des Kindes behandelt wird und seinen Barbedarf deckt. Aus diesem Grunde ist das Kindergeld nach Ermittlung des Tabellenbetrags von dem Barbedarf abzuziehen. Geschuldet wird von dem barunterhaltspflichtigen Elternteil der Zahlbetrag. Zur Vereinfachung enthält die Düsseldorfer Tabelle einen Anhang mit einer Übersicht der Zahlbeträge. Zurzeit beträgt das Kindergeld für das erste und zweite Kind je 204 €, für das dritte Kind 210 € und für das vierte und jedes weitere Kind 235 €. 21

Der interne Ausgleich des Kindergeldes zwischen den Bezugsberechtigten und dem anderen anspruchsberechtigten Elternteil erfolgt damit gem. § 1612b BGB durch Anrechnung auf den Bedarf des Kindes. Bei beiderseitiger Barunterhaltspflicht kommt das Kindergeld den Elternteilen entsprechend der Haftungsquote zugute 22

Im Mangelfall wirkt sich die bedarfsdeckende Anrechnung des Kindergeldes in dreierlei Hinsicht aus: 23
– Sie ist von Bedeutung für die Beurteilung der Leistungsfähigkeit des Unterhaltsschuldners sowie
– den Einsatzbetrag und die Pflicht zur Weiterleitung des Kindergeldes bei Leistungsunfähigkeit.
– Steht die Leistungsfähigkeit eines Elternteils infrage, ist bei der Prüfung, ob der notwendige oder angemessene Selbstbehalt sichergestellt ist, der Zahl- und nicht der Tabellenbetrag in Ansatz zu bringen.

Bei der Mangelfallberechnung bestimmt sich der Einsatzbetrag ebenfalls nach dem Zahlbetrag. Dies beruht darauf, dass das Kindergeld auf der Bedarfsebene angerechnet wird und die Mangelfallberechnung Bestandteil der Prüfung der Leistungsfähigkeit ist, die nach der vorgegebenen Prüfungsreihenfolge erst nach der Bedarfsfeststellung vorgenommen werden darf. 24

Ist der Elternteil, der das Kindergeld erhält, nicht leistungsfähig, Unterhalt zu zahlen, besteht eine Verpflichtung zur Weiterleitung des Kindergeldes an das Kind aufgrund eines familienrechtlichen Ausgleichsanspruchs.[14] Ferner besteht nach § 74 Abs. 1 EStG die Möglichkeit, das Kindergeld aufgrund eines Bescheids der Familienkasse an das Kind oder einen Dritten, der dem Kind Unterhalt leistet, abzuzweigen. An das Kind selbst kann das Kindergeld nur ausgezahlt werden, wenn es volljährig ist oder für sich selbst sorgt.[15] 25

§ 1612b Abs. 2 BGB regelt die Berücksichtigung des Zählkindvorteils. Zählkinder sind solche Kinder, für die ein Elternteil zwar einen Anspruch auf Kindergeld hat, nicht aber die Bezugsberechtigung 26

---

13 Wendl/Dose/*Klinkhammer*, § 2 Rn. 133.
14 So wohl auch BGH, FamRZ 2002, 526.
15 BSG, FamRZ 2008, 150.

für Kindergeld, weil das Kind nicht in seiner Obhut lebt. Die Höhe des Kindergeldes eines Elternteils richtet sich nach der Zahl der Kinder, für die ein Kindergeldanspruch besteht. Auf die Bezugsberechtigung kommt es nicht an. Aus diesem Grund werden alle Kinder mitgezählt, für die ein Anspruch auf Kindergeld besteht. § 1612b Abs. 2 BGB befasst sich mit dem Zählkindvorteil für ein nicht gemeinschaftliches Kind. Der Umfang der Erhöhung des Kindergeldes durch ein nicht gemeinschaftliches Kind ist nicht anzurechnen. Damit hat sich der Gesetzgeber der Rechtsauffassung des BGH[16] zum alten Unterhaltsrecht angeschlossen. Danach soll also der Zählkindvorteil dem Elternteil allein zugutekommen, der eine zusätzliche Unterhaltslast für nicht gemeinschaftliche Kinder trägt.

5. Bedarfskontrollbeträge

27 Der Bedarfskontrollbetrag für den Unterhaltspflichtigen ist eine Rechengröße, die nicht mit seinem Eigenbedarf oder notwendigen Selbstbehalt identisch ist.[17] Er befindet sich in der Düsseldorfer Tabelle am Ende einer jeden Einkommensgruppe und soll eine ausgewogene Verteilung des Einkommens zwischen dem unterhaltspflichtigen Ehegatten und den Kindern sowie dem unterhaltsberechtigten Ehegatten gewährleisten. Wird der Bedarfskontrollbetrag der Einkommensgruppe unterschritten, die nach dem vom Barunterhaltspflichtigen tatsächlich erzielten Einkommen einschlägig ist, ist eine Herabstufung in die nächstniedrigeren Gruppen so lange vorzunehmen, bis der Bedarfskontrollbetrag der einschlägigen Einkommensgruppe nicht mehr unterschritten wird.[18]

28 Da die gesteigerte Unterhaltspflicht und damit auch der notwendige Selbstbehalt nur für die erste Einkommensgruppe, also zur Sicherstellung des Mindestbedarfs gilt (vgl. Rdn. 8), sind ferner die Bedarfskontrollbeträge betroffen, soweit sie von den Oberlandesgerichten angewendet werden. Deshalb muss der Bedarfskontrollbetrag der zweiten Einkommensgruppe mindestens 1.400 € betragen weil der angemessene Selbstbehalt schon 1.400 € beträgt, auf den sich der barunterhaltspflichtige Elternteil berufen kann.

29 Die Bedarfskontrollbeträge behalten ihre Berechtigung auch nach der Unterhaltsreform, die zum 01.01.2008 in Kraft getreten ist. Aufgrund des Vorrangs der Kinder ggü. dem unterhaltsberechtigten Ehegatten nach § 1609 BGB ist umso mehr auf eine ausgewogene Verteilung des verfügbaren Einkommens auf die Kinder und den oder die unterhaltsberechtigten Ehegatten oder Berechtigten nach § 1615l BGB zu achten, die mit den Bedarfskontrollbeträgen hergestellt werden kann.[19]

30 Die Kontrollrechnung wird nicht mehr mit dem Tabellenunterhalt, sondern mit dem Zahlbetrag durchgeführt. Dies beruht auf dem mit der Unterhaltsreform eingetretenen Systemwechsel betreffend die Anrechnung des Kindergeldes nach § 1612b BGB, nach dem das Kindergeld nunmehr bedarfsdeckend anzurechnen ist.[20]

▶ Beispiel:

31 Einkommen des Vaters 2.000 € netto bereinigt monatlich; zwei unterhaltsberechtigte Kinder im Alter von 9 und 19 Jahren, wobei der 19-Jährige Schüler ist und im Haushalt der Mutter lebt, die auch das Kindergeld erhält.

Nach dem Einkommen des Vaters ist die Einkommensgruppe 2 der Düsseldorfer Tabelle (1.901 € bis 2.300 €) maßgeblich.

Die Tabellenbeträge lauten 446 € (2. Altersstufe) und 557 € (4. Altersstufe), die Zahlbeträge 344 € – nach Anrechnung des hälftigen Kindergeldes infolge der Minderjährigkeit nach § 1612

---

16 BGH, FamRZ 1997, 806.
17 Wendl/Dose/*Klinkhammer*, § 2 Rn. 239.
18 Wendl/Dose/*Klinkhammer*, § 2 Rn. 239.
19 BGH, FamRZ 2008, 968.
20 Wendl/Dose/*Klinkhammer*, § 2 Rn. 239a.

Abs. 1 Nr. 1 BGB – und 353 € nach Anrechnung des vollen Kindergeldes gem. § 1612 Abs. 1 Nr. 2 BGB.

Dies ergibt zusammengerechnet 697 €.

Dem Vater verbleiben **1.303 €** (2.000 € – 697 €).

Damit ist der Bedarfskontrollbetrag der zweiten Einkommensgruppe von 1.400 € unterschritten.

Erforderlich ist eine Herabstufung auf die Einkommensgruppe 1.

Die Tabellenbeträge beziffern sich nun auf 424 € und 530 €, die Zahlbeträge auf 322 € und 326 €, insgesamt also 648 €. Es verbleiben 1.352 €.

Dieser Unterhalt wird wegen der Bedarfskontrollbeträge – aber auch wegen des angemessenen Selbstbehalts – geschuldet, obwohl die Anzahl der Unterhaltspflichtigen nicht zu einer Herabstufung veranlasst, da die Düsseldorfer Tabelle (Stand: 01.01.2020) auf zwei Unterhaltsberechtigte ausgerichtet ist.

Regelungen zu den Bedarfskontrollbeträgen der Düsseldorfer Tabelle finden sich in den Leitlinien unter 11.2.

Die Bedarfskontrollbeträge haben eine besondere Bedeutung, wenn neben dem Kindesunterhalt Ehegattenunterhalt geschuldet wird. Hier kommt es maßgeblich darauf an, welcher Einkommensgruppe der Kindesunterhalt als Vorwegabzugsposten bei der Berechnung des Ehegattenunterhalts entnommen worden ist. Es macht einen erheblicher Unterschied, welcher Einkommensgruppe der vorweg abgezogene Kindesunterhalt im Hinblick auf die Bedarfskontrollbeträge zugeordnet ist. Da das Unterschreiten der Bedarfskontrollbeträge bei höheren Einkommensgruppen im Regelfall auf der Berücksichtigung mehrerer unterhaltsberechtigter Kinder beruht, wirkt sich die Wahl der Einkommensgruppe auf die Höhe des Ehegattenunterhalts nicht unerheblich aus. Da die Bedarfskontrollbeträge auch eine ausgewogene Verteilung des Einkommens nicht nur zwischen dem Unterhaltspflichtigen und den Kindern, sondern auch unter Einbeziehung des unterhaltsberechtigten Ehegatten gewährleisten sollen, haben diese nach wie vor aktuelle Bedeutung. Insb. wirkt sich die Bedeutung der Bedarfskontrollbeträge im Mangelfall aus. Da die Kinder an erster Rangstelle nach § 1609 Nr. 1 BGB stehen, zeigt sich der Mangelfall bei Konkurrenz mit dem Ehegattenunterhalt darin, dass der eheangemessene Bedarf nicht sichergestellt werden kann. In diesem Fall wird die Beachtung der Bedarfskontrollbeträge dazu führen, dass der Kindesunterhalt regelmäßig der ersten Einkommensgruppe zu entnehmen ist. Gerade in diesem Fall ist eine ausgewogene Verteilung des verfügbaren Einkommens auf die Unterhaltsberechtigten von besonderer Bedeutung, um die schwerwiegenden Auswirkungen des Nachrangs des Ehegatten nach § 1609 BGB abzumildern. Diese Zielsetzung wird durch die Beibehaltung der Bedarfskontrollbeträge erreicht.[21]

Die Bedarfskontrollbeträge der Düsseldorfer Tabelle werden von den meisten OLG übernommen, nämlich OLG Brandenburg, Bremen, Celle, Hamburg, Hamm, Köln, Schleswig. Die Süddeutschen Leitlinien erkennen die Bedarfskontrollbeträge nur i.R.d. Zurückstufung auf die erste Einkommensgruppe an. Die Leitlinien des KG und der OLG Frankfurt am Main, Jena, Naumburg, Oldenburg und Rostock enthalten keine Bedarfskontrollbeträge.

6. Höher- oder Herabstufung

Die Tabellenbeträge der Düsseldorfer Tabelle waren bis zum 31.12.2009 auf den Fall zugeschnitten, dass der Unterhaltspflichtige einem Ehegatten und zwei Kindern Unterhalt zu gewähren hat.[22] Bei einer größeren Anzahl von Unterhaltsberechtigten können Abschläge, bei einer geringeren Anzahl

---

21 So auch BGH, FamRZ 2008, 968.
22 Wendl/Dose/*Klinkhammer*, § 2 Rn. 231.

Zuschläge i.H.e. Zwischenbetrags oder die Einstufung in höhere oder niedrigere Gruppen angemessen sein.[23]

35 Seit dem 01.01.2010 hat sich der Zuschnitt der Düsseldorfer Tabelle geändert, um eine zu starke Anhebung des Unterhalts vor allem in höheren Einkommensgruppen aufgrund der erheblich gestiegenen Mindestbedarfssätze zu verhindern. Nunmehr ist das Tabellenwerk der Düsseldorfer Tabelle auf zwei Unterhaltsberechtigte zugeschnitten. Diese Veränderung muss sich auch auf die Höhe der Zu- und Abschläge bei den Bedarfssätzen durch Herab- oder Höhergruppierung auswirken.

36 Eine Höherstufung kommt danach nur noch bei einer Unterhaltspflicht in Betracht. Sie beschränkt sich auf eine Einkommensgruppe. Ob überhaupt eine Höherstufung vorzunehmen ist, wird auch davon abhängen, ob sich das Einkommen des Unterhaltspflichtigen am unteren oder oberen Rand der einschlägigen Einkommensgruppe bewegt.

37 Eine Herabgruppierung kommt dann in Betracht, wenn der Unterhaltspflichtige Unterhalt für mehr als zwei Personen schuldet. Dabei kommt es nicht auf den Rang des Unterhaltsberechtigten an. Einzubeziehen sind auch der Ehegatte oder nicht privilegierte volljährige Kinder. Hier gebietet sich die Herabstufung im Regelfall bereits schon wegen des Bedarfskontrollbetrags.[24]

▶ Beispiel:

38 Einkommen des barunterhaltspflichtigen Elternteils: 2.400 € netto bereinigt monatlich; Unterhaltspflichten ggü. vier Kindern im Alter von 4, 7, 13 und 18 Jahren, wobei der 18-Jährige Schüler ist, der im Haushalt der Mutter lebt.

Unterhaltsberechnung:

Aufgrund des tatsächlichen Einkommens müsste der Unterhalt der dritten Einkommensgruppe entnommen werden (2.301 € bis 2.700 €). Aufgrund der überdurchschnittlichen Unterhaltspflichten kommt jedoch allein schon aus Gründen des Bedarfskontrollbetrags nur eine Einstufung in die erste Einkommensgruppe in Betracht.

Die Tabellenbeträge lauten 369 €, 424 €, 497 € und 530 € und die Zahlbeträge bei Anrechnung des hälftigen Kindergeldes wegen der Anzahl der Kinder in unterschiedlicher Höhe bei den minderjährigen Kindern und des vollen Kindergeldes bei dem Volljährigen auf 251,50 €, 264 €, 395 € und 326 € also insgesamt 1.236,50 €.

Dem Unterhaltspflichtigen verbleiben **1.163,50 €** (2.400 − 1.236,50 €).

Eine andere Eingruppierung kommt nicht in Betracht, da schon der Bedarfskontrollbetrag der zweiten Einkommensgruppe bei einem höheren Tabellenbetrag unterschritten würde.

39 Regelungen bzgl. der Höher- oder Herabgruppierung sehen die Leitlinien unter 11.2 vor.

40 Sind beide Elternteile barunterhaltspflichtig, ist eine Höhergruppierung nach Anm. A 1 der Düsseldorfer Tabelle auch bei unterdurchschnittlichen Unterhaltsverpflichtungen, z.B. ggü. nur einem Kind, nicht angebracht.[25] Dies folgt daraus, dass die Eltern durch die getrennte Haushaltsführung stärker belastet sind. Die Leitlinien des OLG Schleswig sehen aus diesem Grunde sogar eine Herabstufung um eine Gruppe vor (Leitlinien 13.1).

41 Die Grundsätze der Höher- und Herabgruppierung gelten jedoch dann wieder, wenn zu prüfen ist, ob der barunterhaltspflichtige Elternteil auf höheren Unterhalt in Anspruch genommen wird, als sich bei Zugrundelegung allein seines Einkommens aus der Tabelle ergeben würde.

---

23 BGH, FamRZ 1994, 696.
24 Wendl/Dose/*Klinkhammer*, § 2 Rn. 234.
25 BGH, FamRZ 1986, 151.

> **Beispiel:**

Einkommen des Vaters: 2.000 € netto bereinigt monatlich, Einkommen der Mutter: 700 € netto bereinigt monatlich.

Barunterhaltunterhaltspflicht ggü. einem 19-jährigen Schüler, der im Haushalt der Mutter lebt:

Aufgrund des zusammengerechneten Einkommens beider Elternteile i.H.v. insgesamt 2.700 € wäre der Kindesunterhalt der dritten Einkommensgruppe (2.301 € bis 2.700 €) mit einem Tabellenbetrag von 583 € zu entnehmen.

Da der notwendige Selbstbehalt der Mutter von 1.160 € nicht gewahrt ist, ist sie nicht leistungsfähig und damit nicht barunterhaltspflichtig. In diesem Fall ist zu beachten, dass der in Anspruch genommene Elternteil höchstens den Unterhalt zu leisten hat, der sich bei Zugrundelegung seines Einkommens aus der Tabelle ergeben würde.

Nach dem Einkommen des Vaters kommt die zweite Einkommensgruppe (1.901 € bis 2.300 €) in Betracht. Wegen Bestehens von nur einer Unterhaltsverpflichtung ist jedoch eine Höhergruppierung um eine Gruppe in die dritteEinkommensgruppe vorzunehmen. Der Tabellenunterhalt lautet ebenfalls 583 €. Der Zahlbetrag beziffert sich auf 326 €.

Dem Vater verbleiben 1.674 € (2.000 € – 326 €). Der Bedarfskontrollbetrag der dritten Einkommensgruppe liegt bei 1.500 € und wird nicht unterschritten. Der Unterhalt bemisst sich daher auf **326 €**.

7. Fester Bedarfssatz

Bei Studenten, die nicht bei den Eltern oder bei einem Elternteil leben, sondern einen eigenen Haushalt führen, bemisst sich der gesamte Unterhaltsbedarf gem. Anmerkung A.7. der Düsseldorfer Tabelle nach einem festen Bedarfssatz, der seit dem 01.01.2020 i.d.R. 860 € beträgt. Dem sind die anderen OLG nach Nr. 3.2 der Leitlinien gefolgt. Damit ist der gesamte Bedarf des Studenten abgedeckt, vor allem auch die Kosten für Verpflegung, Wohnung, Fachliteratur und Fahrten zum Studienort.[26] Nicht enthalten sind die kaum noch zu zahlenden Studiengebühren, die ausbildungsbedingten Mehrbedarf darstellen, wohl aber die Semestergebühren. Ferner nicht enthalten sind die Kosten einer Kranken- oder Pflegeversicherung, die das Kind selbst aufzubringen hat. Ist das volljährige Kind nicht in der Familienversicherung mitversichert, sind diese Beiträge zusätzlich zum Regelsatz zu zahlen, vgl. Anm. A 9 der Düsseldorfer Tabelle. Auch dieser Regelung haben sich alle OLG gem. ihren Leitlinien unter 13.1 angeschlossen.

In dem Regelbedarf sind Wohnkosten enthalten. Diese betragen seit dem 01.01.2020 375 €. Bei einer Überschreitung des Wohnkostenanteils ist zu erwägen, ob die Überschreitung vermeidbar ist. Dies wäre dann der Fall, wenn die Anmietung einer Unterkunft mit einer Warmmiete von 375 € möglich wäre. Davon wird man im Regelfall ausgehen können. Dies dürfte sich i.Ü. auch auf Universitätsstädte mit höherem Mietniveau beziehen. Wird der Wohnkostenanteil unterschritten, wird man eine Herabsetzung der Richtsätze nicht schon dann in Betracht ziehen dürfen, wenn sich der Unterhaltsberechtigte für bescheidene Wohnverhältnisse entschieden hat. Grds. muss es ihm überlassen bleiben, sich mit den verfügbaren Mitteln auf seinen Unterhalt so einzurichten, wie es ihm beliebt. Häufig werden die Vorteile der geringeren Mietbelastung durch andere Nachteile ausgeglichen. In Betracht zu ziehen ist z.B., dass der Student höhere Fahrtkosten in Kauf nimmt, um am Stadtrand oder außerhalb der Stadt kostengünstiger zu wohnen. Möglicherweise steckt er mehr Geld in Fachliteratur. Dadurch kompensiert er die Ersparnisse der Wohnkosten, so dass sich im Grunde an der Höhe des Richtsatzes nichts ändert.

Die Bedarfssätze können bei guten Einkommensverhältnissen der Eltern erhöht werden.[27] Eine entsprechende Regelung findet sich in allen Leitlinien und unter Anm. 7 der Düsseldorfer Tabelle.

---

26 Wendl/Dose/*Klinkhammer*, § 2 Rn. 370.
27 OLG Düsseldorf, FamRZ 1992, 981.

46 Anlass zu einer Erhöhung des festen Bedarfssatzes kann gegeben sein, wenn die zusammengerechneten Einkünfte der Eltern oder das Einkommen des allein barunterhaltspflichtigen Elternteils nach der vierten Altersstufe der Düsseldorfer Tabelle einen Tabellenbetrag ergibt, der nur geringfügig unter dem festen Bedarfssatz liegt oder diesen sogar übersteigt. Da der Unterhalt volljähriger Kinder nach der vierten Altersstufe bemessen wird, die noch im Haushalt der Eltern oder eines Elternteils leben und infolge der Ersparnis aufgrund des Zusammenlebens einen geringeren Unterhaltsbedarf haben als der Volljährige, der einen eigenen Haushalt führt, erscheint es angebracht, den festen Bedarfssatz aufgrund der günstigen Einkommensverhältnisse der Eltern oder des allein barunterhaltspflichtigen Elternteils angemessen zu erhöhen, um den Mehrkosten der eigenen Haushaltsführung, die sich insb. auch aus den Aufwendungen für die Miete ergeben, Rechnung zu tragen.

▶ **Beispiel:**

47 Bei zusammengerechneten Einkünften der Eltern von 5.300 € würde der Bedarf eines im Haushalt eines Elternteils lebenden volljährigen Kindes gem. Altersstufe 4 Einkommensgruppe 10 der Düsseldorfer Tabelle 848 € betragen. In diesem Tabellenbetrag ist ein Wohnkostenanteil von 20 % enthalten,[28] also 169,60 €, so dass dem Volljährigen bei gedecktem Wohnbedarf 678,40 € für die sonstigen Lebenshaltungskosten zur Verfügung ständen. Hat z.B. ein Student mit eigenem Haushalt Mietkosten von 375 €, würden ihm bei einem festen Bedarfssatz von 860 € lediglich 485 € für die sonstigen Lebenshaltungskosten verbleiben. Dies erscheint unangemessen. Gerechtfertigt wäre es, den Unterhalt (bei gedeckten Wohnkosten), der einem im Haushalt eines Elternteils lebenden Volljährigen zur Verfügung steht, von 678,40 € um die Wohnkosten von 375 €, besser noch wegen der gehobenen Verhältnisse von 500 €, zu erhöhen. Dies würde im vorliegenden Fall einen Bedarf von 1178,40 € ergeben. Berücksichtigt man ferner noch, dass weitere Mehrkosten durch die Führung eines eigenen Haushalts entstehen, dürften keine Bedenken bestehen, diesen Betrag auf rund 1.300 € zu erhöhen.

48 Die Möglichkeit, bei gehobenen Einkommensverhältnissen der Eltern eine Anhebung der festen Bedarfssätze vorzunehmen, gestattet die Düsseldorfer Tabelle ausdrücklich. Dort heißt es unter A 7, dass der Bedarf »in der Regel« 860 € beträgt. Die Notwendigkeit, bei gehobenen Einkommensverhältnissen den Bedarfssatz nach oben zu korrigieren, beruht nicht auf einer Unausgewogenheit der Düsseldorfer Tabelle bei der Festlegung dieses Richtwerts. Zu berücksichtigen ist nämlich, dass dieser Bedarfssatz auch für Eltern mit geringeren Einkünften gilt, die unangemessen benachteiligt würden, wenn der Unterhaltsbedarf mit einem höheren Betrag bemessen würde. Um in höheren Gruppen eine Anpassung an die Lebensverhältnisse der Eltern vorzunehmen, von denen sich die Lebensstellung der Kinder ableitet, ist die Korrektur des festen Bedarfssatzes sogar zwingend geboten.

49 Ob daneben eine pauschale Erhöhung des Bedarfssatzes in Betracht kommt, wenn das zusammengerechnete Einkommen der Eltern oder des barunterhaltspflichtigen Elternteils über 5.500 €, dem Höchsteinkommen der Düsseldorfer Tabelle, liegt, ist zweifelhaft. Die Beurteilung dieser Problematik hängt davon ab, ob in solchen Fällen, in denen das maßgebende Elterneinkommen den Höchstbetrag von 5.500 € der Düsseldorfer Tabelle übersteigt, die für die oberste Einkommensgruppe geltenden Bedarfssätze fortgeschrieben werden können oder ob eine konkrete Bedarfsermittlung Voraussetzung für die Geltendmachung höheren Unterhalts ist. Danach beurteilt sich auch die Erhöhung des festen Bedarfssatzes von 860 €. Dürfen die Bedarfssätze der höchsten Einkommensgruppe der Düsseldorfer Tabelle nicht fortgeschrieben werden, ist es auch nicht möglich, den festen Bedarfssatz angemessen zu erhöhen. Dies folgt daraus, dass die Festlegung sowohl des Tabellenbetrags als auch des festen Bedarfssatzes auf dem Gedanken beruht, dass der von den Einkommensverhältnissen der Eltern abgeleitete Lebenszuschnitt der Kinder nicht besonders ermittelt, sondern pauschaliert verallgemeinert werden soll. Werden die Grenzen der Verallgemeinerung

---

28 Wendl/Dose/*Klinkhammer*, § 2 Rn. 214.

überschritten, muss der Bedarf konkret nachgewiesen werden. Dies muss sich in gleicher Weise sowohl auf die Tabellenbeträge als auch auf den festen Bedarfssatz auswirken (vgl. dazu im Einzelnen Rdn. 55, 58).

Die Düsseldorfer Tabelle empfiehlt in Anm. A 7 Abs. 2 auch für Schüler und Auszubildende mit eigenem Haushalt den festen Bedarfssatz von 860 €. Dem haben sich sämtliche OLG angeschlossen. Es gelten daher die gleichen Grundsätze wie zum Studentenunterhalt. Besonderheiten ergeben sich jedoch bei der Anrechnung einer Ausbildungsvergütung im Hinblick auf den ausbildungsbedingten Mehrbedarf. 50

Der Bedarf eines Auszubildenden ist auch dann mit dem festen Bedarfssatz zu bemessen, wenn er im Haushalt eines Elternteils lebt und keinen nicht unerheblichen Teil seiner Ausbildungsvergütung als Entgelt für die Wohnungsgewährung und Beköstigung an diesen Elternteil weiterleitet. In diesem Fall liegt kein Unterschied zu einer alleinigen Haushaltsführung vor. 51

8. Volljährige mit einer eigenen Lebensstellung

Tritt bei einem Volljährigen Unterhaltsbedürftigkeit, z.B. wegen Krankheit, ein, nachdem er bereits längere Zeit eine Erwerbstätigkeit entweder in seinem erlernten Beruf oder als ungelernte Kraft ausgeübt und eine eigene Lebensstellung erlangt hat, geht es nicht mehr an, bei der Bedarfsbemessung die Einkommens- und Vermögensverhältnisse der Eltern zugrunde zu legen. Da es bereits wirtschaftlich selbstständig und von seinen Eltern unabhängig ist, kann die Lebensstellung des Kindes nicht mehr von der seiner Eltern abgeleitet werden. In diesem Fall erscheint es angemessen, als Orientierungshilfe für den Unterhaltsbedarf das in den Selbstbehaltssätzen zum Ausdruck kommende Existenzminimum heranzuziehen.[29] Die Bedarfsbemessung mit dem Existenzminimum entspricht i.Ü. auch der Bedarfsermittlung beim Unterhalt ggü. Eltern.[30] 52

Ob das volljährige Kind bereits eine eigene Lebensstellung erlangt hat, ist stets sorgfältig zu prüfen. Dazu ist eine originäre Lebensstellung erforderlich. Diese ist gegeben, wenn der Volljährige wirtschaftlich selbstständig und für seinen Lebensunterhalt während dieser Zeit auf Mithilfe der Eltern nicht angewiesen war. Dies ist z.B. dann nicht der Fall, wenn ein volljähriges behindertes Kind nicht im Haushalt seiner Eltern, jedoch bei seiner Schwester wohnt, von der Mutter betreut und versorgt wird und mit der bisher erzielten Vergütung in einer Behindertenwerkstatt auch nach Volljährigkeit zur Bereitstellung seines Lebensunterhalts auf die ihm von den Eltern zur Verfügung gestellten Mittel angewiesen war.[31] In diesem Fall bleibt seine Lebensstellung von den Eltern abgeleitet, so dass sich der Bedarf nach den Einkommensverhältnissen der Eltern richtet. Folglich wird dieser nach der vierten Altersstufe der Düsseldorfer Tabelle zu bestimmen sein. 53

Zu beachten ist allerdings, dass der Selbstbehalt des barunterhaltspflichtigen Elternteils, wie beim Elternunterhalt, bei zurzeit 2.000 € liegt.[32] 54

9. Konkrete Bedarfsberechnung

Übersteigen die zusammengerechneten Einkünfte der Eltern oder die des allein barunterhaltspflichtigen Elternteils den Höchstbetrag von 5.500 € der Düsseldorfer Tabelle, auf den die Einkommensgruppen begrenzt sind, verweist die Düsseldorfer Tabelle für die Unterhaltsbemessung auf die »Umstände des Falles«. Dies wirft die Frage auf, ob es zulässig ist, die Tabellenwerte der Düsseldorfer Tabelle fortzuschreiben, wenn das maßgebliche Einkommen den Höchstsatz übersteigt, oder ob eine konkrete Bedarfsermittlung erforderlich ist. Da die Tabellenwerte der Düsseldorfer Tabelle auf allgemeinen richterlichen Erfahrungswerten beruhen und die Kinder deswegen von der Schwierigkeit befreien, den nach den Einkommens- und Vermögensverhältnissen der Eltern 55

---

29 OLG Brandenburg, FamRZ 1994, 255.
30 BGH, FamRZ 2003, 880.
31 BGH, FamRZ 1997, 281.
32 BGH, 18.01.2012 – XII ZR 15/10.

angemessenen Lebenszuschnitt im Einzelnen darzulegen, bedeutet das benannte Höchsteinkommen von 5.500 € eine Grenzziehung der äußerst möglichen Verallgemeinerung. Dies hat zur Folge, dass die in den Tabellenwerten zum Ausdruck gekommenen allgemeinen richterlichen Erfahrungswerte bei höheren Einkünften als 5.500 € nicht mehr gelten. Dies führt zwangsläufig dazu, dass der Unterhaltsberechtigte seinen Bedarf darlegen und beweisen muss, wenn er einen die Tabellenbeträge übersteigenden Unterhalt begehrt. Durch die Notwendigkeit einer konkreten Bedarfsdarlegung wird auch der Gefahr einer Zweckentfremdung des ausschließlich zur Bedarfsdeckung des Kindes bestimmten Unterhalts entgegengewirkt. Aus diesem Grunde ist der Unterhaltsberechtigte gehalten, die Geltendmachung eines über die Pauschalierungsgrenze hinausgehenden Unterhalts im Einzelnen darzulegen, worin sein Bedarf besteht und welche Mittel zu seiner Befriedigung im Einzelnen erforderlich sind.[33]

56 Ziel der Bedarfsermittlung ist es sicherzustellen, dass Kinder in einer ihrem Alter entsprechenden Weise an der Lebensführung teilhaben, die der besonderen günstigen wirtschaftlichen Situation ihrer Eltern entspricht, an die sie sich während des Zusammenlebens mit ihren Eltern gewöhnt haben und die ihnen nach der Trennung der Eltern grds. erhalten bleiben soll. Dabei sind die besonderen Verhältnisse der Betreffenden zu würdigen. Die Gesamtumstände und Bedürfnisse des Kindes sind festzustellen. Dabei existiert eine bestimmte Sättigungsgrenze nicht. Es ist allerdings zu beachten, dass die besondere Lage des noch in der Ausbildung befindlichen Kindes, das noch keine selbstständige Lebensstellung erworben hat, eine Begrenzung des Bedarfs nach oben rechtfertigen kann. Die Unterhaltsgewährung für die Kinder bedeutet die Befriedigung des gesamten – auch eines gehobenen – Lebensbedarfs, nicht aber Teilhabe am Luxus. Insb. ist auch dem Erziehungsgedanken des Unterhalts Rechnung zu tragen.[34] Daraus folgt, dass der verlangte Betrag nicht eine besonders aufwendige Lebensführung widerspiegeln darf, die bereits über den Rahmen eines gehobenen Unterhaltsbedarfs hinausgeht. Sind die besonderen Bedürfnisse des unterhaltsberechtigten Kindes belegt, empfiehlt es sich, den zur Deckung erforderlichen Mehrbetrag aufgrund der Gegenüberstellung der besonderen Bedürfnisse mit den bereits von den Richtwerten der Düsseldorfer Tabelle erfassten Grundbedürfnissen zu berechnen oder unter Zuhilfenahme allgemeinen Erfahrungswissens nach § 287 ZPO zu schätzen.[35] Dabei wird man den Bedarf bei volljährigen Kindern großzügiger bemessen müssen als bei Kleinkindern, zumal der Unterhalt auch Erziehungszwecken dient.[36]

57 Das Kind, das Unterhalt über den Höchstsätzen der Düsseldorfer Tabelle verlangt, muss darlegen und beweisen, worin sein erhöhter Bedarf besteht und welche Mittel zu seiner Deckung erforderlich sind. Die Anforderungen an die Darlegungslast dürfen allerdings nicht dazu führen, dass der Kindesunterhalt auch bei einem 5.500 € übersteigenden Elterneinkommen faktisch auf den für die höchste Einkommensgruppe der Düsseldorfer Tabelle geltenden Richtsatz festgeschrieben wird. An die Darlegungslast dürfen also keine übertriebenen Anforderungen gestellt werden. Insb. wird dem Unterhaltsberechtigten i.d.R. nicht angesonnen werden können, seine gesamten – auch elementaren – Aufwendungen in allen Einzelheiten spezifiziert darzulegen. Er wird sich vielmehr regelmäßig darauf beschränken dürfen, besondere und besonders kostenintensive Bedürfnisse zu belegen und darzutun, welche Mittel zu deren Deckung notwendig sind.[37]

58 Eine konkrete Bedarfsberechnung ist auch bei Kindern mit eigenem Haushalt erforderlich, deren Bedarf mit einem Bedarfssatz pauschaliert wird. Der Bedarfssatz soll nach dem Grundgedanken der Düsseldorfer Tabelle den gesamten Bedarf abdecken, also vor allem Aufwendungen für Verpflegung, Unterkunft, Studienkosten, Fachliteratur, Fahrten am Studienort und Heimfahrten zu

---

33 BGH, FamRZ 2001, 1603; BGH, FamRZ 2000, 358; OLG Düsseldorf, FamRZ 1998, 1191; OLG Hamm, FamRZ 1997, 310; OLG Frankfurt am Main, FamRZ 1993, 98.
34 BGH, FamRZ 2000, 358.
35 BGH, FamRZ 2000, 358.
36 Wendl/Dose/*Klinkhammer*, § 2 Rn. 229.
37 BGH, FamRZ 2000, 358.

den Eltern. Dieser Pauschalbedarf ist zwar von den Einkommensverhältnissen der Eltern oder des barunterhaltspflichtigen Elternteils gelöst, beruht aber ebenso wie die Tabellenbeträge auf einer pauschalen Verallgemeinerung auf der Grundlage richterlicher Erfahrungswerte. Verlangt der Volljährige höheren Unterhalt als den Regelbetrag oder den auf Basis der vierten Altersstufe ermittelten, durch Mehrkosten aufgrund getrennter Haushaltsführung erhöhten Unterhalt wegen der besonders günstigen Einkommensverhältnisse der Eltern oder des barunterhaltspflichtigen Elternteils, dürfte es ebenso wie bei den Tabellenhöchstbeträgen nicht angehen, den festen Bedarfssatz pauschal angemessen zu erhöhen. Allein schon in der Festlegung des Pauschalsatzes kommt zum Ausdruck, dass die allgemeinen richterlichen Erfahrungswerte jenseits dieses Betrags nicht mehr gelten und eine pauschale Erhöhung, die wiederum nur auf richterlichen Erfahrungswerten beruhen kann, nicht in Betracht kommt. Vielmehr besteht auch bei der Erhöhung des festen Bedarfssatzes die Notwendigkeit einer konkreten Bedarfsermittlung.[38]

10. Dynamisierung des Mindestbedarfs

Gem. § 1612a Abs. 1 BGB kann ein Prozentsatz des jeweiligen Mindestunterhalts verlangt werden, der für das Kind nach § 1612a Abs. 1 Satz 3 BGB entsprechend der erreichten Altersstufe gilt. Dadurch wird erreicht, dass das Kind schon vor Erreichen der nächsten Altersstufe den Unterhalt geltend machen kann. Dies wiederum hat zur Folge, dass das Kind mit dem ersten des Monats, in dem das 6. oder 12. Lebensjahr vollendet wird, Anspruch auf den Mindestbedarf der entsprechenden Altersstufe hat. Neben dem Mindestbedarf kann auch ein Prozentsatz entsprechend den Einkommensgruppen der Düsseldorfer Tabelle geltend gemacht werden. 59

Mit der Volljährigkeit des Kindes endet die Dynamisierung. Das bedeutet allerdings nicht, dass der Titel mit der Volljährigkeit des Kindes unwirksam wird. Dies folgt aus § 244 FamFG. Das volljährige Kind behält seinen Unterhalt der dritten Altersstufe. Soweit dieser nicht in voller Höhe oder mehr geschuldet wird, ist dies in einem Abänderungsverfahren geltend zu machen. Eine Begrenzung des Titels nur auf die Zeit der Minderjährigkeit dürfte unzulässig sein, soweit dies nicht ausdrücklich beantragt wird.[39] 60

Mit der Dynamisierung kann nicht nur der Mindestbedarf, sondern ein entsprechender Prozentsatz des Mindestbedarfs geltend gemacht werden. Dieser reicht bis zur höchsten Einkommensgruppe der Düsseldorfer Tabelle, also bis 160 % des Mindestbedarfs. 61

Unzutreffend dürfte es allerdings sein, in einem Mangelfall Unterhalt von weniger als 100 % zu dynamisieren. In diesem Fall wird nämlich nicht der Unterhalt des Kindes dynamisiert, sondern die Leistungsfähigkeit des Unterhaltspflichtigen. Dies dürfte mit den Grundsätzen der Dynamisierung nicht zu vereinbaren sein.[40] 62

▶ **Praxishinweis:**

Auch bei der Dynamisierung des Unterhalts ist die Kindergeldanrechnung gem. § 1612b BGB zu berücksichtigen. Dies bedeutet, dass in dem Antrag zum Ausdruck gebracht werden muss, dass das hälftige Kindergeld zur Anrechnung gebracht wird. Dabei muss klargestellt werden, ob es sich um Kindergeld für ein erstes, zweites oder weiteres Kind handelt. 63

---

38 BGH, FamRZ 2001, 1603; BGH, FamRZ 2000, 358; OLG Düsseldorf, FamRZ 1998, 1191.
39 OLG Saarbrücken, NJW-FER 2000, 142; Wendl/Dose/*Klinkhammer*, § 2 Rn. 360.
40 A.A. Wendl/Dose/*Klinkhammer*, § 2 Rn. 363.

▶ Formulierungsvorschlag:

64 Zu empfehlen ist folgender Antrag:

Der Antragsgegner wird verpflichtet, für die Antragsteller zu Händen der Kindesmutter ab dem….. monatlich im Voraus….. % des Mindestbedarfs nach § 1612a Abs. 1 Satz 3 BGB der Altersstufe 1 bis….., der Altersstufe 2 von….. bis….. und der Altersstufe 3 ab….. zu zahlen, jeweils abzüglich des hälftigen Kindergeldes für ein Kind….., derzeit zu zahlen also….. €.

III. Übergangsregelung

65 Nach § 36 Nr. 3 EGZPO ist die Anpassung von Alttiteln ohne ein gesondertes Abänderungsverfahren im Wege der Umrechnung durch das Vollstreckungsorgan vorzunehmen. Aus diesem Grunde hat die Düsseldorfer Tabelle unter Anm. E ein Umrechnungsbeispiel angeführt, das die Berechnung erleichtern soll. Die Umrechnung führt nicht dazu, dass der Zahlbetrag sich ändert, sondern es wird lediglich festgestellt, welchem Prozentsatz des Mindestbedarfs der alte Zahlbetrag entspricht, damit nunmehr eine Einordnung des Unterhalts in den Regelungsgehalt des § 1612a BGB durchgeführt werden kann.

66 Bei der Umrechnung ist zu beachten, dass allein die zum 01.01.2008 geltende Altersstufe maßgebend ist und nicht etwa auf später eintretende Änderungen der Altersstufe abzustellen ist. Veränderungen der Altersstufe nach dem 01.01.2008 sind vielmehr Teil der Dynamisierung und wirken auf die Bedarfsbeträge erst nach der Umrechnung.[41]

67 Die Übergangsbestimmung des § 36 Nr. 3 EGZPO enthält mehrere Möglichkeiten, wie Kindergeld zu verrechnen ist. Dabei sind vier Fallgruppen zu unterscheiden.

68 Die Umrechnungsformel erfolgt in zwei Schritten.[42] Erhält der betreuende Elternteil das Kindergeld, so ist zum bisherigen Zahlbetrag das hälftige Kindergeld hinzuzurechnen und ist dieser Betrag ins Verhältnis zum jeweiligen Mindestbedarf der Düsseldorfer Tabelle (Stand 01.01.2008) zu setzen. Der auf diese Weise errechnete Betrag ist der neue Prozentsatz. Spätere Veränderungen in andere Altersstufen oder höhere Tabellensätze entsprechen der dynamischen Anpassung und haben mit der Umrechnung nichts zu tun. Der errechnete Prozentsatz ist sodann mit dem jeweiligen Mindestbedarf der jeweiligen Stufe zu multiplizieren. Daraus ergeben sich der alte Zahlbetrag und damit auch der Prozentsatz des neuen Mindestbedarfs.

69 Aus diesem Grunde ist auch das Kindergeld in Ansatz zu bringen, das zum 01.01.2008 stand. Spätere Kindergeldanpassungen haben nur Auswirkungen auf die Ermittlung des neuen Zahlbetrags, aber nicht auf den Prozentsatz des Mindestbedarfs, der dem Tabellenbetrag entspricht. Aus diesem Grunde bedurfte es keiner Änderung der Übergangsregelung durch veränderte Tabellenwerke aufgrund neuer Bedarfssätze oder Erhöhungen des Kindergeldes.

IV. Anmerkungen

70 Die Anmerkungen der Düsseldorfer Tabelle sind nicht Teil des Regelwerks und werden von den meisten OLG nicht mit übernommen. In den jeweiligen Leitsätzen findet sich damit nur das Tabellenwerk. Die Anmerkungen werden durch eigenständige Regelungen innerhalb der Leitlinien ersetzt. In vielen Fällen finden sich dort übereinstimmende Hinweise, manchmal auch Abweichungen.

71 In den Anmerkungen der Düsseldorfer Tabelle sind insb. das Existenzminimum des unterhaltsberechtigten Ehegatten, der Eigenbedarf des von dem Unterhaltspflichtigen getrennt lebenden oder zusammenlebenden Ehegatten im Fall des Vorwegabzugs einer nachrangigen Unterhaltsverpflichtung sowie die Selbstbehalte der Unterhaltsverpflichteten geregelt. Zudem findet sich dort

---

41 BT-Drucks. 16/1830, S. 34.
42 BGH, FuR 2013, 426.

ein Rechenbeispiel für den Mangelfall und Grundlagen für die Bildung des Quotenunterhalts eines Ehegatten.

Wegen der besonderen Bedeutung soll hier nur auf die Selbstbehalte, den Eigenbedarf und das Existenzminimum eingegangen werden.

1. Selbstbehalte

Die Selbstbehalte orientieren sich an den Lebenshaltungskosten. Sie berücksichtigen zum einen den Verbraucherpreisindex und zum anderen Vorgaben der Sozialgesetzgebung, insb. die Anrechnungs- und Freibetragsregelung beim Arbeitslosengeld II gem. § 30 SGB II. Nachdem das Bundesverfassungsgericht (BVerfG) in seiner Entscheidung vom 09.02.2010[43] lediglich beanstandet hat, dass der Gesetzgeber die existenznotwendigen Aufwendungen nicht in einem transparenten und sachgerechten Verfahren realitätsgerecht sowie nachvollziehbar auf der Grundlage verlässlicher Zahlen und schlüssiger Berechnungsverfahren bemessen und ferner neben der Sicherstellung des laufenden Bedarfs nicht genügend Regelungen geschaffen hat, um einen plötzlich auftretenden besonderen Bedarf zu decken, aber die Höhe der festgesetzten Regelleistungsbeträge nicht als unzureichend bemängelt hat, hat der Gesetzgeber die Bedarfssätze nur geringfügig angehoben. Auch im Hinblick auf andere Veränderungen ergab sich die Notwendigkeit, auf dieser Basis die Selbstbehaltsätze für Erwerbstätige bei der gesteigerten Unterhaltsverpflichtung gem. § 1603 Abs. 2 BGB auf 1.160 € zu erhöhen. Dieser Betrag errechnet sich aus dem Grundbedarf nach § 20 SGB II € zzgl. 10 % wegen unkalkulierbarer Kosten sowie dem Erwerbstätigenfreibetrag von rund 180 € und den in dem Selbstbehalt enthaltenen Warmmietkosten von 430 €. Bei Nichterwerbstätigen erfolgte zuletzt eine Anhebung auf 960 €, da dieser Betrag im Hinblick auf die vorgenannte Berechnung angemessen ist. Im Hinblick darauf brauchen den nichterwerbstätigen Unterhaltspflichtigen zur Bestreitung ihres eigenen Unterhalts nicht mehr Mittel zur Verfügung gestellt zu werden, um die leicht gestiegenen Lebenshaltungskosten abzudecken.

Aufgrund der Erhöhung des notwendigen Selbstbehalts für Erwerbstätige auf 1.160 € wurden sämtliche Bedarfskontrollbeträge und Selbstbehalte erhöht.. Die neuen Selbstbehalte betragen nunmehr ggü. Ehegatten 1.280 €, ggü. der nicht verheirateten Mutter eines Kindes 1.280 € und ggü. nicht privilegierten volljährigen Kindern 1.400 €. Einige Oberlandesgerichte differenzieren beim Ehegattenunterhalt und Unterhalt nach § 1615l BGB zwischen erwerbstätigen und nicht erwerbstätigen Unterhaltspflichtigen. Für nicht erwerbstätige Uterhaltspflichtige gilt bei diesen Oberlandesgerichten ein Selbstbehalt von 1.180 €. Diese Aufspittung hat der BGH ausdrücklich gebilligt.[44]

Beim Elternunterhalt ist der Entscheidung des BGH vom 28.07.2010[45] Rechnung getragen worden, nach der auch das über die in der Düsseldorfer Tabelle genannten Selbstbehalte hinausgehende Einkommen, das zur Hälfte für den Elternunterhalt einzusetzen ist und zur Hälfte dem Unterhaltspflichtigen verbleibt, um die Haushaltsersparnis zu vermindern ist. Die Haushaltsersparnis setzt der BGH mit regelmäßig 10 % an. Dies bedeutet, dass auch das über den Familienselbstbehalt hinausgehende Einkommen um die Haushaltsersparnis zu bereinigen ist, so dass nicht wie bisher die Hälfte davon sondern 55 % für Unterhaltszwecke aufzuwenden ist. Vereinfacht kann der individuelle Familienbedarf durch Addition der Familienselbstbehalte gem. D I der Düsseldorfer Tabelle (1.600 € für den Unterhaltspflichtigen und 1.280 € für den mit ihm zusammenlebenden Ehegatten) mit einem Betrag i.H.v. 45 % des um den Familienselbstbehalt bereinigten Gesamteinkommens der Ehegatten errechnet werden.Leider hat sich in der Berechnung des BGH ein Fehler eingeschlichen, den die Düsseldorfer Tabelle übernommen hat. Da der BGH von dem nach Abzug des Familienselbstbehalts verbleibenden Familieneinkommen die Vorteile des Zusammenlebens von 10 % abzieht, zieht er letztlich von den Vorteilen des Zusammenlebens, die schon im Familienselbstbehalt berücksichtigt worden sind, nochmals Vorteile des Zusammenlebens ab. Richtig wäre

---

43 1 BvL 1/09; 03/09–04/09.
44 BGH, FamRZ 2020, 97.
45 BGH, FamRZ 2010, 1535.

es, von dem Familieneinkommen Vorteile von 10 % abzuziehen und die im Familienselbstbehalt schon berücksichtigten Vorteile davon in Abzug zu bringen.Lediglich der Restbetrag dürfte zur Bildung des individuellen Familienbedarfs berücksichtigt werden.

76 Die in den Selbstbehaltsätzen berücksichtigten Warmmietkosten haben sich ebenfalls geändert. Sie betragen beim notwendigen Selbstbehalt 430 €, beim Selbstbehalt ggü. nicht privilegierten volljährigen Kindern 550 €, beim Elternunterhalt insgesamt 1.300 €, nämlich 700 € für den Pflichtigen und 600 € für den mit ihm zusammenlebenden Ehegatten, sowie beim Ehegattenselbstbehalt 490 €.

2. Eigenbedarfsätze

77 In den Anmerkungen VI sind Mindestbedarfsätze für einen Ehegatten festgelegt worden, die darüber Aufschluss geben, ob sich dieser Ehegatte den Vorwegabzug einer nachrangigen Unterhaltspflicht bei der Bemessung der ehelichen Lebensverhältnisse entgegenhalten lassen muss oder nicht. Grds. prägen auch nachrangige Unterhaltspflichten die ehelichen Lebensverhältnisse. Der Nachrang wirkt sich erst bei der Leistungsfähigkeit aus, hat aber grds. keine Bedeutung für die Bedarfsberechnung. Ist der Unterhaltpflichtige in der Lage, alle Unterhaltsansprüche zu befriedigen, wirkt sich ein etwaiger Nachrang nicht aus. Erst wenn die Leistungsfähigkeit des Unterhaltsberechtigten eingeschränkt ist, führt der Nachrang zu einer Selektierung. In diesem Fall sind zunächst die vorrangigen Unterhaltsberechtigten zu befriedigen. Hinzu kommt, dass auch der Mindestbedarf des vorrangigen Ehegatten durch die Berücksichtigung der nachrangigen Unterhaltspflicht bei der Berechnung der ehelichen Lebensverhältnisse nicht unterschritten werden darf. Der vorrangige Ehegatte braucht den Vorwegabzug einer nachrangigen Unterhaltspflicht nur gegen sich gelten zu lassen, wenn sein Mindestbedarf sichergestellt ist.[46] Die dafür maßgebenden Mindestbedarfsätze sind nunmehr in B VI der Düsseldorfer Tabelle geregelt. Diese unterscheidet zwischen dem Mindestbedarf eines von dem Unterhaltspflichtigen getrennt lebenden oder geschiedenen Ehegatten (1.) und einem mit dem Unterhaltspflichtigen in einem gemeinsamen Haushalt lebenden Ehegatten (2.).

78 Der Mindestbedarf des von dem Unterhaltspflichtigen getrennt lebenden oder geschiedenen Ehegatten entspricht dem Selbstbehalt des Unterhaltspflichtigen. Dies beruht auf dem Gedanken, dass dann, wenn der Unterhaltspflichtige ggü. einem nachrangigen Unterhaltsberechtigten nicht unterhaltspflichtig ist, weil seine Leistungsfähigkeit nicht besteht, auch der von ihm getrennt lebende oder geschiedene Ehegatte den Vorwegabzug bei der Bedarfsberechnung nicht gegen sich gelten lassen muss, wenn dies dazu führt, dass die ihm dann verbleibenden Mittel geringer sind als der Selbstbehalt des Verpflichteten.

79 Anders verhält es sich bei dem mit dem Unterhaltspflichtigen zusammenlebenden Ehegatten. Hier sind die Vorteile des Zusammenlebens bedarfssenkend zu berücksichtigen. Der Einfachheit halber haben die Düsseldorfer Tabelle wie auch alle Leitlinien der OLG die Ersparniskosten bei dem Mindestbedarf des mit dem Unterhaltspflichtigen zusammenlebenden Ehegatten in Ansatz gebracht. Dies wirkt sich letztlich nicht aus, da zur Sicherstellung der Leistungsfähigkeit durch den Familienunterhalt ohnehin die Selbstbehalte des Pflichtigen und des mit ihm zusammenlebenden Ehegatten als Familienselbstbehalt zusammengerechnet werden. Die geringeren Ansätze ergeben sich dadurch, dass entsprechend der oben genannten Entscheidung des BGH[47] die Haushaltsersparnis mit 10 % des Familienselbstbehalts in Ansatz gebracht worden ist. Dies bedeutet, dass der Mindestbedarf eines geschiedenen oder getrennt lebenden Ehegatten ggü. nicht privilegierten volljährigen Kindern i.H.v. 1.400 € bei einem mit dem Unterhaltspflichtigen zusammenlebenden Ehegatten auf 1.120 € abzusenken ist. 10 % des Familienselbstbehalts von 2.800 € betragen 280 €. Zieht man die 280 € von dem Selbstbehalt von 1.400 € ab, verbleiben 1.120 €. Die anderen Selbstbehalte sind entsprechend berechnet worden.

---

46 BGH, FamRZ 2003, 363.
47 BGH, FamRZ 2010, 1535.

B. Düsseldorfer Tabelle — Kapitel 1

▶ **Beispiel:**

Bereinigtes monatliches Nettoeinkommen des Mannes	2.800 €	80

Unterhalt für die geschiedene erwerbsunfähige Ehefrau und den gemeinsamen Sohn, der studiert.

Berechnung:

Einkommen	3.000 €
abzüglich Studentenunterhalt (860 € – 204 € Kindergeld)	656 €
ergibt	2.344 €
3/7 =	1.004,57 €

Da der Mindestbedarf ggü. volljährigen Kindern von 1.400 € des geschiedenen Ehegatten nicht sichergestellt ist, hat der Vorwegabzug des Kindesunterhalts zu unterbleiben.

Neuberechnung:

3/7 x 3.000 € = 1.285,71 €.

Neues Beispiel:

Es geht um den Unterhalt für den mit dem Mann zusammenlebenden Ehegatten.

Berechnung:

Einkommen	3.000 €.
abzüglich Studentenunterhalt	656 €.
ergibt	2.344 €.
Halbteilungsgrundsatz beim Familienunterhalt	1.172 €.

Da der Mindestbedarf von 1.120 € gewahrt ist, hat hier der Vorwegabzug Bestand.

Eine Neuberechnung ist nicht erforderlich

Fazit

Da dem Vater im ersten Fall 1.1714,29 € verbleiben, ist er bei einem Selbstbehalt von 1.400 € leistungsfähig, einen Teil des Volljährigenunterhalts zu zahlen. Ihm ist eine Zahlung von 314,29 € bei einem Selbstbehalt von 1.400 € im ersten Fall möglich.

Im zweiten Fall schuldet der Vater den vollen Unterhalt.

Diese Fallkonstellation ist insb. auch von großer Bedeutung für spätere Abänderungsverfahren. Ist in der Ausgangsentscheidung ein nachrangiger Volljährigenunterhalt in Ansatz gebracht worden und hat dieser die ehelichen Lebensverhältnisse geprägt, muss der unterhaltsverpflichtete Ehemann und Vater des Kindes genau überlegen, welchen der titulierten Unterhalte er abändern lassen möchte, wenn sein Einkommen gesunken ist. Führt die Einkommenssenkung dazu, dass dem ggü. dem Volljährigen bevorrechtigten Ehegatten weniger als der Mindestbedarf aufgrund der gesunkenen Einkünfte des Unterhaltspflichtigen verbleibt, ist der Abänderungsantrag gegen den Ehegattenunterhalt ohne Erfolg. Vielmehr hat dann der Unterhaltspflichtige die Obliegenheit, den Volljährigenunterhalt abändern zu lassen, weil nunmehr der unterhaltsberechtigte Ehegatte den Vorwegabzug nicht mehr gegen sich gelten lassen muss. Entfällt der Volljährigenunterhalt bei der Bedarfsberechnung als Abzugsposten, wirkt sich die Einkommenssenkung beim Unterhaltspflichtigen praktisch erst dann aus, wenn diese höher ist als der in Ansatz gebrachte Volljährigenunterhalt. Bis zur dessen Höhe verbleibt es beim Ehegattenunterhalt. In diesem Fall ist der Unterhaltspflichtige gehalten, den Volljährigenunterhalt abändern zu lassen, weil er im Hinblick auf den vorrangigen Ehegattenunterhalt nicht oder nicht in voller Höhe leistungsfähig ist, diesen Unterhalt weiterhin zu entrichten.

Mindestbedarfssätze wirken sich i.Ü. auch dann aus, wenn ein nachrangiger Geschiedenenunterhalt die ehelichen Lebensverhältnisse der neuen Ehe prägt. Ist der geschiedene Ehegatte nachrangig, ist zu beachten, dass der Mindestbedarf des zweiten Ehegatten nicht unterschritten wird.

3. Existenzminimum des unterhaltsberechtigten Ehegatten

81 Nach der Entscheidung des BGH vom 13.01.2010[48] steht dem unterhaltsberechtigten Ehegatten ein Mindestbedarf zu, der dem Existenzminimum entspricht. Aus diesem Grunde befindet sich in der Düsseldorfer Tabelle unter B V eine Regelung zum Existenzminimum, das für nicht erwerbstätige Ehegatten 960 € beträgt. Dieses Existenzminimum kommt in drei Fällen in Betracht. Es kann zum einen bei der Verwirkung des Ehegattenunterhalts gem. § 1579 BGB eine Rolle spielen, wenn Kindesinteressen bei den Folgen der Verwirkung zu berücksichtigen sind. Da die Kinderbetreuung unter der Verwirkung nicht leiden darf, muss dem Ehegatten das Existenzminimum sichergestellt werden, damit dieser nicht gezwungen ist, einer Erwerbstätigkeit nachzugehen und die Kinderbetreuung zu vernachlässigen.

82 Der Mindestbedarf des Ehegatten hat auch dann Bedeutung, wenn der unterhaltsberechtigte Ehegatte wegen der geringen Einkünfte des Unterhaltsverpflichteten aufgrund der ehelichen Lebensverhältnisse einen Bedarf von weit unter dem Existenzminimum hat. In diesem Fall ergeben sich die Grenzen des Unterhalts im Regelfall auch durch Einschränkung der Leistungsfähigkeit aufseiten des Unterhaltspflichtigen. Wenn dieser jedoch später aufgrund eines Karrieresprungs erheblich höhere Einkünfte erzielt, wirkt sich dies zunächst nur auf die Leistungsfähigkeit aus, da das Einkommen aus dem Karrieresprung, wenn nicht gegenläufige Einkommensentwicklungen auszugleichen sind, nicht eheprägend ist, wenn dies nicht in der Ehe angelegt war.[49]

83 Auswirkungen hätte das Einkommen aus dem Karrieresprung allerdings für die Leistungsfähigkeit, da hier die Hürde der Eheprägung nicht überwunden werden muss. Damit wäre der Unterhaltspflichtige uneingeschränkt leistungsfähig, den sich nach der Bedarfsberechnung ergebenden Ehegattenunterhalt zu zahlen. Liegt der Bedarf unter dem Mindestbedarf von 960 € für einen nicht erwerbstätigen Ehegatten, ist der Mindestbedarf geschuldet.

84 Weitere Auswirkungen kann der Mindestbedarf bei der Konkurrenz mit einem Unterhaltsanspruch nach § 1615l BGB haben. Wenn dieser die ehelichen Lebensverhältnisse prägt und in der Bedarfsberechnung dazu führt, dass der Mindestbedarf des Ehegatten unterschritten wird, müsste bei Gleichrang des Ehegatten mit dem Berechtigten nach § 1615l BGB gem. § 1609 Nr. 2 BGB für den Ehegatten ein Mindestbedarf von 960 € in Ansatz gebracht werden, wenn er nicht erwerbstätig ist. Dies würde sich bei der erforderlichen Mangelfallberechnung auswirken. Einsatzbetrag wäre dann nämlich das Existenzminimum.

85 Sonstige Auswirkungen hat der Mindestbedarf nicht. Letztlich bestimmt die Leistungsfähigkeit des Unterhaltspflichtigen das Maß des Unterhalts. Bezieht dieser z.B. ein bereinigtes monatliches Nettoeinkommen von 1.400 €, können dem Ehegatten nur 100 € aufgrund eingeschränkter Leistungsfähigkeit zustehen. Der Mindestbedarf hat keine Auswirkungen.

86 Auch beim Quotenunterhalt wirkt sich der Mindestbedarf nicht aus. Geht man davon aus, dass der Selbstbehalt des Unterhaltspflichtigen von 1.300 € 4/7 seines Einkommens entspricht, liegt die 3/7-Quote des unterhaltsberechtigten Ehegatten bei 975 €. Damit ist der Mindestbedarf bereits überschritten. Bei geringerem Einkommen würde der Quotenunterhalt wiederum durch eingeschränkte

---
48 BGH, FamRZ 2010, 444.
49 BGH, FamRZ 2009, 411.

Leistungsfähigkeit des Unterhaltsverpflichteten gekürzt, so dass der Mindestunterhalt hier keine Bedeutung hat.

Ggü. nachrangigen Unterhaltsberechtigten gelten die Mindestbedarfssätze nach Anm. B VI der Düsseldorfer Tabelle und nicht das Existenzminimum von 960 €.

V. Geltungsdauer der Düsseldorfer Tabelle

Die Düsseldorfer Tabelle wird seit dem 01.01.1979 vom OLG Düsseldorf herausgegeben. Die Tabellen der Jahre 1972 bis 1977 stammen von dem damals zuständigen LG Düsseldorf. Die Düsseldorfer Tabelle hat derzeit den Stand vom 01.01.2020 und beruht auf dem Unterhaltsrechtsänderungsgesetz vom 01.01.2008.[50] Da der Mindestbedarf gem. § 1612a BGB vom steuerlichen Kinderfreibetrag abhängt, der wiederum vom Existenzminimum abhängig ist, werden Veränderungen der Tabelle letztlich durch die Veränderungen des Einkommensteuerrechts veranlasst. Ansonsten ergibt sich Änderungsbedarf insb. bei der Veranlassung, die Selbstbehalte anzupassen.

C. Leitlinien

Die Leitlinien wurden von den OLG zur Vereinheitlichung der Rechtsprechung entwickelt. Sie geben zunächst den Mindestkonsens der Familiensenate des jeweiligen OLG wieder. Zudem wurde auch eine bundesweite Vereinheitlichung erstrebt, die jedoch nur eingeschränkt erreicht werden konnte. Jedoch ist positiv hervorzuheben, dass sich die OLG auf eine bundeseinheitliche Leitlinienstruktur geeinigt haben, die seit Juli 2003 in allen Leitlinien umgesetzt wurde. Seitdem werden sämtliche Einzelfragen unter der gleichen Nummer abgehandelt. Dies ermöglicht einen schnellen Überblick über die Regelungen zu einzelnen unterhaltsrechtlich relevanten Fragen. Zudem ergibt sich aus der bundeseinheitlichen Leitlinienstruktur, dass die Übereinstimmungen zwischen den einzelnen OLG größer sind als die Abweichungen.

Die bundeseinheitliche Leitlinienstruktur lautet wie folgt:

Unterhaltsrechtlich maßgebendes Einkommen

Allgemeine Grundsätze (wie SüdL zu I)

1. Geldeinnahmen
    1.1 regelmäßiges Bruttoeinkommen einschl. Renten und Pensionen
    1.2 unregelmäße Einkommen (z.B. Abfindungen etc.)
    1.3 Überstunden
    1.4 Spesen und Auslösungen,
    1.5 Einkommen aus selbstständiger Tätigkeit
    1.6 Einkommen aus Vermietung und Verpachtung sowie Kapitalvermögen
    1.7 Steuererstattungen
    1.8 Sonstige Einnahmen (z.B. Trinkgelder)
2. Sozialleistungen
    2.1 Arbeitslosengeld und Krankengeld
    2.2 Leistungen nach dem SGB II (mit Differenzierung)
    2.3 Wohngeld

---

50 Vgl. dazu zuletzt *Soyka*, FamRZ 2011, 73.

- 2.4 BAföG
- 2.5 Erziehungs- und Elterngeldgeld
- 2.6 Unfall- und Versorgungsrenten
- 2.7 Leistungen aus der Pflegeversicherung, Blindengeld u. ä.
- 2.8 Pflegegeld
- 2.9 Grundsicherungsgesetz beim Verwandtenunterhalt
- 2.10 Sozialhilfe
- 2.11 Unterhaltsvorschuss
3. Kindergeld
4. Geldwerte Zuwendungen des Arbeitgebers
5. Wohnwert
6. Haushaltsführung
7. Einkommen aus unzumutbarer Erwerbstätigkeit
8. Freiwillige Zuwendungen Dritter
9. Erwerbsobliegenheit und Einkommensfiktion
10. Bereinigung des Einkommens
    - 10.1 Steuern und Vorsorgeaufwendungen
    - 10.2 berufsbedingte Aufwendungen
    - 10.2.1 Pauschale/Konkrete Aufwendungen
    - 10.2.2 Fahrtkosten
    - 10.2.3 Ausbildungsaufwand
    - 10.3 Kinderbetreuung
    - 10.4 Schulden
    - 10.5 Unterhaltsleistungen
    - 10.6 Vermögensbildung

Kindesunterhalt

11. Bemessungsgrundlage (Tabellenunterhalt)
    - 11.1 Kranken- und Pflegeversicherungsbeiträge
    - 11.2 Eingruppierung
12. minderjährige Kinder
    - 12.1 Betreuungs-/Barunterhalt
    - 12.2 Einkommen des Kindes
    - 12.3 beiderseitige Barunterhaltspflicht/Haftungsanteil
    - 12.4 Zusatzbedarf
13. volljährige Kinder
    - 13.1 Bedarf

13.2 Einkommen des Kindes

13.3 beiderseitige Barunterhaltspflicht/Haftungsanteil

14. Verrechnung des Kindergeldes

Ehegattenunterhalt

15. Unterhaltsbedarf

15.1 Bedarf nach ehelichen Lebensverhältnisse (z.B. J. Kinder, Schulden)

15.2 Halbteilung und Erwerbstätigenbonus

15.3 konkrete Bedarfsbemessung

15.4 Vorsorgebedarf/Zusatz- und Sonderbedarf

15.5 Bedarf bei mehreren gleichrangigen Ehegatten und Berechtigten nach § 1615l BGB

15.6 Trennungsbedingter Mehrbedarf

16. Bedürftigkeit

17. Erwerbsobliegenheit

17.1 bei Kindesbetreuung (ggf. überobligatorisches Einkommen)

17.2 bei Trennungsunterhalt

Weitere Unterhaltsansprüche

18. Ansprüche aus § 1615 Abs. 1

19. Elternunterhalt

20. Lebenspartnerschaft

Leistungsfähigkeit und Mangelfall

21. Selbstbehalt

21.1 Grundsatz

21.2 notwendiger Selbstbehalt

21.3 angemessener Selbstbehalt

21.3.1 ggü. volljährigem Kind

21.3.2 bei Ansprüchen aus § 1615 Abs. 1 BGB

21.3.3 beim Elternunterhalt

21.3.4 von Großeltern ggü. Enkeln

21.4 Mindestselbstbehalt ggü. Ehegatten

21.5 Anpassung des Selbstbehalts

22. Bedarf des mit dem Pflichtigen zusammenlebenden Ehegatten

22.1 Mindestbedarf bei Ansprüchen des nachrangigen geschiedenen Ehegatten

22.2 Mindestbedarf bei Ansprüchen aus § 1615l BGB, bei volljährigen Kindern

22.3 Mindestbedarf bei Ansprüchen von Eltern oder Enkeln des anderen Ehegatten und von gemeinsamen Enkeln

23. Mangelfall
- 23.1 Grundsatz
- 23.2 Einsatzbeträge
- 23.3 Berechnung
- 23.4 Kindergeldverrechnung

Sonstiges

24. Rundung
25. Ost-West-Fälle

Anhang

I. Düsseldorfer Tabelle
II. Umrechnung dynamischer Titel über den Kindesunterhalt in Mindestunterhalt gem. § 36 Nr. 3 EGZPO
III. Rechenbeispiele

Kapitel 2 Einkommensermittlung

Übersicht	Rdn.
A. **Grundlagen**......................	1
B. **Einkünfte**.......................	21
I. Einkünfte aus nicht selbstständiger Tätigkeit.......................	21
II. Einkünfte aus selbstständiger Tätigkeit .	37
1. Gewinn und Überschusseinkünfte..	37
2. Aufwand und Betriebsausgaben	55
a) Abzüge...................	55
b) Abschreibungen	57
aa) Lineare Abschreibung......	59
bb) Degressive Abschreibung ...	63
cc) Sonderabschreibungen	66
dd) Rückstellungen...........	77
ee) Kosten der Lebensführung..	80
ff) Vorsorgeaufwendungen	84
gg) Steuern.................	89
III. Sozialstaatliche Leistungen...........	95
1. ALG I.......................	96
2. ALG II......................	98
3. Ausbildungsförderung	100
4. Elterngeld, Erziehungsgeld, Mutterschaftsgeld	103
5. Kindergeld, Kinderzuschlag	109
6. Pflegegeld...................	115
7. Grundsicherung, Renten und sonstige Sozialleistungen............	133
IV. Einkünfte aus Kapitalvermögen, Wohnvorteil	147
1. Einkünfte aus Kapitalvermögen	148
2. Vermögensverwertung	153
3. Einkünfte aus Vermietung und Verpachtung.....................	165
4. Wohnvorteil...................	177
V. Sonstige Einkünfte	205
VI. Fiktive Einkünfte..................	222
1. Grundlagen	224
2. Höhe der fingierten Einkünfte	241
3. Einkommensfiktion bei Arbeitslosigkeit........................	245
4. Fiktion bei unzureichender Vermögensnutzung	248

Übersicht	Rdn.
5. Rollenwechsel in neuer Ehe	251
6. Fiktive Einkünfte wegen Versorgungsleistungen, Kostenersparnis bei Zusammenleben..............	254
7. Fiktion bei Strafgefangenen	256
8. Fiktion von Steuervorteilen	260
9. Unterlassene Antragstellung öffentlich-rechtlicher Hilfen........	262
C. **Bereinigtes Nettoeinkommen**........	265
I. Steuern	267
II. Vorsorgeaufwendungen	276
III. Berufsbedingte Aufwendungen	297
IV. Umgangskosten...................	322
V. Verbindlichkeiten	328
1. Grundlagen	329
2. Gesamtschuldnerausgleich	339
3. Verbraucherinsolvenzverfahren.....	344
4. Doppelverwertungsverbot	346
VI. Unterhalt anderer Berechtigter........	350
VII. Aufwendungen zur Vermögensbildung .	363
VIII. Mehraufwendungen wegen Krankheit oder Alter	365
D. **Auskunfts- und Beleganspruch**.......	371
I. Verfahrensrechtliche Auskunftspflichten .	372
II. Materielle Auskunftspflichten	379
1. Auskunft beim Kindesunterhalt	386
2. Auskunft beim Ehegattenunterhalt..	390
3. Auskunft beim Elternunterhalt.....	396
4. Auskunftsanspruch bei § 1615l BGB......................	400
5. Auskunft zwischen Lebenspartnern .	401
6. Umfang der Auskunftserteilung und Belegpflicht	402
7. Auskunfts- und Beleganspruch bei nicht selbstständiger Tätigkeit	407
8. Auskunfts- und Beleganspruch bei Selbstständigen.................	415
9. Sonderfragen	420
10. Pflicht zur unaufgeforderten Auskunftserteilung.................	452

A. Grundlagen

Der Umfang jedes Unterhaltsanspruchs hängt maßgeblich von der Ermittlung des Einkommens der am Unterhaltsrechtsverhältnis Beteiligten ab. **1**

Sowohl für den Berechtigten als auch für den Pflichtigen gilt, dass grds. alle erzielten und erzielbaren Einkünfte, gleich welcher Art sie sind und aus welchem Anlass sie erzielt werden, maßgeblich sind (**weiter Einkommensbegriff**).[1] Demgemäß sind als Arbeitseinkommen regelmäßig alle **2**

---

[1] BGH, FamRZ 2009, 762; BGH, FamRZ 2006, 99; BGH, FamRZ 2004, 186.

Leistungen anzusehen, die im Hinblick auf das Arbeits- oder Dienstverhältnis gewährt werden, gleichgültig aus welchem Anlass sie gezahlt werden.

3 Auf eine genaue Einkommensermittlung kann nur ausnahmsweise verzichtet werden. Dies gilt beim Ehegattenunterhalt etwa dann, wenn das Einkommen des Verpflichteten so hoch ist, dass der Unterhalt nicht quotal, sondern konkret zu berechnen ist.[2] Beim Ehegattenunterhalt ist zwischen den die ehelichen Lebensverhältnisse prägenden Einkünften und Einkünften, welche die ehelichen Lebensverhältnisse nicht geprägt haben, zu unterscheiden.[3] Beim Kindesunterhalt kann auf eine genaue Einkommensermittlung verzichtet werden, wenn der Verpflichtete seine uneingeschränkte Leistungsfähigkeit einräumt und nur der Bedarf des Berechtigten festzustellen ist[4] oder geringfügige Differenzen bei den Einnahmen oder Ausgaben keinen Einfluss auf die Eingruppierung nach der Düsseldorfer Tabelle haben. I.Ü. sind beim Kindesunterhalt grds. alle Nettoeinkünfte des Verpflichteten und des Kindes maßgeblich.

4 Das unterhaltsrelevante Einkommen umfasst alle zufließenden Güter in Geld oder Geldwert ohne Rücksicht auf ihre Herkunft und auf ihren Verwendungszweck.[5] Der unterhaltsrechtliche Einkommensbegriff ist weiter als der steuerrechtliche.[6] Das **Steuerrecht** privilegiert einzelne Einkunftsarten und erkennt auch bestimmte Aufwendungen als einkommensmindernd an, denen keine tatsächliche Vermögenseinbuße gegenüberstehen muss.

5 Eine **öffentlich-rechtliche** oder **private Zweckbestimmung** der dem Pflichtigen oder Bedürftigen zufließenden Mittel ist für die unterhaltsrechtliche Einkommensermittlung nicht ohne Weiteres maßgeblich.[7]

6 Zum unterhaltsrechtlich maßgeblichen Einkommen zählen zunächst alle sieben Einkommensarten nach § 2 EStG.

7 **Übersicht der Einkünfte nach § 2 EStG:**
 – Einkünfte aus Land- und Forstwirtschaft (§§ 13 bis 14a EStG)
 – Einkünfte aus Gewerbebetrieb (§§ 15 bis 17b EStG)
 – Einkünfte aus selbstständiger Arbeit (§ 18 EStG)
 – Einkünfte aus nichtselbstständiger Arbeit (§ 19 EStG)
 – Einkünfte aus Kapitalvermögen (§ 20 EStG)
 – Einkünfte aus Vermietung und Verpachtung (§ 21 EStG)
 – Sonstige Einkünfte i.S.d. § 22 EStG

8 **Einkünfte aufgrund sozialstaatlicher Zuwendungen** sind unterhaltsrechtlich relevant, wenn ihnen Lohnersatzfunktion zukommt. Schließlich sind unterhaltsrechtlich solche Beträge zu berücksichtigen, die nicht vereinnahmt werden, aber zumutbar eingezogen werden können (**fiktive Einkünfte**).[8]

9 Bedürftigkeit einerseits und Leistungsfähigkeit andererseits müssen in **zeitlicher Kongruenz** stehen.[9] Eine zu einem späteren Zeitpunkt gesteigerte Leistungsfähigkeit erhöht nicht den Unterhaltsanspruch für die Vergangenheit.

10 Eine verlässliche Prognose des in Zukunft erzielten Einkommens kann regelmäßig nur aufgrund in der Vergangenheit erzielter Einkünfte erfolgen. Das Unterhaltsrecht stellt auf einen **repräsentativen**

---

2 BGH, FamRZ 2011, 192; BGH, FamRZ 2010, 1637; BGH, FamRZ 2007, 117; vgl. auch 15.3 der Leitlinien.
3 BGH, NJW 2012, 384; BGH, FamRZ 2009, 411.
4 BGH, FamRZ 2011, 192; BGH, FamRZ 2001, 1603.
5 BGH, FamRZ 1989, 170.
6 BGH, FamRZ 2012, 288; BGH, FamRZ 2009, 762.
7 BGH, FamRZ 1997, 806.
8 BGH, FamRZ 2000, 1358; BGH, FamRZ 1999, 843; vgl. *Jüdt*, FuR 2012, 520; *Schürmann*, FuR 2011, 187 und Nr. 9 der Leitlinien.
9 BVerfG, FamRZ 2005, 1051; BGH, FamRZ 2016, 199.

Einkommenszeitraum ab.[10] **Bei nicht selbstständig Beschäftigten** sind grds. die Einkünfte der **letzten 12 Monate** oder des letzten Kalenderjahres maßgeblich.[11] In Einzelfällen (etwa stark schwankende Einkünfte) ist auf einen größeren Zeitraum abzustellen.[12] Bei **Selbstständigen** ist grds. auf einen **3-Jahres-Zeitraum** abzustellen.[13] Auch dies schließt jedoch nicht aus, dass im Einzelfall eine längere[14] oder kürzere[15] Zeitspanne zugrunde zu legen ist.[16] Bei anderen Einkünften mit ähnlicher Schwankungsbreite wie bei den Einkünften Selbstständiger, etwa bei Einkünften aus Kapitalvermögen, kommt gleichfalls der Durchschnitt aus den letzten, regelmäßig drei, Jahren in Betracht.[17]

Für die Berechnung von **Unterhaltsrückständen** ist grds. auf das Einkommen abzustellen, das in dem streitgegenständlichen Zeitraum erzielt wurde.[18]

Eine **modifizierte Einkommensermittlung** ist im Mangelfall[19] und bei verschärfter Unterhaltspflicht (§ 1603 Abs. 2 BGB) geboten.

Der Unterhalt begehrende Beteiligte hat die Voraussetzungen des Anspruchs darzulegen und zu beweisen.[20] Der **Einwand mangelnder Leistungsfähigkeit** stellt eine echte Einwendung dar und ist vom Verpflichteten darzulegen.[21] Dies gilt auch nach Anspruchsübergang auf einen Sozialleistungsträger.[22] Beruft sich der Pflichtige auf sein zu versteuerndes Einkommen, muss er die abgesetzten Beträge so darlegen, dass die allein steuerlich beachtlichen Aufwendungen von den auch unterhaltsrechtlich abzugsfähigen Aufwendungen abgegrenzt werden können.[23]

Der Gläubiger kann sich über den **Auskunftsanspruch** Kenntnis vom Einkommen des Pflichtigen verschaffen (vgl. § 1605 BGB für den Verwandtenunterhalt; § 1580 BGB für den Geschiedenenunterhalt, §§ 1361 Abs. 4 Satz 2 i.V.m. 1605 BGB für den Trennungsunterhalt, § 1615l Abs. 3 Satz 1 BGB für den Unterhaltsanspruch nicht miteinander verheirateter Elternteile und §§ 12 Abs. 2 Satz 2, 16 Abs. 2 Satz 2 LPartG für getrennt lebende Lebenspartner). Flankiert werden die Vorschriften durch eine Konkretisierung der Auskunftspflichten der Verfahrensbeteiligten ggü. dem Gericht durch §§ 235, 236 FamFG. Nach §§ 235, 236 FamFG ist das Familiengericht verpflichtet, die Auskünfte von dem anderen Unterhaltsbeteiligten oder Dritten einzuholen, nach § 236 Abs. 1 Nr. 5 FamFG auch vom Finanzamt. Gem. § 235 Abs. 3 FamFG sind die Beteiligten verpflichtet, unaufgefordert während des Verfahrens sämtliche Änderungen, die Gegenstand einer Anordnung nach § 235 Abs, 1 FamFG waren, mitzuteilen. Alternativ besteht für den Bedürftigen die Möglichkeit, ein bestimmtes Einkommen des Pflichtigen konkret zu behaupten. Das Bestreiten des Pflichtigen ohne zumutbare Substanziierung zieht sodann die Geständnisfunktion des § 138 Abs. 3 ZPO nach sich.[24] Aus der wechselseitigen Substanziierungspflicht ergibt sich damit praktisch eine Darlegungslastumkehr dahin, dass jede Partei für ihr eigenes Einkommen darlegungsbelastet ist.

---

10 BGH, FamRZ 2010, 1050.
11 BGH, FamRZ 1983, 996.
12 OLG Düsseldorf, FamRZ 1990, 68: 2-Jahres-Zeitraum.
13 BGH, FamRZ 2016, 717; BGH, FamRZ 2004, 1177; BGH, FamRZ 1992, 1045.
14 BGH, FamRZ 2004, 1177; BGH, FamRZ 1985, 357: Sechs-Jahres-Zeitraum.
15 OLG Hamm, FamRZ 1997, 310; OLG Köln, NJW-RR 1995, 1157.
16 BGH, FamRZ 2004, 1177; zu Einzelheiten vgl. FamR-Komm/*Kleffmann*, Vor § 1361 Rn. 8.
17 BGH, FamRZ 1984, 39.
18 BGH, FamRZ 2007, 1532; OLG Brandenburg, NZFam 2016, 983.
19 Vgl. *Grandke*, in: Scholz/Kleffmann, Praxishandbuch Familienrecht, Teil K Rn. 114 ff.
20 BGH, FamRZ 2002, 536; BGH, FamRZ 1995, 291.
21 BGH, FamRZ 2015, 1172; BGH, NJW 2012, 384, 389; KG, NJW-RR 2015, 902.
22 BGH, FamRZ 2013, 1057.
23 BGH, FamRZ 2009, 762; BGH, FamRZ 2004, 1177; vgl. auch OLG Schleswig, FamRZ 2015, 1178; OLG Celle, FamRZ 2003, 177; OLG Koblenz, FamRZ 2000, 605.
24 BGH, FamRZ 1987, 259; OLG Koblenz, FamRZ 2000, 605.

15 Darüber hinaus bestehen die **prozessuale Wahrheitspflicht** nach § 138 Abs. 1 ZPO und die materiell-rechtlichen Informationspflichten.[25]

16 Ausnahmsweise, etwa bei völliger Unverhältnismäßigkeit einer weiteren Aufklärung der Einkommensverhältnisse, ist eine **Schätzung** der Einkünfte (§ 287 Abs. 2 ZPO) zulässig.[26]

17 Die Zukunftsprognose beruht auf den Werten der Vergangenheit.[27]

18 Eine Korrektur des aus dem abgelaufenen Kalenderjahr berechneten durchschnittlichen Einkommens muss erfolgen, wenn feststeht, dass sich das Einkommen bereits nicht unwesentlich und nachhaltig geändert hat oder künftig ändern wird.[28] Wird jedoch nur geltend gemacht, dass Änderungen zu erwarten sind und lässt sich deren Umfang nicht konkret bestimmen, muss wegen der **Unsicherheit von Zukunftsprognosen** deren Eintritt abgewartet und sodann eine **Änderung nach §§ 238 ff. FamFG** geltend gemacht werden.

19 I.R.d. Bedürftigkeitsprüfung sind uneingeschränkt alle Einkünfte des Kindes zu berücksichtigen.[29]

20 Für die Unterhaltsberechnung wird das **bereinigte Nettoeinkommen** benötigt, da Unterhalt nicht allen sonstigen Ausgaben der Beteiligten vorgeht.[30]

Ein **Erwerbstätigenbonus** kommt in Betracht, wenn der Unterhalt nach Quote berechnet wird. Wird der Unterhalt nicht nach der Quotenmethode berechnet, sondern der **konkrete Bedarf** ermittelt, ist das Einkommen des Unterhaltsberechtigten ohne Abzug eines Erwerbstätigenbonus bedarfsdeckend anzurechnen.[31]

▶ Praxistipp:

Bei konkreter Unterhaltsberechnung muss der Berechtigte darauf achten, dass berufliche Bedarfspositionen bei der Bedarfsermittlung berücksichtigt werden.

Schon bei der Bemessung des Unterhaltsbedarfs nach den ehelichen Lebensverhältnissen muss dem erwerbstätigen Unterhaltspflichtigen im Verhältnis zum Unterhaltsberechtigten ein die Hälfte des verteilungsfähigen Einkommens maßvoll übersteigender Betrag verbleiben, um dem typischerweise mit der Berufstätigkeit verbundenen erhöhten Aufwand, auch soweit er sich nicht in konkret messbaren Kosten niederschlägt, und dem Gedanken des Erwerbsanreizes Rechnung zu tragen.[32]

Soweit bei der Bemessung des unterhaltsrelevanten Einkommens bereits berufsbedingte Aufwendungen abgezogen wurden, spricht nach Auffassung des BGH[33] nichts dagegen, den **Erwerbstätigenbonus** – wie es die Süddeutschen Leitlinien vorsehen – allgemein **mit einem Zehntel zu berücksichtigen**.

Der BGH hat mit seinem Hinweis zur Bemessung des Erwerbstätigenbonus auf die süddeutschen Leitlinien, der im Sinne einer Empfehlung und nicht einer bindenden Entscheidung erfolgte, lediglich dessen Höhe im Blickpunkt gehabt, dagegen die spezielle Berechnungsmethode der Düsseldorfer Tabelle selbst nicht angesprochen. Er hat jedoch im Rahmen dieser Ausführungen auf eine Empfehlung des Deutschen Familiengerichtstages zu einer entsprechenden **bundeseinheitlichen Handhabung** hingewiesen. Folgt man der Empfehlung des BGH in Bezug auf die Bestimmung des Bonus, ist damit jedoch auch die Berechnung der Quote des Berechtigten in Höhe von 3/7 des

---

25 BGH, FamRZ 2008, 1325; zu Einzelheiten vgl. Kleffmann/Klein/*Kleffmann*, Unterhaltsrecht, Teil 2, Rn. 14.
26 BGH, FamRZ 1995, 347.
27 BGH, FamRZ 2010, 1050; BGH, FamRZ 2008, 1739; BGH, FamRZ 2005, 101.
28 BGH, FamRZ 2010, 1318; BGH, FamRZ 2010, 1150; BGH, FamRZ 2010, 192.
29 BGH, FamRZ 2009, 762; BGH, FamRZ 2006, 1100; BGH, FamRZ 2006, 99.
30 BGH, FamRZ 2007, 1532.
31 BGH, NJW 2011, 303.
32 BGH, FamRZ 1997, 806; BGH, FamRZ 1984, 663.
33 BGH, FamRZ 2020, 171.

bereinigten Einkommens nicht mehr haltbar, weil mit Bildung eines Quotienten von 3/7 der Bonus in Höhe von 14,3 % des verfügbaren Einkommens festgelegt wird.[34] Erfolgt dies dennoch,[35] kann dann ein Ausgleich etwa in der Weise erfolgen, dass bei real nachgewiesenen berufsbedingten Aufwendungen ein wesentlicher Teil des Bonus mit den geltend gemachten Aufwendungen zu verrechnen ist. Weicht man – bei nicht konkret dargelegten berufsbedingten Aufwendungen – weiterhin von der Empfehlung des BGH ab, den Bonus mit 1/10 zu bemessen, dürften die Voraussetzungen für eine **Zulassung der Rechtsbeschwerde** gem. § 70 Abs. 2 Satz 1 Nr. 2 FamFG vorliegen.[36]

B. Einkünfte

I. Einkünfte aus nicht selbstständiger Tätigkeit

Die praktisch wichtigste Einkommensquelle des Unterhaltspflichtigen und des Unterhaltsbedürftigen stellt deren Arbeitskraft dar, die anderen in Form abhängiger Beschäftigung zur Verfügung gestellt wird. Zu den Einkünften aus nicht selbstständiger Arbeit (§§ 2 Abs. 1 Nr. 1, 19 EStG) gehören alle Einnahmen, die einem Arbeitnehmer aus einem bestehenden Dienst- oder Arbeitsverhältnis in Geld oder Geldeswert (§ 8 EStG) gewährt werden. Soweit Zahlungen einmalig erfolgen, sind sie auf einen angemessenen Zeitraum zu verteilen (Nr. 1.2 der Leitlinien). Handelt es sich um schwankende Leistungen, ist ein **Durchschnittswert** über mehrere Jahre zu bilden.[37] Es gilt das **Zuflussprinzip** (§ 11 Abs. 1 Satz 2 EStG), gelockert nur durch die Verweisung auf § 38a Abs. 1 EStG.

Bei Erwerbseinkünften ist ein **Erwerbstätigenbonus** in Abzug zu bringen (vgl. auch Rdn. 20). Dem Erwerbstätigen soll ein die Hälfte des verteilungsfähigen Einkommens maßvoll übersteigender Betrag verbleiben, um dem typischerweise mit der Berufstätigkeit verbundenen erhöhten Aufwand, auch soweit er sich nicht in konkret messbaren Kosten niederschlägt, und dem Gedanken des Erwerbsanreizes Rechnung zu tragen.[38] Der **Bonus kommt nur bei Erwerbseinkünften**, nicht bei sonstigen Einkünften **in Betracht**,[39] etwa Krankengeld,[40] ALG I[41] oder bei einer Abfindung.[42] Auch wenn ein Dienstherr einen Beamten von der Arbeitstätigkeit freistellt, kann kein Bonus zugebilligt werden.[43] Der Zweck des Bonus, nämlich die Honorierung der Arbeitsleistung und die Motivation, diese Arbeitsleistung auch in Zukunft zu erbringen, kann nicht erreicht werden, wenn die vollen Bezüge auch ohne Arbeitsleistung erzielt werden.

Der **Bonus ist vom bereinigten Nettoeinkommen abzuziehen.**[44] Bei Mischeinkünften darf er nur vom Erwerbseinkommen, nicht von sonstigen Einkünften, abgezogen werden.[45] Die **Bemessung des Bonus steht im Ermessen des Tatrichters.**[46] Der Bonus kann mit einer pauschalen Quote in Ansatz gebracht oder konkret berechnet werden.[47] Insb. kann der Bonus geringer als üblich bemessen werden, wenn berufsbedingte Aufwendungen bei der Ermittlung des Nettoeinkommens bereits konkret berücksichtigt sind und damit im Wesentlichen nur noch der Anreizgedanke zum Tragen

---

34 1/7 von 100 = 14,3 %.
35 So wohl die seit 01.01.2020 geltenden Leitlinien des OLG Frankfurt a.M.
36 Eingehend zum Erwerbstätigenbonus *Borth*, FamRZ 2020, 144.
37 BGH, NJW 1991, 1049; OLG Oldenburg, FamRZ 2009, 1911.
38 BGH, FamRZ 1991, 304; BGH, FamRZ 1988, 265.
39 BGH, NJW 2011, 303; BGH, FamRZ 2010, 1050.
40 BGH, FamRZ 2009, 307.
41 BGH, FamRZ 2009, 307.
42 BGH, FamRZ 2007, 983.
43 OLG Koblenz, NJW-RR 2008, 1030.
44 BGH, FamRZ 1997, 806.
45 BGH, NJW 2011, 303; BGH, FamRZ 2010, 1050; BGH, FamRZ 2009, 307 (zum Krankengeld und ALG I).
46 BGH, FamRZ 1990, 1085.
47 BGH, FamRZ 1997, 806.

kommt.[48] Auch ist beim Abzug einer Pauschale von 5 % für berufsbedingte Aufwendungen der Bonus als Anreiz zur Erwerbstätigkeit niedriger als 1/7 zu bemessen.[49]

23 In **Konstellationen konkreter Bedarfsberechnung** kommt ein Bonus nicht in Betracht,[50] da sich hier der Bedarf des Berechtigten nicht nach dem Einkommen des Pflichtigen richtet, sondern nur nach dem konkreten Bedarf und der eigenen Lebensstellung des Berechtigten.

24 **Kasuistik regelmäßiger Barbezüge**[51]

25 Zu den unterhaltsrechtlich berücksichtigungsfähigen wiederkehrenden Vergütungen zählen insb.:
   – **Abgeordnetenbezüge** und Kostenpauschalen der Abgeordneten.[52] Mandatsbezogene Aufwendungen sind jedoch in Abzug zu bringen[53]
   – **Aufwandsentschädigungen**, etwa von Bürgermeistern oder Kreisräten[54]
   – **Ausbildungsvergütungen**,[55] reduziert um ausbildungsbedingten Aufwand (vgl. Nr. 10.2.2 der Leitlinien)
   – **Auslandszulagen**, gemindert um auslandsspezifischen Mehraufwand[56]
   – **Auslandsverwendungszuschläge** für Soldaten, § 58a Abs. 3 BBesG[57]
   – **Auslösungen**[58]
   – Eine Ersparnis, die der zwei oder mehr Kinder betreuende verbeamtete Elternteil durch eine **Erhöhung des Beihilfebemessungssatzes** erzielt, ist im Unterhaltsverfahren lediglich als Einkommen des betreuenden Elternteils zu berücksichtigen. Sie ist zwischen den Elternteilen auch dann nicht auszugleichen, wenn der andere Elternteil Beamter ist.[59]

Berufsausbildungsbeihilfen,[60] jedenfalls wenn sie endgültig bewilligt sind.[61]
   – **Besoldungsbezüge** von Beamten, Richtern und Soldaten
   – **Direktlebensversicherung**: Zahlungen des Arbeitgebers für eine als betriebliche Altersversorgung ausgestaltete Direktversicherung sind einkommenserhöhend zu berücksichtigen.[62] Sie sind jedoch wieder einkommensmindernd zu berücksichtigen, soweit es sich um Aufwendungen im Rahmen zulässiger ergänzender Altersvorsorge handelt.[63]
   – **Eigengeld** eines Strafgefangenen[64]

---

48 BGH, FamRZ 1997, 806; BGH, FamRZ 1990, 1090.
49 BGH, FamRZ 2020, 171; BGH, FamRZ 1997, 806: Bonus 1/10 in einer Mangelfallkonstellation.
50 BGH, FuR 2011, 162.
51 Vgl. auch PWW/*Kleffmann*, Vor § 1577 Rn. 7.
52 BGH, FamRZ 1986, 780; OLG Bamberg, FamRZ 1999, 1082.
53 OLG Bamberg, FamRZ 1999, 1082.
54 OLG Bamberg, FamRZ 1999, 1082: Anrechnung nur zu einem Drittel wegen konkret nachgewiesenem Mehrbedarf.
55 BGH, FamRZ 1986, 99; OLG Celle, FamRZ 2016, 830 zu einer Ausbildungsbeihilfe; vgl. auch BVerfG, FamRZ 2016, 30; OLG Brandenburg, NJW 2008, 94.
56 BGH, FamRZ 1980, 347; OLG Schleswig, FamRZ 2005, 369; Auslandszuschläge von Soldaten: BGH, FamRZ 2012, 1201, anrechenbar mit etwa 1/3 bis 1/2 als Ausgleich für die mit dem Einsatz verbundenen Gefahren; OLG Stuttgart, FamRZ 2002, 820; OLG Koblenz, FamRZ 2000, 1154.
57 BGH, FamRZ 2012, 1201; OLG Dresden, FamRZ 2014, 1307; OLG Frankfurt am Main, NJW 2013, 1686; vgl. auch *Krumm*, FF 2015, 475.
58 BGH, FamRZ 1982, 887.
59 BGH, NJW-RR 2018, 579.
60 OLG Celle, FamRZ 2016, 830.
61 BVerfG, FamRZ 2016, 30.
62 OLG Schleswig, FamRZ 2005, 211; OLG Celle, FamRZ 2005, 297.
63 BGH, FamRZ 2005, 1817; BGH, FamRZ 2004, 792.
64 BGH, FamRZ 2015, 1473.

- **Elterngeld** wird grds. einkommensabhängig gezahlt, so dass es Lohnersatzfunktion hat und als Einkommen des berechtigten Elternteils zu berücksichtigen ist. Es bleibt nach § 11 Abs. 1 BEEG nur in Höhe von 300 € monatlich unberücksichtigt.[65]
- **Entlassungsgeld,** eines Zivildienstleistenden[66]
- **Erschwerniszulagen, Härtezulagen**[67] sowie Zuschläge für Schicht-, Sonntags-, Feiertags- und Nachtarbeit, jedenfalls wenn sie typischerweise mit der Berufsausübung zusammenhängen. In Ausnahmefällen kann es sich um Einkünfte aus unzumutbarer Tätigkeit handeln.
- **Essensgeldzuschuss**[68]
- **Fahrgeldzuschuss** bleibt unberücksichtigt, sofern konkreter Mehraufwand des Arbeitnehmers kompensiert wird. Soweit jedoch dem Zuschuss entsprechende Aufwendungen nicht gegenüberstehen, handelt es sich um unterhaltspflichtige Einkünfte.[69]
- **Familienzuschlag:** Ist grds. unterhaltspflichtiges Einkommen[70]
- **Fliegerzulage** und Fliegeraufwandsentschädigung[71]
- **Geldwerte Zulagen** des Arbeitgebers können unterhaltspflichtiges Einkommen sein. Voraussetzung ist, dass der Schuldner entsprechende Aufwendungen erspart. Das soll bei einem Firmenwagen nicht der Fall sein, wenn sich der Schuldner ein eigenes Fahrzeug nicht anschaffen würde.[72]
- **Geschäftsführerbezüge:** Sofern es sich um einen geschäftsführenden Gesellschafter einer GmbH handelt, bezieht er nicht nur Einkünfte aus nichtselbstständiger Tätigkeit als Geschäftsführer, sondern aus seiner Stellung als Gesellschafter auch noch Einkünfte aus Kapitalvermögen (§ 20 Abs. 1 Nr. 1 EStG).[73]
- **Gerichtsvollziehereinkommen**[74]
- **Kinderbezogene Teile des Familienzuschlags** sind Elemente der Dienst- und Versorgungsbezüge.[75]
- **Kinderbonus.** Aufgrund des Gesetzes zur Sicherung von Beschäftigung und Stabilität in Deutschland vom 02.03.2009 wurde für jedes Kind, das im Jahr 2009 Anspruch auf Kindergeld hatte, eine einmalige Zahlung von 100 € geleistet. Seinem Wesen nach handelte es sich um eine Kindergeldleistung, die entsprechend § 1612b BGB zu berücksichtigen war. Von dem Bedarf des Kindes war mithin nicht nur das Kindergeld hälftig (oder voll), sondern auch der Bonus hälftig (oder voll) abzusetzen.
- **Kinderzuschüsse** sind Einkommen, soweit sie das staatliche Kindergeld übersteigen.[76]
- **Kinderzuschlag:** enthält das Einkommen des wiederverheirateten Unterhaltspflichtigen einen Kinderzuschlag, ist dieser grds. Bestandteil des Einkommens. I.R.d. Bemessung des Ehegattenunterhalts wird dies, nachdem das BVerfG[77] die Dreiteilungsmethode des BGH für verfassungswidrig erklärt hat, jedoch nur gelten können, soweit der (arbeitsvertragliche) Kinderzuschlag des Arbeitgebers unabhängig von einer Ehe gezahlt wird.[78] »Transferleistungen«, deren Grund nicht in der geschiedenen Ehe und den aus ihr hervorgegangenen Kindern, sondern in einer

---

65 BVerfG, FamRZ 2012, 91; BGH, FamRZ 2012, 1201.
66 OLG München, FamRZ 1992, 595.
67 OLG Hamm, FamRZ 2009, 2009.
68 OLG Naumburg, ZFE 2008, 195.
69 BGH, FamRZ 2002, 536.
70 BGH, FamRZ 2005, 1817.
71 BGH, FamRZ 1994, 21; Mehraufwendungen wurden vom BGH über § 287 ZPO auf ein Drittel geschätzt.
72 OLG Hamm, FamFR 2013, 132.
73 Vgl. zur Angemessenheit, insb. eigenmächtige Herabsetzung der Bezüge, *Kuckenburg*, FuR 2005, 491 und zur Angemessenheit der Geschäftsführerbezüge eines »verkappten Selbstständigen« OLG Köln, FamRB 2006, 330.
74 OLG Köln, FamRZ 1987, 1257.
75 BGH, FamRZ 1989, 272; BGH, FamRZ 1984, 374.
76 BGH, FamRZ 1983, 49; OLG Koblenz, FamRZ 1997, 398; OLG Hamm, FamRZ 1994, 895.
77 FamRZ 2011, 437.
78 BGH, FamRZ 2007, 882; vgl. nunmehr auch BGH, NJW 2012, 384.

Folgeehe liegt (Familienzuschlag nach §§ 39, 40 Abs. 1 Nr. 1, 3 BBesG einschließlich Kinderanteil für Stiefkinder am Familienzuschlag (§§ 40 Abs. 2 und 3 BbesG)[79] oder Kinderfreibeträge des neuen Ehegatten für gemeinschaftliche Kinder (§ 32 Abs. 6 Satz 1, 2 EStG)[80] sind i.R.d. Bedarfsberechnung grds. unbeachtlich. Der Kinderzuschlag ist entsprechend der sozialrechtlichen Regelung in § 11 Abs. 1 Satz 5 SGB II als Einkommen des Kindes anzusehen.[81] Der Kinderzuschlag muss jedoch immer eine sozialrechtliche Aufgabe erfüllen können. Das Kind darf durch die Berücksichtigung des Kinderzuschlags als Einkommen im Rahmen einer Unterhaltsberechnung im Ergebnis nicht (wieder) sozialhilfebedürftig werden.[82]

- **Krankenversicherungszuschüsse** sind einkommenserhöhend zu berücksichtigen, wenn der Krankenversicherungsbeitrag als Abzugsposten berücksichtigt wird.[83]
- **Lohnfortzahlung** im Krankheitsfall.[84]
- **Mehrarbeit, Überstunden, Nebeneinkünfte:** Die unterhaltsrechtliche Berücksichtigung daraus erzielter Vergütungen unterliegt einer wertenden Betrachtung. I.R.d. Kindesunterhalts[85] sind derartige Einkünfte, jedenfalls soweit sie der Deckung des Mindestunterhalts dienen, heranzuziehen.[86] Beim Ehegattenunterhalt spielen Zumutbarkeitsgesichtspunkte eine größere Rolle.[87] Grds. obliegt dem Unterhaltsverpflichteten nur eine normale, bei abhängiger Arbeit tarifgemäße oder dienstzeitgemäße, Erwerbstätigkeit. Jedoch gibt es Berufe, zu denen typisch oder gar zwingend berufsverwandte Nebentätigkeiten gehören, etwa die Prüfungstätigkeit für Hochschullehrer. Eine Anrechnung dieser Nebeneinkünfte erfolgt nach Treu und Glauben und unter Berücksichtigung aller Umstände des Einzelfalls.[88] Als Nebenprodukt einer Haupttätigkeit ist Nebentätigkeit, weil ein wesentlicher Teil der Ergebnisse der Nebenarbeit entweder im Hauptberuf erarbeitet wird oder nebenberuflich wegen der Hauptarbeit mit geringerer Mühe hergestellt wird, teilweise anrechenbar, wobei die Quote den Umständen des Einzelfalls anzupassen ist.[89] Folgt die Nebentätigkeit notwendig aus dem Hauptberuf, etwa Einnahmen eines Krankenhausarztes aus Gutachtertätigkeit, liegt eine volle Anrechnung nahe. Die Vergütung für Überstunden sowie Zulagen für Dienste zu ungünstigen Zeiten sind zwar grds. unterhaltspflichtiges Einkommen. Auch hier ergeben sich Einschränkungen jedoch unter dem Gesichtspunkt der Zumutbarkeit. So werden Überstunden nur angerechnet, sofern sie berufstypisch sind oder das übliche Maß nicht übersteigen.[90] Grds. genügt ein Arbeitnehmer seiner Erwerbsobliegenheit mit der Ausübung einer vollschichtigen Tätigkeit. Mehrarbeit gilt jedoch noch als geringfügig, wenn sieben Überstunden monatlich geleistet werden,[91] eine Stunde pro Arbeitstag[92] oder bis zu 10 % der Regelarbeitszeit.[93] Bei Berufskraftfahrern wird die Grenze weiter gezogen. Hier sollen 25 % der Regelarbeitszeit noch berufstypisch sein.[94] Neben der individuellen Arbeitsbelastung ist die **Zumutbarkeit von Mehrarbeit** auch in Abhängigkeit

---

79 BGH, FamRZ, 2007, 887; BGH, FamRZ 2007, 793.
80 BGH, FamRZ 2007, 882.
81 OLG Hamm, NZFam 2019, 693.
82 Zu Einzelheiten vgl. Rdn. 109.
83 BGH, FamRZ 2013, 191; OLG Hamm, FamRZ 2001, 370.
84 OLG Hamburg, FamRZ 1992, 1308.
85 Zu Einzelheiten vgl. PWW/*Kleffmann*, Vor § 1577 Rn. 8.
86 BGH, FamRZ 2009, 314, BGH, FamRZ 2009, 162.
87 BGH, FamRZ 2011, 1041; BGH, FamRZ 2009, 314; BGH, FamRZ 2009, 162; BVerfG, FamRZ 2003, 661.
88 BGH, FamRZ 2004, 186; BGH, FamRZ 1983, 569.
89 BGH, FamRZ 2013, 935; OLG Celle, FamRZ 2002, 694; OLG Hamm, FamRZ 2001, 102.
90 BGH, FamRZ 2004, 186; BGH, FamRZ 2004, 376; OLG Koblenz, FamRZ 2003, 611; s.a. Nr. 1.3 der Leitlinien.
91 BGH, FamRZ 1980, 984.
92 OLG Düsseldorf, FamRZ 1984, 1092.
93 OLG Köln, FamRZ 1984, 1108; a.A. allerdings OLG Düsseldorf, FamRZ 1981, 772: Geringfügigkeitsgrenze bei 10 % der Regelarbeitszeit bereits überschritten.
94 OLG Köln, FamRZ 1984, 1108; vgl. zum Ganzen *Christl*, FamRZ 2003, 1235.

vom jeweiligen Unterhaltsverhältnis zu beurteilen.[95] I.R.d. objektiven Zumutbarkeit sind die Grenzen des **Arbeitszeitgesetzes** zu beachten. Nach § 3 ArbZG darf die werktägliche Arbeitszeit von Arbeitnehmern 8 Stunden nicht überschreiten. Nach § 9 Abs. 1 ArbZG darf eine Beschäftigung an Sonn- und gesetzlichen Feiertagen grds. nicht erfolgen. Damit ist die wöchentliche Arbeitszeit auf 48 Stunden (6 Tage à 8 Stunden) begrenzt. Lediglich in mehrschichtigen Betrieben können der Beginn und das Ende der Sonn- und Feiertagsruhe verschoben werden und können ausnahmsweise Arbeiten, die nicht an Werktagen vorgenommen werden, auch an Sonn- und Feiertagen verrichtet werden. Damit ist die objektive Obergrenze der zumutbaren Erwerbstätigkeit vorgegeben.[96] Neben den objektiven Grenzen der Zumutbarkeit sind auch **subjektive Grenzen der Zumutbarkeit** einer Erwerbstätigkeit (Art und Umfang des Umgangs des Pflichtigen mit seinen Kindern)[97] zu berücksichtigen. Die **Darlegungs- und Beweislast** für die Unzumutbarkeit einer Mehrarbeit oder Nebentätigkeit liegt beim Verpflichteten.[98] Er muss Gründe darlegen, die dazu führen, dass die Ausnutzung der Höchstgrenze der Arbeitszeit für ihn nicht in Betracht kommt; dass gesundheitliche Beeinträchtigungen und/oder die allgemeine Arbeits- und Lebenssituation ihn an einer Mehrarbeit hindern etc. Ein Unterhaltsschuldner verletzt seine Pflicht zur Ausübung einer angemessenen Tätigkeit nicht, wenn er aus sachlichen Gründen seine zuvor durch erhebliche Mehrarbeit gekennzeichnete Tätigkeit auf etwa 40 Wochenstunden reduziert. Der Umfang zumutbarer Erwerbstätigkeit beträgt in der Regel bis zu 42 Wochenstunden. Eine Verpflichtung zur Verrichtung einer **Nebentätigkeit** kommt regelmäßig erst in Betracht, wenn andernfalls der Mindestunterhalt minderjähriger Kinder nicht gedeckt ist.[99] Für einen Unterhaltspflichtigen, der keinen Umgang mit seinen Kindern hat und einen solchen auch nicht anstrebt, erachtet das OLG Düsseldorf die Aufnahme einer Nebentätigkeit an drei Wochenenden im Monat im Umfang von jeweils acht Stunden für zumutbar.[100] Zur Erfüllung der gem. § 1603 Abs. 2 Satz 1 BGB bestehenden Erwerbsobliegenheit gegenüber einem minderjährigen bzw. einem privilegierten volljährigen Kind hat der Unterhaltspflichtige sich um eine besser vergütete Erwerbstätigkeit zu bemühen, wenn seine Einkünfte aus der ausgeübten Erwerbstätigkeit zur Erfüllung des Unterhalts nicht ausreichend sind.[101] Soweit einem Pflichtigen fiktive Einkünfte zugerechnet werden, sind auch fiktive pauschale berufsbedingte Aufwendungen zu berücksichtigen.[102] Die **Darlegungslast für die Unzumutbarkeit einer Nebentätigkeit** liegt beim Schuldner.[103]

– **Verletzt der Unterhaltspflichtige die Obliegenheit, Vermögenswerte zu realisieren**, ist er unterhaltsrechtlich so zu behandeln, als habe er die Obliegenheit erfüllt. Ein einklagbarer Anspruch auf Rückforderung, Schenkung oder Geltendmachung eines Pflichtteilsanspruchs besteht dagegen nicht.[104]
– **Reisekosten:** Derartige vom Arbeitgeber erstattete Reisekosten sind dem Nettoeinkommen voll zuzurechnen, sofern nicht dargetan wird, dass den erstatteten Reisekosten tatsächlich entsprechende Mehraufwendungen gegenüberstehen.[105]
– Aus **Schwarzarbeit** erzielte Einnahmen können nur für die Vergangenheit als Einkommen angesetzt werden. Schwarzarbeit kann jederzeit folgenlos beendet werden, da sie gesetzeswidrig und damit unzumutbar ist. Die daraus erzielten Einkünfte können nicht bei der Berechnung

---

95 OLG Dresden, FamRZ 2005, 1584; OLG Nürnberg, FamRZ 2005, 1507; KG, FuR 2005, 454.
96 BGH, FamRZ 2014, 1992; BGH, FamRZ 2011, 1041; BGH, FamRZ 2009, 162; BGH, FamRZ 2009, 314; BGH, FamRZ 2008, 872 und grundlegend BVerfG, FamRZ 2003, 661; OLG Köln, FamRZ 2012, 105.
97 BVerfG, FamRZ 2008, 845; BVerfG, FamRZ 2008, 1334; BGH, NJW 2015, 331; BGH, FamRZ 2009, 314.
98 BGH, NJW 2015, 331.
99 OLG Düsseldorf, FamRZ 2019, 659; OLG Frankfurt a.M., FuR 2019, 90.
100 OLG Düsseldorf, FamRZ 2019, 659.
101 OLG Brandenburg, FamRZ 2019, 291.
102 OLG Brandenburg, FamRZ 2019, 291; grundlegend BGH, FamRZ 2009, 314.
103 BGH, NJW 2015, 331.
104 BGH, FamRZ 2013, 203.
105 OLG Köln, FamRZ 2003, 602.

des künftigen Unterhalts berücksichtigt werden.[106] Diese Grundsätze gelten für Einkünfte einer **Prostituierten nur eingeschränkt**.[107] Hier handelt es sich um eine legale Tätigkeit, die auch Gegenstand eines sozialversicherungspflichtigen Beschäftigungsverhältnisses sein kann. Dies betrifft jedoch nur tatsächlich erzielte Einkünfte. Die Tätigkeit kann jederzeit unterhaltsrechtlich sanktionslos aufgegeben werden.

– **Sitzungsgelder**, etwa für die Mitwirkung in kommunalen Organen,[108] sind grds. unterhaltsrechtlich erheblich.
– **Soldaten**: Sämtliche Dienst- und Nebenbezüge sowie der Wehrsold sind unterhaltsrechtlich relevant.[109] Übergangsbeihilfen (§ 12 SVG) sind entsprechend den Grundsätzen zur Berücksichtigung von Abfindungen zu beurteilen.
– **Spesen**: Sie stellen nach Maßgabe des Einzelfalls grds. unterhaltsrelevantes Einkommen dar.[110] Mangels anderer Anhaltspunkte sind die mit diesem Einkommensteil zusammenhängenden erhöhten Aufwendungen, vermindert um häusliche Ersparnisse, vorab abzuziehen. Im Zweifel kann bei derartigen Aufwendungspauschalen (außer Kilometergeld) ein Drittel als Einkommen angesetzt werden (vgl. Nr. 1.4 der Leitlinien).
– **Strafgefangene**. Das Hausgeld dient allenfalls zur Bestreitung der notwendigen Ausgaben und ist für Unterhaltszwecke nicht verfügbar.[111] Es ist aber als Einkommen anzusehen, wenn der Inhaftierte über zusätzliche Einkünfte verfügt, durch die er seinen Bedarf befriedigen kann.[112] Hingegen haben das **Überbrückungsgeld** (§ 51 Abs. 1 StVollzG) und das **Eigengeld**[113] Lohnersatzfunktion und sind unterhaltsrechtlich zu berücksichtigen.
– Auch **Tantiemenleistungen** stellen unterhaltsrechtlich relevantes Einkommen dar.[114]
– **Trinkgelder** sind in zu schätzender Höhe zu berücksichtigen.[115]
– **Urlaubsgeld** ist Einkommensbestandteil.[116] **Urlaubsabgeltungen** hingegen sind Geldzahlungen des Arbeitgebers für nicht genommenen Urlaub. Sie stellen grds. unzumutbaren Erwerb dar.[117] Eine Anrechnung kann ausnahmsweise nach Billigkeitsgesichtspunkten erfolgen.[118]
– **Weihnachtsgeld** ist unterhaltsrechtlich relevantes Einkommen.[119]
– **Zulagen** sind unterhaltsrechtliches relevantes Einkommen, ggf. gemindert um die entsprechenden Mehraufwendungen. Dies gilt etwa für Monatszulagen,[120] Montagezulagen,[121] die Auslandszulage,[122] Erschwerniszulagen oder Schmutzzulagen.

26 Nicht nur laufende, sondern auch **unregelmäßig oder einmalig erzielte Einkünfte** sind unterhaltsrechtlich zu berücksichtigen. Dies gilt etwa für **Abfindungen**, die ein Unterhaltsschuldner nach Verlust eines Arbeitsplatzes oder aufgrund eines Sozialplans erhält. Derartige Abfindungen haben **Lohnersatzfunktion**.[123] Soweit die Sonderzuwendung bei der Unterhaltsberechnung (und

---

106 OLG Brandenburg, FuR 2013, 1137.
107 OLG Köln, FamRZ 2013, 1745.
108 BGH, FamRZ 1986, 780.
109 BGH, FamRZ 1987, 930.
110 BGH, NJW 1994, 134; OLG Hamm, NZFam 2019, 693.
111 BGH, FamRZ 2015, 1473.
112 OLG Hamm, FamRZ 2011, 732; OLG München, FamRZ 2010, 26.
113 BGH, FamRZ 2015, 1473.
114 OLG München, ZInsO 2019, 100.
115 BGH, FamRZ 1991, 182.
116 BGH, FamRZ 2013, 135; BGH, FamRZ 1980, 84.
117 BGH, FamRZ 1993, 182; OLG Köln, FamRZ 1984, 1108.
118 BGH, NJW-RR 1992, 1282 beanstandet eine hälftige Abrechnung revisionsrechtlich nicht.
119 BGH, FamRZ 1982, 250; BGH, FamRZ 1980, 555.
120 BGH, FamRZ 1982, 887.
121 BGH, FamRZ 1982, 887.
122 BGH, FamRZ 1980, 342; OLG Koblenz, NZFam 2020, 40.
123 BGH, FamRZ 2012, 1048; BGH, FamRZ 2008, 761; BGH, FamRZ 2007, 983; BGH, FamRZ 1990, 172; OLG München, NJW-RR 2008, 524; OLG Hamm, FamFR 2012, 204; OLG Hamm, NJOZ 2012, 1297.

nicht beim Zugewinnausgleich) zu berücksichtigen ist,[124] ist sie auf mehrere Jahre zu verteilen.[125] Eine Abfindung bei Beginn des Vorruhestands ist auf die Zeit bis zur erwarteten Verrentung aufzuteilen.[126]

Ein **Erwerbstätigenbonus** und ein **pauschaler berufsbedingter Aufwand** sind nicht zu berücksichtigen.[127] Es gilt der für Erwerbstätige geltende **Selbstbehalt**.[128] 27

Abfindungen dienen der **Aufrechterhaltung der bisherigen wirtschaftlichen Verhältnisse**.[129] Zum Zweck der Unterhaltsbemessung sind sie auf einen längeren Zeitraum umzulegen. Wie lang dieser Zeitraum ist, muss nach den Umständen des Einzelfalls entschieden werden.[130] Richtschnur für den Umlegungszeitraum kann die Höhe des bisherigen Einkommens und der voraussichtliche Zeitraum der anschließenden leistungsgeminderten Zeit sein.[131] Im Regelfall ist der Betrag der Abfindung als Einkommen zugrunde zu legen, der als Nettoeinkommen bei Beendigung des Arbeitsverhältnisses inklusiv Sonderzuwendungen erzielt wurde[132] abzüglich Arbeitslosengeld. Bei älteren Arbeitnehmern kann die Abfindung auf die Zeit bis zum voraussichtlichen Rentenbeginn verteilt werden.[133] 28

Kasuistik zur Streckung der Abfindung:[134] 29

BGH (FamRZ 2012, 1575)	Abfindung ist vorrangig zur Sicherstellung des Mindestunterhalts für ein minderjähriges Kind zu verwenden.
BGH (FamRZ 2012, 1041)	Umlegung auf 1 1/2 bis 2 Jahre vertretbar, wenn prognostizierbar ist, dass der Pflichtige im neuen Arbeitsverhältnis seine Einkünfte entsprechend steigern kann.
BGH (FamRZ 2007, 983)	Streckung der Abfindung bis zum Beginn der Altersrente, wenn die Abfindung zu einem Zeitpunkt gezahlt wurde, zu dem der Arbeitnehmer in den vorgezogenen Ruhestand getreten ist.
OLG Hamm (NJW-RR 2009, 508)	Die zur Kompensation des verfrühten Rentenantritts erhaltene Abfindung ist unterhaltsrechtlich auf die Dauer des zu erwartenden Rentenbezugs umzulegen.
OLG München (FamRZ 1998, 559)	Umlegung einer Abfindung von 50.000 € auf 73 Monate
OLG Saarbrücken (FuR 2004, 260)	Umlegung einer Abfindung von 7.000 € auf 20 Monate
OLG Hamm (FamRZ 1999, 233)	Umlegung bei vorgezogener Altersrente auf einen Zeitraum von 4 Jahren
OLG Hamm (FamRZ 1999, 929)	Abfindung auf die Zeit bis zum voraussichtlichen Rentenbeginn gestreckt
OLG Hamm (FamRZ 1998, 28)	Abfindung von 97.500 € gestreckt bis zum Erreichen des 65. Lebensjahres
OLG Frankfurt am Main (FuR 2001, 371)	Umlegung der Abfindung von 344.000 € auf einen Zeitraum von 6 Jahren bis zum Eintritt in den Ruhestand

---

124 Eingehend zum Verbot der Doppelberücksichtigung *Schulz*, FamRZ 2006, 1237.
125 BGH, FamRZ 1987, 930.
126 OLG München, FamRZ 2005, 714; OLG Karlsruhe, FamRZ 2001, 1615.
127 BGH, FamRZ 2009, 307; BGH, FamRZ 2007, 983.
128 OLG Hamm, FamRZ 1996, 219.
129 BGH, FamRZ 2012, 1040 zum Ehegattenunterhalt; BGH, FamRZ 2012, 1048 zum Kindesunterhalt.
130 OLG Schleswig, FamRZ 2012, 1575; OLG Karlsruhe, Beck RS 2013, 1951.
131 BGH, FamRZ 2007, 983; BGH, FamRZ 2003, 590; OLG Hamm, NJW-RR 2009, 508.
132 OLG Brandenburg, FamRZ 1995, 1220.
133 BGH, FamRZ 2007, 983; OLG Hamm, NJW-RR 2009, 508; OLG Karlsruhe, FamRZ 2001, 1615.
134 Vgl. FamR-Komm/*Kleffmann*, Vor § 1361 Rn. 23.

OLG Frankfurt am Main (FamRZ 2000, 611)	Umlegung einer Abfindung auf einen Zeitraum von 5 Jahren bis zum erwarteten Renteneintritt
OLG Karlsruhe (FamRZ 2001, 1615)	Umlegung der Abfindung von 83.000 € bei einem älteren Arbeitnehmer bis zum Rentenbeginn
OLG Oldenburg (FamRZ 1996, 672)	Verteilung der Abfindung auf 5 bis 6 Jahren
OLG Düsseldorf (NJW 1990, 2695)	52.000 € Abfindung auf 3 Jahre gestreckt
OLG Hamm (FamRZ 1996, 219)	34.505 € auf 5 Jahre gestreckt.

30 Erlangt der Unterhaltsschuldner unmittelbar nach dem Verlust des Arbeitsplatzes eine neue Anstellung mit etwa den gleichen Einkünften, kommt der Abfindung keine Lohnersatzfunktion zu.[135] Sie sind sodann dem Vermögen zuzurechnen.[136] Es gilt allerdings das **Verbot der Doppelverwertung**.[137] Ein güterrechtlicher Ausgleich eines vorhandenen Vermögenswerts findet nicht statt, soweit diese Vermögensposition auf andere Weise, sei es unterhaltsrechtlich oder im Wege des Versorgungsausgleichs (vgl. § 2 Abs. 4 VersAusglG) ausgeglichen wurde. Eine derartige doppelte Teilhabe kann aber nur eintreten, wenn jeweils dieselbe Vermögensposition ausgeglichen wird. Zwischen Unterhalt und Zugewinn ist dies regelmäßig nicht der Fall, weil der Zugewinn auf ein stichtagsbezogenes Vermögen gerichtet ist, während der Unterhalt, der den laufenden Lebensbedarf decken soll, auf Einkünften und Vermögenserträgen aufbaut. Das Unterhaltsrecht verlangt den Einsatz des Vermögens für Unterhaltszwecke nur unter besonderen Voraussetzungen (§§ 1577 Abs. 3, 1581 Satz 2 BGB). Zu einer Konkurrenz kann es insoweit überhaupt nur kommen, wenn zum Unterhalt auch der Vermögensstamm herangezogen wird.[138]

Im Zugewinn kann die Abfindung berücksichtigt werden, auch wenn die Zahlung erst nach dem Stichtag erfolgt ist. Entscheidend ist, dass der zugrunde liegende Anspruch bis zum Stichtag entstanden oder zumindest eine Anwartschaft oder ein entsprechender, nicht mehr von der Gegenleistung abhängiger Anspruch vorhanden ist. Es kommt auch nicht darauf an, ob es sich bei der Zahlung um eine Abgeltung für die zukünftige, nach dem Stichtag liegende Leistung handelt.[139]

▶ Hinweis:

Es ist immer darauf zu achten, dass das Zugewinnausgleichsverfahren bei einer Entscheidung über die Berücksichtigung der Abfindung im Unterhalt nicht entscheidungsreif wird, um die Option zu erhalten, die Abfindung ggf. noch im Zugewinnverfahren geltend zu machen.

I.Ü. ist stets zu berücksichtigen, dass die Abfindung auf den Unterhaltsanspruch anzurechnen ist, nicht auf den reduzierten Lohn, da andernfalls ein Verstoß gegen den Erwerbstätigenbonus vorläge.

▶ Beispiel:

Der Ehemann verdient monatlich 2.800 € netto.

Anspruch der Ehefrau: 3/7 von 2.800 € = 1.200 €.

Der Ehemann verliert seine Stelle und wird arbeitslos. Er erhält 1.600 € Arbeitslosengeld im Monat.

---

135 BGH, FamRZ 2012, 1048; BGH, FamRZ 2010, 311; OLG Hamm, FamRZ 2014, 1034; OLG Schleswig, FamRZ 2012, 1868.
136 Zur Abgrenzung vgl. BGH, FamRZ 2001, 378.
137 BGH, FamRZ 2012, 1010; BGH, FamRZ 2004, 1352; *Götsche*, FuR 2014, 202.
138 BGH, FamRZ 2012, 1040; BGH, FuR 2011, 281.
139 BGH, FamRZ 1998, 362.

Bedarf der Ehefrau: 800 €. Leistungsfähigkeit des Ehemannes: 320 € (1.600 € abzgl. Selbstbehalt 1.280 €).

Der Ehemann erhält eine Abfindung von 16.000 €.

Verbrauch der Abfindung:

880 € zur Auffüllung des Unterhalts bis 1.200 € (320 € + 880 €)

0 € für den eigenen Selbstbehalt aufgrund der Angemessenheitskontrolle wegen des Halbteilungsgrundsatzes

Verbrauch insgesamt 880 € pro Monat = 18 Monate (Gesamtverbrauch)

Die zu den Abfindungen entwickelten Grundsätze gelten auch für die **Übergangsbeihilfe** (§ 12 SVG), nicht jedoch für **Übergangsgebührnisse** nach § 11 SVG. Diese werden je nach Dienstzeit für sechs Monate bis drei Jahre gezahlt und sind als laufende Bezüge den regelmäßigen Einkünften zuzurechnen.[140] **Entlassungsgeld,** das ein Zivildienstleistender als Überbrückung bis zur Aufnahme einer Erwerbstätigkeit erhält, ist gleichfalls als Einkommen anzusehen.[141] Die **Ausbildungsversicherung** eines Auszubildenden muss für einen längeren Zeitraum, regelmäßig die Dauer der Ausbildung, umgerechnet und dann angerechnet werden. **Jubiläumszuwendungen** sind unterhaltsrechtlich zu berücksichtigen,[142] jedoch auf einen angemessenen Zeitraum zu verteilen.[143]

31

Eine Sonderzuwendung, die aufgrund früherer unzumutbarer Tätigkeit gezahlt wird, ist in vollem Umfang zu berücksichtigen, da es sich insoweit um zumutbares Einkommen handelt.[144]

32

Die **Ausbildungsversicherung** eines Auszubildenden muss für einen längeren Zeitraum, regelmäßig die Dauer der Ausbildung, umgerechnet und angerechnet werden.

Auch **Sachzuwendungen** (vgl. Nr. 4 der Leitlinien) sind unterhaltspflichtiges Einkommen.[145] Die Bewertung der Sachbezüge erfolgt mit dem Betrag, der am Verbrauchsort für eine vergleichbare Ware oder Leistung üblicherweise zu zahlen ist. Dieser Wert ist nach § 287 ZPO zu schätzen. Anzurechnen ist die durch die Sachzuwendung eingetretene Ersparnis.

33

▶ Beispiele für Sachbezüge:
  – Deputate in Land- und Forstwirtschaft
  – freie oder verbilligte Energiekosten
  – freie oder verbilligte Kost
  – freies oder verbilligtes Wohnen[146]
  – Gewährung von Zuschüssen (Telefonkosten,[147] Kontoführungsgebühren)
  – Überlassung von Aktien zum Vorzugskurs, Erlöse aus Aktienoptionen sind einkommenserhöhend zu berücksichtigen, ggf. gestreckt auf einen längeren Zeitraum, wenn der Berechtigte von einer derartigen Arbeitergeberzuwendung laufend Gebrauch gemacht und die Erlöse für den Konsum verwendet hat. Kann eine solche Verwendung nicht festgestellt werden und wurden die Erlöse zur Vermögensbildung herangezogen, komme ein güterrechtlicher Ausgleich in Betracht.[148]
  – verbilligter Warenbezug, aber wohl nur falls ein entsprechender Rabatt tatsächlich auch in Anspruch genommen wird.[149]

34

---

140 BGH, FamRZ 1987, 930.
141 OLG München, FamRZ 1992, 595.
142 BGH, FamRZ 1970, 636; OLG Oldenburg, ZFE 2010, 354.
143 BGH, FamRZ 1987, 359; OLG Oldenburg, FamRZ 2009, 1911.
144 OLG Köln, FamRZ 2006, 342.
145 BGH, FamRZ 1983, 352 und ständig.
146 OLG Köln, FamRZ 1994, 897.
147 OLG Karlsruhe, FamRZ 1990, 533.
148 OLG Oldenburg, FamRZ 2009, 1911.
149 OLG Hamm, FamRZ 1999, 167.

– Gestattung der Privatnutzung eines Dienst- bzw. Firmenfahrzeugs.[150] Ein zur privaten Nutzung zur Verfügung gestellter Dienstwagen führt steuerrechtlich regelmäßig zur Berücksichtigung beim Bruttoeinkommen des Nutzers. In Ansatz gebracht wird pauschal 1 % des Bruttolistenpreises des Fahrzeuges gem. § 8 Abs. 2 Satz 2 i.V.m. § 6 Abs. 1 Nr. 4 Satz 2 EStG. Diese pauschale Besteuerung kann dadurch vermieden werden, dass ein Fahrtenbuch geführt wird, § 8 Abs. 2 Satz 1 EStG. So wird der Gesamtaufwand zwischen den Privatfahrten inklusive der zwischen Wohnung und Arbeitsstätte und den berufsbedingten Fahrten geteilt.

35 Erhebliche Bedeutung kommt der **unentgeltlichen Überlassung eines Geschäfts- und Dienstfahrzeugs** bei.[151]

Der Nutzungsvorteil des Dienstfahrzeugs ist als Einkommen zu versteuern. Dies erfolgt in der Regel nach der 1 %-Regelung gem. § 8 Abs. 2 Satz 2 i.V.m. § 6 Abs. 1 Nr. 4 Satz 2 EStG. Mithin wird für jeden Kalendermonat ein Prozent des inländischen Bruttolistenpreises des überlassenen Fahrzeugs (inkl. Sonderausstattungen und Umsatzsteuer) lohn- bzw. einkommensteuerpflichtig. Für Elektrofahrzeuge ist die Besteuerung gem. § 6 Abs. 1 Nr. 4 Satz 3, 2. HS EStG abweichend geregelt und geringer. Es wird nicht danach differenziert, ob der Arbeitgeber dem Arbeitnehmer den zusätzlichen Vorteil gewährt, die Benzinkosten auch für Privatfahrten zu übernehmen. Auf die so ermittelten Beträge sind auch Sozialversicherungsabgaben zu leisten, § 3 Abs. 1 Satz 1 und 3 Sozialversicherungsentgeltverordnung.

Die Nutzungsmöglichkeit eines Dienstwagens ist als Einkommen zu behandeln. Hält der Betroffene noch ein weiteres Fahrzeug für die Privatnutzung, kann dies nicht zu einer Einschränkung der Anrechnung führen, da dieses Verhalten unterhaltsrechtlich nicht akzeptiert werden kann. Ein Ansatz kann auch nicht mit dem Argument verweigert werden, es erfolge keine private Nutzung. Eine rein dienstliche Nutzung kann explizit vereinbart werden. Sofern dies nicht der Fall ist, muss jedenfalls die **abstrakte Nutzungsmöglichkeit** als Vorteil angesetzt werden.[152]

In dem in aller Regel anzutreffenden Fall der pauschalen Versteuerung des Dienstwagenvorteils kann die Ermittlung des bei dem Einkommen anzusetzenden Vorteils gem. § 287 ZPO erfolgen.[153] Die konkrete Methodik divergiert jedoch erheblich.[154] Häufig wird im Grundsatz auf den zu versteuernden Betrag nach der **1 %-Regelung** nach § 8 Abs. 2 Satz 2 EStG abgestellt. Zum Teil wird auch ermittelt, welche Beträge der betreffende Beteiligte konkret ausgezahlt erhält und dann eine **Pauschale für die private Nutzung** des Dienstwagens aufgeschlagen.[155] Solche Lösungen werden insbesondere angewendet, wenn der sich aus der 1 %-Regelung ergebende Betrag zu hoch erscheint, weil der Betroffene privat einen weniger kostenaufwändigen Pkw halten würde, jedoch die Stellung des Arbeitnehmers im Unternehmen oder die konkrete Tätigkeit als Außendienstmitarbeiter ein Fahrzeug einer bestimmten Klasse erfordert.

Zum Teil wird auch die **ADAC-Autokostentabelle** als Grundlage oder jedenfalls als Vergleichsmaßstab angewandt.[156]

Der BGH[157] hat die Bewertungsmethodik des OLG Düsseldorf[158] für zulässig erklärt, wonach ein pauschaler Nutzungsvorteil für einen Mittelklasseagen von 200 € bereits unter Einbeziehung der Steuernachteile angesetzt wurde, ohne dass die Ermittlung des Wertes näher dargelegt wurde.

---

150 *Holthusen*, FamRZ 2020, 71; *Galinsky*, NZFam 2015, 951; *Langheim*, FPR 2012, 321 und FamRZ 2009, 665; *Schöppe-Fredeburg*, FuR 1998, 158; *Romejko*, FamRZ 2004, 242.
151 Grundlegend, BGH, FamRZ 2008, 281; OLG Hamm, FamRZ 2016, 361; OLG Stuttgart, FuR 2015, 119; vgl. auch *Langheim*, FamRZ 2009, 665 und *Romejko*, FamRZ 2004, 242.
152 OLG Brandenburg, FamRZ 2014, 219.
153 OLG Düsseldorf, FamRZ 2016, 142; OLG Bamberg, FamRZ 2007, 1818.
154 Zu Einzelheiten vgl. *Holthusen*, FamRZ 2020, 71.
155 OLG Karlsruhe, FamRZ 2016, 237; OLG Brandenburg, FamRZ 2014, 219.
156 OLG Hamm, NJW-RR 2014, 707; OLG Hamm, FamRZ 2010, 1911.
157 BGH, FamRZ 2008, 1739.
158 OLG Düsseldorf, FamRZ 2005, 1772.

Überwiegend wird jedoch in der Rechtsprechung der Oberlandesgerichte auf die **1 %-Pauschale** abgestellt und die anfallende Steuer einbezogen. Diese Regelung erscheint in der Tat praktikabel. Im Einzelfall ist allerdings eine Anpassung vorzunehmen und zu berücksichtigen, ob auch Treibstoffkosten vom Arbeitgeber übernommen werden. Der durch die kostenfreien Fahrten zur Arbeitsstätte entstehende Vorteil ist unterhaltsrechtlich zu neutralisieren.

Kasuistik zu geschätzten Vorteilen aus der Nutzung eines Firmenfahrzeugs[159]

36

BGH (FamRZ 2008, 281)	geschätzter Nutzungswert 200 €
OLG Bamberg (NJW-RR 1993, 66)	250 € für einen BMW 520i
OLG Brandenburg (FamFR 2010, 560)	150 € für ein Mittelklassefahrzeug
OLG Celle (OLGR 2008, 812)	200 € für einen BMW 3er
OLG Düsseldorf (NJW 2010, 307)	275 €
OLG Düsseldorf (FamRZ 2005, 1772)	200 € pauschal für einen Mittelklassewagen
OLG Hamburg (FamRZ 2003, 235)	350 € pauschal für ein Fahrzeug der Oberklasse
OLG Hamm (FamRZ 1999, 513)	255 € für einen Geländewagen
OLG Hamm (FamRZ 1998, 1169)	130 € für einen VW-Bus
OLG Hamm (FamRZ 1992, 1427)	128 €
OLG Hamm (NJW-RR 2008, 882)	288 € für einen Opel Signum
OLG Karlsruhe (NJW 2008, 3645)	311 € für einen BMW 3er
OLG Köln (FamRZ 1994, 897)	205 €
OLG München (FamRZ 1999, 1350)	154 €
OLG Stuttgart (FamRZ 2010, 52)	200 €
OLG Zweibrücken (FamRZ 2008, 1655)	500 € für einen Audi A6

Ein nach Maßgabe des Einzelfalls zu lösendes Problem taucht in den Fällen auf, in denen dem Arbeitnehmer ein Firmenwagen überlassen wird, etwa aus Gründen der **Repräsentation**, den er privat nicht unterhalten würde. In derartigen Fällen wird, insb. nach der steuerrechtlichen Bemessung, ein zu hoher Nutzungsvorteil zugerechnet. Hier ist es zu rechtfertigen, den privaten Nutzungsvorteil danach zu bemessen, was der Arbeitnehmer für ein eigenes, seinen konkreten Einkommensverhältnissen angemessenes Kraftfahrzeug aufwenden würde. Mit der Zurverfügungstellung eines den jeweiligen Einkommensverhältnissen nicht entsprechenden Kraftfahrzeugs würde dem Arbeitnehmer ein Gebrauchswert aufgedrängt, der unterhaltsrechtlich der Korrektur bedarf.[160]

Sofern durch die Nutzung des Firmenfahrzeugs auch Fahrten zum Arbeitsplatz abgedeckt werden, entfällt der Ansatz berufsbedingten Aufwands in Gestalt der Fahrtkosten.[161]

II. Einkünfte aus selbstständiger Tätigkeit

1. Gewinn und Überschusseinkünfte

Die sieben in § 2 Abs. 1 EStG aufgeführten Einkunftsarten werden in Gewinneinkünfte und Überschusseinkünfte unterteilt.

37

---

159 Nach Kleffmann/Klein/*Kleffmann*, Grundlagen der Einkommensermittlung Rn. 34.
160 OLG Hamm, FamFR 2013, 132; vgl. auch *Langheim*, FuR 2012, 321.
161 OLG München, FamRZ 1999, 1250; *Kleffmann*, FuR 2000, 147.

38 Gewinneinkünfte:
- Einkünfte aus Landwirtschaft und Forstwirtschaft nach § 13 EStG
- Einkünfte aus Gewerbebetrieb nach § 15 EStG
- Einkünfte aus selbstständiger Arbeit nach § 18 EStG

39 Überschusseinkünfte:
- Einkünfte aus nicht selbstständiger Arbeit nach § 19 EStG
- Einkünfte aus Kapitalvermögen nach § 20 EStG
- Einkünfte aus Vermietung und Verpachtung nach § 21 EStG
- Sonstige Einkünfte nach § 22 EStG

40 Steuerliche Relevanz besitzen Einkünfte der in § 2 EStG beschriebenen Art nur, wenn sie in **Gewinnerzielungsabsicht** gezogen werden. Ist diese Absicht nicht vorhanden, handelt es sich um »Liebhaberei« und es ist kein steuerlicher Einkunftstatbestand erfüllt.[162] Die **maßgebliche Größe** zur Bestimmung des unterhaltsrechtlich relevanten Einkommens ist der **Gewinn**.[163]

41 Anders als bei den Überschusseinkünften, bei denen die Einkünfte durch Ermittlung des Überschusses der zugeflossenen Einnahmen über die abgeflossenen Werbungskosten ermittelt werden, sind Einkünfte aus Land- und Forstwirtschaft, Gewerbebetrieb und selbstständiger Arbeit durch Feststellung des Gewinns nach §§ 4 ff. EStG zu ermitteln.

42 Dies geschieht im Regelfall durch den Betriebsvermögensvergleich. Gewinn ist der Unterschiedsbetrag zwischen dem Betriebsvermögen am Schluss des Wirtschaftsjahres und dem Betriebsvermögen am Schluss des vorangegangenen Wirtschaftsjahres, vermehrt um den Wert der Entnahmen und vermindert um den Wert der Einlagen.

▶ Betriebsvermögensvergleich:

43
   Betriebsvermögen am Jahresende
   − Betriebsvermögen am Vorjahresende
   + Entnahmen
   − Einlagen
   = Gewinn

44 Ausnahmsweise können jedoch gem. § 4 Abs. 3 EStG auch Gewinneinkünfte entsprechend den Überschusseinkünften durch Ermittlung des Überschusses der zugeflossenen Einnahmen über die abgeflossenen Betriebsausgaben ermittelt werden. Eine weitere Sonderregelung gilt für die Einkünfte aus Land- und Forstwirtschaft, die je nach Umfang durch Betriebsvermögensvergleich, **Einnahmen-Überschuss-Rechnung** oder gem. § 13a EStG nach Durchschnittssätzen festzustellen sind.

45 Steuerpflichtige, die keine Bücher führen und keine regelmäßigen Abschlüsse aufstellen, dürfen ihren Gewinn gem. § 4 Abs. 3 EStG vereinfacht ermitteln. Hierzu gilt ab dem Veranlagungszeitraum 2004 der Vordruck EÜR (Einnahmen-Überschuss-Rechnung). Freiberufler sind unabhängig von Umsatz und Gewinn insoweit privilegiert, als sie stets ihren steuerlichen Gewinn durch Einnahme-Überschuss-Rechnung ermitteln dürfen. In der Einnahmen-Überschuss-Rechnung sind alle Einnahmen und Ausgaben zu erfassen, soweit es sich nicht um solche handelt, die im Namen und für Rechnung eines anderen vereinnahmt oder verausgabt werden, wie z.B. Fremdgelder oder Gerichtskosten bei Rechtsanwälten.

46 **Land- und Forstwirte** können nach § 13a EStG **Gewinne nach Durchschnittssätzen** ermitteln, sofern keine Verpflichtung zur Buchführung und zum Jahresabschluss besteht (§ 13a Abs. 1

---
162 Vgl. zum Ganzen *Strohal*, Unterhaltsrechtlich relevantes Einkommen, Rn. 24 ff.
163 BGH, FamRZ 2004, 1177; *Kleffmann*, in: Scholz/Kleffmann, Praxishandbuch Familienrecht, Teil G Rn. 23 ff.

Nr. 1 EStG) und ein im Einzelnen gesetzlich bestimmter Umfang der Landwirtschaft nicht überschritten wird (§ 13a Abs. 1 Nr. 2 bis 4 EStG).

Soweit die **Finanzbehörde** den Gewinn nicht ermitteln oder berechnen kann, **kann** sie nach § 162 AO **die Besteuerungsgrundlagen schätzen.** 47

Steuerpflichtige, die nicht aufgrund der gesetzlichen Bestimmungen zur Gewinnermittlung durch Betriebsvermögensvergleich verpflichtet sind, können die **Art der Gewinnermittlung ändern.** Ein Wechsel der Gewinnermittlungsart ist nur zum Beginn eines Wirtschaftsjahres möglich. 48

Darüber hinaus kann das **Einkommen** unterhaltsrechtlich zulässig **ausnahmsweise** auch über § 287 **ZPO geschätzt** werden.[164]

Zumindest als **Hilfsmittel bei der Feststellung des wahren Einkommens**[165] oder als **Indiz**[166] für die Höhe des Effektiveinkommens[167] können **Entnahmen** herangezogen werden. Nach § 4 Abs. 1 Satz 2 EStG sind Entnahmen alle Wirtschaftsgüter, die der Steuerpflichtigen dem Betrieb für sich, für seinen Haushalt oder für andere betriebsfremde Zwecke im Lauf des Wirtschaftsjahres entnommen hat. 49

▶ **Beispiele für Entnahmen:**
 – Barentnahmen
 – Warenentnahmen
 – Erzeugnisentnahmen
 – Nutzungsentnahmen
 – Einsatz von betrieblichem Personal für private Zwecke

50

Entnahmen bilden **oftmals** einen **Anhalt für die in der Vergangenheit bestehenden Lebensverhältnisse.**[168] Beruft sich der Unterhaltspflichtige auf Überentnahmen, d.h. auf Privatentnahmen, die den in den vorgelegten steuerlichen Unterlagen ausgewiesenen Gewinn übersteigen, hat er i.R.d. schlüssigen Darlegung seiner Einkommensverhältnisse nachzuweisen, dass er die Entnahmen aus der Substanz des Betriebs und/oder auf Kosten einer zunehmenden Verschuldung getätigt hat. Gelingt ihm dieser Nachweis, kann ihm nicht zugemutet werden, weiterhin nicht erwirtschaftete Entnahmen zu tätigen und dies durch zusätzliche Darlehensaufnahmen zu finanzieren.[169] 51

Maßgeblich sind grds. die Gewinne aus einem zeitnahen **Mehrjahresdurchschnitt**, zumindest eines Zeitraums von 3 Jahren, oftmals auch von 5 Jahren.[170] Selbst ein mehrjähriger Schnitt beschreibt die Einkommensverhältnisse dann nicht zutreffend, wenn es sich um eine Anlaufphase eines neu gegründeten Betriebs handelt oder anhaltend sinkende Umsätze aufgrund besonderer Umstände, etwa struktureller Probleme, zu verzeichnen sind. In derartigen Konstellationen ist es oftmals angebracht zu gewichten.[171] 52

▶ **Beispiel:**

Der Inhaber eines Betriebs erwirtschaftet im Jahr 2018 einen Gewinn von 20.000 €.

Im Jahr 2019 i.H.v. 30.000 €. Im Jahr 2020 i.H.v. 40.000 €.

Nicht sachgerecht wäre, hier einfach den Schnitt aus drei Jahren, mithin einen Gewinn von 30.000 € zugrunde zu legen. Wegen der eindeutigen Gewinnentwicklung über drei Jahre hinweg, ist zumindest zu gewichten:

53

---

164 BGH, FamRZ 1993, 789; OLG Hamm, FamRZ 1996, 1216.
165 OLG Brandenburg, FamRZ 2014, 219; OLG Düsseldorf, FamRZ 2005, 211; OLG Frankfurt am Main, FuR 2001, 370.
166 OLG Hamm, FamRZ 2005, 214.
167 BGH, NJW 1992, 1902; OLG Düsseldorf, FamRZ 2005, 211; OLG Brandenburg, FamRZ 2014, 219.
168 *Kuckenburg*, FuR 2006, 293; *Schürmann*, FamRZ 2002, 1149.
169 OLG Frankfurt am Main, FamRZ 2005, 803.
170 Vgl. Empfehlung des 14. Familiengerichtstags, FamRZ 2002, 296; Nr. 1. 5 der Leitlinien und BGH, NJW 1984, 1614.
171 BGH, FamRZ 1985, 471; OLG Hamm, FamRZ 1997, 310.

Gewinn 2018 einfach, somit 20.000 €

Gewinn 2019 doppelt, somit 60.000 €

Gewinn 2020 dreifach, somit 120.000 €

Durchschnittlicher, unterhaltsrechtlich relevanter Gewinn sodann 200.000 €: 6, somit gerundet 33.330 € jährlich.

54 Bei Beteiligung als Gesellschafter an einer Personengesellschaft oder als Gesellschafter an einer Kapitalgesellschaft ist zu prüfen, ob es sich um einen **Minderheits- oder Mehrheitsgesellschafter** handelt. Bei Mehrheitsgesellschaftern von Personen- und Kapitalgesellschaften, d.h. bei einer Beteiligungsquote von 50 % oder mehr, gilt, dass diese unterhaltsrechtlich nicht besser, aber auch nicht schlechter behandelt werden dürfen als Selbstständige, die Einkünfte als Einzelunternehmer oder Freiberufler erzielen. Unterhaltsrechtlich kann sich die Leistungsfähigkeit dieser **Mehrheitsgesellschafter** nicht nur nach den tatsächlichen Entnahmen bzw. den tatsächlich vorgenommenen Gewinnausschüttungen bemessen. Bei Mehrheitsgesellschaftern ist vom **Grundsatz der Vollausschüttung** auszugehen.[172]

Auch bei Minderheitsgesellschaftern ist jedoch darauf zu achten, ob sie nicht aufgrund besonderer Vereinbarungen mit zusätzlichen Stimmrechten für die Gewinnverteilung oder Vorzugsdividenden und/oder anderen Sonderrechten ausgestattet sind, wie etwa die Entscheidung über Investitionstätigkeit, Zustimmung zur Veräußerung von Gesellschaftsanteilen an Dritte etc. Deshalb sind alle Gesellschaftsverträge und deren Abänderungen und Zusatzvereinbarungen sowie Ergebnisverwendungsbeschlüsse im Auskunfts- und Belegverfahren zu verlangen. Auch bei einem Minderheitsgesellschafter kann sich eine Leistungsfähigkeit sodann dadurch ergeben, dass thesaurierte Gewinne nicht anerkannt werden.

2. Aufwand und Betriebsausgaben

a) Abzüge

55 Das unterhaltsrechtlich relevante Einkommen muss nicht mit dem steuerpflichtigen Einkommen identisch sein. Unter Umständen werden einzelne Einkommensarten vom Steuerrecht dadurch privilegiert, dass Aufwendungen als einkommensmindernd berücksichtigt werden können, die keine Vermögenseinbuße zur Folge haben.[173] Daher ist das sich aus den Steuerunterlagen ergebende **Einkommen i.S.d. Steuerrechts** nur als **Mindesteinkommen** im Sinne des Unterhaltsrechts zu sehen.[174]

56 Der Selbstständige genügt seiner Darlegungs- und Beweislast nicht, wenn er nur sein steuerrechtliches Einkommen aufzeigt.[175] Die **Darlegungs- und Beweislast** für die Angemessenheit der Ausgaben und Absetzungen trägt der Pflichtige.[176] Auch wenn es unterhaltsrechtlich **keine Investitionskontrolle** geben kann, ist es Sache des Pflichtigen die Berufsbedingtheit und Angemessenheit von Anschaffungen und Betriebsausgaben darzulegen. Erst wenn dies geschehen ist, obliegt es dem Berechtigten seinerseits bestimmte Positionen als nicht angemessen oder unzutreffend anzusehen.[177]

b) Abschreibungen

57 Die Abschreibung für Abnutzung (AfA) ist eine Methode der Bewertung von Wirtschaftsgütern des abnutzbaren Anlagevermögens. AfA ist der Teil der Anschaffungs- bzw. Herstellungskosten, der auf ein bestimmtes Jahr entfällt.

58 § 7 EStG unterscheidet zwischen verschiedenen Methoden der Abschreibung.

---

172 OLG Hamm, FamRZ 2009, 981; *Perleberg-Kölbel,* FuR 2016, 221.
173 BGH, FamRZ 1987, 46; BGH, FamRZ 1985, 357.
174 BGH, FamRZ 2004, 1177; BGH, FamRZ 1982, 680.
175 BGH, FamRZ 2003, 741; BGH, FamRZ 1998, 357.
176 BGH, FamRZ 2006, 387; OLG Frankfurt am Main, FamRZ 2007, 404.
177 KG, FamRZ 2006, 1868.

aa) Lineare Abschreibung

Bei der linearen AfA (§ 7 Abs. 1 EStG) bemisst sich die jährliche AfA für die gesamte Nutzungsdauer mit einer gleichbleibenden Quote der Anschaffungskosten. Die lineare AfA kann unterhaltsrechtlich grds. anerkannt werden.[178] Die zur linearen Abschreibung von der Finanzverwaltung herausgegebenen AfA-Tabellen geben regelmäßig den tatsächlichen Werteverzehr wieder.[179] Die in diesen Tabellen für die einzelnen Anlagegüter angegebene betriebsgewöhnliche Nutzungsdauer beruht auf Erfahrungen der steuerlichen Betriebsprüfung. Diese **AfA-Tabellen** haben die **Vermutung der Richtigkeit** für sich. Nur wenn Anhaltspunkte dafür bestehen, dass im Einzelfall die AfA-Tabellen unzutreffend sind, ist die tatsächliche Nutzungsdauer zu schätzen und ggf. durch Sachverständigengutachten zu ermitteln.[180]

Sonderregeln gelten für **Gebäude**. Nach § 7 Abs. EStG gelten für Gebäude, die zu einem Betriebsvermögen gehören und nicht Wohnzwecken dienen und für die der Bauantrag nach dem 31.03.1985 gestellt wurde, eine jährliche lineare AfA von 3 % (bis 2000: 4 %), i.Ü. 2 % pro Jahr.

Gebäudeabschreibungen, gleich, ob sie Betriebsvermögen darstellen oder Wohnzwecken dienen, sind unterhaltsrechtlich grds. nicht anzuerkennen.[181] Diesen Abschreibungen liegt lediglich ein pauschal angerechneter Verschleiß von Vermögensgegenständen zugrunde, der entweder nicht gegeben ist oder zumindest über das tatsächliche Ausmaß der Wertminderung hinausgeht und oftmals auch ausgeglichen wird durch eine günstige Entwicklung auf dem Immobilienmarkt.

▶ **Beispiel für eine lineare AfA:**

Bei einem im Jahr 2010 für 10.000 € angeschafften Wirtschaftsgut mit einer Nutzungsdauer von 10 Jahren:

Jahr	AfA (Gewinn- und Verlustrechnung)	Restwert (Bilanz)
2011	1.000 €	9.000 €
2012	1.000 €	8.000 €
usw.	usw.	usw.
2018	1.000 €	2.000 €
2019	1.000 €	1.000 €
2020	1.000 €	0 €

Auch bei der **Praxis- und Firmenwertabschreibung** ist im Zweifel die lineare Abschreibung unterhaltsrechtlich berücksichtigungsfähig. Die Nutzungsdauer des Geschäfts- oder Firmenwerts ist durch § 7 Abs. 1 Satz 3 EStG unwiderlegbar auf 15 Jahre festgelegt. Wenn schon die in den AfA-Tabellen enthaltene Verwaltungsanweisung im Zweifel als maßgeblich erachtet wird, wird man erst recht die gesetzliche Regelung des § 7 Abs. 1 Satz 3 EStG auch unterhaltsrechtlich berücksichtigen müssen.[182] Anders als der Geschäfts-/Firmenwert bei gewerblichen Einkünften nach § 15 EStG enthält das Gesetz bei Praxiswerten bei Einkünften aus selbständiger Arbeit nach § 18 EStG keine Regelung. Hier beruhen die Erfahrungswerte des Werteverzehrs, ähnlich wie die Erfahrungswerte, die sich in den AfA-Tabellen ausdrücken, auf der Ansicht der Finanzverwaltung und nicht auf einer gesetzlichen Regelung. Da sich der BGH[183] die **Erfahrungswerte der Finanzverwaltung** bei der Abschreibung allgemein verwendbarer Wirtschaftsgüter zu eigen macht, wird dies auch beim Werteverzehr des Praxiswerts eines Freiberuflers anzunehmen sein.

---

178 BGH, FamRZ 2003, 741; zu Einzelheiten vgl. *Kuckenburg*, FPR 2003, 415.
179 Vgl. die vom BMF erstellten AfA-Tabellen für die allgemeinen verwendbaren Anlagegüter vom 15.12.2000 (BStBl. I 2000, 1533).
180 BGH, FamRZ 2003, 741; *Kuckenburg/Perleberg-Kölbel*, FuR 2009, 187.
181 BGH, FamRZ 2005, 1159.
182 Zu Einzelheiten vgl. *Kuckenburg/Perleberg-Kölbel*, FuR 2009, 187.
183 BGH, FamRZ 2003, 741.

Kapitel 2 — Einkommensermittlung

bb) Degressive Abschreibung

63 Bei der **degressiven AfA** (§ 7 Abs. 2 Satz 5 EStG, »Absetzung für Abnutzung in fallenden Jahresbeträgen«), die nur noch für vor dem 01.01.2008 und zwischen dem 31.12.2008 und 01.01.2011 angeschaffte Wirtschaftsgüter gilt, wird ein fester Prozentsatz vom jeweiligen Restwert der Anschaffungskosten abgezogen. Die absolute Höhe der Jahresraten verringert sich damit von Jahr zu Jahr. Jährlich kann maximal der doppelte Betrag der linearen Abschreibung bis höchstens 20 %, allerdings ausgehend vom jeweiligen Buchwert (Restwert) angesetzt werden. Die degressive Abschreibung gab es nur bei Gewinneinkünften (Land- und Forstwirtschaft, Gewerbebetrieb, selbstständige Arbeit).

64 Die Gesetzesänderungen machen deutlich, dass die degressive AfA ein rein **steuergesetzgeberisches Regulierungsinstrument** war und damit nur bedingt einem tatsächlichen Werteverzehr entsprechen kann. Unterhaltsrechtlich war und ist sie **nicht** anzuerkennen.

▶ Beispiel:

65

Jahresende	AfA linear	AfA 20 % degressiv	Restwert linear	Restwert degressiv
2011	1.000 €	2.000 €	9.000 €	8.000 €
2012	1.000 €	1.600 €	8.000 €	6.400 €
2013	1.000 €	1.280 €	7.000 €	5.120 €
2014	1.000 €	1.024 €	6.000 €	4.096 €
2015	1.000 €	819 €	5.000 €	3.277 €
2016	1.000 €	655 €	4.000 €	2.622 €
2017	1.000 €	655 €	3.000 €	1.967 €
2018	1.000 €	655 €	2.000 €	1.312 €
2019	1.000 €	655 €	1.000 €	657 €
2020	1.000 €	657 €	0 €	0 €
	10.000 €	10.000 €		

cc) Sonderabschreibungen

66 Nach § 7g Abs. 5 EStG können bei beweglichen Wirtschaftsgütern (bei Anschaffungen bis 31.12.2007 nur für neue Wirtschaftsgüter) des Anlagevermögens unter bestimmten Voraussetzungen im Jahr der Anschaffung oder Herstellung und in den folgenden 4 Jahren neben der linearen oder degressiven Abschreibung Sonderabschreibungen bis zu 20 % der Anschaffungs- oder Herstellungskosten vorgenommen werden. Insgesamt kann das Wirtschaftsgut nur zu 100 % abgesetzt werden. Der Vorteil derartiger Sonderabschreibungen liegt in dem durch die Verschiebung der anteiligen Steuerlast bedingten Liquidität und dem Zinsvorteil. Bei steuerlich konkret vorgenommener (Sonder-) Abschreibung ist unterhaltsrechtlich das betreffende Wirtschaftsgut ggf. fiktiv linear abzuschreiben.[184]

67 Die bis zum 31.12.2007 geltende **Ansparabschreibung** (§ 7 Abs. 3 EStG) stellte eine Rückstellung für künftige abschreibungsfähige Investitionen und damit wirtschaftlich eine befristete Kreditierung der Steuerschuld dar. Bei einer unterhaltrechtlichen Korrektur um diese Abschreibung, die mit einer höheren Steuerlast einherging, war der Zweck der Abschreibung, die geplante Investition vorzunehmen, gefährdet, wenn dies zu einer erhöhten Steuerschuld des Pflichtigen geführt hätte. In derartigen Konstellationen war der für die Unterhaltsberechnung maßgebliche Zeitraum zu verlängern.[185] Wurde eine Ansparabschreibung Gewinn erhöhend bei der Bemessung des Einkommens hinzugerechnet, musste i.Ü. eine fiktive Steuerlast berücksichtigt werden, falls die Abschreibung nicht bereits wieder im Prüfungszeitraum aufgelöst wurde.[186]

---

184 BGH, FamRZ 2003, 741.
185 BGH, FamRZ 2004, 1177.
186 BGH, FamRZ 2004, 1177.

Seit dem **01.01.2008** ist an die Stelle der Ansparrücklage der **Investitionsabzugsbetrag** getreten. Die Investitionsfrist beträgt drei Jahre. Der Abzugsbetrag kann auch für gebrauchte Wirtschaftsgüter in Anspruch genommen werden. Wenn die begünstigte Investition nicht erfolgt, wird der Investitionskostenabzug rückgängig gemacht. Es erfolgt keine Auflösung ex nunc, sondern eine Änderung des früheren Steuerbescheids mit ex tunc-Wirkung und mit verzinster Nachbesteuerung. Erfolgt die Investition planmäßig, kann der Abzugsbetrag im Ergebnis gewinnneutral auf die Anschaffungskosten übertragen werden. Aufgrund dieses Verfahrens wird es ermöglicht, für Investitionen, die innerhalb von drei Jahren geplant sind, eine 40 %-ige Abschreibung der voraussichtlichen Kosten vorzunehmen. Ein gem. § 7g Abs. 3 EStG in Anspruch genommener Investitionsabzugsbetrag ist unterhaltsrechtlich unbeachtlich, wenn er nicht bis zum dritten auf das Wirtschaftsjahr des Abzugs folgenden Wirtschaftsjahr in Anspruch genommen wird. Gleichfalls erfolgt dann die entsprechende Nachversteuerung.[187]

68

▶ Beispiel zum Investitionsabzugsbetrag:

Es wird 2017 für ein Wirtschaftsgut mit voraussichtlichen Anschaffungskosten von 100.000 € ein Investitionsabzugsbetrag i.H.v. 40.000 € gebildet.

69

Damit mindert sich der Gewinn in 2010 um 40.000 €.

Im Jahr 2019 erfolgt eine Anschaffung zu 100.000 €. Es ist wie folgt zu rechnen:
– Hinzurechnung von 40.000 €
– Abzug von 40.000 €
– Bemessungsgrundlage für weitere Abschreibungen gem. § 7g Abs. 2 Satz 2 EStG sind somit 60.000 €
– weitere Abschreibungen, nebeneinander möglich:
– Sonder-AfA, § 7g Abs. 5 EStG, 20 % von 60.000 € = 12.000 €
– degressive AfA (pro rata temporis zu beachten), 25 % von 60.000 € = 15.000 €
– in 2019 ergibt sich also ein Gesamtabzug von 67 % der Anschaffungskosten

Die Unternehmenssteuerreform 2008[188] ermöglicht die **Sofortabschreibung geringwertiger Wirtschaftsgüter** bis 150 €, während Wirtschaftsgüter zwischen 150 und 1.000 € in einem Sammelposten eingestellt und über fünf Jahre linear abgeschrieben werden, unabhängig von der Frage, ob dieses einem tatsächlichen Werteverzehr entsprach und die Wirtschaftsgüter in diesem gesamten Zeitraum dem Unternehmen zur Verfügung standen. Insb. wegen der sehr restriktiven Regelung wird diese Abschreibungsmöglichkeit unterhaltsrechtlich anzuerkennen sein.

70

Bei der **Leistungs-AfA** (§ 7 Abs. 1 Satz 3 EStG, »Absetzung für Abnutzung nach Maßgabe der Leistung«) wird der Anschaffungs- oder Herstellungsaufwand nach Maßgabe der Beanspruchung des Wirtschaftsguts auf die Nutzungszeit verteilt.

71

▶ Beispiel:

Anschaffungskosten	51.129,19 €
voraussichtliche Gesamtleistung:	100.000 km
AfA-Wert bei Jahresleistung von	30.000 km = 30 %
Bei Jahresteilleistung von	50.000 km = 50 %

72

Nach einer abgeschriebenen Gesamtleistung von 100.000 km ist das Wirtschaftsgut abgeschrieben. Befindet es sich weiterhin im Betriebsvermögen, ist es mit dem Buchwert 1 € als Erinnerungsposten zu bewerten. Die Differenz zwischen dem tatsächlichen Wert und diesem Buchwert beinhaltet die »stille Reserve«.

---

187 OLG Brandenburg, NZFam 2018, 659; vgl. auch *Kleffmann*, in: Scholz/Kleffmann, Praxishandbuch Familienrecht, Teil G Rn. 34.
188 Eingehend hierzu *Kuckenburg/Perleberg-Kölbel*, FuR 2009, 140.

73 Bei der **außerplanmäßigen AfA** (§ 7 Abs. 1 Satz 1 EStG) können Wirtschaftsgüter bei erhöhtem Werteverzehr (Beschädigung, Zerstörung, wirtschaftliche Abnutzung durch neue Erfindung, Modellwechsel etc.) entsprechend dem Grad der Abnutzung abgeschrieben werden.

▶ **Beispiel:**

74
Anschaffungswert:	100.000 €
Voraussichtliche Nutzungsdauer:	5 Jahre
AfA-Wert 20 % =	20.000 € je Jahr

Nach drei Jahren zu je 20.000 € (= 3 x 20.000 €) ist das Wirtschaftsgut zu 60 % abgeschrieben. Erleidet es jetzt einen Totalschaden, kann der Restbuchwert von 40.000 € in einer Summe abgeschrieben werden.

75 Abschreibungen wegen **Substanzverbrauchs** (§ 7 Abs. 6 EStG) insb. bei einem Bergbaubetrieb, Steinbrüchen und anderen abbau- und ausbeutungsfähigen Betrieben, bei denen die Substanz verbraucht wird, können auf der Grundlage der Anschaffungskosten lineare oder entsprechend dem Substanzverzehr vorgenommen werden.

76 Zum Teil enthalten die Leitlinien der OLG (jeweils Nr. 1.5) konkrete Regelungen zur Handhabung der Abschreibungen.

dd) Rückstellungen

77 Dem Selbstständigen ist unter Berücksichtigung des **Vorsichtsprinzips** gestattet, von der Finanzverwaltung anerkannte **Rückstellungen in angemessenem Umfang** auch unterhaltsrechtlich geltend zu machen.[189]

78 **Übersicht zu Rückstellungen**
– Rückstellungen für Pensionen und ähnliche Verpflichtungen, etwa die Verpflichtung des Unternehmers zugunsten seiner Arbeitnehmer, ihnen im Rahmen einer bindenden Pensionszusage eine Alters-, Invaliditäts- oder Hinterbliebenenversorgung als betriebliche Altersversorgung zu zahlen (§ 6a EStG);
– Steuerrückstellungen;
– sonstige Rückstellungen, etwa für Prozesskosten, Garantieverpflichtungen, drohende Verluste aus schwebenden Geschäften, unterlassene Instandhaltung, Produzentenhaftung, Honoraranspruch des Steuerberaters für noch nicht abgerechnete Leistungen im alten Wirtschaftsjahre, Gewährleistungsansprüche aus der Geschäftstätigkeit.

79 Solange Rückstellungsbeträge nicht benötigt werden, stehen sie dem Unternehmen im Rahmen seiner Liquidität zur Verfügung. Ist der Grund der Rückstellung entfallen, ist die Rückstellung aufzulösen. Die **Auflösung** einer Rückstellung wirkt, soweit kein Aufwand entstanden ist, Gewinn erhöhend. Die **Inanspruchnahme der Rückstellung** wirkt **ergebnisneutral**. Erhöhte Rückstellungen hingegen sind unterhaltsrechtlich nicht anzuerkennen.[190]

ee) Kosten der Lebensführung

80 Kosten der Lebensführung sind von den Betriebs-/Praxisausgaben abzugrenzen. Private Nutzungsanteile an Gütern des Betriebsvermögens sind entsprechend § 287 ZPO zu schätzen. Das Gleiche gilt für sonstige Positionen wie Repräsentationskosten, Werbegeschenke, Bewirtungskosten etc. Im Ansatz besteht keine unterhaltsrechtliche Relevanz dieser Positionen[191], es sei denn, der Unterhaltspflichtige weist konkret Angemessenheit und Erforderlichkeit und damit die Abzugsfähigkeit dieser

---

189 Zu Einzelheiten vgl. *Schürmann*, FamRB 2006, 183; *Strohal*, FPR 2006, 344 und *Kleffmann*, in: Scholz/Kleffmann, Praxishandbuch Familienrecht, Teil G Rn. 34.
190 BGH, FamRZ 2003, 741.
191 Grundlegend BGH, FamRZ 1987, 46.

Kosten nach. Derartige **gemischte Aufwendungen**, d.h. ein Aufwand, der sowohl betrieblich als auch privat veranlasst ist, sind einer ermessungsbegrenzenden Objektivierungs- und **Angemessenheitsprüfung** zu unterziehen.[192]

Übersicht der prüfenswerten (gemischten) Aufwendungen: 81
- Beiträge zu Verbänden und Vereinen (ggf. privat veranlasst)
- (Rechts-) Beratungskosten
- Bewirtungskosten
- Fahrzeugkosten
- Geschenke: Werbegeschenke, ggf. für private Zwecke
- Leasinggebühren (z.B. für ein auch privat genutztes Kfz)
- Miete, Raumkosten, etwa: Wird die Immobilie teils privat, teils betrieblich genutzt, können steuer- und unterhaltsrechtlich Hauslasten und Nebenkosten nur anteilig als Betriebsaufwand angesetzt werden
- Personalkosten: Leistung und Gegenleistung müssen in einem angemessenen Verhältnis stehen, was insb. bei einem Arbeitsverhältnis mit dem Ehepartner bzw. Lebensgefährten zu prüfen ist[193]
- Porto (ggf. für private Korrespondenz)
- Provisionen (z.B. für Angehörige)
- Reisekosten: diese Aufwendungen sind erläuterungsbedürftig
- Repräsentationskosten (ggf. privat veranlasst)
- Sonstige Kosten, bedürfen detaillierter Aufschlüsselung
- Spenden; sind grds. auch bei Ausweis als Betriebsaufwand privat veranlasst
- Telefonkosten: Angemessener privater Eigenanteil zu berücksichtigen
- Versicherungen (ggf. privat veranlasst)
- Werbekosten
- Zinsaufwendungen

Stehen **Betriebsausgaben** in keinem angemessenen Verhältnis zu den Einnahmen, ist zu prüfen, 82 ob dem Selbstständigen vorgeworfen werden kann, dass er keine Maßnahmen zur Kostensenkung ergriffen hat.[194]

Die Aufnahme und die Tilgung von Krediten sind steuerlich irrelevant, da sie sich ausschließlich auf 83 der Vermögensebene abspielt. Sie beeinflussen den Gewinn nicht. Nur die **Zinsen** sind als **Aufwand** steuerlich relevant.

ff) Vorsorgeaufwendungen

Vorsorgeaufwendungen für **Krankheit** und **Alter** sind in angemessenem Umfang (regelmäßig bis 84 24 % [beim Eltern- und Enkelunterhalt bis 25 %]) des Bruttoeinkommens abzugsfähig.[195]

Bei der **Kranken- und Pflegeversicherung** richten sich die angemessenen Abzüge nach den entsprechenden Kosten einer Privatversicherung einschließlich Zusatzversicherung und Eigenanteilen.[196] Ist eine Absicherung durch eine Pflegeversicherung unterhaltsrechtlich vorwerfbar nicht erfolgt, kann bei Eintritt eines Pflegefalls ein **fiktives Pflegegeld** bedarfsmindernd berücksichtigt werden.[197] Auch **Beiträge für eine Krankenhaustagegeldversicherung** sind grds. abzugsfähig.[198] 85

---

192 BGH, FamRZ 1984, 990; BGH, FamRZ 1982, 360; eingehend *Perleberg-Kölbel/Kuckenburg*, FuR 2011, 32.
193 BGH, FuR 2006, 180 zur unterhaltsrechtlichen Berücksichtigungsfähigkeit von Personalkosten eines Rechtsanwalts.
194 BGH, FamRZ 2006, 387.
195 BGH, FuR 2006, 180; BGH, FamRZ 1982, 887; vgl. auch Nr. 10. 1 der Leitlinien; vgl. zu weiteren Einzelheiten Rdn. 276.
196 BGH, NJW 2015, 1577.
197 BGH, NJW 2015, 1577.
198 BGH, FamRZ 2013, 193; BGH, FamRZ 2009, 1207.

Nicht abzugsfähig sind Kosten einer Absicherung gegen Arbeitslosigkeit.[199] Dies gilt auch für Gesellschafter-Geschäftsführer, die maßgebenden Einfluss auf die Entscheidung der Gesellschaft und damit die Fortdauer der eigenen Anstellung besitzen.[200] Unterhaltsrechtlich anzuerkennen sind jedoch angemessene **Beiträge** für eine **Berufsunfähigkeitsversicherung**[201] oder Beitragszahlungen an eine Berufsgenossenschaft.[202]

86 Hinsichtlich der Abzugsfähigkeit von **Altersvorsorgeaufwendungen** gelten die gleichen Grundsätze wie bei abhängig Beschäftigten als **Richtschnur** für die Angemessenheit ist zunächst ein Anteil von bis zu 20 % des erzielten Bruttoeinkommens, bei Selbstständigen des Gewinns, anzusehen.[203] Wenn i.Ü. bei Nichtselbstständigen neben der primären gesetzlichen Altersvorsorge bis zu 5 % seines Bruttoeinkommens (beim Elternunterhalt)[204] und i.Ü. bis zu 4 % des jeweiligen Bruttoeinkommens im Rahmen angemessener sekundärer Altersvorsorge[205] anerkannt werden, gilt das Gleiche bei Selbstständigen. I.Ü. ist vorsorglich stets zu prüfen, ob die geltend gemachten Aufwendungen auch bereits während des ehelichen Zusammenlebens aufgebracht wurden. Dies stellt zumindest ein **Indiz für die Angemessenheit** dar.[206] Aufwendungen des gesteigert unterhaltspflichtigen Elternteils für eine zusätzliche Altersversorgung (ähnliches gilt für eine Zusatzkrankenversicherung) sind jedoch unterhaltsrechtlich nicht mehr berücksichtigungsfähig, wenn der Mindestunterhalt für ein minderjähriges Kind andernfalls nicht aufgebracht werden kann.[207]

87 Ein **fiktiver Abzug** von Altersvorsorgeaufwendungen kommt nicht in Betracht.[208]

88 Hinsichtlich der Art der Altersvorsorge besteht **Wahlfreiheit**. Die Altersvorsorge kann gleichermaßen durch Lebensversicherungsverträge auf Renten- oder Kapitalbasis, durch Rücklagen auf einem Sparbuch, durch Immobilienerwerb, Wertpapiere, Beteiligung an Fonds etc. erfolgen.[209]

gg) Steuern

89 Die bei den Einkünften aus Gewerbebetrieb anfallende **Gewerbesteuer** wird bereits bei Ermittlung des steuerlich maßgeblichen Gewinns berücksichtigt.[210] Die **USt** ist bei Einkünften aus Gewerbebetrieb und Selbstständigen unterhaltsrechtlich nicht relevant. Abzugsfähig sind **Einkommenssteuern** sowie **Solidaritätszuschlag** und **Kirchensteuern**.

90 Nach dem **In-Prinzip** werden Steuern in der im Veranlagungszeitraum tatsächlich entrichteten Höhe berücksichtigt, d.h. Vorauszahlungen für das laufende Jahr einschließlich der durch Steuerabzug erhobenen ESt und der Körperschaftsteuer bei Einkünfte aus Kapitalvermögen zuzüglich Vorauszahlungen für Vorjahre,[211] zuzüglich Abflusszahlungen, abzüglich Erstattungen für Vorjahre.[212] Damit wird eine fiktive Steuerberechnung grds. vermieden.[213] Zu Einzelheiten vgl. Rdn. 267.

91 Die handels- und/oder steuerrechtlichen Rechnungsgrundlagen folgen nicht dem In-Prinzip, sondern dem **Für-Prinzip**.[214] Danach werden Beträge für den Zeitraum berücksichtigt, für den

---

199 BGH, FamRZ 2003, 860.
200 BGH, FamRZ 2003, 860.
201 OLG Hamm, FamRZ 2001, 625.
202 KG, FamRZ 1979, 66.
203 BGH, FamRZ 2003, 860.
204 BGH, FamRZ 2004, 888; BGH, FamRZ 2003, 1179.
205 BGH, FamRZ 2006, 387; BGH, FamRZ 2005, 1817.
206 BGH, FamRZ 1982, 151.
207 BGH, FamRZ 2013, 616.
208 BGH, FamRZ 2003, 860.
209 BGH, FamRZ 2015, 1577; BGH, FamRZ 2009, 1300; BGH, FamRZ 2009, 1207.
210 OLG Koblenz, FuR 2018, 412.
211 BGH, FamRZ 2007, 793.
212 BGH, FamRZ 1991, 304.
213 BGH, FamRZ 2007, 1232; BGH, FamRZ 2003, 741.
214 Zu Einzelheiten FamR-Komm/*Kleffmann*, Vor § 1361 Rn. 53 ff.

sie geleistet wurden. Sowohl die tatsächlich gezahlten wie die veranlagten Steuern stehen jedoch (oftmals) nicht in Beziehung zu den unterhaltsrechtlich relevanten Korrekturen. In diesen Konstellationen sollte der fiktiven Erhöhung des steuerlich relevanten Einkommens eine fiktiv höhere steuerliche Veranlagung entsprechen. Die Differenz zwischen unterhaltsrechtlich relevantem Bruttoeinkommen und steuerlich relevantem Bruttoeinkommen, die sich aufgrund unterhaltsrechtlich notwendiger Korrekturen, etwa bei Abschreibungen ergibt, ist mit der anteiligen Steuerlast belastet. Steuervorteile aus unterhaltsrechtlich unbeachtlichen Aufwendungen bleiben sodann beim Verpflichteten.

▶ Beispiel:[215]

Kalenderjahr	2016	2017	2018	Durchschnitt 2016–2018
				€
(1) Steuerrechtlich relevante Einkünfte aus Gewerbebetrieb	120	50	100	90
(2) Unterhaltsrechtlich relevante Einkünfte aus Gewerbebetrieb	170	60	130	120
(3) Fiktive ESt	62	12	40	
(4) Unterhaltsrechtlich relevantes Bruttoeinkommen nach Abzug der fiktiven ESt = (2) ./. (3)	108	48	90	82

92

Von dem In-Prinzip ist unabhängig von vorstehenden Erwägungen stets eine Ausnahme zugunsten des Für-Prinzips zu machen, wenn ansonsten das ermittelte Einkommen keinen Rückschluss auf die Höhe des laufenden und künftigen Einkommens zulässt.[216]

Eine derartige **fiktive Steuerberechnung bei unterhaltsrechtlich nicht anerkannten Abzugspositionen** hat jedenfalls auch teilweise Eingang in die Rechtsprechung des BGH gefunden.[217]

93

Das für die Anwendung des In-Prinzips in der Vergangenheit im Wesentlichen vorgebrachte Argument der Schwierigkeit einer fiktiven Steuerberechnung greift nicht mehr, da es zwischenzeitlich jedenfalls durch (computergestützte) Berechnungsprogramme unschwer möglich ist, fiktive Steuerberechnungen vorzunehmen.[218]

94

III. Sozialstaatliche Leistungen

Sozialleistungen (vgl. auch Nr. 2 der Leitlinien) zählen grds. zum unterhaltsrechtlich relevanten Einkommen, soweit sie nicht nur subsidiär gewährt werden.[219] Für die Beurteilung der Bedürftigkeit und der Leistungsfähigkeit nach bürgerlichem Recht gelten teilweise andere Maßstäbe als im Sozialhilferecht.[220]

95

1. ALG I

ALG I (vgl. auch Nr. 2.1 der Leitlinien) ist eine **Entgeltersatzleistung** und mithin unterhaltsrechtlich zu berücksichtigen.[221] Auch bei einer zuvor überobligatorischen Arbeit ist es wie Einkommen

96

---

215 Nach *Kleffmann*, in: Scholz/Kleffmann, Praxishandbuch Familienrecht, Teil G Rn. 47.
216 BGH, FamRZ 2011, 1581.
217 BGH, FamRZ 1987, 36 (Bauherrenmodell); BGH, FamRZ 2007, 882 (wegen beim Schuldner nicht berücksichtigter Fahrtkosten).
218 BVerfG, FamRZ 2003, 1821.
219 Grundlegend BGH, NJW 1997, 1919.
220 BGH, FamRZ 1995, 537.
221 BGH, FamRZ 2009, 307; BGH, FamRZ 2008, 594.

aus zumutbarer Tätigkeit zu behandeln,[222] weil das Erwerbersatzeinkommen ohne überobligationsmäßige Anstrengung erzielt wird. Ein **Erwerbstätigenbonus**, dessen Funktion allein in der Schaffung eines Erwerbsanreizes liegt,[223] ist jedoch nicht zu berücksichtigen.[224] Der wegen eines leiblichen Kindes gewährte erhöhte Leistungssatz des Arbeitslosengeldes ist auch im Fall der Wiederverheiratung des Pflichtigen Bestandteil seines zur Bemessung des nachehelichen Unterhalts maßgeblichen Einkommens. Der auf der Wiederverheiratung beruhende Teil des Arbeitslosengeldes ist entsprechend den Grundsätzen zur Berücksichtigung des Splittingvorteils aus neuer Ehe zu behandeln. In diesen Konstellationen ist oftmals jedoch eine Kontrollrechnung[225] erforderlich. Dem Berechtigten darf jedenfalls kein höherer Anspruch zustehen als er ohne die neue Ehe des Pflichtigen hätte.

97 Wie das ALG I haben auch das **Teilarbeitslosengeld** nach § 116 Nr. 2 SGB III, das **Übergangsgeld** nach § 116 Nr. 3 SGB III, das **Kurzarbeitergeld** nach § 116 Nr. 4 SGB III[226] und das **Insolvenzgeld** nach § 116 SGB III Lohnersatzfunktion.

2. ALG II

98 ALG II nach § 33 SGB II hat keine Lohnersatzfunktion und stellt eine **bedarfsabhängige subsidiäre Sozialleistung** dar.[227] Sie begründet beim Pflichtigen keine Leistungsfähigkeit und wirkt beim Bedürftigen nicht bedarfsdeckend.[228] Im Gegensatz zu dem nach § 129 SGB III von der Höhe des früheren Einkommens abhängigen ALG I ist das einem Unterhaltsberechtigten nach § 7 SGB II gewährte ALG II grds. nicht als Einkommen zu berücksichtigen. Nur dies ist mit dem in § 33 SGB II geregelten gesetzlichen Forderungsübergang vereinbar. Wenn das ALG II – wie das ALG I – als Einkommensersatz bedarfsdeckend zu berücksichtigen wäre, entfiele damit die Bedürftigkeit und der Unterhaltsanspruch könnte nicht mehr auf den Träger der Leistung übergehen. Hinzu kommt, dass das ALG II eine Bedürftigkeit des Berechtigten voraussetzt und deswegen – wie Sozialhilfe – lediglich eine subsidiäre Leistung darstellt.[229]

Auch kann sich eine teilweise Leistungsfähigkeit nur ergeben, wenn auch sonstige Einkünfte, etwa in Gestalt nicht subsidiärer Sozialleistungen oder wegen Verstoßes gegen die Erwerbsobliegenheit fiktiver Einkünfte, vorhanden sind.[230]

99 Das als Zuschuss zum ALG II gezahlte **Einstiegsgeld** stellt unterhaltsrechtliches Einkommen dar.[231]

Das Gleiche gilt für nicht subsidiäre Leistungen nach SGB II, insbesondere befristete Zuschläge (§ 24 SGB II), Entschädigungen für Mehraufwendungen (§ 16 SGB II) oder Freibeträge (§ 30 SGB II). Als Einkommen zu berücksichtigen sind auch das **Unterhaltsgeld** bei der Teilnahme an Maßnahmen der beruflichen Weiterbildung, **Übergangsgeld** nach § 24 SGB II,[232] **Kurzarbeitergeld**,[233] **Insolvenzgeld**, **Schlechtwettergeld**, **Streik-** sowie **Teilarbeitslosengeld** nach § 116 Nr. 2 SGB III.

---

222 BGH, FuR 2005, 364; OLG Köln, FamRZ 2006, 342.
223 BGH, FamRZ 2010, 357.
224 BGH, FamRZ 2009, 307; BGH, FamRZ 2007, 983.
225 BGH, NJW 2008, 3213.
226 OLG Saarbrücken, NJW-RR 2010, 1303.
227 BGH, FamRZ 2011, 97; OLG München, NJW-RR 2006, 439.
228 BGH, FamRZ 2009, 307.
229 BGH, FamRZ 2011, 97.
230 BGH, FamRZ 2013, 1378.
231 OLG Celle, FamRZ 2006, 1203.
232 OLG München, FamRZ 2006, 1125.
233 OLG Saarbrücken, NJW-RR 2010, 1303.

3. Ausbildungsförderung

BAföG-Leistungen sind grds. Einkommen, auch soweit sie als Darlehen gewährt werden,[234] es sei denn, es handelt sich um Vorausleistungen nach §§ 36, 37 BAföG.[235] Es besteht eine **Obliegenheit** zur Inanspruchnahme von BAföG-Leistungen.[236] Nimmt der Gläubiger schuldhaft entsprechende Mittel nicht in Anspruch, ist in Höhe der möglichen Förderung fiktives Einkommen zuzurechnen.[237] Es besteht jedoch keine Obliegenheit Rechtsmittel gegen einen ablehnenden BAföG-Bescheid einzulegen.[238] Bei Änderung der finanziellen Verhältnisse der Eltern ist ggf. ein neuer BAföG-Antrag zu stellen.[239] Eine BAföG-Schuldentilgung kann ab Fälligkeit einkommensmindernd berücksichtigt werden.[240] Ist bei der Bewilligung von BaföG in Form von Vorausleistungen die Höhe des Einkommens der Eltern streitig, hat das Familiengericht die Rechtmäßigkeit der von der zuständigen Behörde durchgeführten Einkommensermittlung zu überprüfen.[241]

100

Die gleichen Grundsätze gelten für **Stipendien**, sofern nicht besondere Zweckbestimmungen entgegenstehen. **Berufsausbildungsbeihilfen** (§§ 59 ff. SGB II, §§ 59 ff., 65 ff., 72 bis 76 SGB III) haben Lohnersatzfunktion und stellen nur dann eine subsidiäre Geldleistung dar, wenn sie als Vorauszahlungen erbracht werden.[242] Die Rechtsprechung hinsichtlich der Verpflichtung zur Aufnahme eines BAföG-Darlehens ist auf Bildungsdarlehen nicht übertragbar.[243]

101

Auch **Ausbildungsgeld für Behinderte** (§ 104 SGB III) ist nicht subsidiär und deckt den Bedarf auch im Verhältnis zum Pflichtigen ab. Auch hier verbleibt es bei der Grundregel, dass Einkünfte jeder Art die Bedürftigkeit des Berechtigten mindern.[244] Jedoch ist § 1610a BGB zu beachten, wonach eine Vermutung dafür spricht, dass behinderungsbedingter Mehrbedarf i.H.d. Sozialleistung vorliegt.

102

4. Elterngeld, Erziehungsgeld, Mutterschaftsgeld

Für ab 01.01.2007 geborene Kinder ist Elterngeld an die Stelle des Erziehungsgeldes getreten. Die Ausgestaltung des Elterngeldes als steuerfinanzierte Einkommensersatzleistung ist verfassungsgemäß.[245] Elterngeld wird einem Elternteil für max. ein Jahr, beiden Eltern für höchstens 14 Monate gezahlt.[246] Auf Antrag kann sich die Bezugsdauer bei halben Monatsbeträgen nach § 6 BEEG verdoppeln. **Elterngeld ist anrechenbares Einkommen** und **reine Sozialleistung** zugleich, soweit es den Betrag von 300 € (bei verlängertem Bezug 150 €) je berücksichtigungsfähigen Kind übersteigt (§ 11 Satz 1 und 2 BEEG).[247] Es soll der Einkommensverlust ausgeglichen werden, den ein Elternteil durch Aufgabe/Einschränkung seiner Erwerbstätigkeit wegen Kindesbetreuung erfährt. Daneben wird das Elterngeld i.H.v. 300 € als reine Sozialleistung gewährt, wenn der Elternteil vor der Geburt des Kindes nicht erwerbstätig war oder weniger als 300 € verdient hat.

103

Das **Elterngeld** ist betragsunabhängig, ggf. teilweise, in Konstellationen der Verwirkung (§§ 1361, 1579, 1611 BGB) oder in Konstellationen gesteigerter Unterhaltsverpflichtung (§ 1603 Abs. 2

104

---

234 Grundlegend BGH, NJW 1987, 1551.
235 BGH, FamRZ 1996, 1067; BGH, FamRZ 1993, 417.
236 OLG Hamm, FuR 2014, 186; OLG Schleswig, FamRZ 2006, 571.
237 BGH, FamRZ 1985, 916; OLG Brandenburg, NZFam 2018, 660; OLG Hamm, FuR 2014, 186.
238 BGH, FamRZ 1989, 499; OLG Brandenburg, FuR 2018, 412.
239 OLG Karlsruhe, NJW-RR, 2010, 8.
240 BGH, FamRZ 1986, 138.
241 BGH, FamRZ 2013, 1644.
242 OLG Oldenburg, FamRZ 1989, 531 (zu § 40 AFG).
243 OLG Bremen, NJW-RR 2013, 133.
244 OLG Brandenburg, FamRB 2004, 287; OLG München, FamRZ 1992, 212 (noch zur früheren Regelung in §§ 40, 58 I 3 ALG).
245 BVerfG, NJW 2012, 214.
246 Zur Bemessung vgl. BSG, NJW 2010, 1478; *Röhl*, NJW 2010, 1418.
247 BGH, FamRZ 2015, 738; BGH, FamRZ 2014, 1183; BGH, FamRZ 2011, 97.

BGB, vgl. § 11 Satz 4 BEEG [zuvor vergleichbare Regelung in § 9 Satz 2 BErzGG][248]). Soweit es sich um unterhaltsrelevantes Einkommen handelt,[249] sind Erwerbstätigenbonus und berufsbedingter Aufwand nicht zu berücksichtigen.

105 Während des Bezugs von Elterngeld besteht keine Erwerbsobliegenheit.[250]

Macht ein Elternteil von der Möglichkeit Gebrauch, den Bezug des Elterngeldes nach § 6 Satz 2 BEEG zu verlängern und bezieht aus diesem Grund nur den hälftigen Betrag, stellt dies keine Obliegenheitsverletzung dar.[251]

Es gilt der Selbstbehalt für Nichterwerbstätige.[252]

Der Gesetzgeber hat mit der **Neufassung des BEEG**[253] klargestellt, dass Elternteile, die während des Elterngeldbezugs Teilzeit arbeiten wollen, die Möglichkeit haben, durch ihr eigenes Teilzeiteinkommen den monatlichen Elterngeldanspruch zu reduzieren und dadurch im Gegenzug den Bezugszeitraum für das Elterngeld entsprechend zu verlängern. Das Gesetz gilt für Geburten ab 01.07.2015.

Die Neuerungen im Überblick:
– Auch bislang konnten Eltern Teilzeit arbeiten und Elterngeld kombinieren. Allerdings verloren sie nach der bisherigen Regelung einen Teil ihres Elterngeldanspruchs. Dies hat sich geändert. Arbeiten Eltern während des Elterngeldbezugs Teilzeit, bekommen sie länger **Elterngeldplus**. Aus einem Elterngeldmonat können zwei Monate Elterngeldplus werden.
– Partnerschaftsbonus: Teilen sich Vater und Mutter die Kinderbetreuung und arbeiten parallel für vier Monate zwischen 25 und 30 Wochenstunden, behalten sie jeweils für vier Monate Elterngeldplus.
– Flexiblere Elternzeit. Eltern können bis zu 24 Monate (zuvor zwölf Monate) Elternzeit zwischen dem dritten und achten Geburtstag des Kindes nehmen. Die Anmeldefrist für eine Elternzeit in diesem Zeitraum erhöht sich auf 13 Wochen. Die Elternzeit kann zudem in drei Zeitabschnitte pro Elternteil aufgeteilt werden (zuvor zwei Abschnitte).
– Steht der neue Ehegatte des Unterhaltspflichtigen im Bezug von Elterngeld, bleibt der nach § 11 Satz 1 BEEG geschuldete Sockelbetrag des Elterngeldes bei der Ermittlung des für die Dreiteilung verfügbaren Gesamteinkommens unberücksichtigt.[254]

106 Das **Betreuungsgeld** ist zum 01.08.2013 als Bestandteil des BEEG eingeführt worden. Betreuungsgeld[255] stellt eine Geldleistung des Staates an Eltern dar, die sich in den ersten Jahren nach Geburt ihres Kindes zu Hause in Vollzeit der Erziehung widmen. Betreuungsgeld ist wie das Elterngeld bis zu 300 € je Kind anrechnungsfrei und unterhaltsrechtlich nur ausnahmsweise relevant, wenn der das Betreuungsgeld Beziehende Unterhalt verlangt und seinen Unterhalt gem. §§ 1361 Abs. 3, 1579, 1611 BGB verwirkt hat.

Mit dem Bayerischen Familiengesetz vom 24.07.2018 gewährt der Freistaat Bayern seit dem 01.09.2018 den Eltern für jedes ab dem 01.10.2015 geborene Kind im zweiten und dritten Lebensjahr, also vom 13. Bis 36. Lebensmonat, monatlich 250 €, ab dem dritten Kind 300 € (**Bayerisches**

---

248 BGH, FamRZ 2012, 1201; die vormals zum Erziehungsgeld ergangene Rechtsprechung (vgl. etwa OLG Brandenburg, NJW-RR 2002, 939; OLG Dresden, FamRZ 2000, 1437; OLG Nürnberg, FamRZ 1998, 981) gilt entsprechend.
249 BGH, FamRZ 2011, 97.
250 BGH, FamRZ 2015, 738.
251 BGH, FamRZ 2015, 738; OLG Frankfurt am Main, FamRZ 2014, 848.
252 Eingehend *Scholz*, FamRZ 2007, 7.
253 BGBl. 2014 I S. 2325.
254 BGH, FamRZ 2014, 1183.
255 Durch BVerfG, FamRZ 2015, 1459 für verfassungswidrig und nichtig erklärt und daher nur für Konstellationen maßgeblich, in denen bestandskräftige Bewilligungsbescheide vorliegen.

Familiengeld). Die Leistung wird allen Familien gewährt, unabhängig vom Einkommen oder einer Erwerbstätigkeit. Eltern erhalten das Familiengeld unabhängig davon, ob das Kind eine Krippe besucht oder in der Familie betreut wird. Voraussetzung ist, dass der Elternteil seinen Hauptwohnsitz oder seinen gewöhnlichen Aufenthalt in Bayern hat, er mit seinem Kind in einem Haushalt lebt und dieses Kind selbst erzieht. Weil das Familiengeld nach seinem Förderungszweck nicht den Unterhaltsbedarf des Kindes decken, sondern den Eltern zusätzlich zustehen soll, ist es dem bezugsberechtigten Elternteil unterhaltsrechtlich als Einkommen zuzurechnen.

Erziehungsgeld wurde gezahlt für Geburten, die bis zum 31.12.2006 erfolgten. Wegen § 9 Abs. 1 BEEG stellte es **grds. kein Einkommen** dar.[256] Nach § 9 Abs. 2 BEEG war es ausnahmsweise Einkommen bei gesteigerter Unterhaltspflicht ggü. einem minderjährigen Kind (vgl. auch Nr. 2.5 der Leitlinien) und ggf. i.R.d. bei Verwirkung gebotenen Billigkeitsabwägung nach §§ 1361, 1579, 1611 BGB. Soweit Erziehungsgeld als Einkommen zu berücksichtigen war, musste der Selbstbehalt gewahrt werden.[257]

107

Mutterschaftsgeld nach §§ 13, 14 MuSchG i.V.m. §§ 195, 200 RVO hat Lohnersatzfunktion.[258] §§ 4a–d BEEG, die einen Anspruch auf **Betreuungsgeld** begründeten, sind wegen fehlender Gesetzgebungskompetenz des Bundes nichtig. Sie können zwar der öffentlichen Fürsorge nach Art. 74 Abs. 1 Nr. 7 GG zugeordnet werden, auf die sich die konkurrierende Gesetzgebung des Bundes erstreckt. Die Voraussetzung des Art. 72 Abs. 2 GG für die Ausübung dieser Kompetenz durch den Bund liegen jedoch nicht vor. Die Regelungen sind weder zur Herstellung gleichwertiger Lebensverhältnisse im Bundesgebiet, noch zur Wahrung der Rechts der Wirtschaftseinheit erforderlich.[259] Etwaigen Erfordernissen des Vertrauensschutzes ist nach § 79 Abs. 2 Satz 1 BverfGG i.V.m. § 45 Abs. 2 SGB X Rechnung zu tragen. Eltern, denen Betreuungsgeld bereits bewilligt wurde, kann sie weiter gewährt werden.

108

5. Kindergeld, Kinderzuschlag

Kindergeld (vgl. Nr. 3 der Leitlinien) ist eine öffentliche Sozialleistung.

109

Das staatliche Kindergeld nach §§ 62 ff. EStG und nach dem BKGG dient dem allgemeinen **Familienleistungsausgleich**, der gewährt wird, um die Unterhaltslast der Eltern ggü. ihren Kindern zu erleichtern. Kindergeld ist nicht Einkommen des bezugsberechtigten Elternteils[260], sondern des Kindes. Wegen der Zweckbindung hat das Kind ggü. dem Elternteil, der das Kindergeld bezieht, einen Anspruch auf Auskehr, soweit die Leistung nicht für den Bar- oder Naturalunterhalt verwendet wird.

110

Schon i.R.d. Volljährigenunterhalts hatte der BGH[261] erkannt, dass Kindergeld wie Einkommen des volljährigen Kindes zu behandeln ist. Dem ist der Gesetzgeber mit der **Neufassung des § 1612b BGB** und dem zum 01.01.2008 in Kraft getretenen **UÄndG** gefolgt. Die vom BVerfG[262] angemahnte Harmonisierung unterhalts- und sozialrechtlicher Regelungen wurde dadurch herbeigeführt, dass das Kindergeld wie im Sozialrecht (§§ 11 Abs. 1 Satz 3 SGB II, 82 Abs. 1 Satz 2 SGB XII) bedarfsdeckend anzusetzen ist. Kindergeld ist zur Deckung des Bedarfs des minderjährigen Kindes hälftig zu verwenden, wenn ein Elternteil seine Unterhaltspflicht durch Betreuung des Kindes erfüllt, in allen anderen Fällen in voller Höhe. Dies gilt etwa für ein minderjähriges Kind, das nicht von einem Elternteil, sondern verantwortlich von Dritten betreut wird, für das verheiratete minderjährige Kind, für privilegiert volljährige Kinder i.S.d. § 1603 Abs. 2 Satz 2 BGB und für alle anderen volljährigen Kinder, gleichgültig, ob sie im Haushalt eines Elternteils, anderer

111

---
256 BVerfG, FamRZ 2000, 1149; BGH, FamRZ 2006, 1010.
257 BGH, FamRZ 2006, 1010.
258 BGH, FamRZ 2006, 1010.
259 BVerfG, 21.07.2015 – 1 BvF 2/13.
260 BGH, FamRZ 2010, 1318; BGH, FamRZ 2005, 347; BGH, FamRZ 2003, 445.
261 BGH, FamRZ 2008, 2104; BGH, FamRZ 2007, 542; BGH, FamRZ 2006, 774.
262 BVerfG, FamRZ 2003, 1370.

Verwandter oder im eigenen Haushalt leben, ob sie sich in einer Schul- oder sonstigen Ausbildung befinden, ob sie Einkünfte erzielen, arbeitslos, arbeitsunfähig, krank oder behindert sind.[263] Weil das Kindergeld **als Einkommen des Kindes** anzusehen ist, hat es mit dieser Entlastung der Eltern von ihrer Barunterhaltspflicht sein Bewenden. Von dem unterhaltsrelevanten Einkommen ist demgemäß nur noch der tatsächliche **Zahlbetrag** auf den Kindesunterhalt **abzusetzen**.[264]

112 Auch soweit einem Ehegatten wegen eines weiteren nicht gemeinschaftlichen Kindes hinsichtlich der gemeinsamen Kinder ein **Zählkindvorteil** zufließt, ist dieser nicht als unterhaltsrelevantes Einkommen in die Bedarfsberechnung einzubeziehen, sondern kommt dem betreffenden Elternteil allein zugute (vgl. auch § 1612b Abs. 2 BGB).

Der **Kinderzuschlag** ist entsprechend der sozialrechtlichen Regelung in § 11 Abs. 1 Satz 5 SGB II als Einkommen des Kindes anzusehen.[265] Der Kinderzuschlag muss jedoch immer seine sozialrechtliche Aufgabe erfüllen können. Das Kind darf durch die Berücksichtigung des Kinderzuschlags als Einkommen im Rahmen einer Unterhaltsberechnung im Ergebnis nicht (wieder) sozialhilfebedürftig werden.

113 Analog dem Kindergeld sind der **im Jahr 2009 einmalig gezahlte Kinderbonus** nach § 6 Abs. 3 BKGG bzw. § 66 Abs. 1 Satz 2 EstG,[266] der **Kinderzuschuss** aus der gesetzlichen Rentenversicherung, **Kinderzulagen** aus der gesetzlichen Unfallversicherung und Kinderzulagen von zwischen- oder überstaatlichen Einrichtungen[267] zu behandeln.

114 **Kindbezogene Zahlungen ohne kindergeldersetzende Funktion** sind nicht nach §§ 1612c, 1612b BGB auszugleichen und erhöhen das Einkommen des jeweiligen Elternteils.[268]

Die nach Art. 67 Ib des Statuts der Beamten der **Europäischen Gemeinschaft** gezahlte **Kinderzulage** kommt dem betreuenden Elternteil und dem barunterhaltspflichtigen Elternteil gleichermaßen zu Gute und ist daher wie Kindergeld in vollem Umfang nur zur Hälfte auf den Barunterhaltsbedarf eines minderjährigen Kindes anzurechnen. Die **EU-Kinderzulage** ist eine kindbezogene Leistung, die zweckgebunden für den Unterhalt des Kindes einzusetzen ist. Regelmäßige kindbezogene Leistungen sind gem. § 1612c BGB auf den Tabellenunterhaltsbetrag nach § 1612b BGB anzurechnen, soweit diese den Anspruch auf Kindergeld ausschließen. Eine Anrechnung der gem. Art. 67 Abs. 1a des Status der Beamten der Europäischen Gemeinschaft gezahlten Haushaltszulage auf den Kindesbarunterhaltsbedarf findet nicht statt. Die EU-Haushaltszulage ist ein **Gehaltsbestandteil des Beamten**, die beim Einkommen des Elternteils zu berücksichtigen ist.[269]

6. Pflegegeld

115 Pflegegeld[270] wird aufgrund unterschiedlicher tatsächlicher Konstellationen und gesetzlicher Grundlagen gewährt. Pflege- und Erziehungsgeld nach §§ 23 Abs. 1 Satz 2, 39 SGB VIII ist **Einkommen der Pflegeperson**, soweit es den für den Unterhalt des Pflegekindes benötigen Betrag übersteigt und damit als Anerkennung für die Betreuung und erzieherischen Bemühungen der Pflegeperson bezahlt wird.[271] Dieser den Pflegeeltern zuzurechnende **Einkommensanteil ist grds.**

---

263 BGH, FamRZ 2009, 1300.
264 BGH, FamRZ 2011, 1498; BGH, FamRZ 2010, 1318; BGH, FamRZ 2009, 1477; BGH, FamRZ 2009, 1300; grundlegend *Dose*, FamRZ 2007, 1289; *Scholz*, FamRZ 2007, 2221; *Klinkhammer*, FamRZ 2008, 183.
265 OLG Hamm, NZFam 2019, 693.
266 Vgl. hierzu *Diehl*, FamRZ 2009, 932.
267 Vgl. auch OLG Koblenz, FamRZ 1995, 1374.
268 BGH, FamRZ 2007, 882.
269 OLG Koblenz, FamRZ 2017, 1403.
270 Zu Einzelheiten vgl. insb. Wendl/Dose/*Dose*, § 1 Rn. 684; *Kleffmann*, in: Scholz/Kleffmann, Praxishandbuch Familienrecht, Teil G Rn. 81 ff.; FamR-Komm/*Kleffmann*, Grundlagen der Einkommensermittlung Rn. 90 ff. sowie BGH, FamRZ 2015, 1594.
271 OLG Koblenz, FamRZ 2019, 197; OLG Nürnberg, FamRZ 2010, 1361; OLG Köln, FamRB 2010, 3; vgl. auch Nr. 2.8 der Leitlinien.

individuell zu bestimmen, kann bei entsprechenden Anhaltspunkten oftmals aber auch über § 287 ZPO geschätzt werden, oftmals mit einem Drittel des Pflegegeldes.[272]

Hierbei handelt es sich um eine sozialstaatliche Leistung, die nach verschiedenen Landes- und Bundesgesetzen zur Auszahlung gelangen kann.[273] Es lassen sich folgende Konstellationen unterscheiden: 116
- Pflegegeld nach §§ 23 Abs. 3, 39 SGB VIII bei Tagespflege oder Aufnahme fremder Kinder
- Pflegegeld nach dem Pflegeversicherungsgesetz (§§ 33 ff., 37 SGB XI)
- Pflegegeld nach §§ 45a ff. SGB XI, insb. für die Pflege eigener schwer behinderter Kinder
- Pflegezulagen nach § 35 BVG
- Pflegegeld nach den Landespflegegesetzen[274]

Pflege- und Erziehungsgeld nach §§ 23 Abs. 3, 39 SGB VIII stellt **Einkommen der Pflegeperson** dar, soweit es den für den Unterhalt des Pflegekindes benötigten Betrag übersteigt und als Anerkennung für die Betreuung und erzieherischen Bemühungen der Pflegeperson gezahlt wird.[275] Pflegegelder nach § 39 Abs. 1 SGB VIII werden für die Betreuung fremder Kinder geleistet. Sie sind nur teilweise Einkommen des Pflegegeldbeziehers. Unterhaltsrechtlich sind sie in ihre Bestandteile aufzugliedern. Derjenige Teil des Pflegegeldes, der für den Bar- und Betreuungsbedarf des Kindes geleistet wird, ist wirtschaftlich betrachtet, dem Kind zuzurechnen und stellt deshalb kein Einkommen des Pflegegeldbeziehers dar. Der Teil des Pflegegeldes, der für die Übernahme der Betreuung gezahlt wird, stellt sich wie ein Entgelt des Pflegegeldbeziehers dar und ist deshalb unterhaltsrechtliches Einkommen. 117

Welcher Teil des Pflegegeldes als Einkommen zu berücksichtigen ist, richtet sich nach den Umständen des Einzelfalls. Eine pauschale Beurteilung verbietet sich. Oftmals wird man etwa **1/3 des Pflegegeldes als Einkommen** für die Pflegeperson heranziehen können.[276] Auf den Unterhaltsanspruch des Kindes oder des Jugendlichen wirkt sich das für sie gezahlte Pflegegeld bedarfsdeckend aus.[277] 118

Das **Verschweigen des Erhalts von Pflegegeld** kann den Verwirkungseinwand rechtfertigen.[278] 119

Auf den Unterhaltsanspruch des Kindes oder des Jugendlichen wirkt sich das für sie gezahlte Pflegegeld bedarfsdeckend aus.[279] Dies gilt sowohl für das frühere Recht als auch für die zum 01.10.2005 in Kraft getretene – und nach § 97b SGB VIII auch für laufende Maßnahmen ab April 2006 geltende – Neufassung des SGB VIII.[280] 120

Für die Anrechnung von Pflegegeld auf den Bedarf des Pflegebedürftigen ist die **Vermutung der §§ 1610a, 1578a BGB zu beachten**,[281] wonach die Aufwendungen infolge eines Körper- und Gesundheitsschadens nicht geringer sind als die Höhe der dafür in Anspruch genommenen Sozialleistungen. Das nach § 37 Abs. 1 SGB XI gewährte **Pflegegeld** bleibt, wenn es an die Pflegeperson weitergeleitet wird,[282] bei der Ermittlung des Einkommens der Pflegeperson **grds. unberücksichtigt** (§ 13 Abs. 6 Satz 1 SGB XI[283]). Mit dieser Regelung soll erreicht werden, dass das Pflegegeld nicht nur dem Pflegebedürftigen selbst, sondern auch der Pflegeperson, die die häusliche Pflege, ggf. 121

---

272 OLG Köln, FamRB 2010, 3; OLG Karlsruhe, FamRZ 2004, 645.
273 Weiterführend insb. *Büttner*, FamRZ 2000, 596; Wendl/Dose/*Dose*, § 1 Rn. 689 ff.; auch BGH, FamRZ 2015, 1594.
274 BGH, FamRZ 1985, 917.
275 OLG Hamburg, FamRZ 1992, 444.
276 OLG Hamm, FamRZ 1999, 853.
277 BGH, FamRZ 2007, 377.
278 OLG Oldenburg, FamRZ 1991, 827.
279 BGH, FamRZ 2007, 377.
280 Eingehend Wendl/Dose/*Dose*, § 1 Rn. 692 f.
281 BGH, NJW 2006, 3565; OLG Stuttgart, FamRZ 1994, 1407.
282 Zu Einzelheiten BGH, FamRZ 2006, 846.
283 OLG Bremen, FamRZ 2013, 60 (auch i.R.d. Prüfung der Bedürftigkeit bei VKH/PKH).

unentgeltlich, übernommen hat, möglichst ungeschmälert erhalten bleibt.[284] Das an die Pflegeperson weitergeleitete Pflegegeld zu einem ggf. erheblichen Teil als »Vergütungsanteil« der Pflegeperson zu bewerten und demzufolge unterhaltsrechtlich als Einkommen der Pflegeperson zu berücksichtigen, wäre mit dem sozialpolitischen Anliegen, die häusliche Pflege zu fördern und die Pflegebereitschaft und -fähigkeit im häuslichen Bereich zu stärken, nicht vereinbar.[285] Soweit keiner der in § 13 Abs. 6 Satz 2 SGB XI geregelten Ausnahmefälle vorliegt, ist das Pflegegeld nicht als Einkommen zu berücksichtigen. Eine **ausnahmsweise Berücksichtigung** nach § 13 Abs. 6 Satz 2 SGB XI kommt nur in Konstellationen der Verwirkung (§ 1361 Abs. 3 i.V.m. § 1579 BGB) für den Trennungsunterhalt, § 1579 für den nachehelichen Unterhalt und § 1611 Abs. 1 BGB für den Verwandtenunterhalt, in Konstellationen gesteigerter Unterhaltspflicht (§ 1603 Abs. 2 BGB) oder in Betracht, wenn die Pflegeperson eine Erwerbsobliegenheit trifft und sie deswegen ihren Unterhaltsbedarf ganz oder teilweise durch eigene Einkünfte decken kann und soweit der Pflegebedürftige mit dem Unterhaltspflichtigen nicht in gerader Linie verwandt ist.

Bei **Pflege eines gemeinsamen behinderten Kindes** durch einen Ehegatten ist Pflegegeld kein Einkommen.[286]

122 Pflegegeld nach § 64 SGB XII ist wie Pflegegeld nach §§ 23 Abs. 1, 2, 39 SGB VIII der Pflegeperson in Höhe des den Betrag des Pfleglings übersteigenden Teils als Einkommen zuzurechnen, im Zweifel mit 1/3. Bezieht die Pflegeperson zusätzlich das staatliche Kindergeld, kann diese Quote erhöht werden, weil die zu einer angemessenen Versorgung des Kindes erforderlichen Mittel teilweise bereits anderweitig durch das Kindergeld gedeckt sind.[287] Für die Bemessung des Unterhaltsanspruchs des Pflegebedürftigen selbst ist das Pflegegeld wegen seiner subsidiären Natur (§ 94 SGB XII) kein Einkommensbestandteil.[288]

123 Bei sonstigen Arten von Pflegegeld, etwa nach Landesrecht, gilt die Vermutung des § 1610a BGB. Im Zweifel soll nur der behinderungsbedingte erhöhte Bedarf ausgeglichen werden, so dass eine Berücksichtigung als Einkommen ausscheidet.

124 Soweit Pflegegeld (teilweise) als Einkommen in Ansatz zu bringen ist, ist hinsichtlich des Pflegeanteils ein Erwerbstätigenbonus zu berücksichtigen.[289]

125 Sowohl der Unterhaltsberechtigte wie der Verpflichtete sind gehalten, sich hinreichend für den Eintritt eines Pflegefalls abzusichern. Ist eine solche Absicherung unterhaltsrechtlich vorwerfbar nicht erfolgt, kann bei Eintritt des Pflegefalls ein **fiktives Pflegegeld** bedarfsmindernd berücksichtigt werden.[290]

126 Investitionskosten, die von Pflegeheimen ggü. den Heimbewohnern geltend gemacht werden, werden in einigen Bundesländern, u.a. in NRW, vom Sozialamt zumindest anteilig in Form eines Pflegewohngeldes übernommen. Bei einem **Pflegewohngeld** handelt es sich um einen bewohnerorientierten Aufwendungszuschuss für Investitionskosten vollstationärer Dauerpflegeeinrichtungen. Gem. § 14 Abs. 1 Satz 3 APG NRW besteht der Anspruch auf Zahlung von Pflegewohngeld nur für bestimmte, nicht vom Gesetz ausgeschlossene Einrichtungen. Nach § 14 Abs. 4 APG NRW bleiben u.a. Ansprüche auf Elternunterhalt der pflegebedürftigen Person unberücksichtigt. § 94 SGB XII findet keine Anwendung. Daraus folgt zwar, dass das Pflegewohngeld ggü. der Unterhaltspflicht der Kinder nicht subsidiär ist, ihm also bedarfsdeckende Wirkung zukommt. Es wird aber nur bezogen auf die konkrete Einrichtung in der sich der Pflegebedürftige befindet gewährt.[291]

---

284 BT-Drucks. 12/5262, S. 94.
285 BGH, FamRZ 2008, 2189; BGH, FamRZ 2006, 846; OLG Hamm, FamRZ 2008, 1937.
286 BGH, FamRZ 2006, 846.
287 BGH, FamRZ 1984, 769; weiter Wendl/Dose/*Dose*, § 1 Rn. 695.
288 BGH, FamRZ 1993, 417.
289 BGH, FamRZ 2007, 377; OLG Zweibrücken, FuR 2009, 298.
290 BGH, NJW 2015, 2577; OLG Oldenburg, FamRZ 2013, 1143.
291 BGH, FamRZ 2015, 2138.

Hinsichtlich des als Einkommen in Ansatz zu bringenden Pflegegeldanteils ist auch der **Erwerbs-** 127
tätigenbonus zu berücksichtigen.²⁹² Pflegegeld als Leistung aus der Pflegeversicherung bei einer häuslichen Pflege stellt im Zweifel beim Bedürftigen kein Einkommen dar, weil es nur erhöhte Aufwendungen deckt, §§ 1610a, 1578a, 1361 Abs. 1 Satz 1 BGB.²⁹³ Bei der Pflegeperson, an die es weitergeleitet wird, ist Pflegegeld nach § 13 Abs. 6 SGB VI unterhaltsrechtliches Einkommen nur, wenn der Anspruch nach §§ 1579, 1611 BGB verwirkt ist, in Konstellationen gesteigerter Unterhaltspflicht ggü. einem minderjährigen Kind nach § 1603 Abs. 2 BGB oder bei Vorhandensein einer Erwerbsobliegenheit i.R.d. Ehegattenunterhalts und Pflichtiger und zu Pflegender nicht in gerader Linie verwandt sind. Auch insoweit kann eine Berücksichtigung als Einkommen nur hinsichtlich des Anteils erfolgen, der von dem Pflegegeld nicht für einen erhöhten Bedarf des Pflegebedürftigen benötigt wird. Bei Pflege eines gemeinsamen behinderten Kindes durch einen Ehegatten ist Pflegegeld kein Einkommen (§ 13 Abs. 6 SGB XI).²⁹⁴ Der als Einkommen unterhaltsrechtlich zu berücksichtigende Teil des Pflegegeldes ist steuerfrei (§ 3 Nr. 36 EStG).

Auf den Unterhaltsanspruch des Kindes oder des Jugendlichen wirkt sich das für sie gezahlte Pflege- 128
geld bedarfsdeckend aus, auch nach der Neufassung des SGB VIII.²⁹⁵

Auch für sonstige Arten von Pflegegeld, etwa nach Landesrecht, gilt für den Pflegebedürftigen der 129
Grundsatz, dass die Sozialleistung nur den behinderungsbedingt erhöhten Bedarf ausgleicht. Das Pflegegeld darf deswegen grds. auch nicht teilweise auf seinen allgemeinen Unterhaltsbedarf angerechnet werden. Wird das Pflegegeld allerdings als nicht subsidiäre Sozialleistung für den gesamten Unterhaltsbedarf gewährt, deckt es nicht nur den behinderungsbedingten Mehrbedarf ab.²⁹⁶ Dann ist es mangels Forderungsübergang und Subsidiarität auch auf den den Pflegeaufwand übersteigenden allgemeinen Bedarf anzurechnen.

Leistungen aus der Pflegeversicherung sind unterhaltspflichtiges Einkommen, soweit die **Vermu-** 130
tung des § 1610a BGB widerlegt ist.²⁹⁷ Weil danach regelmäßig vermutet wird, dass mit dem Pflegegeld ein entsprechend hoher zusätzlicher pflegebedingter Aufwand einhergeht, wird der allgemeine Lebensbedarf des Bedürftigen durch die Leistungen der Pflegeversicherung regelmäßig nicht berührt.²⁹⁸ Auch bei der **Pflegeperson**, an die das nach § 37 Abs. 1 SGB XI bewilligte Pflegegeld weitergeleitet wird, bleibt dieses nach der ausdrücklichen gesetzlichen Regelung in § 13 Abs. 6 Satz 1 SGB XI bei der Ermittlung von Unterhaltsansprüchen grds. unberücksichtigt.²⁹⁹ Eine Anrechnung als Einkommen der Pflegeperson hielt der Gesetzgeber nicht für vereinbar mit dem sozialpolitischen Anliegen einer Förderung der häuslichen Pflege und Stärkung der Pflegebereitschaft und Fähigkeit im häuslichen Bereich, soweit keiner der in § 13 Abs. 6 Satz 2 SGB XI genannten Ausnahmefälle vorliegt (Verwirkung, Konstellation gesteigerter Unterhaltspflicht).

Ähnliche Grundsätze gelten für den **Erziehungsbeitrag** nach § 39 Abs. 1 SGB VIII, der für im 131
Haushalt lebende Kinder gezahlt wird.³⁰⁰

Blindengeld, **Unfall-** und **Versorgungsrenten**, **Schwerstbeschädigtenzulagen** sind grds. Einkom- 132
men. Allerdings ist auch hier § 1610a BGB zu beachten (vgl. Nr. 2.7 der Leitlinien).

---

292 BGH, FamRZ 2007, 377; OLG Zweibrücken, FuR 2009, 298.
293 BGH, NJW 2011, 1284.
294 Vgl. BGH, FamRZ 2006, 846.
295 BGH, FamRZ 2007, 377.
296 BGH, FamRZ 1993, 417.
297 OLG Düsseldorf, NJW-RR 2010, 1153.
298 BGH, NJW 2011, 1284; vgl. auch BGH, NJW 2006, 3565; BGH, FamRZ 2004, 1471.
299 BGH, FamRZ 2006, 846.
300 OLG Köln, FamRB 2010, 3.

7. Grundsicherung, Renten und sonstige Sozialleistungen

133 Die Grundsicherung im Alter und bei Erwerbsminderung beruht auf dem Gedanken, »verschämte Armut« bei Menschen zu vermeiden, die zwar die persönlichen Voraussetzungen für die zwei hauptsächlichen Leistungsfälle der gesetzlichen Rentenversicherung – das Erreichen der Regelaltersgrenze oder den Eintritt einer dauerhaften vollen Erwerbsminderung – erfüllen, trotzdem aber keine oder nur geringe Ansprüche gegen den Träger der Rentenversicherung erworben haben und ihren Unterhalt auch nicht mehr anders bestreiten können.

Zum 01.01.2003 hat der Gesetzgeber für alle Personen über 65 Jahren und alle Volljährigen, die auf Dauer voll erwerbsgemindert sind, eine Grundsicherung eingeführt, die im Grundsatz der Hilfe zum Lebensunterhalt nach dem Sozialhilferecht entspricht. Es wurde ein Gesetz über eine bedarfsorientierte Grundsicherung im Alter und bei Erwerbsminderung beschlossen. Als eigenständiges Leistungsgesetz ging es dem BSHG vor. Dadurch wollte der Gesetzgeber den Bedürftigen den Gang zum Sozialamt ersparen. Da die Umsetzung des Gesetzes mit einem nicht vertretbaren Aufwand an Bürokratie verbunden war, dadurch dass keine besondere Verwaltungsorganisation errichtet wurde bzw. weil teilweise zusätzlich Sozialhilfe beantragt werden musste, hat sich der Gesetzgeber im Rahmen der Einordnung des Sozialhilferechts in das SGB dafür entschieden, die **Grundsicherung im Alter und bei Erwerbsminderung in das neue SGB XII zu überführen**. Sie ist seit dem 01.01.2005 durch Sondervorschriften im vierten Kapitel (§§ 41 ff. SGB XII) geregelt.

▶ Hinweis:

Merke:

Die Grundsicherung im Alter und bei Erwerbsminderung ist seit dem 01.01.2005 nicht mehr eine eigenständige staatliche Sozialleistung, sondern eine besondere Form der Sozialhilfe, die weitgehend der Hilfe zum Lebensunterhalt entspricht, ihr jedoch vorgeht, § 19 Abs. 2 Satz 2 SGB XII.

Andere Hilfen, insbesondere die Eingliederungshilfen (§§ 54 ff. SGB XII), Hilfe zur Pflege (§§ 61 ff. SGB XII) und Blindenhilfe (§ 72 SGB XII) können neben der Grundsicherung gewährt werden. Für diese Leistungen gelten die Sondervorschriften für die Grundsicherung nicht.[301]

▶ Praxishinweis:

Wenn Grundsicherungen auf den Unterhaltsbedarf des Bedürftigen anzurechnen sind, muss der Rechtsanwalt den unterhaltspflichtigen Mandanten darüber beraten, dass seine dennoch erfolgenden Leistungen überobligatorisch sind. Bei einem bestehenden Titel muss der Anwalt seinem unterhaltspflichtigen Mandanten raten, weitere Unterhaltszahlungen nur unter Vorbehalt zu erbringen und im Rahmen eines zu erhebenden Abänderungsantrags alsbald einen Antrag auf Einstellung der Zwangsvollstreckung für die Zeit ab Vollendung des 18. Lebensjahres zu stellen.[302] Nach § 11 Abs. 1 Satz 1 Nr. 7 SGB II in der seit dem 01.04.2011 geltenden Fassung sind vom Einkommen eines Antragstellers der Grundsicherung für Arbeitsuchende Aufwendungen zur Erfüllung gesetzlicher Unterhaltsverpflichtungen bis zu dem in einem Unterhaltstitel oder in einer notariellen beurkundeten Unterhaltsvereinbarung festgelegten Betrag abzusetzen. Diese Regelung kann nicht dazu führen, eine unterhaltsrechtliche Obliegenheit anzunehmen, eine Nebentätigkeit auszuüben und zugleich einen Titel errichten zu lassen, damit dem Unterhaltspflichtigen das diesbezügliche Einkommen zur Unterhaltszahlung verbleibt. Durch die Titulierung des Unterhalts und den dadurch möglichen Abzug kann die unterhaltsrechtliche Leistungsfähigkeit nicht erhöht werden. Vielmehr ist zu klären, welches Einkommen dem Unterhaltspflichtigen nach unterhaltsrechtlichen Grundsätzen – also ohne Berücksichtigung einer wegen des Unterhalts erhöhten Sozialleistung – zur Verfügung steht. Dies gilt nicht nur für erstmalig zu titulierende Unterhaltsansprüche, sondern auch für bereits bestehende Unterhaltstitel, die im Abänderungsverfahren an veränderte Verhältnisse anzupassen sind.[303]

---

301 Vgl. zum Ganzen auch *Liceni-Kierstein*, FK 2020, 13.
302 OLG Düsseldorf, FuR 2012, 443.
303 BGH, FamRZ 2013, 1328.

Bei Unterhaltsansprüchen behinderter Kinder oder von Eltern gegen Kinder sind Leistungen zur Grundsicherung unter den Voraussetzungen des § 43 Abs. 2 Satz 1 SGB XII als **Einkommen des Bedürftigen** anzusetzen.[304]

134

Tatsächliche Unterhaltszahlungen mindern im Gegensatz zu bloßen Unterhaltsansprüchen den Anspruch auf Grundsicherung. Daher ist es z.T. erforderlich, Zahlungen an den Bedürftigen als zinsfreies Darlehen und nicht als Unterhalt zu deklarieren.

135

Besteht beim Verwandtenunterhalt ein Anspruch auf Grundsicherung, liegt eine **Obliegenheitsverletzung** vor, **wenn er vom Bedürftigen nicht geltend gemacht wird.**[305]

136

Ist ein volljähriges Kind erwerbsunfähig, ist es gehalten, seinen allgemeinen Lebensbedarf durch die Inanspruchnahme von Leistungen der Grundsicherung zu decken. Wird dies mutwillig unterlassen, sind entsprechende Leistungen zu fingieren.[306]

137

Leistungen der Grundsicherung im Alter und im Bereich des Verwandtenunterhalts sind eine eigenständige Leistung[307] und unterhaltsrechtliches Einkommen. **I.R.d. Ehegattenunterhalts** ist die **Grundsicherung ggü. dem Unterhaltsanspruch gegen den anderen Ehegatten subsidiär.**[308] Ein Anspruch auf Grundsicherung kommt im Mangelfall in Betracht, wenn der vollständige Bedarf des Berechtigten durch den vorrangigen Unterhaltsanspruch ggü. getrennt lebenden oder geschiedenen Ehegatten nicht gedeckt werden kann.[309]

138

Versorgungsbezüge und **Renten** nebst Zulagen und Zuschlägen stellen grds. unterhaltsrechtlich relevantes Einkommen dar. Dies gilt etwa für Altersrenten, die Opferrente nach § 17a StRghG,[310] die Ausgleichsrente, beamtenrechtliche Pensionen, Berufsschadenausgleichsrente, Conterganrente,[311] den Ehegattenzuschlag für Schwerbeschädigte, die Erwerbsunfähigkeitsrente, Kriegsbeschädigtenrente, Kleiderzulagen, Unfallrente,[312] Schwerbeschädigtengrundrente,[313] Schmerzensgeldrente, Verletztenrente und Versehrtenrente.[314] Der Bezug einer **Erwerbsunfähigkeitsrente** entbindet den Schuldner nicht von der Notwendigkeit vorzutragen, warum die behaupteten gesundheitlichen Einschränkungen einer Tätigkeit im Rahmen einer verbleibenden Arbeitsfähigkeit gleichwohl noch entgegenstehen sollen.[315] Behauptet dieser, aufgrund der Erkrankung nicht zu einer Erwerbstätigkeit in der Lage zu sein, gehört es zur schlüssigen Darlegung einer fehlenden oder eingeschränkten Erwerbsfähigkeit einer konkreten Arbeitsbeschreibung der vor der Erkrankung ausgeübten Berufstätigkeit, die die im Rahmen dieser Tätigkeit anfallenden Leistungen ihrer Art, ihres Umfangs und ihrer Häufigkeit nach für einen Außenstehenden nachvollziehbar werden lässt. Auch ist vorzutragen, hinsichtlich welcher einzelnen Leistungen eine Ausübung krankheitsbedingt nicht mehr möglich ist, wozu Art und Umfang des gesundheitlichen Leidens konkret darzulegen sind. Eine **Halbwaisenrente** ist auf den Barunterhalt eines minderjährigen Kindes hälftig[316] anzurechnen, da für die Zeit der Minderjährigkeit der Barunterhalt gleichwertig neben dem Betreuungsunterhalt steht (§ 1606 Abs. 1 Satz 2 BGB). Kommt ein Betreuungsanteil nicht (mehr) in Betracht, wird die Halbwaisenrente voll angerechnet.[317] Beim Volljährigen ist dies stets der Fall.

139

---

304 BGH, FamRZ 2007, 1158 m. Am. *Scholz*.
305 BGH, FamRZ 2015, 1467; OLG Hamm, FuR 2016, 180; OLG Nürnberg, FamRZ 2004, 1988.
306 OLG Naumburg, ZFE 2009, 114; OLG Oldenburg, FamRZ 2004, 295.
307 BGH, FamRZ 2007, 1158.
308 OLG Hamm, FamRZ 2006, 125.
309 BGH, NJW 2011, 1284.
310 OLG Hamm, FamRZ 2016, 64.
311 BGH, FamRZ 2014, 1619.
312 BGH, FamRZ 1998, 1509.
313 BGH, FamRZ 1981, 338.
314 OLG Brandenburg, FamRZ 2004, 484.
315 OLG Köln, NJW-RR 2019, 1095 im Anschluss an BGH, FamRZ 2017, 309.
316 BGH, FamRZ 2009, 762.
317 BGH, FamRZ 2006, 1497.

Leistungen nach dem **HIV-Hilfegesetz** dienen dem gleichen Ziel wie die Conterganrente. Sie bleiben bei allen anderen öffentlichen Leistungen als Einkommen ebenfalls anrechnungsfrei. Die Zahlungen haben keine Einkommensersatzfunktion, sondern werden ausschließlich als humanitäre Hilfe gewährt, um durch Blutprodukte mit HIV infizierten oder an AIDS erkrankte Personen und deren unterhaltsberechtigte Angehörige unterhaltsrechtlich zu unterstützen. Leistungen nach § 16 Abs. 1 HIVHG sind daher kein unterhaltsrelevantes Einkommen.[318]

140 **Sozialhilfe** (SGB XII) in Gestalt der Hilfe zum Lebensunterhalt nach §§ 27–40 SGB XII erhalten nur noch hilfsbedürftige Personen unter 15 Jahren, die kein Sozialgeld beziehen. Ferner Personen, die das 15. Lebensjahr vollendet und das 65. bzw. 67. Lebensjahr noch nicht vollendet haben und nicht erwerbsfähig sind i.S.d. § 8 SGB II.

▶ Sozialhilfeleistungen sind in sieben Hilfearten gegliedert:
– Hilfe zum Lebensunterhalt (§§ 27–40 SGB XII)
– Grundsicherung im Alter und bei Erwerbsminderung (§§ 41–46 SGB XII)
– Hilfen zur Gesundheit (§§ 47–52 SGB XII)
– Eingliederungshilfe für behinderte Menschen (§§ 53–69 SGB XII)
– Hilfe zur Pflege (§§ 61–66 SGB XII)
– Hilfe zur Überwindung besonderer sozialer Schwierigkeiten (§§ 67–69 SGB XII)
– Hilfe in anderen Lebenslagen (§§ 70–74 SGB XII)

141 Sozialhilfe ist als **subsidiäre staatliche Leistung unterhaltsrechtlich kein bedarfsdeckendes Einkommen**.[319] Dies gilt auch dann, wenn ein Übergang des Unterhaltsanspruchs auf den Sozialhilfeträger gem. § 94 Satz 1 Nr. 1 SGB XII ausnahmsweise nicht in Betracht kommt.[320] Die Unterhaltsforderung des Empfängers dieser Leistungen kann ausnahmsweise jedoch treuwidrig sein.[321] Im Unterhaltsverfahren gilt bei Unterhaltsrückständen ein gesetzlicher Forderungsübergang in Höhe gezahlter Sozialhilfe (§ 94 SGB XII). Eine Rückübertragung auf den Gläubiger zur gerichtlichen Geltendmachung ist nach § 94 Abs. 5 SGB XII zulässig. Mangels Bedürftigkeit hat der Gläubiger dann aber keinen Anspruch auf VKH.[322]

142 **Krankengeld**,[323] **Krankentagegeld** und **Krankenhaustagegeld**, jeweils abzüglich anfallender Mehraufwendungen,[324] sind unterhaltsrechtlich zu berücksichtigen, jedoch ohne Ansatz eines Erwerbstätigenbonus und/oder pauschaler berufsbedingter Aufwendungen.[325]

143 Leistungen aus einer **privaten Unfallversicherung**,[326] **Unterhaltsgeld**[327] bei Teilnahme an Maßnahmen der beruflichen Weiterbildung, **Übergangsgeld**, **Kurzarbeitergeld** und **Insolvenzgeld** stellen unterhaltsrelevantes Einkommen dar.

144 Leistungen nach dem **Unterhaltsvorschussgesetz** sind wegen des gesetzlichen Forderungsübergangs gem. § 7 UVG subsidiär.[328] Auf Unterhalt in Anspruch genommene Verwandte, insb. Großeltern, können das Kind jedoch auf die vorrangige Deckung des Unterhaltsbedarfs durch UVG-Leistungen verweisen.[329] Die Unterhaltsforderung eines Empfängers dieser Leistungen kann in Ausnahmefällen treuwidrig sein.[330]

---

318 BGH, FamRZ 2018, 1506.
319 BGH, FamRZ 2001, 619; BGH, FamRZ 2000, 1358.
320 BGH, NJW 1999, 2365; BGH, FamRZ 2000, 1358.
321 BGH, FamRZ 1999, 843.
322 BGH, NJW 2008, 1950.
323 OLG Karlsruhe, FamRZ 2000, 1091.
324 OLG Hamm, FamRZ 2006, 124.
325 BGH, FamRZ 2009, 307 für das Krankengeld.
326 BGH, FamRZ 1987, 36.
327 OLG Karlsruhe, FamRZ 1999, 1678.
328 BGH, FamRZ 1986, 878; eingehend *Hußmann*, FPR 2008, 93.
329 OLG Dresden, FamRZ 2010, 736; NJW-RR 2006, 221.
330 BGH, FamRZ 2001, 619; BGH, FamRZ 1999, 843.

Die **wiederaufgelebte Witwenrente**, etwa nach § 90 Abs. 1 SGB VI, ist nicht anspruchsmindernd zu berücksichtigen,[331] auch wenn der Anspruch gem. § 1579 BGB gekürzt ist.[332] 145

Wohngeld (vgl. auch Nr. 2.3 der Leitlinien) ist unterhaltsrechtliches Einkommen, soweit es nicht erhöhte Wohnkosten deckt.[333] In diesen Konstellationen kann Wohngeld nur einkommenserhöhend mit dem für den erhöhten Wohnkostenbedarf nicht verbrauchten Teilbetrag berücksichtigt werden.[334] 146

IV. Einkünfte aus Kapitalvermögen, Wohnvorteil

Vermögenseinkünfte erhöhen als Erträge des Vermögens das unterhaltsrechtlich relevante Einkommen des jeweiligen Vermögensinhabers, sowohl des Berechtigten wie des Pflichtigen.[335] 147

1. Einkünfte aus Kapitalvermögen

Übersicht zu Vermögenseinkünften: 148
– Ausschüttung von Investmentgesellschaften
– Diskonterträge bei Wechselgeschäften
– Dividenden
– Einlagen und Konten bei Kreditinstituten
– Einkünfte aus Kapitalgesellschaften (Gesellschafter einer GmbH oder AG)[336]
– Einkünfte aus Spekulationsgewinnen[337]
– Einkünfte aus stiller Gesellschaft
– Einkünfte aus Wertpapieren
– Gewinneinnahme aus Kapitalbeteiligungen an Personengesellschaften[338]
– Stückzinsen
– Zinsen

Die Einkünfte mindern sich um **Werbungskosten** (Depotgebühren, Bankspesen, Auslagen für die Teilnahme an Gesellschafterversammlungen, Kapitalertragsteuer und persönliche Steuern, Kosten für einen notwendigen Vermögensverwalter). Nicht abziehbar sind Aufwendungen für das Kapital oder das sonstige Vermögen sowie der Verlust des Kapitals oder des Vermögens und Aufwendungen zur Wertverbesserung. Auch ein Ausgleich für zukünftige Kaufkraftverluste darf nicht abgezogen werden.[339] 149

Im Rahmen des Ehegattenunterhalts ist das **Doppelverwertungsverbot**[340] zu berücksichtigen. Partizipiert der andere Ehegatte schon über den güterrechtlichen Ausgleichsanspruch an dem Vermögensstamm, kann nicht verlangt werden, dass der Vermögensstamm auch unterhaltsrechtlich verwertet wird. 150

---

331 BGH, NJW 1979, 815.
332 BGH, FamRZ 1986, 889.
333 BGH, FamRZ 2012, 1201; BGH, FamRZ 2009, 311; BGH, FamRZ 2003, 860 (mit Berechnungsbeispielen).
334 BGH, FamRZ 2003, 860.
335 BGH, FamRZ 2010, 1637; BGH, FamRZ 2009, 23.
336 BGH, FamRZ 2008, 1739; BGH, FamRZ 2004, 1179.
337 OLG Stuttgart, FamRZ 2002, 635: wenn solche Gewinne in erheblichem Umfang neben das während der Ehezeit vorhandene Einkommen treten oder schon damals vorhanden waren, aber nur dem Vermögenszuwachs dienten und deshalb nicht für den allgemeinen Lebensunterhalt zur Verfügung standen, sind sie beim Ehegattenunterhalt nicht zu berücksichtigen und nur beim Verwandtenunterhalt i.R.d. Leistungsfähigkeit.
338 BGH, FamRZ 2003, 432; OLG Bamberg, FamRZ 2006, 344.
339 BGH, FamRZ 1992, 423.
340 BGH, FamRZ 2011, 622.

151 Auf die **Herkunft des** Ertrag bringenden **Vermögens** kommt es nicht an:[341]
– Erbschaft[342]
– Erbanteil an einem Baugrundstück[343]
– Erlös aus der Veräußerung eines Eigenheims[344]
– Erträge aus einem Zugewinnausgleich[345]
– Erträge aus einer Abfindung nach Auflösung einer stillen Gesellschaft[346]
– Erträge aus Kapital, das mit Mitteln des Unterhalts angespart wurde[347]
– Lottogewinn[348]
– Miteigentumsanteil an einem Haus[349]
– Schmerzensgeldzahlung (jedenfalls bei gesteigerter Unterhaltspflicht)[350]
– Sparguthaben[351]
– Versteigerungserlös[352]

152 Ein Erwerbsanreiz entfällt,[353] so dass der andere Ehegatte grds. hälftig partizipiert.

2. Vermögensverwertung

153 Eine Verpflichtung zur **Verwertung des Vermögensstamms** besteht **nur ausnahmsweise**.[354] Für den **nachehelichen Unterhalt** regeln §§ 1577 Abs. 2, 1581 Satz 2 BGB, dass der Stamm des Vermögens nicht verwertet werden muss, soweit die Verwertung unwirtschaftlich und unter Berücksichtigung der beiderseitigen wirtschaftlichen Verhältnisse unbillig wäre.[355] Bei der gebotenen **Billigkeitsabwägung** insb. zu berücksichtigen sind die voraussichtliche Dauer der Bedürftigkeit des Berechtigen,[356] die Ertragsmöglichkeiten des zur Verfügung stehenden Vermögens,[357] die Rücksichtnahme auf berechtigte Belange naher Angehöriger,[358] das Vorhandensein sonstiger Vermögenswerte, das Vorhandensein einer angemessenen Altersvorsorge[359] und das Ausmaß der Belastung des Verpflichteten durch eine Unterhaltsgewährung aus seinem Einkommen. Je größer das Vermögen ist, um so eher kommt eine Obliegenheit zur Verwertung in Betracht. Kleinere Vermögen können geschont werden, damit eine Reserve für Notfälle oder als Altersvorsorge erhalten bleibt.[360] Bei größeren Vermögen kann ein entsprechender Sockelbetrag als Schonvermögen verbleiben.[361]

Eine Verpflichtung zur Verwertung des Vermögensstamms besteht immer nur, wenn die Verwertung zumutbar ist. Dies ist nicht der Fall, wenn sie den Unterhaltsschuldner von fortlaufenden Einkünften abschneidet, die er zur Erfüllung weiterer Unterhaltspflichten, anderer berücksichtigungswürdiger

---

341 BGH, FamRZ 2007, 1532; BGH, FamRZ 1985, 471.
342 BGH, FamRZ 2012, 1483; BGH, FamRZ 2010, 1637.
343 BGH, FamRZ 1980, 143.
344 BGH, FamRZ 1985, 354.
345 BGH, FamRZ 2008, 1325; BGH, FamRZ 2007, 1532.
346 BGH, FamRZ 2001, 1290.
347 BGH, FamRZ 2007, 1532.
348 OLG Frankfurt am Main, FamRZ 1995, 875.
349 BGH, FamRZ 1984, 662.
350 BGH, FamRZ 1989, 170; OLG Karlsruhe, FamRZ 2000, 750.
351 BGH, FamRZ 1985, 360.
352 BGH, FamRZ 1985, 582.
353 BGH, FamRZ 2009, 579.
354 BGH, FamRZ 2015, 1172; OLG Hamm, FamRZ 2019, 531.
355 BGH, FamRZ 2009, 1300.
356 OLG Saarbrücken, FamRZ 2008, 698.
357 BGH, FamRZ 1985, 354.
358 BGH, FamRZ 1980, 126.
359 BGH, FamRZ 2006, 1511.
360 BGH, FamRZ 2006, 1577.
361 BGH, FamRZ 1998, 367; OLG Celle, FamRZ 2001, 47.

Verbindlichkeiten oder zur Bestreitung des eigenen Unterhalts benötigt.[362] Die **Verwertung einer angemessenen, selbst genutzten Immobilie** ist regelmäßig nicht zumutbar.[363] Auch eine **Ferienwohnung** muss für Unterhaltszwecke nicht veräußert werden, wenn dies unwirtschaftlich ist. Allerdings kann die Obliegenheit bestehen, die Ferienwohnung ganzjährig zu vermieten, auch wenn diese während bestehender Ehe ausschließlich eigengenutzt wurde.[364]

Billigkeitskriterien zur Vermögensverwertung i.R.d. nachehelichen Unterhalts:[365]   154
– Unwirtschaftlich ist eine Vermögensverwertung, wenn der Berechtigte durch die Verwertung die Basis für eine langfristige Sicherheit seines Unterhalts aus eigenen Mitteln aufgeben müsste.
– Unwirtschaftlich ist es, wenn ein Erlös erzielt würde, der sich von dem vollen Verkehrswert erheblich entfernt.
– Maßgeblich zu berücksichtigen ist das Lebensalter der Beteiligten.[366]
– Die Auflösung eines Sparbuchs ist oftmals nicht unwirtschaftlich.[367]
– Die Verwertung eigenen Vermögens entspricht umso mehr der Billigkeit je weniger der andere Beteiligte durch eigenes Vermögen gesichert ist.[368]
– Berücksichtigung der Belange naher Angehöriger.[369]
– Berücksichtigung, ob und in welcher Höhe noch sonstiges Vermögen oder eine angemessene Altersvorsorge beim Berechtigten besteht.[370]
– Die Verwertung einer angemessenen selbst genutzten Immobilie kann regelmäßig nicht verlangt werden.[371]

Zwar fehlt für den **Trennungsunterhalt** eine dem Geschiedenenunterhalt vergleichbare Regelung.[372]   155
Allerdings ist auch dort unter Zugrundelegung vergleichbarer Kriterien eine **Zumutbarkeitsprüfung** i.R.d. Vermögensverwertungsobliegenheit vorzunehmen.[373] Beim Trennungsunterhalt ist zu berücksichtigen, dass die Ehegatten einerseits ein höheres Maß an Rücksichtnahme schulden und andererseits eine trennungsfördernde Vermögensverwertung grds. ausgeschlossen werden muss.[374] Beim Trennungsunterhalt kommt deshalb eine Verwertung des Vermögens nur unter **engeren Voraussetzungen** in Betracht.[375]

Eine Verpflichtung zur Verwertung des Vermögensstamms durch den Berechtigten besteht vor allem,   156
wenn die Eheleute dies schon während der bestehenden Ehe zur Unterhaltsdeckung getan haben.

Übersicht zu den Abwägungskriterien zur Verwertungsobliegenheit in der Trennungszeit: 157
– Dauer des Getrenntlebens, weil bei kurzer Trennung noch eher eine Aussicht auf eine Wiederaufnahme der ehelichen Lebensgemeinschaft besteht. Je länger die Trennung dauert, desto eher kann eine Verwertung des Vermögensstamms verlangt werden.[376]
– Wechselseitige Einkommens- und Vermögensverhältnisse.[377]
– Regelmäßig keine Verwertungsobliegenheit für ein Familienheim in der Trennungszeit.[378]

---

362 OLG Hamm, FamRZ 2019, 531.
363 OLG Hamm, FamRZ 2019, 531.
364 OLG Saarbrücken, NZFam 2019, 639; vgl. auch *Obermann*, NZFam 2019, 639.
365 Vgl. auch Wendl/Dose/*Dose*, § 1 Rn. 611 ff.; FamR-Komm/*Kleffmann*, Vor § 1577 Rn. 21.
366 BGH, FamRZ 1984, 364.
367 OLG Düsseldorf, FamRZ 1991, 113; OLG Hamm, FamRZ 1993, 1085 für die Verwertung eines Wertpapierdepots.
368 BGH, FamRZ 1984, 364.
369 BGH, FamRZ 1980, 126.
370 BGH, FamRZ 2006, 1511.
371 BGH, FamRZ 2013, 203; BGH, FamRZ 2006, 1511; vgl. auch BVerfG, FamRZ 2005, 1051.
372 BGH, FamRZ 2009, 307.
373 BGH, FamRZ 1986, 556 und ständig.
374 BGH, FamRZ 1993, 165.
375 BGH, FamRZ 2009, 307; BGH, FamRZ 2005, 97.
376 BGH, FamRZ 1985, 360; OLG Hamm, FamRZ 1993, 1085.
377 BGH, FamRZ 1997, 281; OLG Koblenz, FPR 2002, 310.
378 BGH, FamRZ 2013, 203.

– Während des Getrenntlebens ist es den Ehegatten regelmäßig nicht zumutbar, die frühere Ehewohnung, die er allein bewohnt, zur Steigerung der Einkünfte anderweitig zu verwerten.[379]
– Regelmäßig keine Verwertungsobliegenheit hinsichtlich eines Unternehmens oder Unternehmensbeteiligung, sofern es sich hierbei um die Existenzgrundlage der Familie handelt.[380] Ist ein relativ geringer Unterhaltsbedarf nicht gedeckt, kann die Unterhaltsberechtigte auf die Verwertung des Vermögensstamms verwiesen werden.[381]
– Auch ein gemeinsam angeschafftes Hausgrundstück muss regelmäßig bis zur Scheidung nicht verwertet werden.[382]
– I.d.R. müssen beim Trennungsunterhalt die Unterhaltsleistungen aus laufenden Einkünften erbracht werden, so dass Vermögen für den Trennungsunterhalt zusätzlich nicht verbraucht werden muss.[383]

158 Für den **Kindesunterhalt** enthalten §§ 1602 Abs. 2, 1603 Abs. 1 und 2 Satz 1 BGB besondere Regelungen. Minderjährige Kinder müssen ihren eigenen Vermögensstamm im Verhältnis zu ihren Eltern nicht angreifen, solange die Eltern leistungsfähig sind (§ 1602 Abs. 2 BGB).[384] Eltern können das minderjährige oder privilegiert volljährige Kind aber nach § 1603 Abs. 2 Satz 3 BGB auf den Stamm des Vermögens verweisen, wenn andernfalls der eigene angemessene Unterhalt der Eltern gefährdet wäre.[385] Eine Unterhaltspflicht besteht so lange nicht, soweit der Unterhaltsschuldner infolge der Unterhaltsleistung selbst sozialhilfebedürftig würde.[386] Auch das minderjährige oder privilegiert volljährige Kind ist jedoch nicht verpflichtet, i.R.d. Vermögensverwertung unwirtschaftliche Maßnahmen zu treffen.

159 Bei **volljährigen Kindern** geht die Vermögensverwertungsobliegenheit weiter. Sie sind grds. verpflichtet, ihr eigenes Vermögen zu verwerten, soweit dies nicht unwirtschaftlich ist.[387] Gehört dem volljährigen Kind ein mit einem Nießbrauch belastetes Grundstück, ist ggf. die Aufnahme eines Kredits zumutbar, bei dem die Rückzahlungsraten bis zum Eintritt in das Erwerbsleben gestundet werden.[388]

160 Wie allgemein beim Verwandtenunterhalt muss der Pflichtige grds. auch im Verhältnis zu Kindern den Stamm seines Vermögens zur Bestreitung des Unterhalts einsetzen. Das einzusetzende Vermögen ergibt sich aus § 1603 Abs. 1 BGB, wonach nicht unterhaltspflichtig ist, wer bei Berücksichtigung seiner sonstigen Verpflichtungen außerstande ist, ohne Gefährdung seines eigenen angemessenen Unterhalts, den Unterhalt zu gewähren.[389]

161 Die Verwertung des Vermögensstamms kann nicht verlangt werden, wenn sie den Schuldner von fortlaufenden Einkünften abschneiden würde,[390] die er zur Erfüllung weiterer Unterhaltsansprüche, anderer berücksichtigungswürdiger Verbindlichkeiten oder zur Bestreitung seines eigenen Unterhalts benötigt. Auch i.R.d. Kindesunterhalts kann die Verwertung eines eigenen angemessenen Familienheims grds. nicht verlangt werden. Etwas anderes gilt für die Verwertung eines Ferienhauses, wenn diese weder als Einkommensquelle noch zur Befriedigung des Wohnbedarfs der

---

379 BGH, FamRZ 1989, 1160.
380 BGH, FamRZ 2000, 351.
381 OLG Frankfurt am Main, FamRZ 1995, 875.
382 OLG Düsseldorf, FamRZ 1982, 268.
383 OLG München, FamRZ 1993, 62.
384 OLG Frankfurt am Main, NJW 2009, 3105.
385 BGH, FamRZ 1985, 360.
386 BVerfG, FamRZ 2006, 683; BGH, FamRZ 2006, 765.
387 OLG Celle, FamRZ 2001, 47 (Schonvermögen 5.000 DM); OLG Schleswig, MDR 2000, 163 (Schonvermögen 4.500 DM); ein Sparguthaben von 15.000 € muss in einer Konstellation, in der das volljährige Kind noch für zwei Jahre Unterhalt in Höhe von 4.000 € benötigt, angegriffen werden (vgl. OLG Hamm, NJW 2007, 1217; OLG Zweibrücken, FamRZ 2016, 726).
388 OLG Bamberg, FamRZ 1999, 876.
389 BGH, FamRZ 2004, 1184.
390 BGH, FamRZ 2013, 203; BGH, FamRZ 1989, 170; OLG Hamm, NZFam 2019, 531.

Familie benötigt wird.³⁹¹ Auch i.R.d. erweiterten Unterhaltspflicht nach § 1603 Abs. 2 BGB darf der Vermögensstamm nur dann zur Befriedigung des Mindestbedarfs der Kinder herangezogen werden, wenn der notwendige Selbstbehalt des Pflichtigen unter Berücksichtigung seiner voraussichtlichen Lebensdauer sowie unter Einbeziehung zu erwartender künftiger Erwerbsmöglichkeiten bis an sein Lebensende gesichert bleibt.³⁹²

Auch i.R.d. **Elternunterhalts** muss der Pflichtige grds. den Stamm seines Vermögens einsetzen. Eine allgemeine Billigkeitsgrenze, wie sie § 1577 Abs. 3 BGB und § 1581 Abs. 2 BGB für den nachehelichen Ehegattenunterhalt vorsehen, enthält das Gesetz im Bereich des Verwandtenunterhalts nicht. Deshalb ist auch hinsichtlich des einsetzbaren Vermögens allein auf § 1603 Abs. 1 BGB abzustellen, wonach nicht unterhaltspflichtig ist, wer bei Berücksichtigung seiner sonstigen Verpflichtungen außerstande ist, ohne Gefährdung seines eigenen angemessenen Unterhalts den Unterhalt zu gewähren. Hierzu außerstande ist jedoch nicht, wer über verwertbares Vermögen verfügt.³⁹³ So muss der Unterhaltsschuldner das Vermögen nicht verwerten, wenn es ihn von fortlaufenden Einkünften, die er zur Erfüllung weiterer regelmäßig vorrangiger Unterhaltsansprüche, etwa eigener minderjähriger Kinder, benötigt, abschneiden würde.³⁹⁴ Wirtschaftlich nicht mehr vertretbare Nachteile muss der Pflichtige nicht in Kauf nehmen. In dem rechtlich schwächer ausgestalteten Unterhaltsverhältnis zwischen unterhaltsberechtigten Eltern und ihren unterhaltspflichtigen Kindern können für die Vermögensverwertungsobliegenheit jedenfalls keine strengeren Maßstäbe gelten.³⁹⁵ Das unterhaltspflichtige Kind hat seine Vermögensdispositionen regelmäßig bereits in Zeiten getroffen, in denen Eltern Unterhalt nicht geschuldet wurde.

Verschenkt der zum Elternunterhalt Verpflichtete eine selbst genutzte unterhaltsrechtlich als Vermögen **nicht einsetzbare Eigentumswohnung** und behält er sich daran einen lebenslangen Nießbrauch vor, so kann sich seine unterhaltsrechtliche Leistungsfähigkeit nicht durch einen **Rückforderungsanspruch** nach § 528 Abs. 1 BGB erhöhen.³⁹⁶ Das zum Elternunterhalt verpflichtete Kind hatte eine selbst genutzte Wohnung auf die Tochter unter Nießbrauchsvorbehalt übertragen. Der Sozialhilfeträger machte aus übergeleitetem Recht geltend, dass die Schenkung zurückzufordern sei. Die Entscheidung des BGH reiht sich nahtlos in die Rechtsprechung zur eigengenutzten Immobilie ein. Da das unterhaltspflichtige Kind keine nachhaltige Beeinträchtigung seines Lebensstandards hinnehmen muss, ist der angemessene Wohnwert zu berücksichtigen. Gleichzeitig sind Zins- und Tilgungsleistungen abzugsfähig. Die **selbst genutzte Immobilie** gehört grds. zum **Schonvermögen des Kindes**. Der BGH kommt zutreffend zu dem Ergebnis, dass es bereits an den Voraussetzungen für eine Schenkungsrückforderung nach § 528 Abs. 1 BGB fehlt, da die Schenkung zu keiner Beeinträchtigung der unterhaltsrechtlichen Leistungsfähigkeit des Kindes geführt hat. Vor der Schenkung war dem Kind kein Wohnwert zuzurechnen, das Vermögen war nicht einzusetzen. Nach der Schenkung war wegen des Nießbrauchs ein Wohnwert anzusetzen, sodass auch hier über § 528 BGB das Vermögen nicht einzusetzen ist. Soweit eine Beleihung der Immobilie mit Hilfe eines zinslosen und im Todesfall rückzahlbaren Darlehens des Sozialhilfeträgers geltend gemacht wurde, lehnt der BGH diese Lösung ab, da die nicht einsetzbare Immobilie entgegen der gesetzlichen Wertung durch diesen Kunstgriff für den Elternunterhalt nutzbar gemacht würde. Dies stehe im Widerspruch zum Zweck des § 528 BGB, sodass es bereits an den Tatbestandsvoraussetzungen fehle.

In einer weiteren Entscheidung hat der BGH erkannt, dass es für die Zurechnung von fiktiven Erlösen aus einer **Vermögensverwertung bei schenkweiser Übertragung der selbst genutzten Immobilie** bei gleichzeitiger Einräumung eines lebenslänglichen Nießbrauchs an einer rechtlichen

---

391 BGH, FamRZ 1986, 48.
392 BGH, FamRZ 1989, 170; OLG Hamm, FamRZ 2009, 1258; grundlegend zur Grenze der finanziellen Leistungsfähigkeit, wenn die eigene Existenz des Pflichtigen nicht gesichert ist, BVerfG, FamRZ 2006, 683.
393 BGH, FamRZ 2013, 1554; BGH, FamRZ 2013, 203.
394 Grundlegend BGH, FamRZ 1989, 170; OLG Hamm, FamRZ 2010, 303.
395 BGH, FamRZ 2006, 1511; BGH, FamRZ 2004, 1484.
396 BGH, FamRZ 2019, 698.

Grundlage fehle.[397] Zwar gehört der Rückforderungsanspruch zum einsetzbaren Vermögen. Dem Gesetzeszweck, die Erfüllung bestehender Unterhaltspflichten zu ermöglichen, kann die Rückforderung jedoch nur dienen, wenn durch die Rückgewähr des geschenkten Vermögensgegenstandes unterhaltsrechtliche Leistungsfähigkeit hergestellt oder gesteigert wird. Dies setzt grds. voraus, dass der Unterhaltspflichtige aus dem verschenkten Gegenstand entweder (weitere) unterhaltsrelevante Beträge erzielen kann oder ihn insoweit eine unterhaltsrechtliche Verwertungsobliegenheit trifft. Hieran fehlte es im entschiedenen Fall. Denn hinsichtlich des Miteigentumsanteils einer selbst genutzten Eigentumswohnung traf die Ehegatten neben der bestehenden Nutzungsobliegenheit keine Obliegenheit zur Vermögensverwertung.

Mit diesen Entscheidungen ist gewährleistet, dass der individuelle Familienbedarf der Ehegatten auch dann insgesamt unangetastet bleibt, wenn sie ihren jeweiligen Eltern gegenüber unterhaltspflichtig sind, zum anderen, dass der Lebensstandard der Ehegatten gesichert ist. Beide Ehegatten müssen Unterhaltszahlungen nur aus demjenigen Teil ihres Einkommens bestreiten, der für den Familienbedarf der Ehegatten nicht benötigt wird.

163 Dem Unterhaltspflichtigen ist jedoch ein **Notgroschen** zu belassen.[398] Aus den Wechselfällen des Lebens kann sich ein **unerwarteter Bedarf** ergeben, den er aus laufenden Einkünften nicht zu befriedigen vermag. Hinsichtlich der Höhe des Notgroschens ist aufseiten des Pflichtigen grds. ein großzügigerer Maßstab als beim Berechtigten anzulegen, der fremde Hilfe zur Deckung seines Lebensbedarfs in Anspruch nimmt. Deshalb stellt der **sozialhilferechtliche Schonbetrag** die untere Grenze dar. Teilweise werden Notgroschen für Notfälle von drei Monatsgehältern gefordert,[399] teilweise wird ein Schonbetrag von nicht unter 10.000 € als unabdingbar angesehen.[400] Der BGH lehnt eine Pauschalierung des Betrages für Notfälle ab und verlangt eine Einzelfallprüfung. In einer Konstellation, in der der alleinstehende kinderlose Antragsgegner über ein Erwerbseinkommen unterhalb des Selbstbehalts verfügte, erachtete der BGH einen Betrag von 10.000 € als ausreichend.[401]

164 Hinsichtlich der Vermögensverwertungsobliegenheit beim **Unterhaltsanspruch aus Anlass der Geburt** ist zu berücksichtigen, dass die nach § 1615l Abs. 3 Satz 1 BGB anwendbaren Vorschriften über den Verwandtenunterhalt im Unterschied zur Regelung des § 1577 Abs. 3 BGB für die Bedürftigkeit des Berechtigten und des § 1581 Satz 2 BGB für die Leistungsfähigkeit des Pflichtigen beim nachehelichen Unterhalt keine allgemeine gesetzliche Billigkeitsgrenze vorsehen.[402] Gleichwohl ist auch hier im Rahmen einer umfassenden **Zumutbarkeitsabwägung** auf der Grundlage des § 1602 Abs. 1 BGB für die Bedürftigkeit und § 1603 Abs. 1 BGB für die Leistungsfähigkeit der weitgehenden Angleichung des Anspruchs nach § 1615l BGB an den nachehelichen Betreuungsunterhalt (§ 1570 BGB) Rechnung zu tragen und die Vermögensverwertungsobliegenheit ähnlich zu beurteilen wie beim nachehelichen Unterhalt. Beim Berechtigten ist i.R.d. Zumutbarkeit zu berücksichtigen, dass sie nach § 1615l Abs. 2 BGB keinen Anspruch auf Altersvorsorgeunterhalt oder Krankheitsunterhalt zusteht und er evtl. vorhandenes Vermögen eher zur Alterssicherung und Krankheitsvorsorge benötigt.[403]

3. Einkünfte aus Vermietung und Verpachtung

165 **Miet- und Pachteinnahmen** sind Einkünfte aus der Nutzung eines Vermögens.

166 Es handelt sich um **Überschusseinkünfte** (§ 2 Abs. 2 Satz 2 EStG), die durch Abzug der Werbungskosten von den Bruttoeinnahmen ermittelt werden. Wegen denkbarer Schwankungen (etwa

---

397 BGH, FamRZ 2019, 885.
398 BGH, FamRZ 2013, 1554.
399 *Hauß*, Elternunterhalt, Rn. 514.
400 *Soyka*, in: Scholz/Kleffmann, Praxishandbuch Familienrecht, Teil J Rn. 24.
401 BGH, FamRZ 2013, 1554.
402 BGH, FamRZ 1998, 367.
403 BGH, FamRZ 2010, 357; KG, FPR 2003, 671.

vorübergehender Wohnungsleerstand) ist im Zweifel ein **Mehrjahresdurchschnitt** bei der Einkommensermittlung zugrunde zu legen.[404]

Kasuistik der Einnahmen aus Vermietung und Verpachtung: 167
- Miet- oder Pachtzinsen
- Mietvorauszahlungen, Mietzuschüsse und Baukostenzuschüsse
- Nebenleistungen des Mieters für Strom, Gas, Wasser etc.
- Entschädigungen die als Ersatz für entgangene Miet- oder Pachtzinsen gezahlt werden
- Schadensersatzleistungen des Mieters oder Pächters
- Vom Mieter oder Pächter erbrachte Sachleistungen statt des geschuldeten Miet(Bar)-Zinses

Kasuistik zu berücksichtigungsfähigen Abzugspositionen: 168
- Allgemeine Hausunkosten (Grundsteuer, öffentliche Gebühren für Müllabfuhr, Abwasser etc.), Hausmeisterkosten, Kosten für Fahrstuhl, Hauslicht etc.
- Hausverwalterkosten, Beiträge für notwendige Hausversicherungen
- Die Immobilie betreffende notwendige Prozesskosten
- Beiträge zum Haus- und Grundbesitzerverein
- Notwendige Reisekosten zum Mietobjekt

Ob und in welchem Umfang **Finanzierungskosten** anzuerkennen sind, bedarf der Prüfung im Einzelfall. Grds. kann der Unterhaltsschuldner nicht auf Kosten des Berechtigten Vermögen bilden, erst recht nicht, wenn der Berechtigte am Vermögenszuwachs nicht mehr teilnimmt. 169

So werden **während des ersten Trennungsjahres** die Tilgungsleistungen regelmäßig zu berücksichtigen sein, da sie auch der Sicherung des Familienheims als räumlicher Lebensgrundlage der noch nicht endgültig gescheiterten Ehe, deren Aufrechterhaltung zu fördern im Vordergrund der Erwägungen stehen muss, dienen.[405] Der berechtigte Ehegatte nimmt i.d.R. über den Zugewinnausgleich an der Vermögensmehrung durch Tilgung teil. **Tilgungsleistungen nach Ablauf des Trennungsjahres** und Rechtshängigkeit des Ehescheidungsverfahrens sind nicht ohne weiteres anzuerkennen, wenn der angemessene Unterhalt sodann nicht gezahlt werden kann. I.Ü. erscheint es aber regelmäßig nicht gerechtfertigt, den Tilgungsaufwand beim Unterhalt außer Betracht zu lassen, den Berechtigten aber am Aufwand über den Zugewinn partizipieren zu lassen. Schließlich ist auch das Wohl gemeinschaftlicher Kinder in die gebotene umfassende Interessenabwägung bei der Prüfung, ob der Tilgungsaufwand in diesem Stadium berücksichtigungsfähig ist, einzubeziehen.[406] 170

Steht die Immobilie im **Miteigentum beider Ehepartner**, fehlt es an einer einseitigen Vermögensbildung mit der Folge, dass Zins- und Tilgungsleistungen einkommensmindernd zu berücksichtigen sind. Tilgt nur einer der Eheleute die Schuld, erfolgt durch die unterhaltsrechtliche Berücksichtigung kein Gesamtschuldnerausgleich nach § 426 Abs. 1 Satz 1 BGB. Entsprechendes gilt, wenn die Immobilie zwar im Alleineigentum eines Ehegatten steht, der andere Ehegatte jedoch über den güterrechtlichen Ausgleich bis zur Rechtshängigkeit des Scheidungsverfahrens an der Vermögensbildung partizipiert.[407] Für die Berücksichtigungsfähigkeit der **Tilgungsleistungen** ist nach neuerer Rechtsprechung des BGH[408] von Folgendem auszugehen. Der BGH hatte zunächst im Rahmen des Elternunterhalts[409] erkannt, dass die Zins- und Tilgungsleistungen bis zur Höhe des Wohnwerts weiter vom Einkommen abzuziehen sind, ohne dass dies seine Befugnis zur Bildung eines zusätzlichen Altersvorsorgevermögens schmälert. **Der den Wohnvorteil übersteigende Tilgungsanteil** kann als Vermögensbildung im Rahmen der sekundären Altersvorsorge berücksichtigt werden. Der BGH stellt nicht auf die Besonderheiten des Elternunterhalts ab, sondern argumentiert 171

---

404 BGH, FamRZ 200, 1532; OLG Hamm, FamRZ 2007, 73.
405 OLG Stuttgart, FamRZ 1992, 203; OLG Hamm, FamRZ 1990, 47; OLG Karlsruhe, FamRZ 1990, 163.
406 OLG Düsseldorf, FamRZ 1994, 1049.
407 BGH, FamRZ 2008, 963; BGH, FamRZ 2007, 879; vgl. auch *Gerhardt*, FuR 2007, 393.
408 BGH, FamRZ 2017, 519; BGH, FamRZ 2018, 1506.
409 BGH, FamRZ 2017, 519.

mit Überlegungen, die auf jedes Unterhaltsverhältnis zutreffen.[410] Eine Vermögensbildung »zu Lasten« des Unterhaltsberechtigten besteht nicht, wenn und soweit dem Tilgungsanteil noch ein einkommenserhöhender Wohnvorteil auf Seiten des Pflichtigen gegenübersteht. Ohne die Zins- und Tilgungsleistungen gibt es den Wohnvorteil in Form einer Ersparnis nicht. Entsprechend folgt daraus, dass die über den Zinsanteil hinausgehende Tilgungsleistung bis zur Höhe des Wohnvorteils anzurechnen ist, ohne dass dies die Befugnis zur Bildung eines zusätzlichen Vorsorgevermögens schmälert.

▶ Praxistipp:

> Eine Vermögensbildung »zu Lasten« des Berechtigten besteht nicht, wenn und soweit dem Tilgungsanteil noch ein einkommenserhöhender Wohnvorteil auf Seiten des Pflichtigen gegenübersteht. Ohne die Zins- und Tilgungsleistungen gäbe es den Vorteil in Form einer ersparten Miete nicht. Entsprechend folgt daraus, dass die über den Zinsanteil hinausgehende Tilgungsleistung bis zur Höhe des Wohnvorteils anzurechnen sind, ohne dass dies die Befugnis zur Bildung eines zusätzlichen Vorsorgevermögens schmälert.

172 **Abschreibungen** für Gebäudeabnutzung sind steuerlich zulässig (§ 7 EStG), berühren regelmäßig das unterhaltsrechtlich maßgebliche Einkommen jedoch nicht. Es liegt lediglich ein pauschal angerechneter Verschleiß von Vermögensgegenständen zugrunde, der entweder konkret nicht gegeben ist oder zumindest über das tatsächliche Ausmaß der Wertsteigerung hinausgeht.[411] Bei einer Vielzahl von vermieteten Immobilien erscheint die Nichtberücksichtigung der AfA jedoch problematisch, wenn auch die Tilgung für die Finanzierung des Objekts nicht berücksichtigt wird. Die Nichtberücksichtigung der AfA ist darüber hinaus bei Gewerbeimmobilien mit schnellerer Abnutzung ggü. Wohngebäuden nicht unproblematisch. Berücksichtigt man die Gebäude-AfA unterhaltsrechtlich nicht, ist eine **fiktive Steuerberechnung** durchzuführen.[412]

Notwendige Erhaltungsaufwendungen sind einkommensmindernd zu berücksichtigen.[413] Notwendige Erhaltungsaufwendungen in größerem Umfang müssen ggf. auf einen längeren Zeitraum gestreckt werden.[414] Ausgaben für wertsteigernde Maßnahmen und/oder nützliche, jedoch nicht notwendige Modernisierungskosten sind als vermögensbildende Aufwendung grds. nicht zu berücksichtigen.[415] Einmalige Modernisierungsaufwendungen sind bei der Prognose künftiger Mieteinnahmen nicht zu berücksichtigen, da es sich um keine wiederkehrenden Erhaltungsaufwendungen handelt.[416]

173 I.R.d. Ehegattenunterhalts können jedoch auch nicht notwendige Erhaltungsaufwendungen anerkannt werden, wenn es sich um eine gemeinsame Immobilie der Eheleute handelt und die Ausgaben beiden Eheleuten mithin zugutekommen.

174 Eine **Instandhaltungsrücklage** ist unterhaltsrechtlich nicht akzeptabel,[417] weil es sich um einen pauschalierten Aufwand handelt und es nicht feststeht, ob die Rücklage jemals zweckentsprechend eingesetzt wird. Etwas anderes gilt, wenn es sich um eine Rücklage, für eine konkret anstehende Instandhaltungsmaßnahme handelt[418] und bei Eigentumswohnungsanlagen, wegen der dort bestehenden generellen Rücklagenverpflichtung nach § 21 Abs. 5 WEG.

---

410 OLG Brandenburg, FuR 2019, 213; OLG Koblenz, FamRZ 2019, 196.
411 BGH, FamRZ 2005, 1159; BGH, FamRZ 1997, 281.
412 Vgl. zum Ganzen Wendl/Dose/*Gerhardt*, § 1 Rn. 457 f.; PWW/*Kleffmann*, Vor § 1577 Rn. 21 ff.
413 BGH, FamRZ 2005, 1159; OLG Koblenz, FamRZ 2009, 197.
414 BGH, FamRZ 1984, 39.
415 BGH, FamRZ 2005, 1159; BGH, FamRZ 2000, 351.
416 BGH, FamRZ 2009, 770.
417 BGH, FamRZ 2000, 531.
418 BGH, FamRZ 2014, 538; BGH, FamRZ 2000, 351; OLG Koblenz, FamRZ 2019, 197.

Verluste aus Vermietung und Verpachtung sind nicht zu berücksichtigen, sofern sie aus Abschreibungen und/oder überhöhten Instandhaltungspauschalen, der Beteiligung an Bauherrenmodellen oder ähnlichen Abschreibungsmodellen resultieren.[419] Bei Nichtanerkennung derartiger Verluste ist eine fiktive Steuerberechnung vorzunehmen.[420] Handelt es sich jedoch um eine gemeinsame Vermögensbildung der Eheleute, sind Verluste bis zur Vermögensauseinandersetzung zu berücksichtigen mit der Folge, dass es etwa beim Abzug der AfA und der tatsächlichen Steuer verbleiben kann.

Bei Verlusten aus der Bildung von Negativeinkünften handelt es sich um Aufwendungen zur Vermögensbildung, die der Verpflichtete zu Lasten des Berechtigten jedenfalls ab Rechtshängigkeit des Ehescheidungsverfahrens als Stichtag für den Zugewinnausgleich bzw. bei Gütertrennung ab Trennung nicht mehr fortsetzen darf, wenn es sich um einseitige Vermögensbildung handelt und auch keine Konstellation angemessener sekundärer Altersvorsorge vorliegt.[421] Es hat eine **fiktive Steuerberechnung** zu erfolgen. Die Steuervorteile aus den Verlusten verbleiben dem Verpflichteten allein.[422] Die fiktive Steuerberechnung erfolgt in der Weise, dass das zu versteuernde Einkommen um den in dem Steuerbescheid ausgewiesenen Verlustabzug aus Vermietung erhöht wird. Aus dem erhöhten Einkommen wird eine fiktiv zu zahlende Steuer nach der Steuertabelle ermittelt. Von dem unterhaltsrechtlich relevanten Bruttoeinkommen ohne Berücksichtigung eines Verlustabzugs und ggf. weiterer nur steuerlich, nicht aber unterhaltsrechtlich zu berücksichtigender Ausgaben ist anstelle der tatsächlich gezahlten Steuer die fiktiv ermittelte Steuerlast in Abzug zu bringen.

4. Wohnvorteil

Auch das mietfreie Wohnen im Eigenheim (vgl. Nr. 5 der Leitlinien) stellt eine unterhaltsrechtlich relevante Einkommensquelle dar.[423] Ein Wohnwert ist zuzurechnen sowohl bei Allein- als auch bei Miteigentum an der Immobilie, bei Gütergemeinschaft, Nießbrauch[424] oder einem unentgeltlichen dinglichen oder schuldrechtlichen Wohnrecht.[425]

Bei der **Bemessung des Wohnwerts** ist von der **objektiven Marktmiete** auszugehen.[426] Diese Marktmiete begrenzt den Wohnvorteil nach oben. Nach Scheidung der Ehe ist grds. die objektive Marktmiete in Ansatz zu bringen. Nach der Scheidung besteht eine Obliegenheit zur Verwertung der Wohnung, etwa durch Verkauf, Vermietung, Teilvermietung, da keine Erhaltungsinteressen mehr bestehen.[427] Nur ausnahmsweise kann sich nach Scheidung aufgrund einer vorzunehmenden Gesamtabwägung eine Unzumutbarkeit des Auszugs ergeben,[428] die sodann nur den Ansatz einer angemessenen Miete für eine kleinere Wohnung rechtfertigt.[429] Aus Billigkeitsgründen wird jedoch **beim Trennungsunterhalt und zum Teil beim Verwandtenunterhalt**[430] nur ein **angemessener Wert** angesetzt, wenn eine Vermögensverwertung durch Verkauf oder Vermietung der Immobilie nicht zumutbar ist oder das mietfreie Wohnen der Sicherung des eigenen Unterhalts dient.[431] Gehören einem Ehegatten **mehrere Wohnungen**, können seinem Einkommen entsprechende Wohnvorteile zugerechnet werden. Eine Kürzung kommt jedoch unter Angemessenheitsgesichtspunkten in Betracht.[432]

---

419 BGH, FamRZ 2005, 1159; BGH, FamRZ 2004, 1177.
420 BGH, FamRZ 2005, 1159.
421 BGH, FamRZ 2010, 1633; BGH, FamRZ 2009, 23.
422 BGH, FamRZ 2005, 1159.
423 BGH, FamRZ 2012, 517; BGH, FamRZ 2009, 1300; BGH, FamRZ 2008, 963: eingehend *Gerhardt*, FuR 2007, 393 und *Schürmann*, FuR 2006, 385 sowie FamRZ 2006, 440.
424 BGH, FamRZ 2010, 1633.
425 BGH, FamRZ 2008, 1072.
426 BGH, FamRZ 2012, 514; BGH, FamRZ 2009, 23; BGH, FuR 2007, 264.
427 BGH, FamRZ 1994, 1100.
428 OLG Hamm, NJW-FER 2000, 273.
429 BGH, FamRZ 2000, 950; BGH, FamRZ 1992, 423.
430 BGH, FamRZ 2013, 868.
431 BGH, FamRZ 2013, 191.
432 BGH, FamRZ 2009, 1300.

179 Bewohnt der Unterhaltsberechtigte nach Trennung weiterhin das Familienheim, geht dies i.R.d. **konkreten Bedarfsermittlung** regelmäßig über seinen Wohnbedarf nach den ehelichen Lebensverhältnissen hinaus. Hier ist es geboten, die Differenz zwischen dem angemessenen und dem objektiven Wohnwert auf den konkret ermittelten Bedarf anzurechnen. Auch Nebenkosten dürfen nur in der Höhe berücksichtigt werden, wie sie einer angemessenen Wohnung entsprechen.[433]

180 Für die Dauer des **Getrenntlebens** ist der **Wohnvorteil** jedoch nur nach einem Mietzins **für** eine den wirtschaftlichen Verhältnissen der Parteien **angemessene kleinere Wohnung** zu bestimmen.[434] Solange die Wiederherstellung der ehelichen Lebensgemeinschaft nicht ausgeschlossen ist, kann dem in der Wohnung verbliebenen Ehegatten regelmäßig nicht zugemutet werden, die Wiederherstellung der ehelichen Lebensgemeinschaft durch vorzeitige Aufgabe des Familienheims zu erschweren. Die Bemessung dieses angemessenen Wohnvorteils richtet sich regelmäßig nach dem **Mietzins für eine** nach dem Auszug des Ehepartners entsprechend **den ehelichen Lebensverhältnissen angemessene kleinere Wohnung**.[435]

181 Schätzgrundlage kann unter Berücksichtigung des örtlichen Wohnungsmarkts die **Miete des ausgezogenen Ehegatten**[436] oder **die um ein Drittel gekürzte objektive Marktmiete**[437] sein.

▶ Beispiel: Wohnvorteil beim Trennungsunterhalt bis Zustellung des Scheidungsantrags

182 Das bereinigte monatliche Nettoeinkommen des Mannes (M) beträgt 2.400 €. Er muss Kindesunterhalt für das dreijährige Kind (K) i.H.v. 304 € zahlen. Der Wohnvorteil der beiden Ehegatten gehörenden Immobilie beträgt objektiv 700 €, die Hauslasten betragen 300 €, davon sind 50 € Tilgung. Die Ehefrau (F) ist nicht erwerbstätig und bleibt nach der Trennung mit dem Kind in der Immobilie wohnen. M trägt die Hauslasten. Es gilt der angemessene Wohnvorteil, der hier mit 500 € bemessen wird, wobei davon ausgegangen wird, dass K bei F lebt.

Frage: Wie hoch ist der Unterhaltsanspruch der F?

Lösung: Es bietet sich die Additionsmethode an.

Bedarfsberechnung:

Einkommen M	2.400 €
abzüglich Kindesunterhalt	./. 304 €
2.096 €	
6/7	1.797 €
Angemessener Wohnvorteil: 500 €	
./. Hauslasten 300 €	200 €
(Zins- und Tilgung, da gemeinsame Vermögensbildung)	
	1.997 €
Bedarf 1/2	997 €
abzüglich Wohnvorteil	/. 500 €
	497 €

F hat 497 € Unterhalt + 500 € Wohnvorteil = 997 € (und 304 € Kindesunterhalt) zur Verfügung.

---

433 BGH, FamRZ 2012, 517.
434 BGH, FamRZ 2008, 963; BGH, FamRZ 2007, 879.
435 BGH, FamRZ 2007, 879.
436 BGH, FamRZ 2009, 1300.
437 Vgl. *Gerhardt*, FuR 2007, 393.

▶ **Abwandlung: Wohnvorteil beim nachehelichen Unterhalt**

Sachverhalt wie im vorangegangenen Beispiel. Wie hoch ist der nacheheliche Unterhaltsanspruch der F? 183

Lösung:

Bedarfsberechnung:

Einkommen M		2.400 €
abzüglich Kindesunterhalt		304 €
		2.096 € (gerundet)
6/7		1.797 €
Wohnvorteil	objektiver Wohnvorteil 700 €	
	./. Hauslasten 300 €	397 €
		2.194 €
Bedarf 1/2		1.097 €
./. Wohnvorteil		700 €
		397 €

F verfügt neben dem Wohnvorteil von 700 € über 397 € und den Kindesunterhalt.

Oftmals wird für die Bemessung des angemessenen Vorteils auch auf den in den maßgeblichen Selbstbehaltssätzen enthaltenen Anteil für Kaltmiete abgestellt.[438] Schon während des Getrenntlebens kann jedoch der objektive Mietzins zugerechnet werden, etwa, wenn ein **Partner** in die Wohnung **aufgenommen** wird.[439] I.Ü. ist der volle und nicht mehr nur der angemessene Mietwert auch in der Trennungszeit zugrunde zu legen, wenn mit der Herstellung der ehelichen Lebensverhältnisse nicht mehr gerechnet werden kann.[440] Dies wiederum ist insb. der Fall, wenn ein **Ehescheidungsverfahren rechtshängig** ist[441] oder die Eheleute sich vermögensrechtlich auseinandergesetzt haben.[442] 184

Von dem Wohnwert in Abzug zu bringen sind **Hauslasten**, mit denen ein Mieter üblicherweise nicht belastet wird. Unterhaltsrechtlich zurechenbar ist ein Wohnvorteil nur, soweit der Wohnwert die mit dem Grundeigentum verbundenen Kosten übersteigt.[443] Ob mit dem Eigentum verbundene Kosten allein vom Eigentümer und nicht vom Mieter zu tragen sind, lässt sich weniger nach dem Kriterium der Verbrauchsabhängigkeit der Kosten als nach dem Kriterium der **Umlagefähigkeit** beurteilen.[444] Nach § 556 Abs. 1 Satz 1 BGB können Mietvertragsparteien vereinbaren, dass der Mieter Betriebskosten trägt. Betriebskosten sind die Kosten, die dem Eigentümer durch das Eigentum am Grundstück oder durch den bestimmungsgemäßen Gebrauch des Gebäudes, der Nebengebäude und Anlagen, Einrichtungen und des Grundstücks laufend entstehen. Nach der zum 01.01.2004 geltenden Betriebskostenverordnung sind danach (nur) nicht umlagefähig etwa die Kosten der Verwaltung und Kosten der Instandhaltung. Nur derartige nicht umlagefähige Betriebskosten können wohnwertmindernd berücksichtigt werden. Steht die Immobilie jedoch im **Miteigentum der Eheleute**, werden die verbrauchsunabhängigen Nebenkosten aber nur von einem Ehegatten gezahlt, sind diese Kosten als Abzugsposten zu berücksichtigen. Dies hat den Vorteil, dass keine zusätzliche Abrechnung mehr vorzunehmen ist, nachdem im Gegensatz zu 185

---

438 OLG Nürnberg, FamRZ 2008, 992.
439 OLG Zweibrücken, FamRZ 2008, 615; OLG Koblenz, NJW 2003, 1816.
440 BGH, FamRZ 2009, 23; BGH, FamRZ 2008, 963; KG, FamRZ 2010, 1447.
441 BGH, FamRZ 2013, 191; BGH, FamRZ 2012, 517; BGH, FamRZ 2009, 23.
442 BGH, FamRZ 2008, 963; vgl. auch OLG Zweibrücken, FamRZ 2008, 615.
443 BGH, FamRZ 2008, 963; BGH, FamRZ 2007, 879.
444 BGH, FamRZ 2014, 538; BGH, FamRZ 2009, 1300; OLG Saarbrücken, FuR 2010, 235.

den verbrauchsabhängigen Nebenkosten die verbrauchsunabhängigen Nebenkosten bis zur Vermögensauseinandersetzung beide Ehegatten zu tragen haben.[445] Absetzbar sind **Zinsen** für die auf dem Grundstück lastenden Darlehensverbindlichkeiten[446] und zwar sowohl bei einem prägenden Wohnwert[447] als auch bei einem nicht prägenden Wohnwert.[448]

186 Übersteigen die Abzahlungen den Wohnwert, ist mit einem **negativen Wohnwert** zu rechnen.[449] Bei einem erst nach Scheidung entstandenen nicht prägenden Wohnwert, etwa aus Erbschaft oder Zugewinn, können bei einer Schuldenaufnahme nur Zinsen vom Wohnwert abgezogen werden, nicht die Tilgungsleistungen als reine Vermögensbildungsmaßnahme.[450] Das Gleiche gilt, wenn es sich bei diesem Wohnwert zwar um ein prägendes Surrogat des früheren Wohnwerts handelt, weil er aus dem Verkaufserlös des Familienheims angeschafft wurde,[451] aber hierzu neue und damit nicht prägende Schulden aufgenommen wurden.[452]

187 Beim **Trennungsunterhalt** sind **Zins- und Tilgungsleistungen** in Abzug zu bringen, weil es dem Eigentümer in der Trennungszeit grds. nicht zumutbar ist, das Familienheim zur Steigerung seiner Einkünfte zu verwerten und der andere Ehegatte über den Zugewinn weiter an der Vermögensbildung partizipiert.[453] Ab Rechtshängigkeit des Ehescheidungsverfahrens erfolgt dagegen keine Teilhabe an der Vermögensbildung des Partners. Dies führte in der Vergangenheit dazu, dass die gleichen Grundsätze wie beim nachehelichen Unterhalt galten. Unterhalt ging der einseitigen Vermögensbildung vor.[454] Diese Rechtsprechung hat sich gewandelt. **Zins- und Tilgungsleistungen sind bis zur Höhe des Wohnwerts abzugsfähig**. Der BGH hat zunächst im Rahmen des Elternunterhalts[455] erkannt, dass neben den Zins- und Tilgungsleistungen bis zur Höhe des Wohnwerts Beiträge vom Einkommen des Pflichtigen abzuziehen sind, ohne dass dies seine Befugnis zur Bildung eines zusätzlichen Altersvorsorgevermögens schmälert. Der den Wohnvorteil übersteigende Tilgungsanteil kann als Vermögensbildung zu Lasten des Unterhaltsberechtigten im Rahmen der sekundären Altersversorgung berücksichtigt werden. Die Überlegungen des BGH sind auf andere Unterhaltsverhältnisse übertragbar.[456]

Abzustellen ist nicht auf die Besonderheiten des Elternunterhalts. Vielmehr ist auf Überlegungen abzustellen, die bei jedem Unterhaltsverhältnis maßgeblich sind.[457] Eine Vermögensbildung »zu Lasten« des Berechtigten besteht nicht, wenn und soweit dem Tilgungsanteil noch ein einkommenserhöhender Wohnvorteil auf Seiten des Pflichtigen gegenübersteht. Ohne die Zins- und Tilgungsleistungen gäbe es den Vorteil in Form einer ersparten Miete nicht. Entsprechend folgt daraus, dass die über den Zinsanteil hinausgehenden Tilgungsleistungen bis zur Höhe des Wohnvorteils anzurechnen sind, ohne dass dies die Befugnis zur Bildung eines zusätzlichen Vorsorgevermögens schmälert (vgl. auch Rdn. 171).

188 Regelmäßig gezahlte Raten auf einen Kredit für die Ehewohnung sind in der Trennungszeit in voller Höhe und nicht nur beschränkt auf die Höhe des angemessenen Wohnvorteils zu berücksichtigen.[458] Auch i.R.d. Bedürftigkeit sind die gezahlten Kreditraten bei der Bemessung des geschuldeten

---

445 Eingehend *Gerhardt*, FuR 2007, 393.
446 BGH, NJW 2000, 265; OLG Celle, FamRZ 1999, 508.
447 BGH, FamRZ 2008, 963; BGH, FamRZ 2007, 879.
448 BGH, FamRZ 2008, 961.
449 BGH, FamRZ 2007, 879; *Gerhardt*, FuR 2007, 394.
450 BGH, FamRZ 2000, 950.
451 BGH, FamRZ 2006, 387.
452 BGH, FamRZ 2005, 1159.
453 BGH, FamRZ 2007, 879.
454 BGH, FuR 2010, 235; BGH, FamRZ 2008, 963.
455 BGH, FamRZ 2017, 519.
456 BGH, FamRZ 2018, 1506; OLG Frankfurt a.M., NZFam 2019, 1054; *Borth*, FamRZ 2019, 160; *Norpoth*, NZFam 2017, 307; *Dose*, NZFam 2018, 429; *Schürmann*, FamRZ 2018, 1041.
457 Fehlerhaft OLG Brandenburg, FamRZ 2019, 793 und OLG Koblenz, FamRZ 2019, 197.
458 BGH, FamRZ 2007, 879.

Trennungsunterhalts regelmäßig in voller Höhe (Zins und Tilgung) zu berücksichtigen, allerdings beschränkt auf die Summe aus eigenen Einkünften und Gebrauchsvorteilen.

▶ **Beispiel:**[459]

Renteneinkommen des M	1.800,00 €	**189**
Erwerbseinkommen der F	320,00 €	
Marktmiete der von F genutzten Ehewohnung	700,00 €	
M zahlt die verbrauchsunabhängigen Lasten der Ehewohnung von	360,00 €	
Angemessene Miete für eine kleinere Wohnung einer Einzelperson	460,00 €	
Bedarf der F:		
Einkommen des M: 1.800,00 € – 360,00 €	1.440,00 €	
6/7 des Erwerbseinkommens der F	274,00 €	
Wohnwert einer kleineren Wohnung	460,00 €	
	= 2.174,00 €	
2.174,00 € : 2 =	1.087,00 €	
6/7 Erwerbseinkommen der F:	274,00 €	
Wohnwert einer kleineren Wohnung	460,00 €	
Anspruch somit:	353,00 €	

Ist das Familienheim während der Trennungszeit verkauft, entfällt der Wohnwert. An die Stelle des Wohnvorteils tritt als **Surrogat** der Verkaufserlös bzw. der Wohnwert eines aus dem Erlös angeschafften neuen Eigentums.[460]

190

Erwirbt ein Ehegatte den Eigentumsanteil des anderen und wird damit Alleineigentümer, tritt bei dem veräußernden Ehegatten anstelle des früheren Miteigentums der Verkaufserlös und an die Stelle des früheren Wohnvorteils der jetzt erzielbare Zinsgewinn. Für den anderen Ehegatten bleibt es bei dem schon früher vorhandenen hälftigen Eigentum und dem sich daraus ergebenden hälftigen Wohnvorteil. Hinzu kommt die erworbene Zweiteigentumshälfte mit dem sich daraus ergebenden hälftigen Wohnvorteil. Um den Wohnvorteil nicht übermäßig zu berücksichtigen, muss bei dem erwerbenden Ehegatten der Betrag abgesetzt werden, den er zum Erwerb der zweiten Eigentumshälfte aufgewendet hat. Der Wohnvorteil aus der zweiten Eigentumshälfte ist um die Kreditbelastung auf den dafür aufgewendeten Geldbetrag zu mindern, und zwar lediglich um den Zinsanteil.[461]

191

Beim **Kindesunterhalt** ist mietfreies Wohnen nur einkommenserhöhend zu berücksichtigen, wenn der barunterhaltspflichtige Elternteil im Eigenheim lebt. Auszugehen ist von der objektiven Marktmiete. Nach Treu und Glauben kann jedoch auch nur ein angemessener Wohnwert in Ansatz gebracht werden, wenn die verbleibenden Mittel für Unterhaltszahlung und Lebensführung nicht ausreichen.[462] Ob beim Kindesunterhalt ein objektiver oder ein angemessener Wohnwert anzusetzen ist, hängt wie beim Ehegattenunterhalt davon ab, ob eine anderweitige Verwertung der Immobilie zumutbar ist oder nicht.[463] Bestimmte, nicht den Verwandtenunterhalt betreffende Grundentscheidungen des Gesetzgebers strahlen auch in den Verwandtenunterhalt aus.[464] Wenn vor dem endgültigen Scheitern der Ehe mit Rücksicht auf die Möglichkeit der Wiederherstellung der ehelichen Lebensgemeinschaft die Verwertung der Familienwohnung im Verhältnis zu dem Ehegatten

192

---

459 Nach FamR-Komm/*Kleffmann*, Vor § 1361 Rn. 113.
460 BGH, FamRZ 2014, 1098; BGH, FamRZ 2002, 88; BGH, FamRZ 2001, 986.
461 BGH, FamRZ 2008, 963.
462 Zu weiteren Einzelheiten vgl. FamR-Komm/*Kleffmann*, Vor § 1361 Rn. 101.
463 BGH, FamRZ 2014, 923.
464 BGH, FamRZ 2011, 1560.

nicht zumutbar ist, muss dies grds. auch im Verhältnis zu unterhaltsberechtigten Kindern gelten und zwar zu allen, gleich ob ehelich oder nicht ehelich, minderjährig oder volljährig. Bei ehelichen Kindern gelten die Gründe, die beim Trennungsunterhalt aus Billigkeitsgründen zur Begrenzung auf den angemessenen Wohnwert führen, weil eine sofortige Unter- oder Weitervermietung nicht zumutbar ist, auch für den Kindesunterhalt.[465] Entsprechendes gilt auch bei einer nicht ehelichen Lebensgemeinschaft. Ab endgültigem Scheitern der Ehe ist jedoch von der objektiven Marktmiete auszugehen.[466] Die gleichen Grundsätze gelten für volljährige Kinder.

193 Bei der **Leistungsfähigkeit** ist dagegen bei minderjährigen Kindern und privilegierten volljährigen Kindern wegen der gesteigerten Unterhaltspflicht (§ 1603 Abs. 2 Satz 1 BGB) das mietfreie Wohnen grds. mit der **Marktmiete** zu bewerten.[467]

194 **Wohnt das Kind mietfrei** in Wohn- und Haushaltsgemeinschaft mit dem sorgeberechtigten Elternteil, wird dadurch die Bedürftigkeit des Kindes nicht gemindert. **Das mietfreie Wohnen des betreuenden Elternteils führt mithin nicht zu einer Kürzung des Barunterhalts des Kindes.**[468] Eine Ausnahme kann bei beengten wirtschaftlichen Verhältnissen nach Treu und Glauben angebracht sein, wenn zwar der betreuende Elternteil weiterhin mietfrei im Familienheim wohnt, der Barunterhaltspflichtige nach Absprache aber alle Hausschulden zahlt[469] oder im Mangelfall, wenn die vorhandenen Mittel des Pflichtigen nicht ausreichen, den Mindestunterhalt bezahlen zu können.

195 Der für das Kind geleistete Barunterhalt erhöht aber beim Trennungsunterhalt durch den darin enthaltenen Mietkostenzuschuss den Wohnwert des mietfrei wohnenden, das Kind betreuenden Elternteils.[470]

196 Bei der Berechnung des Ehegattenunterhalts ist der Wohnwert in diesen Fällen angemessen zu erhöhen, etwa indem man das Kinderzimmer mit berücksichtigt und bewertet. Ist dem Ehegattenunterhalt allerdings bereits die objektive Marktmiete zugrunde gelegt, entfällt eine Erhöhung, da der Wert des mietfreien Wohnens bereits ausgeschöpft ist. Ein eigener Wohnvorteil des minderjährigen Kindes mindert dessen Bedürftigkeit, wenn dem Kind die Wohnung selbst gehört. Sodann ist der Barunterhalt um den Wohnkostenanteil im Selbstbehalt (ca. 20 %) zu kürzen.[471]

197 **Bei volljährigen Kindern** mindert ein Wohnvorteil des Kindes (etwa wohnen in einer eigenen Eigentumswohnung) dessen Bedürftigkeit um den darin enthaltenen Wohnanteil für Unterkunft und Heizung (vgl. Ziff. 13.1.2. der Leitlinien).

198 Lebt das volljährige Kind in Haushalts- und Wohngemeinschaft mit einem nicht leistungsfähigen Elternteil, so mindert dieser Vorteil den Barunterhaltsanspruch gegen den anderen Elternteil ebenfalls nicht, weil der nicht barunterhaltspflichtige Elternteil i.d.R. mit seiner freiwilligen unentgeltlichen Zuwendung nicht den barunterhaltspflichtigen Elternteil von dessen Unterhaltsverpflichtung entlasten will.[472]

199 Ähnlich wie beim Elternunterhalt[473] wird man auch beim Kindesunterhalt bei der Bemessung des Wohnwerts beim barunterhaltspflichtigen Elternteil von der objektiven Marktmiete auszugehen haben. Nach Treu und Glauben ist nur ein angemessener Wohnwert anzusetzen, wenn die verbleibenden Mittel für Unterhaltszahlungen und Lebensführung nicht ausreichen. Außerdem ist stets eine Kontrollrechnung vorzunehmen, wie viel Bargeld dem Pflichtigen zur Lebensführung

---

465 BGH, FamRZ 2014, 923.
466 BGH, FamRZ 2014, 923.
467 BGH, FamRZ 2014, 923.
468 BGH, FamRZ 1992, 425; BGH, FamRZ 1989, 1160; OLG Koblenz, FamRZ 2009, 891.
469 OLG Düsseldorf, FamRZ 1994, 1049; vgl. auch Wendl/Dose/*Gerhardt*, § 1 Rn. 573.
470 BGH, FamRZ 1992, 425.
471 Vgl. etwa Ziffer 13.1.2 SüdL und HaL und die zum Teil geringfügig divergierenden Regelungen zu Ziff. 13.1.2 der Leitlinien der übrigen Oberlandesgerichte, BrL, FL, HaL, KL, NaL.
472 Wendl/Dose/*Gerhardt*, § 1 Rn. 576.
473 BGH, FamRZ 2003, 1179.

verbleibt, insb., ob der notwendige Selbstbehalt gewahrt ist.[474] Beim Volljährigen kann der Wohnwert nicht generell nur nach den Wohnkosten im Selbstbehalt angesetzt werden.[475] Insb. bei beengten finanziellen Verhältnissen wird er während der Trennung mit dem angemessenen Wert in Ansatz zu bringen sein. Ab Rechtshängigkeit des Ehescheidungsverfahrens, bei Kauf eines neuen Eigenheims oder bei überdurchschnittlichen Einkommensverhältnissen sowie bei Kindern nicht verheirateter Eltern kann die objektive Marktmiete anzusetzen sein.

Beim **Verwandtenunterhalt** ist regelmäßig nicht der objektive, sondern nur ein angemessener Wohnwert maßgebend.[476] Beim **Elternunterhalt** ist insb. zu beachten, dass die Unterhaltsverpflichtung nicht zu einer spürbaren Absenkung des Lebensstandards führen darf. Dies wäre jedoch oftmals der Fall, wenn beim Wohnwert die Marktmiete angesetzt würde.[477] Entsprechendes gilt bei der Ersatzhaftung von Großeltern.[478] 200

Neben den Zinsen sind Tilgungsleistungen bis zur Höhe des Wohnvorteils vom Einkommen des Elternunterhaltspflichtigen abzuziehen, ohne dass dies seine Befugnis zur Bildung eines zusätzlichen Altersvorsorgevermögens schmälert.[479] Der BGH geht dabei davon aus, dass ohne die Zins- und Tilgungsleistung es den Wohnvorteil in Form der ersparten Miete nicht gäbe. Daraus folgert er, dass die über den Zinsanteil hinausgehenden Tilgungsleistungen bis zur Höhe des Wohnwerts anzurechnen sind, ohne dass dies die Befugnis des Pflichtigen zur Bildung eines zusätzlichen Altersvorsorgevermögens schmälert. Der den Wohnvorteil dann noch übersteigende Tilgungsanteil ist jedoch nicht mehr zu berücksichtigen, sofern es sich um reine Vermögensbildung handelt. Er ist andererseits zu berücksichtigen im Rahmen zusätzlicher angemessener sekundärer Altersvorsorge. 201

Der BGH hat diese Grundsätze nur im Rahmen eines Verfahrens zum Elternunterhalt entwickelt. Die Grundsätze dürften jedoch auch auf andere Unterhaltsverhältnisse anwendbar sein. 202

Dem Berechtigten eines **dinglichen Wohnrechts**, der in ein Pflegeheim geht und das Wohnrecht nicht nutzen kann, stehen jedenfalls ohne besondere Vereinbarung Einnahmen aus einer Vermietung der Wohnung an Dritte nicht zu mit der Folge, dass entsprechende Einkünfte nicht zurechenbar sind.[480] 203

Soweit im Unterhaltsverfahren ein Wohnwert einkommenserhöhend berücksichtigt wurde, kommt daneben keine **Nutzungsentschädigung** mehr in Betracht.[481] Nutzt ein Ehegatte oder Partner einer nichtehelichen Lebensgemeinschaft mit Duldung des anderen das im hälftigen Eigentum beider stehende Haus nach Trennung weiter und trägt wie bisher die Lasten, ohne erkennen zu geben, einen hälftigen Ausgleich geltend machen zu wollen und ohne dass der Partner ihm ein Nutzungsentgelt abverlangt, so ist ein Ausgleichsanspruch in Höhe des hälftigen Nutzungswerts des Anwesens beschränkt.[482] Zwar löst die alleinige Nutzung durch einen Teilhaber normalerweise keine Entschädigungsrechte des anderen aus. Dass dieser seine Befugnis zum Mitgebrauch aus § 743 Abs. 2 BGB nicht wahrnimmt, ist für sich genommen jedoch kein Grund für eine von der hälftigen Ausgleichsregelung abweichende Lastenverteilung. Eine Nutzungsentschädigung steht dem weichenden Teilhaber frühestens ab dem Zeitpunkt zu, ab dem er gem. § 745 Abs. 2 BGB eine Neuregelung der Verwaltung und Nutzung verlangen kann und auch mit hinreichender Deutlichkeit verlangt. Der Ausgleichsanspruch des die Lasten tragenden Ehegatten ist gem. § 242 BGB beschränkt, 204

---

474 BGH, FamRZ 2008, 968.
475 BGH, FamRZ 2006, 1100; vgl. auch Wendl/Dose/*Gerhardt*, § 1 Rn. 577.
476 BGH, FamRZ 2014, 352; BGH, FamRZ 2013, 868; BGH, FamRZ 2003, 1179; OLG Celle, FamRZ 2016, 824.
477 BGH, FuR 2017, 258; BGH, FamRZ 2006, 1100.
478 BGH, FamRZ 2017, 569; BGH, FamRZ 2006, 26.
479 BGH, FamRZ 2017, 519; FuR 2017, 258.
480 BGH, FamRZ 2008, 1072.
481 BGH, FamRZ 2003, 432; OLG Naumburg, FamRZ 2009, 2090.
482 BGH, FamRZ 2018, 1517.

ohne dass es einer Aufrechnungserklärung des weichenden Ehegatten bedürfte. Andernfalls ergäbe sich die unbillige Konsequenz, dass der weiter nutzende und Lasten tragende Ehegatte rückwirkend einen hälftigen Ausgleichsanspruch hätte, während dem weichenden Ehegatten nur ein in die Zukunft wirkender Anspruch auf Neuregelung bzw. Nutzungsentgelt zustände, mit dem er die bisher aufgelaufenen Ausgleichsansprüche nicht abwehren könnte. Auch schließt die Berücksichtigung der Abzahlung bei der Unterhaltsberechnung einen **Gesamtschuldnerausgleich** nach § 426 Abs. 1 BGB aus, da eine anderweitige Regelung vorliegt.[483] Soweit noch eine Eigenheimzulage gezahlt wird, erhöht sie entweder den Wohnwert oder kürzt die Abzahlung.[484]

V. Sonstige Einkünfte

205 Die einem Abgeordneten ausgezahlte **Kostenpauschale** steht für den allgemeinen Lebensbedarf zur Verfügung und ist unterhaltsrechtlich relevantes Einkommen, ggf. abzüglich zu berücksichtigender mandatsbezogener Aufwendungen.[485] Gleiche Grundsätze gelten etwa für **Sitzungsgelder** bei der Mitwirkung in einer kommunalen Bezirksvertretung.[486]

206 Auch Entschädigungen, die von **Schöffen**, als **Vormund**[487] oder als **Berufsbetreuer** erzielt werden sind unterhaltsrechtlich relevant.

207 Bei einer **Leibrente**, die als Gegenleistung für eine Vermögensäußerung vereinbart ist, wird das Kapital dem Vermögensstamm entzogen und in ein Rentenstammrecht umgewandelt, aus dem die einzelnen Rentenleistungen als wiederkehrende Leistungen fließen.[488] In der laufenden Leibrentenzahlung ist neben der Zinsleistung auch ein Tilgungsanteil enthalten. Unterhaltsrechtlich beinhaltet dies aber keine Verwertung des Vermögensstamms und steht deswegen einer Berücksichtigung der gesamten Leibrente nicht entgegen.[489]

208 **Barunterhaltsleistungen** dienen in erster Linie der Deckung des eigenen Bedarfs des Unterhaltsempfängers und verfolgen nicht den Zweck, den Unterhaltsempfänger in die Lage zu versetzen, seinerseits aus dem erhaltenen Unterhalt wieder Unterhaltsansprüche befriedigen zu können.[490] Es ergibt sich schon aus § 1603 Abs. 1 BGB, dass aus Unterhalt, der den angemessenen eigenen Bedarf nicht übersteigt, auch kein Unterhalt für Kinder bezahlt werden muss.[491]

209 Ist der Unterhaltsberechtigte seinerseits jedoch gesteigert unterhaltspflichtig (§ 1603 Abs. 2 BGB) muss er alle verfügbaren Mittel für den eigenen Unterhalt und den Unterhalt der Kinder verwenden. War der seinen Kindern unterhaltspflichtige Elternteil in früherer Ehe erwerbstätig und hat er diese Erwerbstätigkeit zugunsten der Haushaltsführung und Kindererziehung in neuer Ehe aufgegeben, kann der **Rollenwechsel** nur bei Vorliegen gewichtiger Gründe anerkannt werden.[492] Liegen anerkennenswerte Gründe für einen Rollenwechsel nicht vor, sind bei dem Unterhaltspflichtigen ggf. fiktive Einkünfte zuzurechnen. Haben die minderjährigen oder privilegiert volljährigen Kinder den Rollenwechsel hinzunehmen, können sie nicht auf Unterhaltsansprüche des barunterhaltspflichtigen Elternteils ggü. über seinem neuen Ehegatten zurückgreifen, da andernfalls unmittelbar eine Unterhaltspflicht des neuen Ehegatten ggü. den Kindern des Partners aus vorangegangener Ehe entstünde.[493] Stattdessen ist der barunterhaltspflichtige Elternteil auf Aufnahme einer (Neben-) Tätigkeit zu verweisen. Das daraus resultierte Einkommen ist in vollem Umfang für den Unterhalt

---

483 BGH, FamRZ 2014, 460; BGH, FamRZ 2005, 1236; KG, FamRZ 2015, 1191.
484 OLG Hamm, ZFE 2006, 676; OLG München, FamRZ 1999, 251; vgl. auch Nr. 5 der Leitlinien.
485 BGH, FamRZ 1986, 780; OLG Bamberg, FamRZ 1999, 1082.
486 BGH, FamRZ 1986, 780; OLG Hamm, FamRZ 1980, 997.
487 BGH, FamRZ 1983, 670; OLG Hamm, FamRZ 1992, 91.
488 BGH, FamRZ 2009, 198.
489 BGH, FamRZ 1994, 228.
490 BGH, FamRZ 2008, 137; BGH, FamRZ 1985, 273; vgl. auch BGH, FamRZ 2008, 137.
491 BGH, FamRZ 2006, 1827; BGH, FamRZ 2006, 1010.
492 BGH, FamRZ 2006, 1827; BGH, FamRZ 2006, 1010.
493 BGH, FamRZ 2006, 1827.

Auch bei der **Haftungsverteilung i.R.d. Unterhalts volljähriger Kinder** ist Ehegattenunterhalt zu berücksichtigen.[495] In der Praxis wird oftmals eine zumindest **konkludente Freistellungsvereinbarung**, die jedoch stets einen Rechtsbindungswillen voraussetzt,[496] angenommen werden können, wenn ein Elternteil auch nach Volljährigkeit des Kindes weiterhin den vollen Kindesunterhalt leistet.[497] Der Vorwegabzug des gesamten Kindesunterhalts bei einem Ehegatten führt bereits durch die entsprechende Herabsetzung des Ehegattenunterhalts zu einer anteiligen Berücksichtigung bei beiden Ehegatten.[498]

210

Unterhalt kann, ggf. auch mit anderen Einkünften des Empfängers, zu einer **Barunterhaltspflicht ggü. den Eltern** führen, insb. wenn der eigene angemessene Lebensbedarf durch die Beiträge des Ehepartners zum Familienunterhalt gewährleistet ist.[499] Um in Fällen der **Konkurrenz des Familienunterhalts mit anderen Unterhaltsansprüchen** eine dem Gesetz entsprechende Aufteilung der Einkünfte zu ermöglichen, ist der Familienunterhalt wie sonst der nacheheliche Unterhalt als Geldforderung zu bemessen.[500] Ein den Eltern unterhaltspflichtiges Kind muss sich anrechnen lassen, dass sein angemessener Unterhalt durch den Familienunterhaltsanspruch gedeckt ist.[501]

211

Taschengeld, das der Unterhaltspflichtige erhält oder erhalten könnte, kann als Einkommen herangezogen werden,[502] nicht nur bei gesteigerter Unterhaltspflicht, sondern auch im Verhältnis zu gleich- oder nachrangigen Unterhaltsansprüchen, etwa volljähriger Kinder[503] oder bedürftiger Eltern. Der maßgebliche Selbstbehalt ist jedoch stets zu wahren.[504] Dies gilt auch bei der Inanspruchnahme von Elternunterhalt.[505] Auch wenn das Taschengeld eines Ehegatten grds. auch für den Elternunterhalt einzusetzen ist, gilt dies nicht in Höhe eines Betrages von 5–7 % des Mindestselbstbehaltes des Pflichtigen sowie in Höhe etwa der Hälfte des darüber hinausgehenden Taschengeldes.[506]

212

Freiwillige Zuwendungen Dritter (vgl. auch Nr. 8 der Leitlinien) können in Barleistungen,[507] Sachleistungen (etwa kostenlose Wohnungsgewährung),[508] oder auch in Geldzuwendungen oder sonstige Zuwendungen sein, wie Gewährung eines zinslosen Darlehens,[509] Übernahme von Pflegeleistungen oder Betreuungs- und Aufsichtsleistungen. Auch in der unterlassenen Geltendmachung von Ansprüchen kann eine freiwillige Leistung Dritter liegen.[510] Derartige Leistungen können Zuwendungen aufgrund rechtlicher Verpflichtung nicht gleichgestellt werden. Sie erhöhen weder die Leistungsfähigkeit noch mindern sie die Bedürftigkeit des Berechtigten. Besteht kein rechtlicher Anspruch auf die Leistung, hängt die unterhaltsrechtliche Anrechenbarkeit vom Willen des Zuwendenden ab. Handelt es sich dagegen wirtschaftlich um eine Gegenleistung, etwa für Pflege

213

---

494 BGH, FamRZ 2006, 1827; BGH, FamRZ 2004, 24.
495 BGH, FamRZ 2005, 1817.
496 BGH, FamRZ 2009, 768.
497 BGH, FamRZ 2008, 2104.
498 *Gutdeutsch*, FamRZ 2009, 1022.
499 BGH, FamRZ 2004, 370.
500 BGH, FamRZ 2015, 1473; BGH, FamRZ 2014, 1183.
501 BGH, FamRZ 2004, 370.
502 BGH, FamRZ 2014, 1990; BGH, FamRZ 2013, 363; BGH, FamRZ 2004, 370; OLG Brandenburg, FamRZ 2019, 1136; OLG Karlsruhe, NZFam 2016, 570; *Dose*, FamRZ 2013, 993.
503 BGH, FamRZ 1987, 472.
504 BGH, FamRZ 2015, 231; BGH, FamRZ 2013, 363; BGH, FamRZ 2004, 366; BGH, FamRZ 2004, 441.
505 BGH, FamRZ 2013, 363.
506 BGH, FamRZ 2013, 363.
507 Vgl. BGH, FamRZ 2005, 967; OLG Hamm, FamRZ 2008, 893.
508 OLG Hamburg, FamRZ 2005, 927.
509 BGH, FamRZ 2005, 967.
510 OLG Stuttgart, FamRZ 2008, 1653.

und Betreuung der Eltern[511] oder ein Leibgeding, ist die Zuwendung nicht freiwillig und stellt unterhaltsrelevantes Einkommen dar.[512] Auch die Ersparnis bei Zusammenleben mit einem neuen Partner stellt keine freiwillige Leistung eines Dritten dar.[513]

▶ Praxishinweis:

214 Freiwillige Zuwendungen Dritter sind nur zu beachten, falls sie nach dem Willen des Zuwendenden auch den anderen am Unterhaltsrechtsverhältnis Beteiligten zugutekommen sollen.[514]

215 Im Zweifel kann dies nicht angenommen werden.[515] In Konstellationen der Verwirkung wird man freiwillige Leistungen gleichfalls nicht in die Billigkeitsabwägung einbeziehen können,[516] da nichts dafür ersichtlich ist, die Zuwendungsfreiheit Dritter in diesen Konstellationen einzuschränken.

216 Bei **Spesen** wird vermutet, dass nur ein tatsächlicher Aufwand abgedeckt wird. In diesen Fällen kann allenfalls eine häusliche Ersparnis berücksichtigt werden, die in den Leitlinien der Oberlandesgerichte (jeweils Ziffer 1.4) regelmäßig mit 1/3 geschätzt wird.[517]

Steuererstattungen sind unterhaltspflichtiges Einkommen.[518] Sie sind grds. in dem Jahr zu berücksichtigen, in welchem die Erstattung erfolgt[519] und monatsanteilig umzulegen. Ist mit Steuererstattungen künftig mit an Sicherheit grenzender Wahrscheinlichkeit nicht mehr zu rechnen, können sie auch nicht mehr einkommenserhöhend berücksichtigt werden.[520]

217 In zumutbarer Weise erzielbare **Steuervorteile** sind wahrzunehmen.[521] Dies gilt etwa für die Eintragung von Freibeträgen auf der Lohnsteuerkarte, die Geltendmachung des Realsplittings, soweit der Unterhaltsanspruch anerkannt, rechtskräftig festgestellt ist oder freiwillig erfüllt wird[522] oder die Obliegenheit zur zeitnahen Abgabe der Steuererklärung.

Beim Kindesunterhalt sind alle Einkommensbestandteile, auch der **Splittingvorteil**, heranzuziehen, und zwar sowohl bei der Ermittlung des Bedarfs nach § 1610 BGB als auch bei der Leistungsfähigkeit nach § 1603 BGB.[523] Der aus der Ehe resultierende Splittingvorteil ist beim Kindesunterhalt immer dann uneingeschränkt einkommenserhöhend zu berücksichtigen, wenn er auf dem alleinigen Einkommen des Unterhaltspflichtigen beruht. Nur dann, wenn der Ehegatte des Unterhaltspflichtigen eigene steuerpflichtige Einkünfte bezieht, ist der Splittingvorteil – insoweit zum Nachteil des Kindes – auf den Unterhaltspflichtigen und seinen Ehegatten zu verteilen,[524] allerdings nicht nach einem Halbteilungsmaßstab, sondern nach dem **Maßstab einer fiktiven Einzelveranlagung**.[525]

---

511 BGH, FamRZ 1995, 537.
512 BGH, FamRZ 2005, 967.
513 BGH, FamRZ 2009, 314; BGH, FamRZ 2008, 594.
514 BGH, FamRZ 2005, 967; BGH, FamRZ 1999, 843.
515 BGH, FamRZ 2000, 154; BGH, FamRZ 1995, 537; zur Berücksichtigung freiwilliger Leistungen in Mangelfällen vgl. BGH, FamRZ 2000, 151.
516 Vgl. jedoch auch BGH, FamRZ 1989, 1279.
517 OLG Hamm, NZFam 2019, 639.
518 BGH, FamRZ 2013, 191; BGH, FamRZ 1988, 486; OLG Schleswig, NJW-RR 2015, 1028.
519 BGH, FamRZ 1984, 1211.
520 OLG Hamm, FamRZ 1997, 374.
521 BGH, FamRZ 2015, 2138; BGH, FamRZ 2013, 191; BGH, FamRZ 2011, 1851; BGH, FamRZ 1998, 953.
522 BGH, FamRZ 2008, 968; BGH, FamRZ 2007, 885.
523 BGH, FamRZ 2010, 1318; BGH, FamRZ 2008, 2189.
524 BGH, FamRZ 2008, 2189.
525 *Pauling*, FamFR 2010, 363; *Graba*, FamRZ 2008, 2192.

Beim Ehegattenunterhalt ist der **Splittingvorteil** aus neuer Ehe i.R.d. Bedarfsbemessung nicht mehr im Wege der Dreiteilung des Gesamteinkommens des Pflichtigen und beider unterhaltsberechtigter Ehegatten[526] zu berücksichtigen.

218

Die vom BGH zu den **wandelbaren ehelichen Lebensverhältnissen** unter Anwendung der Berechnungsmethode der Dreiteilung entwickelte Rechtsprechung ist vom BVerfG[527] missbilligt worden. Der BGH[528] hat dem Rechnung getragen und den Splittingvorteil aus neuer Ehe nicht mehr bei der Ermittlung des Bedarfs berücksichtigt. Für die **Bedarfsbemessung nach den ehelichen Lebensverhältnissen** gilt (wieder) das strenge **Stichtagsprinzip**. Nach Scheidung eingetretene Entwicklungen können in die Bedarfsbemessung nur einbezogen werden, wenn sie einen Bezug zu den ehelichen Lebensverhältnissen haben. Einen **Bezug zu den ehelichen Lebensverhältnissen** haben jedoch nicht mehr Veränderungen, die gerade nicht auf die Ehe zurückzuführen sind, sondern nur dadurch eintreten konnten, dass die Ehe geschieden wurde. **Auf der Ebene der Leistungsfähigkeit** hingegen ist der **Splittingvorteil nicht zu eliminieren**, weil eine gleichrangige Unterhaltsverpflichtung aus einer neuen Ehe regelmäßig zu einer Kürzung der Unterhaltsansprüche des geschiedenen Ehegatten führt.[529] Ist der Anspruch des neuen Ehegatten ggü. dem Anspruch des geschiedenen Ehegatten vorrangig, ist es i.R.d. § 1581 BGB erst recht geboten den Unterhaltsanspruch des neuen Ehegatten i.R.d. Leistungsfähigkeit ggü. dem geschiedenen Ehegatten zu berücksichtigen. Ist der neue Ehegatte ggü. dem geschiedenen Ehegatten nachrangig, ist dessen Anspruch i.R.d. Leistungsfähigkeit ggü. dem geschiedenen Ehegatten nicht als sonstige Verpflichtung zu berücksichtigen. In derartigen Fällen ist der Pflichtige regelmäßig i.H.d. Bedarfs nach den ehelichen Lebensverhältnissen leistungsfähig. Dies schließt jedoch nicht aus, dass im Einzelfall weitere individuelle Umstände berücksichtigt werden können, insb. ob der Mindestbedarf eines Berechtigten gedeckt ist.[530]

219

Spielgewinne sind, soweit Zeiträume in der Vergangenheit betroffen sind, grds. bei der Einkommensermittlung zu berücksichtigen.[531]

220

Gesetzwidrig erlangte Mittel (Schwarzarbeit) sind grds. Einkommen.[532] Dies gilt uneingeschränkt, soweit sich das Unrecht nicht auf den Erwerbsvorgang als solchen (Arbeit) bezieht, sondern in der Nichterfüllung daraus folgender gesetzlicher Pflichten (Steuer- oder Abgabenhinterziehung, Nichtabführung von Sozialbeiträgen etc.).[533] Der durch Schwarzarbeit verursachte Allgemeinschaden würde in unverständlicher Weise vergrößert, wäre durch Schwarzarbeit erzieltes Einkommen unterhaltsrechtlich unbeachtlich. Für die Zukunft darf Einkommen aus Schwarzarbeit jedoch nicht ohne weiteres als erzieltes oder erzielbares Einkommen zugrunde gelegt werden.[534]

221

VI. Fiktive Einkünfte

Leistungsfähigkeit und Bedürftigkeit richten sich nicht nur nach tatsächlich erzielten Einkünften, sondern auch nach erzielbaren Einkünften.[535] Die Zurechnung fiktiver Einkünfte basiert nach Treu und Glauben (§ 242 BGB) auf den sowohl den Schuldner als auch auf den Gläubiger treffenden **Obliegenheit, alle zumutbaren Einkünfte zu erzielen**.[536]

222

---

526 So noch BGH, FamRZ 2010, 111; BGH, FamRZ 2009, 579; BGH, FamRZ 2009, 411.
527 BVerG, FamRZ 2011, 437.
528 BGH, NJW 2012, 384; vgl. auch *Kleffmann*, FuR 2012, 162.
529 BGH, NJW 2012, 384; BGH, FamRZ 2010, 869.
530 BGH, NJW 2012, 384; vgl. auch *Götz/Brudermüller*, NJW 2011, 801.
531 OLG Düsseldorf, FamRZ 1994, 896 (Skatgewinn); OLG Oldenburg, FamRZ 1988, 69 (Spielbankgewinn).
532 OLG Brandenburg, NJW 2012, 3186.
533 BGH, NJW 2014, 1805; OLG Brandenburg, FuR 2013, 111.
534 BGH, NJW 2014, 1805.
535 BVerfG, FamRZ 2012, 1283; BVerfG, NJW 2012, 2420; eingehend, zugleich zu Grenzen der Fiktion, BVerfG, FuR 2010, 183; BVerfG, FamRZ 2008, 1403; BVerfG, FamRZ 2007, 273; BVerfG, FamRZ 2006, 469; BGH, FamRZ 2013, 1378; BGH, FamRZ 2011, 1041; BGH, NJW 2010, 1658 ff.
536 BGH, FamRZ 2012, 519; BGH, FamRZ 2000, 1358.

223 Fiktive Einkünfte können auf der Verletzung von Erwerbsobliegenheiten beruhen, auf einer nicht wirtschaftlichen Nutzung von Vermögen, auf schuldhaft unterlassener Erzielung von Steuervorteilen, aus sonstigen Umständen, etwa der unterlassenen Beantragung von Sozialleistungen mit Einkommenscharakter oder der unentgeltlichen Erbringung geldwerter Leistungen.[537]

1. Grundlagen

▶ Die Zurechnung fiktiver Einkünfte erfolgt anhand einer Vier-Stufen-Prüfung:

224
1. Stufe:	Obliegenheit zur Einkommenserzielung
2. Stufe:	Kausale Verletzungshandlung
3. Stufe:	Prüfung des Verschuldensmaßstabs
4. Stufe:	Zurechnung der Höhe der fiktiven Einkünfte

225 Stets ist das **Regel-Ausnahme-Verhältnis** zu beachten. Grds. ist auf die tatsächlichen erzielten Einkünfte abzustellen, nur ausnahmsweise können fiktive Einkünfte zugerechnet werden.[538]

226 Die Voraussetzungen für die Zurechnung fiktiver Einkünfte sind in den verschiedenen Unterhaltsverhältnissen unterschiedlich.

227 Strenge Anforderungen gelten i.R.d. § 1603 Abs. 2 BGB bei der Unterhaltsverpflichtung ggü. minderjährigen oder privilegiert volljährigen Kindern.[539] Jedoch sind auch hier **Zumutbarkeitsgrenzen** zu beachten. So ist die wirtschaftliche Handlungsfreiheit eines Unterhaltsschuldners verletzt, wenn ihm fiktive Einkünfte zugerechnet werden, die er nach Ausbildung, Berufserfahrung, Alter und Gesundheit objektiv nicht erzielen kann.[540] Eine oftmals anzutreffende Fiktion dahin, der Pflichtige sei jedenfalls zur Zahlung des Mindestunterhalts für ein minderjähriges Kind oder sogar mehrere minderjährige Kinder in der Lage,[541] entspricht nicht immer der realen Einkommenssituation.

228 Ggü. **volljährigen Kindern** bestehen keine derart strengen Anforderungen, da diese grds. für ihren Lebensunterhalt selbst verantwortlich sind.[542]

229 Beim **Verwandtenunterhalt**[543] und beim Unterhalt nach § 1615l BGB[544] gelten nur durchschnittliche Anforderungen. Beim **Elternunterhalt** kommt die Zurechnung fiktiver Einkünfte nur ausnahmsweise in Betracht.[545]

230 Beim **Trennungsunterhalt** besteht eine gesteigerte Verantwortung der Ehegatten füreinander. Der Verpflichtete ist während des Bestehens der Ehe in erhöhtem Maße für den Unterhalt des anderen Ehegatten verantwortlich. Der bedürftige Ehegatte kann nur dann darauf verwiesen werden, seinen Unterhalt durch eine Erwerbstätigkeit selbst zu verdienen, wenn dies von ihm nach seinen persönlichen Verhältnissen, insb. wegen einer früheren Erwerbstätigkeit, unter Berücksichtigung der Ehedauer und nach den wirtschaftlichen Verhältnissen der Ehegatten, erwartet werden kann.[546] Beim **nachehelichen Unterhalt** besteht wegen des Prinzips der Eigenverantwortlichkeit grds. die Obliegenheit, eine angemessene Erwerbstätigkeit auszuüben.

---

537 *Jüdt*, FuR 2012, 520; *Schürmann*, FuR 2011, 187.
538 BGH, FamRZ 2013, 109; BGH, FamRZ 2002, 813.
539 BGH, FamRZ 2014, 637; BGH, FamRZ 2009, 314; BGH, FamRZ 2006, 1827; OLG Karlsruhe, FuR 2018, 154; OLG Hamm, FamRZ 2017, 617; OLG Schleswig, NJW 2015, 1538; OLG Stuttgart, FamRZ 2015, 935.
540 BVerfG, FamRZ 2014, 1977; BVerfG, FamRZ 2008, 1145; BGH, FamRZ 2009, 162.
541 Vgl. etwa OLG Brandenburg, ZFE 2007, 192.
542 BGH, FamRZ 2006, 1100.
543 Vgl. *Graba*, FamRZ 2001, 1257.
544 Vgl. OLG München, FamRZ 1999, 1166.
545 Zu Einzelheiten vgl. *Günter*, FuR 1995, 1.
546 BGH, NJW 2001, 973.

Unterhaltsverpflichteter und Unterhaltsberechtigter sind gleichzubehandeln.[547] 231

Eine pauschale Gleichsetzung von Verletzung der Erwerbsobliegenheit und unterhaltsrechtlicher 232
Leistungsfähigkeit ist unzulässig.[548] Maßgeblich zu berücksichtigen sind die individuellen Verdienstmöglichkeiten einer Unterhaltspartei.[549]

Fiktive Einkünfte können nur zugerechnet werden, wenn eine **kausale Verletzungshandlung** vor- 233
liegt.[550]

Der Unterhaltsverpflichtete trägt die **Beweislast** für eine unterhaltsrechtlich nicht vorwerfbare Leis- 234
tungsunfähigkeit.[551] Da der Pflichtige die Beweislast für eine unterhaltsrechtlich nicht vorwerfbare
Leistungsunfähigkeit trägt, genügt es, wenn nicht auszuschließen ist, dass bei ausreichenden Bemühungen[552] eine **reale Beschäftigungschance** bestanden hätte.[553] Umgekehrt ist das Unterlassen von
Bewerbungen nicht vorwerfbar, wenn auch zumutbare Anstrengungen aller Voraussicht nach nicht
zum Erfolg geführt hätten.[554] So setzt die Obliegenheit eines unterhaltspflichtigen Erwerbslosen zur
bundesweiten Arbeitssuche die Prüfung voraus, ob eine bundesweite Arbeitsaufnahme auch unter
Berücksichtigung persönlicher Bindungen, etwa im Hinblick auf den Umgang mit minderjährigen
Kindern, zumutbar ist.[555]

Die kausale Verletzungshandlung muss den **unterhaltsrechtlich relevanten Verschuldensmaßstab** 235
erreichen. Ein Verstoß gegen Treu und Glauben kommt im Allgemeinen nur in Betracht, wenn dem
Pflichtigen ein verantwortungsloses, zumindest leichtfertiges, Verhalten zur Last zu legen ist.[556]
Diese zur **Wahrung der Verhältnismäßigkeit** eines weitgehenden Grundrechtseingriffs erforderliche Voraussetzung ist nicht schon gegeben, wenn sich nach einer beruflichen Umorientierung die
damit verbundenen Risiken – und sei es auch nur wegen fehlenden unternehmerischen Geschicks
und unvollständiger Risikovorsorge- verwirklichen.[557]

Eine **Erstausbildung des Pflichtigen** gehört zu dessen eigenem Lebensbedarf, den er grds. auch bei 236
gesteigerter Unterhaltspflicht ggü. minderjährigen Kindern vorrangig befriedigen darf.[558]

Eine **Beendigung der Fiktion** setzt vorherige, intensive nachhaltige und redliche Bemühungen um die 237
Erlangung von Einkünften voraus.[559] Eine sofortige Beendigung der Fiktion nach erfolglosen hinreichenden Arbeitsplatzbemühungen kann nicht erfolgen, da andernfalls die Einkommensfiktion unterlaufen würde. Die Abänderung eines wegen mutwilliger Aufgabe einer gut bezahlten Arbeitsstelle auf
fiktiver Grundlage ergangenen Unterhaltstitels ist nicht bereits mit der Behauptung zulässig, der Abänderungsantragsteller genüge inzwischen seiner Erwerbsobliegenheit, verdiene aber weniger als zuvor.
Erforderlich ist, dass der Abänderungsantragsteller geltend macht, er hätte die frühere Arbeitsstelle inzwischen aus anderen Gründen verloren.[560] Wird dem Pflichtigen Einkommen aus einer Erwerbstätigkeit fiktiv zugerechnet und erleidet er innerhalb der fiktiven Probezeit von 6 Monaten einen Unfall, der
zu einer monatlichen Arbeitsunfähigkeit führt, ist davon auszugehen, dass der fiktive Arbeitgeber das

---

547 BGH, FamRZ 2008, 2104; OLG Köln, FamRZ 2006, 1549.
548 BVerfG, FamRZ 2010, 626.
549 BVerfG, FamRZ 2008, 1403; BVerfG, FuR 2008, 138.
550 BGH, FamRZ 2011, 851; BGH, FamRZ 2008, 2104; OLG Dresden, FamRZ 2007, 1477.
551 BGH, FamRZ 2012, 517; BGH, FamRZ 2009, 1300; BGH, FamRZ 2008, 2104.
552 Grundlegend zu den Anforderungen BGH, FamRZ 1996, 345.
553 BGH, FamRZ 2011, 851; BGH, FamRZ 1996, 345.
554 BVerfG, FamRZ 2006, 469; BGH, FamRZ 1996, 345.
555 BVerfG, FamRZ 2006, 469; BGH, FamRZ 2014, 637; BGH, FamRZ 2013, 1378; OLG Brandenburg, FuR 2015, 418.
556 BGH, FamRZ 2011, 1041; BGH, FuR 2003, 345.
557 BVerfG, FamRZ 2008, 139.
558 BGH, FamRZ 2011, 1041; BGH, FamRZ 1994, 372.
559 OLG Hamm, FamRZ 2014, 333.
560 BGH, FamRZ 2008, 872; OLG Hamm, NJW 2013, 3044.

Arbeitsverhältnis ohne Angabe von Gründen mit einer Frist von 2 Wochen gem. § 622 Abs. 3 BGB gekündigt hätte, so dass die Einkommensfiktion ab diesem Zeitpunkt beendet ist.[561]

238 Aufseiten des Unterhaltsgläubigers besteht bei Zurechnung von fiktiven Einkünften im Rahmen einer fiktiven Kranken- und Pflegeversicherungspflichtgrenze **kein Anspruch auf Kranken- und Pflegevorsorgeunterhalt**, da der Unterhaltsgläubiger bei Erfüllung seiner unterhaltsrechtlichen Erwerbsobliegenheit über einen vollen Kranken- und Pflegeversicherungsschutz verfügen würde.[562]

239 Auch bei fiktiven Erwerbseinkünften ist beim Ehegattenunterhalt ein **Erwerbstätigenbonus** zu berücksichtigen,[563] desgleichen früher gezahlte **Kreditraten**.[564] Wird fiktives Erwerbseinkommen zugrunde gelegt, muss auch der maßgebliche **Selbstbehalt** berücksichtigt werden,[565] desgleichen (fiktive) **berufsbedingte Aufwendungen**.[566]

240 I.R.d. **Zumutbarkeit einer Nebentätigkeit** sind **objektive Grenzen** einer Erwerbstätigkeit unter Berücksichtigung des Umfangs schon ausgeübter (Vollzeit-) Tätigkeit zu berücksichtigen. Übt der Unterhaltspflichtige eine Berufstätigkeit aus, die 40 Std. wöchentlich unterschreitet, kann grds. eine Nebentätigkeit jedenfalls bei gesteigerter Unterhaltspflicht nach § 1603 Abs. 2 BGB verlangt werden.[567] Auch bei bereits verrichteter Vollzeittätigkeit kommt eine Obliegenheit zur Nebentätigkeit in Betracht. Nach § 3 ArbZG darf die werktägliche Arbeitszeit 8 Stunden nicht überschreiten. Ausnahmen kommen nur in engen Grenzen in Betracht. Nach § 9 Abs. 1 ArbZG dürfen Arbeitnehmer an Sonn- und gesetzlichen Feiertagen grds. nicht beschäftigt werden. Damit ist die wöchentliche Arbeitszeit regelmäßig auf 48 Stunden begrenzt, wobei nach § 2 ArbZG die Arbeitszeiten bei verschiedenen Arbeitgebern zusammenzurechnen sind. Lediglich in mehrschichtigen Betrieben können Beginn und Ende der Sonn- und Feiertagsruhe verschoben werden. Auch gelten nach § 10 ArbZG für bestimmte Arbeiten, die nicht an Werktagen vorgenommen werden können, Ausnahmen. Damit sind **Obergrenzen zumutbarer Erwerbstätigkeit** selbst für Fälle gesteigerter Unterhaltspflicht gezogen.[568] Darüber hinaus sind **subjektive Zumutbarkeitsgrenzen** unter Abwägung der besonderen Lebens- und Arbeitssituation einerseits und der Bedarfslage des Berechtigten andererseits zu berücksichtigen.[569] Hierzu zählen etwa Alter, gesundheitliche Beeinträchtigungen, Art und Umfang der Ausübung von Umgangskontakten,[570] Dauer einer Arbeitsunfähigkeit, Lage am Arbeitsmarkt.[571]

2. Höhe der fingierten Einkünfte

241 Die Höhe der zu fingierenden Einkünfte ist, ggf. im Wege der **Schätzung** nach § 287 ZPO,[572] festzustellen. Anhaltspunkte für die fingierbaren Einkünfte können die von den Berufskammern herausgegebenen Übersichten über das im jeweiligen Bereich erzielbare Durchschnittseinkommen, Tarifverträge oder die über das Internet einsehbaren Lohnspiegel sein. Die Verletzung der Obliegenheit zur Einkommenserzielung kann zur Folge haben, dass der Unterhaltspartei ein Einkommen

---

561 OLG Hamm, NJW-RR 2006, 1374.
562 OLG Saarbrücken, NJW-RR 2005, 1455.
563 BGH, FamRZ 1991, 307; BGH, FamRZ 1990, 979.
564 OLG Hamm, FamRZ 1995, 1203.
565 BGH, FamRZ 1998, 286; OLG Düsseldorf, FamRZ 1999, 1020.
566 OLG Hamm, FamRZ 2014, 1018; OLG Naumburg, FamRZ 2014, 133.
567 BGH, NJW 2015, 331; BGH, NJW 2009, 1411.
568 BGH, FamRZ 2011, 1041; BGH, FamRZ 2009, 314; vgl. auch BVerfG, FamRZ 2003, 661; OLG Karlsruhe, FamRZ 2017, 1575.
569 BGH, FamRZ 2009, 314.
570 BGH, NJW 2015, 331.
571 Vgl. BVerfG, FamRZ 2008, 1145; BVerfG, FamRZ 2007, 273; BGH, FamRZ 2011, 1041, BGH, FuR 2009, 167; BGH, NJW 2009, 1410; OLG Karlsruhe, FamRZ 2007, 1123; OLG Köln, FamRZ 2007, 1119.
572 Vgl. auch OLG Naumburg, FamRZ 2014, 133.

in der Höhe zugerechnet wird, über das sie bei ordentlicher Erfüllung der Obliegenheit verfügen könnte.[573] Dem Unterhaltsschuldner, der sich nach dem nicht vorwerfbaren Verlust seiner Arbeitsstelle um eine Ersatzbeschäftigung nicht bemüht, kann nicht sein früherer Verdienst zugerechnet werden, wenn dieser nach der Lage auf dem Arbeitsmarkt oder seinen persönlichen Verhältnissen bei einem anderen Arbeitgeber, bei dem er neu anfängt, nicht erzielbar ist. Ansetzbar ist vielmehr nur das bei realistischer Betrachtung erreichbare Einkommen.[574]

Die **Höhe des fiktiv zugerechneten Einkommens bei ungelernten Arbeitskräften** differiert in der obergerichtlichen Rechtsprechung teilweise erheblich.

▶ Kasuistik zu fingierten Einkünften bei ungelernten Arbeitskräften:

BVerfG (FamRB 2010, 198 = NJW 2010, 1658)	9,70 € brutto pro Stunde können nicht ohne tragfähige Begründung pauschal fingiert werden
BVerfG (NJW 2012, 2420)	10 € brutto für ungelernte Arbeiter
KG (FamRZ 2014, 45)	3.000 € brutto für einen Erdölingenieur
KG (FamRZ 2007, 1121)	10 € pro Stunde
KG (FuR 2005, 454)	7,65 € pro Stunde
LG Düsseldorf (ZFE 2007, 272)	900 € mtl.
OLG Brandenburg (FuR 2015, 113)	8,50 € pro Stunde für ungelernte, aber erfahrene Bürokraft
OLG Celle (FuR 2015, 113)	1.280 € für einen Bauhelfer ohne berufliche Qualifikation
OLG Hamm (NZFam 2018, 573)	2.256 € brutto für einen Angestellten im Einzelhandel
OLG München (NJW 2012, 84)	10 € pro Stunde
OLG Brandenburg (FamRZ 2004, 396)	9,70 € brutto bei 40 Stunden/Woche und Steuerklasse I, 05
OLG Brandenburg (ZFE 2009, 431)	1.000 € für einen ungelernten Hilfsarbeiter
OLG Bremen (FamRB 2010, 202)	8,15 € pro Stunde
OLG Dresden (FamFR 2009, 163)	9 € brutto pro Stunde (1.000 € netto mtl..)
OLG Dresden (FamFR 2009, 163)	1.000 € mtl.
OLG Düsseldorf	10 € pro Stunde
OLG Düsseldorf (FamRB 2007, 7)	10 € pro Stunde
OLG Düsseldorf (FamRZ 2010, 59)	7,50 € pro Stunde
OLG Frankfurt am Main (NJW 2007, 382)	890 € mtl..
OLG Hamm (FamFR 2009, 163)	8,50 € pro Stunde
OLG Hamm (FamRZ 2003, 1210)	9 € pro Stunde
OLG Hamm (FamRZ 2005, 803)	10 € pro Stunde
OLG Hamm (Geschäftsnr. 11 WF 41/05 unveröffentlicht)	9,10 € brutto pro Stunde bei 40 Stunden/Woche

---

573 BGH, FamRZ 1994, 372; OLG Celle, FamRZ 2005, 648.
574 BVerfG, FamRZ 2010, 183; BGH, FamRZ 2010, 793; BGH, FamRZ 2010, 626; Übersicht zur Höhe der zu fingierenden Einkünfte bei *Kleffmann*, in: Scholz/Kleffmann, Praxishandbuch Familienrecht, Teil G Rn. 123.

OLG Köln (Geschäftsnr. 4 WF 31/03)	9,40 € brutto pro Stunde bei 40 Stunden/Woche
OLG Schleswig (ZFE 2007, 277)	1.000 € mtl.
OLG Stuttgart (Geschäftsnr. 16 UF 156/96 unveröffentlicht)	7 € pro Stunde bei mangelhaften Deutschkenntnissen

244 Aus dem Ansatz eines fiktiven Einkommens des Schuldners folgt auch im Hinblick auf angehobene Selbstbehaltssätze nicht zwingend eine Leistungsfähigkeit.[575]

3. Einkommensfiktion bei Arbeitslosigkeit

245 Berufliche Veränderungen, die mit einer Einschränkung oder einem Verlust der Leistungsfähigkeit verbunden sind, führen nicht stets zur Anrechnung fiktiver Einkünfte. Erforderlich sind ein **verantwortungsloses, zumindest leichtfertiges Handeln** und das Bewusstsein des Pflichtigen, dass sich wegen seines Fehlverhaltens seine Leistungsfähigkeit reduziert oder reduzieren könnte.[576] Ein **leichtfertiges Vorgehen** wird umso eher zu bejahen sein als weniger sachliche Gründe für einen Arbeitsplatzwechsel vorhanden sind und eine verschärfte Unterhaltspflicht besteht.

246 Kasuistik zur Einkommensfiktion bei Arbeitslosigkeit:
- Der Pflichtige gibt seinen Arbeitsplatz auf, um sich der Unterhaltspflicht zu entziehen.
- Der Pflichtige kündigt von sich aus das Arbeitsverhältnis wegen Konflikten am Arbeitsplatz.[577]
- Der Pflichtige zerstört bewusst seine wirtschaftliche Existenz, bummelt absichtlich, um den Arbeitsplatz zu verlieren oder verliert den Arbeitsplatz aus sonstigen Gründen leichtfertig.[578]
- Der Pflichtige verhält sich am Arbeitsplatz mutwillig oder verantwortungslos und verliert aus diesen Gründen den Arbeitsplatz.[579]
- Der Pflichtige verschuldet leichtfertig eine arbeitgeberseitige Kündigung.[580]
- Verletzung der Obliegenheit, wieder einen neuen Arbeitsplatz zu finden.[581] Eine Anrechnung fiktiver Einkünfte kommt jedoch nicht in Betracht, wenn auch bei ausreichenden Bemühungen eine reale Beschäftigungschance nicht bestanden hätte.[582]
- I.R.d. Anforderungen an die Erwerbsbemühungen sind im Einzelfall die objektiven Bedingungen für die Erwerbstätigkeit und die subjektiven Merkmale – etwa berufliche Qualifikation, Alter[583] und Gesundheit[584] – von besonderer Bedeutung. Das Anforderungsprofil muss eine hinreichende Aussicht auf Erfolg der Bewerbung bieten. Ein Arbeitsloser muss – bei verschuldeter und unverschuldeter Arbeitslosigkeit – alles Zumutbare unternehmen, um eine Erwerbstätigkeit zu finden.[585] Er muss sich laufend intensiv, ernstlich und nachhaltig bewerben. Es reicht nicht aus, sich bei der Arbeitsagentur als arbeitssuchend zu melden. Vielmehr sind private intensive Bemühungen um einen Arbeitsplatz erforderlich, z.B. Bewerbungen auf Stellenanzeigen in der Zeitung, Aufgabe eigener Stellengesuche, Meldung bei Vermittlungsagenturen etc., soweit auf dem Arbeitsmarkt

---

575 Grundlegend BGH, FamRZ 2011, 851.
576 BGH, NJW 2003, 3122; BGH, FamRZ, 2000, 815.
577 OLG Hamm, FamRZ 1997, 357; OLG Dresden, FamRZ 2014, 45.
578 OLG Schleswig, NJW 2007, 152.
579 OLG Schleswig, NJW-RR 2007, 152; OLG Hamm, FamRZ 1998, 979; grundlegend BGH, FamRZ 2002, 813.
580 BGH, FamRZ 1988, 597; OLG Karlsruhe, NJWE-FER 2000, 73.
581 Zu Einzelheiten vgl. *Kleffmann*, in: Scholz/Kleffmann, Praxishandbuch Familienrecht Teil G Rn. 125 und *Kleffmann*, FuR 2000, 454; sowie BGH, FPR 2009, 124; BGH, FamRZ 2003, 1471; OLG Köln, FamRZ 2007, 1475.
582 BGH, FamRZ 2014, 1138; BGH, FamRZ 2014, 637; OLG Brandenburg, NJW 2014, 1248; OLG Celle, FamRZ 2005, 648; KG, FamRZ 2003, 1208.
583 BGH, FamRZ 2004, 254.
584 BGH, NJW 2015, 331; BGH, FamRZ 1986, 244.
585 BGH, FamRZ 1990, 499; OLG Saarbrücken, NJW-RR 2005, 1454.

eine reale Beschäftigungschance besteht.[586] Eine Umschulung ist nicht mehr als ein Indiz, dass der Betreffende jedenfalls vom Arbeitsamt nicht zu vermitteln ist.[587] Der Umschüler hat sich bereits während der Maßnahme um einen Arbeitsplatz zu bemühen.[588] Ausländische Erwerbslose müssen ihre Sprachkenntnisse aktiv verbessern.[589] Nur 13 Bewerbungen innerhalb von 6 Wochen sind nicht ausreichend.[590]

– Auch ein Berufsunfähiger, der eine Berufsunfähigkeitsrente bezieht, ist jedenfalls zur Erfüllung von Unterhaltspflichten ggü. minderjährigen Kindern grds. noch zur Verrichtung zumindest leichter Erwerbstätigkeiten verpflichtet.[591] Sozialhilferechtliche Erwerbsunfähigkeit lässt die unterhaltsrechtliche Erwerbspflicht grds. nicht entfallen.[592]
– Fehlen anerkennenswerte örtliche Bindungen, haben die Erwerbsbemühungen überregional zu erfolgen.[593]
– Für die Suche nach einem Arbeitsplatz hat der Arbeitslose grds. die Zeit aufzuwenden, die ein Erwerbstätiger für die Ausübung seines Berufs benötigt.[594] Inhaltlich setzen die Bemühungen voraus, dass die Bewerbungen rechtzeitig, schriftlich, ggf. auch persönlich erfolgen. Alle unternommenen Anstrengungen sind durch nachprüfbare Auflistung zu dokumentieren.[595]
– Fiktive Erwerbseinkünfte dürfen allerdings nur zugerechnet werden, wenn der Betroffene tatsächlich überhaupt noch vermittelbar ist bzw. eine realistische Beschäftigungschance hat.[596] Regelmäßig lässt sich jedoch erst nach erfolglosen intensiven Bemühungen sagen, ob im Einzelfall eine Chance auf dem Arbeitsmarkt bestand oder nicht. Wollte man in Zeiten und Regionen hoher Arbeitslosigkeit die Anforderungen an intensive Arbeitssuche für erwerbsfähige Arbeitnehmer aufgeben, bestünde keine Möglichkeit mehr, zwischen wirklicher und nur vorgetäuschter Chancenlosigkeit auf dem Arbeitsmarkt zu unterscheiden.
– Diejenige Partei, die mit einer Erwerbsobliegenheit belastet ist, hat ausreichende Erwerbsbemühungen wie auch das Fehlen jedweder Erwerbsmöglichkeiten darzulegen und zu beweisen.[597] Jeder ernsthafte Zweifel geht zulasten der darlegungs- und beweisbelasteten Partei.[598] Fehlende ausreichende Erwerbsbemühungen indizieren die reale Beschäftigungschance.
– Leichtfertige weitere Ausbildung nach abgeschlossener Berufsausbildung.[599]
– Leichtfertige Arbeitsplatzaufgabe, um sich selbstständig zu machen ohne vorherige Unterhaltssicherung, etwa durch Rücklagenbildung.[600]
– Gibt der Unterhaltsgläubiger eine selbstständige Tätigkeit auf, weil sie seiner Meinung nach nicht genug einbringt, besteht für ihn die Obliegenheit, sich umgehend zielgerichtet mit aller Intensität um eine andere Erwerbstätigkeit mit besseren Einkunftsmöglichkeiten zu bemühen.[601]

---

586 BGH, FamRZ 2009, 315; BGH, FamRZ 2008, 2104; BGH, FamRZ 2000, 1358; OLG Köln, FamRZ 2009, 1920.
587 BGH, FamRZ 1994, 372; OLG Bremen, FamRZ 1996, 957.
588 BGH, FamRZ 1999, 843; BGH, FamRZ 2005, 1110; OLG Jena, FuR 2006, 233.
589 BGH, FamRZ 2014, 637.
590 OLG Schleswig, ZFE 2007, 277.
591 OLG Jena, ZFE 2006, 357.
592 OLG Saarbrücken, ZFE 2007, 116; OLG Zweibrücken, FamRB 2007, 35.
593 OLG Hamm, FamRZ 1999, 165; OLG Dresden, FamRZ 1999, 396.
594 OLG Köln, FamRZ 2005, 1912; OLG Karlsruhe, FamRZ 2002, 1567.
595 BGH, FamRZ 1996, 345; OLG Dresden, FamRZ 1999, 1527.
596 BGH, FamRZ 2009, 314; BGH, FamRZ 2008, 2104; BGH, FamRZ 1986, 885.
597 BGH, FamRZ 2014, 1183; BGH, FamRZ 2009, 1300; BGH, FamRZ 2008, 2104; OLG Brandenburg, NJW 2014, 1248; OLG Köln, FamRZ 2009, 1920; OLG Köln, NJW-RR 2007, 291.
598 BGH, FamRZ 1986, 885.
599 BGH, FamRZ 1999, 843; OLG Bremen, FamRZ 2007, 74.
600 BGH, FamRZ 1987, 372; OLG Celle, FamRZ 2007, 1121, OLG Köln, NJW-RR 2006, 1664.
601 OLG Hamm, NZFam 2018, 573; OLG Brandenburg, NZFam 2018, 659; OLG Köln, NJW-RR 2001, 1371.

- Für einen selbstständigen Unterhaltsschuldner besteht ggf. die Verpflichtung, eine besser bezahlte abhängige Beschäftigung zu suchen.[602]
- Unterlassene Vorsorge bei Berufswechsel mit voraussehbarem Einkommensrückgang.[603]
- Im Rahmen gesteigerter Unterhaltsverpflichtung kann selbst bei vollschichtiger Tätigkeit eine Obliegenheit zur Neben- oder Aushilfstätigkeit bestehen.[604]
- Zumutbarkeit einer Nebentätigkeit bei ganztätiger Umschulung im Rahmen gesteigerter Erwerbsobliegenheit. Allerdings hat stets eine umfassende Zumutbarkeitsprüfung zu erfolgen.[605] Zu beachten sind gesundheitliche Beeinträchtigungen des Unterhaltsschuldners, die Berücksichtigung der Arbeits- und Lebenssituation,[606] die Beachtung der Arbeitszeitgesetze, die Berücksichtigung der Arbeitsmarktsituation, die Prüfung der rechtlichen Zulässigkeit einer Nebentätigkeit.
- Die Obliegenheit zur Ausübung einer Nebentätigkeit ist stets streng einzelfallbezogen zu beurteilen.[607] Sie stellt sich gleichermaßen beim Berechtigten wie beim Verpflichteten. Die Obliegenheit zur Nebentätigkeit besteht oftmals i.R.d. verschärften Haftung ggü. minderjährigen Kindern aus § 1603 Abs. 2 BGB.[608] Sie besteht grds. nicht beim Ehegattenunterhalt.[609] Lediglich bei Unterhaltspflichtigen im Vorruhestand wurde auch beim Ehegattenunterhalt eine Obliegenheit zu Nebentätigkeiten bejaht, um durch diesen Zusatzverdienst das bisherige Einkommensniveau wieder zu erreichen.[610] Auch beim Unterhalt für volljährige Kinder und beim Elternunterhalt ist eine Nebentätigkeit regelmäßig nicht geschuldet.[611]
- Die **objektive Zumutbarkeit** der Nebentätigkeit ist durch die Bestimmungen des **Arbeitszeitgesetzes** vorgegeben.[612] Nach § 3 ArbZG darf die werktägige Arbeitszeit der Arbeitnehmer grds. acht Stunden nicht überschreiten. Nach § 9 Abs. 1 ArbZG dürfen Arbeitnehmer an Sonn- und gesetzlichen Feiertagen grds. nicht beschäftigt werden. Damit ist die wöchentliche Arbeitszeit regelmäßig auf 48 Stunden begrenzt, wobei nach § 2 ArbZG die Arbeitszeiten bei verschiedenen Arbeitgebern zusammenzurechnen sind. Mit diesen Vorschriften ist aus objektiver Sicht die Obergrenze der zumutbaren Erwerbstätigkeit auch für die Fälle vorgegeben, in denen der Unterhaltspflichtige nach § 1603 Abs. 2 Satz 1 und 2 BGB gesteigert unterhaltspflichtig ist.

247
- I.R.d. Prüfung der **subjektiven Zumutbarkeitskriterien** ist auch auf folgende Aspekte abzustellen[613]
  - Vorhandene Belastung durch den Hauptberuf
  - Tatsächlich anfallende Überstunden
  - Wechselnde Arbeitszeiten (Schichten)
  - Lange Fahrtzeiten i.R.d. bestehenden Erwerbstätigkeit (Montagearbeit)
  - Fahrtzeiten zur Nebentätigkeit

---

602 OLG Schleswig, NJW-RR 2011, 7; OLG Hamm, FamRZ 2007, 1166; zu den Grenzen BVerfG, FamRZ 2010, 626.
603 BGH, FamRZ 1982, 365; OLG Hamm, FamRZ 1996, 959.
604 BGH, FamRZ 2009, 314; BGH, FuR 2009, 162; OLG Köln, FPR 2009, 64.
605 BVerfG, FamRZ 2003, 661; BGH, FamRZ 2011, 1041; OLG Karlsruhe, FamRZ 2010, 1342; OLG Hamm, FamRZ 2006, 1299; OLG Hamm, FamRZ 05, 649.
606 OLG Koblenz, FamRZ 2008, 173; OLG Bamberg, FuR 2005, 520: keine Obliegenheit zur Nebentätigkeit bei langer Wegstrecke zur Durchführung regelmäßiger Umgangskontakte mit den Kindern; vgl. auch OLG Köln, FuR 2007, 88: 48 Stunden wöchentlich zumutbar; OLG Dresden, ZFE 2007, 271: 44 Stunden wöchentlich zumutbar; zurückhaltend OLG Brandenburg, ZFE 2007, 271: keine Obliegenheit zur Nebentätigkeit bei Verrichtung einer vollschichtigen Tätigkeit; OLG Düsseldorf, FamRZ 2004, 1514: keine Obliegenheit zur Nebentätigkeit bei vollschichtiger Tätigkeit im Schichtdienst.
607 BGH, FamRZ 2012, 1201; BGH, FamRZ 2011, 454.
608 BVerfG, NJW 2012, 2420.
609 Weitergehend jedoch OLG Düsseldorf, ZfE 2006, 354.
610 BGH, FamRZ 2009, 708.
611 Zu Einzelheiten vgl. *Viefhues*, FuR 2014, 198.
612 BVerfG, NJW 2012, 2420; BGH, FamRZ 2011, 1041.
613 Zu Einzelheiten vgl. *Viefhues*, FuR 2014, 198.

- Gesichtspunkte zur Nebentätigkeit
  - Art der möglichen Nebentätigkeit
  - Erforderliche Ausbildung, Vorkenntnisse, Fähigkeiten
  - Konkrete Voraussetzungen beim Unterhaltspflichtigen (objektive berufliche Voraussetzungen, Kenntnisse, Fähigkeiten, berufliche Vorbildung, persönliche Einsatzmöglichkeiten)
- Verfügbarkeit von einschlägigen Nebentätigkeiten auf dem Arbeitsmarkt
  - Ausgelöste Belastungen durch die Nebentätigkeit
  - Zeitlicher Aufwand
  - Koordination mit den Zeiten des Hauptberufs
  - Zeitaufwand für die Fahrten zur Nebentätigkeit
  - Körperliche Belastung
  - Psychische Belastung
  - Fahrtkosten
- Weitere persönliche Gesichtspunkte
  - Gesundheitliche Aspekte[614]
  - Notwendigkeit regelmäßiger Freizeit als Erholungszeiten
  - Zeitlicher Umfang des Umgangs mit seinen Kindern
  - Besondere Kosten des Umgangsrechts
  - Übernahme von Erziehungs- und Betreuungsaufgaben ggü. Seinen Kindern – auch in seiner neuen Familie
  - Zeitlicher Aufwand für die Eigenversorgung
  - Die Belastung durch die eigene Haushaltstätigkeit
- Dem Unterhaltspflichtigen obliegt die Darlegungs- und Beweislast dafür, dass und welche Hinderungsgründe im Einzelfall der Ausübung einer Nebenerwerbstätigkeit entgegenstehen.[615]
- Obliegenheit, selbstständige Tätigkeit zugunsten einer besser bezahlten abhängigen Tätigkeit aufzugeben.[616]

4. Fiktion bei unzureichender Vermögensnutzung

248 Dem Berechtigten und dem Verpflichteten sind fiktive Erträge als Einkommen zuzurechnen, wenn sie es unterlassen, ihr Vermögen in zumutbarer ertragsbringender Weise zu nutzen oder zu verwerten.[617] Dem Betreffenden steht bei der **Wahl der Anlageform** ein Beurteilungsspielraum zu. Er muss nicht in jedem Fall die Anlageform mit der höchsten Rendite wählen, sondern kann auch die Sicherheit der tatsächlich gewählten Anlageform und weitere Gesichtspunkte berücksichtigen. Der einzuräumende Entscheidungsspielraum ist überschritten, wenn die Anlage des Vermögens eindeutig unwirtschaftlich ist.[618] Beim **nachehelichen Unterhalt** ist grds. Vermögen jeder Art zu verwerten.[619] Bei der vorzunehmenden **Billigkeitsabwägung**[620] sind vornehmlich zu berücksichtigen die voraussichtliche Dauer der Unterhaltsbedürftigkeit, die dauerhafte Ertragsmöglichkeit des Vermögens, Belange naher Angehöriger, Vorhandensein sonstigen Vermögens. Die Verwertung des Vermögensstamms ist jedenfalls dann nicht unbillig i.S.d. § 1577 Abs. 3 BGB, wenn dem Anspruchsberechtigten ein erhebliches Vermögen verbleibt, während der Verpflichtete der Grenze der Leistungsunfähigkeit nahe käme.[621] Beim **Trennungsunterhalt** fehlt eine den §§ 1577 Abs. 3 BGB, 1581 BGB entsprechende Bestimmung. Eine Verwertungspflicht folgt jedoch aus § 1361 BGB,

---

614 BGH, NJW 2015, 331.
615 BVerfG, NJW 2012, 2420; BGH, NJW 2015, 331; OLG Köln, FuR 2007, 1988.
616 OLG Koblenz, FamRZ 2009, 1921; OLG Naumburg, FPR 2008, 536; OLG Hamm, FamRZ 2001, 565; zu weiteren Einzelfragen vgl. FamR-Komm/*Kleffmann*, Vor § 1361 Rn. 113.
617 BGH, FuR 2000, 469; BGH, FamRZ 1998, 87; OLG Saarbrücken, FamRZ 2008, 698.
618 BGH, FamRZ 1992, 423.
619 OLG Hamm, ZFE 2003, 221.
620 BGH, FamRZ 2015, 1172; BGH, FamRZ 2013, 1554.
621 OLG Hamm, FamRZ 2006, 86 und grundlegend BGH, FamRZ 1985, 354.

wenn der Unterhalt des Berechtigten aus dem Stamm seines Vermögens bestritten werden kann. Diese Verpflichtung geht allerdings beim Trennungsunterhalt weniger weit als beim Geschiedenenunterhalt. Im Verhältnis zu minderjährigen oder privilegiert volljährigen Kindern hat der Verpflichtete i.R.d. § 1603 Abs. 1 BGB grds. auch den Stamm seines Vermögens zur Bestreitung des Unterhalts einzusetzen.[622] **Volljährige Kinder** müssen zunächst ihr eigenes Vermögen verwerten, soweit dies nicht unwirtschaftlich ist.[623] **Minderjährige Kinder** brauchen den eigenen Vermögensstamm im Verhältnis zu ihren Eltern nicht zu verwerten, solange die Eltern leistungsfähig sind. Beim **Elternunterhalt** muss der Berechtigte sein Vermögen einsetzen, bevor er Unterhaltsansprüche gegen seine Kinder mit Erfolg geltend machen kann.[624] Nur ausnahmsweise besteht eine Obliegenheit zum Vermögenseinsatz nicht, und zwar wenn die Verwertung unmöglich oder unwirtschaftlich wäre.[625] Billigkeitsgründe, die gem. § 1577 Abs. 3 BGB für den Vermögenseinsatz des unterhaltsberechtigten Ehegatten gelten, spielen beim Elternunterhalt keine Rolle. Allerdings gibt es auch hier Grenzen der Zumutbarkeit.[626]

Beim Unterhaltsanspruch wegen Betreuung eines nichtehelichen Kindes gelten die gleichen Grundsätze wie i.R.d. nachehelichen Unterhalts. Der Gesetzgeber hat die Ansprüche nach § 1615l BGB weitgehend den Ansprüchen nach § 1570 BGB angeglichen.

249 Richtschnur: Je größer das Vermögen ist, umso eher kommt eine Obliegenheit zur Verwertung in Betracht. Kleinere Vermögen können eher geschont werden, damit eine Reserve für Notfälle oder Altersvorsorge verbleibt.[627]

250 Kasuistik zu fiktiven Erträgen bei unterlassener Vermögensnutzung oder Vermögensverwertung:
– Vermietung eines großen luxuriösen Hauses und Anmietung einer weniger kostspieligen Wohnung.[628]
– Unterhaltung zweier Immobilien, die keine Nettoerlöse bringen.[629]
– Verwertung eines Miteigentumsanteils im Wert von ca. 38.000 €, jedenfalls bei gesteigerter Unterhaltsverpflichtung ggü. einem minderjährigen Kind.[630]
– Barmittel sind möglichst nutzbringend zu verwerten.[631]
– Zumutbare Maßnahmen zur Einziehung von Vermögen müssen ergriffen werden, ggf. auch die gerichtliche Geltendmachung einer Darlehensforderung[632] oder die zumutbare Vermietung einer Immobilie.[633]
– Verwertung von Hausrat ist regelmäßig, wenn schon nicht unwirtschaftlich, dann jedoch unbillig.
– Ob ein Erbanteil zu verwerten ist, etwa Pflichtteilsansprüche geltend zu machen sind, hängt von Zumutbarkeitsgesichtspunkten ab.[634]

Unentgeltliche Überlassung eines Hauses an einen Verwandten.[635] Verschenkt der zum Elternunterhalt Verpflichtete eine selbstgenutzte, unterhaltsrechtlich als Vermögen nicht einsetzbare Eigentumswohnung und behält er sich daran einen lebenslangen Nießbrauch vor, so kann sich

---

622 BGH, FamRZ 1986, 48.
623 OLG Düsseldorf, FamRZ 1990, 1137.
624 BGH, FamRZ 2013, 203.
625 BGH, FamRZ 1987, 120.
626 BGH, FamRZ 1998, 367.
627 BGH, FamRZ 2013, 1554.
628 BGH, FamRZ 1988, 144; BGH, FamRZ 1984, 358.
629 OLG Düsseldorf, FamRZ 1996, 1418.
630 OLG Dresden, FamRZ 1999, 396.
631 BGH, FamRZ 1988, 145; OLG Hamm, FamRZ 1999, 516.
632 BGH, FamRZ 1993, 1065.
633 OLG Jena, NJW-RR 2010, 727.
634 BGH, FamRZ 2013, 278; BGH, FamRZ 1993, 1065; OLG Hamm, FamRZ 1997, 1537.
635 OLG Hamm, FamRB 2003, 285.

seine unterhaltsrechtliche Leistungsfähigkeit nicht durch einen Rückforderungsanspruch nach § 528 Abs. 1 BGB erhöhen.[636] Das zum Elternunterhalt verpflichtete Kind hatte eine selbstgenutzte Wohnung auf die Tochter unter Nießbrauchsvorbehalt übertragen. Der Sozialhilfeträger machte aus übergeleitetem Recht geltend, dass die Schenkung zurückzufordern sei. Die Entscheidung des BGH reiht sich nahtlos in die Rechtsprechung zur eigengenutzten Immobilie ein. Da das unterhaltspflichtige Kind keine nachhaltige Beeinträchtigung seines Lebensstandards hinnehmen muss, ist der angemessene Wohnwert zu berücksichtigen. Gleichzeitig sind Zins- und Tilgungsleistungen abzugsfähig. Die **selbstgenutzte Immobilie** gehört grds. zum **Schonvermögen** des Kindes. Der BGH kommt zutreffend zu dem Ergebnis, dass es bereits an den Voraussetzungen für eine **Schenkungsrückforderung** nach § 528 Abs. 1 BGB fehlt, da die Schenkung zu keiner Beeinträchtigung der unterhaltsrechtlichen Leistungsfähigkeit des Kindes geführt hat. Vor der Schenkung war dem Kind kein Wohnwert zuzurechnen und das Vermögen war nicht einzusetzen. Nach der Schenkung war wegen des Nießbrauchs ein Wohnwert anzusetzen, sodass auch hier über § 528 BGB das Vermögen nicht einzusetzen ist. Soweit eine Beleihung der Immobilie mit Hilfe eines zinslosen und erst im Todesfall rückzahlbaren Darlehens des Sozialhilfeträgers geltend gemacht wurde, lehnt der BGH diese Lösung ab, da die nicht einsetzbare Immobilie entgegen der gesetzlichen Wertung durch diesen Kunstgriff für den Elternunterhalt nutzbar gemacht würde. Dies stehe im Widerspruch zum Zweck des § 528 BGB, sodass es bereits an den Tatbestandsvoraussetzungen fehle.

In einer weiteren Entscheidung hat der BGH erkannt, dass es für die Zurechnung von fiktiven Erlösen aus einer Vermögensverwertung bei schenkungsweiser Übertragung der selbstgenutzten Immobilie bei gleichzeitiger Einräumung eines lebenslänglichen Nießbrauchsrechts an einer rechtlichen Grundlage fehlt.[637] Zwar gehört der Rückforderungsanspruch nach § 1603 Abs. 1 BGB zum einsetzbaren Vermögen. Dem Gesetzeszweck, die Erfüllung bestehender Unterhaltspflichten zu ermöglichen, kann die Rückforderung jedoch nur dienen, wenn durch die Rückgewähr des geschenkten Vermögensgegenstands die unterhaltsrechtliche Leistungsfähigkeit hergestellt oder gesteigert wird. Dies setzt grundsätzlich voraus, dass der Unterhaltspflichtige aus dem verschenkten Gegenstand entweder (weitere) unterhaltsrelevante Erträge erzielen kann oder ihn insoweit eine unterhaltsrechtliche Verwertungsobliegenheit trifft. Hieran fehlte es im entschiedenen Fall jedoch. Denn hinsichtlich des Miteigentumsanteils an der selbstgenutzten Eigentumswohnung traf die Ehegatten neben der bestehenden Nutzungsobliegenheit keine Obliegenheit zur Vermögensverwertung.

Die Entscheidungen sorgen für Klarheit im Hinblick auf die Berechnung der Leistungsfähigkeit im Rahmen des Elternunterhalts. Es ist gewährleistet, dass der **individuelle Familienbedarf der Ehegatten** auch dann insgesamt unangetastet bleibt, wenn sie ihren jeweiligen Eltern gegenüber unterhaltspflichtig sind, zum anderen, dass der Lebensstandard der Ehegatten gesichert ist. Beide Ehegatten müssen Unterhaltszahlungen nur aus demjenigen Teil ihres Einkommens bestreiten, der für den Familienbedarf der Ehegatten nicht benötigt wird.

Eine Verpflichtung zur Verwertung des Vermögensstamms besteht im Übrigen nur, wenn die Verwertung zumutbar ist. Dies ist nicht der Fall, wenn sie den Unterhaltsschuldner von fortlaufenden Einkünften abschneiden würde, die er zur Erfüllung weiterer Unterhaltspflichten, anderer berücksichtigungswürdiger Verbindlichkeiten oder zur Bestreitung des eigenen Unterhalts benötigt.[638] Die Verwertung eines angemessenen, selbstgenutzten Immobilienbesitzes ist regelmäßig nicht zumutbar.[639] Auch eine Ferienwohnung muss für Unterhaltszwecke nicht veräußert werden, wenn dies unwirtschaftlich ist. Allerdings ist die Obliegenheit zu bejahen, die Ferienwohnung ganzjährig zu vermieten, auch wenn diese während bestehender Ehe ausschließlich eigengenutzt wurde.[640]

---

636 BGH, FamRZ 2019, 698.
637 BGH, FuR 2019, 460 = FamRZ 2019, 885.
638 OLG Hamm, FamRZ 2019, 531.
639 OLG Hamm, FamRZ 2019, 531.
640 OLG Saarbrücken, NZFam 2019, 639; vgl. auch *Obermann*, NZFam 2019, 639.

- Eine Fiktion kann nicht erfolgen, wenn Vermögen (teilweise) zur Bestreitung berücksichtigungsfähiger Kosten verwandt wird, etwa Bestreitung von Verfahrenskosten, Kauf einer neuen Wohnungseinrichtung, eines beruflich benötigten Kfz, Einzahlung in eine Lebensversicherung als angemessener Altersvorsorgeaufwand.[641] Der Verbrauch des Geldes ist stets individuell und nicht nur pauschal zu prüfen.[642]
- Verwertbares Vermögen eines Pflichtigen, der selbst bereits die Regelaltersgrenze erreicht hat, kann wie folgt für den Elternunterhalt eingesetzt werden: Das Vermögen wird in eine an der statistischen Lebenserwartung des Pflichtigen orientierte Monatsrente umgerechnet und dessen Leistungsfähigkeit aufgrund des zu ermittelnden (Gesamt-) Einkommens nach den für den Einkommenseinsatz geltenden Grundsätzen bemessen.[643]

5. Rollenwechsel in neuer Ehe

251 Bei Tätigkeit in neuer Ehe als Hausmann oder als Hausfrau wird die Unterhaltspflicht ggü. dem neuen Ehegatten und ggf. ggü. dem Kind aus neuer Ehe erfüllt, nicht dagegen ggü. einem minderjährigen oder privilegiert volljährigen Kind aus erster Ehe oder auch ggf. ggü. dem früheren Ehegatten, jedenfalls dann, wenn dieser nach § 1570 BGB unterhaltsberechtigt ist.[644] Der barunterhaltspflichtige Ehegatte kann sich nur unter engen Voraussetzungen auf die Rolle des Hausmanns berufen.[645] Insb. wenn der barunterhaltspflichtige Ehegatte zuvor den Familienunterhalt durch Erwerbstätigkeit sichergestellt hat und nunmehr ein **Rollentausch** vorgenommen wurde, bedarf es insoweit eines **rechtfertigenden Grundes**. Sind in neuer Ehe keine Kinder zu betreuen, ist der wiederverheiratete Elternteil von Unterhaltspflichten ggü. minderjährigen, unverheirateten bzw. privilegiert volljährigen Kindern aus einer früheren Ehe grds. nicht befreit.[646] Der neue Ehepartner muss dem unterhaltspflichtigen Ehegatten eine der Beschaffung von Unterhaltsmitteln dienende Arbeit ermöglichen (arg aus § 1356 Abs. 2 BGB).[647] Die Grundsätze der Hausmannrechtsprechung sind auch i.R.d. **nichtehelichen Lebensgemeinschaft** anwendbar.[648] Auch ein betreuungsbedürftiges minderjähriges Kind aus der neuen Ehe entbindet nicht von der Unterhaltspflicht für minderjährige Kinder aus einer früheren Ehe, die nach § 1609 Nr. 1 BGB im gleichen Rang stehen.[649] Für den Unterhaltspflichtigen besteht die Obliegenheit, ggf. eine Nebentätigkeit aufzunehmen, um so zum Unterhalt der Berechtigten aus vorangegangener Ehe beitragen zu können. Die **Rollenwahl** in der neuen Ehe ist hinzunehmen, wenn sich der **Familienunterhalt** in der neuen Ehe durch die Erwerbstätigkeit des anderen, nichtunterhaltspflichtigen Ehegatten **wesentlich günstiger gestaltet**.[650] Geringe Einkommensunterschiede reichen nicht.[651] Aber auch dann muss der Unterhaltspflichtige die häusliche Tätigkeit auf das unbedingt notwendige Maß beschränken und wenigstens eine Nebentätigkeit aufnehmen, um der Barunterhaltspflicht zu genügen. Im Fall eines berechtigten Rollentauschs ist die Unterhaltspflicht ggü. Kindern aus erster Ehe auf der Grundlage einer Nebenerwerbstätigkeit und des Taschengeldanspruchs nicht durch einen fiktiven Unterhaltsanspruch begrenzt, der sich ergäbe, wenn der barunterhaltspflichtige Elternteil auch in seiner neuen Ehe vollzeiterwerbstätig wäre und von solchen Einkünften seinen eigenen Selbstbehalt sowie alle weiteren gleichrangigen Unterhaltsansprüche abdecken müsste.[652] Der BGH hatte in der Vergangenheit die

---

641 BGH, FamRZ 1990, 989.
642 BGH, FamRZ 2009, 23.
643 BGH, FamRZ 2013, 278.
644 BGH, FamRZ 2015, 738; BGH, FamRZ 2006, 1827; BGH, FamRZ 1996, 796.
645 BGH, FamRZ 2006, 1827; BGH, FamRZ 1996, 796.
646 BGH, FamRZ 2001, 544.
647 BGH, FamRZ 1996, 796.
648 BGH, FamRZ 2001, 614.
649 BGH, FamRZ 1996, 796.
650 BGH, FamRZ 2015, 738; BGH, FamRZ 2006, 1827; BGH, FamRZ 2001, 1064.
651 BGH, FamRZ 2001, 614.
652 BGH, FamRZ 2006, 1827; BGH, FamRZ 2004, 363.

Nebenerwerbsobliegenheit durch eine **fiktive Kontrollberechnung** begrenzt. Danach konnte die Obliegenheit nur soweit reichen, dass die Kinder nicht schlechtergestellt werden, als sie stünden, wenn kein Rollentausch stattgefunden hätte. **An dieser Begrenzung hält der BGH nicht mehr fest.** Die Leistungsfähigkeit bemisst sich nach den tatsächlichen Verhältnissen. Ebenso wie die Verheiratung zu einer Schmälerung des Unterhaltsanspruchs führen kann, kann sie sich auch zum Vorteil der erstehelichen Kinder auswirken.[653]

Ist die **Übernahme der Haushaltsführung unterhaltsrechtlich nicht zu akzeptieren**, wird dem Unterhaltspflichtigen ein **fiktives Einkommen** in der nach seinen persönlichen Verhältnissen erzielbaren Höhe zugerechnet. In diesem Umfang muss er sich als leistungsfähig behandeln lassen.[654] Kann die **Rollenverteilung ausnahmsweise gebilligt werden**, muss der Unterhaltspflichtige die Haushaltsführung und Betreuung des oder der Kinder in neuer Ehe auf das unbedingt Notwendige beschränken, damit er **durch eine Nebentätigkeit den Unterhaltsbedarf unterhaltsberechtigter Kinder aus früherer Ehe so weit wie möglich sicherstellen kann**.[655] Die Pflicht zur Aufnahme einer Erwerbstätigkeit besteht regelmäßig nicht, solange der haushaltsführende Ehegatte in der Zeit nach der Geburt eines Kindes aus der neuen Ehe Elterngeld bezieht.[656] Er ist allerdings verpflichtet, dieses auch für den Unterhalt minderjähriger Kinder aus erster Ehe einzusetzen (vgl. § 9 Satz 2 BEEG). 252

Voraussetzungen für die Akzeptanz der Rollenwahl: 253
- **Wesentlich günstigere Einkommenssituation:** Es genügt nicht, dass die Einkommenssituation der neuen Familie nur »günstiger« ist. Das Kriterium der Wesentlichkeit muss erfüllt sein. Geringe Einkommensunterschiede, etwa von 100–200 €, reichen nicht.[657]
- **Kinderbetreuung durch Dritte nicht möglich:** Wer früher der Ernährer der Familie war, darf sich nicht auf die Hausmannrolle in der neuen Beziehung zurückziehen, wenn Dritte eingeschaltet werden können, die die Kinder aus der neuen Ehe entgeltlich betreuen können.
- **Vorsorgemaßnahmen:** Soweit die Möglichkeit bestand, Rücklagen zu bilden, ist ein Wechsel in die Hausmannrolle nur hinzunehmen, wenn diese Rücklagen für den Unterhalt der übrigen Berechtigten auch gemacht worden sind.
- Eine **Begrenzung** auf die (fiktiven) Verhältnisse bei Fortsetzung der früheren Erwerbstätigkeit erfolgt nicht.[658]
- **Abschließende Interessenabwägung:** Die »zurückgelassenen« Unterhaltsberechtigten müssen die Rollenwahl nur hinnehmen, wenn das Interesse der neuen Familie an dieser Rollenwahl ihr eigenes Interesse an Beibehaltung der bisherigen Unterhaltssicherung deutlich überwiegt. Die neue Beziehung ist mit der »Hypothek« bestehender Unterhaltspflichten belastet.

6. Fiktive Einkünfte wegen Versorgungsleistungen, Kostenersparnis bei Zusammenleben

Sowohl der Unterhaltsberechtigte als auch der Unterhaltsverpflichtete können nach Trennung/Scheidung eine eheähnliche Gemeinschaft eingehen. Typisch ist, dass die Beteiligten gegenseitig Versorgungsleistungen erbringen. Das Zusammenleben mit einem Lebensgefährten führt nicht ohne Weiteres zur Minderung der Bedürftigkeit des Ehegatten. Zuwendungen des neuen Partners sind als freiwillige Zuwendungen eines Dritten zu behandeln. Es hängt danach von dem Willen des Partners ab, ob er mit der Zuwendung nur den Ehegatten unterstützen oder ob er den Unterhaltspflichtigen entlasten will.[659] 254

---

653 BGH, FamRZ 2006, 1827.
654 BGH, FamRZ 2001, 1065; BGH, FamRZ 1996, 796; OLG Koblenz, FuR 2000, 367.
655 BGH, FamRZ 2006, 1827; BGH, FamRZ 1996, 796.
656 BGH, FamRZ 2006, 1010.
657 BGH, FamRZ 2006, 1827; BGH, FamRZ 2001, 514; OLG Koblenz, NJW-RR 2005, 1310.
658 BGH, FamRZ 2006, 1827.
659 BGH, FamRZ 1995, 1486; BGH, FamRZ 1993, 412.

255 Leistet der neue Partner finanzielle Beiträge zur Lebensführung, so liegt darin grds. ein Entgelt für die von dem Ehegatten erbrachte Haushaltsführung und die sonstige Versorgung. Es kommt nicht darauf an, ob die Partner eine entsprechende Vereinbarung getroffen haben.[660] Erfolgen keine Zuwendungen, kann in entsprechender Anwendung des § 850h Abs. 2 ZPO für die geleisteten Dienste eine **angemessene Vergütung** in Ansatz gebracht werden.[661] Voraussetzung ist die Möglichkeit des Partners, die Leistungen auch zu vergüten. Es kommt mithin auf seine **Leistungsfähigkeit** an.[662] Z.T. wird weiterhin die Auffassung vertreten, Versorgungsleistungen unter dem Gesichtspunkt ersparter Aufwendungen zu berücksichtigen mit der Folge, dass es auf eine Leistungsfähigkeit des neuen Partners nicht ankommt.[663] Der Umstand, dass der den neuen Partner versorgende, Unterhalt beanspruchende Ehegatte vollschichtig erwerbstätig ist, schließt grds. nicht aus, ein entsprechendes Entgelt bedürftigkeitsmindernd anzurechnen. Das Erbringen der Versorgungsleistungen kann nach Lage des Falls als unzumutbare Arbeit angesehen werden. In Anwendung des § 1577 Abs. 2 BGB ist sodann zu entscheiden, ob die Vergütung ganz oder teilweise zu berücksichtigen ist.[664] Dem **Unterhaltpflichtigen** werden keine Entgelte für entgegengenommene Versorgungsleistungen durch seinen Partner zugerechnet. Unter dem Gesichtspunkt ersparter Lebenshaltungskosten kann jedoch eine Reduzierung des Selbstbehalts in Betracht kommen. Die Leitlinien enthalten hierzu teilweise Regelungen zu Nr. 21.5. Versorgt der **Unterhaltsberechtigte** seinen neuen Partner in irgendeiner Weise, etwa indem er den Haushalt führt, ist ein entsprechendes Entgelt in Ansatz zu bringen, sofern der Partner leistungsfähig ist.[665] In diesen Fällen tritt der Wert der Versorgungsleistungen oder der Vorteil aus der neuen Lebensgemeinschaft als **Surrogat** an die Stelle einer Haushaltsführung während der Ehe und ist im Wege der Differenzmethode zu berücksichtigen.[666] Die **Leitlinien** (jeweils Nr. 6) enthalten **Orientierungsvorschläge** für die Bemessung der in Ansatz zu bringenden angemessenen Vergütung.[667] Der Unterhaltsberechtigte hat zu beweisen, dass kein eheähnliches Verhältnis besteht bzw. aus der Beziehung zu einem neuen Partner keine geldwerten Vorteile oder Entgelte bezogen werden können. Diese **Darlegungs- und Beweislast** setzt allerdings erst nach einem entsprechenden substanziierten Vortrag des Pflichtigen zum Bestehen einer eheähnlichen Beziehung des Berechtigten zu einem neuen Partner ein. Den Unterhaltsberechtigten trifft auch die Beweislast für eine etwaige Leistungsunfähigkeit des neuen Partners.[668] Die gleichen Grundsätze gelten bei Versorgungsleistungen für Verwandte. Das Zusammenleben des erwerbstätigen Unterhaltspflichtigen in einer häuslichen Gemeinschaft mit dem neuen Ehegatten, dem neuen Lebenspartner oder auch volljährigen Kindern, die ebenfalls erwerbstätig sind und sich deshalb mit ihren Einkünften an den Lebenshaltungskosten beteiligen können, kann zu einer **Ersparnis bei den Lebenshaltungskosten (sog. Synergieeffekte)** führen.[669] Diese Haushaltsersparnis ist beim Berechtigten bedarfsmindernd zugrunde zu legen.[670] Beim Pflichtigen führt sie zu einer Reduzierung des Selbstbehalts um 10 %.[671] Von einer Ersparnis ist nicht auszugehen, wenn der Ehegatte, der Lebenspartner oder das volljährige Kind über keine Einkünfte oder auch nur Einkünfte in einer Höhe verfügen, die im Nettobetrag die Größe des notwendigen Selbstbehalts eines nicht Erwerbstätigen abzüglich 10 % nicht übersteigen. Dies darzulegen und zu beweisen, obliegt dem Unterhaltspflichtigen. Betreuungs- und Versorgungsleistungen sind nicht immer schon dann als (teilweise)

---

660 BGH, FamRZ 1980, 40.
661 BGH, FamRZ 2012, 1201; BGH, FamRZ 2008, 1739.
662 BGH, FamRZ 1989, 487.
663 OLG München, FamRZ 2005, 713.
664 BGH, FamRZ 1995, 343.
665 BGH, FamRZ 2004, 1170; BGH, FamRZ 2004, 1173 beim Ehegattenunterhalt; OLG Koblenz, NJW-RR 2005, 1457 beim Unterhalt nach § 1615l Abs. 1 BGB.
666 BGH, FamRZ 2004, 1179.
667 Zu weiten Einzelheiten vgl. FamR-Komm/*Kleffmann*, Vor § 1361 Rn. 138 ff. und *Schael*, FuR 2006, 6.
668 BGH, FamRZ 1995, 343; BGH, FamRZ 1989, 487.
669 BGH, FamRZ 2014, 912.
670 BGH, FamRZ 2010, 1535.
671 BGH, FamRZ 2008, 593.

7. Fiktion bei Strafgefangenen

Strafhaft und Untersuchungshaft führen regelmäßig zwar zu einer verschuldeten, aber nicht gewollten Leistungsunfähigkeit. Selbst ein verschuldeter, aber doch ungewollter Arbeitsplatzverlust kann unterhaltsrechtlich nicht Fällen freiwilliger Aufgabe einer versicherungspflichtigen Tätigkeit gleichgestellt werden. Die Berufung des Unterhaltsberechtigten auf seine Leistungsfähigkeit verstößt nur dann gegen Treu und Glauben, wenn das für den Verlust des Arbeitsplatzes ursächliche Verhalten des Pflichtigen sich seinerseits als einer Verletzung seiner Unterhaltspflicht darstellt.[673]   256

Für den erforderlichen **unterhaltsrechtlichen Bezug** einer Straftat reicht es nicht aus, dass sie für den Arbeitsplatz kausal geworden ist.[674] Auch genügt nicht, dass sich der Arbeitsplatzverlust auf den Lebensstandard nicht nur des Täters, sondern auch seiner unterhaltsberechtigten Angehörigen auswirkt.[675] Erforderlich ist, dass die Strafhaft auf einem Fehlverhalten beruht, das sich auf seine Unterhaltspflicht bezieht. Diese Voraussetzung ist erfüllt, wenn der Schuldner sich gerade deshalb in Strafhaft befindet, weil er seine Unterhaltspflicht ggü. dem Berechtigten verletzt hat oder wenn gerade die bestrafte vorsätzliche Tat dazu geführt hat, dass der Unterhaltsberechtigte, etwa durch Schädigung seines Vermögens, Körperverletzung oder Tötung eines vorrangig Unterhaltspflichtigen, unterhaltsbedürftig geworden ist.   257

Fehlt es an einem objektiven **Unterhaltsbezug der der Strafhaft zugrunde liegenden Tat**, kann sich das Fehlverhalten des Täters zwar auch als eine Verletzung seiner Unterhaltspflicht darstellen. Hierzu bedarf es jedoch einer auf den Einzelfall bezogenen Wertung dahin, ob die der Tat zugrunde liegenden Vorstellungen und Antriebe des Täters sich gerade auch auf die Verminderung seiner unterhaltsrechtlichen Leistungsfähigkeit als Folge seines strafbaren Verhaltens erstreckt haben.[676] Wesentlich ist immer, ob die der Tat zugrunde liegenden Antriebe und Vorstellungen auch auf die Verminderung der Leistungsfähigkeit als Folge der Straftat gerichtet waren, sich zumindest aufgedrängt haben. Dies kann für den Fall einer **Fahnenflucht** gelten, weil damit die Einkommensquelle verloren geht und der Unterhaltsanspruch unmittelbar gefährdet wird.[677] Nach Auffassung des OLG Koblenz[678] sollen bei sexuellem Missbrauch eines minderjährigen Kindes für die Dauer der Haft zwar dem geschädigten Kind ggü. fiktive Einkünfte herangezogen werden, nicht jedoch ggü. den Geschwistern. Der Täter einer **Sexualstraftat** macht sich regelmäßig keine Vorstellungen darüber, dass er aufgrund seiner Tat den Arbeitsplatz verlieren und damit seine unterhaltsrechtliche Leistungsfähigkeit einbüßen könnte.[679]   258

Eine **Trunkenheitsfahrt**, mit der Folge des Arbeitsplatzverlustes, stellt für sich allein noch keine vorsätzliche Herbeiführung der Leistungsunfähigkeit dar.[680]   259

---

672 BGH, FamRZ 1995, 343.
673 BGH, FamRZ 1982, 913.
674 BGH, FamRZ 2000, 815.
675 BGH, FamRZ 2002, 813.
676 BGH, FamRZ 2002, 813; BGH, FamRZ 2000, 815.
677 OLG Bamberg, FamRZ 1997, 1486.
678 OLG Koblenz, FamRZ 1998, 44.
679 BGH, FamRZ 2002, 813.
680 BGH, FamRZ 1994, 240; OLG Celle, FamRZ 1998, 1614; OLG Dresden, FamRZ 1996, 1236.

8. Fiktion von Steuervorteilen

260 Zumutbare sicher erzielbare Steuervorteile sind wie Einkommen zu behandeln.[681] Steuervorteile sind fiktiv zuzurechnen, soweit aus dem Unterhaltsrechtsverhältnis eine **Obliegenheit des Verpflichteten zu ihrer Geltendmachung** besteht.[682]

261 Dazu gehört insb. die
- zutreffende Steuerklassenwahl,
- die Geltendmachung steuerlicher Freibeträge und Pauschalen,[683]
- Obliegenheit zur Eintragung außergewöhnlicher Belastungen auf der Lohnsteuerkarte, etwa hinsichtlich eines erhöhten Ausbildungsfreibetrags für ein unterhaltsberechtigtes Kind bei auswärtiger Unterbringung,[684]
- Inanspruchnahme des begrenzten Realsplittings, wenn der Unterhaltsanspruch anerkannt, rechtskräftig festgestellt oder vom Schuldner freiwillig erfüllt wird.[685]

Der Berechtigte hat die **Zustimmung** zum begrenzten Realsplitting auch zu erteilen, wenn zweifelhaft ist, ob die vom Pflichtigen geltend gemachten Aufwendungen als Unterhaltsleistungen anerkannt werden.[686] So können Unterhaltsleistungen nicht nur in Barunterhaltsleistungen bestehen, sondern auch Naturalleistungen, wie die unentgeltliche Überlassung von Wohnraum, die Zahlung von Hausnebenkosten, Versicherungsbeiträge etc.[687]

9. Unterlassene Antragstellung öffentlich-rechtlicher Hilfen

262 Soweit öffentlich-rechtlichen Hilfen eine Einkommensersatzfunktion zukommt, kann bei unterlassener Antragstellung Einkommen fingiert werden.

263 Unterlässt etwa ein Student die Beantragung von **BAföG-Leistungen**, sind ihm bei zu erwartender positiver Bescheidung eines derartigen Antrags entsprechende Einkünfte fiktiv zuzurechnen.[688] Eine Verpflichtung zur Einlegung von Rechtsmitteln[689] oder zur wiederholten Antragstellung[690] nach vorheriger Ablehnung eines BAföG-Antrags besteht jedoch nicht.

264 Ähnliche Grundsätze gelten für sonstige Leistungen wie Arbeitslosengeld, Krankengeld oder vergleichbare sozialstaatliche Zuwendungen mit Einkommenscharakter.

C. Bereinigtes Nettoeinkommen

265 Für die Unterhaltsberechnung wird das »bereinigte« Nettoeinkommen benötigt, da der Unterhalt nicht allen sonstigen Ausgaben der Parteien vorgeht. Das bereinigte Nettoeinkommen wird gebildet, indem vom Bruttoeinkommen unterhaltsrechtlich relevante Abzüge erfolgen, die den Beteiligten bereits für den allgemeinen Lebensbedarf nicht zur Verfügung standen.[691]

266 Übersicht der Abzugsposten:
- Steuern
- Vorsorgeaufwendungen für Krankheit, Pflege, Invalidität, Alter und Arbeitslosigkeit
- Berufsbedingte Aufwendungen, Werbungskosten

---

681 BGH, FamRZ 2015, 2138; BGH, FamRZ 1999, 372.
682 Vgl. auch Nr. 10.1 der Leitlinien und grundlegend BGH, FamRZ 2007, 1232.
683 BGH, FamRZ 1999, 372; OLG Koblenz, NJW-RR 2002, 364; OLG Hamm, FamRZ 1987, 489.
684 BFH, FamRZ 1994, 831.
685 BGH, FamRZ 2010, 717; BGH, FamRZ 2008, 968; BGH, FamRZ 2007, 1303.
686 BGH, FamRZ 1998, 953.
687 BFH, FamRZ 2000, 1360.
688 BGH, FamRZ 1980, 126; OLG Brandenburg, NZFam 2018, 660.
689 BGH, FamRZ 1989, 499.
690 OLG Hamm, FamRZ 1998, 1612.
691 Vgl. jeweils Nr. 10 der Leitlinien und grundlegend BGH, FamRZ 1985, 357.

- Kinderbetreuungskosten
- Betreuungsbonus
- Mehrbedarf wegen Krankheit, Behinderung oder Alter
- Verbindlichkeiten
- Unterhalt für vorrangig Berechtigte

I. Steuern

Steuern sind grds. in der Höhe in Abzug zu bringen, wie sie im maßgeblichen Unterhaltszeitraum tatsächlich angefallen sind (**In-Prinzip**).[692] Steuerzahlungen und -erstattungen werden grds. nur im Jahr der tatsächlichen Leistung berücksichtigt. Auch eine erst nach Scheidung entstandene Steuer, etwa die Kirchensteuer nach Wiedereintritt in die Kirche, ist grds. beim Ehegattenunterhalt bei der Bedarfsermittlung zu berücksichtigen.[693]

Bei Selbstständigen und Gewerbetreibenden ist die strikte Anwendung des In-Prinzips oftmals problematisch, da bei schwankenden Einkünften die immer erst im Nachhinein festgesetzte Steuerbelastung das Ergebnis verzerren kann. Die maßgeblichen Vorschusszahlungen, Erstattungen und Nachforderungen ergeben sich aus Einkünften, die oft lange vor dem Prüfungszeitraum erzielt wurden. Aus diesem Grund und zur Vermeidung von Manipulationsmöglichkeiten bietet sich daher regelmäßig das **Für-Prinzip**[694] an. Danach sind die vom Finanzamt vorgenommenen oder noch vorzunehmenden Veranlagungen maßgeblich, ohne Rücksicht darauf, welche Zahlungen im betreffenden Zeitraum konkret geleistet wurden. Sind fiktive Einkünfte für die Unterhaltsberechnung maßgeblich, hat auch eine **fiktive Steuerberechnung** zu erfolgen. Dies gilt insb. bei Negativeinkünften zur Vermögensbildung. Hier ist die fiktive Berechnung ohne derartige Negativeinkünfte geboten, da die Vermögensbildung nicht zulasten des Berechtigten gehen kann, der andererseits aber auch hieraus keine Vorteile ziehen soll. Das Gleiche gilt bei der steuerlichen Berücksichtigung außergewöhnlicher Belastungen, die unterhaltsrechtlich nicht als Abzugsposten anerkannt werden. Das Für-Prinzip ist auch anzuwenden, wenn für die Prognoseentscheidung hinsichtlich des künftigen Unterhalts eine andere Besteuerungsgrundlage heranzuziehen ist (etwa getrennte statt gemeinsamer Veranlagung bzw. Steuerklasse I statt III).

Bei **Doppelverdienern** mit Einkommensgefälle und der Steuerklassenkombination III/V besteht seit 2010 auf Antrag die Möglichkeit des sog. **Faktorverfahrens**, das insb. im Trennungsjahr zur tatsächlichen individuellen Steuerlast führt.[695]

Der **Splittingvorteil**, der sich daraus ergibt, dass der Verpflichtete wieder geheiratet hat, ist grds. als Einkommen zu berücksichtigen.[696]

Für den Splittingvorteil ist es nicht erheblich, ob und in welcher Höhe ein Unterhaltsanspruch des weniger oder nicht verdienenden Ehegatten besteht. Vielmehr handelt es sich um eine bewusst pauschalierende steuerrechtliche Regelung, die dem Steuerpflichtigen den Vorteil auch belässt, wenn er keine Unterhaltsleistung erbracht hat. Dementsprechend steht der Splittingvorteil auch nicht dem unterhaltsbedürftigen Ehegatten zu, sondern ist zwischen den Ehegatten nach Maßstab einer **fiktiven Einzelveranlagung** aufzuteilen.[697]

Beim Unterhalt minderjähriger Kinder ist der **Splittingvorteil** des unterhaltspflichtigen wiederverheirateten Ehegatten **grds. zu berücksichtigen**.[698] Dies gilt auch, wenn der neue Ehegatte aufgrund

---

692 BGH, FamRZ 2007, 793; BGH, FamRZ 1991, 670; BGH, FamRZ 1991, 304; OLG Brandenburg, FamRZ 2014, 219.
693 BGH, FamRZ 2007, 793; OLG Brandenburg, FuR 2014, 219; vgl. auch *Perleberg-Kölbel*, FuR 2005, 307.
694 BGH, FamRZ 2011, 1851; BGH, FamRZ 2004, 316.
695 Eingehend *Perleberg-Kölbel*, FuR 2010, 451.
696 BGH, FuR 2010, 574; BGH, NJW 2008, 1663.
697 BGH, FuR 2010, 574; BGH, FamRZ 2008, 2189.
698 BGH, NJW 2008, 1663; BGH, NJW 2008, 3562.

seines unterhaltsrechtlichen Nachrangs keinen Unterhalt mehr beanspruchen kann.[699] Nur wenn der neue Ehegatte eigene steuerpflichtige Einkünfte bezieht, ist der Splittingvorteil – insoweit zum Nachteil der Kinder – nach dem Maßstab einer **fiktiven Einzelveranlagung der Ehegatten zu verteilen**.[700] Die Berücksichtigung des Splittingvorteils für die Unterhaltsbemessung nach diesen Maßstäben gilt auch für den **Unterhalt volljähriger Kinder**.[701] Generell ist beim Kindesunterhalt und beim sonstigen Verwandtenunterhalt das tatsächlich vorhandene Einkommen nach Maßgabe der tatsächlich vorhandenen Steuerlast unter Einschluss aller Steuervorteile anzusetzen.

273 Schuldet der Unterhaltspflichtige sowohl einem geschiedenen als auch einem neuen Ehegatten Unterhalt, so war der nach den ehelichen Lebensverhältnissen zu bemessende Bedarf jedes Berechtigten im Wege der **Dreiteilung des Gesamteinkommens** des Pflichtigen und beider Unterhaltsberechtigter zu ermitteln.[702] Diese Rechtsprechung ist vom BVerfG[703] missbilligt worden. Bei Zusammenleben der Ehegatten in zweiter Ehe wirkt sich der Splittingvorteil der neuen Ehe nicht (mehr) auf die erste Ehe aus. Bei der Bereinigung des Nettoeinkommens des Pflichtigen **i.R.d. Bedarfsberechnung** ist eine **fiktive Steuerberechnung** nach getrennter Veranlagung durchzuführen[704]

274 Ist der zum Unterhalt Verpflichtete verheiratet und bei gemeinsamer Veranlagung in Steuerklasse III bei Steuerklasse V des Ehegatten eingruppiert, ist zur Beurteilung der Leistungsfähigkeit nicht von der realen Steuerlast des Pflichtigen auszugehen. Vielmehr ist eine **fiktive Einzelveranlagung** vorzunehmen und die Relation dieser individuellen Steuerlast zur gemeinsamen Steuerlast zu ermitteln. Der sich ergebende Prozentsatz ist der Maßstab für den Anteil des Pflichtigen, der bei gemeinsamer Veranlagung entstehenden Steuerlast der Eheleute.[705] Soweit i.R.d. **Leistungsfähigkeit** (§ 1581 BGB) ggü. einem geschiedenen und einem gleichrangigen neuen Ehegatten bei der Billigkeitsabwägung jedoch eine **Dreiteilung** des vorhandenen Einkommens erfolgt, ist das gesamte unterhaltsrelevante Einkommen einschließlich des Splittingvorteils zu berücksichtigen.[706] Der Splittingvorteil aus neuer Ehe muss i.R.d. Bemessung der Leistungsfähigkeit nicht eliminiert werden, weil eine gleichrangige Unterhaltspflicht aus einer neuen Ehe regelmäßig zu einer Kürzung der Unterhaltsansprüche des geschiedenen Ehegatten führt.[707] Eheleute sind nach § 1353 BGB verpflichtet, die finanziellen Lasten des anderen Ehegatten nach Möglichkeit zu vermindern. Sie sind insoweit gegen Nachteilsausgleich gehalten, einer **gemeinsamen Veranlagung** zuzustimmen. Ob die steuerlichen Voraussetzungen vorliegen, ist dabei im Rahmen des Veranlagungsverfahrens zu prüfen, es sei denn eine gemeinsame Veranlagung kommt zweifelsfrei nicht in Betracht.[708] Der während der Zeit des Zusammenlebens einvernehmlich in Steuerklasse V veranlagte Ehegatte hat nach dem Scheitern der Ehe keinen Anspruch gegen den anderen Ehegatten auf Ausgleich des im Vergleich zu einer getrennten Veranlagung eingetretenen Nachteils. Führt er einseitig eine getrennte Veranlagung herbei, ist er vielmehr dem anderen zum Nachteilsausgleich verpflichtet.[709] Hat der einem Dritten zum Unterhalt Verpflichtete mit seiner Ehefrau eine steuerliche Zusammenveranlagung vorgenommen, ist zur Ermittlung seiner Leistungsfähigkeit von einer fiktiven Einzelveranlagung auszugehen.[710]

---

699 BGH, FuR 2010, 574.
700 BGH, FuR 2010, 574; BGH, NJW 2008, 3562.
701 BGH, NJW 2008, 1663; BGH, NJW 2005, 3277.
702 BGH, FamRZ 2010, 111; BGH, FamRZ 2009, 579.
703 BVerfG, FamRZ 2011, 445.
704 BGH, NJW 2012, 384; BVerfG, FamRZ 2011, 437; vgl. auch PWW/*Kleffmann*, § 1581 Rn. 52; *Kleffmann*, FuR 2012, 162.
705 BGH, NJW 2015, 2577.
706 BGH, NJW 2012, 384; BGH, FamRZ 2009, 411.
707 BGH, FamRZ 2010, 869; BGH, FamRZ 2008, 1911.
708 OLG Stuttgart, FamRZ 2018, 1493.
709 OLG Koblenz, FamRZ 2018, 1493.
710 OLG Koblenz, FamRZ 2018, 1666.

Zumutbar sicher erzielbare **Steuervorteile** sind wie Einkommen zu behandeln.[711] Dazu gehört neben der Inanspruchnahme des begrenzten Realsplittings und der zutreffenden Steuerklassenwahl[712] auch die Geltendmachung steuerlicher Freibeträge und Pauschalen bei der Einkommensteuerveranlagung, sofern ihre Höhe zweifelsfrei feststeht, nicht hingegen wegen streitiger Spitzenbeträge.[713] Den Unterhaltsschuldner trifft eine **Obliegenheit zur Geltendmachung des Realsplittings** aber nur insoweit, als er den Unterhaltsanspruch anerkannt hat, dieser rechtskräftig festgestellt ist oder soweit er den Unterhaltsanspruch freiwillig erfüllt.[714] Maßgeblich ist der Zeitpunkt der tatsächlichen Zahlung (§ 11 Abs. 2 Satz 1 EStG, In-Prinzip). Die Verpflichtung zum Ausgleich der dem Unterhaltsberechtigten durch die Inanspruchnahme des begrenzten Realsplittings entstehenden Nachteile stellt eine Ausprägung von Treu und Glauben innerhalb der unterhaltsrechtlichen Beziehung der Beteiligten dar. Schon die **Festsetzung von Steuervorauszahlungen** gegenüber dem Unterhaltsberechtigten löst einen **Freistellungsanspruch** gegenüber dem Pflichtigen aus.[715] Steht fest, dass Steuererstattungen oder Steuernachzahlungen künftig nicht in bisheriger Höhe entstehen, können sie der Berechnung des künftigen Unterhalts nicht in unveränderter Höhe mit der Begründung unzureichender Vorhersehbarkeit der weiteren Einkommensentwicklung zugrunde gelegt werden.[716]

275

II. Vorsorgeaufwendungen

Zum allgemeinen Lebensbedarf zählen auch die Aufwendungen für eine angemessene **Krankheitsvorsorge**.

276

In den Tabellensätzen der Düsseldorfer Tabelle für minderjährige Kinder und den Festbeträgen für volljährige Kinder wird eine Versicherung des Kindes i.R.d. **Familienversicherung** unterstellt. Bei privat Versicherten sind die Tabellenbeträge um die **Kosten einer angemessenen Krankenversicherung** zu erhöhen (vgl. auch Nr. 11.1 der Leitlinien). Bei der Ermittlung des Einkommens des Pflichtigen sind sodann neben den Zahlbeträgen auch die angemessenen Krankenversicherungsbeiträge sowie die vom Pflichtigen zu tragenden Kosten der Eigenbeteiligung abzuziehen.

277

Wird **Realsplitting** in Anspruch genommen, ist der gezahlte Unterhalt als Einkommen anzusehen.[717]

278

▶ Praxishinweis:

Der Pflichtige muss genau rechnen, bis zu welchen Beträgen sich die Inanspruchnahme des Realsplittings lohnt.[718]

279

Die **Mitversicherung** des unterhaltsberechtigten Ehegatten in der gesetzlichen Krankenversicherung **endet mit Rechtskraft der Scheidung** (§ 9 SGB V). Der nicht selbstständig versicherte Ehegatte hat jedoch die Möglichkeit, innerhalb einer Frist von drei Monaten nach der Scheidung als freiwilliges Mitglied einer gesetzlichen Krankenversicherung beizutreten.[719]

280

Im öffentlichen Dienst entfällt mit Scheidungsrechtskraft die Beihilfeberechtigung für Aufwendungen des geschiedenen Ehegatten. Sodann muss ggf. die ergänzende private Krankenversicherung angepasst werden.[720]

281

---

711 BGH, FamRZ 1999, 372.
712 BGH, FamRZ 2004, 443.
713 BGH, FamRZ 1999, 372.
714 BGH, FamRZ 2007, 1232; BGH, FamRZ 2007, 793.
715 OLG Hamm, FamRZ 2019, 355.
716 BGH, FamRZ 1999, 372.
717 BSG, 1994, 1239.
718 BGH, FamRZ 1989, 483.
719 *Müller*, FPR 2003, 160.
720 BGH, FamRZ 1989, 483.

282 Angemessen ist grds. der Versicherungsschutz, der dem während der Ehe bestehenden Versicherungsschutz entspricht. Die entsprechenden Krankenversicherungskosten sind in der Unterhaltsquote nicht enthalten und vom anrechnungsfähigen Einkommen in Abzug zu bringen.[721]

283 Beiträge für eine **Krankenzusatzversicherung** sind grds. abzugsfähig,[722] nach Scheidung jedoch auf ihre Angemessenheit zu überprüfen.[723] Das Gleiche gilt für eine **Krankentagegeldversicherung**[724] und eine **Berufsunfähigkeitsversicherung**.[725]

284 Wird fiktives Einkommen in Ansatz gebracht, sind auch die Beiträge für den Krankenversicherungsschutz zu fingieren.[726]

285 Angemessene **Pflegeversicherungsbeiträge** (vgl. auch § 1578 Abs. 2 BGB) sind wie Krankenversicherungsbeiträge einkommensmindernd zu berücksichtigen.

286 Abzugsfähig sind auch angemessene **Vorsorgeaufwendungen für Arbeitslosigkeit**, insb. die **Arbeitslosenversicherungsbeiträge**. Dies gilt nicht für Selbstständige, da diesen keine Kündigung droht.[727] **Unfallversicherungsbeiträge** können einkommensmindernd berücksichtigt werden, soweit keine Überversicherung vorliegt.[728] Etwas anderes kann bei einer freiwilligen Unfallversicherung gelten, wenn sie entweder nicht notwendig ist oder mit Rücksicht auf ihre geringe Prämienhöhe als besondere Belastung angesehen werden kann.[729]

287 Eine **Berufsunfähigkeitsversicherung** ist grds. abziehbar, auch, weil der Unterhaltsberechtigte von ihr profitieren kann.[730]

288 Abzugsfähig sind auch angemessene **Altersvorsorgeaufwendungen**. Dies gilt für die **gesetzlichen Rentenversicherungsbeiträge** und **Beiträge zur betrieblichen Zusatzversicherung**. Die vom Arbeitgeber geleisteten Beiträge zur Direktversicherung unterfallen gleichfalls der angemessenen Altersvorsorge.[731] Abzugsfähig sind Beiträge für eine »**Riester-Rente**«;[732] auch Beiträge zur **berufsständischen Versicherungen** und Versorgungen sind abzugsfähig. Etwas anderes kann bei beengten wirtschaftlichen Verhältnissen gelten, wenn etwa der Unterhaltsschuldner nicht einmal den Mindestunterhalt eines minderjährigen Kindes decken kann.[733]

289 Maßgebend ist der vom Arbeitgeber verfolgte Zweck, den Arbeitnehmer zusätzlich für das Alter zu versorgen. Einkommensmindernd zu berücksichtigen sind auch die Aufwendungen i.R.d. **Beamtenversorgung**.

290 Sowohl der Verpflichtete als auch der Berechtigte dürfen darüber hinaus zusätzlich in angemessenem Umfang **zusätzliche Altersvorsorge** betreiben, und zwar regelmäßig bis i.H.v. 4 % des Bruttoeinkommens,[734] beim Elternunterhalt bis i.H.v. 5 % des Bruttoeinkommens.[735] Das Gleiche gilt

---

721 BGH, FamRZ 1985, 357.
722 OLG Celle, NJW-RR 2010, 1371; vgl. aber auch OLG Brandenburg, FF 2014, 27.
723 OLG Hamm, FamRZ 2009, 2098.
724 BGH, FamRZ 2013, 191.
725 BGH, FamRZ 2010, 1535.
726 OLG Hamm, FamRZ 1994, 107; OLG Köln, FamRZ 1993, 711.
727 BGH, FamRZ 2003, 860.
728 KG, FamRZ 1979, 66: Beiträge für die Berufsgenossenschaft.
729 OLG Köln, FamRZ 1979, 134; vgl. auch OLG Saarbrücken, NZFam 2019, 639, wonach Unfall-, Haftpflicht- und Hausratsversicherungsbeiträge grds. dem allgemeinen Lebensbedarf zuzuordnen und nicht einkommensmindernd zu berücksichtigen sind.
730 BGH, FamRZ 2010, 1535; BGH, FamRZ 2009, 1207; OLG Hamm, FamRZ 2001, 625.
731 OLG Celle, FamRZ 2009, 297.
732 OLG Brandenburg, NJW-RR 2006, 1301; eingehend zur Riester-Rente *Strohal*, FamRZ 2002, 277 und *Bergschneider*, FamRZ 2003, 1609.
733 BGH, NJW 2013, 1005; OLG Düsseldorf, FamRZ 2006, 1685.
734 BGH, FamRZ 2009, 1207; BGH, FamRZ 2008, 963; BGH, FamRZ 2005, 1817.
735 BGH, FamRZ 2013, 1554; BGH, FamRZ 2006, 1511; BGH, FamRZ 2004, 792.

für Beamte.[736] Die Berücksichtigungsfähigkeit zusätzlicher angemessener privater Altersvorsorgeaufwendungen beruht auf der Erwägung, dass die primäre Altersvorsorge oftmals für ein den Lebensstandard sicherndes Einkommen kaum (noch) ausreicht.

Hinsichtlich der Art der sekundären Altersvorsorgeaufwendungen besteht **Wahlfreiheit**[737] (Lebensversicherungsbeiträge,[738] Wertpapiere, Fonds, Sparguthaben,[739] Tilgungsleistungen für ein Immobilienkredit[740]). Die Wahlfreiheit gilt auch für den **Altersvorsorgeunterhalt**.[741] 291

Jedenfalls wenn der Unterhaltspflichtige eine unterhaltsrechtlich anzuerkennende zusätzliche Altersvorsorge betreibt, ist es geboten, dies auch dem Unterhaltsberechtigten durch eine entsprechende Erhöhung des Altersvorsorgeunterhalts zu ermöglichen.[742] Danach ist es zulässig, sekundäre Altersvorsorge im Rahmen der Beitragsbemessungsgrenze bis zu 4 % des Bruttoeinkommens eines rentenversicherungspflichtigen Arbeitnehmers aufzuwenden. Für Einkommensteile oberhalb der Beitragsbemessungsgrenze darf er nicht nur die 4 % zusätzliche Altersvorsorge, sondern zudem weitere 18,6 % als Beitragssatz der gesetzlichen Rentenversicherung aufwenden.

▶ Praxistipp zur Berechnung der zusätzlichen angemessenen Altersvorsorge:

> Von dem Gesamteinkommen als Altersvorsorge 22,6 % abziehen (18,6 % Beitragsbemessungssatz, 4 % zusätzliche Altersvorsorge), davon die Rentenversicherungsbeiträge von Arbeitgeber und Arbeitnehmer und sonstige für die sekundäre Altersvorsorge, etwa betriebliche Altersvorsorgebeiträge, abziehen. Der Restbetrag steht für die sekundäre Altersvorsorge zur Verfügung.

Sekundäre Altersvorsorgeaufwendungen werden regelmäßig in Mangelfallkonstellationen[743] oder bei Tangierung des Mindestunterhalts minderjähriger Kinder[744] nicht mehr berücksichtigt werden können. 292

Mit Erreichen des **Rentenalters** sind Altersvorsorgeaufwendungen nicht mehr zu berücksichtigen, da sodann eine Altersversorgung gewährt wird und nicht mehr vorzusorgen ist.[745] Etwas anderes gilt bei unterhaltsrechtlich zu billigender Inanspruchnahme von Altersteilzeit.[746] 293

Fiktive Abzüge für Altersvorsorgebeiträge kommen nicht in Betracht.[747] 294

Beiträge für eine **Risikolebensversicherung** dienen nicht unmittelbar der Altersvorsorge, sind mithin regelmäßig nicht absetzbar.[748] 295

Die gleichen Grundsätze gelten bei **Selbstständigen**. Auch hier sind neben den Beiträgen etwa für berufsständische Altersversorgungen (Versorgungswerk der Rechtsanwälte, Ärztekammer etc.) angemessene Altersvorsorgeaufwendungen bis regelmäßig i.H.v. ca. 24 % des Bruttoeinkommens, beim Eltern- und Enkelunterhalt bis i.H.v. ca. 25 % des Bruttoeinkommens, anzuerkennen. 296

III. Berufsbedingte Aufwendungen

Aufwendungen, die dem Berechtigten oder Verpflichteten infolge der Ausübung einer Erwerbstätigkeit entstehen, sind bei der Einkommensermittlung als berufsbedingter Aufwand in Abzug zu bringen.[749] 297

---

736 BGH, FamRZ 2009, 1391.
737 BGH, FamRZ 2015, 1172.
738 BGH, FuR 2006, 180.
739 BGH, FamRZ 2008, 963; BGH, FamRZ 2006, 1511.
740 BGH, FuR 2009, 273; BGH, FamRZ 2005, 1817.
741 OLG Stuttgart, FamRZ 2018, 1081.
742 BGH, 25.09.2019 – XII ZB 25/19.
743 BGH, FamRZ 2005, 1871.
744 OLG Düsseldorf, FamRZ 2006, 1685.
745 BGH, FamRZ 2000, 251.
746 BGH, FamRZ 2010, 1535.
747 BGH, FamRZ 2007, 793; BGH, FamRZ 2003, 860.
748 OLG Hamburg, FamRZ 1984, 59.
749 Grundlegend BGH, FamRZ 2003, 860; vgl. auch Nr. 10.2 der Leitlinien.

298 Rekurriert man bei **Selbstständigen** auf den Gewinn als maßgebliche Größe bei der Ermittlung der unterhaltsrechtlich relevanten Einkünfte, kann berufsbedingter Aufwand nicht noch zusätzlich berücksichtigt werden, da er in den Betriebsausgaben bereits seinen Niederschlag gefunden hat.

299 Bei **Renten und Pensionen** gibt es keinen berufsbedingten Aufwand.[750] Das Gleiche gilt bei Einkünften aus **Arbeitslosengeld** oder **Krankengeld**.[751]

300 Bei **Auszubildenden** sind die durch die Ausbildung bedingten Aufwendungen abzugsfähig.[752]

301 Von fiktiven Erwerbseinkünften ist auch ein **fiktiver Erwerbsaufwand** in Abzug zu bringen.[753]

302 Die **Leitlinien** der OLG enthalten zu Nr. 10.2 teilweise erheblich divergierende **Orientierungshilfen** für die Berücksichtigung berufsbedingter Aufwendungen,[754] z.T. wird eine Pauschale von 5 % des Nettoerwerbseinkommens in Ansatz gebracht,[755] z.T. wird der **konkrete Nachweis** berufsbedingten Aufwands für erforderlich erachtet.[756]

303 Bei ausreichenden Anhaltspunkten kann der Aufwand auch im Wege der **Schätzung** ermittelt werden.[757]

304 Die unterhaltsrechtlich anzuerkennenden Aufwendungen können nicht, jedenfalls nicht ohne nähere Prüfung, mit den steuerlich anerkannten Werbungskosten gleichgesetzt werden.[758] Der berufsbedingte Aufwand ist stets auf seine Angemessenheit zu überprüfen.

305 Kasuistik berufsbedingter Aufwendungen:
 – **Abschreibungen** sind bei Einkünften aus abhängiger Arbeit zwar selten, können sich jedoch etwa ergeben hinsichtlich der Anschaffungskosten von berufsbedingt benötigten Gegenständen (etwa einem Kfz oder einem Musikinstrument eines Musikers etc.).
 – **Arbeitsmittel:** Werkzeuge, Büro- und Betriebsmaterial, Telefonkosten,[759] Fachliteratur,[760] Arbeitskleidung.
 – **Arbeitszimmer:** nur absetzbar, wenn das Zimmer dringend benötigt wird, anderseits der Arbeitgeber es nicht zur Verfügung stellt. Bei nur gelegentlichen beruflichen Tätigkeiten zu Hause entfällt ein zwingendes Erfordernis für ein Arbeitszimmer.[761]
 – **Beiträge** für Gewerkschaften,[762] Beamtenbund, Richterbund, Ärztekammer.[763]
 – **Betriebsrat:** alle Aufwendungen, die notwendig mit einer Betriebsratstätigkeit zusammenhängen und vom Arbeitgeber oder der Gewerkschaft nicht getragen werden.
 – **Doppelte Haushaltsführung:** grds. abziehbar, wenn sowohl Begründung als auch Aufrechterhaltung eines doppelten Haushalts beruflich veranlasst sind, insb. ein Umzug an den Beschäftigungsort nicht möglich oder nicht zumutbar ist.[764]
 – **Fahrtkosten:** vgl. unten.
 – **Fortbildungskosten,** sofern sie beruflich veranlasst sind.[765]

---

750 BGH, FamRZ 1982, 679.
751 BGH, FamRZ 2009, 307.
752 BGH, NJW 2006, 57; vgl. auch Nr. 10.2 der Leitlinien, wonach oftmals pauschalierte Beträge in Ansatz gebracht werden können.
753 BGH, FamRZ 2009, 314; OLG Hamm, FamRZ 2010, 1085.
754 Wegen der Einzelheiten vgl. FamR-Komm/*Kleffmann*, Vor § 1361 Rn. 149 ff.
755 Vom BGH in FamRZ 2006, 108 gebilligt; vgl. auch BGH, FamRZ 2000, 1492.
756 Vgl. auch OLG Hamm, FamRZ 2010, 1085.
757 BGH, FuR 2009, 404; BGH, FamRZ 2006, 108.
758 BGH, FamRZ 2009, 762.
759 KG, FamRZ 1979, 66.
760 OLG Köln, FamRZ 1982, 706; OLG Frankfurt am Main, FamRZ 1977, 800.
761 OLG Köln, FamRZ 1983, 750.
762 BGH, FamRZ 1989, 483.
763 OLG Köln, FamRZ 1983, 751; OLG Stuttgart, FamRZ 1978, 684.
764 OLG Schleswig, FamRZ 1994, 1031.
765 KG, FamRZ 1979, 66.

- **Gewerkschaftsbeiträge.**[766]
- **Kinderbetreuungskosten:** vgl. Rdn. 320 f.
- **Reinigungskosten** für Arbeitskleidung abzugsfähig, sofern derartige Kosten nicht im Bagatellbereich liegen und nicht vom Arbeitgeber erstattet werden.
- **Repräsentations-** und **Bewirtungskosten**, wenn sie konkret aufgeschlüsselt werden und ihre Erforderlichkeit nachgewiesen ist.[767]
- **Steuerberatungskosten**, wenn die Zuziehung eines Steuerberaters notwendig ist, was oftmals jedoch gerade nicht der Fall ist.[768]
- **Umzugskosten** sind abzuziehen, soweit sie notwendig sind (etwa Verlagerung des Firmensitzes oder arbeitgeberseitige Zuweisung eines Arbeitsplatzes an einen anderen Ort).

Konkret geltend gemachte berufsbedingte Aufwendungen können nicht zusätzlich zur Pauschale von 5 % des Einkommens geltend gemacht werden. 306

Notwendige Fahrtkosten zur Arbeitsstelle oder für berufsbedingte Reisen sind grds. abzugsfähig.[769] 307

Dies gilt unzweifelhaft für die Inanspruchnahme **öffentlicher Verkehrsmittel**. Regelmäßig höhere **Pkw-Kosten** sind abzugsfähig, wenn sie die ehelichen Lebensverhältnisse geprägt haben und kein Mangelfall vorliegt.[770] Bei beengten wirtschaftlichen Verhältnissen hat der Pflichtige nachzuweisen, dass er seine Arbeitsstelle mit öffentlichen Verkehrsmitteln nicht oder nicht mit zumutbarem Aufwand erreichen kann.[771] 308

Trennungsbedingt erhöhte Fahrtkosten, etwa nach Umzug zur Lebensgefährtin, können im Zweifel nicht in Abzug gebracht werden, wenn nicht einmal ein Teil des Mindestunterhalts für ein minderjähriges Kind gezahlt werden kann.[772] 309

Kriterien für die gebotene Zumutbarkeitsprüfung:
- Ist es der Lebensgefährtin zumutbar, an den mit dem Arbeitsort identischen Wohnort des Pflichtigen zu ziehen?
- Wie lange besteht die Unterhaltspflicht ggü. dem Kind noch?
- Ist es zumutbar, die Umzugspläne deshalb für eine gewisse Zeit zurückzustellen?

Auch bei unverhältnismäßig hohen Kosten (**Richtschur:** 1/3 oder mehr des Nettoeinkommens) ist stets zu prüfen, ob nicht öffentliche Verkehrsmittel in Anspruch zu nehmen sind.[773] Im Einzelfall ist auch zu prüfen, ob ein Wechsel des Wohnortes erwartet werden kann.[774] Dies kann etwa der Fall sein, wenn an die Wiederherstellung der ehelichen Lebensgemeinschaft nicht zu denken ist, das Wohnen nahe am Arbeitsplatz nach den Lebensumständen zumutbar ist und mit zumutbarer Mehrbelastung eine neue Wohnung gefunden werden kann. Eine Entfernung von ca. 30 km zwischen Wohnung und Arbeitsplatz wird noch zu billigen sein,[775] Entfernungen von 80 km[776] oder 55 km[777] zwischen Wohnung und Arbeitsplatz werden nicht mehr akzeptiert werden können.

---

766 BGH, NJW 1997, 1919; OLG Celle, FamRZ 2007, 1020.
767 BGH, FamRZ 1980, 770.
768 Vgl. etwa OLG Hamm, FamRZ 1992, 1177.
769 BGH, FamRZ 2006, 846; BGH, FamRZ 1998, 1502.
770 BGH, FamRZ 1998, 1502.
771 BGH, FamRZ 1998, 1502; OLG Stuttgart, NJW-RR 2008, 527; vgl. auch BGH, FamRZ 2009, 762 für hohe Fahrtkosten eines Studenten zum Studienort und der Obliegenheit, aus diesem Grund am Studienort zu wohnen.
772 KG, NJW 2014, 869.
773 OLG Stuttgart, NJW-RR 2008, 527.
774 BGH, FamRZ 1998, 1501.
775 BGH, NJW-RR 1995, 129; BGH, FamRZ 1989, 483.
776 BGH, FamRZ 2008, 846.
777 OLG Koblenz, FamRZ 1994, 1609.

310 Im Einzelfall ist jedoch stets eine **Interessenabwägung** geboten. So ist insb. zu prüfen, ob öffentliche Verkehrsmittel mit zumutbarem (Zeit-) Aufwand genutzt werden können, ein Umzug etwa wegen fortgeschrittenen Alters nicht (mehr) zumutbar ist, die Anmietung einer Zweitwohnung am Ort des Arbeitsplatzes nicht erheblich billiger ist.[778]

311 Eine generelle Verweisung des Pflichtigen auf die Nutzung öffentlicher Verkehrsmittel ist nicht gerechtfertigt, jedenfalls dann nicht, wenn die ehelichen Lebensverhältnisse durch die Nutzung eines Pkw für Fahrten zwischen Wohnung und Arbeitsplatz geprägt waren und der Pflichtige auch nach Abzug der Kosten finanziell in der Lage ist, notwendigen oder gar angemessenen Unterhalt zu bezahlen. Allerdings können i.R.d. gesteigerten Unterhaltsverpflichtung ggü. minderjährigen Kindern die zur Führung einer **Wochenendehe** notwendigen Fahrtkosten nicht berücksichtigt werden.[779] Fahrtkosten des Pflichtigen für den Weg von der Wohnung zur Arbeitsstätte die nur dadurch entstanden sind, dass er im Verlauf des Scheidungsverfahrens von der nach Trennung innegehabten Wohnung zu seiner neuen Lebenspartnerin gezogen ist, sind in Fällen, in denen der Pflichtige aufgrund eingeschränkter Leistungsfähigkeit nur etwa ein Drittel des gesetzlichen Mindestunterhalts für sein minderjähriges, aus der geschiedenen Ehe hervorgegangenes Kind zu zahlen in der Lage ist, allenfalls nach umfassender Abwägung aller in Betracht kommender Gesichtspunkte anzuerkennen.[780]

312 Die ausnahmslose Verweisung des Unterhaltspflichtigen auf die Nutzung **öffentlicher Verkehrsmittel** ist nicht gerechtfertigt.[781]

Sofern berufsbedingte Aufwendungen nicht pauschal, etwa mit 5 % vom Nettoeinkommen angesetzt werden können[782] sind sie im Einzelnen darzulegen und nachzuweisen.[783] Dazu gehört auch detaillierter Vortrag, dass die Nutzung des eigenen Pkw aufgrund der Arbeitszeiten und Einsatzorte zwingend notwendig ist. Bei **unverhältnismäßig hohen Fahrtkosten** kann dem Pflichtigen ansonsten zuzumuten sein, stattdessen auf öffentliche Verkehrsmittel auszuweichen. Ein Zeitaufwand von zweieinhalb bis drei Stunden täglich (vgl. § 140 SGB III) wird noch als zumutbar erachtet.[784]

Die Notwendigkeit zur Benutzung eines eigenen Pkw besteht, wenn mit dem Fahrzeug während der Berufstätigkeit Fahrten zu verschiedenen Einsatzorten oder Besprechungen vorzunehmen sind. Eine Obliegenheit eines unterhaltsberechtigten Ehegatten zu einem **Umzug** in eine näher zum Arbeitsort gelegene Wohnung hat das OLG Brandenburg[785] im Hinblick auf den damit als Einkommensbestandteil entfallenden Wohnvorteil und einer in der dortigen Region üblichen Entfernung von 82 km zum Arbeitsort verneint. Zudem wurde auf eine erhebliche Verwurzelung des 1958 geborenen Antragstellers, der seinen Lebensmittelpunkt seit Jahren am bisherigen Wohnort hat, eine Milderung der Fahrtkosten durch steuerliche Rückerstattungen sowie das Fehlen von beengten Einkommensverhältnissen während der Doppelverdienerehe verwiesen.

313 Werden Fahrtkosten dem Grunde nach als abziehbarer Aufwand anerkannt, sind sowohl Betriebskosten als auch Anschaffungskosten sowie Rücklagen einer Neuanschaffung[786] zu berücksichtigen. Wird nach **Pauschalen** abgerechnet, sind damit **alle Pkw-Kosten** (Benzin, Öl, Reifen, Wartung, Reparatur, Versicherung, Steuer, Kosten der Anschaffung) **abgegolten**.[787] Etwaige Zuschüsse des

---

778 BGH, FamRZ 2006, 108.
779 OLG Saarbrücken, FPR 2009, 133.
780 KG, FamRZ 2014, 949.
781 Zu weiteren Einzelheiten vgl. *Kleffmann*, in: Scholz/Kleffmann, Praxishandbuch Familienrecht, Teil G Rn. 167.
782 OLG Koblenz, FamRZ 2019, 197; OLG Frankfurt a.M., FuR 2019, 90.
783 OLG Koblenz, FamRZ 2019, 197; OLG Frankfurt a.M., FuR 2019, 90.
784 OLG Frankfurt a.M., FuR 2019, 90.
785 OLG Brandenburg, FuR 2019, 213.
786 BGH, FamRZ 2006, 846.
787 OLG Hamm, FamRZ 1998, 1512; OLG Hamm, FamRZ 1997, 835.

Arbeitgebers zu den Fahrtkosten müssen aufwandsmindernd berücksichtigt werden.[788] Werden die Fahrtkosten mit einer Pauschale abgerechnet, können nicht zusätzlich noch Finanzierungskosten in Ansatz gebracht werden.[789]

Bei weiten Strecken von der Wohnung zur Arbeit kann eine Verringerung des Kilometersatzes in Betracht kommen, etwa 0,30 € für die ersten 30 Entfernungskilometer und ein reduzierter Betrag von 0,20 € für die Folgekilometer.[790] 314

Bei wechselnden Einsatzstellen können auch höhere Kosten berücksichtigt werden.[791] 315

Eine **Schätzung** berufsbedingter Fahrtkosten ist möglich.[792] 316

▶ Beispiel zur Berechnung des Fahrtkostenaufwands:

Der Pflichtige fährt mit dem Pkw werktäglich von der Wohnung zur Arbeit. Die einfache Wegstrecke beläuft sich auf 40 km. Die ersten 30 km sollen mit 0,30 €, die Folgekilometer mit 0,20 € berücksichtigt werden. 317

2 x einfache Wegstrecke (60 km x 0,30 € x 220 Arbeitstage: 12 Monate) =	330,00 €
2 x einfache Wegstrecke (20 km x 0,20 € x 220 Arbeitstage: 12 Monate) =	73,34 €
Gesamtfahrtkosten:	402,34 €

Der berufsbedingte Aufwand ist vor Abzug eines **Erwerbstätigenbonus** vorzunehmen. Mit dem Bonus soll der mit der Erwerbstätigkeit verbundene höhere Aufwand abgegolten und zugleich ein Anreiz für die weitere Erwerbstätigkeit zugebilligt werden.[793] Sind berufsbedingte Kosten in voller Höhe vom Einkommen in Abzug gebracht, ist es oftmals geboten, den als Anreiz zur Erwerbstätigkeit dienenden pauschalen Bonus geringer zu bemessen, als wenn er berufsbedingte Aufwendungen einschließt.[794] Auch kann bei besonders beengten wirtschaftlichen Verhältnissen neben dem Vorwegabzug berufsbedingter Aufwendungen die Zubilligung eines weiteren Bonus gänzlich entfallen.[795] Im Regelfall genügt jedoch der bloße Abzug berufsbedingter Aufwendungen dem doppelten Zweck des Erwerbstätigenbonus nicht.[796] 318

Der Erwerbstätigenbonus ist erst vom Resteinkommen (nach vorherigem Abzug berücksichtigungswürdiger Verbindlichkeiten und ggf. eines konkret darlegten oder pauschalierten berufsbedingten Aufwandes), des Unterhalts anderer Berechtigter etc. zu bilden.[797] Der Erwerbstätigenbonus ist nur bei tatsächlicher Erbringung der Arbeitsleistung zu berücksichtigen,[798] jedoch nicht, wenn etwa der Pflichtige unter Belastung der vollen Bezüge von der Erwerbstätigkeit freigestellt ist[799] oder bei Bezug von Krankengeld.[800] 319

---

788 BGH, FamRZ 1982, 579.
789 OLG Hamm, FamRZ 1998, 561.
790 OLG Stuttgart, FPR 2008, 183: Pflicht für die Benutzung des Fahrrades; OLG Frankfurt am Main, FamRZ 2009, 888: Obliegenheit zum Umzug; OLG Saarbrücken, FPR 2009, 135: Nichtberücksichtigung der durch Wochenendehe entstehenden Kosten; OLG Köln, FamRZ 2006, 1760: Nichtberücksichtigung einer Kostenerhöhung durch Umzug zur Lebensgefährtin; insoweit anders OLG Hamm, NJWE-FER 2000, 309. Bei wechselnden Einsatzstellen können auch höhere Kosten berücksichtigt werden. BGH, FamRZ 2006, 108.
791 BGH, FamRZ 2006, 108.
792 BGH, FamRZ 2009, 404.
793 BGH, FamRZ 2004, 254.
794 BGH, FamRZ 2020, 171: Bonus nur 1/10 entsprechend Süddeutschen Leitlinien; BGH, FamRZ 1998, 899; BGH, FamRZ 1997, 806: Herabsetzung des Bonus vom 1/7 auf 1/9.
795 BGH, FamRZ 1992, 539.
796 BGH, FamRZ 2010, 1637.
797 BGH, FamRZ 1997, 806.
798 OLG Hamm, FamRZ 1993, 970.
799 OLG Koblenz, FamRZ 2008, 2289.
800 BGH, FamRZ 2009, 307.

320 **Kinderbetreuungskosten** (etwa Kosten für eine Kinderkrippe, Tagesstätte, nachmittägliche Schulbetreuung, Verpflegungskosten bei Mittagsbetreuung, Hort oder einer Betreuungsperson) während berufsbedingter Abwesenheit sind grds. abzugsfähig.[801] Kinderbetreuungskosten sind generell anzuerkennen, wenn sie zur Ausübung einer Berufstätigkeit erforderlich sind und in angemessenem Rahmen geltend gemacht werden. Sie können sowohl vom Bedürftigen als auch vom Pflichtigen bei Ausübung einer Berufstätigkeit neben Kinderbetreuung geltend gemacht werden. Handelt es sich beim Berechtigten um eine überobligatorische Tätigkeit (§ 1577 Abs. 2 BGB), sind sie im Rahmen des anrechnungsfreien Betrags zu berücksichtigen und dürfen deshalb wegen des Verbots der Doppelverwertung nicht zusätzlich als Abzugsposten bei der Bereinigung des Nettoeinkommens angesetzt werden.[802]

Die für einen **Kindergartenbesuch** anfallenden Kosten sind jedoch unabhängig davon, ob die Einrichtung halb- oder ganztags besucht wird, grds. zum **Bedarf eines Kindes** zu rechnen. Die Betreuung eines Kindes im Kindergarten oder einer **Kindertagesstätte** dient in erster Linie den Kindesinteressen und nicht dem Zweck dem betreuenden Elternteil eine Erwerbstätigkeit zu ermöglichen.[803] Der Kindergartenbeitrag oder der Beitrag für eine Kindertagesstätte sind Mehrbedarf, der auch in den Tabellenbeträgen der Düsseldorfer Tabelle nicht enthalten ist. Ausgenommen ist der auf die Verpflegung entfallende Anteil, der mit dem Kindesunterhalt abgegolten wird.[804] Nur wenn die Kinderbetreuungskosten dem Bedarf des Kindes zugerechnet werden, ist gewährleistet, dass der betreuende Elternteil für einen hieraus folgenden Mehrbedarf des Kindes nicht allein aufkommen muss. Würden die Kosten demgegenüber als berufsbedingter Aufwand behandelt, hinge die Beteiligung des barunterhaltspflichtigen Elternteils davon ab, ob der betreuende Elternteil überhaupt einen Unterhaltsanspruch hat. Dies wäre bei einem Ehegatten nach Wiederverheiratung, Begründung einer Lebenspartnerschaft oder ggf. Verwirkung nicht mehr der Fall.

Wird die **Betreuung des Kindes durch Dritte** allein infolge der Berufstätigkeit des betreuenden Elternteils erforderlich, stellen die Betreuungskosten keinen Mehrbedarf des Kindes dar, sondern gehören zur allgemeinen Betreuung, die vom betreuenden Elternteil im Gegenzug zur Barunterhaltspflicht des anderen Elternteils allein zu leisten ist. Dafür entstehende Betreuungskosten können mithin lediglich als **berufsbedingte Aufwendungen des betreuenden Elternteils** Berücksichtigung finden.[805] Nimmt ein Grundschulkind an einem »pädagogischen Mittagstisch« teil, ohne dass ein besonderer Förderbedarf zu erkennen ist, sind die damit verbundenen Kosten, im entschiedenen Fall etwa 100 € am Essensanteil, nicht als kindlicher Mehrbedarf zu berücksichtigen.[806]

▶ Hinweis:

Merke:

Eine pädagogisch veranlasste Betreuung in staatlichen Einrichtungen wie Kindergärten, Schulen, Horten oder entsprechenden privaten Einrichtungen führt grds. zu einem Mehrbedarf des Kindes.[807]

Damit ist die frühere Streitfrage, in welcher Weise zusätzliche Betreuungskosten einzustufen sind, differenziert dahin zu entscheiden, dass

– ein **Mehrbedarf des Kindes** anzunehmen ist, wenn eine pädagogisch veranlasste Betreuung vorliegt, entweder in staatlichen Einrichtungen wie Kindergarten, Hort oder Schule oder in vergleichbaren privaten Einrichtungen,

---

801 BGH, FamRZ 2005, 1154; OLG Düsseldorf, FamRZ 2017, 113.
802 Wendl/Dose/*Dose*, § 1 Rn. 146.
803 BGH, FamRZ 2009, 962; BGH, FamRZ 2008, 1152.
804 BGH, FamRZ 2009, 962.
805 BGH, NJW 2017, 2736; vgl. auch *Spangenberg*, FamRZ 2018, 37; *Christl*, FamRZ 2018, 808.
806 OLG Bremen, NZFam 2018, 685.
807 BGH, FamRZ 2018, 23.

– dagegen **berufsbedingter Aufwand** des betreuenden Elternteils, wenn die Betreuung des Kindes durch Dritte allein infolge der Berufstätigkeit des betreuenden Elternteils erforderlich wird.

Der Ansatz eines **pauschalen Betreuungsbonus** ist regelmäßig nicht gerechtfertigt.[808] Einer überobligatorischen Belastung des betreuenden Elternteils ist regelmäßig über die individuelle anteilige Berücksichtigung überobligatorisch erzielten Einkommens nach Abzug konkreter Betreuungskosten Rechnung zu tragen (vgl. jedoch auch die teilweise divergierenden Regelungen in den Leitlinien, jeweils zu 10.3). 321

IV. Umgangskosten

Durch Ausübung des Umgangs (vgl. auch Ziff. 10.7 der Leitlinien) bedingte Kosten können grds. nicht vom Einkommen abgezogen werden.[809] Schon zu § 1612 Abs. 5 BGB a.F. war jedoch anerkannt, dass Kosten anlässlich der Ausübung des Umgangs ausnahmsweise abgezogen werden können, wenn dem Unterhaltspflichtigen das anteilige Kindergeld ganz oder teilweise nicht zugutekommt und er die Kosten des Umgangs nicht aus dem ihm nach Abzug des Selbstbehalts verbleibenden Einkommen bestreiten kann.[810] Seit dem 01.01.2008 entlastet das Kindergeld als bedarfsdeckende Leistung an das Kind grds. auch den Pflichtigen dadurch, dass als Kindesunterhalt nur der sich nach Abzug des Kindergeldanteils ergebene Zahlbetrag angesetzt werden kann. Ist der Unterhaltsschuldner nur seinen Kindern zum Unterhalt verpflichtet, **können Umgangskosten** (weiterhin) **nur in Ausnahmefällen berücksichtigt werden**,[811] insb., wenn sie dem Unterhaltsberechtigten völlig unzumutbar sind und dazu führen, dass er das Umgangsrecht faktisch nicht ausüben kann.[812] 322

Übt der barunterhaltspflichtige Elternteil ein **erweitertes Umgangsrecht** aus, erbringt er hierdurch für das Kind auch Versorgungsleistungen. Eine zumindest teilweise Berücksichtigung dieser Aufwendungen durch Verrechnung auf den Barunterhalt erscheint geboten.

Die Lösungsansätze sind vielfältig.

In der Rechtsprechung[813] wird oftmals der Barunterhaltsbedarf unter **Herabstufung um eine oder mehrere Einkommensgruppen** der Düsseldorfer Tabelle bestimmt oder auf eine ansonsten gebotene Höherstufung in eine höhere Einkommensgruppe verzichtet. Auch soll von Bedeutung sein, ob sich aus der Mitbetreuung Mehrkosten und/oder besondere Ersparnisse ergeben, die sich in der Versorgung des Kindes durch den nicht barunterhaltspflichtigen Elternteil niederschlagen.[814]

Vorgeschlagen wird auch, in Anlehnung an die **50 %-Berechnung beim Wechselmodell**,[815] unter Beibehaltung der einseitigen Barunterhaltspflicht prozentuale Abzüge vorzunehmen, also pauschal abzurechnen.[816]

Nach einer weiteren Auffassung[817] wird ein **zeitliches Raster** vorgeschlagen, nach dem eine fehlende oder unter 10 % liegende Betreuung zu keiner Veränderung führt, bei einer Mitbetreuung bis zu einem Drittel, eine Verringerung um bis zu 25 % erfolgt und der Barunterhalt bei Mitbetreuung zwischen einem Drittel und der Hälfte um 50 % verringert wird.

---

808 BGH, FamRZ 2010, 1051; BGH, FamRZ 2005, 442.
809 BGH, FamRZ 2014, 977; BGH, FamRZ 1995, 215.
810 BGH, FamRZ 2005, 706.
811 BGH, FamRZ 1995, 215.
812 BGH, FamRZ 1995, 215.
813 BGH, FamRZ 2014, 917; OLG Düsseldorf, FamRZ 2016, 142; OLG Frankfurt a.M., FamRZ 2014, 46.
814 BGH, FamRZ 2014, 917; OLG Düsseldorf, FamRZ 2016, 142; ähnlich *Jokisch*, FuR 2014, 25.
815 BGH, FamRZ 2007, 707; BGH, FamRZ 2006, 1015.
816 *Wohlgemuth*, FamRZ 2014, 84; *Wohlgemuth*, FamRZ 2012, 2218.
817 *Born*, FamRZ 2015, 238.

Nach wieder anderer Auffassung[818] besteht Grund zu einer **Veränderung erst bei einem Betreuungsanteil ab 30 %**. Eine von ihr entwickelte Formel berechnet den Bedarf des Kindes nach den zusammengerechneten Einkünften der Eltern und bestimmt hiervon den jeweiligen Betreuungsanteil. Hiernach wird bei jedem der auf den Betreuungsanteil entfallende Barbedarf errechnet, wobei das Einkommensverhältnis den Maßstab bildet. Die Differenz (vorbehaltlich der Kindergeldeinrechnung) kommt zum Ausgleich.

Nach wieder anderer Auffassung[819] ist die Anpassung an die Berechnung des Unterhalts beim Wechselmodell zu weitgehend. *Seiler* will die Schwierigkeiten bei Nichtberücksichtigung bei einfachem Umgang (bis 30 %), einer Erwerbsobliegenheit bei dem überwiegend betreuenden Elternteil sowie die praktische Unsicherheit bei der Bestimmung und Veränderbarkeit zu diffizil eingerechneter Betreuungsanteilen umgehen, indem er sich dafür ausspricht, **pauschal nur zwischen einfachem Umgang** (keine Verminderung des Barunterhalts), **erweitertem Umgang bei 40 % Mitbetreuung** (Abzugsmöglichkeit mit eigener Billigkeitsberechnung unter Berücksichtigung kind- und elternbezogener Gründe) **und Wechselmodell** (spezieller Ausgleich nach BGH) zu **unterscheiden**.

Nach wieder anderer Auffassung[820] stellen erhöhte **Umgangskosten Mehrbedarf** dar, für den beide Elternteile anteilig (§ 1606 Abs. 3 Satz 1 BGB) haften.[821] Mehrbedarf liegt vor, wenn die Art des Bedarfs in den Tabellensätzen nicht enthalten ist oder die einkalkulierte Höhe übersteigt. Dies trifft zu auf Wohnkosten beim Umgangselternteil und umgangsbedingte Fahrtkosten, soweit sie über das anteilige Kindergeld hinausgehen. In den Regelsätzen können diese Kosten nicht erfasst werden, weil sie nicht üblicherweise umgangsbedingt anfallen. Eine Einordnung als Mehrbedarf ist durchaus stimmig und beseitigt auch Ungleichbehandlungen, die sich aus der gegenseitigen Anknüpfung an fließende Grenzen (zwischen üblichem Umgang, erweitertem Umgang und Wechselmodell) ergeben. Sie entlasten damit zugleich das Umgangsverfahren und sind kindeswohlgerecht. Sie schafft Anreize für den Obhutselternteil, den Umgang nicht zu erschweren, mildert den auf dem Umgangselternteil lastenden finanziellen Druck zur Umgangsrationalisierung und beendet die Belastung des Kindes mit Umgangskosten.

323 Angemessene **Aufwendungen, die dem Pflichtigen für Besuche eines unterhaltsberechtigten** Elternteils im Heim entstehen, mindern grds. die Leistungsfähigkeit.[822] Sie dienen der Aufrechterhaltung der verfassungsrechtlich geschützten Beziehungen und entsprechen regelmäßig dem Bedürfnis dem Elternteil Fürsorge zu Teil werden zu lassen, sich von seinem Wohlergehen zu überzeugen und zu erfragen.

324 **Besuchskosten** sind regelmäßig steuerlich **nicht als außergewöhnliche Belastung** abziehbar.[823] Die mit der Ausübung eines Umgangs verbundenen Aufwendungen des Empfängers von Hilfe zum Lebensunterhalt nach SGB II können jedoch eine bedarfsauslösende, vom Träger der Sozialhilfe zu übernehmende Lebenslage darstellen.[824] Zu den Kosten des Umgangs zählen insb. angemessene Fahrtkosten[825] oder Übernachtungskosten.

325 Ob Personen, die nicht rechtliche Eltern sind, für Kosten des Umgangs mit dem Kind eine Kostenerstattung, etwa aufgrund einer Geschäftsführung ohne Auftrag gem. §§ 677, 683 Satz 1, 670 BGB verlangen können,[826] ist heftig umstritten und wird von der h.M. zu Recht abgelehnt.[827]

---

818 *Schumann*, Gutachten zum 72. DJT 2018, E. III. 1.
819 Vgl. *Seiler*, FamRZ 2018, 1130.
820 *Lettmaier/Dürbeck*, FamRZ 2019, 83.
821 Vgl. zum Ganzen auch *Wohlgemuth*, FamRZ 2019, 1977.
822 BGH, FamRZ 2013, 868; OLG Hamm, FamRZ 2013, 1146.
823 BFH, FamRB 2008, 31.
824 BSG, FamRZ 2007, 465.
825 OLG Schleswig, NJW 2009, 1216; OLG Stuttgart, FamRZ 2008, 1273.
826 Vorschlag von *Löhning*, FamRZ 2013, 1866.
827 *Wohlgemuth*, FamRZ 2014, 356; *Spangenberg*, FamRZ 2014, 355.

326 Die **Darlegungs- und Beweislast** für die anfallenden Kosten trifft den Unterhaltspflichtigen.[828] **Schadensersatzansprüche** für die Verletzung des Umgangsrechts wegen verfehlter Aufwendungen (etwa Hotelkosten, Fahrtkosten etc.) können entstehen, wenn der Umgangsverpflichtete vereinbarte oder gerichtliche Umgangsregelungen vereitelt.[829]

327 Auch angemessene Aufwendungen, die dem Unterhaltspflichtigen für **Besuche eines unterhaltsberechtigten Elternteils** im Heim entstehen, mindern grds. die Leistungsfähigkeit.[830]

V. Verbindlichkeiten

328 Berücksichtigungswürdige Verbindlichkeiten mindern das unterhaltsrechtlich relevante Einkommen (vgl. auch Nr. 10.4 der Leitlinien). Schulden können nur abgezogen werden, soweit sie tatsächlich auch bedient werden.[831] Werden jedoch Einkünfte fingiert, ist auch eine **fiktive Bedienung von Schuldverbindlichkeiten** gerechtfertigt.

1. Grundlagen

329 Es gibt keinen generellen Vorrang von Unterhaltsverpflichtungen.[832] Neben Unterhaltsverpflichtungen sind nach §§ 1581, 1603 Abs. 1 BGB auch sonstige Verpflichtungen des Schuldners zu berücksichtigen. Die Berücksichtigung von Verbindlichkeiten hat aufgrund einer **umfassenden Interessenabwägung** zu erfolgen.[833]

330 **Bedeutsame Umstände für die gebotene Interessenabwägung:**[834]
– Verschärfte Unterhaltspflicht (§ 1603 Abs. 2 BGB)[835]
– Zweck der Verbindlichkeit
– Zeitpunkt und Art der Entstehung der Verbindlichkeit
– Dringlichkeit der beiderseitigen Bedürfnisse (Kredit zur Finanzierung des Umzugs, Anschaffung notwendigen Mobiliars, der Kaution für eine Mietwohnung, zur Bestreitung von Renovierungskosten etc.)
– Höhe der Verbindlichkeit: niedrige Schulden (bis ca. 100 €) hat ein gesteigert Unterhaltspflichtiger bei beengten wirtschaftlichen Verhältnissen aus dem Selbstbehalt oder dem Erwerbstätigenbonus zu bedienen[836]
– Kenntnis des Schuldners von Grund und Höhe der Unterhaltsschuld[837]
– Möglichkeiten des Schuldners, die Leistungsfähigkeit in zumutbarer Weise ganz oder teilweise, z.B. durch Tilgungsstreckung, wiederherzustellen[838]
– Schutzwürdige Belange Dritter[839]

331 Aus dem jeweiligen Unterhaltsverhältnis kann sich auch eine unterschiedliche Betrachtung der Berücksichtigungsfähigkeit der Verbindlichkeiten ergeben.

332 Beim **Kindesunterhalt** gelten, jedenfalls wenn der **Mindestbedarf** des Kindes nicht gedeckt werden kann, außerordentlich **strenge Maßstäbe**.[840] So muss sich ein Schuldner insb. auch um eine

---

828 OLG Brandenburg, FamRZ 2011, 1302; OLG Schleswig, NJW-RR 2011, 7.
829 BGH, NJW 2002, 2566.
830 BGH, FamRZ 2013, 868.
831 OLG Saarbrücken, ZFE 2007, 276; OLG Köln, FamRZ 2006, 1760.
832 BGH, FamRZ 2013, 1538; BGH, FamRZ 1984, 657.
833 BGH, FamRZ 2019, 1415; BGH, FamRZ 2017, 109; BGH, FamRZ 2010, 538; OLG Frankfurt a.M., FuR 2019, 90.
834 BGH, FamRZ 2010, 538; BGH, ZFE 2007, 189; BGH, FamRZ 2002, 536.
835 Vgl. OLG Brandenburg, FamRZ 2019, 962; OLG Dresden, FamFR 2010, 12.
836 BGH, FamRZ 2009, 314; OLG Koblenz, NJW-RR 2014, 4.
837 BGH, ZFE 2007, 189; BGH, FamRZ 2002, 536; OLG Dresden, FamRZ 2006, 569.
838 BGH, FamRZ 2002, 536.
839 Grundlegend BGH, FamRZ 1982, 157; BGH, FamRZ 1984, 657.
840 OLG Dresden, FamRZ 2010, 575; OLG Stuttgart, FamRZ 2007, 1839.

Tilgungsstreckung bemühen, um jedenfalls den Mindestunterhalt des Kindes sicherzustellen.[841] I.Ü. ist zu berücksichtigen, dass die Kinder die Lebensstellung ihrer Eltern teilen,[842] so dass auch Verbindlichkeiten, welche die Eltern gemeinsam eingegangen sind und die deshalb auch bei Fortbestand der Ehe den Familienunterhalt geschmälert hätten, abzugsfähig sind,[843] jedenfalls solange der Mindestunterhalt nicht tangiert ist.

333 **Beim sonstigen Verwandtenunterhalt**, etwa beim Eltern- oder Enkelunterhalt, kann ein großzügigerer Maßstab angelegt werden, da weder Kinder noch Großeltern im Regelfall mit einer Inanspruchnahme rechnen müssen.[844]

334 I.R.d. **Ehegattenunterhalts** ist zu berücksichtigen, dass die ehelichen Lebensverhältnisse i.S.d. § 1578 Abs. 1 Satz 1 BGB grds. durch Umstände bestimmt werden, die bis zur Rechtskraft der Scheidung eingetreten sind.[845] Bei der **Bedarfsbemessung** sind eheprägende Verbindlichkeiten zu berücksichtigen. Nacheheliche Entwicklungen wirken sich auf den Bedarf nur aus, wenn sie auch bei Fortbestehen der Ehe eingetreten wären oder in anderer Weise in der Ehe angelegt und mit hoher Wahrscheinlichkeit zu erwarten waren.[846] Beim **Trennungsunterhalt** kommt es maßgeblich darauf an, ob die Schulden zur Zeit des Zusammenlebens der Eheleute entstanden sind und aus ihrer gemeinsamen Lebensführung herrühren. Ist dies der Fall, sind sie grds. zu berücksichtigen, weil die ehelichen Lebensverhältnisse entsprechend eingeschränkt waren und die Mittel zur Schuldenrückführung auch bei Fortsetzung des ehelichen Zusammenlebens nicht zur Verfügung gestanden hätten.[847] Unabhängig davon ist, ob die Schulden gemeinsam oder mit ausdrücklicher oder stillschweigender Zustimmung des anderen Ehegatten von einem allein begründet wurden.[848] Andererseits kann der unterhaltsberechtigte Ehegatte nicht verlangen, dass der unterhaltsverpflichtete Ehegatte weiter Schulden aufnimmt, um den Lebensstandard aufrecht zu erhalten, wenn bereits während des Zusammenlebens der Lebensbedarf durch Überziehung des Bankkontos bestritten wurde. Nicht berücksichtigungswürdig sind Kredite des Berechtigten, die er nach Trennung/Scheidung zur Finanzierung seiner Lebenshaltungskosten aufnimmt, da es sonst zu einer doppelten Befriedigung kommen würde, wenn er einen entsprechenden Unterhaltsanspruch hat. Nach Trennung/Scheidung aufgenommene Verbindlichkeiten des Berechtigten sind grds. nicht zu berücksichtigen, da der Pflichtige ansonsten über einen höheren Unterhalt diese neuen Schulden des Bedürftigen mitzahlen müsste.

335 Auch i.R.d. **Bedarfsbemessung** sind Verbindlichkeiten, soweit sie ehebedingt sind, berücksichtigungsfähig. Sie mindern als **prägende Ausgaben** das für Unterhaltszwecke verbrauchbare Einkommen, da auch bei Fortbestand der Ehe solche Mittel zur Deckung des laufenden Lebensbedarfs zur Verfügung gestanden hätten.[849] I.R.d. **Bedarfsbemessung** sind vom anrechenbaren Nettoeinkommen insb. abzuziehen voreheliche Schulden, die auch während der Ehe weiter abbezahlt werden mussten und bis zur Trennung begründete eheliche Schulden. Entfallen solche Zahlungsverpflichtungen, etwa wegen Kredittilgung, erhöht sich das bei der Bedarfsbemessung zu berücksichtigende anrechenbare Einkommen auch, wenn sich die Änderungen erst nach Scheidung der Ehe ergeben.[850]

---

841 OLG Rostock, FamRZ 2009, 1922.
842 BGH, FamRZ 2002, 1536; BGH, FamRZ 1989, 172.
843 BGH, FamRZ 1986, 160.
844 BGH, FamRZ 2003, 1179 hinsichtlich Tilgungsraten für ein selbst genutztes Familienheim; OLG Düsseldorf, NJW-RR 2009, 1229.
845 BVerfG, FamRZ 2011, 437; BGH, NJW 2012, 384.
846 BGH, NJW 2012, 384.
847 BGH, FamRZ 1991, 1163.
848 OLG München, FamRZ 1995, 231.
849 BGH, FamRZ 1995, 869.
850 BGH, FamRZ 1990, 1085.

Bei der Bemessung der **Leistungsfähigkeit** (§ 1581 BGB) hingegen können noch weitere Umstände berücksichtigt werden, die nicht bereits Einfluss auf die Bemessung des Bedarfs hatten. Hierzu zählen auch **berücksichtigungswürdige Verbindlichkeiten**.[851] Voraussetzung ist immer, dass die Verbindlichkeit nicht grundlos, leichtfertig oder für luxuriöse Zwecke eingegangen wurde.[852] Jedenfalls i.R.d. Leistungsfähigkeit werden trennungsbedingt notwendig eingegangene Verbindlichkeiten (Anschaffung neuer Möbel, Kreditrate für einen beruflich benötigten Pkw etc.) anzuerkennen sein.

336

Bei **vermögensbildenden Krediten** ist zu differenzieren. Handelt sich um eine gemeinsame Vermögensbildung der Eheleute, sind die Aufwendungen grds. berücksichtigungsfähig, nicht jedoch bei einseitigen Vermögensbildungsmaßnahmen nach Rechtshängigkeit des Ehescheidungsverfahrens, es sei denn, es handelt sich um angemessenen Altersvorsorgeaufwand.[853]

337

Die **Darlegungs- und Beweislast** für berücksichtigungswürdige Verbindlichkeiten trägt der Beteiligte, der sich auf den Abzug beruft.[854]

338

2. Gesamtschuldnerausgleich

Soweit eine Verbindlichkeit bei der Bildung des bereinigten Nettoeinkommens für den **Ehegattenunterhalt** berücksichtigt wurde, entfällt ein Gesamtschuldnerausgleich, weil die unterhaltsrechtliche Berücksichtigung bereits eine **anderweitige Regelung** i.S.d. § 426 Abs. 1 Satz 1 BGB darstellt.[855] Etwas anderes gilt beim **Kindesunterhalt**.[856] Hier handelt es sich schon nicht um wechselseitige Ansprüche der Ehegatten. Die Berücksichtigung einer Gesamtschuld beim Kindesunterhalt führt auch nur in eingeschränktem Umfang zu einem reduzierten Unterhalt (ggf. andere Einkommensgruppe) und regelmäßig nicht zu einem angemessenen Äquivalent für die alleinige Belastung mit der Gesamtschuld.[857]

339

Wird ein Unterhaltsanspruch von einem Ehegatten nicht geltend gemacht, weil der andere Ehegatte Gesamtschulden tilgt und im Hinblick auf die Einkommensminderung sich ein Unterhaltsanspruch nicht errechnet, bedarf es einer ausdrücklichen oder stillschweigenden Vereinbarung der Eheleute, dass Unterhalt nur wegen der Schuldentilgung nicht geltend gemacht wird.[858] Fehlt eine solche Vereinbarung, läuft der unterhaltsberechtigte Ehegatte Gefahr, auf einen Gesamtschuldnerausgleich in Anspruch genommen zu werden, obwohl er unterhaltsrechtliche Nachteile hingenommen hat. In einem solchen Fall empfiehlt es sich für den unterhaltsberechtigten Ehegatten stets, auf eine ausdrückliche Vereinbarung hinzuwirken, oder sich am Gesamtschuldnerausgleich zu beteiligen.

340

Ist die Gesamtschuld für die Unterhaltsberechnung nicht von Bedeutung, etwa weil es an der Bedürftigkeit eines Ehegatten fehlt,[859] ist der Gesamtschuldnerausgleich zwischen den Eheleuten »normal« durchzuführen.[860] Auch ist zu berücksichtigen, dass die Einbeziehung der Gesamtschuld

341

---

851 Eingehend bereits *Gerhardt*, FamRZ 2007, 945.
852 Grundlegend BGH, FamRZ 1996, 160; BGH, FamRZ 1984, 358.
853 BGH, FamRZ 2008, 968; BGH, FamRZ 2000, 950; BGH, FamRZ 1998, 87.
854 BGH, FamRZ 1990, 283; Übersicht zu den berücksichtigungswürdigen Verbindlichkeiten bei *Kleffmann*, in: Scholz/Kleffmann, Praxishandbuch Familienrecht, Teil G Rn. 179.
855 BGH, FamRZ, 2011, 622; BGH, FamRZ 2011, 25; BGH, FamRZ 2008, 602.
856 BGH, FamRZ 2008, 602; BGH, FamRZ 2007, 1975.
857 BGH, FamRZ 2007, 1975.
858 BGH, FuR 2005, 379.
859 OLG Düsseldorf, FamRZ 2009, 1835.
860 Eingehend *Roßmann*, ZFE 2011, 164.

in die Unterhaltsberechnung wegen des Erwerbstätigenbonus von 1/7 oder 1/10 zu keiner hälftigen Teilung führt:

▶ Beispiel: Gesamtschuld bei Unterhaltsberechnung mit 1/7 Erwerbstätigenbonus[861]

342 M erwirtschaftet ein bereinigtes Einkommen von 3.800 €. Er tilgt ein Darlehen i.H.v. 1.000 € mtl., das die Eheleute während ihrer Ehe gemeinsam aufgenommen haben.

Der Unterhalt der F errechnet sich wie folgt:

Einkommen des M abzüglich der Rate für das Darlehen	2.800 €
Anspruch der F davon 3/7	**1.200 €**

Berücksichtigt man das Darlehen beim Unterhalt nicht, sondern nimmt einen »normalen«

Gesamtschuldnerausgleich vor, ergibt sich im Vergleich folgendes Ergebnis:

Einkommen des M ohne Berücksichtigung der Rate für das Darlehen	3.800 €
Anspruch der F davon 3/7	**1.629 €**
Beteiligung der F an der Darlehensrate	500 €
F verbleibt ein Betrag von	**1.129 €**

Dies bedeutet, dass die Einbeziehung der Gesamtschuld der F einen Vorteil i.H.v. mtl. 71 € verschafft bzw. umgekehrt, dass dieser Betrag von 71 € von M zusätzlich aufgewendet werden muss, um seinen Verpflichtungen nachzukommen.

343 Im Hinblick darauf, dass die unterhaltsrechtlichen Regelungen ggü. dem Gesamtschuldnerausgleich nicht vorrangig sind, wird man dem Unterhaltsverpflichteten einen Gesamtschuldnerausgleichsanspruch noch hinsichtlich des Differenzbetrags zuzubilligen haben, sofern der Pflichtige nicht zuvor bereits die Berücksichtigung der Gesamtschuld in der Unterhaltsberechnung abgelehnt hat, um einen isolierten vollständigen Gesamtschuldnerausgleich geltend machen zu können.

3. Verbraucherinsolvenzverfahren

344 Eine Obliegenheit zur **Einleitung eines Verbraucherinsolvenzverfahrens**[862] besteht i.R.d. Unterhalts für **minderjährige** und **privilegiert volljährige Kinder**, wenn der Schuldner trotz ernsthafter außergerichtlicher Bemühungen eine Reduzierung seiner bisherigen Belastungen nicht erreichen kann, die Unterhaltspflicht zur Zahlungsunfähigkeit führt und ein Insolvenzverfahren nicht aus anderen, vom Schuldner darzulegenden Gründen unzumutbar ist.[863] I.R.d. **Trennungsunterhalts** und **nachehelichen Unterhalts, i.R.d. § 1615l BGB**[864] oder i.R.d. Unterhalts unter Lebenspartnern besteht keine Obliegenheit zur Einleitung der Verbraucherinsolvenz.[865] Wegen des schwerwiegenden Eingriffs einer Verbraucherinsolvenz in die Lebensstellung eines Ehegatten verbietet sich die Ausdehnung der Obliegenheit zur Einleitung eines Insolvenzverfahrens auch auf das Ehegattenunterhaltsverhältnis. Den Unterhaltsberechtigten treffen jedoch Obliegenheiten. Er muss sämtliche ihm möglichen Anträge stellen und den pfändungsfreien und damit unterhaltsrechtlich zur Verfügung stehenden Teil max. ausschöpfen.[866] Ggü. einem Anspruch aus § 1615l BGB besteht **keine Obliegenheit zur Einleitung eines Insolvenzverfahrens** mit Restschuldbefreiung.[867] Entsprechendes

---

861 Nach *Roßmann*, ZFE 2011, 164.
862 Eingehend hierzu *Büte*, FuR 2015, 583; *Sternal*, NJW 2007, 1909; *Wohlgemuth*, FamRZ 2005, 2025; *Krause*, FamRZ 2005, 1725; *Hauß*, FamRZ 2006, 1496.
863 BGH, FamRZ 2019, 1415; BGH, NJW 2015, 2493; OLG Dresden, FamRZ 2016, 1172; *Büte*, FuR 2015, 583.
864 OLG Koblenz, FamRZ 2006, 449.
865 BGH, NJW 2010, 2583; BGH, FamRZ 2008, 137.
866 BGH, FamRZ 2008, 137; vgl. auch BGH, NJW 2003, 2167.
867 OLG Koblenz, FamRZ 2006, 440.

gilt für den Unterhalt unter **Lebenspartnern**. Als Folge der Einleitung des Insolvenzverfahrens sind unterhaltsrechtlich nicht mehr die – mit erheblichen Verbindlichkeiten belasteten – vollen Erwerbseinkünfte des Schuldners zu berücksichtigen, sondern nur noch die ihm in der Insolvenz für den eigenen Unterhalt und für die Ansprüche anderer Unterhaltsberechtigter nach Ermessen der Gläubigerversammlung bzw. des Insolvenzverwalters gewährten Beträge (§ 100 InsO). Die Dauer der Unterhaltspflicht, zumal ggü. minderjährigen Kindern, muss in einem angemessenen Verhältnis zu derjenigen des Insolvenzverfahrens stehen.[868] Die Möglichkeit der Verbraucherinsolvenz macht eine **Abwägung zwischen den Gläubigerinteressen und den Interessen der Unterhaltsberechtigten sowie des Unterhaltspflichtigen** nicht entbehrlich.[869] Der Schuldner ist nicht gehindert, im Einzelfall Umstände vorzutragen und ggf. zu beweisen, welche die Obliegenheit zur Einleitung eines Insolvenzverfahrens im Einzelfall als unzumutbar erscheinen lassen.[870] So obliegt es einem Unterhaltsschuldner auch im Rahmen seiner ggü. minderjährigen Kinder gesteigerten Unterhaltspflicht nicht, ein Insolvenzverfahren einzuleiten, wenn die damit verbundene Einschränkung seiner wirtschaftlichen Handlungsfreiheit den Erhalt seines Arbeitsplatzes gefährdet.[871]

▶ Prüfungsschema hinsichtlich der Obliegenheit zur Einleitung eines Insolvenzverfahrens:
– gesteigerte Unterhaltspflicht nach § 1603 Abs. 2 BGB;
– Vorliegen der Voraussetzungen der Verbraucherinsolvenz mit Restschuldbefreiung;
– Eröffnungsgrund, §§ 16 ff. InsO: bereits eingetretene oder drohende Zahlungsunfähigkeit und keine Gründe gegen eine spätere Restschuldbefreiung nach Maßgabe der §§ 286 InsO;
– keine Unzumutbarkeit der Antragspflicht im konkreten Einzelfall wegen zu erwarten der Kosten des Insolvenzverfahrens,
– Einschränkung der wirtschaftlichen Selbstständigkeit durch Bestellung eines Treuhänders im Insolvenzverfahren, § 313 Abs. 1; § 292 InsO;
– Dauer des Insolvenzverfahrens im Vergleich zur voraussichtlichen Unterhaltspflicht ggü. minderjährigen Kindern;
– keine erheblichen Einschnitte in die Rechte anderer Gläubiger;
– betreut der Schuldner selbst ein Kind, ist anhand der zu § 1570 BGB entwickelten Maßstäbe zu bestimmen, ob der daneben erwerbstätig sein muss, um die Restschuldbefreiung erhalten zu können.[872]

345

4. Doppelverwertungsverbot

Ein und derselbe Vermögenswert darf nicht in mehreren Ausgleichssystemen berücksichtigt werden.[873]

346

Eine zweifache Teilhabe widerspräche dem Grundsatz, dass ein güterrechtlicher Ausgleich nicht stattzufinden hat, soweit eine Vermögensposition bereits auf andere Weise, sei es unterhaltsrechtlich oder im Wege des Versorgungsausgleichs, ausgeglichen wird. Für das Verhältnis zwischen Zugewinnausgleich und Versorgungsausgleich ergibt sich dies bereits aus § 2 Abs. 4 VersAusglG. Für das Verhältnis zwischen Unterhalt und Zugewinn gilt nichts anderes, auch wenn es insoweit an einer ausdrücklichen gesetzlichen Regelung fehlt.[874] Ein Unterhaltsgläubiger darf in keinem Fall an den Werten doppelt partizipieren, d.h. unterhaltsrechtlich und auch als Zugewinnausgleichsgläubiger teilhaben.[875] Partizipiert ein Ehegatte an einer dem anderen vor dem Stichtag des § 1384 BGB etwa

347

---

[868] OLG Dresden, FamRZ 2003, 1028; OLG Nürnberg, FamRZ 2005, 1502: keine Obliegenheit zur Einleitung eines Verbraucherinsolvenzverfahrens, wenn die Drittschulden relativ niedrig sind.
[869] *Schürmann*, FamRZ 2005, 888.
[870] BGH, FamRZ 2005, 608; OLG Stuttgart, FamRZ 2003, 1216; *Krause*, FamRZ 2005, 1725; vgl. auch *Niepmann*, FPR 2006, 91 und *Große-Boymann*, FPR 2006, 101.
[871] OLG Oldenburg, FamRZ 2006, 1223.
[872] BGH, FamRZ 2010, 638.
[873] BGH, FamRZ 2007, 1532.
[874] BGH, FamRZ 2011, 622; BGH, FamRZ 2003, 434; BGH, FamRZ 2003.
[875] BGH, FamRZ 2003, 432.

ausgezahlten Arbeitnehmerabfindung dadurch, dass sie als Einkommen berücksichtigt wird, darf er an der Abfindung nicht auch noch i.R.d. Zugewinnausgleichs beteiligt werden.[876]

348 Zunächst ist zu berücksichtigen, dass es den Ehegatten freisteht, eine **Vereinbarung** darüber zu treffen, aktive Vermögenspositionen in den Zugewinn oder in die Unterhaltsberechnung einzustellen.[877] Haben die Parteien eine wirksame Vereinbarung getroffen und darin die Frage der Anrechnung geregelt, so bindet diese einvernehmliche Festlegung durch das Gericht, wenn es über den anderen Punkt zu einem Rechtsstreit kommt.[878] Handelt es sich bei dem Passivposten um **Verbindlichkeiten**, die eine **zulässige Altersvorsorge** darstellt, kann es nicht zu einer zweifachen Benachteiligung kommen. Im Zugewinn stellt sie eine Alleinschuld des Zahlungspflichtigen dar, im unterhaltsrechtlichen Bereich ist sie nicht als Verbindlichkeit, sondern als angemessene Altersvorsorgeaufwendung zu berücksichtigen.[879] Handelt es sich um eine Verbindlichkeit, die keine angemessene Altersvorsorge darstellt, ist sie unterhaltsrechtlich jedenfalls ab Rechtshängigkeit des Ehescheidungsverfahrens nicht mehr zu berücksichtigen.[880] Wird sie unterhaltsrechtlich aber nicht/mehr) berücksichtigt, stellt sich die Frage der **Doppelverwertung** bei Unterhalt und Zugewinn nicht (mehr). Kredite, für die beide Eheleute gesamtschuldnerisch haften und die ihnen beide zugutekamen (etwa Kredit zum Erwerb einer Immobilie), sind zum Stichtag der Zugewinnausgleichsauseinandersetzung mit dem hälftigen Valutenstand bei jedem Ehegatten anzusetzen. Zu einer Doppelverwertung kann es nur kommen, wenn beim Zugewinn die Gesamtschuld bei einem Ehegatten in voller Höhe angesetzt wird, etwa weil er sie tilgt, da der hälftige Ausgleich bereits durch den Vorwegabzug der Schuld beim Unterhalt berücksichtigt wurde.[881]

349 Handelt es sich im Innenverhältnis um keine Gesamtschuld, hat der Ehegatte im Innenverhältnis den Kredit allein abzutragen. Die Verbindlichkeit ist sodann zur Vermeidung einer Doppelverwertung wie eine einseitige Schuld zu behandeln.[882]

VI. Unterhalt anderer Berechtigter

350 Beim **Unterhalt minderjähriger Kinder** werden sonstige Unterhaltslasten beim Pflichtigen nicht einkommensmindernd berücksichtigt, weil die Bedarfsberechnung nach der DT zusätzlichen Unterhaltslasten durch eine entsprechende **Herabstufung in den Einkommensgruppen** Rechnung trägt.

351 Bei der Bemessung des Ehegattenunterhalts sind grds. die Umstände zu berücksichtigen, die das für Unterhaltszwecke verfügbare Einkommen auch schon vor **Rechtskraft der Scheidung** beeinflusst haben.[883] Auch das **Hinzutreten weiterer Unterhaltsberechtigter** bis zur rechtskräftigen Scheidung ist zu berücksichtigen.[884] Es kommt maßgeblich auf die **Rangverhältnisse** an.[885] Dies gilt sowohl für gemeinsame Kinder als auch für Kinder des Pflichtigen aus einer neuen Beziehung, die bereits vor Rechtskraft der Scheidung geboren sind.[886] Dies gilt selbst dann, wenn die Kinder inzwischen volljährig und nach § 1609 Nr. 4 BGB ggü. dem geschiedenen Ehegatten nachrangig sind. Der Nachrang wirkt sich erst bei Vorliegen eines absoluten Mangelfalls i.R.d. Leistungsfähigkeit aus. Nichts anderes gilt für den Anspruch auf Betreuungsunterhalt nach § 1615l BGB, den die Mutter

---

876 Zu entsprechendem außergerichtlichen bzw. prozessualen Vorgehen vgl. *Kogel*, FamRZ 2003, 1645.
877 A.A. aber wohl *Gerhardt/Schulz*, FamRZ 2005, 145: Vorrang des Unterhalts.
878 BGH, FamRZ 2004, 13.
879 Vgl. zum Ganzen auch *Gerhardt*, FuR 2007, 393.
880 BGH, FamRZ 2009, 23; BGH, FamRZ 2008, 963.
881 BGH, FamRZ 2009, 23; BGH, FamRZ 2008, 761: zu Einzelheiten vgl. Wendl/Dose/*Gerhardt*, § 4 Rn. 233.
882 Vgl. zu weiteren Einzelheiten *Schulz/Hauß*, Kap. 6, Rn. 80 ff. und *Gerhardt/Schulz*, FamRZ 2005, 317, 1523.
883 Grundlegend BGH, FamRZ 1982, 241.
884 BVerfG, FamRZ 2011, 437.
885 BGH, FamRZ 2012, 525; BGH, FamRZ 2014, 1183.
886 BGH, FamRZ 2000, 1492; BGH, FamRZ 1999, 367.

eines vor Rechtskraft der Scheidung geborenen nichtehelichen Kindes schon während der Ehezeit von dem unterhaltspflichtigen geschiedenen Ehegatten verlangen kann.[887] Auch diese Unterhaltspflicht hat die ehelichen Lebensverhältnisse bereits beeinflusst.

Bei der **Bedarfsbemessung** sind alle Umstände zu berücksichtigen, die das für Unterhaltszwecke verfügbare Einkommen schon vor Rechtskraft der Scheidung beeinflusst haben, mithin auch die Unterhaltspflicht ggü. vor Scheidung geborenen weiteren Unterhaltsberechtigten, seien es gemeinsame Kinder oder Kinder des Pflichtigen aus seiner neuen Beziehung.[888] Als für die ehelichen Lebensverhältnisse maßgebend ist auch der Anspruch auf Betreuungsunterhalt nach § 1615l BGB zu sehen, den die Mutter eines vor Rechtskraft der Scheidung geborenen nichtehelichen Kindes schon während der Ehezeit von dem unterhaltspflichtigen geschiedenen Ehemann verlangen kann.[889] Unterhaltspflichten hingegen für ein nachehelich geborenes Kind und/oder Betreuungsunterhalt für dessen nicht mit dem Vater verheiratete Mutter nach § 1615l BGB sind bei der Bemessung des Bedarfs eines geschiedenen Ehegatten nach § 1578 Abs. 1 Satz 1 BGB nicht zu berücksichtigen.[890]

352

Bei der **Prüfung der Leistungsfähigkeit** (§ 1581 BGB) sind jedoch grds. auch Unterhaltslasten zu berücksichtigen, die sich nicht auf den Bedarf ausgewirkt haben.

353

Dies gilt zunächst für nachehelich geborene minderjährige oder privilegiert volljährige Kinder, die nach § 1609 Nr. 1 BGB vorrangig sind. Dass diese Unterhaltspflicht erst nachehelich entstand, ist i.R.d. Leistungsfähigkeit unerheblich, weil insoweit für die weiteren Berechtigten kein Vertrauensschutz dahin gehend besteht, dass sich durch Wiederheirat und Gründung einer Zweitfamilie des Pflichtigen der Kreis der unterhaltsberechtigten Personen nicht vergrößert und seine Unterhaltsquote nicht gekürzt wird.[891]

354

Die Leistungsfähigkeit des Pflichtigen kann auch für nacheheliche hinzugekommene Unterhaltspflicht ggü. einem neuen Ehegatten oder die Mutter eines nichtehelich geborenen Kindes nach § 1615l BGB beeinflusst werden. Die wechselseitige Beeinflussung der Unterhaltsansprüche kann sogar so weit führen, dass ein Anspruch auf Aufstockungsunterhalt sich auch erst dadurch ergeben kann, dass das Einkommen des für den Kindesunterhalt barunterhaltspflichtigen Ehegatten durch den Vorwegabzug des Kindesunterhalts unter das Einkommen des kinderbetreuenden Ehegatten absinkt.[892] Kindesunterhalt ist eine abzugsfähige Verbindlichkeit, so dass durch den Abzug ein Unterhaltsanspruch des barunterhaltspflichtigen Elternteils ausgelöst werden könnte und ist damit eine hinzunehmende Folge.

355

Ist **die geschiedene Ehefrau**, etwa wegen langer Ehedauer oder Betreuung eines gemeinsamen Kindes, ggü. dem hinzugetretenen Anspruch auf Betreuungsunterhalt der Mutter des nachehelich geborenen Kindes nach § 1609 Nr. 2 BGB **gleichrangig**, sind i.R.d. **Billigkeitsprüfung** die neu hinzugekommenen Unterhaltsverpflichtungen zu berücksichtigen.

356

Der unterhaltsberechtigte geschiedene Ehegatte kann nicht mehr den vollen Unterhalt im Wege der Halbteilung verlangen, weil dem Pflichtigen nur ein gleichhoher Betrag seines Einkommens verbliebe, der für seinen eigenen Unterhalt und den hinzugetretenen gleichrangigen Betreuungsunterhalt zu verwenden wäre. Sowohl dem Pflichtigen als auch dem gleichrangig hinzugetretenen Berechtigten verbliebe dann weniger als dem geschiedenen Ehegatten zustünde. Dem Pflichtigen muss im Verhältnis zum geschiedenen Ehegatten jedoch mehr als die Hälfte des Einkommens verbleiben, um auch den hinzugekommenen Betreuungsunterhalt des neuen Ehegatten oder einen nachehelich entstandenen Betreuungsunterhaltsanspruch nach § 1615l BGB erfüllen zu können. Insoweit gilt

357

---

887 BGH, NJW 2012, 384.
888 BGH, NJW 2012, 384.
889 BGH, NJW 2012, 384; *Kleffmann*, FuR 2012, 162; vgl. jedoch auch *Götz/Brudermüller*, NJW 2011, 2609; *Maurer*, FamRZ 2011, 849.
890 BGH, NJW 2012, 384; zuvor bereits *Götz/Brudermüller*, NJW 2011, 801; *Maier*, FuR 2011, 182.
891 BGH, FamRZ 2016, 199; BGH, FamRZ 2014, 1183.
892 BGH, FamRZ 2016, 199.

die vom BVerfG[893] verworfene **Wandelbarkeitsrechtsprechung**[894] auf der Ebene der Leistungsfähigkeit nicht. Die **Unterhaltspflicht gegenüber einem neuen Ehegatten** ist ausnahmsweise für die Bemessung des Unterhaltsbedarfs des früheren Ehegatten zu berücksichtigen, soweit sie – etwa als Anspruch auf Betreuungsunterhalt gem. § 1615l BGB – bereits die ehelichen Lebensverhältnisse geprägt hat.[895] Zwar bleibt nach der Rechtsprechung des BGH eine nacheheliche Entwicklung, die keinen Anknüpfungspunkt in der Ehe findet, ohne Auswirkung auf den Unterhaltsbedarf nach den ehelichen Lebensverhältnissen. Dies gilt insbesondere für die Unterhaltspflicht gegenüber einem neuen Ehegatten, die erst nach der Scheidung der ersten Ehe eintreten kann.[896] Anders verhält es sich jedoch ausnahmsweise wenn die Unterhaltspflicht für den neuen Ehegatten – wenn auch auf einer anderen Anspruchsgrundlage beruhend – bereits die ehelichen Lebensverhältnisse geprägt hatte. Dies ist der Fall, wenn schon vor der Scheidung eine Unterhaltsverpflichtung gem. § 1615l BGB bestand. Die Ansprüche auf Betreuungsunterhalt nach § 1615l BGB und § 1570 BGB unterscheiden sich bezogen auf die Dauer der Anspruchsberechtigung nicht voneinander.[897]

358 Ist der **Anspruch des neuen Ehegatten** ggü. dem Anspruch des geschiedenen Ehegatten **vorrangig**, ist es i.R.d. § 1581 Abs. 1 BGB erst recht geboten, den Unterhaltsanspruch des neuen Ehegatten i.R.d. Leistungsfähigkeit ggü. den geschiedenen Ehegatten zu berücksichtigen.

359 Bei **Nachrangigkeit des neuen Ehegatten** ggü. dem geschiedenen Ehegatten, ist dessen Unterhaltsanspruch i.R.d. Leistungsfähigkeit ggü. den geschiedenen Ehegatten nicht als sonstige Verpflichtung zu berücksichtigen. In solchen Fällen ist der Pflichtige regelmäßig i.H.d. Bedarfs nach den ehelichen Lebensverhältnissen leistungsfähig. Dies schließt jedoch nicht aus, dass im Einzelfall weitere individuelle Umstände berücksichtigt werden können, insb., ob der Mindestbedarf eines Berechtigten gedeckt ist.[898]

360 Sofern **Kindesunterhalt** mindernd zu berücksichtigen ist, ist nicht der Tabellenunterhalt, sondern der **Zahlbetrag** in Abzug zu bringen.[899] Dies gilt sowohl für die Bedarfsermittlung nach § 1578 Abs. 1 BGB[900] als auch i.R.d. Prüfung der Leistungsfähigkeit nach § 1581 BGB.[901] Der Zahlbetrag ist nicht nur beim Volljährigen-,[902] sondern auch beim Minderjährigenunterhalt[903] maßgeblich. Nur der Abzug des Zahlbetrags entspricht der Neukonzeption des § 1612b BGB im UÄndG. An die Stelle der vormaligen Anrechnung des Kindergeldes auf den Barunterhaltsanspruch des Kindes ist der bedarfsmindernde Vorwegabzug des Kindergelds getreten. § 1612b BGB ist auch nicht verfassungswidrig.[904]

361 Trotz Nachrangs ist der **Unterhalt für nicht privilegierte volljährige Kinder** Abzugsposten, wenn die Aufwendungen die ehelichen Lebensverhältnisse geprägt haben.[905] Die Rangfrage spielt nur bei der Leistungsfähigkeit eine Rolle.[906] Ein **Vorabzug des Unterhalts für das volljährige Kind** entfällt wegen des Nachrangs nur, wenn die vorhandenen Mittel des Pflichtigen nicht ausreichen und damit ein Missverhältnis zum verbleibenden Bedarf des Ehegatten entsteht.[907]

---

893 BVerfG, FamRZ 2011, 437.
894 BGH, FamRZ 2008, 1911; BGH, FamRZ 2008, 968.
895 BGH, FamRZ 2020, 21; BGH, FF 2019, 495; Fortführung von BGH, FamRZ 2014, 1183 und BGH, FamRZ 2012, 281.
896 BGH, FamRZ 2014, 1183.
897 BGH, FamRZ 2013, 1958.
898 BGH, NJW 2012, 384; *Götzl/Brudermüller*, NJW 2011, 801; *Kleffmann*, FuR 2012, 162.
899 BGH, FamRZ 2010, 1318; BGH, FamRZ 2010, 802.
900 BGH, FamRZ 2010, 869; BGH, FamRZ 2009, 1300.
901 BGH, FamRZ 2009, 1477.
902 BGH, FamRZ 2008, 2104; BGH, FamRZ 2006, 99.
903 BGH, NJW 2009, 2523.
904 BVerfG, FamRZ 2011, 1490.
905 BGH, FamRZ 2009, 762; BGH, FamRZ 2006, 26.
906 BGH, FamRZ 2008, 968.
907 BGH, FamRZ 2009, 762.

Auch **sonstige nachrangige Unterhaltslasten** können beim Ehegattenunterhalt berücksichtigungsfähig sein, sofern kein Missverhältnis zum verbleibenden Unterhalt des Ehegatten entsteht.[908] Dies gilt etwa für den **Elternunterhalt**. Dieser ist auch als latente Unterhaltslast zu berücksichtigen, selbst wenn er in der Ehe noch nicht erfüllt wurde, jedoch vorausehbar war.[909] Die Rangfrage spielt wie beim Unterhalt für ein volljähriges nicht privilegiertes Kind erst im Mangelfall und i.R.d. Bemessung der Leistungsfähigkeit eine Rolle.

VII. Aufwendungen zur Vermögensbildung

Hinsichtlich der einkommensmindernden Berücksichtigung der vermögenswirksamen Leistungen wird auf Nr. 10.6 der Leitlinien verwiesen. Bei **gemeinsamer Vermögensbildung** von Eheleuten sind die Aufwendungen grds. abzugsfähig.[910] Der Verpflichtete ist hingegen nicht berechtigt, auf Kosten des Bedürftigen einseitig Vermögen zu bilden,[911] es sei denn es handelt sich um angemessene **sekundäre Altersvorsorge**.[912] Das Gleiche gilt für den Bedürftigen.[913] Vermögensbildende Aufwendungen, die nur einem Ehegatten zugutekommen, sind bei der Bedarfsermittlung ab Rechtshängigkeit des Ehescheidungsverfahrens als Stichtag für den Zugewinn, bei Gütertrennung ab Trennung bzw. bei in der Trennungszeit vereinbarter Gütertrennung ab diesem Zeitpunkt keine berücksichtigungswürdige Verbindlichkeit, da der andere Ehegatte an der Vermögensbildung nicht mehr partizipiert.

I.R.d. **Verwandtenunterhalts** können vermögenswirksame Aufwendungen nur beim Pflichtigen, nicht beim Bedürftigen berücksichtigungsfähig sein. Vermögensbildende Aufwendungen sind nicht anzuerkennen, solange der Mindestunterhalt eines minderjährigen Kindes nicht sichergestellt ist, bei höheren Einkommensgruppen gilt ein großzügigerer Maßstab. Beim sonstigen Verwandtenunterhalt ist eine **umfassende Interessenabwägung** geboten. Zu beachten ist, dass Unterhalt der Vermögensbildung grds. vorgeht. Bei überdurchschnittlichen Einkommensverhältnissen ist davon auszugehen, dass ein Teil der Einkünfte zur Vermögensbildung bestimmt ist.[914] Dies führt beim Ehegattenunterhalt i.d.R. zu einer konkreten Bedarfsermittlung, so dass es eines Vorabzugs vermögensbildender Ausgaben nicht bedarf.[915]

VIII. Mehraufwendungen wegen Krankheit oder Alter

Einen Mehrbedarf kann es sowohl beim Berechtigten als auch beim Verpflichteten geben.[916]

Ein derartiger Mehrbedarf entsteht immer dann, wenn aufgrund besonderer Umstände des Einzelfalls zusätzliche Mittel für besondere Aufwendungen benötigt werden, die durch den Elementarbedarf nicht gedeckt werden und deshalb als unselbstständiger Unterhaltsbestandteil des einheitlichen Lebensbedarfs aufgewendet bzw. geleistet werden müssen. Elementarbedarf und Mehrbedarf zusammen beinhalten den vollen Gesamtunterhalt. Zu Mehraufwendungen gehören laufende erhöhte Aufwendungen durch **Pflege, Behinderung oder Alter**.[917] Bei altersbedingter Pflegebedürftigkeit wird der Bedarf konkret zu ermitteln sein. Sozialrechtliche Pauschalen können grds. nicht übernommen werden.

Bei **krankheitsbedingten Mehraufwendungen** muss die ärztliche Notwendigkeit (etwa für Diätkost) gleichfalls konkret nachgewiesen werden; auch müssen etwaige Einsparungen ggü. normaler

---

908 BGH, FamRZ 2004, 792; BGH, FamRZ 2004, 186.
909 BGH, FamRZ 2008, 860; BGH, FamRZ 2004, 186.
910 BGH, FamRZ 2013, 191.
911 BGH, FamRZ 2009, 23, BGH, FamRZ 2008, 963.
912 BGH, FamRZ 2010, 1633.
913 BGH, FamRZ 2009, 23, BGH, FamRZ 2008, 963.
914 BGH, FamRZ 1982, 151.
915 BGH, FamRZ 2010, 1637.
916 Zu Einzelheiten vgl. *Kleffmann*, in: Scholz/Kleffmann, Praxishandbuch Familienrecht, Teil G Rn. 169 ff.
917 OLG Köln, FamRZ 1980, 1006; OLG Saarbrücken, FamRB 2008, 5.

Lebensführung (Normalkost) berücksichtigt werden. Über § 287 ZPO können Pauschbeträge ausnahmsweise nur in Ansatz gebracht werden, wenn entsprechende Mehrkosten typischerweise entstehen.[918]

368 Beim **Pflichtigen** sind Mehraufwendungen i.H.d. konkreten Nachweises abzugsfähig.[919] Beim **Berechtigten** gilt das Gleiche, sofern er eigenes Einkommen hat. Bei einkommenslosen Unterhaltsberechtigten ist der Mehrbedarf unselbstständiger Bestandteil seines Unterhalts und insoweit konkret geltend zu machen.

369 Wird bei Mehraufwendungen für Körper- oder Gesundheitsschäden eine Sozialleistung nach § 1610a BGB erbracht, ist die Sozialleistung i.H.d. Aufwendungskosten kein Einkommen und ein Mehrbedarf nur anzuerkennen, soweit die tatsächlich anfallenden Kosten die Sozialleistung übersteigen.

370 **Übernimmt ein Ehegatte Pflegeleistungen eines schwerstbehinderten Ehegatten**, geht dies über die geschuldete gegenseitige Beistandspflicht der Ehegatten hinaus und stellt grds. eine freiwillige Leistung dar, die Dritten im Zweifel nicht zugutekommen soll. I.H.d. ersparten Fremdpflegekosten ist daher krankheitsbedingter Mehrbedarf anzuerkennen.[920]

D. Auskunfts- und Beleganspruch

371 Der Auskunftsanspruch soll die am Unterhaltsrechtsverhältnis Beteiligten in die Lage versetzen, (etwaige) Ansprüche richtig zu bemessen. Allein mit der Geltendmachung eines Auskunftsanspruchs berühmt sich der am Unterhaltsverhältnis Beteiligte noch nicht eines Zahlungsanspruchs, so dass es an einem Feststellungsinteresse für einen negativen Feststellungsantrag fehlt.[921]

I. Verfahrensrechtliche Auskunftspflichten

372 §§ 235, 236 FamFG erweitern das schon nach § 643 ZPO a.F. bestehende Auskunftsrecht und geben dem Gericht und auch den Beteiligten die Möglichkeit, umfassende Auskünfte zu erhalten.[922]

373 Das Gericht kann anordnen, dass die Beteiligten Auskünfte über Einkünfte, ihr Vermögen und ihre persönlichen und wirtschaftlichen Verhältnisse erteilen sowie Belege vorlegen, soweit diese für die Bemessung des Unterhalts von Bedeutung sind (§ 235 Abs. 1 Satz 1 FamFG). **Die Einholung von Auskünften gem. § 235 FamFG liegt im pflichtgemäßen Ermessen des Gerichts. Eine Amtsermittlungspflicht wird damit nicht begründet.**[923]

374 § 235 FamFG erfasst auch negative Einkommensbestandteile und lehnt sich an § 115 ZPO an, betrifft auch Sozialversicherungsbeiträge, Steuern, Versicherungsprämien, Altersvorsorgebeiträge, Werbungskosten, Freibeträge für Erwerbstätige, Unterhaltsfreibeträge, Arbeitsförderungsgeld, Kosten für Unterkunft und Heizung und besondere Belastung.

375 Nach § 235 Abs. 3 FamFG sind die Beteiligten verpflichtet, dem Gericht ungefragt Mitteilung zu machen, wenn sich während des Verfahrens Umstände, die Gegenstand einer Anordnung nach § 235 Abs. 1 FamFG waren, wesentlich verändert haben. Der Umfang der Verpflichtung zur ungefragten Auskunftserteilung geht jedoch nicht weiter als die zuvor ergangene Auflage.[924]

---

918 Vgl. OLG Hamm, NJWE-FER 1999, 142: bei Darlegung krankheitsbedingtem Mehrbedarfs wegen Medikamentenzuzahlung wurden 100 DM im Wege der Schätzung berücksichtigt, darüber hinausgehende Mehrkosten seien konkret nachzuweisen; vgl. auch OLG Saarbrücken, FamRB 2008, 5: kein fiktiver Ansatz krankheitsbedingtem Mehrbedarfs.
919 BGH, FamRZ 1981, 338; vgl. auch OLG Karlsruhe, FamRZ 1998, 1435.
920 BGH, FamRZ 1995, 537; OLG Hamm, NJW-RR 1997, 962.
921 OLG Brandenburg, FamRZ 2005, 117.
922 Eingehend *Klein*, FPR 2011, 9; Wendl/Dose/*Dose*, § 1 Rn. 1151.
923 OLG Naumburg, FamRZ 2000, 101 zum früheren Recht; vgl. auch *Born*, NJW 2012, 496.
924 BT-Drucks. 16/6308, S. 256.

D. Auskunfts- und Beleganspruch   Kapitel 2

376 Die **Kann-Vorschrift** des § 235 FamFG wird für das Gericht zu einem verbindlichen Auftrag, wenn ein Beteiligter einen verfahrensrechtlichen Auskunftsanspruch stellt. Sodann muss das Gericht nach § 235 Abs. 1 FamFG vorgehen. Ein derartiger Antrag eines Verfahrensbeteiligten ist im Regelfall effektiver als ein oftmals zeitintensives Stufenverfahren.

▶ Musterantrag für Vorgehen nach § 235 FamFG:

377 ….. wird beantragt anzuordnen:

Der Antragsgegner wird verpflichtet Auskunft zu erteilen über sein Einkommen für den Zeitraum Januar bis Dezember 2019 und sein Vermögen zum 31.12.2019.

Der Antragsgegner wird verpflichtet, die Auskunft zu belegen durch Monatsverdienstbescheinigungen für den Zeitraum Januar bis Dezember 2019, den Steuerbescheid für das Jahr 2018, die Steuererklärung für das Jahr 2018 mit sämtlichen Anlagen (VuV, Kap etc.) sowie einer Bankbescheinigung über das Vermögen zum 31.12.2019.

378 Eine **Erklärungspflicht von Dritten** gem. § 236 FamFG besteht nur in Bezug auf das Einkommen, nicht hinsichtlich des Stammvermögens und der persönlichen und wirtschaftlichen Verhältnisse. Dritte können sich nicht auf das Auskunfts- und Zeugnisverweigerungsrecht berufen.[925] Das Gericht kann, wenn die Beteiligten der Auskunftsanordnung innerhalb der festgesetzten Frist nicht Folge leisten, Auskünfte einholen und Belege anfordern, und zwar bei Arbeitgebern, Sozialleistungsträgern, der Künstlersozialkasse, bei Versicherungsunternehmen, Finanzämtern und sonstigen Personen oder Stellen, die Leistungen zur Versorgung im Alter und bei verminderter Erwerbstätigkeit sowie Leistungen zur Entschädigung und zum Nachteilsausgleich zahlen. Die Anordnungen des Gerichts sind für die Beteiligten nicht anfechtbar.

II. Materielle Auskunftspflichten

379 Die familienrechtlichen Auskunftspflichten sind an verschiedenen Stellen normiert:
– Nach § 1605 BGB für den Verwandtenunterhalt
– Nach § 1353 BGB zwischen nicht getrennt lebenden Ehegatten,[926] etwa zur Bemessung des Wirtschaftsgeldes[927]
– Nach § 1361 Abs. 4 Satz 4 i.V.m. § 1605 Abs. 1 BGB beim Ehegattenunterhalt für die Zeit des Getrenntlebens
– Nach §§ 1580, 1605 Abs. 1 BGB für den Geschiedenenunterhalt, und zwar ab Rechtshängigkeit des Ehescheidungsverfahrens, da andernfalls eine Entscheidung im Verbund nicht möglich wäre[928]
– Unter analoger Anwendung der vorgenannten Vorschriften für Unterhaltsansprüche nach den früher geltenden Vorschriften der §§ 58 ff. EheG[929]
– Gleichfalls unter analoger Anwendung der vorgenannten Vorschriften auch bei Ehen, die vor dem Inkrafttreten des ersten Gesetzes zur Reform des Ehe- und Familienrechts zum 01.07.1977 geschieden wurden[930]
– Über § 242 BGB für den Anspruch eines vom volljährigen gemeinschaftlichen Kind auf Unterhalt in Anspruch genommenen Elternteils gegen den anderen Elternteil[931]

---

925 BT-Drucks. 16/6308, S. 257.
926 BGH, FamRZ 2011, 21.
927 OLG Karlsruhe, FamRZ 1990, 161.
928 BGH, FamRZ 1982, 151; BGH, FamRZ 1983, 674.
929 BGH, FamRZ 986, 450.
930 BGH, FamRZ 2014, 1440.
931 BGH, FamRZ 2013, 1027; OLG Hamm, FuR 2016, 304; OLG Köln, FamRZ 1992, 469 für den Auskunftsanspruch des barunterhaltspflichtigen Elternteils gegen den betreuenden Elternteil, wenn eine zusätzliche Barunterhaltspflicht des betreuenden Elternteils in Betracht kommt.

- Nach § 242 BGB im Verhältnis der Eltern zueinander,[932] es sei denn, der Elternteil ist wegen der Darlegungslast des Kindes im Hauptsacheverfahren auf die Auskunft nicht angewiesen[933] oder die Auskunft kann den Anspruch nicht beeinflussen[934]
- Auskunftsanspruch des Kindes hinsichtlich der Einkünfte des Ehegatten des Verpflichteten (jedoch kein Anspruch auf Belegvorlage)[935]
- Zwischen Geschwistern, soweit dies für die Berechnung des eigenen Haftungsanteils für den Unterhalt der Eltern erforderlich ist, nicht jedoch zwischen Schwägerinnen und Schwägern[936]
- Für den Unterhaltsanspruch von Mutter und Vater aus Anlass der Geburt nach § 1615l Abs. 3 BGB i.V.m. § 1605 BGB
- Für den Unterhaltsanspruch zwischen Lebenspartnern
- Für den Sozialleistungsträger gegen den (potentiellen) Unterhaltspflichtigen nach § 117 Abs. 1 SGB XII
- Eine Auskunftsverpflichtung besteht auch nach § 6 UVG, § 60 SGB II, § 315 SGB III und § 97a SGB VIII[937]

380 Neben diesen ausdrücklich normierten Auskunftspflichten können sich weitere Auskunftsansprüche aus **analoger Anwendung der vorgenannten Normen** ergeben, etwa für Unterhaltsansprüche nach den früher geltenden Vorschriften der §§ 58 ff. EheG[938] oder aus § 242 BGB, wenn die Beteiligten, wie etwa beim Familienunterhalt, in einem gemeinsamen Unterhaltsverhältnis stehen und wechselseitig auf Kenntnis der Einkommensverhältnisse des anderen angewiesen sind.[939]

381 Stehen die Beteiligten hingegen nicht unmittelbar in einem Unterhaltsverhältnis, wie dies etwa beim Kindesunterhalt ggü. dem neuen Ehegatten eines unterhaltspflichtigen Elternteils[940] oder beim Elternunterhalt ggü. den Ehegatten des unterhaltspflichtigen Kindes[941] der Fall sein kann, bestehen zwischen ihnen auch keine unmittelbaren Auskunftspflichten.[942] Sodann können lediglich die am Unterhaltsverfahren unmittelbar Beteiligten gegenseitig Auskunft zu den Einkommens- und Vermögensverhältnissen verlangen, wobei sich die Auskunft auch auf den Familienunterhalt in der neuen Ehe erstreckt.[943]

382 Auskunftsverpflichtungen können sich darüber hinaus auch ergeben aus § 6 UVG, § 60 SGB II, § 315 SGB III, § 97a SGB VIII und § 117 SGB XII.

383 Ein Auskunftsanspruch besteht nicht, wenn er den Unterhaltsanspruch unter keinem denkbaren Gesichtspunkt beeinflussen kann.[944]

384 **Insb. in folgenden Konstellationen besteht kein Auskunftsanspruch:**
- Der Pflichtige beruft sich nicht auf fehlende oder eingeschränkte Leistungsfähigkeit.[945]
- Der Ehegattenunterhalt ist ausnahmsweise nicht nach einer Quote, sondern konkret zu bemessen.[946]

---

932 BGH, NJW 1988, 1906.
933 OLG Karlsruhe, FamRZ 2009, 1497.
934 OLG Bremen, FamRZ 2012, 316.
935 BGH, FamRZ 2011, 21; OLG Hamm, FamFR 2011, 106.
936 BGH, FamRZ 2003, 1836; OLG München, FamRZ 2002, 50.
937 Zu Befugnissen des Jobcenters bei unterhaltsrechtlichen Auskunftsverlangen eingehend *Bülow*, NZFam 2016, 49.
938 BGH, FamRZ 1986, 450.
939 BGH, FamRZ 2011, 21.
940 BGH, FamRZ 2006, 1827.
941 BGH, FamRZ 2010, 1535.
942 BGH, FamRZ 2003, 1836.
943 BGH, FamRZ 2011, 21; BGH, FamRZ 2003, 1836.
944 BGH, FamRZ 2010, 964; OLG Rostock, FamRZ 2009, 2014.
945 BGH, FamRZ 2007, 177; BGH, FamRZ 1995, 791.
946 BGH, FamRZ 2011, 192; BGH, FamRZ 2010, 1637.

D. Auskunfts- und Belegansruch

- Ein Unterhaltsanspruch ist offenkundig verwirkt.[947] Verbleiben allerdings Zweifel und/oder kommt nur eine Befristung oder Herabsetzung des geschuldeten Unterhalts in Betracht, verbleibt es bei einem Auskunftsanspruch.[948]
- I.R.d. Ehegattenunterhalts besteht kein Auskunftsanspruch, wenn Einkünfte offenkundig die ehelichen Lebensverhältnisse nicht geprägt haben.[949]
- Ein nachrangig Unterhaltspflichtiger muss eine Auskunft erst erteilen, wenn feststeht, dass der vorrangig Haftende ganz oder teilweise leistungsunfähig ist.[950]

Eine Auskunftsverpflichtung über das **Vermögen** besteht nicht, wenn ein etwaiger Unterhaltsanspruch bereits aus den Einkünften geleistet werden kann.[951]

Umstritten ist, ob sich der Auskunftsanspruch auch auf **Abzugspositionen** bezieht.[952] Bedenkt man, dass der Auskunftsanspruch gerade dazu dienen soll, den Berechtigten in die Lage zu versetzen, den Unterhalt sachgerecht zu beziffern, wird man einen Auskunftsanspruch auch hinsichtlich der unterhaltsrechtlich relevanten Abzugspositionen zu bejahen haben.[953]

1. Auskunft beim Kindesunterhalt

Nach § 1605 BGB sind Eltern ggü. Kindern und Kinder ggü. den Eltern verpflichtet, auf Verlangen über ihre Einkünfte und ihr Vermögen Auskunft zu erteilen, soweit dies zur Feststellung eines Unterhaltsanspruchs erforderlich ist. Dies ist regelmäßig und insoweit der Fall als der Unterhalt einkommensabhängig nach der Düsseldorfer Tabelle zu bemessen.

Beim **volljährigen Kind** bedarf es einer Feststellung der Einkommensverhältnisse nicht, wenn sich der **Unterhalt** offenkundig nur **nach festen Bedarfssätzen** richtet und die Leistungsfähigkeit des Pflichtigen außer Frage steht. Liegen jedoch besondere Umstände vor, etwa überdurchschnittliche Einkommens- und/oder Vermögensverhältnisse des oder der barunterhaltspflichtigen Elternteile, die eine Abweichung von festen Bedarfssätzen möglich erscheinen lassen, besteht ein Auskunftsanspruch. Der Auskunftsanspruch richtet sich gegen den auf Barunterhalt in Anspruch genommenen Elternteil (§ 1606 Abs. 3 Satz 2 BGB). Keine Auskunft schuldet der dem Kind nicht unterhaltspflichtige Ehegatte des Elternteils.[954] Soweit es i.R.d. Unterhaltsanspruchs gegen einen Elternteil jedoch auf dessen Familienunterhalt ankommt,[955] erstreckt sich der Anspruch des Kindes gegen den Elternteil auch auf die Höhe dieses Anspruchs als den eigenen Bedarf des Unterhaltspflichtigen sichernde Vermögensposition.[956]

Minderjährigen Kindern schuldet jedenfalls der nach § 1606 Abs. 3 Satz 2 BGB barunterhaltspflichtige Elternteil Auskunft. Haften die Eltern ausnahmsweise auch ggü. dem minderjährigen Kind anteilig für den Barunterhalt,[957] steht auch dem minderjährigen Kind ein Auskunftsanspruch gegen beide Elternteile zu, um die Haftungsquoten der Eltern ermitteln zu können.

Wird ein Elternteil von einem Kind in Anspruch genommen, hat dieser **Elternteil gegen den anderen Elternteil** bei beiderseitiger Barunterhaltspflicht gleichfalls einen Auskunftsanspruch, damit die

---

947 BGH, FamRZ 1983, 996.
948 OLG Stuttgart, FamRZ 2019, 302; OLG Bamberg, FamRZ 2006, 344.
949 BGH, FamRZ 2009, 579; BGH, FamRZ 2007, 793.
950 OLG Hamm, FamRZ 2005, 1926.
951 OLG Stuttgart, FamRZ 2019, 302.
952 Verneint von OLG München, FamRB 2019, 110.
953 Vgl. auch OLG Braunschweig, FamRZ 1997, 284; OLG Bamberg, FamRZ 1986, 492.
954 BGH, FamRZ 2006, 1827; BGH, FamRZ 2006, 1010.
955 BGH, FamRZ 2006, 1827; BGH, FamRZ 2006, 1010.
956 Vgl. auch BGH, FamRZ 2003, 1836.
957 BGH, FamRZ 2009, 962 (Kindergartenkosten als Mehrbedarf); vgl. auch BGH, FamRZ 2007, 707 (Wechselmodell).

2. Auskunft beim Ehegattenunterhalt

390 Ein Auskunftsanspruch über Einkünfte und Vermögen besteht beim Trennungsunterhalt (§§ 1361 Abs. 4 BGB i.V.m. 1605 BGB) und beim nachehelichen Unterhalt (§§ 1580, 1605 BGB) sowie in analoger Anwendung der vorgenannten Vorschriften für Ehen, die vor dem Inkrafttreten des 1. Gesetzes zur Reform des Ehe- und Familienrechts zum 01.07.1977 geschieden wurden.

391 Der Auskunftsanspruch i.R.d. Trennungsunterhalts ist ab Trennung der Eheleute im rechtlichen Sinne gegeben, der Auskunftsanspruch zum Nachscheidungsunterhalt ab Rechtshängigkeit des Ehescheidungsverfahrens.[959] Der Auskunftsanspruch zum Geschiedenenunterhalt kann im Wege eines **Stufenantrags im Ehescheidungsverbundverfahren** geltend gemacht werden. Sodann ist über das Auskunftsbegehren vor Erlass des Scheidungs- oder Unterhaltsbeschlusses vorab durch Teilbeschluss zu entscheiden (§§ 137 Abs. 2 Nr. 2, 140, 142 FamFG). Ein isoliertes Auskunftsverfahren ist jedoch keine Folgesache i.S.d. § 137 Abs. 2 FamFG und im Scheidungsverbund unzulässig.[960]

392 Wegen der **Nichtidentität von Trennungs- und Geschiedenenunterhalt** stellt das Auskunftsbegehren hinsichtlich des nachehelichen Unterhalts einen anderen Streitgegenstand als das Auskunftsbegehren zum Trennungsunterhalt dar. Dem Auskunftsbegehren zum Geschiedenenunterhalt kann daher weder die Sperrfrist nach § 1605 Abs. 2 BGB[961] noch entgegengehalten werden, dass bereits ein Auskunftsverfahren wegen Trennungsunterhalts rechtshängig sei.[962]

393 In der Vergangenheit wurde ein Auskunftsanspruch beim Ehegattenunterhalt verneint, wenn sich der Pflichtige nicht auf fehlende oder eingeschränkte Leistungsfähigkeit berief und der Unterhalt konkret zu berechnen war.[963] Nach **neuer Rechtsprechung des BGH**[964] lässt die **Erklärung des Pflichtigen, er sei unbegrenzt leistungsfähig**, die Unterhaltspflicht nicht entfallen. Der Pflichtige hat damit lediglich auf den Einwand fehlender Leistungsfähigkeit verzichtet. Damit steht noch nicht fest, dass auch der Bedarf ohne Rücksicht auf die Höhe des Einkommens oder Vermögens ermittelt werden kann. Der Bedarf bemisst sich beim nachehelichen Unterhalt nach den ehelichen Lebensverhältnissen (§ 1578 Abs. 1 Satz 1 BGB).[965] Die ehelichen Lebensverhältnisse richten sich wiederum vorwiegend nach dem vorhandenen Familieneinkommen. Der Unterhalt wird dementsprechend bei durchschnittlichen Einkommensverhältnissen in den weitaus meisten Fällen nach einer Quote des Gesamteinkommens der Ehegatten bemessen. Die Annahme, dass das gesamte vorhandene Einkommen für den Lebensunterhalt der Ehegatten verwendet wird, ist bei besonders günstigen Einkommensverhältnissen jedoch nicht mehr ohne weiteres gerechtfertigt. Vielmehr liegt in diesen Fällen die Vermutung nah, dass ein Teil des Einkommens der Vermögensbildung zufließt. Da der Unterhalt allein dazu bestimmt ist, den laufenden Lebensbedarf abzudecken, muss der Berechtigte in solchen Fällen auf geeignete Weise vortragen, in welchem Umfang das Familieneinkommen für den Konsum verbraucht worden ist. Dieser **Darlegungslast für seinen Bedarf** kann der Berechtigte dadurch genügen, dass er den Bedarf nach den ehelichen Lebensverhältnissen vorträgt.[966] Gleichwohl bleibt das Einkommen auch dann ein geeigneter Anknüpfungspunkt für die Darlegung des Bedarfs, denn auch in diesen Fällen kann der Unterhaltsberechtigte seinen Bedarf im Wege der Quotenmethode ermitteln.[967] Allerdings muss er dann mangels tatsächlicher Vermutung

---

958 BGH, FamRZ 2013, 1027; BGH, FamRZ 2003, 1836; KG, FamRZ 2009, 702249.
959 BGH, FamRZ 1983, 674.
960 BGH, FamRZ 1997, 811 (zum früheren Recht).
961 OLG Koblenz, FamRZ 2005, 460; OLG Hamm, FamRZ 2004, 377.
962 OLG München, FamRZ 2015, 2069; OLG Düsseldorf, FamRZ 1992, 1313.
963 BGH, FamRZ 2011, 192.
964 BGH, FamRZ 2018, 260.
965 Grundlegend BGH, FamRZ 2012, 281.
966 BGH, FamRZ 2012, 947; BGH, FamRZ 2011, 192.
967 BGH, FamRZ 2018, 560.

für den vollständigen Verbrauch der Einkünfte zu Konsumzwecken zusätzlich vortragen, dass und in welchem Umfang die hohen Einkünfte zur Deckung der ehelichen Lebensverhältnisse verwendet worden sind. Wenn der Unterhaltsschuldner dem substantiiert widerspricht, bleibt es bei der Darlegungs- und Beweislast des Berechtigten auch für den vollständigen Verbrauch dieser Einkünfte zu Konsumzwecken.

Beim **Familienunterhalt** und zur Vorbereitung eines Antrags auf Wirtschaftsgeld,[968] Haushalts- oder Taschengeld ist ein Anspruch unmittelbar aus § 1353 BGB auf Information über die Einkommens- und Vermögensverhältnisse gegeben.[969] Auch kann sich der Anspruch auf Familienunterhalt nach § 1360a BGB über die sich daraus ergebende Sicherung des eigenen Lebensbedarfs auch auf die Leistungsfähigkeit eines Ehegatten ggü. anderen Unterhaltsberechtigten auswirken.[970]   394

Hinsichtlich Art und Umfang der geschuldeten Auskunft gelten die zu § 1605 BGB entwickelten Grundsätze.[971]   395

3. Auskunft beim Elternunterhalt

Eine allgemeine Auskunftsverpflichtung besteht nicht. Nach Treu und Glauben ist jedoch ein Auskunftsanspruch gegeben, wenn zwischen dem Beteiligten besondere rechtliche Beziehungen vertraglicher oder außervertraglicher Art vorhanden sind, die es mit sich bringen, dass der Ankunftsbegehrende entschuldbar über das Bestehen und den Umfang seines Rechts im Unklaren und deshalb auf die Auskunft des Verpflichteten angewiesen ist, während dieser die Auskunft unschwer erteilen kann und dadurch nicht unbillig belastet wird.[972]   396

Demgemäß haben i.R.d. Elternunterhalts mehrere unterhaltspflichtige **Geschwister einander Auskunft über ihre Einkommens- und Vermögensverhältnisse** zu erteilen, soweit dies für die Berechnung des eigenen Haftungsanteils (§ 1606 Abs. 3 Satz 1 BGB) erforderlich ist.[973]   397

In diesem Zusammenhang ist auch Auskunft zu erteilen über das Einkommen des Ehegatten, soweit dies erforderlich ist, um dessen Anteil am Familienunterhalt bestimmen zu können. Hierdurch wird die eigene finanzielle Lage des Unterhaltspflichtigen beeinflusst.[974]   398

Ein Auskunftsanspruch unmittelbar gegen Ehegatten der Geschwister besteht jedoch nicht.[975] Zwischen Schwägern und Schwägerinnen bestehen keine besonderen rechtlichen Beziehungen, die ausnahmsweise einen derartigen unmittelbaren Auskunftsanspruch nach § 242 BGB rechtfertigen.[976]   399

4. Auskunftsanspruch bei § 1615l BGB

Der Unterhaltsbedarf des kindererziehenden nichtehelichen Elternteils richtet sich gem. § 1615l Abs. 3 Satz 1 i.V.m. § 1610 BGB nach der eigenen Lebensstellung der Berechtigten, mithin dem Einkommen, das sie ohne die Geburt des Kindes zur Verfügung hätte, begrenzt durch die Halbteilungsgrundsätze.[977] Damit sind die Einkommens- und Vermögensverhältnisse des Pflichtigen grds. nicht maßgeblich.[978] Zur Prüfung der Frage, ob ein Verstoß gegen den Halbteilungsgrundsatz   400

---

968 OLG Celle, FamRZ 1999, 162.
969 BGH, FamRZ 2001, 23; OLG München, FamRZ 2000, 1219.
970 BGH, FamRZ 2010, 1535 (zum Familienselbstbehalt beim Elternunterhalt); BGH, FamRZ 2006, 1827 (zur Hausmannrechtsprechung).
971 BGH, FamRZ 2011, 21.
972 Grundlegend BGH, FamRZ 1988, 268.
973 BGH, FamRZ 2003, 1836.
974 BGH, FamRZ 2003, 1836.
975 BGH, FamRZ 2003, 1836.
976 Vgl. auch BGH, FamRZ 2010, 1535 (zum Familienselbstbehalt beim Elternunterhalt).
977 BGH, FamRZ 2005, 442.
978 BGH, FamRZ 2008, 1739.

vorliegt, aber auch zur Prüfung der Leistungsfähigkeit des Pflichtigen, ist gleichwohl nach § 1615l Abs. 3 Satz 1 BGB i.V.m. § 1605 BGB ein Auskunftsanspruch gegeben.[979]

5. Auskunft zwischen Lebenspartnern

401 Nach § 12 Satz 2 LPartG ist § 1361 BGB entsprechend anwendbar. Damit ist über § 1361 Abs. 4 Satz 3 BGB wieder § 1605 BGB anwendbar und eine Auskunftsverpflichtung auch zwischen Lebenspartnern über Einkommens- und Vermögensverhältnisse nach Herbeiführung des Getrenntlebens begründet.

6. Umfang der Auskunftserteilung und Belegpflicht

402 Die Auskunft ist durch **Vorlage einer systematischen Aufstellung aller erforderlichen Angaben** zu erteilen. Der Berechtigte muss in die Lage versetzt werden, ohne übermäßigen Arbeitsaufwand die Berechnung des Unterhaltsanspruchs vornehmen zu können.[980] Der Auskunftsschuldner hat eine systematische Aufstellung aller Bruttoeinnahmen und der mit ihnen verbundenen Abzüge bzw. Ausgaben vorzulegen. Es muss sich um eine in sich geschlossene Darstellung, d.h. ohne Verweis auf andere Unterlagen handeln. Die Auskunft muss grds. **in einer einzigen Erklärung** und darf nicht in mehreren Teilauskünften enthalten sein.[981]

403 Der auf **Wertermittlung** in Anspruch genommene Ehegatte ist grds. nur insoweit zur Ermittlung und Angabe der Vermögenswerte verpflichtet, als er selbst dazu imstande ist. Dritte Personen, etwa Sachverständige, muss er mit der Wertermittlung nicht beauftragen.[982] Dies schließt jedoch nicht aus, dass der Auskunftspflichtige zu Einzelfragen Auskünfte einholen oder Hilfskräfte einschalten muss, um den Wert der Vermögensgegenstände, soweit es hierauf für den Unterhaltsanspruch ankommt, zuverlässig zu ermitteln. Dadurch anfallende Kosten gehören sodann zu den Kosten der Wertermittlung, die vom Auskunftspflichtigen zu tragen sind.[983]

404 Die Auskunft erfordert zwar eine nach § 260 Abs. 1 BGB eigene und **schriftlich verkörperte Erklärung des Schuldners**, die jedoch nicht die gesetzliche Schriftform i.S.d. § 126 BGB erfüllen muss und auch durch einen **Boten**, etwa einen Rechtsanwalt, an den Gläubiger übermittelt werden kann.[984]

405 Dies ändert nichts daran, dass die **Auskunft als Wissenserklärung** höchstpersönlicher Natur und als **nach § 888 ZPO zu vollstreckende unvertretbare Handlung** vom Verpflichteten in Person zu erfüllen ist.[985] Der Inhalt der Auskunft hängt maßgeblich von dem Begehren des Unterhaltsgläubigers ab. Das Auskunftsbegehren muss hinreichend konkret Art und Umfang der geforderten Informationen beinhalten und darf die Auskunft nicht in das Belieben des Verpflichteten stellen. Hinsichtlich der Auskunftserteilung zum Vermögen ist auch die Angabe eines bestimmten Stichtages, zweckmäßigerweise des 31.12. des Vorjahres, solange in der Zwischenzeit keine wesentlichen Veränderungen zu erwarten waren, erforderlich.[986] Das Auskunftsbegehren sollte darüber hinaus nicht nur auf die unmittelbar mit der Einkommenserzielung verbundenen Einnahmen, sondern auch auf sämtliche Ausgaben, die den Anspruch beeinflussen können, abzielen.

---

979 BGH, FamRZ 1998, 541; Zu Einzelheiten vgl. auch *Kleffmann*, in: Scholz/Kleffmann, Praxishandbuch Familienrecht, Teil G Rn. 199.
980 BGH, NJW-RR 2019, 961; BGH, FamRZ 1983, 996; OLG Brandenburg, FamRZ 2019, 291; OLG Dresden, FamRZ 2005, 1185.
981 BGH, FamRZ 2008, 600; BGH, FamRZ 2006, 168.
982 BGH, NJW-RR 2001, 210.
983 BGH, FamRZ 2007, 714; BGH, FamRZ 2006, 33.
984 BGH, FamRZ 2008, 600; OLG Karlsruhe, FamRZ 2006, 284; OLG Hamm, FamRZ 2005, 1194.
985 Grundlegend BGH, FamRZ 1986, 283.
986 BGH, FamRZ 1992, 535.

Von dem Auskunftsanspruch zu unterscheiden ist der Belegansprüch nach § 1605 Abs. 1 Satz 2 **406**
BGB. **Auskunfts- und Belegansprüch** sind **selbstständige Ansprüche**, können unabhängig voneinander geltend gemacht werden,[987] werden regelmäßig jedoch miteinander kombiniert. Die **verlangten Belege sind konkret zu bezeichnen**.[988] Immer wiederkehrende Formulierungen wie »entsprechende Belege beizufügen« etc. sind unzureichend, da ein entsprechender Beschlusstenor schon nicht vollstreckt werden kann. Die Zwangsvollstreckung hinsichtlich der Belegvorlageverpflichtung richtet sich regelmäßig nach § 883 ZPO.

7. Auskunfts- und Belegansprüch bei nicht selbstständiger Tätigkeit

Der nicht selbstständig tätige Pflichtige hat regelmäßig über seine Einnahmen und Ausgaben für **407**
einen Jahreszeitraum Auskunft zu erteilen.[989] Wird die Auskunft für das abgelaufene Kalenderjahr vorgelegt, ist regelmäßig zu prüfen, ob danach eine Lohn- oder Gehaltssteigerung eingetreten ist, etwa Tariferhöhung, Besoldungsanpassung, Veränderungen der Dienstaltersstufe bei Beamten etc.

Die **Auskünfte sind für jeden Monat getrennt zu erteilen**, um Einkommensänderungen erkennen **408**
zu können.

▶ Beispiel:

Bereinigtes Nettoeinkommen des Pflichtigen Januar bis Juni 2019:	3.000 €
Bereinigtes Nettoeinkommen des Pflichtigen Juli bis Dezember 2019:	3.500 €
Durchschnittseinkommen im Jahr 2019 mithin:	3.250 €
Maßgeblich für die Bemessung der Leistungsfähigkeit hinsichtlich des künftigen Unterhalts ab Januar 2020 und aufgrund der anhand der zuletzt erzielten Einkünfte verlässlichen Prognose:	3.500 €

409

Nur die Vorlage der Lohnsteuerkarte reicht nicht.[990] Insb. ist allein aus der Lohnsteuerkarte nicht **410**
ersichtlich, ob der Arbeitnehmer seine Arbeitskraft voll ausgenutzt hat, welche steuerfreien Leistungen (Spesen o.ä.) erzielt wurden. Die gleichen Grundsätze gelten hinsichtlich der Auskunftsverpflichtung und der Belegvorlageverpflichtung von **Rentnern und Pensionären**,[991] Beamten oder Auszubildenden.

▶ Beispiel eines Auskunfts- und Belegansprüchs ggü. einem abhängig Beschäftigten:[992]

Der Antragsgegner wird verpflichtet, der Antragstellerin Auskunft zu erteilen über das von ihm **411**
in der Zeit Januar bis Dezember 2019 erzielte Einkommen durch Vorlage eines vollständigen, in sich geschlossenen systematischen Verzeichnisses und aufgeschlüsselt nach Bruttoeinnahmen, den einzelnen Abzügen und den Nettobeträgen.

Dem Antragsgegner wird weiter aufgegeben, die Auskunft zu belegen durch Gehaltsbescheinigungen seines Arbeitgebers für den Zeitraum Januar bis Dezember 2019, den Steuerbescheid für das Jahr 2018, die Steuererklärung für das Jahr 2018 einschließlich der Anlage…

Eine an diesem Auskunfts- und Belegantrag orientiere Auskunft könnte wie folgt erteilt werden.[993] **412**

---

[987] OLG München, FamRZ 1996, 307; OLG München, FamRZ 1983, 202.
[988] Grundlegend BGH, FamRZ 1983, 454.
[989] BGH, FamRZ 2007, 453 und ständig; zu Einzelheiten vgl. *Kleffmann*, in: Scholz/Kleffmann, Praxishandbuch Familienrecht, Teil G Rn. 220.
[990] Vgl. auch *Vogel*, FuR 1995, 197.
[991] BGH, FamRZ 1983, 674.
[992] Weitere Beispiele, auch für ausführlichere Auskunfts- und Belegantrag insb. bei wechselnden Beschäftigungsverhältnissen und/oder weiteren Einkünften bei *Kleffmann*, in: Scholz/Kleffmann, Praxishandbuch Familienrecht, Teil G Rn. 220.
[993] Vgl. *Kleffmann*, in: Scholz/Kleffmann, Praxishandbuch Familienrecht Teil G Rn. 222.

▶ Muster einer Auskunftserteilung

413 Einnahmen:

Lfd. Lohn/Gehalt (brutto)

Überstunden/Nebeneinkommen

Zuschläge Feuertags-/Nachtarbeit

Spesen/Auslösung (steuerfrei)

Urlaubs-/Weihnachtsgeld (brutto)

Sachbezüge (z.B. Firmenwagen)

Zulagen, Tantiemen usw.

Trinkgelder

Abfindungen

Steuererstattung

Sonstiges (Zuschuss PKV)

Lohnersatzleistungen u.ä.

Erwerbsunfähigkeitsrente

Krankengeld/Krankentagegeld

Arbeitslosengeld

Unterhalt

Abzüge:

Gesetzliche Rentenversicherung

Betriebliche Altersvorsorge

Gesetzl. Krankenversicherung

Pflegeversicherung

Arbeitslosenversicherung

Lohnsteuer

Solidarzuschlag

Kirchensteuer

Sonstige Abzüge

Private Vorsorge:

Private Krankenversicherung

Private Pflegeversicherung

Krankenzusatzversicherung

Lebensversicherung (Riester-Rente)

Zahlungen auf Verbindlichkeiten

Summe Einnahmen

./. Summe Abzüge

Jahresnettoeinkommen

Darüber hinaus bietet sich an, die Verbindlichkeiten unterhaltsrelevant substantiiert, etwa anhand folgenden Schemas, darzustellen: 414

Gläubiger	Abschluss	Laufzeit	Kredithöhe	Vereinbarte Raten	Tatsächliche Zahlung	Restschuld
Name Vertrags-Nr.						

8. Auskunfts- und Beleganspruch bei Selbstständigen

Der Selbstständige muss seine Einnahmen und Aufwendungen so darstellen, dass die allein **steuerlich beachtlichen Aufwendungen** von den unterhaltsrechtlich relevanten Aufwendungen abgegrenzt werden können.[994] Die ziffernmäßige Aneinanderreihung einzelner Kostenarten wie Abschreibungen, Rückstellungen etc. reicht nicht.[995] Allerdings können **Sachgesamtheiten** und -inbegriffe aufgeführt werden, wenn der Verzicht auf eine ins Einzelne gehende Aufschlüsselung allgemein üblich und eine ausreichende Unterrichtung des Berechtigten möglich ist. 415

Die **Auskunft** hat sich grds. auf die **letzten 3 Kalenderjahre** zu erstrecken.[996] Wie weit bei der Bildung des **Mehrjahresdurchschnitts** in die Vergangenheit zurückgegangen wird, ist jedoch Sache des Tatrichters. So können auch längere Zeiträume[997] ausnahmsweise aber auch kürzere Zeiträume[998] herangezogen werden. Eine schablonenhafte Bildung eines Durchschnittsbetrages sollte stets vermieden werden. Einkommensschwankungen und ihre Ursachen müssen im Einzelfall untersucht werden. Wird **Unterhalt für die Vergangenheit** geltend gemacht, kommt es auf die **im fraglichen Referenzzeitraum erzielten Einkünfte** an.[999] 416

Der **Beleganspruch** umfasst bei Selbstständigen Einkommensteuerbescheide und Einkommensteuererklärungen,[1000] Bilanzen mit Gewinn- und Verlustrechnen, betriebswirtschaftlichen Auswertungen bzw. Einnahme-Überschuss-Rechnungen,[1001] Belege über Bestand und Entwicklung des Kapitalkontos und über die Höhe getätigter Entnahmen,[1002] Umsatzsteuerbescheide und die dazugehörenden Erklärungen,[1003] Kontonachweise, Anlagenverzeichnisse, aus denen sich die einzelnen Anlagegüter des Betriebsvermögens, die Art der Abschreibung, deren Dauer und Höhe etc. ergeben. 417

Ob die Unterlagen bereits vorliegen, ist grds. unerheblich.[1004] Dem Auskunftspflichtigen kann grds. auch aufgegeben werden, etwa einen noch nicht erstellten Jahresabschluss vorzulegen. Es handelt sich insoweit nicht um eine unmögliche Leistung, da der Jahresabschluss noch erstellt werden kann. Jedoch muss im Titel deutlich gemacht werden, dass der Pflichtige zur Erstellung des Abschlusses herangezogen werden soll.[1005] Der Auskunftspflichtige ist gehalten, die unterhaltsrechtlich relevanten Belege innerhalb »angemessener« Frist vorzulegen.[1006] Im Hinblick auf § 243 HGB wird man eine Frist von 6 Monaten nach Ablauf des Geschäftsjahres zugrunde legen können.[1007] 418

---

994 BGH, FamRZ 1998, 357.
995 OLG Schleswig, NJW-RR 2015, 1028.
996 BGH, FamRZ 1983, 680.
997 BGH, FamRZ 1985, 357: 6 Jahre.
998 OLG Hamm, FamRZ 1997, 310: bei einem Selbstständigen, der mit seiner Praxis die Anlaufphase überwunden hat, nur Zugrundelegung der im letzten Jahr vor Auskunftserteilung erzielten Einkünfte.
999 OLG Koblenz, FamRZ 2018, 259.
1000 BGH, FamRZ 1983, 681.
1001 BGH, FamRZ 1982, 680.
1002 OLG Stuttgart, FamRZ 1983, 1267.
1003 OLG München, FamRZ 1996, 738.
1004 BGH, FamRZ 1992, 425.
1005 BGH, FamRZ 1992, 425.
1006 OLG Koblenz, FamRZ 1981, 922; OLG Hamm, FamRZ 1980, 455.
1007 OLG München, FamRZ 1992, 1207; vgl. jedoch auch OLG Hamm, FamRZ 1980, 455 das eine jederzeitige Vorlage verlangt.

▶ Beispiel für einen Auskunftsantrag gegen einen selbstständigen Unterhaltsschuldner:

419 Dem Antragsgegner wird aufgegeben,

der Antragstellerin Auskunft zu erteilen über sein Vermögen zum 31.12.2019 und die Einkünfte aus selbstständiger Tätigkeit, Gewerbe oder Land- und Forstwirtschaft, aus Kapitalvermögen, aus Vermietung und Verpachtung sowie aus anderer Herkunft für die Jahre 2017, 2018 und 2019.

Dem Antragsgegner wird aufgegeben,

die Auskunft zu belegen
- durch ein Verzeichnis seines Vermögens zum 31.12.2019 und eine Bankbestätigung zum 31.12.2019
- zum Einkommen aus selbstständiger Arbeit, Gewerbe oder Land- und Forstwirtschaft durch die Einkommensteuerbescheide für die Jahre 2017, 2018 und 2019, die Einkommensteuererklärungen einschließlich der Anlagen
- AUS: Ausländische Einkünfte
- AV: Altersvorsorgebeiträge als Sonderausgaben nach § 10a EStG (Riester-Rente)
- EÜR: Einnahme-Überschuss-Rechnung
- Forstwirtschaft: Zur Anlage L für tarifbegünstigte Einkünfte aus Holznutzungen
- FW: Steuerbegünstigungen zur Förderung des Wohneigentums und Vorkostenabzug
- G: Einkünfte aus Gewerbebetrieb
- 7G Ansparabschreibungen: zur Abgabe der in Anspruch genommenen Investitionsabzugsbeträge
- 34a: Bei Thesaurierungsbesteuerung
- K: Kind
- KAP: Einkünfte aus Kapitalvermögen
- Kind: Angaben zur steuerlichen Berücksichtigung der Kinder
- L: Einkünfte aus Land-Forstwirtschaft
- N: Einkünfte aus nicht selbstständiger Arbeit
- R: für Ehegatten mit Renten und Leistungen aus Arbeitsversorgungsverträgen
- S: Einkünfte aus selbstständiger Arbeit
- für die Jahre 2014, 2015 und 2016,
- der vollständigen Jahresabschlüsse einschließlich detaillierter Verzeichnisse über das betriebliche Anlagevermögen, auch geringwertige Wirtschaftsgüter (GWG) und dessen steuerliche Abschreibung
- bei Gesellschaften oder Mitunternehmerschaften die steuerlichen Gewinnerklärungen mit allen Anlagen mitsamt den vollständigen Jahresabschlüssen,
- etwa vorliegende Berichte über steuerliche Außenprüfungen, die im Auskunftszeitraum ergangen sind
- soweit betroffen, die Umsatzsteuervoranmeldungen sowie die Umsatzsteuererklärungen und Steuerbescheide,
- der Gewinn- und Verlustrechnungen für die Jahre 2017, 2018 und 2019
- den zugrunde liegenden Summen- und Saldenlisten für die Jahre 2017, 2018 und 2019.
- Vorlage eines vollständigen Auszuges über die Sachkonten Bewirtungskosten, Reisekosten, Raummieten, Löhne und Gehälter für die Jahre 2017, 2018 und 2019,
- zum Einkommen aus nicht selbstständiger Tätigkeit
- zum Renteneinkommen durch Vorlage der Rentenbescheide oder Bewilligungsschreiben mit Änderungsbescheiden für das Jahr 2019, die letzte Rentenanpassungsmitteilung und Rentenabrechnungen unter Einbeziehung von Zuschüssen und Abzügen für die Kranken- und Pflegeversicherung für das Jahr 2019,
- um Einkommen aus Vermietung und Verpachtung durch Vorlage der Einnahme/Überschussrechnungen für die Jahre 2017, 2018 und 2019 sowie der Anlagen V zu den Einkommensteuererklärungen 2017, 2018 und 2019 und die beim Finanzamt eingereichten Anlagen, Übersichten und Erläuterungen zu den Anlagen V
- durch spezifizierte Abrechnungen oder Journale über alle Einnahmen und Ausgaben

9. Sonderfragen

Auskunft kann grds. nach **Ablauf von zwei Jahren** neu begehrt werden (§ 1605 Abs. 2 BGB). Etwas anderes gilt, wenn innerhalb des vorgenannten Zeitraums ausreichende **Anhaltspunkte für eine Änderung der Einkommensverhältnisse** bestehen[1008] oder die **frühere Auskunft einen Mangelfall** ergab.[1009] Diente die erste Auskunft der Berechnung des Trennungsunterhalts, muss die Zweijahresfrist für eine Auskunft zum nachehelichen Unterhalt nicht gewahrt bleiben, da die Ansprüche nicht identisch sind.[1010] 420

Die Frist beginnt bei einem rechtskräftigen Auskunftsbeschluss mit dem Tag der letzten mündlichen Verhandlung,[1011] bei einer Entscheidung im schriftlichen Verfahren, dem Zeitpunkt, der dem Schluss der mündlichen Verhandlung entspricht, bei einem Vergleich dem Zeitpunkt des Vergleichs.[1012] 421

Nicht maßgeblich ist der Zeitpunkt der tatsächlichen Auskunftserteilung.[1013] 422

Die **herrschende Meinung**[1014] differenziert:
– Bei vorhergehendem Beschluss über den Unterhaltsanspruch wird auf den Zeitpunkt der letzten mündlichen Verhandlung im Vorverfahren abzustellen sein.
– Bei einem gerichtlichen Vergleich ist der Zeitpunkt des Vergleichsabschlusses maßgeblich.[1015]
– Ausnahmen von der Sperrfrist:
  – Frühere Auskünfte bezüglich Trennungsunterhalt, aktuelle Auskünfte bezüglich nachehelicher Unterhalt
  – Frühere Auskünfte beziehen sich auf Beginn der Selbstständigkeit
  – Zwischenzeitlicher Wegfall hoher Schulden oder Wiederverheiratung

Allein ein Auskunftsbegehren begründet bereits den **Verzug**. Dies gilt auch beim nachehelichen Unterhalt. In der Neuregelung des § 1585b Abs. 2 BGB im UÄndG und die Verweisung auf § 1613 Abs. 1 BGB werden Disparitäten zwischen Familien-, Trennungs-, Verwandten- und nachehelichem Unterhalt beseitigt und sind die Voraussetzungen, nach denen Unterhalt für die Vergangenheit gefordert werden kann, vereinheitlicht. 423

Die **Zwangsvollstreckung** erfolgt hinsichtlich der **Auskunft als Wissenserklärung** und einer nicht vertretbaren Handlung über § 95 Abs. 1 FamFG i.V.m. § 888 ZPO. Voraussetzung ist immer, dass der Titel vollstreckungsfähig ist, insb. einen konkreten Zeitraum, für den Auskunft begehrt wird, bezeichnet.[1016] Jedoch kann die Beschlussformel mithilfe des Tatbestands und der Entscheidungsgründe ausgelegt werden.[1017] Auch im Vollstreckungsverfahren nach §§ 95 Abs. 1 FamFG, 888 ZPO ist noch zu prüfen, ob dem Schuldner die Erfüllung der titulierten Verpflichtung überhaupt möglich ist.[1018] Bei der Verpflichtung zur Vorlage von Belegen handelt es sich regelmäßig um eine vertretbare Handlung. Deren Vollstreckung geschieht grds. gem. § 95 Abs. 1 FamFG i.V.m. § 883 ZPO im Wege der Wegnahme durch den Gerichtsvollzieher. Findet der Gerichtsvollzieher 424

1008 OLG Köln, FamRZ 2003, 1960.
1009 OLG Karlsruhe, NJWE-FER 2000, 143.
1010 OLG Hamm, FamRZ 2004, 377; OLG Düsseldorf, FamRZ 2002, 1038.
1011 OLG München, FamRZ 2010, 816.
1012 OLG Düsseldorf, FamRZ 1993, 591.
1013 So aber OLG Hamm, FamRZ 2005, 1585; OLG München, FamRZ 1993, 594.
1014 OLG München, FamRZ 2010, 816.
1015 OLG Hamm, NJW-RR 2002, 1396; OLG Düsseldorf, FamRZ 1993, 591.
1016 BGH, FamRZ 2002, 666.
1017 BGH, FamRZ 2002, 666.
1018 OLG Hamm, FamRZ 1997, 1094.

die herauszugebenden Belege nicht, ist der Schuldner verpflichtet, auf Antrag des Gläubigers zu Protokoll an Eidesstatt zu versichern, dass er die Sache nicht besitzt und auch nicht weiß, wo sich die Sache befindet (§ 838 Abs. 2 ZPO).

425 Wird festgestellt, dass die titulierte Leistung nicht möglich ist, etwa weil vorzulegende Belege (Steuerbescheide o.ä.) noch nicht existieren, scheidet die Vollstreckung aus.[1019]

426 Die von der Art der Vollstreckung bei der Auskunft abweichende Vollstreckung ist in der Praxis unbefriedigend, wenn aus dem gleichen Titel sowohl nach § 888 ZPO als auch aus nach § 838 ZPO vorgegangen werden muss. Im Interesse einer **effektiven Vollstreckung** begnügt sich die Praxis regelmäßig damit, dass es sich bei der **Vorlageverpflichtung nur um eine unwesentliche Nebenverpflichtung zur Auskunftspflicht** handelt, die zusammen mit dieser durch Zwangsgeld und Zwangshaft vollstreckt werden kann.[1020]

427 Sofern Grund zu der Annahme besteht, dass das Verzeichnis nicht mit der erforderlichen Sorgfalt aufgestellt worden ist, besteht nach §§ 259, 260 BGB ein Anspruch **auf Abgabe einer eidesstattlichen Versicherung**. Unvollständige, mehrfach berichtigte Angaben können die Anlage mangelnder Sorgfalt begründen, ebenso wie das Verschweigen wesentlicher Tatsachen.[1021]

428 Bestehen Unklarheiten, empfiehlt sich für die Praxis, den Anspruch auf **ergänzende Auskunftserteilung** und hilfsweise auf Abgabe der eidesstattlichen Versicherung geltend zu machen. Die eidesstattliche Versicherung kann erst nach Erfüllung des Auskunftsanspruchs verlangt werden.[1022] Die **Beweislast** für die Voraussetzung des § 260 Abs. 2 BGB trifft den Auskunftsberechtigten.[1023] Die Vollstreckung einer rechtskräftigen Verurteilung erfolgt über § 889 ZPO. Zwangsmittel nach §§ 889 Abs. 2, 888 ZPO dürfen erst festgesetzt werden, wenn das nach § 889 Abs. 1 ZPO zuständige Amtsgericht einen Termin zur Abgabe der eidesstattlichen Versicherung bestimmt hat, in dem der Schuldner nicht erschienen ist oder die Abgabe verweigert hat. I.Ü. kann die eidesstattliche Versicherung vor dem Gericht der freiwilligen Gerichtsbarkeit nach §§ 410 Nr. 1, 413 FamFG freiwillig abgegeben werden.

429 Allerdings kann von ihm nur in dem Umfang substanziierter Vortrag erwartet werden, in dem er sich mit zumutbaren Anstrengungen Kenntnis verschaffen kann. Handelt es sich um Umstände aus dem Wahrnehmungsbereich des Auskunftspflichtigen, kann diesen nach den Regeln zum Beweis negativer Tatsachen auch eine sekundäre Darlegungslast zu einem weniger substanziieren Vortrag des Auskunftsberechtigten treffen.[1024]

430 **Gesellschaftsrechliche Bindungen** eines Ehegatten und entsprechende gesellschaftsvertragliche Klauseln hindern eine Auskunftsverpflichtung nicht.[1025]

Werden **Geheimhaltungsinteressen** von Dritten reklamiert, ist gleichwohl eine Auskunfts- und Belegpflicht zu bejahen.[1026]

431 Werden Geheimhaltungsinteressen von Dritten reklamiert, ist gleichfalls eine Auskunfts- und Belegpflicht zu bejahen. Der Auskunftsschuldner darf jedoch zum Schutz der Belange, etwa seines Ehegatten, solche Angaben schwärzen, die nur den Ehegatten betreffen oder in denen Werte für ihn und seinen Ehegatten zusammengefasst sind, oder dass sein eigener Anteil daraus entnommen

---

1019 BGH, FamRZ 1992, 535.
1020 OLG Karlsruhe, NJW-RR 2000, 1172.
1021 BGH, FamRZ 1984, 144.
1022 BGH, FamRZ 2994, 28.
1023 BGH, FamRZ 1984, 144.
1024 BGH, FamRZ 2010, 875.
1025 BGH, FamRZ 2018, 1934; BGH, FamRZ 2015, 838; BGH, FamRZ 2012, 204; BGH, FamRZ 2005, 1986.
1026 BGH, NJW 1982, 1642.

werden kann.[1027] Im Zweifel muss der neue Ehegatte mittelbar in Kauf nehmen, dass auch seine Einkünfte bekannt werden.[1028] Auch bei der Pflicht eines Kommanditisten zur Auskunftserteilung durch Vorlage der Gesellschaftsbilanzen bleibt ein besonderes Geheimhaltungsinteresse der Gesellschaft grds. unberücksichtigt. Die **Interessen des Unterhaltsberechtigten sind vorrangig**, es sei denn, es besteht eine konkrete Missbrauchsgefahr.

432 Ein **Zurückbehaltungsrecht** steht dem auf Auskunft in Anspruch genommenen nicht zu,[1029] da ein Gegenseitigkeitsverhältnis i.S.d. §§ 273, 320 BGB nicht gegeben ist und i.Ü. der Grundsatz des Aufrechnungsverbots nach § 850 Abs. 1 Satz 2 ZPO i.V.m. § 394 BGB gilt.

433 Der **Verfahrenswert** für die Auskunft ist mit einem Bruchteil des Zahlungsinteresses in Ansatz zu bringen, regelmäßig mit 1/10 bis 1/4 des mutmaßlichen Zahlungsanspruchs.[1030] Im Wege eines Stufenantrags geht der Wert der Auskunft im Wert der Zahlungsstufe auf.[1031]

434 Der mit seinem Auskunftsantrag abgewiesene Auskunftsberechtigte kann die Wertgrenze bei einer Abweisung regelmäßig überschreiten, weil im Fall der Abweisung seine Beschwer aus dem Bruchteil der erwogenen Unterhaltsforderung abgeleitet wird.[1032]

435 Demgegenüber ist die **Beschwer des Auskunftspflichtigen nach billigem Ermessen** zu bestimmen. Maßgebend ist das **Interesse, die Auskunft nicht erteilen zu müssen**.[1033]

436 Der Wert der Beschwer ist gem. § 113 Abs. 1 Satz 2 FamFG i.V.m. § 3 ZPO nach billigem Ermessen zu bestimmen. Zur Bewertung des Zeitaufwands ist grds. auf Stundensätze des JVEG zurückzugreifen, d.h. auf den Stundensatz, den der Auskunftspflichtige als Zeuge erhalten würde, wenn er weder eine berufstypische Leistung erbrächte noch einen Verdienstausfall erlitte.[1034]

437 Für die Erstellung einer Einkommensteuererklärung ist nicht auf die **Kosten eines Steuerberaters** abzustellen. Die Verpflichtung zur Auskunftserteilung nach § 1605 BGB ist persönlicher Natur und mit der berufstypischen Leistung, etwa eines Steuerberaters, ggü. Dritten nicht zu vergleichen. Die Kosten für die Hinzuziehung einer sachkundigen Person können nur Berücksichtigung finden, wenn sie zwangsläufig entstehen, weil der zur Auskunft Verpflichtete zu einer sachgerechten Auskunftserteilung nicht in der Lage ist.[1035]

> **Maßgeblich für die Beschwer des Auskunftsschuldners ist Folgendes:**
> – kann der Schuldner die Auskunft ohne Einschaltung einer Hilfsperson (etwa Steuerberater) erteilen, ist nur sein persönlicher Zeitaufwand maßgebend, den er in seine Freizeit zu verlegen hat.[1036] Im Regelfall wird die Mindestbeschwer von über 600 € (§ 61 Abs. 1 FamFG) nicht erreicht. Allein der Umstand, dass ein Auskunftstitel vollstreckt wird, erhöht die für den Schuldner durch die Auskunftspflicht entstehende Beschwer nicht.[1037]

438

1027 BGH, NJW 1983, 1554.
1028 OLG Düsseldorf, FamRZ 1991, 1315.
1029 OLG Stuttgart, FamRZ 1994, 273.
1030 BGH, FuR 2001, 236; BGH, FamRZ 1993, 1189: 1/5 gebilligt.
1031 OLG Düsseldorf, FamRZ 2019, 178.
1032 BGH, FamRZ 2006, 619.
1033 BGH, FamRZ 2018, 445; BGH, FamRZ 2015, 838; BGH, FuR 2015, 607; BGH, FuR 2012, 299; BGH, FamRZ 2012, 204; BGH, FamRZ 2011, 882; BGH, FamRZ 2009, 1211; BGH, FamRZ 2009, 594; BGH, FamRZ 2008, 1336; BGH, FamRZ 2007, 1461; BGH, FamRZ 2005, 1986; zu Einzelheiten vgl. *Kleffmann*, in: Scholz/Kleffmann, Praxishandbuch Familienrecht, Teil G Rn. 217 ff.
1034 BGH, FamRZ 2018, 445; BGH, FamRZ 2015, 838.
1035 BGH, FamRZ 2015, 838.
1036 BGH, FamRZ 2015, 838.
1037 BGH, FamRZ 2014, 644; BGH, FamRZ 2012, 204.

- Kann der Schuldner die Auskunft dagegen nur unter Einschaltung von Hilfspersonen erteilen und ist die Hinzuziehung zwingend erforderlich,[1038] sind deren Kosten bei der Wertbemessung zu berücksichtigen. Dies gilt selbst dann, wenn diese Kosten bei der späteren Steuererklärung ohnehin entstanden wären.[1039]
- Hat der Titel einen nicht vollstreckungsfähigen oder auslegungsbedürftigen Inhalt, darf der Auskunftsschuldner kundigen Rat einholen und die entsprechenden Kosten bei der Wertbemessung in Ansatz bringen. Bei fehlender Vollstreckungsfähigkeit sind die für die Abwehr der Zwangsvollstreckung notwendigen Kosten maßgebend.[1040]

439 Das Rechtsbeschwerdegericht kann die Bemessung der Beschwer nur darauf überprüfen, ob das Beschwerdegericht von dem ihm nach § 113 Abs. 1 Satz 2 FamFG i.V.m. § 3 ZPO eingeräumten Ermessen rechtsfehlerhaft Gebrauch gemacht hat, was insb. dann der Fall ist, wenn das Gericht bei der Bewertung des Beschwerdegegenstands maßgebliche Tatsachen verfahrensfehlerhaft nicht berücksichtigt oder etwa erhebliche Tatsachen unter Verstoß gegen eine Aufklärungspflicht nicht festgestellt hat.[1041]

440 Für die Bewertung des Abwehrinteresses kommt es, soweit ein besonderes **Geheimhaltungsinteresse** nicht geltend gemacht wird,[1042] auf den Zeit- und Arbeitsaufwand an, den die sorgfältige Erteilung der geschuldeten Auskunft verursacht.[1043]

441 Der eigene Zeitaufwand des Auskunftspflichtigen ist entspr. den Bestimmungen für Zeugen im JVEG zu bewerten (§ 22 JVEG).[1044]

▶ Hinweis:

442 Die Verpflichtung zur Erteilung von Auskünften über das für Unterhaltsansprüche einzusetzende Einkommen ist für den Auskunftsschuldner regelmäßig nicht rechtsmittelfähig.[1045]

443 Ist einem Beteiligen jedoch aufgegeben worden, über die Einkommensverhältnisse eines Dritten Auskunft zu erteilen, der seinerseits zur Auskunftserteilung nicht bereit ist, muss i.R.d. Beschwer der Kostenaufwand für eine entspr. Rechtsverfolgung (gegen den Dritten) berücksichtigt werden.[1046]

444 Die Kosten der **Zuziehung eines Steuerberaters** sind grds. außer Betracht zu lassen. Sie können nur berücksichtigt werden, wenn sie zwangsläufig entstehen, weil der Auskunftspflichtige selbst nicht in der Lage ist, sachgerecht Auskunft zu erteilen.[1047]

445 Ist dem Auskunftspflichtigen aufgegeben worden, Auskunft zu erteilen und bei Zusammenveranlagung mit seinem Ehegatten auch den Steuerbescheid vorzulegen, wirkt sich dies nicht auf die Höhe der Beschwer aus.[1048] Der Auskunftspflichtige kann unschwer die Angaben seines Ehegatten im Steuerbescheid schwärzen. Auf der Grundlage der verbleibenden Informationen des Steuerbescheides kann sein Einkommen berechnet werden. Einer, ggf. werterhöhenden Berechnung eines Steuerberaters für die Berechnung der Steuerschuld bei getrennter Veranlagung bedarf es nicht.

446 Ein **Geheimhaltungsinteresse** kann nur ausnahmsweise für die Bemessung des Rechtsmittelinteresses erheblich sein.[1049] Erforderlich ist, dass gerade in der Person des Auskunftsbegehrenden die Gefahr begründet ist, dieser werde von ihm ggü. offenbarten Tatsachen über das Verfahren hinaus

---

1038 BGH, FamRZ 2014, 644; BGH, FamRZ 2012, 204.
1039 BGH, NJW-RR 1992, 1474.
1040 BGH, FamRZ 2015, 2142.
1041 BGH, FamRZ 2012, 204; BGH, FamRZ 2010, 881.
1042 BGH, FamRZ 2005, 1986.
1043 BGH, FamRZ 2019, 1078; BGH, FamRZ 2012, 299; BGH, FamRZ 2010, 891.
1044 BGH, FamRZ 2012, 299; BGH, NJW-RR 2008, 889.
1045 Vgl. auch BGH, FuR 2015, 607.
1046 BGH, FamRZ 2012, 24.
1047 BGH, FamRZ 2012, 204; BGH, FamRZ 2007, 1090.
1048 BGH, FamRZ 2012, 204; BGH, FamRZ 2012, 1555.
1049 BGH, FamRZ 2015, 838; BGH, FamRZ 2012, 204; BGH, FamRZ 2005, 1986.

in einer Weise Gebrauch machen, die schützenswerte wirtschaftliche Interessen des zur Auskunft Verpflichteten gefährden können. Ein Geheimhaltungsinteresse des Ehegatten des Auskunftspflichtigen ist insoweit nicht zu berücksichtigen als Angaben über dessen Einkünfte unkenntlich gemacht werden können, etwa im Steuerbescheid. Auch ist der Wert der Beschwer nicht höher zu bemessen, wenn der Auskunftspflichtige ein Geheimhaltungsinteresse geltend macht, weil er mit seinem Arbeitgeber vereinbart hat, über die Höhe einer Arbeitnehmerabfindung Stillschweigen zu bewahren.[1050]

Bei der Bestimmung der **Beschwer eines selbstständig tätigen Auskunftspflichtigen**, der, obwohl er nicht bilanzierungspflichtig ist, sondern Einnahme-Überschuss-Rechnungen nach § 4 Abs. 3 EStG erstellt, zur Vorlage von Jahresabschlüssen in Form von Bilanzen verurteilt wurde, sind die Kosten der Bilanzerstellung nicht zu berücksichtigen.[1051] Obwohl der Pflichtige die Bilanz, mit welcher er seine Einkünfte belegen soll, nur mit entsprechender Hilfe hätte erstellen können, werden diese Kosten nicht berücksichtigt, weil der Pflichtige nicht verpflichtet ist, eine Bilanz zu erstellen. Ein Beschluss, der dem Pflichtigen aufgibt, seine Auskunft auf eine bestimmte, genau gezeichnete Art und Weise zu belegen, ist nicht nach § 888 ZPO vollstreckbar, wenn der Beleg nicht vorliegt und auch nicht erstellt werden muss.[1052]   447

In Ausnahmefällen kann die Hürde der Beschwer jedoch durchaus genommen werden.[1053] So hat der BGH eine ausreichende Beschwer bejaht in einer Konstellation, in der es um Feststellungen für einen lange zurückliegenden Zeitraum ging und detaillierte Angaben gefordert wurden, die ein Laie nicht ohne fachkundige Hilfe liefern konnte. Gleiches galt für die Angabe zu »stillen Reserven«. Auch ist das Risiko einer unrichtigen oder unvollständigen eidesstattlichen Versicherung zu würdigen, was ohne fachliche Hilfe unzumutbar hoch ist.[1054]   448

Auch in Fällen, in denen der Beschluss einen nicht vollstreckungsfähigen oder einen auslegungsbedürftigen Inhalt hat, kann sich der Auskunftsverpflichtete kundigen Rates bedienen, dessen Kosten bei der Wertbemessung zu berücksichtigen sind.[1055] Dieser Rat darf in Anspruch genommen werden, um dem Beschluss nachzukommen, aber auch, um Vollstreckungsversuche abzuwehren.[1056]   449

Wird der Unterhaltsschuldner zur Vorlage von Unterlagen verpflichtet, deren Nichtexistenz er behauptet, so ist zur Bemessung seiner Beschwer durch Auslegung zu ermitteln, ob das Gericht ihn zur Erstellung verpflichten wollte oder – ggf. irrig – von deren Existenz ausging. Nur im ersten Fall erhöht der für die Erstellung erforderliche Aufwand an Zeit und Kosten den Beschwerdewert.[1057]   450

Merke: Grundsätzlich ist davon auszugehen, dass der Zeitaufwand für die Erteilung der Auskunft nach dem Stundensatz für Zeugen in Höhe von 3,50 € bemessen und der Beschwerdewert regelmäßig nicht erreicht wird.   451

Eine Erhöhung der Beschwer kommt insbesondere in Betracht bei
- einem Geheimhaltungsinteresse
- einem auf eine unmögliche Leistung gerichteten Titel
- einem unbestimmten Titel
- der Verpflichtung, Belege zu erstellen

1050 BGH, FamRZ 2005, 1986.
1051 BGH, FamRZ 2007, 1461.
1052 BGH, FamRZ 2007, 1461.
1053 BGH, NJW 2009, 2218.
1054 BGH, NJW 2009, 2218.
1055 BGH, NJW-RR 2019, 961; BGH, FamRZ 2018, 1934; BGH, FamRZ 2016, 1448; BGH, FamRZ 2015, 2142; BGH, FamRZ 2012, 1555.
1056 BGH, FamRZ 2009, 495; BGH, FamRZ 1993, 45.
1057 BGH, FamRZ 2015, 2142; BGH, FamRZ 1992, 425.

10. Pflicht zur unaufgeforderten Auskunftserteilung

452 Das Gesetz kennt keine »allgemeine« Auskunftspflicht.[1058] Ausgehend von dem Grundsatz, dass zwar keine Offenbarungspflicht für alle wesentlichen Veränderungen der unterhaltsrelevanten Umstände besteht, gebietet gerade im Unterhaltsrecht der **Grundsatz von Treu und Glauben** (§ 242 BGB) ausnahmsweise eine zusätzliche Verpflichtung zur unaufgeforderten Information.[1059] Eine Offenbarungspflicht ist anzunehmen bei einer »wesentlichen« Änderung der Einkommens- und Vermögensverhältnisse i.S.d. §§ 238 ff. FamFG.[1060] Nach Auffassung des BGH soll eine Offenbarungspflicht jedoch erst bestehen, wenn der Unterhaltspflichtige aufgrund eines entsprechenden Verhaltens des Berechtigten vorangegangenen Tuns keinen Anlass zur Nachprüfung der Einkommensverhältnisse hatte. Das **Verschweigen unterhaltsrelevanter Umstände** nach einem Unterhaltsbeschluss muss »evident« unredlich sein und kann nur »unter besonderen Umständen« eine Verpflichtung zur ungefragten Information rechtfertigen.[1061] Etwas anderes gilt bei **Vergleichen**. Hier soll die Verpflichtung bestehen, alle Umstände, die sich auf die Vereinbarung (möglicherweise) auswirken können, ungefragt zu offenbaren.[1062]

453 Z.T. werden die Verpflichtungen zur unaufgeforderten Informationserteilung jedoch deutlich weitergezogen. Gerade wegen des auch im Unterhaltsrecht geltenden Grundsatzes der gegenseitigen Rücksichtnahme soll jede wesentliche Änderung nach §§ 238 ff. FamFG offenbarungspflichtig sein.[1063]

454 Aus dem **unterhaltsrechtlichen Treueverhältnis** wird letztlich eine allgemeine Pflicht zur Information angenommen werden können. Dies rechtfertigt sich aus dem Eingriffscharakter einer zu hohen Unterhaltsleistung. Letztlich erscheint es wenig sinnvoll, zwischen Vergleichen und Beschlüssen zu differenzieren. Die **Wahrheitspflicht** im Verfahren ist **nicht auf ein vorangegangenes Tun beschränkt**. Sie besteht auch unabhängig davon, bei vorangegangenen **Beschlüssen** und bezieht sich auch nicht nur auf Änderungen, nach denen zu fragen der andere keine Veranlassung hat. Die Auskunftspflicht besteht grds. nur alle 2 Jahre, die Wahrheitspflicht jedoch laufend.

455 Auch im zum 01.09.2009 in Kraft getretenen FamFG wird die **Verpflichtung zur ungefragten Information** verschärft. § 235 Abs. 3 FamFG sieht eine Verpflichtung des Adressaten einer Anordnung nach § 235 Abs. 1 FamFG vor, das FamG über wesentliche Änderungen derjenigen Umstände unaufgefordert zu informieren, die Gegenstand der Anordnung waren. § 235 Abs. 3 FamFG soll es ermöglichen, die Pflicht zur ungefragten Information der Beteiligten über die maßgeblichen wirtschaftlichen Verhältnisse, die der Unterhaltsbemessung zugrunde liegen, auf alle Unterhaltsschuldverhältnisse – unabhängig von der jeweiligen Titulierung- auszudehnen.

456 Unabhängig hiervon gelten per se während eines laufenden Unterhaltsverfahrens im Hinblick auf **die prozessuale Wahrheitspflicht strenge Anforderungen**.[1064]

457 Macht ein Beteiligter einen Unterhaltsanspruch geltend, hat er sämtliche der Begründung des Unterhaltsanspruchs dienenden Umstände wahrheitsgemäß anzugeben und darf nichts verschweigen, was ihre Bedürftigkeit infrage stellen könnte. Mit Rücksicht auf die nach § 138 ZPO bestehende prozessuale Wahrheitspflicht gilt dies erst recht während eines laufenden Verfahrens. Ändern sich hier die maßgeblichen Verhältnisse, so sind Umstände, die sich auf den Unterhaltsanspruch auswirken (können) auch ungefragt zu offenbaren.[1065] Für die **Offenbarungspflicht** ist ohne Bedeutung, dass das Einkommen teilweise überobligationsmäßig ist.[1066] Entscheidend ist, dass das Einkommen zu einer (teilweisen) Entlastung des Unterhaltspflichtigen geführt hätte.

1058 BGH, FamRZ 2008, 1325.
1059 BGH, FamRZ 2008, 1325; BGH, FamRZ 1997, 483.
1060 BGH, FamRZ 1988, 270.
1061 BGH, FamRZ 1988, 270.
1062 BGH, FamRZ 2008, 1325; BGH, FamRZ 1997, 483; OLG Frankfurt am Main, FF 2006, 157.
1063 OLG Hamburg, FamRZ 1987, 1044.
1064 BGH, FamRZ 2000, 153.
1065 OLG Koblenz, FamRZ 1997, 371; OLG Schleswig, FamRZ 1996, 222.
1066 BGH, FamRZ 2000, 153.

D. Auskunfts- und Beleganspruch

Nimmt eine unterhaltsberechtigte Partei titulierte Unterhaltsbeträge weiterhin entgegen und erreicht sie sogar eine Erhöhung des Titels in Form eines weiteren Vergleichs, obwohl sie bereits seit Längerem mit einem Partner in einer von ihr nicht offenbarten eheähnlichen Versorgungsgemeinschaft zusammenlebt, erfüllt sie den Tatbestand einer vorsätzlichen sittenwidrigen Schädigung gem. § 826 BGB.[1067]

458

Ein **evident unredliches Verschweigen** sowohl beim Gläubiger als auch beim Schuldner des Unterhaltsverhältnisses wird man jedoch nicht annehmen können, wenn der jeweilige Gegner erwarten konnte, dass Veränderungen eintreten. Hier wird der Gegner darauf zu verweisen sein, von seinem Auskunftsanspruch Gebrauch machen zu müssen.

459

Exemplarische Fälle und Sanktionen bei Verschweigen eigener Einkünfte:[1068]

460

- BGH:[1069] Verschweigen des Anstiegs des Einkommens von monatlich 800 € auf 1.285 € nach Abschluss eines gerichtlichen Vergleichs als Härtegrund i.S.d. § 1579 Nr. 5 BGB (bis 31.12.2007: Nr. 4)
- BGH:[1070] Verschweigen der Beendigung des Studiums, Herabsetzung des Unterhaltsanspruchs nach § 1579 Nr. 2 und 4 BGB
- OLG Hamm:[1071] Verschweigen der Aufnahme einer vollschichtigen Erwerbstätigkeit; unerheblich, dass es sich um ein Probearbeitsverhältnis handelte; Begrenzung des Unterhaltsanspruchs auf die Dauer von 2 Jahren und Reduzierung um die Hälfte nach § 1579 Nr. 4 BGB für diesen Zeitraum
- OLG Hamm:[1072] Verschweigen höherer Einkünfte als im Vergleich anrechnungsfrei gestellt; Verwirkung nach § 1579 Nr. 4 BGB
- OLG Zweibrücken:[1073] Verschweigen von Einkünften aus Dozententätigkeit bei der VHS (1.128 DM) und Kapitalvermögen (600 DM); Verwirkung des nachehelichen Unterhalts nach § 1579 Nr. 2 und 4 BGB
- OLG Koblenz:[1074] Verschweigen einer Rente nach vorangegangenem Anerkenntnisurteil
- OLG Hamm:[1075] Verschweigen eines eheähnlichen Verhältnisses über fünf Jahre; teilweise Verwirkung
- OLG Hamm:[1076] unrichtige Angaben hinsichtlich des Umfangs der Beziehung zu einem neuen Partner; Verwirkung des Unterhaltsanspruchs
- OLG Hamm:[1077] Verschweigen nennenswerter Einkünfte als versuchter Prozessbetrug; bei Betreuung zweier minderjähriger Kinder Herabsetzung des Unterhaltsanspruchs auf den Mindestbedarf
- OLG Karlsruhe:[1078] Schadensersatzpflicht nach § 826 BGB, wenn der Unterhaltsschuldner die Aufnahme einer vollschichtigen Berufstätigkeit (im entschiedenen Fall mit einem monatl. Einkommen von 5.000 DM brutto) verschweigt

---

1067 OLG Hamm, FuR 1998, 319.
1068 Nach *Kleffmann*, in: Scholz/Kleffmann, Praxishandbuch Familienrecht, Teil G Rn. 233.
1069 BGH, FamRZ 2008, 1325.
1070 BGH, FamRZ 1990, 1095.
1071 OLG Hamm, FamRZ 1994, 1265.
1072 OLG Hamm, FamRZ 1994, 1265.
1073 OLG Zweibrücken, FamRZ 1996, 220.
1074 OLG Koblenz, FamRZ 1997, 1338.
1075 OLG Hamm, FamRZ 1997, 373.
1076 OLG Hamm, FamRZ 1997, 1337.
1077 OLG Hamm, FamRZ 1994, 1115.
1078 OLG Karlsruhe, NJW-RR 2004, 1441.

- OLG Schleswig:[1079] keine Verwirkung nach § 1579 BGB, wenn eine unterhaltsberechtigte Partei veränderte Umstände zwar verspätet offenbart, jedoch davon ausgehen durfte, dass aufseiten des Verpflichteten aufgrund veränderter Umstände eine weiter gehende Leistungsfähigkeit eingetreten ist und vor diesem Hintergrund die verspätete Anzeige der Aufnahme oder Ausweitung einer Erwerbstätigkeit in einem milderen Licht erscheint
- OLG Naumburg:[1080] Verwirkung nur in Ausnahmekonstellationen, da im Zweifel die Auskunftsansprüche geltend zu machen sind
- OLG Schleswig:[1081] Schadensersatzanspruch bei Verschweigen einer Rente
- KG:[1082] Verwirkung nach § 1615l BGB, wenn ein volljähriges Kind sich beharrlich weigert, Auskunft über seine eigenen Einkommensverhältnisse sowie über die Einkommensverhältnisse des anderen Elternteils zu erteilen
- OLG Koblenz:[1083] Verwirkung nach § 1579 Nr. 5 BGB bei Verschweigen von Einkommenssteigerungen der Berechtigten nach Abschluss eines Unterhaltsvergleichs

---

1079 OLG Schleswig, FamRB 2005, 291.
1080 OLG Naumburg, FamRZ 2005, 365.
1081 OLG Schleswig, FPR 2009, 379.
1082 KG, FamRZ 2016, 379.
1083 OLG Koblenz, FuR 2016, 245.

Kapitel 3 Kindesunterhalt

Übersicht	Rdn.
A. Überblick	1
B. Die Vertretung des minderjährigen Kindes sowie die Verfahrensstandschaft im Unterhaltsverfahren	8
I. Vertretung des Kindes	8
II. Verfahrensstandschaft, § 1629 Abs. 3 Satz 1 BGB	14
C. Unterhaltsansprüche des minderjährigen Kindes	17
I. Der Unterhaltstatbestand	18
II. Die Bedürftigkeit, § 1602 BGB	19
1. Einkünfte des Kindes	20
2. Erwerbsobliegenheit	22
3. Einsatz von Vermögen	26
III. Die Leistungsfähigkeit, § 1603 BGB	27
1. Der Selbstbehalt	29
2. Einkommen	33
a) Schuldentilgung	34
b) Vermögensbildung	37
c) Umgangskosten	38
d) Zurechnung fiktiver Einkünfte	39
3. Wegfall der Leistungsfähigkeit	44
a) Freiwillige Aufgabe einer versicherungspflichtigen Erwerbstätigkeit	46
b) Verschuldeter Arbeitsplatzverlust	47
4. Hausmannrechtsprechung	49
a) Verletzung der Erwerbsobliegenheit	50
aa) Erwerbspflicht ggü. den Kindern	51
bb) Rechtfertigung des Rollenwechsels	53
b) Unterhalt trotz Rollenwechsel	55
c) Taschengeldanspruch	58
5. Gesteigerte Unterhaltspflicht	60
a) Gesteigerte Erwerbsobliegenheit nach § 1603 Abs. 2 BGB	61
b) Einsatz von Vermögen	62
IV. Der Bedarf, § 1610 BGB	64
1. Die Bedeutung der Düsseldorfer Tabelle	67
2. Bedarfsermittlung	76
3. Mehrbedarf	78
4. Sonderbedarf, § 1613 Abs. 2 BGB	84
5. Ausbildungsunterhalt, § 1610 Abs. 2 BGB	87
a) Berufsausbildung	89
b) Zweitausbildung	91
aa) Die »zusammengesetzte Ausbildung«	92

Übersicht	Rdn.
bb) Fehleinschätzung der Begabung	98
V. Die Rangverhältnisse mehrerer Unterhaltspflichtiger, § 1606 BGB	104
1. Unterhaltspflicht nach Rang	104
2. Gleichwertigkeit von Naturalunterhalt, § 1606 Abs. 3 Satz 2 BGB	107
a) Grundsätze	107
b) Unterhaltspflichten beim Wechselmodell	108
VI. Die Ersatzhaftung nach § 1607 BGB	112
1. Die Sekundärhaftung nach § 1607 Abs. 1 BGB	112
2. Die Einstandspflicht nach § 1607 Abs. 2 BGB	117
a) Voraussetzungen	117
b) Der Forderungsübergang nach § 1607 Abs. 2 Satz 2 BGB	124
3. Der Forderungsübergang nach § 1607 Abs. 3 BGB	128
a) Verwandte und Stiefelternteile	128
b) Leistungen eines Scheinvaters	129
4. Benachteiligungsverbot, § 1607 Abs. 4 BGB	135
VII. Der unterhaltsrechtliche Rang, § 1609 BGB	136
1. Vorrangstellung minderjähriger Kinder	137
2. Gleichrangige Unterhaltsgläubiger	140
a) Verteilung des verfügbaren Einkommens	140
b) Mangelfallberechnung	141
VIII. Die Art der Unterhaltsgewährung	143
1. Unterhalt als Geldrente	143
2. Der sog. Mindestunterhalt	145
a) Statische Unterhaltstitel	150
b) Dynamische Unterhaltstitel	153
aa) Bestimmung des Prozentsatzes	156
bb) Tenorierung	160
c) Kindergeldanrechnung	163
d) Kindergeldberechtigung	165
D. Unterhaltsansprüche des volljährigen Kindes	166
I. Die Bedürftigkeit des volljährigen Kindes	172
1. Die Erwerbspflicht	173
2. Einsatz von Vermögen	176
II. Die Leistungsfähigkeit	180
III. Der Bedarf des volljährigen Kindes	182
IV. Die anteilige Barunterhaltspflicht der Eltern	185

A. Überblick

1 Kinder können Unterhalt von ihren Eltern nach den §§ 1601 ff. BGB verlangen. Unterhaltsansprüche minderjähriger Kinder haben Vorrang vor allen anderen Unterhaltsansprüchen, vgl. § 1609 BGB.

2 Die Unterhaltsverpflichtung der Eltern unterliegt auch keinen zeitlichen Beschränkungen; sie endet zwar i.d.R., wenn die Eltern ihren Kindern die Ausbildung zu einem angemessenen Beruf (vgl. § 1610 Abs. 2 BGB) ermöglicht haben. Wird ein Kind trotz der abgeschlossenen Ausbildung aber erneut bedürftig, kann dies zu einem Wiederaufleben der Unterhaltspflicht führen.

3 Die Unterhaltspflicht **getrennt lebender** Eltern ggü. Kindern ist geteilt: Ein Elternteil versorgt das minderjährige Kind und kümmert sich um seine elementaren Bedürfnisse (sog. Naturalunterhalt), während der andere Elternteil den Barunterhalt leistet (vgl. dazu § 1606 Abs. 3 Satz 2 BGB). Volljährige Kinder bedürfen keiner Betreuung, so dass beide Eltern barunterhaltspflichtig sind.

4 Der Anspruch auf Kindesunterhalt setzt neben der Bedürftigkeit (§ 1602 BGB) die Leistungsfähigkeit des Anspruchsgegners (§ 1603 BGB) voraus und wird i.H.d. nach § 1610 BGB zu bestimmenden Bedarfs gewährt. Der Bedarf des Kindes wird im Wesentlichen durch die Düsseldorfer Tabelle bestimmt.

5 § 1614 BGB versagt im öffentlichen Interesse, insb. zur Vermeidung der Inanspruchnahme von Sozialhilfeleistungen, dem Verzicht auf **zukünftigen** Kindesunterhalt die Wirksamkeit. Es handelt sich um ein Verbotsgesetz nach § 134 BGB, so dass ein derartiger Verzicht nichtig ist.

6 Der Tod des Unterhaltsberechtigten oder -pflichtigen führt nach § 1615 Abs. 1 BGB aufgrund des höchstpersönlichen Charakters der Unterhaltsschuld zum Erlöschen der Unterhaltsansprüche.

7 Der Erbe ist jedoch verpflichtet, die vor dem Tod des Unterhaltspflichtigen entstandenen, nach § 1613 BGB durchsetzbaren Unterhaltsrückstände sowie bereits fällige Unterhaltsvorausleistungen nach § 1612 Abs. 3 BGB als Nachlassverbindlichkeit (vgl. § 1967 BGB) zu berichten.

Einigkeit besteht darüber, dass der Kindesunterhalt reformiert werden sollte. So wurde auf dem 72. Deutschen Juristentag besprochen, dass das Kindesunterhaltsrecht die Gleichwertigkeit von Betreuung und Barunterhalt sicherzustellen hat und deshalb an die Vielfalt der Betreuungsformen anzupassen ist.

Nach bisheriger Rechtsprechung wirkt sich eine geteilte Betreuung lediglich dann maßgeblich auf den Barunterhalt aus, wenn sie (nahezu) paritätisch ist,[1] während etwa bei einem Anteil von 43:57 eine bloße Herabstufung in der Düsseldorfer Tabelle erfolgen soll.[2] Allerdings befürchten die meist nach wie vor vorrangig betreuenden Mütter, die häufig ohnehin nur wenig Unterhaltsleistungen erhalten und vom Armutsrisiko betroffen sind, eine weitere Reduktion der Zahlungen, ohne dass sich die Kosten nennenswert verringern.[3]

B. Die Vertretung des minderjährigen Kindes sowie die Verfahrensstandschaft im Unterhaltsverfahren

I. Vertretung des Kindes

8 Erforderlich ist in Kindesunterhaltsverfahren eine ordnungsgemäße Vertretung minderjähriger Kinder.

9 **Übt ein Elternteil die elterliche Sorge allein aus oder ist ihm die Entscheidung nach § 1628 BGB übertragen, vertritt dieser Elternteil das Kind allein (§ 1629 Abs. 1 Satz 3 BGB).**

---

1 BGH, FamRZ 2017, 1676.
2 BGH, NJW 2015, 331.
3 Vgl. dazu *Kleffmann/Kleffmann*, FuR 2020, 2, 9.

Häufig sind die Eltern getrennt lebende Eheleute, die gemeinsam die elterliche Sorge für das Kind haben. Der Elternteil, in dessen **Obhut** sich das Kind befindet, übernimmt die Vertretung des Kindes gem. § 1629 Abs. 2 Satz 2 BGB bei Geltendmachung des Unterhaltsanspruchs gegen den anderen Elternteil. Insoweit ergibt sich – allerdings nur für Unterhaltsfragen – ein Alleinvertretungsrecht.[4] Ansonsten bleibt es bei gemeinsamer Vertretung durch beide Elternteile.

Obhut bedeutet dabei die tatsächliche Fürsorge für das Kind, also die Befriedigung der elementaren Bedürfnisse des Kindes durch Pflege, Verköstigung, Gestaltung des Tagesablaufs, Erreichbarkeit bei Problemen und emotionale Zuwendung.[5] Problemtisch ist die Rechtslage, wenn sich das Kind abwechselnd und in gleichem Umfang in der Obhut des einen und dann des anderen Elternteils befindet (Wechselmodell).[6]

Die Geltendmachung von Unterhaltsansprüchen setzt jedenfalls nicht voraus, dass ein Elternteil die alleinige Obhut über die Kinder hat. Vielmehr reicht aus, dass der Schwerpunkt der tatsächlichen Betreuung von dem unterhaltsbegehrenden Elternteil wahrgenommen wird. In Grenzfällen genügt auch ein nur geringer Betreuungsvorsprung eines Elternteils.[7]

Liegt hingegen die Betreuungszeit der Eltern jeweils bei ca. 50 % (sog. echtes Wechselmodell[8]), ist eine gerichtliche Übertragung der Befugnis, Unterhalt gegen den anderen Elternteil geltend machen zu können, nach § 1628 BGB erforderlich.[9] Nach anderer Auffassung wird ein Ergänzungspfleger nach § 1909 BGB für die Geltendmachung von Unterhalt benötigt.[10]

§ 234 FamFG regelt die Vertretung eines Kindes in Unterhaltssachen durch das Jugendamt. Auf schriftlichen Antrag eines Elternteils kann das Jugendamt Beistand des Kindes werden (§ 1712 BGB) und Unterhaltsansprüche für das Kind geltend machen.[11]

II. Verfahrensstandschaft, § 1629 Abs. 3 Satz 1 BGB

Aus dem Umstand, dass ein Elternteil das minderjährige Kind gesetzlich vertritt, ergibt sich noch nicht, ob der Kindesunterhalt nach Trennung der Eltern im Namen des Kindes oder im eigenen Namen des Elternteils geltend zu machen ist.

Der Gesetzgeber hat sich für die Dauer der Trennung bis zur Rechtskraft der Scheidung in § 1629 Abs. 3 Satz 1 BGB für die Verfahrensstandschaft entschieden, weil er vor allem vermeiden wollte, dass das minderjährige Kind als Beteiligter am Scheidungsverfahren der Eltern teil hat. Die Verfahrensstandschaft umfasst auch Passivverfahren gegen die Kinder. Dies spielt eine Rolle bei Abänderungsanträgen nach § 238 bzw. § 239 FamFG.[12]

Der Anwendungsbereich des § 1629 Abs. 3 BGB betrifft nur verheiratete Eltern. Unverheiratete Eltern und geschiedene Eltern sind zur Verfahrensführung (in eigenem Namen) nicht befugt. In diesen Fällen muss das Kind als Beteiligter den Unterhaltsanspruch im eigenen Namen geltend machen, gesetzlich vertreten durch den allein sorgeberechtigten Elternteil (§ 1629 Abs. 1 Satz 3 BGB) oder – bei gemeinsamer Sorge – von dem Elternteil, in dessen Obhut es sich befindet (§ 1629 Abs. 2 Satz 2 BGB).

---

4 PWW/*Ziegler*, § 1629 Rn. 16.
5 Vgl. Palandt/*Götz*, § 1629 Rn. 25.
6 Vgl. zum Wechselmodell BGH, NZFam 2017, 206.
7 BGH, FamRZ 2007, 707 m. Anm. *Luthin*.
8 Auch bei einem Zeitanteil eines Elternteils von 52,5 % ist ein paritätisches Wechselmodell nicht infrage zu stellen, vgl. OLG Nürnberg, NZFam 2017, 257; noch weitergehender – aber abzulehnen – OLG Köln, FamRZ 2015, 859 (57 % zu 43 %).
9 OLG Frankfurt am Main, FuR 2017, 217.
10 OLG Celle, FamRZ 2019, 40; OLG Nürnberg, NZFam 2017, 257; *Götz*, FF 2015, 146, 149; *Seiler*, FamRZ 2015, 1845, 1850.
11 Vgl. dazu Kap. 11 Rdn. 91.
12 OLG Brandenburg, FamRZ 2000, 1377.

Endet die gesetzliche Verfahrensstandschaft eines Elternteils nach § 1629 Abs. 3 BGB mit **Eintritt der Volljährigkeit des Kindes**, so kann das Kind als Antragsteller in das Verfahren im Wege des gewillkürten Beteiligtenwechsels eintreten. Dieser ist nicht von der Zustimmung des Antragsgegners abhängig.[13]

C. Unterhaltsansprüche des minderjährigen Kindes

17 Der Unterhalt minderjähriger Kinder wird »hervorgehoben« von den §§ 1601 bis 1615 BGB geregelt. So ist das minderjährige Kind nur eingeschränkt dazu verpflichtet, das eigene Vermögen für Unterhaltszwecke einzusetzen (vgl. § 1602 Abs. 2 BGB), die Eltern haben umgekehrt aber alle verfügbaren Mittel für den Unterhalt einzusetzen (§ 1603 Abs. 2 BGB). Schließlich kann nur ein minderjähriges Kind einen dynamischen Unterhaltstitel (Unterhalt als Prozentsatz des jeweiligen Mindestunterhalts) nach § 1612a BGB verlangen.

I. Der Unterhaltstatbestand

18 Unterhaltspflichtig nach §§ 1601 ff. BGB sind alle Verwandten, die in gerader Linie miteinander verwandt sind (vgl. § 1589 Satz 1 BGB), also voneinander abstammen. Die Unterhaltspflicht ist nicht an die elterliche Sorge gekoppelt; unerheblich ist auch, ob die Eltern des Kindes miteinander die Ehe eingegangen haben oder nicht.[14]

Auch **vertraglich** können wirksam Kindesunterhaltsverpflichtungen begründet werden. Eine Vereinbarung, mit welcher ein Mann die Einwilligung zu einer heterologen künstlichen Befruchtung einer Frau mit dem Ziel erteilt, die Vaterstellung für das zu zeugende Kind einzunehmen, enthält regelmäßig zugleich einen von familienrechtlichen Besonderheiten geprägten Vertrag zugunsten des aus der künstlichen Befruchtung hervorgehenden Kindes, aus dem sich für den Mann dem Kind gegenüber die Pflicht ergibt, für dessen Unterhalt wie ein rechtlicher Vater einzustehen. Die Einwilligung des Mannes muss gegenüber der Frau erklärt werden und bedarf keiner besonderen Form.[15]

II. Die Bedürftigkeit, § 1602 BGB

19 Unterhaltsansprüche hat nach § 1602 Abs. 1 BGB nur, wer außerstande ist, sich selbst zu unterhalten. Die Bedürftigkeit in diesem Sinne ist also eine Voraussetzung des Kindesunterhalts. Die Bedürftigkeit minderjähriger Kinder ist i.d.R. zu bejahen, da Erwerbseinkünfte regelmäßig bis zum Abschluss einer Schulausbildung nicht vorhanden sind und Vermögen nur eingeschränkt eingesetzt werden muss (vgl. § 1602 Abs. 2 BGB). Minderjährige Kinder müssen daher im Verhältnis zu ihren Eltern den Stamm ihres Vermögens nicht angreifen, allerdings sind die Vermögenserträge (z.B. Zinsen, Dividenden) für den Unterhalt zu verwenden, vgl. auch § 1649 BGB.

1. Einkünfte des Kindes

20 Unterhaltsrechtlich mindern grds. sämtliche Einkünfte, die dem Unterhaltsberechtigten zufließen, seine Bedürftigkeit. Auszubildenden sind aber die ausbildungsbedingten Aufwendungen abzuziehen. Die Leitlinien berücksichtigen einen ausbildungsbedingten Mehrbedarf von mtl. 100 €.[16]

21 Freiwillige Leistungen in Geld oder Natur, die von dritten Personen (etwa der Großmutter) dem Unterhaltsberechtigten erbracht werden, aber jederzeit eingestellt werden können, sind nicht als Einkommen zu behandeln.[17] Dies ist nur ausnahmsweise dann anders, wenn der Dritte seinen Willen zum Ausdruck bringt, mit seinen Leistungen nicht nur den Empfänger, sondern auch den Unterhaltsschuldner zu entlasten.

---

13 BGH, FamRZ 2013, 1378.
14 Vgl. dazu Palandt/*Brudermüller*, § 1601 Rn. 1.
15 BGH, FamRZ 2015, 2135.
16 Unterhaltsleitlinien 10.2.3 sowie Düsseldorfer Tabelle 2020 A. 8.
17 *Roßmann/Viefhues*, Taktik im Unterhaltsrecht, Kap. 3 Rn. 204.

2. Erwerbsobliegenheit

Die Beteiligten des Unterhaltsschuldverhältnisses haben sich um die Erzielung von Einkünften zu bemühen, unterliegen also einer dahin gehenden Erwerbsobliegenheit.

Wird diese Erwerbsobliegenheit vorwerfbar verletzt, kann die betreffende Partei so behandelt werden, als erzielte sie Einkünfte, die sie zwar nicht zur Verfügung hat, die sie indes bei gutem Willen ohne Weiteres erzielen könnte, sog. fiktive Einkünfte.

Die Höhe der fiktiv zuzurechnenden Einkünfte kann nach § 287 ZPO geschätzt werden.

Soweit es um den Minderjährigenunterhalt geht, ist praktisch eine Erwerbsobliegenheit des Kindes nur schwerlich begründbar.

3. Einsatz von Vermögen

Soweit es um den Einsatz des Vermögens für Unterhaltszwecke geht, ist die Privilegierung minderjähriger unverheirateter Kinder bedeutsam. Ein minderjähriges Kind hat die Einkünfte aus seinem Vermögen unter Erhaltung der Substanz (§ 1649 BGB) zur Bedarfsdeckung einzusetzen (z.B. Zinseinkünfte, Mieteinnahmen), doch wird die Vermögensverwertung nicht geschuldet. Eine Ausnahme gilt nach § 1603 Abs. 2 Satz 3 BGB im Fall der Leistungsunfähigkeit der Eltern.

III. Die Leistungsfähigkeit, § 1603 BGB

Die Leistungsfähigkeit des Unterhaltsschuldners nach § 1603 BGB ist neben der Bedürftigkeit des Unterhaltsberechtigten weitere Voraussetzung des Unterhaltsanspruchs. Trotz vorhandener Bedürftigkeit besteht der Unterhaltsanspruch nur nach Maßgabe der Leistungsfähigkeit des Unterhaltspflichtigen.

Dem Unterhaltsschuldner müssen die Mittel verbleiben, die er für seinen Lebensbedarf benötigt. Die Opfergrenze stellt der sog. Selbstbehalt dar. Der Selbstbehalt drückt den Geldbetrag aus, der dem Unterhaltspflichtigen nach Abzug aller unterhaltsrechtlich anzuerkennenden Verpflichtungen für das eigene Leben verbleiben muss.

1. Der Selbstbehalt

Die unterhaltsrechtlichen Leitlinien (z.B. Süddeutsche Leitlinien Nr. 21 oder Unterhaltsleitlinien des OLG Düsseldorf Nr. 21) unterscheiden betreffend den Kindesunterhalt den notwendigen (§ 1603 Abs. 2 BGB) sowie den angemessenen (§ 1603 Abs. 1 BGB) Selbstbehalt.

Der **angemessene Selbstbehalt** gilt beim Verwandtenunterhalt nach §§ 1601 ff. BGB. Er beträgt ggü. volljährigen Kindern 1.400 €. Darin sind 550 € für Unterkunft und Heizung enthalten.[18]

Der **notwendige Selbstbehalt** ist für Unterhaltspflichtige maßgeblich, die minderjährigen unverheirateten und ihnen nach § 1603 Abs. 2 Satz 2 BGB gleichgestellten volljährigen Kindern ggü. unterhaltspflichtig sind. Der notwendige oder kleine Selbstbehalt bildet die absolute Opfergrenze, denn dieser Betrag orientiert sich an den Mitteln, die eine Person auch in einfachsten Verhältnissen für den eigenen Unterhalt benötigt. Er liegt etwas höher als die Bedarfssätze der Sozialhilfe.

Der notwendige Selbstbehalt beträgt ggü. minderjährigen Kindern 1.160 €, bzw. wenn der Unterhaltspflichtige nicht erwerbstätig ist 960 €. Darin sind 430 € für Unterkunft und Heizung enthalten.[19] Auch wenn die konkreten Wohnkosten hinter dem im Selbstbehalt ausgewiesenen Mietanteil zurückbleiben, liegt keine entsprechende Erhöhung der Leistungsfähigkeit vor. Es ist dem Unterhaltspflichtigen unbenommen, wie er mit dem ihm belassenen Einkommen verfährt.

---

18 Stand: 01.01.2020.
19 Stand: 01.01.2020.

2. Einkommen

33 Soweit das tatsächlich verfügbare Einkommen den maßgeblichen Selbstbehalt übersteigt, ist es für Unterhaltszwecke einzusetzen.

a) Schuldentilgung

34 Die Leistungsfähigkeit des Unterhaltspflichtigen kann durch die Verpflichtung zur **Schuldentilgung** begrenzt oder sogar gänzlich ausgeschlossen sein (vgl. dazu auch Unterhaltsleitlinien des OLG Düsseldorf Nr. 10.4).

35 Die von den wirtschaftlichen Verhältnissen des Unterhaltspflichtigen abgeleitete Lebensstellung des Kindes richtet sich nämlich nach dessen verfügbaren Mitteln (vgl. dazu § 1610 BGB). I.R.d. Ermittlung des unterhaltsrechtlich relevanten Einkommens des Unterhaltspflichtigen sind nicht von vornherein sämtliche, sondern nur unterhaltsrechtlich berücksichtigungsfähige Schulden einzubeziehen. Die Abzugsfähigkeit von Schulden ist im Rahmen einer umfassenden Interessenabwägung nach billigem Ermessen zu klären, wobei insb. der Zweck der Verbindlichkeiten, der Zeitpunkt und die Art der Entstehung, die Kenntnis des Unterhaltspflichtigen von Grund und Höhe der Unterhaltsschuld Abwägungskriterien sind. Auf Schulden, die leichtfertig, für luxuriöse Zwecke oder ohne verständigen Grund eingegangen sind, kann sich der Unterhaltspflichtige jedenfalls nicht berufen.

36 Die Rechtsprechung bejaht unter Umständen eine Obliegenheit des Unterhaltsschuldners zur Einleitung eines Insolvenzverfahrens, um Unterhalt bestreiten zu können.[20]

b) Vermögensbildung

37 Aufwendungen, die der Vermögensbildung dienen, sind grds. nicht berücksichtigungsfähig. Dem Unterhaltspflichtigen ist es nicht gestattet, auf Kosten des Unterhaltsberechtigten Vermögen zu bilden.[21]

c) Umgangskosten

38 Der Unterhaltspflichtige kann sich dem unterhaltsberechtigten Kind ggü. nicht auf die üblichen Kosten des Umgangsrechts berufen. Die anfallenden Belastungen hat er im eigenen und im Interesse des Kindes grds. selbst aufzubringen. Allerdings gibt es gegenüber diesem Grundsatz eine Ausnahme[22]:

Umgangskosten können berücksichtigt werden, wenn der Barunterhaltspflichtige ein weit überdurchschnittliches Umgangsrecht wahrnimmt, das sich einer Mitbetreuung nähert, aber die Voraussetzungen eines Wechselmodells noch nicht erfüllt (Betreuungsanteil von 33 % bzw. 40 %).

Die Berücksichtigung der Umgangskosten erfolgt entweder in der Weise, dass der erweiterte Umgang als teilweise (Natural-)Erfüllung der Unterhaltsschuld angesehen wird. Dies gilt allerdings nur, sofern die Umgangskosten den Bedarf des Kindes beim Obhutselternteil mindern, also z.B. für Verpflegungskosten, denn im Tabellenunterhalt sind z.B. (ersparte) Verpflegungskosten einkalkuliert.

Der Mehraufwand beim erweiterten Umgang kann auch Anlass sein, den Bedarf des Kindes unter Herabstufung um eine oder mehrere Einkommensgruppen zu bestimmen.[23]

---

20 BGH, 23.02.2005 – XII ZR 114/03, FamRZ 2005, 608.
21 Palandt/*Brudermüller*, § 1603 Rn. 11.
22 Vgl. dazu *Lettmaier/Dürbeck*, FamRZ 2019, 81.
23 BGH, FamRZ 2014, 917, m. Anm. *Schürmann*; OLG Düsseldorf, FamRZ 2016, 142 (Herabstufung um eine Gruppe bei einer Mitbetreuung von 39 %).

d) Zurechnung fiktiver Einkünfte

Der Unterhaltsschuldner unterliegt einer **Erwerbsobliegenheit**. Seine Leistungsfähigkeit wird nicht allein durch sein tatsächlich vorhandenes Einkommen bestimmt, sondern auch durch seine Erwerbsfähigkeit. Ihn trifft, wenn die Einkünfte nicht ausreichen, die Obliegenheit, die ihm zumutbaren Einkünfte zu erzielen. Dies verlangt, die Arbeitskraft so gut wie möglich einzusetzen und eine ihm mögliche Erwerbstätigkeit auszuüben. Erfüllt der Unterhaltspflichtige seine Erwerbsobliegenheit nicht, ist ihm ein fiktives Einkommen i.H.d. aus einer ihm möglichen und zumutbaren Tätigkeit erzielbaren Verdienstes zuzurechnen. Die **Darlegungs- und Beweislast** für eine mangelnde oder eingeschränkte Leistungsfähigkeit trägt der Unterhaltspflichtige. Dies gilt jedenfalls für ein von ihm geltend gemachtes Fehlen einer realen Beschäftigungschance. Auch beim Verstoß gegen seine Erwerbsobliegenheit darf dem Unterhaltspflichtigen allerdings nur ein Einkommen zugerechnet werden, welches von ihm realistischerweise zu erzielen ist.[24]

39

Eine solche Zurechnung fiktiver Einkünfte setzt eine **grobe Verletzung von Erwerbspflichten** voraus, ein leichtfertiges, vom üblichen sozialen Standard abweichendes Verhalten. **Leichtfertig** in diesem Sinn handelt, wer seine Arbeitskraft und sein Vermögen, also die Faktoren, die ihn in die Lage versetzen, seinen Lebensunterhalt selbst zu bestreiten, auf sinnlose Art aufs Spiel setzt und einbüßt. Gibt der Unterhaltspflichtige ein sicheres Arbeitsverhältnis auf, dass nicht befristet war und seit mehr als sieben Jahren bestand, um bei einem anderen Arbeitgeber ein besser vergütetes, jedoch zeitlich befristetes Arbeitsverhältnis aufzunehmen, liegt ein leichtfertiges Verhalten in diesem Sinne vor, wenn nach Ablauf des befristeten Arbeitsverhältnisses keine neue Arbeitsstelle gefunden werden kann.[25]

40

Daran fehlt es aber i.d.R., wenn der Unterhaltspflichtige eine wöchentliche Arbeitszeit von 40 Stunden nachweist.[26]

Der Unterhaltspflichtige ist bereits vor Beendigung eines Arbeitsverhältnisses gehalten, sich um eine Folgearbeitsstelle zu bemühen.

41

Den arbeitslos gewordenen Unterhaltspflichtigen trifft die Obliegenheit, sich intensiv um eine ihm zumutbare Arbeitsstelle zu bemühen. Er hat neben der Meldung beim Arbeitsamt dauernde Anstrengungen zur Erlangung einer Arbeit durch Bewerbungen auf Stellenanzeigen, durch die Aufgabe eigener Annoncen, Vorsprache bei möglichen Arbeitgebern und Bemühungen über den örtlichen Bereich hinaus zu unternehmen. Eine reale Beschäftigungschance ist nur dann zu verneinen, wenn der Unterhaltspflichtige nachweist, dass über einen angemessenen Zeitraum durchgehaltene Bemühungen um einen neuen Arbeitsplatz – mindestens 20 gezielte und ernsthafte Bewerbungen pro Monat – erfolglos geblieben sind.[27]

42

▶ Praxishinweis:

Der Unterhaltspflichtige trägt die **Beweislast** dafür, dass er sich ausreichend um einen Arbeitsplatz bemüht hat.[28]

43

Die Zurechnung fiktiver Einkünfte, in die auch mögliche Nebenverdienste einzubeziehen sind, setzt neben den nicht ausreichenden Erwerbsbemühungen eine vom Gericht festzustellende **reale Beschäftigungschance** voraus.[29]

Das Internet ist für die **Ermittlung fiktiver Einkünfte** im Unterhaltsrecht eine anerkannte Erkenntnisquelle (insb. das Internetportal »nettolohn.de«). Im Fall einer gesteigerten

---

24 BGH, FamRZ 2017, 109, 110.
25 OLG Dresden, FamRZ 2014, 45.
26 OLG Köln, FamRZ 2012, 314; OLG Stuttgart, FamRZ 2012, 315.
27 OLG Hamm, 01.08.2003 – 11 UF 64/03, NJW-RR 2004, 149.
28 OLG Brandenburg, FuR 2017, 92; BGH, 31.05.2000 – XII ZR 119/98, FamRZ 2000, 1358.
29 OLG Köln, FuR 2019, 711.

Erwerbsobliegenheit ist bei dem so ermittelten fiktiven Durchschnittslohn für den Kindesunterhalt ein Zuschlag von 10 % hinzuzurechnen, um das fiktive Einkommen zu ermitteln, da sich der Unterhaltschuldner in diesem Fall auch um Stellen zu bemühen hat, in denen die Vergütung über den Durchschnittslohn hinausgeht.[30]

3. Wegfall der Leistungsfähigkeit

44 Eine Verminderung oder der Wegfall der Leistungsfähigkeit ist nie auszuschließen.

45 Allerdings ist es dem Unterhaltspflichtigen versagt, sich auf Leistungsunfähigkeit zu berufen, wenn ihm ein verantwortungsloses bzw. zumindest leichtfertiges Verhalten vorzuwerfen ist.

a) Freiwillige Aufgabe einer versicherungspflichtigen Erwerbstätigkeit

46 Eine wichtige Fallgruppe insoweit ist die freiwillige Aufgabe einer versicherungspflichtigen Tätigkeit. Einem Elternteil ist danach die Berufung auf seine Leistungsunfähigkeit versagt, wenn er eine gesicherte und einkömmliche Erwerbstätigkeit in einem erlernten Beruf zugunsten einer weiteren Ausbildung aufgegeben hat, ohne den Unterhalt seiner Angehörigen sicherzustellen.

b) Verschuldeter Arbeitsplatzverlust

47 Im Rahmen gesteigerter Unterhaltsverpflichtung ggü. Kindern vermindert der Verlust des Arbeitsplatzes die Leistungsfähigkeit des Unterhaltsverpflichteten nicht, wenn der Arbeitsplatzverlust auf dessen leichtfertigen Verhalten beruht.[31]

▶ Praxishinweis:

48 Erforderlich ist eine **unterhaltsbezogene Leichtfertigkeit**.
- Bewusste Fahrlässigkeit kann die Voraussetzungen der unterhaltsrechtlichen Leichtfertigkeit begründen.[32]
- Eine Straftat, die zum Verlust des Arbeitsplatzes führt, erfüllt nicht automatisch die Voraussetzungen einer unterhaltsrechtlichen Leichtfertigkeit.[33]
- Ein in Strafhaft befindlicher Unterhaltspflichtiger kann sich auf seine Leistungsunfähigkeit nach Treu und Glauben dann nicht berufen, wenn ein unterhaltsrechtlicher Bezug zwischen der Strafhaft und der Leistungsfähigkeit besteht.[34]
- Ein unterhaltsbezogenes Fehlverhalten liegt vor, wenn das Arbeitsverhältnis auf ausdrückliche Veranlassung des Arbeitnehmers und unter Verzicht auf eine mögliche und beachtliche Abfindung durch Abschluss eines Aufhebungsvertrages beendet wird.[35]
- Ein unterhaltsbezogenes Fehlverhalten liegt nicht allein deshalb vor, weil der Unterhaltspflichtige es unterlässt, sich mit der Kündigungsschutzklage gegen eine betriebsbedingte Kündigung zu wehren.[36]

4. Hausmannrechtsprechung

49 Der unterhaltspflichtige Elternteil übernimmt mitunter in einer neuen Beziehung die Haushaltsführung. Dies ist insb. für Kinder aus der früheren Beziehung ein Problem, wenn durch den »Rollenwechsel« die Leistungsfähigkeit des Unterhaltsschuldners entfällt. Ein haushaltsführender

---

30 OLG Naumburg, FamRZ 2014, 133.
31 OLG Schleswig, 31.05.2006 – 12 UF 65/05, NJW 2007, 1219.
32 BGH, 10.11.1993 – XII ZR 113/92, FamRZ 1994, 240.
33 BGH, 20.02.2002 – XII ZR 104/00, FamRZ 2002, 813; OLG Schleswig, 27.02.2006 – 13 UF 5/05, MDR 2006, 1117.
34 OLG Koblenz, 15.01.2004 – 13 WF 1049/03, NJW-RR 2004, 363.
35 OLG Dresden, 11.12.2002 – 10 WF 726/02, FPR 2004, 32.
36 BGH, 15.12.1993 – XII ZR 172/92, FamRZ 1994, 372 ff.

Ehegatte hat nämlich kein Erwerbseinkommen, sondern lebt von der Unterhaltsleistung des Partners. Der unterhaltspflichtige Vater unterliegt jedoch seinen minderjährigen Kindern ggü. einer Erwerbsobliegenheit. Kommt er dieser Obliegenheit nicht nach, können deshalb fiktive Einkünfte dem Unterhaltsanspruch zugrunde gelegt werden.[37]

a) Verletzung der Erwerbsobliegenheit

Die unterhaltsrechtliche Verpflichtung zur Aufnahme einer zumutbaren Erwerbstätigkeit entfällt ggü. minderjährigen unverheirateten Kindern nicht ohne Weiteres dadurch, dass der Unterhaltspflichtige eine neue Ehe bzw. Partnerschaft eingegangen ist und darin im Einvernehmen mit seinem Ehegatten allein die Haushaltsführung übernommen hat. Zwar können die Ehegatten nach § 1356 Abs. 1 BGB die Haushaltsführung im gegenseitigen Einvernehmen regeln und sie dabei einem von ihnen allein überlassen, jedoch müssen dabei die eventuellen Unterhaltsverpflichtungen im Auge behalten werden. 50

aa) Erwerbspflicht ggü. den Kindern

Unterhaltsrechtlich entlastet die Haushaltsführung den Ehegatten nur ggü. den Mitgliedern der durch die Ehe begründeten neuen Familie. 51

Minderjährigen unverheirateten Kindern aus einer früheren Ehe, die nicht innerhalb der neuen Familie leben, kommt die Haushaltsführung in dieser Familie weder unmittelbar noch mittelbar zugute. Da diese Kinder den Mitgliedern der neuen Familie unterhaltsrechtlich nicht nachstehen (§ 1609 Nr. 1 BGB), darf sich der unterhaltspflichtige Ehegatte nicht ohne Weiteres auf die Sorge für die Mitglieder seiner neuen Familie beschränken. Auch dass ein vom Unterhaltsschuldner betreutes Kind in der neuen Ehe geboren wurde, ändert nichts daran, dass die Unterhaltsansprüche aller minderjährigen unverheirateten Kinder aus den verschiedenen Ehen gleichrangig sind und der Unterhaltspflichtige seine Arbeitskraft zum Unterhalt aller Kinder einsetzen muss. Insoweit ist grds. der Rollenwechsel – vorbehaltlich einer Rechtfertigung im Einzelfall – als eine Verletzung der Erwerbsobliegenheit anzusehen. 52

bb) Rechtfertigung des Rollenwechsels

Wenn der Unterhaltspflichtige in der früheren Ehe erwerbstätig war und diese Erwerbstätigkeit im Rahmen eines Rollenwechsels zugunsten der Haushaltsführung und Kinderbetreuung in der neuen Ehe aufgegeben hat, kann der Rollentausch und die sich daraus ergebende Minderung der Erwerbseinkünfte unterhaltsrechtlich nur dann akzeptiert werden, wenn wirtschaftliche Gesichtspunkte oder sonstige Gründe von gleichem Gewicht, die einen erkennbaren Vorteil für die neue Familie mit sich bringen, im Einzelfall den Rollentausch rechtfertigen. Die Kinder aus erster Ehe müssen eine Einbuße ihrer Unterhaltsansprüche nur dann hinnehmen, wenn das Interesse des Unterhaltspflichtigen und seiner neuen Familie an der Aufgabenverteilung ihr eigenes Interesse an der Beibehaltung der bisherigen Unterhaltssicherung deutlich überwiegt. Nur in solchen Fällen ist auch der neue Ehegatte nicht verpflichtet, insoweit auf die Unterhaltspflicht seines Partners außerhalb der Ehe Rücksicht zu nehmen, zum Nachteil seiner Familie auf eine eigene Erwerbstätigkeit zu verzichten und stattdessen die Kinderbetreuung zu übernehmen. 53

Die Rollenwahl muss – unter Abwägung der beiderseitigen Interessen im Einzelfall – also dann hingenommen werden, wenn sich der Familienunterhalt in der neuen Ehe dadurch, dass der andere Ehegatte voll erwerbstätig ist, wesentlich günstiger gestaltet, als es der Fall wäre, wenn dieser die Kindesbetreuung übernehmen würde und der unterhaltsverpflichtete Elternteil voll erwerbstätig wäre.[38] 54

---

37 Vgl. dazu Palandt/*Brudermüller*, § 1603 Rn. 30 ff.
38 BGH, 05.10.2006 – XII ZR 197/02, FamRZ 2006, 1827.

b) Unterhalt trotz Rollenwechsel

55 Ist der Rollenwechsel (ausnahmsweise) zu rechtfertigen, entfällt nicht automatisch jeglicher Unterhaltsanspruch der vormals berechtigten Kinder.

56 Einen wiederverheirateten baruntervalkhaltspflichtigen Ehegatten trifft ungeachtet seiner Pflichten aus der neuen Ehe selbst dann, wenn die Rollenwahl in dieser Ehe nicht zu beanstanden ist, eine Obliegenheit, erforderlichenfalls durch Aufnahme eines Nebenerwerbs zum Unterhalt von minderjährigen, unverheirateten Kindern aus der früheren Ehe beizutragen. Wegen des Gleichrangs aller Unterhaltsansprüche minderjähriger Kinder (§ 1609 Nr. 1 BGB) darf die mit der Rollenwahl verbundene Verminderung der Leistungsfähigkeit des geschiedenen Ehegatten nicht in unzumutbarer Weise zulasten der Kinder aus erster Ehe gehen. Unterhaltsrechtlich entlastet die häusliche Tätigkeit einen unterhaltspflichtigen Ehegatten nämlich nur ggü. den Mitgliedern seiner neuen Familie, denen die Fürsorge – im Gegensatz zu den nicht im neuen Familienverbund lebenden minderjährigen Kindern aus erster Ehe – allein zugutekommt. Deswegen und wegen der gesteigerten Unterhaltspflicht ggü. seinen minderjährigen Kindern (§ 1603 Abs. 2 BGB) hat der Unterhaltspflichtige seine Leistungsfähigkeit über die Hausmannrolle in zweiter Ehe hinaus in vollem Umfang auszuschöpfen und i.R.d. individuellen Möglichkeiten eine Nebentätigkeit aufzunehmen.

57 Diese Erwerbsobliegenheit kollidiert mit den Pflichten, die sich aus der Ehe mit dem neuen Partner ergeben. Der neue Ehegatte hat die Erfüllung dieser Obliegenheit jedoch nach dem Rechtsgedanken des § 1356 Abs. 2 BGB zu ermöglichen, zumal bei der Aufgabenverteilung in der neuen Ehe die beiderseits bekannte Unterhaltslast ggü. Kindern aus früheren Ehen berücksichtigt werden muss.

c) Taschengeldanspruch

58 Der Taschengeldanspruch ist Teil des Unterhaltsanspruchs nach den §§ 1360, 1360a BGB. Die Höhe richtet sich nach den Lebensverhältnissen der Eheleute; i.d.R. sind 5 % – 7 % des Nettoeinkommens angemessen.[39] Dieser Anspruch des Unterhaltspflichtigen auf Taschengeld in der neuen Ehe muss im Fall des Rollenwechsels für Unterhaltszwecke eingesetzt werden.

▶ Praxishinweis:

59 Das Taschengeld ist Bestandteil des Familienunterhalts nach den §§ 1360, 1360a BGB. Nach diesen Vorschriften sind Ehegatten einander verpflichtet, durch ihre Arbeit und mit ihrem Vermögen die Familie angemessen zu unterhalten (§ 1360 Satz 1 BGB). Der angemessene Unterhalt umfasst alles, was nach den Verhältnissen der Ehegatten erforderlich ist, um die Haushaltskosten zu bestreiten und die persönlichen Bedürfnisse der Ehegatten und den Lebensbedarf der gemeinsamen Kinder zu befriedigen (§ 1360a Abs. 1 BGB). Dazu gehören unter anderem Kosten für Wohnung, Nahrung, Kleidung, medizinische Versorgung, kulturelle Bedürfnisse, Kranken- und Altersvorsorge, Urlaub usw., die i.d.R. in Form des Naturalunterhalts gewährt werden. Außerdem hat jeder der Ehegatten Anspruch auf einen angemessenen Teil des Gesamteinkommens als Taschengeld, d.h. auf einen Geldbetrag, der ihm die Befriedigung seiner persönlichen Bedürfnisse nach eigenem Gutdünken und freier Wahl unabhängig von einer Mitsprache des anderen Ehegatten ermöglichen soll. Dieser Zweck muss freilich zurückstehen, wenn ansonsten der Unterhalt minderjähriger Kinder gefährdet wäre.

5. Gesteigerte Unterhaltspflicht

60 Nach § 1603 Abs. 2 Satz 1 BGB sind Eltern ihren minderjährigen unverheirateten Kindern ggü. verpflichtet, alle verfügbaren Mittel für sich und ihre Kinder gleichmäßig zu verwenden. Den minderjährigen unverheirateten Kindern stehen volljährige unverheiratete Kinder bis zur Vollendung des 21. Lebensjahres gleich, solange sie im Haushalt der Eltern oder eines Elternteils leben und sich in der allg. Schulausbildung befinden.

---

39 BGH, FamRZ 2013, 363.

a) Gesteigerte Erwerbsobliegenheit nach § 1603 Abs. 2 BGB

Die gesteigerte Erwerbsobliegenheit hat zur Folge, dass der Unterhaltspflichtige seine Arbeitskraft vollumfänglich und bestmöglich auszuschöpfen hat.[40] Dazu gehört, dass ein Orts- und Berufswechsel zu praktizieren ist, wenn dies zu einer Verbesserung der wirtschaftlichen Lage führt. Auch können Überstunden verlangt werden oder die Aufnahme einer Nebentätigkeit, um zumindest den Mindestunterhalt für Kinder sicherzustellen. Will sich der Unterhaltspflichtige selbstständig machen, muss er vorher für bestehende Unterhaltspflichten Rücklagen bilden oder durch Kreditaufnahme jedenfalls eine Übergangszeit sicherstellen.[41] Können mit der selbstständigen Tätigkeit keine nachhaltigen Einkünfte erwirtschaftet werden, ist der Wechsel zurück in die unselbstständige Tätigkeit zu fordern. 61

b) Einsatz von Vermögen

Kann der Unterhaltspflichtige mit seinen laufenden Einkünften den Unterhalt für ein minderjähriges Kind nicht erbringen, hat er den Barunterhalt aufgrund seiner gesteigerten Einstandspflicht aus seinem Vermögen zu leisten. 62

Insoweit ist auch Vermögen aus der Veräußerung einer Immobilie zu diesem Zweck einzusetzen. Mitunter werden mit dem Verkaufserlös zunächst laufende Kredite getilgt. Zwar haben Unterhaltspflichten ggü. anderen Verbindlichkeiten des Unterhaltsschuldners keinen grundsätzlichen Vorrang. Andererseits dürfen Verbindlichkeiten aber nur unter Berücksichtigung von Unterhaltsinteressen getilgt werden. Daher bedarf es, insb. wenn nicht einmal der Unterhalt minderjähriger Kinder in Höhe des Mindestunterhalts sichergestellt wäre, einer **umfassenden Interessenabwägung**. Dabei sind vor allem der Zweck der eingegangenen Verbindlichkeit, die Kenntnis des Schuldners vom Bestehen der Unterhaltsschuld und seine Möglichkeit, die Leistungsfähigkeit in zumutbarer Weise wiederherzustellen, von Bedeutung. Nachdem der Gesetzgeber in § 1612a BGB einen Mindestbedarf von Kindern eingeführt hat, führt die Interessenabwägung im Allgemeinen dazu, dass der unterhaltspflichtige Elternteil wenigstens den Mindestunterhalt zu zahlen hat.[42] 63

IV. Der Bedarf, § 1610 BGB

Nach § 1610 Abs. 1 BGB ist der Bedarf des Unterhaltsberechtigten im Fall des Verwandtenunterhalts zu bestimmen. Der zu gewährende angemessene Unterhalt richtet sich nach der Lebensstellung des Unterhaltsbedürftigen. 64

Das minderjährige unverheiratete Kind hat allerdings noch keine eigene Lebensstellung, sondern leitet diese von seinen Eltern ab.[43] Dabei kommt es insbesondere auf die Einkommens- und Vermögensverhältnisse der Eltern an. 65

Eine **alleinige Barunterhaltspflicht** eines Elternteils ist beim Minderjährigenunterhalt gegeben, wenn der andere Elternteil seiner Unterhaltspflicht durch Betreuung nachkommt. Der betreuende Elternteil leistet beim minderjährigen unverheirateten Kind seinen Beitrag zum Unterhalt nämlich durch die Pflege und Erziehung des Kindes, § 1606 Abs. 3 Satz 2 BGB.

In diesen Fällen richtet sich der Barunterhalt im Regelfall allein nach dem Einkommen des barunterhaltspflichtigen Elternteils. Dies gilt zumindest bei minderjährigen Kindern dann, wenn sich die Einkünfte der Eltern im mittleren Bereich halten und das Einkommen des betreuenden Elternteils nicht höher ist als das des barunterhaltspflichtigen Elternteils.[44]

---

40 Vgl. dazu Unterhaltsprozess/*Schmidt/Kohne*, Kap. 2 Rn. 405 ff.
41 Unterhaltsprozess/*Schmidt/Kohne*, Kap. 2 Rn. 418.
42 OLG Brandenburg, FamRZ 2013, 1139.
43 BGH, FamRZ 2017, 711 (Rn 11); PWW/*Soyka*, § 1610 Rn. 1.
44 Wendl/Dose/*Klinkhammer*, § 2 Rn. 212.

▶ Praxishinweis:

66 Der Unterhaltsberechtigte hat die Tatsachen im Unterhaltsverfahren zu beweisen, aus denen sich der Bedarf und seine Bedürftigkeit ergeben.[45]

Die Unterhaltshöhe macht Vortrag zum Einkommen des Unterhaltspflichtigen notwendig, denn aus dessen Einkommen leitet sich der Bedarf ab. Kenntnis über das Einkommen des Unterhaltspflichtigen kann der Bedürftige sich durch Auskunft nach § 1605 BGB verschaffen. Ggf. kann ein Stufenantrag nach § 254 ZPO gestellt werden.

Das unterhaltsberechtigte Kind ist der Beweislast für die Einkommens- und Vermögensverhältnisse des baruntserhaltspflichtigen Elternteils enthoben, wenn es lediglich den Mindestunterhalt nach § 1612a Abs. 1 BGB verlangt.[46]

Hinsichtlich eines über den Mindestbedarf hinausgehenden Unterhaltsbedarfs verbleibt es indessen bei der uneingeschränkten Darlegungs- und Beweislast des Kindes. Aufgrund der von beiden rechtlichen Eltern und damit auch vom Antragsgegner abgeleiteten Lebensstellung hat das Kind mithin bei Anwendung der Düsseldorfer Tabelle darzulegen, dass und in welchem Umfang der Unterhaltsschuldner im betreffenden Zeitraum ein Einkommen oberhalb der ersten Einkommensgruppe der Düsseldorfer Tabelle erzielte. Erforderlich ist die Darlegung des jeweiligen Nettoeinkommens.[47]

Eine weitere prozessuale Möglichkeit im Unterhaltsverfahren **ohne Auskunftsverlangen** auszukommen, besteht darin, dass das Kind ein Einkommen des Unterhaltspflichtigen in bestimmter Höhe behauptet und den Unterhaltspflichtigen dadurch zwecks Vermeidung der Geständnisfiktion des § 138 Abs. 3 ZPO zur konkreten Darlegung seines Einkommens zwingt. Erforderlich ist bei dieser prozessualen Vorgehensweise jedoch, dass das behauptete Einkommen plausibel dargestellt wird. Dies ist etwa möglich, in dem auf früher erzielte Einkünfte, ein bestimmtes Konsumverhalten, bei einem Selbstständigen auf Geschäftsunterlagen vergangener Jahre oder Privatentnahmen abgestellt wird.

1. Die Bedeutung der Düsseldorfer Tabelle

67 Die Ermittlung des Bedarfsbetrages im Fall des Kindesunterhalts orientiert sich an Tabellen (insb. der Düsseldorfer Tabelle), die den angemessenen Unterhalt im Interesse der Rechtssicherheit und Praktikabilität schematisierend in Gestalt der Einkommensgruppen und durch Einteilung in Altersstufen (s. jetzt § 1612a Abs. 3 BGB) bestimmen. Die Anwendung der Tabellen ist höchstrichterlich anerkannt worden. Sie haben indes keine einer Rechtsnorm vergleichbare Verbindlichkeit, ihnen kommt jedoch die Bedeutung einer richterlichen Entscheidungshilfe zu.[48]

68 Die anwaltliche Tätigkeit in Sachen Kindesunterhalt ist dadurch geprägt, dass neben der Düsseldorfer Tabelle die Leitlinien zum Unterhalt des jeweils zuständigen OLG zu berücksichtigen sind.

69 Einige Besonderheiten sollen im Folgenden Erwähnung finden:

70 Die Düsseldorfer Tabelle stellt auf den Fall ab, dass der Unterhaltspflichtige zwei Unterhaltsberechtigten Unterhalt gewährt (vgl. Düsseldorfer Tabelle A1). Bei einer geringeren oder größeren Zahl Unterhaltsberechtigter sind daher Höher- oder Herabstufungen vorzunehmen. Auch können Ab- und Zuschläge i.H.e. Zwischenbetrages zu machen sein.

71 Die Tabellenwerte berücksichtigen die durchschnittlichen Lebenshaltungskosten eines minderjährigen Kindes, welches bei einem Elternteil lebt, mithin die Kosten für Wohnung, Nahrung, Krankenvorsorge, Ferien und Freizeit, Pflege musischer und sportlicher Interessen sowie das Taschengeld.

---

45 BGH, FamRZ 2019, 112.
46 Palandt/*Brudermüller*, § 1601 Rn. 18.
47 BGH, FamRZ 2019, 112, 114.
48 *Roßmann/Viefhues*, Taktik im Unterhaltsrecht, Kap. 3 Rn. 188.

Nicht enthalten ist in der Düsseldorfer Tabelle das staatliche Kindergeld.

72

Kinder sind regelmäßig für den Krankheitsfall i.R.d. Familienversicherung mitversichert. Die Tabellenbeträge enthalten deshalb nicht die Kosten einer Kranken- und Pflegeversicherung. Ansonsten besteht ein Anspruch auf den Beitrag zur Krankenversicherung/Pflegeversicherung, der gesondert verlangt werden muss, d.h. er wird nicht von Amts wegen zugesprochen.

73

Die Düsseldorfer Tabelle ist **stichtagsbezogen** anzuwenden. Dies gilt für deren Geltungsdauer wie für die den jeweiligen Altersgruppen zugeordneten Richtsätze. Mit der Vollendung des 6., 12., 18. Lebensjahres findet ein Übergang in die höhere Altersstufe statt. Das Kind gelangt am Tage seines 6., 12. und 18. Geburtstages in die höhere Altersstufe, und zwar rückwirkend zum Monatsersten, vgl. § 1612a Abs. 3 BGB. Wird das Kind daher am 25. Tag eines Monats älter und rückt in eine höhere Altersstufe vor, so ist für den gesamten Monat nach der neuen Altersstufe der Unterhalt geschuldet.

74

Eine konkrete **Bedarfsberechnung**[49] kann in Betracht kommen, wenn der Unterhaltspflichtige den Betrag von 5.500 € überschreitet. Eine Fortschreibung der Tabellenwerte ist nicht möglich. Vielmehr ist dann der Bedarf im Einzelnen vom Berechtigten darzustellen. Dazu hat das OLG Düsseldorf[50] sich wie folgt geäußert:

75

»Zu Recht begehrt die Antragstellerin Unterhalt auf der Grundlage einer konkreten Bedarfsberechnung, weil die Einkünfte des Antragsgegners deutlich über dem in der höchsten Einkommensgruppe der Düsseldorfer Tabelle zugrunde gelegten unterhaltsrechtlich relevanten Einkommen von bis zu 5.100 € (nunmehr maßgeblich: 5.500 €) liegen.

Der Unterhaltsberechtigte, der einen den Höchstbedarf gemäß Düsseldorfer Tabelle übersteigenden Bedarf geltend macht, muss besondere oder besonders kostenintensive Bedürfnisse und die zu ihrer Deckung notwendigen Mittel darlegen. Übertriebene Anforderungen an seine Darlegungslast dürfen nicht gestellt werden, um zu verhindern, dass der Kindesunterhalt auch bei einem das Höchsteinkommen nach Düsseldorfer Tabelle übersteigenden Elterneinkommen faktisch auf den Tabellenhöchstbedarf beschränkt wird. Es ist danach zu differenzieren, welche Bedürfnisse des Kindes auf der Grundlage einer Lebensführung, die der besonders günstigen wirtschaftlichen Situation seiner Eltern entspricht, zu befriedigen sind und welche Wünsche des Kindes als bloße Teilhabe am Luxus nicht erfüllt werden müssen (…). In der Regel ist der Unterhalt auch bei Einkünften deutlich über dem Bereich der Düsseldorfer Tabelle nur maßvoll anzuheben (…). Denn die Lebensstellung der Kinder wird in erster Linie durch ihr Kindsein geprägt. Auch in besten Verhältnissen lebende Eltern schulden dem Kind nicht, was es wünscht, sondern was es nach seinem Lebensstandard braucht. Die Unterhaltsbemessung darf weder einem gedeihlichen Eltern-Kind-Verhältnis entgegenwirken noch dazu führen, die Lebensstellung des betreuenden Elternteils anzuheben. Ein erhöhter Bedarf des Kindes kann sich insbesondere aus besonderen Betätigungen wie Teilnahme an Musikunterricht oder Reiten ergeben. Soweit keine besonderen Bedarfspositionen dargelegt werden, ist davon auszugehen, dass die Bedürfnisse des Kindes angemessen vom Höchstbedarf gemäß Düsseldorfer Tabelle abgedeckt werden.«

2. Bedarfsermittlung

Die Lebensstellung des minderjährigen Kindes leitet sich von der seiner Eltern ab. Leben diese getrennt, ist der betreuende Elternteil naturalunterhaltspflichtig, während der andere den Barunterhalt zu leisten hat, vgl. auch § 1606 Abs. 3 BGB.

76

Der Barunterhaltsbedarf des minderjährigen unverheirateten Kindes ist dabei abhängig von den Einkommens- und Vermögensverhältnissen des barunterhaltspflichtigen Elternteils. Dies gilt – wie bereits erwähnt – zumindest bei minderjährigen Kindern dann, wenn sich die Einkünfte der Eltern im mittleren Bereich halten und das Einkommen des betreuenden Elternteils nicht höher ist als das des barunterhaltspflichtigen Elternteils.[51]

77

---

49 Vgl. dazu *Kleffmann*, FuR 2017, 300.
50 OLG Düsseldorf, FamRZ 2017, 113 ff. = FuR 2017, 398.
51 Wendl/Dose/*Klinkhammer*, § 2 Rn. 212.

In der Praxis gewinnt somit das unterhaltsrechtlich relevante Einkommen entscheidende Bedeutung.

Dazu muss der Unterhaltsschuldner nach § 1605 BGB Auskunft erteilen. Auch beim Kindesunterhalt entfällt die Verpflichtung Auskunft über das Einkommen zu erteilen nicht dadurch, dass der Unterhaltsschuldner sich für unbeschränkt leistungsfähig erklärt.[52]

Nach Maßgabe des anrechenbaren Einkommens ist der Bedarf des Kindes unter Zuordnung zu den jeweiligen Einkommensgruppen und Altersstufen der Unterhaltstabellen zu ermitteln.

3. Mehrbedarf

78 Der durch die Tabellenwerte bestimmte laufende Unterhalt deckt im Einzelfall den gesamten Lebensbedarf nicht ab. Treten Mehrkosten hinzu, die durch die Richtsätze nicht erfasst werden, sind diese neben dem laufenden Unterhalt zu zahlen. Voraussetzung der Zahlungspflicht ist, dass es sich bei den Mehrkosten um vorhersehbare, regelmäßig anfallende Mehraufwendungen handelt, die also kalkulierbar sind und deshalb bei der Bemessung des Kindesunterhalts berücksichtigt werden können. Weiterhin müssen die Mehraufwendungen im Interesse des Kindes zulasten des Unterhaltspflichtigen berechtigt sein.[53] Davon zu unterscheiden ist Sonderbedarf gegeben, wenn der Bedarf nicht mit Wahrscheinlichkeit vorausgesehen werden kann und damit überraschend ist.[54]

79 Besucht ein Kind aus pädagogischen Gründen halbtags den Kindergarten, begründet der **Kindergartenbeitrag** einen Mehrbedarf des Kindes, der in dem geschuldeten Tabellensatz nicht enthalten ist. Ähnlich liegt es, wenn Kosten für den längerfristigen Besuch von Förderunterricht bei einem privaten Lehrinstitut zwecks Therapie einer Lese-Rechtschreib-Schwäche anfallen.[55]

Die Eltern müssen für die Kosten anteilig nach ihren Einkommensverhältnissen und nach den Maßstäben des § 1603 Abs. 1 BGB aufkommen.[56] Dies bedeutet, dass bei der Gegenüberstellung der beiderseitigen unterhaltsrelevanten Einkünfte generell ein Sockelbetrag in Höhe des angemessenen Selbstbehalts abzuziehen ist.[57]

80 Hortkosten sind hingegen kein Mehrbedarf, wenn die ganztägige Unterbringung die Berufstätigkeit des betreuenden Elternteils sicherstellen soll.[58]

81 Die (mitunter hohen) Kosten einer Klassenfahrt sind ebenfalls vorhersehbare Mehrkosten, und daher rechtzeitig (verzugsbegründend) geltend zu machen.

Mehrbedarf für den Besuch einer Kosten verursachenden Privatschule kann nur verlangt werden, wenn die Entscheidung für den Schulbesuch entweder von beiden sorgeberechtigten Elternteilen einvernehmlich getroffen worden ist oder ein sachlicher Grund besteht, weshalb das Kind statt einer kostenfreien staatlichen Schule eine mit Mehrkosten verbundene Privatschule besucht.[59]

Gehören zum angemessenen Unterhalt Kosten für eine Internatsunterbringung sowie hierbei anfallende Nebenkosten für Lehrmittel, Ausflüge, Kopien, Bastelbedarf sowie Materialien für eine Legastheniettherapie, handelt es sich nicht um Sonderbedarf, sondern um Mehrbedarf, der aus dem Elementarunterhalt aufzubringen ist.[60]

---

52 KG, FuR 2019, 708 (26.06.2019 – 13 UF 89/17).
53 BGH, FamRZ 2013, 1563.
54 Ausführlich zur Abgrenzung von Sonderbedarf und Mehrbedarf *Viefhues*, FuR 2016, 71 ff. und 138 ff.
55 BGH, FamRZ 2013, 1563.
56 BGH, NJW 2009, 1816.
57 OLG Frankfurt, FamRZ 2019, 342 = FuR 2019, 90; BGH, FamRZ 2013, 1563.
58 Palandt/*Brudermüller*, § 1610 Rn. 11.
59 OLG Oldenburg, FamRZ 2019, 1321.
60 OLG Karlsruhe, NJW-RR 2019, 1092.

Die monatlichen Aufwendungen für den Semesterbeitrag (= Kosten für das Semesterticket, den Asta-Beitrag und den Sozialbeitrag) sind – anders als Studiengebühren – dem laufenden Lebensbedarf eines Studenten zuzuordnen und stellen deshalb keinen Mehraufwand dar. Diese Aufwendungen sind daher aus dem Regelunterhalt zu zahlen.[61]   82

Dies gilt auch für die Kosten eines privaten Repetitoriums zur Vorbereitung auf das 1. juristische Staatsexamen. Derartige Kosten können allenfalls dann als unterhaltsrechtlicher Mehraufwand i.S.d. § 1610 Abs. 2 BGB anerkannt werden, wenn die Universität am Studienort kein eigenes kostenloses Repetitorium anbietet.[62]   83

4. Sonderbedarf, § 1613 Abs. 2 BGB

Sonderbedarf kann der Unterhaltsberechtigte ohne die Einschränkungen nach § 1613 Abs. 1 BGB, d.h. rückwirkend verlangen, nach Ablauf eines Jahres seit seiner Entstehung, aber nur, wenn der Unterhaltspflichtige vorher in Verzug gekommen oder der Anspruch rechtshängig geworden ist.   84

Inwieweit im Einzelfall Sonderbedarf vorliegt, kann problematisch sein. Charakteristisch ist, dass es sich dabei um einen überraschenden, nicht mit Wahrscheinlichkeit voraussehbaren und der Höhe nach nicht abschätzbaren Bedarf handelt, der deshalb bei dem laufenden Unterhalt nicht angesetzt werden konnte und damit eine zusätzliche Unterhaltsleistung rechtfertigt.   85

▶ Beispiele für Sonderbedarf:
 – Säuglingserstausstattung ist Sonderbedarf[63]   86
 – Mehrjährige kieferorthopädische Behandlung ist Sonderbedarf[64]
 – Anschaffung eines Computers für ein lernbehindertes Kind ist Sonderbedarf[65]
 – Die Kosten für ein vollständiges Schuljahr im Ausland überschreiten regelmäßig den angemessenen Ausbildungsbedarf und können daher nur als Sonderbedarf bei entsprechend gesonderter Begründung ihrer Notwendigkeit geltend gemacht werden[66]
 – Die Kosten für eine Konfirmation sind hingegen spätestens mit Beginn des Konfirmandenunterrichts absehbar und deswegen nicht überraschend i.S.v. § 1613 Abs. 2 Nr. 1 BGB[67]

5. Ausbildungsunterhalt, § 1610 Abs. 2 BGB

Der Unterhalt umfasst auch die Kosten einer angemessenen Vorbildung zu einem Beruf.   87

Die Frage, ob eine Ausbildung unterhaltsrechtlich von den Eltern zu unterstützen ist, ist nicht nur relevant für den Bedarf, sondern steht auch im Zusammenhang mit der Bedürftigkeit nach § 1602 BGB. Ist nämlich eine Ausbildung bereits vorhanden, haben die Eltern ihren Unterhaltspflichten genüge getan, und das betreffende Kind unterliegt einer Erwerbsobliegenheit, um sich selbst zu unterhalten. Kommt das Kind dieser Erwerbsobliegenheit nicht nach, können fiktive Einkünfte des Kindes anzunehmen sein.   88

a) Berufsausbildung

Nach § 1610 Abs. 2 BGB schulden Eltern im Rahmen ihrer wirtschaftlichen Leistungsfähigkeit sowohl ihren minderjährigen als auch den volljährigen Kindern eine optimale begabungsbezogene Berufsausbildung, d.h. eine Ausbildung, die der Begabung und den Fähigkeiten, dem Leistungswillen und den beachtenswerten, nicht nur vorübergehenden Neigungen des einzelnen Kindes am besten entspricht.[68] Die Wahl der in diesem Sinne angemessenen Ausbildung haben die Eltern in   89

---

61 OLG Düsseldorf, FamRZ 2012, 1654.
62 OLG Hamm, FamRZ 2014, 222.
63 BVerfG, 12.05.1999 – 1 BvR 1988/95, NJW 1999, 3112.
64 OLG Düsseldorf, 27.10.2003 – 8 WF 186/03, FuR 2004, 307.
65 OLG Hamm, 01.08.2003 – 11 UF 243/02, NJW 2004, 858.
66 OLG Schleswig, 29.08.2005 – 15 UF 59/05, FamRZ 2006, 888.
67 BGH, 15.02.2006 – XII ZR 4/04, NJW 2006, 1509.
68 OLG Stuttgart, FamRZ 2019, 963 = FuR 2019, 215.

gemeinsamer verantwortlicher Entscheidung mit dem Kind zu treffen, wobei den individuellen Umständen, vor allem den bei dem Kind vorhandenen persönlichen Vorstellungen maßgebliche Bedeutung zukommt.

Das Kind ist verpflichtet, die Ausbildung zügig voranzubringen und abzuschließen. Tritt eine **Verzögerung** ein, ist unter Berücksichtigung der Umstände des konkreten Einzelfalles abzuwägen, inwieweit die Eltern zur weiteren Finanzierung verpflichtet sind. Das unterhaltsberechtigte Kind verliert den Ausbildungsunterhaltsanspruch gegenüber seinen Eltern allerdings nicht schon dann, wenn es ihm aufgrund eines notenschwachen Schulabschlusses erst nach drei Jahren vorgeschalteter Berufsorientierungspraktika und ungelernter Aushilfstätigkeiten gelingt, einen Ausbildungsplatz zu erlangen.[69]

90 Haben Eltern die ihnen hiernach obliegende Pflicht, ihrem Kind eine angemessene Ausbildung zu gewähren, in rechter Weise erfüllt und hat das Kind einen Abschluss einer Ausbildung erlangt, dann sind die Eltern ihrer Unterhaltspflicht aus § 1610 Abs. 2 BGB in ausreichender Weise nachgekommen.[70]

b) Zweitausbildung

91 Hat das Kind eine angemessene Ausbildung erfahren, sind die Eltern grds. **nicht** verpflichtet, noch eine weitere, zweite Ausbildung zu finanzieren. Ausnahmen macht die Rechtsprechung insb., wenn es sich um eine zusammengesetzte Ausbildung handelt oder die Erstausbildung auf einer deutlichen Fehleinschätzung der Begabung des Kindes beruhte.

aa) Die »zusammengesetzte Ausbildung«

92 Es entspricht mittlerweile einem geänderten Ausbildungsverhalten nach der Schule erst eine Lehre abzuschließen und danach zu studieren. **Abitur-Lehre-Studium** kann in vielen Fällen als einheitlicher Bildungsweg angesehen werden, der vom Unterhaltspflichtigen unter den nachfolgenden Voraussetzungen zu finanzieren ist.

93 Erforderlich ist zunächst, dass entsprechende Fähigkeiten und Neigungen des Unterhaltsgläubigers für ein Studium gegeben sind.

94 Für die Annahme eines einheitlichen Bildungswegs muss ein **fachlicher Zusammenhang** gegeben sein. Praktische Ausbildung und Studium müssen derselben Berufssparte angehören oder jedenfalls so eng zusammenhängen, dass das eine für das andere eine fachliche Ergänzung, Weiterführung oder Vertiefung bedeutet oder dass die praktische Ausbildung eine sinnvolle Vorbereitung auf das Studium darstellt.

95 – Ein fachlicher Zusammenhang ist zu bejahen: Fortsetzung einer Lehre zum Bankkaufmann durch ein BWL- oder Jurastudium.[71]
   – Ein fachlicher Zusammenhang ist zu bejahen: Bauzeichner – Architekturstudium.[72]
   – Ein fachlicher Zusammenhang ist zu bejahen: Ausbildung Grafik-Design – Pädagogikstudium mit Schwerpunkt Kunst.[73]
   – Ein fachlicher Zusammenhang ist zu bejahen: Banklehre – Lehramtsstudium.[74]

96 Der weiter nötige **zeitliche Zusammenhang** erfordert, dass der Auszubildende nach dem Abschluss der Lehre das Studium mit der gebotenen Zielstrebigkeit aufnimmt.[75] Er darf also nicht erst für

---

69 BGH, FamRZ 2013, 1375 mit ausführlicher Anm. von *Viefhues*, FamRZ 2013, 1475.
70 PWW/*Soyka*, § 1610 Rn. 7.
71 BGH, 23.10.1991 – XII ZR 174/90, NJW 1992, 501.
72 BGH, 07.06.1989 – IVb ZR 51/88, FamRZ 1989, 853.
73 OLG Köln, 21.01.2001 – 4 UF 148/02, FamRZ 2003, 1409.
74 BGH, FamRZ 2017, 799.
75 Vgl. dazu OLG Frankfurt am Main, FuR 2017, 94.

einen längeren Zeitraum in dem gelernten Beruf tätig sein. Denn der Verpflichtung des Unterhaltsschuldners zur Ermöglichung einer Berufsausbildung steht aufseiten des Kindes die Obliegenheit ggü., die Ausbildung mit Fleiß und Zielstrebigkeit in angemessener Zeit zu absolvieren. Der Unterhaltsschuldner muss nach Treu und Glauben Verzögerungen der Ausbildung hinnehmen, die auf ein vorübergehendes Versagen des Kindes zurückzuführen sind. Dies gilt vor allen Dingen dann, wenn ein zwischen der Beendigung der Lehre und dem weiteren Schulbesuch verstrichener Zeitraum nicht allein dem Kind anzulasten ist, sondern die Unterbrechung maßgeblich auch auf erzieherischem Fehlverhalten der Eltern und den daraus abzuleitenden psychischen Folgen beruht.[76]

Erforderlich ist nicht, dass der Studienentschluss von vornherein vorlag. Es genügt vielmehr der sofortige Entschluss am Ende der Lehre. Dies entspricht gerade der Eigenart dieses Bildungsweges, dass die praktische Ausbildung vielfach aufgenommen wird, ohne dass sich der Auszubildende bereits endgültig schlüssig ist, ob er es bei dieser Ausbildung bewenden lassen oder nach deren Abschluss ein Studium anschließen soll. 97

Immer häufiger finden sich in der Praxis Fälle von **Mittlerer Reife – Lehre – Berufsoberschule mit (Fach-) Abitur – Studium**.

Dies sollte ebenfalls als einheitliche Ausbildung verstanden werden, da auch ein solches Ausbildungsverhalten nachvollziehbar ist und Unterhaltsansprüche rechtfertigt.

Die Rechtsprechung ist diesbezüglich jedoch zurückhaltend. Das OLG Stuttgart[77] ist der Meinung, eine solche Ausbildung, in der nach einem Realschulabschluss zunächst eine Lehre, dann die Fachoberschule und später die Fachhochschule absolviert wird, wären die einzelnen Ausbildungsabschnitte hingegen nur dann als einheitliche, von den Eltern zu finanzierende Berufsausbildung anzusehen, wenn schon bei Beginn der praktischen Ausbildung erkennbar eine Weiterbildung einschließlich des späteren Studiums angestrebt wurde. Die Eltern müssten sich nämlich in ihrer eigenen Lebensplanung in etwa darauf einstellen können, wie lange sie mit einer Unterhaltslast zu rechnen haben.

bb) Fehleinschätzung der Begabung

Eine Zweitausbildung in diesem Sinne kann ausnahmsweise aber dann geboten sein, wenn die erste Ausbildung auf einer deutlichen Fehleinschätzung der Begabung des Kindes beruhte oder wenn die Eltern das Kind gegen seinen Willen in einen unbefriedigenden, seiner Begabung und Neigung nicht hinreichend Rechnung tragenden Beruf gedrängt haben.[78] Einem solchen Fall steht gleich, wenn dem Kind die angemessene Ausbildung versagt worden ist und es sich aus diesem Grund zunächst für einen Beruf entschieden hat, der seiner Begabung und seinen Neigungen nicht entspricht. 98

Die Frage der beruflichen Eignung eines Kindes ist regelmäßig aus der Sicht bei Beginn der Ausbildung und den zu dieser Zeit zutage getretenen Anlagen zu beantworten. Davon sind aber Ausnahmen bei **Spätentwicklern** zu machen, bei denen auf das Ende der Erstausbildung oder erst den Beginn der Zweitausbildung abgestellt werden kann, um eine unangemessene Benachteiligung zu vermeiden.[79] 99

Weiterhin wird die Unterhaltspflicht der Eltern unter Umständen dadurch erweitert, dass aus **gesundheitlichen Gründen** die Notwendigkeit eines Berufswechsels besteht.[80] 100

---

76 BGH, 17.05.2006 – XII ZR 54/04, NJW 2006, 2984.
77 OLG Stuttgart, FamRZ 2019, 963 = FuR 2019, 215.
78 BGH, 14.07.1999 – XII ZR 230/97, FamRZ 2000, 420.
79 BGH, 17.05.2006 – XII ZR 54/04, FamRZ 2006, 1100.
80 OLG Stuttgart, FamRZ 2019, 963 = FuR 2019, 215.

Mitunter stellt sich auch erst im Laufe der Zeit heraus, dass eine abgeschlossene Lehre die Begabungen und Fähigkeiten des Kindes noch nicht voll ausgeschöpft hat. Das Kind hat dann einen Anspruch auf Unterhalt etwa für ein Studium (sog. **Überqualifizierungsfälle**).[81]

101 Der Umstand, dass es dem Unterhaltsgläubiger gelungen ist, das Abitur nachzuholen und damit die allgemeine Hochschulreife zu erwerben, führt aber nicht zwingend bereits zu dem Schluss, dass die bisherige Ausbildung unangemessen war. Vielmehr hängt die Beantwortung der Frage entscheidend davon ab, welche schulischen Leistungen erbracht und insb. welcher Notendurchschnitt im Abiturzeugnis erreicht wurde. Aus dem Nachholen des Abiturs allein können sich allenfalls Zweifel ergeben, ob die Begabung bisher zutreffend beurteilt worden ist.

102 Gestörte häusliche Verhältnisse wirken sich regelmäßig auch nachteilig auf schulische Erfolge aus und haben daher gleichfalls Indizwert. Erbringt das Kind später erheblich bessere Leistung, d.h. ist es durch den erlernten Beruf unterfordert, kommt eine Weiterbildung etwa durch ein Studium infrage, die vom Unterhaltsschuldner zu finanzieren ist.

103 Das unterhaltsberechtigte Kind ist verpflichtet, seine Eltern zeitnah über zurückgelegte Ausbildungsabschnitte und absolvierte Prüfungen sowie deren Ergebnisse zu informieren. Die Verletzung dieser Obliegenheit begründet für die unterhaltspflichtigen Eltern ein **Zurückbehaltungsrecht** hinsichtlich der Unterhaltszahlungen bis zur Erteilung der maßgeblichen Informationen.[82]

V. Die Rangverhältnisse mehrerer Unterhaltpflichtiger, § 1606 BGB

1. Unterhaltspflicht nach Rang

104 § 1606 BGB behandelt die Rangverhältnisse mehrerer Unterhaltspflichtiger.
 – Abs. 1 ordnet an, dass die Haftung der Abkömmlinge (Kinder und Enkel) vorrangig ggü. derjenigen von Verwandten der aufsteigenden Linie (Großeltern) ist.
 – Nach Abs. 2 haften die näheren vor den entfernteren Verwandten (Kinder vor den Enkeln bzw. Großeltern vor den Urgroßeltern).
 – Nach Abs. 3 Satz 1 haften mehrere gleich nahe Verwandte anteilig nach ihren Erwerbs- und Vermögensverhältnissen.
 – Abs. 3 Satz 2 enthält die Regelung, dass der ein minderjähriges Kind betreuende Elternteil i.d.R. seine Unterhaltspflicht durch die Betreuung des Kindes erfüllt, während den nicht betreuenden Elternteil die Verpflichtung zur Leistung des Barunterhalts trifft. Dies bedeutet, dass das Gesetz von der **Gleichwertigkeit von Bar- und Naturalunterhalt** ausgeht.

105 Ergänzt wird § 1606 BGB durch die §§ 1608 Satz 1, 1584 Satz 1 BGB. Danach besteht eine vorrangige Haftung des Ehegatten, auch des geschiedenen, vor den kraft Verwandtschaft Unterhaltspflichtigen. Dessen Haftung scheidet indes aus, wenn unter Berücksichtigung seiner sonstigen Verpflichtungen der eigene angemessene Unterhalt gefährdet (§§ 1608 Satz 2, 1584 Satz 2 BGB) oder die Rechtsverfolgung gegen ihn im Inland ausgeschlossen oder erheblich erschwert ist (§§ 1608 Satz 3, 1584 Satz 3, 1607 Abs. 2 BGB).

▶ Praxishinweis:

106 Nimmt der Antragsteller einen nachrangigen Unterhaltsschuldner in Anspruch, ist der Unterhaltsantrag nur schlüssig, wenn dargelegt und ggf. bewiesen wird, dass die vorrangig Verpflichteten nicht leistungsfähig sind.

Zu einem schlüssigen Antrag bei der Inanspruchnahme der Großeltern gehört die Leistungsunfähigkeit der vorrangig zum Unterhalt verpflichteten Kindesmutter, die Betreuungsunterhalt erbringt.[83]

---
81 OLG Celle, NJW 2013, 2688.
82 OLG Hamm, FamRZ 2013, 1407.
83 OLG Jena, 06.09.2005 – 1 WF 240/05, NJW-RR 2005, 1670 = ZFE 2006, 37.

Der nicht betreuende Elternteil, der sich bei Inanspruchnahme durch das Kind auf eine zusätzliche Barunterhaltspflicht des betreuenden Elternteils beruft, trägt die Beweislast für die Einkommens- und Vermögensverhältnisse des anderen Elternteils, er kann diese aber schätzen.[84]

2. Gleichwertigkeit von Naturalunterhalt, § 1606 Abs. 3 Satz 2 BGB

a) Grundsätze

Minderjährige Kinder bedürfen der Betreuung durch einen Elternteil. Dieser Verpflichtung kommt der Elternteil nach, in dessen Obhut sich das Kind befindet. Obhut bedeutet insoweit die tatsächliche Fürsorge für das Kind, also die Befriedigung der elementaren Bedürfnisse des Kindes durch Verköstigung, Gestaltung des Tagesablaufs, Erreichbarkeit bei Problemen und emotionale Zuwendung. Derjenige Elternteil, der diese Betreuung übernimmt, genügt dadurch seiner Unterhaltspflicht. Der barunterhaltspflichtige Elternteil zahlt den Kindesunterhalt, der sich entsprechend seiner Einkünfte und dem Alter des Kindes aus der Düsseldorfer Tabelle ergibt. 107

b) Unterhaltspflichten beim Wechselmodell

Praktizieren Eltern ein Wechselmodell, so müssen sie bei Leistungsfähigkeit beide für den Barunterhalt des Kindes aufkommen. Das minderjährige Kind wird bei diesem Modell abwechselnd von Vater bzw. Mutter betreut. Auch bei einem Zeitanteil eines Elternteils von 52,5 % wird ein paritätisches Wechselmodell nicht infrage gestellt.[85] Dabei ist es durchaus zulässig, dass ein Elternteil einen Dritten, z.B. den Großvater, für die Betreuung hinzuzieht. Die Hinzuziehung Dritter ist für die Betreuungsleistung unschädlich.[86] Nicht ausreichend ist hingegen ein Betreuungsanteil von 40 %.[87] Soweit ein deutlicher Betreuungsvorsprung eines Elternteils vorliegt, kann es bei der Regelung des § 1606 Abs. 3 Satz 2 BGB bleiben, d.h. eine anteilige Barunterhaltspflicht scheidet aus. 108

Problematisch und umstritten ist die Barunterhaltspflicht, wenn die Betreuungsunterschiede nur geringfügig sind. Jedoch ändert sich jedenfalls nach Ansicht der höchstrichterlichen Rechtsprechung an der grundsätzlichen Aufteilung zwischen Bar- und Naturalunterhalt selbst dann nichts, wenn der barunterhaltspflichtige Elternteil seinerseits Betreuungs- und Versorgungsleistungen erbringt, auch wenn dies im Rahmen eines über das übliche Maß hinaus wahrgenommenen Umgangsrechts erfolgt, dessen Ausgestaltung sich einer Mitbetreuung annähert. Eine Reduzierung der Barunterhaltspflicht ist daher erst denkbar, wenn eine hälftige Mitbetreuung durch den barunterhaltspflichtigen Elternteil vorliegt.[88] Die Gegenauffassung erwägt bei einer Mitbetreuung durch den barunterhaltspflichtigen Elternteil hingegen eine Herabsetzung der Werte der Düsseldorfer Tabelle.[89] 109

Sind bei Betreuung eines Kindes im Wechsel durch beide Elternteile beide (leistungsfähige) Elternteile barunterhaltspflichtig, will eine Meinung die Barunterhaltsverpflichtung beider Elternteile direkt aus dem sich aus ihrem jeweiligen Einkommen ergebenden hälftigen Tabellenunterhalt ableiten.[90] Teilweise wird auch vertreten, dass bei einem Wechselmodell eine Barunterhaltspflicht von vornherein nicht besteht.[91] Die h.M. lehnt dies richtigerweise ab, weil anderenfalls beide Elternteile vom Barunterhalt befreit wären, obwohl nur der Betreuungsbedarf des Kindes gedeckt wäre. Demgegenüber bliebe der in § 1612a Abs. 1 BGB und den Sätzen der Düsseldorfer Tabelle ausgewiesene sächliche (Regel-)Bedarf offen.[92] 110

---

84 OLG Hamm, 27.01.2006 – 11 WF 374/05, FamRZ 2006, 1479.
85 Vgl. OLG Nürnberg, NZFam 2017, 257.
86 Palandt/*Brudermüller*, § 1606 Rn. 8; *Schürmann*, FamRZ 2017, 442.
87 OLG Düsseldorf, FamRZ 2016, 142; OLG Brandenburg, FuR 2016, 242.
88 BGH, 28.02.2007 – XII ZR 161/04, NJW 2007, 1882.
89 *Born*, NJW 2007, 1859.
90 OLG Karlsruhe, 05.12.2005 – 2 UF 10/05, NJW-RR 2006, 1155.
91 *Maaß*, FamRZ 2016, 603, 605 f.; *ders.*, FamRZ 2016, 1428 ff.
92 BGH, FamRZ 2017, 437 = FuR 2017, 208.

111 Die herrschende Meinung[93] legt zunächst bei der Berechnung des Unterhaltsbedarfs des unterhaltsberechtigten Kindes (ähnlich dem Volljährigenunterhalt) die Summe der Einkommen beider Elternteile zugrunde. Mehrkosten, die durch das Wechselmodell bedingt sind, erhöhen den Bedarf (z.B. Fahrtkosten, Wohnkosten usw.). Die Unterhaltsanteile der Eltern werden dann in der Weise ermittelt, dass nach dem Abzug des angemessenen Eigenbedarfs (1.400 €) das rechnerische Verhältnis der jeweils verbleibenden Einkünfte ermittelt wird. Der nach der DT zu bestimmende Bedarf des Kindes wird entsprechend dem ermittelten rechnerischen Verhältnis der Einkünfte aufgeteilt. Soweit sich aufgrund eines Einkommensunterschiedes für einen Elternteil ein »Überschuss« ergibt, kann die entsprechende Forderung (hälftig) als Unterhaltsanspruch (ggf. nach Klärung der Aktivlegitimation[94]) gegen den anderen Elternteil geltend gemacht werden.[95]

Dass der Anspruch nicht auf den vollen, sondern nur auf die hälftige Differenz der von den Eltern nicht gedeckten Anteile gerichtet ist, stellt sich als Begrenzung des Anspruchs dar und erklärt sich aus der Annahme, dass jeder Elternteil neben den bezifferten Leistungen vor allem durch Naturalunterhalt auch die Hälfte des weiteren Bedarfs abdeckt. Der Anspruch dient dann vor allem noch dem Zweck, eine angemessene, an der jeweiligen Leistungsfähigkeit orientierte Beteiligung der Eltern am Kindesunterhalt zu erzielen und richtet sich auf die durch die Leistungen des besser verdienenden Elternteils noch nicht gedeckte Unterhaltsspitze.[96]

Praktisch bedeutet dies, dass die jeweiligen Unterhaltsansprüche zur Verrechnung kommen und der schlechter verdienende Elternteil eine Ausgleichszahlung erhält.[97]

Schließlich ist noch das Kindergeld in die Berechnungen einzubeziehen.[98] Die Rechtsprechung geht davon aus, dass das Kindergeld zur einen Hälfte dem Betreuungsaufwand zuzurechnen ist und von daher hälftig von den Eltern aufgeteilt wird. Dies bedeutet, dass jedem Elternteil aus diesem Grund bereits ¼ des Kindergeldes zusteht.[99] Die andere Hälfte des Kindergeldes wird entsprechend der Haftungsanteile aufgeteilt.

▶ Beispiel 1:

M und F haben einen 5-jährigen Sohn Peter. Sie sind geschieden und praktizieren das Wechselmodell. Der Vater hat Nettoeinkünfte von 2.800 €, die Mutter von 1.400 €. Die Mutter bezieht das Kindergeld.

Der Unterhalt für das 5-jährige Kind errechnet sich aus den Gesamteinkünften, d. h. aus 4.000 €. Damit beträgt der Bedarf nach der Düsseldorfer Tabelle 2020 502 €.

Die Haftungsanteile sind im vorliegenden Fall eindeutig; die Einkünfte der Eltern müssen um den angemessenen Selbstbehalt von 1.400 € reduziert werden, sodass sich für den Vater eine 100 % Haftung errechnet.

Der Tabellenbetrag von 502 € wird zunächst um das hälftige Kindergeld reduziert, sodass sich ein Unterhalt von 400 € ergibt. Diesen hat im Beispiel der Vater zu 100 % zu tragen. Allerdings werden auf Seiten der Mutter 204 € angesetzt, da sie das Kindergeld bezieht. Die Differenz von 400 € – 204 € = 196 € wird sodann geteilt, sodass sich der Unterhalt von 98 € errechnet.[100]

Der BGH[101] stellt klar, dass es sich dabei um einen Unterhaltsanspruch der Kinder handelt.

---

93 BGH, FamRZ 2017, 437 = FuR 2017, 208; *Bausch/Gutdeutsch/Seiler*, FamRZ 2012, 258.
94 Vgl. dazu *Schürmann*, FamRZ 2017, 442.
95 BGH, FamRZ 2017, 440.
96 BGH, FamRZ 2017, 441.
97 Vgl. zur Berechnung *Wohlgemuth/Walter*, FuR 2018, 181.
98 Ausführlich dazu *Viefhues*, FuR 2019, 62.
99 BGH, FamRZ 2016, 1053, 1056.
100 BGH, FamRZ 2017, 437, 441; ebenso *Seiler*, FamRZ 2016, 1057.
101 BGH, FamRZ 2017, 441.

C. Unterhaltsansprüche des minderjährigen Kindes

»Zwar ist der zuerkannte Anspruch vom OLG als Ausgleichsanspruch bezeichnet worden (…). Der Anspruch wird aber im vorliegenden Verfahren von den durch die Mutter vertretenen Kindern in zulässiger Weise als Unterhaltsanspruch geltend gemacht.«

▶ **Beispiel 2:**

M und F haben einen 14-jährigen Sohn Klaus. Sie sind geschieden und praktizieren das Wechselmodell. Der Vater hat Nettoeinkünfte von 2.300 €, die Mutter von 1.700 €. Die Mutter erhält das Kindergeld.

Der Unterhalt für Klaus errechnet sich aus den Gesamteinkünften, d. h. aus 4.000 €. Damit beträgt der Bedarf nach der Düsseldorfer Tabelle 2020 676 €.

Die Haftungsanteile sind im vorliegenden Fall wie folgt zu berechnen: Die Einkünfte müssen zunächst um den angemessenen Selbstbehalt von 1.400 € reduziert werden, sodass sich für den Vater ein Einsatzbetrag von 900 € ergibt, für die Mutter von 300 €. Dies hat für den Vater eine 75 % Haftung zur Folge bzw. für die Mutter von 25 %.

Der Tabellenbetrag von 676 € wird um das hälftige Kindergeld reduziert, sodass sich ein Unterhalt von 574 € ergibt. Diesen hat im Beispiel der Vater zu 75 % zu tragen = 430,50 €; die Mutter zu 25 % = 143,50 €. Allerdings werden auf Seiten der Mutter 204 € hinzugerechnet, da sie das Kindergeld bezieht. Die Differenz von 430,50 € – 347,50 € = 83 € wird sodann geteilt, sodass sich ein Unterhalt (aufgerundet) von 42 € errechnet.

VI. Die Ersatzhaftung nach § 1607 BGB

1. Die Sekundärhaftung nach § 1607 Abs. 1 BGB

Scheitert die Unterhaltsverpflichtung des vorrangig haftenden Verwandten an mangelnder Leistungsfähigkeit nach § 1603 BGB oder kann der vorrangig haftende Verwandte der Unterhaltspflicht infolge eingeschränkter Leistungsfähigkeit nur teilweise nachkommen, trifft den nachrangig haftenden Verwandten nach § 1607 Abs. 1 BGB eine eigene Unterhaltspflicht. Eine Regressmöglichkeit gegen den leistungsunfähigen bzw. nur teilweise leistungsfähigen vorrangig haftenden Verwandten ist nicht gegeben, denn es handelt sich um eine echte Ausfallhaftung.

Sind mehrere gleichrangig haftende Verwandte verpflichtet, von denen einer leistungsunfähig ist, führt dies allerdings zur anteiligen Haftung der anderen erstrangig haftenden Verwandten auf den vollen Unterhalt. Der nachrangig haftende Verwandte kann erst belangt werden, wenn alle vorrangigen Unterhaltsschuldner leistungsunfähig sind.

Der Unterhaltsanspruch, d.h. insb. seine Bemessung, richtet sich nach dem Unterhaltsrechtsverhältnis zu dem nachrangig haftenden Verwandten.

Dem zeitlichen Umfang nach ist die Sekundärhaftung auf die Dauer der Leistungsunfähigkeit des vorrangig haftenden Verwandten begrenzt.

2. Die Einstandspflicht nach § 1607 Abs. 2 BGB

a) Voraussetzungen

Die Ersatzhaftung nach § 1607 Abs. 1 BGB erstreckt Abs. 2 auch auf den Fall, dass die Rechtsverfolgung gegen einen Verwandten im Inland ausgeschlossen oder erheblich erschwert ist.

Da der primäre Unterhaltsschuldner materiell-rechtlich (anders als nach § 1607 Abs. 1 BGB) verpflichtet bleibt, geht der Unterhaltsanspruch gegen den vorrangig haftenden Verwandten im Wege der cessio legis auf den Verwandten über, der den Unterhalt geleistet hat.

▶ Praxishinweis:

119 Wer aus übergegangenem Recht gegen den primär verpflichteten Unterhaltsschuldner vorgeht, hat den Umfang der erbrachten Unterhaltsleistungen darzulegen und zu beweisen.

120 Die Rechtsverfolgung ist ausgeschlossen bei Stillstand der Rechtspflege, bei Auslandswohnsitz des Unterhaltspflichtigen und bei unbekanntem Aufenthaltsort.[102]

121 Dies gilt auch, wenn und solange die Vaterschaft eines Kindes nicht anerkannt (§ 1594 Abs. 1 BGB) oder gerichtlich festgestellt (§ 1600d Abs. 1 BGB) ist.[103]

122 Die Rechtsverfolgung – dazu rechnet auch die Zwangsvollstreckung – ist erheblich erschwert, wenn der Unterhaltsanspruch gegen den nicht erwerbstätigen Unterhaltspflichtigen selbst mit einem – auf der Zurechnung fiktiven Einkommens beruhenden – Vollstreckungstitel nicht realisiert werden kann.

123 Eine erhebliche Erschwernis liegt auch vor bei häufigem Wohnsitzwechsel des Unterhaltspflichtigen, ebenso im Fall der Herbeiführung der Leistungsunfähigkeit durch Untersuchungshaft und Strafhaft.

b) Der Forderungsübergang nach § 1607 Abs. 2 Satz 2 BGB

124 Die Unterhaltsleistung des nachrangig verpflichteten Unterhaltsschuldners führt zum Übergang des Unterhaltsanspruchs.

125 Dies gilt jedoch nur für solche Verwandte, die aufgrund einer nachrangigen Haftung zur Unterhaltsleistung verpflichtet sind. Dies stellt Abs. 2 Satz 2 durch den Verweis auf Abs. 1 klar.

126 Dem Regressanspruch ggü. können analog § 404 BGB alle im Zeitpunkt des Forderungsübergangs bestehenden Einwendungen geltend gemacht werden.

▶ Praxishinweis:

127 Der Unterhaltsberechtigte hat im Unterhaltsverfahren die Beweislast für die fehlende Leistungsfähigkeit des vorrangig haftenden Unterhaltspflichtigen, falls er einen nachrangig Unterhaltspflichtigen in Haftung nehmen will.

Dies gilt entsprechend für die Einstandspflicht nach § 1607 Abs. 2 BGB, d.h. der Antragsteller ist beweispflichtig dafür, dass die Rechtsverfolgung gegen den Unterhaltspflichtigen im Inland ausgeschlossen oder erheblich erschwert ist.

3. Der Forderungsübergang nach § 1607 Abs. 3 BGB

a) Verwandte und Stiefelternteile

128 § 1607 Abs. 3 Satz 1 BGB regelt (im Gegensatz zu Abs. 2) den Forderungsübergang bei freiwilligen, nicht auf einer Rechtspflicht beruhenden Leistungen von Verwandten und Stiefelternteilen. Der Forderungsübergang setzt voraus, dass die Rechtsverfolgung gegen den primär Unterhaltspflichtigen i.S.d. Abs. 2 Satz 1 ausgeschlossen oder erheblich erschwert ist.

b) Leistungen eines Scheinvaters

129 Der Unterhaltsanspruch geht nach § 1607 Abs. 3 Satz 2 BGB auf einen Dritten über, der dem Kind als Vater Unterhalt leistet. Der nach dieser Vorschrift kraft Gesetzes auf den Dritten übergegangene Anspruch ist mit dem ursprünglichen Unterhaltsanspruch grundsätzlich

---

102 PWW/*Soyka*, § 1607 Rn. 4.
103 OLG Brandenburg, 25.02.2003 – 10 UF 82/02, FamRZ 2004, 560.

identisch. Verfahrensgegenstand des Regressverfahrens ist daher der gesetzliche Unterhaltsanspruch (§§ 1601 ff. BGB) des Kindes.[104]

Dritter in diesem Sinne ist derjenige, der, ohne Vater zu sein, die Vaterschaft anerkannt oder als vermeintlicher Vater geleistet hat. Die Leistung muss darauf beruhen, dass die Rechtsverfolgung gegen den wirklichen Vater nach Abs. 2 Satz 1 ausgeschlossen oder erheblich erschwert ist. Dies ist ggü. dem nichtehelichen Vater vor Anerkennung oder gerichtlicher Feststellung der Vaterschaft der Fall. 130

Der Regress erstreckt sich auf die Unterhaltsleistungen, die der Scheinvater ab der Geburt des Kindes bis zur Einstellung der Zahlungen erbracht hat, jedoch nur i.H.d. Unterhaltsanspruchs des Kindes gegen den wirklichen Vater. 131

Der Anspruch kann im Regelfall, dass die Vaterschaft des Scheinvaters erfolgreich angefochten und anschließend die Vaterschaft des Anspruchsgegners gerichtlich festgestellt worden ist, nach § 1613 Abs. 2 Nr. 2a BGB rückwirkend ohne die Beschränkungen des § 1613 Abs. 1 BGB geltend gemacht werden.

Der Anspruch geht auf den Scheinvater aber höchstens bis zu dem Umfang über, in dem dieser Unterhalt geleistet hat.

Für einen über die Leistungen des Scheinvaters etwa hinausgehenden Unterhaltsanspruch bleibt mithin das Kind aktivlegitimiert.

Es kommt aber nicht darauf an, ob der Scheinvater zu den tatsächlich erbrachten Unterhaltsleistungen auch in vollem Umfang verpflichtet war.[105] Schon aus dem Wortlaut des § 1607 Abs. 3 Satz 2 BGB folgt nämlich, dass es für den gesetzlichen Anspruchsübergang nur darauf ankommt, in welchem Umfang der Scheinvater Unterhalt gewährt hat, nicht aber, ob er dazu auch verpflichtet war. Wie zudem der Regelungszusammenhang mit § 1607 Abs. 3 Satz 1 BGB nahelegt, kommt es auf das Bestehen einer Unterhaltspflicht der leistenden Personen nicht an. Der Unterschied zwischen den in § 1607 Abs. 3 Satz 1 BGB aufgeführten nicht unterhaltspflichtigen Personen und dem Scheinvater besteht insoweit allein darin, dass dessen Unterhaltspflicht erst nachträglich – rückwirkend – entfallen ist.

Der Scheinvater konnte früher von der Mutter nach Treu und Glauben gem. § 242 BGB Auskunft darüber verlangen, wer ihr während der Empfängniszeit beigewohnt hat, d.h. über den mutmaßlichen leiblichen Vater.[106] 132

Anders sieht dies das BVerfG.[107] Die Rechtsprechung des BGH, wonach der sog. Scheinvater zur Durchsetzung eines Unterhaltsregressanspruchs gegen die Mutter einen auf § 242 BGB gestützten Anspruch auf Auskunftserteilung über den mutmaßlichen leiblichen Vater hat, ist danach **verfassungswidrig**. Die Verpflichtung zur Preisgabe geschlechtlicher Beziehungen zu bestimmten Personen stelle nämlich eine schwerwiegende Beeinträchtigung des allgemeinen Persönlichkeitsrechts der Mutter dar. Dafür bedürfe es einer hinreichend deutlichen gesetzlichen Grundlage, an der es fehle. Der Gesetzgeber beabsichtigt eine entsprechende Kodifikation. 133

Für den Scheinvaterregress nach § 1607 Abs. 3 Satz 2 BGB muss nach § 1600d Abs. 5 BGB die Vaterschaft des in Anspruch Genommenen positiv festgestellt sein; die – inzidente – Prüfung der Vaterschaft in dem Regressverfahren ist aber zulässig.[108] 134

---

104 BGH, FamRZ 2019, 112.
105 BGH, FamRZ 2019, 112, 114.
106 BGH, 09.11.2011 – XII ZR 136/09, FamRZ 2012, 200 m. zust. Anm. v. *Wellenhofer*; vgl. dazu auch *Horndasch*, FuR 2012, 58.
107 BVerfG, 24.02.2015 – 1 BvR 472/14 = NJW 2015, 1506.
108 BGH, 09.11.2011 – XII ZR 136/09, FamRZ 2012, 200.

4. Benachteiligungsverbot, § 1607 Abs. 4 BGB

135 Der Übergang des Unterhaltsanspruchs kann gem. § 1607 Abs. 4 BGB nicht zum Nachteil des Unterhaltsberechtigten geltend gemacht werden. Die Unterhaltsansprüche des Unterhaltsberechtigten für die Zukunft sollen durch die Durchsetzung der übergegangenen Ansprüche nicht gefährdet werden. Die übergegangenen Ansprüche gehen den neuen Unterhaltsansprüchen im Range nach, d.h. der Unterhaltspflichtige kann nicht verlangen, dass Zahlungen auf die übergegangenen Ansprüche bei der Ermittlung des für den Anspruch des Kindes maßgeblichen Einkommens berücksichtigt werden.

VII. Der unterhaltsrechtliche Rang, § 1609 BGB

136 Die unterhaltsrechtlichen Rangverhältnisse mehrerer Unterhaltsgläubiger werden »zentral« in § 1609 BGB geregelt.

1. Vorrangstellung minderjähriger Kinder

137 Der Unterhalt minderjähriger unverheirateter Kinder und privilegierter volljähriger Kinder (§ 1603 Abs. 2 Satz 2 BGB) hat Vorrang vor allen anderen Unterhaltsansprüchen (§ 1609 Nr. 1 BGB).[109] Dieser absolute Vorrang des Kindesunterhalts dient der Förderung des Kindeswohls, da damit die materiellen Grundlagen für Pflege und Erziehung von Kindern gesichert werden sollen. Der unterhaltsrechtliche Vorrang korrespondiert mit der gesteigerten Unterhaltspflicht der Eltern ggü. ihren minderjährigen unverheirateten und diesen gleichgestellten volljährigen Kindern (§ 1603 Abs. 2 BGB).

138 Bedeutung hat der Rang, d.h. die Vorschrift des § 1609 BGB, allerdings nur dann, wenn das Einkommen des Unterhaltspflichtigen nicht zur Befriedigung der Ansprüche aller Berechtigter ausreicht.

▶ Praxishinweis:

139 Der Unterhaltsschuldner, der sich im Unterhaltsverfahren auf die Rangvorschrift des § 1609 BGB beruft, muss darlegen und beweisen, dass er an vorrangig Berechtigte Unterhalt leistet.

2. Gleichrangige Unterhaltsgläubiger

a) Verteilung des verfügbaren Einkommens

140 Der unterhaltsrechtliche Rang ist immer dann bedeutsam, wenn das Einkommen des Pflichtigen nicht den Bedarf aller Berechtigten zu decken vermag. Aufgrund der Vorschrift des § 1609 BGB sind zunächst die vorrangigen Unterhaltsansprüche zu bedienen, d.h. Kindern ist zumindest der Mindestunterhalt sicherzustellen, bevor nachrangige Unterhaltsansprüche berücksichtigt werden. Darüber hinaus kommt eine Mangelfallberechnung in Betracht (s.u. Rdn. 141).

b) Mangelfallberechnung

141 Reicht das vorhandene bereinigte Einkommen des Unterhaltspflichtigen nicht aus, um den Unterhalt aller gleichrangig Berechtigten ohne Gefährdung seines angemessenen Bedarfs (Selbstbehalt) zu befriedigen, führt dies dazu, dass die Unterhaltsansprüche aller Unterhaltsberechtigten proportional gekürzt werden. Die Gesamtheit der Unterhaltsansprüche und die zu ihrer Erfüllung zur Verfügung stehenden Mittel des Unterhaltspflichtigen sind gegenüberzustellen. Der Unterhaltspflichtige kann auf den notwendigen Selbstbehalt, der die Untergrenze jeder Inanspruchnahme darstellt, verwiesen werden (sog. verschärfter oder absoluter Mangelfall). Das über dem Selbstbehalt liegende anrechenbare Einkommen hat der Unterhaltspflichtige in diesem Fall für alle Unterhaltsberechtigten zur Verfügung zu stellen. Es wird auf sie nach dem Maß ihrer Ansprüche verhältnismäßig verteilt.

---

109 PWW/*Soyka*, § 1609 Rn. 2.

Bei einem Mangelfall kommt auch eine Anpassung bzw. Reduzierung des Selbstbehalts in Betracht, wenn der eigene Unterhalt des Pflichtigen ganz oder teilweise durch seinen Ehegatten oder auch anderweitig gedeckt ist. In der Regel wird beim Zusammenleben mit einem leistungsfähigen Partner der Selbstbehalt wegen ersparter Aufwendungen i.H.v. 10 % reduziert.[110]

Ein Beispiel zur Unterhaltsberechnung in einem solchen Mangelfall findet sich in der Düsseldorfer Tabelle Anmerkung C.

VIII. Die Art der Unterhaltsgewährung

1. Unterhalt als Geldrente

Grds. ist der Unterhalt nach § 1612 Abs. 1 Satz 1 BGB in Form einer Geldrente monatlich im Voraus zu gewähren. Der Unterhaltspflichtige darf den Unterhalt nur in anderer Art gewähren, wenn besondere Gründe dies rechtfertigen, § 1612 Abs. 1 Satz 2 BGB (sog. Schuldnerprivileg).

Die Unterhaltsschuld ist eine qualifizierte Schickschuld, vgl. § 270 Abs. 1, Abs. 4 BGB. Der Unterhalt ist nach § 1612 Abs. 3 Satz 1 BGB **monatlich im Voraus** zu entrichten. Fälligkeit tritt danach zum Ersten eines Monats ein. Rechtlich ist es ausreichend, wenn der Unterhaltsschuldner an diesem Tag die geschuldete Leistungshandlung vornimmt, d.h. den Überweisungsauftrag bei seiner Bank einreicht.[111] Der Unterhaltspflichtige schuldet den vollen monatlichen Unterhalt, auch wenn der Unterhaltsberechtigte im Laufe des Monats verstirbt, vgl. § 1612 Abs. 3 Satz 2 BGB.

2. Der sog. Mindestunterhalt

Nach § 1612a Abs. 1 Satz 1 BGB kann ein minderjähriges Kind von demjenigen Elternteil, mit dem es nicht in einem Haushalt lebt, den Unterhalt als Prozentsatz des in Abs. 1 Satz 2 gesetzlich definierten Mindestunterhalts verlangen. Der Mindestunterhalt wird vom Bundesministerium der Justiz und Verbraucherschutz durch Rechtsverordnung, die nicht der Zustimmung des Bundesrates bedarf, beginnend erstmals zum 01.01.2016 und dann alle zwei Jahre festgelegt, vgl. § 1612a Abs. 4 BGB. Der Prozentsatz drückt die Steigerung des Richtsatzes der jeweiligen Einkommensgruppe ggü. dem Mindestbedarf (= 1. Einkommensgruppe) aus. Die durch Multiplikation des gerundeten Mindestbedarfs mit dem Prozentsatz errechneten Beträge sind entsprechend § 1612a Abs. 2 Satz 2 BGB aufgerundet.

Dies geschieht nach § 1612a Abs. 1 Satz 3 BGB gestaffelt nach (drei) Altersstufen (6/12/18).

§ 1612a Abs. 3 BGB ordnet an, dass der Mindestunterhalt einer höheren Altersstufe bereits ab dem Beginn des Monats maßgeblich ist, in dem das Kind das betreffende Lebensjahr vollendet (Monatsprinzip). Vollendet ein Kind z.B. am 12.05. eines Jahres das 12. Lebensjahr (12. Geburtstag), dann erreicht es somit die 3. Altersstufe bereits am 01.05. des betreffenden Jahres.

Nach wie vor kann der Unterhalt statisch, d.h. als monatlicher Festbetrag gefordert werden oder **dynamisch**. Letzteres bedeutet, dass der geschuldete Unterhalt im Titel als Prozentsatz des jeweiligen Mindestunterhalts formuliert wird.

▶ Praxishinweis

Der Mindestunterhalt ist bedeutsam für die Darlegungs- und Beweislast im Unterhaltsverfahren. Folge des gesetzlich geregelten Anspruchs auf einen Mindestunterhalt ist nämlich eine unwiderlegbare Vermutung, dass jedes minderjährige Kind den im Gesetz konkret für seine Altersgruppe geregelten Mindestbedarf zum Leben benötigt.

---

110 Vgl. dazu die Unterhaltsleitlinien der OLG unter 21.5.
111 PWW/*Soyka*, § 1612 Rn. 2.

Dies führt zu einer Verbesserung der verfahrensrechtlichen Stellung des Kindes; es muss in der Antragsbegründung nicht die Einkommens- und Vermögensverhältnisse des barunterhaltspflichtigen Elternteils darlegen, wenn es lediglich den Mindestbedarf geltend macht.

Allerdings haftet der Unterhaltspflichtige für den Mindestunterhalt nicht uneingeschränkt, denn auch der Mindestunterhalt ist abhängig von der Leistungsfähigkeit des Verpflichteten. Er ist aber für seine eingeschränkte Leistungsfähigkeit in diesem Fall beweispflichtig.

Wird ein höherer Betrag als der Mindestunterhalt gefordert, sind die Anspruchsvoraussetzungen hingegen umfassend darzulegen und zu beweisen.[112] Aufgrund der von beiden Eltern und damit auch vom Unterhaltsschuldner abgeleiteten Lebensstellung hat der Unterhaltsberechtigte mithin bei Anwendung der Düsseldorfer Tabelle darzulegen, dass und in welchem Umfang der Pflichtige im betreffenden Zeitraum ein Einkommen oberhalb der ersten Einkommensgruppe der Düsseldorfer Tabelle erzielte. Erforderlich ist die Darlegung des jeweiligen Nettoeinkommens.[113]

a) Statische Unterhaltstitel

150 Das Kind kann seinen Unterhalt statisch fordern, d.h. als monatlichen Festbetrag. Dies ist für volljährige Kinder ohnehin zwingend.

151 Statische Titel sind ggü. dynamischen Titeln **vorzugswürdig**, wenn Änderungen der Bedürftigkeit oder Leistungsfähigkeit bevorstehen oder Unterhalt vergleichsweise großzügig festgelegt wird.

152 Da diese Titel keiner Anpassungsautomatik unterliegen, müssen sie mittels Abänderungsantrags nach §§ 238, 239 FamFG im Einzelfall angepasst werden.

b) Dynamische Unterhaltstitel

153 Nach § 1612a Abs. 1 Satz 1 BGB kann ein minderjähriges Kind von demjenigen Elternteil, mit dem es nicht in einem Haushalt lebt, den Unterhalt als Prozentsatz des Mindestunterhalts verlangen.[114] Das Kind hat damit einen Anspruch auf einen dynamischen und unbefristeten Titel.[115]

154 Vorteil ist, dass bei Erreichen der nächsten Altersstufe des Kindes oder bei Veränderung des sächlichen Existenzminimums sich der Unterhaltstitel ohne Abänderungsverfahren nach §§ 238, 239 FamFG automatisch anpasst.

155 Erforderlich sind lediglich geänderte Rechenschritte; die erforderlichen Rechenschritte können von jedem Vollstreckungsorgan aufgrund der in den Titel aufzunehmenden Daten des § 1612 Abs. 1 Satz 2 und Satz 3 BGB vollzogen werden.

aa) Bestimmung des Prozentsatzes

156 Der für das jeweilige Kind zu ermittelnde Prozentsatz ist mithilfe des Düsseldorfer Tabelle wie folgt zu bestimmen:

157 1. Feststellung des maßgeblichen Einkommens des Pflichtigen
2. Ermittlung des Individualunterhalts anhand der Düsseldorfer Tabelle
3. Bestimmung des Prozentsatzes, in dem der Individualunterhalt ins Verhältnis zum Mindestunterhalt gesetzt wird.

158 Der Prozentsatz ist nach § 1612a Abs. 2 BGB auf eine Dezimalstelle zu begrenzen.

159 Der Unterhalt ist auf volle Euro aufzurunden.

---

112 BGH, FamRZ 2019, 112.
113 BGH, FamRZ 2019, 112, 114.
114 BGH, FamRZ 2011, 1407 (Kind hat Anspruch auf dynamischen Titel).
115 OLG Bamberg, FamRZ 2019, 30 = NZFam 2018, 998.

bb) Tenorierung

Kindergeld und ähnliche Leistungen nach §§ 1612b bzw. 1612c BGB sind in den Titel aufzunehmen.

Wichtig ist, dass Kindergeld und ähnliche Leistungen nach §§ 1612b bzw. 1612c BGB nicht vom Mindestunterhalt abgezogen werden, bevor der Prozentsatz ermittelt wurde.

Der Antrag kann wie folgt formuliert werden:

▶ Muster

Der Antragsgegner ist verpflichtet, an das Kind....., geboren....., zu Händen der Mutter 115 % des Mindestunterhalts i.S.d. § 1612a Abs. 1 BGB der jeweils geltenden Altersstufe abzüglich des auf das Kind entfallenden hälftigen Kindergeldanteils zu bezahlen, zahlbar monatlich im Voraus ab.....

c) Kindergeldanrechnung

§ 1612b Abs. 1 Satz 1 Nr. 1 BGB betrifft minderjährige, unverheiratete Kinder, die von einem Elternteil betreut werden. Regelmäßig ist der betreuende Elternteil kindergeldbezugsberechtigt (Obhutsprinzip).[116] Seine Unterhaltspflicht ggü. dem Kind erfüllt der betreuende Elternteil durch die Pflege und Erziehung des Kindes.

Nach dem Gesetz (vgl. § 1606 Abs. 3 Satz 2 BGB) sind Betreuungs- und Barunterhalt grds. gleichwertig. Deshalb ist es gerechtfertigt, wenn jedem Elternteil die Hälfte des Kindergeldes zugutekommt. Dies hat für den barunterhaltspflichtigen Elternteil zur Folge, dass der Unterhaltsbedarf des Kindes um das halbe Kindergeld gemindert ist; in diesem Umfang hat der andere Elternteil das an ihn ausgezahlte Kindergeld für den Barunterhalt zu verwenden. Die andere Hälfte des Kindergeldes soll den betreuenden Elternteil bei Erbringung der Betreuungsleistung unterstützen, denn diese ist der Barunterhaltsleistung des anderen Elternteils gleichwertig.

d) Kindergeldberechtigung

Kindergeldberechtigt ist derjenige Elternteil, in dessen Haushalt das Kind aufgenommen wurde, d.h. schwerpunktmäßig lebt, § 64 Abs. 2 Satz 1 EStG. Die Bestimmung des kindergeldbezugsberechtigten Elternteils im paritätischen Wechselmodell richtet sich hingegen nach dem Kindeswohl.[117]

Werden Kinder im paritätischen Wechselmodell betreut, gilt das Kind i.S.v. § 64 Abs. 2 Satz 1 EStG als in den Haushalt jedes der beiden Elternteile aufgenommen. Wenn keine übereinstimmende Bestimmung des Bezugsberechtigten gegeben ist, liegen die Voraussetzungen für eine gerichtliche Bestimmung nach § 64 Abs. 2 Satz 3 EStG vor.

Das Gesetz macht in § 64 EStG keine Vorgaben, nach welchen Maßstäben das FamG die Bezugsberechtigung zu bestimmen hat. Es ist anerkannt, dass sich die Bezugsberechtigung – wenn die Eltern keine Bestimmung getroffen haben – nach dem Kindeswohl richtet. Bieten bei gemeinsamer elterlicher Sorge und Betreuung des Kindes in einem paritätischen Wechselmodell beide Elternteile gleichermaßen die Gewähr, das Kindergeld zum Wohle des Kindes zu verwenden, besteht kein Anlass für eine Änderung der Bezugsberechtigung (Bezugskontinuität).[118]

D. Unterhaltsansprüche des volljährigen Kindes

Der Unterhalt volljähriger Kinder wird ebenfalls von den §§ 1601 bis 1615 BGB geregelt. Der Volljährigenunterhalt ist aber – im Unterschied zum Unterhalt des minderjährigen Kindes (aber ebenso

---

116 PWW/*Soyka*, § 1612b Rn. 3.
117 KG, FuR 2020, 44 = FamRZ 2020, 33 (26.08.2019 – 13 WF 69/19).
118 Vgl. auch OLG Celle, 25.05.2018 – 19 UF 24/18, FamRZ 2019, 31.

wie der nacheheliche Unterhalt) – durch das Prinzip der Eigenverantwortung zu charakterisieren. Dies bedeutet, dass zunächst der Unterhalt mit den eigenen verfügbaren Möglichkeiten sichergestellt werden muss, und Unterhalt nur »subsidiär« gefordert werden kann.

167 Volljährige Kinder, die noch unverheiratet sind und das 21. Lebensjahr noch nicht vollendet haben, sind, solange sie im Haushalt der Eltern oder eines Elternteils leben und sich in der allg. Schulausbildung befinden, **privilegiert**. Dies äußert sich darin, dass i.R.d. Leistungsfähigkeit des Unterhaltsschuldners sie minderjährigen Kindern gleichgestellt werden (§ 1603 Abs. 2 Satz 2 BGB) und im Falle eines Unterhaltsverfahrens das Zuständigkeitsprivileg des § 232 Abs. 1 Nr. 2 FamFG gilt, d.h. die örtliche Zuständigkeit des FamG richtet sich nach ihrem gewöhnlichen Aufenthalt.

168 Der Verwandtenunterhalt gilt lebenslang. Ein volljähriges Kind kann auch nach abgeschlossener Berufsausbildung bedürftig werden, so dass ab diesem Zeitpunkt unter Umständen (erneut) Unterhalt geschuldet wird.

169 Die Unterhaltspflicht der Eltern ggü. dem Kind wird aber durch eine Heirat grds. beendet, vgl. § 1608 BGB. Der Ehegatte des Bedürftigen haftet für den Unterhalt nach §§ 1360, 1361 BGB (Familien- und Trennungsunterhalt) grds. vor dessen Verwandten. Nur soweit der Ehegatte nicht leistungsfähig (§ 1603 BGB) ist, haften die Verwandten nach § 1608 Satz 2 BGB des bedürftigen (verheirateten) Unterhaltsgläubigers. Ein Regressanspruch ist dafür nicht kodifiziert. Der eingetragene Lebenspartner steht dem Ehegatten gleich, vgl. § 1608 Satz 4 BGB. Der Partner einer nichtehelichen Lebensgemeinschaft wird jedoch nicht (analog) erfasst, da er nicht gesetzlich zum Unterhalt verpflichtet ist.

▶ Praxishinweis:

170 Ein z. Zt. der Minderjährigkeit des Kindes ergangener Unterhaltstitel gilt fort, wenn das Kind volljährig wird. Es besteht **Identität des Unterhaltsanspruchs** volljähriger Kinder mit dem Minderjährigenunterhalt.[119]

Der Unterhaltsschuldner kann nicht mittels eines **Vollstreckungsabwehrantrags** nach § 767 ZPO gegen den Titel vorgehen (vgl. § 244 FamFG). Die Vorschrift des § 244 FamFG hat die Funktion, Vollstreckungsabwehrträge nach § 767 ZPO gegen Mindestunterhaltstitel mit der Begründung des Eintritts der Volljährigkeit des unterhaltsberechtigten Kindes zu vermeiden, sofern die Unterhaltspflicht auch über die Minderjährigkeit hinaus fortbesteht.

Abänderungsverfahren werden von dieser Vorschrift nicht berührt, sind also möglich und häufig auch begründet, da sich durch die Volljährigkeit eine Änderung der Verhältnisse ergibt (erhöhte Erwerbsobliegenheit, Mithaftung des anderen Elternteils usw.).[120]

171 Die folgenden Ausführungen lehnen sich an die Darstellung des Minderjährigenunterhalts an, d.h. nur soweit für volljährige Kinder Abweichungen von Bedeutung sind, werden diese behandelt.

I. Die Bedürftigkeit des volljährigen Kindes

172 Das volljährige Kind trägt im Unterhaltsverfahren die Beweislast für seine Bedürftigkeit. Die Beweislast bezieht sich insb. darauf, dass ihm weder anrechenbare Einkünfte noch verwertbares Vermögen zur Verfügung stehen.

1. Die Erwerbspflicht

173 Das volljährige Kind, das sich nicht (mehr) in der Ausbildung befindet, ist für sich verantwortlich und kann seine Eltern nur subsidiär auf Unterhalt in Anspruch nehmen. Die Erwerbsobliegenheit

---

119 OLG Hamm, FamRZ 2008, 291.
120 OLG Koblenz, FamRZ 2007, 653.

des volljährigen Kindes geht weiter als die von Ehegatten im Verhältnis zueinander. Es gelten vergleichbar strenge Maßstäbe wie für Eltern im Verhältnis zu minderjährigen Kindern.

Das volljährige Kind ist eigentlich nur bedürftig, wenn und solange es sich in einer den Erfordernissen des § 1610 Abs. 2 BGB gerecht werdenden Ausbildung befindet. 174

Einkünfte eines **Studenten** aus einer neben der Ausbildung ausgeübten Erwerbstätigkeit (Nebentätigkeit), stellen Einkommen aus überobligatorischer Tätigkeit dar. Eine Nebentätigkeit kann von einem Studenten ausnahmsweise wohl nur in den Semesterferien zu Beginn der Ausbildung erwartet werden, wenn diese notwendig ist, um die in finanziell beengten Verhältnissen lebenden Eltern zu entlasten. Ansonsten ist allen Beteiligten mit dem zügigen Abschluss des Studiums am meisten gedient, d.h. jede Erwerbstätigkeit neben dem Studium sollte unterbleiben. 175

2. Einsatz von Vermögen

Das volljährige Kind hat auch den Vermögensstamm einzusetzen, um seinen Bedarf sicherzustellen.[121] Dies ist auf ein minderjähriges Kind nur im Ausnahmefall zu übertragen, wie sich im Umkehrschluss zu § 1603 Abs. 2 Satz 3 BGB ergibt.[122] 176

Allerdings braucht der Unterhaltsberechtigte den Stamm des Vermögens nicht zu verwerten, soweit die Verwertung unwirtschaftlich oder unter Berücksichtigung der beiderseitigen wirtschaftlichen Verhältnisse unbillig wäre. 177

Verfügt ein volljähriger Unterhaltsberechtigter über beleihungsfähigen Grundbesitz, der es ihm ermöglicht, Kredit aufzunehmen, mit dem er seinen Unterhalt bis zum Eintritt ins Erwerbsleben decken kann, so fehlt es an der Bedürftigkeit.[123] 178

Das volljährige Kind ist sogar zur Minderung der Bedürftigkeit verpflichtet, allerdings nur i.R.d. Zumutbaren, die Möglichkeiten zur Kreditaufnahme zu nutzen.[124] Solche Zumutbarkeit bejaht die Rechtsprechung aufgrund der außerordentlich günstigen Darlehensbedingungen bei einem BAföG-Darlehen.[125] Damit ist allerdings ein sog. **Bildungskredit** nicht vergleichbar, weil er zu verzinsen ist. Außerdem sind die Rückzahlungsmodalitäten nicht mit denen eines BAföG-Darlehens vergleichbar.[126] 179

II. Die Leistungsfähigkeit

Die Leistungsfähigkeit des Unterhaltsschuldners beurteilt sich nach § 1603 BGB. Der Selbstbehalt beträgt ggü. einem volljährigen Kind 1.400 €. 180

Eine Besonderheit ist die Regelung des § 1603 Abs. 2 Satz 2 BGB: Danach stehen den minderjährigen unverheirateten Kindern volljährige unverheiratete Kinder bis zur Vollendung des 21. Lebensjahres gleich, solange sie im Haushalt der Eltern oder eines Elternteils leben und sich in der allgemeinen Schulausbildung befinden, d.h. auch diesen ggü. besteht eine gesteigerte Unterhaltspflicht.[127] Dies kommt insb. dadurch zum Ausdruck, dass der Selbstbehalt wie bei den minderjährigen Kindern nur 1.160 € bzw. wenn der Unterhaltspflichtige nicht erwerbstätig ist 960 € beträgt.[128] 181

---

121 OLG Hamm, 11.08.2006 – 11 UF 25/06, FamRZ 2007, 929.
122 Vgl. Palandt/*Brudermüller*, § 1602 Rn. 12.
123 OLG Bamberg, 29.04.1998 – 7 UF 240/97, FamRZ 1999, 876.
124 OLG Hamm, NJW 2014, 396.
125 BGH, FamRZ 1985, 916.
126 Vgl. dazu OLG Bremen, FamRZ 2013, 1050.
127 Palandt/*Brudermüller*, § 1603 Rn. 36.
128 Stand: 01.01.2020.

III. Der Bedarf des volljährigen Kindes

182 Die Lebensstellung des volljährig gewordenen Kindes i.S.d. § 1610 Abs. 1 BGB leitet sich zunächst auch weiterhin von den wirtschaftlichen Verhältnissen seiner Eltern ab, bis es durch eigene Einkünfte oder Vermögen zu wirtschaftlicher Selbstständigkeit gelangt ist. Der Unterhaltsbedarf eines volljährigen, nach § 1603 Abs. 2 Satz 2 BGB aber privilegierten Kindes, wird entsprechend den zusammengerechneten Einkommen beider Elternteile nach der jeweiligen Einkommensgruppe und der 4. Altersstufe der DT bestimmt.[129] Naturalunterhalt wird nämlich dem nach § 1603 Abs. 2 Satz 2 BGB privilegierten volljährigen Kind ggü. nicht mehr geschuldet. Auf das Einkommen nur eines Elternteils kann abgestellt werden, wenn der andere Elternteil kein auskömmliches eigenes Einkommen erzielt.

183 Ein volljähriges Kind mit eigenem Hausstand bzw. ein im Studium befindliches volljähriges Kind hat i.d.R. einen pauschalen, von den Einkünften der Eltern unabhängigen Bedarfssatz von 860 €.[130] Der Bedarfssatz deckt grds. den gesamten Bedarf eines Studenten ab, also vor allem Verpflegung, Wohnen, Studienkosten, Fachliteratur, Fahrten am Studienort und Heimfahrten zu einem Elternteil.[131]

184 Das Kindergeld wird bei volljährigen Kindern in voller Höhe nach § 1612b Abs. 1 Nr. 2 BGB bedarfsdeckend berücksichtigt. Dies bedeutet, dass das Kindergeld ähnlich wie eine Ausbildungsvergütung den Bedarf des Kindes mindert, so dass die Eltern nur noch für den Restbedarf aufkommen müssen.[132]

IV. Die anteilige Barunterhaltspflicht der Eltern

185 Die Regelung des § 1606 Abs. 3 Satz 2 BGB gilt nur für minderjährige Kinder. Das erwachsene Kind benötigt keine nennenswerte Betreuung mehr. Der Elternteil, der bislang Betreuungsleistungen erbracht hat, schuldet nunmehr ebenfalls Barunterhalt. Selbst wenn er das volljährige Kind in seinem Haushalt weiterhin betreut, unterliegt er der Verpflichtung, anteilig zum Barunterhalt beizutragen.

186 Die Unterhaltslast bestimmt sich zwischen den Eltern entsprechend ihrer Leistungsfähigkeit, also nach den für Unterhaltszwecke tatsächlich zur Verfügung stehenden Mitteln.

187 Haften nach § 1606 Abs. 3 Satz 1 BGB beide Eltern anteilig nach ihren Erwerbs- und Vermögensverhältnissen, wird bei der Bestimmung des Unterhaltsbedarfs des volljährigen Kindes die Summe der Einkommen beider Elternteile zugrunde gelegt.

188 Die Haftungsanteile der Eltern werden dann in der Weise ermittelt, dass nach dem Abzug des angemessenen Eigenbedarfs das rechnerische Verhältnis der jeweils verbleibenden Einkünfte ermittelt wird.[133]

---

129 Vgl. z.B. Unterhaltsleitlinien des OLG Düsseldorf Nr. 13.
130 Stand: 01.01.2020.
131 OLG Brandenburg, 27.01.2006 – 10 WF 5/06, FamRZ 2006, 1781.
132 FA-FamR/*Seiler*, 6. Kap. Rn. 302.
133 Berechnungsbeispiel findet sich unter Punkt 13 der SüdL:
»Bei anteiliger Barunterhaltspflicht ist vor Berechnung des Haftungsanteils nach § 1606 III 1 BGB das bereinigte Nettoeinkommen jedes Elternteils gem. Nr. 10 zu ermitteln. Außerdem ist vom Restbetrag ein Sockelbetrag in Höhe des angemessenen Selbstbehalts (1.400 €) abzuziehen. Der Haftungsanteil nach § 1606 III 1 BGB errechnet sich nach der Formel:
– Bereinigtes Nettoeinkommen eines Elternteils (N1 oder N2) abzüglich 1.400 € mal (Rest-)Bedarf (R), geteilt durch die Summe der bereinigten Nettoeinkommen beider Eltern (N1 + N2) abzüglich 2.800 (=1.400 + 1.400) €. Haftungsanteil 1 = (N1 -1.400) x R: (N1 + N2 -2.800).
– Der so ermittelte Haftungsanteil ist auf seine Angemessenheit zu überprüfen und kann bei Vorliegen besonderer Umstände (z.B. behindertes Kind) wertend verändert werden.«.

D. Unterhaltsansprüche des volljährigen Kindes

▶ Beispiel:

Peter ist 20 Jahre alt und befindet sich in einer Lehre. Er lebt noch im Haushalt seiner Mutter. Peter verlangt von seinen Eltern Unterhalt. Der Vater hat vollständig bereinigte Nettoeinkünfte i.H.v. 3.200 €, die Mutter i.H.v. 2.300 €. Peter bekommt eine monatliche Ausbildungsvergütung i.H.v. 234 €.

Der Bedarf von Peter bestimmt sich nach der Düsseldorfer Tabelle auf der Grundlage der zusammengerechneten Nettoeinkünfte seiner Eltern. Dies hat einen Betrag von 848 € zur Folge. Auf den Bedarf ist sein Einkommen anzurechnen, allerdings unter Berücksichtigung von 100 € ausbildungsbedingtem Mehraufwand. Abgezogen werden daher vom Bedarf in Höhe von 848 € zum einen 134 € Einkommen sowie auch das Kindergeld i.H.v. 204 €, dass vollständig bedarfsdeckend zu verwenden ist. Damit bleibt ein Restbedarf von 510 €. Das Einkommen der Eltern ist jeweils um den Selbstbehalt von 1.400 € zu reduzieren, sodass sich beim Vater einsetzbare Einkünfte von 1.800 € ergeben, bei der Mutter von 900 €. Das rechnerische Verhältnis der jeweils verbleibenden Einkünfte beträgt daher 2 zu 1. Insoweit ergibt sich, dass der Vater i.H.v. 340 € für den Restbedarf aufzukommen hat, die Mutter i.H.v. 170 €.

Die Eltern haften als gleichnahe Verwandte nach § 1606 Abs. 3 Satz 1 BGB gleichrangig. Sie sind bezüglich der Unterhaltsverpflichtung jedoch nur Teilschuldner (**keine Gesamtschuldner**).[134] Ein Elternteil ist nicht verpflichtet einen höheren Unterhalt zu zahlen, als er auf der Grundlage seiner Einkünfte in Anwendung der Sätze der Düsseldorfer Tabelle zu zahlen hätte.

189

▶ Beispiel:

Überträgt man dies auf das oben angegebene Beispiel, so ergibt sich beim Vater, dass er bei alleiniger Unterhaltspflicht fiktiv für einen Bedarf von 679 € aufzukommen hätte (Einkommensgruppe 6, da nur eine Unterhaltspflicht). Dieser Betrag wäre allerdings um das Einkommen von Peter (bereinigt 134 €) sowie das Kindergeld zu reduzieren. Damit würde sich ein fiktiver Unterhalt von 341 € errechnen. Die oben angegebene Unterhaltsschuld von 340 € überschreitet die fiktive Unterhaltspflicht nicht und muss daher nicht korrigiert werden. Überträgt man dies auf die Mutter, so ergibt sich fiktiv bei alleiniger Unterhaltspflicht ein Bedarf von Peter i.H.v. 583 €; auch hier wäre das Einkommen von Peter i.H.v. 134 € zu berücksichtigen sowie das Kindergeld i.H.v. 204 €. Die fiktive Unterhaltspflicht beläuft sich danach auf 245 €. Auch in diesem Fall muss daher die oben angegebene Berechnung nicht korrigiert werden.

▶ Praxishinweis:

Das volljährige Kind muss im Unterhaltsverfahren die Einkommensverhältnisse beider Elternteile darlegen, d.h. auch die Leistungsunfähigkeit des am Unterhaltsverfahren nicht beteiligten Elternteils.

190

Diese Darlegungs und Beweislast gilt auch bei einem vom bislang allein barunterhaltspflichtigen Elternteil geführten Abänderungsverfahrens nach Eintritt der Volljährigkeit. Der **BGH**[135] hat sich wie folgt geäußert: »Begehrt somit der während der Minderjährigkeit des Kindes allein barunterhaltspflichtige Elternteil nach Eintritt der Volljährigkeit unter Hinweis auf die Mithaftung des früheren Betreuungselternteils Herabsetzung des zur Zeit der Minderjährigkeit titulierten Kindesunterhalts, muss das volljährige Kind als Abänderungsantragsgegner nach den vorgenannten Grundsätzen alle diejenigen Tatsachen darlegen und beweisen, welche den Fortbestand des Unterhaltsanspruchs rechtfertigen sollen und auf die es bei der Erstellung des Ausgangstitel nicht angekommen war. Das volljährige Kind muss deshalb – trotz gleichbleibenden

---

134 Palandt/*Brudermüller*, § 1606 Rn. 13.
135 BGH, FamRZ 2017, 370, 374.

gesetzlichen Unterhaltstatbestands (§ 1601 BGB) – grundsätzlich erstmals den Nachweis erbringen, sich in einer unterhaltsrechtlich zu berücksichtigenden Schul- oder Berufsausbildung zu befinden. Seine Darlegungs- und Beweislast umfasst folgerichtig auch die gemäß § 1606 Abs. 3 S. 1 BGB auf seine Eltern jeweils entfallenden Haftungsanteile, denn die für den Unterhalt des volljährigen Kindes zu bildende Haftungsquote hängt auch von den Einkommensverhältnissen des früheren Betreuungselternteils ab, die bei der Erstellung des Ursprungstitels noch keine Prognose oder Würdigung erfahren haben.«

Kapitel 4 Ehegattenunterhalt

Übersicht	Rdn.
A. **Familienunterhalt**	1
I. Verhältnis des Familienunterhalts zu anderen Unterhaltsansprüchen	2
1. Grundlagen	4
2. Familienunterhalt und Kindesunterhalt	10
3. Verhältnis des Familienunterhalts zum Trennungs- und Geschiedenenunterhalt	11
II. Anspruchsvoraussetzungen	15
1. Eheliche Lebensgemeinschaft	15
2. Bedürftigkeit und Leistungsfähigkeit	16
3. Anspruchsberechtigung	21
4. Umfang der Leistungspflicht	22
III. Bemessung des Familienunterhalts	29
IV. Taschengeld	34
V. Kostenvorschuss	39
VI. Sonderfragen	40
B. **Trennungsunterhalt**	48
I. Grundlagen	48
1. Abgrenzung zum Familien- und Geschiedenenunterhalt	48
2. Bedeutung des Güterstands	50
II. Anspruchsvoraussetzungen	52
1. Getrenntleben	52
2. Leistungsfähigkeit	53
3. Bedürftigkeit	57
4. Maß des Trennungsunterhalts	66
5. Vorsorgeunterhalt	80
6. Sonderfragen	92
C. **Geschiedenenunterhalt**	97
I. Grundlagen	98
1. Wirtschaftliche Eigenverantwortung	100
2. Einheitlicher Anspruch, Anschlussunterhalt, Teilanschlussunterhalt, Einsatzzeitpunkte	102
3. Beginn, Ende und Wiederaufleben des nachehelichen Unterhaltsanspruchs	110
4. Darlegungs- und Beweislast	120
5. Sonderfragen	122
a) Verwirkung, Verjährung	122
b) Pfändbarkeit	124
c) Aufrechnung	125
d) Ausschluss von Bagatellunterhalt	127
e) Unterhalt für die Vergangenheit, Verzug, Güterstand	128
f) Disponibilität	136
g) Übergangsregelungen	137
h) Rückforderung	141
II. Betreuungsunterhalt	149
1. Anspruchsvoraussetzungen	158
a) Pflege oder Erziehung eines gemeinschaftlichen Kindes	159

Übersicht	Rdn.
b) Kindesbetreuung und Erwerbsobliegenheit	164
aa) Altersphasenmodell	168
bb) Gebot der Einzelfallprüfung	172
c) Umfang des Anspruchs	180
d) Auswirkungen auf den Trennungsunterhalt	186
e) Beweislast	187
f) Begrenzung des Anspruchs	189
III. Unterhalt wegen Alters	194
1. Anspruchsvoraussetzungen	196
a) Einsatzzeitpunkte	197
b) Altersbedingte Unzumutbarkeit der Erwerbstätigkeit	203
c) Kausalität	206
d) Unzumutbarkeit der Erwerbstätigkeit	207
e) Konkurrenzen	210
f) Begrenzung	213
g) Darlegungs- und Beweislast	216
h) Disponibilität	219
IV. Unterhalt wegen Krankheit	220
1. Normzweck	220
2. Anspruchsvoraussetzungen	221
a) Krankheit, Gebrechen oder körperliche u. geistige Schwäche	222
b) Krankheitsbedingte Erwerbsbeeinträchtigung	232
c) Einsatzzeitpunkte	234
d) Sonderfragen	242
aa) Disponibilität	242
bb) Konkurrenzen	243
cc) Auskunftsanspruch	246
dd) Darlegungs- und Beweislast	247
ee) Verwirkung, Begrenzung	248
V. Unterhalt wegen Erwerbslosigkeit und Aufstockungsunterhalt	250
1. Normzweck	250
a) Unterhalt wegen Erwerbslosigkeit	251
aa) Subsidiarität des Anspruchs	253
bb) Reale Beschäftigungschance	257
cc) Einsatzzeitpunkte	265
dd) Umfang des Anspruchs	273
2. Aufstockungsunterhalt	274
a) Anspruchsvoraussetzungen	276
b) Subsidiarität und Konkurrenzen	278
c) Ausübung einer angemessenen Erwerbstätigkeit	279
d) Ausschluss von Bagatellunterhalt	281
e) Wahrung der Einsatzzeitpunkte	283
f) Ausübung einer angemessenen Erwerbstätigkeit	285
g) Methodenwahl	286
h) Anschlussunterhalt	296

	i) Nachhaltige Unterhaltssicherung	297
	j) Beweislast................	304
	k) Herabsetzung und zeitliche Begrenzung, Verwirkung.......	306
VI.	Angemessenheit der Erwerbstätigkeit...	309
	1. Normzweck.................	309
	2. Angemessenheit der Erwerbstätigkeit	310
	a) Angemessenheitskriterien......	314
	aa) Ausbildung..............	315
	bb) Fähigkeiten.............	317
	cc) Lebensalter.............	318
	dd) Gesundheitszustand.......	319
	ee) Frühere Erwerbstätigkeit...	320
	ff) Eheliche Lebensverhältnisse.	321
	gg) Sonstige Gesichtspunkte....	328
	b) Ausbildungsobliegenheit.......	329
	c) Darlegungs- und Beweislast....	336
	d) Konkurrenzen................	337
VII.	Unterhalt wegen Ausbildung, Fortbildung und Umschulung...........	339
	1. Normzweck.................	339
	2. Ausbildungsunterhalt..........	340
	a) Ehebedingte Bedürfnislage.....	341
	b) Notwendigkeit der Ausbildung zur Erlangung angemessener Erwerbstätigkeit.............	344
	c) Erwartung des Abschlusses innerhalb normaler Ausbildungszeit..	346
	3. Anspruch auf Fortbildung und Umschulung...................	349
	4. Konkurrenzen................	353
	5. Darlegungs- und Beweislast.......	355
VIII.	Unterhalt aus Billigkeitsgründen......	356
	1. Normzweck.................	356
	2. Anspruchsvoraussetzungen.......	357
	a) Sonstige schwerwiegende Gründe...................	358
	b) Grobe Unbilligkeit...........	360
	c) Kasuistik..................	362
	d) Konkurrenzen...............	368
	e) Begrenzung und Befristung.....	370
	f) Darlegungs- und Beweislast....	372
IX.	Maß des Unterhalts...............	373
	1. Grundlagen.................	373
	2. Eheliche Lebensverhältnisse.......	374
	a) Maßstab...................	381
	b) Wandelbarkeit und Stichtagsprinzip..................	383
	c) Surrogationsprinzip...........	387
	3. Eheprägende Einkünfte..........	388
	a) Einkommen aus Erwerbstätigkeit	389
	b) Einkommen aus Vermögen.....	391
	c) Fiktive Einkünfte............	392
	d) Haushaltsführung und Kindesbetreuung..................	393
	e) Haushaltsführung für Dritte....	395
	f) Renten/Pensionen............	396
	g) Wohnvorteil................	397
	h) Nichtprägende Einkünfte......	399
	4. Berücksichtigung von Unterhaltspflichten.....................	400
	5. Berücksichtigung von Verbindlichkeiten......................	402
	6. Vermögensbildung.............	403
	7. Aufwendungen für die Altersversorgung........................	415
	8. Außergewöhnliche Einkommensentwicklungen.................	423
	9. Mindestbedarf................	433
	10. Sättigungsgrenze..............	434
	11. Konkrete Bedarfsberechnung......	436
	a) Grundlagen der konkreten Bedarfsberechnung...........	437
	b) Angemessenheit der konkreten Bedarfsberechnung...........	439
	c) Auskunftsanspruch...........	442
	d) Abänderungsverfahren........	443
X.	Bedürftigkeit....................	446
	1. Normzweck.................	447
	2. Maßstab für die Bedürftigkeit......	449
	3. Anrechenbare Einkünfte und zu berücksichtigende Ausgaben......	451
	4. Nichtanrechnung von Einkünften aus unzumutbarer Arbeit.........	455
	5. Verwertung des Vermögensstamms..	467
	6. Vermögensverlust..............	477
	7. Beweislast...................	479
XI.	Leistungsfähigkeit................	481
	1. Allgemeines.................	481
	2. Fehlen der Leistungsfähigkeit als Einwendung.................	484
	3. Eheangemessener Bedarf als Grenze der Leistungsfähigkeit...........	485
	4. Billigkeitsunterhalt nach § 1581 BGB......................	486
	a) Individuelle Kürzung.........	495
	b) Kürzung gemäß Mangelfallberechnung..................	497
	c) Quotenmäßige Kürzung.......	500
	5. Der Selbstbehalt als Grenze der Leistungsfähigkeit...............	506
	a) Anwendungsbereich..........	506
	b) Der Selbstbehalt des Ehegatten nach den Leitlinien der OLG...	508
	c) Änderungen des Selbstbehalts...	509
	aa) Sonstige Deckung der Lebenshaltungskosten.....	510
	bb) Berücksichtigung von Mietkosten.............	511
	aaa) Höhere Miete als die in den Selbstbehaltssätzen berücksichtigten Wohnkosten........	514

		bbb) Geringere Miete als der in die Selbstbehaltssätze eingearbeitete Wohnkostenanteil	520

- cc) Zusammenleben mit neuem Lebenspartner oder im Fall der Wiederheirat 525
- 6. Rangverhältnisse und Mangelfall ... 527
  - a) Rangverhältnisse 527
    - aa) Rangstufen............. 529
    - bb) Rangverhältnisse zwischen mehreren unterhaltsberechtigten Ehegatten 537
      - aaa) Beurteilung der Rangverhältnisse............ 538
      - bbb) Unterhaltsberechnung bei Vorrang des geschiedenen Ehegatten 544
      - ccc) Unterhaltsberechnung bei Gleichrang....... 545
      - ddd) Unterhaltsberechnung bei Nachrang des geschiedenen Ehegatten 547
    - cc) Auswirkungen der Rangverhältnisse im Mangelfall..... 552
  - b) Mangelfall.................. 554
- 7. Verpflichtung zur Vermögensverwertung 555
  - a) Beim nachehelichen Unterhalt .. 555
  - b) Beim Trennungsunterhalt 556
- 8. Mangelfallberechnung 561
  - a) Grundsätze der Mangelfallberechnung 561
  - b) Einsatzbeträge............... 566
    - aa) Einsatzbeträge für getrennt lebende oder geschiedene Ehegatten............... 567
    - bb) Einsatzbeträge für den mit dem Unterhaltspflichtigen zusammenlebenden Ehegatten............... 569
    - cc) Einsatzbeträge für den Unterhaltsberechtigten nach § 1615l BGB 570
- XII. Beschränkung oder Versagung des Unterhalts wegen grober Unbilligkeit .. 572
  - 1. Norminhalt 572
  - 2. Anwendungsbereich............. 573
  - 3. Verwirkungstatbestände 574
    - a) Kurze Ehedauer............... 574
      - aa) Zeitrahmen für eine kurze Ehedauer 575
      - bb) Kurze Ehe bei Kinderbetreuung 576
    - b) Verfestigte Lebensgemeinschaft.. 577
    - c) Schwere Straftat 582
      - aa) Art der in Betracht kommenden Delikte 583
      - bb) Verschulden 584
      - cc) Opfer 585
    - d) Mutwillige Herbeiführung der Bedürftigkeit................ 586
      - aa) Herbeiführung der Bedürftigkeit 587
      - bb) Mutwilligkeit 588
    - e) Mutwillige Verletzung von Vermögensinteressen des Verpflichteten 589
    - f) Gröbliche Verletzung der Pflicht zum Familienunterhalt beizutragen 590
    - g) Offensichtlich schwerwiegendes, eindeutig beim Berechtigten liegendes Verhalten 591
      - aa) Schwerwiegendes Fehlverhalten 592
      - bb) Einseitigkeit............. 593
      - cc) Einzelfälle............... 594
      - dd) Darlegungs- und Beweislast . 595
    - h) Anderer schwerwiegender Grund 596
      - aa) Subsidiarität............. 597
      - bb) Allgemeines 598
      - cc) Einzelfälle............... 599
  - 4. Grobe Unbilligkeit 600
  - 5. Kindesinteressen................ 601
  - 6. Rechtsfolgen................... 603
  - 7. Wiederaufleben des Unterhaltsanspruchs....................... 604
  - 8. Darlegungs- und Beweislast 606

A. Familienunterhalt

Die gegenseitige Verpflichtung von Eheleuten, die Familie angemessen zu unterhalten, ist die wohl bedeutsamste Ausprägung der ehelichen Grundpflicht zur Lebensgemeinschaft, die vor allem die Pflicht enthält, dem Ehepartner und den gemeinsamen Kindern beizustehen und sie zu unterstützen. § 1360 BGB regelt die grundsätzlichen Voraussetzungen, § 1360a BGB den Umfang der Unterhaltspflicht zusammenlebender Ehegatten. Als Ausfluss des § 1353 Abs. 1 Satz 2 BGB stellt § 1360 BGB klar, dass die Unterhaltspflicht bei bestehender Lebensgemeinschaft nicht nur eine sittliche, sondern eine **Rechtspflicht** ist, auf die sich Ehegatten auch gegenüber Dritten berufen können.[1]

1

---

1 Eingehend *Graba*, NZFam 2019, 49.

Kapitel 4

I. Verhältnis des Familienunterhalts zu anderen Unterhaltsansprüchen

2 Die durch Ehe begründete gesetzliche Unterhaltspflicht gliedert sich in drei verschiedene Ansprüche:
   – **Familienunterhalt** (§§ 1360, 1360a BGB), d.h. den Unterhalt bei bestehender häuslicher Gemeinschaft
   – **Trennungsunterhalt** (§ 1361 BGB), d.h. den Unterhalt nach Trennung der Eheleute bis zur rechtskräftigen Scheidung
   – **Nachehelicher Unterhalt** (§§ 1569 ff. BGB), d.h. den Unterhalt ab Rechtskraft der Scheidung

3 Das Auseinandergehen der Familie führt zu einer Abmilderung der ehelichen Solidarität und zu einer Reduktion der unterhaltsrechtlichen Verantwortung der Ehegatten füreinander. Getrennt lebende Eheleute sollen nicht besser stehen als zusammenlebende, aber auch nicht schlechter als geschiedene (**Symmetriegrundsatz** oder Prinzip abgestufter Ausgewogenheit).

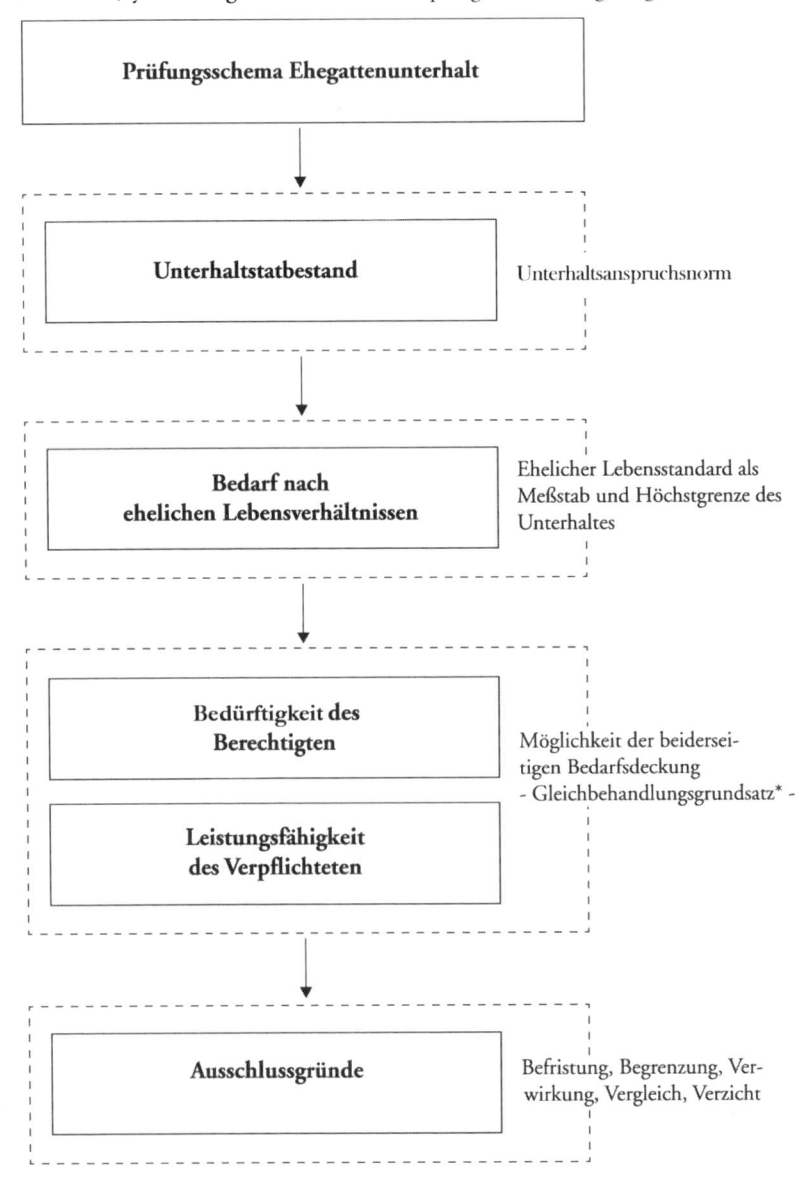

Prüfungsschema Ehegattenunterhalt

↓

Unterhaltstatbestand — Unterhaltsanspruchsnorm

↓

Bedarf nach ehelichen Lebensverhältnissen — Ehelicher Lebensstandard als Meßstab und Höchstgrenze des Unterhaltes

↓

Bedürftigkeit des Berechtigten

Leistungsfähigkeit des Verpflichteten

— Möglichkeit der beiderseitigen Bedarfsdeckung
- Gleichbehandlungsgrundsatz* -

↓

Ausschlussgründe — Befristung, Begrenzung, Verwirkung, Vergleich, Verzicht

A. Familienunterhalt

1. Grundlagen

Während beim Trennungsunterhalt (§ 1361 Abs. 4 Satz 1 BGB) oder Geschiedenenunterhalt (§ 1585 Abs. 1 Satz 1 BGB) der Unterhalt in Form einer laufenden **Geldrente** zu leisten ist, richtet sich der **gegenseitige Anspruch** i.R.d. §§ 1360 ff. BGB darauf, dass jeder Ehegatte seinen Beitrag zum Familienunterhalt entsprechend seiner nach dem **individuellen Ehebild** übernommen Funktion leistet.[2]

4

Der von den Ehegatten zu leistende Anteil am Familienunterhalt bestimmt sich nach den beiderseitigen Einkommens- und Vermögensverhältnissen (**Proportionalitätsgrundsatz**).[3] Je nach Arbeitskraft und Vermögen des jeweiligen Ehegatten ist die Höhe des jeweiligen Beitrags zum Familienunterhalt unterschiedlich hoch. Erbringt ein Ehegatte die Unterhaltspflicht durch Haushaltsführung, stellt § 1360 Satz 2 BGB die Proportionalität her. Da der Anspruch auf Familienunterhalt grds. nicht auf Geldzahlung, sondern nur auf **Teilhabe am Familieneinkommen** gerichtet ist, kann allein aus dem Familienunterhaltsanspruch eine Leistungsfähigkeit nicht begründet werden.[4] Etwas anderes gilt nur, wenn weitere Einkünfte oder geldwerte Vorteile, etwa ein Wohnvorteil, hinzukommen.

5

Übersicht zu den Unterhaltsbeiträgen:

6

- Vermögenserträge: sind grds. zur Bestreitung des Unterhalts einzusetzen
- Vermögensverwertungsobliegenheit: anders als § 1602 BGB beschränkt § 1360 BGB die Eheleute nicht auf den Einsatz von Erträgen
- Erwerbstätigkeit: Der Familienunterhalt ist, sofern anderweitige Einkünfte nicht vorhanden sind, durch Einkünfte aus Erwerbstätigkeit aufzubringen.
- Haushaltsführung: § 1360 Satz 2 BGB stellt die Haushaltsführung als Beitrag zum Familienunterhalt den Einkünften aus Erwerbstätigkeit oder Vermögen gleich.

In **Ausnahmefällen** ist Familienunterhalt zu **monetarisieren**.[5] Dies gilt etwa, wenn ein Ehegatte pflegebedürftig wird und deshalb in einem Heim versorgt werden muss, die Eheleute aber nicht im rechtlichen Sinne getrennt leben[6] oder bei der Prüfung, ob der **Selbstbehalt** des Pflichtigen durch Familienunterhalt sichergestellt ist.[7] Auch im Fall der **Konkurrenz mit anderen Unterhaltsansprüchen** ist Familienunterhalt auf die einzelnen Familienmitglieder aufzuteilen und in Geldbeträgen zu veranschlagen.[8] Sodann ist § 1578 BGB als Orientierungshilfe heranzuziehen.[9] Ein **Erwerbstätigenbonus** ist nicht zu berücksichtigen.[10]

7

Dem Pflichtigen ist ein **Eigenbedarf** in Höhe des eheangemessenen Selbstbehalts zu belassen,[11] um auch beim Familienunterhalt wie beim Trennungsunterhalt eine übermäßige Belastung des Pflichtigen insb. mit Pflegekosten aber auch mit sonstiger immaterieller Unterstützung zu vermeiden. Der Halbteilungsgrundsatz ist zu wahren.[12]

8

---

2 BGH, FamRZ 2016, 1142; BGH, FamRZ 1995, 537; OLG Düsseldorf, NJW 2002, 1353.
3 BGH, FamRZ 1967, 3805.
4 BGH, FamRZ 2013, 363.
5 BGH, FamRZ 2016, 1142; BGH, FamRZ 2013, 363; BGH, FamRZ 2010, 1535; OLG Celle, FamRZ 2016, 824.
6 BGH, FamRZ 2016, 1142; OLG Düsseldorf, NJW 2002, 1353.
7 BGH, FamRZ 2004, 24; BGH, FamRZ 2003, 860.
8 BGH, FamRZ 2013, 363; BGH, FamRZ 2010, 111; BGH, FamRZ 2009, 762.
9 BGH, FamRZ 2010, 1535; BGH, FamRZ 2010, 111.
10 BGH, FamRZ 2007, 1081; BGH, FamRZ 2004, 792.
11 BGH, FamRZ 2016, 1142.
12 BGH, FamRZ 2016, 1142; BGH, FamRZ 2012, 281.

9 Bei **Tod** oder **Verletzung eines Ehegatten** kommt es darauf an, in welchem Umfang der getötete oder verletzte Ehegatte dem anderen zur Leistung von Familienunterhalt verpflichtet war. Zur Bemessung der Entschädigung (§§ 844 Abs. 2 Satz 1, 845 Abs. 1 BGB) des anderen Ehegatten[13] bedarf es der Monetarisierung des bisher in natural geleisteten Unterhalts.

2. Familienunterhalt und Kindesunterhalt

10 Aus § 1360 BGB folgt kein Anspruch der Kinder gegen die Eltern auf Familienunterhalt. Der Unterhaltsanspruch der Kinder ergibt sich ausschließlich aus §§ 1601 ff. BGB.[14] Ggü. dem Unterhalt minderjähriger und privilegiert volljähriger Kinder ist der Familienunterhalt nachrangig (§ 1609 Nr. 1 BGB).[15] Die Bemessung des vorrangigen Kindesunterhalts hat unter Wahrung der Bedarfskontrollbeträge und der Berücksichtigung von Ehegatten- oder Familienunterhalt ggf. nach einer niedrigeren Einkommensgruppe zu erfolgen.[16] In dieser gegenseitigen Beeinflussung von Kindesunterhalt und Ehegattenunterhalt liegt keine »Verwässerung« des durch § 1609 BGB angeordneten Vorrangs des Kindesunterhalts. Vielmehr greift dieser Vorrang erst im Mangelfall ein.[17]

3. Verhältnis des Familienunterhalts zum Trennungs- und Geschiedenenunterhalt

11 Zwischen Familien-, Trennungs- und Geschiedenenunterhalt besteht **keine Identität**.[18] Leben Eheleute nach einer Phase der Trennung für einen nicht nur vorübergehenden Zeitraum wieder in ehelicher Gemeinschaft zusammen, wird ein zuvor bestehender Trennungsunterhaltsanspruch durch einen Anspruch auf Familienunterhalt abgelöst.[19]

12 Für die einzelnen Zeiträume müssen die Ansprüche jeweils **neu geltend gemacht** und **tituliert** werden.[20] Die **Vollstreckung** aus einem Titel wegen Familienunterhalt ist für die Zeit ab Trennung unzulässig.[21] Entsprechendes gilt für die Vollstreckung aus einem Trennungsunterhaltstitel nach erneutem Zusammenleben.[22]

13 Bei **Konkurrenz mehrerer unterhaltsberechtigter Ehegatten** war der Bedarf jedes Berechtigten nach den ehelichen Lebensverhältnissen (§ 1578 Abs. 1 Satz 1 BGB) vormals mit einem 1/3 des Gesamteinkommens des Pflichtigen und beider Unterhaltsberechtigter bemessen worden.[23] Das BVerfG hat diese Methode zur Berechnung des Bedarfs als verfassungswidrig verworfen[24] und insb. gerügt, dass bei Anwendung der **Dreiteilungsmethode** die nacheheliche Unterhaltspflicht ggü. einem nachfolgenden Ehegatten bereits auf der Bedarfsebene und nicht, wie im Gesetz vorgesehen, erst auf der Ebene der nach den gegenwärtigen Verhältnissen des Verpflichteten zu beurteilenden Leistungsfähigkeit berücksichtigt werde. Die Unterhaltspflicht ggü. dem weiteren Ehegatten ist bei der Bemessung des Unterhalts des früheren Ehegatten als sonstige Verbindlichkeit i.S.d. § 1581 BGB zu berücksichtigen. Auch der BGH[25] hat seine auf dem Wegfall des Stichtagsprinzips basierende (Wandelbarkeits-) Rechtsprechung aufgegeben und kehrt für die **Bedarfsbemessung** nach den ehelichen Lebensverhältnissen zu dem seiner früheren Rechtsprechung zugrunde liegenden

---

13 Vgl. BGH, FamRZ 2004, 88; BGH, FamRZ 1993, 411.
14 BGH, FamRZ 1997, 281.
15 Zur Rechtslage bis 2007 vgl. bereits BGH, FamRZ 2007, 1081.
16 BGH, FamRZ 2008, 968.
17 BVerfG, FamRZ 2011, 437.
18 BGH, FamRZ 1994, 148; BGH, FamRZ 1981, 242 (zur Nichtidentität von Trennungs- und Geschiedenenunterhalt); OLG Frankfurt am Main, NJW 1970, 1882 (zur Nichtidentität von Familien- und Trennungsunterhalt).
19 OLG Hamm, NJW-RR 2011, 1015.
20 BGH, FamRZ 1992, 920.
21 OLG München, FamRZ 1981, 450.
22 OLG Düsseldorf, FamRZ 1992, 943.
23 BGH, FamRZ 2008, 1911.
24 BVerfG, FamRZ 2011, 437.
25 BGH, NJW 2012, 384.

Stichtagsprinzip zurück. Ohne Auswirkung auf den Bedarf bleiben nacheheliche Entwicklungen, die keinen Anknüpfungspunkt in der Ehe finden. Dies gilt insb. für eine Unterhaltspflicht ggü. einem neuen Ehegatten, die gerade erst durch die Scheidung der ersten Ehe eintreten kann.[26] Bei der Prüfung der **Leistungsfähigkeit** hingegen sind auch weitere Umstände zu berücksichtigen, die nicht bereits Einfluss auf die Bemessung des Bedarfs nach den ehelichen Lebensverhältnissen hatten. Die Grundsätze des § 1581 BGB gelten nicht nur für den Geschiedenen-, sondern auch für den Trennungsunterhalt[27] und den Familienunterhalt, wenn dieser – wie bei der Konkurrenz mit anderen Unterhaltsansprüchen – in Geld zu veranschlagen ist.

Der **BGH verwendet** weiterhin **die Drittelmethode** zur Berücksichtigung von nach Scheidung hinzugekommenen Unterhaltsverpflichtungen, nunmehr **bei der Bemessung der Leistungsfähigkeit** nach § 1581 BGB, außer der Anspruch des geschiedenen Ehegatten ist ggü. dem neuen Anspruch vorrangig. 14

II. Anspruchsvoraussetzungen

1. Eheliche Lebensgemeinschaft

Familienunterhalt wird während bestehender Lebensgemeinschaft (§ 1353 BGB) geschuldet. Sie beginnt (frühestens) mit Eheschließung (§ 1310 BGB) und endet mit Trennung der Ehegatten (§ 1567 Abs. 1 BGB) oder dem Tod eines Ehegatten. Nehmen Ehegatten ihre Lebensgemeinschaft nach Trennung wieder auf, tritt der Anspruch aus § 1360 BGB an die Stelle des Anspruchs nach § 1361 BGB.[28] Allein die räumliche Trennung oder die Aufnahme eines Ehegatten in einem Pflegeheim[29] schließen die eheliche Lebensgemeinschaft nicht aus, etwa bei auswärtiger Arbeit eines Ehegatten oder Strafhaft. Entscheidend ist, ob sie an der Ehe festhalten und entsprechend der von ihnen selbst gesetzten Ordnung und der von ihnen vereinbarten Aufgabenverteilung leben (**intakte eheliche Lebensgemeinschaft**). 15

2. Bedürftigkeit und Leistungsfähigkeit

Bedürftigkeit eines Ehegatten ist **nicht Anspruchsvoraussetzung**.[30] Die Bedürftigkeit einzelner Familienmitglieder (etwa Pflegebedürftigkeit) kann sich allerdings auf den Umfang des angemessenen Familienunterhalts auswirken.[31] 16

Der Anspruch auf Familienunterhalt setzt voraus, dass der in Anspruch genommene Ehegatte durch Erwerbstätigkeit und/oder mit seinem Vermögen oder durch Haushaltsführung überhaupt zum Familienunterhalt beitragen kann (**Leistungsfähigkeit**).[32] Jedoch kann sich der Ehegatte ggü. dem anderen Ehegatten nicht auf einen angemessenen oder notwendigen **Selbstbehalt** berufen. 17

Bei der Bemessung des Familienunterhalts ist auf die Einkommens- und Vermögensverhältnisse der Eheleute abzustellen.[33] Gleich ob der zum Elternunterhalt Verpflichtete über höhere oder geringere Einkünfte verfügt als der Ehegatte, ist seine Leistungsfähigkeit auf der Grundlage eines individuellen Familienbedarfs zu ermitteln.[34] Dazu ist von dem durch Addition der Einkommen beider Ehegatten sich ergebenden Familieneinkommen der Familienselbstbehalt abzuziehen, der aus den in den Unterhaltstabellen vorgesehenen Selbstbehaltssätzen des Unterhaltspflichtigen und seines Ehegatten gebildet wird. Das verbleibende Einkommen wird um die Haushaltsersparnis in Höhe

---

26 BVerfG, FamRZ, 2011, 437; BGH, NJW 2012, 384; vgl. auch *Kleffmann*, FuR 2012, 162.
27 BGH, FamRZ 2006, 683.
28 OLG Hamm, FamRZ 2011, 1234.
29 BGH, FamRZ 2016, 1142; OLG Köln, FamRZ 2010, 276.
30 BGH, FamRZ 1966, 138.
31 BGH, FamRZ 1993, 411.
32 BGH, NJW 2016, 2122; vgl. OLG Nürnberg, FamRZ 2008, 788.
33 BGH, FamRZ 1992, 291.
34 BGH, FamRZ 2014, 636.

von 10 % gemindert. Die Hälfte des errechneten Betrags zzgl. des Familienselbstbehalts ergibt den individuellen Familienbedarf, zu dem der Unterhaltspflichtige entsprechend den Einkünften der Ehegatten beizutragen hat. Für den Elternunterhalt kann der Unterhaltspflichtige die Differenz zwischen seinem Einkommen und seinem Anteil am Familieneinkommen einsetzen. Der **individuelle Familienbedarf** kann vereinfachend durch Addition des Familienselbstbehalts und eines Betrags von 45 % des um den Familienselbstbehalts bereinigten Gesamteinkommens der Ehegatten errechnet werden.[35]

18 Etwas anderes gilt, wenn der Familienunterhalt ausnahmsweise (vgl. Rdn. 7) zu monetarisieren ist. Sodann ist der eheangemessene Selbstbehalt zugrunde zu legen.[36]

19 Eine Verpflichtung zur Einleitung eines **Verbraucherinsolvenzverfahrens** besteht nicht.[37] Der Stamm des Vermögens muss nur ausnahmsweise angegriffen werden, und zwar wenn die laufenden Einkünfte auch bei sparsamer Lebensführung nicht ausreichen. Der Einsatz des Vermögens ist nicht geboten, wenn die Verwertung unwirtschaftlich oder unbillig ist.[38] **Sozialleistungen**, die für Körper- oder Gesundheitsschäden gewährt werden, gehören zum Familieneinkommen, soweit der Berechtigte daraus keinen Mehrbedarf befriedigen muss. Die Vermutung des **§ 1610a BGB gilt nicht beim Familienunterhalt**.[39] Auch Elterngeld oder Pflegegeld müssen für den Familienunterhalt grds. eingesetzt werden.

20 Bei Leistungsunfähigkeit eines Ehegatten können Verwandte unter den Voraussetzungen der §§ 1601 ff., 1608 BGB in Anspruch genommen werden. Leisten Dritte Familienunterhalt, können sie im Wege der **Ausfall- oder Ersatzhaftung (§ 1607 BGB)** regressieren.

3. Anspruchsberechtigung

21 § 1360 BGB begründet einen **gegenseitigen Anspruch der Ehegatten**.[40] Anspruchsberechtigt sind nicht die ehegemeinschaftlichen Kinder. Ihr Anspruch ergibt sich aus §§ 1601 ff. BGB.[41] Anspruchsberechtigt ist auch nicht die Familie als solche, der schon die Rechtsfähigkeit fehlt.

4. Umfang der Leistungspflicht

22 Der von den Ehegatten für den Familienunterhalt zu leistende Anteil bestimmt sich nach den beiderseitigen Einkommens- und Vermögensverhältnissen (**Proportionalitätsgrundsatz**). Je nach Arbeitskraft und Vermögen ist die Höhe des jeweiligen Beitrags zum Familienunterhalt unterschiedlich hoch. Die Last des Familienunterhalts wird von beiden Ehegatten gemeinsam getragen.[42] Auf welche Weise dabei jeder Ehegatte die ihm obliegende Unterhaltsverpflichtung zu erfüllen hat, bestimmt sich nach der **konkreten Aufgabenverteilung** in der Ehe. Die Ausgestaltung der Aufgabenverteilung obliegt der **Wahl der Eheleute** (§ 1356 Abs. 1 Satz 1 BGB).[43] Die im Verhältnis der Ehegatten zueinander bestehende Gestaltungsfreiheit findet im Verhältnis zu Dritten, insb. ggü. minderjährigen oder privilegiert volljährigen Kindern oder einem gleichrangig Berechtigten, dahin eine Begrenzung, dass die Aufgabenverteilung in der Ehe nicht **rechtsmissbräuchlich** sein darf und sich nicht zulasten vorrangiger Unterhaltsberechtigter auswirken darf.[44]

---

35 BGH, FamRZ 2010, 1533; zur Berechnung des Familieneinkommens bei niedrigerem Einkommen des Unterhaltspflichtigen vgl. BGH, FamRZ 2004, 366 und Wendl/Dose/*Bömelburg*, § 3 Rn. 112..
36 BGH, FamRZ 2009, 2098.
37 BGH, NJW 2008, 851.
38 BGH, FamRZ 2000, 153.
39 OLG Düsseldorf, NJW 2002, 1353.
40 BGH, FamRZ 2006, 1827.
41 BGH, NJW 1997, 735.
42 BGH, FamRZ 1997, 281.
43 BGH, FamRZ 1995, 537; vgl. auch BVerfG, FamRZ 2002, 527.
44 BGH, FamRZ 2008, 1081.

Der Gesetzgeber hat auf ein Leitbild verzichtet. Wichtiger als die Orientierung an den teilweise tradierten Leitbildern ist auf die Verteilung der Aufgaben zwischen den Eheleuten in dem zu beurteilenden Zeitraum abzustellen. Es ist nicht mehr die Regel, dass sich Eheleute auf Dauer zwischen bestimmten **Ehetypen** entscheiden.[45]

23

In der **Haushaltsführungsehe** führt einer der Ehegatten den Haushalt und betreut ggf. Kinder, während der verdienende Ehegatte durch Erwerbstätigkeit die für den Unterhalt der Familie erforderlichen Geldmittel aufbringt. Nach § 1360 Satz 2 BGB sind Haushaltsführung des einen und Erwerbstätigkeit des anderen Ehegatten gleichwertig.

24

In der **Doppelverdienerehe** sind beide Eheleute erwerbstätig. Jeder Ehegatte ist entsprechend seinem Einkommen am Familienunterhalt beteiligt (§ 1606 Abs. 3 Satz 1 BGB analog).[46] Der Anteil wird in der Weise berechnet, dass der finanzielle Bedarf der Familie mit dem vergleichbaren Nettoeinkommen jedes Ehegatten multipliziert und durch die Summe der vergleichbaren Nettoeinkommen beider Ehegatten geteilt wird.

25

Anteilsberechnung zur Bemessung des Familienunterhalts in der Doppelverdienerehe:

26

$$\text{Anteil eines Ehegatten} = \frac{\text{finanzieller Bedarf} \times \text{vergleichbares Nettoeinkommen dieses Ehegatten}}{\text{Summe des vergleichbaren Nettoeinkommens beider Ehegatten}}$$

In der **Zuverdienstehe** ist ein Ehegatte voll erwerbstätig, während der andere die Haushaltsführung übernommen hat, jedoch durch Nebentätigkeit einen Zuverdienst erzielt. Eine Beteiligung am Unterhalt erfolgt im Verhältnis der beiderseitigen Einkünfte, es sei denn, der Zuverdienst soll lediglich ein Taschengeld sichern.[47]

27

Eine **Nichterwerbstätigenehe** liegt vor, wenn keiner der Ehegatten erwerbstätig ist, sondern beide Eheleute von eigenen und/oder fremden Versorgungen leben. Beide Ehegatten sind sodann verpflichtet, den Haushalt gemeinsam zu führen und entsprechend vorhandene Einkünfte zum Familienunterhalt beizutragen.

28

III. Bemessung des Familienunterhalts

Familienunterhalt dient der Deckung des gesamten Lebensbedarfs der Familie, nicht nur der Eheleute, auch der Kinder.[48] Der Familienunterhalt umfasst alles, was nach den Verhältnissen der Ehegatten erforderlich ist, um die Kosten des Haushalts zu bestreiten sowie die persönlichen Bedürfnisse der Ehegatten und sonstigen Leistungsempfänger zu befriedigen.[49] Den Maßstab für die Angemessenheit des Unterhalts bilden die Verhältnisse beider Ehegatten, wobei **§ 1578 BGB als Orientierungshilfe** herangezogen werden kann.[50] Dabei bemisst sich der Anteil der Ehegatten im Rahmen des Familienunterhalts uneingeschränkt ohne Abzug eines Erwerbstätigenbonus nach dem **Halbteilungsgrundsatz**.[51] Eine zu üppige Lebensführung bleibt ebenso außer Betracht wie eine zu dürftige Lebensgestaltung.[52] **Maßgebend** ist der »**soziale Rahmen**«, neben dem Einkommen die berufliche und soziale Stellung, Herkunft, Ausbildung und Bildung.[53]

29

---

45 Eingehend *Scholz*, FamRZ 2003, 265.
46 BGH, FamRZ 2004, 366.
47 BGH, FamRZ 1999, 608; OLG Frankfurt am Main, FamRZ 2009, 703.
48 BGH, FamRZ 2004, 443; BGH, FamRZ 2004, 370.
49 BGH, FamRZ 2004, 443; BGH, FamRZ 2004, 370.
50 BGH, FamRZ 2013, 363; BGH, FamRZ 2006, 26.
51 BGH, FamRZ 2013, 363; BGH, FamRZ 2004, 792; insgesamt kritisch zum Erwerbstätigenbonus mit beachtlichen Gründen *Spangenberg*, FamRZ 2014, 440 und *Gerhardt*, FamRZ 2013, 834.
52 BGH, FamRZ 2007, 1532.
53 BGH, FamRZ 2004, 370.

30 Kasuistik zu den finanziellen Aufwendungen für die Deckung des Familienbedarfs:[54]
- Aufwendungen für Wohnen (Miete, Mietnebenkosten); nicht geschuldet ist jedoch der Erwerb eines Eigenheims, da es sich um eine vermögensbildende Maßnahme handelt[55]
- Aufwendungen für Verpflegung, Kleidung, Reinigung, Körper- und Gesundheitspflege
- Aufwendungen für Erholung und Urlaub[56]
- Wird ein Ehegatte pflegebedürftig, so entsteht ihm aufgrund seiner Pflegebedürftigkeit ein besonderer, in der Regel existenznotwendiger Bedarf. Dieser wird das Einkommen der Ehegatten nicht selten erreichen oder sogar übersteigen. Als unabweisbarer konkreter Bedarf kann er dann – insoweit ähnlich dem allgemeinen Mindestbedarf – nicht auf einen hälftigen Anteil am Familieneinkommen beschränkt bleiben, sondern bemisst sich nach den für den Lebensbedarf des pflegebedürftigen Ehegatten konkret erforderlichen Kosten. Der Bedarf kann in diesem Fall wie der Bedarf pflegebedürftiger Eltern im Rahmen des Elternunterhalts bemessen werden. Er bestimmt sich somit bei stationärer Pflege nach den Heim- und Pflegekosten zuzüglich eines Barbetrags für die Bedürfnisse des täglichen Lebens.[57]
- Beiträge für Verbände und Organisationen
- Aufwendungen für Krankheits- und Altersvorsorge[58]
- (Die Auffassung des BGH[59], die Altersvorsorge obliege nur dem erwerbstätigen Ehegatten spiegelt noch das herkömmliche Ehebild einer sog. Hausfrauenehe wieder und steht nicht im Einklang mit dem Grundsatz der Gleichwertigkeit von Haushaltsführung und Erwerbstätigkeit.[60])
- Beiträge für sonstige Versicherungen (Haftpflicht, Hausrat etc.)
- Aufwendungen für ein Kfz (Steuer, Versicherung, Verbrauchskosten, Reparaturkosten etc.)
- Krankheitskosten, die nicht anderweitig gedeckt sind, etwa im Rahmen einer Krankenversicherung[61]
- Kosten für die Pflege eines kranken oder behinderten Familienmitglieds
- Aufwendungen für persönliche Bedürfnisse (Sport, Hobbys etc.)
- Ausbildungskosten, jedenfalls wenn dies dem gemeinsamen Lebensplan oder aus anderen Gründen bei objektiver Betrachtung dem Gebot für ihre Lebensgestaltung entspricht
- Sicherstellung des Bedarfs unterhaltsberechtigter Kinder, gleichermaßen ehelicher Kinder wie vorehelicher Kinder, sofern sie gemeinsame Kinder beider Eheleute sind, auch adoptierter Kinder und Pflegekinder,[62] nicht jedoch der Bedarf für Stiefkinder. Die Unterhaltspflicht kann jedoch vertraglich auf Stiefkinder[63] erstreckt werden.[64] Allein die Aufnahme eines Stiefkindes in die eheliche Wohnung reicht jedoch nicht für einen konkludent geschlossenen Unterhaltsvertrag
- Der Ehemann, der einer heterologen Insemination bei seiner Ehefrau zugestimmt hat, kann auf vertraglicher Grundlage dem daraus hervorgegangenen Kind zum Unterhalt verpflichtet sein, selbst wenn er später dessen Ehelichkeit angefochten hat.[65] Ein **adoptiertes Kind** ist ein gemeinsames Kind (§§ 1741 Abs. 2 Satz 2, 1754 Abs. 1 BGB). Auch im Falle eines unter **Umgehung einer förmlichen Adoption** angenommenen Kindes, das als ehelich ausgegeben und erzogen wird, ist entsprechend von einer **stillschweigenden Vereinbarung der Ehegatten** auszugehen, dass sie wechselseitig für den künftigen Lebensunterhalt wie bei einem leiblichen Kind

---
54 Vgl. auch BGH, FamRZ 2004, 441; BGH, FamRZ 2004, 366.
55 BGH, FamRZ 2004, 795.
56 BGH, FamRZ 2013, 363.
57 BGH, FamRZ 2013, 203.
58 BGH, FamRZ 2005, 1817; BGH, FamRZ 2004, 366.
59 BGH, FamRZ 2015, 1172 zum Elternunterhalt.
60 Vgl. auch ablehnende Anmerkung von *Hauß*, FamRZ 2015, 1175: »Rückschritt in die Versorgerehe«.
61 BGH, FamRZ 2005, 1071.
62 BGH, FamRZ 1999, 367.
63 Zu Reformvorschlägen vgl. *Muscheler*, FamRZ 2004, 913; *Peschel-Gutzeit*, FPR 2004, 47.
64 Eingehend *Muscheler*, FamRZ 2004, 913.
65 BGH, FamRZ 1995, 861.

aufkommen.[66] Eine vertragliche Übernahme des künftigen Lebensunterhalts des Kindes kann auch angenommen werden, wenn ein (zeugungsunfähiger) Ehemann mit der Zeugung eines Kindes durch einen Dritten einverstanden ist.[67]
– Der Lebensbedarf der Kinder umfasst Aufwendungen für Kleidung, Gesundheitsfürsorge, seelisches Wohlergehen, Kosten ihrer Erziehung (Spielzeug, Bücher, Musikinstrumente etc.)
– Familienunterhalt umfasst nicht Aufwendungen zur Vermögensbildung und nicht die Regulierung von Verbindlichkeiten eines Ehegatten oder von Kindern. Steuerschulden zählen grds. nicht zum Familienunterhalt, mindern jedoch das verfügbare Einkommen[68]
– Unterhaltsansprüche sonstiger Verwandter gehören nicht zum Lebensbedarf, kann jedoch das für den Familienunterhalt zur Verfügung stehende Einkommen mindern
– Die Erfüllung von Schadensersatzpflichten oder die Leistung von Geldrenten zählt nicht zum Lebensbedarf (Arg.: Ein Ehegatte haftet nicht für Fehlverhalten des anderen Ehegatten, Eltern nicht für Fehlverhalten ihrer Kinder)

Der Unterhaltsanspruch ist regelmäßig nicht in Gestalt einer Geldzahlung, sondern als Naturalunterhalt geschuldet.[69] Ausnahmsweise ist der Familienunterhalt zu monetarisieren (vgl. Rdn. 7). 31

Ein Ehegatte hat Anspruch auf Überlassung des **Wirtschaftsgeldes**, das er für die ihm obliegende eigenverantwortliche Haushaltsführung benötigt (§ 1360a Abs. 2 Satz 2 BGB). Wirtschaftsgeld ist für den Familienunterhalt zu verwenden. Ersparnisse aus dem Wirtschaftsgeld kann er für sich nur verwenden, wenn der andere Ehegatte hiermit einverstanden ist. Wirtschaftsgeld wird treuhänderisch überlassen und ist nicht abtretbar, wegen §§ 274 Abs. 2 BGB, 851 ZPO auch nicht pfändbar. Eine Rechenschaftslegungspflicht besteht nicht.[70] Nähere Auskünfte kann der Unterhaltsschuldner nur verlangen, wenn Streit über die Angemessenheit bestimmter Ausgaben oder ein begründeter Verdacht fortlaufend zweckwidriger Verwendung des Wirtschaftsgeldes besteht. Hingegen besteht eine Obliegenheit des Ehegatten, dem anderen Ehegatten Einblick in die Ausgabengestaltung zu geben und wichtige Angelegenheiten zu besprechen. Für die Zeit nach Trennung kann Wirtschaftsgeld nicht mehr verlangt werden. 32

Die **Höhe des Wirtschaftsgeldes** bestimmt sich nach den zur Deckung des Lebensbedarfs der Familie ohne Taschengeld erforderlichen Geldmitteln unter Berücksichtigung des Einkommens und Vermögens beider Ehegatten und ihrer Absprache. Als Ausgangspunkt und Hilfsmittel richterlicher Schätzung werden bei durchschnittlichen Einkommensverhältnissen die Tabellenuntersätze für Kinder und die Unterhaltsquoten für Ehegatten als Orientierungshilfe berücksichtigt werden können, jeweils bereinigt um den vom Verpflichteten bereitgestellten Naturalunterhalt.[71] 33

IV. Taschengeld

Jeder Ehegatte hat einen Anspruch auf einen angemessenen Teil des Gesamteinkommens als Taschengeld, d.h. auf einen Geldbetrag, der ihm die Befriedigung seiner persönlichen Bedürfnisse nach eigenem Gutdünken und freier Wahl unabhängig von einer Mitsprache des anderen Ehegatten ermöglichen soll.[72] Taschengeld kann auch zur Schuldentilgung verwendet werden[73] und 34

---

66 BGH, FamRZ 1995, 995.
67 BGH, FamRZ 2015, 3434.
68 BGH, FamRZ 2002, 1025.
69 BGH, FamRZ 2006, 1827; BGH, FamRZ 2004, 186.
70 BGH, FamRZ 2001, 23.
71 Zu Einzelheiten vgl. Wendl/Dose/*Bömelburg*, § 3 Rn. 2.
72 BGH, FamRZ 2004, 1784; BGH, FamRZ 2004, 366.
73 BGH, FamRZ 2004, 1784; KG, NJW 2000, 149.

auch für Unterhaltszwecke heranzuziehen sein.[74] Taschengeld ist auch i.R.d. PKH/VKH zu berücksichtigen.[75]

35 Obwohl § 1360a Abs. 3 BGB nicht auf § 1605 BGB verweist, ist ein **Auskunftsanspruch** (§ 242 BGB) über die Einkommens- und Vermögensverhältnisse des erwerbstätigen Ehegatten zu bejahen, um den Taschengeldanspruch beziffern zu können.[76]

36 Die **Höhe des Taschengeldes** richtet sich nach den Einkünften und Vermögensverhältnissen, dem Lebensstil und der Zukunftsplanung der Ehegatten und ist oftmals pauschalierend mit 5 % bis 7 % des bereinigten Nettoeinkommens in Ansatz zu bringen.[77] Berechnungsbasis ist das von Steuern, Sozialabgaben und sonstigen Aufwendungen verminderte, verteilungsfähige Einkommen. Auch geldwerte Vorteile wie etwa ein Wohnvorteil fließen in die Bemessung der prägenden Einkünfte ein.[78] Ein Anspruch auf Taschengeld besteht nicht, wenn das Einkommen nur zur Deckung des notwendigen Familienunterhalts ausreicht[79] oder wenn der Berechtigte Gefahr läuft, das Taschengeld in einer sich selbst gefährdenden Weise auszugeben (Alkohol- oder Drogensucht).

37 Nach Trennung kann Taschengeld für einen vor der Trennung liegenden Zeitraum nur zugesprochen werden, wenn sich der andere Ehegatte in Verzug befand (§§ 1360a Abs. 3, 1613 Abs. 1 BGB).

38 Der Anspruch auf Taschengeld ist nach §§ 850b Abs. 1 Nr. 2, Abs. 2 ZPO i.V.m. §§ 850c ff. ZPO wie Arbeitseinkommen **bedingt pfändbar**, wenn die Vollstreckung in das sonstige Vermögen ganz oder teilweise fruchtlos geblieben ist oder voraussichtlich sein wird und wenn die Pfändung nach den Umständen des Falles, insb. nach der Art des beizutreibenden Anspruchs und der Höhe der Bezüge, der Billigkeit entspricht.[80] Der Drittschuldner kann sich nicht auf Pfändungsverbote oder -beschränkungen berufen.

V. Kostenvorschuss

39 § 1360a Abs. 4 BGB gewährt einen Kostenvorschussanspruch. Wegen der Einzelheiten wird auf Kap. 11 Rdn. 452 ff. verwiesen.

VI. Sonderfragen

40 Aus der Verpflichtung der Ehegatten zur ehelichen Lebensgemeinschaft folgt ihr **wechselseitiger Anspruch**, sich über die für die Höhe des Familienunterhalts maßgeblichen finanziellen Verhältnisse zu informieren. Geschuldet wird die **Erteilung von Auskunft** in einer Weise, wie sie zur Feststellung des Unterhaltsanspruchs erforderlich ist. Die Vorlage von Belegen kann nicht verlangt werden.[81] Auf Familienunterhalt kann für die Zukunft nicht verzichtet werden. **Vereinbarungen** über Umfang, Höhe und Art und Weise des Familienunterhalts sind jedoch formlos, ggf. auch konkludent, möglich.[82]

---

74 BGH, FamRZ 2014, 1990; BGH, FamRZ 2013, 363; BGH, FamRZ 2004, 366 (Einsatz des Taschengeldes beim Elternunterhalt); BGH, FamRZ 1987, 472 (Einsatz des Taschengeldes beim Volljährigenunterhalt).
75 OLG Karlsruhe, FamRZ 2005, 1182; OLG Koblenz, FamRZ 2005, 466; OLG Frankfurt am Main, FuR 2015, 643.
76 BGH, FamRZ 2004, 366.
77 BGH, FamRZ 2013, 363; BGH, FamRZ 2006, 1827 (6 %); BGH, FamRZ 2004, 1784.
78 BGH, FamRZ 2013, 363.
79 BGH, FamRZ 2004, 1784.
80 BGH, FamRZ 2004, 1784.
81 BGH, FamRZ 2011, 21.
82 BGH, FamRZ 2004, 795.

Der Anspruch kann nicht **verwirkt** werden.[83] 41

Der **Anspruch erlischt** mit dem Tod des Berechtigten oder Verpflichteten (§§ 1360a 42
Abs. 3, 1615 BGB) oder der Herbeiführung des Getrenntlebens der Eheleute (§ 1567 BGB). Allein die Aufnahme eines Ehegatten in einem Pflegeheim führt für sich jedoch nicht zu einer Trennung, so dass sich der Anspruch weiter aus § 1360 BGB und nicht aus § 1361 BGB herleitet.[84]

Der Anspruch gilt bei jedem **Güterstand**,[85] mithin auch bei Gütergemeinschaft. 43

Der Anspruch richtet sich nicht nach dem **Statut der allgemeinen Ehewirkungen** i.S.d. 44
Art. 14 EGBGB, sondern nach Art. 18 EGBGB.

Schlüssiger Vortrag im Rahmen eines Antrags auf Familienunterhalt erfordert eine **substanziierte** 45
Darlegung der Gestaltung der Lebensgemeinschaft der Familie, des Bedarfs und der Einkommens- und Vermögensverhältnisse der Eheleute. Sachvortrag lediglich zum Bedarf eines Ehegatten genügt nicht.[86]

Bei **Vorauszahlungen** handelt der Schuldner auf eigene Gefahr, wenn er für eine längere Zeit als 46
3 Monate im Voraus Unterhalt zahlt. Leistet er für einen längeren Zeitraum und benötigt der berechtigte Ehegatte nach Ablauf von 3 Monaten erneut Mittel für den Unterhalt der Familie, muss der Verpflichtete erneut leisten.[87]

Nach § 1360b BGB kann ein Ehegatte, der für den Unterhalt höhere Beiträge geleistet hat, als es 47
seiner Verpflichtung entsprach, solche **Zuvielleistungen** im Zweifel nicht zurückverlangen, weil bei freiwilligen Mehrleistungen von einem Verzicht auf Ersatzansprüche auszugehen ist. § 1360b BGB beinhaltet eine **widerlegbare Vermutung**. Der zurückfordernde Ehegatte muss darlegen und nachweisen, dass er einen höheren Beitrag geleistet hat, als ihm oblag und dass er bei der Zuvielleistung eine Rückforderungsabsicht hatte. Der Vorbehalt der Rückforderung muss für den anderen Ehegatten erkennbar gewesen sein. Nicht unter § 1360b BGB fallen **Leistungen, die keine Unterhaltsleistungen darstellen**, etwa Aufwendungen zur Vermögensbildung. Haften Ehegatten als Gesamtschuldner, ohne dass die zu tilgende Schuld der Deckung des Familienunterhalts dient, greift § 1360b BGB nicht. Grds. besteht im Innenverhältnis zwischen den Eheleuten eine Ausgleichspflicht, nach der jeder Ehegatte die Hälfte der Schulden tragen muss. In der **intakten Ehe** begründen Eheleute aber **durch ihre eheliche Lebensgestaltung eine abweichende Handhabung** im Sinne des § 426 Abs. 1, Abs. 2 BGB. Will sich ein Ehegatte die Rückforderung von Mehrleistungen für den Fall der Trennung vorbehalten, muss er dies zum Ausdruck bringen.[88] Die Auslegungsregel gilt auch für überobligatorische Leistungen, für die keine laufende Vergütungspflicht besteht.[89] Bei Mitarbeit im Erwerbsgeschäft des anderen Ehegatten ist zu berücksichtigen, dass eine derartige Tätigkeit regelmäßig schon keine Unterhaltsleistung darstellt und Vergütungsansprüche entweder aus Vertrag, einer Ehegatteninnengesellschaft oder ausnahmsweise aus § 313 BGB wegen Wegfalls der Geschäftsgrundlage in Betracht kommen. Für den Ausnahmefall, in dem unterhaltsrechtlich eine Mitarbeit geschuldet wird, ein Ehegatte aber mehr mitarbeitet als er unterhaltsrechtlich schuldet, greift § 1360b BGB mit der Folge, dass er Ersatz für die Mehrleistung im Zweifel nicht verlangen kann.

---

83 OLG Düsseldorf, FamRZ 1992, 943.
84 OLG Köln, FamRZ 2010, 1076.
85 BGH, FamRZ 1990, 851; OLG Oldenburg, FamRZ 2010, 213.
86 OLG Bamberg, FamRZ 1999, 849.
87 BGH, FamRZ 1993, 1186.
88 BGH, FamRZ 2002, 739.
89 BGH, NJW 1995, 1486.

B. Trennungsunterhalt

I. Grundlagen

1. Abgrenzung zum Familien- und Geschiedenenunterhalt

48 An die Stelle des Familienunterhalts tritt nach Herbeiführung der Trennung im rechtlichen Sinne der individuelle Unterhaltsanspruch eines Ehegatten gegen den anderen (**Nichtidentität von Familien- und Trennungsunterhalt**).[90] Der Trennungsunterhalt ist auch nicht identisch mit dem Geschiedenenunterhalt.[91] Leben Ehegatten nach einer Zeit der Trennung wieder zusammen, muss bei erneuter Trennung ein neuer Titel erwirkt werden, sofern nichts Gegenteiliges vereinbart ist.[92]

49 **Konsequenzen der Nichtidentität von Familien-, Trennungs- und Geschiedenenunterhalt:**
– Die Ansprüche müssen für die einzelnen Zeiträume neu geltend gemacht und tituliert werden.[93] Etwas anderes galt bei einstweiligen Anordnungen nach § 620 Nr. 6 ZPO, die auch über den Zeitpunkt der Rechtskraft der Scheidung hinaus und bis zu einer anderweitigen Regelung wirksam blieben (§ 620 f. ZPO a.F.). Das Gleiche wird man für einstweilige Anordnungen nach § 246 FamFG annehmen müssen.[94]
– Auskunftsansprüche sind für die verschiedenen Zeiträume gesondert geltend zu machen.[95] Die Zeitschranke des § 1605 Abs. 2 BGB gilt nicht.
– Die Vollstreckung aus einem Titel wegen Familienunterhalt ist nach Herbeiführung der Trennung unzulässig. Der Verpflichtete kann sich gegen eine Vollstreckung mit einem Vollstreckungsabwehrantrag wehren. Nach erneutem Zusammenleben kann aus einer Entscheidung über Trennungsunterhalt nicht mehr vollstreckt werden.[96]
– Eine während der Trennungszeit geschlossene Vereinbarung gilt, sofern nichts Gegenteiliges vereinbart ist,[97] nicht für die Zeit nach der Scheidung.
– Eine Weiterzahlung des Trennungsunterhalts nach Rechtskraft der Scheidung lässt nicht ohne Weiteres auf einen Rechtsbindungswillen zur Zahlung von nachehelichem Unterhalt schließen.[98]
– Vor Rechtskraft der Scheidung kann der nacheheliche Unterhalt, nicht jedoch der Trennungsunterhalt, als Folgesache im Verbund anhängig gemacht werden.

2. Bedeutung des Güterstands

50 Der Trennungsunterhaltsanspruch besteht unabhängig vom Güterstand. Er besteht auch bei **Gütergemeinschaft**.[99] Bei gemeinschaftlicher Verwaltung des Gesamtguts besteht für den Berechtigten i.d.R. kein Zahlungsanspruch, sondern ein Anspruch gegen den anderen Ehegatten auf Mitwirkung (§ 1451 BGB) an den für die Auszahlung des Betrags erforderlichen Maßnahmen, i.d.R. Zustimmung zur Überweisung oder Auszahlung des mtl. zu leistenden Unterhalts von einem Konto des Gesamtguts.[100] Allerdings bestimmt § 1420 BGB für die **Gütergemeinschaft**, dass für den Unterhalt der Familie die Einkünfte, die in das Gesamtgut fallen, vor den in das Vorbehaltsgut fallenden Einkünften zu verwenden sind. Diese Regelung gilt auch für den Fall der Trennung. Ob Erträge des Vorbehaltsguts vor dem Stamm aus dem Gesamtgut für den Unterhalt heranzuziehen sind,

---

90 BGH, FamRZ 1999, 1497.
91 BGH, FamRZ 1985, 908.
92 OLG Karlsruhe, FamRZ 2003, 1104; vgl. auch OLG Hamm, NJW-RR 2011, 1015.
93 Vgl. OLG Hamm, FamRZ 1998, 1512.
94 Aber streitig, zum Meinungsstand vgl. Wendl/Dose/*Bömelburg*, § 4 Rn. 7.
95 OLG Köln, FPR 2003, 129.
96 OLG Hamm, FamRZ 1999, 30.
97 BGH, FamRZ 1985, 908.
98 OLG Hamm, FamRZ 1998, 1520.
99 BGH, FamRZ 1990, 851; OLG Oldenburg, FamRZ 2010, 213.
100 Zu Einzelheiten vgl. auch *Weinreich*, FuR 1999, 49; *Kleinle*, FamRZ 1997, 1194.

regelt § 1420 BGB nicht, folgt aber aus allgemeinen Grundsätzen (§§ 1577 Abs. 3, 1581 Satz 2 BGB). Soweit für den Getrenntlebensunterhalt das Gesamtgut zu verwenden ist, kann der unterhaltsberechtigte Ehegatte von dem anderen nicht Zahlung einer Geldrente, sondern nach § 1451 BGB **Mitwirkung zu Maßregeln** verlangen, die zur ordnungsgemäßen Verwendung des Gesamtguts für den Unterhalt erforderlich sind.[101] Eine Ausnahme von diesen Grundsätzen besteht, wenn der Unterhalt aus dem Sondergut zu erfüllen ist. In diesem Fall besteht ein unmittelbarer Zahlungsanspruch.[102] Zum Gesamtgut gehört auch das Erwerbseinkommen der Ehegatten.[103]

Ein unmittelbarer Zahlungsanspruch gegen den anderen Ehegatten besteht erst, wenn die Einkünfte, die in das Gesamtgut fallen, für den angemessenen Unterhalt nicht ausreichen und auf das Vorbehalts- und Sondergut des Pflichtigen zurückgegriffen werden muss.[104]

II. Anspruchsvoraussetzungen

1. Getrenntleben

§ 1361 BGB verlangt eine rechtswirksam geschlossene Ehe.[105] Darlegungs- und beweispflichtig ist der unterhaltbegehrende Ehegatte. Im Fall einer **aufhebbaren Doppelehe** ist ein Anspruch auf Trennungsunterhalt nach den für den nachehelichen Unterhalt geltenden Grundsätzen ebenfalls von der Unkenntnis bzw. beiderseitigen Kenntnis der die Aufhebung ergründenden Umstände abhängig.[106] Die Beweislast liegt bei dem Anspruch stellenden Ehegatten.[107] Die Verwirklichung der ehelichen Lebensgemeinschaft und eine Abstimmung der beiderseitigen Lebensdispositionen ist nicht erforderlich[108] (**Legaldefinition** in § 1567 BGB). Der Anspruch auf Trennungsunterhalt setzt weder voraus, dass die Beteiligten vor der Trennung zusammengezogen sind oder zusammengelebt habe. Ebenso wenig ist es erforderlich, dass es zu einer Verflechtung der wechselseitigen Lebenspositionen und zu einer inhaltlichen Verwirklichung der Lebensgemeinschaft gekommen ist.[109] **Objektiv** darf zwischen den Eheleuten keine häusliche Gemeinschaft mehr bestehen. **Subjektiv** muss zumindest ein Ehegatte die Lebensgemeinschaft ablehnen und nicht bereit sein, sie wieder herzustellen. Grds. ist die häusliche Gemeinschaft zum Zweck einer Trennung vollständig aufzuheben. Allein die Unterbringung in einem Pflegeheim,[110] eine längere Strafhaft[111] oder ein längerer befristeter Auslandsaufenthalt führen nicht zwangsläufig zur Trennung, wenn ein Trennungswille nicht erkennbar nach außen in Erscheinung getreten ist. Ein zeitlich begrenzter **Versöhnungsversuch** unterbricht das Getrenntleben nicht (Richtschnur: Zusammenleben von bis zu 3 Monaten grds. unschädlich).[112] Etwas anderes gilt, wenn die eheliche Lebensgemeinschaft tatsächlich wieder aufgenommen wurde.[113] Untergeordnete, ggf. aufgedrängte, Versorgungsleistungen schließen eine Trennung nicht aus.[114]

---

101 BGH, FamRZ 1990, 851.
102 BGH, FamRZ 1990, 851; OLG Düsseldorf, FamRZ 1999, 1348.
103 OLG München, FamRZ 1996, 166.
104 BGH, FamRZ 1990, 851; OLG Düsseldorf, FamRZ 1999, 1348.
105 Zur »hinkenden« Ehe vgl. BVerfG, FamRZ 1983, 668; BGH, FuR 2003, 516.
106 BGH, FamRZ 2007, 896.
107 OLG Bremen, FamRZ 2016, 828.
108 BGH, FamRZ 2007, 896; BGH, FamRZ 1989, 838; OLG Frankfurt a.M., FF 2019, 503.
109 OLG Frankfurt a.M., FamRZ 2020, 95.
110 BGH, FamRZ 2016, 1142; OLG Köln, FamRZ 2010, 2016.
111 OLG Düsseldorf, NJW-RR 1995, 963.
112 OLG Hamm, NJW-RR 1986, 554.
113 OLG Hamm, NJW-RR 2011, 1015.
114 OLG Jena, FamRZ 2009, 99; OLG Köln, FamRZ 2002, 1341.

2. Leistungsfähigkeit

53 § 1361 BGB enthält, anders als etwa § 1581 BGB für den Geschiedenenunterhalt oder § 1603 BGB für den Verwandtenunterhalt, keine spezielle Regelung zur Leistungsfähigkeit des Verpflichteten. Seine Leistungsfähigkeit ist auch beim Trennungsunterhalt jedoch unverzichtbarer Bestandteil des Unterhaltsrechtsverhältnisses.[115] Es sind grds. die gleichen Maßstäbe i.R.d. Bemessung der Leistungsfähigkeit anzulegen wie i.R.d. nachehelichen Unterhalts,[116] mit der Einschränkung, dass die vor Scheidung noch bestehende größere Verantwortung der Ehegatten füreinander zu berücksichtigen ist.[117]

54 Zu den berücksichtigungsfähigen Einkünften und Ausgaben vgl. Kap. 2.

55 Die Leistungsfähigkeit wird durch den Betrag begrenzt, den der Verpflichtete für seinen eigenen Unterhalt und den Unterhalt der vorrangig Berechtigten benötigt. In der Praxis werden diese Beträge durch die **Selbstbehaltssätze** gegriffen. Während der BGH zunächst als Selbstbehalt gegenüber dem Ehegatten die auf den Pflichtigen entfallene Unterhaltsquote angesehen hat (sog. **eheangemessener Selbstbehalt**),[118] hatte er im Zuge seiner Rechtsprechung zu den wandelbaren ehelichen Lebensverhältnissen diesen variablen Selbstbehalt ausdrücklich aufgegeben.[119] Denn die wandelbaren ehelichen Lebensverhältnisse hatten dazu geführt, dass durch Anwendung des Halbteilungsgrundsatzes auf der Bedarfsebene sichergestellt war, dass der berechtigte Ehegatte nicht mehr erhielt, als dem Pflichtigen – nach Abzug eines etwaigen Erwerbstätigenbonus – verblieb. Die Leistungsfähigkeit des Schuldners wurde vielmehr durch einen festen Selbstbehalt begrenzt. Nach Missbilligung der Rechtsprechung zu den variablen Lebensverhältnissen durch das BVerfG[120] und der dadurch veranlassten Rückkehr des BGH[121] zum Stichtagsprinzip bedarf es seitdem wieder der Heranziehung des individuellen eheangemessenen Selbstbehalts, der sich als Spiegelbild des Ehegattenbedarfs aus der Halbteilung des verfügbaren Einkommens ergibt.[122] Absolute Untergrenze stellt hingegen der feste **Ehegattenmindestselbstbehalt** dar.[123] Dieser liegt **zwischen dem angemessenen Selbstbehalt** gegenüber volljährigen Kindern **und dem notwendigen Selbstbehalt** gegenüber minderjährigen und privilegiert volljährigen Kindern.[124] Dies gilt auch dann, wenn der berechtigte Ehegatte ein kleines Kind betreut und ihm Betreuungsunterhalt nach § 1570 BGB oder Trennungsunterhalt zusteht.[125] Demgemäß erkennen die Düsseldorfer Tabelle (Anm. B IV) und die Leitlinien der Oberlandesgerichte (21.3 bis 21.4) seit dem 01.01.2020 für den pflichtigen Ehegatten einen Mindestselbstbehalt von 1.280 € an. Einen Unterschied zwischen dem erwerbstätigen und dem nicht erwerbstätigen Schuldner haben in der Vergangenheit die Düsseldorfer Tabelle und die Mehrzahl der Leitlinien nicht gemacht. Demgegenüber hat der BGH[126] die Auffassung vertreten, dass dem nicht erwerbstätigen Schuldner gegenüber seinem Ehegatten ein Selbstbehalt verbleiben muss, der zwischen dem notwendigen Selbstbehalt eines Nichterwerbstätigen und dem angemessenen Selbstbehalt liegt. In Anlehnung daran weisen die Oberlandesgerichte Braunschweig, Celle, Frankfurt, Hamm und diejenigen, die die Süddeutschen Leitlinien anwenden, den Selbstbehalt des nicht erwerbstätigen Ehegatten bereits seit Jahren gesondert aus (jeweils 21.4). Nachdem der BGH[127] nunmehr diesen

---

115 BGH, FamRZ 1986, 556.
116 BGH, FamRZ 2009, 404; BGH, FamRZ 2006, 683.
117 BGH, FamRZ 2005, 97; BVerfG, FamRZ 2003, 661.
118 BGH, FamRZ 1990, 260.
119 BGH, FamRZ 2006, 683; zu weiteren Einzelheiten vgl. *Grandke*, in Scholz/Kleffmann, Praxishandbuch Unterhaltsrecht, Teil K, Rn. 99 ff.
120 BVerfG, FamRZ 2011, 437.
121 BGH, FamRZ 2012, 281.
122 BGH, FamRZ 2012, 281.
123 OLG Nürnberg, FamRZ 2012, 1500.
124 BGH, FamRZ 2009, 307; BGH, FamRZ 2006, 683.
125 BGH, FamRZ 2009, 307; BGH, FamRZ 2009, 404.
126 BGH, FamRZ 2010, 802; BGH, FamRZ 2009, 311.
127 BGH, FamRZ 2020, 97; zu weiteren Einzelheiten vgl. *Grandke*, in: Scholz/Kleffmann, Praxishandbuch Unterhaltsrecht, Teil K Rn. 99 ff.

Selbstbehalt ausdrücklich gebilligt hat, nimmt die aktuelle Düsseldorfer Tabelle (Stand 01.01.2020) erstmals auch eine Differenzierung vor und beziffert den Selbstbehalt des nicht erwerbstätigen Ehegatten mit 1.180 € (Anm B IV). Dieser Differenzierung folgen nunmehr auch die Leitlinien der Oberlandesgerichte Köln und Naumburg (Nr. 21.4). Der notwendige Selbstbehalt, auf den der Schuldner früher vielfach, insbesondere in der Trennungszeit, wenn der berechtigte Ehegatte kleine Kinder betreute (vgl. Düsseldorfer Tabelle Stand: 01.07.2005 Anm B. IV), verwiesen wurde, ist im Bereich des Ehegattenunterhalts nicht mehr von Bedeutung.[128]

Die Düsseldorfer Tabelle weist beim Ehegattenselbstbehalt von 1.280 € einen Anteil für die Kosten der Unterkunft und der Heizung (**Warmmiete**) von 490 € aus. Diesem Ansatz folgen die Leitlinien der Oberlandesgerichte Brandenburg, Braunschweig, Bremen, Dresden, Frankfurt, Hamburg, Koblenz, Köln, Schleswig und Thüringen und die Süddeutschen Leitlinien (jeweils 21.4). Wie beim Selbstbehalt gegenüber dem Unterhaltsanspruch nach § 1615l BGB weist das OLG Frankfurt dabei einen Anteil für die Kaltmiete von 380 € und für Nebenkosten und Heizung von 110 € aus (FL 21.4).

Der Selbstbehalt kann im Einzelfall erhöht oder ermäßigt werden. Hier sind die Grundsätze, die für den notwendigen Selbstbehalt und für den angemessenen Selbstbehalt aufgestellt worden sind, sinngemäß anzuwenden.

Leistungsunfähigkeit oder eingeschränkte Leistungsfähigkeit stellen eine **Einwendung** dar. Der **Pflichtige** trägt die **Darlegungs- und Beweislast** für die fehlende oder eingeschränkte Leistungsfähigkeit.[129]

3. Bedürftigkeit

Der Unterhaltsanspruch bei Getrenntleben setzt wie der Anspruch nach Scheidung Bedürftigkeit des Berechtigten voraus. Bedürftig ist ein Ehegatte, wenn er den Bedarf nach den ehelichen Lebensverhältnissen nicht decken kann. Für die Bedarfsbestimmung ist nicht statisch auf den Trennungszeitpunkt abzustellen. Auch **Veränderungen nach Trennung** und bis Scheidung können die ehelichen Lebensverhältnisse beeinflussen.[130] Bei einem **Karrieresprung** ist das nach der Trennung erzielte höhere Einkommen nicht mehr eheprägend, weil bei Einkommenssteigerungen aufgrund eines derartigen Karrieresprungs der Ehegatte nicht besser gestellt werden soll, als er während der Ehe und des intakten Zusammenlebens stand und aufgrund einer schon absehbaren Entwicklung ohne die Trennung stände.[131] Die vom BGH im Rahmen des nachehelichen Unterhalts entwickelten Grundsätze[132] gelten damit auch beim Trennungsunterhalt.

Während i.R.d. nachehelichen Unterhalts grds. die gleichen Anforderungen an die Erwerbsobliegenheiten von Gläubiger und Schuldner zu stellen sind (**Grundsatz der Gegenseitigkeit**) kann ein getrennt lebender Ehegatte unterhaltsrechtlich nicht schlechtergestellt werden als ein geschiedener.[133] Nach **§ 1361 Abs. 2 BGB** kann ein getrennt lebender Ehegatte nur unter wesentlich engeren Voraussetzungen als nach §§ 1569, 1577, 1574 Abs. 2 BGB darauf verwiesen werden, seinen Unterhalt durch Erwerbstätigkeit selbst zu verdienen.[134] Geboten ist eine umfassende **Zumutbarkeitsabwägung**.

Im **ersten Trennungsjahr** trifft den nichterwerbstätigen Ehegatten jedenfalls bei nicht kurzer Ehe grds. keine Erwerbsobliegenheit bzw. Obliegenheit zur Ausdehnung einer vormals ausgeübten teilschichtigen Tätigkeit. Im ersten Trennungsjahr sind die ehelichen Lebensverhältnisse grds. zu

---
128 Anders das OLG Naumburg (NaL 21.4). Dagegen aber BGH, FamRZ 2009, 404.
129 BGH, FamRZ 1990, 283.
130 BGH, FamRZ 2010, 111; BGH, FamRZ 2009, 579.
131 BGH, FamRZ 1999, 367; OLG Karlsruhe, FamRZ 2020, 93; OLG Brandenburg, NJW 2019, 2483.
132 BGH, FamRZ 2016, 199 und ständig.
133 BGH, FamRZ 2001, 530.
134 BGH, FamRZ 1991, 416.

perpetuieren.[135] § 1361 Abs. 2 BGB ist eine **Schutznorm für den Gläubiger**.[136] Durch die vorzeitige Annahme einer (weiter gehenden) Erwerbsobliegenheit soll nicht das endgültige Scheitern der Ehe gefördert werden.

60 Mit **zunehmender Verfestigung der Trennung** und nach Ablauf des Trennungsjahres kann infolge der Verstärkung des Grundsatzes der wirtschaftlichen Eigenverantwortung sich die Erwerbsobliegenheit verschärfen und ähnlich beurteilt werden wie beim nachehelichen Unterhalt.[137] Jedenfalls nach Rechtshängigkeit des Ehescheidungsverfahrens nähern sich die Anforderungen an die Erwerbsobliegenheit denjenigen i.R.d. Nachscheidungsunterhalts.[138]

61 Pauschalierte Zeitrahmen sind jedoch stets zu vermeiden. Auch vor Ablauf des Trennungsjahrs kann bereits eine Erwerbsobliegenheit einsetzen.[139] Dies gilt insb. bei **beengten wirtschaftlichen Verhältnissen**.

62 I.Ü. hat die durch das **UÄndG** betonte stärkere **Eigenverantwortung** des geschiedenen Ehegatten Ausstrahlungswirkung auch auf den Trennungsunterhalt.

63 Andererseits kann auch bei langer Trennungszeit und freiwilliger Fortzahlung des Unterhalts ein **Vertrauenstatbestand** geschaffen werden, der den Beginn der Erwerbsobliegenheit hinausschiebt.[140] Auf eine zu Beginn der Ehe geschlossene **Vereinbarung**, wonach ein Ehegatte während der Ehe keiner Erwerbstätigkeit nachzugehen braucht, kann sich der Berechtigte nach Trennung nicht mehr berufen, da die Geschäftsgrundlage entfallen ist.[141]

64 Für das Einsetzen einer Erwerbsobliegenheit sind die **persönlichen Verhältnisse** des Berechtigten aufgrund einer umfassenden Zumutbarkeitsabwägung zu prüfen.

65 **Kriterien für das Einsetzen der Erwerbsobliegenheit:**
   – **Betreuung gemeinschaftlicher Kinder:** Es gelten die zu § 1570 BGB entwickelten Grundsätze (vgl. Rdn. 164 ff.). Das in der Vergangenheit praktizierte Altersphasenmodell ist nicht mehr anwendbar. Wie i.R.d. § 1570 BGB zu prüfen, ob kind- und/oder elternbezogene Gründe eine Erwerbsobliegenheit begründen.
   – Im Gegensatz zum nachehelichen Unterhalt ist auch die **Betreuung nicht gemeinschaftlicher Kinder** oder Pflegekinder geschützt.[142] Der auf Seiten des kinderbetreuenden Ehegatten entstehenden Belastung ist i.R.d. Bemessung seiner Erwerbsobliegenheit und seiner ggf. durch die (teilweise) Nichtberücksichtigung überobligatorisch erzielten Einkommens Rechnung zu tragen.[143] Entsteht ein Anspruch auf Trennungsunterhalt gem. § 1361 BGB nur dadurch, dass die Ehefrau die bisher ausgeübte Erwerbstätigkeit wegen der Geburt eines Kindes, das nicht von ihrem Ehemann abstammt, aufgibt, tritt der Anspruch auf Trennungsunterhalt hinter einen gleichzeitig bestehenden Anspruch aus § 1615l BGB zurück.[144]
   – **Alter und gesundheitliche Beeinträchtigungen** des Berechtigten können eine Erwerbsobliegenheit ausschließen.[145] Es gelten die zu §§ 1571 und 1572 BGB entwickelten Grundsätze (vgl. Rdn. 194 ff. und 220 ff.).

---

135 BGH, FamRZ 2005, 23; OLG Düsseldorf, FamRZ 2019, 1134.
136 BGH, FamRZ 2001, 350; OLG Düsseldorf, FamRZ 2010, 646.
137 BGH, NJW 2012, 2190; OLG Hamm, FuR 2013, 393; *Büte*, FuR 2008, 309; vgl. auch Nr. 17.2 der Leitlinien.
138 BGH, FamRZ 2008, 963.
139 BGH, FamRZ 2001, 35; OLG Hamm, FamRZ 1997, 1536: 6 Monate.
140 BGH, FamRZ 1990, 496; OLG Karlsruhe, FuR 2005, 329; OLG Köln, FamRZ 1999, 853.
141 BGH, FamRZ 1988, 145.
142 BGH, FamRZ 2012, 1201; BGH, NJW 1981, 448; BGH, FamRZ 1979, 569.
143 BGH, FamRZ 2016, 199.
144 OLG Köln, NJW-RR 2006, 218; OLG Bremen, FamRZ 2005, 213.
145 BGH, FamRZ 1999, 708; BGH, FamRZ 1981, 17.

- **Berufsausbildung**[146] **und frühere Erwerbstätigkeit** sind zu berücksichtigen. Für die Zumutbarkeit der Aufnahme einer Erwerbstätigkeit ist entscheidend, wie lange die frühere Erwerbstätigkeit zurückliegt und welche Schwierigkeiten sich aus der Arbeitspause für eine Wiedereingliederung in das Berufsleben ergeben. I.d.R. ist dem getrennt lebenden Ehegatten die Fortsetzung einer während des Zusammenlebens ausgeübten Erwerbstätigkeit in bisherigem Umfang zumutbar.[147] Der Ehegatte muss sich nur um die Aufnahme einer eheangemessenen Tätigkeit bemühen. Die Kriterien einer i.S.d. § 1361 Abs. 2 BGB angemessenen Erwerbstätigkeit bestimmen sich nach der Legaldefinition in § 1574 BGB (vgl. Rdn. 309 ff.). Das in § 1574 Abs. 3 BGB erfasste Gebot, die zur Aufnahme einer angemessenen Erwerbstätigkeit erforderliche Aus- und Fortbildung[148] sowie eine Umschulung vorzunehmen, ist auf den Trennungsunterhalt zu übertragen. Die Beurteilung, welche Erwerbstätigkeit angemessen ist, hängt von einer Gesamtwürdigung der Umstände, insb. Ausbildung, Lebensalter und Fähigkeiten des Ehegatten ab. Die Berufsausbildung des Berechtigten für sich allein ist nicht entscheidend.[149] Auch wenn ein Ehegatte eine abgeschlossene Ausbildung für einen bestimmten Beruf absolviert hat, in dem erlernten Beruf aber nie eine geregelte Beschäftigung gefunden hat, kann nicht hierauf, sondern nur auf den letztlich in der Ehe ausgeübten Beruf abgestellt werden.
- **Dauer der Ehe:** Mit zunehmender Dauer der Ehe steigen die persönlichen und wirtschaftlichen Verflechtungen der Eheleute.[150] Je kürzer die Ehedauer, desto eher besteht eine Erwerbsobliegenheit.[151] Bei längerer Ehedauer kommen längere Übergangszeiten in Betracht.[152] Der BGH[153] hat eine Einkommensfiktion nach 1 1/2-jähriger Trennung bei einer 13-jährigen kinderlosen Ehe nicht beanstandet. Im ersten Trennungsjahr hingegen ist die Aufnahme einer Erwerbstätigkeit regelmäßig nicht zu verlangen.[154] Die gleichen Grundsätze gelten bei der Ausweitung einer ausgeübten Tätigkeit.[155]
- **Dauer der Trennung:** Je länger die Trennung dauert, desto geringer ist das schutzwürdige Vertrauen in den Fortbestand der Ehe und umso mehr verstärkt sich die Erwerbsobliegenheit.[156] Leben Ehegatten etwa länger als 10 Jahre räumlich getrennt und hat jede Partei ihr Auskommen ohne Unterhaltsansprüche geltend zu machen, ist davon auszugehen, dass sich die Lebensverhältnisse verselbstständigt haben und Trennungsunterhalt nicht mehr geschuldet ist.[157]
- **Wirtschaftliche Verhältnisse** haben wie die Zumutbarkeit der Erwerbstätigkeit unmittelbare Auswirkung. Bei beengten wirtschaftlichen Verhältnissen ist die Erwerbsobliegenheit verschärft.[158] Bei überdurchschnittlichen Verhältnissen ist grds. eine großzügigere Betrachtung geboten.[159]

---

146 OLG Düsseldorf, FamRZ 1991, 76.
147 BGH, FamRZ 1981, 17; OLG Hamm, FamRZ 2013, 959.
148 OLG Brandenburg, FamRZ 2008, 170: Pflicht zum Erlernen der deutschen Sprache.
149 BGH, FamRZ 2005, 23.
150 OLG München, FamRZ 2002, 462; KG, FamRZ 1991, 1188.
151 BGH, NJW 2001, 973; OLG Hamm, FamRZ 1997, 1536: Obliegenheit zur Erwerbstätigkeit schon im ersten Trennungsjahr bei kurzer Ehedauer.
152 KG, FamRZ 1991, 1188: 2-jährige Übergangszeit bei langer Ehe.
153 BGH, FamRZ 2005, 23.
154 BGH, NJW 2012, 2190; vgl. auch OLG Köln, FamRZ 2012, 1731: Erwerbsobliegenheit nach 2-jähriger Trennung und OLG Hamm, FuR 2013, 339: Erwerbsobliegenheit nach Ablauf des Trennungsjahres.
155 BGH, FamRZ 2011, 1041; OLG Hamm, FamRZ 2013, 959; OLG Düsseldorf, FamFR 2010, 13: vollschichtige Erwerbsobliegenheit nach Ablauf des Trennungsjahres.
156 BGH, FamRZ 2001, 350; OLG Düsseldorf, FamRB 2010, 35; OLG Koblenz, NJW 2005, 686: Erwerbsobliegenheit nach 1-jähriger Trennung.
157 OLG Frankfurt am Main, FPR 2005, 25.
158 BGH, FamRZ 1990, 283.
159 BGH, FamRZ 1990, 283.

4. Maß des Trennungsunterhalts

66 Das Maß des Trennungsunterhalts bestimmt sich nach den **ehelichen Lebensverhältnissen**, insb. den Einkommens- und Vermögensverhältnissen der Eheleute.[160] Die ehelichen Lebensverhältnisse markieren die **Obergrenze des Bedarfs**. Nach Trennung soll der Ehegatte nicht besser gestellt sein als während des Zusammenlebens. Die Verhältnisse können geprägt sein durch finanzielle, berufliche, aber auch gesundheitliche oder familiäre Faktoren. Maßgebend sind die individuellen, ggf. auch sehr begrenzten, ehelichen Verhältnisse, nicht pauschalierte Bedarfe.[161] Ein pauschalierter Mindestbedarf wird nur als Untergrenze bei der Herabsetzung des Unterhalts anzuerkennen sein,[162] sofern der sich rechnerisch ergebende Unterhalt nach den ehelichen Lebensverhältnissen höher als der Selbstbehalt für einen Nichterwerbstätigen liegt.

67 **Trennungsbedingter Mehrbedarf** ist nicht in den ehelichen Lebensverhältnissen angelegt und kann regelmäßig nicht neben dem nach der Differenz- oder Additionsmethode ermittelten Quotenbedarf berücksichtigt werden.[163]

68 Die **individuelle Bedarfsermittlung** wird dahin modifiziert, dass eine extrem sparsame Wirtschafts- oder Lebensführung,[164] aber auch eine verschwenderische Lebensführung[165] zurückgeführt werden auf einen objektivierten Maßstab[166] einer vernünftigen Lebensführung. Einkommensteile, die nicht der Bedarfsdeckung, sondern der Vermögensbildung gedient haben, sind bei der Unterhaltsbemessung nicht zu berücksichtigen.

69 Maßgebender **Zeitpunkt für die Bedarfsbemessung** sind die Verhältnisse im Zeitpunkt der Trennung. Aber auch Veränderungen nach Trennung und bis zur Scheidung beeinflussen die ehelichen Lebensverhältnisse, es sei denn, sie beruhen auf einer unerwarteten und vom Normalverlauf erheblich abweichenden Entwicklung.[167] Da das Eheband während der Trennung weiterbesteht, fließen positive wie negative wirtschaftliche und persönliche Entwicklungen der Ehegatten grds. in die Bedarfsbemessung nach den ehelichen Lebensverhältnissen ein.[168]

70 Trennungsunterhalt umfasst den **regelmäßigen Lebensbedarf** des bedürftigen Ehegatten, insb. Aufwendungen für Wohnung, Verpflegung, Kleidung, Freizeitgestaltung. Die zur Deckung solcher Aufwendungen erforderlichen Mittel beinhalten den **Elementarunterhalt** (§ 1361 Abs. 1 Satz 1 BGB).

71 Der Unterhaltsbedarf des geschiedenen Ehegatten gem. § 1578 BGB bestimmt sich nach den ehelichen Lebensverhältnissen. Unsicherheiten ergeben sich häufig bei der Frage, ob diese (statisch) im Zeitpunkt der Scheidung zu bestimmen oder ob (dynamisch) auch spätere Entwicklungen zu berücksichtigen sind. Im Hinblick auf die neuere Rechtsprechung bestehen im Fall »besserer« Lebensverhältnisse gewisse Unsicherheiten, bis zu welcher Grenze der Unterhaltsanspruch nach Quote gerechnet werden kann und ab wann der Bedarf konkret darzulegen ist. Schließlich ist fraglich, ob eine Anspruchsbeschränkung nach § 1578b BGB trotz Vorliegens ehebedingter Nachteile in Betracht kommen kann.[169]

72 Bei **außergewöhnlich guten Einkommensverhältnissen** lässt sich der Teilhabegedanke nicht im Sinne einer quotalen Verteilung des Gesamteinkommens konkretisieren. Eine Bedarfshöchstgrenze besteht grds. nicht.[170] Zur praktikablen Bewältigung des Massenphänomens Unterhalt ist es nach

---

160 BGH, FamRZ 1990, 280.
161 BGH, FamRZ 2006, 683; BGH, FamRZ 1998, 1501.
162 BGH, FamRZ 2010, 802; BGH, FamRZ 2010, 869; BGH, FamRZ 2010, 1057.
163 BGH, FamRZ, 2004, 1357.
164 OLG Hamm, FamRZ 1993, 1089.
165 OLG Düsseldorf, FamRZ 1996, 1418.
166 BGH, NJW 1997, 735.
167 BGH, FamRZ 2010, 111.
168 BGH, FamRZ 2000, 1492; BGH, FamRZ 1999, 367.
169 Zu Einzelheiten vgl. *Born*, NJW 2019, 3555.
170 BGH, FamRZ 2012, 947; BGH, FamRZ 2010, 1637.

Auffassung des BGH[171] hingegen nicht zu beanstanden, wenn von einer **tatsächlichen Vermutung für den vollständigen Verbrauch des Familieneinkommens** ausgegangen wird, wenn dieses das **Doppelte des höchsten Einkommensbetrages der Düsseldorfer Tabelle** übersteigt. Soweit das Familieneinkommen über das Doppelte des höchsten Einkommensbetrages der Düsseldorfer Tabelle hinausgeht, hat der Berechtigte, wenn er dennoch Unterhalt nach der Quotenmethode begehrt, die vollständige Verwendung des Einkommens zur Deckung des Bedarfs darzulegen und im Bestreitensfall zu beweisen. In Anwendung dieser Regel kann der berechtigte Ehegatte einen Unterhaltsbetrag von 4.714 € (3/7 von 11.000 €) ohne weitere Darlegung zur Verwendung der vorhandenen Einkünfte als Quotenunterhalt geltend machen, und zwar auch, wenn die Einkommen der Eheleute über dem genannten Grenzbetrag von 11.000 € liegen. Nur für den darüber hinausgehenden Teil des geltend gemachten Betrages bedarf es der Darlegung, dass auch dieser für **Zwecke des Konsums** verwendet wurde. Der Pflichtige entkräftet diese Behauptung im Rahmen seiner sekundären Darlegungslast in der Regel dadurch, dass er die Beträge benennt, die in der Vergangenheit für im Einzelnen bezeichnete **Maßnahmen der Vermögensbildung** eingesetzt wurden. Kann dieses Vorbringen nicht widerlegt werden, geht dies zu Lasten des Unterhaltsberechtigten, der die Beweislast für den vollständigen Verbrauch der Einkünfte trägt. Gelingt ihm dieser Nachweis nicht, bleib es ihm jedoch unbenommen, auch bei Einkommensverhältnissen über 11.000 € weiterhin den Bedarf konkret zu benennen.

Um den Schwellenwert von 11.000 € zu ermitteln sind sämtliche unterhaltsrechtlich relevanten Einkünfte zu berücksichtigen und die unterhaltsrechtlich relevanten Positionen mit Ausnahme des Erwerbsanreizes zu bereinigen.

Im Hinblick auf diese jüngere Rechtsprechung des BGH sollte im **Interesse einer Harmonisierung** der Schwellenwert bundeseinheitlich mit 11.000 € angenommen werden. 73

Diese Harmonisierung hat der BGH auch anderweitig, etwa im Beschluss vom 13.11.2019[172] im Rahmen der Bemessung des Erwerbstätigenbonus von 1/10 entsprechend den Süddeutschen Leitlinien bei Berücksichtigung auch berufsbedingter Aufwendungen angeregt.

▶ Praxishinweis:

Bei Erreichen bzw. Überschreiten der oben dargestellten Nettoeinkünfte sollte zumindest hilfsweise eine konkrete Bedarfsberechnung erfolgen bzw. das Familiengericht um einen Hinweis gebeten werden, ob es bereits eine konkrete Bedarfsberechnung für erforderlich erachtet. 74

Nur solche Lebensbedürfnisse werden berücksichtigt, die dem eheangemessen Bedarf zuzurechnen sind, nicht jene, die der Vermögensbildung oder dem Luxus zugehören.[173] Der Berechtigte ist für die Bedarfspositionen **darlegungs- und beweisbelastet**.[174] Bei hinreichender Darlegung der einzelnen Posten ist jedoch auch eine **Schätzung zulässig**.[175] 75

Kasuistik zu denkbaren Bedarfspositionen:[176] 76
– Allg Lebensbedarf: zwischen 380 € und 920 € mtl.[177]

---

171 BGH, FamRZ 2018, 260.
172 BGH, NJW 2020, 238.
173 OLG Karlsruhe, NJW-RR 2000, 1026; OLG Hamm, FamRZ 1999, 723.
174 OLG Hamm, FamRZ 1999, 723; OLG Bamberg, FamRZ 1999, 513.
175 OLG Hamm, NZFam 2014, 30.
176 OLG Bremen, FamRZ 2015, 1395; zu Einzelheiten vgl. *Kleffmann*, in: Scholz/Kleffmann, Praxishandbuch Familienrecht, Teil H Rn. 193 ff.; *Kleffmann*, FuR 2017, 300.
177 OLG Köln, FamRZ 1993, 64: 750 DM zzgl. 100 DM Haushaltsbedarf und 250 DM Kleinkosten; OLG Köln, FamRZ 1992, 322; OLG Köln, FamRZ 1992, 323: 1.800 DM; OLG Düsseldorf, FamRZ 1991, 77: 1.700 DM.

- Wohnbedarf: zwischen 510 € und 1.020 €;[178] i.Ü. ist stets auf die jeweiligen Lebensverhältnisse abzustellen, etwa ob die Anmietung eines Reihenhauses oder einer Doppelhaushälfte als »angemessen« angesehen werden kann[179]
- Nebenkosten: ca. 250 €[180]
- Telefonkosten: zwischen 50 € und 75 €[181]
- Kleidung: zwischen 230 € und 350 €[182]
- Kosmetika: bis 75 € mtl.[183]
- Haushaltshilfe: bei überdurchschnittlichen Einkommensverhältnissen grds. anzuerkennen, und zwar selbst dann, wenn in der Zeit des ehelichen Zusammenlebens eine Haushaltshilfe noch nicht beschäftigt war.[184] Es wurden Beträge in der Größenordnung von 350 DM berücksichtigt[185]
- Kfz: Monatspauschalen von 230 € bis 560 € wurden anerkannt[186]
- Urlaub: anerkannt wurden Monatsbeträge zwischen 200 € bis 760 €[187]
- Sport, Hobbys: je nach Einzelfall, soweit entschieden, zwischen 35 € und 100 €[188]
- kulturelle Veranstaltungen: je nach Einzelfall, regelmäßig zwischen 35 € und 100 €[189]
- Restaurantbesuche: je nach Einzelfall bis 100 €[190]
- Zeitschriften und Fachliteratur: bis 50 €[191]
- Auffangbetrag für Kleinkosten: bis ca. 110 €[192]

77 Ein Anspruch auf **Ausbildungsunterhalt** kommt in Betracht, wenn die Ausbildung dem im Lauf der Ehe einvernehmlich entwickelten gemeinsamen Lebensplan der Eheleute entspricht, unabhängig davon, ob es sich um eine Erst- oder Zweitausbildung handelt.[193]

78 Ohne einen entsprechenden gemeinsamen Lebensplan kann in der Trennungsphase ausnahmsweise Ausbildungsunterhalt begründet sein, weil getrennt lebende Ehegatten im Zweifel nicht schlechtergestellt werden dürfen als geschiedene. Der Bedürftige muss verpflichtet sein, sich einer zur Erlangung einer angemessenen Erwerbstätigkeit erforderlichen Ausbildung zu unterziehen, damit bei Scheidung eine baldige (Wieder-) Eingliederung in das Erwerbsleben möglich wird.[194] Ein Anspruch entsprechend § 1575 BGB während der Trennungszeit kann im Vorgriff auf dessen Voraussetzungen bejaht werden, wenn das endgültige Scheitern der Ehe feststeht[195] und die Aufnahme einer Ausbildung für die Ausübung einer angemessenen Erwerbstätigkeit erforderlich ist.[196]

---

178 OLG Köln, FamRZ 1992, 322: 1.800 DM; OLG Frankfurt am Main, FamRZ 1992, 823: 2.000 DM.
179 OLG Köln, FamRZ 1992, 322; OLG Hamm, FamRZ 1992, 175.
180 OLG Köln, FamRZ 1993, 64.
181 OLG Köln, FamRZ 1993, 64: 150 DM; OLG Hamm, FamRZ 1992, 1175: 100 DM.
182 OLG Köln, FamRZ 1993, 64: 75 € bis 150 €; OLG Bamberg, FamRZ 1999, 513: 300 € für Haushaltshilfe, 200 € für Gartenarbeit; OLG Köln, FamRZ 1992, 322: 700 DM.
183 OLG Koblenz, FamRZ 1995, 479: 150 DM; OLG Köln, FamRZ 1993, 64: 200 DM (einschließlich Friseur).
184 OLG Hamm, FamRZ 1992, 1175; OLG Hamm, FamRZ 1999, 721.
185 OLG Köln, FamRZ 1992, 322; vgl. auch OLG Hamm, FamRZ 1992, 1175; OLG Köln, FamRZ 1993, 64: 150 DM bis 300 DM.
186 OLG Köln, FamRZ 1993, 64: 500 DM; OLG Düsseldorf, FamRZ 1991, 77: 1.000 DM; OLG Hamm, FamRZ 1992, 1175: 1.100 DM.
187 OLG Köln, FamRZ 1993, 64: 650 DM; OLG Köln, FamRZ 1992, 322: 1.500 DM.
188 OLG Düsseldorf, FamRZ 1991, 77: 70 DM; OLG Koblenz, FamRZ 1985, 479: 200 DM.
189 OLG Köln, FamRZ 1992, 322: 70 DM; OLG Düsseldorf, FamRZ 1991, 77; OLG Koblenz, FamRZ 1985, 479: 200 DM.
190 OLG Köln, FamRZ 1993, 64.
191 OLG Köln, FamRZ 1992, 322.
192 OLG Köln, FamRZ 1993, 64.
193 BGH, FamRZ 1985, 782; vgl. auch OLG Düsseldorf, FamRZ 2008, 1856.
194 BGH, FamRZ 2001, 350; OLG München, FamRZ 1998, 553: Ausbildungsunterhaltsanspruch während des Getrenntlebens, wenn der berechtigte Ehegatte wegen der Geburt eines Kindes eine Ausbildung abgebrochen hatte.
195 BGH, FamRZ 2001, 350.
196 Zu weiteren Einzelheiten vgl. Wendl/Dose/*Bömelburg*, § 4 Rn. 73 f.

Aufgrund besonderer Umstände kann **regelmäßiger Mehrbedarf**, etwa krankheits- oder ausbildungsbedingt, in Betracht kommen. Als unselbstständiger Unterhaltsteil ist der Mehrbedarf vor Berechnung des Quotenunterhalts vom Nettoeinkommen des Pflichtigen abzuziehen. 79

5. Vorsorgeunterhalt

Altersvorsorgeunterhalt (§ 1361 Abs. 1 Satz 2 BGB) kann ab Rechtshängigkeit des Ehescheidungsverfahrens verlangt werden.[197] Altersvorsorgeunterhalt ist in der Quote nicht enthalten.[198] Während der Krankenvorsorgeunterhalt gleichrangig neben dem Elementarunterhalt steht, ist der Altersvorsorgeunterhalt ggü. dem laufenden Unterhalt nachrangig.[199] 80

Der Anspruch nach § 1361 Abs. 1 Satz 2 BGB ergänzt § 3 Abs. 1 VersAusglG und § 1578 Abs. 3 BGB. Die »Ehezeit« beim Versorgungsausgleich endet mit dem Monatsende vor Rechtshängigkeit des Ehescheidungsverfahrens (§ 3 Abs. 1 VersAusglG), der Altersvorsorgeanspruch des unterhaltsberechtigten Geschiedenen beginnt aber erst mit dem rechtskräftigen Verbundbeschluss. Zwecks nahtlosen Anschlusses an § 3 VersAusglG gilt für § 1361 Abs. 1 Satz 2 BGB schon der Monatsbeginn des rechtshängigen Scheidungsverfahrens.[200] 81

▶ Praxishinweis:

Ein Rechtsanwalt kann sich schadensersatzpflichtig machen, wenn er nicht auf die Möglichkeit der Geltendmachung des Altersvorsorgeunterhaltsanspruchs ab Rechtshängigkeit des Ehescheidungsverfahrens hinweist.[201] 82

Der Altersvorsorgeunterhalt ist nicht durch die Beitragsbemessungsgrenze begrenzt.[202] 83

Der Anspruch besteht bis zum allgemeinen Renteneintrittsalter.[203] 84

Um zu verhindern, dass zu Lasten des Unterhaltspflichtigen Ehegatten vom Grundsatz der gleichmäßigen Teilhabe der Ehegatten an den ehelichen Lebensverhältnissen abgewichen wird, erfolgt die **Berechnung des Vorsorgeunterhalts** i.d.R. zweistufig, indem auf der Grundlage des rechnerischen Elementarunterhalts der Vorsorgeunterhalt und dann in einer zweiten Berechnungsstufe der endgültige Elementarunterhalt ermittelt wird.[204] Zunächst ist der Betrag zu errechnen, der vermindert um Lohnsteuer und die dem Arbeitnehmer entsprechenden Beiträge zur Sozial- und Arbeitslosenversicherung den Nettobetrag ergibt. Der Vorsorgeunterhalt entspricht dann dem vollen Beitragssatz der gesetzlichen Rentenversicherung. Der endgültige Elementarunterhalt errechnet sich, indem vom bereinigten Nettoeinkommen vorab der Vorsorgeunterhalt abgezogen wird und erst danach, das heißt aus dem verbleibenden Einkommen, der Elementarunterhalt nach der maßgeblichen Quote bemessen wird. Bei der Bemessung des Vorsorgeunterhalts nach der in der Praxis zur Berechnung verwendeten **Bremer Tabelle**,[205] bleibt bei der Hochrechnung auf ein fiktives Bruttoarbeitsentgelt der Betrag, den der Arbeitnehmer zur gesetzlichen Krankenversicherung leisten müsste, unberücksichtigt. 85

---

197 Grundlegend BGH, FamRZ 1981, 244; vgl. auch *Clausius*, FamRB 2014, 145.
198 BGH, FamRZ 2007, 117.
199 BGH, FamRZ 1981, 442.
200 BGH, FamRZ 1982, 781 und ständig.
201 OLG Düsseldorf, FamRZ 2010, 73.
202 BGH, FamRZ 2010, 1637; BGH, FamRZ 2007, 117; OLG Hamm, FamRZ 2008, 1184.
203 BGH, FamRZ 2007, 117; BGH, FamRZ 2000, 351.
204 BGH, FamRZ 1981, 442 und ständig.
205 Berechnet nach Beitragssätzen von 18,6 % für die Rentenversicherung und 2,5 % für die Arbeitslosenversicherung, Lohnsteuer der Klasse I nach dem amtlichen Programmablaufplan 2020 ohne Kinderfreibeträge und ohne Vorsorgepauschale für den Kinderlosenzuschlag zur Pflegeversicherung und mit Solidaritätszuschlag; in FamRZ 2020, 226; grundlegend zur Anwendung BGH, FamRZ 1981, 442; BGH, FamRZ 1985, 471.

86 Kann der Vorsorgebedarf ohne Verletzung des Halbteilungsgrundsatzes neben dem ungekürzten Elementarunterhalt geleistet werden, entfällt das **Erfordernis der zweistufigen Berechnung**. Deshalb ist insb. bei besonders günstigen wirtschaftlichen Verhältnissen Vorsorgeunterhalt allein auf Grund des Elementarunterhalts zu bemessen und nicht durch die Beitragsbemessungsgrenze der gesetzlichen Rentenversicherung zur Höhe begrenzt.[206] Dies gilt insb. auch, wenn der Unterhalt nicht nach Quote, sondern nach konkretem Bedarf berechnet wird.

87 Die **zweckwidrige Verwendung** der als Vorsorgeunterhalt geleisteten Beträge wirkt sich auf den Unterhalt unter den Voraussetzungen des § 1579 Nr. 4 BGB aus.

88 Bei der Geltendmachung von Vorsorgeunterhalt muss der Berechtigte keine konkreten Angaben über die Art und Weise der beabsichtigten Vorsorge machen. Zur Substanziierung reicht die Erklärung, dass und in welcher Höhe Vorsorgeunterhalt verlangt wird.[207]

89 Da Elementar- und Altersvorsorgeunterhalt nicht Gegenstand eigenständiger Ansprüche sind, sondern lediglich Teil eines einheitlichen, den gesamten Lebensbedarf umfassenden Unterhaltsanspruchs, reicht es für die Inanspruchnahme des Pflichtigen für die Vergangenheit aus, wenn von diesem **Auskunft** mit dem Ziel der Geltendmachung eines Unterhaltsanspruchs begehrt wird.[208] Arg.: Im Zeitpunkt des Auskunftsverlangens weiß der Auskunftsberechtigte noch nicht, ob der Pflichtige hinreichend leistungsfähig ist, um neben dem Elementar- auch Altersvorsorgeunterhalt zu erbringen.

90 Wird neben Altersvorsorgeunterhalt auch Krankenvorsorgeunterhalt verlangt, ist vor Berechnung des Altersvorsorgeunterhalts der Krankenvorsorgeunterhalt in Abzug zu bringen.

91 **Altersvorsorgeunterhalt** ist **zweckgebunden**. Bei nicht bestimmungsgemäßer Verwendung des Vorsorgeunterhalts kann der Pflichtige Leistung unmittelbar an den Versorgungsträger verlangen.[209] Erlangt der Pflichtige später Kenntnis von der nicht bestimmungsgemäßen Verwendung des Altersvorsorgeunterhalts, kommt über § 1579 Nr. 4 BGB eine Verwirkung in Betracht.[210]

6. Sonderfragen

92 § 1578b BGB ist im Rahmen des Trennungsunterhalts nicht anwendbar.[211]

Trennungsunterhalt kann nach §§ 1361 Abs. 3, **1579 Nr. 2–8 BGB** verwirkt werden, nicht jedoch nach § 1579 Nr. 1 BGB wegen kurzer Ehedauer. Die Herbeiführung der Trennung als solche ist jedoch nicht verwirkungsrelevant.[212]

93 Auf **künftigen Trennungsunterhalt** kann nicht verzichtet werden. Bei Vereinbarungen zum Trennungsunterhalt ist äußerste Vorsicht geboten zwischen noch zulässigen Beschränkungen und unzulässigem Verzicht. Die Beurteilung, ob eine unzulässige Unterschreitung des angemessenen Unterhalts und damit ein **nach § 134 BGB unwirksamer Verzicht** auf künftigen Trennungsunterhalt vorliegt, setzt voraus, dass zunächst die Höhe des angemessenen Unterhaltsanspruchs festgestellt wird. Sonstige ehevertragliche Regelungen, die dem Unterhaltsberechtigten zum Vorteil gereichen können, sind in die Prüfung nicht einzubeziehen. Die Wirksamkeit der Regelung zum Trennungsunterhalt ist isoliert zu betrachten und wird nicht durch Vereinbarungen zu anderen Gegenständen berührt.[213]

---

206 BGH, FamRZ 2012, 945; BGH, FamRZ 2010, 1637.
207 OLG Hamm, FamRZ 2010, 1452.
208 BGH, FamRZ 2007, 193.
209 BGH, FamRZ 1987, 684.
210 BGH, FamRZ 2003, 848.
211 OLG Brandenburg, FamFR 2012, 379; vgl. auch BT-Drucks. 16/38, S. 6.
212 BGH, NJW 1986, 1340.
213 BGH, FamRZ 2015, 2137; OLG Düsseldorf, FF 2016, 205.

Wird der ermittelte Unterhalt um **bis zu 20 % unterschritten**, ist dies noch als angemessen und 94
hinnehmbar zu erachten. Eine Unterschreitung von einem Drittel (oder mehr) ist im Regelfall als
mit § 1614 Abs. 1 BGB unvereinbar anzusehen. In dem dazwischenliegenden Bereich ist aufgrund
der Umstände des Einzelfalls zu entscheiden.

▶ Achtung:

Ein unzulässiger Verzicht kann nicht durch ein **pactum de non petendo** umgangen werden.[214] 95

Der Berechtigte muss seine Bedürftigkeit und die ehelichen Lebensverhältnisse **darlegen** und **bele-** 96
gen. Der Verpflichtete hat seine Leistungsunfähigkeit oder seine eingeschränkte Leistungsfähigkeit
darzulegen und zu belegen.

C. Geschiedenenunterhalt

Der Grund für die eheliche und nacheheliche Unterhaltsverpflichtung liegt in der mit Eheschlie- 97
ßung von den Ehegatten füreinander übernommenen Verantwortung. Diese Verantwortung
schwächt sich nach Scheidung zwar ab, besteht aber grds. weiter in Form einer sich aus Art. 6 Abs. 1
GG ergebenden **fortwirkenden nachehelichen Solidarität**.[215]

Das UÄndG vom 01.01.2008 hat den **Grundsatz der Eigenverantwortung** gestärkt. Er soll als **Leit-
linie für die Auslegung der einzelnen Unterhaltstatbestände** herangezogen werden. In stärkerem
Maße ist zu berücksichtigen, ob die Unterhaltsbedürftigkeit aus der Aufgabenverteilung während
der Ehe resultiert oder auf andere, nicht spezifisch ehebedingte Gründe zurückzuführen ist. Die
Unterhaltsrechtsreform 2008 hat nach Auffassung vieler familienrechtlicher Praktiker noch keinen
in jeder Hinsicht befriedigenden Stand erreicht.[216] Der Ausschuss Familienrecht des Deutschen
Anwaltvereins hat in einer »Initiativstellungnahme« für ein »modernes Unterhaltsrecht« weitere
Reformvorschläge (»Reform der Reform«)[217] unterbreitet.

Die **Initiativstellungnahme** enthält im Wesentlichen folgende Vorschläge:
– Für getrenntlebende eheliche und nichteheliche Elternteile wird ein einheitlicher Betreuungsunterhaltsanspruch geregelt. Dieser besteht in den ersten drei Lebensjahren des Kindes ohne
  Einschränkung und verringert sich, solange und soweit für das Kind noch ein Betreuungsbedarf
  besteht, wobei ein (eingeschränkter) Betreuungsbedarf in der Regel bis zum 14. Lebensjahr angenommen werden können soll. Der Höhe nach soll sich der Anspruch nach dem Einkommen
  beider Elternteile bemessen.
– Für die Zeit nach Scheidung wird ein Kompensationsunterhalt vorgeschlagen, der den Anspruch ehebedingter, auf der ehelichen Aufgabenverteilung beruhender Nachteile für die Dauer
  deren Bestehens vorsieht und der sich nach der Höhe des angemessenen Bedarfs des Berechtigten richtet.
– Schließlich wird für Ehen, die länger als drei Jahre bestanden haben, ein Übergangsunterhalt
  für in der Regel zwei Jahre vorgeschlagen, dessen Höhe sich nach den ehelichen Lebensverhältnissen richten soll und der in Fällen grober Unbilligkeit angemessen verlängert werden kann.
  Dieser Unterhaltsanspruch soll bestehen, wenn ein Unterhaltsanspruch aus anderem Grund
  nicht in Betracht kommt.

I. Grundlagen

Ansprüche geschiedener Ehegatten richten sich nach §§ 1570 ff. BGB. Dies gilt nach § 26 Abs. 1 98
EheG auch für Ehegatten einer nach §§ 16 bis 24 EheG für nichtig erklärten Ehe und nach § 37

---
214 BGH, FamRZ 2014, 629.
215 BGH, FamRZ 2010, 1057; BGH, FamRZ 2010, 629.
216 Vgl. schon *Obermann*, NZFam 2014, 577.
217 Zu Einzelheiten vgl. *Obermann*, NZFam 2017, 189; *Ackermann-Sprenger*, NZFam 2017, 105; *Schlünder*,
    FF 2017, 90; *Koch*, ZRP 2017, 162.

Abs. 1 EheG für Ehegatten einer nach §§ 28 bis 36 EheG aufgehobenen Ehe. Durch Art. 14 Nr. 1 EheschlRG wurde mit Wirkung ab 01.07.1998 das Rechtsinstitut der Nichtigkeit der Ehe abgeschafft. An deren Stelle ist die Aufhebung der Ehe nach §§ 1313 bis 1317 BGB getreten. Die Bestimmungen des Ehegesetzes behalten Gültigkeit für bis zum 30.06.1998 für nichtig erklärte oder aufgehobene Ehen. Für ab 01.07.1998 aufgehobene Ehe bestimmen sich die Rechtsfolgen für den Ehegattenunterhalt nach § 1318 Abs. 2 BGB.

99 Seiner Rechtsnatur nach ist der gesetzliche **Unterhaltsanspruch ein familienrechtlicher Anspruch, der jedoch schuldrechtliche Züge trägt** (Möglichkeit von Vereinbarungen, § 1585c BGB, einer Kapitalisierung, § 1585 Abs. 2 BGB sowie einer Sicherheitsleistung, § 1585a BGB). Andererseits behält eine vertragliche Unterhaltsregelung **familienrechtlichen Charakter**, soweit sie sich als Ausprägung des gesetzlichen Unterhaltsanspruchs darstellt. Hierfür spricht eine Vermutung.[218]

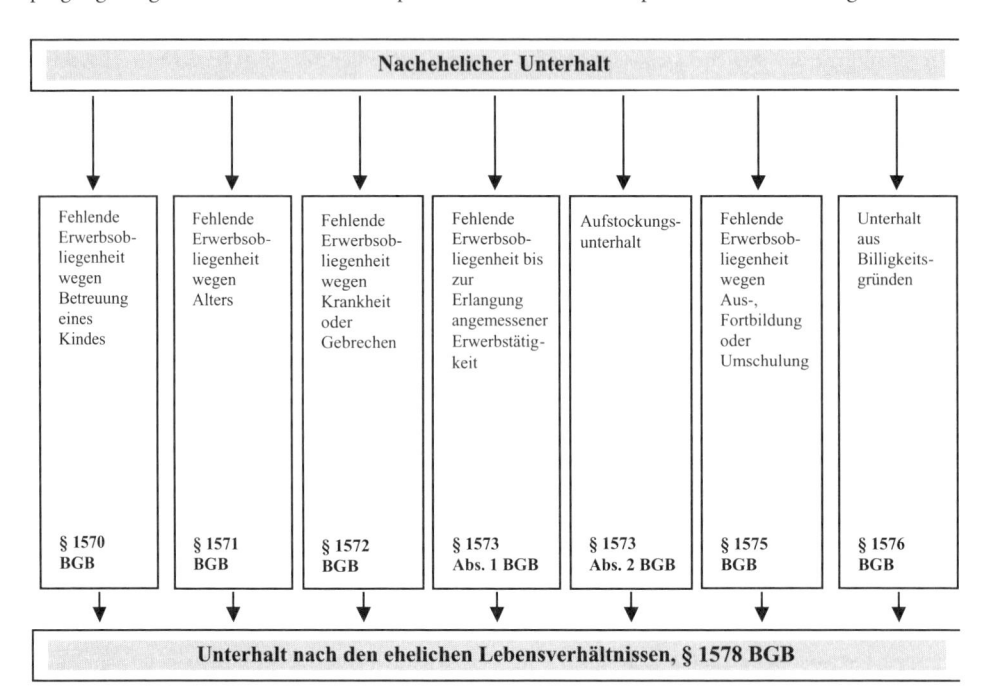

```
                        Nachehelicher Unterhalt
    ┌──────────┬──────────┬──────────┬──────────┬──────────┬──────────┬──────────┐
    ▼          ▼          ▼          ▼          ▼          ▼          ▼
┌─────────┬─────────┬─────────┬─────────┬─────────┬─────────┬─────────┐
│Fehlende │Fehlende │Fehlende │Fehlende │Aufstock-│Fehlende │Unterhalt│
│Erwerbs- │Erwerbs- │Erwerbs- │Erwerbs- │ungs-    │Erwerbs- │aus      │
│oblie-   │oblie-   │oblie-   │oblie-   │unterhalt│oblie-   │Billig-  │
│genheit  │genheit  │genheit  │genheit  │         │genheit  │keits-   │
│wegen    │wegen    │wegen    │bis zur  │         │wegen    │gründen  │
│Betreuung│Alters   │Krankheit│Erlangung│         │Aus-,    │         │
│eines    │         │oder     │ange-    │         │Fort-    │         │
│Kindes   │         │Gebrechen│messener │         │bildung  │         │
│         │         │         │Erwerbs- │         │oder     │         │
│         │         │         │tätigkeit│         │Umschu-  │         │
│         │         │         │         │         │lung     │         │
│         │         │         │         │         │         │         │
│§ 1570   │§ 1571   │§ 1572   │§ 1573   │§ 1573   │§ 1575   │§ 1576   │
│BGB      │BGB      │BGB      │Abs. 1   │Abs. 2   │BGB      │BGB      │
│         │         │         │BGB      │BGB      │         │         │
└─────────┴─────────┴─────────┴─────────┴─────────┴─────────┴─────────┘
    ▼          ▼          ▼          ▼          ▼          ▼          ▼
       Unterhalt nach den ehelichen Lebensverhältnissen, § 1578 BGB
```

1. Wirtschaftliche Eigenverantwortung

100 § 1569 BGB normiert den **Grundsatz der wirtschaftlichen Eigenverantwortung**, der durch das zum 01.01.2008 in Kraft getretene **UÄndG noch mehr Gewicht** erhalten hat. Für den Berechtigten besteht die **Obliegenheit**, im eigenen Interesse nach der Scheidung für sein wirtschaftliches Fortkommen selbst zu sorgen. Ein Unterhaltsanspruch besteht gemessen am Grundsatz der Eigenverantwortung nur ausnahmsweise. Er kommt nur in Betracht, wenn einer der Unterhaltstatbestände der §§ 1570 ff. BGB vorliegt. Nachehelicher Unterhalt gewährt **keine Lebensstandardgarantie** entsprechend den (bisherigen) ehelichen Lebensverhältnissen.[219] Eine fortwirkende Verantwortung für den bedürftigen Ehegatten kommt grds. nur zum **Ausgleich von ehebedingten Nachteilen** in Betracht, die aufgrund der Aufgabenverteilung in der Ehe entstanden sind und zur Folge haben, dass der Berechtigte nicht selbst für seinen Unterhalt sorgen kann. Je geringer solche Nachteile

---

218 BGH, FamRZ 1988, 933.
219 BGH, FamRZ 2013, 274; BGH, FamRZ 2011, 875.

sind, desto eher ist der Unterhalt nach § 1578b BGB herabzusetzen oder zeitlich zu begrenzen (vgl. Kap. 11).

Mit zunehmender **Dauer der Ehe** kommt es zu einer **wachsenden Verflechtung und Abhängigkeit der beiderseitigen Lebensdispositionen** sowie allgemein zu einer sich steigernden wirtschaftlichen Abhängigkeit des bedürftigen Ehegatten, ggü. der sich dieser Ehegatte durch die unterhaltsrechtliche Solidarität des anderen Ehegatten abgesichert zu fühlen pflegt.[220] **§ 1569 BGB enthält keine Anspruchsgrundlage**, sondern nur einen **Programmsatz**. Die in §§ 1570 bis 1576 BGB enthaltenen Unterhaltstatbestände stellen nach der gesetzlichen Systematik numerisch aufgezählte Ausnahmeregelungen (**Enumerationsprinzip**) des allgemeinen Grundsatzes dar, dass jeder Ehegatte nach Scheidung für seinen Unterhalt selbst zu sorgen hat. Die Unterhaltstatbestände der §§ 1570 ff. BGB sind im Lichte des akzentuierten Grundsatzes der nachehelichen Eigenverantwortung grds. enger auszulegen. I.R.d. § 1570 BGB gilt das vormals praktizierte **Altersphasenmodell** nicht mehr.[221] I.R.d. § 1572 BGB ist zu berücksichtigen, dass die wirtschaftlichen Folgen einer latenten Krankheit, die mit der Lebensgestaltung in der Ehe nichts zu tun hat, nicht allein wegen des früheren Ehebandes einseitig auf den Pflichtigen abgewälzt werden kann. I.R.d. § 1573 Abs. 2 BGB ist zu berücksichtigen, dass vorrangig der **Ausgleich ehebedingter Nachteile** intendiert ist und die nacheheliche Solidarität stärker hinter der Eigenverantwortung des geschiedenen Ehegatten zurückzutreten hat. Die ehelichen Lebensverhältnisse werden nicht mehr, wie vormals in § 1574 Abs. 2 BGB, von vornherein berücksichtigt, sondern nach der Neuregelung im UÄndG nur auf Einwand des Gläubigers. Schließlich erlangt der Grundsatz der wirtschaftlichen Eigenverantwortung auch bei der **Auslegung des § 1578b BGB** Bedeutung. Das verschärfte Prinzip der Eigenverantwortung führt dazu, dass jeder Unterhaltsanspruch unter Wahrung der Belange eines gemeinschaftlichen, vom Gläubiger betreuten Kindes sowohl der Dauer als auch der Höhe nach zu begrenzen ist, wenn die Voraussetzungen der Begrenzungsnorm vorliegen.

2. Einheitlicher Anspruch, Anschlussunterhalt, Teilanschlussunterhalt, Einsatzzeitpunkte

Der Anspruch auf nachehelichen Unterhalt ist stets ein einheitlicher Anspruch, auch wenn zwei oder mehrere Einzeltatbestände gleichzeitig oder in zeitlichem Anschluss aneinander (**zusammengesetzte Anspruchsgrundlage**) verwirklicht sind.[222] Der Berechtigte kann verschiedene **Anspruchsgrundlagen kombinieren**, etwa wenn die Betreuung eines gemeinsamen Kindes eine Halbtagsbeschäftigung zulässt, der Ehegatte aber keine Stelle zu finden vermag.[223]

Ist der Berechtigte vollständig an einer Erwerbstätigkeit gehindert, ergibt sich der Anspruch allein aus §§ 1570 bis 1572 BGB, und zwar auch für den Teil des Bedarfs, der nicht auf dem Erwerbshindernis, sondern auf dem den angemessenen Lebensbedarf übersteigenden Bedarf nach den ehelichen Lebensverhältnissen beruht. Ist der Berechtigte nur teilweise an einer Erwerbstätigkeit gehindert, ergibt sich der Anspruch wegen des allein durch die Erwerbshinderung verursachten Einkommensausfalls aus §§ 1570 bis 1572 BGB und i.Ü. als Aufstockungsunterhalt aus § 1573 Abs. 2 BGB.[224]

▶ Beispiel:[225]

Aus der geschiedenen Ehe der Eheleute ist ein 8-jähriges Kind, das von der Ehefrau betreut und versorgt wird, hervorgegangen.

Der Ehemann (M) verfügt nach Abzug des Kindesunterhalts über prägende Nettoerwerbseinkünfte von 2.800 €.

---

220 BGH, FamRZ 1999, 710.
221 BGH, FamRZ 2009, 1391; BGH, FamRZ 2009, 1124; BGH, FamRZ 2009, 770.
222 BGH, FamRZ 2001, 1687.
223 BGH, FamRZ 2007, 793.
224 BGH, NJW 2014, 1302; BGH, FamRZ 2010, 869.
225 Nach *Kleffmann*, in: Scholz/Kleffmann, Praxishandbuch Familienrecht, Teil H Rn. 46.

Ehefrau (F) verfügt – wie schon in der Ehe – aus Halbtagstätigkeit über prägende bereinigte Nettoeinkünfte von 700 €.

Lösung: Der Anspruch auf nachehelichen Unterhalt beruht auf § 1570 BGB (Kindesbetreuung) und § 1573 Abs. 2 BGB (Aufstockungsunterhalt).

Additionsmethode:

1. Stufe (= Bedarf): 1/2 (6/7 aus 2.800 € (= 2.400 €) + 6/7 aus 700 € (= 600 €) = 3.000 €) = 1.500 €

2. Stufe (= Unterhaltshöhe): 1.500 € – 6/7 aus 700 € (= 600 €) = 900 €

Diesen Quotenunterhalt kann F bei einer Ganztagstätigkeit durch Eigeneinkünfte (max. 700 € x 2 = 1.400 €) nicht decken.

Unterhaltsbedarf: 1.500 € – 6/7 aus 1.400 € (= 1.200 €) = 300 €

Auf den Unterhaltsanspruch nach § 1570 BGB entfällt sodann ein Teilbetrag von 600 € (6/7 aus 700 € = derjenige Betrag, den F nicht erzielen kann, weil sie wegen Kindesbetreuung nur halbtags erwerbstätig sein kann), auf den Unterhaltsanspruch nach § 1573 Abs. 2 BGB ein Betrag von 300 €.

105 Ist der einem titulierten Unterhaltsanspruch zugrunde liegende Tatbestand wegen Veränderung der Verhältnisse weggefallen, kann es geboten sein, die Unterhaltspflicht aufgrund eines anderen Unterhaltstatbestandes aufrechtzuerhalten. Besteht nur eine Verpflichtung zur Zahlung eines **Teilunterhalts,** kann auch ein **Anschlussunterhalt** nur i.H.d. Teilbetrags verlangt werden.[226] Das mögliche Bestehen verschiedener Anspruchsgrundlagen macht eine **genaue Differenzierung** und Bezifferung **der verschiedenen Teilansprüche** erforderlich.[227] Dies gilt auch nach Inkrafttreten des UÄndG.[228] Eine fehlende Aufschlüsselung der Anspruchsgrundlagen beschwert den Schuldner.[229]

106 In den Fällen der §§ 1571, 1572, 1573 und 1575 BGB besteht ein Anspruch nur, wenn die übrigen Tatbestandsvoraussetzungen zu bestimmten **Einsatzzeitpunkten** vorliegen. Bei den Einsatzzeitpunkten handelt es sich um **Schutzvorschriften für den Schuldner**.[230] Sie beschränken den unterhaltsrechtlichen Verantwortungsbereich des verpflichteten Ehegatten. Auch wenn der geschiedene Ehegatte nicht in der Lage ist, selbst für sich zu sorgen, kann er von dem anderen Ehegatten trotz dessen Leistungsfähigkeit nicht Unterhalt verlangen, wenn der Berechtigungsgrund nicht zum maßgeblichen Einsatzzeitpunkt vorlag.[231] Schicksalhafte Ereignisse, die einen Ehegatten nach der Scheidung treffen, sollen grds. nicht von dem anderen Ehegatten getragen werden.

107 Beim Betreuungsunterhalt (§ 1570 BGB), bei Wegfall eines nicht nachhaltig gesicherten Einkommens aus Erwerbstätigkeit (§ 1573 Abs. 4 Satz 1 BGB), beim Billigkeitsunterhalt (§ 1576 BGB) sowie bei Wiederaufleben eines Anspruchs nach Auflösung einer weiteren Ehe (§ 1586a Abs. 1 BGB) bedarf es des Vorhandenseins von Einsatzzeitpunkten nicht.

108 Die Tatbestandskette[232] entfällt nicht, wenn der Gläubiger erst nach dem Einsatzzeitpunkt bedürftig wird oder der Anspruch zunächst an der Leistungsfähigkeit des Schuldners scheitert.[233]

---

226 BGH, NJW 1995, 1891.
227 BGH, FamRZ 2012, 1040; BGH, FamRZ 2011, 192; BGH, FamRZ 2010, 869; BGH, FamRZ 2009, 770.
228 BGH, FamRZ 2012, 517; BGH, FamRZ 2010, 869.
229 BGH, FamRZ 2001, 1687.
230 BGH, FamRZ 2001, 1291.
231 BGH, FamRZ 2001, 1291.
232 BGH, FamRZ 2016, 203.
233 BGH, FamRZ 2005, 1817.

Liegen die Tatbestandsvoraussetzungen einer Anspruchsnorm zum Einsatzzeitpunkt vor, entsteht ein originärer Unterhaltsanspruch, der den vollen eheangemessenen Unterhalt umfasst. Sind die Voraussetzungen der Norm erst zu einem späteren Zeitpunkt erfüllt, entsteht ein Anspruch auf Anschlussunterhalt. Voraussetzung des Anschlussunterhalts ist, dass die vorangegangenen Unterhaltsansprüche ohne zeitliche Lücke nahtlos aneinander anschließen (**Unterhaltskette**).[234]   109

3. Beginn, Ende und Wiederaufleben des nachehelichen Unterhaltsanspruchs

Der Anspruch **beginnt** mit dem Tag der Rechtskraft des Scheidungsbeschlusses.[235]   110

Der Anspruch **erlischt**, wenn der **Berechtigte wieder heiratet oder stirbt** (§ 1586 Abs. 1 BGB). Nach § 1586 Abs. 2 BGB bleiben jedoch Ansprüche auf Erfüllung oder Schadensersatz für die Vergangenheit bestehen und können vom Berechtigten oder dessen Erben weiterverfolgt werden. Das Gleiche gilt für die bei Tod oder Wiederverheiratung fällige Monatsrate.   111

Der Anspruch erlischt **bei wirksamen vertraglichem Verzicht** oder wenn die **Voraussetzungen für einen Anspruchstatbestand oder einen Anschlussunterhalt entfallen**. Er erlischt auch, wenn der Unterhalt durch eine **Kapitalabfindung** abgegolten wurde (§ 1585 Abs. 2 BGB), wenn er **nach § 1578b BGB zeitlich begrenzt** wurde, mit Ablauf der festgesetzten Zeitgrenze oder Unterhaltsansprüche **wegen illoyal verspäteter Geltendmachung nach § 242 BGB** verwirkt sind.   112

Die **Verwirkung von Unterhaltsansprüchen nach § 1579 Nr. 1, 3 bis 7 und 8 BGB** führt regelmäßig zum endgültigen Verlust des Anspruchs. Bei Versagung des Unterhalts nach § 1579 Nr. 2 BGB wegen Zusammenlebens in einer verfestigten Lebensgemeinschaft ist nach Beendigung der Lebensgemeinschaft jedoch eine neue Billigkeitsprüfung erforderlich.[236] In die Billigkeitsabwägung sind insb. die zwischenzeitlichen Dispositionen des Verpflichteten einzubeziehen.   113

Ein infolge **Wiederverheiratung** erloschener Anspruch lebt nach § 1586a BGB wieder auf, wenn die neue Ehe oder die Lebenspartnerschaft aufgelöst wird und der Berechtigte zu diesem Zeitpunkt oder danach ein Kind aus der alten Ehe zu pflegen und zu erziehen hat.   114

Durch das UÄndG 2007 wurde § 1586a Abs. 1 Satz 2 BGB ersatzlos gestrichen. Damit kann sich kein Anspruch nach §§ 1571 bis 1573 oder 1575 BGB anschließen.   115

Der **Tod des Verpflichteten** führt nach § 1586b BGB nicht zum Erlöschen der Unterhaltspflicht. Vielmehr geht diese, wenn auch der Höhe nach gem. § 1586b Abs. 1 Satz 3 BGB beschränkt, auf die Erben als Nachlassverbindlichkeit über. Die **passive Vererblichkeit des Anspruchs des geschiedenen Ehegatten** stellt einen Ausgleich für den Verlust erbrechtlicher Ansprüche dar. Durch § 1586b BGB ändert sich der Anspruchsinhalt nicht. Die Unterhaltsschuld verwandelt sich qua lege in eine Nachlassverbindlichkeit auf Unterhalt, so dass nunmehr die Erben für den Unterhalt haften. Der Anspruch geht in dem Umfang auf die Erben über, wie er beim Tod des Schuldners diesen ggü. bestanden hat. Zu dessen Gunsten ist auch ein Erwerbstätigenbonus zu berücksichtigen.[237] § 1586b BGB gilt nur für gesetzliche Unterhaltsansprüche und die den gesetzlichen Anspruch modifizierenden Vereinbarungen, nicht für selbstständige Unterhaltsvereinbarungen.[238] Dem Erben ist der **Einwand der Haftungsbeschränkung** auf den Pflichtteil eingeräumt. Die Haftung des Erben ist nach § 1586b Abs. 1 Satz 3 BGB auf den fiktiven Pflichtteil des Berechtigten beschränkt. Bei der Bemessung der Haftungsgrenze des § 1586b Abs. 1 Satz 3 BGB sind auch (fiktive) Pflichtteilsergänzungsansprüche zu berücksichtigen, die dem Berechtigten gem. §§ 2325 ff. BGB gegen die Erben zuständen, wenn seine Ehe mit dem Unterhaltspflichtigen erst durch dessen Tod aufgelöst   116

---

234 BGH, FamRZ 2011, 1291.
235 BGH, FamRZ 1988, 370.
236 BGH, FamRZ 1987, 1238; OLG Celle, FamRZ 2008, 1627.
237 OLG Zweibrücken, FamRZ 2008, 1441.
238 OLG Koblenz, FamRZ 2003, 262; OLG Bamberg, FamRZ 1999, 1278.

worden wäre. Ggü. diesen (nur fiktiven) Pflichtteilsergänzungsansprüchen des Berechtigten können sich Erben, die selbst pflichtteilsberechtigt sind, nicht auf § 2328 BGB berufen.[239]

117 Der Erbe kann sich auf Verwirkungsgründe nicht berufen, wenn das Verhalten des Erblassers den Schluss zulässt, er wolle vom **Verwirkungseinwand** keinen Gebrauch machen.[240]

118 Die Unterhaltslast des Erben entfällt, wenn der überlebende Ehegatte auf sein Pflichtteilsrecht verzichtet hat.

119 Ein gegen den geschiedenen Ehegatten vorhandener Titel kann **auf den Erben umgeschrieben** werden (§§ 95 Abs. 1 FamFG, 727 ZPO).[241] Ist die Unterhaltspflicht auf den Erben übergegangen, so ist im Fall einer wesentlichen Änderung der für die Unterhaltsbemessung maßgebenden Verhältnisse der **Abänderungsantrag** nach §§ 238, 289 FamFG möglich. Dieser kann auch von einem Miterben allein geltend gemacht werden.[242]

4. Darlegungs- und Beweislast

120 Der **Unterhalt begehrende Ehegatte hat die Darlegungs- und Beweislast** für alle ihm günstigen **anspruchsbegründenden Tatsachen**:
– Scheidung der Ehe,
– Bedarf nach den ehelichen Lebensverhältnissen,
– Bedürftigkeit (Kindesbetreuung, Alter, Krankheit, Arbeitslosigkeit bzw. nicht bedarfsdeckendes Einkommen, Ausbildung, Billigkeit).

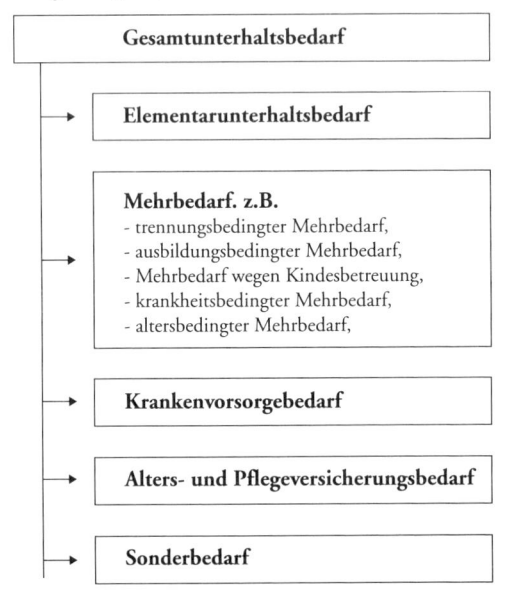

```
Gesamtunterhaltsbedarf
    → Elementarunterhaltsbedarf
    → Mehrbedarf. z.B.
        - trennungsbedingter Mehrbedarf,
        - ausbildungsbedingter Mehrbedarf,
        - Mehrbedarf wegen Kindesbetreuung,
        - krankheitsbedingter Mehrbedarf,
        - altersbedingter Mehrbedarf,
    → Krankenvorsorgebedarf
    → Alters- und Pflegeversicherungsbedarf
    → Sonderbedarf
```

121 Die **Beweislast für Einwendungen und Einreden** trägt der in Anspruch genommene Ehegatte:
– Unterhaltsverzicht (§ 1585c BGB),
– Wiederverheiratung oder Tod des Berechtigten (§ 1586 Abs. 1 BGB),
– Leistungsunfähigkeit (§ 1581 BGB),
– Grobe Unbilligkeit (§ 1579 BGB),

---

239 BGH, NJW 2007, 3207; BGH, FamRZ 2001, 232.
240 OLG Düsseldorf, FamRZ 1997, 1159; vgl. auch *Wilhelm/Lenz*, FPR 2005, 295.
241 BGH, FamRZ 2004, 546; OLG Koblenz, FamRZ 2004, 557; OLG Stuttgart, FamRZ 2004, 1220.
242 OLG Zweibrücken, FamRZ 2008, 1441.

C. Geschiedenenunterhalt

- Begrenzung nach § 1578b BGB. Der Verpflichtete hat zunächst darzulegen, dass keine ehebedingten Nachteile vorliegen. Den Unterhaltsberechtigten trifft eine sekundäre Darlegungslast.[243] Er muss seinerseits fortbestehende ehebedingte Nachteile darlegen und ggf. beweisen.[244] Erst wenn das Vorbringen des Berechtigten diesen Anforderungen genügt, muss der Verpflichtete den Vortrag zu den behaupteten Nachteilen widerlegen,[245]
- Verjährung,
- Verwirkung.

5. Sonderfragen

a) Verwirkung, Verjährung

Der Anspruch auf nachehelichen Unterhalt **verjährt** in drei Jahren (§§ 195, 196 i.V.m. § 197 Abs. 2 BGB). Diese Frist gilt auch für Ansprüche, die rechtskräftig tituliert sind, aber erst nach Rechtskraft des Titels fällig werden. Für die bis zur Rechtskraft des Titels oder bis zum Abschluss eines Vergleichs bzw. der Erstellung einer vollstreckbaren Urkunde (§ 197 Abs. 1 Nr. 4 BGB) aufgelaufenen titulierten Unterhaltsverpflichtungen gilt die 30-jährige Verjährungsfrist. Die regelmäßig kurze Verjährung beginnt nach § 199 Abs. 1 BGB zum Ende des Jahres, die 30-jährige Verjährungsfrist gem. § 200 BGB mit Entstehen des Anspruchs. Zur Hemmung der Verjährung vgl. §§ 203 ff. BGB. Für den nachehelichen Unterhalt gilt eine Hemmung gem. § 207 Abs. 1 Satz 1 BGB nicht. 122

Auch der nacheheliche Unterhaltsanspruch kann, sofern das entsprechende **Zeit- und Umstandsmoment** vorliegen, **verwirkt** sein. Dies gilt auch für Unterhaltsrückstände.[246] 123

b) Pfändbarkeit

Der nacheheliche Unterhaltsanspruch ist **grds. nicht pfändbar** (§ 850b Abs. 1 Nr. 2 ZPO).[247] Das Vollstreckungsgericht kann eine Pfändung nach § 850b Abs. 2 ZPO bei Vorliegen besonderer Umstände ausnahmsweise zulassen. Der Anspruch ist grds. auch nicht abtretbar (§ 400 BGB). Diese Vorschrift ist bei Unterhaltsansprüchen jedoch nicht anwendbar, wenn der Zedent vom Zessionar eine wirtschaftlich gleichwertige Leistung erhalten hat bzw. erhält.[248] 124

c) Aufrechnung

Gegen unpfändbare Forderungen kann nach § 394 BGB nicht aufgerechnet werden. Unter das **Aufrechnungsverbot** nach § 850b Abs. 1 Nr. 2 ZPO fallen alle gesetzlichen Unterhaltsansprüche. Das Aufrechnungsverbot gilt auch bei **Übergang des Unterhaltsanspruchs auf Sozialleistungsträger**, soweit der Anspruch des Hilfeempfängers auf sie übergegangen ist.[249] Über den Wortlaut der Vorschrift hinaus erstreckt sich die Unpfändbarkeit auch auf Unterhaltsforderungen, die im Rahmen und aufgrund einer gesetzlichen Unterhaltsverpflichtung geschuldet werden, und damit auch auf einmalig zu zahlende Unterhaltsbeträge,[250] Rückstände,[251] Zinsen,[252] Sonderbedarf,[253] Abfindungsbeträge[254] und Kostenvorschüsse[255] sowie Ansprüche auf Erstattung der Nachteile aus dem begrenzten Realsplitting.[256] 125

---

243 BGH, FamRZ 2010, 875.
244 Vgl. auch OLG Saarbrücken, NJW-RR 2010, 1303.
245 Vgl. auch BGH, FamRZ 2010, 1637 und PWW/*Soyka*, § 1578b.
246 BGH, FamRZ 2004, 531; BGH, FamRZ 2002, 1699.
247 BGH, FamRB 2008, 271.
248 BGH, FamRZ 1995, 160.
249 BGH, FamRZ 2013, 1202.
250 BGH, FamRZ 2002, 1179.
251 BGH, FamRZ 1960, 110.
252 OLG Hamm, FamRZ 1988, 952.
253 BGH, FamRZ 2006, 612.
254 BGH, FamRZ 2006, 612.
255 BGH, FamRZ 2005, 1164.
256 BGH, FamRZ 2007, 793.

126 Ansprüche hingegen, die ausnahmsweise nicht auf einer gesetzlichen Unterhaltspflicht beruhen, sondern hiervon losgelöst auf eine vertragliche Grundlage gestellt wurden, unterfallen § 394 BGB nicht.[257] Bei Vorliegen bestimmter Voraussetzungen kann mit Gegenforderungen jeder Art gegen Unterhaltsforderungen aufgerechnet werden.[258] Eine Aufrechnung mit Unterhalt ist zulässig.[259]

d) Ausschluss von Bagatellunterhalt

127 Das Unterhaltsrecht verfolgt nicht den Zweck, jedwede auch nur geringe Einkommensdifferenz zu nivellieren. Beim Aufstockungsunterhalt sind bestimmte Mindestbeträge erforderlich, etwa in einer Größenordnung von 50 €.[260] Höhere Beträge, etwa 82 €,[261] sind nicht mehr als gering anzusehen. Empfehlenswert ist, keine statische Grenze zu ziehen, sondern die Höhe des sich rechnerisch ergebenden Unterhaltsbetrags am bereinigten Nettoeinkommen des Bedürftigen zu orientieren. Ein Unterhaltsbetrag von unter 10 % des bereinigten Nettoeinkommens des Bedürftigen wird man als unwesentlich ansehen können.[262]

e) Unterhalt für die Vergangenheit, Verzug, Güterstand

128 Die Vorschriften zum nachehelichen Unterhalt gelten bei jedem **Güterstand**,[263] auch bei Gütergemeinschaft. Der Anspruch auf Mitwirkung zur ordnungsgemäßen Verwaltung des Gesamtguts ist vor und nach der Scheidung identisch (§§ 1451, 1472 Abs. 3 BGB). Es ändern sich lediglich der Zweck der Gemeinschaft und die rechtliche Beziehung zwischen den Gemeinschaftsmitgliedern.

129 Grds. kann Unterhalt für die **Vergangenheit** nicht verlangt werden. Ausnahmen regelt § 1585b BGB.

130 Nach § 1585b Abs. 1 BGB kann **Sonderbedarf** für die Vergangenheit geltend gemacht werden, weil es oft aus tatsächlichen Gründen nicht möglich ist, den Verpflichteten in Verzug zu setzen oder einen Unterhaltsantrag gegen ihn einzureichen.

131 Nach § 1585b Abs. 2 BGB kann laufender Unterhalt ab **Verzug, Rechtshängigkeit oder Auskunftserteilung** verlangt werden. Da der Anspruch auf Geschiedenenunterhalt aber erst mit Rechtskraft der Scheidung entsteht, setzt eine Mahnung hinsichtlich des Trennungsunterhalts den Schuldner nicht auch wegen des Geschiedenenunterhalts in Verzug. Es bedarf einer erneuten Mahnung nach Rechtskraft des Scheidungsbeschlusses.[264]

132 Die Bezifferung eines zu niedrigen Betrags begründet Verzug nur in dieser Höhe.[265] Eine Zuvielforderung schadet grds. nicht.[266] Mit der **Neuregelung des § 1585b Abs. 2 BGB** sind Disparitäten zwischen Familien-, Trennungs-, Verwandten- und nachehelichem Unterhalt[267] beseitigt worden. Durch die Verweisung in § 1585b Abs. 2 BGB auf § 1613 Abs. 1 BGB sind die Voraussetzungen, nach denen Unterhalt für die Vergangenheit gefordert werden kann, nunmehr vereinheitlicht. Auch beim nachehelichen Unterhalt begründet ein Auskunftsverlangen nunmehr Verzug. Einer Stufenmahnung bedarf es seit dem 01.01.2008 nicht mehr.

133 I.Ü. ist eine Mahnungswiederholung auch bei wiederkehrenden Unterhaltsleistungen nicht erforderlich, solange die anspruchsbegründenden Voraussetzungen fortbestehen. Nach § 286 Abs. 2 BGB bedarf es in den dort aufgeführten Fällen einer Mahnung nicht.

---

257 BGH, FamRZ 2002, 1179.
258 Zu Einzelheiten vgl. Wendl/Dose/*Dose*, § 6 Rn. 311; PWW/*Kleffmann*, § 1569 Rn. 15.
259 BGH, FamRZ 1996, 1067.
260 OLG Düsseldorf, FamRZ 1996, 947; OLG München, FamRZ 1997, 425.
261 Vgl. BGH, FamRZ 184, 988.
262 OLG München, FamRZ 2004, 1208; vgl. auch OLG Koblenz, NJW-RR 2006, 151.
263 OLG München, FamRZ 1988, 1276.
264 BGH, NJW 1992, 1956.
265 BGH, FamRZ 1990, 283.
266 BGH, FamRZ 1982, 887.
267 Eingehend hierzu bereits *Gerhardt*, FuR 2005, 529.

Altersvorsorgeunterhalt kann für die Vergangenheit nicht erst ab dem Zeitpunkt verlangt werden, in dem er ausdrücklich geltend gemacht worden ist. Es reicht für die Inanspruchnahme des Pflichtigen, dass von diesem **Auskunft** mit dem Ziel der Geltendmachung eines Unterhaltsanspruchs begehrt wird.[268]

134

Nach **§ 1585b Abs. 3 BGB** kann Unterhalt oder Schadensersatz wegen Nichterfüllung für eine Zeit, die mehr als ein Jahr vor Rechtshängigkeit des Unterhaltsanspruchs liegt, nur verlangt werden, wenn anzunehmen ist, dass der Schuldner sich der Unterhaltszahlung absichtlich entzogen hat. Insoweit genügt jedes zweckgerichtetes Verhalten des Schuldners, das die zeitnahe Realisierung der Unterhaltsschuld verhindert oder zumindest wesentlich erschwert.[269] Nicht ausreichend ist die bloße Einstellung der Zahlung.[270] § 1585b Abs. 3 BGB gilt auch für Nebenforderungen, etwa Zinsen,[271] nicht jedoch für den Nachteilsausgleich beim Realsplitting.[272] § 1585b Abs. 3 BGB ist abdingbar.[273]

135

f) Disponibilität

Nach § 1585c BGB können Ehegatten den nachehelichen Unterhalt vertraglich regeln. Grds. besteht **Vertragsfreiheit** (zu Einzelheiten vgl. Kap. 10 Rdn. 39 ff.). Vertragliche Regelungen sind grds. konkretisierende und den gesetzlichen Unterhaltsanspruch modifizierende Vereinbarungen und lassen den Charakter des Anspruchs als gesetzlichen Unterhaltsanspruch unberührt. Nur ausnahmsweise kann der Anspruch unter Verzicht auf einen gesetzlichen Anspruch durch eine eigenständige vertragliche Unterhaltsvereinbarung geregelt werden. Auf derartige **novierende Vereinbarungen** sind die Normen des Unterhaltsrechts nur ergänzend heranzuziehen.[274]

136

g) Übergangsregelungen

Für Unterhaltsansprüche aus vor dem 01.07.1977 rechtskräftig aufgelösten Ehen (»**Altehen**«) bestimmt sich das anwendbare Recht hinsichtlich der Unterhaltstatbestände (§§ 58 bis 61 EheG), ihrer Begrenzung und Beendigung (§§ 65 ff. EheG) weiterhin (vgl. § 36 Nr. 7 EGZPO) nach §§ 58 ff. EheG. Dies gilt auch, wenn eine **Abänderung eines Unterhaltstitels** aus einer Altehe begehrt wird. Die Bemessung des Unterhalts hingegen richtet sich im Wesentlichen nach den Grundsätzen des ab dem 01.07.1977 geltenden Unterhaltsrechts. Auf Ehen, die vor dem 01.07.1977 geschlossen, aber nach diesem Zeitpunkt geschieden worden sind, ist das neue Recht anzuwenden. Darin liegt keine unzulässige Rückwirkung.[275] Im **Beitrittsgebiet** gelten §§ 1569 ff. BGB nur für die nach dem Beitritt der neuen Bundesländer am 03.10.90 rechtskräftig aufgelösten Ehen (Art. 234 § 5 EGBGB). Für vor diesem Datum rechtskräftig geschiedene Ehen richtet sich der Unterhaltsanspruch weiter nach §§ 29 bis 33 FGB. Ein in der ehemaligen DDR geschiedener Ehegatte besitzt jedoch nach Art. 18 Abs. 5 EGBGB analog einen Anspruch auf nachehelichen Unterhalt nach §§ 1569 ff. BGB, wenn der Verpflichtete vor dem Beitritt in das Gebiet der damaligen Bundesrepublik übergesiedelt ist.[276] Die Änderung einer vor dem Beitritt geschlossenen Unterhaltsvereinbarung richtet sich grds. nach § 33 FGB.[277]

137

Das **neue Unterhaltsrecht** gilt ab dem 01.01.2008 für Unterhaltsansprüche, die ab dem 01.01.2008 fällig werden. Es gilt nicht für Unterhaltsansprüche, die die Zeit bis 31.12.2007 betreffen und nicht

138

---

268 BGH, FamRZ 2007, 193; vgl. auch BGH, FamRZ 1997, 1532.
269 BGH, FamRZ 1989, 150.
270 OLG Köln, FamRZ 1997, 426.
271 BGH, FamRZ 1989, 150.
272 BGH, FamRZ 2005, 1162.
273 BGH, FamRZ 1989, 150.
274 BGH, FamRZ 2014, 912.
275 BVerfG, FamRZ 1956, 361.
276 BGH, FamRZ 1994, 160.
277 OLG Dresden, FamRZ 1994, 708.

für vor dem 01.07.1977 geschiedene Ehen. Bereits bestehende Titel oder Vereinbarungen können abgeändert werden. Die Änderung erfolgt über den **Abänderungsantrag** nach § 238 FamFG. Anerkannt ist, dass eine **Änderung des Gesetzes** in beiden Fällen als **Abänderungsgrund** gilt.[278] Voraussetzung ist allerdings immer eine wesentliche Veränderung der Verhältnisse bzw. bei Störungen der Geschäftsgrundlage ein unzumutbares Festhalten an der bestehenden Vereinbarung. Danach ist eine Änderung nur zu berücksichtigen, wenn die Änderung dem anderen Teil unter Berücksichtigung seines Vertrauens in die getroffene Regelung zumutbar ist. Die Frage der **Zumutbarkeit** beurteilt sich insb. bei der Durchsetzung der Rangverhältnisse auch nach den schutzwürdigen Interessen des durch die Gesetzesänderung benachteiligten Ehegatten. Geschützt wird das Vertrauen sowohl eines Unterhaltsberechtigten als auch eines Verpflichteten auf den Fortbestand der Regelung.

139 § 36 Nr. 1 und 2 EGZPO bestimmen, unter welchen Voraussetzungen eine Abänderung vollstreckbarer Titel oder Vereinbarungen möglich ist, die vor dem 01.01.2008 entstanden sind. Eine Präklusion nach § 238 Abs. 2 FamFG (§ 323 Abs. 2 ZPO), § 767 Abs. 2 ZPO ist gem. § 36 Nr. 2 EGZPO ausgeschlossen. Hinsichtlich der durch das UÄndG in § 1578b BGB geschaffenen Befristungs- und Herabsetzungsmöglichkeiten ist umstritten, ob wegen der bereits vormals gegeben Möglichkeiten nach §§ 1573 Abs. 5, 1578 Abs. 1 Satz 2 BGB a.F. eine Begrenzung oder Befristung ausscheidet.[279] Letztlich wird darauf abzustellen sein, dass der BGH mit seiner Entscheidung vom 12.04.2006[280] seine Rechtsprechung geändert hat.[281] Diese geänderte Rechtsprechung des BGH zu erweiterten Begrenzungs- und Befristungsmöglichkeiten nach §§ 1573 Abs. 5, 1578 Abs. 1 Satz 2 BGB a.F. hat die gesetzliche **Neuregelung des § 1578b BGB** bereits vorweggenommen. § 1578b BGB[282] hat die Begrenzungs- und Befristungsmöglichkeiten lediglich auf weitere Unterhaltstatbestände erstreckt.[283] Der Abänderungsantragsteller wird demnach nur dann als nicht präkludiert (§ 238 Abs. 2 FamFG) angesehen werden können, wenn die Umstände, die für den Fortfall ehebedingter Nachteile sprechen, bereits vor der Entscheidung des BGH vom 12.04.2006 entstanden sind.[284]

140 Für eine Begrenzung nach § 1578b BGB hat der Verpflichtete darzulegen, dass keine ehebedingten Nachteile vorliegen. Den Unterhaltsberechtigten trifft eine **sekundäre Darlegungslast**.[285] Er muss einerseits fortbestehende **ehebedingte Nachteile** darlegen und ggf. beweisen. Erst wenn das Vorbringen des Berechtigten diesen Anforderungen genügt, muss der Verpflichtete den Vortrag zu den behaupteten ehebedingten Nachteilen widerlegen.[286]

h) Rückforderung

141 Hat der Berechtigte in einem Unterhaltsverfahren einen Betrug begangen, etwa durch vorsätzlich falsche Angaben über Einkünfte oder Verschweigen unterhaltsrelevanter Fakten, bestehen **Schadensersatzansprüche** nach § 823 Abs. 2 BGB i.V.m. § 263 StGB.[287] Ein Schadensersatzanspruch nach § 826 BGB setzt die sittenwidrige Ausnutzung eines unrichtig gewordenen Titels voraus.[288]

---

278 BGH, FamRZ 2001, 1687.
279 Vgl. einerseits OLG Stuttgart, FamRZ 2009, 1841; *Borth*, FamRZ 2008, 105; andererseits OLG Koblenz, FuR 2010, 42; OLG Celle, FamRZ 2009, 2105.
280 BGH, FamRZ 2006, 1006.
281 Vgl. BGH, FamRZ 2008, 1508.
282 Zu Einzelheiten vgl. PWW/*Soyka*, §§ 1578b.
283 Eingehend *Dose*, FamRZ 2007, 1289.
284 OLG Dresden, NJW 2008, 3073; OLG Bremen, FamRZ 2008, 3074; *Rasch*, FPR 2008, 15; vgl. jedoch auch OLG Hamm, FamRZ 2008, 000; *Triebs*, FPR 2008, 31.
285 BGH, FamRZ 2010, 875.
286 Vgl. auch BGH, FamRZ 2010, 1637.
287 BGH, FamRZ 1997, 483; zu Einzelheiten vgl. *Kleffmann*, in: Scholz/Kleffmann, Praxishandbuch Familienrecht, Teil G Rn. 229 ff.
288 BGH, FamRZ 1988, 270.

Wegen der Durchbrechung der Rechtskraft sind hohe Anforderungen zu stellen. Erforderlich ist ein evident unredliches Verhalten.[289]

Eine Schadensersatzverpflichtung kann entstehen, wenn aus einem Beschluss nach § 116 Abs. 3 Satz 2 und 3 FamFG, welcher im Rechtsmittelverfahren abgeändert wird, vollstreckt wurde. Nach § 120 FamFG i.V.m. § 717 Abs. 2 Satz 1 ZPO ist erforderlich, dass der Schaden durch die Vollstreckung des Beschlusses oder durch Zahlungen, die der Schuldner zur Abwendung der Vollstreckung geleistet hat, entstanden ist. 142

Nach § 717 Abs. 2 Satz 1 ZPO gilt § 717 Abs. 3 Satz 1 ZPO auch für Versäumnisentscheidungen der OLG. Bei sonstigen Unterhaltsbeschlüssen der OLG gibt es keinen Schadensersatz-, sondern einen Bereicherungsanspruch, wenn ein vorläufig vollstreckbares Urteil aufgehoben oder abgeändert wird. 143

Eine den §§ 717 Abs. 2, 945 ZPO entsprechende Bestimmung fehlt bei der einstweiligen Anordnung. Eine Analogie kommt nicht in Betracht. Aus § 119 Abs. 1 FamFG folgt, dass der Gesetzgeber eine Ausdehnung des § 945 ZPO auf Unterhaltssachen nach § 112 Abs. 1 FamFG abgelehnt hat. 144

Unterhalt, der an den geschiedenen Ehegatten für die Zeit nach Wirksamkeit des **Versorgungsausgleichs** geleistet wird, kann zurückgefordert werden, soweit der Berechtigte aufgrund des durchgeführten Versorgungsausgleichs einen Rentenanspruch erlangt hat.[290] Die Erstattung der Nachzahlung einer nachträglich bewilligten Erwerbsunfähigkeitsrente kann nach § 242 BGB für einen Zeitraum verlangt werden, für den der andere zugleich Unterhalt erhalten hat.[291] 145

Bei Beschlüssen, vollstreckbaren Urkunden oder Titeln im vereinfachten Verfahren, welche in einem **Abänderungsverfahren** rückwirkend geändert werden, entfällt nachträglich der rechtliche Grund. Eine **Rückforderung wegen ungerechtfertigter Bereicherung** erfolgt nach § 812 Abs. 1 Satz 2, Alt. 1 BGB.[292] Einstweilige Anordnungen oder diese ersetzende Vergleiche erwachsen nicht in Rechtskraft. Hier leistet der Schuldner, soweit die einstweilige Anordnung über den tatsächlich geschuldeten Unterhalt hinausgeht, seit Beginn der Zahlung ohne rechtlichen Grund i.S.d. § 812 Abs. 1 Satz 1 BGB.[293] 146

Der Empfänger der Unterhaltsleistung kann den **Einwand des Bereicherungswegfalls** (§ 818 Abs. 3 BGB) erheben, soweit er den Unterhalt für seine laufenden Lebensbedürfnisse verwendet hat.[294] Hierfür spricht eine Vermutung.[295] Hat der Empfänger hingegen Vermögen gebildet oder Verbindlichkeiten getilgt, steht dies einem Wegfall der Bereicherung entgegen, soweit die rechtsgrundlose Überzahlung des Unterhalts für diesen Vermögensvorteil ursächlich ist.[296] 147

Eine **verschärfte Haftung** nach § 820 Abs. 1 BGB kommt beim gesetzlichen Unterhaltsanspruch, in diesen modifizierenden Vereinbarungen, einstweiligen Anordnungen und Leistungen unter Vorbehalt nicht in Betracht.[297] Der **Eintritt der Rechtshängigkeit** i.S.d. § 818 Abs. 4 BGB bezieht sich nur auf Verfahren, mit welchen der Rückforderungsanspruch selbst geltend gemacht wird,[298] da er nicht auf Abänderungsverfahren oder negative Feststellungsverfahren, durch welche entschieden wird, dass Unterhalt nicht oder in geringerem Maße geschuldet ist, anwendbar ist. Vor der Neuregelung durch das FamFG mussten daher Abänderungs- oder negative Feststellungsanträge mit einem 148

---

289 BGH, FamRZ 2000, 751.
290 BGH, NJW 1982, 1147.
291 BGH, FamRZ 1990, 269.
292 BGH, FamRZ 1998, 951.
293 BGH, NJW-RR 1991, 1154.
294 BGH, FamRZ 1997, 1152.
295 BGB, FamRZ 2000, 751.
296 BGH, FamRZ 1992, 1152.
297 BGB, FamRZ 2000, 751.
298 BGH, FamRZ 2010, 1637; BGH, FamRZ 1998, 951.

entsprechenden Rückforderungsantrag verbunden werden.[299] Wegen der **Neuregelung im § 241 FamFG** ist dies nicht mehr erforderlich. Die Rechtshängigkeit des auf Herabsetzung gerichteten Abänderungsantrags steht der Rechtshängigkeit einer Klage auf Rückzahlung nach § 818 Abs. 4 BGB nunmehr gleich. § 242 FamFG bezieht sich nur auf §§ 238 bis 240 FamFG, gilt mithin nicht unmittelbar für das einstweilige Anordnungsverfahren. Hier bietet sich jedoch eine analoge Anwendung an.[300]

II. Betreuungsunterhalt

149 § 1570 BGB normiert den Anspruch auf nachehelichen Unterhalt wegen Betreuung eines oder mehrerer gemeinsamer ehelicher Kinder. Der **zweispurige Betreuungsunterhalt** nach § 1570 Abs. 1 und 2 BGB soll einerseits der durch Art. 6 Abs. 5 GG gebotenen Gleichstellung ehelicher und nichtehelicher Kinder[301] hinsichtlich der Dauer der in ihrem Interesse erforderlichen persönlichen Betreuung Rechnung tragen, andererseits eine Verlängerung aufgrund von Umständen ermöglichen, die unmittelbar das Verhältnis der Eltern zueinander betrifft. Rechtsgrund des Anspruchs nach § 1570 Abs. 1 BGB, der, wie der gleichlautende Anspruch nach § 1615l Abs. 2 BGB, dem betreuenden Elternteil für mindestens drei Jahre bzw. darüber hinaus nach Billigkeit gewährt wird, ist das **Bedürfnis des Kindes nach einer persönlichen Betreuung durch einen Elternteil** und damit ein Umstand, der im Interesse des Kindes liegt, nicht dagegen die Bedürftigkeit des betreuenden Elternteils, auch wenn der Anspruch formal als solcher des Betreuenden ausgestaltet ist. Daneben wird zwar auch das Interesse des betreuenden Elternteils an persönlicher Kindesbetreuung realisiert. Dieses vom Elternrecht umfasste Interesse wird jedoch gerade im Hinblick auf das **Kindeswohl** geschützt.[302] Kinder müssen gleichmäßige Entwicklungschancen haben, unabhängig davon, ob die Eltern verheiratet sind, getrennt leben oder geschieden sind. Der betreuende Elternteil ist reflexartig begünstigt.

150 Der **Anspruch nach § 1570 BGB ist mehrfach privilegiert**: § 1609 BGB (Rang), § 1577 Abs. 4 Satz 2 BGB (späterer Vermögensverfall), § 1586a BGB (Wiederaufleben), §§ 1578b, 1579 BGB (erschwerte Begrenzung, Befristung und Verwirkung), §§ 1408, 1585c BGB (Einschränkungen der Vertragsfreiheit und der Berufung auf einen nachehelichen Unterhaltsverzicht), § 47 SGB VI (Gewährung einer Erziehungsrente bei Tod des gem. § 1570 BGB unterhaltsverpflichteten geschiedenen Ehegatten).

151 § 1570 Abs. 1 Satz 1 BGB gewährt einen **Basisunterhalt**. In den ersten drei Lebensjahren des Kindes kann der betreuende Elternteil im Fall der Bedürftigkeit stets einen Anspruch auf Betreuungsunterhalt geltend machen. Die **Drei-Jahresfrist** ist im Regelfall auch mit dem Kindeswohl vereinbar.[303] Der betreuende Elternteil kann sich frei entscheiden, das Kind selbst zu betreuen, und zwar auch dann, wenn eine Versorgung durch Dritte möglich wäre.[304] Auch eine bereits ausgeübte Erwerbstätigkeit kann sanktionslos wieder aufgegeben werden. Ein trotz Kindesbetreuung in dieser Zeit erzieltes Einkommen ist regelmäßig überobligatorisch. Eine Berücksichtigung dieser Einkünfte erfolgt unter Billigkeitsgesichtspunkten entsprechend § 1577 Abs. 2 BGB ggf. anteilig.[305] Die Berücksichtigung des Einkommens hängt insb. davon ab, in welchem Maß der Betreuende von der Erwerbsobliegenheit befreit ist.[306] Ein pauschaler **Betreuungsbonus** kann jedoch nicht in Ansatz

---

299 BGH, FamRZ 1998, 951.
300 Zutreffend *Klein*, FuR 2009, 241; *Roßmann*, ZFE 2008, 245; *Kleffmann*, in: FS Brudermüller, 2014, S. 379 ff.
301 BVerfG, FamRZ 2007, 965.
302 BVerfG, FamRZ 2001, 343; BGH, FamRZ 2011, 1375; BGH, FamRZ 2011, 791.
303 BVerfG, FamRZ 2007, 965.
304 BGH, FamRZ 2010, 1880; BGH, FamRZ 2010, 440.
305 BGH, FamRZ 2009, 770; BGH, FamRZ 2009, 1124.
306 BGH, FamRZ 2010, 1050; BGH, FamRZ 2009, 1391; BGH, FamRZ 2009, 1124.

gebracht werden.³⁰⁷ **Konkret anfallende Betreuungskosten** hingegen sind in angemessenem Umfang berücksichtigungsfähig.³⁰⁸

Der **Basisunterhalt** ist nach § 1570 Abs. 1 Satz 2 und 3 BGB zu **verlängern**, soweit und solange dies der **Billigkeit** entspricht.³⁰⁹ Maßstab für eine Verlängerung sind in erster Linie **kindbezogene Gründe**. Der BGH hat seine ursprünglich restriktive Rechtsprechung zur Verlängerung des Betreuungsunterhalts über die Dauer von drei Jahren hinaus³¹⁰ gelockert, indem er an die für eine Verlängerung des Anspruchs insb. aus kindbezogenen Gründen erforderlichen Darlegungen »keine überzogenen Anforderungen« stellt.³¹¹

152

Kasuistik zu kindbezogenen Verlängerungsgründen:
- Alter des Kindes
- Anzahl der Kinder
- Gesundheitliche Beeinträchtigungen, Erkrankungen oder Behinderung des Kindes³¹²
- Entwicklungsstand, Neigungen und Begabungen des Kindes³¹³
- Kindgerechte Betreuungsmöglichkeiten:³¹⁴
  Kindgerechte Betreuungsmöglichkeiten sind vor allem Kindergärten, Ganztagsschulen oder Kinderhort. Hierdurch entstehende Kosten zählen nicht zum berufsbedingten Aufwand des betreuenden Elternteils, sondern zum Bedarf des Kindes, da der Besuch derartiger Einrichtungen in erster Linie erzieherischen Zwecken dient.³¹⁵ In derartigen Einrichtungen sind die Kinder regelmäßig verlässlich fremdbetreut. Öffentliche Betreuungseinrichtungen sind regelmäßig kindgerecht.³¹⁶ Oftmals wird für die Dauer des Besuchs des Kindergartens oder für die Zeiten, in denen das Kind oder die Kinder noch die ersten Schuljahre absolvieren, nur eine Teilzeittätigkeit in Betracht kommen. An die Darlegung der kindbezogenen Gründe dürfen keine überzogenen Anforderungen gestellt werden.³¹⁷ Auch Betreuungs- und Erziehungsaufgaben einschließlich üblicher hauswirtschaftlicher Leistungen für das Kind werden anders als in der Vergangenheit³¹⁸ nunmehr vom BGH³¹⁹ unter dem Gesichtspunkt der kindbezogenen Gründe gewürdigt.
- Ein Umzug zur Erlangung einer außerhäuslichen Betreuung wird nur im Ausnahmefall zumutbar sein.³²⁰ Jedoch besteht eine Obliegenheit, sich wohnortnah um eine geeignete Betreuungseinrichtung zu bemühen³²¹
- Betreuungs- und Erziehungsaufgaben einschließlich der üblichen hauswirtschaftlichen Leistungen für das Kind³²²

153

---

307 BGH, FamRZ 2010, 1050.
308 BGH, FamRZ 2010, 1050; OLG Düsseldorf, FamRZ 2010, 813; OLG Celle, FamRZ 2009, 56.
309 BGH, FamRZ 2009, 1391.
310 BGH, FamRZ 2009, 770; BGH, FamRZ 2011, 791; BGH, FamRZ 2011, 1375.
311 BGH, FamRZ 2015, 1369; BGH, FamRZ 2012, 1040.
312 BGH, FamRZ 2010, 802 (Betreuung eines volljährigen behinderten Kindes); BGH, FamRZ 2010, 770; BGH, FamRZ 2009, 770; OLG Düsseldorf, FamRZ 2010, 301 (keine Vollzeittätigkeit, wenn krankheitsbedingt ein regelmäßiger Kita-Besuch nicht möglich ist); vgl. auch OLG Köln, FamRZ 2009, 2011.
313 BGH, FamRZ 2009, 1391.
314 BGH, FamRZ 2012, 1040.
315 BGH, FamRZ 2008, 1152.
316 BGH, FamRZ 2012, 1040; BGH, FamRZ 2011, 791 (Hortbetreuung bis 17:00 Uhr); BGH, FamRZ 2010, 1050; BGH, FamRZ 2009, 1391; BGH, FamRZ 2009, 1124.
317 BGH, FamRZ 2014, 1987; BGH, FamRZ 2012, 1040; OLG Frankfurt a.M., FamRB 2013, 384.
318 BGH, FamRZ 2009, 770.
319 BGH, FamRZ 2012, 1040.
320 *Kemper*, FuR 2008, 169.
321 Grundlegend BGH, FamRZ 2009, 1124.
322 BGH, FamRZ 2012, 1040 in Abkehr von BGH, FamRZ 2009, 770 und BGH, FamRZ 2009, 1391.

– Auch der barunterhaltspflichtige Elternteil ist grds. als Betreuungsperson in Betracht zu ziehen, wenn er dies ernsthaft und verlässlich anbietet[323] und die Betreuung mit dem Kindeswohl vereinbar ist. Die Verlängerungsvoraussetzungen dürfen jedoch nicht vom unterhaltspflichtigen Elternteil durch das Angebot einer Ausweitung der Umgangskontakte unterlaufen werden, weil das hierfür vorgesehene Kindschaftsverfahren konterkariert würde[324]

154 Im Interesse des Kindeswohls ist **kein abrupter Wechsel von der elterlichen Betreuung zu einer Vollzeiterwerbstätigkeit erforderlich.**[325] Vielmehr ist auch nach Inkrafttreten des UÄndG ein **gestufter Übergang** von der elterlichen Betreuung über eine Teilzeittätigkeit bis zu einer Vollzeittätigkeit möglich.[326]

155 Nach § 1570 Abs. 2 BGB, der sich gleich einem **Annexanspruch** an den Betreuungsunterhaltsanspruch nach § 1570 Abs. 1 BGB anschließen kann, wird eine Verlängerung des Anspruchs allein aus Gründen ermöglicht, die ihre Rechtfertigung in der Ehe haben. Maßgeblich ist dabei das in der Ehe gewachsene Vertrauen in die vereinbarte und praktizierte Rollenverteilung[327] und die gemeinsame Ausgestaltung der Kindesbetreuung (**elternbezogene Gründe**). Die Verlängerung aus elternbezogenen Gründen ist insb. auch unter dem Gesichtspunkt möglich, dass der betreuende Elternteil durch Berufstätigkeit und verbleibende Betreuung und Erziehung **nicht überobligationsmäßig belastet** werden darf.[328] Die konkreten ehelichen Lebensverhältnisse und die nachwirkende eheliche Solidarität finden hier ihren Niederschlag und können eine Verlängerung rechtfertigen.

156 Kasuistik zu elternbezogenen Gründen:
– Vertrauen in die vereinbarte oder praktizierte Rollenverteilung[329] und Ausgestaltung der Kinderbetreuung, wobei auch die Aufgabe der Erwerbstätigkeit zur Erziehung gemeinsamer Kinder und die Dauer der Ehe zu berücksichtigen sind. Das bisher gelebte Betreuungsmodell darf nicht ohne beachtenswerten Grund verändert werden.
– Die gemeinsame Planung für die Betreuung ist zu berücksichtigen.
– Überbelastung des alleinerziehenden Elternteils durch den Umfang der Betreuungsbedürftigkeit des Kindes im Anschluss an eine Betreuung in einer Betreuungseinrichtung, wobei auch auf das Alter des Kindes abgestellt werden und insoweit eine gewisse pauschalierte Betrachtung möglich sein kann.[330] Bei der Frage der Überbelastung ist auch die besondere Disposition des betreuenden Elternteils zu berücksichtigen, soweit diese nicht trennungsbedingt ist, weil trennungsbedingte Probleme jeden treffen. Die Belastung des Betreuenden durch Aus- und Fortbildungs- sowie Qualifizierungsmaßnahmen und daraus resultierender eingeschränkter Erwerbstätigkeit ist jedoch kein elternbezogener Grund.[331] Der betreuende Elternteil muss die Überbelastung darlegen, was bspw. durch die Darstellung des Tagesablaufs mit Arbeitstätigkeit und Kinderbetreuung geschehen kann.

157 Die mit dem UÄndG zum 01.01.2008 in Kraft getretene Neuregelung des § 1570 BGB führt zu einer **Harmonisierung mit sozialrechtlichen Wertungen** (§ 10 Abs. 1 Nr. 3 SGB II zur Zumutbarkeit einer Erwerbstätigkeit für einen Erwerbsfähigen und kinderbetreuenden Hilfsbedürftigen oder § 24 Abs. 1 SGB XIII hinsichtlich des Anspruchs auf einen Kindergartenplatz ab Vollendung des dritten Lebensjahres des Kindes).

---

323 BGH, FamRZ 2011, 1209; BGH, FamRZ 2010, 1880.
324 *Schilling*, FuR 2012, 454; vgl. auch KG, FamRZ 2009, 981.
325 BGH, FamRZ 2011, 1375; BGH, FamRZ 2011, 791.
326 BGH, FamRZ 2010, 1050; BGH, FamRZ 2010, 444.
327 BGH, FamRZ 2012, 1624; BGH, FamRZ 2010, 1050.
328 BGH, FamRZ 2012, 1040; OLG Düsseldorf, FamRZ 2014, 772.
329 BGH, FamRZ 2012, 1624.
330 BGH, FamRZ 2012, 1040; 2009, 1124.
331 BGH, FamRZ 2012, 1624 (Habilitationsverfahren).

1. Anspruchsvoraussetzungen

Ein Betreuungsunterhaltsanspruch setzt voraus, dass der geschiedene Ehegatte ein gemeinschaftliches Kind berechtigt pflegt oder erzieht und aus diesem Grund von ihm keine oder keine vollschichtige Erwerbstätigkeit erwartet werden kann. Nicht Voraussetzung ist, dass die Ehegatten begonnen hatten, eine eheliche Lebensgemeinschaft zu verwirklichen.[332]

a) Pflege oder Erziehung eines gemeinschaftlichen Kindes

Übersicht zu gemeinschaftlichen Kindern i.S.d. § 1570 BGB[333]
- ein in der Ehe geborenes Kind, §§ 1591, 1592 Nr. 1 BGB,
- ein vorehelich geborenes Kind, wenn die Eltern nach der Geburt heiraten, § 1626a Abs. 1 Nr. 2 BGB,
- ein Kind, dessen Vaterschaft anerkannt worden ist, §§ 1591, 1592 Nr. 2 BGB,
- ein Kind, dessen Vaterschaft festgestellt worden ist, §§ 1591, 1592 Nr. 3 BGB,
- ein Kind, das während einer früheren, durch Tod des (ersten) Ehemanns aufgelösten Ehe gezeugt, aber in einer neu geschlossenen und später wieder geschiedenen Ehe geboren wurde, §§ 1591, 1593 Satz 3 BGB,
- ein gemeinsam adoptiertes Kind, § 1754 Abs. 1 BGB,[334]
- ein scheineheliches Kind, solange die Vaterschaft nicht wirksam angefochten ist,[335]
- ein nach Anhängigkeit des Scheidungsantrags geborenes Kind, für das ein Dritter die Vaterschaft nicht rechtzeitig anerkannt hat, § 1599 Abs. 2 BGB,
- ein im Rahmen einer homologen In-Vitro-Fertilisation gezeugtes Kind, und zwar auch dann, wenn die künstliche Befruchtung gegen den erklärten Willen des Ehemanns durchgeführt wurde.[336]

Als nicht gemeinschaftlich sind anzusehen:
- Ein Pflegekind, auch wenn es von beiden Ehegatten gemeinschaftlich in die Familie aufgenommen worden ist,[337]
- ein Stiefkind,
- ein vor- und außereheliches Kind eines Ehegatten. Insoweit kann evtl. ein Unterhaltsanspruch nach § 1576 BGB bestehen,[338]
- ein nach der Scheidung geborenes gemeinschaftliches nichteheliches Kind der geschiedenen Ehegatten. Da § 1570 BGB die Pflege und Erziehung gemeinschaftlicher Kinder aus der geschiedenen Ehe sicherstellen will, gilt er für diese Fälle nicht, ebenso wenig § 1576 BGB. Der Anspruch des betreuenden Elternteils richtet sich in diesem Fall nach § 1615l Abs. 2 Satz 2, Abs. 4 Satz 1 BGB.[339]

Die Begriffe »**Pflege oder Erziehung**« entsprechen den Regelungen in § 1606 Abs. 3 Satz 2 BGB und § 1626 Abs. 2 BGB. Pflege betrifft die Sorge um das körperliche und gesundheitliche Wohlergehen, Erziehung mehr die Bemühungen um die geistige und seelische Entwicklung. Der Anspruch besteht nur, solange der betreuende Elternteil das Kind auch tatsächlich betreut.[340] Betreuungsunterbrechungen (Krankenhausaufenthalt, Ferienaufenthalt beim anderen Elternteil etc.) beeinflussen den Anspruch nicht, solange nicht eine Arbeitsaufnahme für diese Zeit möglich und

---
332 BGH, FuR 2006, 32.
333 Zu weiteren Einzelheiten vgl. Wendl/Dose/*Bömelburg*, § 4 Rn. 164; PWW/*Kleffmann*, § 1570 Rn. 4.
334 BGH, FamRZ 1984, 361.
335 BT-Drucks. 13/4899, S. 86; BGH, FamRZ 1985, 51.
336 BGH, FamRZ 2011, 541; zur Frage einer Verwirkung des Unterhaltsanspruchs vgl. BGH, FamRZ 1995, 861.
337 BGH, FamRZ 1984, 361.
338 BGH, FamRZ 1984, 361; BGH, FamRZ 1984, 769.
339 BGH, FamRZ 1998, 426 (zum alten Recht).
340 BGH, FamRZ 2010, 1050.

zumutbar ist. Die Voraussetzungen sind auch erfüllt, wenn sich der betreuende Elternteil bei der Pflege und Betreuung zeitweilig fremder Hilfe, etwa von Familienangehörigen, bedient. Erfolgt jedoch eine **dauerhafte** (Richtschnur: ab drei Monaten) **Betreuungsunterbrechung** oder ein entsprechender **Betreuungswechsel** (Unterbringung des Kindes in einem Heim, Internat o.ä.) entfällt ein Anspruch aus § 1570 BGB.

162 Die **Rechtmäßigkeit der Betreuung** kann auf einem Einverständnis des anderen Elternteils beruhen (§ 1627 BGB) oder auf einer vorläufigen oder endgültigen gerichtlichen Sorgeregelung (§ 1628 BGB) für eine Übergangszeit und bis zu einer gerichtlichen Entscheidung kommt es auf die tatsächlichen Obhutsverhältnisse an, sofern diese nicht arglistig oder mit Gewalt herbeigeführt worden sind. Von einem **Wechselmodell** kann nur bei gleicher Betreuung des oder der minderjährigen Kinder durch beide Elternteile ausgegangen werden.[341] Eine überwiegende Betreuung durch einen Elternteil führt nicht nur zur Barunterhaltspflicht des anderen Elternteils hinsichtlich des Kindesunterhalts, sondern rechtfertigt grds. auch Unterhaltsansprüche nach § 1570 BGB.[342]

163 § 1570 BGB stellt nicht auf die Minderjährigkeit des Kindes, sondern auf die **Betreuungsbedürftigkeit des Kindes** ab.[343] Auch **volljährige Kinder** können ausnahmsweise, etwa bei Behinderung, noch pflegebedürftig sein.

b) Kindesbetreuung und Erwerbsobliegenheit

164 Aus der Fassung des § 1570 BGB (»solange und soweit«) ergibt sich, dass die gebotene Betreuung (noch) einen solchen Umfang annehmen muss, dass daneben keine volle oder teilweise Erwerbstätigkeit in Betracht kommt. Die Kindesbetreuung muss für die Erwerbsbeschränkung kausal sein. Während der ersten drei Lebensjahre des Kindes steht es dem betreuenden Elternteil frei, ob er das Kind selbst betreut oder anderweitige Betreuungsmöglichkeiten nutzt.[344] Eine bereits ausgeübte Erwerbstätigkeit kann sanktionslos wieder aufgegeben werden.[345] Unerheblich ist, ob bei Inanspruchnahme von Betreuungsleistungen Dritter eine Erwerbstätigkeit verrichtet werden könnte oder ob angesichts der objektiven und subjektiven Umstände eine Arbeit gefunden werden könnte. Nach dem Zerfall der Familie und auch des gemeinsamen Lebensplans muss sich der ein gemeinsames Kind betreuende geschiedene Ehegatte an einer früheren Lebensplanung grds. nicht festhalten lassen.[346]

165 Ob eine Erwerbsobliegenheit trotz Kindesbetreuung besteht, ist nach **objektiven Kriterien** zu beurteilen. Der Gesetzgeber hat im Hinblick auf die Vielgestaltigkeit der zu erfassenden Lebenssachverhalte bewusst davon abgesehen, eine widerlegbare Vermutung des Inhalts zu schaffen, dass ein Ehegatte eine Erwerbstätigkeit erst aufnehmen kann, wenn das zu erziehende Kind ein bestimmtes Lebensalter erreicht hat.

166 Hat der Unterhaltsschuldner dem geschiedenen Gläubiger jedoch auch nach Beendigung der Kindesbetreuung Unterhalt weitergezahlt und auch nicht in sonstiger Weise eine Erwerbsobliegenheit des Gläubigers geltend gemacht, kann aus Gründen des **Vertrauensschutzes** nicht sofort nach Einstellung der Unterhaltszahlungen eine Erwerbsobliegenheit des Gläubigers angenommen werden.[347]

167 Die Erwerbsobliegenheit trotz Kindesbetreuung ist eines der gleichermaßen wichtigsten wie umstrittensten Probleme im Bereich des § 1570 BGB.[348]

---

341 BGH, FamRZ 2007, 707.
342 BGH, FamRZ 2006, 1015.
343 BGH, FuR 2010, 401.
344 BGH, NJW 2011, 70; BGH, FamRZ 2010, 1880; BGH, FamRZ 2010, 444.
345 BGH, NJW 2011, 70; BGH, FamRZ 2011, 791.
346 BGH, FamRZ 2005, 442.
347 OLG Karlsruhe, FamRZ 2005, 1756.
348 Zu Einzelheiten vgl. Wendl/Dose/*Bömelburg*, § 4 Rn. 193 ff.; PWW/*Kleffmann*, § 1570 Rn. 6 ff.; *Kleffmann*, ZKJ 2011, 344 ff.

aa) Altersphasenmodell

Bis zum Inkrafttreten des UÄndG am 01.01.2008 wurde allgemein ein Phasenmodell (»08/15-Modell«[349]) praktiziert. Darin kamen Erfahrungssätze zur Notwendigkeit der Betreuung heranwachsender Kinder zum Ausdruck. Wer hiervon abweichen wollte, musste besondere Gründe und die hierfür erforderlichen Voraussetzungen darlegen und ggf. beweisen.[350]

Nach diesem Modell war von folgenden Grundsätzen auszugehen:
– Keine Erwerbsobliegenheit bei Betreuung eines Kindes, das noch nicht schulpflichtig ist, bei Betreuung eines Kindes bis zum Alter von 8 Jahren, bei Betreuung eines Kindes bis zum Erreichen der dritten Grundschulklasse, bei Betreuung von mehreren Kindern bis zum Alter des jüngsten Kindes von 14 Jahren.
– Teilweise Erwerbsobliegenheit, die nicht den Umfang einer Halbtagstätigkeit erreichen musste; bei einem Kind ab Beginn des dritten Schuljahres, bei einem Kind im Alter von 9 bis 15 Jahren, bei zwei Kindern bis 18 Jahren.
– Vollschichtige Erwerbsobliegenheit bei Betreuung eines Kindes ab etwa 15 bis 16 Jahren.
– Bei höherer Kinderzahl wurde dem betreuenden Elternteil eine Erwerbstätigkeit nur in geringerem Umfang zugemutet.[351]

Mit Inkrafttreten des UÄndG zum 01.01.2008 haben die Familiensenate der OLG ihre Leitlinien fortentwickelt. Versuche, ein modifiziertes Altersphasenmodell weiter anzuwenden,[352] kontrastieren mit der Intention des Gesetzgebers,[353] wonach eine Anknüpfung der Verlängerung des Betreuungsunterhaltsanspruchs nur an das Alter des Kindes ausscheidet. Demgemäß verlangt der BGH in ständiger Rechtsprechung[354] stets die **Prüfung der Umstände im Einzelfall**. Dies hat weitgehend Eingang in die Leitlinien der OLG (vgl. jeweils Nr. 17) gefunden.[355]

Unter dem Blickwinkel der strengeren Fassung des § 1569 BGB i.V.m. der Neustrukturierung des § 1570 BGB ist das **tradierte Altersphasenmodell nicht mehr anwendbar**.[356]

bb) Gebot der Einzelfallprüfung

Bei der gebotenen Einzelfallprüfung ist nicht nur das **Alter der zu betreuenden Kinder** zu berücksichtigen, sondern insb. auch welche Betreuungsmöglichkeiten mit Blick auf das Kindeswohl zumutbar sind (Verfügbarkeit einer **Betreuungseinrichtung**, Qualität, Umfang, Ganztags- oder Halbtagsbetreuung), **Erreichbarkeit der Kindesbetreuung** sowie besondere **Bedürfnisse des Kindes**, der Aufwand für die Fahrten zur Betreuungseinrichtung und die Koordinierung mit anderen (Freizeit-) Terminen des Kindes (»**Logistik der Kindesbetreuung**«).[357] Mit dieser gebotenen Einzelfallprüfung ist ein festes Schema nicht vereinbar. Dies hindert allerdings nicht, Orientierungshilfen oder ein Kriterienmodell zu entwickeln und heranzuziehen, innerhalb dessen unter Berücksichtigung der Einzelfallumstände flexibel die Einsatzzeiten für Erwerbsobliegenheiten beurteilt werden.[358] Die

---

349 *Wellenhofer*, FamRZ 2007, 1282.
350 BGH, FamRZ 1991, 170 und ständig; vgl. auch *Kleffmann*, Der Betreuungsunterhalt – immer noch ein Buch mit sieben Siegeln?, FS Brudermüller, München 2014.
351 BGH, FamRZ 1999, 372.
352 Vgl. etwa OLG Hamm, FamRZ 2010, 192; OLG Celle, FF 2009, 81; KG, FamRZ 2009, 336.
353 BT-Drucks. 16/1830, S. 17.
354 BGH, FamRZ 2011, 1379; BGH, FamRZ 2011, 791; BGH, FamRZ 2010, 1880; BGH, FamRZ 2010, 1050.
355 Zusammenfassende Darstellung der Regelungen zur Erwerbsobliegenheit bei Kindesbetreuung in den Leitlinien bei Wendl/Dose/*Bömelburg*, § 4 Rn. 193.
356 BGH, FamRZ 2012, 1040; BGH, FamRZ 2011, 1375; BGH, FamRZ 2011, 791; BGH, FamRZ 2011, 1209; OLG Hamm, FamRZ 2014, 1468.
357 Betreuung mehrerer Kinder: OLG Düsseldorf, FamRZ 2016, 63.
358 Zu Einzelheiten vgl. *Götz*, FPR 2011, 149; *Kleffmann*, ZKJ 2011, 344; *Diehl*, FuR 2008, 519; *Maurer*, FamRZ 2008, 2168.

gebotene Einzelprüfung und immer noch vorhandene regionale Unterschiede der Ganztagsbetreuung[359] bringen es mit sich, dass in der Rechtsprechung die Erwerbsobliegenheit kinderbetreuender Elternteile noch sehr uneinheitlich beurteilt wird.

173 Kasuistik zur Erwerbsobliegenheit bei Kindesbetreuung:
- BGH:[360] Kein unterhaltsrechtlicher Bedarf, wenn Hortbetreuung auch Hausaufgaben umfasst.
- BGH:[361] Die tatsächliche und zumutbare Entlastung durch den anderen Elternteil ist zu berücksichtigen und kann zu einer Erwerbsobliegenheit führen, nicht jedoch, wenn der geschiedene Ehegatte seit längerem keinen unbegleiteten Umgang mit dem Kind hatte[362] oder ein nicht aufgearbeiteter Elternkonflikt besteht.[363]
- BGH:[364] Das Betreuungsangebot durch den anderen Elternteil ist, falls im Einzelfall keine Gründe dagegen sprechen, grds. anzunehmen.
- BGH:[365] Nahrungsmittelallergie, Schulschwierigkeiten und Entwicklungsstörungen können der Aufnahme einer Erwerbstätigkeit entgegenstehen.
- BGH:[366] Bei Betreuung eines 7-jährigen Kindes, das die Schule bis 14 Uhr besucht, ohne die Möglichkeit eines anschließenden Hortbesuchs, erachtet der BGH die halbschichtige Tätigkeit eines betreuenden Elternteils für ausreichend.
- BGH:[367] Das Urteil des OLG für die fortdauernde Unterhaltsberechtigung einer verbeamteten, 18 Wochenstunden tätigen Studienrätin, die einen 7-jährigen chronisch asthmakranken Sohn betreute, der nach der Schule bis 16 Uhr in einen Hort ging, wurde aufgehoben und an das OLG zurückverwiesen, weil durch das OLG unzulässig vorrangig auf das Alter des Kindes abgestellt wurde.
- BGH:[368] Auch die Betreuung eines volljährigen, aber behinderten Kindes durch die Mutter kann Grundlage des Anspruchs sein, wenn eine solche Betreuung aus kindbezogenen Gründen notwendig ist.
- BGH:[369] Eine Krankengymnastin, die zwei Kinder im Alter von 14 und 12 Jahren betreut, zuletzt mit 25 bis 30 Wochenstunden in einer Gemeinschaftspraxis freiberuflich tätig war und ein unter ADS leidendes Kind betreut, muss sich erkundigen, ob in ihrem Einzugsbereich eine kindgerechte Einrichtung existiert, die die Betreuung einschließlich Hausaufgabenüberwachung sicherstellt und auch den infolge der ADS-Erkrankung zusätzlichen Betreuungsbedarf bewältigt.
- OLG Brandenburg:[370] Obliegenheit zur halbschichtigen Tätigkeit bei Betreuung eines an ADS leidenden 11-jährigen Kindes.
- OLG Braunschweig:[371] Teilschichtige Erwerbsobliegenheit bei Betreuung von zwei Kindern im Alter von 13 und 15 Jahren, wobei ein Kind an ADS leidet und erhöhter Betreuungsaufwand besteht.
- OLG Bremen:[372] Bei Betreuung eines 12 1/2 jährigen Kindes ist es Sache der betreuenden Mutter, im Einzelnen darzulegen, welche Umstände einer vollschichtigen Erwerbstätigkeit entgegenstehen.

---
359 Vgl. *Viefhues*, FamRZ 2010, 249.
360 BGH, FamRZ 2015, 1369; BGH, FamRZ 2010, 1050.
361 BGH, FamRZ 2010, 1880.
362 OLG Celle, FamRZ 2009, 975.
363 KG, FamRZ 2009, 981.
364 BGH, FamRZ 2011, 1209.
365 BGH, FamRZ 2009, 1399.
366 BGH, FamRZ 2009, 1391.
367 BGH, FamRZ 2009, 770.
368 BGH, FamRZ 2010, 802.
369 BGH, FamRZ 2009, 1124.
370 OLG Brandenburg, FamRZ 2008, 1947.
371 OLG Braunschweig, FuR 2009, 213.
372 OLG Bremen, FuR 2009, 280.

- LG Celle:[373] Eine halbschichtige Erwerbstätigkeit der Ehefrau, die zwei Kinder im Grundschulalter betreut, ist ausreichend.
- OLG Celle:[374] Bei Betreuung eines 9 Jahre alten Kindes muss in Einzelheiten dargelegt werden, dass wegen fehlender oder nur eingeschränkter Betreuungsmöglichkeiten eine weiter gehende Beschäftigung nicht möglich sein soll.
- OLG Düsseldorf:[375] Vor Vollendung des 14. Lebensjahres des Kindes besteht grds. keine vollschichtige Erwerbsobliegenheit des betreuenden Elternteils.
- OLG Düsseldorf:[376] Ein Elternteil, der ein 6 Jahre altes Kind betreut, muss substanziiert darlegen, dass die konkrete Betreuungssituation oder eine besondere Betreuungsbedürftigkeit des Kindes eine vollschichtige Erwerbstätigkeit nicht zulassen; i.Ü. grds. halbschichtige Erwerbstätigkeit zumutbar.
- OLG Düsseldorf:[377] Bei Betreuung von Kindern im Alter von 7 und 9 Jahren Teilzeittätigkeit im Umfang von 5 Stunden zumutbar. Zu Recht verweist das OLG Düsseldorf jedoch darauf, dass der betreuende Elternteil nicht für verpflichtet erachtet werden kann, abrupt einer Erwerbstätigkeit nachzugehen. Geboten ist ein gestufter Übergang.
- OLG Düsseldorf:[378] Keine Vollerwerbsobliegenheit bei Betreuung von zwei Kindern im Alter von 7 und 9 Jahren.
- OLG Hamm:[379] Obliegenheit zur halbschichtigen Erwerbstätigkeit bei Betreuung eines 8-jährigen Kindes auch bei besonderer Betreuungsbedürftigkeit des Kindes.
- OLG Hamm:[380] Ausübung einer Erwerbstätigkeit im Umfang von 25 Std. ausreichend, wenn der unterhaltsberechtigte Ehegatte zwei gemeinsame Kinder im Alter von 13 und 14 Jahren betreut und ein Kind unter gesundheitlichen Beschwerden leidet.
- OLG Hamm:[381] Kindbezogene Gründe können auch in einer Straffälligkeit des – im entschiedenen Fall 17-jährigen – Kindes, liegen.
- OLG Hamm:[382] Auch bei 14 und 11 Jahre alten Kindern soll keine über einen halbschichtigen Umfang hinausgehende Berufstätigkeit geschuldet sein, wenn die betreuende Mutter als Flugbegleiterin in Monatsteilzeit arbeitet (einen Monat vollschichtig, einen Monat überhaupt nicht).
- OLG Hamm:[383] Bei Betreuung von zwei Kindern ist die getrennt lebende Ehefrau zu einer halbschichtigen Tätigkeit verpflichtet, selbst dann, wenn das jüngere 8-jährige Kind wegen Hyperaktivität einer besonderen Betreuung bedarf, aber bis 14.00 Uhr die Schule besucht.
- OLG Jena:[384] Keine vollschichtige Erwerbsobliegenheit, wenn der Elternteil ein Kind betreut, das die ersten beiden Grundschulklassen besucht.
- OLG Karlsruhe:[385] Obliegenheit zur vollschichtigen Erwerbstätigkeit bei Betreuung eines 13 Jahre alten Kindes.
- OLG Karlsruhe:[386] Eine bisher nicht erwerbstätige Ehefrau soll nach einer Übergangsfrist trotz der Betreuung eines 11-jährigen Kindes nach dem Wechsel des Kindes auf eine weiterführende Schule eine Berufstätigkeit im Umfang von 30 Wochenstunden zumutbar sein.

---

373 OLG Celle, FamRZ 2009, 975.
374 OLG Celle, FamRZ 08, 997.
375 OLG Düsseldorf, FamRZ 2009, 522.
376 OLG Düsseldorf, FuR 2008, 515.
377 OLG Düsseldorf, FamRZ 2008, 1861.
378 OLG Düsseldorf, FamRZ 2008, 1861.
379 OLG Hamm, FamFR 2009, 13.
380 OLG Hamm, FamRZ 2009, 292.
381 OLG Hamm, FamRZ 2009, 976.
382 OLG Hamm, FuR 2009, 698.
383 OLG Hamm, FuR 2009, 702.
384 OLG Jena, NJW 2008, 3224.
385 OLG Karlsruhe, NJW 2008, 3645.
386 OLG Karlsruhe, MDR 2009, 512.

- OLG Karlsruhe:[387] Für eine geschiedene Mutter besteht vor Vollendung des 15. Lebensjahrs des Kindes eine Obliegenheit zur vollschichtigen Erwerbstätigkeit.
- KG:[388] Bei Betreuung eines 8-jährigen Kindes noch keine vollschichtige Erwerbsobliegenheit und keine Obliegenheit, das Kind in eine ganztägige Fremdbetreuung zu geben.
- KG:[389] Keine Obliegenheit zur vollschichtigen Erwerbstätigkeit bei Betreuung von zwei schulpflichtigen Kindern.
- OLG Köln:[390] Keine Vollerwerbsverpflichtung bei Betreuung eines 6-jährigen Kindes.
- OLG Köln:[391] Vollschichtige Erwerbsobliegenheit bei zwei 8 und 11 Jahre alten Kindern.
- OLG Köln:[392] Teilzeittätigkeit bei Betreuung einer 8-jährigen Tochter ausreichend, wenn sich die Ehefrau beruflich neu orientieren muss.
- OLG Köln:[393] Bei Betreuung von zwei Kindern im Alter von 11 und 8 Jahren grds. vollschichtige Erwerbsobliegenheit.
- OLG München:[394] Keine vollschichtige Erwerbsobliegenheit bei Betreuung eines Kindes im Kindergarten- oder Grundschulalter.
- OLG München:[395] Im Regelfall nur teilschichtige Erwerbsobliegenheit bei Betreuung eines Kindes bis zu den ersten Grundschuljahren.
- OLG Nürnberg:[396] Halbtagstätigkeit zu erwarten, wenn das Kind die zweite Grundschulklasse besucht, Vollzeiterwerbstätigkeit ab dem 15. Lebensjahr des Kindes.
- OLG Oldenburg:[397] Kein Unterhaltsanspruch mehr bei Betreuung von 13 und 9 Jahre alten Kindern, wenn die Nutzung von Fremdbetreuungsangeboten mit den Kindesbelangen zu vereinbaren ist.
- OLG Jena:[398] I.d.R. keine vollschichtige Erwerbsobliegenheit bei Betreuung eines Kindes im Kindergartenalter oder während der ersten beiden Grundschuljahre.
- OLG Jena:[399] Bei Betreuung eines Kindes, das den Kindergarten oder die ersten beiden Grundschulklassen besucht, wird eine Vollbeschäftigung regelmäßig nicht verlangt werden können.
- OLG Stuttgart:[400] Die Betreuung eines behinderten Kindes befreit den betreuenden Elternteil im Hinblick auf ein vom ihm nicht betreutes minderjähriges Geschwisterkind nicht von der Verpflichtung zur Ausübung einer Erwerbstätigkeit.

174 Tatsächlich bestehende angemessene Möglichkeiten der **Fremdbetreuung** sind grds. in Anspruch zu nehmen.[401]

Die Bereitschaft des unterhaltspflichtigen umgangsberechtigten Elternteils, das gemeinsame Kind zeitweilig selbst zu betreuen, um dem grds. betreuenden Elternteil eine Ausweitung der Erwerbstätigkeit zu ermöglichen, ist allenfalls dann beachtlich, wenn der Umgang geregelt ist und unproblematisch funktioniert. Eine Abänderung der bestehenden Umgangsregelung zur Ausweitung der Erwerbstätigkeit kann regelmäßig nicht gefordert werden.[402]

---

387 OLG Karlsruhe, FuR 2009, 49.
388 KG, FuR 2009, 209.
389 KG, FuR 2009, 38.
390 OLG Köln, FamRZ 2009, 2011.
391 OLG Köln, FamRZ 2008, 2119.
392 OLG Köln, NJW-RR 2009, 370.
393 OLG Köln, FamRZ 2008, 2119.
394 OLG München, FamRZ 2008, 1945.
395 OLG München, FamRZ 2008, 1945.
396 OLG Nürnberg, FuR 2008, 512.
397 OLG Oldenburg, NJW-RR 2009, 1593.
398 OLG Jena, FamRZ 2008, 2203.
399 OLG Jena, FuR 2009, 58.
400 OLG Stuttgart, FamRB 2018, 47.
401 BGH, FamRZ 2018, 23.
402 OLG Frankfurt a.M., FamRZ 2019, 255; allgemein zu Entwicklungsperspektiven des Betreuungsunterhalts *Menne*, FuR 2018, 569 und *Menne*, FuR 2018, 626 sowie *Kleffmann*, Der Betreuungsunterhalt – immer noch ein Buch mit sieben Siegeln?, in: FS Brudermüller, München 2014.

Maßstab für die gebotene Einzelfallprüfung ist das **Kindeswohl**. Insgesamt ist im Einzelfall die Qualität der außerhäuslichen Betreuung zu prüfen.[403] Der betreuende Elternteil ist auch gehalten, sich um eine entsprechende Fremdbetreuung zu bemühen[404] und dies zu dokumentieren.[405] Die Möglichkeit der Betreuung außerhalb der Familie muss tatsächlich existieren, zumutbar und verlässlich sein sowie mit dem Kindeswohl in Einklang stehen. Bei Besuch eines Kindergartens, einer Kindertagesstätte, eines Horts oder einer Ganztagsschule ist dies stets der Fall.[406] Für die Betreuung des gemeinsamen Kindes ist grds. auch der **barunterhaltspflichtige Elternteil in Betracht zu ziehen**, wenn er dies ernsthaft und verlässlich anbietet.[407] Die konkret vorhandenen **Modalitäten der Fremdbetreuung** geben darüber hinaus den äußeren zeitlichen Rahmen für die überhaupt mögliche Erwerbstätigkeit vor. 175

Im Interesse des Kindes ist kein abrupter Wechsel von der elterlichen Betreuung zu einer Vollzeiterwerbstätigkeit erforderlich.[408] Nach Maßgabe der im Gesetz genannten kindbezogenen (§ 1570 Abs. 1 Satz 3 BGB) und elternbezogenen (§ 1570 Abs. 2 BGB) Gründe ist ein gestufter Übergang von der elterlichen Betreuung über eine Teilzeittätigkeit bin hin zu einer Vollzeittätigkeit möglich.[409] 176

Selbst wenn Kinder jedoch ganztags in einer **kindgerechten Einrichtung** betreut und erzogen werden, was dem betreuenden Elternteil grds. die Möglichkeit zu einer Vollzeittätigkeit einräumen würde, kann sich bei Rückkehr in die Familienwohnung ein weiterer Betreuungsbedarf ergeben, dessen Umfang im Einzelfall unterschiedlich sein kann. Dieser zusätzliche Betreuungsbedarf kann von der Anzahl der Kinder, deren Gesundheitszustand und ihrem Entwicklungstand, den Neigungen und Begabungen der Kinder abhängig sein. Die zeitliche Belastung des betreuenden Elternteils steigt mit dem Umfang der noch notwendigen Betreuung des Kindes.[410] 177

Die **Obliegenheit zur Arbeitsplatzsuche beginnt** bei Wegfall der Betreuungsnotwendigkeit des oder der Kinder oder wenn das Ende der Betreuung des Kindes oder der Kinder zuverlässig absehbar ist.[411] Durch vertragliche Regelungen kann der Beginn der Erwerbsobliegenheit verschoben werden. Im Mangelfall bestehen gesteigerte Anforderungen für den Unterhaltsgläubiger. Wird eine zumutbare Erwerbstätigkeit nicht aufgenommen, weil der Unterhalt ungeachtet einer Erwerbsobliegenheit in der bisherigen Höhe durch den Schuldner fortgezahlt wird, kann ein Vertrauenstatbestand entstehen, der eine Berufung auf eine frühere Obliegenheit zur Arbeitssuche ausschließt.[412] 178

Hat der Berechtigte die Voraussetzungen einer (teilweisen) Verwirkung nach § 1579 BGB erfüllt, können sich die Zumutbarkeitsanforderungen an die Erwerbsbemühungen verschärfen. 179

c) Umfang des Anspruchs

Ist der geschiedene Ehegatte wegen Kindesbetreuung vollständig an einer Erwerbstätigkeit gehindert, beruht sein Anspruch allein auf § 1570 BGB. Er kann den vollen, den ehelichen Verhältnissen (§ 1578 BGB) entsprechenden Unterhalt verlangen, soweit er nicht durch sonstige eigene anrechenbare Einkünfte gedeckt ist. Bei nur teilweise durch Betreuung eingeschränkter Erwerbstätigkeit kann der geschiedene Ehegatte Unterhalt nach § 1570 BGB bis zur Höhe des Mehreinkommens 180

---

403 KG, FamRZ 2009, 981; OLG Hamm, FamRZ 2009, 2091.
404 BGH, FamRZ 2009, 1124.
405 OLG Celle, FamRZ 2008, 997; OLG Brandenburg, FF 2008, 371.
406 BGH, FamRZ 2009, 770; BGH, FamRZ 2008, 1739; vgl. auch BVerfG, FamRZ 2007, 965.
407 BGH, FamRZ 2011, 1209; BGH, FamRZ 2011, 791; BGH, FuR 2011, 566; BGH, FamRZ 2010, 1980. Zur Inanspruchnahme der Hilfe Dritter siehe BGH, FamRZ 2014, 1987.
408 BGH, FamRZ 2012, 1040; BGH, FamRZ 2011, 1375; BGH, FamRZ 2011, 791.
409 Vgl. BT-Drucks. 16/6080; BGH, FamRZ 2010, 1050; BGH, FamRZ 2010, 444; BGH, FuR 2009, 397; BGH, FamRZ 2009, 1124.
410 BGH, FamRZ 2010, 1880; BGH, FamRZ 2010, 1050; BGH, FamRZ 2009, 1124.
411 BGH, FamRZ 1995, 871.
412 OLG Karlsruhe, FamRZ 2005, 1756; OLG Köln, FamRZ 1999, 853.

verlangen, dass er durch eine angemessene vollschichtige Tätigkeit erzielen könnte. Es kommt zusätzlich ein Anspruch nach § 1573 Abs. 2 BGB in Betracht.[413]

181 Auch nach Inkrafttreten des UÄndG zum 01.01.2008 besteht die **Notwendigkeit, zwischen Teilansprüchen zu unterscheiden**.[414] An einen Anspruch aus § 1570 BGB können sich andere Unterhaltsansprüche anschließen (**Anschlussunterhalt**, vgl. Rdn. 102 ff.). **Vertragliche Begrenzungen** (vgl. Kap. 10 Rdn. 31 ff.) sind im Hinblick auf die vom BVerfG[415] und vom BGH[416] definierten Schranken nur eingeschränkt zulässig.[417]

182 Eine **Konkurrenz** zu §§ 1571 ff. BGB infolge teilweiser Erwerbsverpflichtung und bestehender Erkrankung oder Arbeitslosigkeit ist möglich.

183 § 1570 BGB ist ggü. § 1615l BGB seit Inkrafttreten des UÄndG nicht mehr vorrangig. In entsprechender Anwendung des § 1606 Abs. 3 Satz 1 BGB **haften beiden Väter anteilig** nach ihren Erwerbs- und Vermögensverhältnissen.[418] Daneben sind Anzahl, Alter, Entwicklung und Betreuungsbedürftigkeit der jeweiligen Kinder zu berücksichtigen.[419] Der Berechtigte kann neben dem Betreuungsunterhaltsanspruch noch andere Ansprüche nach §§ 1571 ff. BGB haben, etwa nach § 1573 Abs. 1 BGB oder nach § 1573 Abs. 2 BGB. Ist der Unterhaltsgläubiger vollständig an einer Erwerbstätigkeit gehindert, ergibt sich sein Anspruch wegen des allein durch die Erwerbsminderung verursachten Einkommensausfalls aus § 1570 BGB (bzw. §§ 1571, 1572 BGB), und i.Ü. als Aufstockungsunterhalt aus § 1573 Abs. 2 BGB.[420] Besteht auch ein Anspruch nach § 1576 BGB wegen Betreuung weiterer nicht gemeinschaftlicher Kinder, ist wegen der Subsidiarität des § 1576 BGB erst der Anspruch nach § 1570 BGB zu beziffern. Nur der darüber hinaus geltend gemachte Anspruchsteil kann nach § 1576 BGB geprüft werden.[421]

184 Im Verhältnis zu § 1615l BGB ist in entsprechender Anwendung von § 1606 Abs. 3 Satz 3 BGB eine **anteilige Haftung** nach den Erwerbs- und Vermögensverhältnissen der Väter gegeben, soweit zugleich ein Anspruch wegen Betreuung ehelicher Kinder besteht.[422] Daneben sind Anzahl, Alter und Entwicklung sowie Betreuungsbedürftigkeit der jeweiligen Kinder zu berücksichtigen.[423]

185 Besteht auch ein Anspruch nach § 1576 BGB wegen Betreuung nicht gemeinschaftlicher Kinder, ist wegen der **Subsidiarität des § 1576 BGB** erst der Anspruch nach § 1570 BGB zu beziffern. Nur der darüber hinaus geltend gemachte Anspruchsteil kann nach § 1576 BGB geprüft werden.[424]

d) Auswirkungen auf den Trennungsunterhalt

186 § 1570 BGB betrifft grds. nur den nachehelichen Unterhalt. Schon für § 1570 BGB a.F. war jedoch anerkannt,[425] dass mit zunehmender Verfestigung der Trennung und insb. nach Rechtshängigkeit eines Ehescheidungsverfahrens sich die Erwerbsobliegenheiten beim Trennungs- und Nachscheidungsunterhalt angleichen.[426] Diese Grundsätze gelten erst recht nach Inkrafttreten des UÄndG zum 01.01.2008. Nach Ablauf des Trennungsjahres und soweit die Scheidung hinreichend gewiss ist, **strahlen die Grundsätze des § 1570 BGB auch auf den Trennungsunterhalt aus**.[427]

---

413 BGH, FamRZ 2009, 770.
414 BGH, FamRZ 2010, 1050; BGH, FamRZ 2010, 869; BGH, FamRZ 2009, 406.
415 BVerfG, FamRZ 2001, 985.
416 BGH, FamRZ 2004, 601 und ständig.
417 BGH, FamRZ 2008, 582; BGH, FamRZ 2007, 1310.
418 BGH, FamRZ 2008, 1739; BGH, FamRZ 2007, 1303; OLG Stuttgart, NJW 2016, 1104.
419 BGH, FamRZ 1998, 541; OLG Hamm, FamRZ 2005, 1276.
420 BGH, FamRZ 2014, 1987; BGH, FamRZ 2012, 1040; BGH, FamRZ 2010, 869.
421 BGH, FamRZ 1984, 361.
422 BGH, FamRZ 2008, 1737; BGH, FamRZ 2007, 1303; BGH, FamRZ 1998, 541.
423 BGH, FamRZ 1998, 541; OLG Hamm, FamRZ 2005, 1276.
424 BGH, FamRZ 1984, 361.
425 BGH, FamRZ 1990, 283.
426 Vgl. auch BGH, FuR 2008, 283; BGH, FuR 2001, 350.
427 Vgl. *Büte*, FuR 2008, 309; *Borth*, FamRZ 2008, 2; *Menne*, FamRB 2008, 110.

e) Beweislast

Die Beweislast für die Tatbestandsvoraussetzungen des § 1570 BGB trägt grds. der Unterhaltsberechtigte.[428] Wer bis zum Inkrafttreten des UÄndG zum 01.01.2008 Abweichungen von den i.R.d. **Altersphasenmodells** enthaltenen Grundsätzen geltend machte, war darlegungs- und beweisbelastet.[429] **Seit dem 01.01.2008** ist der Gläubiger von der Darlegungs- und Beweislast nur noch insoweit entbunden als das zu betreuende Kind nicht älter als 3 Jahre ist. Ist **das Kind älter als 3 Jahre**, hat der Gläubiger darzulegen und zu beweisen, dass eine – ggf. nur teilschichtige – Erwerbstätigkeit, etwa aufgrund der konkreten Betreuungssituation (fehlende Fremdbetreuungsmöglichkeit etc.) oder wegen besonderer Betreuungsbedürftigkeit des Kindes, nicht möglich ist.[430] Ohne den entsprechenden Tatsachenvortrag des Gläubigers können nur solche Gründe berücksichtigt werden, die aufgrund des festgestellten Sachverhalts »auf der Hand liegen«.[431] An die Darlegung der Voraussetzungen für eine Verlängerung des Anspruchs über die Dauer von drei Jahren hinaus dürfen jedoch **keine überzogenen Anforderungen gestellt** werden.[432]

187

Der **Schuldner** hat darzulegen und zu beweisen, warum eine (Teil-) Erwerbstätigkeit bei Betreuung eines unter 3 Jahre alten Kindes ausnahmsweise zumutbar ist. Die Fortsetzung einer bislang ausgeübten Erwerbstätigkeit stellt jedoch ein Indiz für deren Zumutbarkeit dar.[433]

188

f) Begrenzung des Anspruchs

Der Anspruch nach § 1570 BGB unterfällt zwar dem Kernbereich der Scheidungsfolgen, ist aber beschränkt disponibel[434] (zu Einzelheiten vgl. Kap. 10 Rdn. 31 ff.).

189

Der Anspruch kann wegen **Verwirkung** nach § 1579 BGB beschränkt oder versagt werden. Die Belange eines dem Berechtigten zur Pflege oder Erziehung anvertrauten gemeinschaftlichen Kindes sind jedoch zu wahren (zu Einzelheiten vgl. Rdn. 172 ff.).

190

Eine **Befristung des Betreuungsunterhalts nach § 1578b BGB** scheidet jedoch aus, weil § 1570 BGB in der seit dem 01.01.2008 geltenden Fassung insoweit eine Sonderregelung für die Billigkeitsabwägung enthält. Nach Vollendung des dritten Lebensjahres steht dem betreuenden Elternteil nur noch Betreuungsunterhalt nach Billigkeit zu. Im Rahmen dieser **Billigkeitsabwägung** sind aber bereits alle kind- und elternbezogenen Umstände des Einzelfalls zu berücksichtigen. Wenn sie zu dem Ergebnis gelangen, dass der Betreuungsunterhalt über die Vollendung des dritten Lebensjahres hinaus wenigstens teilweise fortdauert, können dieselben Gründe nicht zu einer Befristung i.R.d. Billigkeit nach § 1578b BGB führen.[435]

191

Dies schließt allerdings eine **höhenmäßige Begrenzung nach § 1578b BGB** i.R.d. § 1570 BGB nicht aus.[436] Eine höhenmäßige Begrenzung kommt insb. in Betracht, wenn durch die Absenkung das Kindeswohl nicht beeinträchtigt wird und eine fortdauernde Teilhabe des betreuenden Elternteils an den abgeleiteten Lebensverhältnissen während der Ehe unbillig erscheint.[437] Insb. in Fällen,

192

---

428 BGH, FamRZ 2012, 1040; BGH, FamRZ 2008, 1739.
429 BGH, FamRZ 1990, 496.
430 BGH, FamRZ 2010, 444; BGH, FamRZ 2009, 1391; BGH, FamRZ 2009, 959; OLG Hamm, FamRZ 2013, 959.
431 BGH, FamRZ 2010, 357; BGH, FamRZ 2010, 444.
432 BGH, FamRZ 2012, 1040; restriktiver noch BGH, FamRZ 2011, 791; BGH, FamRZ 2010, 1880; vgl. auch *Dose*, FuR 2012, 129; *Schilling*, FuR 2012, 454.
433 OLG Düsseldorf, FamRZ 2010, 39; OLG Düsseldorf, FamRZ 2010, 585.
434 BGH, FamRZ 2007, 1310.
435 BGH, FamRZ 2014, 823; BGH, FamRZ 2013, 274; BGH, FamRZ 2011, 791; BGH, FamRZ 2010, 1880.
436 BGH, FamRZ 2011, 791; BGH, FamRZ 2010, 1880; BGH, FamRZ 2009, 9810.
437 BGH, FamRZ 2009, 1207.

in denen der Bedarf nach den ehelichen Lebensverhältnissen erheblich über den angemessenen Unterhalt nach der eigenen Lebensstellung des Berechtigten hinausgeht, kommt eine Kürzung bis auf den eigenen angemessenen Unterhalt in Betracht.[438] Eine Begrenzung des Betreuungsunterhalts setzt voraus, dass die notwendige Betreuung des oder der Kinder sichergestellt bleibt und das Kindeswohl auch sonst nicht beeinträchtigt wird.[439] Bei der Herabsetzung ist stets zu beachten, dass der Betreuungsunterhalt dem Gläubiger die Betreuung und Erziehung des gemeinsamen Kindes ermöglichen soll. Damit der betreuende Elternteil daran nicht durch eine Erwerbstätigkeit gehindert ist, darf sein Unterhaltsbedarf nicht unterhalb des Existenzminimums liegen. Andernfalls müsste er in weiterem Umfang als es nach den kind- und elternbezogenen Gründen angemessen wäre, erwerbstätig sein.[440]

193 Wenn über einen Anspruch auf Betreuungsunterhalt vor Vollendung des dritten Lebensjahres des Kindes zu befinden ist, scheidet eine zeitliche Begrenzung regelmäßig aus, weil nicht sicher beurteilt werden kann, ob es dem betreuenden Elternteil gelingen wird, für die Zeit nach Vollendung des dritten Lebensjahres des Kindes eine Betreuungseinrichtung sowie eine angemessene Erwerbstätigkeit zu finden.[441] Der Betreuungsunterhalt während der ersten drei Lebensjahre des Kindes und ein daran anschließender weiterer Betreuungsunterhaltsanspruch bilden einen **einheitlichen Unterhaltsanspruch**. Nur dann, wenn im Zeitpunkt der Entscheidung für die Zeit nach Vollendung des dritten Lebensjahres absehbar keine kind- und elternbezogenen Verlängerungsgründe mehr vorliegen, ist ein Antrag auf künftigen Betreuungsunterhalt abzuweisen.[442]

III. Unterhalt wegen Alters

194 § 1571 BGB erstreckt die nacheheliche Verantwortung auf eine **altersbedingte Bedürfnislage**, wobei das **Alter ursächlich für die Unzumutbarkeit der Erwerbstätigkeit** sein muss. Die Unterhaltsbedürftigkeit muss nicht ehebedingt sein. Sie besteht auch, wenn der Unterhalt begehrende Ehegatte nicht während der Ehe alt geworden ist, sondern bereits im Zeitpunkt der Eheschließung wegen seines Alters keiner Erwerbstätigkeit mehr nachgehen konnte (**Altersehe**).[443] Auch bei einer kurzen Ehe kann, sofern nicht § 1579 Nr. 1 BGB erfüllt ist,[444] Altersunterhalt verlangt werden. § 1571 BGB ist auch anwendbar, wenn von dem Unterhaltsgläubiger altersbedingt nunmehr eine Teilzeittätigkeit erwartet werden kann.[445]

195 Der Altersunterhalt ist nicht durch den **Versorgungsausgleich** ausgeschlossen. Wird jedoch ein bereits im Rentenalter befindlicher Ehegatte erst aufgrund des durchgeführten Versorgungsausgleichs bedürftig, weil der andere Ehegatte deswegen ein höheres Einkommen bezieht, scheitert ein Unterhaltsanspruch des nunmehr bedürftigen Ehegatten daran, dass er die grobe Unbilligkeit des Versorgungsausgleichs im Verfahren über den Versorgungsausgleich nicht nach § 27 VersAusglG geltend gemacht hat, denn diese kann nunmehr nicht zur Begründung eines Unterhaltsanspruchs herangezogen werden.[446]

1. Anspruchsvoraussetzungen

196 Die Voraussetzungen des Altersunterhalts müssen zu bestimmten Einsatzzeitpunkten vorliegen. Altersbedingt muss eine Erwerbstätigkeit unzumutbar sein.

---

438 BGH, FamRZ 2010, 1880.
439 BGH, FamRZ 2013, 1958; BGH, FamRZ 2011, 791; BGH, FamRZ 2009, 770; BGH, FamRZ 2009, 1124.
440 BGH, FamRZ 2010, 357; BGH, FamRZ 2010, 440; BGH, FamRZ 2010, 802.
441 BGH, FamRZ 2009, 770; OLG Köln, FamRZ 2010, 1933; KG, FamRZ 2009, 981.
442 BGH, FamRZ 2014, 1183; BGH, FamRZ 2013, 191.
443 Vgl. BGH, FamRZ 1994, 503.
444 Vgl. hierzu BGH, FamRZ 1982, 28; BGH, FamRZ 1980, 981.
445 OLG Bamberg, FamRZ 1992, 1305: 56-jährige Frau.
446 OLG Celle, FamRZ 2006, 1544.

C. Geschiedenenunterhalt

a) Einsatzzeitpunkte

Der Anspruch besteht nur, wenn eine Erwerbstätigkeit wegen Alters zu bestimmten Einsatzzeitpunkten nicht mehr erwartet werden kann. Die **Aufzählung der Einsatzzeitpunkte ist abschließend**. Liegen die Voraussetzungen des Anspruchs zum Zeitpunkt der Scheidung noch nicht vor, kann sich der Anspruch auf Altersunterhalt an einen Anspruch auf Betreuungsunterhalt, einen Anspruch auf Unterhalt wegen Arbeitslosigkeit oder einen Anspruch auf Aufstockungsunterhalt anschließen. Es muss eine lückenlose sog. **Unterhaltskette** bestehen.

197

Zu beachten ist jedoch, dass lediglich **vorübergehende Unterbrechungen der Unterhaltskette** wegen fehlender Bedürftigkeit des Berechtigten oder mangelnder Leistungsfähigkeit des Pflichtigen Unterhaltsansprüchen in der Zeit nach der Wiederherstellung von Bedürftigkeit und Leistungsfähigkeit nicht zwingend entgegenstehen.[447] In den Fällen, in denen bei Eintritt der Bedürftigkeit der Einsatzzeitpunkt gewahrt ist, kommt es daher nicht zwingend zu einer Unterbrechung der Anspruchskette mit der Folge des Entfallens der Anschlussunterhaltsansprüche.[448] Anderes gilt aber in Fällen, in denen der Berechtigte z.B. aufgrund eines hohen eigenen Vermögens seinen Lebensunterhalt nachhaltig sichern konnte. Der **Anschlussunterhalt** besteht nur in dem Umfang weiter, wie er im Zeitpunkt der weggefallenen früheren Tatbestandsvoraussetzungen bestanden hätte. Einsatzzeitpunkt der Scheidung ist der Eintritt der **Rechtskraft des Scheidungsbeschlusses**. Beim Verbundbeschluss sind die im Zeitpunkt der letzten mündlichen Verhandlung bestehenden Verhältnisse maßgebend, wenn die bis zum Eintritt der Rechtskraft zu erwartende Entwicklung nicht vorhersehbar war.[449]

Bei dem **Zeitpunkt »Beendigung der Pflege oder Erziehung eines gemeinschaftlichen Kindes«** ist auf den Zeitpunkt abzustellen, in dem die Voraussetzungen für einen auf § 1570 BGB gestützten Anspruch entfallen.[450]

198

Der **Einsatzzeitpunkt des Wegfalls eines Anspruchs nach § 1572 BGB** ist zu bejahen, wenn ein Unterhaltsanspruch wegen krankheitsbedingter Erwerbsunfähigkeit entfällt, weil der Berechtigte gesund geworden ist.

199

Der **Einsatzzeitpunkt des Wegfalls eines Anspruchs nach § 1573 Abs. 1 BGB** liegt vor, wenn der Berechtigte einen Anspruch auf Erwerbslosigkeitsunterhalt hatte, weil er aufgrund der aktuellen Arbeitsmarktlage keine Beschäftigung finden konnte. Findet er später infolge seines Alters keine Beschäftigung, entsteht anstelle des Anspruchs nach § 1573 Abs. 1 BGB ein Anschlussunterhalt wegen Alters.

200

Gleiches gilt, wenn ein nach § 1573 Abs. 1 BGB ruhender Unterhalt nach § 1573 Abs. 4 BGB wieder auflebt, weil es trotz ausreichender Bemühungen nicht gelungen war, den Unterhalt durch eine Erwerbstätigkeit nach der Scheidung nachhaltig zu sichern und wenn sich an diesen Anspruch nach § 1573 BGB ein Altersunterhalt anschließt.[451] An einen Aufstockungsunterhalt nach § 1573 Abs. 2 BGB schließt sich Altersunterhalt an, wenn der Berechtigte seine bisherigen Erwerbseinkünfte verliert und infolge Alters keine Arbeitsstelle mehr findet bzw. infolge Erreichens des Rentenalters keine Arbeitsverpflichtung mehr hat.

201

Bezieht der Berechtigte bereits Altersrente, richtet sich der Unterhaltsanspruch ausschließlich nach § 1571 BGB. Ein Aufstockungsunterhalt nach § 1573 Abs. 2 BGB kommt nicht mehr in Betracht.[452] Mit der Anknüpfung an bestimmte Einsatzzeitpunkte soll erreicht werden, dass die **Eigenverantwortung der Ehegatten** für ihren Unterhalt (§ 1569 BGB) bestehen bleibt.

202

---

447 BGH, FamRZ 2016, 203; OLG Koblenz, FamRZ 2016, 1460.
448 BGH, FamRZ 2016, 203.
449 BGH, FamRZ 1983, 144.
450 BGH, FamRZ 1990, 260.
451 Vgl. zum Ganzen Wendl/Dose/*Bömelburg*, § 4 Rn. 230 ff. und PWW/*Kleffmann*, § 1571 Rn. 2 ff.
452 OLG Naumburg, FamRZ 2008, 2120.

b) Altersbedingte Unzumutbarkeit der Erwerbstätigkeit

203 Der Begriff »Alter« ist gesetzlich nicht festgelegt. Maßgeblich sind die Umstände des Einzelfalls.[453] Als **Richtschnur**[454] kann das Erreichen der **Regelaltersgrenze**[455] gelten, da ab diesem Zeitpunkt allgemein eine Erwerbstätigkeit nicht mehr erwartet werden kann.[456] Solange die gesetzlichen Regelungen zu den Altersgrenzen nicht aufgrund berufsbezogener Besonderheiten[457] oder der tatsächlichen Erwerbsfähigkeit des Einzelnen der Modifizierung bedürfen,[458] gelten sie als Maßstab für das Unterhaltsrecht, und zwar gleichermaßen für den Berechtigten wie den Verpflichteten.[459] Öffentlich-rechtliche oder arbeitsmarktpolitische Gründe für vorgezogene Altersgrenzen als solche sind für das Unterhaltsrecht jedoch nicht bindend.[460] Allein der Rentenbezug aufgrund des Erreichens einer **flexiblen Altersgrenze** lässt die Erwerbsobliegenheit nicht entfallen.[461] Zu prüfen ist jedoch, ob die Wahl der Altersteilzeit bereits in der Zeit des ehelichen Zusammenlebens erfolgte, ob einer arbeitgeberseitigen Kündigung zuvorgekommen wird,[462] ob anerkennenswerte gesundheitliche Gründe vorliegen,[463] ob ausreichende Kompensationsleistungen (etwa eine Abfindung des Arbeitgebers) vorliegen,[464] ob eine Konstellation einer gesteigerten Unterhaltsverpflichtung gegeben ist oder der Berechtigte bereits über eigene Einkünfte auf hohem Niveau verfügt.[465]

Die gleichen Grundsätze gelten für **Freiberufler**.[466]

204 Von dem Grundsatz, dass ab Erreichen der Regelaltersgrenze keine Erwerbsobliegenheit mehr besteht, kann nur ausnahmsweise abgewichen werden. Dies gilt etwa, wenn es um die Sicherung des Mindestbedarfs minderjähriger Kinder geht oder die Fortführung der Tätigkeit über die übliche Altersgrenze hinaus geplant war. Maßgeblich sind die **Umstände des Einzelfalls**. Wird nach Erreichen der allgemeinen Altersgrenze und ohne eine entsprechende Obliegenheit eine Tätigkeit weiterhin ausgeübt, bleibt das zusätzlich erzielte Einkommen nicht schon deswegen vollständig unberücksichtigt, weil es überobligationsmäßig erzielt wird. Vielmehr ist der unterhaltsrelevante **Anteil des überobligationsmäßig erzielten Einkommens** nach Billigkeit zu ermitteln.[467]

Die vorstehenden Grundsätze gelten gleichermaßen für den Berechtigten, wie den Verpflichteten.

205 Ein Anspruch auf Altersunterhalt besteht nicht, wenn die **Bedürftigkeit** erst **nach Durchführung des Versorgungsausgleichs** eingetreten ist und der ausgleichspflichtige Ehegatte die Kürzung des Versorgungsausgleichs zur Vermeidung der Bedürftigkeit zu beantragen unterlässt.[468]

c) Kausalität

206 Das Alter muss ursächlich dafür sein, dass eine angemessene Erwerbstätigkeit nicht mehr zu erwarten ist. Kann eine Erwerbstätigkeit weniger wegen des Alters als vielmehr wegen der schlechten Arbeitsmarktlage nicht gefunden werden, greift nicht § 1571 BGB, sondern § 1573 Abs. 1 BGB.[469]

---

453 BGH, FamRZ 2012, 951; BGH, FamRZ 1999, 708.
454 BGH, FamRZ 2012, 951; BGH, FamRZ 2006, 683.
455 Vgl. § 35 SGB VI, § 48 Abs. 1 Satz 1 DRiG; § 51 Abs. 1 Satz 2 BBG.
456 BGH, FamRZ 2014, 1183; BGH, FamRZ 2013, 191; BGH, FamRZ 2011, 454; OLG Hamm, NZFam 2014, 30.
457 BGH, FamRZ 2004, 254: Strahlflugzeugführer.
458 BGH, FamRZ 1999, 708: vorgezogene Altersrente für Frauen.
459 BGH, NJW 2011, 670.
460 BGH, FamRZ 2012, 1483; BGH, FamRZ 1999, 708; OLG Saarbrücken, FamRZ 2011, 647.
461 BGH, FamRZ 1999, 708.
462 OLG Koblenz, FamRZ 2004, 1573; OLG Hamm, NJW 2004, 161.
463 OLG Koblenz, NJW-RR 2004, 938; OLG Köln, FamRZ 2003, 602; OLG Hamm, FamRZ 2001, 1476.
464 OLG Hamm, FamRZ 1998, 27.
465 OLG Hamm, FamRZ 1998, 27.
466 BGH, FamRZ 2012, 1483; BGH, FamRZ 2011, 454; OLG Karlsruhe, FamRB 2011, 167.
467 BGH, FamRZ 2013, 1554; BGH, FamRZ 2006, 683; BGH, FamRZ 2005, 1154.
468 OLG Celle, FamRZ 2006, 1544.
469 BGH, FamRZ 1999, 708.

Streitig ist, ob für den Anspruch nach § 1571 BGB genügt, dass das Alter eine Mitursache für die Erwerbsverhinderung ist oder ob der Anspruch voraussetzt, dass ausschließlich wegen Alters eine Beschäftigung ausscheidet. Wie beim Betreuungsunterhalt wird man auch beim Altersunterhalt der Lehre von der Monokausalität zu folgen haben. Aus § 1571 BGB ist zu schließen, dass Altersunterhalt ausscheidet, sobald ein Anspruch auf Krankheitsunterhalt nach § 1572 BGB oder Arbeitslosenunterhalt nach § 1573 BGB gegeben ist.

d) Unzumutbarkeit der Erwerbstätigkeit

I.R.d. Gesamtwürdigung sind alle **Umstände des konkreten Einzelfalls** zu prüfen, insb. ob gerade das Alter i.V.m. der beruflichen Qualifikation eine konkret in Betracht kommende angemessene (vgl. § 1574 Abs. 2 BGB) Erwerbstätigkeit verhindert. Objektiv entscheidet die Art der beruflichen Tätigkeit, insb. ob ein bestimmter Beruf im Alter überhaupt noch ausgeübt werden kann bzw. nicht ausgeübt werden kann.[470] 207

Ob wegen des Alters keine Erwerbstätigkeit mehr erwartet werden kann, hängt vor allem von der Berufsausbildung, der früheren Erwerbstätigkeit, der Dauer einer Arbeitsunterbrechung, Wiedereingliederungsproblemen in die Arbeitswelt, den ehelichen Verhältnissen, der Ehedauer, dem Gesundheitszustand und sonstigen persönlichen und wirtschaftlichen Verhältnissen sowie insb. davon ab, welche Art von Erwerbstätigkeit als angemessen in Betracht kommt. Zahlreiche vor Inkrafttreten des UÄndG zu § 1571 BGB ergangene Entscheidungen, in denen bei Frauen ab einem gewissen Alter und bei Vorliegen eines bestimmten sozialen Status keine Erwerbsobliegenheit mehr angenommen wurde,[471] sind auf Rechtsverhältnisse nach dem 01.01.2008 nicht mehr ohne Weiteres anwendbar. 208

Wird nach Erreichen der allgemeinen Altersgrenze und ohne entsprechende Obliegenheit eine Tätigkeit ausgeübt, bleibt das zusätzlich erzielte Einkommen nicht schon deswegen vollständig unberücksichtigt, weil es überobligationsmäßig erzielt wird. Vielmehr ist der unterhaltsrelevante Anteil des überobligationsmäßig erzielten Einkommens nach Billigkeit zu ermitteln und – ggf. neben den eigenen Renteneinkünften – im Wege der Differenz-/Additionsmethode in die Unterhaltsbemessung einzubeziehen.[472] 209

e) Konkurrenzen

Vorrangig ist der mehrfach privilegierte Anspruch nach **§ 1570 BGB**. Krankheitsunterhalt und Altersunterhalt können nacheinander jeweils allein, aber auch nebeneinander jeweils eine Teilunterhaltsberechtigung begründen, aber nicht kumulativ. 210

Krankheitsunterhalt geht dem Altersunterhalt vor, solange nicht durch das Alter eine praktisch unveränderliche Unterhaltsberechtigung bis zum Lebensende entstanden ist. Ist der Unterhaltsberechtigte vollständig an einer Erwerbstätigkeit gehindert, ergibt sich sein Anspruch allein aus §§ 1570 bis 1572 BGB, und zwar auch für den Teil des Bedarfs, der nicht auf dem Erwerbshindernis, sondern auf dem den angemessenen Lebensbedarf übersteigenden Bedarf nach den ehelichen Lebensverhältnissen beruht.[473] Ist der Gläubiger nur teilweise an einer Erwerbstätigkeit gehindert, ergibt sich sein Anspruch wegen des allein durch die Erwerbshinderung verursachten Einkommensausfalls aus §§ 1570 bis 1572 BGB und i.Ü. als **Aufstockungsunterhalt** nach § 1573 Abs. 2 BGB.[474] 211

Für das **Verhältnis zu § 1573 Abs. 1 BGB** gilt: § 1571 BGB greift, wenn der Gläubiger typischerweise in diesem Alter und der in Betracht kommenden Berufssparte keine angemessene 212

---

470 OLG Hamburg, FamRZ 1991, 445: Altersunterhalt für 53-jährige Frau nach 20-jähriger Ehe; OLG Koblenz, NJW-RR 1993, 964: Altersunterhalt für eine 51-jährige Frau.
471 BGH, FamRZ 1983, 144; BGH, FamRZ 1985, 371.
472 BGH, FamRZ 2013, 1554; BGH, FamRZ 2006, 683; OLG Hamm, FamRZ 2014, 777.
473 BGH, FamRZ 2010, 869.
474 BGH, FamRZ 2012, 951; BGH, FamRZ 2010, 869; BGH, FamRZ 2009, 406.

Arbeit finden kann (Altersrentner). § 1573 Abs. 1 BGB greift ein, wenn, solange und soweit wegen der konkreten Einzelfallumstände aufgrund des Alters die Aufnahme einer angemessenen Arbeit scheitert.[475]

f) Begrenzung

213 Eine Begrenzung ist nach § 1579 BGB, insb. wegen kurzer Ehedauer nach § 1579 Nr. 1 BGB,[476] möglich.

Eine Herabsetzung und/oder zeitliche Begrenzung ist auch nach § 1578b BGB möglich. Bei der **Billigkeitsabwägung** ist vorrangig zu berücksichtigen, inwieweit durch die Ehe Nachteile im Hinblick auf die Möglichkeit eingetreten sind, für den eigenen Unterhalt zu sorgen. **Ehebedingte Nachteile** schränken regelmäßig die Möglichkeit einer Befristung und Begrenzung ein.[477] Bei der Frage, ob irgendwelche Nachteile im Sinne des § 1578b Abs. 1 BGB vorliegen, ist der **Ausgleich unterschiedlicher Vorsorgebeiträge** vornehmlich **Aufgabe des Versorgungsausgleichs**, durch den die Interessen des Unterhaltsberechtigten regelmäßig ausreichend gewahrt werden.[478] Dies gilt nicht, wenn die vom Unterhaltsberechtigten aufgrund vorehelicher Rollenverteilung erlittene Einbuße in der Vorsorge durch den Versorgungsausgleich nicht vollständig erfasst wird, weil der Unterhaltspflichtige nur für einen geringen Teil der Ehezeit Rentenanwartschaften erworben hat.[479] Der Schuldner hat konkret zur Situation während der Ehe, zur Arbeits- und Rollenverteilung zwischen den Eheleuten sowie zu vorehelichen Verhältnissen vorzutragen, damit beurteilt werden kann, ob die Gläubigerin tatsächlich keine Nachteile erlitten hat, die sich aus der vereinbarten Rollenverteilung ergeben.[480] Auch ist zu berücksichtigen, ob der berechtigte Ehegatte trotz eines durchgeführten Versorgungsausgleichs geringere Renteneinkünfte erzielt, als er ohne die Ehe und die Erziehung der gemeinsamen Kinder erzielen würde.[481] Gerade beim Altersunterhalt spielt die **Ehedauer** eine besondere Rolle.[482] Erhält die geschiedene Ehefrau eine hohe Altersrente und sind damit ehebedingte Nachteile durch Familienarbeit und Kindererziehung ausgeglichen, kann auch Altersunterhalt nach langer Ehedauer begrenzt werden.[483] Eine Befristung kann regelmäßig nicht allein mit der Erwägung abgelehnt werden, damit entfalle der Einsatzzeitpunkt für einen späteren Anspruch auf Altersunterhalt nach § 1571 Nr. 3 BGB.[484]

Ein Nachteil wird jedoch grds. ausgeglichen, wenn der unterhaltsberechtigte Ehegatte zum Zweck der freiwilligen Erhöhung seiner Altersrente einen über den Elementarunterhalt hinausgehenden **Altersvorsorgeunterhalt** gem. § 1587 Abs. 3 BGB zugesprochen erhält oder jedenfalls geltend machen kann.[485] Durch die nach § 1578 Abs. 3 BGB bestehende Möglichkeit, Altersvorsorgeunterhalt zu erlangen, kann der Unterhaltsberechtigte sogar nachehelich Versorgungsanwartschaften

---

475 BGH, FamRZ 1999, 708; BGH, FamRZ 1987, 691.
476 OLG Saarbrücken, FamRZ 04, 1293.
477 BGH, FamRZ 2011, 1721; BGH, FamRZ 2010, 1633.
478 BGH, FamRZ 2011, 1721.
479 BGH, FamRZ 2010, 1633.
480 OLG Celle, FamRZ 2009, 121.
481 BGH, FamRZ 2009, 1207.
482 BT-Drucks. 16/1830; OLG Koblenz, FamRZ 2009, 341.
483 OLG Schleswig, NJW 2009, 2223.
484 BGH, FamRZ 2008, 1508; vgl auch OLG Koblenz, FamRZ 2009, 1750: Herabsetzung des Unterhalts auf den angemessenen Lebensbedarf nach einer Übergangszeit; OLG Schleswig, NJW 2009, 2223: Herabsetzung und Befristung, wenn keine ehebedingten Nachteile vorliegen; OLG Brandenburg, NJW-RR 2009, 371: Befristung, falls keine ehebedingten Nachteile vorliegen; OLG Köln, FF 2009, 79: Keine Befristung mehr beim Altersunterhalt nach neunjähriger Ehe; OLG Karlsruhe, FamFR 2010, 225: Ehebedingte Nachteile können auch darin liegen, dass es der unterhaltsberechtigten Ehefrau nach der Scheidung infolge teilw. ehebedingter Erkrankung und ehebedingter beruflicher Abstinenz nicht mehr gelungen ist, eine rentenversicherungspflichtige Tätigkeit zu finden und so ihre Altersversorgung weiter aufzubauen.
485 BGH, NJW 2018, 2636; BGH, NJW 2014, 1276.

aufbauen, die sich an den ehelichen Lebensverhältnissen orientieren. So wird ihm der Ausgleich auch derjenigen ehebedingten Nachteile ermöglicht, die daraus resultieren, dass er wegen der Rollenverteilung in der Ehe nach Ende der Ehezeit nur geringere Versorgungsanwartschaften erzielen kann, als ihm dies ohne die Ehe möglich gewesen wäre. Im Gegenzug ist der Berechtigte verpflichtet, den **Vorsorgeunterhalt zweckentsprechend zu verwenden.**[486] Macht der Berechtigte den Vorsorgeunterhalt nicht geltend, obwohl er einen solchen erlangen könnte, dann ist die hieraus folgende Einbuße bei der Altersvorsorge nicht ehebedingt.[487] Ein ehebedingter Nachteil, der die Befristung des nachehelichen Altersunterhalts im Regelfall ausschließt, kann dem Berechtigten nicht aus dem Verlust seines Unterhaltsanspruchs aus einer früheren Ehe aus der Wiederheirat erwachsen. Nachteile, die allein durch den Akt der Eheschließung erwachsen sind, stellen keine Nachteile dar, die der Berechtigte aufgrund der Rollenverteilung in der Ehe erlitten hat.[488] Auch stellt es keinen ehebedingten Nachteil dar, wenn sich der Berechtigte während bestehender Ehe Versorgungsansprüche, die für ihn aus der Zeit vor der Ehe stammen, kapitalisiert auszahlen lässt.[489] Eine **lange Ehedauer** allein steht einer Herabsetzung oder Befristung des Altersunterhalts nicht entgegen, wenn der Bedürftige durch den Versorgungsausgleich eine so hohe Rente erhält, dass alle beruflichen Nachteile durch die Übernahme der Familienarbeit ausgeglichen werden.[490]

Auch i.R.d. Altersunterhalts bestimmt sich der **Maßstab des angemessenen Lebensbedarfs**, der nach § 1578b BGB regelmäßig die **Grenze für die Herabsetzung des nachehelichen Unterhalts** bildet, nach dem Einkommen, das der unterhaltsberechtigte Ehegatte ohne die Ehe und Kindererziehung aus eigenen Einkünften zur Verfügung hätte. Dabei ist auf die konkrete Lebenssituation des Unterhaltsberechtigten abzustellen. Aus dem Begriff der **Angemessenheit** folgt aber zugleich, dass der nach § 1578 BGB herabgesetzte Unterhaltsbedarf jedenfalls das **Existenzminimum** des Berechtigten erreichen muss.[491]

Kasuistik zur Begrenzung i.R.d. Altersunterhalts 214
– OLG Koblenz:[492] Herabsetzung des Unterhalts auf den angemessenen Lebensbedarf nach einer Übergangszeit
– OLG Schleswig:[493] Herabsetzung und Befristung, wenn keine ehebedingten Nachteile vorliegen
– OLG Brandenburg:[494] Befristung, falls keine ehebedingten Nachteile vorliegen
– OLG Köln:[495] Keine Befristung beim Altersunterhalt nach 9-jähriger Ehe
– OLG Karlsruhe:[496] Ehebedingte Nachteile können auch darin liegen, dass es der unterhaltsberechtigten Ehefrau nach der Scheidung infolge teilweiser ehebedingter Erkrankung und ehebedingter beruflicher Abstinenz nicht mehr gelungen ist, eine rentenversicherungspflichtige Tätigkeit zu finden und so ihre Altersversorgung weiter aufzubauen.

Auch i.R.d. Altersunterhalts bestimmt sich das Maß des angemessenen Bedarfs, der nach § 1578b 215 BGB regelmäßig die **Grenze für die Herabsetzung des nachehelichen Unterhalts** bildet, nach dem Einkommen, das der Unterhaltsberechtigte ohne die Ehe und Kindererziehung aus eigenen Einkünften zur Verfügung hätte. Dabei ist auf die konkrete Lebenssituation des Berechtigten abzustellen. Aus dem Begriff der Angemessenheit folgt aber zugleich, dass der nach § 1578 BGB herabgesetzte Unterhaltsbedarf jedenfalls das **Existenzminimum** des Berechtigten erreichen muss.[497]

---

486 BGH, FamRZ 1987, 684.
487 BGH, FamRZ 2014, 1276.
488 BGH, FamRZ 2012, 197.
489 BGH, FamRZ 2014, 1276.
490 OLG Schleswig, NJW 2009, 2223.
491 BGH, FamRZ 2010, 1633; BGH, FamRZ 2010, 629.
492 OLG Koblenz, FamRZ 2009, 1750.
493 OLG Schleswig, NJW 2009, 2223.
494 OLG Brandenburg, NJW-RR 2009, 371.
495 OLG Köln, FF 2009, 79.
496 OLG Karlsruhe, FamFR 2010, 225.
497 BGH, FamRZ 2010, 1633; OLG Schleswig, FamRZ 2011, 903.

g) Darlegungs- und Beweislast

216 Der **Berechtigte** hat die Darlegungs- und Beweislast für das Vorliegen der einzelfallbezogenen Umstände, aus denen sich ergibt, dass ihm wegen seines im konkreten Fall maßgeblichen Alters keine Erwerbstätigkeit mehr zugemutet werden kann[498] und dafür, dass diese Umstände zu dem infrage kommenden gesetzlichen Einsatzzeitpunkt vorlagen.[499]

217 Macht der Schuldner geltend, der Berechtigte müsse über die Regelaltersgrenze hinaus einer Erwerbstätigkeit nachgehen, trägt er die Darlegungs- und Beweislast für die Umstände, die einen solchen Ausnahmefall begründen.

218 Die für eine Begrenzung des Anspruchs sprechenden Umstände hat der **Schuldner** darzulegen und zu beweisen.[500]

h) Disponibilität

219 Altersunterhalt gehört zum Kernbereich des gesetzlichen Scheidungsfolgenrechts und kann nicht schrankenlos abbedungen werden.[501]

IV. Unterhalt wegen Krankheit

1. Normzweck

220 Die Vorschrift erstreckt die eheliche Solidarität[502] über den Zeitpunkt der Scheidung hinaus auf **dauerhafte**, nicht nur vorübergehende **krankheitsbedingte Bedürfnislagen**. Die Mitverantwortung des leistungsfähigen Unterhaltsschuldners ggü. dem unterhaltsbedürftigen geschiedenen Ehegatten ist eine Folge der Eheschließung und des ehelichen Zusammenlebens. § 1572 BGB erschöpft sich **nicht nur** im **Ausgleich ehebedingter Nachteile**. Ein Unterhaltsanspruch wegen Krankheit kann auch bestehen, wenn die Krankheit unabhängig von der Ehe und ihrer Ausgestaltung durch die Ehegatten eingetreten ist.[503] Der Anspruch kann auch gegeben sein, wenn eine voreheliche Erkrankung nicht bekannt war.[504] Jedenfalls nach Inkrafttreten des UÄndG und mit der deutlichen Akzentuierung des Grundsatzes der wirtschaftlichen Eigenverantwortung wird für derartige Konstellationen oftmals jedoch zu prüfen sein, ob nicht über § 1578b BGB eine höhenmäßige Begrenzung und/oder Befristung in Betracht kommt (zu Einzelheiten vgl. Kap. 11).

2. Anspruchsvoraussetzungen

221 Es bestehen drei Anspruchsvoraussetzungen:
- Vorliegen einer Krankheit, eines anderen Gebrechens oder Schwäche der körperlichen oder geistigen Kräfte
- Aus krankheitsbedingten Gründen ist eine angemessene Erwerbstätigkeit nicht oder nur teilweise zu erwarten
- Wahrung der Einsatzzeitpunkte

a) Krankheit, Gebrechen oder körperliche u. geistige Schwäche

222 Es ist auf die entsprechenden **sozialversicherungsrechtlichen Begriffsbestimmungen** zurückzugreifen.[505]

---

498 BGH, FamRZ 2005, 1897.
499 BGH, FamRZ 2006, 683; BGH, FamRZ 2001, 1291.
500 BGH, FamRZ 2010, 1971; OLG Celle, FamRZ 2009, 121.
501 BGH, FamRZ 2005, 26.
502 BGH, FamRZ 2009, 1207; BGH, FamRZ 2009, 406.
503 BGH, FamRZ 2010, 1057; BGH, FamRZ 2009, 406.
504 BGH, FamRZ 1995, 1405; BGH, FamRZ 1994, 566.
505 BGH, FamRZ 2010, 1414; BSG, NJW 1973, 582.

Krankheit ist ein objektiv fassbarer **regelwidriger Körper- oder Geisteszustand**,[506] der ärztlicher Behandlung bedarf und/oder Arbeitsunfähigkeit zur Folge hat. Krankheit in diesem Sinne liegt auch vor bei Alkoholismus,[507] Tablettenabhängigkeit,[508] Magersucht, Bulimie, schweren Depressionen[509] oder Übergewicht.[510] Bei Renten- oder Unterhaltsneurosen kommt es darauf an, ob sie echten Krankheitswert haben oder ob davon auszugehen ist, dass sie bei Aberkennung des Unterhaltsanspruchs überwunden werden. Sind Willens- und Steuerungsfähigkeit krankheitsbedingt ausgeschlossen oder wenigstens erheblich eingeschränkt, ist eine Überwindbarkeit zu verneinen.[511] Psychische Beeinträchtigungen, die auch oftmals mit einer Trennung oder Scheidung einhergehen, sind nicht generell geeignet, einen Anspruch auf nachehelichen Unterhalt wegen Krankheit zu begründen.[512] Solange die seelische Störung nicht »übermächtig« ist, darf die »Flucht« in die neurotische Erkrankung rechtlich nicht honoriert werden.[513]

223

Nicht unter den Krankheitsbegriff fallen alterstypische Abnutzungserscheinungen, die regelmäßig auftreten und für die Ausübung einer Erwerbstätigkeit nicht hinderlich sind.[514]

224

Gebrechen sind alle von der Regel abweichenden körperlichen oder geistigen Zustände mit deren Dauer für nicht absehbare Zeit zu rechnen ist (Blindheit, Taubheit, Lähmungen etc.).[515]

225

Zur **körperlichen oder geistigen Schwäche** zählen unter anderem vorzeitiger Kräfteverbrauch, Altersabbau, Abnutzungserscheinungen oder mentale Retardierung. Dem Sachverständigen und dem Tatrichter obliegt es stets, die Abgrenzung vorzunehmen zu allgemeinen Abnutzungserscheinungen, Unpässlichkeiten, noch üblichen Einschränkungen der Vitalität und Belastbarkeit.[516]

226

Für den Betroffenen besteht die **Obliegenheit zur Inanspruchnahme einer zumutbaren Behandlung**. Der Anspruch kann **verwirkt** werden (§ 1579 Nr. 4 BGB), wenn der Berechtigte sich in Kenntnis der Zusammenhänge und bei ausreichender Steuerungskraft der therapeutischen Hilfe entzieht (zu Einzelheiten vgl. Kap. 11).[517]

227

Hinsichtlich der **Verpflichtung zur Durchführung von Operationen** gelten die im Schadensersatzrecht entwickelten Grundsätze.[518] Eine Obliegenheit besteht danach, wenn die Operation gefahrlos und nicht mit besonderen Schmerzen verbunden ist und eine hinreichende Aussicht auf Heilung oder wesentliche Besserung besteht.[519] Für die Frage des Verschuldens kommt es darauf an, ob nicht die Fähigkeit des Unterhaltsgläubigers entsprechend seiner Einsicht in die Notwendigkeit einer Therapie zu handeln, krankheitsbedingt wesentlich eingeschränkt war oder ist,[520] insb. wenn er wegen einer Willens- oder Charakterschwäche nicht imstande ist, seiner Erkrankung gegenzusteuern und entsprechende Heilmaßnahmen zu ergreifen und durchzustehen.[521]

228

---

506 BGH, FamRZ 2010, 1414.
507 Eingehend hierzu *Foerste*, FamRZ 1999, 1245.
508 OLG Hamm, FamRZ 1989, 631; OLG Düsseldorf, FamRZ 1987, 1262.
509 BGH, FamRZ 2010, 1057; OLG Celle, FamRZ 2009, 56.
510 OLG Köln, FamRZ 1992, 65.
511 BGH, FamRZ 1988, 375; OLG Hamm, FamRZ 1995, 996.
512 OLG Hamm, FamRZ 1995, 996.
513 BGH, FamRZ 1984, 660.
514 BGH, FamRZ 1984, 353.
515 BSG, NJW 1961, 187; OLG Bamberg, FamRZ 2000, 231.
516 Vgl. auch OLG Jena, FamRZ 2007, 2079 (Spannungskopfschmerzen, Zustand nach Schädelhirntrauma oder posttraumatische Kopfschmerzen).
517 BGH, FamRZ 2005, 1897; BGH, FamRZ 1988, 375; OLG Hamm, FamRZ 1999, 237: Bewusstes Vermeiden ärztlicher Hilfe bei neurotischen Depressionen.
518 BGH, VersR 1961, 1125; OLG Hamm, FamRZ 1996, 863.
519 BGH, NJW 1994, 1593; OLG Hamm, FamRZ 2012, 1734.
520 BGH, NJW 1981, 2805.
521 BGH, FamRZ 1988, 375; OLG Hamm, FamRZ 1999, 237; OLG Köln, FamRZ 1999, 920; OLG Bamberg, FamRZ 1998, 370; OLG Hamm, FamRZ 1996, 1080 (Alkohol- und Drogenmissbrauch).

229 Liegt ein **Verstoß gegen die Obliegenheit** vor, die Arbeitskraft durch geeignete Maßnahmen wiederherzustellen, können **fiktive Einkünfte** zugerechnet werden.

230 Kommt krankheitsbedingt ein **Rentenanspruch** in Betracht, hat der Gläubiger entsprechende Anträge zu stellen. Soweit ein Vorschuss nicht gefordert werden kann, kann der Schuldner, solange über den Rentenantrag noch nicht entschieden ist, ein zins- und tilgungsfreies **Darlehen** gegen Abtretung des Anspruchs auf Rentennachzahlung **anbieten**, falls die Voraussetzungen hierfür vorliegen, verbunden mit dem Verzicht auf Rückzahlung, soweit Rentennachzahlungen fließen.[522] Der Unterhaltsgläubiger ist verpflichtet, ein solches Darlehen anzunehmen.

231 Auch **kurzfristige**, vorübergehende **Erkrankungen** unterfallen dem Krankheitsbegriff. Zu beachten ist jedoch, dass Lohnersatzleistungen (Krankengeld, Unfallrenten etc.; zu Einzelheiten vgl. Kap. 2) bedarfsmindernd zu berücksichtigen sind.

b) Krankheitsbedingte Erwerbsbeeinträchtigung

232 Die gesundheitlichen Beeinträchtigungen müssen kausal für eine Erwerbsunfähigkeit oder Erwerbsbeschränkung sein. Der Bezug einer Erwerbsunfähigkeitsrente indiziert, dass der Berechtigte krank ist.[523] Der **ursächliche Zusammenhang** zwischen Krankheit und Nichterwerbstätigkeit ist **sorgfältig zu prüfen**, da verhindert werden muss, dass eine medizinisch in Wahrheit nicht gerechtfertigte Untätigkeit auf Kosten des (ehemaligen) Partners über einen Unterhaltsanspruch finanziert wird.[524]

233 Die nicht mögliche **Erwerbstätigkeit muss eheangemessen** i.S.v. § 1574 Abs. 2 BGB **sein**.[525] Der Anspruch nach § 1572 BGB ist nicht gegeben, wenn infolge der bestehenden Leiden zwar der alte Beruf nicht (mehr) ausgeübt werden kann, aber andere berufliche Tätigkeiten vollschichtig möglich sind, sofern es sich um angemessene Tätigkeiten i.S.d. § 1574 Abs. 2 BGB handelt.[526]

c) Einsatzzeitpunkte

234 Ein Anspruch nach § 1572 BGB ist nur gegeben, wenn die **Einsatzzeitpunkte gewahrt** sind. Damit soll der zeitliche Zusammenhang des Anspruchs mit der Ehe sichergestellt[527] und die nacheheliche Solidarität begrenzt werden.

▶ Einsatzzeitpunkte:

235 – Scheidung
– Notwendige Beendigung der Pflege oder Erziehung eines gemeinschaftlichen Kindes
– Beendigung der Ausbildung, Fortbildung oder Umschulung
– Wegfall der Voraussetzungen eines Anspruchs nach § 1573 BGB

236 Zeitpunkt der Scheidung bedeutet, dass die Erkrankung bei **Eintritt der Rechtskraft des Scheidungsbeschlusses** (auch nach langjähriger Trennung) gegeben sein muss. Beim Verbundbeschluss sind es die im Zeitpunkt der letzten mündlichen Verhandlung bestehenden Verhältnisse, wenn die bis zum Eintritt der Rechtskraft zu erwartende Entwicklung nicht voraussehbar war.[528] Gesundheitliche Störungen, welche erst nach Scheidung zur Erwerbsunfähigkeit führen, können nur dann einen Anspruch nach § 1572 BGB begründen, wenn die Beschwerden schon im Zeitpunkt der Scheidung bestanden und sich nachher entsprechend verschlimmert haben.[529] Geboten ist ein

---

522 BGH, FamRZ 1983, 574.
523 OLG Brandenburg, FamRZ 1996, 866; OLG Nürnberg, FamRZ 1992, 682.
524 BGH, FamRZ 1984, 353.
525 BGH, FamRZ 1983, 144.
526 BGH, FamRZ 1991, 170; BGH, FamRZ 1983, 144.
527 BGH, FamRZ 1990, 260.
528 BGH, FamRZ 1983, 144; BGH, FamRZ 1982, 892.
529 BGH, FamRZ 1987, 687; OLG Hamm, FamRZ 1999, 230.

naher zeitlicher Zusammenhang[530] (Richtschnur: bis zu 2 Jahren nach Scheidung)[531] oder ein **enger sachlicher Zusammenhang** (es müssen sich im Wesentlichen dieselben Leiden verschlimmern).[532] Auch eine im Zeitpunkt der Scheidung **latent vorhandene Erkrankung** genügt i.R.d. § 1572 BGB nicht, wenn sie nicht im nahen zeitlichen Zusammenhang mit der Scheidung ausbricht und zur eingeschränkten Erwerbsfähigkeit oder Erwerbsunfähigkeit führt.[533] Ist im Zeitpunkt der Scheidung wegen Krankheit eine Erwerbstätigkeit nicht zu erwarten, besteht ein originärer Anspruch auf Krankheitsunterhalt. War im Zeitpunkt der Scheidung wegen Krankheit nur eine teilschichtige Erwerbstätigkeit möglich und verschlimmert sich in der Folgezeit die Krankheit so sehr, dass in nahem zeitlichen Zusammenhang eine völlige Erwerbsunfähigkeit eintritt, ist der spätere völlige Wegfall der Erwerbsfähigkeit noch dem Einsatzzeitpunkt der Scheidung zuzurechnen.[534]

Hinsichtlich des Zeitpunkts **der Beendigung der Pflege oder Erziehung eines gemeinschaftlichen Kindes** ist nicht auf den tatsächlichen Zeitpunkt der Beendigung, sondern auf den nach § 1570 BGB maßgebenden Zeitpunkt des **Wegfalls der rechtlichen Betreuungsnotwendigkeit**[535] abzustellen (zu Einzelheiten vgl. Rdn. 172 ff.). 237

Bei einer Erkrankung im Zeitpunkt **der Beendigung einer Ausbildung, Fortbildung** oder **Umschulung** nach § 1575 BGB muss die krankheitsbedingte Erwerbsunfähigkeit bei Ende der Aus-/Fortbildung oder Umschulung eingetreten sein. 238

Für den Einsatzzeitpunkt des § 1572 Nr. 3 BGB müssen die Voraussetzungen eines Anspruchs nach § 1575 BGB bestanden haben. Die krankheitsbedingte Erwerbsunfähigkeit muss bei Ende der Ausbildung eingetreten sein. Es handelt sich um **Anschlussunterhalt**. Besteht seit Rechtskraft der Scheidung bis zum Ausbruch der zur Erwerbsunfähigkeit führenden Erkrankung ein Anspruch auf Aufstockungsunterhalt, kann sich ein Anspruch auf Krankheitsunterhalt anschließen.[536] Dieser beschränkt sich aber auf die Höhe, in der der weggefallene Aufstockungsunterhaltsanspruch den nach den ehelichen Lebensverhältnissen bemessenen Gesamtbedarf gedeckt hat (Teilanschlussunterhalt).[537]

Der Einsatzzeitpunkt des Wegfalls der Voraussetzungen eines Anspruchs nach § 1573 Abs. 1 BGB ist gegeben, wenn der Berechtigte bei Ausbruch der Krankheit einen Anspruch auf Erwerbslosigkeitsunterhalt hatte.[538] Der Einsatzzeitpunkt des § 1572 Nr. 4 BGB ist gegeben, wenn eine die Erwerbsfähigkeit beeinträchtigende Krankheit ausbricht, bevor der Unterhalt i.S.d. § 1573 Abs. 4 BGB nachhaltig gesichert ist. 239

Eine **Verschiebung der Einsatzzeitpunkte** kann sich ergeben, wenn der Verpflichtete den Anspruch, obwohl seine Voraussetzungen entfallen sind, weiter erfüllt hat, ohne Erwerbsbemühungen zu verlangen.[539] 240

Nach § 1572 Nr. 1 BGB besteht ein Anspruch auf **originären Krankheitsunterhalt**. Nach § 1572 Nr. 2 bis 4 BGB besteht ein Anspruch auf **Anschlussunterhalt**. Dieser besteht nur in dem Umfang weiter, wie er im Zeitpunkt der weggefallenen Tatbestandsvoraussetzungen gegeben war.[540] 241

---

530 BGH, FamRZ 2001, 1291; OLG Celle, FamRZ 2016, 1169.
531 BGH, FamRZ 2001, 1291; OLG Düsseldorf, FamRZ 2003, 683; KG, FamRZ 2002, 460 (ein Jahr); nicht ausreichend 4 Jahre, vgl. OLG Karlsruhe, FamRZ 1994, 105; enger OLG Koblenz, FamRZ 2006, 151: kein naher zeitlicher Zusammenhang bei einer Erkrankung, die 21 Monate nach Rechtskraft der Scheidung ausbricht.
532 BGH, FamRZ 1987, 687.
533 BGH, FamRZ 2001, 1291; KG, FamRZ 2012, 788.
534 BGH, FamRZ 1987, 684.
535 BGH, FamRZ 1991, 170; BGH, FamRZ 1990, 260.
536 BGH, FamRZ 2018, 260; BGH, FamRZ 2016, 1169.
537 BGH, FamRZ 2018, 260; OLG Celle, FamRZ 2016, 1169.
538 BGH, FamRZ 1988, 927.
539 BGH, FamRZ 1990, 260; BGH, FamRZ 1990, 496; vgl. auch BGH, FamRZ 2006, 769; OLG Karlsruhe, FuR 2005, 329.
540 BGH, FamRZ 2001, 1291.

Scheitert ein Krankheitsunterhalt nur am Einsatzzeitpunkt, können die Voraussetzungen eines Billigkeitsunterhaltsanspruchs nach § 1576 BGB gegeben sein.[541]

d) Sonderfragen

aa) Disponibilität

242 Zu Inhalt und Grenzen ehevertraglicher Vereinbarungen zum Krankheitsunterhalt vgl. Teil Kap. 10 Rdn. 31 ff.

bb) Konkurrenzen

243 §§ 1570, 1571 und 1572 BGB können miteinander konkurrieren. **Vorrangig** ist der mehrfach privilegierte Anspruch nach **§ 1570 BGB**. **§ 1573 BGB** ist bei Erwerbsunfähigkeit ggü. § 1572 BGB **nachrangig**. Hat der Berechtigte bei voller Erwerbsunfähigkeit neben der Rente Zusatzeinkünfte, verbleibt es beim Tatbestand des § 1572 BGB; der Anspruch beruht dann nicht ergänzend auf § 1573 Abs. 2 BGB.[542] Ist der Berechtigte vollständig an einer Erwerbstätigkeit gehindert, ergibt sich der Anspruch allein aus § 1572 BGB. Ist er teilweise an einer Erwerbstätigkeit gehindert, ergibt sich der Anspruch wegen des allein durch die Erwerbshinderung verursachten Einkommensausfalls aus § 1572 BGB und i.Ü. als Aufstockungsunterhalt aus § 1573 Abs. 2 BGB.[543]

244 Bei voller krankheitsbedingter Erwerbsunfähigkeit ergibt sich der Anspruch in vollem Umfang aus § 1572 BGB,[544] bei Teilerwerbsunfähigkeit erfolgt die Berechnung des Bedarfs nach § 1572 BGB bis zum Einkommen aus voller Erwerbstätigkeit, darüber hinaus kommt Aufstockungsunterhalt aus § 1573 Abs. 2 BGB in Betracht.[545] § 1572 BGB ist gegenüber § 1573 Abs. 1 BGB vorrangig, wie sich aus dessen Wortlaut ergibt.

245 Bei einer **krankheitsbedingten Teilerwerbstätigkeit** erfasst der Anspruch nach § 1572 BGB den Unterhalt bis zur Höhe des Mehreinkommens, dass der Berechtigte durch eine Vollerwerbstätigkeit erzielen könnte. Daneben kann ein Anspruch nach § 1573 Abs. 2 BGB bestehen, wenn der Anspruch nach § 1572 BGB zusammen mit den Teilerwerbseinkünften nicht zur Deckung des vollen Unterhalts (§ 1578 Abs. 1 Satz 1 BGB) ausreicht.[546] Scheitert ein Unterhaltsanspruch wegen Krankheit nur am Einsatzzeitpunkt, kann der **Billigkeitsunterhaltsanspruch** nach § 1576 BGB in Betracht kommen.[547]

cc) Auskunftsanspruch

246 Der Schuldner hat einen Auskunfts- und Informationsanspruch über den **Krankheits- und Behandlungsverlauf** ggü. dem Berechtigten.[548]

dd) Darlegungs- und Beweislast

247 Den Unterhaltsberechtigten trifft die Darlegungs- und Beweislast für die gesundheitsbedingte Unzumutbarkeit einer Erwerbstätigkeit und das Vorliegen der maßgeblichen Einsatzzeitpunkte.[549] Der geschiedene Ehegatte muss im Einzelnen die Krankheiten darlegen, an denen er leidet und angeben und vortragen, inwiefern sich diese auf seine Erwerbsfähigkeit auswirken.[550] Er darf sich

---

541 BGH, FamRZ 1990, 496.
542 OLG München, FamRZ 1997, 295.
543 BGH, FamRZ 2010, 1050; BGH, FamRZ 2010, 869; BGH, FamRZ 2009, 406; OLG Celle, FamRZ 2009, 56.
544 BGH, FamRZ 2014, 1276; BGH, FamRZ 2009, 406.
545 BGH, FamRZ 2009, 406; BGH, FamRZ 1993, 789.
546 BGH, FamRZ 2010, 869; BGH, FamRZ 2009, 406.
547 BGH, FamRZ 2010, 870; BGH, FamRZ 2003, 1734.
548 OLG Schleswig, FamRZ 1982, 1018.
549 BGH, FamRZ 2007, 206; BGH, FamRZ 2001, 1291.
550 OLG Celle, FamRZ 2009, 121.

nicht generell auf Erwerbsunfähigkeit oder eingeschränkte Erwerbsfähigkeit berufen, sondern muss im Hinblick darauf, dass eine teilweise Erwerbsunfähigkeit vorliegen kann, **Art und Umfang der gesundheitlichen Beeinträchtigungen oder das Leiden substanziiert darlegen.**[551] Dieses ist ggf. aufgrund aussagekräftiger ärztlicher Atteste zu belegen. Andererseits dürfen die Anforderungen nicht überspannt werden und müssen jeweils den Umständen des Einzelfalls entsprechen.[552] Sind die Beteiligten in einem Vorverfahren von voller Erwerbsfähigkeit des Unterhaltsgläubigers ausgegangen und haben lediglich Aufstockungsunterhalt vereinbart, kann sich der Gläubiger im Abänderungsverfahren auf § 1572 BGB nur stützen, wenn er nachweist, dass er in einem der maßgeblichen Einsatzzeitpunkte krankheitsbedingt in seiner Erwerbsfähigkeit eingeschränkt war.[553] Der **Bezug einer Erwerbsunfähigkeitsrente** indiziert eine entsprechende Erkrankung.[554] Behauptet der Pflichtige die Gesundung des Berechtigten, muss er konkret vortragen, aus welchen Umständen er auf eine dauerhafte Genesung schließen will. Ein pauschales und unsubstanziiertes Widersprechen genügt nicht.[555] Eine **testierte Schwerbehinderung** allein verändert jedoch die Darlegungs- und Beweislast nicht.[556]

ee) Verwirkung, Begrenzung

Der **Anspruch nach § 1572 BGB kann nach § 1579 BGB verwirkt**[557] und nach § 1578b BGB **248 höhenmäßig begrenzt und befristet werden**[558] (zu Einzelheiten vgl. Kap. 11). Insbesondere ist zu berücksichtigen, dass, wenn der Gläubiger es unterlässt, notwendige und zumutbare therapeutische Maßnahmen zur Herstellung seiner Erwerbsfähigkeit durchzuführen, darin ein Verhalten liegen kann, dass die **Härteregelung des § 1579 Nr. 4 BGB** erfüllt. Die Bedürftigkeit wird mutwillig herbeigeführt, wenn sich der Erkrankte in Kenntnis der Unterhaltsfolgen leichtfertig einer sachgemäßen und zumutbaren Behandlung entzieht.[559]

Eine höhenmäßige **Begrenzung** oder eine **Befristung** kommen in Betracht, wenn die dauerhafte Inanspruchnahme des Pflichtigen bei schicksalhafter Erkrankung des Unterhaltsberechtigten unbillig ist. **Ehebedingte Nachteile**, die es rechtfertigen, von einer Begrenzung/Befristung abzusehen sind anzunehmen, wenn das Krankheitsbild in Zusammenhang mit der **Rollenverteilung in der Ehe** oder sonstigen mit der Ehe verbundenen Umständen besteht. Ein Wegfall oder eine Reduzierung des Unterhalts wird regelmäßig nicht in Betracht kommen, wenn der Berechtigte durch die Eheschließung weder gesundheitliche noch berufliche oder versorgungsrechtliche Nachteile erlitten hat und kinderlos geblieben ist.[560] I.Ü. ist die Erkrankung nicht allein deshalb ein ehebedingter Nachteil, weil sie während der Ehe ausgebrochen ist.[561] Die Erkrankung des Berechtigten ist regelmäßig nicht ehebedingt,[562] selbst dann nicht, wenn sie durch eine Ehekrise ausgelöst worden ist. Sie kann für sich genommen keinen ehebedingten Nachteil darstellen.[563]

Der Maßstab des **angemessenen Lebensbedarfs**, der nach § 1578b BGB regelmäßig die Grenze **249** für die Herabsetzung des nachehelichen Unterhalts bildet, bemisst sich nach dem Einkommen, das der berechtigte Ehegatte ohne die Ehe und Kindererziehung aus eigenen Einkünften zur Verfügung

---

551 BGH, FamRZ 2007, 200; BGH, FamRZ 2001, 1291.
552 BGH, FamRZ 2005, 1897.
553 OLG Hamm, FamRZ 1999, 1510.
554 BGH, FamRZ 2012, 772; BGH, FamRZ 2005, 1897.
555 BGH, FamRZ 2005, 1897.
556 BGH, FamRZ 1998, 357.
557 Grundlegend BGH, FamRZ 1988, 375.
558 BGH, FamRZ 2011, 188; BGH, FamRZ 2009, 1207; OLG Schleswig, FamRZ 2011, 302; OLG München, FamRZ 2009, 1154; zu Einzelheiten vgl. PWW/*Kleffmann*, § 1572 Rn. 10.
559 BGH, FamRZ 2003, 848.
560 BGH, FamRZ 2010, 869; BGH, FamRZ 2009, 406.
561 BGH, FamRZ 2009, 406.
562 BGH, FamRZ 2010, 869.
563 BGH, FamRZ 2013, 1291; BGH, FamRZ 2010, 1414.

hätte. Beim Krankheitsunterhalt ist auf das Einkommen abzustellen, das der Berechtigte ohne die Ehe und Kindererziehung im Fall seiner Krankheit zur Verfügung hätte. Aus dem Begriff der Angemessenheit folgt aber zugleich, dass der herabgesetzte Unterhaltsbedarf jedenfalls das Existenzminimum des Berechtigten erreichen muss.[564] Erzielt der Berechtigte eigene Einkünfte, die diesen angemessenen Unterhaltsbedarf erreichen, oder könnte er solche Einkünfte erzielen, kann dies i.R.d. Billigkeitsabwägung nach einer Übergangszeit, in der er sich nach gescheiterter Ehe von den ehelichen Lebensverhältnissen auf den Lebensbedarf nach den eigenen Einkünften einstellen kann, zum vollständigen Wegfall des Krankheitsunterhalts in Form einer Befristung führen.[565] Erzielt der Berechtigte nach einer ehebedingten Einschränkung seiner Erwerbstätigkeit hingegen Einkünfte, die den eigenen angemessenen Bedarf nicht erreichen, scheidet eine Befristung regelmäßig aus. Auch kann der Unterhaltsanspruch nach einer Übergangszeit bis auf die Differenz zwischen angemessenem Bedarf und dem erzielten oder erzielbaren Einkommen herabgesetzt werden.[566]

V. Unterhalt wegen Erwerbslosigkeit und Aufstockungsunterhalt

1. Normzweck

250 I.R.d. vorrangig zu beachtenden Gebots der **wirtschaftlichen Eigenverantwortung** (§ 1569 BGB)[567] **will § 1573 BGB** den Unterhaltsgläubiger weitgehend vor einem **sozialen Abstieg** nach Beendigung der Ehe **schützen**. Es wäre ungerecht, einem Ehegatten fortwirkende Nachteile des gemeinsamen Entschlusses zur Lebensgestaltung während der ehelichen Gemeinschaft bei einem Scheitern der Ehe allein aufzuerlegen. Andererseits kann die dauerhafte Aufrechterhaltung des ehelichen Lebensstandards nicht gerechtfertigt sein, wenn dauerhafte Nachteile aus der Lebensgestaltung für einen der Ehegatten allein verbleiben.[568] § 1573 Abs. 1 BGB gibt dem geschiedenen Ehegatten, der in das Arbeitsleben noch nicht wieder eingegliedert ist, einen Anspruch wegen **Erwerbslosenunterhalt**. § 1573 BGB räumt dem Ehegatten, der zu einem maßgeblichen Einsatzzeitpunkt erwerbstätig ist, dessen Einkünfte jedoch nicht den vollen Unterhalt i.S.d. § 1578 BGB erreichen, einen Anspruch auf **Aufstockungs- oder Ergänzungsunterhalt**. § 1573 Abs. 3 BGB (**Anschlussunterhalt**) und § 1573 Abs. 4 BGB (**Unterhaltsanspruch nach Wegfall einer angemessenen Erwerbstätigkeit**) dehnen für beide Ansprüche den maßgeblichen Zeitpunkt auf weitere Einsatzzeitpunkte aus. Das UÄndG 2008 hat Abs. 5 der Norm aufgehoben, weil mit § 1578b BGB eine allgemeine Regelung zur Herabsetzung und zeitlichen Begrenzung des nachehelichen Unterhalts besteht.

Eine **zeitliche Begrenzung** der Unterhaltsgewährung kommt regelmäßig nur in Fällen in Betracht, in denen bereits feststeht, ab wann der Berechtigte eine Stelle antritt. Im Übrigen werden sichere Prognosen über eine voraussichtliche Dauer der Arbeitssuche und über die Dauer des Unterhalts nicht getroffen werden können. Der Pflichtige muss den Wegfall des Anspruchs mit einem Abänderungsantrag nach § 235 FamFG oder § 239 FamFG geltend machen.

Der Anspruch nach § 1573 Abs. 1 BGB kann jedoch nach § 1578b BGB zeitlich begrenzt bzw. auf den angemessenen Lebensbedarf herabgesetzt werden.

a) Unterhalt wegen Erwerbslosigkeit

251 Nach § 1573 Abs. 1 BGB kann ein geschiedener Ehegatte von dem anderen Unterhalt verlangen, solange und soweit er nach Scheidung keine angemessene Erwerbstätigkeit zu finden vermag.

▶ **Anspruchsvoraussetzungen:**

252
- Subsidiarität (kein Anspruch nach §§ 1570, 1571 oder 1572 BGB)
- Unvermögen, andere Erwerbstätigkeit zu finden

---

564 BGH, FamRZ 2011, 713; BGH, FamRZ 2010, 629.
565 BGH, FamRZ 2010, 629; BGH, FamRZ 2009, 1990.
566 BGH, FamRZ 2010, 629; BGH, FamRZ 2009, 1990.
567 BGH, FamRZ 1991, 416.
568 Eingehend zu Legitimationsproblemen *Brudermüller*, Geschieden und doch gebunden?

- Wahrung der Einsatzzeitpunkte
- Noch keine nachhaltige Unterhaltssicherung durch eine bereits ausgeübte, angemessene Erwerbstätigkeit

aa) Subsidiarität des Anspruchs

Bei Vorliegen der Voraussetzungen einer vorrangigen Norm (§§ 1570, 1571, 1572 BGB) besteht kein Anspruch, auch kein Teilanspruch, aus § 1573 Abs. 1 BGB.[569] Da § 1573 Abs. 1 BGB eine Erwerbsobliegenheit voraussetzt, die bei Ansprüchen nach §§ 1575, 1576 BGB fehlt, sind auch diese Ansprüche ggü. § 1573 Abs. 1 BGB vorrangig. 253

Voraussetzung eines Anspruchs nach § 1573 Abs. 1 BGB ist weiter, dass der geschiedene Ehegatte keine angemessene Erwerbstätigkeit zu finden vermag. 254

Die **Angemessenheit der Erwerbstätigkeit** richtet sich nach den i.R.d. § 1574 BGB entwickelten Kriterien (vgl. Rdn. 309 ff.). Eine Erwerbstätigkeit ist angemessen,[570] wenn sie der Ausbildung, den Fähigkeiten, dem Lebensalter und dem Gesundheitszustand des geschiedenen Ehegatten sowie den ehelichen Lebensverhältnissen entspricht. Das **UÄndG** hat den **Grundsatz der wirtschaftlichen Eigenverantwortung verstärkt**. Mit der Neufassung des § 1574 Abs. 2 BGB sind die ehelichen Lebensverhältnisse nur noch im Rahmen einer Billigkeitsprüfung zu berücksichtigen. Eine Erwerbstätigkeit in einem früher bereits ausgeübten Beruf ist immer angemessen. Dies gilt auch, wenn es sich um eine ggü. der Ausbildung geringer qualifizierte Arbeit handelt.[571] Auch die Übernahme von zwei Teilzeitbeschäftigungen kann eine »angemessene« Erwerbstätigkeit sein.[572] Andererseits darf dem (geschiedenen) Ehegatten keine Tätigkeit angesonnen werden, die ihrer Art nach mit den ehelichen Lebensverhältnissen und mit dem sozialen Statut in keiner Weise in Einklang zu bringen ist. So kann sich bei langer Ehedauer in gehobenen wirtschaftlichen Verhältnissen nach § 1574 Abs. 2 BGB der Kreis der als angemessen in Betracht kommenden Erwerbstätigkeiten reduzieren. Eine optimale berufliche Erfüllung kann vom Berechtigten jedoch nicht verlangt werden.[573] 255

Anspruchsvoraussetzung ist nicht die Arbeitslosigkeit an sich, sondern das Unvermögen des geschiedenen Ehegatten, mit zumutbarer Anstrengung eine angemessene Erwerbstätigkeit zu finden. 256

bb) Reale Beschäftigungschance

Objektiv muss eine reale Beschäftigungschance bestehen.[574] Die Beschäftigungschance hängt ab von den Verhältnissen auf dem Arbeitsmarkt sowie den persönlichen Eigenschaften und Verhältnissen des Arbeitssuchenden (Alter, Ausbildung, Berufserfahrung, Gesundheitszustand etc.). Eine gänzlich unrealistische und nur theoretische Beschäftigungschance steht der Bejahung des § 1573 Abs. 1 BGB nicht entgegen. Der für § 1573 Abs. 1 BGB erforderliche Nachweis[575] ist erbracht, wenn nach dem Ergebnis der tatrichterlichen Beweiswürdigung die Beschäftigungschance praktisch ausscheidet.[576] Das Fehlen jeglicher Beschäftigungschance wird jedoch nur in wenigen Ausnahmefällen angenommen werden können. Welche **Anforderungen an eine ausreichende Arbeitsplatzsuche** zu stellen sind, hängt von den Verhältnissen auf dem Arbeitsmarkt, aber auch von den persönlichen Voraussetzungen des Arbeitssuchenden ab.[577] Für die Feststellung, dass für einen Schuldner keine reale Beschäftigungschance besteht, sind – insb. im Bereich der gesteigerten Unterhaltspflicht nach § 1603 Abs. 2 BGB – **strenge Maßstäbe** anzulegen. Für gesunde Arbeitnehmer im mittleren Erwerbsalter wird auch in Zeiten hoher Arbeitslosigkeit regelmäßig kein Erfahrungssatz dahin gebildet werden können, dass 257

---

569 BGH, FamRZ 1999, 708; BGH, FamRZ 1988, 927.
570 Grundlegend BGH, FamRZ 1986, 1085.
571 BGH, FamRZ 2005, 23.
572 BGH, FamRZ 2012, 1483.
573 BGH, FamRZ 1984, 988.
574 BGH, NJW 2014, 932; BGH, FamRZ 2012, 1040; BGH, FamRZ 2011, 1851.
575 BGH, FamRZ 2012, 1040; BGH, FamRZ 2011, 1851; BGH, FamRZ 2008, 2104.
576 BGH, FamRZ 1996, 345.
577 BGH, NJW 2014, 932; BGH, FamRZ 1996, 345; *Kleffmann*, FuR 2000, 454.

sie nicht in eine vollschichtige Tätigkeit zu vermitteln sind. Dies gilt auch für ungelernte Kräfte oder für Ausländer mit eingeschränkten Deutsch- und Sprachkenntnissen.[578] Auch die bisherige Tätigkeit des Schuldners etwa im Rahmen von Zeitarbeitsverhältnissen ist noch kein hinreichendes Indiz dafür, dass es ihm nicht gelingen kann, eine besser bezahlte Stelle zu finden. Dies gilt auch, wenn der Pflichtige überwiegend im Rahmen von geringfügigen Beschäftigungsverhältnissen i.S.v. § 8 Abs. 1 SGB IV gearbeitet hat. Eine **Meldung bei der Agentur für Arbeit** ist stets nötig, aber allein nicht ausreichend.[579] Regelmäßig sind auch intensive **Privatinitiativen** erforderlich. Dazu zählen Bewerbungen auf Stellenangebote in Zeitungen oder sonstigen Werbeträgern, i.R.d. finanziell Zumutbaren auch die Aufgabe eigener Stellenannoncen. Die **Bewerbung** muss **zielgerichtet** sein[580] und einen konkreten Bezug zur angegeben Stelle haben.[581] Insgesamt muss sie einen »werbenden Charakter« aufweisen. In **zeitlicher Hinsicht** muss jedenfalls in etwa die Zeit investiert werden, die andernfalls für die Verrichtung der Erwerbstätigkeit eingesetzt würde.[582]

258 Bei nichtssagender Gleichgültigkeit eines ggf. noch **standardisierten Bewerbungsschreibens**, das keinen konkreten Bezug zur angebotenen Stelle, keine konkreten Hinweise auf absolvierte Fortbildungen des Bewerbers etc. enthält, ist der Misserfolg vorprogrammiert.[583]

259 Im Einzelfall kann unter Berücksichtigung schutzwürdiger persönlicher Belange des Arbeitsplatzsuchenden ein Ortswechsel zumutbar sein und eine Bewerbung nicht nur im örtlichen Umfeld geboten sein,[584] sondern ggf. im gesamten Bundesgebiet.[585]

260 **Anerkennenswerte Bindungen**, etwa aus familiären Gründen, sind jedoch zu berücksichtigen und schränken die Erwerbsobliegenheit im weiteren Umkreis ein.[586]

261 Die **Bewerbungsbemühungen** sind sorgfältig und in nachprüfbarer Form zu **dokumentieren**. Hierzu gehören insb. die Stellenausschreibungen, die Bewerbungsschreiben und Absagen des Arbeitgebers.[587] Allein **Blindbewerbungen**[588] oder das Berufen auf die Tatsache, dass Hartz IV-Leistungen bezogen werden,[589] reichen nicht.

▶ Checkliste: Darlegung ernsthafter Erwerbsbemühungen[590]

262 1. Darlegung des schulischen und beruflichen Werdegangs
2. Meldung bei der Arbeitsagentur
   a) Mitteilung, seit wann bei der Arbeitsagentur als arbeitssuchend gemeldet
   b) Mitteilung, ob die Arbeitsagentur Einschränkungen für bestimmte Tätigkeitsbereiche, etwa wegen gesundheitlicher Beeinträchtigungen, gemacht hat
   c) Mitteilung, ob eine ärztliche Untersuchung durch die Arbeitsagentur stattgefunden hat
3. Darlegung der Eigenbemühungen
   a) Vorlage eigener Inserate
   b) bei schriftlichen Bewerbungen
      – Vorlage der Stellenangebote
      – Vorlage einer Abschrift des Bewerbungsschreibens
      – Vorlage eines Ablehnungsschreibens

---

578 BGH, NJW 2014, 932; BGH, FamRZ 2011, 1851; OLG Hamm, FamRZ 2002, 1477.
579 BGH, FamRZ 1990, 499.
580 OLG Bamberg, FamRZ 1988, 725.
581 OLG Hamm, FamRZ 1992, 63.
582 BGH, FamRZ 1999, 843; BGH, FamRZ 1990, 499; OLG Hamm, FamRZ 2007, 1327.
583 OLG Hamm, FamRZ 1992, 63.
584 OLG Hamm, FamRZ 1996, 958.
585 BGH, FamRZ 1981, 539; OLG Hamm, FamRZ 1994, 1115.
586 BVerfG, FamRZ 2007, 273; BVerfG, FamRZ 2006, 469; BGH, FamRZ 2009, 314.
587 OLG Nürnberg, FamRZ 2009, 345.
588 OLG Nürnberg, FamRZ 2009, 345.
589 OLG Brandenburg, FamRZ 2007, 2014.
590 Vgl. *Kleffmann*, FuR 2000, 454.

c) bei persönlichen oder telefonischen Bewerbungen Darstellung
   - des Zeitpunkts des Gesprächs
   - Art der infrage kommenden Stellen
   - Name und Anschrift des jeweiligen Gesprächspartners
4. Je mehr solcher Bewerbungsunterlagen vorgelegt werden, desto eher wird das FamG zu der Überzeugung gelangen, dass ernsthafte Erwerbsbemühungen vorliegen.

Indizien gegen die Ernsthaftigkeit sind:
- Bewerbungen erst kurz vor dem Gerichtstermin
- standardisierte Bewerbungsschreiben ohne konkreten Bezug zum Arbeitsplatz
- Bewerbungen bei (zu weit) entlegenen Firmen, die ohne Weiteres nicht erreichbar sind
- »Pro Forma-Bewerbungsschreiben«, die so abgefasst sind, dass sie den Eindruck von mangelnder Eignung oder Arbeitsunlust erwecken

Die **Darlegungs- und Beweislast** dafür, dass trotz intensiver Bemühungen keine Erwerbstätigkeit gefunden werden kann, trifft den Arbeitssuchenden.[591] Zweifel an der Ernsthaftigkeit der Arbeitsbemühungen gehen zu seinen Lasten. Die **Beweiserleichterung** des § 287 Abs. 2 ZPO kommt ihm nicht zugute.[592] Bei Vermutung der Ursächlichkeit der Obliegenheitsverletzung muss sich der Berechtigte das erzielbare Einkommen fiktiv zurechnen lassen, solange die Ursächlichkeit fortwirkt.[593]

263

Die Obliegenheit zur Arbeitssuche muss nicht erst mit Rechtskraft der Scheidung einsetzen, sondern kann bereits früher bestehen.[594] Endet ein Unterhaltsanspruch nach § 1570 BGB und steht der Zeitpunkt des Auslaufens schon verlässlich fest, muss auch hier in der letzten Phase der Kindesbetreuung bereits mit der Arbeitsplatzsuche begonnen werden.[595] Andererseits kann sich der **Beginn der Erwerbsobliegenheit** hinauszögern, wenn der Verpflichtete durch freiwillige Unterhaltszahlung ohne das Einfordern entsprechender Erwerbsbemühungen einen **Vertrauenstatbestand** schafft.[596]

264

cc) Einsatzzeitpunkte

Ein Anspruch nach § 1573 Abs. 1 BGB besteht nur, wenn der Betroffene zu bestimmten Einsatzzeitpunkten keine angemessene Arbeit hat. **Anschlussunterhalt** besteht nur in dem Umfang, wie er im Zeitpunkt des wegfallenden Vortatbestands bestand.

265

▶ Einsatzzeitpunkte:
- Scheidung
- Wegfall eines Anspruchs nach § 1570 BGB
- Wegfall eines Anspruchs nach § 1571 BGB
- Wegfall eines Anspruchs nach § 1572 BGB
- Wegfall eines Anspruchs nach § 1575 BGB

266

Der Einsatzzeitpunkt »Scheidung« ist, anders als bei §§ 1571 Nr. 1 und 1572 Nr. 1 BGB, nicht eng an den Stichtag der Rechtskraft des Scheidungsbeschlusses gebunden. Gewahrt sein muss bei § 1573 Abs. 1 BGB ein **zeitlicher Zusammenhang mit der Scheidung**. Ein Zeitraum von 1 1/2 Jahren[597] oder auch einem Jahr[598] reicht nicht. Bestand bis zur Scheidung eine langjährige, den vollen Bedarf deckende Erwerbstätigkeit, entsteht ein Anspruch nach § 1573 Abs. 1 BGB selbst dann nicht, wenn der Arbeitsplatz nur wenige Tage nach der Scheidung wegfällt.[599]

267

---

591 BGH, FamRZ 1987, 144 für den Unterhaltsberechtigten; BGH, FamRZ 1996, 345 für den Unterhaltsverpflichteten.
592 BGH, FamRZ 1993, 789.
593 BGH, FamRZ 2008, 872; OLG Hamm, FamRZ 2007, 1327.
594 BGH, FamRZ 1990, 283; OLG Brandenburg, FamRZ 2008, 1952.
595 OLG Hamm, FamRZ 1988, 1280.
596 OLG Hamm, FamRZ 1995, 1580.
597 BGH, FamRZ 1987, 684.
598 OLG Oldenburg, FamRZ 1986, 64.
599 OLG Bamberg, FamRZ 1997, 819.

268 Bei dem Einsatzzeitpunkt des Wegfalls eines Anspruchs nach § 1570 BGB handelt es sich um **Anschlussunterhalt**. Dieser Einsatzzeitpunkt ist zu bejahen, wenn der Berechtigte wegen notwendiger Kindesbetreuung (zu Einzelheiten vgl. Rdn. 172 ff.) nicht mehr an der Aufnahme einer Vollerwerbstätigkeit gehindert wird, aber wegen der Arbeitsmarktlage keine Erwerbstätigkeit findet.

269 Der Wegfall der Voraussetzungen eines Anspruchs nach § 1570 BGB als Einsatzzeitpunkt spielt faktisch keine Rolle, da mit fortschreitendem Alter ein vormals begründeter Anspruch wegen Altersunterhalt nicht nochmals wegfallen wird.

270 Der Einsatzzeitpunkt des **Wegfalls der Voraussetzungen eines Anspruchs nach § 1572 BGB** ist gegeben, wenn der Berechtigte wieder gesund wird und deshalb wieder arbeiten kann, aber keine angemessene Arbeit findet. Auch hier handelt es sich um Anschlussunterhalt.

271 Der Einsatzzeitpunkt des **Wegfalls eines Ausbildungsunterhaltsanspruchs** liegt vor, wenn der Berechtigte nach Beendigung einer berechtigten Ausbildung keine angemessene Erwerbstätigkeit findet. Auch hier handelt es sich um Anschlussunterhalt.

272 Bei jedem Anschlussunterhalt besteht der Anspruch nur in dem Umfang weiter, wie er im Zeitpunkt des wegfallenden Vortatbestands gegeben war.

dd) Umfang des Anspruchs

273 Der Umfang umfasst den vollen **eheangemessenen Unterhalt** (§ 1578 Abs. 1 Satz 1 BGB). Geht der Berechtigte zwar einer angemessenen Teilzeitbeschäftigung nach, nicht aber einer zumutbaren Vollzeitbeschäftigung, weil er aus Gründen der Arbeitsmarktsituation noch keine vollschichtige Arbeit gefunden hat, besteht nach § 1573 Abs. 1 BGB ein Unterhaltsanspruch i.H.e. **durch die Teilzeitbeschäftigung noch nicht gedeckten vollen Unterhaltsbedarfs**.[600] Bei einer vom Berechtigten ausgeübten nicht angemessenen Erwerbstätigkeit richtet sich der Anspruch nach § 1573 Abs. 1 BGB nach der Differenz aus dem vollen Bedarf (§ 1578 Abs. 1 Satz 1 BGB) und den aus der nicht angemessenen Erwerbstätigkeit tatsächlich erzielten anrechenbaren Einkünften.

2. Aufstockungsunterhalt

274 Ein geschiedener Ehegatte, der eine angemessene Erwerbstätigkeit (zu Einzelheiten vgl. Rdn. 309 ff.) ausübt oder ausüben kann[601] und/oder aus Vermögenserträgen bzw. aus der ggf. geschuldeten Verwertung des Vermögens den vollen Unterhalt nach den ehelichen Lebensverhältnissen nicht zu decken vermag, hat Anspruch auf Aufstockungsunterhalt. Der Anspruch besteht auch bei früherer Gütergemeinschaft.[602]

275 Aufgrund der Surrogatrechtsprechung des BGH[603] kam dem Aufstockungsunterhalt zunehmend Bedeutung zu. § 1573 Abs. 2 BGB kann jedoch **keine** von ehebedingten Nachteilen unabhängige **Lebensstandardgarantie** liefern.[604] Auch hat der Gesetzgeber durch die Neufassung des § 1574 Abs. 1 und 2 BGB die Entscheidung darüber relativiert, welche Art von Erwerbstätigkeit aufgrund der ehelichen Verhältnisse für einen geschiedenen Ehegatten angemessen ist. Eine bestimmte Ehedauer gehört nicht zu den Tatbestandsvoraussetzungen des § 1573 Abs. 2 BGB. Maßgeblich sind vielmehr das **Vorhandensein ehebedingter Nachteile** und das **Maß der wirtschaftlichen Verflechtung**. Nach Inkrafttreten des UÄndG ist es dem Berechtigten regelmäßig zumutbar, sich jedenfalls nach einer Übergangszeit auf eine Kürzung des eheangemessenen Unterhalts einzustellen.[605] Eine lebenslange Beibehaltung des ehelichen Lebensstandards kommt danach nur noch in Betracht,

---

600 BGH, NJW 2011, 303.
601 BGH, FamRZ 2011, 192.
602 OLG Oldenburg, NJW-RR 2009, 1596.
603 BGH, FamRZ 2001, 986.
604 BGH, FamRZ 2007, 2052.
605 BGH, FamRZ 2009, 1207; BGH, FamRZ 2009, 1990.

wenn die Ehe von langer Dauer war, die Übernahme von erheblichen beruflichen Nachteilen wegen der Ehe oder im Fall gemeinsamer betreuungsbedürftiger Kinder angemessen ist oder aus Gründen der nachehelichen Solidarität.[606] Damit wird der Aufstockungsunterhalt nicht mehr als Garantie eines Lebensstandards angesehen werden können, sondern nur noch als eine **Norm, die ehebedingte Nachteile ausgleicht**.

a) Anspruchsvoraussetzungen

Der Anspruch besteht, auch wenn die Eheleute während der Ehe keine Wirtschaftsgemeinschaft gebildet haben und ihre beiderseitigen, wirtschaftlichen Lebenspositionen nicht aufeinander abgestimmt haben. 276

▶ Anspruchsvoraussetzungen des Aufstockungsunterhalts:

- Kein anderweitiger Anspruch nach §§ 1570, 1571, 1572 oder 1573 Abs. 1 BGB
- Der Berechtigte übt eine angemessene Erwerbstätigkeit aus oder müsste sie ausüben
- Nicht nur unerhebliches Einkommensgefälle
- Wahrung der Einsatzzeitpunkte

277

b) Subsidiarität und Konkurrenzen

Der Anspruch nach § 1573 Abs. 2 BGB ist nur gegeben, sofern kein anderweitiger Anspruch nach §§ 1570, 1571, 1572 oder 1573 Abs. 1 BGB besteht.[607] Auch nach Inkrafttreten des UÄndG zum 01.01.2008 bedarf es trotz der umfassenden Beschränkungsmöglichkeiten durch § 1578b BGB (vgl. zu Einzelheiten Kap. 11) weiterhin einer genauen **Differenzierung der nachehelichen Unterhaltstatbestände**.[608] Ist der Unterhaltsberechtigte vollständig an einer Erwerbstätigkeit gehindert, ergibt sich der Anspruch auf nachehelichen Unterhalt allein aus §§ 1570 bis 1572 BGB,[609] und zwar auch für den Teil des Bedarfs, der nicht auf dem Erwerbshindernis, sondern auf dem den angemessenen Lebensbedarf übersteigenden Bedarf nach den ehelichen Lebensverhältnissen beruht. Ist der Berechtigte nur teilweise an einer Erwerbstätigkeit gehindert, ergibt sich der Anspruch wegen des allein durch die Erwerbshinderung verursachten Einkommensausfalls aus §§ 1570 bis 1572 BGB und i.Ü. als Aufstockungsunterhalt aus § 1573 Abs. 2 BGB.[610] Ein Anspruch auf Aufstockungsunterhalt setzt voraus, dass der Berechtigte eine vollschichtige angemessene Erwerbstätigkeit ausübt oder ihn eine entsprechende Obliegenheit trifft. Vermag der Berechtigte eine solche Tätigkeit nicht zu erlangen, ergibt sich der Anspruch z.T. aus § 1573 Abs. 1 BGB.[611] 278

c) Ausübung einer angemessenen Erwerbstätigkeit

Der unterhaltsberechtigte Ehegatte muss eine angemessene Erwerbstätigkeit (Legaldefinition § 1574 BGB, zu Einzelheiten vgl. Rdn. 309 ff.) ausüben,[612] deren Einkünfte aber nicht zu seinem vollen nach den ehelichen Lebensverhältnissen zu bestimmenden Bedarf ausreichen.[613] Von einem teilschichtig beschäftigten Ehegatten kann selbst dann, wenn er zur Aufgabe seines Arbeitsplatzes nicht verpflichtet ist, grds. verlangt werden, dass er zur Sicherung seines Unterhalts eine **weitere Teilzeittätigkeit aufnimmt**. Die Übernahme von zwei Teilzeitbeschäftigungen kann eine »angemessene« Erwerbstätigkeit sein.[614] 279

---

606 BGH, FamRZ 2010, 538; BGH, FamRZ 2010, 1633.
607 BGH, FamRZ 1999, 708.
608 BGH, FamRZ 2011, 192; BGH, FamRZ 2010, 869; BGH, FamRZ 2009, 770.
609 BGH, NJW 2014, 1302; BGH, FamRZ 1999, 708.
610 BGH, FamRZ 2010, 869; BGH, FamRZ 2009, 406.
611 BGH, FamRZ 2011, 192.
612 BGH, FamRZ 2005, 23; OLG Celle, FamRZ 2010, 1673; OLG Karlsruhe, FamRZ 2009, 120.
613 Grundlegend BGH, FamRZ 1999, 708.
614 BGH, FamRZ 2012, 1483.

280 § 1573 Abs. 2 BGB gilt auch, wenn der geschiedene Ehegatte unter Verletzung der Erwerbsobliegenheit keiner oder nur einer Teilzeitbeschäftigung nachgeht und die ihm zuzurechnenden fiktiven Einkünfte nicht den vollen eheangemessenen Bedarf decken.[615]

d) Ausschluss von Bagatellunterhalt

281 Durch den Aufstockungsunterhalt soll nicht schablonenhaft jedweder Einkommensunterschied ausgeglichen werden. Aufstockungsunterhalt kommt bei nur geringfügigen Unterschieden zwischen den wechselseitig erzielten oder fingierten Einkünften nicht in Betracht. Für die Annahme eines Bagatellunterhalts können **fixe Beträge** gegriffen werden.[616] Sachgerechter dürfte es sein, auf die **Relation des Unterhalts zum Einkommen** im Einzelfall abzustellen. Z.T. wird eine **prozentuale Grenze**, die bei 10 % des bereinigten Nettoeinkommens des Bedürftigen anzusiedeln ist, präferiert.[617]

282 Je dürftiger die ehelichen Lebensverhältnisse sind desto weniger wird Aufstockungsunterhalt wegen Geringfügigkeit versagt werden können. Insb. bei geringeren Einkünften sind mithin auch geringere Unterhaltsbeträge zuzubilligen.[618] Sinkt infolge des Vorwegabzugs des Kindesunterhalts das Einkommen des für den Kindesunterhalt baruntershaltspflichtigen Elternteils unter das Einkommen des kindbetreuenden Elternteils ab, hat nicht etwa der Vorwegabzug zu unterbleiben. Vielmehr kann ein Anspruch auf Aufstockungsunterhalt entstehen.[619]

e) Wahrung der Einsatzzeitpunkte

283 Der Wortlaut des § 1573 Abs. 2 BGB verlangt – anders als § 1573 Abs. 1 BGB – keinen Einsatzzeitpunkt. Dennoch soll der Schuldner alsbald nach der Scheidung oder dem Wegfall der Ansprüche nach §§ 1570, 1571, 1572 oder 1575 BGB absehen können, mit welchen Unterhaltslasten er zu rechnen hat. Die Gesetzessystematik erfordert einen **zeitlichen Zusammenhang** zwischen Bedürftigkeit und Scheidung bzw. Wegfall eines anderen Unterhaltstatbestands. I.R.d. § 1573 Abs. 2 BGB gelten mithin die **gleichen Einsatzzeitpunkte** wie bei § 1573 Abs. 1 BGB.[620]

284 Liegen die Anspruchsvoraussetzungen zum Zeitpunkt der Scheidung vor, schadet es nicht, wenn der Anspruch erst zu einem späteren Zeitpunkt geltend gemacht wird.[621]

Sinkt das Einkommen des zum Baruntershalt verpflichteten Ehegatten durch den Abzug des Kindesunterhalts unter das des betreuenden Elternteils, ist das Entstehen des Anspruchs auf Aufstockungsunterhalt die notwendige Folge. Denn dieser knüpft lediglich an das höhere Einkommen eines Ehegatten an und hat eine Beibehaltung des ehelichen Lebensstandards zum Ziel.[622]

---

615 BGH, FamRZ 1990, 499; BGH, FamRZ 1990, 979.
616 BGH, FamRZ 1984, 988: Anspruch von 82 € erheblich; OLG Karlsruhe, FamRZ 2010, 1082: 63 € nicht mehr gering; vgl. auch OLG Brandenburg, FamRZ 2006, 341; OLG München, FamRZ 1997, 425: kein Aufstockungsunterhalt bei Beträgen von (seinerzeit) unter 100 DM; ähnlich auch OLG Düsseldorf, FamRZ 1996, 947; vgl. auch OLG Frankfurt a.M., FamRB 2019, 255; OLG Hamm, FamRZ 2019, 792.
617 OLG München, FamRZ 2004, 1208 (10 % des bereinigten Einkommens des Bedürftigen ohne Abzug des Anreizsiebtels); OLG Koblenz, NJW-RR 2006, 151 (10 % des nach Abzug des Anreizsiebtels verbleibenden Gesamteinkommens beider Eheleute); OLG Oldenburg, NJW-RR 1995, 453 (4 % des bereinigten Einkommens des Bedürftigen ohne Abzug des Anreizsiebtels); vgl. auch *Kleffmann*, in: Scholz/Kleffmann, Praxishandbuch Familienrecht, Teil H Rn. 95 mit Beispielrechnung.
618 So auch OLG Karlsruhe, FamRZ 2010, 1082: keine schematische Grenzziehung; OLG Schleswig, FPR 2009, 262: Anspruch auch zuzubilligen, wenn die Einkommensdifferenz ausschließlich auf dem Erwerbsbonus beruht; OLG Hamm, NJW 2011, 3301.
619 BGH, FamRZ 2016, 199.
620 BGH, FamRZ 2005, 1817; OLG Hamm, FamRZ 2004, 375; OLG Jena, FamRZ 2004, 1207.
621 BGH, FamRZ 2005, 1817.
622 BGH, FamRZ 2016, 203.

Der Aufstockungsunterhalt kann sich auch an einen Erwerbslosigkeitsunterhalt nach § 1573 Abs. 1 BGB anschließen, wenn der Berechtigte eine angemessene Erwerbstätigkeit aufnimmt, die seinen vollen Unterhalt nicht deckt. Weiterer Einsatzzeitpunkt für den Aufstockungsunterhalt als Anschlussunterhalt sind nach § 1573 Abs. 3 BGB der Wegfall der Voraussetzungen eines Anspruchs nach §§ 1570, 1571, 1572 und 1575 BGB. Zu diesen Zeitpunkten schließt sich ein Aufstockungsunterhalt an den jeweils wegfallenden und vorrangigen Unterhaltsanspruch an, wenn zu dieser Zeit die Einkünfte aus einer angemessenen Erwerbstätigkeit den vollen Unterhalt nicht decken.[623]

f) Ausübung einer angemessenen Erwerbstätigkeit

285 Der Aufstockungsunterhaltsanspruch setzt voraus, dass der Unterhalt begehrende geschiedene Ehegatte eine angemessene Erwerbstätigkeit ausübt, deren Einkünfte aber nicht zu seinem vollen – nach den ehelichen Lebensverhältnissen zu bestimmenden – Unterhaltsbedarf ausreichen.[624] § 1573 Abs. 2 BGB gilt auch, wenn der geschiedene Ehegatte unter Verletzung der Erwerbsobliegenheit keiner oder nur einer Teilzeitbeschäftigung nachgeht und die ihm deshalb zuzurechnenden fiktiven Einkünfte nicht ausreichen, um seinen vollen eheangemessenen Unterhalt zu decken.[625] Wegen der Einzelheiten zur Angemessenheit der Erwerbstätigkeit wird auf Rdn. 309 ff. verwiesen.

g) Methodenwahl

286 Werden die ehelichen Lebensverhältnisse durch beiderseitige Einkünfte geprägt oder treten Einkünfte eines Ehegatten an die Stelle bisheriger Haushaltsführung oder Kindesbetreuung, ist die **Differenzmethode** anzuwenden. Der Aufstockungsunterhalt beläuft sich auf 3/7 (bzw. 45 %) der Differenz der beiderseitigen Erwerbseinkünfte bzw. auf die Hälfte der Differenz der sonstigen Einkünfte.

▶ Beispiel:[626]

287
Bereinigtes Nettoerwerbseinkommen des Unterhaltsverpflichteten:	2.000 €
Bereinigtes Nettoerwerbseinkommen der Unterhaltsberechtigten:	1.000 €
Differenzeinkommen:	1.000 €
Unterhalt mit Erwerbstätigenbonus von 1/7: 1.000 € x 3/7 =	428,57 €
Unterhaltsanspruch mit Bonus von 1/10: 1.000 € x 45 % =	450,00 €

Bei Einkünften, bei denen der Erwerbstätigenbonus nicht zu berücksichtigen ist (Wohnwert, Zinsen etc.), ist der **Halbteilungsgrundsatz** strikt anzuwenden.

▶ Beispiel:

288
Renteneinkommen des Ehemanns:	2.000 €
Renteneinkommen der Ehefrau:	500 €
Einkünfte aus Kapitalvermögen der Ehefrau:	500 €
Differenzbetrag:	1.000 €
Unterhaltsanspruch: 1/2 aus 1.000 € =	500 €

289 Sind Einkünfte vorhanden, welche die ehelichen Lebensverhältnisse nicht geprägt haben, etwa Mehreinkommen aus einem Karrieresprung oder Einkünfte aus einer Erbschaft, ist die **Anrechnungsmethode** anzuwenden.

---

623 OLG Celle, FamRZ 2016, 1169.
624 Grundlegend BGH, FamRZ 1999, 708.
625 BGH, FamRZ 1990, 499; BGH, FamRZ 1990, 979.
626 Nach *Kleffmann*, in: Scholz/Kleffmann, Praxishandbuch Familienrecht, Teil H Rn. 202.

Kapitel 4 — Ehegattenunterhalt

▶ **Beispiel zur Anrechnungsmethode**

290

Ehemann (M) hat eheprägendes Erwerbseinkommen von	3.000 €
Ehefrau (F) erzielt nach Scheidung aus ererbtem Vermögen nicht prägende Zinseinkünfte von	300 €
Lösung: 3.000 € × 3/7 =	1.285,71 €
./. (»anzurechnender«)	300 €
Unterhaltsanspruch sodann	985,71 €
Abwandlung mit trennungsbedingtem Mehrbedarf:	
M hat eheprägendes Erwerbseinkommen von	2.700 €
F erzielt nach Scheidung aus ererbtem Vermögen nicht prägende Zinseinkünfte von	300 €
F hat trennungsbedingten Mehrbedarf von	200 €
Lösung: 2.700 € × 6/7 =	2.314,29 €
Bedarf: 2.314,29 € × 1/2 = 1.157,15 € + 200 € =	1.357,15 €
Anspruch: 1.357,15 € − 300 € =	1.057,15 €

291 Die **Additionsmethode** ist eine Berechnungsvereinfachung der Differenzmethode unter Berücksichtigung der Anrechnungsmethode in der zweiten Stufe. In der ersten Stufe werden das prägende Einkommen des Verpflichteten und das prägende Einkommen des Berechtigten addiert. Die Hälfte der Summe stellt den Bedarf dar. In der zweiten Stufe wird von dem so ermittelten Bedarf das Eigeneinkommen des Berechtigten abgezogen (prägende und nicht prägende Erwerbseinkünfte zu 6/7 [bzw. 90 %] plus sonstiges prägendes und nicht prägendes Einkommen).[627]

▶ **Beispiel:**

292

Der Ehemann (M) hat ein bereinigtes Nettoerwerbseinkommen von	2.000 €
sowie Zinseinkünfte von	300 €
Die Ehefrau (F) hat ein bereinigtes Nettoerwerbseinkommen von	1.000 €
Sämtliche Einkünfte sind prägend.	
Lösung (mit Bonus 1/10):	
Bedarf: 1/2 × (9/10 2.000 € + 300 € + 9/10 1.000) =	1.500 €
Unterhaltsanspruch: 1.500 € − 9/10 1.000 € =	600 €

▶ **Beispiel unter Berücksichtigung prägender und nicht prägender Einkünfte:**

293

Ehemann (M) hat prägendes Erwerbseinkommen von netto	1.800 €
Ehefrau (F) hat prägendes Erwerbseinkommen von netto	400 €
F hat nicht prägende Zinseinkünfte aus nach Trennung erzieltem Lottogewinn von	100 €
Unterhaltsanspruch (mit Erwerbstätigenbonus 1/7):	
1.800 € (M) × 6/7 + 400 € (F) × 6/7 = 1.885,70 €: 2 =	943 €
943 € − 100 € (Zinsen aus Lottogewinn) − 342,85 € (6/7 Erwerbseinkommen F) = 500 € Unterhaltsanspruch	

---

627 BGH, FamRZ 2001, 986; BGH, FamRZ 1989, 1160.

Hat der Berechtigte sowohl prägende also auch nicht prägende Einkünfte, ist die **gemischte** 294
Differenz-/Anrechnungsmethode anzuwenden. Aus dem prägenden bereinigten Nettoeinkommen
des Unterhaltspflichtigen und des Unterhaltsberechtigten ist die Differenz zu bilden und zu quotieren.
Von dieser Quote wird sodann das nicht prägende Einkommen des Berechtigten abgezogen.[628]

▶ Beispiel:

prägendes bereinigtes Nettoerwerbseinkommen des Ehemanns (M):	2.000 €
prägendes bereinigtes Nettoerwerbseinkommen der Ehefrau (F) aus Halbtagstätigkeit:	500 €
Nicht prägende Zinsen der F aus nach Trennung ererbtem Vermögen:	100 €

295

Lösung:

hinsichtlich der prägenden Einkünfte Berechnung nach der Differenzmethode:	
2.000 € – 500 € =	1.500 €
hiervon bei 3/7 Quote:	642,85 €
hierauf sind die nicht prägenden Einkünfte i.H.v. 100 € anzurechnen.	
Unterhaltsanspruch mithin: 642,85 € – 100 € =	542,85 €

h) Anschlussunterhalt

Nach § 1573 Abs. 3 BGB kommt Anschlussunterhalt sowohl als Erwerbslosenunterhalt nach 296
§ 1573 Abs. 1 BGB als auch als Aufstockungsunterhalt nach § 1573 Abs. 2 BGB in Betracht, wenn
die Ansprüche aus §§ 1570 bis 1572 BGB entfallen sind. § 1573 Abs. 3 BGB verlangt die gleichen
Einsatzzeitpunkte wie §§ 1573 Abs. 1 und 2 BGB und normiert mit dem Wegfall eines Anspruchs
nach § 1575 BGB einen weiteren Einsatzzeitpunkt. Maßgeblich ist das Vorliegen der Unterhaltstatbestände.
Auf die tatsächliche Zahlung des Unterhalts kommt es nicht an. Die Bedürfnislage,
die daraus entsteht, dass der zunächst aus anderen Gründen unterhaltsberechtigte Ehegatte nicht
sogleich eine angemessene Erwerbstätigkeit zu finden vermag, muss noch im Zusammenhang mit
der Ehe stehen.

i) Nachhaltige Unterhaltssicherung

Nach § 1573 Abs. 4 BGB kann der Unterhaltsanspruch **wieder aufleben**. 297

▶ **Voraussetzungen des Wiederauflebens des Unterhaltsanspruchs nach § 1573 Abs. 4 BGB**
  – Ausübung einer angemessenen Erwerbstätigkeit nach Scheidung 298
  – Unverschuldeter späterer Wegfall der Einkünfte aus dieser Erwerbstätigkeit
  – Keine nachhaltige Unterhaltssicherung durch die Erwerbstätigkeit

Der Anspruch nach § 1573 Abs. 1 BGB **erlischt**, sobald der berechtigte Ehegatte nach der Schei- 299
dung bzw. zu einem in § 1573 Abs. 3 BGB genannten Zeitpunkt eine angemessene Erwerbstätigkeit
findet, deren Einkünfte seinen vollen Unterhalt decken.

Der geschiedene Ehegatte soll das Risiko des Arbeitsplatzverlustes des anderen nur noch bei **Bezug** 300
zur Ehe tragen müssen. Die **nacheheliche Verantwortung** des Schuldners soll **begrenzt** werden,
wenn der Bedürftige zunächst eine wirtschaftliche Sicherung erreicht und später aus persönlichen
Gründen und/oder wegen der Arbeitsmarktlage wieder verloren hat. Die Folgen der ungewissen
künftigen Entwicklung muss grds. jeder (geschiedene) Ehegatte selbst tragen und kann sich nicht
auf eine nachwirkende eheliche Solidarität berufen.[629]

---

628 BGH, FamRZ 1985, 908.
629 BGH, FamRZ 2003, 1734.

301 Der berufstätige Unterhaltsgläubiger trägt dieses Risiko jedoch nur, wenn seine **Erwerbstätigkeit nachhaltig gesichert** ist.[630] Für die Beurteilung der nachhaltigen Sicherung ist maßgebend, ob die Erwerbstätigkeit im Zeitpunkt ihrer Aufnahme nach **objektiven Maßstäben** und allgemeiner Lebenserfahrung mit einer gewissen Sicherheit als dauerhaft angesehen werden kann oder ob befürchtet werden muss, dass der Unterhalt begehrende geschiedene Ehegatte sie durch außerhalb seiner Entschließungsfreiheit liegende Umstände in absehbarer Zeit wieder verlieren wird. Dabei sind vom Standpunkt eines objektiven Betrachters aus auch solche Umstände in die Beurteilung einzubeziehen, die zwar schon zu diesem Zeitpunkt bestanden haben, aber erst später zutage getreten sind (etwa latente Krankheit, derentwegen der Arbeitsplatz in absehbarer Zeit wieder aufgegeben werden musste).[631] Hatte der geschiedene Ehegatte die Erwerbstätigkeit schon vor der Scheidung aufgenommen, ist für die Frage einer nachhaltigen Sicherung die Rechtskraft der Scheidung der frühestmögliche Zeitpunkt für die Beurteilung der nachhaltigen Sicherung.[632]

302 Maßgebend ist die **Sicherung des Unterhalts**, nicht eines bestimmten Arbeitsplatzes. Nach einer gewissen Zeitspanne, in der der geschiedene Ehegatte einer Erwerbstätigkeit nachgegangen ist, muss zur Vermeidung einer Ausuferung des Anspruchs davon ausgegangen werden, dass durch die Erwerbstätigkeit eine nachhaltige Sicherung des Unterhalts eingetreten ist (**Richtschnur**: etwa 2 Jahre).[633] Im Hinblick darauf, dass der Berechtigte betriebsbedingte Arbeitsplatzrisiken und persönliche Risiken grds. nach der Scheidung selbst zu tragen hat, kann jedoch auch eine deutlich kürzere Zeitspanne ausreichen.[634] Ein **Scheinarbeitsverhältnis** stellt keine nachhaltige angemessene Erwerbstätigkeit dar.[635]

303 **Kasuistik zur nachhaltigen Unterhaltssicherung**:[636]
- ABM-Arbeitsplätze begründen keine nachhaltige Unterhaltssicherung.[637]
- Altersarbeitsplätze begründen auch bei mehrjähriger Tätigkeit keine nachhaltige Sicherung, wenn von vornherein klar war, dass eine Alterssicherung unerreichbar war.
- Arbeitsmarktverhältnisse sind ebenso zu berücksichtigen wie konkrete Vermittlungsschwierigkeiten aufgrund des Alters oder fehlender Berufsausbildung.[638]
- Befristete Arbeitsverhältnisse sprechen i.d.R. gegen eine nachhaltige Sicherung.
- Fiktive Erwerbseinkünfte führen zu einer (fiktiven) nachhaltigen Sicherung (arg.: es käme andernfalls zu einer ungerechtfertigten Besserstellung derjenigen, die ihre Erwerbsobliegenheit verletzen).[639] Es muss begründet werden, warum bei hinreichender Erwerbsbemühung eine Sicherung zu erreichen gewesen wäre.[640]
- Fortsetzung einer schon in der Ehe ausgeübten Arbeit nach der Scheidung begründet regelmäßig (ggf. teilweise) nachhaltige Unterhaltssicherung, es sei denn, der Verlust des Arbeitsplatzes war vorhersehbar und/oder wahrscheinlich.[641]
- Kettenarbeitsverträge können eine nachhaltige Unterhaltssicherung dann begründen, wenn sie im Einzelfall einem Dauerarbeitsplatz gleichgestellt sind.
- Arbeitsplätze in Krisenbranchen stellen keine nachhaltige Sicherung dar, wenn sie schon bei Antritt verlustbedroht sind.

---

630 BGH, FamRZ 2011, 192: Scheinarbeitsverhältnis keine nachhaltige Sicherung; BGH, FamRZ 1985, 791; OLG Hamm, FamRZ 1999, 230.
631 BGH, FamRZ 2003, 1734.
632 BGH, FamRZ 1985, 53.
633 OLG Köln, FamRZ 2005, 2912; OLG Karlsruhe, FamRZ 2000, 233.
634 OLG Hamm, FamRZ 1999, 230; OLG Düsseldorf, FamRZ 1998, 1519; OLG Köln, FamRZ 1998, 1434.
635 BGH, FamRZ 2011, 192.
636 Vgl. *Kleffmann*, in: Scholz/Kleffmann, Praxishandbuch Familienrecht, Teil H Rn. 90a.
637 OLG Frankfurt am Main, FamRZ 1987, 1042.
638 BGH, FamRZ 2003, 1734.
639 OLG Bamberg, FamRZ 1984, 897.
640 BGH, FamRZ 2003, 1734.
641 BGH, FamRZ 1985, 53.

- Partnerversorgung gewährt keine nachhaltige Unterhaltssicherung[642] (arg.: das Gesetz stellt auf Unterhaltssicherung durch Erwerbstätigkeit ab. Das Unterlassen von Arbeitsbemühungen in dieser Zeit kann aber zum Anspruchsverlust führen).
- Gesicherte Teilzeitarbeit, die auf Verlangen des Verpflichteten zugunsten einer Vollzeitarbeit aufgegeben wird, ist als nachhaltige Sicherung nicht mehr zu berücksichtigen, wenn der Vollzeitarbeitsplatz alsbald wieder verloren geht und eine Rückkehr in die vorher gesicherte Teilzeitarbeit nicht mehr möglich ist.
- Noch nicht nachhaltig gesichert ist Unterhalt, wenn eine Erwerbstätigkeit von vornherein zeitlich begrenzt ist oder wenn sich der Berechtigte in Überschätzung seiner Leistungsfähigkeit trotz Alters oder Krankheit übernimmt und deshalb seine Tätigkeit nach einiger Zeit wieder aufgeben muss.[643]

j) Beweislast

Der Unterhalt begehrende Ehegatte muss darlegen und beweisen, dass er trotz hinreichender Bemühungen keine angemessene Arbeit finden kann.[644] Die Arbeitsplatzsuche hat sich auch auf einen Mini- oder Midi-Job (Erwerbstätigkeit i.R.d. Gleitzone nach § 20 Abs. 2 SGB IV) zu erstrecken.[645] Bei fehlenden hinreichenden Bemühungen muss er nachweisen, dass er keinen Arbeitsplatz gefunden hätte,[646] eine nachhaltige Sicherung des Unterhalts nicht zu erreichen war[647] und keine realistische Beschäftigungschance bestand.[648] Zweifel an der Ernsthaftigkeit der Erwerbsbemühungen gehen zulasten des Berechtigten.[649] Die Beweiserleichterung nach § 287 Abs. 2 ZPO kommt ihm nicht zugute.[650] Unzureichende Arbeitssuche führt zur Versagung des Anspruchs, wenn sie für die Arbeitslosigkeit ursächlich ist.[651]

Fallen Einkünfte aus Erwerbstätigkeit später weg, muss der Unterhalt begehrende Ehegatte auch darlegen und ggf. beweisen, dass der Unterhalt nicht bereits nachhaltig gesichert und dass eine nachhaltige Sicherung nicht zu erreichen war.[652]

k) Herabsetzung und zeitliche Begrenzung, Verwirkung

Während bis zum Inkrafttreten des UÄndG 2008 vornehmlich auf die Dauer der Ehe abgestellt wurde, kommt es angesichts der Neuregelung des § 1578b BGB nunmehr maßgeblich auf das Vorhandensein »ehebedingter Nachteile« an. Bei der **Billigkeitsabwägung** für die einzeln oder in Kombination in Betracht kommende Herabsetzung (§ 1578b Abs. 1 BGB) oder zeitliche Begrenzung (§ 1578b Abs. 2 und 3 BGB) ist maßgeblich darauf abzustellen, inwieweit durch die Ehe Nachteile im Hinblick auf die Möglichkeit eingetreten sind, für den eigenen Unterhalt zu sorgen. Solche ehebedingten Nachteile begrenzen regelmäßig die Herabsetzung des nachehelichen Unterhalts und stehen einer Befristung grds. entgegen. Die **ehebedingten Nachteile** können sich vor allem aus der Dauer der **Pflege und Erziehung eines gemeinschaftlichen Kindes**, aus der Gestaltung von Haushaltsführung und Erwerbstätigkeit während der Ehe sowie aus der Dauer der Ehe ergeben.[653]

---

642 BGH, FamRZ 1987, 689.
643 OLG Hamm, FamRZ 1997, 26.
644 BGH, FamRZ 2012, 517; BGH, NJW 1987, 898.
645 BGH, FamRZ 2012, 517.
646 OLG Köln, FamRZ 1998, 1434.
647 BGH, NJW 1986, 375.
648 BGH, FamRZ 2008, 2104.
649 BGH, FamRZ 2012, 1483; BGH, FamRZ 1988, 605.
650 BGH, FamRZ 2008, 2104.
651 BGH, FamRZ 2012, 1040; BGH, FamRZ 2008, 2104.
652 BGH, FamRZ 2003, 1734.
653 BGH, FamRZ 2009, 1990; BGH, FamRZ 2009, 1207.

307 Über die eventuelle Kompensation ehebedingter Nachteile ist auch im Rahmen des § 1573 BGB und bei der Billigkeitsprüfung auf eine darüber hinausgehende **eheliche Solidarität** abzustellen.[654] Die **Ehedauer** steht als Billigkeitsgesichtspunkt gleichrangig neben anderen Umständen wie Gestaltung von Haushaltsführung und Erwerbstätigkeit.[655] Dem Unterhaltsberechtigten ist oftmals eine Übergangszeit zuzubilligen, innerhalb derer er sich nach Scheidung auf die Kürzung des eheangemessenen Unterhalts einstellen kann.[656] Eine lebenslange Beibehaltung des ehelichen Lebensstandards kommt regelmäßig nicht in Betracht.[657] Regelmäßig ist es angemessen, dem Berechtigten im Fall einer Verbesserung seines Lebensstandards durch die Ehe und bei Fehlen fortwirkender ehebedingter Nachteile jedenfalls nach einer Übergangszeit eine Reduzierung auf seinen vor der Ehe bestehenden Lebensstandard zuzumuten.[658] Die Herabsetzung und Begrenzung bedarf einer Billigkeitsabwägung mit Darlegungs- und Beweislast auf der Seite des Unterhaltpflichtigen für alle für die Herabsetzung und Befristung maßgeblichen Umstände, erleichtert ggf. nach den Grundsätzen der sekundären Darlegungslast negativer Tatsachen.[659]

308 Über die **Begrenzung nach § 1578b BGB** ist grds. bereits im Ursprungsverfahren zu entscheiden. Sind Gründe für die Begrenzung erst nach Titelschaffung eingetreten oder konnten sie im Ursprungsverfahren nicht verlässlich prognostiziert werden, besteht grds. die Möglichkeit der Abänderung. Die Änderung der Rechtsprechung steht veränderten tatsächlichen Verhältnissen gleich.[660] Dem Pflichtigen obliegt die **Darlegungs- und Beweislast** hinsichtlich der für eine Begrenzung sprechenden Tatsachen.[661] Unter die Darlegungs- und Beweislast des Pflichtigen fällt auch der Umstand, dass dem Berechtigten keine ehebedingten Nachteile entstanden sind.[662] Der **Unterhaltsberechtigte** hat jedoch eine **sekundäre Darlegungslast**. Er hat die Behauptung, es seien keine ehebedingten Nachteile entstanden, substantiiert zu bestreiten und seinerseits darzulegen, welche konkreten ehebedingten Nachteile entstanden sein sollen. Erst wenn das Vorbringen des Unterhaltsberechtigten diesen Anforderungen genügt, muss der Pflichtige die vorgetragenen ehebedingten Nachteile widerlegen.[663] Im Abänderungsverfahren ist der Einwand der Unterhaltsbegrenzung ausgeschlossen, wenn sich seit Schluss der mündlichen Verhandlung im vorausgegangenen Verfahren die für eine Begrenzung wesentlichen tatsächlichen und rechtlichen Verhältnisse nicht geändert haben.[664] Beruht der Anspruch allein auf § 1573 Abs. 2 BGB und wurde dieser zuletzt im Jahr 2007 durch Urteil festgelegt, ergibt sich aus dem In-Kraft-treten des § 1578b BGB am 01.01.2008 für sich genommen noch keine Änderung der wesentlichen Verhältnisse. Auch § 36 Nr. 1 EGZPO bietet in diesem Fall keine eigenständige Abänderungsmöglichkeit.[665] Der Gläubiger hat im Abänderungsverfahren darzulegen und zu beweisen, dass er sich ausreichend um eine angemessene Erwerbstätigkeit bemüht.

---

654 BGH, FamRZ 2011, 192; BGH, FamRZ 2010, 1884.
655 BGH, NJW 2011, 147.
656 BGH, NJW 2008, 151; BGH, FamRZ 2007, 200; OLG Karlsruhe, NJW-RR 2009, 1011; OLG Bremen, FamRZ 2009, 347.
657 BGH, FamRZ 2011, 192; vgl. auch OLG Nürnberg, FamRZ 2009, 345; OLG Oldenburg, FamRZ 2009, 1159.
658 BGH, FamRZ 2011, 192; BGH, NJW 2010, 3653.
659 BGH, NJW 2011, 1479.
660 BGH, FamRZ 2007, 793.
661 BGH, FamRZ 2010, 259; BGH, FamRZ 2010, 875.
662 BGH, FamRZ 2012, 93.
663 BGH, FamRZ 2014, 1007; BGH, FamRZ 2013, 935; BGH, FamRZ 2012, 93.
664 BGH, FuR 2010, 1064; BGH, FamRZ 2001, 905.
665 BGH, FuR 2011, 39; BGH, FamRZ 2010, 111; vgl. auch OLG Düsseldorf, NJW 2010, 1085.

VI. Angemessenheit der Erwerbstätigkeit

1. Normzweck

Die Norm dient nur der inhaltlichen Beschränkung der Erwerbsobliegenheit gem. §§ 1570 ff. BGB. Die Vorschrift hat durch das UÄndG einen starken **Appellcharakter** erhalten, der die **Anforderungen an die Aufnahme einer Erwerbstätigkeit** erhöht.[666]

309

2. Angemessenheit der Erwerbstätigkeit

Der unterhaltsbedürftige geschiedene Ehegatte hat gem. § 1574 Abs. 1 BGB nach Scheidung nur einer angemessenen und nicht jeder Tätigkeit nachzugehen.

310

Das **UÄndG** 2008 hat § 1574 Abs. 1 und 2 BGB durch die Hervorhebung des Grundsatzes der Eigenverantwortung neu gefasst und damit die **Anforderungen an die (Wieder-)Aufnahme einer Erwerbstätigkeit** nach Scheidung **erhöht**. Die Vorschrift enthält keine Anspruchsgrundlage, sondern eine inhaltliche Beschränkung der Erwerbsobliegenheit, wenn nach §§ 1570 ff. BGB eine Erwerbstätigkeit zu erwarten ist.[667] Die Vorschrift ist bei der Beurteilung der Angemessenheit einer Erwerbstätigkeit **beim Verpflichteten entsprechend anzuwenden**.

311

§ 1574 Abs. 2 BGB enthält einen **Kriterienkatalog** für die Merkmale, anhand derer die Angemessenheit der Erwerbstätigkeit zu beurteilen ist. Dieser Kriterienkatalog ist im UÄndG 2008 um das **Merkmal der »früheren Erwerbstätigkeit«** ergänzt worden, weil eine Tätigkeit in einem früher ausgeübten Beruf grds. als angemessen anzusehen ist.[668] Aus dem Katalog herausgenommen wurden die ehelichen Lebensverhältnisse, die nur noch als Unbilligkeitseinwand vom Unterhalt verlangenden Ehegatten vorzubringen sind.

312

§ 1574 Abs. 3 BGB enthält die Obliegenheit sich ausbilden, fortbilden oder umschulen zu lassen, soweit dies zur Aufnahme einer angemessenen Erwerbstätigkeit erforderlich ist.

313

a) Angemessenheitskriterien

§ 1574 Abs. 2 BGB enthält keinen abschließenden Katalog der Angemessenheitskriterien. Alle **Umstände des Einzelfalls** sind zu prüfen, wobei allerdings den im Gesetz genannten Merkmalen besondere Bedeutung zukommt.[669] Eine optimale berufliche Erfüllung kann nicht verlangt werden.[670] Letztlich ist eine **Gesamtabwägung** aller Umstände erforderlich. Die **Aufnahme einer zweiten Teilzeitarbeit** statt Aufgabe einer gesicherten Teilzeitarbeitsstelle kann den Anforderungen an eine angemessene Erwerbstätigkeit genügen.[671] Ein **Scheinarbeitsverhältnis** ist nicht als nachhaltige, angemessene Erwerbstätigkeit anzusehen.[672]

314

aa) Ausbildung

Ein wesentlicher Gesichtspunkt für die Angemessenheit ist die berufliche Ausbildung, die ein Ehegatte vor oder in der Ehe genossen hat. Maßgeblich ist, ob es sich um eine abgeschlossene Berufsausbildung handelt. Einer nicht **abgeschlossenen Berufsausbildung** kommt keine wesentliche Bedeutung zu. Eine einmal **ausgeübte Beschäftigung** ist regelmäßig angemessen, wenn sie der beruflichen Vorbildung oder dem Ausbildungsniveau,[673] der Vorbildung oder der selbstgewählten bisherigen beruflichen Entwicklung entspricht.[674]

315

---

666 BT-Drucks. 16/1830, S. 17.
667 Grundlegend BGH, FamRZ 1983, 144.
668 Vgl. bereits BGH, FamRZ 2005, 23.
669 BGH, FamRZ 2005, 23.
670 BGH, FamRZ 1985, 782 und ständig.
671 BGH, FamRZ 2012, 1483; vgl. auch OLG Schleswig, NJW 2009, 3732.
672 BGH, FamRZ 2011, 192.
673 BGH, FamRZ 1991, 416.
674 OLG Karlsruhe, FamRZ 2009, 120.

316 Eine Vorbildung ist unbeachtlich, wenn sie keine reale Beschäftigungschance begründet. I.Ü. besteht auch für den Berechtigten die **Berufsausübungsfreiheit** mit der Folge, dass er sich auch für andere angemessene Tätigkeiten entscheiden kann.[675]

bb) Fähigkeiten

317 Hierunter fallen **alle personenbezogenen Umstände geistiger oder körperlicher Art** unabhängig davon, ob sie beruflich oder außerberuflich, etwa durch Haushaltsführung, Kindesbetreuung, Mitarbeit im Betrieb des Ehegatten etc., erworben wurden. Maßgeblich sind alle Fähigkeiten, welche mangels besonderer Ausbildung die berufliche Qualifikation ausmachen,[676] etwa intellektuelle und praktische Fertigkeiten, modische oder sprachliche Begabungen.[677]

cc) Lebensalter

318 Soweit nicht bereits die Voraussetzungen des § 1571 BGB vorliegen, kann auch das Alter des geschiedenen Ehegatten Berücksichtigung finden. Eine Erwerbstätigkeit kann unangemessen sein, wenn sie mit einem unzumutbaren körperlichen und/oder seelischen Kräfteaufwand verbunden ist, der im Hinblick auf das Alter nicht mehr erwartet werden kann.[678] Maßgeblich sind die Umstände des Einzelfalls. Auch zusammen mit alterstypischen Verschleißerscheinungen kann oftmals noch eine **Tätigkeit im Geringverdienerbereich** als angemessen angesehen werden.[679]

dd) Gesundheitszustand

319 Es kommt auf den gegenwärtigen Gesundheitszustand, aber insb. auch auf dessen **voraussichtliche Entwicklung** an. Gesundheitliche Beeinträchtigungen können, soweit nicht bereits die Voraussetzungen des § 1572 BGB gegeben sind, eine Erwerbstätigkeit als nicht mehr angemessen erscheinen lassen. So wird jemand, der an einer Bandscheibenerkrankung leidet, regelmäßig nicht mehr Tätigkeiten verrichten können, bei denen das Heben und Tragen schwerer Gegenstände erforderlich ist. Selbst mit derartigen Beeinträchtigungen können jedoch **andersgeartete Tätigkeiten** durchaus noch angemessen und **zumutbar** sein.[680] Oftmals wird die Frage, ob und welche Tätigkeiten wegen des Gesundheitszustandes noch angemessen sind, nur durch ein medizinisches Sachverständigengutachten zu klären sein.[681]

ee) Frühere Erwerbstätigkeit

320 Das **UÄndG 2008** hat als weiteres Kriterium eine frühere Erwerbstätigkeit aufgeführt. Eine Erwerbstätigkeit in einem früher ausgeübten Beruf ist grds. angemessen, und zwar auch dann, wenn der Unterhalt begehrende Ehegatte während der Ehe eine Tätigkeit ausgeübt hat, die unter seiner beruflichen Qualifikation lag.[682] Dem Gläubiger ist es verwehrt, Unterhalt auf der Basis seiner höheren Berufsqualifikation zu fordern, wenn er im Verlauf der Ehe über einen längeren Zeitraum eine geringer qualifizierte Tätigkeit ausgeübt hat.[683] Anlass oder Motiv der Aufnahme einer derartigen Tätigkeit sind grds. unerheblich.

---

675 BGH, FamRZ 2005, 23.
676 BT-Drucks. 7/650.
677 OLG Karlsruhe, FamRZ 2002, 1566.
678 BT-Drucks. 7/600, 128 ff.; OLG Hamm, FamRZ 2008, 991.
679 OLG Hamm, FamRZ 1999, 1275; zu Einzelheiten vgl. *Christl*, FamRZ 2003, 1215.
680 BGH, FamRZ 1986, 1085.
681 BGH, FamRZ 1986, 1085.
682 OLG Karlsruhe, FamRZ 2009, 120: für Tätigkeit eines ehemaligen Au-pair-Mädchens als Zimmermädchen oder Haushälterin; OLG Celle, FamFR 2010, 249: Ausübung ungelernter Tätigkeit nach Studienabbruch angemessen bei Mitarbeit als ungelernte Empfangskraft in der Praxis des Ehegatten; vgl. auch OLG Schleswig, FamRZ 2010, 651; OLG Stuttgart, FamRZ 2009, 785.
683 BGH, FamRZ 2005, 23; OLG Saarbrücken, FamRZ 2008, 411.

ff) Eheliche Lebensverhältnisse

Seit der Neufassung des § 1574 BGB im UÄndG sind sie nur noch **ein als Einwendung ausgestaltetes Korrektiv i.R.d. Billigkeitsabwägung**. Durch deren Berücksichtigung soll im Einzelfall dem Vertrauen des Berechtigten im Hinblick auf eine nachhaltige gemeinsame Ehegestaltung Rechnung getragen werden.[684] Wie bei § 1578 Abs. 1 BGB sind die ehelichen Lebensverhältnisse regelmäßig unter Einbeziehung der Entwicklung bis zur Scheidung zu beurteilen. Außergewöhnliche, nicht vorhersehbare Veränderungen bleiben grds. unberücksichtigt.[685] Bei dem Begriff der ehelichen Lebensverhältnisse handelt es sich um eine Generalklausel, die dazu bestimmt ist, das unbillige Ergebnis eines unangemessenen sozialen Abstiegs zu verhindern. Mehrere Elemente sind zu berücksichtigen, insb. die **Dauer der Ehe, die Dauer der Pflege und Erziehung eines oder mehrerer gemeinschaftlicher Kinder, die Dauer der (Nicht-)Ausübung einer beruflichen Tätigkeit sowie die konkreten wirtschaftlichen Verhältnisse.** 321

Mit zunehmender Dauer der Ehe gewinnen die ehelichen Lebensverhältnisse, insb. der in langjähriger Ehe erreichte **soziale Status**, an Gewicht. Bei **langer Ehedauer** in gehobenen wirtschaftlichen Verhältnissen kann sich der Kreis der als angemessen in Betracht kommenden Erwerbstätigkeiten verengen. Andererseits kann trotz gehobener wirtschaftlicher Verhältnisse die Wiederaufnahme einer Erwerbstätigkeit und erst recht die Fortsetzung einer Erwerbstätigkeit in dem bereits vor oder während Bestehen der Ehe erlernten und/oder ausgeübten Beruf angemessen sein. Neben der Dauer der Ehe sind maßgeblich auch die **Zeiten der Betreuung und Erziehung gemeinschaftlicher Kinder** zu berücksichtigen. Demgegenüber stellt allein die in der ehelichen Lebensgemeinschaft erreichte »gesellschaftliche Stellung« keinen erheblichen Einwand gegen eine an sich bestehende Erwerbsobliegenheit dar.[686] 322

Bei **gehobenen wirtschaftlichen ehelichen Lebensverhältnissen** kann die Wiederaufnahme einer Arbeit in dem bereits bei Bestehen der Ehe ausgeübten oder erlernten Beruf angemessen sein. Einfache eheliche Lebensverhältnisse können die Übernahme von einfachen Hilfstätigkeiten als zumutbar erscheinen lassen, auch wenn der Berechtigte eine Berufsausbildung hat, in seinem Beruf aber keine Arbeit finden kann.[687] 323

Neben subjektiven Kriterien müssen auch **objektive Kriterien** erfüllt sein. Insb. muss für eine nach subjektiven Kriterien zumutbare Erwerbstätigkeit eine **realistische Beschäftigungschance** bestehen.[688] Auch andere Umstände, wie die Erreichbarkeit des Arbeitsplatzes[689] sind zu würdigen. 324

Kasuistik zur angemessenen Erwerbstätigkeit:[690] 325
- Von einer 53-jährigen haushaltsführenden Frau kann nach 30-jähriger Ehedauer bei einem Aufstieg des Ehemannes zum kaufmännischen und technischen Leiter eines Unternehmens nicht die Rückkehr in den früheren Beruf als Bürokraft verlangt werden.[691]
- Einer 57-jährigen Ehefrau ist nach 32-jähriger Ehedauer mit Einkünften des Ehemannes von ca. 177.000 € die Ausübung einer (untergeordneten) Tätigkeit als Haushaltshilfe oder Pflegerin nicht zumutbar.[692]
- Einer 47-jährigen Ehefrau eines Oberstudiendirektors sind jedoch auch nach 20-jähriger Ehe Tätigkeiten bei der Presse oder dem Rundfunk, bei einer Fluggesellschaft, im Touristikgewerbe

---

684 BT-Drucks. 16/1830, S. 17.
685 Grundlegend BGH, NJW 1984, 1685 und ständig.
686 BGH, FamRZ 1983, 144; *Borth*, FamRZ 2008, 2.
687 OLG Hamm, FamRZ 1988, 814.
688 BGH, FamRZ 1987, 917 und ständig.
689 BGH, NJW 1986, 985.
690 Ein Teil der Entscheidungen ist noch ergangen zu § 1574 BGB a.F., noch nicht zu den strengeren Kriterien nach § 1574 BGB n.F. und sind daher nur noch beschränkt heranzuziehen; vgl. weiter *Kleffmann*, in: Scholz/Kleffmann, Praxishandbuch Familienrecht, Teil H Rn. 123.
691 BGH, FamRZ 1985, 371.
692 BGH, FamRZ 1987, 691.

als Reiseleiterin oder als Fremdsprachenkorrespondentin oder Dolmetscherin zumutbar, sofern sie über eine entsprechende Vor- oder Ausbildung verfügt.[693]
– Für eine 48-jährige Ehefrau eines Diplom-Ingenieurs mit einem monatlichen Nettoeinkommen von rund 3.000 € ist auch nach 22-jähriger Ehe eine eigenständige Tätigkeit in einem Unternehmen, etwa als Vorzimmerdame, Buchhalterin oder Ähnliches zumutbar.[694]
– Keine Verweisung einer Kindergärtnerin nach 23-jähriger Ehe auf eine Tätigkeit als Verkaufshilfe.[695]
– Keine Verweisung der Ehefrau eines Bäckermeisters mit mehreren Filialen auf eine Angestelltentätigkeit.[696]
– Keine Verweisung einer Erzieherin nach 22-jähriger Ehe auf die Tätigkeit als Telefonistin.[697]
– Verweisung denkbar hingegen für eine ausgebildete Kindergärtnerin auch ohne eine selbstständige Verkaufstätigkeit in einem gehobenen Einrichtungshaus[698] oder eine eigenständige gehobene Tätigkeit für eine ehemalige Bankangestellte.[699]

326 Unabhängig vom sozialen Status in der Ehe ist die Fortsetzung einer Erwerbstätigkeit, die auch während der Ehe trotz guter Verhältnisse ausgeübt wurde, stets zumutbar.[700]

327 Längeres Getrenntleben kann das Gewicht der ehelichen Lebensverhältnisse mindern. Zu prüfen ist immer, inwieweit die nach der Trennung der Parteien eingetretenen Umstände noch die ehelichen Lebensverhältnisse prägend beeinflusst haben.

gg) Sonstige Gesichtspunkte

328 Diese sind in § 1574 Abs. 2 BGB nicht ausdrücklich erwähnt. Hierzu gehören **Wünsche und Neigungen** des Berechtigten. Eine optimale berufliche Entfaltung hingegen kann nicht verlangt werden.[701]

b) Ausbildungsobliegenheit

329 Die Obliegenheit zur Ausbildung, Fortbildung und Umschulung nach § 1574 Abs. 3 BGB ergibt sich aus der Erwerbsobliegenheit, wenn mit dem bisherigen Bildungsstand eine angemessene bedarfsdeckende Tätigkeit nicht gefunden werden kann.[702] Die Ausbildungsobliegenheit beginnt in dem gleichen Zeitpunkt wie die Obliegenheit zur Arbeitssuche. Die Obliegenheiten sind wie i.R.d. § 1575 BGB zu verstehen. § 1574 Abs. 3 BGB ist eine Obliegenheit des Berechtigten, § 1575 BGB gibt ihm auch einen Ausbildungsanspruch.[703]

330 Eine Obliegenheit zur Weiterbildung besteht nicht, wenn der bedürftige Ehegatte nach Abschluss voraussichtlich ein Alter erreicht haben wird, mit dem er die Voraussetzung des § 1571 BGB erfüllt. Die **Ausbildung** muss **erforderlich** sein.[704] Bei einer besonders zeit- und kostenaufwendigen Ausbildung müssen allerdings besondere Gründe vorliegen, da andernfalls eine kürzere und kostengünstigere Alternative gewählt werden muss.[705] Übt der Berechtigte bereits eine angemessene

---

693 BGH, FamRZ 1986, 553; vgl. auch OLG Hamm, FamRZ 1997, 1076: Arbeit in Pflegeberuf trotz gehobener wirtschaftlicher ehelicher Lebensverhältnisse jedenfalls dann zumutbar, wenn zeitweilig bereits bei Bestehen der Ehe in diesem Beruf gearbeitet wurde.
694 OLG Hamburg, FamRZ 1985, 1260.
695 BGH, NJW-RR 1992, 1282.
696 BGH, FamRZ 1988, 1145.
697 OLG Koblenz, FamRZ 1990, 751.
698 BGH, FamRZ 1991, 416.
699 OLG Koblenz, FamRZ 1993, 199.
700 BGH, FamRZ 1981, 1159 und ständig.
701 BGH, FamRZ 1985, 782.
702 BGH, FamRZ 1986, 1085 und ständig.
703 BGH, FamRZ 1986, 1085.
704 BGH, FamRZ 1987, 691.
705 Grundlegend BGH, FamRZ 1984, 561.

Erwerbstätigkeit aus, mit der er aber seinen vollen Unterhalt nicht deckt, besteht allenfalls ein Anspruch nach § 1573 BGB.[706] Darüber hinaus muss ein erfolgreicher Ausbildungsabschluss zu erwarten sein.[707] Der Unterhaltsanspruch während der **Weiterbildung** beruht auf § 1573 Abs. 1 BGB, da eine Erwerbstätigkeit noch nicht nötig ist. Kommt ein geschiedener Ehegatte der Obliegenheit nach § 1574 Abs. 3 BGB nicht nach, sind **fiktive Einkünfte** zuzurechnen. Es muss die realistische Chance bestehen, dass nach Ausbildungsabschluss eine angemessene Erwerbstätigkeit erlangt wird.

▶ Voraussetzung der Ausbildungsobliegenheit

- Die Ausbildung ist zur Aufnahme einer angemessenen Erwerbstätigkeit erforderlich.
- Ein erfolgreicher Ausbildungsabschluss muss zu erwarten sein.
- Es muss eine realistische Chance bestehen, dass nach Ausbildungsabschluss eine angemessene Erwerbstätigkeit erlangt wird.

331

Es muss die begründete **Aussicht** bestehen, dass die **notwendige Ausbildung erfolgreich abgeschlossen** wird (Befähigung, Einsatzbereitschaft, Gesundheitszustand des bedürftigen Ehegatten).[708]

332

Bei der Frage, welche von mehreren Ausbildungsmöglichkeiten in Betracht kommt, wird dem Anspruchsteller ein gewisses **Wahlrecht** eingeräumt, das sich allerdings an der Begabung und den objektiven Begebenheiten, etwa auch an der voraussichtlichen Lage auf dem Arbeitsmarkt, orientieren muss.[709] Erfüllt der Bedürftige seine Ausbildungsobliegenheit, besteht ein zeitlich begrenzter Anspruch auf Ausbildungsunterhalt, d.h. für die durchschnittliche Dauer der Ausbildung. Kommt der Bedürftige seiner Ausbildungsobliegenheit schuldhaft nicht nach, darf er sich nach § 1579 BGB nicht mehr auf seine Ausbildungsberechtigung berufen, wenn sein bisheriges Verhalten als mutwillige Herbeiführung der Bedürftigkeit zu werten ist.[710] I.Ü. können bei mutwilliger Unterlassung einer Ausbildung fiktive Einkünfte zugerechnet werden in der Höhe eines Betrages, den der Berechtigte bei ordnungsgemäßer Ausbildung aus einer angemessenen Erwerbstätigkeit erzielen könnte.

333

Der Höhe nach entspricht der Anspruch dem Unterhalt nach den ehelichen Lebensverhältnissen und umfasst auch die Kosten der Weiterbildung. Eine **zeitliche Begrenzung** kommt in Betracht, wenn die Dauer der Weiterbildung zuverlässig prognostiziert werden kann.[711]

334

Dem Verpflichteten steht ein **Auskunfts- und Informationsanspruch** gegen den Berechtigten hinsichtlich des Verlaufs zu.

335

c) Darlegungs- und Beweislast

Den **Unterhaltsgläubiger** trifft die Darlegungs- und Beweislast dafür, dass für ihn eine mögliche Tätigkeit wegen der ehelichen Lebensverhältnisse unbillig wäre. Die Tatsachen, aus denen sich ein unzumutbares Abweichen der Erwerbstätigkeit von nachhaltig gestalteten ehelichen Lebensverhältnissen ergibt, sind vom Gläubiger als Einwand vorzubringen. Der Grundsatz der **Eigenverantwortung** begründet hohe Anforderungen, sich um eine angemessene Erwerbstätigkeit zu bemühen. Der Unterhaltbegehrende hat i.R.d. Darlegung seiner Bedürftigkeit im Einzelnen vorzutragen und ggf. zu beweisen, was er unternommen hat, um einen zumutbaren Arbeitsplatz zu erlangen.

336

d) Konkurrenzen

Unmittelbare »Konkurrenzen« gibt es nicht, da § 1574 BGB keine Anspruchsgrundlage darstellt.

337

---

706 BGH, FamRZ 1982, 360.
707 BGH, FamRZ 1986, 553.
708 Grundlegend BGH, FamRZ 1986, 553.
709 BGH, FamRZ 1986, 553.
710 BGH, FamRZ 1986, 553.
711 BGH, FamRZ 1986, 553.

338 Führt die angemessene und auch unter Billigkeitsgesichtspunkten zumutbare Erwerbstätigkeit zu einem Einkommen, das nicht den vollen Unterhalt deckt, werden oftmals die Voraussetzungen eines Aufstockungsunterhaltsanspruchs nach § 1573 Abs. 2 BGB gegeben sein.

VII. Unterhalt wegen Ausbildung, Fortbildung und Umschulung

1. Normzweck

339 Die Norm des § 1575 BGB bezweckt den **Ausgleich ehebedingter Ausbildungsnachteile**, indem die Voraussetzungen zur Erlangung der wirtschaftlichen Selbstständigkeit, die auf dem ehebedingten nicht erreichten Niveau geschaffen werden.[712] Die öffentlich-rechtlichen Regeln für eine Förderung, insb. die vorgesehenen Altersgrenzen, sind nicht maßgeblich. Soweit öffentlich-rechtliche Ausbildungsförderung ggü. dem nachehelichen Unterhaltsanspruch nicht subsidiär ist, muss sie bedürftigkeitsmindernd in Anspruch genommen werden. Letztlich will die Norm eine berufliche Verbesserung ermöglichen, die ohne die Ehe schon früher erreicht worden wäre.[713] Die Vorschrift differenziert zwischen dem Ausbildungsunterhaltsanspruch nach § 1575 Abs. 1 BGB und dem Anspruch wegen Fortbildung oder Umschulung nach § 1575 Abs. 2 BGB. § 1575 Abs. 3 BGB bestimmt schließlich, dass der durch die Ausbildung erreichte höhere Ausbildungsstand bei der Bestimmung der angemessenen Erwerbstätigkeit nach § 1574 Abs. 2 BGB außer Betracht bleibt.

Ausbildungsunterhalt gibt es nur als nachehelichen Unterhalt. Für die **Mutter eines nichtehelichen Kindes** billigt das Gesetz ihn im Rahmen des § 1615l BGB nicht zu.[714]

2. Ausbildungsunterhalt

340 Der Anspruch nach § 1575 Abs. 1 BGB hat folgende **Voraussetzungen**:
– Ehebedingte Bedürfnislage
– Notwendigkeit der Ausbildung zur Erlangung angemessener Erwerbstätigkeit
– Erwartung des Abschlusses innerhalb normaler Ausbildungszeit

a) Ehebedingte Bedürfnislage

341 § 1575 Abs. 1 BGB gewährt einen **Anspruch auf eine niveausteigernde Ausbildung**. Eine Beschränkung auf die im BAföG aufgeführten Ausbildungsmöglichkeiten besteht nicht. Bei einem Ausbildungsabbruch vor der Ehe muss nachgewiesen werden, dass dies wegen der Ehe geschah. Insoweit sind konkrete Pläne für die Ausbildungsdurchführung vom Berechtigten darzulegen und ggf. zu beweisen. Bei einem Ausbildungsabbruch in der Ehe bedarf es eines derartigen Nachweises nicht. Dem Abbruch einer Ausbildung kann eine längere krankheitsbedingte Unterbrechung der Ausbildung gleichgesetzt werden.[715]

342 Aus dem Gebot des **Ausgleichs ehebedingter Ausbildungsnachteile** folgt, dass es sich um dieselbe oder eine der abgebrochenen Ausbildung entsprechende Ausbildung handeln muss. Die **Ausbildungsgänge** müssen hinsichtlich der sozialen Einordnung des Berufsziels und des Niveaus einander **gleichwertig** sein, auch wenn eine fachliche Einheit nicht erforderlich ist.[716]

343 § 1575 BGB verlangt keinen Einsatzzeitpunkt. Gleichwohl muss die Ausbildung alsbald aufgenommen werden, wobei eine gewisse **Überlegungsfrist** zuzubilligen ist.[717] War die abgebrochene

---

[712] Eingehend *Götz*, FamRZ 2012, 1610; *Borth*, FPR 2008, 341.
[713] BGH, FamRZ 1985, 782.
[714] BGH, FamRZ 2015, 369.
[715] BGH, FamRZ 1980, 126.
[716] OLG Köln, FamRZ 1996, 867: Gleichwertigkeit von Rechtsanwaltsgehilfin und Krankenschwester; OLG Frankfurt am Main, FamRZ 1995, 879: Medizinstudium für Steuerfachangestellte nicht gleichwertig.
[717] OLG Köln, FamRZ 1996, 867: 14 Monate nach Scheidung nicht mehr ausreichend; OLG Hamm, FamRZ 1983, 181: 1 Jahr nach Scheidung noch ausreichend.

Ausbildung bereits weit fortgeschritten, muss sie fortgesetzt werden. Es darf keine gleichwertige Ausbildung neu aufgenommen werden.

b) Notwendigkeit der Ausbildung zur Erlangung angemessener Erwerbstätigkeit

Die Ausbildung muss notwendig und geeignet sein, um eine angemessene Erwerbstätigkeit zu erlangen, die den Unterhalt nachhaltig sichert.[718] Daran fehlt es bereits, wenn nach den ehelichen Lebensverhältnissen die Aufnahme einer unqualifizierten Tätigkeit angemessen und zumutbar ist.[719] Die Voraussetzungen liegen auch nicht vor, wenn durch die Ausbildung keine ehebedingten Nachteile im beruflichen Fortkommen auszugleichen sind.[720] Ehebedingte Nachteile sind jedoch gegeben, wenn die Schul- oder Berufsausbildung in unmittelbarem zeitlichen Zusammenhang mit der Eheschließung oder in der Ehe abgebrochen wurde.[721] Besteht prognostisch keine **realistische Beschäftigungschance**, entfällt ein Ausbildungsunterhaltsanspruch.[722] Das Gleiche gilt, wenn wegen Alters eine Ausbildung nicht mehr sinnvoll ist.[723] 344

Darlegungs- und beweispflichtig für die Tatsache, dass die Ausbildung zu einer nachhaltigen Unterhaltssicherung führen kann, **ist der Unterhaltsberechtigte**. 345

c) Erwartung des Abschlusses innerhalb normaler Ausbildungszeit

Die **Ausbildung** muss **zielstrebig** durchgeführt werden. Ein Abschluss muss **innerhalb normaler Ausbildungszeit** zu erwarten sein.[724] Für die Beurteilung kommt es maßgeblich auf die Befähigung des Berechtigten, den Gesundheitszustand, Alter und Einsatzbereitschaft an. Der Anspruch erlischt mit Ablauf der üblichen Ausbildungszeit. Allerdings sind ehebedingte Verzögerungen der Ausbildung zu berücksichtigen und können eine Verlängerung der Ausbildungszeit rechtfertigen (Betreuung eines gemeinschaftlichen Kindes, Umstellungsschwierigkeiten nach der Scheidung, krankheitsbedingte Verzögerungen[725]). 346

Entfallen die Voraussetzungen des Anspruchs während der Ausbildung, kann, sofern der Anspruch tituliert ist, Abänderung begehrt werden. 347

Ein **Ausbildungswechsel** muss nicht finanziert werden. Auch besteht kein Anspruch auf Finanzierung einer niveausteigernden Zweit- oder Drittausbildung, wenn der Bedürftige bereits über eine abgeschlossene Ausbildung verfügt, die ihm die Ausübung einer angemessenen Erwerbstätigkeit ermöglicht; unter Umständen muss aber eine Weiterbildung zur Verbesserung der ohne die Ehe bereits früher erreichbaren Karrierestufe finanziert werden.[726] Die Finanzierung einer **Promotion** ist jedoch nicht geschuldet.[727] Die **Höhe des Ausbildungsunterhalts** richtet sich nach den ehelichen Lebensverhältnissen (§ 1578 Abs. 1 BGB, ggf. zuzüglich ausbildungsbedingten Mehrbedarfs sowie Kranken- und Pflegevorsorgeunterhalt, nicht jedoch Altersvorsorgeunterhalt). Für den Gläubiger besteht eine Verpflichtung, nicht subsidiäre öffentliche Fördermittel zu beantragen und bedarfsmindernd einzusetzen (zu Einzelheiten vgl. Kap. 2). 348

---

718 OLG Karlsruhe, FamRZ 2009, 789; hinsichtlich des Anspruchs auf Finanzierung einer Habilitation vgl. BGH, FamRZ 2012, 1625.
719 BGH, FamRZ 2001, 350.
720 BGH, FamRZ 1985, 782.
721 BGH, FamRZ 2001, 350.
722 BGH, FamRZ 1986, 553.
723 BGH, FamRZ 1987, 691.
724 Grundlegend BGH, FamRZ 1980, 126.
725 BGH, FamRZ 1980, 126.
726 OLG Düsseldorf, FamRZ 2014, 1466: Facharztausbildung einer 46-jährigen approbierten Medizinerin.
727 OLG Karlsruhe, FamRZ 2012, 789.

3. Anspruch auf Fortbildung und Umschulung

349 Nach § 1575 Abs. 2 BGB gilt § 1575 Abs. 1 BGB (zum Oberbegriff »berufliche Weiterbildung« vgl. § 77 SGB III) entsprechend, wenn sich der Bedürftige fortbilden oder umschulen lässt, um Nachteile auszugleichen, die durch die Ehe eingetreten sind.

350 Anspruchsvoraussetzungen nach § 1575 Abs. 2 BGB:
– Die Fortbildung oder Umschulung ist notwendig zum Ausgleich ehebedingter Nachteile.
– Die Fortbildung oder Umschulung ist erforderlich, um eine angemessene Erwerbstätigkeit zu erlangen, die den Unterhalt nachhaltig sichert.
– Die Fortbildung oder Umschulung wird in zeitlich nahem Zusammenhang mit der Scheidung aufgenommen.
– Der erfolgreiche Abschluss innerhalb normaler Fortbildungs- oder Umschulungszeit ist zu erwarten.

351 Der Anspruch nach § 1575 Abs. 2 BGB ist zeitlich begrenzt auf die **durchschnittliche Dauer der Fortbildung oder Umschulung**. § 1575 Abs. 1 Satz 2 BGB ist lex specialis ggü. § 1578b BGB. Eine Befristung nach § 1578b Abs. 2 BGB scheidet aus, wenn der Berechtigte wegen einer ehebedingten Einschränkung seiner Erwerbstätigkeit nicht in der Lage ist, Einkünfte zu erzielen, die den eigenen angemessenen Bedarf nach § 1578 BGB erreichen.[728] Dies ist während der Ausbildung ohne Weiteres zu bejahen. Ob sogleich nach Abschluss der Ausbildung, die durch die Nichtaufnahme oder den Abbruch der Ausbildung entstandenen ehebedingte Nachteile auszugleichen sind, ist oftmals zweifelhaft.[729] Der nach Abschluss der Ausbildung evtl. weiter bestehende (Anschluss-) Unterhaltsanspruch beruht dann zwar regelmäßig auf einer anderen Grundlage. Die Einschränkungen für eine Befristung gelten aber für alle Anspruchsgrundlagen im nachehelichen Unterhaltsrecht.

352 Da § 1575 Abs. 2 BGB eine abgeschlossene Berufsausbildung oder angemessene Berufserfahrung voraussetzt, kann die Finanzierung eines Studiums als Ausbildungsmaßnahme nicht verlangt werden.[730]

4. Konkurrenzen

353 Besteht ein Anspruch nach **§ 1575 BGB, geht** er **§ 1573 BGB vor**. Der geschiedene Ehegatte kann dann nicht auf eine angemessene Erwerbstätigkeit verwiesen werden. Findet der Bedürftige nach Abschluss einer niveausteigernden Ausbildung nach § 1575 BGB keine seinem neuen Ausbildungsniveau entsprechende Arbeitsstelle, kann nach § 1573 Abs. 1 und 3 BGB ein Anspruch auf Erwerbslosigkeitsunterhalt als Anschlussunterhalt entstehen. Für den **Anschlussunterhalt** bleibt bei Bestimmung der angemessenen Erwerbstätigkeit i.S.v. § 1574 Abs. 2 BGB der erreichte höhere Ausbildungsstand aufgrund der Ausbildung i.R.d. § 1575 BGB außer Betracht.

Eine **zeitliche Befristung** des Unterhalts nach § 1578b Abs. 2 BGB scheidet aus, wenn der Unterhaltsberechtigte nach einer ehebedingten Einschränkung seiner Erwerbstätigkeit nicht in der Lage ist, Einkünfte zu erzielen, die den eigenen angemessenen Unterhaltsbedarf nach § 1578 BGB nicht erreichen.[731] Dies ist wegen der ehebedingten Nachteile während der Dauer der Ausbildung ohne Weiteres zu bejahen. Ob zum Zeitpunkt der Schaffung des Titels sicher prognostiziert werden kann, dass sogleich nach Abschluss der Ausbildung die durch die Nichtaufnahme oder den Abbruch der Ausbildung entstandenen ehebedingten Nachteile ausgeglichen sind, ist zweifelhaft. Nach Ansicht des BGH kann ein ehebedingter Nachteil im Zusammenhang mit einer Berufsausbildung, die ehebedingt nicht aufgenommen oder abgebrochen worden ist, selbst dann angenommen werden, wenn der Bedürftige keinen Anspruch auf Ausbildungsunterhalt hat oder nicht geltend gemacht hat. Denn auch ohne die Voraussetzungen dieser Vorschrift kann ein ehebedingter Nachteil durch die

---

728 BGH, NJW 2010, 3653.
729 BGH, FamRZ 2010, 875.
730 BGH, FamRZ 1985, 782.
731 BGH, NJW 2010, 3653.

Rollenverteilung in der Ehe und die deswegen nicht abgeschlossene Berufsausbildung entstehen.[732] Der nach Abschluss der Ausbildung eventuell weiterbestehende (Anschluss-) Unterhaltsanspruch beruht dann zwar in der Regel auf einer anderen Rechtsgrundlage. Die Einschränkungen für eine Befristung gelten aber für alle Anspruchsgrundlagen.

Etwas anderes gilt für die Herabsetzung des Unterhalts gem. § 1578b Abs. 1 BGB bis auf den angemessenen Lebensbedarf nach der eigenen, ohne die Ehe hypothetisch erreichten Lebensstellung.[733] Die Untergrenze bildet der Mindestbedarf, der das Existenzminimum darstellt. Heranzuziehen sind in solchen Fällen die Selbstbehaltssätze für einen nicht Erwerbstätigen, die sich aus Ziffer 21.2. der Leitlinien ergeben.

Während der **Trennung** kommt ein Anspruch auf Ausbildungsunterhalt grds. nur in Betracht, wenn er sich nach den Kriterien der §§ 1573 Abs. 1, 1574 Abs. 3 BGB begründen lässt, auch wenn die Ausbildung erst in der Trennungszeit begonnen wurde. In besonders gelagerten Fällen kann während der Trennung der Eheleute auch ein Unterhaltsanspruch nach den Maßstäben des § 1575 BGB in Betracht kommen, etwa wenn ein Ehegatte während der Trennung im Vorgriff auf die Voraussetzungen des § 1575 BGB eine Ausbildung aufnimmt, nachdem das endgültige Scheitern der Ehe feststeht. Demzufolge wird Unterhalt für eine nach der Trennung, also noch während der Ehe aufgenommene und nach der Scheidung lediglich fortgesetzte Ausbildung an sich vom Wortlaut des § 1575 BGB nicht erfasst, fällt aber gleichwohl in den Anwendungsbereich dieser Bestimmung, weil die Ausbildung während des Getrenntlebens in derartigen Fällen nur in **Vorwegnahme des nachehelichen Ausbildungsbeginns** aufgenommen wird.[734]

354

5. Darlegungs- und Beweislast

Der Ausbildungsunterhalt begehrende Ehegatte muss die Anspruchsvoraussetzungen des § 1575 BGB darlegen und beweisen, also auch, dass die Ehe kausal für eine nichtaufgenommene oder abgebrochene Ausbildung war. Wird eine Ausbildung während der Ehe abgebrochen, besteht eine **Vermutung für die Ehebedingtheit des Abbruchs**.[735]

355

VIII. Unterhalt aus Billigkeitsgründen

1. Normzweck

§ 1576 BGB ist eine positive **Billigkeitsklausel** und eine Auffangvorschrift zur Vermeidung von Härten, die sich aus der enumerativen Aufzählung der Unterhaltstatbestände in §§ 1570 bis 1575 BGB ergeben.[736] § 1576 BGB ist **restriktiv anzuwenden** und stellt keine Generalklausel zur Schließung von Lücken im System der nachehelichen Unterhaltstatbestände dar. Die Härteregelung in § 1576 BGB beschränkt sich auf Ausnahmefälle.[737] Der Anspruch besteht nur, solange und soweit aus **schwerwiegenden Gründen** keine Erwerbstätigkeit erwartet werden kann. Er setzt einen ungedeckten Bedarf des unterhaltsbegehrenden Ehegatten voraus.[738]

356

2. Anspruchsvoraussetzungen

Die Vorschrift hat drei Anspruchsvoraussetzungen:
– Vorliegen eines sonstigen schwerwiegenden Grundes
– Wegen dieses schwerwiegenden Grundes ist eine Erwerbstätigkeit nicht oder nur teilweise zu erwarten
– Die Versagung des Unterhalts ist grob unbillig

357

---

732 BGH, FamRZ 2010, 875; vgl. zum Ganzen Wendl/Dose/*Bömelburg*, § 4 Rn. 365.
733 BGH, NJW 2010, 3653.
734 Grundlegend BGH, FamRZ 2001, 350; BGH, FamRZ 1985, 782.
735 BGH, NJW 1980, 393.
736 BGH, FamRZ 2003, 1734.
737 BGH, FamRZ 1998, 426; BGH, FamRZ 1980, 870; BGH, FamRZ 1983, 800; OLG Koblenz, FamRZ 2010, 1251.
738 OLG Koblenz, FamRZ 2018, 913.

a) Sonstige schwerwiegende Gründe

358 Diese Gründe müssen weder ehebedingt sein noch müssen sie zum Verhalten des in Anspruch genommenen Ehegatten einen sachlichen Bezug aufweisen.[739] Sie müssen jedoch in ihrer Bedeutung und in ihrem Gewicht den Tatbeständen der §§ 1570 ff. BGB vergleichbar sein. Allein das Versäumen von Einsatzzeitpunkten führt nicht zur Anwendung des § 1576 BGB, wenngleich im Einzelfall, etwa wenn Krankheitsunterhalt nur am Einsatzzeitpunkt scheitert,[740] die Anspruchsvoraussetzungen zu prüfen sind.[741] **Mit zunehmender Entfernung von den Einsatzzeitpunkten** sind jedoch strengere Anforderungen an die Ausweitung der nachehelichen Solidarität, die dem Anspruch nach § 1576 BGB zugrunde liegt, zu stellen.[742]

359 Zwar müssen die schwerwiegenden Gründe nicht ehebedingt sein,[743] gleichwohl ist die Ehebedingtheit ein wesentlicher Anhaltspunkt dafür, ob ein schwerwiegender Grund, der die Versagung des Unterhalts grob unbillig macht, vorliegt.[744]

b) Grobe Unbilligkeit

360 Die Versagung des Unterhalts muss dem **Gerechtigkeitsempfinden** in nahezu **unerträglicher Weise widersprechen**.[745] Durch § 1576 Satz 2 BGB ist nicht ausgeschlossen, das Fehlverhalten des Unterhalt begehrenden Ehegatten, das zum Scheitern der Ehe geführt hat, als ein gegen die Zuerkennung des Unterhalts sprechenden Umstand zu berücksichtigen.[746]

361 I.R.d. Billigkeitsabwägung sind sämtliche Umstände des Einzelfalls zu würdigen, insb. auch die persönlichen und wirtschaftlichen Verhältnisse der Eheleute.[747]

c) Kasuistik

362 **Besondere Leistungen und außergewöhnliche Opfer** für den anderen Ehepartner, etwa Pflege von Angehörigen, Mithilfe beim Aufbau der beruflichen Existenz, können über § 1576 BGB erfasst werden. Je entsagungsvoller das angeführte Verhalten des Berechtigten in der Ehe war, desto eher wird dem Verpflichteten eine nacheheliche Unterhaltslast zugemutet werden können.

363 Bei **Betreuung eines nachehelichen gemeinschaftlichen Kindes** kommt grds. nur ein Anspruch nach § 1615l Abs. 2 Satz 2 BGB in Betracht.[748] Etwas anderes gilt, wenn es sich um ein biologisch, nicht aber rechtlich gemeinsames Kind handelt, weil es rechtlich als eheliches Kind eines früheren Ehemannes der Ehefrau gilt. Hier sind die Voraussetzungen des § 1576 BGB zu prüfen.[749]

364 Allein **die Betreuung nicht gemeinschaftlicher Kinder** reicht für das Vorliegen der Anspruchsvoraussetzungen des § 1576 BGB nicht aus. Vielmehr müssen besondere Umstände hinzutreten, die einen besonderen Vertrauenstatbestand für den bedürftigen Ehegatten begründen.[750] Betreut der geschiedene Ehegatte nach Scheidung weiterhin ein gemeinschaftlich aufgenommenes **Pflegekind**, liegt aufgrund der gemeinsam übernommenen Verantwortung für das auf Dauer zur Familie genommene Kind ein Anspruch auf Unterhalt nach § 1576 BGB nahe, insb. wenn das Kind in sehr jungem Alter aufgenommen wurde und nachhaltig in seinen neuen Lebenskreis eingegliedert ist.

---

739 Grundlegend BGH, FamRZ 1983, 800; vgl. auch OLG Karlsruhe, FamRZ 1994, 104.
740 BGH, FamRZ 2003, 1734; BGH, FamRZ 1990, 496; OLG Zweibrücken, FamRZ 2002, 821.
741 Vgl. auch OLG Hamm, FamRZ 1999, 233 für andere Unterhaltstatbestände.
742 OLG Zweibrücken, FamRZ 2002, 821; OLG Bamberg, FamRZ 1997, 819.
743 Grundlegend BGH, FamRZ 2003, 1734.
744 OLG Karlsruhe, FamRZ 1991, 1449.
745 Grundlegend BGH, FamRZ 1983, 800.
746 BGH, FamRZ 1984, 361.
747 OLG Hamm, FamRZ 1996, 1417.
748 BGH, FamRZ 1998, 426.
749 OLG Düsseldorf, FamRZ 1999, 1274.
750 BGH, FamRZ 1983, 800; OLG Koblenz, FamRZ 2010, 1251.

Für die Billigkeitsprüfung können insb. Alter und Gesundheitszustand der geschiedenen Ehegatten wie auch des Pflegekindes, Erwerbsmöglichkeiten und -fähigkeiten sowie die Betreuung gemeinschaftlicher Kinder bedeutsam sein. Insoweit kommt dem Wohl des Kindes i.R.d. Prüfung der groben Unbilligkeit besonderes Gewicht zu.[751]

Etwas anderes gilt, wenn das Pflegekind nicht gemeinschaftlich, sondern nur von dem Unterhaltsgläubiger mit Zustimmung des anderen Ehegatten aufgenommen wurde. Ob diese Fallgestaltung einer gemeinschaftlichen Aufnahme gleichgestellt werden kann, ist im Einzelfall zu prüfen und hängt neben den wirtschaftlichen Verhältnissen maßgeblich davon ab, ob mit der Zustimmung ein Vertrauenstatbestand geschaffen wurde und ob die Interessen des aufgenommenen Kindes gleich schützenswert sind.[752] Haben die Eheleute ein Pflegekind erst kurz vor dem endgültigen Scheitern der Ehe aufgenommen, etwa weil sie sich davon vergeblich eine Stabilisierung der Ehe versprachen, muss sich der pflichtige Ehegatte an dieser Aufnahmeentscheidung nicht festhalten lassen und wird ein Anspruch nach § 1576 BGB nicht in Betracht kommen, wenn sich das Pflegeverhältnis noch nicht so verfestigt hat, dass die Beendigung der Pflege auch mit Rücksicht auf das betroffene Kind ohne Weiteres möglich ist.[753]

365

Die Pflege und Erziehung eines **Enkelkindes** der Ehegatten, dessen Eltern für die Betreuung ausscheiden, kann einen Anspruch aus § 1576 BGB begründen.

366

Bei **Ehebruchskindern** ist im Regelfall die grobe Unbilligkeit zu verneinen, da ein ehezerstörendes Verhalten bei der Billigkeitsprüfung zu berücksichtigen ist. Etwas anderes kann gelten, wenn der Verpflichtete sich mit diesem Umstand längere Zeit abgefunden hat und die Unterhaltsberechtigte ihren Beruf aufgegeben hat.[754] Bei Betreuung eines leiblichen Kindes eines Elternteils aus einer früheren Beziehung (**Stiefkind des Pflichtigen**), das während der Ehe mit Einwilligung des anderen Ehegatten in den häuslichen Haushalt aufgenommen wurde, kann ein Anspruch nach § 1576 BGB bestehen,[755] jedenfalls wenn gewichtige besondere Umstände hinzutreten.[756] Handelt es sich um ein Kind des Unterhaltspflichtigen (**Stiefkind des Berechtigten**), das mit dessen Willen auch nach der Scheidung von dem geschiedenen Stiefelternteil weiterhin betreut wird, ist ein Anspruch nach § 1576 BGB grds. gegeben, weil es sich dann um eine besondere Leistung gerade für den verpflichteten Ehegatten handelt.[757]

367

d) Konkurrenzen

§ 1576 BGB ist als **Auffangtatbestand** ggü. §§ 1570 bis 1572, 1575 BGB **subsidiär**.[758] Bei Vorliegen von Teilansprüchen muss der auf den jeweiligen Unterhaltstatbestand entfallende Teil beziffert werden.[759]

368

An den Unterhalt nach § 1576 BGB kann sich kein **Anschlussunterhalt** anschließen. Der Anspruch kann auch nicht entsprechend § 1586a BGB **wieder aufleben**.

369

e) Begrenzung und Befristung

Unterhaltsansprüche nach § 1576 BGB können nach **§ 1578b BGB** weder herabgesetzt noch befristet werden. Liegen die Voraussetzungen für eine Herabsetzung oder Befristung vor, fehlt es bereits an den Anspruchsvoraussetzungen des § 1576 BGB.

370

---

751 BGH, FamRZ 1984, 361; OLG Düsseldorf, FamRZ 1987, 1254.
752 BGH, FamRZ 1984, 769.
753 OLG Hamm, FamRZ 1996, 1417.
754 OLG Frankfurt am Main, FamRZ 1982, 299.
755 OLG Koblenz, NJW 2010, 1537.
756 BGH, FamRZ 1983, 800; vgl. auch OLG Koblenz, FamRZ 2005, 1997.
757 Eingehend Wendl/Dose/*Bömelburg*, § 4 Rn. 372 ff.; vgl. auch PWW/*Kleffmann*, § 1576 Rn. 4 ff.
758 BGH, FamRZ 2003, 1734; BGH, FamRZ 1984, 361.
759 BGH, FamRZ 1984, 769.

371 § 1579 BGB ist nicht anwendbar, da Voraussetzung des Anspruchs nach § 1576 BGB von vornherein bereits die Bejahung einer Billigkeit ist und die gleichen Erwägungen nicht zu einer Unbilligkeit und Verwirkung nach § 1579 BGB führen können.[760]

f) Darlegungs- und Beweislast

372 Der Unterhalt begehrende Ehegatte muss die zur Begründung des Anspruchs erforderlichen Umstände darlegen und ggf. beweisen, insb. dass von ihm aus schwerwiegenden Gründen keine bedarfsdeckende Erwerbstätigkeit erwartet werden kann. Der andere Ehegatte muss die i.R.d. Abwägung der groben Unbilligkeit zu seinen Gunsten sprechenden Umstände darlegen und beweisen.

IX. Maß des Unterhalts

1. Grundlagen

373 § 1578 BGB bestimmt den Bedarf für alle Tatbestände des nachehelichen Unterhalts nach den ehelichen Lebensverhältnissen. Die Regelung ist inhaltsgleich mit §§ 1361 Abs. 1 Satz 1[761] BGB. Damit werden die ehelichen Lebensverhältnisse zum zentralen Maßstab für die Höhe jedes Anspruchs auf Ehegattenunterhalt. Durch die Anknüpfung an die ehelichen Lebensverhältnisse soll dem berechtigten Ehegatten den in der Ehe erreichten Lebensstandard grds. auch für die Zukunft erhalten und der sozial schwächere Ehegatte vor einem sozialen Abstieg bewahrt werden. Dieser Bedarf stellt die Obergrenze des Anspruchs dar. Der Unterhaltsanspruch kann geringer sein als der Bedarf (nach den ehelichen Lebensverhältnissen), wenn die Leistungsfähigkeit des Unterhaltspflichtigen eingeschränkt ist und/oder sich die Bedürftigkeit des Berechtigten durch eigenes Einkommen mindert.

2. Eheliche Lebensverhältnisse

374 Nach ursprünglicher Auffassung des BGH[762] waren mit diesem Begriff alle Verhältnisse gemeint, die für den Lebenszuschnitt in der Ehe und damit für den ehelichen Lebensstandard bestimmend waren. Hierzu gehören zum einen die den Lebensstandard bestimmenden wirtschaftlichen Verhältnisse wie Einkommen und Vermögen, soweit es in die Bedarfsdeckung eingeflossen ist, sowie Belastungen.[763] Zum anderen fallen nach der geänderten (Surrogat-) Rechtsprechung des BGH hierunter auch alle sonstigen beruflichen, gesundheitlichen, familiären und andere ähnliche Faktoren, die für den Lebenszuschnitt von Bedeutung waren, insb. die Haushaltsführung und Kinderbetreuung des in der Ehe nichtberufstätigen Ehegatten.[764] Nach früherer BGH-Rechtsprechung waren eheprägend auch alle nach der Scheidung eintretenden Umstände, wenn sie zu einer Absenkung des Bedarfs führten.[765] Darunter fielen alle nach der Scheidung entstandenen Verbindlichkeiten, soweit sie berücksichtigungsfähig waren und alle Unterhaltspflichten, gleichgültig ob vorrangig, gleichrangig oder nachrangig. Nachdem das BVerfG diese Rechtsprechung jedenfalls zur Berücksichtigung des Unterhalts des neuen Ehegatten für verfassungswidrig erklärt hat,[766] sieht der BGH nunmehr die nach der Scheidung entstandenen Unterhaltspflichten als nicht eheprägend an, wenn diese nicht in der Ehe angelegt sind und auch bei Fortbestand der Ehe nicht entstanden wären.[767] Gleiches gilt für Verbindlichkeiten, wobei hier jedoch auf den Zeitpunkt der Trennung abgestellt wird.

375 Nach Rechtskraft der Scheidung entstehende Umstände prägen nach dieser Entscheidung die ehelichen Lebensverhältnisse nur, wenn sie
– auch bei Fortbestand der Ehe eingetreten wären,

---

760 BGH, FamRZ 1984, 361.
761 BGH, FamRZ 1990, 250.
762 BGH, FamRZ 1984, 149; BGH, FamRZ 1982, 576.
763 BGH, FamRZ 1999, 367.
764 BGH, FamRZ 2001, 986.
765 BGH, FamRZ 2006, 683; BGH, FamRZ 2007, 793; BGH, FamRZ 2008, 134; BGH, FamRZ 2008, 968.
766 BVerfG, FamRZ 2011, 437.
767 BGH, NJW 2012, 384.

— in der Ehe angelegt sind oder als Surrogat anzusehen sind, wobei darunter auch der Unterhalt des zweiten gleichrangigen Ehegatten fällt, wenn er sich aus einem prägenden Anspruch aus § 1615l BGB entwickelt hat, allerdings nur im Umfang und in Höhe des ursprünglichen Anspruchs[768]

Keinen Anknüpfungspunkt in der Ehe und damit nicht in der Ehe angelegt ist   376
— der Unterhalt des neuen Ehegatten,
— der Splittingvorteil aufgrund der neuen Ehe,
— Einkommenszuschläge durch die neue Ehe oder
— Vorteile des Zusammenlebens mit dem neuen Ehegatten.

Diese Umstände sind bei der **Leistungsfähigkeit** zu berücksichtigen.   377

Der BGH geht also davon aus, dass nur solche nach der Scheidung entstandenen Umstände die ehelichen Lebensverhältnisse prägen, die auch bei Fortbestand der Ehe eingetreten wären. Demgegenüber hat das BVerfG argumentiert, dass solche nach Scheidung eintretenden Entwicklungen nur dann eheprägend sind, wenn sie »bei Fortbestand der Ehe auch deren Verhältnisse geprägt hätten«. Danach ließen sich auch solche Umstände als eheprägend ansehen, die zwar nicht bei Fortbestand der Ehe eingetreten wären, aber bei hypothetischer Fortführung der Ehe deren Lebensverhältnisse geprägt hätten. Der BGH legt den Wortlaut der BVerfG-Entscheidung also bewusst ganz eng aus.   378

Bei der Bemessung des Bedarfs unberücksichtigt bleiben Faktoren, denen ein **Bezug zu den ehelichen Lebensverhältnissen** fehlt. Bestandteile des Einkommens, die nicht zur Deckung der Lebensführung verwendet wurden (Vermögensbildungsbeiträge), sind nicht bedarfsprägend. Das Gleiche gilt für Einkünfte, die nicht auf einer normalen Entwicklung der Einkünfte beruhen (Karrieresprung) oder Erträge aus späterem Vermögenserwerb (Erbschaft). Allerdings besteht eine Ausnahme dann, wenn diese an sich nicht prägenden Einkünfte mit bedarfssenkenden Entwicklungen nach der Trennung zusammentreffen. In diesen Fällen prägen sie die ehelichen Lebensverhältnisse in der Höhe, die erforderlich ist, um die Bedarfssenkung aufzufangen, i.Ü. bleiben sie nicht prägend.[769]   379

Für die Bestimmung der ehelichen Lebensverhältnisse sind grds. alle Einkünfte heranzuziehen.[770] Ausgenommen sind nur solche Einkünfte, die zur Bestreitung von berücksichtigungsfähigen Schulden oder Unterhaltspflichten sowie der angemessenen Vermögensbildung oder Altersversorgung dienen.   380

a) Maßstab

Die ehelichen Lebens-, Erwerbs- und Vermögensverhältnisse sind jeweils konkret nach einem **objektiven Maßstab** festzulegen.[771] Der durch die tatsächlichen Gegebenheiten bestimmte Lebensstandard ist maßgeblich.[772] Eine Korrektur erfolgt lediglich, wenn sich die Ehepartner in ihrer Lebensführung unangemessen beschränkt oder wenn sie übermäßig aufwendig gelebt haben.[773] Nunmehr steht dem berechtigten Ehegatten ein Mindestbedarf i.H.d. Existenzminimums von zurzeit 960 € für nicht Erwerbstätige zu.[774]   381

Eine Obergrenze für den Ehegattenunterhalt gibt es grds. nicht.[775] Auch bei hohen Einkünften bestimmt das tatsächliche Konsumverhalten der Eheleute die Höhe des Bedarfs. Bei überdurchschnittlichen Einkommensverhältnissen lässt der BGH zu, den Unterhalt als Quote zu ermitteln. Es   382

---

768 BGH, FamRZ 2020, 21.
769 BGH, FuR 2009, 159.
770 BGH, FamRZ 1986, 780.
771 BGH, FamRZ 1993, 789.
772 BGH, FamRZ 1997, 281.
773 BGH, FamRZ 1982, 151; OLG Bamberg, FamRZ 1994, 1178; OLG Hamm, FamRZ 1993, 1089.
774 BGH, FuR 2010, 286; a.A. noch BGH, FamRZ 2003, 363; BGH, FamRZ 1997, 806.
775 BGH, FamRZ 1994, 1169; BGH, 1983, 150.

ist rechtsbeschwerderechtlich nicht zu beanstanden, wenn die Tatsachengerichte im Sinne einer tatsächlichen Vermutung davon ausgehen, dass ein Familieneinkommen bis zur Höhe des doppelten, des höchsten in der Düsseldorfer Tabelle ausgewiesenen Einkommensbetrages vollständig für den Lebensbedarf der Familie verwendet worden ist. Der Unterhaltsbedarf kann in diesem Falle ohne Darlegung der konkreten Einkommensverwendung nach der Einkommensquote bemessen werden. Soweit das Einkommen darüber hinausgeht, hat der Unterhaltsberechtigte, wenn er dennoch Unterhalt nach der Quotenmethode begehrt, die entsprechende Verwendung des Einkommens für den Lebensbedarf darzulegen und im Bestreitensfall in vollem Umfang zu beweisen.[776] Letztlich hängt der Quotenunterhalt von der Beweisführung ab. Bis zu einem Familieneinkommen von 11.000 € muss der Pflichtige beweisen, weniger für den Lebensstandard ausgegeben zu haben, bei einem Familieneinkommen von über 11.000 € hat der Berechtigte die Beweislast. Entscheidend für die Zulässigkeit des Quotenunterhalts ist aber, ob die Oberlandesgerichte dies zulassen. Der BGH spricht nur davon, dass dies nicht zu beanstanden ist, nicht aber von einer Verpflichtung. Das bedeutet, dass die Oberlandesgerichte an der konkreten Bedarfsberechnung bei gehobenen Einkünften festhalten können.

b) Wandelbarkeit und Stichtagsprinzip

383 Das Gesetz definiert den für die Beurteilung der ehelichen Lebensverhältnisse maßgeblichen Zeitpunkt nicht. Nach früherer ständiger und aktueller Rechtsprechung des BGH[777] sind die **Verhältnisse im Zeitpunkt der Rechtskraft der Scheidung** maßgeblich. Auf diesen Zeitpunkt darf allerdings nicht starr abgestellt werden. Einkommenserhöhungen nach der Trennung prägen die ehelichen Lebensverhältnisse nicht, wenn sie auf einer unerwarteten, ungewöhnlichen, vom Normalverlauf erheblich abweichenden Karriereentwicklung beruhen[778] oder wenn sich das Einkommen nur infolge der Trennung wesentlich verändert hat, ohne dass die Wurzeln dieser Veränderung in die ehelichen Lebensverhältnisse zum Zeitpunkt noch intakter Ehe zurückreichen.[779] Einkommenssenkende Entwicklungen aufseiten des Pflichtigen prägen die ehelichen Lebensverhältnisse, wenn sie in der Ehe angelegt sind oder auch bei Fortbestand der Ehe eingetreten wären.[780]

384 Für die Beurteilung der im Zeitpunkt der Rechtskraft der Scheidung gegebenen ehelichen Lebensverhältnisse ist grds. der Zeitpunkt der letzten mündlichen Verhandlung maßgeblich.[781]

385 **Veränderungen der Lebensverhältnisse** vor der Trennung sind immer prägend, sofern die Einkünfte nachhaltig erzielt wurden und dauerhaft sind.[782] Das Gleiche gilt für, ggf. auch nur latent vorhandene, Belastungen.[783]

386 Grds. sind auch auf Dauer angelegte Einkommensveränderungen in der Trennungsphase prägend, da die Eheleute an der Entwicklung der ehelichen Lebensverhältnisse grds. bis zur Rechtskraft der Scheidung teilnehmen.[784] Ausnahmen hiervon werden wiederum bei unerwarteten, vom Normalverlauf erheblich abweichenden Entwicklungen der Einkommensverhältnisse in der Trennungsphase[785] gemacht oder bei Entwicklungen, die nur wegen der Trennung eingetreten sind. Geht man mithin vom Zeitpunkt der Rechtskraft des Scheidungsurteils als maßgeblichem Zeitpunkt für die Bemessung der

---

776 BGH, FamRZ 2018, 634; BGH, FamRZ 2020, 21.
777 BGH, NJW 1988, 2034; vgl. auch BVerfG, NJW 1993, 2926; BGH, 07.12.2011 – XII ZR 151/09.
778 BGH, FamRZ 1990, 1085; BGH, FamRZ 2001, 986.
779 OLG Koblenz, FamRZ 2003, 1109.
780 BGH, NJW 2012, 384.
781 BGH, NJW 1982, 2439.
782 BGH, FamRZ 1988, 259.
783 OLG Hamm, NJW-RR 1998, 6.
784 BGH, NJW 1999, 717.
785 BGH, NJW 2001, 3260.

ehelichen Lebensverhältnisse aus, müssen immer die Verhältnisse bei Trennung berücksichtigt werden, da prägend nur Einkünfte sein können, deren »Wurzeln« im gemeinsamen Zusammenleben liegen.[786]

c) Surrogationsprinzip

Surrogate, die an die Stelle von während der Ehe erzielten Einkünften getreten sind, prägen die ehelichen Lebensverhältnisse ebenfalls, unabhängig davon, wann sie eingetreten sind. Entscheidend ist, dass eine während intakter Ehe vorhandene Einkommensquelle nach der Trennung oder Scheidung weggefallen ist und kausal an deren Stelle eine neue Einkommensquelle getreten ist. Dies gilt nicht nur für Erwerbseinkünfte des haushaltsführenden Ehegatten, die an die Stelle früherer Haushaltstätigkeit und/oder Kinderbetreuung getreten sind,[787] sondern auch für sonstige Einkünfte aus anderen Einkommensquellen.[788] Ob das Surrogat höher ist als die weggefallenen Einkünfte spielt ebenso wenig eine Rolle wie der Umstand, dass die weggefallene Einkommensquelle während der Ehe Erträge abgeworfen hat.[789]

3. Eheprägende Einkünfte

Für die Bestimmung des Bedarfs ist sämtliches Einkommen einschließlich sämtlicher geldwerter Vorteile, welches für die allgemeine Lebensführung zur Verfügung stand, heranzuziehen.

a) Einkommen aus Erwerbstätigkeit

Das Hauptgewicht der prägenden Einkünfte liegt beim Einkommen aus Erwerbstätigkeit, seien es Einkünfte aus selbstständiger oder nichtselbstständiger Tätigkeit, regelmäßige oder unregelmäßige Einkünfte.

Entscheidend ist stets, dass die Erwerbseinkünfte die ehelichen Lebensverhältnisse nachhaltig und dauerhaft geprägt haben. Einkünfte aus unzumutbarer Tätigkeit sieht der BGH als prägend an.[790]

b) Einkommen aus Vermögen

Alle während der Ehe zugeflossenen Erträge aus vorhandenem Vermögen sind für die ehelichen Lebensverhältnisse prägend, unabhängig von der Herkunft des Vermögens, z.B. Erbschaft[791] oder Schmerzensgeld.[792]

c) Fiktive Einkünfte

Fiktives Einkommen ist aufseiten des Unterhaltsschuldners als Erwerbsersatzeinkommen prägend.[793] Aufseiten des Unterhaltsgläubigers ist fiktives Einkommen wegen Verstoßes gegen eine Erwerbsobliegenheit als Surrogat der Familienarbeit anzusehen und gleichfalls prägend in die Bedarfsbemessung einzubeziehen.[794] Ist Unterhalt ggü. einem neuen Ehepartner zu berücksichtigen, darf dieser sich nicht auf die mit dem Unterhaltspflichtigen vereinbarte Rollenwahl berufen, nach der er nicht erwerbstätig ist. Die Erwerbsobliegenheit des neuen Ehegatten beurteilt sich vielmehr danach, als wäre er von dem pflichtigen Ehegatten geschieden. Macht allerdings der geschiedene Ehegatte Betreuungsunterhalt nach § 1570 Abs. 2 geltend, gilt die vereinbarte Rollenwahl für den Fall, dass in der neuen Ehe gemeinsame Kinder betreut werden.[795]

---

786 BGH, NJW 1984, 292.
787 BGH, FamRZ 2001, 986; BGH, FamRZ 2008, 968.
788 BGH, FamRZ 2007, 1532; BGH, FamRZ 2008, 963.
789 BGH, FamRZ 2002, 88.
790 BGH, FuR 2005, 364; anders noch BGH, FamRZ 2003, 518.
791 BGH, FamRZ 1988, 1145; OLG Hamm, FamRZ 1998, 620; OLG Karlsruhe, FamRZ 1990, 51.
792 BGH, FamRZ 1995, 869; 1988, 1031; OLG Saarbrücken, FamRZ 2003, 685; OLG Karlsruhe, FamRZ 2002, 750.
793 BGH, FamRZ 1985, 374.
794 BGH, FamRZ 2001, 986; BGH, FamRZ 2001, 1291.
795 BGH, FuR 2010, 394.

d) Haushaltsführung und Kindesbetreuung

393 Haushaltsführung und Kinderbetreuung stellen wirtschaftlich gleichwertige Leistungen dar. Der Wert der Hausarbeit und/oder Kinderbetreuung wird mit dem Wert des späteren Erwerbseinkommens als Surrogat in Ansatz gebracht.[796] Auf die Gründe für die Nichterwerbstätigkeit in der Ehe kommt es nicht an. Auch kommt es nicht auf den Umfang der Hausarbeit an. Es findet keine Monetarisierung des Werts der Hausarbeit statt.[797]

394 Ein nachehelicher Einkommensrückgang prägt die ehelichen Lebensverhältnisse, sofern er nicht auf einer Verletzung der Erwerbsobliegenheit beruht.[798]

e) Haushaltsführung für Dritte

395 Haushaltsführung für Dritte stellt gleichfalls ein Surrogat dar. Es kommt nicht darauf an, für wen die Leistung erbracht wird, sondern nur darauf, ob sie anstelle der ertragslosen Hausarbeit/Kinderbetreuung getreten ist.[799]

f) Renten/Pensionen

396 Die Grundsätze der geänderten Rechtsprechung, wonach nach Trennung/Scheidung erzieltes Erwerbseinkommen des Unterhaltsgläubigers gleichsam als Surrogat des wirtschaftlichen Werts seiner bisherigen Familienarbeit bei der Unterhaltsbemessung im Wege der Additions- bzw. Differenzmethode einbezogen wird, gelten auch, wenn der Unterhalt begehrende Ehegatte aus Altersgründen nach der Ehe keine Erwerbstätigkeit mehr aufnimmt, sondern eine Altersversorgung (Rente/Pension) bezieht. Auch diese Altersvorsorge ist als Surrogat in die Bedarfsberechnung einzustellen, und zwar insgesamt ohne Unterscheidung danach, ob die der Versorgung zugrunde liegenden Leistungen – insgesamt oder teilweise – vor oder während der Ehezeit erbracht wurden und/oder ob sie auf dem durchgeführten Versorgungsausgleich beruhen.[800] Einkünfte aus dem Altersvorsorgeunterhalt sind demgegenüber nicht eheprägend.

g) Wohnvorteil

397 Haben die Eheleute während der Ehe in einem im Allein- oder Miteigentum stehenden Haus bzw. einer Eigentumswohnung gelebt, ist eine damit verbundene Ersparnis an Mietaufwendungen als Nutzung vorhandenen Vermögens prägender Bestandteil der ehelichen Lebensverhältnisse.[801] Der Vorteil ist beiden Ehegatten hälftig zuzurechnen. Die Höhe des Wohnvorteils richtet sich entweder nach der objektiven Marktmiete oder nach Angemessenheitskriterien.[802] Abzuziehen sind die aufzubringenden Zinsleistungen sowie die verbrauchsabhängigen und -unabhängigen Nebenkosten, die nicht auf Mieter übertragen werden können.[803] Bei der Frage, ob auch die Tilgung zu berücksichtigen ist, wird sich die BGH-Rechtsprechung ändern. Bisher hängt dies davon ab, ob die Tilgung auch dem anderen Ehegatten zugutekommt, etwa bei gemeinsamen Eigentum oder der Partizipierung im Wege des Zugewinnausgleichs sowie als Teil einer angemessenen Altersversorgung (vgl. Rdn. 422). Dies gilt auch schon bei der Bedarfsberechnung.[804] Künftig will der BGH die Tilgung immer berücksichtigen, auch als einseitige Vermögensbildung.

---

796 BGH, FamRZ 2001, 986; BVerfG, FamRZ 2002, 527.
797 BVerfG, FamRZ 2002, 527.
798 BGH, FamRZ 2003, 590.
799 BGH, FamRZ 2004, 1173; BGH, FuR 2004, 1170; BGH, FuR 2004, 500.
800 BGH, FamRZ 2002, 88; anders noch BGH, FamRZ 1987, 459.
801 BGH, FamRZ 1990, 283; BGH, FamRZ 1995, 869.
802 BGH, FuR 2008, 401, wobei der BGH die objektive Miete in Ansatz bringt, wenn die Ehe gescheitert ist. Davon ist auszugehen entweder ab Zustellung des Scheidungsantrags oder ab Vermögensauseinandersetzung der Eheleute.
803 BGH, FamRZ 2009, 1300.
804 BGH, FamRZ 2009, 1300.

Haben Ehegatten mietfrei im eigenen Haus oder der eigenen Wohnung gewohnt und hat ein Ehegatte die Immobilie oder seinen Miteigentumsanteil veräußert, findet der (bisherige) Wohnvorteil sein Surrogat in den Nutzungen aus dem Erlös. Wird aus dem Erlös neues Eigentum finanziert, stellt der Vorteil mietfreien Wohnens in diesem Eigentum Surrogat des bisherigen Wohnvorteils dar.[805]   398

h) Nichtprägende Einkünfte

Als nichtprägende Einkünfte sind anzusehen: 399
- Einkünfte aufgrund eines Karrieresprungs beim Unterhaltsgläubiger und/oder Unterhaltsschuldner nach Trennung/Scheidung,[806] soweit sie nicht dazu erforderlich sind, einkommenssenkende Entwicklungen, die nach der Trennung eingetreten aber gleichwohl eheprägend sind, z.B. Kindesunterhalt, auszugleichen.[807]
- Einkünfte aus Vermögen, das von dritter Seite zugeflossen ist (etwa aus Erbschaften oder aus Glücksspiel [Lottogewinn nach Trennung/Scheidung]).
- Einkünfte aus der Anlage des Altersvorsorgeunterhalts.[808]

4. Berücksichtigung von Unterhaltspflichten

Die Lebensverhältnisse der geschiedenen Ehe werden nicht geprägt durch den Ehegattenunterhalt aufgrund einer neuen Ehe oder einen nach Scheidung entstehenden Kindesunterhalt oder Unterhalt nach § 1615l BGB. Für den Ehegattenunterhalt aufgrund der neuen Ehe folgt dies schon daraus, dass er gerade die Scheidung der ersten Ehe voraussetzt.[809] Für die anderen Unterhalte gilt dies dann, wenn sie nicht bei Fortbestand der Ehe entstanden wären.[810]   400

Konkurrieren zwei Ehegattenunterhalte miteinander und sind diese gleichrangig, ist der Unterhalt der Ehegatten bei der Leistungsfähigkeit i.R.d. § 1581 BGB im Wege der Dreiteilung zu ermitteln. Dafür ist das Einkommen des Pflichtigen mit dem Splittingvorteil aus der neuen Ehe ebenso zu berücksichtigen wie die Vorteile des Zusammenlebens, die zu einer Reduzierung des Familieneinkommens von 10 % führen.[811] Ist der zweite Ehegatte nachrangig, wird er auch bei der Leistungsfähigkeit nicht berücksichtigt.[812] Keinesfalls darf der geschiedene Ehegatte jedoch höheren Unterhalt erhalten, als er bekäme, wäre der Unterhaltspflichtige nicht erneut verheiratet.[813] Der höchste Unterhalt ist auf Grundlage eines Einkommens nach Steuerklasse I ohne Beachtung des neuen Ehegatten nach der Halbteilung unter Berücksichtigung des Erwerbstätigenbonus zu berechnen. Bei Vorrang des neuen Ehegatten vgl. Rdn. 547 ff.).   401

5. Berücksichtigung von Verbindlichkeiten

Zunächst prägen Verbindlichkeiten die ehelichen Lebensverhältnisse, die während der Ehe eingegangen worden sind oder die schon bei Eingehung der Ehe bestanden.[814] Bei Verbindlichkeiten aufseiten des Pflichtigen ist maßgeblich, ob die Schuld auch bei Fortbestand der Ehe entstanden wäre und berücksichtigungsfähig ist. Letzteres hängt davon ab, ob sie unterhaltsbezogen leichtfertig eingegangen worden sind.[815] Aufseiten des Unterhaltsberechtigten muss nach den dargestellten   402

---

805 BGH, NJW 2002, 436; BGH, NJW 2001, 2254.
806 BGH, FamRZ 2001, 986.
807 BGH, FuR 2009, 159.
808 BGH, FuR 2003, 248.
809 BVerfG, FamRZ 2011, 437.
810 BGH, NJW 2012, 384.
811 BGH, NJW 2012, 384.
812 BGH, NJW 2012, 384.
813 BGH, FuR 2010, 164.
814 BGH, FamRZ 2000, 950.
815 BGH, FamRZ 2008, 497.

Kriterien nach wie vor geprüft werden, ob Schulden oder Unterhaltspflichten eheprägend sind. Dies folgt aus § 1573 Abs. 4 BGB, wonach der Wegfall von Unterhalt sichernden Einkünften nicht zur Bedürftigkeit führen kann.

6. Vermögensbildung

403 Der Unterhaltsverpflichtete ist nicht berechtigt, auf Kosten des Unterhaltsbedürftigen Vermögen zu bilden.[816] Aufwendungen, die der Vermögensbildung dienen, sind daher keine berücksichtigungsfähigen Verbindlichkeiten, auch wenn sie die ehelichen Lebensverhältnisse geprägt haben. Etwas anderes gilt nur bei gehobenen Einkommensverhältnissen (vgl. Rdn. 410 f.).

404 Dazu gehören Aufwendungen für **Lebensversicherungen**, **Kapitalanlagen** oder Immobilien.

405 Bei **Immobilien** ist zu differenzieren:

406 Beteiligung an einem sog. Bauherrenmodell oder ähnliche Abschreibungsmodalitäten dienen der einseitigen Vermögensbildung des Unterhaltsverpflichteten, die zulasten des Unterhaltsberechtigten nach der Trennung nicht mehr fortgesetzt werden darf. Dafür aufzubringende Zins- und Tilgungsleistungen sind nicht einkommensmindernd zu berücksichtigen (vgl. auch Kap. 2). Bei Finanzierungsmodellen, bei denen Zins- und Tilgungsleistungen durch Steuervorteile in vollem Umfang ausgeglichen werden, müssen auch die Tilgungsleistungen berücksichtigt werden, da die Fortführung des Engagements ansonsten nicht möglich ist und seine Aufrechterhaltung den Unterhalt nicht beeinflusst.

407 Die Fortführung eines Engagements stellt auch dann keine einseitige Vermögensbildung, sondern eine Vermögenserhaltung dar, wenn die Lösung davon mit erheblichen Vermögensverlusten verbunden ist.[817]

408 Bei Immobilien, die Mieteinnahmen abwerfen, sind die Tilgungsleistungen nicht zu berücksichtigen. Die Entschuldung führt real zu einem Vermögenszuwachs des Unterhaltsverpflichteten. Unterhaltsrechtlich handelt es sich insoweit um einen nicht berücksichtigungswürdigen Bestandteil der Hauslasten. Konsequenterweise wird sich daraus der Schluss ableiten lassen, dass sich auf der anderen Seite die fortlaufende Entschuldung durch Tilgung der Hauslasten nicht zugunsten des Unterhaltsberechtigten auswirken darf. Da die Entschuldung durch die Tilgungsleistungen eingetreten ist, die unterhaltsrechtlich nicht zulasten des Unterhaltsberechtigten berücksichtigt worden sind, dürfen diesem auch die daraus erwachsenen Vorteile nicht zugutekommen. Angemessen dürfte es daher sein, den Zinsaufwand, der sich aus den bei Trennung der Eheleute zu bedienenden Hauslasten ergibt, auch für die Folgezeit fortzuschreiben oder aber die Tilgung zu berücksichtigen.

409 Anders verhält es sich demgegenüber bei Tilgungsleistungen für ein den Eheleuten gemeinsam oder dem nicht tilgenden Ehegatten allein gehörendes Haus. Diese sind zu berücksichtigen, weil der Gedanke der einseitigen Vermögensbildung nicht durchgreift. Gleiches gilt auch dann, wenn die Immobilie dem tilgenden Ehegatten gehört, der andere Ehegatte aber an der Entschuldung im Wege des Zugewinnausgleichs partizipiert. In diesem Fall sind die Tilgungsleistungen bis zur Zustellung des Scheidungsantrags zu berücksichtigen.

410 Der ggü. der einseitigen Vermögensbildung grds. zurücktretende Umstand, dass auch die Aufwendungen für die Vermögensbildung die ehelichen Lebensverhältnisse geprägt haben und die dafür einzusetzenden Mittel zur Finanzierung der Lebenshaltungskosten der Eheleute nicht zur Verfügung standen, erlangt in einem Ausnahmefall durchschlagende Bedeutung. Hat es bei gehobenem Einkommen des Unterhaltspflichtigen den ehelichen Lebensverhältnissen entsprochen, dieses Einkommen nicht gänzlich für den allgemeinen Lebensbedarf zu verbrauchen, sondern teilweise auch der Vermögensbildung zuzuführen, darf die Vermögensbildung auch nach der Trennung fortgesetzt

---

816 BGH, FamRZ 1987, 36 u. 913; BGH, FamRZ 1991, 1163.
817 OLG München, FuR 2000, 128.

werden. Da die der Vermögensbildung vorbehaltenen Einkommensteile der Befriedigung offener Lebensbedürfnisse entzogen waren und i.Ü. das vorhandene Einkommen ausreichte, den Lebenszuschnitt der Ehe zu finanzieren, dürfen diese Aufwendungen auch bei der Unterhaltsberechnung außer Acht gelassen werden. Von dem in die Unterhaltsberechnung einzustellenden Einkommen sind in diesem Fall die Aufwendungen für die Vermögensbildung abzuziehen.[818] Dies gilt allerdings nur bei gehobenem Einkommen. Jedoch beurteilt sich die Angemessenheit der Vermögensbildung nach objektiven Kriterien. Es kommt darauf an, ob die verbleibenden Mittel aus objektiver Sicht nur eine viel zu bescheidene Lebensführung ermöglichen. In diesem Fall ist die Sparquote auf ein angemessenes Maß zu reduzieren.[819]

Bei normalen Einkünften muss sich der Unterhaltsberechtigte demgegenüber nicht daran festhalten lassen, dass ein Teil dieses Einkommens während des ehelichen Zusammenlebens für die Vermögensbildung eingesetzt worden ist. Vielmehr kann der Unterhaltsberechtigte in diesem Fall von dem Unterhaltspflichtigen verlangen, dass er die Vermögensbildung entweder aufgibt oder aus seinem eigenen eheangemessenen Bedarf weiter finanziert.[820] 411

Zu prüfen ist allerdings, ob es sich tatsächlich um Aufwendungen für die Vermögensbildung handelt. Davon abzugrenzen sind Aufwendungen für die Altersversorgung. Dient z.B. die Lebensversicherung der Altersversorgung, muss der Unterhaltsberechtigte die dazu aufgewendeten Beiträge einkommensmindernd unter der Voraussetzung hinnehmen, dass der Unterhaltsverpflichtete i.Ü. keine angemessene Altersversorgung aufgebaut hat. 412

Die Grenze zwischen angemessener Altersversorgung und einseitiger Vermögensbildung wird durch die Höhe der bei der angemessenen Altersversorgung zu berücksichtigenden Aufwendungen bestimmt. Haben diese betragsmäßig die zugelassenen 4 % des Bruttoeinkommens (vgl. Kap. 2) erreicht, endet damit die Altersvorsorge und die Vermögensbildung beginnt. Damit ändert sich zwangsläufig auch die Beurteilungsgrundlage für die Abzugsfähigkeit dieser Aufwendungen. Dadurch ist es möglich, dass ein und derselbe Aufwand teilweise als angemessene Altersversorgung berücksichtigt wird und teilweise als einseitige Vermögensbildung unbeachtlich bleibt. 413

Sind Aufwendungen zur Vermögensbildung nicht zu berücksichtigen, kommt es nicht darauf an, ob es um die Berechnung des Bedarfs, der Bedürftigkeit oder der Leistungsfähigkeit geht. Selbst wenn die Aufwendungen die ehelichen Lebensverhältnisse bestimmt haben, die darauf entfallenden Geldbeträge also für die Lebenshaltungskosten nicht zur Verfügung gestanden haben, wirkt sich die Berücksichtigungsfähigkeit schon bei der Bedarfsermittlung aus.[821] 414

7. Aufwendungen für die Altersversorgung

Mit der Rentenreform 2001 hat der Gesetzgeber auf die sich ändernde Altersstruktur der Bevölkerung reagiert. Da die Lebenserwartung steigt und die Geburtenraten anhaltend niedrig sind, verschiebt sich das Verhältnis von Beitragszahlern zu Rentenbeziehern immer weiter. Deshalb hat der Gesetzgeber mit der Rentenreform 2001 festgelegt, dass zukünftig die Renten nicht mehr so schnell steigen sollen. Dies betrifft sowohl die jetzigen als auch die künftigen Rentenbezieher. Die Rente wird im Verhältnis zum durchschnittlichen Nettoarbeitseinkommen geringer ausfallen, so dass das Rentenniveau sinken wird. Aus diesem Grunde besteht die Möglichkeit, das Versorgungsniveau im Alter durch eine private und betriebliche zusätzliche Altersversorgung zu sichern, die vom Staat gefördert wird. Aus diesem Grunde trägt die Rentenreform den Namen Altersvermögensgesetz (AVmG). Die Teilnahme an der zusätzlichen staatlich geförderten Altersversorgung ist freiwillig. Pflichtversicherte der gesetzlichen Rentenversicherung entscheiden selbst, ob sie von dieser Möglichkeit Gebrauch machen wollen. Die Rechtsprechung hat dem 415

---

818 BGH, FamRZ 1987, 36; BGH, FamRZ 1984, 149; OLG Koblenz, FamRZ 2000, 1366.
819 BGH, FamRZ 2007, 1532.
820 BGH, FamRZ 1987, 36.
821 BGH, FamRZ 2007, 1532.

ebenfalls Rechnung getragen und die Berücksichtigungsfähigkeit von Aufwendungen für eine angemessene Altersversorgung neu beurteilt. Neben der **primären Altersversorgung** können weitere 4 % des Bruttoeinkommens zur Altersversorgung berücksichtigt werden.[822] Dies gilt auch für Beamte[823] und in gleicher Weise für unterhaltsberechtigte und -pflichtige Ehegatten.[824] Unerheblich ist, ob die **zusätzliche Altersversorgung** schon während des Zusammenlebens begründet wurde oder erst nach der Trennung oder Scheidung. Erforderlich ist allerdings, dass Leistungen darauf tatsächlich erbracht werden; eine fiktive Altersversorgung ist nicht zu berücksichtigen.[825]

416 Auf welche Weise die zusätzliche Altersversorgung gebildet wird, ist unerheblich. In Betracht kommen Lebensversicherungen, Fondsbeteiligungen, Direktversicherungen, Tilgungsleistungen für Immobilien, Bausparverträge, Wertpapiere etc.[826] Wenn der Unterhaltsberechtigte Altersvorsorgeunterhalt geltend macht, darf er, bei einer sekundären Altersversorgung des Pflichtigen in Höhe von 4 %, den Beitragsbemessungssatz für die Errechnung des Altersvorsorgeunterhalts ebenfalls um 4 % erhöhen.[827]

417 Liegt das Einkommen über der Beitragsbemessungsgrenze zur Rentenversicherung von zurzeit 6.350 € (West) und 5.700 € (Ost) brutto mtl., können neben 4 % des Gesamtbruttoeinkommens weitere 18,6 % der über der Beitragsbemessungsgrenze liegenden Einkünfte für eine angemessene Altersversorgung eingesetzt werden. Dies gilt nicht nur für Selbstständige,[828] sondern auch für Arbeitnehmer.[829]

▶ Praxishinweis:

418 Zur Berechnung bietet es sich an, 23,7 % des monatlichen Gesamtbruttoeinkommens zu ermitteln und davon die Arbeitgeberleistungen zur Rentenversicherung oder Zuschüsse zur Zusatzversicherung sowie die Arbeitnehmerbeiträge und sonstige Aufwendungen, z.B. Direktversicherung, abzuziehen. Die verbleibende Differenz kann für die angemessene Altersversorgung eingesetzt werden.

419 Eine zusätzliche Altersversorgung kommt im Mangelfall nicht in Betracht.[830] Dieser ist gegeben, wenn der Bedarf des unterhaltsberechtigten Ehegatten unter dem Mindestbedarf von 880 € liegt oder aber der eheangemessene Bedarf wegen eingeschränkter Leistungsfähigkeit nicht sichergestellt werden kann.

420 Einer zusätzlichen Altersversorgung bedarf es ferner dann nicht, wenn der Ehegatte für das Alter bereits anderweitig abgesichert ist,[831] z.B. durch erhebliches Vermögen.

421 Hat der Unterhaltspflichtige durch zusätzliche Aufwendungen für eine angemessene Alterssicherung gesorgt und sind aus diesem Grunde die Beiträge dafür unterhaltsrechtlich als Abzugsposten anzuerkennen, ist er an die Zweckbestimmung der Altersvorsorge auch später bei Auszahlung der Guthaben gebunden. Dies bedeutet, dass er z.B. Lebensversicherungen auch tatsächlich für seine Altersversorgung einzusetzen hat und das ausgezahlte Kapital nicht für andere Dinge verwenden darf. Sind die ausgezahlten Guthaben ganz oder teilweise verbraucht und stehen sie aus diesem

---

822 BGH, FamRZ 2005, 1817; BGH, FamRZ 2006, 387; BGH, FamRZ 2007, 793; BGH, FamRZ 2008, 963; BGH, FamRZ 2009, 1207, 1391.
823 BGH, FamRZ 2009, 1207.
824 BGH, FamRZ 2006, 387; BGH, FamRZ 2008, 963.
825 BGH, FamRZ 2007, 183, 793; BGH, FamRZ 2009, 1207.
826 BGH, FamRZ 2005, 1817; BGH, FamRZ 2007, 793; BGH, FamRZ 2008, 963, 1739; BGH, FamRZ 2009, 1391.
827 BGH, FamRZ 2020, 21.
828 BGH, FamRZ 2003, 860.
829 BGH, FamRZ 2020, 21; OLG München, FamRZ 2000, 26; so auch die Düsseldorfer sowie die Süddeutschen Leitlinien Nr. 10.1.
830 BGH, FamRZ 2003, 741; OLG Düsseldorf, FamRZ 2006, 1685.
831 BGH, FamRZ 2006, 387.

Grunde der Altersversorgung nicht mehr zur Verfügung, können ihm fiktive Einkünfte zugerechnet werden. Die Höhe der Einkünfte bestimmt sich dabei nicht nach den aus dem Kapital erzielbaren Zinseinkünften. Vielmehr ist davon auszugehen, dass der Unterhaltspflichtige seine Altersversorgung nicht nur aus den Zinseinkünften, sondern auch aus dem Kapital selbst bestreitet. Danach bestimmt sich auch die Höhe der fiktiven Einkünfte. Maßgeblich sind die Einzelfallumstände. Dabei wird es insb. auf die Höhe der Lebensversicherungen und die voraussichtliche Lebensdauer des Unterhaltspflichtigen ankommen.

Soweit der Unterhaltspflichtige geltend macht, seine Altersversorgung durch Immobilien zu sichern, sind die Tilgungsleistungen als Bestandteil dieser Altersversorgung anzusehen und damit berücksichtigungsfähig.[832] Unerheblich dürfte sein, ob er seine Altersversorgung allein aus den Mieteinnahmen zu bestreiten vermag oder ob es erforderlich ist, im Alter die Immobilien zu veräußern, um von den Verkaufserlösen zu leben. In beiden Fällen ist die Entschuldung der Immobilien Bestandteil der Altersversorgung, da davon letztlich das monatliche Nettoeinkommen zum Zwecke der Altersversorgung abhängt. Daher sind die Tilgungsleistungen bei der Bedarfsermittlung zu berücksichtigen. Auch hier gilt allerdings die Bindung an die Zweckbestimmung, wenn der Unterhaltspflichtige die Altersgrenze erreicht. 422

8. Außergewöhnliche Einkommensentwicklungen

Beruht die Entwicklung des Einkommens auf einem außergewöhnlichen Verlauf des beruflichen Werdegangs, bedeutet dies im Regelfall, dass die damit verbundenen Einkommenssteigerungen bei der Bedarfsermittlung unberücksichtigt zu bleiben haben.[833] Diese sind bei dem Unterhaltspflichtigen allerdings bei der Leistungsfähigkeit und beim Unterhaltsberechtigten bei der Bedürftigkeit, also der Frage der Bedarfsdeckung, in Ansatz zu bringen. 423

Derartige vom Normalverlauf erheblich abweichende Entwicklungen sind nicht etwa erst ab dem Zeitpunkt der Scheidung, sondern bereits ab dem Trennungszeitpunkt zu berücksichtigen. Ab dem Zeitpunkt der Trennung kann nicht mehr davon ausgegangen werden, dass die bei der Scheidung erzielten Einkünfte noch ein Ausdruck der ehelichen Lebensverhältnisse sind, wie sie während des Zusammenlebens in intakter Ehe bis zur Trennung bestanden haben.[834] 424

Eine unerwartete, außerhalb des Normalverlaufs liegende Entwicklung liegt vor, wenn 425
– sich das Einkommen des Unterhaltsverpflichteten aufgrund eines Karrieresprungs erhöht,[835]
– die Einkommensänderung auf einer Leistungsbeförderung beruht,[836]
– ein kleines Unternehmen durch erhebliche Ausweitung zu einem gewinnbringenden Unternehmen wird,[837]
– ein Unternehmen durch eine unvorhersehbare Marktentwicklung expandiert.

Derartige außergewöhnliche Einkommensentwicklungen prägen die ehelichen Lebensverhältnisse allerdings dann, wenn der berufliche Aufstieg noch vor der Trennung lag oder der Entschluss zur beruflichen Veränderung noch in der Zeit des Zusammenlebens gefasst ist, die Grundlagen für die Einkommensänderungen also noch während intakter Ehe angelegt waren. Ist die spätere Entwicklung in der Ehe angelegt, ist es nicht erforderlich, dass die Einkommensänderung schon bis zum Zeitpunkt der Scheidung eintritt. Ausreichend ist vielmehr, wenn die Einkommensänderung z.Zt. der Scheidung mit hoher Wahrscheinlichkeit zu erwarten war. In diesem Fall hat die Erwartung die ehelichen Lebensverhältnisse bereits geprägt. Die Eheleute konnten ihren Lebenszuschnitt schon 426

---

832 BGH, FamRZ 2008, 1739; BGH, FamRZ 2005, 1817.
833 BGH, FamRZ 1982, 576; BGH, FamRZ 1987, 913; BGH, FamRZ 1991, 307.
834 BGH, FamRZ 1988, 259 u. 930.
835 BGH, FamRZ 1985, 791; BGH, FamRZ 1987, 913; BGH, FamRZ 1990, 1085.
836 BGH, FamRZ 1982, 684.
837 BGH, FamRZ 1982, 576.

im Blick auf die bevorstehende Entwicklung gestalten.[838] Zur Bedarfsprägung bei gegenläufigen Einkommenssenkungen vgl. Rdn. 323.

427 Zusammenfassend lässt sich daher festhalten, dass Einkommensänderungen, die dem Normalverlauf entsprechen, immer bei der Bedarfsermittlung zu berücksichtigen sind, unabhängig davon, wann diese Einkommensänderungen eingetreten sind. Einkommensänderungen, die auf einer vom Normalverlauf erheblich abweichenden Entwicklung beruhen, prägen die ehelichen Lebensverhältnisse, wenn die Grundlage dafür bereits während des Zusammenlebens der Eheleute angelegt und die Einkommensänderung zum Zeitpunkt der Scheidung bereits eingetreten ist oder aber zu diesem Zeitpunkt mit hoher Wahrscheinlichkeit zu erwarten war. Zu berücksichtigen ist die Einkommensänderung erst dann, wenn sie tatsächlich eingetreten ist.

▶ Beispiel:

428 a) Der Ehemann wird vom Angestellten zum Geschäftsführer des Unternehmens mit erheblicher Einkommenssteigerung berufen, danach trennt er sich von seiner Ehefrau. Nach der Trennung, aber noch vor der Scheidung, übernimmt er die Geschäftsführung.
Die Einkommenssteigerung hat die ehelichen Lebensverhältnisse geprägt, weil die Grundlage bereits während des Zusammenlebens der Parteien angelegt war.
b) Wie zuvor, der Ehemann tritt die Stelle jedoch erst nach Scheidung der Ehe an.
Auch hier hat das gestiegene Einkommen die ehelichen Lebensverhältnisse geprägt, weil die Steigerung des Einkommens zum Zeitpunkt der Scheidung mit hoher Wahrscheinlichkeit zu erwarten gewesen ist.
c) Während des Zusammenlebens planen die Eheleute, dass der in einem Krankenhaus als Stationsarzt tätige Ehemann eine eigene Praxis als Freiberufler übernimmt. Anschließend trennen sich die Parteien. Kurz nach der Scheidung lässt sich der Ehemann als Frauenarzt nieder.
Sein Einkommen als Freiberufler hat die ehelichen Lebensverhältnisse geprägt, weil diese Tätigkeit der gemeinsamen Eheplanung entsprach.
d) Der als kaufmännischer Angestellter tätige Ehemann erhält nach der Trennung, aber noch vor der Scheidung, ein Angebot, als Handelsvertreter tätig zu werden.
Die damit verbundene Einkommenssteigerung ist nicht eheprägend, weil die Grundlage für die berufliche Veränderung nicht während des Zusammenlebens der Parteien angelegt war. Der Berufswechsel entsprach weder der gemeinsamen Eheplanung noch hat er sich bis zur Trennung konkretisiert. Zum Zeitpunkt der Trennung bestand damit keine hinreichend sichere Einkommensveränderung, auf die sich die Eheleute schon im Vorhinein bei der Gestaltung ihrer Lebensverhältnisse einstellen konnten.

429 Die Frage des eheprägenden Charakters stellt sich bei folgenden Einkünften:
– Überstundenvergütungen
– Nebentätigkeiten von Rentnern
– Nebentätigkeiten des Unterhaltspflichtigen neben seiner Berufsausübung

430 Übt der Unterhaltspflichtige während des Zusammenlebens eine Tätigkeit neben seinem Beruf aus, stellt sich die Frage, ob das daraus erzielte Einkommen als eheprägend zu behandeln ist. Beurteilt sich die Nebentätigkeit als überobligationsmäßige Beschäftigung, bedeutet dies zunächst nur, dass keine Erwerbsobliegenheit für diese Tätigkeit besteht. Derartige Einkünfte können nach Billigkeit ganz, gar nicht oder teilweise angerechnet werden. Dies folgt für den Unterhaltsberechtigten aus § 1577 Abs. 2 BGB und für den Pflichtigen aus § 242 BGB.[839] Daher wird man davon ausgehen müssen, dass diese Einkünfte i.H.d. anrechenbaren Teils in der Ehe angelegt sind und die ehelichen Lebensverhältnisse prägen.[840] Geklärt werden muss allerdings, ob es sich tatsächlich um Einkünfte

---
838 BGH, FamRZ 1986, 148; BGH, FamRZ 1987, 459 u. 913.
839 BGH, FuR 2011, 295.
840 BGH, FamRZ 2003, 848.

aus einer unzumutbaren Tätigkeit handelt. Unterscheidungsmerkmale können sich zum einen aus der Berufsgruppe, zum anderen aus dem Umfang der Tätigkeit ergeben.

Zwar ist der unterhaltsberechtigte Ehegatte für den eheangemessenen Bedarf darlegungs- und beweispflichtig. Dies gilt jedoch nicht für solche Tatsachen, denen ein Ausnahmecharakter zukommt. Ein solcher Ausnahmefall liegt bei einer unerwarteten, vom Normalverlauf erheblich abweichenden Einkommensentwicklung vor. Aus diesem Grunde ist der Unterhaltspflichtige darlegungs- und beweispflichtig dafür, dass 431
— die Einkommensentwicklung vom Normalverlauf abweicht
— die berufliche Entwicklung nicht bereits während des ehelichen Zusammenlebens der Eheleute angelegt gewesen ist.[841]

Der dazu erforderliche Sachvortrag ist nur dann substanziiert, wenn der Unterhaltsverpflichtete das während des Zusammenlebens erzielte und das jetzige Einkommen belegt sowie den Grund für die Einkommensänderung und den Zeitpunkt darlegt, ab dem sich die berufliche Veränderung konkretisierte. Soweit der unterhaltsberechtigte Ehegatte geltend macht, dass die berufliche Veränderung der gemeinsamen Lebensplanung entsprach, ist der Unterhaltsverpflichtete allerdings nur gehalten, den substanziierten Sachvortrag des unterhaltsberechtigten Ehegatten zu widerlegen. 432

9. Mindestbedarf

Nunmehr steht dem berechtigten Ehegatten ein Mindestbedarf i.H.d. **Existenzminimums** von zurzeit 960 € zu.[842] Der Mindestbedarf wirkt sich beim Quotenunterhalt regelmäßig nicht aus. Absolute Opfergrenze ist der Selbstbehalt des pflichtigen Ehegatten. Liegt das für den Unterhalt einzusetzende Einkommen unter dem Mindestbedarf, muss der Selbstbehalt nicht angegriffen werden. Verbleibt dem Unterhaltspflichtigen 1.300 € beim Quotenunterhalt, entspricht dies bei einem Erwerbstätigenbonus von 1/7 einem Bedarf des berechtigten Ehegatten von 975 €. Damit liegt der Quotenunterhalt bereits über dem Existenzminimum. Bei einem geringeren Einkommen greift zugunsten des Unterhaltspflichtigen der Selbstbehalt, so dass der Mindestbedarf nicht erfüllt werden kann. Der Mindestbedarf i.H.d. Existenzminimums hat allerdings Bedeutung bei einem Einkommen des Unterhaltspflichtigen, das auf einem Karrieresprung beruht. Dies prägt die ehelichen Lebensverhältnisse nicht. Der Bedarf errechnet sich also ausschließlich aus dem eheprägenden Einkommen. Liegt der Bedarf unter dem Mindestbedarf, ist letzterer maßgebend. Der Selbstbehalt des Unterhaltspflichtigen wird nicht beeinträchtigt, da das Einkommen aus dem Karrieresprung bei der Leistungsfähigkeit zu berücksichtigen ist und daher die Leistungsfähigkeit steigert. Der Mindestbedarf findet ferner Berücksichtigung bei der Konkurrenz eines Ehegattenunterhalts mit einem Unterhalt nach § 1615l BGB. Der Unterhalt nach § 1615l BGB prägt die ehelichen Lebensverhältnisse. Dadurch sinkt der Bedarf des Ehegatten. Ist dieser geringer als der Mindestbedarf und ist anschließend eine Mangelfallberechnung erforderlich, ist für den Ehegatten als Einsatzbetrag der Mindestbedarf anzusetzen. Bei eheprägenden nachrangigen Unterhaltspflichten hängt deren Berücksichtigung bei der Bedarfsberechnung davon ab, ob der Mindestbedarf des vorrangigen Ehegatten dadurch unterschritten wird.[843] Die Düsseldorfer Tabelle enthält in der Anm. B VI Mindestbedarfssätze für den getrennt lebenden bzw. geschiedenen und den mit dem Pflichtigen zusammenlebenden Ehegatten, je nach nachrangiger Unterhaltspflicht. Die für den getrennt lebenden bzw. geschiedenen und den mit dem Pflichtigen zusammenlebenden Ehegatten unterschiedlichen Selbstbehalte beruhen auf der Berücksichtigung von Vorteilen des Zusammenlebens, die nur bei letzterem gegeben sind. Der Mindestbedarf i.H.d. Existenzminimums spielt bei der Konkurrenz mit nachrangigen Unterhaltspflichten keine Rolle. Die in der Düsseldorfer Tabelle enthalten Mindestbedarfssätze werden von den OLG in ihren Leitlinien übernommen. 433

---

841 BGH, FamRZ 1993, 352; BGH, FamRZ 1986, 244.
842 BGH, FuR 2010, 286; a.A. noch BGH, FamRZ 2003, 363; BGH, FamRZ 1997, 806.
843 BGH, FamRZ 2003, 363.

10. Sättigungsgrenze

434 Eine Obergrenze für den Ehegattenunterhalt gibt es grds. nicht.[844] Auch bei hohen Einkünften bestimmt das tatsächliche Konsumverhalten der Eheleute die Höhe des Bedarfs. Bei überdurchschnittlichen Einkommensverhältnissen wird der Unterhalt entweder als Quote oder aufgrund einer konkreten Bedarfsberechnung ermittelt.

435 Bei überdurchschnittlichen Einkommensverhältnissen lässt der BGH zu, den Unterhalt als Quote zu ermitteln. Es ist rechtsbeschwerderechtlich nicht zu beanstanden, wenn die Tatsachengerichte im Sinne einer tatsächlichen Vermutung davon ausgehen, dass ein Familieneinkommen bis zur Höhe des doppelten, des höchsten in der Düsseldorfer Tabelle ausgewiesenen Einkommensbetrages vollständig für den Lebensbedarf der Familie verwendet worden ist. Der Unterhaltsbedarf kann in diesem Falle ohne Darlegung der konkreten Einkommensverwendung nach der Einkommensquote bemessen werden. Soweit das Einkommen darüber hinausgeht, hat der Unterhaltsberechtigte, wenn er dennoch Unterhalt nach der Quotenmethode begehrt, die entsprechende Verwendung des Einkommens für den Lebensbedarf darzulegen und im Bestreitensfall in vollem Umfang zu beweisen.[845] Letztlich hängt der Quotenunterhalt von der Beweisführung ab. Bis zu einem Familieneinkommen von 11.000 € muss der Pflichtige beweisen, weniger für den Lebensstandard ausgegeben zu haben, bei einem Familieneinkommen von über 11.000 € hat der Berechtigte die Beweislast. Maßgeblich ist letztlich die Beweisführung. Bei der Zulassung des Quotenunterhalts ist kein Raum für eine konkrete Bedarfsberechnung. Familieneinkommen ist das um berufsbedingte Aufwendungen, Verbindlichkeiten und Unterhaltspflichten bereinigte Einkommen beider Ehegatten.[846] Entscheidend für die Zulässigkeit des Quotenunterhalts ist aber, ob die Oberlandesgerichte dies zulassen. Der BGH spricht nur davon, dass dies nicht zu beanstanden ist, nicht aber von einer Verpflichtung. Das bedeutet, dass die Oberlandesgerichte an der konkreten Bedarfsberechnung bei gehobenen Einkünften festhalten können.

In diesem Falle wird eine faktische Sättigungsgrenze angenommen werden können bei einem die höchste Einkommensgruppe der Düsseldorfer Tabelle übersteigenden Einkommen. Z.T. enthalten die Leitlinien konkrete Regelungen (etwa Nr. 15.3 der Leitlinien des OLG Frankfurt am Main oder Nr. 15.3 der Leitlinien des OLG Jena). Der BGH[847] hat eine konkrete Bedarfsberechnung ab einem Unterhalt von 2.200 € gebilligt (3/7 des damaligen Höchsteinkommens der Düsseldorfer Tabelle von 5.100 €, zurzeit 5.500 €).

11. Konkrete Bedarfsberechnung

436 Der Unterhalt nach der konkreten Bedarfsberechnung unterscheidet sich vom Quotenunterhalt dadurch, dass er aufgrund aller zur Aufrechterhaltung des bisherigen Lebensstandards benötigten Lebenshaltungskosten konkret ermittelt wird. Dazu zählen u.a. die Aufwendungen für Wohnen, Kleidung, Geschenke, Putzhilfe, Reise, Urlaub, sportliche Aktivitäten, kulturelle Bedürfnisse, Kfz-Nutzung und sonstige Lebenshaltungskosten.

a) Grundlagen der konkreten Bedarfsberechnung

437 Ausgangspunkt für die konkrete Bedarfsberechnung ist die Überlegung, dass der unterhaltsberechtigte Ehegatte nicht berechtigt ist, auf Kosten des Unterhaltsverpflichteten Vermögen zu bilden. Der Unterhalt ist vielmehr dazu bestimmt, dem Unterhaltsberechtigten einen den ehelichen Lebensverhältnissen entsprechenden Lebensstandard zu ermöglichen. Nach der Lebenserfahrung ist bei einem bestimmten monatlich zur Verfügung stehenden Geldbetrag die Grenze der finanziellen Mittel erreicht, die erforderlich sind, um die monatlich anfallenden Lebenshaltungskosten zu

---

844 BGH, FamRZ 1994, 1169; BGH, FamRZ 1983, 150.
845 BGH, FamRZ 2018, 634; BGH, FamRZ 2020, 21.
846 BGH, FamRZ 2020, 21.
847 BGH, FuR 2010, 630.

bestreiten. Alles das, was über diesen Betrag hinausgeht, steht daher ausschließlich zur Vermögensbildung zur Verfügung, ohne dass sich der Unterhaltsberechtigte hinsichtlich seiner Lebensführung einschränken müsste. Ist diese sog. Sättigungsgrenze erreicht, darf kein weiter gehender Quotenunterhalt zuerkannt werden, weil dessen Zweck damit zwangsläufig verfehlt würde.[848]

Dies bedeutet allerdings nicht, dass dem Unterhaltsberechtigten über diese sog. Sättigungsgrenze hinaus Unterhalt nicht mehr zuerkannt werden dürfte. Soweit er im Einzelnen begründet, dass seine Lebenshaltungskosten bei Aufrechterhaltung des eheangemessenen Lebensstandards über diese Sättigungsgrenze hinausgehen, besteht ein Anspruch auf Unterhalt, weil dieser dann wieder seiner Zweckbestimmung entspricht. Der unterhaltsberechtigte Ehegatte ist allerdings gehalten, seine Aufwendungen im Einzelnen darzulegen und zu begründen.[849] 438

b) Angemessenheit der konkreten Bedarfsberechnung

Bei der Bemessung des Trennungs- und nachehelichen Unterhalts ist ein **objektiver Maßstab** anzulegen. Dies gilt auch für die konkrete Bedarfsberechnung. Entscheidend ist danach derjenige Lebensstandard, der nach den ehelichen Lebensverhältnissen vom Standpunkt eines vernünftigen Betrachters aus angemessen erscheint. Eine nach den Verhältnissen zu dürftige Lebensführung bleibt ebenso außer Betracht wie ein übertriebener Aufwand.[850] Dies bedeutet, dass grds. die tatsächliche Lebensweise der Ehegatten für die Bemessung des Unterhalts keine Bedeutung hat. Entscheidend ist vielmehr, welchen Lebensstandard die Einkommens- und Vermögensverhältnisse der Eheleute nach objektiver Betrachtungsweise ermöglichten. Der für die Unterhaltsbemessung maßgebliche Lebensbedarf wird nämlich ohne Rücksicht auf die tatsächliche Lebensführung bestimmt. Es kommt daher nicht darauf an, auf welchen Lebensstandard sich die Parteien während intakter Ehe beschränkt haben. Vielmehr ist ein objektiver Maßstab anzulegen,[851] wobei allerdings auch die Vermögensbildung angemessen zu berücksichtigen sein dürfte.[852] 439

Diese Grundsätze gelten auch dann, wenn der unterhaltsberechtigte Ehegatte erstmals nach der Trennung oder Scheidung erwerbstätig ist. Dieses Einkommen muss, um die verfassungswidrigen Auswirkungen der Anrechnungsmethode zu vermeiden, in die Bedarfsberechnung einbezogen werden. Dies bedeutet, dass der objektive Maßstab unter Berücksichtigung dieser Einkünfte gebildet werden muss. Andernfalls würde der Bedarf allein durch die Einkünfte des unterhaltspflichtigen Ehegatten bestimmt und das Einkommen des unterhaltsberechtigten – wie bei der konkreten Bedarfsberechnung erforderlich – auf den Bedarf angerechnet. Diese verfassungswidrigen Auswirkungen finden ihre Rechtfertigung nicht in der konkreten Bedarfsberechnung, da deren Zweck lediglich darin besteht, einen über die Lebenserfahrung hinausgehenden Bedarf darzulegen. 440

Zu beachten ist, dass die konkrete Bedarfsberechnung nicht gegen den Halbteilungsgrundsatz verstoßen darf. Dieser ist dann verletzt, wenn dem Unterhaltspflichtigen zur Deckung seines eigenen Bedarfs von seinem eheprägenden Einkommen weniger verbleiben würde, als es dem für den Berechtigten konkret bemessenen Unterhaltsbedarf entspricht. 441

c) Auskunftsanspruch

Nach diesen Grundsätzen beurteilt sich auch, ob ein Auskunftsanspruch besteht, um Unterhalt nach der konkreten Bedarfsberechnung geltend zu machen. Soweit die Einkommensverhältnisse des Unterhaltspflichtigen so überdurchschnittlich sind, dass nicht zu befürchten ist, dass Bedenken wegen der Wahrung des Halbteilungsgrundsatzes oder der Höhe des Aufwands bei objektiver 442

---

848 BGH, FamRZ 1982, 1187; BGH, FamRZ 1987, 691.
849 BGH, FamRZ 1990, 280.
850 BGH, FamRZ 2007, 1532; BGH, FamRZ 1982, 151; BGH, FamRZ 1985, 582.
851 Vgl. Rdn. 71 ff.
852 BGH, FamRZ 2004, 601.

Betrachtung aufkommen könnten, bedarf es einer Auskunft nicht.[853] Bedürfen demgegenüber die wirtschaftlichen Verhältnisse einer Klärung, um eine sachgerechte Beurteilung des Unterhaltsanspruchs zu ermöglichen, ist ein Auskunftsantrag gerechtfertigt.[854]

d) Abänderungsverfahren

443 Bei einer konkreten Bedarfsbemessung bleibt der Unterhalt auch für spätere Zeiten auf den festgelegten Bedarf fixiert. Ein Abänderungsantrag kann daher nicht darauf gestützt werden, dass sich das Einkommen des Pflichtigen erhöht hätte.

444 Man wird jedoch davon ausgehen müssen, dass die Steigerung der allgemeinen Lebenshaltungskosten, die beim Quotenunterhalt eine Abänderungsklage nicht rechtfertigen würde, bei der konkreten Bedarfsbemessung einen Abänderungsgrund darstellt. Soweit sich nämlich durch die allgemeine Preisentwicklung die der konkreten Bedarfsbemessung zugrunde liegenden Aufwendungen erhöht haben, muss der Unterhaltsberechtigte die Möglichkeit einer Anpassung des die wirklichen Lebensverhältnisse nicht mehr widerspiegelnden Titels haben.[855]

445 Verringern sich die Einkünfte des Unterhaltspflichtigen nicht vorwerfbar, kann in einem Abänderungsverfahren auch auf den Quotenunterhalt zurückgegriffen werden, wenn die Sättigungsgrenze unterschritten wird.[856]

X. Bedürftigkeit

446 Die Bedürftigkeit des Berechtigten ist Voraussetzung jeden Unterhaltsanspruchs. § 1577 Abs. 1 und 2 BGB regeln die Anrechnung eigener Einkünfte, § 1577 Abs. 3 BGB die Obliegenheit zur Vermögensverwertung und § 1577 BGB den Wiedereintritt der Bedürftigkeit nach Vermögensverfall.

1. Normzweck

447 Die oft langjährigen Unterhaltslasten schränken den Unterhaltspflichtigen teilweise erheblich in seiner durch Art. 1 und 2 GG geschützten allgemeinen Handlungsfreiheit ein.[857] Dies gebietet, die mit der Unterhaltsverpflichtung verbundenen Belastungen so gering wie möglich zu halten. Eine die Bedürftigkeit mindernde Zurechnung eigener Einkünfte ist damit zu Recht **Ausdruck des** nach der Scheidung herrschenden **Prinzips der persönlichen und wirtschaftlichen Eigenverantwortung**. Der geschiedene Ehegatte ist nur dann bedürftig, wenn und soweit er mit seinen prägenden und nicht prägenden unterhaltsrechtlich bereinigten Einkünften und – soweit geboten – durch Verwertung seines Vermögens seinen an den ehelichen Lebensverhältnissen ausgerichteten Bedarf nicht oder nicht in vollem Umfang zu decken vermag und hierzu auch nicht verpflichtet ist.[858]

448 Durch das UÄndG 2008 wurde der Klammerzusatz in § 1577 Abs. 2 BGB ergänzt. Mit dem Hinweis auf § 1578b BGB wird klargestellt, dass der »volle Unterhalt« i.S. dieser Bestimmung nicht nur der Unterhalt nach Maßgabe der ehelichen Lebensverhältnisse (§ 1578 Abs. 1 BGB) ist, sondern ggf. auch der aus Billigkeitsgründen herabgesetzte Unterhalt nach § 1578b BGB sein kann. § 1574 Abs. 3 BGB begrenzt die Obliegenheit zur Verwertung eigenen Vermögens. § 1577 Abs. 4 BGB betrifft die wiedereintretende Bedürftigkeit nach Vermögensverfall.

---

853 BGH, FamRZ 1994, 1169; OLG Karlsruhe, FuR 2000, 343.
854 BGH, FamRZ 1982, 151.
855 BGH, FamRZ 1986, 458.
856 BGH, FamRZ 2003, 848.
857 Grundlegend BVerfG, FamRZ 2001, 1685.
858 Grundlegend BGH, FamRZ 1989, 487.

2. Maßstab für die Bedürftigkeit

Die Bedürftigkeit richtet sich allein nach unterhaltsrechtlichen, nicht etwa nach sozialhilferechtlichen Maßstäben.[859] Der nach §§ 1578, 1578b BGB zu bemessende **Bedarf** bildet den Maßstab für die Bedürftigkeit. Liegt ein anerkennungsfähiger Mehrbedarf vor, besteht der volle Unterhalt aus Quotenunterhalt und ungedecktem **Mehrbedarf**. Ein in ausreichender Höhe nachhaltig gesichertes eigenes Einkommen lässt einen Unterhaltsanspruch dauerhaft entfallen (§ 1573 Abs. 4 BGB). Eine später durch Wegfall dieser Einkünfte einsetzende Bedürftigkeit kann nur dann noch einen Unterhaltsanspruch begründen, wenn zu diesem Zeitpunkt die Voraussetzungen für einen Anspruch aus §§ 1570 ff. BGB unmittelbar oder lückenlos als Anschlusstatbestand gegeben sind.[860] Inwieweit dies auch für einen Unterhaltsanspruch nach §§ 1571, 1572, 1573, 1575 BGB gilt, wenn mit Ausnahme der Bedürftigkeit die sonstigen Voraussetzungen zum Einsatzzeitpunkt gegeben waren und die Bedürfnislage erst später eintritt, ist umstritten. Z.T. werden die Anspruchsvoraussetzungen bejaht,[861] z.t. und zutreffend verneint[862] oder zumindest eine differenzierte Betrachtung nach der jeweiligen Risikosphäre vorgeschlagen.[863] Die Bedürftigkeit ist nach dem konkreten Unterhaltszeitraum zu beurteilen (**zeitliche Kongruenz**). Dies ist nach § 1585 Abs. 1 Satz 2 BGB der einzelne Monat.[864] Zu einem späteren Zeitpunkt zufließende Mittel beseitigen nicht rückwirkend die Bedürftigkeit. Bei Rentennachzahlungen ist der Nachzahlungsbetrag unterhaltsrechtlich zwar allein einem künftigen Zeitraum zuzuordnen.[865] Die Rechte des Unterhaltsschuldners sind jedoch zu wahren. Hat der Schuldner vom **Rentenfall** auf Seiten des Gläubigers Kenntnis, kann er eine Überzahlung abwenden, indem er dem Unterhaltsgläubiger bis zur Bewilligung der Rente den Unterhalt als zins- und tilgungsfreies **Darlehen anbietet**, verbunden mit der Verpflichtung, im Fall der Ablehnung des Rentenantrags auf die Rückzahlung des Darlehens zu verzichten, soweit es sich mit dem Unterhalt deckt, während es im Fall der Rentenbewilligung zurückzugewähren ist.[866] Der Gläubiger ist nach Treu und Glauben verpflichtet, ein derartiges Kreditangebot anzunehmen.[867] Soweit der Eintritt des Rentenfalls nicht bekannt ist, der Unterhalt also für eine Zeit geleistet wird, für die dem Unterhaltsgläubiger nachträglich eine Rente bewilligt wird, hat der Unterhaltsschuldner zwar zum Zeitpunkt der Nachzahlung der Rente keinen Rückforderungsanspruch hinsichtlich des überzahlten Unterhalts, falls sich mit sofortiger Zahlung der Rente ein niedrigerer Unterhalt errechnet hätte.[868] Insoweit kommt jedoch ein **Erstattungsanspruch des Schuldners** nach Treu und Glauben (§ 242 BGB) in Betracht, dessen Höhe sich an denjenigen Teil der Rentennachzahlung orientiert, um den sich der Unterhalt ermäßigt hätte, wenn die Rente während des fraglichen Zeitraums schon bezahlt worden wäre.[869]

449

Die Bedürftigkeit des Berechtigten und sein Bedarf verringern sich nicht durch eine **freiwillige Einschränkung seiner Lebensführung**.[870] **Kreditverpflichtungen** erhöhen den Bedarf des Berechtigten nicht.[871] Unterhaltszahlungen dienen der Deckung des laufenden Bedarfs, nicht der Vermögensbildung und/oder dem Abbau von Verbindlichkeiten.[872] Etwas anderes kann nur gelten für Aufwendungen i.R.d. Erzielung von Einkünften, etwa Zurechnung eines Wohnwerts einerseits und Berücksichtigung der Zinslasten für die Wohnung, andererseits für Verbindlichkeiten, die bereits

450

---

859 BGH, NJW 1995, 1486.
860 BGH, FamRZ 1987, 689.
861 OLG München, FamRZ 1993, 564.
862 FamR-Komm/*Klein*, § 1577 Rn. 4.
863 NK-BGB/*Schürmann*, § 1577 Rn. 5.
864 BGH, FamRZ 1982, 259.
865 BGH, FamRZ 1990, 269; BGH, FamRZ 1985, 155.
866 BGH, FamRZ 1989, 718.
867 BGH, FamRZ 2010, 1637; BGH, FamRZ 1992, 1152; BGH, FamRZ 1983, 574.
868 BGH, FamRZ 1989, 718.
869 BGH, FamRZ 1990, 269.
870 BGH, NJW 1995, 1343 und ständig.
871 BGH, FamRZ 2007, 879; BGH, FamRZ 1992, 423.
872 BGH, NJW 1998, 753; BGH, FamRZ 1990, 280.

während der Ehe bestanden (»eheprägende Verbindlichkeiten«).[873] Ob dies auch für Darlehensverbindlichkeiten gelten kann, die der Unterhaltsgläubiger begründet hat, um seine Lebenshaltungskosten zu finanzieren, während der Unterhaltsschuldner Unterhaltsleistungen zu Unrecht verweigert hat, ist zweifelhaft.[874] Unterhaltsverpflichtungen, die der Berechtigte ggü. einem Dritten hat, sind wie sonstige Verbindlichkeiten zu beurteilen, erhöhen mithin grds. die Bedürftigkeit nicht.[875] Lebt der **Berechtigte im Ausland**, sind für seinen Bedarf die dortigen tatsächlichen Versorgungsmöglichkeiten und deren Kosten maßgebend.[876]

3. Anrechenbare Einkünfte und zu berücksichtigende Ausgaben

451 Bei der **Bestimmung der beim Bedürftigen anzurechnenden Einkünfte** gelten **spiegelbildlich dieselben Grundsätze wie für die Beurteilung der Leistungsfähigkeit des Pflichtigen**.[877] Eine Bedürftigkeit ist nur gegeben, wenn der Unterhaltsgläubiger mit seinen prägenden und nicht prägenden Einkünften[878] und durch Verwertung seines Vermögens den ihm zustehenden vollen Unterhalt nicht erreicht.

452 Wie beim Bedürftigen i.R.d. § 1577 BGB ist beim Pflichtigen bei der Leistungsfähigkeit nicht zwischen prägenden und nicht prägenden Einkünften zu differenzieren. Die nicht prägenden Einkünfte sind beim Pflichtigen wie die prägenden bei der Leistungsfähigkeit einkommenserhöhend zu berücksichtigen.

453 Das unterhaltsrelevante Nettoeinkommen des Bedürftigen ist um die unterhaltsrechtlich zulässigen Abzugsposten zu bereinigen.[879]

454 Zu Einzelheiten der Ermittlung der unterhaltsrechtlich relevanten Einkünfte und Abzugsposten vgl. Kap. 2.

4. Nichtanrechnung von Einkünften aus unzumutbarer Arbeit

455 § 1577 Abs. 2 BGB gilt nicht bei Einkünften aus zumutbarer Arbeit. Derartige Einkünfte mindern stets die Bedürftigkeit.[880] Einkünfte aus unzumutbarer Arbeit verbleiben dem Berechtigten anrechnungsfrei, soweit sie zusammen mit dem eigenen Einkommen aus zumutbarer Arbeit und dem geschuldeten Unterhalt den vollen Unterhalt nicht übersteigen (§ 1577 Abs. 2 Satz 1 BGB). Die Frage, ob eine überobligatorische Tätigkeit vorliegt, ist nach **objektiven Kriterien**, etwa Betreuungsnotwendigkeit der Kinder, zu beurteilen.[881] Übt der Gläubiger eine unzumutbare Tätigkeit aus, bleibt er bedürftig, wenn das erzielte und nur nach § 1577 Abs. 2 BGB anrechenbare Einkommen seinen Unterhaltsbedarf nicht deckt. Die **Grenze zumutbarer Tätigkeit** ist **nicht statisch**. Sie kann sich durch veränderte Umstände und Belastungen (heranwachsende Kinder, spätere Übernahme von Betreuungsaufgaben)[882] gesundheitliche Beeinträchtigungen, Alter etc. verschieben. Im Mangelfall gelten bei der Zumutbarkeitsprüfung erhöhte Anforderungen.[883] Geboten ist eine umfassende Prüfung der Umstände des Einzelfalls.[884] Die aus **§ 1577 Abs. 2 BGB** hergeleiteten Grundsätze gelten **auch beim Trennungsunterhalt**.[885] Die Kennzeichnung einer Tätigkeit als unzumutbar

---

873 BGH, FamRZ 1997, 806; OLG Düsseldorf, FamRZ 1994, 1049.
874 Bejahend FamR-Komm/*Klein*, § 1577 Rn. 13; verneinend NK-BGB/*Schürmann*, § 1577 Rn. 10.
875 BGH, FamRZ 1985, 273.
876 BGH, FamRZ 1992, 160.
877 BGH, FamRZ 1981, 541 und ständig.
878 BGH, NJW 1989, 1083; OLG Dresden, FamRZ 2010, 649.
879 BGH, FamRZ 2005, 1154.
880 BGH, FamRZ 1983, 146.
881 BGH, FamRZ 2006, 846.
882 OLG Koblenz, FamRZ 1999, 1275.
883 BGH, NJW 1999, 2365.
884 BGH, FamRZ 2005, 1442 m. Anm. *Schilling*.
885 BGH, NJW 1983, 933.

bedeutet, dass derjenige, der sie ausübt, unterhaltsrechtlich grds. nicht gehindert ist, sie jederzeit wieder zu beenden, gleichgültig, ob er Unterhaltsschuldner oder Gläubiger ist.[886] Eine tatsächlich ausgeübte Tätigkeit wird im Zweifel als zumutbar angesehen werden können.[887]

Einkünfte aus unzumutbarer Erwerbsquelle eröffnen eine neue Billigkeitsabwägung. Sie bleiben nur ausnahmsweise völlig unangetastet. Nach § 1577 Abs. 2 Satz 2 BGB sind sie in begrenzten Umfang regelmäßig auch zur Entlastung des Schuldners heranzuziehen.[888]

Der Hauptanwendungsbereich der Vorschrift liegt bei der Fortsetzung einer Erwerbstätigkeit nach Erreichen der Regelaltersgrenze, der Ausübung einer nach den ehelichen Lebensverhältnissen nicht angemessenen Tätigkeit und insb. bei einer neben der Kindesbetreuung fortgesetzten oder nach der Trennung ohne eine entsprechende Obliegenheit aufgenommenen Erwerbstätigkeit. Das tradierte Altersphasenmodell gilt nicht mehr. Tendenziell setzen Erwerbsobliegenheiten kinderbetreuender Eltern früher ein. Maßgebendes Indiz für eine vorhandene tatsächliche Arbeitsfähigkeit und die Abgrenzung von überobligatorischen Einkünften bei der Kindesbetreuung kann die freiwillige Ausübung der Erwerbstätigkeit sein,[889] bzw. die Beibehaltung einer Tätigkeit nach Trennung.[890] Wichtiges Abwägungskriterium sind weiter die beiderseitigen wirtschaftlichen Verhältnisse.[891] Beengte wirtschaftliche Verhältnisse sprechen für eine weiter gehende Zumutbarkeit bei der Ausübung einer Erwerbstätigkeit.[892] 456

Die Beurteilung der Vereinbarkeit von Kindererziehung und Berufstätigkeit hat sich in den letzten Jahrzehnten gewandelt. Bei der Beurteilung der Zumutbarkeit ist eine Einzelfallbetrachtung geboten.[893] Die durch die Betreuung vorhandene konkrete Belastungssituation des Berechtigen (Anzahl der Kinder, Möglichkeiten der Drittbetreuung, Tagesmutter, Kinderhort, gesundheitliche Beeinträchtigung des oder der Kinder, Entlastung bei einer Partnerschaft etc.) steht im Vordergrund. Auch ist maßgebend wie die Kindesbetreuung mit den konkreten Arbeitszeiten unter Berücksichtigung erforderlicher Fahrzeiten vereinbar ist, zu welchen Zeiten die Kinder einen Kindergarten oder die Schule besuchen bzw. der Fremdbetreuung bedürfen. Pauschale Kürzungen etwa auf ein Drittel des Erwerbseinkommens oder auf die Hälfte[894] werden jedenfalls nach Inkrafttreten des UÄndG nicht mehr vorgenommen werden können. 457

Der **Pauschalabzug eines Betreuungsbonus**[895] oder nur die Berücksichtigung überobligatorischer Einkünfte mit einer pauschalen Quote kommt nicht (mehr) in Betracht. Als Grundregel kann jedoch davon ausgegangen werden, dass Einkünfte aus unzumutbarer Erwerbsquelle nur ausnahmsweise völlig unangetastet bleiben und in begrenztem Umfang auch zur Entlastung des Unterhaltsschuldners heranzuziehen sind.[896] Soweit im Einzelfall in der Vergangenheit noch ein Betreuungsbonus zugebilligt wurde, hing dieser maßgeblich vom Alter des Kindes, dem Umfang der Entlastung durch eine Fremdbetreuung sowie den beiderseitigen Einkommens- und Vermögensverhältnissen ab.[897] Bei Berücksichtigung eines Bonus ist das verbleibende Einkommen ohne weiteren Abzug als obligatorischer Arbeitsstand zu behandeln und i.R.d. Differenzberechnung einzubeziehen. Darüber hinaus ist der Halbteilungsgrundsatz zu beachten. 458

---

886 BGH, FamRZ 2001, 350; BGH, FamRZ 1984, 364.
887 *Hohmann-Dennhardt*, FF 2007, 174.
888 BGH, FamRZ 1995, 343.
889 BGH, FamRZ 2006, 846.
890 BGH, FamRZ 2006, 846; BGH, FamRZ 2005, 442.
891 OLG Hamm, FamRZ 2002, 1708; KG, FamRZ 1995, 355.
892 BGH, FamRZ 1983, 569.
893 BGH, FamRZ 2008, 1739; BGH, FamRZ 2005, 1442.
894 Vom BGH in FamRZ 2005, 967 bei einem Elternteil gebilligt, der zwei Kinder im Alter von 6 und 10 Jahren betreute.
895 BGH, FamRZ 2010, 1050; BGH, FamRZ 2005, 442.
896 BGH, FamRZ 1995, 343.
897 OLG Hamm, FamRZ 2002, 1708; OLG Hamm, FamRZ 2003, 1105; OLG Koblenz, NJW-RR 2003, 937; OLG Köln, FamRZ 2002, 463.

459 **Lohnersatzleistungen** (Arbeitslosengeld, andere Sozialleistungen oder eine Abfindung, selbst wenn sie auf vorangegangener unzumutbarer Tätigkeit beruht) zählen nicht zu Einnahmen aus überobligatorischer Tätigkeit.[898] Diese Leistungen beruhen nicht auf eigenen unzumutbaren Anstrengungen. Arbeitslosengeld oder andere Sozialleistungen sind auf Sozialabgaben zurückzuführen, die in der Vergangenheit das anrechenbare Einkommen in voller Höhe gemindert haben.

460 Ob in einer neuen Partnerschaft neben einer Erwerbstätigkeit überhaupt **Versorgungsleistungen** (zur Höhe vgl. Nr. 6 der Leitlinien, oftmals zwischen 250 € und 550 €) regelmäßig als unzumutbar angesehen werden, ist zweifelhaft.[899] Nach Auffassung des BGH[900] stellen übernommene Versorgungsleistungen ein gewichtiges Indiz für deren Zumutbarkeit dar. Es handelt sich um keine mit einer Erwerbstätigkeit vergleichbare Tätigkeit, sondern um eine anderweitige Deckung des Bedarfs.[901] Voraussetzung für die Zurechnung eines fiktiven Versorgungsentgelts ist die Leistungsfähigkeit des Partners,[902] die jedoch durch den für den Pflichtigen geltenden Selbstbehalt begrenzt ist. Auch bei begrenzter Leistungsfähigkeit ist zumindest der Betrag anzusetzen, den der Partner sonst aus seinem Einkommen zur Deckung seines Lebensunterhalts aufbringen müsste.[903] Die vom BGH für eine Absenkung des Selbstbehalts angeführten Gründe (Synergieeffekte aus gemeinsamer Lebensführung) gelten zur Deckung des eigenen Bedarfs ausreichenden Einkommens des Partners auch für den Bedürftigen, der seinen angemessenen Lebensbedarf mit geringeren Mitteln decken kann. Die gleichen Grundsätze gelten in gleichgeschlechtlichen Partnerschaften.[904]

461 Bei teilweiser Erwerbsobliegenheit sind der nach § 1577 Abs. 2 BGB zu berücksichtigende Betrag und der auf überobligatorischer Tätigkeit beruhende Betrag zu bestimmen.[905] **Überobligatorische Einkünfte** des Unterhaltsgläubigers **sind in einen unterhaltsrelevanten und in einen nicht unterhaltsrelevanten Teil aufzuspalten**. Nur der unterhaltsrelevante Teil ist i.R.d. Additions-/Differenzmethode zu berücksichtigen, der nicht unterhaltsrelevante Teil bleibt bei der Unterhaltsermittlung unberücksichtigt.[906] Je größer die doppelte Last (Erwerbstätigkeit neben Kindesbetreuung) ist, umso höher wird der nicht unterhaltsrelevante Betrag festzusetzen sein.

462 **Kriterien für die Bemessung des anrechnungsfreien Betrages:**
– Alter des betreuten Kindes bzw. der betreuten Kinder
– Wenn der betreuende Elternteil einen Teil seiner Berufstätigkeit ausüben kann, weil während dieser Zeit das Kind/die Kinder anderweitig betreut ist/sind (Kindergarten, Kindertagesstätte, Kinderhort, Schule[907])
– Vereinbarkeit der konkreten Arbeitszeiten unter Berücksichtigung erforderlicher berufsbedingter Fahrzeiten[908]
– Freiwilligkeit der Erwerbsaufnahme bzw. der Fortsetzung einer Erwerbstätigkeit[909]
– Die beiderseitigen wirtschaftlichen Verhältnisse,[910] insb. auch weitere Unterhaltspflichten, anrechnungsfreies Einkommen des Schuldners
– Mit der Kindesbetreuung verbundener Zeitaufwand[911]

---

898 OLG Köln, FamRZ 2006, 342; OLG Stuttgart, FamRZ 1996, 415; OLG Koblenz, FamRZ 2002, 325.
899 Einerseits OLG Karlsruhe, FamRZ 1988, 99; andererseits OLG Hamm, FamRZ 1995, 1152; für Berücksichtigung unter Gesichtspunkt ersparter Aufwendungen *Gerhardt*, FamRZ 2003, 272.
900 BGH, FamRZ 1995, 343; BGH, FamRZ 1987, 1011.
901 BGH, FamRZ 2004, 1123.
902 BGH, FamRZ 1989, 487.
903 BGH, FamRZ 1987, 1011.
904 BGH, FamRZ 1995, 344.
905 Grundlegend BGH, FamRZ 2003, 518.
906 BGH, FamRZ 2005, 1154; BGH, FamRZ 2003, 518.
907 Vgl. auch OLG Saarbrücken, NJW-RR 2006, 869.
908 BGH, FamRZ 2001, 350; KG, FamRZ 2006, 341.
909 BGH, FamRZ 2005, 442.
910 OLG Hamm, FamRZ 2002, 1708; OLG Saarbrücken, NJW-RR 2006, 869; OLG Hamburg, FamRZ 2005, 927.
911 BGH, FamRZ 2001, 350.

C. Geschiedenenunterhalt

- Aufwand der Betreuung des Kindes durch Verwandte oder Dritte[912]
- Mit der Erwerbstätigkeit neben der Kindesbetreuung verbundene sonstige besondere Erschwernis[913]
- Mit Kinderbetreuung verbundener Organisationsaufwand[914]
- Zeitweise anderweitige Beaufsichtigung des Kindes bzw. der Kinder durch verfügbare Hilfen[915]

Auch andere überobligationsmäßig erzielte Einkünfte, etwa Einkünfte aus Nebentätigkeiten neben Verrichtung einer vollschichtigen Erwerbstätigkeit, prägen die ehelichen Lebensverhältnisse. Zu prüfen ist, ob ein gewisser Teil dieser überobligationsmäßigen Einkünfte entsprechend §§ 1577 Abs. 2 bzw. 242 BGB anrechnungsfrei bleiben muss. 463

▶ **Beispiel zur Unterhaltsberechnung bei Einkünften aus unzumutbarer Tätigkeit:**

Der Ehemann (M) verdient monatlich netto	2.500 €
Er hat berufsbedingten Aufwand von	100 €
Die Ehefrau (F) betreut und versorgt das gemeinschaftliche 3-jährige Kind	
F erzielt Einkünfte aus Erwerbstätigkeit i.H.v. netto	600 €
F hat berufsbedingten Aufwand i.H.v.	50 €
Unterhaltsanspruch der F:	
Nettoeinkommen M	2.500 €
./. berufsbedingter Aufwand	100 €
./. Unterhalt für das 3-jährige Kind: Düsseldorfer Tabelle Einkommensgruppe 3/1. Altersstufe Tabellenunterhalt 406 €./. hälftiges Kindergeld 102 € somit	304 €
=	2.096 €
Nettoeinkommen der F	600 €
./. berufsbedingter Aufwand	50 €
verbleiben	550 €
Das Einkommen der F ist überobligatorisch und daher nach § 1577 Abs. 2 BGB nur z.T. anzusetzen. Berücksichtigt man den anrechnungsfreien Betrag mit 200 €, verbleibt ein prägendes bereinigtes Einkommen von	350 €
2.096 € – 350 € = Differenzbetrag 1746 € x 3/7 = (Unterhaltsanspruch)	748 €

464

Das Problem kann sich verschärfen, wenn der grds. zur Zahlung von Ehegattenunterhalt Verpflichtete nicht nur minderjährige Kinder betreut, sondern für die minderjährigen Kinder keinen Unterhalt erhält. Hier ist neben der Ermittlung der konkreten Betreuungskosten oder eines Abschlages wegen unzumutbarer Tätigkeit auch noch der Kindesunterhalt entsprechend dem Einkommen des Pflichtigen zu berücksichtigen. 465

▶ **Beispiel:**[916]

Der Ehemann (M) hat ein Nettoeinkommen von	2.500 €
Er hat berufsbedingten Aufwand i.H.v.	100 €
M betreut das gemeinschaftliche 3-jährige Kind	

466

---

912 KG, FamRZ 2006, 341; OLG Hamburg, FamRZ 2005, 927.
913 OLG Hamm, FamRZ 2002, 1708.
914 OLG Saarbrücken, NJW-RR 2006, 869.
915 Grundlegend BGH, FamRZ 2001, 350; vgl. auch KG, FamRZ 2006, 341.
916 Nach *Kleffmann*, in: Scholz/Kleffmann/Motzer, Praxishandbuch Familienrecht, Teil H Rn. 208; Problematik des Bagatellunterhalts (vgl. Teil B Rn. 118) soll unberücksichtigt bleiben.

M erhält das Kindergeld für das 3-jährige Kind

F verfügt über monatliche Nettoeinkünfte i.H.v.	1.000 €
F hat berufsbedingten Aufwand von	50 €
F zahlt für das 3-jährige Kind keinen Unterhalt	
Unterhaltsanspruch der F:	
Ausgangsnettoeinkommen M	2.500 €
./. berufsbedingter Aufwand	100 €
	= 2.400 €
./. Kindesunterhalt Düsseldorfer Tabelle 3. Einkommensgruppe/ 1. Altersstufe (406 €./. 102 € somit)	304 €
verbleiben	2.096 €
M ist überobligationsmäßig tätig	
Berücksichtigt man einen anrechnungsfreien Betrag mit	200 €
verbleiben Nettoeinkünfte von	1.896 €
F verfügt über Nettoeinkünfte von	1.000 €
./. berufsbedingter Aufwand i.H.v.	50 €
somit	950 €
Differenz der beiderseitigen Einkünfte	946 €
Unterhaltsanspruch:	
946 € x 3/7 =	405 €

5. Verwertung des Vermögensstamms

467 § 1577 Abs. 1 und 3 BGB normieren hinsichtlich der Obliegenheit des Unterhaltsgläubigers, den Stamm seines Vermögens für den eigenen Unterhalt einzusetzen, ein **Regel-Ausnahme-Prinzip**: § 1577 Abs. 1 BGB beinhaltet die Einsatzpflicht als Regel, § 1577 Abs. 3 BGB die Einschränkung dieser Obliegenheit in Ausnahmefällen. Aufgrund des **Gegenseitigkeitsprinzips** sind hinsichtlich der Obliegenheit zur Vermögensverwertung die Maßstäbe des § 1577 Abs. 3 BGB für den Unterhaltsgläubiger und die des § 1581 Satz 2 BGB für den Unterhaltsschuldner regelmäßig identisch.[917]

468 Für den Berechtigten fehlt beim **Trennungsunterhalt** eine § 1577 Abs. 3 BGB entsprechende Bestimmung. Eine Pflicht zur Verwertung des Vermögensstamms kann sich jedoch aus § 1361 Abs. 1 und 2 BGB ergeben,[918] wenn der Unterhalt des Berechtigten nicht aus den Vermögenseinkünften, wohl aber aus dem Stamm seines Vermögens bestritten werden kann. Diese Verpflichtung geht allerdings beim Trennungsunterhalt weniger weit als beim Scheidungsunterhalt, bei dem jeder der beiden Scheidungspartner im Grundsatz wirtschaftlich auf eigenen Füßen stehen sollte (§ 1569 BGB), während beim Trennungsunterhalt die wirtschaftliche Grundlage der ehelichen Gemeinschaft zunächst noch nicht beeinträchtigt und offengehalten werden soll, dass die Ehegatten wieder zu ihrer ehelichen Gemeinschaft zurückfinden. Auch haben Eheleute während der Trennungszeit noch eine stärkere Verantwortung füreinander als nach der Scheidung, was ebenfalls gegen eine Verwertung des Vermögens des Berechtigten sprechen kann.[919]

---

917 BGH, FamRZ 1985, 354.
918 BGH, FamRZ 2009, 307.
919 BGH, FamRZ 2009, 307; BGH, FamRZ 2008, 963; BGH, FamRZ 2005, 97.

Eine allgemeine Billigkeitsgrenze, wie sie § 1577 Abs. 3 BGB für den Bedarf beim nachehelichen Unterhalt vorsieht, enthält das Gesetz im Bereich des **Verwandtenunterhalts** nur für den Unterhaltsanspruch minderjähriger Kinder (§ 1602 Abs. 2 BGB). Sonst ist für den Bedarf auf § 1602 Abs. 1 BGB abzustellen, wonach nur derjenige unterhaltsberechtigt ist, der außerstande ist, sich selbst zu unterhalten. Hierzu außerstande ist jedoch nicht, wer über verwertbares Vermögen verfügt. Für **volljährige Kinder** ist die Grenze der Unzumutbarkeit enger zu ziehen als i.R.d. nachehelichen Unterhalts. Das volljährige Kind muss vorhandenes Vermögen nur dann nicht einsetzen, wenn dies grob unbillig wäre.[920] 469

Minderjährige Kinder brauchen ihren eigenen Vermögensstamm im Verhältnis zu ihren Eltern allerdings nicht zu verwerten, solange die Eltern leistungsfähig sind (§ 1602 Abs. 2 BGB).[921] Die Eltern können das Kind aber nach § 1603 Abs. 2 Satz 3 BGB auf den Stamm seines Vermögens verweisen, wenn andernfalls ihr eigener angemessener Unterhalt gefährdet wäre.[922] 470

Bei Einsatz des eigenen Vermögens steht nur ein **saldierter Überschuss** des Aktivvermögens über das Passivvermögen zur Deckung des eigenen Unterhalts zur Verfügung.[923] Zum einzusetzenden Vermögen zählen grds. **alle Vermögenswerte** unabhängig von ihrer Herkunft. 471

Kasuistik berücksichtigungsfähiger Vermögenswerte: 472
- Kontoguthaben[924]
- Schmerzensgeld[925]
- Versteigerungserlös[926]
- Aus Zugewinnausgleich erlangtes Vermögen[927]
- Kapital aus einer ausgezahlten Lebensversicherung[928]
- Miteigentumsanteil an einer Immobilie[929]
- Erbanteil, etwa an einem Baugrundstück[930]
- Sparguthaben[931]

Die Pflicht zum Einsatz des Vermögens setzt ein, wenn nach Anrechnung der Vermögenserträge ein noch ungedeckter Bedarf besteht. Das Vermögen ist auf die voraussichtliche Dauer der Unterhaltsbedürftigkeit zu verteilen.[932] Bei ungewisser Dauer der Bedürftigkeit dient vorhandenes Vermögen der ergänzenden Sicherung des Bedarfs auf Lebenszeit.[933] Die **Grenzen der Vermögensverwertungsverpflichtung** sind erreicht, wenn der Bedürftige restliches Kapital als angemessene Rücklage für plötzlich auftretenden Sonderbedarf, etwa für den Fall der Krankheit, benötigt.[934] 473

Eine Vermögensverwertungsobliegenheit besteht nicht, wenn die **Verwertung unwirtschaftlich** oder unter Berücksichtigung der beiderseitigen wirtschaftlichen Verhältnisse **unbillig** wäre. 474

---

920 BGH, FamRZ 1989, 367; OLG Karlsruhe, FamRZ 2001, 47; OLG Celle, FamRZ 2001, 47.
921 OLG Frankfurt am Main, NJW 2009, 3105.
922 BGH, FamRZ 1985, 360.
923 OLG München, FamRZ 1993, 62.
924 BGH, FamRZ 2003, 1544.
925 BGH, FamRZ 1988, 1031.
926 BGH, FamRZ 1985, 582.
927 BGH, FamRZ 2008, 1325 zum Verbot der Doppelverwertung vgl. auch BGH, FamRZ 2007, 1532 und BGH, FamRZ 2004, 1352.
928 OLG Hamm, FamRZ 2000, 1286.
929 BGH, FamRZ 2009, 1300.
930 BGH, FamRZ 1980, 43; OLG Celle, NJW 2010, 79; OLG Oldenburg, FamRZ 2005, 718.
931 BGH, FamRZ 1985, 582.
932 BGH, FamRZ 1998, 367; OLG Saarbrücken, FamRZ 2008, 698; OLG Karlsruhe, FamRZ 2010, 655; OLG Hamm, FamRZ 2000, 1286.
933 BGH, FamRZ 1985, 354.
934 BGH, FamRZ 1985, 354; BGH, FamRZ 1985, 360 und ständig.

475 Eine Wirtschaftlichkeit ist insb. zu verneinen, wenn die Vermögensverwertung zu einem nicht mehr vertretbaren wirtschaftlichen Schaden führt.[935] Eine Unwirtschaftlichkeit kann sich auch unter Berücksichtigung des Lebensalters des Gläubigers sowie aufgrund der voraussichtlichen Dauer der Bedürftigkeit sowie der Ertragsstärke des Vermögens ergeben, insb. wenn der Gläubiger durch die Verwertung seines Vermögens die Basis für eine langfristige Sicherung seines Unterhalts aus eigenen Mitteln aufgeben müsste.[936] Das Gleiche gilt, wenn ein zu erwartender Erlös in keinem angemessenen Verhältnis zum Wert der Sache für den Bedürftigen steht. Der Grundsatz der Vermögensverwertungsverpflichtung erfährt eine **erhebliche Einschränkung** durch die gebotene Billigkeitsabwägung.

476 **Kasuistik zu i.R.d. Billigkeitsprüfung zu berücksichtigender Kriterien:**
– Persönliche Lebensumstände, insb. Lebensalter und Gesundheitszustand des Unterhaltsgläubigers und Unterhaltsschuldners
– Ertragsmöglichkeiten der Vermögensgegenstände[937]
– Notwendigkeit von Rücklagen für den Gläubiger für Fälle möglichen Sonderbedarfs (Not und Krankheit).[938] Unbillig ist regelmäßig die Verwertung eines Notgroschens, einer kleinen selbstbewohnten Immobilie, einer Leibrente, eines Schmerzensgeldes[939] sowie von Haushaltsgegenständen.
– Rücksichtnahme auf Belange naher Angehöriger[940]
– Affektionsinteressen[941]
– Einsatz des für einen konkreten Zweck angesparten Betrags (Ausbildungsversicherung oder private Altersvorsorge) ist regelmäßig unbillig, wenn damit ein künftig zu erwartender Bedarf zu decken ist.
– Beiderseitige wirtschaftliche Verhältnisse, insb. die Ergiebigkeit von Verwertungserlösen, auch, inwieweit der Unterhaltsschuldner sein Vermögen für Unterhaltszwecke einsetzen muss.[942] Auch wenn die Herkunft des Vermögens, etwa aus Zugewinnausgleich, grds. unerheblich ist, so ist doch das Verlangen nach Verwertung regelmäßig unbillig, wenn beiden Beteiligten gleichhohe Anteile zufließen.[943]
– Die Verwertung einer selbst genutzten Immobilie kann regelmäßig nicht verlangt werden.[944]
– Der Umstand, dass ein Vermögenswert aus dem Zugewinnausgleich oder Verkauf eines gemeinsamen Hauses stammt und dass auch der Unterhaltspflichtige einen entsprechenden Kapitalanteil zur freien Verfügung hat, führt regelmäßig zur Unbilligkeit einer Vermögensverwertungsverpflichtung.[945]
– Maßgeblich ist auch, in welcher Höhe der Berechtigte sonstiges Vermögen oder Altersvorsorge besitzt.[946]
– Besteht der Vermögensstamm aus Barvermögen, so ist dessen Verwertung zwar grds. nicht unwirtschaftlich. Erzielt der Berechtigte keine eigenen Erwerbseinkünfte, ist ihm aber zumindest eine »Reserve« als Notgroschen für Fälle plötzlich auftretenden Sonderbedarfs zu belassen.[947]

---

935 BGH, FamRZ 1980, 43.
936 OLG München, FamRZ 1994, 1459.
937 BGH, FamRZ 1985, 354.
938 BGH, FamRZ 1985, 360; OLG Hamm, FamRZ 2000, 1286.
939 BGH, FamRZ 1988, 1145; einschränkend jedoch BGH, FamRZ 1989, 172.
940 BGH, FamRZ 1980, 126.
941 Vgl. BT-Drucks. 7/650, S. 135.
942 OLG Hamm, FamRZ 1997, 1537.
943 BGH, FamRZ 1985, 354; OLG Hamm, FamRZ 1999, 717; OLG Koblenz, FamRZ 2005, 1482.
944 BGH, FamRZ 2006, 1511; vgl. auch BVerfG, FamRZ 2005, 1051.
945 BGH, FamRZ 2006, 387; OLG Brandenburg, NJW-RR 2009, 1371.
946 BGH, FamRZ 2006, 1511.
947 BGH, FamRZ 2006, 1511; BGH, FamRZ 1998, 367.

6. Vermögensverlust

§ 1577 Abs. 4 Satz 1 BGB normiert eine Sonderregelung für den **Wegfall anzurechnender Vermögenseinkünfte** aufseiten des Gläubigers nach der Scheidung. War zum Zeitpunkt der Scheidung zu erwarten, dass der Lebensbedarf des Gläubigers aus seinem Vermögen nachhaltig gesichert sein würde, fällt das Vermögen aber später weg, so besteht kein Anspruch auf Unterhalt, und zwar auch dann nicht, wenn zunächst ein Unterhaltsanspruch bestand, dieser aber wegen späteren Vermögenserwerbs erloschen ist. Die Zielsetzung der Norm entspricht § 1573 Abs. 4 BGB. Sie dient dem Vertrauen des Schuldners darauf, dass der geschiedene Ehegatte aufgrund seines Vermögens nicht auf Unterhalt angewiesen ist. Für die Frage, ob und inwieweit der Unterhalt nachhaltig gesichert ist, gelten die Maßstäbe des § 1574 Abs. 2 BGB. Eine **nachhaltige Sicherung** liegt vor, wenn eine Einbeziehung aller von Beginn an bestehenden Umstände die Prognose rechtfertigt, das Vermögen genüge nach seiner Höhe und Werthaltigkeit, um den Unterhaltsbedarf dauerhaft zu decken.[948] Maßgebend ist die Sicht zum Zeitpunkt der Ehescheidung, mithin eine **ex-ante-Beurteilung**. Allerdings sind Umstände zu berücksichtigen, die zum maßgeblichen Zeitpunkt bereits vorhanden, aber noch nicht bekannt waren.

477

Die Ausnahmeregelung des § 1577 Abs. 4 BGB gilt allerdings nicht, wenn im Zeitpunkt des Vermögenswegfalls von dem geschiedenen Ehegatten wegen der Pflege oder Erziehung eines gemeinschaftlichen Kindes keine Erwerbstätigkeit erwartet werden konnte. Dann lebt der Unterhaltsanspruch nach § 1570 BGB wieder auf. Zweifelhaft ist, ob bei einem wiederaufgelebten Anspruch auf Betreuungsunterhalt auch erneut Anschlusstatbestände nach §§ 1571 ff. BGB in Betracht kommen.[949] Der wirkliche Grund für den wiederauflebenden Unterhaltsanspruch liegt in der fortwirkenden Elternverantwortung, nicht in der Ehe selbst. Zwischen alters- oder krankheitsbedingter Erwerbsunfähigkeit und Zeiten der Kinderbetreuung besteht kein zwingender Kausalzusammenhang.[950]

478

7. Beweislast

Der **Unterhaltsgläubiger** muss seine Bedürftigkeit darlegen und ggf. beweisen. Diese Darlegungs- und Beweislast umfasst auch hinreichende Erwerbsbemühungen sowie das Fehlen einer realen Beschäftigungschance, die Unzumutbarkeit einer Erwerbstätigkeit, die Nicht- oder Teilanrechenbarkeit von Einkünften, die Unwirtschaftlichkeit und/oder Unbilligkeit des Einsatzes des Vermögensstamms.

479

Kasuistik zu vom Gläubiger darzulegender und ggf. zu beweisender Umstände:[951]
- Die Höhe seiner Einkünfte aus Erwerbstätigkeit[952]
- Vergebliche Bemühungen um den Erhalt einer Arbeitsstelle einschließlich einer fehlenden Beschäftigungschance auf dem Arbeitsmarkt[953]
- Die der Ausübung oder Ausweitung einer Erwerbstätigkeit entgegenstehenden Gründe[954]
- Unzumutbarkeit einer tatsächlich ausgeübten Erwerbstätigkeit
- Der Umfang des Vermögens und der daraus erzielten Erträge[955]
- Unwirtschaftlichkeit und Unbilligkeit beim Einsatz des Vermögensstamms
- Die nicht nachhaltige Sicherung des Unterhalts durch weggefallenes Vermögen
- Das Nichtbestehen einer neuen Partnerschaft und dass hieraus keine Leistungen bezogen werden oder zu beanspruchen sind.[956] Allerdings löst ein substanziierter Vortrag des Pflichtigen

480

---

948 BGH, FamRZ 1985, 791.
949 Vgl. auch Palandt/*Brudermüller*, § 1577 Rn. 33.
950 So mit Recht NK-BGB/*Schürmann*, § 1577 Rn. 86.
951 Eingehend BGH, FamRZ 2010, 357; BGH, FamRZ 1989, 487.
952 OLG Hamburg, FamRZ 1996, 292.
953 BGH, FamRZ 2009, 1300; BGH, FamRZ 2008, 2104.
954 OLG Celle, FamRZ 1994, 963; OLG Hamburg, FamRZ 1996, 292.
955 OLG Hamm, FamRZ 1998, 27.
956 BGH, FamRZ 1995, 343; BGH, FamRZ 1991, 670.

diese Darlegungs- und Beweislast aus. Dieser muss hinreichende Anhaltspunkte für das Bestehen einer solchen Partnerschaft darlegen, um es dem Unterhaltsberechtigten zu ermöglichen, die gegen ihn sprechenden Gründe auszuräumen. Verbleibende Zweifel wirken sich zulasten des Berechtigten aus.

XI. Leistungsfähigkeit

1. Allgemeines

481 Wenn der eheangemessene Bedarf des unterhaltsberechtigten Ehegatten ermittelt und auf einer weiteren Stufe der Unterhaltsberechnung seine Bedürftigkeit festgestellt, also geprüft worden ist, ob und inwieweit er in der Lage ist, den sich aus den ehelichen Lebensverhältnissen ergebenden Bedarf durch eigene Einkünfte sicherzustellen, ist auf der dritten Berechnungsstufe oder -ebene zu prüfen, ob die Leistungsfähigkeit des unterhaltspflichtigen Ehegatten gegeben ist. D.h. es wird geprüft, ob der Unterhaltsverpflichtete ohne Beeinträchtigung seines eigenen eheangemessenen Bedarfs bzw. des Selbstbehalts in der Lage ist, den noch ungedeckten Restbedarf durch Unterhaltszahlungen sicherzustellen.

482 § 1581 BGB enthält eine ähnliche Regelung der Leistungsfähigkeit des Unterhaltspflichtigen wie § 1603 BGB, der für den Kindesunterhalt gilt. § 1581 BGB befasst sich mit den Auswirkungen auf den Unterhaltsanspruch, wenn die Leistungsfähigkeit ganz oder teilweise fehlt.

483 Für die Berechnung des Trennungsunterhalts fehlt eine dem § 1581 BGB entsprechende Regelung. Da der Unterhaltsverpflichtete auch für die Zahlung von Trennungsunterhalt leistungsfähig sein muss, ist eine entsprechende Anwendung dieser Vorschrift geboten.[957]

2. Fehlen der Leistungsfähigkeit als Einwendung

484 Die Berufung des Unterhaltsverpflichteten auf seine Leistungsunfähigkeit ist als Einwendung ausgestaltet. Daraus ergibt sich, dass der Unterhaltspflichtige die Darlegungs- und Beweislast für die Behauptung hat, dass er infolge eingeschränkter oder fehlender Leistungsfähigkeit zu Unterhaltszahlungen ganz oder teilweise nicht in der Lage ist.[958] Da der Unterhalt des neuen Ehegatten die Lebensverhältnisse der geschiedenen Ehe nicht prägt, aber u.U. bei der Leistungsfähigkeit zu berücksichtigen ist, muss der unterhaltspflichtige Ehegatte den Bedarf des neuen Ehegatten darlegen und notfalls beweisen. Damit der unterhaltsberechtigte geschiedene Ehegatte aber seinen Unterhalt berechnen kann und nicht ein unberechenbares Kostenrisiko im Fall eines Verfahrens eingehen muss, dürfte es gerechtfertigt sein, ihm ausnahmsweise einen Auskunftsanspruch über die Einkommens- und Vermögensverhältnisse des neuen Ehegatten gegen den unterhaltspflichtigen Ehegatten zuzubilligen. Dieser besteht allerdings dann nicht, wenn es auf dessen Bedürftigkeit nicht ankommt. Dies ist dann der Fall, wenn der neue Ehegatte wegen Nachrangs unberücksichtigt bleibt oder aber der unterhaltspflichtige Ehegatte verbindlich erklärt, auf eine Berücksichtigung des neuen Ehegatten zu verzichten.

3. Eheangemessener Bedarf als Grenze der Leistungsfähigkeit

485 Gem. § 1361 BGB für den Trennungsunterhalt und gem. § 1578 Abs. 1 BGB für den nachehelichen Unterhalt bestimmt der eheangemessene Bedarf die Höhe des Unterhalts. Dies wirkt sich auch auf die Leistungsfähigkeit des Unterhaltsverpflichteten aus. Dieser ist zu Unterhaltszahlungen an den Unterhaltsberechtigten nur dann uneingeschränkt verpflichtet, wenn sein eigener eheangemessener Bedarf nicht beeinträchtigt wird.[959]

---

957 BGH, FamRZ 1986, 556.
958 BVerfGE 1985, 143; BGH, FamRZ 1988, 930.
959 BGH, FamRZ 1990, 260.

4. Billigkeitsunterhalt nach § 1581 BGB

Der in § 1581 BGB genannte angemessene Unterhalt des Unterhaltsverpflichteten steht damit dem vollen eheangemessenen Unterhalt nach §§ 1578 Abs. 1 Satz 1 bzw. 1361 BGB gleich.[960] **486**

Der eheangemessene Bedarf des Unterhaltspflichtigen beträgt damit bei einer Alleinverdienerehe und einem Erwerbstätigenbonus von 1/7 4/7 und bei einem Erwerbstätigenbonus von 1/10 55 % seiner Einkünfte plus der Hälfte der Einkünfte, die nach dem reinen Halbteilungsgrundsatz in die Unterhaltsberechnung einzustellen sind. Bei einer Doppelverdienerehe beträgt der eheangemessene Bedarf des Unterhaltsverpflichteten 4/7 bzw. 55 % seiner eigenen Einkünfte und 3/7 bzw. 45 % der Einkünfte des Unterhaltsberechtigten, je nach Höhe des Erwerbstätigenbonus, sowie wiederum die Hälfte der nach dem Halbteilungsgrundsatz zu berücksichtigenden Rechnungsposten. **487**

Der Vorschrift des § 1581 BGB wurde durch die BGH-Rechtsprechung zum Wandel der ehelichen Lebensverhältnisse der Anwendungsbereich genommen. Im Grunde gab es keine Fälle von eingeschränkter Leistungsfähigkeit i.S.d. Vorschrift, weil die gesamten einkommenssenkenden Entwicklungen bereits die ehelichen Lebensverhältnisse prägten und deshalb schon auf der Bedarfsebene und nicht erst bei der Leistungsfähigkeit zu berücksichtigen waren. Dies hat das BVerfG[961] in seiner Entscheidung vom 27.01.2011 für die Berücksichtigung eines weiteren Ehegattenunterhalts missbilligt, aber i.Ü. hervorgehoben, dass auch unvorhergesehene einkommenssenkende Entwicklungen die ehelichen Lebensverhältnisse prägen, wenn sie nicht vorwerfbar sind und auch bei Fortbestand der Ehe zu berücksichtigen wären. Damit erlangt die Vorschrift ihren ursprünglichen Anwendungsbereich wieder zurück, wenn der unterhaltspflichtige Ehegatte wieder verheiratet ist und den Unterhalt des neuen Ehegatten berücksichtigt wissen will. **488**

▶ Beispiel:

Monatliches bereinigtes Nettoeinkommen des Mannes 2.100 €. **489**

Eheprägendes monatliches bereinigtes Nettoeinkommen der Frau 1.400 €

Zinseinkünfte 200 €

Wohnvorteil 600 €

Bedarf der Frau:

6/7 von 2.100 €	1.800 €
+ 6/7 von 1.400 €	1.200 €
+ Zinsen	200 €
+ Wohnvorteil	600 €
ergibt insgesamt	3.800 €
die Hälfte davon beträgt	1.900 €

Leistungsfähigkeit des Mannes:

4/7 von 2.100 €	1.200 €
3/7 von 1.400 €	600 €
1/2 von 200 €	100 €
1/2 von 600 €	300 €
ergibt	2.200 €

Der aufgrund des höheren Anreizsiebtels ggü. dem Bedarf des Unterhaltsberechtigten etwas höhere eheangemessene Bedarf des Unterhaltspflichtigen stellt die Grenze der Leistungsfähigkeit dar, nicht **490**

---

960 FuR 2003, 248.
961 BVerfG, FamRZ 2011, 437.

etwa der Selbstbehalt von 1.300 €. Läge das dem Unterhaltspflichtigen nach Abzug des Unterhalts und der berücksichtigungsfähigen Verbindlichkeiten verbleibende Einkommen unter dem Betrag von 2.200 €, müsste der Unterhalt gem. § 1581 BGB neu berechnet werden.

491 Verfehlt ist es also, die Grenze der Leistungsfähigkeit dem Selbstbehalt, der sich an § 1603 Abs. 2 BGB anlehnt, gleichzusetzen. Es ist daher nicht zulässig, den oft unter dem eheangemessenen Bedarf liegenden Selbstbehalt als Grenze der Leistungsfähigkeit anzusehen und den Unterhaltsverpflichteten als voll leistungsfähig zu behandeln, obwohl ihm im Fall der Erfüllung der Unterhaltsverpflichtung weniger als der eigene eheangemessene Bedarf verbleibt.[962] Richtig ist es, in einem solchen Fall gem. § 1581 BGB das verfügbare Einkommen unter den Eheleuten so zu verteilen, dass der sich aus den ehelichen Lebensverhältnissen ergebende Bedarf für beide angemessen gedeckt ist. Dabei ist zu beachten, dass die nach § 1581 BGB vorzunehmende Kürzung für beide Ehegatten einheitlich erfolgen muss.

▶ Beispiel:

492
Bereinigtes Nettoeinkommen des Mannes	2.800 €
ehebedingte Schulden, monatliche Belastung	350 €
trennungsbedingte berücksichtigungsfähige Schulden des Mannes wegen Hausratanschaffung, monatliche Belastung	100 €
Bedarfsberechnung	
	2.800 €
	– 350 €
	2.450 €
3/7 =	1.050 € für die Frau
eheangemessener Bedarf des Mannes	
4/7 von 2.450 € =	1.400 €
	– 100 €
	1.300 €

Der eheangemessene Bedarf des Mannes von 1.400 € würde damit unterschritten.

493 Bei diesem Berechnungsbeispiel ist zu beachten, dass die Schulden wegen Hausratanschaffung mit monatlicher Abtragung von 100 € die ehelichen Lebensverhältnisse nicht geprägt haben, da sie trennungsbedingt sind. Sie sind daher bei der Ermittlung des eheangemessenen Bedarfs nicht zu berücksichtigen. Anders verhält es sich demgegenüber bei der Prüfung der Leistungsfähigkeit. Handelt es sich um berücksichtigungsfähige Verbindlichkeiten, wovon hier ausgegangen werden soll, sind diese in die Ermittlung der Leistungsfähigkeit des Unterhaltspflichtigen einzubeziehen.[963] Dies führt dazu, dass der Unterhaltsverpflichtete im Beispielsfall i.H.v. 100 € nicht leistungsfähig ist, weil sein eigener eheangemessener Bedarf i.H.v. 1.400 € (4/7 seines Einkommens) unterschritten würde, wenn er Unterhalt i.H.v. 1.050 € an seine Ehefrau zahlen müsste. Aus diesem Grunde steht ihr gem. § 1581 BGB lediglich ein Billigkeitsunterhalt zu.

494 Dieser kann auf dreifache Weise berechnet werden:

a) Individuelle Kürzung

495 Zunächst ist es möglich, den bei der Leistungsfähigkeit zu berücksichtigenden Rechnungsposten (hier die monatliche Belastung aufgrund trennungsbedingter Schuld von 100 €) aufgrund einer

---

962 BGH, FamRZ 1988, 930.
963 BGH, FamRZ 1990, 283; BGH, FamRZ 1999, 1501.

Billigkeitsabwägung unter Berücksichtigung der konkreten Einzelfallumstände angemessen zu verteilen.[964]

Dabei sind die Einkommens- und Vermögensverhältnisse sowie die sonstigen wirtschaftlichen Verhältnisse und die persönlichen Verhältnisse jedes Ehegatten wie Alter, Gesundheitszustand, Kinderbetreuung, Dauer der Ehe etc. gegeneinander abzuwägen.

b) Kürzung gemäß Mangelfallberechnung

Eine weitere Möglichkeit besteht darin, den bei der Leistungsfähigkeit zu berücksichtigenden Rechnungsposten entsprechend der üblichen Formel für die Mangelfallberechnung auf beide Ehegatten aufzuteilen.[965] Die Formel lautet:

Bedarf x Verteilungsmasse: Gesamtbedarf = gekürzter Unterhalt

Der Gesamtbedarf errechnet sich aus dem Bedarf des Unterhaltsberechtigten, dem Bedarf des Unterhaltspflichtigen und der berücksichtigungsfähigen Verbindlichkeit.

▶ Berechnungsbeispiel:

1.050 € (eheangemessener Bedarf der Frau) x 2.450 € (2.800 € – 350 €): 2.550 € (1.050 € + 1.400 € + 100 €) = 1.008,82 €.

Diesen Betrag hätte der unterhaltspflichtige an den unterhaltsberechtigten Ehegatten gem. § 1581 BGB zu zahlen.

c) Quotenmäßige Kürzung

Schließlich besteht die Möglichkeit, den bei der Leistungsfähigkeit zu berücksichtigenden Rechnungsposten entsprechend der Ehegattenquote, die auf dem jeweiligen Erwerbstätigenbonus beruht, anteilig umzulegen.[966] Bei einem Erwerbstätigenbonus von 1/7 hätte dies zur Folge, dass der eheangemessene Bedarf des Unterhaltsberechtigten um 3/7 dieses Rechnungspostens und der des Unterhaltsverpflichteten um 4/7 dieses Rechnungspostens, bei einem Erwerbstätigenbonus von 1/10 um 45 % aufseiten des Unterhaltsberechtigten und 55 % aufseiten des Unterhaltsverpflichteten zu kürzen ist.

▶ Berechnungsbeispiel:

3/7 von 100 € = 42,86 €

Billigkeitsunterhalt gem. § 1581 BGB:

1.050 € (Bedarf der Ehefrau) – 42,86 € = 1.007,14 €

Erzielt der Unterhaltsberechtigte kein Erwerbseinkommen, sondern z.B. Rente, ist es angemessen, den Rechnungsposten nach dem reinen Halbteilungsgrundsatz umzulegen.

Diese Berechnungsmethode wenden die OLG Bremen und Köln gem. ihren Leitlinien an. Ihr Vorteil liegt darin, dass sie sich in die Grundsätze der Unterhaltsberechnung am besten einpasst.

Von großer Bedeutung ist es, den Billigkeitsunterhalt gem. § 1581 BGB auch entsprechend zu bezeichnen. Dies wirkt sich auf spätere Abänderungsklagen aus, wenn der Unterhaltsverpflichtete später zusätzliche Einkünfte erzielt, die die ehelichen Lebensverhältnisse nicht geprägt haben. Diese wirken sich aus diesem Grunde zwar nicht auf die Bedarfsberechnung aus, erhöhen aber die Leistungsfähigkeit des Unterhaltspflichtigen.

---

964 BGH, FamRZ 1990, 260; BGH, FamRZ 1992, 1045.
965 Wendl/Dose/*Gutdeutsch*, § 5 Rn. 159 ff.
966 *Hampel*, Bemessung des Unterhalts, Rn. 148 ff.; bevorzugt auch von Wendl/Dose/*Gutdeutsch*, § 5 Rn. 165; dazu scheint nunmehr auch der BGH zu tendieren, wenn er i.R.d. Leistungsfähigkeit von der Wahrung des Halbteilungsgrundsatzes spricht (FamRZ 2012, 281).

▶ Beispiel:

505   Fall wie zuvor

Zusatz:

Mann erzielt nicht prägende Zinseinkünfte von mtl. 200 €. Dadurch kann er die trennungsbedingten Schulden tilgen. Die Berechnung des Unterhalts gem. § 1581 BGB ist entsprechend zu korrigieren:

Anspruch der Frau = 1.050 €

Der ehegemessene Bedarf des Mannes von 1.400 € ist gewahrt.

5. Der Selbstbehalt als Grenze der Leistungsfähigkeit

a) Anwendungsbereich

506   Der Selbstbehalt bildet die unterste Opfergrenze für den eigenen angemessenen Bedarf des Unterhaltsverpflichteten. Dies bedeutet, dass er erst dann zu Unterhaltszahlungen in der Lage ist, wenn ihm mindestens dieser notwendige Selbstbehalt verbleibt.[967] Ist diese Opfergrenze erreicht, muss der Unterhalt des Unterhaltsberechtigten entsprechend gekürzt werden. Sind mehrere Unterhaltsberechtigte vorhanden, erfolgt die Kürzung proportional.

▶ Berechnungsbeispiel:

507   Nettoeinkommen des Mannes   1.400 €

Unterhalt für einen erwerbsunfähigen Ehegatten – Bedarfsberechnung:

1.400 € x 3/7 = 600 €

Eheangemessener Bedarf für den Ehemann – Berechnung:

4/7 von 1400 € = 800 €

Verschärfter Mangelfall, weil der Selbstbehalt von 1.300 € nicht gewahrt ist.

Anspruch der Frau: 100 €

b) Der Selbstbehalt des Ehegatten nach den Leitlinien der OLG

508   Die unterhaltsrechtlichen Leitlinien der OLG sehen als Selbstbehalt für den unterhaltspflichtigen Ehegatten nahezu durchgängig 1.300 € vor. Eine Ausnahme bildet nur das OLG Rostock, das in Mangelfällen eine Herabsetzung auf den notwendigen Selbstbehalt von 960 € bzw. 1.160 € zulässt. Abweichungen gibt es ferner insoweit, als einige OLG einen geringeren Selbstbehalt vorsehen, wenn der unterhaltspflichtige Ehegatte nicht erwerbstätig ist, so die OLG Düsseldorf, Celle, Braunschweig, Hamm, Karlsruhe, Stuttgart, der 2. Senat von Zweibrücken und das OLG Frankfurt am Main. Die übrigen OLG haben einen einheitlichen Selbstbehalt für erwerbstätige und nicht erwerbstätige Unterhaltspflichtige von 1.300 €.

c) Änderungen des Selbstbehalts

509   Änderungen des notwendigen Selbstbehalts kommen dann in Betracht, wenn der Lebensbedarf des Unterhaltspflichtigen auf andere Weise sichergestellt ist, die in die Selbstbehaltssätze eingearbeiteten Mietaufwendungen von den tatsächlichen Mietkosten abweichen oder die Lebenshaltungskosten durch Zusammenleben mit einem neuen Partner gesenkt werden.

---

967 BGH, FamRZ 1990, 260.

aa) Sonstige Deckung der Lebenshaltungskosten

Ist der Unterhaltspflichtige in einem Pflege- oder Altenheim untergebracht, wird der größte Teil des Lebensbedarfs durch Leistungen des Heimträgers gedeckt. In diesem Fall braucht ihm nicht der notwendige Selbstbehalt in vollem Umfange belassen zu werden. Es reicht vielmehr aus, wenn ihm von seinem Einkommen ein Betrag verbleibt, der seine restlichen Bedürfnisse deckt.[968]   510

bb) Berücksichtigung von Mietkosten

Die Leitlinien der meisten OLG geben Auskunft über den Wohnkostenanteil, der in ihren Selbstbehaltssätzen enthalten ist. Dabei werden die Wohnkosten teilweise untergliedert nach Werten für Warm- und Kaltmiete, teilweise wird nur die Warmmiete ausgewiesen. Nicht berücksichtigt werden bei der Warmmiete bzw. bei der Trennung von Kaltmiete und Mietnebenkosten die Kosten für den Allgemeinstrom. Diese werden i.d.R. vom Mieter direkt bezahlt und nicht als Nebenkosten behandelt.   511

Die Leitlinien nahezu sämtlicher Oberlandesgerichte weisen einen Warmmietanteil von 490 € aus.   512

Übersteigen die tatsächlichen Wohnkosten die in den Selbstbehaltssätzen ausgewiesenen Wohnkosten oder liegen sie darunter, besteht Veranlassung, den notwendigen Selbstbehalt unter Berücksichtigung dieses Umstandes zu überprüfen.   513

aaa) Höhere Miete als die in den Selbstbehaltssätzen berücksichtigten Wohnkosten

Sind die tatsächlichen Wohnkosten des unterhaltsverpflichteten Ehegatten höher als in den Selbstbehaltssätzen ausgewiesen, ist zunächst zu prüfen, ob dem Unterhaltsverpflichteten aufgrund der Mietbelastung ein Anspruch auf Wohngeld zusteht.[969] Maßgeblich ist dabei nicht das tatsächliche Wohngeld, sondern der Anspruch auf Wohngeld. Ein solcher Anspruch ist jedoch nach dem Wohngeldgesetz nur in den seltensten Fällen gegeben, weil die Unterhaltszahlungen, die das verfügbare Einkommen erheblich beeinträchtigen, in § 12a WoGG nur unzureichend berücksichtigt werden.   514

Als Nächstes ist zu prüfen, ob die Überschreitung des Wohnkostenanteils durch den Unterhaltsverpflichteten vermeidbar ist.[970] Der Unterhaltsverpflichtete ist gehalten, sich um eine preisgünstigere Wohnung zu bemühen. Er hat darzulegen und zu beweisen, dass er dieser Obliegenheit nachgekommen ist.   515

Bewohnt der Unterhaltsverpflichtete die Wohnung nicht allein, sondern mit anderen Personen, haben diese sich an den Mietkosten zu beteiligen. Bei Erwachsenen geschieht die Aufteilung i.d.R. nach Köpfen. Bei Kindern ist danach zu unterscheiden, ob ihnen Unterhalt gewährt wird. In die Tabellenbeträge nach der Düsseldorfer Tabelle ist ein Mietaufwand von 20 % eingearbeitet.[971] Dies lässt es gerechtfertigt erscheinen, 20 % des Barunterhalts zur Deckung der Mietkosten zu berücksichtigen.   516

Bei Kindern, für die kein Unterhalt gezahlt wird, erscheint es angemessen, die Hälfte der auf einen Erwachsenen umzulegenden Mietkosten anzusetzen.   517

Letzte Voraussetzung ist, dass die danach berücksichtigungsfähigen Mietkosten den in die Selbstbehaltssätze eingearbeiteten Wohnkostenanteil erheblich überschreiten.[972]   518

Die Erhöhung des notwendigen Selbstbehalts aufgrund der Mietaufwendungen des Unterhaltsverpflichteten kommt insb. dann in Betracht, wenn dieser nach der Trennung in der früheren Ehewohnung wohnen bleibt und gezwungen ist, die Miete weiterzuzahlen. Da die Miete der Ehewohnung im Regelfall den Warmmietanteil von 400 € übersteigt und es in den seltensten Fällen möglich ist,   519

---

968 Wendl/Dose/*Klinkhammer*, § 2 Rn. 270.
969 OLG Bamberg, FamRZ 1993, 66.
970 KG, FamRZ 1994, 1047.
971 BGH, FamRZ 1990, 260.
972 BGH, FamRZ 1984, 1000.

das Mietverhältnis sofort zu beenden, muss das Existenzminimum des Unterhaltsverpflichteten so lange durch Erhöhung des Selbstbehalts sichergestellt werden, wie dieser gezwungen ist, die höhere Miete zu entrichten. Solange es ihm nicht möglich oder zumutbar ist, das Mietverhältnis zu beenden, darf ihm nicht der Vorwurf gemacht werden, er hätte sich um eine preisgünstigere Wohnung bemühen müssen. Ihn trifft zwar die Obliegenheit, mit allen Mitteln, auch durch Stellung eines Nachmieters, das Mietverhältnis zu beenden, solange ihm jedoch die Fortdauer des Mietverhältnisses nicht vorzuwerfen ist, muss seiner Verpflichtung, die Miete weiter zu zahlen, durch Erhöhung des Selbstbehalts Rechnung getragen werden. Insb. wird man eine Kündigung vor Ablauf des Trennungsjahres nicht verlangen können.

bbb) Geringere Miete als der in die Selbstbehaltssätze eingearbeitete Wohnkostenanteil

520 Eine Herabsetzung des notwendigen Selbstbehalts ist möglich, wenn der Unterhaltsverpflichtete deutlich geringere Wohnkosten hat, als in den Leitlinien berücksichtigt sind. Dies kann in Betracht kommen, wenn der Unterhaltspflichtige wieder verheiratet ist oder mit einem neuen Partner in einer nichtehelichen Gemeinschaft zusammenlebt und von diesem oder dem neuen Ehegatten die Wohnkosten getragen werden.[973]

521 Der Herabsetzung des notwendigen Selbstbehalts wegen mietfreien Wohnens steht nicht entgegen, dass grds. freiwillige Leistungen Dritter an den Unterhaltspflichtigen, die dem unterhaltsbedürftigen Ehegatten nicht zugutekommen sollen, unterhaltsrechtlich nicht als Einkommen zu behandeln sind. Die Herabsetzung des notwendigen Selbstbehalts im Hinblick auf die Mietkostenersparnis betrifft einen anderen Problembereich, bei dem für diese Argumentation kein Raum besteht. Zudem ist immer dann, wenn es um die Herabsetzung des notwendigen Selbstbehalts geht, ein Mangelfall gegeben, bei dessen Vorliegen die Berücksichtigung freiwilliger Leistungen Dritter zulässig ist.

522 Vorsicht ist jedoch geboten, wenn dem Unterhaltsverpflichteten fiktive Einkünfte zugerechnet werden, weil er z.B. nur Arbeitslosengeld bezieht und gegen seine Erwerbsobliegenheit verstößt. Zahlt z.B. der neue Lebenspartner die Wohnkosten insgesamt, kann dies auf den schlechten finanziellen Verhältnissen des Unterhaltsverpflichteten beruhen. Diese Großzügigkeit lässt sich nicht ohne weiteres auf den Fall übertragen, dass dieser über ausreichende Erwerbseinkünfte verfügt. Möglicherweise müsste er sich dann an den Wohnkosten beteiligen. Es dürfte daher nicht ohne weiteres möglich sein, den Selbstbehalt wegen Fehlens von Mietaufwendungen auch bei der Zurechnung fiktiver Einkünfte zu senken.

523 Man wird eine Herabsetzung des Selbstbehalts nicht schon dann in Betracht ziehen dürfen, wenn sich der Unterhaltsverpflichtete für bescheidene Wohnverhältnisse entschieden hat. Grds. muss es ihm überlassen bleiben, sich mit den verfügbaren Mitteln aus seinem notwendigen Selbstbehalt so einzurichten, wie es ihm beliebt. Jede andere Betrachtungsweise würde zu unangemessenen Eingriffen in die Lebensführung des Unterhaltsverpflichteten verleiten.[974]

524 Steht jedoch das Existenzminimum des Unterhaltsberechtigten infrage, lässt sich eine Herabsetzung des Selbstbehalts bei mietfreiem Wohnen des Unterhaltsverpflichteten unter Beachtung der Besonderheit bei der Zurechnung fiktiver Einkünfte rechtfertigen, zumal bei einer Mangelfallberechnung, die dadurch vermieden würde, auch freiwillige Leistungen Dritter bewertet und zur Erhöhung der Leistungsfähigkeit herangezogen werden dürfen.

cc) Zusammenleben mit neuem Lebenspartner oder im Fall der Wiederheirat

525 Auch wenn eine Ersparnis von Mietaufwendungen nicht gegeben ist, kann das Zusammenleben mit einem neuen Lebenspartner weitere Ersparnisse mit sich bringen. Dies beurteilt sich nach den

---

973 BGH, FamRZ 1984, 683; a.A. OLG Hamm, FamRZ 2000, 428, das verkennt, dass freiwillige Leistungen Dritter im Mangelfall angerechnet werden dürfen.
974 BGH, FamRZ 2006, 1664.

Umständen des Einzelfalls.[975] Da sich der neue Lebenspartner im Fall der Leistungsfähigkeit an den Kosten der Haushaltsführung beteiligen muss, ergeben sich Ersparnisse ggü. der alleinigen Haushaltsführung bei den Telefon-, Rundfunk und Fernseh- sowie Zeitungskosten. Zur Beurteilung der Ersparnis der Mietaufwendungen kann auf die obigen Ausführungen Bezug genommen werden. Der BGH setzt die Ersparnis mit 10 % des Selbstbehalts gem. § 20 Abs. 3 SGB II an.[976] Voraussetzung ist allerdings, dass der neue Lebenspartner über Einkünfte verfügt, die es ihm ermöglichen, sich an den Kosten der Haushaltsführung zu beteiligen. Dies ist dann der Fall, wenn dem Pflichtigen und dem Lebenspartner der Familienselbstbehalt für zusammenlebende Ehegatten gem. Anmerkung B VI 2. a) der Düsseldorfer Tabelle – gegenwärtig 2.324 € – verbleibt.[977]

Ferner stellt sich die Frage, ob im Fall einer Wiederverheiratung Einkünfte des neuen Ehegatten, die Bestandteil des Familienunterhalts gem. § 1360 BGB sind, zur Deckung des Selbstbehalts herangezogen werden können. Der BGH hat dies bejaht und die Vorteile des Zusammenlebens mit 10 % des Familienselbstbehalts in Ansatz gebracht.[978] Kommt es bei der Unterhaltsberechnung auch auf den Mindestbedarf des mit dem Pflichtigen zusammenlebenden Ehegatten an, ist dieser ebenfalls um 10 % zu senken. Der BGH hat dabei das in den Familienunterhalt einfließende Einkommen ohne Abzug des Erwerbstätigenbonus nach dem reinen Halbteilungsgrundsatz aufgeteilt, weil der Erwerbstätigenbonus zugunsten des allein- oder mehrverdienenden Ehegatten nicht in Betracht kommt.[979] Bei dieser Berechnung ist nicht nur der Familienselbstbehalt, sondern auch das darüber hinausgehende Einkommen durch die Vorteile des Zusammenlebens beeinflusst, so dass auch davon ein Abzug von 10 % wegen der Haushaltsersparnis zu machen ist.[980] Dies wirkt sich auch auf die Mindestbedarfssätze des mit dem Unterhaltspflichtigen zusammenlebenden Ehegatten aus, die unter Anm. VI Nr. 2 der Düsseldorfer Tabelle und in den Leitlinien der OLG unter Nr. 22 geregelt sind.

6. Rangverhältnisse und Mangelfall

a) Rangverhältnisse

Rangfragen treten insb. bei Wiederverheiratung des Unterhaltspflichtigen, beim Volljährigenunterhalt und beim Unterhalt der Mutter eines nichtehelich geborenen Kindes auf. Sie werden aktuell, wenn der Unterhaltsverpflichtete mehreren Unterhaltsberechtigten dem Grunde nach Unterhalt schuldet.

Solange der Unterhaltsverpflichtete in der Lage ist, sämtliche Unterhaltsansprüche zu erfüllen, wirken sich die Rangverhältnisse nicht aus. Der Nachrang eines Unterhaltsberechtigten kommt erst dann zum Tragen, wenn die Einkünfte des Unterhaltsverpflichteten nicht ausreichen, den angemessenen Unterhalt aller Berechtigten und seinen eigenen Bedarf sicherzustellen.

aa) Rangstufen

Das Gesetz regelt die Rangverhältnisse zwischen mehreren Unterhaltsberechtigten in § 1609 BGB wie folgt:

Stufe 1 (§ 1609 Nr. 1 BGB)
– Minderjährige unverheiratete Kinder
– Volljährige unverheiratete Kinder bis zur Vollendung des 21. Lebensjahres, solange sie im Haushalt der Eltern oder eines Elternteils leben und sich in der allgemeinen Schulausbildung befinden, § 1603 Abs. 2 Satz 2 BGB

---

975 BGH, FamRZ 1995, 344.
976 BGH, FamRZ 2010, 1535.
977 BGH, FamRZ 2013, 868 für den Elternunterhalt.
978 BGH, FamRZ 2010, 1535.
979 BGH, FuR 2002, 249 = FamRZ 2002, 742.
980 BGH, FamRZ 2010, 1535.

531 **Stufe 2 (§ 1609 Nr. 2 BGB)**

Hierzu gehören Elternteile, die wegen der Betreuung eines Kindes unterhaltsberechtigt sind oder im Fall der Scheidung wären sowie Ehegatten und geschiedene Ehegatten bei einer Ehe von langer Dauer.

532 **Stufe 3 (§ 1609 Nr. 3 BGB)**

Hierunter fallen Ehegatten und geschiedene Ehegatten, die nicht unter Nr. 2 fallen.

533 **Stufe 4 (§ 1609 Nr. 4 BGB)**

Hierzu gehören volljährige und minderjährige verheiratete Kinder.

534 **Stufe 5 (§ 1609 Nr. 5 BGB)**

Hierunter fallen Enkelkinder und weitere Abkömmlinge.

535 **Stufe 6 (§ 1609 Nr. 6 BGB)**

Hierzu gehören Eltern.

536 **Stufe 7 (§ 1609 Nr. 7 BGB)**

Darunter fallen weitere Verwandte der aufsteigenden Linie; unter ihnen gehen die Näheren den Entfernteren vor.

bb) Rangverhältnisse zwischen mehreren unterhaltsberechtigten Ehegatten

537 § 1609 Nr. 2 und 3 BGB regelt die Rangverhältnisse zwischen mehreren unterhaltsberechtigten Ehegatten.

aaa) Beurteilung der Rangverhältnisse

538 Hat der unterhaltsberechtigte Ehegatte einen Anspruch auf Betreuungsunterhalt, befindet er sich auf dem zweiten Rang. Daran ändert sich auch nichts, wenn ein Teil des Unterhalts auf § 1573 Abs. 2 BGB beruht und Aufstockungsunterhalt ist.[981] Dies folgt daraus, dass der Gesetzgeber die Rangstufen nicht an die Unterhaltsansprüche, sondern an Personen geknüpft hat, die nicht spaltbar sein dürften. Einen Anspruch auf Betreuungsunterhalt hat auch ein Ehegatte, bei dem nur ein Teil des Unterhalts auf § 1570 BGB beruht. Dies gilt in gleicher Weise bei einer Teilerwerbsobliegenheit im Hinblick auf die Kinderbetreuung. Auch hier reicht aus, wenn der durch Einkünfte nicht gedeckte Bedarf über § 1570 BGB als Unterhalt geschuldet wird.

539 Leben die Eheleute getrennt oder geht es um den Rang eines mit dem Unterhaltspflichtigen zusammenlebenden Ehegatten, ist zu prüfen, worauf der Unterhalt im Fall der Scheidung beruhen würde. Es ist also zu unterstellen, dass der Unterhaltspflichtige von seinem neuen Ehegatten geschieden ist. Dessen Unterhaltsanspruch ist hypothetisch auf dieser Grundlage zu prüfen. Betreut der neue Ehegatte keine gemeinsamen Kinder, kommt ein Anspruch auf Betreuungsunterhalt nicht in Betracht, da Einschränkungen der Erwerbsobliegenheit durch Kindesbetreuung nur bei gemeinsamen Kindern zu berücksichtigen sind.

540 Besteht ein Anspruch auf Betreuungsunterhalt nicht, befindet sich der geschiedene Ehegatte gleichwohl auf dem zweiten Rang, wenn die geschiedene Ehe von langer Dauer war, d.h. bei dem mit dem Unterhaltspflichtigen zusammenlebenden Ehegatten muss die intakte Ehe von langer Dauer sein. Die Ehedauer wird bemessen von dem Zeitpunkt der Heirat bis zur Rechtshängigkeit des Scheidungsantrags.[982]

---

981 BGH, FamRZ 2014, 1987.
982 BGH, FamRZ 1983, 886.

Wann die Voraussetzungen einer langen Ehedauer erfüllt sind, ist im Gesetz nicht geregelt. Als Hilfestellung verweist der Gesetzgeber darauf, dass bei der Beurteilung der Ehedauer auch Nachteile i.S.d. § 1578b BGB zu berücksichtigen sind. Das dürfte aber nicht bedeuten, dass bei Nichtvorliegen ehebedingter Nachteile eine Ehe immer von kurzer Dauer ist, unabhängig davon, wie viele Jahre sie bestanden hat.[983] Dem dürfte schon der Gesetzeswortlaut entgegenstehen, der von »auch« und nicht »nur« spricht. Letztlich wird die Ehedauer erst nach einer umfassenden Billigkeitsprüfung beurteilt werden können, wie sie auch bei der Unterhaltsbegrenzung erforderlich ist.[984] Allerdings kann eine relativ kurze Ehedauer als lang gelten, wenn ehebedingte Nachteile verblieben sind. 541

Bei einer intakten Ehe dürfte es angebracht sein, bei Prüfung der ehebedingten Nachteile des mit dem Pflichtigen zusammenlebenden Ehegatten hypothetisch darauf abzustellen, als wäre dieser jetzt geschieden. Danach wird sich insb. beurteilen lassen, ob er durch die Ehe Erwerbsnachteile erlitten hat oder bei sofortiger Rückkehr auf den Arbeitsmarkt an das alte bis zur Eheschließung erzielte Einkommen anzuknüpfen vermag. 542

Danach ist es möglich, dass der geschiedene Ehegatte dem neuen Ehegatten ggü. nachrangig, vorrangig oder gleichrangig ist. 543

bbb) Unterhaltsberechnung bei Vorrang des geschiedenen Ehegatten

Ist der geschiedene Ehegatte vorrangig, besteht keine Veranlassung, den nachrangigen Unterhalt des neuen Ehegatten des Unterhaltsverpflichteten i.R.d. § 1581 BGB zu berücksichtigen. Dieser ist vielmehr nicht in Ansatz zu bringen. Dies entspricht i.Ü. der Rechtslage bis zur Entscheidung des BGH zum Wandel der ehelichen Lebensverhältnisse.[985] Einer anderen Betrachtungsweise ist entgegenzuhalten, dass damit gefestigte Grundsätze des Unterhaltsrechts aufgegeben werden, nämlich zum einen der Grundsatz, dass Rangfragen ein Problem der Leistungsfähigkeit darstellen, und zum anderen ein nachrangiger Unterhaltsberechtigter nur dann zu berücksichtigen ist, wenn der Bedarf des vorrangigen gedeckt ist. Konsequenterweise müssten dann auch andere nachrangige Unterhaltsberechtigte i.R.d. § 1581 BGB berücksichtigt werden, z.B. Eltern. Warum gerade bei Ehegatten eine Ausnahme gemacht werden soll, bleibt unklar. 544

ccc) Unterhaltsberechnung bei Gleichrang

Sind der geschiedene und der neue Ehegatte gleichrangig, ist die Unterhaltsverpflichtung ggü. dem neuen Ehegatten bei der Leistungsfähigkeit i.R.d. § 1581 BGB zu berücksichtigen. 545

Dabei bietet es sich an, die Drittelmethode, die der BGH bisher bei der Bedarfsberechnung angewandt hat,[986] auf der Stufe der Leistungsfähigkeit einzusetzen. Danach ist das Einkommen des Unterhaltspflichtigen unter Berücksichtigung des Splittingvorteils zugrunde zu legen, davon der Erwerbstätigenbonus abzuziehen, die Dreiteilung vorzunehmen und sodann von dem dem Pflichtigen und seinem Ehegatten verbleibenden Einkünften insgesamt 10 % als Vorteil des Zusammenlebens abzuziehen und dieser Betrag dem geschiedenen Ehegatten zuzuschlagen.[987] 546

ddd) Unterhaltsberechnung bei Nachrang des geschiedenen Ehegatten

Ist der neue Ehegatte vorrangig, ändert sich zunächst an der Bedarfsberechnung für den geschiedenen Ehegatten nichts. Der Unterhalt des geschiedenen Ehegatten wird bei der Bedarfsberechnung 547

---

983 So aber wohl BGH, FamRZ 2008, 1911 bei einer 27-jährigen Ehe.
984 Vgl. BGH, FamRZ 2011, 1381.
985 So auch *Maier*, FuR 2011, 182; a.A. *Gutdeutsch*, FamRZ 2011, 525 und *Gutdeutsch/Gerhardt*, FamRZ 2011, 774, die aus dem Wegfall des Bezugs der alten Rangvorschrift des § 1582 BGB a.F. auf § 1581 BGB herleiten, dass auch nachrangige Ehegatten bei der Leistungsfähigkeit zu berücksichtigen sind.
986 BGH, FamRZ 2006, 683; BGH, FamRZ 2008, 1911; BGH, FamRZ 2009, 411; BGH, FamRZ 2010, 111.
987 BGH, FuR 2012, 180.

betreffend den neuen Ehegatten abgezogen. Allerdings darf dies nicht dazu führen, dass der Mindestbedarf, der nunmehr wegen des Vorrangs von Bedeutung ist, beeinträchtigt wird. Dem vorrangigen Ehegatten, der mit dem Pflichtigen zusammenlebt, steht nach Anmerkung B VI 2 a) der Düsseldorfer Tabelle bzw. den Leitlinien unter Nr. 22 ein Mindestbedarf von 1.024 € zu. Dieser ist maßgeblich, wenn der tatsächliche Bedarf darunter liegt. Die Vorteile des Zusammenlebens sind dabei schon berücksichtigt. Ist bei Vorwegabzug des Geschiedenenunterhalts der Mindestbedarf des bevorrechtigten Ehegatten sichergestellt, bedarf es keiner Korrektur, da der Vorwegabzug zunächst nichts mit den Rangverhältnissen zu tun hat, sondern mit der Frage der Eheprägung. Die Rangverhältnisse wirken sich erst im Mangelfall aus, der erst dann gegeben ist, wenn der Mindestbedarf des bevorrechtigten Ehegatten nicht sichergestellt ist.[988]

548 Sollte der Unterhaltsverpflichtete ohne Beeinträchtigung seines eheangemessenen Bedarfs nicht in der Lage sein, diesen Unterhalt und den Unterhalt für den geschiedenen Ehegatten zu finanzieren, ist wegen des Vorrangs des neuen Ehegatten der Unterhalt des geschiedenen Ehegatten sowie des Unterhaltspflichtigen entsprechend zu kürzen. Eine Mangelfallberechnung wie bei gleichrangigen Ehegatten verbietet sich wegen des Vorrangs des neuen Ehegatten. Dabei bietet es sich an, beide entsprechend der Ehegattenquote – also entsprechend der quotalen Kürzung – an dem vorrangigen Unterhalt des neuen Ehegatten zu beteiligen (vgl. Rdn. 340).

549 Allerdings ist der Unterhaltspflichtige zunächst gehalten, seinen Splittingvorteil zur Deckung des Familienunterhalts einzusetzen, so dass nur eine Beteiligung des geschiedenen Ehegatten für den Restbedarf im Wege der quotalen Kürzung in Betracht kommt. Dieser Aspekt entspricht dem Gedanken, dass nicht prägende Einkünfte bei der Leistungsfähigkeit zu berücksichtigen sind. Der Grundsatz, dass der Splittingvorteil der neuen Ehe vorbehalten ist, wird dadurch ebenfalls nicht verletzt, da der Splittingvorteil in der neuen Ehe bleibt. Dieser Ansatz führt zu dem besten Ergebnis.

550 Unterhalt für einen geschiedenen nachrangigen Ehegatten kommt erst dann in Betracht, wenn der unterhaltspflichtige Ehegatte höheres Einkommen als 2.324 € (Selbstbehalt 1.300 € zzgl. Mindestbedarf 1.024 €) erzielt.

551 Ferner bestehen keine Bedenken, bei Vorrang des zweiten Ehegatten den Unterhalt für den geschiedenen Ehegatten vereinfacht in der Weise festzulegen, dass das nach Abzug des Selbstbehalts für den Pflichtigen und des Mindestbedarfs des zweiten Ehegatten verbleibende Einkommen an den nachrangigen geschiedenen Ehegatten ausgekehrt werden kann, wenn der unterhaltspflichtige Ehegatte bei einer Alleinverdienerehe Einkünfte in einer Größenordnung von 2.800 € netto bereinigt um alle Kindesunterhalte, Verbindlichkeiten und berufsbedingte Aufwendungen etc. erzielt.[989]

cc) Auswirkungen der Rangverhältnisse im Mangelfall

552 In einem Mangelfall muss der Unterhaltsverpflichtete zunächst die Ansprüche der vorrangig Berechtigten auf den vollen angemessenen Unterhalt sicherstellen. Stehen ihm danach unter Beachtung seines eigenen Selbstbehalts für Unterhaltszwecke noch einzusetzende Mittel zur Verfügung, kann daraus der nachrangig Unterhaltsberechtigte seinen Unterhaltsanspruch befriedigen.[990] Sollte dieser einen Unterhaltstitel gegen ihn in Händen haben, ändert sich an dieser Beurteilung nichts. Der Vorrang von Unterhaltsberechtigten greift auch ggü. einem titulierten Unterhaltsanspruch eines nachrangig Berechtigten durch. Der Unterhaltsverpflichtete ist gehalten, im Wege der Abänderungsklage gegen den Titel vorzugehen. Seine Leistungsfähigkeit wird um die Beträge, die er auf den Titel an den nachrangig Unterhaltsberechtigten zahlt, nicht beeinträchtigt.[991]

---

988 (So auch *Gutdeutsch/Gerhardt*, FamRZ 2011, 774; a.A. *Maier*, FuR 2011, 182, der damit aber diesen feststehenden Grundsatz nicht hinreichend berücksichtigt).
989 Einzelne Berechnungen finden sich bei *Soyka*, Die Berechnung des Ehegattenunterhalts, Rn. 362a ff.
990 BGH, FamRZ 1980, 555; BGH, FamRZ 1984, 683.
991 BGH, FamRZ 1980, 555.

Da sich die Rangverhältnisse erst dann auswirken, wenn der Unterhaltsverpflichtete unter Beachtung seines eigenen Selbstbehalts nicht in der Lage ist, die Unterhaltsansprüche sämtlicher Unterhaltsberechtigter zu erfüllen, ist in einem ersten Schritt der Gesamtbedarf der Unterhaltsberechtigten und das für Unterhaltszahlungen verfügbare Einkommen des Unterhaltsverpflichteten festzustellen. Ergibt sich, dass das verfügbare Einkommen nicht ausreicht, den Gesamtbedarf zu decken, bleibt in einem weiteren Schritt der nachrangig Unterhaltsberechtigte unberücksichtigt; das Einkommen wird auf die Unterhaltsansprüche der vorrangig Berechtigten verteilt. In einem dritten Schritt ist sodann der Restbetrag auf die nachrangigen, aber auf der nächsten Rangstufe gleichrangigen, Berechtigten zu verteilen. Reicht das verbleibende Einkommen nicht aus, sämtliche Unterhaltsansprüche dieser Unterhaltsberechtigten zu befriedigen, ist auf dieser Rangstufe eine Mangelfallverteilung vorzunehmen.

553

b) Mangelfall

Ein Mangelfall ist gegeben, wenn das Einkommen des Unterhaltsverpflichteten unter Wahrung seines eigenen Selbstbehalts nicht ausreicht, den Bedarf der gleichrangigen Unterhaltsberechtigten in vollem Umfang sicherzustellen. Ein Mangelfall kann also beim Ehegattenunterhalt nur gegeben sein, wenn mehrere gleichrangige Ehegatten eines unterhaltspflichtigen Ehegatten Unterhalt verlangen oder Ehegatten und Berechtigte nach § 1615l BGB gleichrangig sind und miteinander konkurrieren. Bei Vorrang eines Ehegatten oder eines Berechtigten nach § 1615l BGB sind zunächst diese Bedarfe zu befriedigen, bevor die nachrangigen Unterhaltsberechtigten zum Zuge kommen. Unter Ehegatten kann Gleichrang sowohl auf dem zweiten als auch auf dem dritten Rang gegeben sein.

554

7. Verpflichtung zur Vermögensverwertung

a) Beim nachehelichen Unterhalt

Beim nachehelichen Unterhalt muss der Unterhaltsverpflichtete nach § 1581 Satz 2 BGB bei beschränkter Leistungsfähigkeit den Stamm seines Vermögens verwerten, wenn die Verwertung nicht unwirtschaftlich oder unter Berücksichtigung der beiderseitigen wirtschaftlichen Verhältnisse nicht unbillig ist. Damit besteht für den Unterhaltspflichtigen im Mangelfall die gleiche Verwertungsobliegenheit wie für den Berechtigten nach § 1577 Abs. 3 BGB.

555

b) Beim Trennungsunterhalt

Beim Trennungsunterhalt fehlt eine entsprechende Bestimmung. Eine Verpflichtung zur Vermögensverwertung lässt sich jedoch aus § 1361 BGB herleiten, wobei allerdings als äußerste Grenze die Erfordernisse des § 1581 Satz 2 BGB vorliegen müssen.[992] I.Ü. sind bei der Heranziehung dieser Grundsätze für den Trennungsunterhalt die Besonderheiten zu berücksichtigen, die das Verhältnis der Ehegatten zueinander während des Getrenntlebens im Vergleich zu demjenigen nach der Scheidung kennzeichnen.[993]

556

So tragen die Ehegatten während der Ehe füreinander mehr Verantwortung als nach der Scheidung. Diese stärkere Verantwortung der Ehegatten während der Ehe beeinflusst die Entscheidung, ob und inwieweit es einem Ehegatten obliegt, Unterhalt für den getrennt lebenden Ehepartner durch Verwertung seines Vermögens aufzubringen. Dies kann dazu führen, dass die Obliegenheit des Unterhaltsverpflichteten zum Einsatz seines verwertbaren Vermögens während des Getrenntlebens weitergeht als nach der Scheidung. Auf der anderen Seite erlegt die besondere Verbundenheit, von der das Verhältnis der Ehegatten geprägt wird, auch dem Unterhaltsberechtigten während des Getrenntlebens ein höheres Maß an Rücksichtnahme auf die Interessen des Verpflichteten auf als nach der Scheidung. Diese Pflicht kann einem der Vermögensverwertung entgegenstehenden besonderen Interesse des Verpflichteten überwiegendes Gewicht verleihen und dazu führen, dass ihm die

557

---

992 BGH, FamRZ 1985, 360; BGH, FamRZ 1986, 556.
993 BGH, FamRZ 1986, 560; BGH, FamRZ 1987, 912.

558 Darüber hinaus ist zu berücksichtigen, dass sich die Ehegatten während des Getrenntlebens in einem Stadium befinden, in dem die Ehe noch nicht aufgelöst und eine Wiederherstellung der ehelichen Lebensgemeinschaft nicht ausgeschlossen ist. In dieser Situation dürfen die Ehegatten bei der Regelung ihrer unterhaltsrechtlichen Beziehungen im Interesse der Aufrechterhaltung ihrer Ehe möglichst nicht zu Änderungen ihrer Lebensverhältnisse gedrängt werden, die sich zerrüttungsfördernd auswirken oder sonst die Aussichten auf eine Wiederaufnahme der Lebensgemeinschaft beeinträchtigen können. Eine solche Beeinträchtigung kann sich z.B. aus einer irreversiblen Vermögensverwertung aufseiten des unterhaltsverpflichteten Ehegatten ergeben. Dies gilt etwa bei Veräußerung des Familienheims, kommt aber auch sonst in Betracht, wenn der Vermögensstamm den Ehegatten während des Zusammenlebens als Existenzgrundlage gedient hat und diese Einsatzmöglichkeit durch die infrage kommende Verwertung ihr Ende fände. Solange die Ehe besteht, ist dem Unterhaltsverpflichteten daher grds. eine Vermögensverwertung, die ihm die Grundlage seiner beruflichen Existenz entzieht und die gemeinsame Grundlage im Fall einer Fortsetzung der ehelichen Lebensgemeinschaft gefährden würde, nicht zuzumuten.

559 Einschränkungen zur Obliegenheit zum Einsatz des Vermögensstamms ergeben sich auch daraus, dass der Unterhaltsschuldner dadurch seinen angemessenen Unterhalt nicht gefährden darf. Die Verwertung des Vermögensstamms findet daher dort ihre Grenze, wo die Fortexistenz des Unterhaltsverpflichteten gefährdet ist. Die Sicherung des Selbstbehalts des Unterhaltsverpflichteten schließt auch die künftige Sicherung des eigenen Unterhalts ein. Leistungsfähig ist der Unterhaltsverpflichtete daher nur, wenn er auf Dauer selbst gesichert ist. Ihm ist daher der Teil des Vermögens zu belassen, auf den er für eigene Unterhaltszwecke angewiesen ist.[994] Dazu muss die gesamte voraussichtliche Lebensdauer des Unterhaltsverpflichteten berechnet werden. Im Anschluss daran ist zu prüfen, welche Mittel erforderlich sind, um seinen notwendigen Eigenbedarf unter Berücksichtigung der voraussichtlichen Lebensdauer bis auf das Lebensende sicherzustellen. Dabei sind auch künftige Erwerbsmöglichkeiten zu berücksichtigen. Ergibt sich aus dieser Berechnung, dass das gesamte Vermögen des Unterhaltsverpflichteten der Sicherstellung des eigenen Selbstbehalts vorbehalten sein muss, stehen keine Mittel für den Ehegattenunterhalt zur Verfügung. Der unterhaltsverpflichtete Ehegatte ist trotz Vermögens leistungsunfähig.

560 Auf jeden Fall muss dem Unterhaltsverpflichteten ein Notgroschen verbleiben, der in Anlehnung an § 90 Abs. 2 SGB XII i.V.m. der Durchführungsverordnung bei ca. 5.000 € liegen kann.[995]

8. Mangelfallberechnung

a) Grundsätze der Mangelfallberechnung

561 Bei der Mangelfallberechnung ist von dem für Unterhaltsleistungen zur Verfügung stehenden Einkommen des Unterhaltsverpflichteten ohne Abzug des Erwerbstätigenbonus zunächst der notwendige Selbstbehalt abzuziehen.

562 Anschließend ist der Restbetrag auf die Unterhaltsberechtigten angemessen zu verteilen.

563 Dies geschieht in der Weise, dass die Bedarfsbeträge aufgrund folgender Formel proportional zu kürzen sind:

Einsatzbetrag x Verteilungsmasse: Gesamtbedarf des Berechtigten = Unterhalt

564 Die Verteilungsmasse ist bereits im ersten Rechenschritt ermittelt. Sie ergibt sich aus dem verbleibenden Einkommen des Unterhaltsverpflichteten nach Abzug seines Selbstbehalts.

---

994 BGH, FamRZ 1989, 170.
995 OLG Koblenz, FamRZ 1996, 382; OLG Düsseldorf, FamRZ 1990, 1137.

Der Gesamtbedarf der Unterhaltsberechtigten ist die Summe der Einsatzbeträge. 565

b) Einsatzbeträge

Einsatzbeträge sind die Beträge, mit denen die Unterhaltsverpflichtungen in die Mangelfallberechnung eingestellt werden. Sie entsprechen entweder den individuellen Bedarfsbeträgen oder den Mindestbedarfssätzen. An einem Mangelfall können entweder gleichrangige Ehegatten oder Berechtigte nach § 1615l BGB (vgl. Rdn. 377) beteiligt sein. Bei den Ehegatten muss zwischen den getrennt lebenden oder geschiedenen und den mit dem Unterhaltspflichtigen zusammenlebenden unterschieden werden. 566

aa) Einsatzbeträge für getrennt lebende oder geschiedene Ehegatten

Der Einsatzbetrag für den getrennt lebenden oder geschiedenen Ehegatten richtet sich nach seinem Bedarf nach den individuellen ehelichen Lebensverhältnissen. Davon sind die bedarfsdeckenden Einkünfte in Abzug zu bringen. Der Restbedarf stellt den Einsatzbetrag dar. 567

Zu beachten sind allerdings die Mindestbedarfssätze i.H.d. Existenzminimums von zurzeit 880 € für Unterhaltsberechtigte. Diese stellen den Einsatzbetrag dar, wenn der tatsächliche Bedarf darunter liegt. 568

bb) Einsatzbeträge für den mit dem Unterhaltspflichtigen zusammenlebenden Ehegatten

Der Einsatzbetrag entspricht dem Familienunterhalt unter Berücksichtigung der eigenen Einkünfte. Auch hier sind Mindestbedarfssätze zu beachten. Bei der Berechnung des Mindestbedarfs sind die Vorteile des Zusammenlebens einzubeziehen. Diese betragen 10 % des Familieneinkommens. Da dem Pflichtigen 1.300 € verbleiben müssen und der Mindestbedarf seines Ehegatten 960 € beträgt, beläuft sich das Familieneinkommen auf 2.260 €. 10 % davon betragen 226 €. Diese sind von dem Mindestbedarf abzuziehen. Der Mindestbedarf für nicht erwerbstätige Ehegatten beträgt mithin 734 €. 569

cc) Einsatzbeträge für den Unterhaltsberechtigten nach § 1615l BGB

Der Einsatzbetrag des nach § 1615l BGB Berechtigten richtet sich nach dessen Bedarf. Da über § 1615l Abs. 3 BGB die Vorschriften über den Verwandtenunterhalt entsprechend anzuwenden sind, gilt § 1610 BGB. Danach bestimmt sich der Bedarf nach der Lebensstellung des Berechtigten. Auf die Lebensstellung des Pflichtigen kommt es nicht an. Ebenso wenig hat dieser Bedarf etwas mit dem Bedarf nach den ehelichen Lebensverhältnissen von Eheleuten zu tun. Daher kommt es ausschließlich auf die bis zur Geburt des Kindes nachhaltig erzielten Einkünfte des nach § 1615l BGB Berechtigten an.[996] Darauf anzurechnen ist insb. das Elterngeld, soweit es nicht nach § 11 BEEG anrechnungsfrei ist. 570

Der BGH beschränkt allerdings den Bedarf auf den Halbteilungsgrundsatz. Nach seiner Auffassung darf der nach § 1615l BGB Berechtigte mit eigenen Einkünften nicht mehr zur Verfügung haben, als dem Pflichtigen verbleibt.[997] Dieser Eingriff in den Bedarf kann nicht ohne Kritik bleiben. Zum einen ergibt sich die Beschränkung nicht aus dem Gesetz. § 1610 BGB sieht einen derartigen Vorbehalt nicht vor. Zum anderen findet sie im Gesetz nicht einmal Anklang. Der Gesetzgeber hat vielmehr die Rechtsstellung des nach § 1615l BGB Berechtigten mit der Unterhaltsreform verbessert, indem er diesen auf den zweiten Rang angehoben hat, nachdem er bis dahin mit seinem Unterhaltsanspruch den dritten Rang bekleidete. Schließlich führt diese Begrenzung auf der Bedarfsebene auch zu unangemessenen, teils nicht nachvollziehbaren Ergebnissen, vor allem bei Vorliegen eines Mangelfalls. Im Mangelfall führt die Bedarfsdeckelung zu einem geringeren Einsatzbetrag, obwohl der nach § 1615l BGB Berechtigte im Ergebnis nach Durchführung der Mangelfallberechnung 571

---

996 BGH, FamRZ 2010, 357; BGH, FamRZ 2010, 444.
997 BGH, FamRZ 2010, 357.

weniger erhält als dem Pflichtigen verbleibt. Aus welchem Grunde in einem solchen Fall schon der Bedarf begrenzt werden soll, wenn die Rechtfertigung dafür im Ergebnis gar nicht eintritt, ist nicht nachvollziehbar. An eine Berücksichtigung des Halbteilungsgrundsatzes könnte daher allenfalls bei der Leistungsfähigkeit gedacht werden. Beim Erfordernis einer Mangelfallberechnung kann der Bedarf eines nach § 1615l BGB Berechtigten niemals über 1.300 € liegen, da dem Pflichtigen wegen seines Selbstbehalts genau dieser Betrag seines Einkommens verbleibt. Beschränkt man den an sich höheren Bedarf des Berechtigten nach § 1615l BGB, wird er wegen des geringeren Einsatzbetrags in der Mangelfallberechnung ggü. dem Ehegatten benachteiligt. Gleichwohl erhält der nach § 1615l BGB Berechtigte aus der Mangelfallberechnung weniger als dem Pflichtigen verbleibt. Warum dann zuvor der Bedarf begrenzt wurde, ist nicht einleuchtend. Würde man den Halbteilungsgrundsatz bei der Leistungsfähigkeit anwenden, müsste eine Ergebniskorrektur ausbleiben, weil dem Pflichtigen aus der Mangelfallberechnung mehr verbleibt als der nach § 1615l BGB Berechtigte zur Verfügung hat. Zu beachten ist auch bei dem nach § 1615l BGB Berechtigten ein Mindestbedarf i.H.d. Existenzminimums,[998] das nach Anm. VI der Düsseldorfer Tabelle 880 € beträgt.

XII. Beschränkung oder Versagung des Unterhalts wegen grober Unbilligkeit[999]

1. Norminhalt

572 Nach der Vorschrift des § 1579 BGB ist ein Unterhaltsanspruch zu versagen, herabzusetzen oder zeitlich zu begrenzen, soweit die Inanspruchnahme des Unterhaltspflichtigen auch unter Wahrung der Belange eines dem Berechtigten zur Pflege oder Erziehung anvertrauten gemeinschaftlichen Kindes grob unbillig wäre, weil gewisse innovativ aufgeführte Härtegründe erfüllt sind. Es muss also einer der alternativ aufgeführten Härtegründe der Nr. 1 bis 7 vorliegen und außerdem aufgrund einer umfassenden Billigkeitsabwägung aller Umstände eine Inanspruchnahme des Unterhaltsverpflichteten grob unbillig sein.

2. Anwendungsbereich

573 Die Vorschrift ist anzuwenden beim nachehelichen Unterhalt sowie gem. § 1361 Abs. 3 BGB beim Trennungsunterhalt mit Ausnahme der kurzen Ehedauer gem. § 1579 Nr. 1 BGB. Die Verwirkungsvorschriften gelten neben der Begrenzungsbestimmung des § 1578b BGB. Die Einwendung gilt auch für den gegen den Erben nach Tod des Unterhaltsverpflichteten gerichteten Unterhaltsanspruch gem. § 1586b BGB. Die Vorschrift ist nicht anzuwenden bei einem Anspruch nach § 1576 BGB. Sie gilt ebenfalls nicht bei Unterhaltsansprüchen nach den §§ 58 ff. EheG bei Altehen.[1000]

3. Verwirkungstatbestände

a) Kurze Ehedauer

574 Der Härtegrund ist anzuwenden, wenn die Ehe von kurzer Dauer war. Die Dauer der Ehe bemisst sich nicht nach der Zeit des tatsächlichen Zusammenlebens, sondern es gilt die Zeit von Eheschließung bis zur Rechtshängigkeit des Scheidungsantrags.[1001]

aa) Zeitrahmen für eine kurze Ehedauer

575 Hat die Ehe nicht länger als zwei Jahre bestanden, ist sie i.d.R. als kurz zu beurteilen.[1002] Dies gilt auch bei vorgerücktem Alter der Eheleute.[1003] Bei einer Ehedauer ab drei Jahren ist im Regelfall nicht mehr von einer kurzen Ehedauer zu sprechen, weil die Eheleute ihre Lebenspositionen in der

---

998 BGH, FamRZ 2010, 357.
999 Zu weiteren Einzelheiten vgl. Kap. 4 Rdn. 572 ff.
1000 BGH, FamRZ 1991, 1040.
1001 BGH, FamRZ 1995, 1405.
1002 BGH, FamRZ 1999, 710; BGH, FamRZ 1995, 1405.
1003 BGH, FamRZ 1982, 894.

Ehe bereits aufeinander abgestimmt haben.[1004] Bei Vorliegen besonderer Umstände kann im Einzelfall auch noch bei einer Ehedauer von knapp fünf Jahren von einer kurzen Ehedauer gesprochen werden, wenn sich die Eheleute in ihrer Lebensführung nicht aufeinander eingestellt haben.[1005] Hier dürfte insb. auch die Surrogatrechtsprechung des BGH von Bedeutung sein. Bei einer Ehedauer zwischen zwei und drei Jahren hängt die Beurteilung davon ab, ob die Eheleute sich bereits in wechselseitiger Abhängigkeit auf ein gemeinschaftliches Lebensziel ausgerichtet haben.[1006]

bb) Kurze Ehe bei Kinderbetreuung

576 Nach bisherigem Wortlaut stand die Ehedauer der Zeit gleich, in welcher der Berechtigte wegen Betreuung eines gemeinschaftlichen Kindes nach § 1570 BGB Unterhalt beanspruchen kann. Dies bedeutet, dass man im Fall der Kinderbetreuung immer eine lange Ehe hätte. Deswegen musste auch bei der Kinderbetreuung zunächst auf die tatsächliche Ehedauer abgestellt werden,[1007] um zu vermeiden, dass der Verwirkungstatbestand faktisch leer läuft. War die tatsächliche Ehedauer als kurz zu bezeichnen, war i.R.d. Billigkeitsabwägung zu prüfen, inwieweit die Inanspruchnahme des Verpflichteten auf ungekürzten Unterhalt auch unter Wahrung der Belange des zu betreuenden Kindes grob unbillig ist und dem Grundsatz der Verhältnismäßigkeit widerspricht.[1008] Durch die geänderte Formulierung soll diese Prüfungsreihenfolge nunmehr aus dem Gesetz abzuleiten sein.

b) Verfestigte Lebensgemeinschaft

577 Der Verwirkungsgrund der verfestigten Lebensgemeinschaft ist seit dem 01.01.2008 mit der Unterhaltsreform in das Gesetz aufgenommen worden. Bis dahin war die verfestigte Lebensgemeinschaft als anderer schwerwiegender Grund gem. § 1579 Nr. 7 BGB a.F. nunmehr Nr. 8 zu prüfen. Mit der Aufnahme des Verwirkungsgrundes als eigenständigen Härtegrund ist allerdings eine Änderung der Rechtslage nicht verbunden.[1009] Dies bedeutet, dass weiterhin die vom BGH aufgestellten Auslegungskriterien zur alten Rechtslage gelten.

578 Grds. stellt allein der Umstand, dass der Unterhaltsberechtigte nach der Scheidung eine intime Beziehung oder eine nichteheliche Lebensgemeinschaft mit einem neuen Partner eingeht, noch keinen Härtegrund dar.[1010] Auch die Tatsache, dass er mit dem Unterhalt einen Dritten unterhält, ist unerheblich.[1011] Es müssen besondere Umstände vorliegen, die dazu führen, dass die Unterhaltszahlungen für den Unterhaltspflichtigen unzumutbar sind.[1012] Danach kann ein Verwirkungstatbestand gegeben sein, wenn eine eheähnliche Beziehung des Unterhaltsberechtigten zu seinem neuen Lebensgefährten wegen kränkender oder sonst anstößiger Begleitumstände geeignet ist, den Verpflichteten in außergewöhnlicher Weise zu treffen, in der Öffentlichkeit bloß zu stellen oder sonst in seinem Ansehen zu schädigen[1013] oder der Unterhaltsberechtigte zu einem Partner ein auf Dauer angelegtes Verhältnis aufnimmt und das nichteheliche Zusammenleben gleichsam an die Stelle einer Ehe getreten ist.[1014]

579 Voraussetzung ist eine Verfestigung, die einen gewissen Zeitablauf von zwei bis drei Jahren des Zusammenlebens erfordert.[1015] Zweifelhaft ist, ob ein kürzerer Zeitabstand ausreichend sein kann,

---

1004 BGH, FamRZ 1999, 710; BGH, FamRZ 1995, 1405.
1005 BGH, FamRZ 1999, 710.
1006 BGH, FamRZ 1981, 140.
1007 BVerfG, FamRZ 1989, 941.
1008 BGH, FamRZ 1990, 492.
1009 BGH, FuR 2012, 83.
1010 BGH, FamRZ 1989, 487.
1011 BGH, FamRZ 1988, 930.
1012 BGH, FamRZ 1994, 558.
1013 BGH, FamRZ 1989, 487.
1014 BGH, FamRZ 2002, 23, 810.
1015 BGH, FuR 2012, 83; BGH, FamRZ 1997, 671; BGH, FamRZ 1995, 726; BGH, FuR 2007, 529.

z.B. bei Geburt eines gemeinsamen Kindes[1016] oder Anschaffen einer gemeinsamen Immobilie.[1017] Nach Auffassung des BGH soll die Dauer bis zur Annahme einer verfestigten Lebensgemeinschaft durch objektive, nach außen tretende Umstände, wie etwa einen über einen längeren Zeitraum hinweg geführten gemeinsamen Haushalt oder größere gemeinsame Investitionen wie den Erwerb eines gemeinsamen Familienheims, das Erscheinungsbild in der Öffentlichkeit beeinflusst haben, wobei der BGH allerdings an anderer Stelle betont hat, dass er daran festhält, dass ein 2 bis 3-jähriges Zusammenleben grds. erforderlich ist.[1018] Ob allein diese Umstände jedoch geeignete Kriterien für eine bereits vertiefte Verfestigung sind, ist deswegen zweifelhaft, weil darin nur der Wunsch nach Verfestigung zum Ausdruck kommt, diese aber letztlich erst nach einer gewissen Zeit des Zusammenlebens festgestellt werden kann. Die vom BGH erwähnten Umstände dürften daher viel eher einer Distanzbeziehung entgegenstehen oder aber zu einer Verkürzung des an sich erforderlichen Zeitraums bei einem Zusammenleben nach vorheriger Distanzbeziehung führen.

580 Weitere Voraussetzung ist, dass das nichteheliche Zusammenleben eine Form angenommen hat, die diese Lebensgemeinschaft mit einer Ehe vergleichbar macht. Dies ist dann gegeben, wenn ein gemeinsamer Haushalt besteht. Unterhalten die Eheleute jedoch getrennte Wohnungen, müssen besondere Umstände hinzutreten, um die Eheähnlichkeit anzunehmen. Dazu reicht die gemeinsame Gestaltung des Urlaubs ebenso wenig aus wie gemeinsame Besuche von Familienfesten und Feierlichkeiten sowie das Verbringen einiger Wochenenden im Monat.[1019] Weitere Voraussetzung ist vielmehr, dass die Eheleute auch ansonsten trotz getrennter Wohnungen ihr Leben gemeinsam gestalten. Dies ist dann nicht gegeben, wenn sie sich dafür entschieden haben, dauerhaft eine gewisse Distanz aufrechtzuerhalten, um persönliche Freiräume zu verwirklichen, ihre Beziehung also bewusst auf Distanz angelegt ist, weil kein enges Zusammenleben gewünscht wird.

581 Ob es irgendwelche Hinderungsgründe für eine neue Eheschließung gibt, ist demgegenüber unerheblich. Ausreichend ist, dass die Parteien ihre Lebensverhältnisse so aufeinander abgestellt haben, dass sie wechselseitig füreinander einstehen wollen, indem sie sich gegenseitig Hilfe und Unterstützung gewähren und damit ihr Zusammenleben eheähnlich gestalten.[1020] Deswegen ist der Verwirkungstatbestand auch während der Trennungszeit gegeben, bei gleichgeschlechtlicher Partnerschaft oder bei anderen wichtigen Gründen, die gegen eine neue Eheschließung vorgetragen wurden oder auch bei einem verheirateten Lebenspartner. Die alte Rechtsprechung zum Bestehen einer Unterhaltsgemeinschaft[1021] oder zum Erscheinungsbild in der Öffentlichkeit[1022] ist damit gegenstandslos geworden, weil es sich hierbei lediglich um Hilfskonstruktionen für den Fall handelte, dass nach früherer Auffassung Umstände, die gegen eine Eheschließung sprachen, den Verwirkungstatbestand ausschlossen.[1023]

c) Schwere Straftat

582 Erforderlich ist ein Verbrechen oder ein schweres vorsätzliches Vergehen gegen den Verpflichteten oder einen nahen Angehörigen des Verpflichteten.

aa) Art der in Betracht kommenden Delikte

583 In Betracht kommen Mord, Totschlag, Eigentumsdelikte,[1024] Unterhaltspflichtverletzung, körperliche Misshandlung von Kindern[1025] sowie sexuelle Delikte,[1026] außerdem Beleidigungen,

---

1016 OLG Köln, FF 1999, 154.
1017 OLG Hamburg, FamRZ 2002, 1038.
1018 BGH, FuR 2012, 83.
1019 BGH, FamRZ 2002, 23.
1020 BGH, FamRZ 2002, 810.
1021 BGH, FamRZ 1995, 540; BGH, FamRZ 1989, 490.
1022 BGH, FamRZ 1984, 986.
1023 BGH, FamRZ 1995, 344.
1024 OLG Hamm FamRZ 1994, 168.
1025 OLG Hamm, FamRZ 2002, 240.
1026 OLG Hamm, FamRZ 1990, 887.

Verleumdungen und falsche Anschuldigungen.[1027] Bei den Vermögensdelikten sind insb. Betrugshandlungen zum Nachteil des Verpflichteten einschließlich Prozessbetrug, z.B. durch Verstoß gegen die prozessuale Wahrheitsverpflichtung im Unterhaltsprozess, zu erwähnen.[1028] Dazu gehören Verschweigen des Abbruchs einer Ausbildung[1029] oder eigener Einkünfte[1030] oder vehementes Bestreiten des Zusammenlebens mit einem neuen Partner.[1031] Maßgebend für die Beurteilung des Verschweigens ist der erste nach Erzielung der Einkünfte eingereichte Schriftsatz. Dieser muss den Hinweis auf die Einkünfte erhalten.[1032]

bb) Verschulden

Voraussetzung ist stets ein schuldhaftes Verhalten des Unterhaltsberechtigten. Erforderlich ist also Schuldfähigkeit. Verminderte Schuldfähigkeit lässt den Härtegrund demgegenüber nicht entfallen, kann aber Einfluss auf die grobe Unbilligkeit haben.[1033] Die Verwirkung greift im Regelfall für die Zukunft nicht aber für die Rückstände ein.[1034] Es sei denn, dass die Verfehlung so schwer ist, dass auch der Unterhalt für die Vergangenheit erfasst werden muss. 584

cc) Opfer

Die Tat muss entweder ggü. dem Verpflichteten oder einem nahen Angehörigen des Verpflichteten begangen werden. Dazu zählen auch dessen neuer Ehegatte sowie Verwandte des Verpflichteten ersten Grades. Für weitere Verwandte wird es darauf ankommen, wie stark sich der Verpflichtete familiär mit dem Angehörigen verbunden fühlt. 585

d) Mutwillige Herbeiführung der Bedürftigkeit

Der Härtegrund greift ein, wenn der Berechtigte seine Bedürftigkeit mutwillig herbeigeführt hat. 586

aa) Herbeiführung der Bedürftigkeit

Bedürftig ist der Berechtigte, wenn ihm die Mittel für seinen eigenen angemessenen Unterhalt fehlen und er sich diese auch nicht in zumutbarer Weise beschaffen kann. Voraussetzung ist ein zurückliegendes Verhalten, das Einfluss auf die Bedürftigkeit hat. Das Merkmal ist auch gegeben bei Alkohol- oder Drogenabhängigkeit, bei Aufgabe einer Erwerbstätigkeit,[1035] bei Verschwendung oder unwirtschaftlicher Vermögensanlage,[1036] bei bestimmungswidriger Verwendung des Altersvorsorgeunterhalts.[1037] Nicht ausreichend ist ein fehlgeschlagener Selbsttötungsversuch,[1038] der Auszug aus der Ehewohnung[1039] oder eine homologe In-Vitro-Fertilisation.[1040] 587

bb) Mutwilligkeit

Mutwilligkeit erfasst nicht nur ein vorsätzliches zweckgerichtetes Verhalten, sondern auch ein leichtfertiges Verhalten des Berechtigten.[1041] Erforderlich ist eine unterhaltsbezogene Mutwilligkeit. 588

1027 BGH, NJW 1982, 100.
1028 BGH, FamRZ 2000, 153.
1029 BGH, FamRZ 1990, 1095.
1030 BGH, FamRZ 2000, 153.
1031 OLG Hamm, FamRZ 1996, 1079.
1032 OLG Köln, FamRZ 2003, 678.
1033 BGH, NJW 1982, 100.
1034 BGH, FamRZ 1984, 34.
1035 BGH, FamRZ 2001, 541.
1036 BGH, FamRZ 1984, 364.
1037 BGH, FamRZ 2003, 848.
1038 BGH, FamRZ 1989, 1054.
1039 BGH, FamRZ 1989, 1160.
1040 BGH, FamRZ 2001, 541.
1041 BGH, FamRZ 1989, 1054.

Deshalb müssen sich die Antriebe die zu dem Verhalten geführt haben, auch auf die Bedürftigkeit als Folge dieses Verhaltens erstrecken.[1042] Mutwilligkeit ist zu bejahen, wenn sich der Bedürftige in Verantwortungs- und Rücksichtslosigkeit ggü. dem Pflichtigen über die erkannte Möglichkeit nachteiliger finanzieller Folgen seines Handelns auf seinen Unterhaltsbedarf hinweggesetzt und damit zumindest leichtfertig gehandelt hat.[1043] Einfaches Verschulden reicht also nicht aus.[1044]

e) Mutwillige Verletzung von Vermögensinteressen des Verpflichteten

589 Der Berechtigte muss sich über schwerwiegende Vermögensinteressen des Verpflichteten mutwillig hinweggesetzt haben. Objektiv muss das Verhalten des Berechtigten eine besondere Intensität erreicht haben, subjektiv muss er mutwillig handeln. Zu erwähnen ist ein betrügerisches Verhalten im Unterhaltsverfahren,[1045] Anschwärzen beim Arbeitgeber mit Gefährdung des Arbeitsplatzes aus Rachsucht,[1046] belastende Aussage in einem Disziplinarverfahren anstatt vom Aussageverweigerungsrecht Gebrauch zu machen,[1047] Strafanzeigen, die zu einem Ermittlungsverfahren führen, können ebenfalls geeignet sein.[1048] Kein mutwilliges Verhalten liegt vor, wenn die Anzeige zur Wahrnehmung berechtigter Interessen erfolgt ist.[1049] Dies ist gegeben bei Erstattung von Strafanzeigen wegen Unterhaltspflichtverletzung.[1050] Auch eine Strafanzeige wegen Steuerhinterziehung kann zur Verwirkung führen.[1051]

f) Gröbliche Verletzung der Pflicht zum Familienunterhalt beizutragen

590 Dem Wortlaut nach können nur Gründe berücksichtigt werden, die vor der Trennung entstanden sind, weil es danach einen Beitrag zum Familienunterhalt nicht mehr gibt. Die Verletzung kann sich auch auf die gemeinsamen Kinder beziehen. Verletzt werden müssen die Verpflichtungen, die der Unterhaltsberechtigte aufgrund der Aufgabenverteilung in der Ehe übernommen hat. Die Pflichten müssen gröblich verletzt worden sein. Dies setzt zumindest ein grob fahrlässiges Verhalten voraus. Außerdem müssen objektive Merkmale vorliegen, nach denen es sich um eine Pflichtverletzung von besonderem Gewicht handelt.

g) Offensichtlich schwerwiegendes, eindeutig beim Berechtigten liegendes Verhalten

591 Härtegrund ist ein eheliches Fehlverhalten, das sowohl bis zur Scheidung als auch nach der Scheidung begangen werden kann.

aa) Schwerwiegendes Fehlverhalten

592 Bis zur Scheidung muss es sich um einen schweren Verstoß gegen die ehelichen Pflichten handeln. Dazu gehören eheliche Treuepflichten, eheliche Solidarität und der Grundsatz der Gegenseitigkeit. Diese Verpflichtungen enden mit der Rechtskraft der Scheidung.[1052] Allerdings wandelt sich die eheliche Solidarität in eine nacheheliche Solidarität, so dass grobe Verstöße dagegen auch nach der Scheidung ebenfalls den Verwirkungstatbestand erfüllen können. Erforderlich sind Verstöße gegen das Gebot der Rücksichtnahme der beiderseitigen persönlichen und wirtschaftlichen Interessen und

---

1042 BGH, FamRZ 2001, 541.
1043 BGH, FamRZ 2003, 848.
1044 BGH, FamRZ 1988, 375.
1045 BGH, FamRZ 1990, 1095.
1046 OLG München, FamRZ 1982, 270.
1047 OLG Köln, FamRZ 1995, 1580.
1048 OLG München, FamRZ 1982, 270; OLG Koblenz, FamRZ 1991, 1312.
1049 BGH, FamRZ 2002, 23.
1050 OLG Stuttgart, FamRZ 1979, 40.
1051 OLG Köln, NJW FF 1999, 107.
1052 BGH, FamRZ 1995, 344.

bb) Einseitigkeit

Ein schwerwiegendes Fehlverhalten muss eindeutig beim Berechtigten liegen. Aus diesem Grunde muss das Verhalten des Verpflichteten stets mitberücksichtigt werden.[1053]

593

cc) Einzelfälle

In Betracht kommen Verstöße gegen die eheliche Treuepflicht, wenn der Berechtigte während der Ehe ein nachhaltiges, auf längere Dauer angelegtes intimes Verhältnis zu einem Dritten aufnimmt und gegen den Willen des Verpflichteten fortführt.[1054] Dies gilt auch bei gleichgeschlechtlichen Beziehungen.[1055] Ausreichend ist ferner eine intime Beziehung zu wechselnden Partnern, ferner ein Ausbrechen aus der Ehe, wenn dies zum Zusammenleben mit einem Dritten in nichtehelicher Lebensgemeinschaft führt.[1056] Ausreichend ist auch das Unterlassen eines Hinweises auf Zweifel, dass das während der Ehe geborene Kind von einem anderen Mann abstammen könnte.[1057] Die Sperrwirkung des § 1599 Abs. 1 BGB gilt für die Feststellung der Verwirkung nicht, so dass die Klärung der Vaterschaft nicht im Statusverfahren erfolgen muss, sondern durch eine Beweisaufnahme nach ZPO-Grundsätzen zu klären ist. Die Einseitigkeit des Fehlverhaltens ist dann nicht gegeben, wenn der andere Ehegatte sich ebenfalls von seinen ehelichen Bindungen distanziert hat und seine Ehe faktisch als nicht mehr bestehend betrachtet,[1058] beim Verpflichteten die ehelichen Gefühle bereits zum Zeitpunkt der Abkehr des Berechtigten erkaltet waren und dieser deshalb von dem Fehlverhalten nicht mehr betroffen sein konnte[1059] oder aber der Verpflichtete schwere Eheverfehlungen gegen den Berechtigten begangen hat, diesen geschlagen hat[1060] oder häufig betrunken war und es deshalb zu wüsten Auseinandersetzungen gekommen ist.[1061] Dabei kann allerdings nicht jedes Fehlverhalten des Verpflichteten dem Berechtigten den Charakter der Einseitigkeit nehmen. Es müssen vielmehr konkrete Verfehlungen vorgebracht werden, denen einiges Gewicht zukommt und die dazu führen, dass dem Berechtigten das Festhalten an der Ehe erheblich erschwert worden ist.[1062]

594

dd) Darlegungs- und Beweislast

Der Verpflichtete hat die Darlegungs- und Beweislast dafür, dass ihm die Zahlung von Unterhalt unzumutbar ist. Er muss also ein offensichtlich schwerwiegendes eindeutig beim Berechtigten liegendes Fehlverhalten darlegen und beweisen. Dazu gehört auch die Einseitigkeit des Fehlverhaltens. Dies führt dazu, dass er etwaige Gegenvorwürfe des Unterhaltsberechtigten ausräumen muss. Damit er allerdings nicht in unüberwindliche Beweisschwierigkeiten gebracht wird, müssen die Vorwürfe des Unterhaltsberechtigten so konkret sein, dass sie überhaupt widerlegt werden können.[1063] Darüber hinaus muss er nicht auf alle Vorwürfe des Berechtigten reagieren, sondern nur auf solche von einigem Gewicht. Je allgemeiner die Gegenvorwürfe sind, desto unsubstanziierter ist das Vorbringen des Unterhaltsberechtigten, so dass diesen Gegenvorwürfen nicht nachgegangen werden muss.[1064]

595

1053 BGH, FamRZ 1981, 1042.
1054 BGH, FamRZ 1989, 1279.
1055 BGH, FamRZ 2008, 1414.
1056 BGH, FamRZ 1989, 487; BGH, FamRZ 1986, 722.
1057 BGH, FuR 2012, 314.
1058 BGH, FamRZ 1989, 487; BGH, FamRZ 1986, 722.
1059 BGH, NJW 1986, 722.
1060 BGH, FamRZ 1989, 487.
1061 BGH, FamRZ 1982, 463.
1062 BGH, FamRZ 1983, 670.
1063 BGH, FamRZ 1982, 463.
1064 BGH, FamRZ 1983, 670; BGH, FamRZ 1981, 439.

h) Anderer schwerwiegender Grund

596 Voraussetzung ist ein anderer Grund, der ebenso schwer wiegt, wie die in Nr. 1 bis 7 aufgeführten Gründe. Hierbei handelt es sich um einen Auffangtatbestand, mit der unverhältnismäßige Belastungen des Unterhaltsverpflichteten mit Unterhaltszahlungen vermieden werden sollen.

aa) Subsidiarität

597 Die Nr. 8 ist Auffangtatbestand. Dies bedeutet, wenn einer der Härtegründe der Nr. 1 bis 7 vorliegt, Nr. 8 nicht mehr geprüft werden darf. Gleiches gilt, wenn einer der Härtegründe der Nr. 1 bis 7 daran scheitert, dass ein Merkmal fehlt. In diesen Fällen dürfte es kaum gerechtfertigt sein, daraus einen Härtegrund nach Nr. 8 herzuleiten, weil dies den Anforderungen des Gesetzgebers widersprechen würde.[1065] Etwas anderes gilt lediglich dann, wenn andere Tatsachen hinzukommen, die mit den Gesamtumständen zu einer unzumutbaren Belastung des Pflichtigen führen.[1066]

bb) Allgemeines

598 Grds. stellt allein der Umstand, dass der Unterhaltsberechtigte nach der Scheidung eine intime Beziehung oder eine nichteheliche Lebensgemeinschaft mit einem neuen Partner eingeht, noch keinen Härtegrund dar.[1067] Auch die Tatsache, dass er mit dem Unterhalt einen Dritten unterhält, ist unerheblich.[1068] Es müssen besondere Umstände vorliegen, die dazu führen, dass die Unterhaltszahlungen für den Unterhaltspflichtigen unzumutbar sind.[1069] Danach kann ein Verwirkungstatbestand gegeben sein, wenn eine eheähnliche Beziehung des Unterhaltsberechtigten zu seinem neuen Lebensgefährten wegen kränkender oder sonst anstößiger Begleitumstände geeignet ist, den Verpflichteten in außergewöhnlicher Weise zu treffen, in der Öffentlichkeit bloß zu stellen oder sonst in seinem Ansehen zu schädigen.[1070]

cc) Einzelfälle

599 Ausreichend sein kann Ausübung der Prostitution,[1071] gewerbsmäßiger Telefonsex,[1072] Verletzung der Verpflichtung zur ungefragten Information,[1073] nachhaltige massive Behinderung des Umgangsrechts.[1074] Nicht ausreichend ist der fehlgeschlagene Selbsttötungsversuch,[1075] Unterhaltsverlangen erstmals nach 25 Jahren,[1076] Auszahlung der Witwenrente,[1077] Verrat eines Familiengeheimnisses verbunden mit versuchter Erpressung finanzieller Vorteile,[1078] Leben der neuen Familie unterhalb der Sozialhilfeschwelle infolge des Geschiedenenunterhalts.[1079]

1065 BGH, FamRZ 1987, 572.
1066 BGH, FamRZ 1988, 930.
1067 BGH, FamRZ 1989, 487.
1068 BGH, FamRZ 1988, 930.
1069 BGH, FamRZ 1994, 558.
1070 BGH, FamRZ 1989, 487.
1071 OLG Hamm, FamRZ 2002, 753.
1072 OLG Karlsruhe, FamRZ 1995, 1488.
1073 OLG Bamberg, FamRZ 2001, 843.
1074 OLG München, FamRZ 1998, 750; OLG Nürnberg, FamRZ 1997, 614.
1075 BGH, FamRZ 1989, 1054.
1076 BGH, FamRZ 1985, 376.
1077 OLG Köln, OLGR 2002, 297.
1078 OLG Hamm, OLGR 2000, 42.
1079 BGH, FamRZ 1996, 272.

4. Grobe Unbilligkeit

Die Vorschrift stellt eine rechtsvernichtende Einwendung dar[1080] und ist daher von Amts wegen zu beachten. Allerdings muss sich der Unterhaltsschuldner i.R.d. jeweiligen Billigkeitsabwägung auf Verwirkung berufen, um die Unzumutbarkeit festzustellen. Zahlt er über längere Zeit hinweg Unterhalt trotz Kenntnis einer möglichen Verwirkung, kann daraus zu folgen sein, dass er den Härtefall als nicht so schwerwiegend ansieht, um daraus Konsequenzen ziehen zu müssen.[1081] Wenn er den Unterhalt trotz Kenntnis des Verwirkungstatbestands anerkennt, wird darin im Regelfall eine Verzeihung liegen. Die grobe Unbilligkeit ist im Rahmen einer Gesamtwürdigung der Einzelfallumstände zu ermitteln. Zu berücksichtigen sind bei der Gesamtabwägung die Interessen des Verpflichteten an einer unterhaltsrechtlichen Entlastung, die Interessen des Berechtigten an den Unterhaltsleistungen, die vorrangigen Belange gemeinschaftlicher Kinder, Schwere des Härtegrunds und Maß des Verschuldens. Hinzu kommen persönliche Verhältnisse wie Alter, Gesundheitszustand, schicksalsbedingte Lebenssituation.[1082]

600

5. Kindesinteressen

Betreut der Berechtigte ein gemeinschaftliches Kind, sind die Kindeswohlinteressen vorrangig zu berücksichtigen. Es muss verhindert werden, dass der Unterhaltsberechtigte, der das Kind betreut, wegen Einschränkungen oder Wegfalls des Unterhalts zu einer Erwerbstätigkeit gezwungen wird, die sich an sich mit der Kindesbetreuung nicht vereinbaren lässt.[1083] Sind allerdings die Belange des Kindeswohls gewahrt, besteht Freiraum, den Unterhalt herabzusetzen oder zu versagen. Es ist daher möglich, den Unterhalt auf einen Betrag herabzusetzen, der dem Existenzminimum entspricht, da die Belange des Kindes i.d.R. ausreichend gewahrt werden, wenn dem Unterhaltsberechtigten der notdürftige Unterhalt gesichert wird.[1084]

601

Dies bedeutet, dass der Unterhalt auf den Mindestbedarf gem. Anmerkung V der Düsseldorfer Tabelle begrenzt werden darf. Darauf sind dann allerdings sämtliche dem Unterhaltsberechtigten zuzurechnenden Einkünfte anzurechnen, und zwar auch ein Versorgungsentgelt oder das Elterngeld, letzeres wegen der Verwirkung gem. § 11 Satz 4 BEEG in voller Höhe. Die Anrechnung ist deswegen geboten, weil es sich nicht um eine Bedarfsberechnung, sondern um Sicherstellung des Existenzminimums handelt. Ferner ist es möglich, bereits erzieltes Einkommen des Unterhaltsberechtigten in vollem Umfang bedarfsprägend zu berücksichtigen, auch wenn es aus unzumutbarer Erwerbstätigkeit stammt. Schließlich ist auch zu prüfen, ob angemessene Betreuungsmöglichkeiten für das Kind bestehen, z.B. durch den Besuch eines Kindergartens, durch Betreuung seitens naher Angehöriger wie Großeltern oder durch den neuen Partner des Berechtigten. Hier ist jedoch besondere Vorsicht geboten. Über die Verwirkung darf nicht über das Umgangsrecht bestimmt werden. Das Umgangsrecht richtet sich nach dem Kindeswohl und nicht nach unterhaltsrechtlichen Gesichtspunkten. Wenn unter Berücksichtigung des Kindeswohls eine Betreuung durch die Großeltern nicht in Betracht kommt, darf dies auch nicht über die Verwirkung erzwungen werden. Gleiches gilt für die Betreuung durch den neuen Lebenspartner. Wenn der Unterhaltsberechtigte ernstzunehmende Gründe vorträgt, nach denen die Kinderbetreuung durch den neuen Lebenspartner nicht in Betracht kommt, muss dem Rechnung getragen werden. Ändert sich die Betreuungsbedürftigkeit des Kindes und damit auch die Erwerbsobliegenheit des Unterhaltsberechtigten, ist es durchaus möglich, die Verwirkung im Hinblick auf die nunmehr reduzierten Kindeswohlinteressen erneut zu prüfen und im Rahmen eines Abänderungsverfahrens den Verwirkungsgesichtspunkt im Hinblick darauf stärker durchschlagen zu lassen.

602

1080 BGH, FamRZ 1991, 670.
1081 OLG Düsseldorf, FamRZ 1997, 1159.
1082 BGH, FamRZ 1986, 670; BGH, FamRZ 1988, 930; BGH, FamRZ 1986, 889; BGH, FamRZ 2002, 810.
1083 BGH, FamRZ 1984, 986.
1084 BGH, FamRZ 1998, 541; BGH, FamRZ 1997, 671.

6. Rechtsfolgen

603 Der Unterhaltsanspruch kann betragsmäßig herabgesetzt oder zeitlich begrenzt werden. Außerdem ist auch sein völliger Wegfall möglich. Welche dieser Sanktionen unter Berücksichtigung aller Umstände der Billigkeit entsprechen, ist aufgrund einer Gesamtwürdigung vorzunehmen. Entscheidend ist, welche dieser Maßnahmen dem Unterhaltsverpflichteten aufgrund einer Abwägung aller Gesamtumstände zumutbar sind.

7. Wiederaufleben des Unterhaltsanspruchs

604 Ein Wiederaufleben des Unterhaltsanspruchs kommt insb. dann in Betracht, wenn der Unterhalt wegen Zusammenlebens mit einem neuen Partner oder wegen massiver Behinderung des Umgangsrechts verwirkt war. Gibt er diese Beziehung auf oder ändern sich die Umstände bezüglich des Umgangsrechts, die vor Eintritt der die Unzumutbarkeit begründeten Umstände bestanden haben,[1085] ist eine neue Prüfung der Verwirkungsfrage vorzunehmen. Dabei sind alle Umstände zu berücksichtigen, die die neue Billigkeitsabwägung beeinflussen können. Bei der Beendigung der verfestigten Lebensgemeinschaft lebt ein versagter Unterhaltsanspruch regelmäßig im Interesse gemeinsamer Kinder als Betreuungsunterhalt wieder auf. Für andere Unterhaltstatbestände gilt dies nur dann, wenn trotz der für eine gewisse Zeit verfestigten neuen Lebensgemeinschaft noch ein Maß an nachehelicher Solidarität vorhanden ist, so dass sich im Ausnahmefall eine weiter gehende nacheheliche Unterhaltspflicht rechtfertigen kann.[1086] Eine wesentliche Bedeutung kommt insb. dem Zeitfaktor, d.h. der Ehedauer zu, weil diese eine die Grundlage der Unterhaltspflicht verstärkende Wirkung hat.[1087] Je länger der Pflichtige gar keinen oder nur reduzierten Unterhalt gezahlt hat, desto härter wird ihn ein Wiederaufleben des alten Unterhaltsanspruchs treffen.[1088]

605 Bei anderen Härtegründen wird ein Wiederaufleben des Unterhaltsanspruchs im Regelfall nicht in Betracht kommen. Eine Ausnahme kann sich dann ergeben, wenn der Unterhaltsverpflichtete dem Unterhaltsberechtigten den Vorfall, der zur Verwirkung des Unterhaltstatbestands geführt hat, verziehen hat.

8. Darlegungs- und Beweislast

606 Für die tatsächlichen Voraussetzungen des jeweils behaupteten Verwirkungstatbestands wie auch für alle die grobe Unbilligkeit begründenden Tatsachen trägt der Unterhaltsschuldner die Darlegungs- und Beweislast.[1089] Geht es um die Einseitigkeit des Fehlverhaltens gilt allerdings die sekundäre Darlegungslast. Der Unterhaltsschuldner muss das Vorbringen des Unterhaltsgläubigers, das im Fall der Richtigkeit gegen die Annahme eines einseitigen Fehlverhaltens sprechen würde, widerlegen. Dies ist aber nur dann erforderlich, wenn das Vorbringen hinreichend substanziiert ist. Lässt sich dies mangels Bestimmtheit nicht widerlegen, würde der Pflichtige in unüberwindliche Beweisschwierigkeiten gebracht, so dass eine Widerlegung nicht erforderlich ist. Vielmehr ist das Vorbringen des Unterhaltsberechtigten unbeachtlich (vgl. Rdn. 595).

1085 BGH, FamRZ 1987, 689.
1086 BGH, FuR 2012, 83.
1087 BGH, FamRZ 1987, 689.
1088 BGH, FamRZ 1987, 689.
1089 BGH, FamRZ 1991, 670.

Kapitel 5 Elternunterhalt

Übersicht	Rdn.
A. Einleitung	1
B. Tatbestand und Bedürftigkeit	4
I. Voraussetzungen des Unterhaltsanspruchs	4
1. Bedarf	5
a) Eltern im eigenen Haushalt	9
b) Eltern im Pflege- oder Altenheim	11
2. Bedürftigkeit	19
a) Einkommen	20
b) Vermögen	28
3. Leistungsfähigkeit	36

Übersicht	Rdn.
a) Einkommensermittlung	38
b) Einkommensbereinigung	49
c) Rangverhältnis	53
d) Selbstbehalt	56
aa) Unverheiratete Kinder	59
bb) Berechnung bei verheirateten Unterhaltspflichtigen	61
e) Mehrere Unterhaltspflichtige	70
II. Verwirkung	73
C. Auskunftsansprüche	79
D. Anspruchsübergang auf Sozialhilfeträger	82

A. Einleitung

Nach § 1601 BGB sind Verwandte in gerader Linie verpflichtet, einander Unterhalt zu gewähren. Dazu bestimmt § 1589 Satz 1 BGB, dass Personen dann in gerader Linie miteinander verwandt sind, wenn eine Person von der anderen abstammt, weshalb nach deutschem Recht nicht nur die Eltern den Kindern zum Unterhalt verpflichtet sind (**Deszendentenunterhalt**), sondern auch die Kinder ihren Eltern (**Aszendentenunterhalt**). Da § 1601 BGB keine Einschränkung im Hinblick auf den Grad der Verwandtschaft beinhaltet, können auch die Enkel ihren Großeltern bzw. die Großeltern ihren Enkeln ggü. unterhaltspflichtig sein, wobei allerdings § 1606 Abs. 1 BGB einen Vorrang des Kindes- vor dem Elternunterhalt und Abs. 2 einen Vorrang des näher Verwandten vor dem entfernteren begründet. 1

Während der Großeltern- und Enkelunterhalt keine praktische Bedeutung hat, hat der Elternunterhalt angesichts der mit der demografischen Entwicklung verbundenen Steigerung der Lebenserwartung sowie der Kostensteigerungen im Pflegebereich mittlerweile einen erheblichen Stellenwert erlangt, was nicht zuletzt aus der Fülle von veröffentlichter Rechtsprechung zu diesem Thema in den letzten Jahren ersichtlich wird. Dabei wird der Elternunterhaltsanspruch zumeist nicht unmittelbar von den Eltern, sondern von den Trägern der Sozialhilfe geltend gemacht, auf die nach entsprechenden Leistungen der gesetzliche Unterhaltsanspruch gem. § 94 SGB XII übergegangen ist. Insoweit hat das Angehörigenentlastungsgesetz vom 10.12.2019[1] allerdings zu einem grundlegenden Systemwechsel geführt, indem nunmehr Unterhaltsansprüche gegenüber Eltern und Kindern unberücksichtigt bleiben, sofern deren jeweiliges Gesamteinkommen die Einkommensgrenze von 100.000 € jährlich nicht übersteigt. Dies dürfte einen erheblichen Bedeutungsverlust des Elternunterhalts zur Folge haben. 2

Der Elternunterhalt ist vergleichsweise **schwach** ausgeprägt. So stehen die Unterhaltsansprüche der Eltern gem. § 1609 BGB erst an 6. und vorletzter Stelle der Rangordnung und somit hinter denen der Kinder, Ehegatten, Enkelkinder und weiterer Angehöriger. Auch ist der Selbstbehalt ihnen ggü. nach den Unterhaltsrechtlichen Leitlinien aller Oberlandesgerichte mit derzeit 1.800 € deutlich höher als der ggü. anderen Unterhaltsberechtigten. 3

B. Tatbestand und Bedürftigkeit

I. Voraussetzungen des Unterhaltsanspruchs

Die Voraussetzungen des Unterhaltsanspruchs der Eltern unterscheiden sich grds. nicht von denen anderer Verwandter, etwa der Kinder. Der Anspruch setzt also voraus, dass die Eltern außerstande sind, sich selbst zu unterhalten (§ 1602 Abs. 1 BGB) und dass das in Anspruch genommene Kind ohne Gefährdung seines eigenen angemessenen Unterhalts bei Berücksichtigung seiner sonstigen Verpflichtungen zur Unterhaltsleistung in der Lage ist (§ 1603 Abs. 1 BGB). 4

---

1 BGBl I 2019, S. 2135.

1. Bedarf

5 Der Bedarf der Eltern bestimmt sich gem. § 1610 BGB nach der Lebensstellung des Bedürftigen (**angemessener Unterhalt**). Das bedeutet, dass – anders als bei Kindern, deren Bedarf vom Unterhaltspflichtigen abgeleitet ist – auf die Einkommens- und Vermögensverhältnisse der Eltern abzustellen ist. Dabei ändert sich der Lebenszuschnitt mit dem Eintritt in den Ruhestand, weil dieser i.d.R. mit erheblichen Einkommenseinbußen verbunden ist.[2] Maßgeblich sind daher allein die vor der Inanspruchnahme von Unterhalt geltenden Umstände, nicht die früheren Verhältnisse.[3] Eine Lebensstandardgarantie gibt es somit nicht.

6 Unterste Grenze ist der **Mindestbedarf**, der dem sozialhilferechtlichen Existenzminimum entspricht.

7 Neben den Aufwendungen für die Unterkunft, Verpflegung, Kleidung sowie der Kranken- und Pflegeversicherung[4] rechnet zum Bedarf auch der **Mehrbedarf**, der sich etwa durch die Notwendigkeit des Erwerbs von Medikamenten, der Einnahme von Diätkost[5] oder der Notwendigkeit der Einstellung einer Haushaltshilfe[6] ergeben kann. Ggf. wird der Bedarf im Fall der im Heim lebenden Eltern durch die Kosten der Heimunterbringung bestimmt. Entstehen dort auf Grund körperlicher Probleme Mehrkosten, sind diese gleichfalls Mehrbedarf.[7]

8 I.Ü. sind für die Bedarfsermittlung zwei Fallgruppen zu unterscheiden:

a) Eltern im eigenen Haushalt

9 Leben die Eltern oder ein Elternteil im eigenen Haushalt, bestimmt sich ihr Bedarf nach der jeweils situationsbedingten Lebensstellung. I.d.R. führt das dazu, dass als Elementarunterhalt nur der Mindestunterhalt von derzeit (seit dem 01.01.2020) 960 € beansprucht werden kann.[8] Selbst dann, wenn sich die Lebenssituation der Eltern schlagartig – etwa als Folge eines Unfalls – verändert hat, wird der Bedarf nach einer Übergangszeit,[9] die sich nach den früheren Lebensverhältnissen bestimmt, auf das Minimum beschränkt.

10 Fallen beim Leben im eigenen Haushalt notwendige Pflegekosten an, so stellen diese einen Mehrbedarf dar, der gesondert geltend zu machen ist. Solange der Elternteil in der Lage ist, sich in einem eigenständigen Haushalt – sei es auch nur unter Zuhilfenahme ambulanter Hilfen – selbst zu versorgen, darf er unterhaltsrechtlich nicht in ein Heim übersiedeln,[10] denn die Unterbringung in einem Heim ist stets teurer als das Leben in der eigenen Wohnung.

b) Eltern im Pflege- oder Altenheim

11 Befinden sich die Eltern im Alten- oder Pflegeheim so besteht der Unterhaltsbedarf i.H.d. notwendigen **Heim- oder Pflegekosten**,[11] wobei die Notwendigkeit der Unterbringung durch die Zuerkennung eines Pflegestufe bzw. eines Pflegegrades indiziert wird.[12] Dabei stellen diese Kosten den laufenden Bedarf und nicht etwa Mehr- oder Sonderbedarf dar. Denn die Lebensstellung der

---

2 BGH, FamRZ 2003, 860.
3 OLG Hamm, FamRZ 2006, 57.
4 BGH, FamRZ 2003, 860.
5 OLG Karlsruhe, FamRZ 1998, 1435.
6 OLG Köln, FamRZ 1980, 1006.
7 BGH, FamRZ 2018, 1903; OLG Düsseldorf, FamRZ 2018, 103 für die Unterbringung in einer Gehörlosengruppe.
8 Unterhaltsprozess/*Hilbig-Lugani*, Kap. 2 Rn. 1202.
9 BGH, FamRZ 2003, 860.
10 Unterhaltsprozess/*Hilbig-Lugani*, Kap. 2 Rn. 1211.
11 BGH, FamRZ 2013, 203; BGH, FamRZ 2004, 186; BGH, FamRZ 2004, 1184.
12 *Viefhues*, FuR 2020, 190.

im Heim untergebrachten Eltern hat sich mit dem Eintritt der Pflegebedürftigkeit geändert.[13] Das führt dazu, dass ein an der früher besseren Lebensstellung orientierter höherer Standard grds. nicht angemessen ist.[14] Auch der Lebensstandard des unterhaltspflichtigen Kindes hat auf den Unterhaltsbedarf keinen Einfluss, weil die Lebensstellung der Eltern eine selbstständige ist und sich nicht von derjenigen ihres Kindes ableitet.[15]

Angesichts des Umstands, dass die Kosten der Heimunterbringung deutlich über denen der ambulanten Pflege liegen und i.Ü. auch – nicht nur regional – von Heim zu Heim erheblich voneinander abweichen können, stellt sich die Frage, in welcher Höhe die Kosten vom Unterhaltspflichtigen zu tragen sind. Dabei sind die Belange des Unterhaltspflichtigen und diejenigen der Unterhaltsberechtigten gegeneinander abzuwägen. 12

Unter den in Betracht kommenden Heimen ist grds. dasjenige auszuwählen, dessen Standard am ehesten dem Lebensstandard der Eltern entspricht,[16] wobei ihnen dann, wenn sie die Wahl unter mehreren Heimen im unteren Preissegment haben, ein Ermessensspielraum zusteht; die Kosten der Heimunterbringung sind nicht das einzige Auswahlkriterium.[17] Wählt der Elternteil ein teureres Heim, so schuldet der Unterhaltspflichtige nur die Kosten der Unterbringung in einer angemessenen Einrichtung. Etwas anderes kann ausnahmsweise dann gelten, wenn dem Elternteil die Wahl eines preisgünstigeren Heimes nicht zumutbar war, was etwa dann der Fall sein kann, wenn er die Heimunterbringung zunächst noch selbst finanzieren konnte und ein Umzug nicht mehr erwartet werden kann oder wenn das Kind die Wahl des Heimes selbst mit beeinflusst hat.[18] Dasselbe gilt, wenn im zeitlichen Zusammenhang mit dem Entstehen des Unterhaltsbedarfs keine anderweitigen freien Plätze verfügbar waren.[19] 13

Dem Unterhaltsberechtigten obliegt es, den Nachweis zu erbringen, dass die Heimunterbringung erforderlich war und die Kosten angemessen sind.[20] Angesichts der Bandbreite der von der Sozialhilfe anerkannten Pflegekosten und Kosten der Unterkunft können sozialhilferechtliche Kriterien dabei zwar einen Anhalt für die Angemessenheit bieten, doch kann aus der sozialhilferechtlichen Anerkennung nicht zwingend auf die unterhaltsrechtliche Notwendigkeit geschlossen werden.[21] 14

Den Unterhaltspflichtigen trifft andererseits die Pflicht, das Erfordernis der Kosten substanziiert zu bestreiten. Dazu hat er die alternative Möglichkeit einer kostengünstigeren Unterbringung **konkret** darzulegen.[22] Hat er ein kostengünstigeres Heim benannt, ist es wiederum Aufgabe des Unterhaltsberechtigten, die Notwendigkeit der Kosten darzulegen und zu beweisen. Insofern bleibt es bei der Darlegungs- und Beweislast für den Lebensbedarf bei dem Unterhaltsberechtigten bzw. dem Sozialhilfeträger.[23] Leidet der Elternteil unter einer psychischen Erkrankung genügt der Unterhaltspflichtige seiner Pflicht zum substantiierten Bestreiten, wenn er konkrete kostengünstigere Heime benennt, die bereit wären, den Unterhaltsberechtigten trotz seines Krankheitsbildes aufzunehmen. Dieser hat dann die besonderen Gründe darzulegen und zu beweisen, aus denen sich ergibt, dass die Wahl dieses Heimes ihm nicht zumutbar war.[24] Allein der Umstand, dass der Anspruch gem. § 94 SGB XII auf einen Sozialhilfeträger übergegangen ist, ändert im Übrigen an der Darlegungs- und Beweislast nichts.[25] 15

---

13 BGH, FamRZ 2002, 1698; BGH, FamRZ 2004, 370.
14 BGH, FamRZ 2015, 2138; BGH, FamRZ 2013, 203.
15 BGH, FamRZ 2015, 2138; BGH, FamRZ 2013, 203.
16 OLG Schleswig, NJW-RR 2004, 866.
17 BGH, FamRZ 2015, 2138.
18 BGH, FamRZ 2018, 1903; BGH, FamRZ 2015, 2138; BGH, FamRZ 2013, 203.
19 BGH, FamRZ 2015, 2138.
20 *Brudermüller*, NJW 2004, 633, 634.
21 BGH, FamRZ 2013, 203; BGH, FamRZ 2004, 1184.
22 BGH, FamRZ 2013, 203; BGH, FamRZ 2002, 1698.
23 BGH, FamRZ 2015, 2138.
24 OLG Celle, NJW-RR 2018, 965.
25 BGH, FamRZ 2013, 203.

16 I.R.d. somit notwendigen Ermittlung der Heimkosten sind die Investitionskosten, die häufig auf die Bewohner umgelegt werden, dann, wenn und soweit diesen ein Pflegewohngeld gewährt wird, unberücksichtigt zu lassen. Denn bei dem Pflegewohngeld handelt es sich um einen bewohnerorientierten Aufwendungszuschuss für die Investitionskosten vollstationärer Dauerpflegeeinrichtungen, der nur bezogen auf die konkrete Einrichtung, in der sich der Unterhaltsbedürftige befindet, gezahlt wird und deshalb ggü. der Unterhaltspflicht der Kinder nicht subsidiär ist. Deshalb findet § 94 SGB XII keine Anwendung, so dass der Anspruch insoweit nicht auf den Sozialhilfeträger übergeht.[26]

17 Neben den Kosten der Heimunterbringung zählt nach der Rechtsprechung des BGH auch der **Barbetrag** nach § 27b Abs. 2 Satz 1 SGB XII zum unterhaltsrechtlichen Bedarf. Denn der in einem Heim lebende Unterhaltsberechtigte ist darauf angewiesen, zur Deckung seiner persönlichen Bedürfnisse, die von den Leistungen der Einrichtung nicht umfasst sind, über bare Mittel verfügen zu können, weil er andernfalls nicht in der Lage wäre, Aufwendungen für Körper- und Kleiderpflege, Zeitschriften oder Schreibmaterial zu bestreiten oder sonstige Kleinigkeiten des täglichen Lebens zu finanzieren.[27] Als Barbetrag können die in einer Einrichtung lebenden Personen mindestens 27 % der Regelbedarfsstufe 1 beanspruchen.

18 Hinsichtlich des Bedarfs ist somit zu unterscheiden:

Eltern leben im eigenen Haushalt	Eltern werden stationär betreut
Bedarf ergibt sich aus der situationsbedingten Lebensstellung und entspricht wenigstens dem Mindestbedarf	Der Bedarf entspricht den angemessenen Pflegekosten zuzüglich eines angemessenen Barbedarfs

2. Bedürftigkeit

19 Unterhaltsberechtigt ist nach § 1602 Abs. 1 BGB nur, wer außerstande ist, sich selbst zu unterhalten. Deshalb scheidet die Inanspruchnahme der Kinder aus, wenn und soweit die Eltern über eigenes Einkommen und Vermögen verfügen.

a) Einkommen

20 Vorrangig anzurechnen sind alle Einkünfte der Eltern, z.B. aus Renten, Pensionen, ggf. auch Erwerbstätigkeit oder Vermögen. Dasselbe gilt für Leistungen aus der gesetzlichen **Pflegeversicherung** oder die **Grundsicherung** im Alter nach §§ 41 ff. SGB XII. Die Grundsicherung in Anspruch zu nehmen stellt eine unterhaltsrechtliche Obliegenheit der Eltern dar. Rechtsmittel gegen einen die Grundsicherung ablehnenden Bescheid müssen aber nur dann eingelegt werden, wenn von vornherein hinreichende Aussicht auf Erfolg besteht.[28]

21 Die Grundsicherung im Alter erfasst außer dem Regelbedarf auch Zusatzbedarfe, unter anderem für Aufwendungen für Unterkunft und Heizung. Befindet sich der Unterhaltsbedürftige in einer Einrichtung, so sind als Kosten für die Unterkunft und Heizung Beträge in Höhe der durchschnittlichen angemessenen tatsächlichen Aufwendungen für die Warmmiete eines Einpersonenhaushalts im Bereich des zuständigen Sozialhilfeträgers zugrunde zu legen (§ 42 Nr. 4 SGB XII). Die durch das Leben in einer Einrichtung anfallenden deutlich höheren Kosten werden von der Grundsicherung dagegen nicht abgedeckt, weshalb die Grundsicherung nicht zu einer vollständigen Entlastung des unterhaltspflichtigen Kindes führen kann.

22 Das Bestehen eines Unterhaltsanspruchs gegen ein Kind lässt den Anspruch auf Grundsicherung nur dann entfallen, wenn dessen jährliches Gesamteinkommen unter einem Betrag von 100.000 € liegt

---

26 BGH, FamRZ 2015, 2138.
27 BGH, FamRZ 2013, 203; BGH, FamRZ 2010, 1535.
28 BGH, FamRZ 2015, 1467.

(§ 43 Abs. 2 SGB XII). Hat der Unterhaltsberechtigte mehrere Kinder, so tritt eine Nichtberücksichtigung von Unterhaltsansprüchen nur dann ein, wenn keines der Kinder ein jährliches Gesamteinkommen von 100.000 € oder mehr erzielt.[29]

Wohngeld stellt gem. § 1 WohnGG eine nicht subsidiäre staatliche Sozialleistung dar, die als Einkommen zu berücksichtigen ist. Die Anrechnungsmöglichkeit entfällt allerdings insoweit, als das Wohngeld dazu dient, einen unvermeidbaren erhöhten Wohnkostenbedarf zu decken.[30] Entspricht also die nach den Unterhaltstabellen eingerechnete Warmmiete nicht den tatsächlichen Verhältnissen, dient das Wohngeld zunächst dazu, die Differenz zwischen den tatsächlichen Kosten des Wohnens und den angemessenen Wohnkosten zu decken. Der Rest ist anrechnungsfähiges Einkommen. 23

Kein unterhaltsrechtlich berücksichtigungsfähiges Einkommen ist die nachrangig gewährte **Sozialhilfe**.[31] Anderes gilt für **Leistungen für Kindererziehung** nach §§ 294 ff. SGB VI, die zwar nach § 299 SGB VI im Hinblick auf Sozialleistungen anrechnungsfrei sind, nicht aber für die Unterhaltspflicht nach bürgerlichem Recht.[32] 24

Zum Einkommen rechnen auch **Sach- und Dienstleistungen**. Haben die Eltern ihre Immobilie zu Lebzeiten gegen die Vereinbarung von Pflegeleistungen übertragen, ist diese Vereinbarung dahin gehend zu überprüfen, ob sie auch die Stellung von Sachleistungen beinhaltet. Ist das der Fall, kann wegen ersparter Aufwendungen ein vorrangig geltend zu machender Anspruch der Eltern gegen den aus der Vereinbarung Verpflichteten bestehen.[33] 25

Die Übernahme der **Pflegeverpflichtung** selbst wird allerdings regelmäßig dahin gehend auszulegen sein, dass die Pflegeleistung persönlich zu erbringen ist, so dass sie im Fall der Heimunterbringung entfällt und nicht durch einen Zahlungsanspruch ersetzt wird.[34] 26

Vorrangige Unterhaltsansprüche – etwa gegen den leistungsfähigen Ehegatten (§§ 1608, 1584 BGB) – mindern den Bedarf des Elternteils. 27

b) Vermögen

Sofern die Eltern über Vermögen verfügen, ist dieses zu verwerten, soweit ihnen dies auch unter **Wirtschaftlichkeitsgesichtspunkten** zumutbar ist.[35] Die Unzumutbarkeit der Vermögensverwertung kann sich bspw. daraus ergeben, dass der fragliche Vermögensgegenstand aktuell und zeitweise nur schlecht und mit hohen Verlusten zu veräußern ist. In diesen Fällen kann dem Unterhaltspflichtigen im Einzelfall zuzumuten sein, die Zeit bis zu einer wirtschaftlich sinnvollen Verwertung zu überbrücken. 28

Sind die Eltern Mitglieder einer ungeteilten **Erbengemeinschaft**, muss der sich daraus ergebende Auseinandersetzungsanspruch vor der Inanspruchnahme der Kinder genutzt werden.[36] 29

Zum Vermögen gehören auch Ansprüche auf **Rückgewähr geschenkten Vermögens**.[37] Nach § 528 Abs. 1 BGB kann der Schenker von dem Beschenkten Herausgabe des Geschenks nach den Vorschriften über die ungerechtfertigte Bereicherung beanspruchen, wenn er nach der Vollziehung der Schenkung außerstande ist, seinen angemessenen Unterhalt zu bestreiten. Der Rückforderungsanspruch setzt 30

---

29 BGH, FamRZ 2015, 1467.
30 BGH, FamRZ 2003, 860.
31 *Brudermüller*, NJW 2004, 633, 634.
32 BGH, FamRZ 2013, 203.
33 *Hauß*, FamRB 2010, 275.
34 BGH, FamRZ 2010, 554.
35 BGH, FamRZ 2004, 370.
36 BGH, FamRZ 2006, 935.
37 BGH, FamRZ 2019, 885.

somit die eigene Unterhaltsbedürftigkeit der Eltern voraus,[38] die im Fall der Gewährung von Sozialhilfe ohne weiteres anzunehmen ist. Grenzen sind dem Rückgewähranspruch allerdings zum einen durch § 818 Abs. 3 BGB und zum anderen durch § 529 BGB gesetzt. Das bedeutet, dass der Beschenkte das zugewandte Vermögen auch im Fall der Verarmung des Schenkers nicht zwingend zurückgeben muss. Er ist nach § 528 Abs. 1 Satz 2 BGB grds. berechtigt, die Herausgabe durch Zahlung des für den Unterhalt erforderlichen Betrages abzuwenden. Kann er auch diesen nicht leisten, ohne seinen standesgemäßen Unterhalt oder die Erfüllung seiner ihm kraft Gesetzes obliegenden Unterhaltspflichten zu gefährden, ist er nach § 529 Abs. 2 BGB von dem Rückforderungsanspruch frei. Dabei entspricht der »standesgemäße Unterhalt« dem »angemessenen Unterhalt«.[39] Bspw. einer Darlehensaufnahme für die Erfüllung des Rückforderungsanspruchs bedarf es deshalb nicht.

31 Unabhängig davon bedarf es der Rückforderung geschenkten Vermögens dann nicht, wenn mit der Rückgewähr keine Verbesserung der unterhaltsrechtlichen Leistungsfähigkeit verbunden ist und der Rückforderungsanspruch seinen Zweck damit nicht erfüllt. Das ist konkret für einen Fall entschieden worden, in dem die Eltern das Eigentum an ihrer Immobilie zwar schenkweise auf die Kinder übertragen, sich selbst jedoch den Nießbrauch vorbehalten haben. In diesem Fall hat der BGH lediglich eine Nutzungsobliegenheit bejaht, die durch den Nießbrauch dinglich abgesichert und im Rahmen der Unterhaltsberechnung als Einkommen der Eltern zu berücksichtigen ist.[40] Im Fall einer gemischten Schenkung kommt eine Rückforderung dann nicht in Betracht, wenn der für die Immobilie gezahlte Preis nicht wesentlich unter dem Marktwert liegt und der teilweise Beschenkte mit der wenn auch verminderten Zahlung die drohende Zwangsversteigerung hat abwenden wollen.[41]

32 Ausnahmen von der Verpflichtung der vorrangigen Vermögensverwertung bilden i.Ü. einmal der sog. »**Notgroschen**« und unter Umständen das eigene Hausgrundstück.

33 Dem Unterhaltsberechtigten ist als »Notgroschen« eine gewisse Vermögensreserve zu belassen, mit der er einen plötzlich auftretenden Bedarf decken kann.[42] Das ihm zu belassende Barvermögen ist identisch mit dem sozialhilferechtlich geschützten (§ 90 Abs. 2 Nr. 9 SGB XII) und beträgt seit der am 01.04.2017 in Kraft getretenen Änderung der VO zur Durchführung des § 90 Abs. 2 Nr. 9 SGB XII 5.000 € pro Person.[43]

34 Das einsetzbare Vermögen kann mithilfe der steuerrechtlichen Bewertungsvorschriften in eine bedarfsdeckende Monatsrente umgerechnet werden. Nach der Tabelle 9 zu § 14 Bewertungsgesetz erfolgt die Umrechnung nach der Formel: **Kapital: 12: Kapitalisierungsfaktor = monatliche Rente**.[44]

35 Probleme bereitet die Verpflichtung der **Verwertung von Immobilien**. Lebt nur noch ein Elternteil und verfügt der über ein Hausgrundstück, so wird ihm dessen Verwertung regelmäßig auch dann zuzumuten sein, wenn er dieses selbst nutzt.[45] Anderes kann dann gelten, wenn in dem Haus noch der andere Ehegatte lebt. In dem Fall ist zu prüfen, ob diesem ein Umzug in eine kleinere und damit preiswertere Wohnung zuzumuten ist.[46] I.Ü. kann der im Haus lebende Ehegatte die Veräußerung faktisch etwa durch Verweigerung der zumeist nach § 1365 Abs. 1 Satz 1 BGB erforderlichen Genehmigung erschweren bis unmöglich machen.

---

38 BGH, FamRZ 1996, 483.
39 OLG Köln, FamRZ 2017, 1313.
40 BGH, FamRZ 2019, 885.
41 OLG Hamm, FamRZ 2018, 434.
42 BGH, FamRZ 2004, 370.
43 vgl. *Viefhues*, FuR 2020, 190, 191.
44 Vgl. OLG Düsseldorf, FamRZ 2011, 982.
45 Luthin/Koch/*Wellenhofer*, Kap. 5 Rn. 5019; *Brudermüller*, NJW 2004, 633, 635.
46 Unterhaltsprozess/*Hilbig-Lugani*, Kap. 2 Rn. 1291.

3. Leistungsfähigkeit

Da der Elternunterhalt zum Verwandtenunterhalt i.S.d. §§ 1601 ff. BGB rechnet, bestimmt sich die Leistungsfähigkeit des Unterhaltsschuldners nach § 1603 Abs. 1 BGB. Danach ist derjenige nicht unterhaltspflichtig, der bei Berücksichtigung seiner sonstigen Verpflichtungen außerstande ist, ohne Gefährdung seines angemessenen Unterhalts den Unterhalt zu gewähren.

I.R.d. Prüfung der Leistungsfähigkeit ist wie folgt vorzugehen:

▶ Checkliste

☐ Es ist das im Zeitpunkt des Bedarfs erzielte oder erzielbare Einkommen zu ermitteln.
☐ Dieses ist regelmäßig um den gesamten tatsächlichen Bedarf zu bereinigen.
☐ Sodann sind die Unterhaltsverpflichtungen ggü. vorrangig Berechtigten abzuziehen.
☐ Die Differenz zwischen dem dann verbleibenden Betrag und dem ggü. den Eltern erhöhten Selbstbehalt bestimmt die Leistungsfähigkeit.
☐ Besonderheiten ergeben sich bei verheirateten Unterhaltspflichtigen.

a) Einkommensermittlung

Die Einkommensermittlung unterscheidet sich nicht grds. von der i.R.d. Kindesunterhalts. Es gilt auch hier das **Zuflussprinzip**, weshalb maßgeblich auf das dem Unterhaltspflichtigen zufließende Einkommen abzüglich Steuern und Sozialabgaben abzustellen ist.[47]

Das unterhaltspflichtige Kind ist auch hier gehalten, **steuerliche Vorteile** in Anspruch zu nehmen. Insoweit ist vorrangig an die Geltendmachung der Unterstützung von Angehörigen und die Pflegepauschale nach § 33b Abs. 6 EStG zu denken.

Ist das unterhaltspflichtige Kind verheiratet und wird es nach Steuerklasse III, sein Ehegatte dagegen nach Steuerklasse V veranlagt, hat eine fiktive Steuerberechnung stattzufinden, um die mit der Zusammenveranlagung verbundene Steuerbegünstigung bezogen auf die Unterhaltspflicht angemessen zu verteilen. Dabei ist es erforderlich, in Anlehnung an § 270 AO zunächst die fiktive Steuerlast bei einer Einzelveranlagung zu ermitteln. Danach ist die Relation der individuellen Steuerlast des Unterhaltspflichtigen zur Gesamtsteuerlast zu ermitteln und anhand dieses prozentualen Anteils sein Anteil an der Steuerlast nach Zusammenveranlagung zu berechnen.[48]

Überstundenvergütungen zählen hier wie auch sonst zum unterhaltsrelevanten Einkommen dann, wenn Überstunden nur in geringem Umfang anfallen oder wenn sie in dem angefallenen Umfang im ausgeübten Beruf üblich sind, wobei es dem Unterhaltspflichtigen obliegt, die Umstände darzulegen und ggf. zu beweisen, aus denen sich die Rechtfertigung ergibt, sie im Einzelfall unberücksichtigt zu lassen.[49]

Auch im Verhältnis zu den unterhaltsberechtigten Eltern kann eine **Erwerbsobliegenheit** bestehen, die die Anrechnung fiktiver Einkünfte rechtfertigen kann. Die Anforderungen sind jedoch nicht mit denen ggü. minderjährigen Kindern gleichzusetzen. So ist eine ihr eigenes Kind betreuende Mutter ggü. ihrem Elternteil auch dann nicht zur Aufnahme einer Erwerbstätigkeit verpflichtet, wenn das Kind das dritte Lebensjahr vollendet hat.[50] Auch eine Ehefrau, die den Haushalt ihrer Familie führt, ist nach Beendigung der Kinderbetreuung regelmäßig nicht gehalten, wieder einer Erwerbstätigkeit nachzugehen, um Unterhalt für die Eltern leisten zu können,[51] da sie mit der Haushaltsführung ihre vorrangige Unterhaltspflicht ggü. dem Ehemann erfüllt. Nicht erwerbspflichtig

---

47 BGH, FamRZ 2004, 186.
48 BGH, FamRZ 2015, 1594.
49 BGH, FamRZ 2004, 186.
50 Luthin/Koch/*Wellenhofer*, Kap. 5 Rn. 5026.
51 OLG Köln, FamRZ 2000, 437.

sind auch solche Kinder, die ihrerseits schon das Rentenalter erreicht haben oder sich schon im vorgerückten Alter befinden und seit Jahren nicht mehr erwerbstätig waren.[52]

43 Ist das in Anspruch genommene Kind seinerseits unterhaltsberechtigt, etwa ggü. dem Ehegatten, so wird sein eigener Unterhaltsbedarf gedeckt sein. In diesen Fällen kann auch das unter dem Selbstbehalt liegende **Taschengeld** einsatzpflichtig sein,[53] während das **Haushaltsgeld** nicht zum unterhaltsrelevanten Einkommen zählt.

44 Auch der Vorteil **kostenfreien Wohnens** im eigenen Haus stellt Einkommen dar. Anders als etwa i.R.d. Kindesunterhalts berechnet sich der anrechenbare Wohnvorteil hier aber nicht nach der im Fall der Fremdvermietung erzielbaren Miete; der Wohnvorteil ist vielmehr begrenzt auf die unter den konkreten Umständen ersparte Miete,[54] der um die nicht auf potenzielle Mieter umlegbaren Nebenkosten zu bereinigen ist.[55] Ob die Kosten auf einen Mieter umlegbar sind, kann regelmäßig nach §§ 1, 2 BetrKV beurteilt werden.[56] Abzuziehen sind ferner die sonstigen Hauslasten, also insb. die mit der Finanzierung verbundenen Kosten. Hinsichtlich der Abzugsfähigkeit der Tilgungsleistungen neben den Zinsen hat sich der **BGH** in einer Entscheidung v. 18.01.2017[57] für folgendes Modell entschieden:
– Die Tilgungsleistungen dienen, solange sie in einem angemessenen Verhältnis zu den Einkünften stehen, der Finanzierung des Wohnbedarfs. Würden sie unberücksichtigt bleiben, wäre der Unterhaltsschuldner zur Veräußerung der Immobilie gezwungen. Eine Verwertungsobliegenheit trifft ihn jedoch nicht.[58]
– Soweit die Belastungen nach Abzug der Zinsen den angemessenen Wohnvorteil nicht übersteigen, können sie deshalb in vollem Umfang vom Einkommen abgesetzt werden.
– Soweit sie den angemessenen Wohnvorteil übersteigen, stellen sie in erster Linie die sekundäre Altersversorgung des Unterhaltspflichtigen dar.
– Die Tilgungsleistungen sind dann auf die zu berücksichtigende sekundäre Altersvorsorge i.H.v. 5 % des Bruttoeinkommens anzurechnen.
– Die den Wohnwert und zusätzlich 5 % des Bruttoeinkommens übersteigenden Tilgungsleistungen sind grds. nicht absetzbar.
– Offen gelassen hat der BGH, ob auch dieser überschießende Betrag absetzbar ist, wenn dadurch die Immobilienfinanzierung gefährdet wäre oder wenn sich der Unterhaltspflichtige aus einem vor dem Bekanntwerden seiner Unterhaltspflicht abgeschlossenen Altersvorsorgevertrag nicht lösen oder diesen nicht beitragsfrei stellen kann.[59]

45 Ebenso wie auch in anderen Unterhaltsfällen hat das Kind sein **Vermögen** einzusetzen, um den Unterhaltsbedarf der Eltern zu decken.[60] Denn § 1603 Abs. 1 BGB unterscheidet nicht zwischen den unterschiedlichen Unterhaltsansprüchen. Grenzen sind der Verwertung des Vermögensstamms jedoch im Fall der Unzumutbarkeit sowie dann gesetzt, wenn nur noch das **Schonvermögen** verbleibt.

46 Unzumutbar ist die Verwertung des **Vermögensstamms** dann, wenn die Vermögensverwertung unvertretbar unwirtschaftlich wäre,[61] wenn sie den Schuldner von fortlaufenden Einkünften abschneiden würde, die er zur Erfüllung weiterer Unterhaltsansprüche, anderer Verbindlichkeiten oder

---

52 Unterhaltsprozess/*Hilbig-Lugani*, Kap. 2 Rn. 1299.
53 Vgl. u. Rdn. 44 m.w.N.
54 BGH, FamRZ 2017, 519; BGH, FamRZ 2015, 1172; BGH, FamRZ 2014, 636; BGH, FamRZ 2010, 1535; BGH, FamRZ 2003, 1179.
55 BGH, FamRZ 2014, 636; BGH, FamRZ 2009, 1300.
56 BGH, FamRZ 2014, 636.
57 BGH, FamRZ 2017, 519.
58 BGH, FamRZ 2003, 1179.
59 So: BGH, FamRZ 2013, 1554.
60 BGH, FamRZ 2013, 203; OLG München, FamRZ 2005, 299.
61 BGH, FamRZ 1986, 48, 50; OLG Düsseldorf, FamRZ 2012, 1651; OLG Nürnberg, FF 2012, 314.

seines eigenen angemessenen Bedarfs benötigt,[62] oder wenn das Vermögen aus der eigengenutzten, den jeweiligen Verhältnissen angemessenen Immobilie besteht.[63] Steht die Immobilie im Miteigentum beider Ehegatten, scheidet eine Verwertung ohnehin regelmäßig aus.[64] Die Immobilie stellt auch nicht geschütztes Altersvorsorgevermögen dar, sondern ist daneben gesondert geschützt.[65]

Dem unterhaltspflichtigen Kind ist daneben ein den Umständen des Einzelfalls gerecht werdendes **Schonvermögen** zu belassen. Eine feste Grenze gibt es nicht. Zu berücksichtigen sind dabei insb. die Lebenserwartung des Kindes, die ihm für die Altersversorgung verbleibende Zeit, die Höhe der zu erwartenden Rente, die Sicherheit seines Arbeitsplatzes sowie vorhandenes Wohneigentum.[66] Es muss dem Unterhaltspflichtigen möglich bleiben, aus seinem für die Altersvorsorge zurückgelegten Vermögen seinen eigenen angemessenen Unterhalt zu gewährleisten. Nur der Betrag, der hierfür nicht erforderlich ist, kann für den Elternunterhalt eingesetzt werden. Der für den Eigenbedarf benötigte Anteil wird dadurch ermittelt, dass das Kapital unter Berücksichtigung der statistischen Lebenserwartung des Unterhaltspflichtigen ab Erreichen der Regelaltersgrenze in eine Monatsrente umgerechnet wird, womit es seinem bestimmungsgemäßen Zweck zugeführt würde. Die Umrechnung des Kapitals in eine Rente hat der BGH[67] in Anlehnung an § 12 BewG durchgeführt.[68] Fehlt es an der Notwendigkeit der Berücksichtigung von Schonvermögen, weil die Existenz anderweitig abgesichert ist, wird kein Schonvermögen anerkannt.[69]   47

Daneben ist auch dem Unterhaltspflichtigen ein sog. »Notgroschen« zu belassen, der dazu dient, einen möglichen sich aus den Wechselfällen des Lebens ergebenden unerwarteten Bedarf zu befriedigen. Die Höhe dieses Betrages ist mindestens mit dem Schonbetrag nach § 90 Abs. 2 Nr. 9 SGB XII anzunehmen,[70] ist jedoch von den Umständen des Einzelfalls, den Einkommensverhältnissen und sonstigen Unterhaltsverpflichtungen, abhängig.[71]   48

b) Einkommensbereinigung

Weil das unterhaltspflichtige Kind sich weitaus weniger auf die Inanspruchnahme durch die Eltern einstellen kann und muss als ein Elternteil, ist sein Einkommen stärker zu bereinigen als dies i.R.d. Kindes- oder Ehegattenunterhalts der Fall ist.   49

Deshalb sind anerkannte Abzugsposten: 50
– **Wohnkosten** auch dann, wenn sie die in den Leitlinien festgelegten Richtwerte übersteigen,[72]
– **Zins- und Tilgungsleistungen**,[73] auch für Konsumentenkredite oder Leasingraten, sofern die Unterhaltsverpflichtung bei Aufnahme der Kredite nicht absehbar war;[74] dasselbe gilt für nicht anders finanzierbare Anschaffungen für den Beruf oder die allgemeine Lebensführung,[75]
– **Hausgeld** für Eigentumswohnungen,[76]

---

62 BGH, FamRZ 2013, 203; BGH, FamRZ 2013, 1554; OLG Hamm, FamRZ 2006, 885.
63 BGH, FamRZ 2013, 1554; BGH, FamRZ 2003, 1179.
64 OLG Frankfurt am Main, NJW-RR 1999, 731.
65 BGH, FamRZ 2013, 1554.
66 BGH, NJW 2006, 3344.
67 BGH, FamRZ 2013, 207.
68 Zur Kritik hieran: *Hauß*, FamRZ 2013, 206.
69 OLG Karlsruhe, FamRZ 2004, 292.
70 Vgl. oben Rdn 32.
71 BGH, FamRZ 2013, 1554.
72 BGH, FamRZ 2002, 1698.
73 BGH, FamRZ 2003, 1179.
74 OLG Karlsruhe, FamRZ 2015, 515.
75 OLG Hamm, FamRZ 2013, 1146.
76 BGH, FamRZ 2004, 792.

- Rücklagenbildung für ein älteres Wohnhaus,[77]
- Instandhaltungsmaßnahmen für das Eigenheim,[78]
- berufsbedingte Aufwendungen,
- Kosten der Besuche beim Unterhaltsberechtigten,[79]
- Krankenversicherungskosten einschließlich der Eigenbeteiligungen,[80]
- Altersvorsorgeaufwendungen i.H.v. 5 % des sozialversicherungspflichtigen Einkommens und von 25 % der sonstigen Erwerbseinkünfte,[81]
- bei verheirateten Unterhaltspflichtigen wird der Abzug einer zusätzlichen Altersversorgung für den nicht berufstätigen Ehegatten erwogen.[82]

51 Nicht abzuziehen sind dagegen die Aufwendungen für die private Haftpflicht- und Hausratsversicherung sowie die Rechtsschutzversicherung. Insoweit gilt nichts anderes als bei sonstigen Unterhaltsrechtsverhältnissen.[83]

52 Altersvorsorgeaufwendungen können bei dem nicht selbst unterhaltspflichtigen Ehegatten u.U. auch dann berücksichtigt werden, wenn dieser sich bereits im **Ruhestand** befindet.[84] Anderes gilt wiederum für den nicht erwerbstätigen verheirateten Unterhaltspflichtigen, der einen Bedarf für eine eigene Altersvorsorge nur dann hat, wenn die Absicherung durch den Ehegatten den Maßstäben der Altersvorsorge zum Elternunterhalt nicht genügt. Das bedeutet, dass er nicht hinreichend abgesichert wäre, wenn er nicht über eine zusätzliche Altersvorsorge verfügt, die 5 % seines Bruttoeinkommens unter Berücksichtigung einer jährlichen Kapitalverzinsung bezogen auf den Zeitraum vom Einstieg in das Erwerbsleben bis zum Beginn der Unterhaltsverpflichtung entspricht.[85]

c) Rangverhältnis

53 Der Unterhaltsanspruch der Eltern ist nur schwach ausgeprägt, weshalb er gem. § 1609 BGB auch erst an 6. Stelle zu berücksichtigen ist. Ihm ggü. vorrangig sind die Ansprüche der minderjährigen unverheirateten oder ihnen gleichstehenden Kinder, der Kinder betreuenden Unterhaltsberechtigten, der Ehegatten oder geschiedenen Ehegatten, die keine Kinder betreuen, der volljährigen Kinder und der Enkelkinder oder weiteren Abkömmlinge.

54 Vorrangig ist insb. also auch der Unterhaltsbedarf des mit dem Unterhaltspflichtigen zusammenlebenden Ehegatten, dem er gem. §§ 1360, 1360a BGB Familienunterhalt schuldet. Das Maß des Familienunterhalts bestimmt sich nach den ehelichen Lebensverhältnissen, so dass der anzusetzende Betrag in gleicher Weise wie der Unterhaltsbedarf des getrennt lebenden oder geschiedenen Ehegatten ermittelt werden kann.[86] Vorrangig ist weiter der Anspruch auf Betreuungsunterhalt nach § 1615l BGB, auch dann, wenn dieser aus elternbezogenen Gründen über das 3. Lebensjahr des Kindes hinaus zu leisten ist.[87]

55 Lebt der Unterhaltsschuldner in einem Haushalt mit einem unterhaltsberechtigten Kind, kann der an dieses Kind geleistete Betreuungsunterhalt nicht einfach monetarisiert werden. In diesem Fall ist die Leistungsfähigkeit durch das gemindert, was der Unterhaltsschuldner als Naturalunterhalt erbringt. Dessen Wert errechnet sich dadurch, dass das Einkommen beider Elternteile unter Abzug

---

77 OLG Karlsruhe, FamRZ 2015, 515.
78 OLG Köln, FamRZ 2002, 572.
79 BGH, FamRZ 2013, 868; OLG Hamm, FamRZ 2005, 1193.
80 *Hauß*, FamRB 2010, 275, 279.
81 BGH, FamRZ 2006, 1511; BGH, FamRZ 2010, 1535.
82 *Hauß*, FamRB 2010, 275, 280; *Büttner*, FamRZ 2004, 1918, 1920.
83 BGH, FamRZ 2010, 1535.
84 BGH, FamRZ 2015, 2138.
85 BGH, FamRZ 2015, 1172.
86 BGH, FamRZ 2010, 1535; BGH, FamRZ 2003, 860.
87 BGH, FamRZ 2016, 887.

des halben Kindergeldes und des vom anderen Elternteil ggf. geleisteten Barunterhalts zu ermitteln ist. Der Wert des Naturalunterhalts entspricht dann dem sich danach ergebenden Tabellenunterhalt. Das dem betreuenden Elternteil zufließende Kindergeld stellt kein unterhaltsrelevantes Einkommen dar.[88]

d) Selbstbehalt

Der Selbstbehalt ggü. dem Unterhaltsanspruch der Eltern kann nicht losgelöst von der Lebensstellung des unterhaltspflichtigen Kindes gesehen werden, die sich nach dem Einkommen und Vermögen sowie dem sozialen Rang des Pflichtigen richtet. Er kann deshalb auch nicht durchgehend mit einem festen Betrag angesetzt werden.[89] Der Selbstbehalt ist vielmehr vom Tatrichter nach den konkreten **Umständen des Einzelfalls** unter besonderer Berücksichtigung der jeweiligen Lebensverhältnisse zu ermitteln,[90] wobei ein Mindesteigenbedarf nicht unterschritten werden darf. Zu berücksichtigen ist bei dessen Bemessung, dass der Elternunterhaltsanspruch verhältnismäßig schwach ausgestaltet ist,[91] dass das Kind sich in seiner Lebensplanung zumeist nicht auf eine Unterhaltsleistung an seine Eltern eingerichtet hat und dass es i.d.R. bereits über Steuern und Sozialabgaben zum Einkommen der älteren Generation beiträgt.[92]

56

Der **Mindestselbstbehalt** entspricht dem angemessenen Selbstbehalt und beträgt nach Nr. 21.3 der unterhaltsrechtlichen Leitlinien der überwiegenden Mehrheit der OLG derzeit 2.000 €,[93] der Familienbedarf für die in Haushaltsgemeinschaft lebenden Ehegatten nach Nr. 22.3 wird regelmäßig mit mindestens (2.000 € + 1.600 € =) **3.600 €**[94] angenommen. Die durch die gemeinsame Haushaltsführung des Unterhaltsschuldners mit seiner Partnerin/ihrem Partner eintretende Ersparnis führt zwar grds. zu einer die Leistungsfähigkeit erhöhenden Ersparnis. Diese ist aber bis zum Familienselbstbehalt bereits durch die unterschiedlichen Selbstbehaltssätze berücksichtigt. Denn der Familienselbstbehalt beträgt nicht (2 x 2.000 € =) 4.000 €, sondern gerade im Hinblick auf die eintretende Ersparnis 3.600 €. Nur dann, wenn der Familienselbstbehalt überschritten wird, ist die Haushaltsersparnis bezogen auf das darüber hinaus zur Verfügung stehende Einkommen zu berücksichtigen und mit 10 % des Mehreinkommens zu bemessen.[95] Das gilt unabhängig davon, ob der Unterhaltsschuldner verheiratet ist, oder mit einer Partnerin nichtehelich zusammenlebt. Denn die Grundsätze der Synergie und Haushaltsersparnis sind auf die Lebensverhältnisse nichtehelicher Partner zu übertragen, ohne dass ihnen ein Familienselbstbehalt zukommt. Andererseits führt das Bestehen eines Unterhaltsanspruchs nach § 1615l BGB aber nicht dazu, für diese Beziehung einen Familienselbstbehalt anzusetzen. Der Betreuungsunterhaltsanspruch ist allerdings als vorrangige Verpflichtung von dem Einkommen des Unterhaltspflichtigen abzuziehen.[96] Auch nichtehelichen Partnern ist jedoch ggü. der Inanspruchnahme auf Elternunterhalt zuzugestehen, ihre Lebensstellung aufrechtzuerhalten.[97] Hat also der nichteheliche Partner des Unterhaltspflichtigen ein Einkommen zur Verfügung, das den Selbstbehalt, der ihm als Ehegatte zur Verfügung stände, nicht oder nur unwesentlich übersteigt, ist die Haushaltsersparnis nicht gesondert zu berücksichtigen.

57

---

88 BGH, FamRZ 2017, 711.
89 BGH, FamRZ 2002, 1698; BGH, FamRZ 2004, 186; BGH, FamRZ 2004, 366; BGH, FamRZ 2005, 1511.
90 BGH, FamRZ 2010, 1535; BGH, FamRZ 2004, 366; BGH, FamRZ 2006, 1511.
91 BVerfG, FamRZ 2005, 1051; BGH, FamRZ 2006, 1511.
92 BGH, FamRZ 1992, 795.
93 KG; OLG Brandenburg; OLG Bremen; OLG Celle; OLG Dresden; OLG Frankfurt am Main; OLG Hamburg; OLG Hamm; OLG Koblenz; OLG Köln; OLG Oldenburg; OLG Rostock; OLG Saarbrücken; OLG Schleswig; Südd Leitlinien; OLG Jena; anders: OLG Düsseldorf: 1.500 €.
94 KG; OLG Braunschweig; OLG Bremen; OLG Celle; OLG Dresden; OLG Frankfurt am Main; OLG Hamburg; OLG Hamm; OLG Köln; OLG Oldenburg; OLG Schleswig; Südd Leitlinien; OLG Jena.
95 BGH, FamRZ 2013, 868; BGH, FamRZ 2010, 1535.
96 BGH, FamRZ 2016, 887.
97 BGH, FamRZ 2013, 868; BGH, FamRZ 2002, 1698.

58 Dabei ist zur Ermittlung des für den Elternunterhalt konkret zur Verfügung stehenden Betrags zwischen unverheirateten und verheirateten Kindern zu unterscheiden.

aa) Unverheiratete Kinder

59 Um einen angemessenen Ausgleich zwischen dem Unterhaltsinteresse der Eltern einerseits und dem Interesse des Unterhaltspflichtigen andererseits zu bewirken, ist bei der Ermittlung des einzusetzenden bereinigten Einkommens auf die **Hälfte der Differenz** zwischen dem an sich vorgesehenen Mindestselbstbehalt einerseits und dem zuvor bereinigten Nettoeinkommen andererseits abzustellen.[98] D.h., dass dem unterhaltspflichtigen Kind nach Abzug des Mindestselbstbehalts noch 50 % seines darüber hinausgehenden bereinigten Nettoeinkommens verbleiben.

▶ Beispiel:

60 Sohn S verfügt über ein bereinigtes Nettoeinkommen von 2.500 €. Er ist nicht verheiratet. Sein Selbstbehalt beträgt dann (2.500 € – 2.000 € = 500 €: 2 = 250 € + 2.000 € = 2.250 €), so dass in dem Fall 250 € für den Elternunterhalt zur Verfügung ständen.

bb) Berechnung bei verheirateten Unterhaltspflichtigen

61 Bei verheirateten Unterhaltspflichtigen ist zu berücksichtigen, dass der Familienbedarf durch Eigeneinkommen des Ehegatten mit gedeckt werden kann. Daneben ist die durch die gemeinsame Haushaltsführung der Ehegatten eintretende Ersparnis zu beachten, die mit wachsendem Lebensstandard i.d.R. steigt.[99] Der BGH hat in seiner Entscheidung v. 26.07.2010[100] grundlegend dargestellt, wie die Leistungsfähigkeit zu ermitteln ist, wenn der Unterhaltspflichtige über höhere Einkünfte verfügt als sein Ehegatte. In diesem Fall ist von dem zusammengerechneten Einkommen beider Eheleute (Familieneinkommen) der **Familienselbstbehalt** in Abzug zu bringen. Das verbleibende Einkommen wird zur Ermittlung des für den individuellen Familienbedarf benötigten Betrags um eine i.d.R. mit 10 % zu bemessene Haushaltsersparnis vermindert. Die Hälfte des sich daraus ergebenden Betrags kommt zuzüglich des Familienselbstbehalts dem Familienunterhalt zugute. Zu dem so bemessenen individuellen Familienbedarf hat der Unterhaltspflichtige entsprechend dem Verhältnis der Einkünfte der Ehegatten beizutragen,[101] wobei er für den Elternunterhalt die Differenz zwischen seinem Einkommen und seinem Anteil am Familienunterhalt einsetzen kann. Da diese Berechnung sehr kompliziert ist, kann nach dem BGH auch vereinfachend so verfahren werden, dass bei höheren Einkünften von dem den Familienmindestbedarf von 3.600 € übersteigenden Betrag 55 % angesetzt werden.

62 Im Einzelnen sind verschiedene Fallkonstellationen zu unterscheiden:

63 Ist derjenige Ehegatte Schuldner des Elternunterhalts, der allein oder im Wesentlichen den Familienbedarf erwirtschaftet, ist der angemessene Bedarf für den Ehegatten vorab abzuziehen, weil das Schwiegerkind ggü. seinen Schwiegereltern nicht unterhaltspflichtig ist und ihnen im Rang vorgeht. Andererseits ist die durch das Zusammenwohnen der Ehegatten bedingte Haushaltsersparnis zu berücksichtigen.

▶ Berechnungsbeispiel:

64 Der unterhaltsverpflichtete Ehemann M hat ein bereinigtes Nettoeinkommen von 3.800 €. Seine Ehefrau F hat kein eigenes Einkommen. Von dem Einkommen ist der Familienbedarf von wenigstens (2 x 2.000 € = 4.000 € – 10 % =) 3.600 € abzuziehen, wonach 200 € verbleiben. Hiervon sind 10 % Haushaltsersparnis abzuziehen, mithin 20 €. Die Hälfte des verbleibenden Restbetrages von 180 €, mithin 90 € steht für den Unterhalt zur Verfügung.

---

98 BGH, FamRZ 2010, 1535; BGH, FamRZ 2002, 1698.
99 BGH, FamRZ 2010, 1535; BGH, FamRZ 2004, 792.
100 BGH, FamRZ 2010, 1535 m. Anm. *Hauß*.
101 BGH, FamRZ 2016, 887.

Ist der in Anspruch genommene Ehegatte der Hauptverdiener, verfügt der andere aber auch über eigene Einkünfte so ergibt sich folgende Berechnung: 65

▶ Berechnungsbeispiel:

Der unterhaltsverpflichtete Ehemann M hat ein bereinigtes Nettoeinkommen von 4.000 €, Ehefrau F ein solches von 1.000 €. Das Familieneinkommen beläuft sich dann auf 5.000 €. Hiervon ist der Familienbedarf von (2 x 2.000 € = 4.000 € – 10 % =) 3.600 € abzuziehen, wonach 1.400 € verbleiben. Dieser Betrag ist um 10 % Haushaltsersparnis auf 1.260 € zu bereinigen. Davon hat die Hälfte, also 630 € zuzüglich des Familienselbstbehalts von 3.600 € zu verbleiben, somit 4.230 €. Da der M 4/5 des bereinigten Familieneinkommens erwirtschaftet, entfallen auf ihn hiervon 3.384 €. Da das bereinigte Nettoeinkommen des M 4.000 € beträgt, stehen hiervon (4.000 € – 3.384 € =) 616 € für den Unterhalt zur Verfügung.

Verfügt der in Anspruch genommene Ehegatte über geringere Einkünfte als der andere, so ist die für die Berechnung des Unterhaltsanspruchs ggü. dem besser verdienenden Ehegatten entwickelte **Rechtsprechung** entsprechend anzuwenden. Durch die Ermittlung des individuellen Familienselbstbehalts ist sichergestellt, dass der Elternunterhalt nur aus dem Einkommen des Unterhaltspflichtigen gespeist wird und eine verdeckte Haftung des besser verdienenden Schwiegerkindes damit ausgeschlossen ist. Das kann zwar dazu führen, dass dem verheirateten Kind weniger als der dem allein lebenden zu belassende Betrag oder gar weniger als der Selbstbehalt verbleibt. Das findet aber seine Rechtfertigung darin, dass das verheiratete Kind und sein Selbstbehalt durch den Familienunterhalt abgesichert ist.[102] 66

▶ Berechnungsbeispiel:

Der unterhaltsverpflichtete Ehemann M hat ein bereinigtes Nettoeinkommen von 1.500 €, Ehefrau F ein solches von 4.000 €. Das Familieneinkommen beläuft sich dann auf 5.500 €. Hiervon ist der Familienbedarf von (2 x 2.000 € = 4.000 € – 10 % =) 3.600 € abzuziehen, wonach 1.900 € verbleiben. Hiervon ist die Haushaltsersparnis von 10 % abzuziehen. Der sich danach errechnende Betrag von 1.710 € hat zur Hälfte (= 855 €) zu verbleiben. Dieser Betrag zuzüglich des Familienselbstbehalts von 3.600 €, somit 4.455 € stellt den individuellen Familienbedarf dar. Ausgehend von den beiderseitigen Einkommensverhältnissen ist dieser Bedarf zu 27,3 % und somit i.H.v. 1.216,22 € von dem M zu tragen. Nach Abzug dieses Anteils stehen von seinem Einkommen noch (1.500 € – 1.216,22 € =) 283,78 €, die ggf. zu runden sind, für den Unterhalt zur Verfügung. 67

Verfügt der Unterhaltspflichtige über keinerlei Einkünfte, hat er gegen den verdienenden oder ggf. besser verdienenden Ehegatten einen Anspruch auf Zahlung eines **Taschengeldes** i.H.v. 5–7 % des zur Verfügung stehenden Familieneinkommens.[103] Dieses ist grds. unterhaltspflichtiges Einkommen und deshalb für Unterhaltszwecke mit einzusetzen. Das Taschengeld muss allerdings nicht vollständig für den Elternunterhalt eingesetzt werden. Geschützt ist es zum einen in Höhe eines Sockelbetrages von 5–7 % des Mindestselbstbehalts des Unterhaltspflichtigen. Ausgehend von einem Mindestselbstbehalt von 2.000 € haben dem Unterhaltspflichtigen deshalb 100–140 € zu verbleiben. Hinsichtlich des darüber hinausgehenden Teils des Taschengeldes steht nur die Hälfte des das Mindesttaschengeld übersteigenden Taschengeldes für den Unterhalt zur Verfügung.[104] 68

▶ Berechnungsbeispiel:

Ehemann M der auf Zahlung von Elternunterhalt in Anspruch genommenen F hat ein bereinigtes Nettomonatseinkommen von 5.000 €. Daraus errechnet sich ein Taschengeldanspruch der F i.H.v. wenigstens 250 €. Geschützt davon sind zunächst 5 % des Mindestselbstbehalts, also 100 €. Der Restbetrag von 150 € kann zur Hälfte, also i.H.v. 75 € für den Elternunterhalt eingesetzt werden. 69

---

102 BGH, FamRZ 2014, 538; OLG Hamm, FamRZ 2013, 1146; OLG Koblenz, FamFR 2013, 106; a.A.: *Wohlgemuth*, FamRZ 2011, 341, 344; Unterhaltsprozess/*Hilbig-Lugani*, Kap. 2 Rn. 1367.
103 BGH, FamRZ 2013, 363; *Dose*, FamRZ 2013, 993, 1000.
104 BGH, FamRZ 2013, 363.

e) Mehrere Unterhaltspflichtige

70 Sind mehrere Kinder vorhanden, so haften diese **gleichrangig** und damit gem. § 1606 Abs. 3 BGB anteilig nach ihren Erwerbs- und Vermögensverhältnissen, nicht als Gesamtschuldner.[105] Um die **Haftungsanteile** zu bestimmen, sind deshalb die bereinigten Nettoeinkommen sowie der jeweilige Selbstbehalt genau zu bestimmen. Hiervon kann ausnahmsweise nur dann abgesehen werden, wenn die Mithaftung eines Geschwisterteils evident ausgeschlossen werden kann.[106]

▶ Berechnungsbeispiel:

71 Mutter M hat wegen der Unterbringung in einem Pflegeheim einen noch offenen Unterhaltsbedarf i.H.v. 600 €. Sohn S hat über dem ihm individuell zu belassenden Selbstbehalt noch einen Betrag von 1.200 € zur Verfügung, Tochter T einen solchen von 800 €. T muss sich dann an dem Bedarf der M zu 1/3, also i.H.v. 200 € beteiligen.

72 Allgemeinen Regeln folgend ist es Sache desjenigen, der Unterhalt für sich in Anspruch nimmt, die Voraussetzungen seines Anspruchs **darzulegen** und ggf. zu **beweisen**. Das gilt auch für den Sozialhilfeträger, der den Anspruch aus übergegangenem Recht geltend macht. Um diesen Anforderungen gerecht werden zu können, normiert § 1605 BGB eine **Auskunftspflicht** im Verhältnis der in gerader Linie miteinander Verwandten. Ein Anspruch der Geschwister untereinander besteht danach nicht. Da zwischen den Geschwistern aber wegen der anteiligen Haftung für den Elternunterhalt nach § 1606 Abs. 3 Satz 1 BGB besondere rechtliche Beziehungen bestehen, wird ein solcher Anspruch aus § 242 BGB angenommen.[107]

II. Verwirkung

73 Die Verwirkung bestimmt sich, wie stets im Verwandtenunterhalt, nach § 1611 Abs. 1 BGB. Sie kommt in Betracht, wenn der Unterhaltsberechtigte durch sein sittliches Verschulden bedürftig geworden ist, er seine eigene Unterhaltspflicht ggü. dem Unterhaltspflichtigen gröblich vernachlässigt hat oder wenn er sich vorsätzlich einer schweren Verfehlung gegen den Unterhaltspflichtigen oder einen seiner nahen Angehörigen schuldig gemacht hat. Diese kann sich in einem einzelnen besonders schwerwiegenden Fehlverhalten zeigen, aber auch aus einer Gesamtschau des Verhaltens des Unterhaltsberechtigten ergeben.[108] Die Norm stellt eine Ausnahmeregelung dar, die **eng** auszulegen ist.[109] Die Darlegungs- und Beweislast trifft denjenigen, der sich auf Verwirkung beruft, also im Regelfall den Unterhaltspflichtigen.

74 Im Einzelnen sind also folgende Fallgruppen zu bilden:
– Der Unterhaltsberechtigte ist durch eigenes **sittliches Verschulden** bedürftig geworden. Es muss sich um ein sittliches Verschulden handeln, dem erhebliches Gewicht zukommt.[110] In Betracht kommen insb. Fälle von Rauschgift- und/oder Alkoholsucht,[111] die für die Bedürftigkeit verantwortlich sind, die aber, soweit sie eine Krankheit darstellen, nur dann die Verwirkung rechtfertigen, wenn der Unterhaltsberechtigte bewusst eine Therapie verweigert hat.[112]

75 – Der Unterhaltsberechtigte hat seinerseits seine **Unterhaltspflicht verletzt.**

---

105 OLG Köln, FamRZ 2019, 1143.
106 BGH, FamRZ 2004, 186.
107 BGH, FamRZ 2003, 1836, vgl. unten Rdn. 79 ff.
108 BGH, FamRZ 2014, 541 m. Anm. *Viefhues*, FamRZ 2014, 624.
109 BGH, FamRZ 2004, 1559.
110 BGH, FamRZ 1985, 273.
111 OLG Celle, FamRZ 1990, 1142.
112 PWW/*Soyka*, § 1611 Rn. 2; AG Germersheim, FamRZ 1990, 1387 für den Fall der Nichtbeachtung ärztlicher Weisungen.

Hat der unterhaltsberechtigte Elternteil seinerseits seine ihm in der Vergangenheit obliegenden Verpflichtungen auf Leistung von Bar- oder Elementarunterhalt ggü. dem in Anspruch genommenen Kind verletzt, so kann er nicht jetzt Unterhalt vom Kind beanspruchen.

– Der Unterhaltsberechtigte hat sich einer **schweren Verfehlung** gegen den Unterhaltspflichtigen oder einen nahen Angehörigen schuldig gemacht.

Hierunter können tiefgreifende Beeinträchtigungen schutzwürdiger wirtschaftlicher oder persönlicher Belange des Unterhaltspflichtigen fallen, etwa auch die Verletzung elterlicher Betreuungs- und Erziehungspflichten in Form einer dauernden groben Vernachlässigung, Verletzungen der Aufsichtspflicht oder der aus § 1618a BGB folgenden Pflicht zu Beistand und Rücksicht.[113] Derartige Pflichtverletzungen stellen insb. frühere Misshandlungen des Kindes oder der sexuelle Missbrauch dar. Der Kontaktabbruch als solcher begründet noch nicht die Annahme einer schweren Verfehlung. Das gilt jedenfalls dann, wenn der Unterhaltsbedürftige bis zur Volljährigkeit des Kindes Teil des Familienverbandes geblieben ist und den aus seiner Elternstellung folgenden Rechtspflichten genügt hat.[114] Anderes ist für den Fall entschieden, in dem die jetzt unterhaltsbedürftige Mutter ihre Tochter bei den Großeltern zurückließ, als diese ein bis eineinhalb Jahr alt war und sich in der Folgezeit nicht mehr um sie kümmerte.[115]

76

Neben der Verwirkung wegen Unbilligkeit nach § 1611 BGB kommt auch die nach der allgemeinen Vorschrift des § 242 BGB in Betracht. Voraussetzung ist jedoch, dass der unterhaltsberechtigte Elternteil den Anspruch über einen längeren Zeitraum nicht geltend gemacht hat (Zeitmoment) und dass der Unterhaltspflichtige sich nach Treu und Glauben mit Rücksicht auf das gesamte Verhalten des Elternteils darauf einrichten durfte und eingerichtet hat, dass der Elternteil sein Recht auch in Zukunft nicht geltend machen würde (Umstandsmoment).[116] Angesichts der Tatsache, dass Unterhaltsrückstände sich schon in kurzer Zeit zu einer erdrückenden Schuldenlast auftürmen können und dass die Einkommensverhältnisse der Beteiligten nach längerer Zeit oft nur schwer aufklärbar sind, sind an die Voraussetzungen für die Verwirkung keine strengen Anforderungen zu stellen.[117] Das Zeitmoment kann bereits dann erfüllt sein, wenn die Rückstände einen mehr als ein Jahr zurückliegenden Zeitraum betreffen.[118] Das gilt auch ggü. Behörden, auf die der Unterhaltsanspruch übergegangen ist, wobei die Rechtswahrungsanzeige nicht ausreicht, um dem Umstandsmoment der Verwirkung begegnen zu können.[119]

77

Rechtsfolge der Verwirkung ist nicht zwingend der Wegfall der Unterhaltsverpflichtung. Dieser kommt nur dann in Betracht, wenn die Inanspruchnahme insgesamt grob unbillig ist (§ 1611 Abs. 1 Satz 2 BGB). Die Norm sieht i.Ü. ausdrücklich auch die Möglichkeit vor, den Anspruch insoweit zu beschränken, wie dies der Billigkeit entspricht.

78

C. Auskunftsansprüche

Gem. § 1605 BGB sind Verwandte in gerader Linie einander verpflichtet, auf Verlangen über ihre Einkünfte und ihr Vermögen Auskunft zu erteilen, soweit dies zur Feststellung eines Unterhaltsanspruchs oder einer Unterhaltsverpflichtung erforderlich ist. Damit besteht auch ein Auskunftsanspruch der Eltern gegen ihre (potenziell) unterhaltspflichtigen Kinder.

79

Ist der Anspruch auf den Sozialhilfeträger übergegangen, geht auch der Auskunftsanspruch gem. § 94 Abs. 1 Satz 1 SGB XII auf diesen über. Daneben gibt § 117 Abs. 1 SGB XII ihm einen

80

---

113 BGH, FamRZ 2014, 541.
114 BGH, FamRZ 2014, 541.
115 BGH, FamRZ 2004, 1559.
116 BGH, FamRZ 2010, 1888.
117 *Dose*, FamRZ 2013, 993, 1000.
118 BGH, FamRZ 2010, 1888; BGH, FamRZ 2002, 1698.
119 OLG München, NZFam 2017, 308.

eigenständigen sozialrechtlichen Anspruch auf Auskunft. Dieser Anspruch erstreckt sich ausdrücklich auch auf die nicht von dem Unterhaltspflichtigen getrennt lebenden Ehegatten und Lebenspartner.

81　Da die Unterhaltspflicht der Höhe nach dann, wenn mehrere Geschwister vorhanden sind, auch von deren Einkommen abhängig ist, hat die Rechtsprechung i.R.d. Elternunterhalts auch eine auf § 242 BGB basierende Auskunftsverpflichtung der **Geschwister** untereinander anerkannt.[120] Diese Verpflichtung erstreckt sich allerdings nicht auch auf die Ehegatten der Geschwister, also die Schwäger und Schwägerinnen. Kommt es auf deren Einkommen an, ist es Sache des Geschwisterteils, Auskunft über das Einkommen und Vermögen seines Ehegatten zu erteilen, soweit dieses erforderlich ist, um den Anteil der Geschwister am Elternunterhalt berechnen zu können.[121]

D. Anspruchsübergang auf Sozialhilfeträger

82　Nach § 94 Abs. 1 Satz 1 SGB XII geht der Anspruch der Eltern auf Zahlung von Elternunterhalt auf den Träger der Sozialhilfe über, wenn und solange dieser Leistungen nach dem SGB XII erbracht hat. Der Übergang erfolgt bis zur Höhe der geleisteten Aufwendungen des Sozialhilfeträgers.

83　Die Regelung ist durch das Angehörigen-Entlastungsgesetz vom 10.12.2019[122] entscheidend geändert worden, weshalb Elternunterhalt aus übergegangenem Recht nur noch in vergleichsweise wenigen Fällen wird geltend gemacht werden können. Zunächst einmal bestimmt § 94 Abs. 1 Satz 3 und 4 SGB XII, dass ein Anspruchsübergang ausgeschlossen ist, wenn die unterhaltspflichtige Person selbst hilfebedürftig ist, wenn sie mit der leistungsberechtigten Person vom zweiten Grad an verwandt ist, weshalb ein Anspruchsübergang auf Enkel oder Großeltern nicht in Betracht kommt, wenn sie schwanger ist oder ein leibliches Kind bis zur Vollendung des sechsten Lebensjahres betreut.

84　Insbesondere aber wird der Anspruchsübergang deutlich eingeschränkt, indem er gem. § 94 Abs. 1a SGB XII nur noch in Fällen erfolgt, in denen das unterhaltspflichtige Kind ein jährliches Bruttoeinkommen von mehr als 100.000 € erhält. Anders als sonst im Unterhaltsrecht wird darunter das Einkommen im Jahr des Leistungsbezugs verstanden. Umfasst sind alle Einkünfte, die der Steuerpflicht unterliegen, also auch beispielsweise die aus Vermietung und Verpachtung. Dies ergibt sich aus der Verweisung auf § 16 SGB IV. Das Einkommen des Schwiegerkindes ist ohne Bedeutung.

85　Das Abstellen auf das Steuerrecht hat weiter zur Folge, dass sich die Einkünfte aus selbständiger Arbeit aus den Überschüssen der Einnahmen über die Werbungskosten errechnen. Auch Kinderbetreuungskosten sind ggf. vorab abzuziehen (§ 10 Abs. 1 Nr. 5 EStG). Vermögen bleibt unberücksichtigt, weshalb z.B. auch derjenige von der Leistungspflicht befreit ist, der hohes Vermögen, aber ein Jahreseinkommen von unter 100.000 € hat.

86　§ 94 Abs. 1a SGB XII begründet sodann in Satz 3 die Vermutung, dass das unterhaltsverpflichtete Kind ein Jahreseinkommen von unter 100.000 € hat. Damit entfällt der Unterhaltsrückgriff, sofern der Träger der Sozialhilfe die Vermutung nicht widerlegt. Um die Vermutung widerlegen zu können, kann er vom Leistungsberechtigten Angaben verlangen, die Rückschlüsse auf die Einkommensverhältnisse seiner Kinder zulassen. Ergeben sich danach hinreichende Anhaltspunkte dafür, dass das Jahreseinkommen 100.000 € überschreitet, ist das Kind nach Abs. 1a Satz 5 der Norm, der auf § 117 SGB XII verweist, zur Auskunft verpflichtet.

87　Hinreichende Anhaltspunkte für ein die Einkommensgrenze übersteigendes Einkommen können sich aus allgemein zugänglichen Informationsquellen, aus der Zugehörigkeit zu einer erfahrungsgemäß einkommensstarken Berufsgruppe oder aus vorhandenem Vermögen ergeben.

120　BGH, FamRZ 2012, 200; BGH, FamRZ 2003, 1836.
121　BGH, FamRZ 2003, 1836.
122　BGBl. I 2019, S. 2135.

Sind mehrere Kinder vorhanden und hat nur eines ein den Freibetrag übersteigendes Einkommen, trägt dieses allein die Unterhaltslast, auch dann, wenn es nur geringfügig über und das andere geringfügig unter der Einkommensgrenze liegt. Dies muss zu Anpassungen zum Beispiel bei der Neufestsetzung der Selbstbehaltssätze führen.[123]

88

Das Angehörigenentlastungsgesetz findet Anwendung auf Unterhaltsansprüche, die seit dem 01.01.2020 entstanden sind, während eine rückwirkende Anwendung nicht erfolgt. Unerheblich ist deshalb auch, wann die Überleitung des Anspruchs erfolgt ist.

89

Der Forderungsübergang findet weiterhin seine Grenze in der **Billigkeit**. Denn nach § 94 Abs. 3 SGB XII gehen die Ansprüche nach Absatz 1 und 2 nicht über, soweit der Übergang des Anspruchs eine unbillige Härte bedeuten würde.

90

Die Unbilligkeit des Anspruchsübergangs ist nicht deckungsgleich mit der die Verwirkung nach § 1611 BGB begründenden. Denn während § 1611 BGB zivilrechtlicher Natur ist, handelt es sich bei der Norm des § 94 SGB XII um eine öffentlich-rechtliche. Sind die Voraussetzungen der Verwirkung des Unterhaltsanspruchs nach § 1611 BGB erfüllt, steht dies dem Entstehen des Unterhaltsanspruchs als solchem entgegen, weshalb auch ein Forderungsübergang gar nicht erst stattfindet.[124]

Die unbillige Härte i.S.d. § 94 SGB XII ist dann gegeben, wenn aus **sozialhilferechtlicher Sicht** durch den Anspruchsübergang soziale Belange berührt sind. Durch den Anspruchsübergang müssen soziale Belange berührt sein, was voraussetzt, dass der den Härtegrund rechtfertigende Lebenssachverhalt einen erkennbaren Bezug zum Sozialhilferecht oder zu einem sonstigen Handeln des Staates und seiner Organe aufweist.[125] Dabei kann die Härte in materieller oder immaterieller Hinsicht bestehen und sowohl in der Person des Unterhaltspflichtigen als auch des Hilfeempfängers begründet sein.[126] Eine unbillige Härte im Sinne dieser Norm kann dann vorliegen, wenn

91

– die Heranziehung des Unterhaltspflichtpflichtigen angesichts der Höhe und Dauer des Bedarfs im Hinblick auf seine soziale und wirtschaftliche Lage eine unzumutbare Beeinträchtigung des Pflichtigen wie seiner Familienmitglieder wäre,
– wenn die Zielsetzung der Hilfe infolge des Übergangs gefährdet wäre,
– wenn der Unterhaltspflichtige den Hilfeempfänger schon vor Eintritt der Sozialhilfe über das Maß einer zumutbaren Unterhaltsverpflichtung hinaus betreut und gepflegt[127] oder neben der Betreuung im elterlichen Betrieb mitgearbeitet hat.[128]

Die Voraussetzungen für die Annahme einer unbilligen Härte ist in einem Fall als erfüllt angesehen worden, in dem das Sozialamt den Hilfebedürftigen veranlasst hat, bei einer nach einer Ehescheidung zur Absicherung für das Alter aus dem Versorgungsausgleich aufgebauten Lebensversicherung auf Rentenbasis das Kapitalwahlrecht auszuüben, um so ein ihm zuvor gewährtes Darlehen zurückzahlen zu lassen. Folge davon war, dass der Hilfebedürftige so wegen des Wegfalls der Rentenberechtigung erst bedürftig wurde.[129] Dasselbe gilt für den Fall, dass der Betreuer oder die Sozialbehörde es unterlassen haben, nach Beendigung der Erwerbstätigkeit in einer Behinderteneinrichtung auf die Beibehaltung des Versicherungsschutzes in der Kranken- und Pflegeversicherung hinzuwirken, so dass nach dem Eintritt der Pflegebedürftigkeit keine Leistungen aus der Pflegeversicherung mehr beansprucht werden können.[130] Denn eine unbillige Härte kann auch darin

92

---

123 Vgl auch *Viefhues*, FuR 2020, 194.
124 BGH, FamRZ 2010, 1888; BGH, FamRZ 2010, 1418.
125 BGH, FamRZ 2018, 1903 in einem Fall, in dem von einer behindertengerechten Heimunterbringung bei einer gehörlosen Seniorin abgesehen wurde, um den Rückgriff des Sozialhilfeträgers zu vermeiden.
126 BGH, FamRZ 2018, 1903; *Dose*, FamRZ 2013, 993, 1001.
127 BGH, FamRZ 2010, 1888; BGH, FamRZ 2010, 1418.
128 OLG Karlsruhe, FamRZ 2015, 515.
129 OLG Oldenburg, FamRZ 2013, 1143.
130 BGH, FamRZ 2015, 1594.

liegen, dass ein Sozialhilfeträger einen übergegangenen Unterhaltsanspruch auch insoweit geltend macht, als eine Sozialhilfebedürftigkeit hätte vermieden werden können und dies gerade auf einem Handeln des Staates oder seiner Organe beruht. Zugleich müssen allerdings die fiktiven Kosten für eine entsprechende Pflegeversicherung bedarfserhöhend berücksichtigt werden.[131] Der Übergang des Anspruchs wurde auch verneint in einem Fall, in dem der Unterhaltspflichtige Kosten für die wöchentlichen Besuchsfahrten zu dem im Heim lebenden Elternteil hatte.[132]

93 Der Sozialhilfeträger hat die den Anspruchsübergang ausschließenden Umstände erst zu berücksichtigen, wenn er von ihnen durch vorgelegte Nachweise oder auf andere Weise Kenntnis erlangt (§ 94 Abs. 3 Satz 2 SGB XII).

94 War für den unterhaltsbedürftigen Elternteil eine rechtliche Betreuung angeordnet, gehen wegen der Kosten einer Betreuung die Ansprüche des Elternteils gegen seine Kinder gem. § 1836c BGB auf die Staatskasse über.

---

131 BGH, FamRZ 2015, 1594.
132 OLG Düsseldorf, FamRZ 2011, 1657.

Kapitel 6 Unterhalt nicht miteinander verheirateter Eltern

Übersicht	Rdn.	Übersicht	Rdn.
A. Einleitung	1	C. Bedarf und Bedürftigkeit	26
B. Tatbestand	5	D. Leistungsfähigkeit und Selbstbehalt	41
I. Befristeter Unterhalt (Abs. 1 Satz 1)	5	E. Anspruchskonkurrenz mehrerer Pflichtiger	46
II. Anspruch auf Kostenersatz (Abs. 1 Satz 2)	6	F. Rangfragen und Konkurrenz mehrerer Berechtigter	51
III. Unterhaltsanspruch der Mutter gegen den Vater (Abs. 2 Satz 1)	7	G. Beendigung des Anspruchs und Verwirkung	56
IV. Betreuungsunterhalt (Abs. 2 Satz 2)	10	H. Verfahren	63
V. Verlängerung des Betreuungsunterhalts (Abs. 2 Satz4)	15		

A. Einleitung

§ 1615l BGB regelt den Anspruch des nicht verheirateten Elternteils gegen den jeweils anderen, der **1** das mit diesem gemeinsame Kind betreut, auf Leistung von Unterhalt. Dabei ist es gleichgültig, ob der betreuende Elternteil der Vater oder die Mutter des Kindes ist.

Durch das Schwangeren- und Familienhilfegesetz von 21.08.1995 ist der Unterhalt der betreuenden Kindesmutter gegen den Vater des nichtehelichen Kindes auf 4 Monate vor bis zu 3 Jahren nach der Geburt verlängert worden. Mit dem Kindschaftsrechtsreformgesetz ist der Anspruch ab dem 01.07.1998 für Fälle der Unbilligkeit insb. unter Berücksichtigung der Kindesbelange auf über 3 Jahre hinaus ausgedehnt und nunmehr auch dem betreuenden Vater zugestanden worden. Mit der Unterhaltsrechtsreform 2008[1] ist der Tatbestand schließlich in Erfüllung der Vorgaben des BVerfG[2] dem des § 1570 BGB angeglichen. Außerdem gehören die Verfahren seither in den Katalog der Familiensachen und fallen somit in die Zuständigkeit der FamG.

Die Norm gibt verschiedene Ansprüche: **2**
– Unterhaltsanspruch der Mutter gegen den Vater für die Zeit von 6 Wochen vor bis 8 Wochen nach der Geburt (Abs. 1 Satz 1)
– Anspruch der Mutter gegen den Vater auf Ersatz der Kosten, die infolge der Schwangerschaft oder der Entbindung anfallen (Abs. 1 Satz 2)
– Unterhaltsanspruch der Mutter gegen den Vater, wenn sie infolge der Schwangerschaft oder einer durch die Schwangerschaft oder Entbindung verursachten Erkrankung außerstande ist, ihre vorher ausgeübte Erwerbstätigkeit auszuüben (Abs. 2 Satz 1)
– Unterhaltsanspruch des das Kind betreuenden Elternteils gegen den jeweils anderen, wenn von diesem wegen der Betreuung des Kindes eine Erwerbstätigkeit nicht erwartet werden kann.

Hinzuzufügen ist noch, dass im Fall des **Todes der Mutter** als Folge der Schwangerschaft oder Ent- **3** bindung gem § 1615m BGB der Vater die Kosten der Beerdigung der Mutter zu tragen hat, wobei er allerdings nur subsidiär hinter den Erben haftet. Denn er hat nur insoweit einzutreten, als die Beerdigungskosten nicht von den Erben der Mutter erlangt werden können.

Vater i.S.d. Normen (§§ 1615l und 1615m BGB) ist derjenige, der die Vaterschaft anerkannt hat **4** oder dessen Vaterschaft rechtskräftig festgestellt ist. Streitig ist, ob es ausreicht, wenn die Vaterschaft unstreitig ist.[3] Da das Unterhaltsverfahren als Unterhaltssache eine Familienstreitsache darstellt (§ 112 Nr. 1 FamFG), für die über § 113 FamFG der Grundsatz der Parteiherrschaft gilt, reicht die unstreitige Vaterschaft sowohl für das Bestehen eines Anspruchs als betreuender Vater als auch

---
1 BGBl. I 2007, S. 3189.
2 BVerfG, FamRZ 2007, 965.
3 Bejahend: OLG Zweibrücken, FamRZ 1998, 554; Palandt/*Diederichsen*, § 1615l Rn. 2; verneinend: OLG Celle, FamRZ 2005, 747; FA-FamR/*Gerhardt*, Kap. 6 Rn. 393.

für den Anspruch gegen den Vater richtigerweise aus,[4] während eine nur inzidente Feststellung der Vaterschaft etwa in einem Unterhaltsverfahren nicht ausreichend ist.[5]

B. Tatbestand

I. Befristeter Unterhalt (Abs. 1 Satz 1)

5 Nach Abs. 1 Satz 1 hat die Mutter gegen den Vater in der **Mutterschutzfrist**, in der sie gem. §§ 3 Abs. 2, 6 Abs. 1 MuSchG einem Beschäftigungsverbot unterliegt, mithin für die Dauer von 6 Wochen vor und bis zu 8 Wochen nach der Geburt des Kindes einen Anspruch auf Leistung von Unterhalt. Der Anspruch ist unabhängig davon, ob die Bedürftigkeit Folge der Schwangerschaft oder Geburt ist.[6] Er ist nur von geringer praktischer Bedeutung, weil der Bedarf entfällt, wenn die Mutter in einem Arbeitsverhältnis steht und deshalb Leistungen durch den Arbeitgeber beanspruchen kann. Praktisch wird er somit speziell dann, wenn die Mutter nicht in abhängiger Stellung beschäftigt ist.[7]

II. Anspruch auf Kostenersatz (Abs. 1 Satz 2)

6 Der Anspruch nach § 1615l Abs. 1 Satz 2 BGB umfasst den durch Schwangerschaft oder Geburt verursachten **Sonderbedarf** der Mutter, speziell also auch die Entbindungskosten, wobei mit der Norm die Kosten erfasst werden, die außerhalb des Zeitraumes des Satz 1 entstehen. Er umfasst nicht die Kosten der Ausstattung des Kindes, die Kindesbedarf darstellen.[8] Erstattungsfähig sind aber bspw. die Kosten der Umstandskleidung.[9]

III. Unterhaltsanspruch der Mutter gegen den Vater (Abs. 2 Satz 1)

7 Erkrankt die Mutter als Folge von Schwangerschaft oder Geburt und ist sie deshalb außerstande, einer Erwerbstätigkeit nachzugehen, so kann sie nach § 1615l Abs. 2 Satz 1 BGB Unterhalt beanspruchen. Voraussetzung ist die **Kausalität** der Schwangerschaft oder Geburt für die mangelnde Erwerbstätigkeit. Auch für diesen Anspruch gilt Abs. 2 Satz 3, wonach er **zeitlich begrenzt** ist auf die Zeit von 4 Monaten vor bis 3 Jahre nach der Geburt.

8 An der erforderlichen Kausalität fehlt es dann, wenn die Mutter – etwa infolge der Betreuung weiterer Kinder – ohnehin nicht in der Lage gewesen wäre, einer Erwerbstätigkeit nachzugehen[10] oder wenn sie schon zuvor arbeitslos war. **Mitursächlichkeit** von Schwangerschaft oder Geburt für die Erkrankung reicht aus.[11] Denkbare Fälle entsprechender Erkrankungen sind etwa Problemschwangerschaften oder die mit der Entbindung öfter einhergehende Schwangerschaftsdepression.

9 Ist die Krankheit der Kindesmutter, die sie an der Ausübung einer Erwerbstätigkeit hindert, nicht schwangerschafts- oder entbindungsbedingt und könnte sie wegen vorhandener *Betreuungsmöglichkeiten* ihren Bedarf i.Ü. selbst decken, so kann sie Unterhalt nach § 1615l Abs. 2 Satz 1 BGB nicht verlangen.[12]

---

4 OLG Schleswig, FamRZ 2008, 2057; MünchKomm/*Born*, § 1615l Rn. 3; Palandt/*Brudermüller*, § 1615l Rn. 2; Koch/*Wellenhofer*, Rn. 3003; a.A. unter Hinweis auf §§ 1594 Abs. 1, 1600d Abs. 4: OLG Celle, FamRZ 2009, 704; OLG Köln, NJW-RR 2006, 218; Unterhaltsprozess/*Menne*, Kap. 2 Rn. 1473.
5 OLG Oldenburg, FamRZ 2018, 1511.
6 BGH, FamRZ 1998, 541.
7 Unterhaltsprozess/*Menne*, Kap. 2 Rn. 1477.
8 PWW/*Soyka*, § 1615l Rn. 1.
9 KG, FamRZ 2007, 77.
10 BGH, FamRZ 1998, 541.
11 BGH, FamRZ 1998, 541.
12 OLG Bremen, FamRZ 2010, 1917.

IV. Betreuungsunterhalt (Abs. 2 Satz 2)

Der praktisch bedeutsamste Anspruch ist der auf Leistung von Betreuungsunterhalt nach Abs. 2 Satz 2. Dieser Anspruch berücksichtigt die besondere Betreuungsbedürftigkeit von Kindern und entspricht dem aus § 1570 BGB bei Ehegatten.

10

In den ersten **3 Lebensjahren** des Kindes wird eine Erwerbstätigkeit von dem betreuenden Elternteil ausnahmslos nicht verlangt.[13] Deshalb entfällt der Anspruch auch nicht etwa deshalb, weil die Mutter vor der Geburt nicht erwerbstätig war. Denn die Betreuung des Kindes muss nicht der einzige Grund für die Unterhaltsbedürftigkeit sein. Das Kind hat in den ersten 3 Lebensjahren einen Anspruch auf persönliche Betreuung, so dass der betreuende Elternteil auch dann nicht auf die Möglichkeit der Fremdbetreuung verwiesen werden darf, wenn eine Betreuungsmöglichkeit vorhanden wäre.[14] Die Entscheidungsfreiheit dahingehend, ob die Kindesmutter einer Erwerbstätigkeit nachgeht oder nicht,[15] besteht i.Ü. auch ggü. den ihr zum Unterhalt verpflichteten Eltern.

11

Der Anspruch besteht auch, wenn die Kindesmutter bspw. arbeitslos, Studentin oder Schülerin war. In den ersten 3 Lebensjahren des Kindes muss die Kausalität zwischen Erwerbslosigkeit und Betreuung nicht nachgewiesen werden.[16] Aus diesem Grund kann Betreuungsunterhalt auch dann beansprucht werden, wenn die Kindesmutter wegen der Betreuung eines Kindes aus einer anderen Beziehung ohnehin nicht erwerbstätig war.[17]

12

Arbeitet die Kindesmutter trotz oder neben der Kinderbetreuung, so ist diese Tätigkeit überobligatorisch,[18] weshalb die Einkünfte aus dieser Tätigkeit entsprechend § 1577 Abs. 2 BGB nur nach Billigkeit anzurechnen sind. Anderes kann allerdings gelten, wenn die Kindesmutter auch während des Zusammenlebens mit dem Vater neben der Betreuung des Kleinkindes stets berufstätig war und sich an der Betreuungssituation durch die Trennung der Eltern nichts geändert hat.

13

Für das Bestehen des Unterhaltsanspruchs in den ersten 3 Lebensjahren gilt somit:
– Eine Erwerbsobliegenheit des Unterhaltsberechtigten besteht nicht
– Schwangerschaft und Geburt müssen nicht ursächlich für die Erwerbslosigkeit sein
– Der betreuende Elternteil kann seine Tätigkeit in dieser Zeit ohne Angabe von Gründen aufgeben
– Trotz der Kindesbetreuung erzielte Einkünfte sind nur nach Billigkeit anzurechnen

14

▶ Praxishinweis:

Für die ersten 3 Jahre nach der Geburt des Kindes ist durch den Unterhaltsgläubiger, sofern nicht mehr als der Mindestbedarf beansprucht wird, nichts weiter darzulegen.

V. Verlängerung des Betreuungsunterhalts (Abs. 2 Satz 4)

§ 1615l Abs. 2 Satz 4 sieht die Möglichkeit einer Verlängerung des Unterhaltsanspruchs über die Zeit bis zur Vollendung des dritten Lebensjahres hinaus vor. Voraussetzung hierfür ist, dass dies der **Billigkeit** entspricht, wobei Abs. 2 Satz 5 bestimmt, dass dabei die **Belange des Kindes** und die bestehenden **Möglichkeiten der Kinderbetreuung** zu berücksichtigen sind. Dabei unterscheiden sich die Ansprüche auf Betreuungsunterhalt nach § 1615l BGB und nach § 1570 BGB bezogen auf die Dauer der Anspruchsberechtigung nicht voneinander.[19]

15

---

13 OLG Hamm, FamRZ 2011, 1600.
14 BGH, FamRZ 2010, 444; BGH, FamRZ 2010, 357.
15 OLG Köln, FamRZ 2014, 136.
16 FA-FamR/*Gerhardt*, Kap. 6 Rn. 393.
17 BGH, FamRZ 2010, 444; BGH, FamRZ 2010, 357.
18 BGH, FamRZ 2010, 444; BGH, FamRZ 2010, 357.
19 BGH, FamRZ 2013, 1958; BGH, FamRZ 2020, 21.

16 Wegen des aus Art. 6 Abs. 5 GG folgenden Gleichbehandlungsgrundsatzes sind die kindbezogenen Gründe in gleicher Weise zu prüfen wie i.R.d. Anspruchs nach § 1570 BGB. Dem Kind nicht miteinander verheirateter Eltern sind die Lebensverhältnisse zu sichern, die erforderlich sind, um seine Entwicklung zu fördern.[20] Dabei kommen dem Alter des Kindes, der Anzahl der zu betreuenden Kinder, der konkreten Betreuungssituation oder einer besonderen Betreuungsbedürftigkeit eine besondere Bedeutung zu. Ein über die 3-Jahresfrist hinausgehender Betreuungsbedarf kann sich also etwa dann ergeben, wenn das Kind behindert oder krank und deshalb besonders betreuungsbedürftig ist.[21] Auch dann erfolgt aber keine automatische Verlängerung. Es ist vielmehr auch im Fall der Betreuung eines behinderten Kindes eine **Gesamtabwägung** vorzunehmen, so dass der betreuende Elternteil sich nicht auf die Notwendigkeit einer persönlichen Betreuung eines behinderten Kindes berufen kann, wenn das Kind eine kindgerechte Betreuungseinrichtung besucht oder besuchen könnte.[22] Verlängert werden kann der Unterhaltsanspruch dagegen dann, wenn kindgerechte und zumutbare Betreuungsmöglichkeiten nicht gegeben sind. Es ist aber davon auszugehen, dass alle öffentlichen Betreuungseinrichtungen wie Kindergärten, Kindertagesstätten oder Kinderhorten kindgerechte Betreuungsmöglichkeiten bieten.[23] Soweit im Kinderhort auch die Hausaufgabenbetreuung übernommen wird, besteht in dieser Zeit kein weiterer Betreuungsbedarf.[24] Kann das Kind nur halbtags betreut werden, wird eine entsprechende **Teilzeittätigkeit** erwartet werden können.

17 Auch die Art der ggf. auszuübenden Tätigkeit hat in die Abwägung mit einzufließen. So ist von Bedeutung, ob die betreuende Mutter ihren Beruf auch (teilweise) zu Hause ausüben kann[25] oder ob sie im Schichtdienst arbeiten muss.

18 Wird das Kind durch seine Großeltern betreut, stellt die Betreuung durch diese eine freiwillige Leistung Dritter dar, deren Zweck nicht darin besteht, den Unterhaltspflichtigen zu entlasten.[26] Erzielt die Kindesmutter wegen der Betreuung durch die Großeltern eigene Einkünfte, stellen diese Einnahmen aus überobligatorischer Tätigkeit dar, die gem. § 1577 Abs. 2 BGB nach Billigkeit anzurechnen sind.

19 Die Betreuungsbedürftigkeit endet, sobald das Kind ein Alter erreicht hat, in dem es jedenfalls zeitweise allein gelassen werden kann und deshalb keiner durchgehenden Betreuung mehr bedarf.[27] Das bedeutet aber nicht, dass ab Vollendung des dritten Lebensjahres sogleich ein abrupter Wechsel von der elterlichen Betreuung zu einer Vollzeiterwerbstätigkeit erwartet wird. Unter Berücksichtigung der kindbezogenen Gründe sind vielmehr die bestehenden Möglichkeiten der Kinderbetreuung zu prüfen, so dass regelmäßig ein gestufter Übergang bis hin zu einer Vollzeiterwerbstätigkeit erwartet wird.[28] Da jedoch der Unterhaltsberechtigte die **Darlegungs- und Beweislast** für die Voraussetzungen einer Verlängerung des Betreuungsunterhalts über die Dauer von 3 Jahren hinaus trägt, hat er somit darzulegen, dass keine kindgerechte Einrichtung für die Betreuung des gemeinsamen Kindes zu Verfügung steht oder dass aus besonderen Gründen eine persönliche Betreuung erforderlich ist.[29]

20 Indem die Kindesbelange und die bestehenden Möglichkeiten der Kinderbetreuung nur »**insbesondere**« zu berücksichtigen sind, stellt das Gesetz klar, dass es daneben auch weitere Gründe geben

---

20 BGH, FamRZ 2008, 1739.
21 BGH, FamRZ 2015, 1369.
22 BGH, FamRZ 2015, 1369.
23 BGH, FamRZ 2010, 1050; BGH, FamRZ 2009, 1391; BGH, FamRZ 2009, 1124; BGH, FamRZ 2009, 770.
24 BGH, FamRZ 2010, 1050.
25 BGH, FamRZ 2009, 770 für den Fall einer Lehrerin.
26 *Gerhardt*, FuR 2010, 61, 62.
27 BGH, FamRZ 2008, 1739.
28 BGH, FamRZ 2010, 357; OLG München, FuR 2019, 549; OLG Celle, FamRZ 2013, 1141: 20 Wochenstunden bei schwerer Erkrankung des Kindes und damit verbundener psychischer Belastung.
29 BGH, FamRZ 2010, 357; OLG Frankfurt, FamRZ 2019, 1322.

kann, die einen über die ersten 3 Jahre nach der Geburt hinausgehenden Unterhaltsanspruch begründen können. Solche Gründe sind jedoch noch nicht in der längeren Zeit des andauernden Zusammenlebens zu sehen, weil das Gesetz i.R.d. nichtehelichen Lebensgemeinschaft grds. keine Unterhaltsansprüche kennt.[30]

Sog. **elternbezogene Gründe** liegen aber andererseits vor, wenn ein besonderer Vertrauenstatbestand geschaffen worden ist, wenn etwa die Kindesmutter im Einvernehmen mit dem Partner ihre Erwerbstätigkeit aufgegeben hat[31] oder wenn sie neben der Kinderbetreuung aus gesundheitlichen Gründen nur halbtags arbeiten kann.[32] Angenommen worden ist ein elternbezogener Grund im Fall eines etwa 5-jährigen Zusammenlebens, in dessen Rahmen die Mutter im Vertrauen auf den Fortbestand der Gemeinschaft und im Einvernehmen mit dem Partner ihre Erwerbstätigkeit aufgegeben hat.[33] Der Vertrauensschutz darf allerdings nicht soweit gehen, dass der Wille des Gesetzgebers in sein Gegenteil verkehrt wird.[34] Deshalb können elternbezogene Gründe stets nur bei **gescheiterten Partnerschaften**, nicht auch im Fall einer sog. »**Einmalbegegnung**« vorliegen. Bei diesen kann die Verlängerung des Unterhaltsanspruchs nur auf kindbezogene Gründe gestützt werden. Die Möglichkeit der Ausweitung einer bestehenden Umgangsregelung, um dem betreuenden Elternteil eine Berufstätigkeit zu ermöglichen, steht der Verlängerung des Anspruchs auf Betreuungsunterhalt regelmäßig nicht entgegen. Anderes gilt nur im Fall einer bereits seit längerem funktionierenden Regelung.[35] 21

Keine elternbezogenen Gründe liegen vor, wenn das Studium anlässlich der Geburt eines Kindes unterbrochen und später wieder aufgenommen wird, weil elternbezogene Gründe schon nach dem Wortlaut des Gesetzes solche sein müssen, die unter Berücksichtigung der Gestaltung von Kindeserziehung und Erwerbstätigkeit von Bedeutung sind. Soweit der betreuende Elternteil aber nach Vollendung des dritten Lebensjahres des Kindes von einer Erwerbstätigkeit absieht, um sich einer Ausbildung zu widmen, dient der zeitliche Aufwand hierfür seinen eigenen beruflichen Interessen und nicht denjenigen des Kindes.[36] 22

Kein Grund für eine Verlängerung des Anspruchszeitraums besteht, wenn das Kind fremdbetreut wird und die Kindesmutter wegen einer Erkrankung oder aus arbeitsmarktpolitischen Gründen nicht erwerbstätig ist.[37] 23

I.Ü. gelten hier die gleichen Grundsätze wie zu § 1570 BGB. 24

Argumente für eine Verlängerung des Unterhaltsanspruchs über die ersten 3 Lebensjahre des Kindes hinaus sind also etwa: 25

Kindbezogene Gründe	Elternbezogene Gründe
– Alter des Kindes – Konkrete Betreuungssituation – Besonderer Betreuungsbedarf	– Aufgabe der eigenen Erwerbstätigkeit im Einvernehmen mit dem Partner und im Vertrauen auf den Fortbestand der Partnerschaft

C. Bedarf und Bedürftigkeit

§ 1615l Abs. 3 Satz 1 BGB verweist auf die Vorschriften über den **Verwandtenunterhalt**. Wegen der Nähe zur Norm des § 1570 BGB wird diese Verweisung aber nicht überall eingehalten. Während 26

---

30 BGH, FamRZ 2010, 357.
31 BT-Drucks. 16/6980, S. 22.
32 BGH, FamRZ 2006, 1562.
33 BGH, FamRZ 2010, 357.
34 BGH, FamRZ 2010, 444; BGH, FamRZ 2010, 357; BGH, FamRZ 2008, 1739.
35 OLG Frankfurt, FamRZ 2019, 1322.
36 BGH, FamRZ 2015, 1369; a.A.: OLG Nürnberg, FamRZ 2010, 575.
37 BGH, FamRZ 2010, 357.

sich allerdings der Bedarf des geschiedenen Ehegatten gem. § 1578 Abs. 1 BGB nach den ehelichen Lebensverhältnissen bestimmt, richtet er sich bei §§ 1615l Abs. 3 Satz 1, 1610 BGB nach der **Lebensstellung der Bedürftigen**, also des unterhaltsberechtigten Elternteils. Entscheidend ist somit, wie sich die wirtschaftlichen Verhältnisse der Mutter bis zur Geburt des Kindes dargestellt haben,[38] wobei diese nicht statisch sind. Nach der Rechtsprechung des BGH ist vielmehr im Rahmen einer **Prognoseentscheidung** nach der anzunehmenden Entwicklung des Einkommens zu fragen, das der betreuende Elternteil ohne die Kindesbetreuung erzielt hätte.[39] War die Kindesmutter demnach bei der Geburt Studentin und kann sie später ihren Mindestbedarf durch eine Teilzeittätigkeit decken, bleibt ggf. ein Unterhaltsanspruch, wenn diese Teilzeittätigkeit nicht ausreicht, um den Bedarf zu decken, den sie nach abgeschlossenem Studium regulär gehabt hätte. Hatte sie nach Abschluss ihrer Ausbildung ihre erste Stelle im erlernten Beruf angetreten und handelte es sich dabei um eine unbefristete Stelle, so ist ihr dort erzieltes Einkommen auch dann nachhaltig erzielt, wenn sie sich nicht mehr in der arbeitsrechtlichen Probezeit befindet.[40] Entscheidender Gesichtspunkt für die Frage der Nachhaltigkeit ist somit, ob erwartet werden konnte, dass die vor der Geburt ausgeübte Tätigkeit prognostisch mit hoher Wahrscheinlichkeit auf Dauer ausgeübt werden konnte bzw. ohne die Geburt hätte weiter ausgeübt werden können.[41]

27 War die Zeit vor der Geburt des Kindes von wiederholter Arbeitslosigkeit unterbrochen, ist auf das nachhaltig erzielte Einkommen abzustellen. Als nachhaltig erzielt kann ein Einkommen nur dann angesehen werden, wenn es nicht nur vorübergehend, sondern dauerhaft erzielt wird.[42] Wesentlich ist dabei nicht die nachhaltige Sicherung eines bestimmten Arbeitsplatzes, sondern diejenige des Unterhalts. Dabei wird von einer nachhaltigen Unterhaltssicherung ausgegangen, wenn ein Einkommen über 2 Jahre erzielt wird.[43] War die Erwerbstätigkeit durch zwischenzeitliche Arbeitslosigkeit unterbrochen, ist ggf. das unter Einbeziehung der Arbeitslosigkeit in den letzten 2 Jahren vor der Geburt durchschnittlich erzielte Einkommen zugrunde zu legen.[44]

28 Ohne Bedeutung ist die Lebensstellung des Kindesvaters. Ein Anspruch auf **Quotenunterhalt** besteht selbst dann nicht, wenn die Partner mit einem gemeinsamen Kind für längere Zeit in nichtehelicher Lebensgemeinschaft zusammengelebt haben.[45] Denn die Lebensstellung des Unterhaltsberechtigten lässt sich nicht allein aus den tatsächlichen Umständen ableiten, sondern setzt eine nachhaltig gesicherte Rechtsposition voraus. Im Fall des Zusammenlebens in einer nichtehelichen Lebensgemeinschaft beruht der gemeinsame Lebensstandard jedoch regelmäßig auf freiwilligen Leistungen des besser verdienenden Partners, weil ein Unterhaltsrechtsverhältnis erst aus Anlass der Geburt des gemeinsamen Kindes entsteht.[46] Die tatsächlichen Verhältnisse während des nichtehelichen Zusammenlebens begründen keinen höheren Lebensbedarf. Aus diesem Grund ist diese Berechnung des Bedarfs auch dann anzuwenden, wenn die nichtehelichen Eltern in einer Gemeinschaft zusammenleben,[47] was bspw. bei der Frage relevant werden kann, wie die betreuende Mutter im Fall des Bestehens eines gleichrangigen oder nachrangigen Unterhaltsanspruchs diesem Berechtigten ggü. zu berücksichtigen ist.

29 War die Kindesmutter vor der Geburt des Kindes mit einem anderen Mann **verheiratet**, so bestimmt sich ihr Bedarf nach den ehelichen Lebensverhältnissen dieser Ehe.[48] Hatte sie dagegen keine eigenen Einkünfte, bezog sie Leistungen nach dem SGB II oder XII, so entspricht ihr Bedarf

---

38 BGH, FamRZ 2010, 444; BGH, FamRZ 2010, 357.
39 BGH, FamRZ 2015, 1369; OLG Köln, FamRZ 2017, 1309.
40 KG, FamRZ 2019, 529 bei effektiv nur einwöchiger Tätigkeit.
41 KG, a.a.O.
42 BT-Drucks. 7/650 zu § 1373 BGB.
43 OLG Hamm, NZFam 2016, 894.
44 OLG Hamm, NZFam 2016, 894.
45 BGH, FamRZ 2010, 357.
46 BGH, FamRZ 2010, 357.
47 Wendl/Dose/*Bömelburg*, § 7 Rn. 91.
48 BGH, FamRZ 2008, 1739.

dem **Mindestbedarf**, der dem notwendigen Selbstbehalt eines nicht erwerbstätigen Ehegatten entspricht und somit derzeit monatlich 960 € beträgt.[49]

Soweit sich die betreuende Mutter in einer **Berufsausbildung** befand, wird vertreten, dass diese einer vollschichtigen Tätigkeit gleichkommt, weshalb sich der Bedarf dann nach dem notwendigen Selbstbehalt für Erwerbstätige richtet und deshalb derzeit 1.160 € beträgt.[50] Dies wird jedoch der Rechtsprechung des BGH nicht gerecht. Denn der Selbstbehalt des Erwerbstätigen schließt den Erwerbsanreiz mit ein, der auf den Unterhaltsberechtigten nicht mit übertragen werden kann. Der Unterhaltsberechtigte ist ohnehin gehalten, im Rahmen seiner Möglichkeiten den eigenen Lebensbedarf sicherzustellen.[51]

Lebt die Kindesmutter noch im **Haushalt ihrer Eltern** und befindet sie sich noch in einer Ausbildung ohne eigene Einkünfte, etwa als Schülerin oder Studentin, so leitet sie ihre Lebensstellung von ihren Eltern ab, so dass sich ihr Bedarf nach dem bestimmt, was sie andernfalls von ihren Eltern als Unterhalt beanspruchen könnte.[52]

Nach oben wird der Bedarf durch das **begrenzt**, das der betreuende Elternteil von dem anderen beanspruchen könnte, wären die Eltern miteinander verheiratet. Denn die nicht verheiratete Mutter soll nicht besser stehen als sie im Fall einer Eheschließung mit dem Vater gestanden hätte. Deshalb ist der Anspruch begrenzt auf die **Hälfte des bereinigten Nettoeinkommens** des unterhaltspflichtigen Elternteils.[53] Geht der unterhaltspflichtige Elternteil also einer Erwerbstätigkeit nach, so können max. 3/7 des unterhaltsrechtlich relevanten Einkommens beansprucht werden. Relevant wird dies, wenn die Kindesmutter vor der Geburt mehr verdient hat als der Kindesvater.

Wegen der **Bedürftigkeit** der Kindesmutter verweist § 1615l Abs. 3 BGB auf die Vorschriften über die Unterhaltspflicht zwischen Verwandten und somit die Regelung des § 1602 BGB. Danach ist bedürftig und unterhaltsberechtigt nur derjenige, der außerstande ist, sich selbst zu unterhalten. Deshalb kann die Bedürftigkeit bei **eigenen Einkünften** entfallen.

Zu den eigenen Einkünften rechnen einmal diejenigen aus einer **Erwerbstätigkeit**, soweit sie in den ersten 3 Lebensjahren des Kindes nicht als solche aus einer überobligatorischen Tätigkeit unberücksichtigt bleiben (§ 1577 Abs. 2 BGB). Bedarfsdeckend anzurechnen sind jedoch in jedem Fall solche Einkünfte, die nicht aus einer Erwerbstätigkeit rühren, also insb. Einkünfte aus **Vermögen**. Anzurechnen ist auch die **Entgeltfortzahlung** oder das **Mutterschaftsgeld**, weil sie an die Stelle des früheren Einkommens treten, ohne dass sie durch eine nicht zu fordernde Erwerbstätigkeit erwirtschaftet werden.

Erhält die das Kind betreuende Mutter **Sozialleistungen**, ist stets zu prüfen, ob die den Sozialleistungen zugrunde liegenden Normen eine Anrechnung auf den Unterhaltsbedarf zulassen. So hat das **Erziehungsgeld** keine Lohnersatzfunktion und mindert deshalb die Bedürftigkeit grds. nicht. Denn § 9 BErzGG regelt in Abs. 1, dass die Unterhaltsverpflichtungen durch die Zahlung des Erziehungsgeldes und vergleichbarer Leistungen der Länder nicht berührt werden. Erhält die das Kind betreuende Mutter somit Erziehungsgeld, hat dies auf die Unterhaltsverpflichtung des Kindesvaters keinen Einfluss.

Anderes gilt allerdings für das **Elterngeld**. Nach § 11 BEEG werden Unterhaltspflichten durch die Zahlung des Elterngeldes und vergleichbarer Leistungen insoweit nicht berührt, als die Zahlung 300 € mtl. übersteigt. Überdies wird es einkommensabhängig gezahlt, so dass es Lohnersatzfunktion hat und deswegen als Einkommen des bezugsberechtigten Elternteils zu berücksichtigen ist.

---

49 BGH, FamRZ 2010, 357; BGH, FamRZ 2010, 1422.
50 OLG Hamm, FamRZ 2011, 1600.
51 BGH, FamRZ 2010, 357.
52 *Wever/Schilling*, FamRZ 2002, 581, 584.
53 BGH, FamRZ 2008, 1739; BGH, FamRZ 2019, 1234; offenlassend: BGH, FamRZ 2012, 281, wo angedeutet wird, dass der Grundsatz der Halbteilung möglicherweise nur die Leistungsfähigkeit berührt.

Lediglich i.H.v. 300 € bleibt es unberücksichtigt.[54] Wird von der Möglichkeit der Verlängerung des Bezugs von Elterngeld Gebrauch gemacht, wird der mtl. auszuzahlende Betrag halbiert, weshalb dann der 150 € übersteigende Betrag auf die Unterhaltspflichten angerechnet wird.

▶ Zusammenfassend ist deshalb festzustellen:
– Erziehungsgeld ist unterhaltsrechtlich irrelevant; es wird nicht bedarfsdeckend berücksichtigt
– Elterngeld wird oberhalb eines Sockelbetrages von 300 € bzw. 150 € im Fall der Verlängerung des Elterngeldes nach § 6 BEEG bedarfsdeckend berücksichtigt
– BAföG Leistungen werden bedarfsdeckend angerechnet[55]
– Krankengeld wird ohne Erwerbstätigkeit geleistet und wird deshalb angerechnet[56]
– Sozialhilfe und Arbeitslosengeld II sind nachrangig und deshalb nicht anzurechnen[57]

37 Während sich Vermögenserträge bedarfsmindernd auswirken, kann die Verwertung des **Vermögensstamms** vor der Inanspruchnahme von Unterhalt i.d.R. nicht erwartet werden;[58] dies umso weniger, als § 1615l BGB keinen Anspruch auf Altersvorsorgeunterhalt gibt, weshalb noch mehr als i.R.d. Ehegattenunterhalts Anlass bestehen kann, entsprechende Rücklagen zu bilden.

38 Nach Ablauf der ersten 3 Jahre kann unter Umständen neben der Betreuung des Kindes eine Verpflichtung zur Aufnahme jedenfalls einer **Teilzeittätigkeit** während der Zeiträume bestehen, in denen das Kind fremdbetreut werden kann. Ist die Kindesmutter allerdings Studentin, so wird neben Kinderbetreuung und Studium allenfalls noch eine Geringverdienertätigkeit verlangt werden können.[59]

39 Eine Verfahrens- oder Prozesskostenvorschusspflicht besteht nicht.[60]

▶ Praxishinweis:
Für eine Verlängerung des Unterhaltsanspruchs bedarf es der Darlegung der kind- oder elternbezogenen Gründe; sofern nicht mehr als der Mindestbedarf beansprucht wird, allerdings auch hier nicht der des Bedarfs.

40 § 1615l Abs. 3 Satz 4 BGB bestimmt, dass der Unterhaltsanspruch nicht mit dem Tod des Vaters erlischt. Der Anspruch ist dann ggf. gegen dessen Erben geltend zu machen. Dabei ist mit Tod des Unterhaltspflichtigen zwar das Erfordernis dessen eigener Unterhaltssicherung entfallen, doch ändert das nichts an dem Bedarf der Kindesmutter. Denn der Bedarf wird zwar nicht auf den Zeitpunkt des Todeseintritts festgeschrieben. Es ist vielmehr zu prüfen, wie sich die Unterhaltsbeziehungen zwischen dem Unterhaltsberechtigten und dem Unterhaltspflichtigen bei Unterstellung seines Fortlebens entwickelt hätten. Auf die Bedarfsbemessung hat der Tod aber keinen Einfluss.[61]

D. Leistungsfähigkeit und Selbstbehalt

41 Der Unterhaltsschuldner muss leistungsfähig sein, was voraussetzt, dass er in der Lage ist, den Unterhalt ohne Gefährdung seines eigenen angemessenen Unterhalts zu gewähren (§ 1603 Abs. 1 BGB).

42 Ggü. dem Anspruch aus § 1615l BGB wie auch ggü. dem aus § 1570 BGB ist dem Unterhaltsschuldner ein Selbstbehalt zu belassen, der zwischen dem angemessenen und dem notwendigen Selbstbehalt liegt. Die unterhaltsrechtlichen Leitlinien enthalten dazu Regelungen unter Ziffer 21 ff. Er ist identisch mit dem ggü. dem Anspruch des getrennt lebenden oder geschiedenen

---
54 BGH, FamRZ 2011, 97.
55 OLG Nürnberg, FamRZ 2010, 577.
56 OLG Brandenburg, FamRZ 2010, 1915.
57 BGH, FamRZ 2011, 97.
58 OLG Köln, NZFam 2017, 574, nur dann, wenn die Vermögensverwertung nicht unwirtschaftlich ist.
59 OLG Nürnberg, FamRZ 2010, 577.
60 FamR-Komm/*Eder*, § 1615l Rn. 67 m.w.N.
61 BGH, FamRZ 2019, 1234.

Ehegatten wegen Betreuung eines Kindes. Der Unterhaltsschuldner schuldet aber in keinem Fall mehr als die Hälfte des ihm zur Verfügung stehenden Einkommens.[62]

Hinsichtlich der **Erwerbsobliegenheit** gilt wegen der Verweisung auf den Verwandtenunterhalt in § 1615l Abs. 3 Satz 1 BGB derselbe Maßstab, wie er auch im Verhältnis zu volljährigen Kindern anzuwenden ist.[63] Es besteht somit keine gesteigerte Erwerbsobliegenheit wie nach § 1603 Abs. 2 BGB. Daraus folgt etwa, dass ein noch studierender Kindesvater nicht seine Ausbildung beenden und eine Erwerbstätigkeit aufnehmen muss, um den Unterhaltsbedarf der Mutter zu decken.[64] Andererseits sind alle Einkünfte zu berücksichtigen, insb. auch Rentenbezüge.[65] 43

Vorhandenes **Vermögen** ist ggf. einzusetzen,[66] so etwa dann, wenn der Unterhaltspflichtige als Arzt voraussichtlich nur vorübergehend arbeitslos sein wird.[67] 44

Der Unterhaltspflichtige hat – anders als bei Zahlung von Ehegattenunterhalt – nicht die Möglichkeit der Inanspruchnahme des begrenzten Realsplittings.[68] Die Vorteile des Ehegattensplittings sollen andererseits im Verhältnis zu dem Anspruch aus § 1615l BGB in der Ehe verbleiben, weshalb sie diesem ggü. unberücksichtigt bleiben.[69] Vgl. aber unten Rdn. 52. 45

E. Anspruchskonkurrenz mehrerer Pflichtiger

Da das Gesetz im Verhältnis zum Ehegatten keinen Rang regelt, besteht dann, wenn die Kindesmutter verheiratet oder geschieden ist, ein Anspruch gegen den Kindesvater neben dem gegen den Ehegatten. Der Anspruch aus § 1615l BGB und der aus §§ 1361 oder 1569 ff. BGB stehen nebeneinander, wobei der Kindesvater und der Ehegatte entsprechend § 1606 Abs. 3 Satz 1 BGB anteilig nach ihren Einkommens- und Vermögensverhältnissen haften.[70] Der Verteilungsmaßstab bestimmt sich regelmäßig nach den über dem Selbstbehalt zur Verfügung stehenden Beträgen. Der sich danach ergebende **Haftungsmaßstab** kann aber wertend geändert werden, wenn etwa aus der Ehe keine betreuungsbedürftigen Kinder hervorgegangen sind.[71] 46

Daraus folgt, dass zunächst die Haftungsquoten der anteilig Haftenden nach deren bereinigten Nettoeinkünften zu ermitteln sind. Dabei ist kein Erwerbstätigenbonus abzuziehen.[72] Danach können diese Quoten wiederum verändert werden, wenn aus der Ehe keine Kinder zu betreuen sind oder wenn die aus der Ehe stammenden Kinder weniger Betreuungsbedarf haben. Ist der Betreuungsbedarf im Fall der Konkurrenz eines Anspruchs nach § 1570 BGB mit dem aus § 1615l BGB in beiden Fällen gleich, so findet eine Verschiebung der Haftungsanteile nicht statt. 47

Geht die Kindesmutter bei der Betreuung eines aus der Ehe stammenden Kindes bereits einer Teilzeittätigkeit nach, so kann sie diese dem Ehegatten ggü. nicht mit der Begründung aufgeben, sie habe das nichteheliche Kind zu betreuen, da der Anspruch aus § 1570 BGB die Betreuung eines gemeinschaftlichen Kindes voraussetzt.[73] 48

---

62 BGH, FamRZ 2005, 442.
63 FA-FamR/*Gerhardt*, Kap. 6 Rn. 407; FamR-Komm/*Klein*, § 1615l Rn. 34.
64 OLG Frankfurt am Main, FamRZ 1982, 732.
65 OLG Stuttgart, FamRZ 2015, 2093 zur Erziehungsrente.
66 PWW/*Soyka*, § 1615l Rn. 5.
67 OLG Hamm, FamRZ 2011, 1600.
68 Niepmann/*Schwamb*, Rn. 215.
69 BGH, FamRZ 2008, 1739, 1746.
70 BGH, FamRZ 2007, 1303.
71 BGH, FamRZ 2007, 13.
72 BGH, FamRZ 2007, 1303.
73 OLG Bremen, FamRZ 2006, 1207.

▶ **Beispielsfall:**

49 Unterstellt, die Mutter M betreut das 1-jährige Kind des Vaters V sowie ein weiteres 2-jähriges Kind des von ihr geschiedenen Ehemanns E. V verfügt über ein bereinigtes Nettoeinkommen von 2.100 €, E über ein solches von 2.600 €. Über dem Selbstbehalt von derzeit 1.280 € steht dem V somit ein Betrag von 80 € und dem E ein Betrag von 1.20 € zur Verfügung. Da beide Kinder noch voller Betreuung bedürfen, besteht für eine Verschiebung der Quote kein Anlass, so dass der V 37 % und der E 63 % des Betreuungsunterhalts zu tragen hat.

Ist das Kind aus der Ehe mit E bereits so alt, dass es ganztägig anderweitig betreut wird, so trägt der V den offenen Bedarf der Mutter M allein.

50 Damit die Haftungsanteile ermittelt werden können, ist die Kindesmutter verpflichtet, dem gerade in Anspruch genommenen Vater das Einkommen des jeweils anderen mitzuteilen.[74]

F. Rangfragen und Konkurrenz mehrerer Berechtigter

51 Der Unterhaltsanspruch des betreuenden Elternteils nach § 1615l BGB befindet sich gem § 1609 BGB im zweiten Rang nach den Ansprüchen der minderjährigen unverheirateten sowie ihnen gleichgestellten Kinder. Der Anspruch steht somit gleichrangig neben dem des kinderbetreuenden Ehegatten oder dem Ehegatten bei einer Ehe von langer Dauer sowie dem Anspruch auf Familienunterhalt nach § 1360[75] und ist ggü. dem des Ehegatten, der keine Kinder zu betreuen hat und der auch nicht in langer Ehedauer mit dem Unterhaltsschuldner verbunden war oder ist, vorrangig (§ 1609 Nr. 3 BGB).

52 Hat der Unterhaltspflichtige somit neben dem betreuenden Elternteil noch eine weitere gleichrangige Unterhaltspflicht zu befriedigen, also etwa der kinderbetreuenden Ehefrau Unterhalt zu leisten, so verbleibt es für die Ermittlung des Bedarfs der nicht verheirateten Mutter bei den oben genannten Regeln. Die Anwendung der **Dreiteilungsmethode** schon auf der Bedarfsebene hat der BGH aufgrund einer Entscheidung des BVerfG[76] ausdrücklich ausgeschlossen.[77] Auf der Ebene der **Leistungsfähigkeit** des Unterhaltsschuldners ist jedoch zu bedenken, dass diesem soviel zu verbleiben hat, dass er seinen eigenen Bedarf und auch den der unterhaltsberechtigten Ehefrau decken kann. Insoweit gelangt die Dreiteilungsmethode hier zur Anwendung.[78] In diesem Rahmen ist das gesamte unterhaltsrelevante Einkommen der Beteiligten einzubeziehen, einschließlich der aus einer Ehe bezogenen Splittingsvorteile.[79]

▶ **Beispielsrechnung:**[80]

53 Die Kindesmutter M hat einen Bedarf in Höhe von 1.500 € und ein tatsächliches bereinigtes monatliches Nettoeinkommen von 900 €, weshalb ein noch offener Bedarf i.H.v. 600 € besteht.

Der Kindesvater V hat nach Abzug vorrangiger Kindesunterhaltsansprüche und des Erwerbstätigenbonus ein bereinigtes monatliches Nettoeinkommen i.H.v. 3.500 €.

Die M darf nicht bessergestellt werden, als sie stünde, würde sie mit V verheiratet sein. Deshalb haftet dieser maximal auf die Hälfte der Differenz zwischen den beiderseitigen Einkünften. Um diese Obergrenze zu errechnen, ist das bereinigte Nettoeinkommen der M und des V um den jeweiligen Erwerbstätigenbonus von 1/7 auf (3.500 € – 1/7 =) 3.000 € bzw. (900 € – 1/7 =) 771 € zu mindern. Die Hälfte der Differenz beider Einkommen beträgt (3.000 € – 771 € =)

---

74 BGH, FamRZ 1998, 541.
75 OLG Stuttgart, FamRZ 2016, 907; KG, FF 2015, 498.
76 BVerfG, FamRZ 2011, 437.
77 BGH, FamRZ 2012, 281.
78 BGH, FamRZ 2012, 281; OLG Celle, FamRZ 2013, 1141.
79 BGH, FamRZ 2012, 281.
80 Zur Berechnung auch: OLG Celle, FamRZ 2013, 1141.

2.229 €, weshalb sich bei Anwendung der Halbteilung 1.115 € ergäben. Damit bedarf es keiner Korrektur der vorrangigen Bedarfsermittlung.

Die Ehefrau F des V verfügt über ein eigenes Einkommen nach Abzug des Erwerbstätigenbonus i.H.v. 500 € mtl. netto bereinigt.

Damit haben die Eheleute V und F sowie die M ein Gesamteinkommen i.H.v. (771 € + 3.000 € + 500 € =) 4.271 €. Ein Drittel hiervon beträgt 1.424 €.

Hiervon kann aufseiten des V und seiner Ehefrau F wegen der mit dem Zusammenleben verbundenen Synergieeffekte ein Abzug von 10 % vorgenommen werden,[81] so dass für V und F jeweils mindestens 1.282 € verbleiben müssen. Bei Befriedigung des noch offenen Bedarfs der M i.H.v. 600 € wird deshalb weder der Selbstbehalt des V noch sein sich nach der Drittelmethode errechnender Eigenbedarf tangiert, weshalb weder ein absoluter noch ein relativer Mangelfall gegeben ist.

Kann die Vaterschaft nicht festgestellt werden, liegt ein Fall der **Ersatzhaftung** i.S.d. § 1607 Abs. 2 BGB vor, weshalb sodann die Eltern der Kindesmutter unterhaltspflichtig werden, auf die der gesetzliche Unterhaltsanspruch nach § 1607 Abs. 2 Satz 2 BGB jedoch übergeht.[82] 54

▶ Hinweis 55
– Vorrangig ggü. dem Anspruch aus § 1615l BGB sind die Ansprüche minderjähriger unverheirateter Kinder sowie der nach § 1603 Abs. 2 Satz 2 BGB privilegiert volljährigen Kinder.
– Gleichrangig ggü. dem Anspruch aus § 1615l BGB sind die Ansprüche anderer kinderbetreuende Elternteile, gleich ob verheiratet oder nicht, sowie die Ansprüche von Ehegatten und geschiedenen Ehegatten bei einer Ehe von langer Dauer.
– Nachrangig ggü. dem Anspruch aus § 1615l BGB sind u.a. die Ansprüche von Ehegatten und geschiedenen Ehegatten bei einer Ehe von nicht langer Dauer, von volljährigen Kindern und von Eltern.

G. Beendigung des Anspruchs und Verwirkung

Der Anspruch entfällt in entsprechender Anwendung des § 1586 BGB dann, wenn der **betreuende Elternteil heiratet**.[83] Diese Rechtsprechung erscheint zwar inkonsequent, können doch andererseits Ansprüche gegen den getrennt lebenden Ehemann neben denen gegen den nicht verheirateten Vater des Kindes aus § 1615l BGB stehen, vgl. oben Rdn. 46 ff.[84] Sie ist jedoch vom BGH mit seiner Entscheidung v. 16.03.2016[85] ausdrücklich wiederholt worden. 56

Stirbt der unterhaltspflichtige Vater, so erlischt der Unterhaltsanspruch gegen ihn anders als nach § 1615 BGB nicht (§ 1615l Abs. 3 Satz 4 BGB). Damit haften die Erben gem. § 1967 BGB ggf. für den Unterhalt.[86] 57

Streitig ist, ob der Anspruch von vornherein zu **befristen** ist, also zunächst nur befristet bis zur Beendigung des dritten Lebensjahres des betreuten Kindes zugebilligt werden kann. Das hätte zur Folge, dass der betreuende Elternteil nach Ablauf der 3 Jahre erneut tätig werden muss, will er auch danach noch Unterhalt beanspruchen. Angesichts des Umstands, dass eine Verlängerung der Unterhaltsberechtigung über die 3 Jahre hinaus nach der Systematik des Gesetzes eine Ausnahme darstellt, ging die wohl herrschende Meinung bislang davon aus, dass der Unterhalt zunächst nur 58

---

81 BGH, FamRZ 2012, 281.
82 OLG Brandenburg, FamRZ 2004, 560.
83 BGH, FamRZ 2005, 347.
84 Anders deshalb: KG, FF 2015, 498.
85 BGH, FamRZ 2016, 892.
86 BGH, FamRZ 2019, 1234.

für die ersten 3 Lebensjahre des Kindes zu titulieren ist.[87] Der BGH stellt jedoch mittlerweile auf die Parallele zu § 1570 BGB ab und meint, dass auch das aus Art. 6 Abs. 5 GG folgende Verbot der Differenzierung zwischen der Betreuung ehelicher und nichtehelicher Kinder[88] Unterschiede im Hinblick auf die Frage der Befristung verbietet. Deshalb bildet der Betreuungsunterhalt während der ersten drei Lebensjahre des Kindes und ein daran anschließender weiterer Betreuungsunterhalt einen einheitlichen Unterhaltsanspruch, so dass der Unterhalt jedenfalls dann nicht auf 3 Jahre zu befristen ist, wenn nicht von vornherein absehbar ist, dass keine kind- oder elternbezogenen Verlängerungsgründe vorliegen.[89]

59 Hinsichtlich der **Verwirkung** gilt als Folge der Verweisung auf den Verwandtenunterhalt die Norm des § 1611 BGB.[90] Zwar enthält die Vorschrift keine Einschränkung dergestalt, dass die **Kindesbelange** zu berücksichtigen sind, doch ist sie verfassungskonform entsprechend auszulegen.[91] Daraus folgt, dass der Anspruch des betreuenden Elternteils, soweit nicht Eigeneinkünfte anrechenbar sind, regelmäßig nicht unter den Mindestbedarf sinken wird.

60 Ob das Bestehen einer **verfestigten Lebensgemeinschaft** der betreuenden Mutter mit einem anderen Mann als dem Kindesvater die Verwirkung des Unterhaltsanspruchs in entsprechender Anwendung des § 1579 Nr. 2 BGB begründen kann, ist streitig.[92] Zutreffend ist wohl die Meinung, die eine Verwirkung für diesen Fall nicht annimmt, weil § 1579 Nr. 2 BGB ausdrücklich keine Anwendung findet und § 1615l BGB eine aus dem früheren Zusammenleben resultierende engere Verbundenheit sowie so etwas wie eine nacheheliche Solidarität nicht voraussetzt.[93]

61 Gründe für eine Verwirkung des Unterhaltsanspruchs können i.Ü. gravierende **Straftaten** zum Nachteil des Unterhaltspflichtigen oder eines nahen Verwandten sein. Hier kommen etwa wiederholte und schwerwiegende **Beleidigungen** in Betracht, insb. dann, wenn sie nachteilige Auswirkungen auf den persönlichen oder beruflichen Bereich des Unterhaltspflichtigen haben.[94] Auch für sich allein genommen können unbeachtliche Sachverhalte in der Gesamtschau zu einer Überschreitung der Tatbestandsschwelle des § 1615l Abs. 3 Satz 1 i.V.m. § 1611 Abs. 1 BGB führen.[95]

62 Die **Vereitelung des Umgangs** des Unterhaltspflichtigen mit dem Kind ist nur dann ein Verwirkungsgrund, wenn der Unterhaltsberechtigte mit äußerster Hartnäckigkeit gerichtlichen Anordnungen zuwider gehandelt hat.[96]

H. Verfahren

63 Für die Geltendmachung des Unterhaltsanspruchs in den ersten 3 Lebensjahren des Kindes bedarf es für den betreuenden Elternteil keiner näheren **Darlegungen** für den Anspruchsgrund. Der **Bedarf** ist indessen von diesem darzulegen, sobald er mehr als den Mindestbedarf beansprucht.

Wird Unterhalt für die Zeit nach Vollendung des dritten Lebensjahres des Kindes beansprucht, so obliegt es dem Unterhaltsberechtigten, die den Anspruch begründenden Umstände darzulegen

---

87 OLG Bremen, NJW 2008, 1745; *Wever*, FamRZ 2008, 553, 558; PWW/*Soyka*, § 1615l Rn. 6; a.A. OLG Köln, FamRZ 2013, 45 (LS); OLG Brandenburg, FamRZ 2010, 1915; FA-FamR/*Gerhardt*, Kap. 8 Rn. 397.
88 BVerfG, FamRZ 2007, 965.
89 BGH, FamRZ 2013, 3578.
90 OLG Stuttgart, FamRZ 2016, 907; wegen der Parallele zu § 1570 wird aber auch vertreten, dass § 1579 analog anzuwenden sei, so KG, FF 2015, 498.
91 Koch/*Wellenhofer*, Rn. 3034.
92 Bejahend: OLG Hamm, FamRZ 2011, 1600; ablehnend: OLG Stuttgart, FamRZ 2016, 907; OLG Nürnberg, FamRZ 2011, 735.
93 OLG Frankfurt, FuR 2019, 710; OLG Nürnberg, FamRZ 2011, 735.
94 OLG Karlsruhe, FamRZ 2011, 1800.
95 OLG Karlsruhe, FamRZ 2011, 1800.
96 OLG Nürnberg, FamRZ 2011, 735.

und zu beweisen. Denn nach der Systematik des Gesetzes ist ein über den Zeitraum von 3 Jahren hinausgehender Unterhaltsanspruch nicht die Regel, sondern die Ausnahme, weshalb der Unterhaltsberechtigte für alle den Ausnahmetatbestand begründenden Umstände darlegungspflichtig ist.[97] Lassen sich elternbezogene Gründe nicht sicher feststellen, gehen die verbleibenden **Zweifel** zulasten des Unterhaltsberechtigten.[98]

▶ Checkliste

Der Unterhaltsberechtigte hat somit etwa vorzutragen: 64
- ☐ dass keine kindgerechte Einrichtung für die Betreuung des gemeinsamen Kindes zur Verfügung steht,
- ☐ dass aus besonderen persönlichen Gründen eine persönliche Betreuung des gemeinsamen Kindes erforderlich ist,
- ☐ dass elternbezogene Gründe einer Erwerbsobliegenheit entgegenstehen oder nur eine eingeschränkte Erwerbsobliegenheit begründen

Unterhalt für die Vergangenheit kann unter den Voraussetzungen des § 1613 BGB verlangt werden. Denn § 1615l Abs. 3 Satz 1 BGB enthält eine Rechtsgrundverweisung auf § 1613 BGB, weshalb für die Geltendmachung von Unterhalt für die Vergangenheit eine Aufforderung zur Auskunft, eine Inverzugsetzung oder die Rechtshängigkeit des Unterhaltsanspruchs vorliegen müssen.[99] Wird das Jugendamt als Beistand des Kindes tätig und kündigt es zugleich an, die Kindesmutter wolle auch Betreuungsunterhalt geltend machen, schafft die damit verbundene Aufforderung zur Auskunftserteilung die Voraussetzungen für die Geltendmachung von Unterhalt für die Vergangenheit nicht.[100] Steht allerdings die Vaterschaft noch nicht fest, bedarf es des Verzuges gem. §§ 1615l Abs. 3 Satz 3, 1613 Abs. 2 Nr. 2a BGB nicht. 65

Die **örtliche Zuständigkeit** folgt nicht aus § 232 Abs. 1 FamFG, sondern aus § 232 Abs. 3 Nr. 3 FamFG, so dass auf den gewöhnlichen Aufenthalt des Unterhaltsschuldners abzustellen ist. § 232 Abs. 3 Nr. 1 FamFG sieht allerdings vor, dass der Unterhaltsanspruch nach § 1615l BGB auch bei dem Gericht geltend gemacht werden kann, bei dem ein Verfahren über den Unterhalt des Kindes im ersten Rechtszug anhängig ist. Daraus folgt der Praxishinweis, 66

▶ Praxishinweis

dass in dem Fall, dass der Unterhaltsschuldner weiter entfernt lebt, zugleich mit dem Unterhaltsanspruch nach § 1615l BGB auch den Kindesunterhalt geltend machen sollte, weil sodann das für den Aufenthalt des Unterhaltsgläubigers zuständige Gericht angerufen werden kann.

Der Anspruch kann gem. § 59 Abs. 1 Nr. 4 SGB VIII kostenfrei beim zuständigen **Jugendamt** tituliert werden. 67

Beantragt der Kindesvater für ein von ihm geführtes Verfahren Verfahrens- oder Prozesskostenhilfe, so kann er den nach § 1615l BGB geschuldeten Unterhalt für die Prüfung seiner Bedürftigkeit von seinen Einkünften abziehen. Lebt er allerdings mit der Kindesmutter zusammen, so kommt der Abzug eines dann nur fiktiven Unterhalts nicht in Betracht. Wegen des der Lebensgefährtin geleisteten Naturalunterhalts kann er sich jedoch den Freibetrag für einen weiteren Unterhaltsschuldner in Höhe von derzeit 383 € anrechnen lassen.[101] 68

---

97 BGH, FamRZ 2010, 357; BGH, FamRZ 2010, 444; OLG Oldenburg, FamRZ 2011, 466.
98 OLG Karlsruhe, FamRZ 2011, 1601.
99 BGH, FamRZ 2013, 1958.
100 OLG Celle, MDR 2011, 1199.
101 OLG Köln, FamRZ 2018, 1830.

Kapitel 7 Familienrechtliche Ausgleichsansprüche

Übersicht	Rdn.	Übersicht	Rdn.
A. Einleitung	1	II. Gesamtschuldnerausgleich und Ehegattenunterhalt	70
B. Ausgleichsansprüche und Kindesunterhalt	5	III. Gesamtschuldnerausgleich und Zugewinn	87
I. Ausgleichsansprüche infolge Forderungsübergang	6	IV. Gesamtschuldnerausgleich und Steuern	102
II. Der »familienrechtliche Ausgleichsanspruch«	41	V. Gesamtschuldnerausgleich und Mietwohnung	118
C. Gesamtschuldnerausgleich zwischen den Ehegatten	58	VI. Gesamtschuldnerausgleich und Bankkonten	131
I. Einleitung	58		

A. Einleitung

1 Familienrechtliche Ausgleichsansprüche finden sich im Familienrecht überall dort, wo eine Art »Schieflage« zwischen Leistungserbringung einerseits und Leistungsverpflichtung andererseits entstanden ist:

Ein Ehegatte oder Elternteil – in der gesetzlich normierten Konstellation des § 1607 Abs. 3 Satz 2 BGB kann dies auch ein »Dritter« sein – erbringt Leistungen, die aufgrund gesetzlicher und/ oder vertraglicher Verpflichtung der andere Ehegatte oder Elternteil als Leistungspflichtiger ganz (z.B. beim Barunterhalt) oder als Mitverpflichteter teilweise (z.B. bei gemeinsam begründeten Verbindlichkeiten) hätte erbringen müssen, aber nicht erbracht hat, so dass sich die Frage nach einem Ausgleich dem Grunde wie auch der Höhe nach stellt.

2 Ein solcher Ausgleich wird sich in aller Regel nicht bereits aus den allgemeinen Bestimmungen des BGB ergeben, was damit zusammenhängt, dass die hier in Rede stehenden Ausgleichsansprüche **familienrechtlicher Art** sind: Zwar sind ähnlich den Ausgleichsansprüchen i.R.d. nichtehelichen Lebensgemeinschaft, die durch die Rechtsprechungsänderung des BGH[1] an Bedeutung gewonnen haben, Ansprüche nach dem Recht der Geschäftsführung ohne Auftrag, je nach Fallgestaltung auch nach den Regeln der Bruchteilsgemeinschaft oder nach § 426 BGB ebenso denkbar wie auch ein Ausgleich nach gesellschafts- oder bereicherungsrechtlichen Vorschriften in Betracht kommen kann.

Andererseits, und dies streitet gegen die Anwendung allgemeiner Ausgleichsregeln, sind die Sachverhalte, die einen familienrechtlichen Ausgleich herausfordern, durch die Besonderheiten der ehelichen Lebensgemeinschaft wie auch durch die des Unterhaltsrechts überlagert, weshalb man in diesem Zusammenhang auch von einer »**familienrechtlichen Überlagerung**« spricht. Und um ein nicht nur als gerecht empfundenes, sondern auch ein rechtlich überzeugendes Ergebnis erzielen zu können, müssen diese Fälle einer besonderen familienrechtlichen Lösung zugeführt werden, was die allgemeinen Ausgleichsregeln nicht notwendigerweise stets, so doch zumindest meist verdrängt.[2]

3 Familienrechtliche Ausgleichsansprüche betreffen aber nicht nur Erstattungsansprüche für vom betreuenden Elternteil (zusätzlich) geleisteten, vom anderen Elternteil jedoch geschuldeten, aber nicht erbrachten (Bar-) Unterhalt, sondern decken als Regressansprüche **im weiteren Sinne** auch andere zahlreiche und in der Praxis häufig vorkommende Ausgleichskonstellationen ab. So kann ein Ausgleichsanspruch im weiteren Sinne z.B. in Zusammenhang mit Leistungen eines Ehegatten auf von beiden Ehegatten gemeinsam begründete (Haus-) Verbindlichkeiten stehen oder den Streit zum Inhalt haben, der meist im Trennungszeitraum dadurch entsteht, dass ein Ehepartner aus Sicht

---

[1] BGH, FamRZ 2008, 1822; BGH, FamRZ 2010, 542, 543; BGH, FamRZ 2013, 1295; BGH, FamRZ 2015, 833.
[2] BGH, FamRZ 1988, 264, 265; BGH, FamRZ 1988, 596, 597.

des anderen Ehegatten unberechtigte Verfügungen über ein gemeinsames Bankkonto (meist in der Form eines sog. Oder-Kontos) trifft.

Der Streit kann aber auch die Frage betreffen, ob ein Ausgleich dann verlangt werden kann, wenn nach Auszug eines Ehegatten aus der gemeinsamen Wohnung der andere, der in der Wohnung verblieben ist, die Miete (alleine) zahlt oder wenn eine beide Ehegatten betreffende Steuernachzahlung, die aus Zeiträumen vor der Trennung herrührt, von einem Ehegatten alleine erbracht wird. In der Literatur werden solche Fallkonstellationen, bei denen häufig die Bestimmung des § 426 BGB geprüft werden muss, unter der Überschrift »Gesamtschuldnerausgleich unter Ehegatten«[3] abgehandelt, während *Schwab* von einer neben dem Güterrecht herlaufenden und zunehmend breiter werdenden »**zweiten Spur des Vermögensausgleichs**« spricht,[4] was nichts daran ändert, worum es eigentlich geht: Nämlich um einen umfassenden und gerechten **Ausgleich finanzieller Lasten** zwischen Ehepartnern, die von diesen **während und um der Ehe willen gemeinsam begründet** und nach der Trennung der Ehegatten, wenn die eheliche Solidarität deutliche Einbußen erleidet, nur noch von einem übernommen werden (sollen), der allerdings nicht einzusehen vermag, dass er derjenige sein soll, der die Lasten alleine trägt.

Der familienrechtliche Ausgleichsanspruch, der, soweit ersichtlich, erstmals 1959 Gegenstand einer Entscheidung des BGH[5] gewesen ist (der »Klassiker« des familienrechtlichen Ausgleichsanspruchs: Die Kindesmutter ist für den Unterhalt mehrerer Kinder jahrelang alleine aufgekommen und verlangt vom unterhaltsmüden Kindesvater Ersatz), beschäftigt sich demgegenüber mit dem Ausgleich von Unterhaltsleistungen, die ein Ehegatte, Elternteil oder ein Dritter anstelle des Unterhaltsverpflichteten erbringt. Und soweit nicht die Sondervorschrift des § 1607 BGB greift, die in diesen Fällen unter den dort erwähnten – teilweise engen[6] – Voraussetzungen den gesetzlichen Forderungsübergang normiert, kommt ein familienrechtlicher Ausgleichsanspruch in Betracht, mit dem die eingangs beschriebene »Schieflage« zwischen Leistungserbringung einerseits und Leistungsverpflichtung andererseits beseitigt werden kann, in der Praxis aber häufig nicht beseitigt wird, weil entweder die Anspruchsvoraussetzungen nicht vorliegen oder, sollte dies doch der Fall sein, sich der zu Recht in Anspruch genommene Zahlungspflichtige vollständig aus der ehelichen Solidarität gelöst und gesetzlich eingerichtet hat. 4

B. Ausgleichsansprüche und Kindesunterhalt

Besondere Bedeutung erfährt der Ausgleichsanspruch beim Kindesunterhalt, und zwar in den Fällen, in denen ein Dritter, nicht zum Barunterhalt Verpflichteter wie etwa der Elternteil, bei dem das Kind lebt und der nach § 1606 Abs. 3 Satz 2 BGB seine Unterhaltsverpflichtung durch Pflege und Erziehung des Kindes erfüllt, oder aber auch ein nur sekundär Haftender (wie z.B. die Großeltern) dem Kind Barunterhalt leistet. Und natürlich kann eine »Barunterhaltsleistung« auch darin erblickt werden, dass der betreuende Elternteil den gesamten Lebensbedarf des Kindes aus eigenen Mitteln sicherstellt. In diesen Fällen der Kumulation von Natural- und Barunterhalt in einer Person stellt sich lediglich die Frage der »Monetarisierung« dieser zusätzlichen Leistungen des betreuenden Elternteils, weil diese nicht ohne Weiteres in Euro und Cent beziffert werden kann. 5

I. Ausgleichsansprüche infolge Forderungsübergang

Zu denken ist zunächst an die Bestimmung des § 1607 BGB, die für alle Unterhaltsansprüche außerhalb des Ehegattenunterhalts und damit auch für den Anspruch nach § 1615l BGB[7] gilt und 6

---

3 FA-FamR/*v. Heintschel-Heinegg*, Kap. 10 Rn. 119.
4 *Schwab*, Brühler Schriften zum Familienrecht, 11. DFGT, S. 50.
5 BGHZ 31, 329, 331.
6 »Eng« insb. auch deshalb, weil § 1607 Abs. 2 Satz 1 BGB voraussetzt, dass die »*Rechtsverfolgung im Inland ausgeschlossen oder erheblich erschwert ist*«.
7 BGH, FamRZ 2012, 200 [14].

die in den Absätzen 2 und 3 die **Ausfall- und Ersatzhaftung**[8] und des Weiteren den gesetzlichen Forderungsübergang von Ausgleichsansprüchen dann vorsieht, wenn ein vorrangig haftender (freilich leistungsfähiger) Verwandter keinen Unterhalt leistet und der Barunterhalt von einem nachrangig haftenden Verwandten oder aber auch von einem Dritten erbracht wird. Strikt zu trennen ist hiervon die sog. »**echte Ausfallhaftung**« des Abs. 1,[9] bei der der gesetzliche Forderungsübergang nicht stattfindet, weil der nachrangig haftende Verwandte seiner originären Leistungspflicht nachkommt und damit für einen Regress kein Raum ist. Denn wer (nachrangig) leistungspflichtig ist und deshalb Unterhalt zahlen muss, kann sein hierdurch realisiertes allgemeines Lebensrisiko nicht im Wege des Regresses kompensieren.

7 Da der gesetzliche Forderungsübergang vor allem die Bereitschaft zur Erbringung von Unterhaltsleistungen durch einen nachrangig haftenden Unterhaltsschuldner – soweit dieser für den Unterhalt nicht bereits nach § 1607 Abs. 1 BGB einzustehen hat – oder einen Dritten fördern[10] und dessen Regressmöglichkeiten sicherstellen soll, scheidet ein gesetzlicher Forderungsübergang immer dann aus, wenn die Rechtsverfolgung gegen den primär haftenden Unterhaltsschuldner im Inland weder ausgeschlossen noch erheblich erschwert ist (Umkehrschluss aus § 1607 Abs. 2 Satz 1 BGB), die Inanspruchnahme des (eigentlich) Verpflichteten vielmehr lediglich unterlassen wurde: Der Kindesmutter, die neben der Betreuung den gesamten Lebensbedarf des Kindes aus eigenen Mitteln in der Absicht sicherstellt, den Kindesvater, wenn überhaupt, jedenfalls erst zu einem späteren Zeitpunkt in Regress zu nehmen, obwohl sie z.B. aus einem Unterhaltstitel gegen den Kindesvater im Inland vorgehen könnte, kommt damit ein gesetzlicher Forderungsübergang nach § 1607 BGB nicht zugute, weil zur »Rechtsverfolgung« i.S.v. § 1607 Abs. 2 Satz 1 BGB auch **Vollstreckungsmaßnahmen** gehören.[11] In diesen Fällen kann die Kindesmutter ihr Regressverlangen ggf. aber auf den familienrechtlichen Ausgleichsanspruch stützen, der i.Ü. nicht deshalb ausscheidet, weil bereits ein Titel über den Kindesunterhalt besteht.[12] So könnte – abgesehen von den am ehesten praxisrelevanten Fällen des Obhutswechsels[13] – die Geltendmachung des Ausgleichsanspruchs neben einem titulierten Kindesunterhaltsanspruch dann von Interesse sein, wenn die Kindesmutter wegen einer familienrechtlichen Forderung des Kindesvaters ihr gegenüber (z.B. auf Zugewinnausgleich) die Aufrechnung mit ihrem Ausgleichsanspruch erklären will.[14] Das FamG hätte dann im Zugewinnausgleichsverfahren nicht nur zu prüfen, ob eine Zugewinnausgleichsforderung geschuldet ist, sondern bejahendenfalls auch, ob die Voraussetzungen für eine Aufrechnung vorliegen, insb. der zur Aufrechnung gestellte familienrechtliche oder auf § 1607 BGB gestützte Ausgleichsanspruch dem Grunde wie auch der Höhe nach besteht.

8 Als Fall des § 1607 Abs. 2 Satz 1 BGB kommt in Betracht das Absetzen des Schuldners ins Ausland. Dies allerdings nur dann, wenn keine Anschrift hinterlassen wird, weil der bloße Auslandsaufenthalt eine inländische Titulierung von Kindesunterhalt und dessen Anerkennung und Vollstreckung im Ausland[15] nicht hindert.[16] Ausgeschlossen ist eine Rechtsverfolgung nicht nur bei unbekanntem Aufenthaltsort,[17] sondern auch bei ständigem Wohnungswechsel im Inland,[18] weil dies i.d.R. mit der Unzustellbarkeit einer auf Unterhaltsleistung gerichteten Antragsschrift einhergeht. Ob sich

---

8 Zur Terminologie: Kleffmann/Klein/*Eder*, Unterhaltsrecht, § 1607 Rn. 2.
9 »*Soweit ein Verwandter auf Grund des nicht unterhaltspflichtig ist, hat der nach ihm haftende Verwandte den Unterhalt zu gewähren*«.
10 BT-Drucks. 13/7338, S. 21.
11 BGH, FamRZ 2006, 1664 [13] in Auslegung des inhaltsgleichen § 7 Abs. 3 Satz 2 UVG (»*Der Übergang eines Unterhaltsanspruchs kann nicht zum Nachteil des Unterhaltsberechtigten geltend gemacht werden*«); Kleffmann/Klein/*Eder*, § 1607 Rn. 12.
12 BGH, FamRZ 1989, 850 [20].
13 Vgl. Rdn. 46.
14 BGH, FamRZ 1996, 1067.
15 Art. 16 ff. EuUntVO.
16 AG Leverkusen, FamRZ 2003, 627 [9].
17 Kleffmann/Klein/*Eder*, § 1607 Rn. 13.
18 AG Alsfeld, DAV 1974, 519; PWW/*Soyka*, § 1607 Rn. 3; Palandt/*Brudermüller*, § 1607 Rn. 12.

die erhebliche Erschwernis der Rechtsverfolgung bereits aus sich abzeichnenden Vollstreckungsschwierigkeiten oder gar aus der (angenommenen) mangelnden Leistungsfähigkeit des Schuldners ergibt,[19] erscheint deshalb fraglich, weil dies hieße, dass damit gleichzeitig auch eine Anwendung der Schutzvorschrift des § 1607 Abs. 4 BGB vorprogrammiert und – folgt man *Schwonberg*[20] – ein Erstattungsantrag als »zur Zeit/derzeit unbegründet« zurückzuweisen wäre. Diese für den Ersatzberechtigten unliebsame Konsequenz muss *Klinkhammer*[21] freilich nicht ziehen, weil er die Anwendung dieser Schutzvorschrift nicht schon im Erkenntnisverfahren prüft, sondern in die Zwangsvollstreckung verlagert, wofür sich auch der BGH bei Anwendung der Schutzklausel des § 7 Abs. 3 Satz 2 UVG ausgesprochen hat.[22]

Nach Ansicht des OLG Karlsruhe[23] soll die Rechtsverfolgung auch dann erheblich erschwert sein, wenn ein Titel voraussichtlich deshalb nicht vollstreckt werden kann, weil der Unterhaltspflichtige, der nur aufgrund fiktiven Einkommens zur Zahlung von Unterhalt verpflichtet wurde, weder über Einkommen noch über Vermögen verfügt.[24]

In Zusammenhang mit § 1607 Abs. 2 Satz 1 BGB, der Parallelen zu § 1613 Abs. 2 Nr. 2 BGB[25] aufweist, stellt sich die bislang nicht abschließend geklärte Frage, ob § 1607 Abs. 2 Satz 1 BGB auch beim **Scheinvater-Regress** Voraussetzung für einen gesetzlichen Forderungsübergang ist, somit die Unterhaltsleistungen des Scheinvaters dadurch bedingt sein müssen, dass die Inanspruchnahme des wirklichen Vaters »im Inland ausgeschlossen oder erheblich erschwert ist«. Hierfür spricht immerhin der Gesetzeswortlaut mit seinem Verweisungshinweis in § 1607 Abs. 3 Satz 2 BGB auf Abs. 3 Satz 1, der wiederum auf Abs. 2 Satz 1 verweist.[26] In der Praxis musste dies bislang nicht entschieden werden,[27] weil der »Scheinvater« nach (noch) derzeitiger Rechtslage[28] sein Regressverlangen gegen den wirklichen Vater erst nach vorangegangener Vaterschaftsfeststellung (§ 1600d Abs. 4 BGB) geltend machen darf und der gesetzliche Forderungsübergang sich bereits hieraus ergibt: Wer vor Feststellung oder Anerkenntnis der Vaterschaft aus Rechtsgründen an einem Regress gehindert war, erfüllt (fast immer)[29] die Voraussetzungen des § 1607 Abs. 2 Satz 1 BGB.[30] 9

Nun hat der BGH seine Rechtsprechung zur **Rechtsausübungssperre** des § 1600d Abs. 4 BGB, wonach die Rechtswirkungen der Vaterschaft grds. erst vom Zeitpunkt ihrer Feststellung an geltend gemacht werden können,[31] geändert,[32] zumindest doch teilweise »gelockert«, indem er entschied, dass im Regressprozess des Scheinvaters gegen den mutmaßlichen Erzeuger des Kindes die Rechtsausübungssperre durchbrochen und die Vaterschaft inzidenter festgestellt wie auch grds. eine Auskunft der Kindesmutter darüber verlangt werden könne, wer ihr während der Empfängniszeit 10

---

19 Wendl/Dose/*Klinkhammer*, § 2 Rn. 799; vgl. auch OLG Karlsruhe, FamRZ 2015, 1507.
20 *Schwonberg*, FuR 2006, 501, 504.
21 Wendl/Dose/*Klinkhammer*, § 2 Rn. 802.
22 BGH, FamRZ 2006, 1664 [13].
23 Sachverhalt: Der Kindesvater hatte sich ins Ausland ohne Anschrift abgesetzt; die Kindesmutter bezog seit Jahren Sozialhilfe und das 15-jährige Kind nahm seine Großeltern in Anspruch, die sich hiergegen zur Wehr setzten. Das Amtsgericht wies den VKH-Antrag des Kindes ab, das OLG Karlsruhe hielt demgegenüber den gegen die Großeltern des Kindes gerichteten Unterhaltsantrag für erfolgversprechend.
24 OLG Karlsruhe, FamRZ 2015, 1507.
25 »Der Berechtigte kann für die Vergangenheit ohne die Einschränkung des Absatzes 1 Erfüllung verlangen... 2. für den Zeitraum, in dem er a) aus rechtlichen Gründen... an der Geltendmachung des Unterhaltsanspruchs gehindert war«.
26 So: *Knittel*, DAV 1998, 188; a.A. Palandt/*Brudermüller*, § 1607 Rn. 17, der meint, dass in diesen Fällen »nach der ratio legis« der in Abs. 3 Satz 1 erwähnte Satzteil »unter den Voraussetzungen des Abs. 2 Satz 1« ausgeklammert werden sollte.
27 OLG Köln, FamRZ 2002, 1214 [2].
28 Vgl. Rdn. 12.
29 Wendl/Dose/*Klinkhammer*, § 2 Rn. 804, 798.
30 BGH, FamRZ 1993, 696.
31 BGH, FamRZ 1993, 696; OLG Hamm, FamRZ 2003, 401 [16]; Kleffmann/Klein/*Eder*, § 1607 Rn. 47.
32 BGH, FamRZ 2008, 1424; BGH, FamRZ 2009, 32; BGH, FamRZ 2012, 200.

(zusätzlich) beigewohnt habe.[33] Dies jedenfalls könne, wie der BGH meint, »in besonders gelagerten Einzelfällen« nach § 242 BGB geboten sein, wobei offen blieb, ob ein solcher Einzelfall bereits schon dann angenommen werden darf, wenn die Kindesmutter trotz Kenntnis von der nicht gegebenen Vaterschaft des Unterhaltszahlenden sich diesem ggü. nicht offenbart und auch der wirkliche Vater, der seine unterhaltsrechtliche wie auch regressbezogene Inanspruchnahme fürchten muss, sich »bedeckt« hält, indem er zu dem mit ihm stattgefundenen Fehltritt der Kindesmutter schweigt.

11 Dieser Rechtsprechung ist aber das BVerfG (jedenfalls insoweit) entgegengetreten, als es eine gerichtliche Verpflichtung der Mutter, zur Durchsetzung eines Regressanspruchs des Scheinvaters Auskunft über die Person des mutmaßlichen Vaters des Kindes zu erteilen, verneinte. Eine solche Verpflichtung könne auch nicht (wie der BGH zunächst meinte) im Wege richterlicher Rechtsfortbildung auf § 242 BGB gestützt werden, weil es hierfür an einer hinreichend deutlichen Grundlage im geschriebenen Recht fehle.[34] Und solle der Regressanspruch des Scheinvaters zulässigerweise gestärkt werden, müsse der Gesetzgeber tätig werden. Dieser wäre nicht daran gehindert, eine Regelung zum Schutz des Scheinvaters einzuführen, obwohl er hierzu nicht durch das Eingreifen grundrechtlicher Schutzpflichten angehalten sei. Der Gesetzgeber dürfe zwar einen stärkeren Schutz vorsehen, müsse dabei allerdings dem entgegenstehenden Persönlichkeitsrecht der Mutter in ausreichendem Maße Rechnung tragen. Denn dieses Recht wiege in dieser Konstellation schwer.[35]

12 Das BMJ ist daraufhin tätig geworden, weil, so der damalige BJM Maas, mehr Rechtssicherheit beim Scheinvaterregress geschaffen werden müsse.

Nach dem Regierungsentwurf v. 22.08.2016 (Entwurf eines Gesetzes zur Reform des Scheinvaterregresses, zur Rückbenennung und zur Änderung des Internationalen Familienrechtsverfahrensgesetzes[36]) sollte § 1607 BGB um einen Abs. 4 mit folgendem Wortlaut ergänzt werden:

»Die Mutter des Kindes ist verpflichtet, dem Dritten, der dem Kind als Vater Unterhalt gewährt hat, auf Verlangen Auskunft darüber zu erteilen, wer ihr während der Empfängniszeit beigewohnt hat, soweit dies zur Feststellung des übergegangenen Unterhaltsanspruchs erforderlich ist. Die Verpflichtung besteht nicht, wenn und solange die Erteilung der Auskunft für die Mutter des Kindes unzumutbar wäre«.

Die Grenze der Zumutbarkeit überlässt der Regierungsentwurf, der von einer Vorgabe gesetzlicher Regelbeispiele abgesehen hat, dem FamG. Die Grenze, so die Begründung, sei unter Abwägung der widerstreitenden Interessen einzelfallbezogen festzulegen.[37]

13 Die Auskunftsverpflichtung der Kindesmutter, so der Regierungsentwurf, rechtfertige es, den Zeitraum, für den in der Vergangenheit Erfüllung des übergegangenen Unterhaltsanspruchs verlangt werden kann (bislang der gesamte Unterhaltszeitraum), angemessen einzugrenzen und eine Rückabwicklung der Unterhaltszahlungen für den Zeitraum, in dem der Scheinvater nicht an seiner Vaterschaft zweifelte, auszuschließen, weshalb auch § 1613 Abs. 3 BGB neu gefasst werden sollte:

»Der Berechtigte kann die Erfüllung eines nach § 1607 Absatz 3 Satz 2 übergegangenen Unterhaltsanspruchs in den Fällen des Absatzes 2 Nummer 2 für den Zeitraum von zwei Jahren vor Einleitung des

---

33 BGH, FamRZ 2012, 200 [22]; bestätigt: BGH, FamRZ 2013, 939 [Ls. 2]; OLG Jena, FamRZ 2011, 649; OLG Saarbrücken, FamRZ 2011, 648.
34 BVerfG, FamRZ 2015, 729 [35]; vorausgegangen war eine einstweilige Anordnung: BVerfG, FamRZ 2014, 1097.
35 BVerfG, FamRZ 2015, 729 [52].
36 Http://www.bmjv.de/SharedDocs/Gesetzgebungsverfahren/Dokumente/RegE_Scheinvaterregress.pdf?blob =publicationFile&v =2.
37 Vorstehende Fn., dort S. 13: »Andererseits ist aber zu beachten, dass in Ausnahmefällen das verfassungsrechtlich geschützte allgemeine Persönlichkeitsrecht der Mutter des Kindes aufgrund der Besonderheiten des Einzelfalls in besonderem Maße beeinträchtigt und die Erteilung der Auskunft daher für die Mutter unzumutbar sein kann. Diese Grenze der Zumutbarkeit ist in derartigen Fällen von den Gerichten unter Abwägung der widerstreitenden Interessen jeweils festzulegen. Dies ermöglicht, alle Umstände des Einzelfalls umfassend zu berücksichtigen. Von einer Vorgabe gesetzlicher Regelbeispiele wird daher abgesehen«.

Verfahrens auf Anfechtung der Vaterschaft bis zum Abschluss dieses Verfahrens verlangen. Satz 1 gilt in den Fällen des § 1599 Absatz 2 entsprechend für den Zeitraum von der Geburt des Kindes bis zur Wirksamkeit der Anerkennung der Vaterschaft«.

§ 1613 BGB sollte ferner um einen Abs. 4 mit folgendem Wortlaut ergänzt werden: 14

»Soweit die volle oder sofortige Erfüllung für den Verpflichteten eine unbillige Härte bedeuten würde, kann Erfüllung in den Fällen des Absatzes 2 Nummer 2 nicht, nur in Teilbeträgen oder erst zu einem späteren Zeitpunkt verlangt werden. Dies gilt auch, soweit ein Dritter vom Verpflichteten Ersatz verlangt, weil er anstelle des Verpflichteten Unterhalt gewährt hat«.

Weil das Gesetz zur Reform des Scheinvaterregresses[38] nicht in Kraft getreten ist und sich dies derzeit auch nicht abzeichnet, bleibt es weiterhin bei der bisherigen Rechtslage.

Ungeachtet der strittigen Diskussion über Auskunftspflichten der Kindesmutter[39] und der im Einzelfall für wünschenswert angesehenen Einschränkung der Rechtsausübungssperre des § 1600d Abs. 4 BGB bzw. der künftigen Normierung einer Auskunftsverpflichtung[40] steht nicht im Zweifel, dass ein folgenschwerer ehelicher Fehltritt der Kindesmutter nicht deren Schadensersatzpflicht auslöst, so dass weder ein von der Ehefrau begangener Ehebruch noch das bloße Verschweigen der Person des leiblichen Vaters dazu führt, dass die Kindesmutter hinsichtlich des vom Scheinvater geleisteten Unterhalts auf Erstattung in Anspruch genommen werden kann.[41] Hieran wollte auch der Regierungsentwurf v. 22.08.2016 nichts ändern. 15

Ein Anspruch ggü. der Kindesmutter lässt sich – unter dem Gesichtspunkt der Regressvereitelung infolge nicht oder nur unzulänglich erteilten Auskunft – auch nicht auf § 280 Abs. 1 BGB stützen. Denn dieser (Schadensersatz-) Anspruch würde den Scheinvater nur so stellen, wie er stünde, wenn die Mutter, das Bestehen einer Auskunftsverpflichtung unterstellt, den tatsächlichen Vater benannt und damit den Scheinvaterregress nach § 1607 Abs. 3 Satz 2 BGB ermöglicht hätte. Weil aber die Unterhaltsleistungen des Scheinvaters nach § 1607 Abs. 3 BGB (nur) zur Folge haben, dass der Unterhaltsanspruch des Kindes gegen den tatsächlichen Vater auf ihn übergeht, richtet sich die Höhe der Regressforderung nicht nach dem, was der Scheinvater an Unterhalt geleistet hat oder ggf. auch hätte leisten müssen, sondern vielmehr danach, welchen Unterhaltsanspruch das Kind ggü. seinem tatsächlichen Vater gehabt hätte. 16

Die »Werthaltigkeit« des übergegangenen Anspruchs hängt mithin vor allem von der Leistungsfähigkeit des leiblichen Vaters ab.[42] Um einen Schadensersatzanspruch nach § 280 Abs. 1 BGB ggü. der Kindesmutter überhaupt schlüssig begründen zu können, müsste der Scheinvater darlegen, in welcher Höhe er beim biologischen Vater Regress nehmen kann, was allerdings – um diesen Sachvortrag überhaupt leisten zu können – die Auskunft der Kindesmutter voraussetzt.[43] Ohne Auskunft, die – wird sie nicht erteilt – den Anspruch erst auslöst, andererseits gleichzeitig aber erst den Anspruch substanziiert begründen lässt, kann also kein Schadensersatzanspruch nach § 280 Abs. 1 BGB schlüssig dargelegt werden. Und erfolgt die Auskunft, ggf. durch Abgabe der eidesstattlichen Versicherung und/oder bei nicht gehöriger Erfüllung[44] durch Betreiben von Vollstreckungsmaßnahmen,[45] hat sich der Scheinvater an den biologischen Vater zu halten, mag dieser auch nicht leistungsfähig sein: Die Kindesmutter jedenfalls trifft eine Ersatzhaftung nach §§ 1607 Abs. 1, 280 Abs. 1 BGB nicht.

---

38 BT-Drucks. 18/10343.
39 Geprüft hat das BVerfG als mögliche Anspruchsnormen: §§ 1605, 1607 Abs. 3, 1353 Abs. 1, 242 BGB.
40 Einzelheiten hierzu wie auch zur Frage des **Anspruchs des Kindes** auf Benennung seines Erzeugers vgl. auch *Frank*, FamRZ 2017, 161.
41 So bereits BGH, FamRZ 1990, 367; bestätigt: BGH, FamRZ 2013, 939 [LS 1].
42 BGH, FamRZ 2003, 444, 445.
43 BGH, FamRZ 2013, 939 [42].
44 Vgl. OLG Hamm, FamRZ 2013, 637.
45 BGH, FamRZ 2013, 939 [43].

17 Das OLG Celle[46] weist in diesem Zusammenhang darauf hin, dass der Scheinvater im Regressverfahren die geltend gemachten, auf ihn übergegangenen Unterhaltsansprüche in einer auf die jeweiligen Monate bezogenen Aufstellung der Höhe nach zu konkretisieren und ferner darzulegen habe, dass er nach seinen eigenen Einkommensverhältnissen Unterhaltsleistungen in der geltend gemachten Höhe tatsächlich erbracht habe, während der in Anspruch genommene Regressgegner als barunterhaltspflichtiger Elternteil die Darlegungs- und Beweislast dafür habe, dass er in Höhe des Mindestunterhalts nicht oder nur eingeschränkt leistungsfähig gewesen sei.

18 Der BGH,[47] dem die Entscheidung des OLG Celle vorgelegt wurde, modifizierte die Darlegungs- und Beweislast im Regressverfahren demgegenüber wie folgt:
- Weil der nach § 1607 Abs. 3 Satz 2 BGB übergegangene Unterhaltsanspruch des Kindes mit dem ursprünglichen Unterhaltsanspruch identisch ist, trifft den **Scheinvater** die Darlegungs- und Beweislast bezüglich des Unterhaltsbedarfs und der Bedürftigkeit des Kindes während des streitbefangenen Unterhaltszeitraums. Die Darlegungs- und Beweislast des Unterhaltsberechtigten erfährt allerdings eine Einschränkung bezüglich des **Mindestbedarfs**, weil dieser in § 1612a Abs. 1 Satz 2 BGB als Mindestunterhalt festgelegt ist. Die konkrete Darlegung eines entsprechenden Bedarfs, die noch das OLG Celle gefordert hatte, sei also entbehrlich, weil es Aufgabe des Gerichts sei, die für die streitbefangenen Zeiträume geltenden Bestimmungen anzuwenden und diesen die jeweils gültigen Mindestbedarfsbeträge zu entnehmen. **Einer Bezifferung der jeweiligen Mindestbedarfsbeträge bedürfe es demgegenüber nicht**, mag dies auch sachdienlich sein und eine in Bezug auf den Mindestbedarf unrichtige Entscheidung hindern.
- Will sich der **Scheinvater** mit dem Mindestunterhalt nicht begnügen, etwa weil er meint, er habe einen über den Mindestunterhalt liegenden Unterhalt gezahlt und dies müsse auch für den tatsächlichen Vater gelten, muss er bei Anwendung der jeweils gültigen Düsseldorfer Tabelle darlegen und ggf. beweisen, dass und in welchem Umfang der tatsächliche Vater im betreffenden Zeitraum ein Einkommen oberhalb der ersten Einkommensgruppe der Düsseldorfer Tabelle erzielte. Erforderlich ist also die Darlegung des jeweiligen Nettoeinkommens, ggf. für einen Zeitraum von 20 Jahren, also ein ausgesprochen mühsames und wohl eher selten gelingendes Unterfangen.
- Weil der Anspruch auf den **Scheinvater** nur in dem Umfang übergeht, in dem dieser Unterhalt geleistet hat, trägt er die Darlegungs- und Beweislast für die von ihm erbrachten Unterhaltsleistungen. Darauf, ob er der Höhe nach zu dem von ihm erbrachten Unterhalt verpflichtet war, kommt es nicht an. Der BGH gestattet dem Scheinvater in Fällen der Titulierung des Unterhalts eine Beweiserleichterung: Bestand eine titulierte Unterhaltspflicht und ist erwiesen oder unstreitig, dass hierauf in entsprechender Höhe Zahlungen erfolgt sind, können diese Zahlungen ohne weiteres dem Regressanspruch der Höhe nach zugrunde gelegt werden, was aber auch nicht viel hilft, wenn der tatsächliche Vater nur zur Zahlung des Mindestunterhalts imstande war.
- Dagegen hat der **wirkliche Vater** im Regressverfahren seine etwa bestandene eingeschränkte Leistungsfähigkeit darzulegen und im Bestreitensfalle zu beweisen, dass er aufgrund seines Einkommens außerstande war, an sein Kind den Mindestunterhalt zu zahlen.

19 Der BGH weist in seiner Entscheidung v. 11.01.2012[48] auf eine Einschränkung zu den von ihm (wenn überhaupt, dann aber nur unter ganz engen Voraussetzungen) zugelassenen Ausnahmen von der Rechtsausübungssperre des § 1600d Abs. 4 BGB hin: Solange eine rechtliche Vaterschaft nicht nach § 1599 BGB angefochten wird, gilt die Vaterschaft des (regressierenden) Scheinvaters für und gegen alle und damit auch ggü. dem (mutmaßlichen) Erzeuger fort. Zu dieser Wirkung dürfe eine

---

46 OLG Celle, FamRZ 2018, 98.
47 BGH, FamRZ 2019, 112 [28].
48 BGH, FamRZ 2012, 437.

gerichtliche Entscheidung nicht in Widerspruch stehen und dies unabhängig davon, ob über die Vaterschaft unmittelbar oder lediglich als Vorfrage zu entscheiden wäre.[49]

Es ist i.Ü. fraglich, ob dem biologischen Vater ein Anfechtungsrecht zusteht oder nicht. In seiner Entscheidung v. 04.12.2013[50] hat das BVerfG seine bisherige Rechtsprechung bekräftigt, dass eine bestehende rechtlich-soziale Familie geschützt und in diese durch eine Vaterschaftsanfechtung durch den biologischen Vater nicht eingegriffen werden darf.[51] Demgegenüber stellt sich der Europäische Gerichtshof für Menschenrechte in seiner Entscheidung v. 10.03.2015[52] auf den Standpunkt, dass eine gerichtliche Entscheidung, mit der der biologische Vater von der Möglichkeit ausgeschlossen werde, seine Vaterschaft feststellen zu lassen, einen Eingriff in dessen Recht auf Achtung seines Privatlebens darstelle. Allerdings leite sich daraus keine konventionsrechtliche Pflicht ab, dem mutmaßlichen leiblichen Vater zu gestatten, die Stellung des rechtlichen Vaters anzufechten oder eine separate Klage im Hinblick auf die Feststellung der leiblichen Vaterschaft zuzulassen, weil die Entscheidung, ob dem vermeintlichen biologischen Vater die Vaterschaftsanfechtung zu gestatten sei oder nicht, innerhalb des staatlichen Ermessensspielraums liege. Hieraus schlussfolgert der EGMR, dass die EMRK (Art. 14 i.V.m. Art. 8) nicht verletzt sei,[53] wenn (wie das BVerfG entschied) der bestehenden familiären Beziehung zwischen dem Kind und seinen rechtmäßigen Eltern Vorrang vor der Beziehung zu dem vermeintlichen biologischen Vater eingeräumt und die Möglichkeit einer Vaterschaftsanfechtung versagt werde, um das Kind und seine soziale Familie vor äußeren Störeingriffen zu schützen. 20

Wollte man im Einzelfall die Zulässigkeit einer aus besonderen Gründen gebotene Durchbrechung der Rechtsausübungssperre des § 1600d Abs. 4 BGB annehmen, so setzt dies nicht nur eine Anfechtung voraus (Rdn. 19), sondern in jedem Fall auch eine **wirksame** Anfechtung, so dass nach Ablauf der nach § 1600b BGB maßgeblichen Zweijahresfrist, in der keine Anfechtung erfolgt ist, auch eine inzidente Feststellung eines anderen Mannes als Vater nicht mehr in Betracht kommen kann: Dann nämlich steht endgültig die Vaterschaft des Scheinvaters unanfechtbar fest und der Regress läuft bereits deshalb ins Leere. 21

Mag § 1600d Abs. 4 BGB auch einer inzidenter Feststellung eines anderen Mannes als Vater des Kindes im Rahmen eines Regressverfahrens grds. entgegenstehen, erscheint es nicht zuletzt im Hinblick auf die geänderte Rechtsprechung, die der BGH in Zusammenhang mit der Verwirkung von Unterhalt und dem Ausschluss des Versorgungsausgleichs heranzieht,[54] zumindest überlegenswert, wenn der Scheinvater nach Kenntniserlangung von seiner Scheinvaterstellung seine Unterhaltszahlungen einstellt und den wirklichen Vater, wenn er von dessen Person Kenntnis erlangt, im Regresswege in Anspruch nimmt. Dies freilich auch auf die Gefahr hin, dass sein Regressanspruch erfolglos bleibt und für dessen Begründetheit auch nicht die Entscheidungen des BGH v. 16.04.2008[55] und 22.10.2008[56] streiten. Geht der Scheinvater hingegen dieses erkennbar bestehende Verfahrensrisiko 22

---

49 Dass es nicht zwei Väter geben darf, ergibt sich für das Statusverfahren ausdrücklich aus § 1600d Abs. 1 BGB, wonach eine gerichtliche Feststellung der Vaterschaft voraussetzt, dass keine andere Vaterschaft nach §§ 1592 Nr. 1 und 2, 1593 BGB besteht; auch die §§ 1593 Satz 4, 1600 Abs. 2 BGB stellen sicher, dass durch die Änderung der statusrechtlichen Wirkung keine doppelte Vaterschaft entstehen kann.
50 BVerfG, FamRZ 2014, 191.
51 BVerfG, FamRZ 2003, 816.
52 EGMR, FamRZ 2016, 437.
53 EGMR, FamRZ 2016, 437[30].
54 So die beiden Entscheidungen des BGH v. 15.02.2012 (FamRZ 2012, 779) sowie v. 21.03.2012 (FamRZ 2012, 845), wonach wegen Verschweigens eines »Kuckuckskindes« für die Annahme des Härtegrundes des § 1579 Nr. 7 BGB es nicht notwendigerweise einer Anfechtung der Vaterschaft bedarf wie auch ein vollständiger oder teilweiser Ausschluss des Versorgungsausgleichs bereits dann in Betracht kommen kann, wenn die fehlende Vaterschaft des Ehemannes unstreitig ist oder in sonstiger (zulässiger) Weise festgestellt wurde.
55 BGH, FamRZ 2008, 1424.
56 BGH, FamRZ 2009, 32.

nicht ein, muss er es hinnehmen, dass weder die Kindesmutter noch der tatsächliche Kindesvater bereit sind, die Vaterschaft des Letzteren gerichtlich feststellen zu lassen oder es akzeptieren, dass ein Vaterschaftsfeststellungsverfahren auf unabsehbare Zeit nicht stattfinden wird, weil die zur Erhebung eines solchen Verfahrens Befugten dies ausdrücklich ablehnen oder von einer solchen Möglichkeit seit längerer Zeit keinen Gebrauch gemacht haben.[57] Überlegenswert erscheint ein solches Verfahren, mit dem eine Inzidentfeststellung der Vaterschaft versucht wird, auch deshalb, weil dann, wenn der Scheinvater untätig bleibt, insb. auch weiterhin den Kindesunterhalt zahlt, ein gesetzlicher Forderungsübergang an § 1607 Abs. 2 Satz 1 BGB hinsichtlich künftiger Leistungen scheitert und ohne Regressverfahren auch die Möglichkeit einer vergleichsweisen Verfahrenserledigung ausscheidet, die in diesen Fällen nicht völlig aus dem Blick verloren werden sollte.

23 Auch wenn dem Scheinvater durch § 1613 Abs. 2 Nr. 2a BGB[58] grds. die Möglichkeit eröffnet wird, rückständigen Kindesunterhalt seit der Geburt des Kindes rückwirkend geltend machen zu können – eben weil dieser mangels bestehender rechtlicher Vaterschaft gehindert war, für diesen Zeitraum den Unterhaltsanspruch zu verfolgen –, so kann auch nach noch geltendem Recht zugunsten des Unterhaltspflichtigen eine Einschränkung der Erstattungsverpflichtung des biologischen Vaters in Betracht kommen.

24 Nach § 1613 Abs. 3 BGB kann Erfüllung nicht, nur in Teilbeträgen oder erst zu einem späteren Zeitpunkt verlangt werden, soweit die volle oder die sofortige Erfüllung für den Unterhaltsverpflichteten eine unbillige Härte bedeuten würde: Diese Bestimmung nahm das OLG Celle in einer weiteren Entscheidung,[59] die nach Zurückverweisung des BGH erging (vgl. Rdn. 18), zum Anlass, die mit 42.400 € geltend gemachte Regressforderung gegenüber dem biologischen Vater auf etwa die Hälfte des rechnerischen Mindestunterhalts zu reduzieren, wobei ihm zusätzlich auch noch nachgelassen wurde, diesen Betrag in mtl. Raten i.H.v. 250 € zu zahlen.

25 Dies begründete das OLG Celle im wesentlichen damit, dass im Rahmen der nach § 1613 Abs. 3 BGB erforderlichen (Gesamt-) Abwägung neben den persönlichen und wirtschaftlichen Verhältnissen des biologischen Vaters maßgeblich auf den Zeitpunkt abzustellen sei, zu dem dieser mit einer Inanspruchnahme auf Unterhalt durch den Scheinvater rechnen musste.[60] Nur wenn dem leiblichen Vater bekannt gewesen sei, dass die wahre Abstammung dem Scheinvater durch die Kindesmutter verheimlicht wurde, liege in der Inanspruchnahme auf rückständigen Unterhalt keine unbillige Härte vor.[61]

26 Weitere Voraussetzung für den Regressanspruch ist die Erbringung von Unterhaltsleistungen entweder »als Vater« (§ 1607 Abs. 3 Satz 2) oder als »Ehegatte« des anderen Elternteils (Abs. 3 Satz 1 Alt. 2). In den meisten Fällen liegt eine dieser beiden Alternativen vor: Der Scheinvater wähnt sich, ohne mit der Kindesmutter verheiratet zu sein, als Vater des Kindes und leistet deshalb »als Vater« Unterhalt. Oder er ist mit der Kindesmutter verheiratet und leistet Unterhalt als Ehegatte

---

57 BGH, FamRZ 2009, 32 [12].
58 »Der Berechtigte kann für die Vergangenheit ohne die Einschränkung des Absatzes 1 Erfüllung verlangen für den Zeitraum, in dem er aus rechtlichen Gründen an der Geltendmachung des Unterhaltsanspruchs gehindert war«.
59 OLG Celle, FamRZ 2019, 1787.
60 OLG Celle, FamRZ 2019, 1787 [38].
61 Ähnlich: OLG Koblenz FamRZ 2015, 1401, 1402.

und damit als rechtlicher Vater. Hierbei spielt es für einen begründeten Scheinvater-Regress keine Rolle, ob er als Ehemann der Kindesmutter sich fälschlicherweise für den Vater hielt oder ob er die Umstände kannte, die für die Vaterschaft eines anderen Mannes sprachen.[62] Hat er hingegen die Vaterschaft erfolgreich angefochten und weiß er damit, dass er nicht Vater des Kindes ist, leistet er als »wissender Scheinvater« nur noch bis zur Ehescheidung »als Ehegatte des anderen Elternteils«.[63] Ab Scheidung der Ehe hingegen scheidet ein gesetzlicher Forderungsübergang und damit auch ein Rückgriff gegen den wirklichen Vater aus, denn er leistet in Kenntnis seiner fehlenden biologischen Vaterschaft nicht mehr »als Vater« und auch nicht mehr »als Ehegatte der Kindesmutter«, der er nach Ehescheidung nicht mehr ist.

Der Bedarf des Kindes richtet sich nach seiner Lebensstellung (§ 1610 Abs. 1 BGB), die wiederum von den (leiblichen) Eltern abgeleitet und durch deren Einkommens- und Vermögensverhältnisse bestimmt wird.[64] Hier gilt das, was bereits unter der Rdn. 18 zur Darlegungs- und Beweislast ausgeführt wurde. Im Regressverfahren bestimmt sich deshalb der auf den Scheinvater übergeleitete Anspruch nach dem Anspruch des Kindes gegenüber seinem biologischen Vater, der allerdings gedeckelt wird durch den »geleisteten« Unterhalt des Scheinvaters. Dieser kann seinen Regress unabhängig von der Höhe des geschuldeten Unterhalts somit nur in der Höhe geltend machen, wie er an das Kind Unterhalt geleistet hat. 27

Infolge der doppelten Deckelung des Regressanspruchs kann der Scheinvater
- somit entweder den von ihm geleisteten Unterhalt verlangen, jedoch gedeckelt auf den Betrag, den der Regressschuldner an Unterhalt geschuldet hätte (mit seinem darüber hinaus erbrachten Unterhalt fällt der Regressgläubiger endgültig aus),
- oder er verlangt den Unterhalt, den der biologische Vater geschuldet hätte, diesen jedoch gedeckelt auf den von ihm tatsächlich geleisteten Unterhalt (in diesem Fall steht der »Unterhaltsüberschuss« dem Kind zu).

Hieraus folgt i.Ü. auch, dass ein Regress in Fällen der nicht bloß (behaupteten) tatsächlichen, sondern echten (rechtlichen) **Leistungsunfähigkeit** ausscheidet: In den Fällen des § 1607 Abs. 1 BGB (sog. »echte Ausfallhaftung«) ergibt sich dies bereits daraus, dass der bloß nachrangig haftende Verwandte seiner originären Leistungspflicht nachkommt und damit für einen Regress kein Raum ist,[65] weshalb § 1607 Abs. 1 BGB insoweit auch keinen gesetzlichen Forderungsübergang normiert. In allen anderen Fällen des gesetzlichen Forderungsübergangs des § 1607 Abs. 2 bis 4 BGB ist dagegen der Anspruch auf den Betrag beschränkt, den der biologische Vater an Unterhalt geschuldet hätte. Und lag bei diesem eine rechtliche Leistungsunfähigkeit vor, schuldet er keinen Unterhalt und ein Regressanspruch geht ins Leere. 28

Bei der Prüfung der **rechtlichen Leistungsunfähigkeit** ist beim Minderjährigenunterhalt freilich zu beachten, dass es einem arbeitslosen Pflichtigen obliegt, alle möglichen und ihm zumutbaren Maßnahmen zu ergreifen, um wieder eine Berufstätigkeit zu finden und hierdurch seine Leistungsfähigkeit herbeizuführen,[66] da ihm anderenfalls ein fiktives Einkommen zugerechnet wird.[67] Er muss sich deshalb so behandeln lassen, als ob er das Einkommen, das er bei gutem Willen durch eine Erwerbstätigkeit erzielen könnte, tatsächlich hätte, und zwar in der Höhe, die er nach seiner Ausbildung, Berufserfahrung, nach seinem Alter und seinem Gesundheitszustand objektiv erzielen kann. Die Anforderungen an den Pflichtigen sind deshalb so hoch, weil minderjährige Kinder als 29

---

62 OLG Schleswig, FamRZ 2007, 2102 [79].
63 OLG Schleswig, FamRZ 2007, 2102; a.A. AG Wipperfürth, FamRZ 2001, 783, 784.
64 Kleffmann/Klein/*Eder*, § 1607 Rn. 47.
65 Kleffmann/Klein/*Eder*, § 1607 Rn. 7.
66 BGH, FamRZ 1994, 372, 373.
67 Ständige Rechtsprechung: BGH, FamRZ 1985, 158, 159.

die »schwächsten Mitglieder der Gesellschaft«[68] im Gegensatz zu anderen Unterhaltsberechtigten ihre wirtschaftliche Lage nicht aus eigener Kraft verändern können. Der Pflichtige hat somit seine Arbeitskraft so gut wie möglich einzusetzen und jede Erwerbstätigkeit, gleichgültig, ob zumutbar oder unzumutbar, und damit auch unterhalb seines Ausbildungsniveaus zu übernehmen. Und wenn die Erwerbstätigkeit den Mindestbedarf des Kindes nicht sicherstellt, hat der Pflichtige eine Nebenbeschäftigung in Form von Gelegenheits- oder Aushilfsarbeiten jedweder Art auszuüben,[69] und zwar ggf. sogar bis zur Grenze der wöchentlich zulässigen Arbeitszeit, die manche Gerichte ohne Beachtung der einschränkenden Bestimmung des § 3 ArbZG[70] bei 48 Std. ansiedln, um so leistungsfähig zu werden.[71] Wenn der Pflichtige keine den Kindesbedarf deckende Erwerbstätigkeit an seinem Wohnort oder in näherer Umgebung aufnehmen kann, muss er seine Leistungsfähigkeit auch durch Umzug »im gesamten Bundesgebiet und darüber hinaus« herstellen.[72]

30 Ob allerdings die fragwürdige[73] und vom BVerfG wiederholt kritisierte Fiktion einer stets anzunehmenden Leistungsfähigkeit i.H.d. Mindestunterhalts[74] auch im Regressfall gilt, erscheint eher fraglich, weil es nicht mehr um das Existenzminimum des minderjährigen Kindes geht – das ja vom Regressgläubiger sichergestellt wurde –, sondern um dessen Rückgriffsmöglichkeit beim biologischen Vater. Deshalb dürfte es gerechtfertigt sein, die von der OLG-Rechtsprechung allzu großzügige Handhabung des Grundsatzes, dass, soweit laufender Minderjährigenunterhalt vom Kind geltend gemacht wird, jedenfalls über die Einkommensfiktion i.a.R. von der Leistungsfähigkeit des Unterhaltsschuldners auszugehen sei, nicht ohne Weiteres auf den Regressfall zu übertragen, sondern den Regressanspruch nur dann für begründet zu erachten, wenn der Regressschuldner im Rückgriffszeitraum tatsächlich so viel verdient hat, dass er zumindest den Mindestunterhalt unter Beachtung seines Selbstbehaltes hätte zahlen können.

31 Wenn sich der Regressgläubiger aus Gründen der Verfahrensförderung auf die Geltendmachung des **Mindestunterhalts** beschränkt, kann grds. unterstellt werden, dass dieser sowohl geleistet als auch geschuldet wurde Dann bedarf es seitens des Regressgläubigers keines Sachvortrags zu den Einkommens- und Vermögensverhältnissen des biologischen Vaters.[75] Fordert der Scheinvater einen höheren Betrag als den des jeweiligen Mindestunterhalts, hat er nicht nur zum Einkommen des tatsächlichen Vaters, sondern auch zur Höhe seiner Unterhaltszahlungen substanziiert vorzutragen und erforderlichenfalls den Nachweis zu führen, dass er i.H.d. von ihm geltend gemachten Regressanspruchs Monat für Monat auch Unterhaltszahlungen erbracht hat. Dass dies bei einem längeren Regresszeitraum mit erheblichen Problemen einhergehen kann, ändert an dieser (hohen) Darlegungs- und Beweislast nichts.[76]

32 Im Falle des Zusammenlebens mit dem Kind und der (nicht erwerbstätigen) Kindesmutter reicht jedoch regelmäßig der Sachvortrag aus, dass der von ihm geleistete Unterhalt dem Zahlbetrag

---

68 BT-Drucks. 16/1830 S. 23 l. Sp.
69 BGH, FamRZ 2000, 1358 [Os. 3]; BGH, FamRZ 1994, 372, 374 [LS 2]; BGH, FamRZ 1987, 270, 271.
70 »Die werktägliche Arbeitszeit der Arbeitnehmer darf acht Stunden nicht überschreiten. Sie kann auf bis zu zehn Stunden nur verlängert werden, wenn innerhalb von sechs Kalendermonaten oder innerhalb von 24 Wochen im Durchschnitt acht Stunden werktäglich nicht überschritten werden«.
71 BGH, FamRZ 2009, 314, 316; OLG Köln, FamRZ 2007, 1119.
72 BVerfG, FamRZ 2007, 273/274 [14].
73 Selbst bei einem gesetzlichen Mindestlohn i.H.v. derzeit 9,35 € dürfte die Zahlung des (vollen) Mindestunterhaltes nicht nur schwerfallen, sondern in aller Regel ausscheiden: Denn wenn sich das Brutto bei einer 40-Std.-Woche auf 1.620,00 € beläuft (9,35 € x 40 Std/Woche x Faktor 4,33), ergibt sich ein Netto nach der Steuerklasse I ohne KSt. i.H.v. rund 1.200 € (Steuern: 94,00 €; Sozialversicherung: 324,00 €). Ohne weitere Einkünfte ist der Mindestunterhalt ohne Eingriff in den Selbstbehalt nicht zu leisten.
74 Der gesetzliche Mindestlohn müsste zumindest 13,00 €/Std. (= ca. 1.560,00 € netto) betragen, wenn der Mindestunterhalt eines 12-jährigen Kindes (2020: 395,00 €) voll bedient und der Selbstbehalt des Pflichtigen (2020: 1.160,00 €) gewährt werden soll.
75 BGH, FamRZ 2019, 112 [27]; KG, FamRZ 2000, 441 [3].
76 OLG Celle, FamRZ 2018, 98; vgl. Rdn. 18.

entspricht, der sich nach seinem (dargelegten und ggf. bewiesenen) bereinigten Erwerbseinkommen aus der Düsseldorfer Tabelle ergibt.

Problematisch kann es werden, wenn – wie häufig in den Fällen des Scheinvater-Regresses – der Regressierende in einer **Doppelverdienerehe** mit der Kindesmutter und dem Kind lebt oder gelebt hat und seine »Unterhaltsleistungen« Teil seines Beitrags zum Familienunterhalt nach § 1360 BGB gewesen sind. Da der Regressgläubiger neben der erwerbstätigen Kindesmutter nur z.T. für die als Geldleistung zu schätzenden Aufwendungen für das Kind beiträgt, ist der Bedarf des Kindes in entsprechender Anwendung des § 1606 Abs. 3 Satz 1 BGB nach seinem und dem Einkommen der Kindesmutter zu quoteln. Diese Quotelung stellt keine Besonderheit dar, wird sie auch bei der Berechnung von Volljährigenunterhalt oder in Fällen des Wechselmodells[77] vorgenommen. Nur entsprechend der (Beteiligungs-) Quote kann der Scheinvater Regressleistungen verlangen, wobei die Quote wertend verändert werden kann, wenn der biologische Vater nachweist, dass der Regressgläubiger – etwa aufgrund seiner durch die Vaterschaftsanfechtung geänderten Lebenssituation – nicht mehr sein gesamtes Erwerbseinkommen für den gemeinsamen Haushalt zur Verfügung gestellt hat.[78] 33

Kontrovers diskutiert wird die Frage, ob auch reine **Betreuungsleistungen** einschließlich Wohnungsgewährung am gesetzlichen Forderungsübergang teilhaben, eine Frage, die sich beim familienrechtlichen Ausgleichsanspruch in gleicher Weise stellt. Hierfür streitet § 1606 Abs. 3 Satz 2 BGB, der die Gleichwertigkeit von Betreuungs- und Barunterhalt normiert, so dass es gerechtfertigt erscheinen dürfte, (auch) den Betreuungsunterhalt als Grundlage eines Regressanspruchs anzuerkennen, und zwar monetarisiert i.H.d. Mindestunterhalts.[79] Ggf. sollen die Betreuungsleistungen auch in Geld geschätzt werden können.[80] Die Zulässigkeit einer (stets problematischen)[81] **Monetarisierung elterlicher Betreuungsleistungen** wird demgegenüber auch in Abrede gestellt.[82] Unzulässig ist dies jedenfalls dann, wenn das Kind anstelle von Barunterhalt Sozialhilfeleistungen erhalten hat.[83] 34

I.d.R. stellt sich die Frage nach der Zulässigkeit einer Monetarisierung von Betreuungsleistungen dann nicht, wenn überhaupt kein Barunterhalt vom Unterhaltspflichtigen geleistet wurde: Denn aus dem Umstand, dass das Kind in dieser Zeit tatsächlich versorgt war, kann nach Ansicht des OLG Frankfurt geschlossen werden, dass der Barunterhaltsbedarf durch Naturalleistungen der Mutter insgesamt gedeckt wurde, so dass auch bei bloßen Betreuungsleistungen ein (merkantilisierter) Regressanspruch in Betracht kommt, und zwar in Höhe des Mindestunterhalts.[84]

Wenn die in nur »krassen Ausnahmefällen«[85] anzuwendende Vorschrift des § 1607 Abs. 4 BGB bestimmt, dass der Übergang des Unterhaltsanspruchs nicht zum Nachteil des Unterhaltsberechtigten geltend gemacht werden darf, so bedeutet dies, dass ein grds. berechtigter Regressanspruch als »derzeit unbegründet«[86] abzuweisen ist, wenn im Verfahren die **Leistungsunfähigkeit des Verpflichteten** deutlich zutage tritt[87] und das Kind ansonsten Gefahr laufen würde, mit seinen laufenden 35

---

77 Vgl. BGH, FamRZ 2017, 437.
78 OLG München, FamRZ 2001, 251 [2].
79 OLG Frankfurt am Main, FamRZ 1999, 1450; LG Bielefeld, FamRZ 2006, 1149 [13]; *Scholz*, FamRZ 1994, 1314; Kleffmann/Klein/*Eder*, § 1607 Rn. 50; *Schwonberg*, FuR 2006, 443, 446.
80 AG Köln, FamRZ 1991, 735; MünchKomm/*Langeheine* § 1607 Rn. 25; Johannsen/Henrich/*Graba/Maier* Familienrecht § 1607 Rn. 8.
81 BGH, FamRZ 2006, 1597, 1599.
82 BGH, FamRZ 1994, 1102; OLG Koblenz, FamRZ 1997, 368; vgl. aber auch BGH, FamRZ 2017, 711 zum Elternunterhalt und zur Frage der Monetarisierung des Betreuungsunterhalts.
83 OLG Köln, FamRZ 1985, 1168 [Os. 3].
84 OLG Frankfurt am Main, FamRZ 2011, 227 [Os. 1]; OLG Bremen, FamRZ 2002, 1189 [5].
85 LG Bielefeld, FamRZ 2006, 1149.
86 *Schwonberg*, FuR 2006, 501, 504.
87 KG, FamRZ 2000, 441 [LS 2].

Unterhaltsansprüchen auszufallen. Der laufende Unterhalt des Kindes geht also stets den Unterhaltsrückständen im Rang vor und ist dieser zum Nachteil des Kindes deshalb gefährdet, weil es angesichts einer leistungseinschränkenden Erwerbssituation ausgeschlossen erscheint, dass der biologische Vater neben dem laufenden Unterhalt auch noch Unterhaltsrückstände bedienen kann, fällt der Regressgläubiger mit seinem Anspruch so lange aus, wie die Leistungsunfähigkeit besteht: Auf einen vollstreckungsrechtlichen »Gläubigerwettlauf« soll sich das Kind nicht einlassen müssen.[88]

36 Die Schutzklausel des § 1607 Abs. 4 BGB ist bereits im **Erkenntnisverfahren** von Amts wegen und nicht erst bei der Vollstreckung – bei **nachträglich** sich einstellender eingeschränkter Leistungsfähigkeit aber auch dort – zu berücksichtigen, was natürlich die Frage aufwirft, ob angesichts dessen eine Mandatsübernahme bei erkennbar eingeschränkter oder doch zumindest vermuteter Leistungsunfähigkeit des Unterhaltsschuldners Sinn ergibt: Das Verfahren ist für den Anwalt haftungsrechtlich nicht unproblematisch, führt beim Regressgläubiger, wenn er keinen Anspruch auf VKH hat, zu im Zweifel nicht erstattbare Kosten und bringt auch dem Kind erkennbar keine Vorteile.

Demgegenüber spricht sich *Scholz* unter Hinweis auf eine zu § 7 UVG ergangene Entscheidung des BGH[89] dafür aus, die Leistungsunfähigkeit erst im **Vollstreckungsverfahren** zu berücksichtigen und empfiehlt, im Beschlusstenor den Hinweis aufnehmen zu lassen, dass der Beschluss »nur vollstreckt werden darf, wenn und soweit das unterhaltsberechtigte Kind bei der Durchsetzung seiner Unterhaltsforderung nicht benachteiligt wird«.[90] In der Praxis empfiehlt es sich dann, wenn das Verfahren allen Hindernissen zum Trotz geführt werden soll, die von *Scholz* empfohlene Beschlusstenorierung als Hilfsantrag zu stellen, um das FamG für die Problematik des § 1607 Abs. 4 BGB zu sensibilisieren und ggf. eine Antragsabweisung zu vermeiden.

37 Da der nach § 1607 Abs. 3 Satz 2 BGB auf den Scheinvater übergegangene Unterhaltsanspruch mit dem ursprünglichen Unterhaltsanspruch **identisch** ist, unterliegt er nach § 195 BGB der regelmäßigen Verjährung von drei Jahren.[91] Nach § 199 Abs. 1 BGB beginnt die regelmäßige Verjährungsfrist mit dem Schluss des Jahres, in dem der Anspruch entstanden ist und der Gläubiger von den anspruchsbegründenden Umständen und der Person des Schuldners Kenntnis erlangt hat oder ohne grobe Fahrlässigkeit hätte erlangen müssen.

»Entstanden« ist der Anspruch in dem Zeitpunkt, in dem ihn der Berechtigte erstmals geltend machen und notfalls Klage erheben konnte, um die Hemmung der Verjährung zu erreichen. Bei einem Regressanspruch gegen den Erzeuger ist allerdings die Besonderheit zu beachten, dass er – unabhängig von der tatsächlichen Abstammung – von vornherein nicht entstehen kann, wenn und solange ein anderer Mann auf Grund von § 1592 Nr. 1 oder Nr. 2 BGB als Vater des Kindes und damit als Unterhaltspflichtiger anzusehen ist. Erst nach rechtskräftiger Anfechtung seiner Vaterschaft steht rückwirkend bezogen auf den Zeitpunkt der Geburt des Kindes mit Wirkung für und gegen jeden (§ 184 Abs. 2 FamFG) fest, dass das Kind nicht vom Scheinvater abstammt. Die Verjährungsfrist für gesetzliche Unterhaltsansprüche gegen den mutmaßlichen Erzeuger des Kindes kann deshalb frühestens am Schluss des Jahres beginnen, in dem die Entscheidung über die erfolgreiche Anfechtung der Vaterschaft rechtskräftig geworden ist.[92]

Haben der mutmaßliche Erzeuger und die Kindesmutter als gesetzliche Vertreterin des minderjährigen Kindes die Einleitung eines Vaterschaftsfeststellungsverfahrens bereits ausdrücklich abgelehnt oder legt deren Verhalten schon im Zeitpunkt der rechtskräftigen Vaterschaftsanfechtung nahe, dass sie auf absehbare Zeit kein Interesse an einer Vaterschaftsfeststellung haben, dann ist für den

---

88 Anders das LG Kempten (FamRZ 1999, 1297, 1298) mit der Erwägung, der Scheinvater dürfe nicht schlechter gestellt werden als andere Gläubiger des wirklichen Vaters.
89 BGH, FamRZ 2006, 1664 [15].
90 Wendl/Dose/*Klinkhammer*, § 2 Rn. 802 unter Hinweis auf BGH, FamRZ 2006, 1664 [15].
91 BGH, FamRZ 2017, 900 [Os. 1].
92 BGH, FamRZ 2017, 900 [14].

Beginn der Verjährung auf die Rechtskraft der Entscheidung im Vaterschaftsanfechtungsverfahren abzustellen.[93]

Die Verjährung ist nach § 207 Abs. 1 Satz 1 Nr. 2 BGB bei Ansprüchen zwischen Eltern und Kindern während der Minderjährigkeit der Kinder gehemmt. Die Hemmung endet erst mit Auflösung der Ehe, die das Stiefkindverhältnis begründet und erstreckt sich auch auf Regressansprüche des Scheinvaters gegen den wirklichen Vater.[94] Eine solche Anwendungserweiterung des § 207 BGB auch auf das Verhältnis zwischen dem Scheinvater und biologischen Vater rechtfertigt sich daraus, dass der nach § 1607 Abs. 3 Satz 2 BGB auf den Scheinvater übergegangene Unterhaltsanspruch mit dem ursprünglichen Unterhaltsanspruch des Kindes identisch ist[95] und wie dieser nicht nur nach § 195 BGB der regelmäßigen Verjährung von drei Jahren, sondern auch der Verjährungshemmung nach § 207 BGB unterliegt. 38

Bei der Frage der **Verwirkung** ist zu prüfen, ob das Zeit- und Umstandsmoment erfüllt ist. 39

Nach höchstrichterlicher Rechtsprechung zur Verwirkung (nicht) titulierten Trennungs-[96] und Elternunterhalts[97] sind an das »**Zeitmoment**« keine sonderlich hohen Anforderungen zu stellen, weil der Gläubiger, der auf den laufenden Unterhalt angewiesen ist, sich zeitnah um die Durchsetzung seines Anspruchs zu bemühen hat. Das Verstreichenlassen einer Frist von mehr als einem Jahr reicht deshalb für die Annahme der Verwirkung unter dem Blickwinkel des Zeitmoments aus.[98] Diese Grundsätze des BGH gelten in gleicher Weise für den nicht titulierten, aber auch für den titulierten[99] Kindesunterhalt, sind jedenfalls auf diesen übertragbar.[100]

Beim Regress nach § 1607 BGB geht es allerdings nicht um laufenden und zur Sicherung des aktuellen Lebensbedarfs des Kindes dringend benötigten Unterhalt, sondern um Unterhaltsrückstände, die als Erstattungsanspruch geltend gemacht werden, was gegen die Übertragung der Grundsätze des BGH zum Zeitmoment auf familienrechtliche Ausgleichsansprüche sprechen könnte.[101] Andererseits streitet aber auch die Höhe der Unterhaltsrückstände für eine zeitnahe Geltendmachung, denn der Regressanspruch läuft durch Zuwarten immer weiter auf und kann je nach Dauer des Erstattungszeitraums zu einer »erdrückenden Schuldenlast anwachsen«.[102] Dieser Aspekt wie auch der des Schuldnerschutzes[103] rechtfertigt es, das Zeitmoment nicht wesentlich anders zu bestimmen als beim laufenden Unterhalt und jedenfalls dann als erfüllt anzusehen, wenn der Gläubiger nach Kenntnis vom Bestehen seines Regressanspruchs gegenüber dem biologischen Vater mit der Geltendmachung länger als zwei Jahre zuwartet.

Zur Bejahung des »**Umstandsmoments**«, das neben dem Zeitmoment **zusätzlich** vorliegen muss,[104] prüft der BGH das Hinzutreten besonderer Umstände, aufgrund derer der Verpflichtete sich nach Treu und Glauben darauf einrichten durfte und auch eingerichtet hat, dass der Berechtigte sein Recht nicht mehr geltend macht. Für die Begründung eines Vertrauenstatbestandes auf Seiten des Schuldners hält es der BGH allerdings nicht für ausreichend, wenn der Anspruch nur einmal, und zwar in Zusammenhang mit der Trennung, wenngleich mit großem Nachdruck und unter Androhung der Klage, geltend gemacht wurde, später jedoch nicht mehr. Diese Untätigkeit allein, so 40

---

93 BGH, FamRZ 2017, 900 [23]
94 OLG Schleswig, FamRZ 2007, 2102 [80].
95 BGH, FamRZ 2017, 900.
96 BGH, FamRZ 1988, 370.
97 BGH, FamRZ 2002, 1698.
98 BGH, FamRZ 1988, 370, 372; BGH, FamRZ 2002, 1698, 1699.
99 BGH, FamRZ 2004, 531; OLG Köln, 05.06.2018 – 10 UF 38/18, juris [4]; OLG Hamm, FamRZ 2007, 159.
100 OLG Hamm, FamFR 2013, 416 [16] m.w.N.
101 OLG Frankfurt am Main, 05.02.2008 – 3 WF 323/07.
102 BGH, FamRZ 2010, 1888 [23].
103 BGH, FamRZ 2004, 531 [10].
104 OLG Köln, 05.06.2018 – 10 UF 38/18, juris [5].

erklärte der BGH, reiche nicht für die Annahme aus, der Schuldner habe davon ausgehen dürfen, dass der Berechtigte seinen Rechtsstandpunkt aufgegeben und davon Abstand genommen habe, den geltend gemachten Unterhalt zu verlangen.[105]

Das Umstandsmoment kann auch nicht durch einen bloßen (weiteren) Zeitablauf ersetzt werden. In einer neueren Entscheidung des BGH,[106] in der es immerhin um eine 2 1/2-jährige Untätigkeit des Gläubigers ging, wies er darauf hin, dass ein bloßes Unterlassen der Geltendmachung des Anspruchs ohne konkrete weitere Umstände kein berechtigtes Vertrauen des Schuldners auslösen könne. Selbst wenn der Gläubiger davon absehe, sein Recht weiter zu verfolgen, könne dies für den Schuldner nur dann berechtigterweise Vertrauen auf eine Nichtgeltendmachung hervorrufen, wenn ein konkretes Verhalten des Gläubigers vorliege, das Grund zu der Annahme gebe, der Unterhaltsanspruch werde nicht mehr geltend gemacht. Hierauf weist auch das OLG Brandenburg hin, das in seiner Entscheidung vom 29.04.2019 ein »konkretes Verhalten« des Unterhaltsberechtigten fordert, das über das »Nichtstun« hinausgeht. **Denn nur ein solches konkret darzulegendes und im Bestreitensfalle vom Schuldner zu beweisendes Verhalten könne ein Umstandsmoment begründen;**[107] ansonsten bleibe es beim Vorliegen des Zeitmomentes, das für sich genommen eine Verwirkung nicht begründen könne.

II. Der »familienrechtliche Ausgleichsanspruch«

41 Zwischen den Kindeseltern kann sich mangels Vorliegens der Voraussetzungen des § 1607 BGB ein Ersatzanspruch auch nach den Grundsätzen des **familienrechtlichen Ausgleichsanspruchs** ergeben, der seit Langem als »selbständiges Rechtsinstitut«[108] in der Rechtsprechung anerkannt ist.

42 Bereits 1959 wies der BGH in seiner wohl ersten Entscheidung[109] zu diesem Themenkreis, in der er zunächst eine Ersatzverpflichtung nach den Grundsätzen der GOA prüfte und letztlich verneinte, darauf hin, dass »natürlicher und den tatsächlichen Verhältnissen gemäßer die Auffassung sein (dürfte), dass es sich bei einem solchen Ersatzanspruch um einen familienrechtlichen Ausgleichsanspruch zwischen den Eltern handelt, der sich aus ihrer gemeinsamen Unterhaltspflicht und aus der naturgegebenen Notwendigkeit ergibt, die Unterhaltslast im Innenverhältnis zwischen ihnen entsprechend ihrem Leistungsvermögen gerecht zu verteilen«.[110] Und eine solche gerechte Verteilung liege nicht vor, wenn der den Unterhalt leistende Elternteil mit seiner Leistung eine im Innenverhältnis der Eheleute bzw. der Kindeseltern zueinander dem anderen Ehegatten/Elternteil obliegende Verpflichtung ggü. dem Kind erfüllt habe.[111] Dies bedeutet, dass eine von einem Elternteil übernommene, dem anderen Elternteil obliegende Verpflichtung aufgrund der familienrechtlichen Überlagerung nicht nach den Vorschriften der GOA oder des Bereicherungsrechts, sondern nur in der Form eines familienrechtlichen Ausgleichsanspruchs erstattet verlangt werden kann.

43 In einer weiteren Entscheidung[112] hatte der BGH diesen Anspruch zusätzlich an die Voraussetzung geknüpft, dass die Ehefrau zu der Zeit, als sie die Unterhaltsleistungen erbrachte, die Absicht gehabt haben müsse, von dem Ehemann Ersatz zu verlangen.[113]

---

105 BGH, FamRZ 1988, 370.
106 BGH, FamRZ 2018, 589.
107 OLG Brandenburg, FuR 2019, 709.
108 BGH, FamRZ 1981, 761 [16].
109 BGHZ 31, 329 ff.
110 BGHZ 31, 332.
111 BGH, FamRZ 1981, 761 [17].
112 BGHZ 50, 266, 269.
113 Diese Beschränkung findet ihre Rechtfertigung darin, dass Elternteile um ihrer Kinder willen Leistungen erbringen und nicht die Absicht haben, das ihrem Kind Zugewandte von dem anderen Elternteil zurückzufordern. Nach dem BGH spricht die Lebenserfahrung dafür, dass ein Rückforderungswille in aller Regel nicht besteht (BGHZ 50, 266 [18]), weshalb er geltend gemacht werden muss.

An diesen beiden Voraussetzungen:

(1) Der leistende Elternteil hat eine dem anderen Elternteil obliegende Verpflichtung ggü. dem gemeinsamen Kind erfüllt und

(2) dies **auch in der Absicht geschah, den anderen Elternteil auf Ersatz in Anspruch zu nehmen,**

wird bis heute[114] die Berechtigung einer Erstattungsverpflichtung nach den Grundsätzen des familienrechtlichen Ausgleichsanspruchs gemessen,[115] der sich in folgenden Konstellationen als praxisrelevant erweisen kann:
- Bei nicht erbrachten (**Bar-**) **Unterhaltsleistungen** besteht nach ganz herrschender Meinung[116] ein familienrechtlicher Ausgleichsanspruch immer dann, wenn der betreuende Elternteil die gemeinschaftlichen ehelichen oder auch nichtehelichen[117] Kinder alleine versorgt und später – wie von ihm von Beginn an beabsichtigt – den anderen Elternteil auf Ersatz seiner (**Bar-**) **Unterhaltsleistungen** in Anspruch nimmt.[118]
- **Familienrechtlicher Ausgleichsanspruch beim Obhutswechsel:** Das minderjährige Kind lebt beim Vater und wechselt Weihnachten 2019 zur Mutter, die trotz Titulierung des Kindesunterhalts, die erst nach Scheidung der Ehe und damit auch nicht bloß in Prozessstandschaft des Vaters erfolgte, nur gelegentlich Unterhaltsleistungen erbrachte. Solange das Kind noch beim Vater lebte, hätte dieser als Obhutsinhaber aus dem Unterhaltstitel vollstrecken können, nach Wechsel des Kindes zur Mutter aber nicht mehr, weil dem § 1629 Abs. 2 BGB entgegensteht.[119] Der Vater hat dann nur noch die Möglichkeit, den nicht gezahlten aufgelaufenen Kindesunterhalt im Wege eines familienrechtlichen Ausgleichsanspruchs gegenüber der Kindesmutter geltend zu machen. Trotz seiner Nähe zum Unterhaltsrecht können Zinsen auf den familienrechtlichen Ausgleichsanspruch allerdings nur nach den allgemeinen Vorschriften, insbesondere erst ab Verzug oder Rechtshängigkeit des Ausgleichsanspruchs verlangt werden.[120]
- **Oder:** Das minderjährige Kind wechselt zum Vater, der in Anbetracht dessen in den Monaten zuvor keinen Kindesunterhalt mehr gezahlt hatte. Auch hier gilt, dass infolge des Obhutswechsels der rückständige Unterhalt nur noch als familienrechtlicher Ausgleichsanspruch von der Kindesmutter geltend gemacht werden kann,[121] ohne dass i.Ü. hierbei die Rechtskraft eines etwa bestehenden Unterhaltstitels gegen den Vater dessen Erstattungsverpflichtung »unterlaufen« würde.[122] Der Ausgleichsanspruch in dieser Variante setzt allerdings voraus, dass die bislang betreuende Kindesmutter die Absicht hatte, Ersatz für die Unterhaltsleistungen zu verlangen,[123] wovon auszugehen ist, wenn der Unterhalt tituliert wurde. Ein Erstattungswille dürfte allenfalls dann zweifelhaft sein, wenn der Unterhalt freiwillig gezahlt, zu keiner Zeit außergerichtlich geltend gemacht und aus Anlass eines sich abzeichnenden Obhutswechsels eingestellt wurde.

---

114 Vgl. ausführlich: *Volker*, FuR 2013, 550 ff.
115 Dies gilt auch dann, wenn ein Ehegatte unfreiwillig höhere Zahlungen für den Familienunterhalt geleistet hat, als seiner anteiligen Haftung entspricht: Denn § 1360b BGB enthält eine widerlegbare Vermutung, dass ein Ehegatte nicht beabsichtigt, von dem anderen für zu viel geleistete Unterhaltsbeträge Ersatz zu verlangen (OLG Karlsruhe, FamRZ 2014, 132).
116 Soweit ersichtlich a.A. nur das OLG Karlsruhe (FamRZ 2008, 1209), das in diesen Fällen den familienrechtlichen Ausgleichsanspruch auf Fälle beschränkt, in denen beide Elternteile barunterhaltspflichtig sind: Dies sind die Fälle, in denen das Kind volljährig ist und einen eigenen Hausstand hat (Quote entsprechend den jeweiligen Einkünften) oder bei einem Dritten (Pflegefamilie oder Schulinternat) lebt.
117 OLG Frankfurt am Main, FamRZ 2011, 227; AG Montabaur, FamRZ 2008, 1023.
118 BGHZ 31, 329 ff.; BGH, FamRZ 1989, 850.
119 »Steht die elterliche Sorge für ein Kind den Eltern gemeinsam zu, so kann der Elternteil, in dessen Obhut sich das Kind befindet, Unterhaltsansprüche des Kindes gegen den anderen Elternteil geltend machen«.
120 FA-FamR/*v. Heintschel-Heinegg*, Kap. 10 Rn. 97.
121 OLG Köln, FamRZ 2009, 619; OLG Frankfurt am Main, OLGR Frankfurt, 2008, 106; OLG Düsseldorf, 07.10.2004 – II-7 UF 114/04; *Volker*, FuR 2013, 550, 551.
122 OLG Hamm, FamRZ 1994, 457 [LS 2]; vgl. hierzu auch Rdn. 48; Stichwort: »titulierter Unterhalt«.
123 BGH, FamRZ 1989, 850.

- **Umstritten ist**, ob beim Obhutswechsel während der Dauer eines auf Kindesunterhalt gerichteten Verfahrens ohne Weiteres auf den familienrechtlichen Ausgleichsanspruch umgestellt werden kann:[124] Wurde nur der Mindestunterhalt geltend gemacht, dürfte die Sachdienlichkeit einer **Antragsumstellung** kaum zu verneinen sein, denn dann kann auch der geforderte Ausgleichsanspruch, für den ja zunächst die Leistungsfähigkeit des Ausgleichsberechtigten bestimmend gewesen ist, den Mindestunterhalt nicht übersteigen, so dass kein neuer Sachvortrag zur Leistungsfähigkeit (des Ausgleichsverpflichteten) erforderlich ist.[125]
- **Eintritt der Volljährigkeit des Kindes:** Ist das Kind zwischenzeitlich volljährig geworden, kann rückständiger Unterhalt aus der Zeit der Minderjährigkeit nicht mehr vom (bisher) betreuenden Elternteil, sondern nur noch vom (volljährigen) Kind geltend gemacht werden. Jedoch kann der Elternteil die Ansprüche gegen den anderen Elternteil im Wege des familienrechtlichen Ausgleichsanspruchs weiter verfolgen.[126] Nach richtiger Auffassung besteht zwischen dem volljährigen Kind (Inhaber eines Anspruchs auf Zahlung rückständigen Unterhalts) und dem betreuenden Elternteil (Inhaber eines Anspruchs auf familienrechtlichen Ausgleich) Gesamtgläubigerschaft mit der Folge, dass der Unterhaltsschuldner an einen von diesen leisten darf. Fordert das volljährige Kind den rückständigen Unterhalt an sich, hat es gleichwohl den gesamten und nicht nur hälftigen vereinnahmten Unterhalt an den Elternteil weiterzuleiten, der es bis zur Volljährigkeit betreut hat.

44 Auch in anderen Fallgestaltungen kommt ein familienrechtlicher Ausgleichsanspruch in Betracht, z.B.
- beim **Schulgeld**, weil es sich hierbei um unterhaltsrechtlichen Mehrbedarf des Kindes handelt, für den die Eltern ihrem Kind ggü. im Verhältnis ihrer Einkünfte zueinander haften. Voraussetzung für einen familienrechtlichen Ausgleichsanspruch des Elternteils, der das Schulgeld verauslagt hat, ist allerdings, dass sich der andere Elternteil zu der Zeit, von der an Erfüllung gefordert wird, in Verzug befand oder der Ausgleichsanspruch bereits rechtshängig war,[127]
- bei von einem Elternteil verauslagten **Kosten für Nachhilfeunterricht** des unterhaltsberechtigten Kindes,[128]
- bei **Sonderbedarf**, wie etwa Kosten einer Klassenfahrt[129] oder von einem Elternteil vorgestreckte Kosten für eine kieferorthopädische Behandlung des Kindes, die von der Krankenversicherung des anderen Ehegatten, bei dem das Kind mitversichert ist, rückerstattet wurden,[130]

---

124 Sachdienlichkeit bejaht: OLG Frankfurt, FamRZ 2007, 909 [13]; OLG Koblenz, FamRZ 1998, 173; Sachdienlichkeit i.d.R. nicht gegeben: OLG Rostock, FamRZ 2003, 933.
125 *Volker*, FuR 2013, 550, 552.
126 BGH, FamRZ 2013, 1378 [9], wobei diese Entscheidung auch eine Abkehr von der bisherigen Rechtsprechung des BGH enthält: Endet die gesetzliche Verfahrensstandschaft eines Elternteils nach § 1629 Abs. 3 BGB mit Eintritt der Volljährigkeit des Kindes, so tritt kein Parteiwechsel kraft Gesetzes ein, durch den das unterhaltsberechtigte Kind ohne weitere prozessuale Erklärungen an die Stelle des Elternteils tritt (so noch BGH, FamRZ 1983, 474, 475); vielmehr kann das (nunmehr volljährige) Kind als Antragsteller in das Verfahren im Wege des gewillkürten Beteiligtenwechsels eintreten, also das Verfahren weiterführen, ohne dass es der Zustimmung der Antragsgegnerseite bedarf: OLG München, FamRZ 1996, 422. Das volljährige Kind kann den Antrag aber auch zurücknehmen, trägt dann aber auch ein gewisses Kostenrisiko, das jede Antragsrücknahme mit sich bringt (§§ 113 Abs. 1 Satz 2 FamFG, 269 Abs. 3 ZPO). War der ursprüngliche Antrag des Elternteils jedoch zulässig und begründet, dürfte sich dieses Risiko unter Berücksichtigung von § 269 Abs. 3 Satz 3 ZPO jedoch in Grenzen halten.
127 OLG Naumburg, FuR 2012, 205: kein Gesamtschuldnerausgleich; noch anders OLG Karlsruhe, FamRZ 2008, 1209: nur Anspruch des Kindes.
128 OLG Bremen, 06.01.2010 – 4 AR 3/09, juris; zur örtlichen Zuständigkeit vgl. aber auch OLG Köln, FamRZ 2012, 574, das entgegen dem OLG Bremen (Wohnsitzgericht des Antragsgegners) § 232 Abs. 1 Nr. 2 FamFG anwendet; zum Streitstand vgl. ausführlich: *Volker*, FuR 2013, 550, 557.
129 OLG Karlsruhe, FamRZ 2004, 1659 [6].
130 OLG Köln, FamRZ 2003, 251.

- bei vom betreuenden Elternteil verauslagten Beiträgen zur **privaten Kranken- und Pflegeversicherung des Kindes**,[131] weil diese Kosten im Tabellenunterhalt nicht enthalten sind und deshalb vom leistungsfähigen Barunterhaltsverpflichteten (zusätzlich) geschuldet werden,[132]
- aber auch bei **rückwirkender Bewilligung von Rentenleistungen**: Werden vom Unterhaltsberechtigten Rentenleistungen beantragt, so bleibt dessen unterhaltsrechtliche Bedürftigkeit so lange bestehen, wie das Rentenverfahren läuft und die (erhöhte) Rente etwa wegen des noch nicht durchgeführten Versorgungsausgleichs[133] noch nicht gezahlt wird. Der Unterhaltsanspruch ist also zu erfüllen und darf nicht um die bloß erwartete, aber noch nicht feststehende Rentenerhöhung gekürzt werden. Ein Ausgleich findet erst bei einer rückwirkenden Bewilligung im Wege des familienrechtlichen Ausgleichsanspruchs statt,[134] wobei sich dieser danach bemisst, welchen Unterhalt der Verpflichtete bei rechtzeitiger Rentenleistung hätte zahlen müssen.[135]
- beim sog. **Wechselmodell**, das in Ermangelung einer gesetzlichen Regelung hinsichtlich der Kindergeldberechtigung eine Einigung der Eltern darüber, an wen das Kindergeld ausgezahlt werden soll, notwendig macht.[136] Ein familienrechtlicher Ausgleichsanspruch kommt dann in Betracht, wenn das von einem Elternteil bezogene Kindergeld nicht im Rahmen eines unterhaltsrechtlichen Gesamtausgleichs zwischen den Eltern angerechnet oder verrechnet wird,[137] ggf. auch aus Vereinfachungsgründen i.H.v. 1/2[138] oder aber auch nur i.H.v. 1/4 des Kindergeldes,[139] wenn der Ausgleichsberechtigte die Kinder zur Hälfte mit betreut, i.Ü. aber mangels Leistungsfähigkeit keinen Barunterhalt leistet.
- In seiner vorläufig wohl letzten Entscheidung zur Kindergeldanrechnung im Wechselmodell[140] weist der BGH darauf hin, dass der in § 1612b BGB vorgesehene Mechanismus im Fall des Wechselmodells nicht stets zum vollständigen Ausgleich des Kindergelds führt. Zwar wird die auf den sächlichen (Bar-)Bedarf des Kindes entfallende Kindergeldhälfte regulär auf den Barbedarf angerechnet und kommt damit den Eltern im Ergebnis entsprechend ihren Beteiligungsquoten zugute. Die auf die Betreuung entfallende Kindergeldhälfte verbleibt hingegen zunächst beim das Kindergeld beziehenden Elternteil und bedarf wegen der gleichwertigen Betreuungsleistungen der Eltern eines gesonderten Ausgleichs, weshalb ein entsprechender familienrechtlicher Ausgleichsanspruch gegen den das Kindergeld beziehenden Elternteil anzuerkennen ist.[141] Dies jedenfalls dann, wenn dieser Anspruch nicht mit dem Kindesunterhalt ausgeglichen wird.

▶ **Beispiel:**
- Der Vater (V) schuldet aufgrund seines Einkommens bei einem Unterhaltsbedarf des Kindes i.H.v. 724 € ./. 1/2 Kindergeld = 622 € einen anteiligen Kindesunterhalt iHv. 2/3 des Bedarf des Kindes = 415 €, die Mutter (M) aufgrund ihres Einkommens hingegen nur 207 €. V erhält das Kindergeld ausgezahlt (204 €). Weil die auf die Betreuung entfallende zweite Kindergeldhälfte auf beide Eltern je zur Hälfte anzurechnen ist, muss sich V das Kindergeld voll und nicht nur zu 1/2 anrechnen lassen, sodass sich der familienrechtliche Ausgleichsanspruch der M gegenüber V wie folgt errechnet:
- V 415 € (Unterhaltsanteil) + 204 € (Kindergeld) = 619 € ./. M 207 € = 412 € : 2 = 206 €.

---

131 OLG Naumburg, FamRZ 2007, 1116 [40].
132 OLG Naumburg, FamRZ 2007, 1116 [21].
133 OLG Frankfurt am Main, FamRZ 1985, 1270.
134 KG, FamRZ 2008, 415 [23]; zur Berücksichtigung von Rentennachzahlungen: Wendl/Dose/*Dose*, § 1 Rn. 661; *ders.* zum Erstattungsanspruch: Rn. 663.
135 BGH, FamRZ 1989, 718; 1983, 574.
136 *Jokisch*, FuR 2014, 25, 31.
137 BGH, FamRZ 2016, 1053; vgl. auch BGH, FamRZ 2017, 437; zu möglichen Anwendungsfällen für einen gesonderten Kindergeldausgleich vgl.Wendl/Dose/*Klinkhammer*, § 2 Rn. 781; Rechenbeispiele bei FA-FamR/*Seiler*, Kap. 6 Rn. 359 ff.
138 Entgegen BGH: OLG Düsseldorf, FamRZ 2014, 567.
139 OLG Hamburg, 14.01.2004 – 12 UF 23/03, WKRS 2004, 37958.
140 BGH, FamRZ 2017, 437.
141 BGH, FamRZ 2017, 437 [49] unter Bezugnahme auf BGH, FamRZ 2016, 1053 [34].

Es kommt somit nicht darauf an, wer das Kindergeld bezieht, weil beim Wechselmodell der Ausgleich im Wege des familienrechtlichen Ausgleichsanspruch erfolgt, wenn sich die Eltern nicht in anderer Weise darüber verständigen, ob und ggf. wie der Kindergeldausgleich erfolgt.

45 Bei der Beantwortung der weiteren Frage, ob ein familienrechtlicher Ausgleichsanspruch beim »**titulierten Kindesunterhalt**« besteht, ist zu differenzieren:
- Der betreuende Elternteil hat grds. die Wahl, aus dem Unterhaltstitel zu vollstrecken; er kann aber auch gegenüber dem säumigen Unterhaltspflichtigen einen familienrechtlichen Ausgleichsanspruch geltend machen. Ob Letzteres Sinn macht, wenn die Vollstreckung bereits fruchtlos verlaufen ist, muss im Einzelfall entschieden werden. Zu beachten wäre hierbei jedoch, dass sich ein Ausgleichsanspruch nicht in Widerspruch zu einer gerichtlich festgesetzten Unterhaltsverpflichtung setzen darf. Denn diese beruht auf einer gerichtlich getroffenen Abwägung der Leistungsfähigkeit beider Elternteile,[142] von der beim familienrechtlichen Ausgleichsanspruch nicht abgewichen werden darf.
- Zahlt der Unterhaltsschuldner den titulierten Unterhalt, scheidet ein familienrechtlicher Ausgleichsanspruch gegen den betreuenden Elternteil (selbstverständlich) aus: Denn dann kommt der Titulierungsschuldner nur seiner eigenen, rechtskräftig festgestellten Unterhaltspflicht nach und erfüllt nicht anstelle des anderen Elternteils eine Verbindlichkeit, die jenem ggü. dem Kinde oblegen hätte.
- Zahlt er mehr an Unterhalt, als der Titel vorsieht, scheidet ein Ausgleichsanspruch ggü. dem betreuenden Elternteil ebenfalls aus, weil der Betreuungselternteil keinen Barunterhalt schuldet und der über dem titulierten Unterhalt hinausgehende Unterhalt keine Leistung darstellt, die der andere Elternteil geschuldet hätte.[143]
- Nichts anderes gilt, wenn ein Elternteil neben der Betreuung des Kindes diesem auch finanzielle Zuwendungen macht, die er wegen der zu geringen Höhe des titulierten Barunterhalts für erforderlich hält. Ein solcher »(Bar-) Aufstockungsunterhalt« des betreuenden Elternteils kann ebenfalls nicht zu einem familienrechtlichen Ausgleichsanspruch führen, weil sich ein solcher im Verhältnis der Kindeseltern zueinander nicht in Widerspruch zu dem rechtskräftig entschiedenen Unterhaltsverfahren zwischen dem Kind und dem Barunterhaltspflichtigen setzen darf. Richtigerweise müsste der betreuende Elternteil für das Kind das Abänderungsverfahren nach §§ 238, 239 FamFG betreiben, wenn er höheren Barunterhalt für das Kind verlangen will. Der Ausgang eines solchen Abänderungsverfahrens kann demgegenüber nicht inzidenter Gegenstand eines familienrechtlichen Ausgleichsverfahrens sein.

46 Ein familienrechtlicher Ausgleichsanspruch besteht auch nicht
- bei einer Freistellungsvereinbarung, weil dann der Elternteil den Kindesunterhalt nicht in der Absicht erbringt, eine dem anderen Elternteil obliegende Verpflichtung zu erfüllen,[144] sondern nur seiner Verpflichtung auf Freistellung des anderen Elternteils nachkommt,
- beim **Kindergeld**, das nicht an das volljährige Kind, sondern an dessen Eltern ausgezahlt wird, weil sich in diesen Fällen der Anspruch des Kindes gegen die Kindergeldkasse richtet, wenn das

---

142 BGH, FamRZ 1994, 1102; BGH, FamRZ 1981, 761 [20]; bestätigt, aber auch ergänzt: BGH, FamRZ 2017, 611 [18]; OLG Hamm, FamRZ 2011, 1407; einschränkend verlangt das OLG Nürnberg keine vorherige Abänderung bei sog. Jugendamtsurkunden (FamRZ 2013, 796), weil diesen keine Rechtskraftwirkung zukomme [55]; krit. zur Abänderungsnotwendigkeit vor Geltendmachung eines familienrechtlichen Ausgleichsanspruchs: Wendl/Dose/*Klinkhammer*, § 2 Rn. 785, der darauf hinweist, dass der Elternteil dann, wenn das Kind zu ihm wechsele, das damit verbundene Erlöschen seiner **Bar**unterhaltspflicht durch einen Vollstreckungsgegenantrag nach § 767 ZPO geltend machen könne, ohne den Einschränkungen des § 238 Abs. 3 FamFG zu unterliegen.
143 BGH, FamRZ 1981, 761 [17 ff.].
144 OLG Jena, FamRZ 2009, 892 [65].

Kindergeld an das volljährige Kind zu zahlen gewesen wäre.[145] Ein **Ausgleich des Kindergeldes** zwischen den Eltern findet – außer in den bereits erwähnten Fällen des Wechselmodells – nur noch ausnahmsweise statt, so etwa beim Obhutswechsel, wenn der bisher betreuende Elternteil weiterhin das volle Kindergeld bezieht,[146] weil das Kindergeld nach § 1612b Abs. 1 BGB zur Deckung des Barbedarfs des Kindes zu verwenden und damit unterhaltsrechtliches Einkommen des Kindes und nicht der Eltern ist und der interne Ausgleich zwischen den Eltern beim Kindesunterhalt unmittelbar erfolgt,

– beim **Volljährigenunterhalt**, den ein Elternteil allein in voller Höhe und damit bedarfsdeckend leistet und dieser Elternteil auch zu keiner Zeit zum Ausdruck gebracht hat, es bestehe seinerseits die Absicht, von dem anderen Elternteil Ersatz zu verlangen: In einem solchen Fall besteht auch kein Auskunftsanspruch des anderen Elternteils ggü. dem den Volljährigenunterhalt leistenden Elternteil,[147]

– und schließlich dürfte, was allerdings umstritten ist, auch bei den **Kosten des Vaterschaftsanfechtungsverfahrens** (einschließlich anwaltlicher Gebühren) ein familienrechtlicher Ausgleichsanspruch ausscheiden.[148]

Wie beim gesetzlichen Forderungsübergang nach § 1607 BGB hängt der familienrechtliche Ausgleichsanspruch **auch** von der **Leistungsfähigkeit** des in Anspruch genommenen Elternteils ab,[149] was dazu führen kann, dass der Erstattungsanspruch (wirtschaftlich gesehen) ins Leere geht, wenn der allein barunterhaltspflichtige Elternteil während des Erstattungszeitraums leistungsunfähig gewesen ist. Da es aber nicht um die (bloß behauptete) tatsächliche, sondern um die echte (rechtliche) Leistungsunfähigkeit geht, ist bei der Begründetheit eines familienrechtlichen Ausgleichsanspruchs stets zu prüfen, in welcher Höhe sich der barunterhaltspflichtige Elternteil am Unterhalt hätte beteiligen müssen.[150] Und wenn man beim Pflichtigen die »Latte« hoch hängt, ihm also die Höchstanforderungen an seine Erwerbsobliegenheit abverlangt, ohne dass von ihm allerdings etwas »Unmögliches« verlangt wird,[151] ist in vielen Fällen der in der Praxis häufig geltend gemachte Einwand der fehlenden Leistungsfähigkeit nicht begründet. 47

Andererseits: Mit der **Fiktion der Leistungsfähigkeit** aufgrund unterhaltsrechtlich fingierten Einkommens dürfte weder dem Gläubiger eines familienrechtlichen Ausgleichsanspruchs noch demjenigen, auf den kraft gesetzlichen Forderungsübergangs nach § 1607 Abs. 2 und 3 BGB ein Erstattungsanspruch übergegangen ist, geholfen sein. Denn in beiden Fällen ist die Schutzvorschrift des § 1607 Abs. 4 BGB unmittelbar oder – beim familienrechtlichen Ausgleichsanspruch – entsprechend anzuwenden: Zu Lasten des laufenden Kindesunterhalts können beide Ansprüche – jedenfalls zunächst[152] – keiner Titulierung zugeführt werden oder, wenn es zu einer Titulierung etwa deshalb gekommen ist, weil sich der Unterhaltsschuldner gegen den Ausgleichsanspruch nicht zur Wehr gesetzt hat, darf aus einem sodann ergangenen Versäumnisbeschluss nicht zu Lasten des Kindes die Vollstreckung betrieben werden. 48

Der familienrechtliche Ausgleichsanspruch besteht aus Gründen des Schuldnerschutzes für die **Vergangenheit** allerdings nur in den Grenzen des entsprechend anzuwendenden[153] § 1613 Abs. 1 49

---

145 OLG Naumburg, FamRZ 2006, 1276.
146 Ausführlich: Wendl/Dose/*Klinkhammer*, § 2 Rn. 781.
147 BGH, FamRZ 2013, 1027.
148 OLG Jena, FamRZ 2006, 1148; OLG Celle, FamRZ 2005, 1853 [LS]; a.A. OLG Schleswig, FamRZ 2007, 2102 [83]; KG, FamRZ 2000, 441 [LS 3].
149 So bereits BGH, FamRZ 1960, 194, 197; OLG Hamm, FamRZ 2011, 1407.
150 OLG Brandenburg, FamRZ 2010, 1915.
151 BVerfG, FamRZ 2008, 1145, 1146.
152 *Schwonberg*, FuR 2006, 501, 504; Wendl/Dose/*Klinkhammer*, § 2 Rn. 802, weist darauf hin, dass der Vorrang erst in der Zwangsvollstreckung zu berücksichtigen sei, es sich aber empfehle, in den Urteilstenor den Hinweis aufzunehmen, dass das Urteil (richtigerweise: der Beschluss) nur vollstreckt werden dürfe, wenn der Unterhaltsberechtigte nicht benachteiligt werde (vgl. Rdn. 39).
153 BGH, FamRZ 1989, 850.

BGB, also wenn der Unterhalt rechtshängig gemacht wurde, Verzug besteht oder Auskunft begehrt wurde.[154] Hinsichtlich der Inverzugsetzung sind allerdings keine hohen Anforderungen zu stellen.[155] Es genügt bereits das deutlich artikulierte Verlangen nach Unterhalt durch den anderen Elternteil, um rückständigen Unterhalt im Rahmen des familienrechtlichen Ausgleichsanspruchs geltend machen zu können.[156] Denn wenn dem Unterhaltsschuldner die Absicht des anderen Elternteils, ihn wegen der einem Kind erbrachten Unterhaltsleistungen in Anspruch nehmen zu wollen, in verzugsbegründender Weise deutlich[157] gemacht wurde, ist das berechtigte Interesse des Verpflichteten auch in Bezug auf den Ausgleichsanspruch hinreichend gewahrt.[158]

50 Nicht erforderlich ist es, dass der Berechtigte seinen Ausgleichsanspruch auch als solchen verzugsbegründend geltend macht.[159] Zwar handelt es sich nach umstrittener Auffassung beim familienrechtlichen Ausgleichsanspruch seiner Rechtsnatur nach um keinen Unterhalts-, sondern um einen »**Erstattungs-(Ausgleichs)anspruch**«.[160] Wirtschaftlich gesehen stellen die geforderten Ersatzbeträge jedoch rückständige Unterhaltsleistungen dar, nämlich Barunterhaltsleistungen, die dem anderen Elternteil, der die Unterhaltslast zunächst auf sich genommen hat, zu erstatten sind.[161]

51 Gleichwohl ist, wenn **Zinsen** geltend gemacht werden sollen, der Ausgleichsanspruch seinerseits – zumindest i.H.d. Mindestunterhalts – verzugsbegründend einzufordern, weil dieser aus Rechtsgründen (§§ 288, 291 BGB) erst ab Verzug oder Rechtshängigkeit zu verzinsen ist. Hierfür reicht es nicht aus, dass der Unterhalt selbst früher einmal verzugsbegründend geltend gemacht wurde.[162] Etwas anderes lässt sich auch nicht aus § 256 BGB[163] herleiten, weil Unterhaltszahlungen, die im Rahmen eines familienrechtlichen Ausgleichsanspruchs erstattet verlangt werden, keine Aufwendungen i.S. dieser Bestimmung darstellen: Ein Elternteil, der die dem anderen Elternteil obliegende Unterhaltspflicht ggü. einem gemeinsamen Kind erfüllt, handelt nicht im Interesse des anderen Elternteils, sondern im Interesse des Kindes wie nicht zuletzt auch im eigenen elterlichen Interesse.[164]

52 Da es sich beim Erstattungsanspruch um einen eigenen Anspruch des erstattungsberechtigten Elternteils handelt,[165] scheidet dieser nicht bereits deshalb aus, weil ein **Titel über den Unterhaltsanspruch des Kindes** besteht:[166] In seinem Urteil v. 20.05.1981[167] hat der BGH zwar entschieden, dass einem Elternteil dann kein familienrechtlicher Ausgleichsanspruch auf (Teil-) Erstattung seiner Unterhaltsleistungen zusteht, wenn er damit eine – und zwar seine eigene – Unterhaltsverpflichtung ggü. dem Kind erfüllt, die ihm zuvor durch eine rechtskräftige Unterhaltsentscheidung auferlegt wurde. Denn dann komme er nur seiner eigenen, rechtskräftig festgestellten Unterhaltspflicht nach und erfülle nicht anstelle des anderen Elternteils eine Verbindlichkeit, die jener ggü.

---

154 Ständige Rechtsprechung: BGH, FamRZ 1984, 775; BGH, FamRZ 1988, 834 [LS 1]; BGH, FamRZ 1989, 850; BGH, FamRZ 2004, 526; OLG Jena, FamRZ 2009, 892; OLG München, 31.07.2008 – 7 U 2184/08, juris; OLG Celle, NJW-RR 1995, 136 [LS 1]; OLG Düsseldorf, FamRZ 1989, 1226.
155 OLG Schleswig, 31.10.1994 – 13 WF 130/94, juris.
156 OLG München, 31.07.2008 – 7 U 2184/08, juris.
157 *Scholz*, ihm in der 9. Aufl. folgend *Klinkhammer*, lässt die bloße »Unterrichtung über eine bestehende Zahlungsverpflichtung« ausreichen (Wendl/Dose/*Klinkhammer*, § 2 Rn. 783).
158 OLG Düsseldorf, 06.03.2003 – 3 WF 190/02, juris.
159 BGH, FamRZ 1989, 850.
160 BGH, FamRZ 1984, 775 [18]; OLG Hamm, FamRZ 2011, 1407 [17]; OLG Karlsruhe, FamRZ 2008, 1209 [27].
161 BGH, FamRZ 1984, 775 [17].
162 Wendl/Dose/*Klinkhammer*, § 2 Rn. 786.
163 »Wer zum Ersatz von Aufwendungen verpflichtet ist, hat den aufgewendeten Betrag oder, wenn andere Gegenstände als Geld aufgewendet worden sind, den als Ersatz ihres Wertes zu zahlenden Betrag von der Zeit der Aufwendung an zu verzinsen«.
164 BGH, FamRZ 1989, 850, 853 [22].
165 OLG Jena, FamRZ 2010, 382.
166 BGH, FamRZ 1989, 850 [10].
167 BGH, FamRZ 1981, 761.

dem Kinde hätte. Von dieser Fallgestaltung zu unterscheiden ist aber die Konstellation, bei der ein Unterhaltstitel nicht gegen den Ausgleichsberechtigten, sondern ggü. dem Elternteil besteht, der auf familienrechtlichen Ausgleich in Anspruch genommen wird. Dann tritt gerade nicht eine ggü. dem Ausgleichsberechtigten titulierte Unterhaltsschuld in Kollision mit dem Ausgleichsanspruch, vielmehr wird nur die Durchsetzung eben des Betrages, den der Unterhaltspflichtige nach dem Unterhaltstitel dem Kind schuldet, in der Form eines familienrechtlichen Ausgleichsanspruchs geltend gemacht, sodass gegenüber dem Unterhaltspflichtigen zwei Titel bestehen, einer gerichtet auf Zahlung von Unterhalt und ein weiterer auf familienrechtlichen Ausgleich.

Vereinzelt wurde die Auffassung vertreten, dass der betreuende und gleichzeitig für das Kind aufkommende Elternteil dem Kind ggü. mit Erfüllungswirkung leiste, so dass beim Kind kein Anspruch verbleibe, den es dem anderen Elternteil ggü. – auch nicht nach Eintritt der Volljährigkeit – geltend machen könne.[168]

Nach der wohl h.M. besteht zwischen dem betreuenden und gleichzeitig für das Kind aufkommenden Elternteil und dem Kind Gesamtgläubigerschaft (§ 428 BGB)[169] mit der Folge, dass der Titelschuldner grds. nach Belieben mit befreiender Wirkung an einen der Gesamtgläubiger leisten darf.

Unproblematisch ist dies wegen § 1629 Abs. 2 BGB bei einem Obhutswechsel. Dann kann der bis dahin betreuende Elternteil den rückständigen Unterhalt nur mit dem familienrechtlichen Ausgleichsanspruch ggü. dem Titelschuldner verfolgen.

Unproblematisch ist dies auch, solange das Kind noch minderjährig ist und kein Obhutswechsel vorliegt: Dann vertritt der betreuende Elternteil das (minderjährige) Kind und ist auch hinsichtlich des (titulierten) Kindesunterhalts forderungszuständig.

Wird das Kind allerdings volljährig und fordert es den rückständigen Unterhalt an sich, hat es den gesamten und nicht nur hälftigen vereinnahmten Unterhalt an den Elternteil weiterzuleiten, der es bis zur Volljährigkeit betreut hat. Ist eine Vereinnahmung des rückständigen Unterhalts durch das (volljährige) Kind indes noch nicht erfolgt, ist dieses auf Verlangen verpflichtet, seinen Anspruch (auf Nachzahlung des rückständigen Unterhalts) für die Zeit, in der es von dem einen Elternteil betreut und mit Barmitteln vollständig versorgt wurde, an diesen Elternteil abzutreten.[170] Dies wird teilweise aus §§ 242, 1618a BGB hergeleitet, ergibt sich aber auch aus § 430 BGB, weil der betreuende Elternteil insgesamt vorgeleistet hat und damit »etwas anderes bestimmt ist«.[171]

Der Berechtigte kann mit seinem Erstattungsanspruch gegen einen familienrechtlichen Anspruch des Ausgleichsverpflichteten (z.B. Zugewinnausgleichsforderung) die **Aufrechnung** erklären.[172] Soweit diese greift, wäre damit auch eine etwa titulierte Unterhaltsforderung des Kindes – mit Ausnahme möglicherweise ebenfalls titulierter Zinsansprüche, weil die Zinszeiträume des Unterhalts nicht notwendigerweise mit denen des familienrechtlichen Ausgleichsanspruchs parallel laufen müssen – erfüllt und einer gleichwohl ergriffenen Vollstreckung wäre mit dem Antrag auf Vollstreckungsabwehr nach § 767 ZPO zu begegnen. 53

Der **Höhe** nach richtet sich nach umstrittener Auffassung der familienrechtliche Ausgleichsanspruch **grds.** nach dem Einkommen des Ausgleichsberechtigten und nicht nach einem etwa höheren 54

---

168 OLG Karlsruhe, FamRZ 1998, 1190; *Gießler*, FamRZ 1994, 800, 806.
169 Wendl/Dose/*Klinkhammer*, § 2 Rn. 778; Erman/*Hammermann*, § 1606 Rn. 40.
170 OLG Brandenburg, FamRZ 2016, 1462 [56 ff.].
171 Erman/*Hammermann*, § 1606 Rn. 40.
172 BGH, FamRZ 1996, 1067; OLG Jena, FamRZ 2010, 382 [LS 2].

Einkommen des barunterhaltspflichtigen Elternteils.[173] Etwas anderes gilt, wenn ein Unterhaltstitel besteht. Denn dieser ist für die Bedarfsbestimmung und damit gleichzeitig auch für den Ausgleichsanspruch maßgebend, wenn z.B. die Zahlungen des Pflichtigen hinter dem titulierten Unterhalt zurückgeblieben sind.[174] Etwas anders gilt auch, wenn – ohne Titulierung der Unterhaltsschuld – der Ausgleichspflichtige über geringere Einkünfte verfügt als der Berechtigte,[175] denn nur in Höhe seiner Einkünfte ist der Verpflichtete als leistungsfähig zu behandeln.[176]

55 Beim **Volljährigenunterhalt bemisst** sich der Ausgleichsanspruch – wie der Volljährigenunterhalt selbst – nach den Haftungsanteilen der Kindeseltern: Lebt das volljährige (privilegierte) Kind beim Ausgleichsberechtigten, bemisst sich der familienrechtliche Ausgleichsanspruch an der Quote, die der Ausgleichsverpflichtete dem Kind an Unterhalt schuldet. Um die Haftungsanteile berechnen zu können, steht dem Ausgleichsberechtigten ggü. dem Ausgleichspflichtigen ein Auskunftsanspruch zu, den der BGH auch in Fällen des familienrechtlichen Ausgleichsanspruchs aus § 242 BGB herleitet.[177] Ein solcher Anspruch ist freilich an die Voraussetzung geknüpft, dass der Elternteil zu der Zeit, als er die Unterhaltsleistungen erbrachte, auch die Absicht hatte, von dem anderen Elternteil Ersatz zu verlangen. Wurden hingegen rechtswahrende Handlungen i.S.v. § 1613 BGB (z.B. durch verzugsbegründende Aufforderung zur Auskunft über Einkünfte und Vermögen) bisher nicht ergriffen, scheidet – jedenfalls für die Vergangenheit – ein familienrechtlicher Ausgleichsanspruch und damit auch ein Auskunftsanspruch aus.[178]

56 Aufgrund vergleichbarer Interessenlage erscheint es sachgerecht, die **Schutzklausel des § 1607 Abs. 4 BGB** auch beim familienrechtlichen Ausgleichsanspruch von Amts wegen zu berücksichtigen. Vom KG[179] wurde dies beim Scheinvater-Regress deshalb zu Recht bejaht.

57 Für die Verjährung und Verwirkung des familienrechtlichen Ausgleichsanspruchs gilt nichts anderes als bei den Erstattungsansprüchen aufgrund gesetzlichen Forderungsübergangs nach § 1607 Abs. 2 und 3 BGB.[180]

---

173 OLG Frankfurt am Main, FamRZ 2007, 909 [13]; OLG Frankfurt am Main, FamRZ 1999, 1450; OLG Düsseldorf, 07.10.2004 – 7 UF 114/04, juris; Wendl/Dose/*Klinkhammer*, § 2 Rn. 776; differenzierend: OLG Koblenz, FamRZ 1997, 368, 369 unter Hinweis darauf, dass der Ausgleichspflichtige zu einem geringeren als dem behaupteten Aufwand substantiiert vortragen könne. Und geschehe dies, müsse der Ausgleichsberechtigte seinen geltend gemachten Aufwand im Einzelnen belegen; zum Streitstand ausführlich: *Volker*, FuR 2013, 550, 552.
174 BGH, FamRZ 1989, 850 [10].
175 OLG Düsseldorf, 07.10.2004 – II-7 UF 114/04.
176 *Volker*, FuR 2013, 550, 552: Einkommen des Barunterhaltspflichtigen stelle die »Obergrenze für einen Ausgleich« dar.
177 BGH, FamRZ 2013, 1027 [8].
178 BGH, FamRZ 2013, 1027 [14]: Die Besonderheit dieser Entscheidung war die, dass die Mutter mit ihrem Antrag begehrte, den Vater zu verpflichten, ihr Auskunft über seine Einkünfte zu erteilen und diese zu belegen, um für den Fall ihrer späteren Inanspruchnahme ihren Haftungsanteil an dem gesetzlich gemeinsam geschuldeten Ausbildungsunterhalt berechnen zu können. Der BGH wies diesen Auskunftsantrag mit der Begründung zurück, dass der Kindesvater aus freien Stücken den vollen Unterhalt geleistet habe und sich nicht darauf berufe, den Unterhalt nur teilweise zu schulden. Damit scheide ein familienrechtlicher Ausgleichsanspruch aus und gleichzeitig damit auch eine Auskunftspflicht, weil die Mutter kein rechtlich schützenswertes Auskunftsinteresse daran haben könne, für den möglichen Fall ihrer künftigen Inanspruchnahme auf familienrechtlichen Ausgleich bereits vorsorglich über die jetzigen Einkommensverhältnisse informiert zu werden. Denn für ihren dann einsetzenden Haftungsanteil seien nicht die jetzt gegebenen, sondern die dann bestehenden Einkommensverhältnisse maßgebend [16].
179 FamRZ 2000, 441 [LS 3].
180 OLG Schleswig, FamRZ 2007, 2102 [80].

C. Gesamtschuldnerausgleich zwischen den Ehegatten

I. Einleitung

Ehegatten haften – entgegen eines weitverbreiteten Irrtums in der Bevölkerung – für in der Ehe begründete Verbindlichkeiten nicht bereits deshalb, weil sie verheiratet sind. Denn sieht man einmal von der gesamtschuldnerischen Haftung nach § 44 AO[181] ab, kann ein Ehegatte nur nach § 1357 BGB den anderen Ehegatten für Geschäfte zur angemessenen Deckung des Lebensbedarfs der Familie verpflichten. Ansonsten scheidet eine »Sippenhaft« aus.

Ehegatten sind jedoch häufig Gesamtschuldner, weil sie z.B. die Darlehensverträge für die Hausfinanzierung zusammen abgeschlossen, die Kautionsverpflichtung im Mietvertrag wie auch diesen selbst oder den Pkw-Leasingvertrag gemeinsam unterschrieben oder das ständig defizitär geführte Girokonto als Gemeinschaftskonto errichtet haben. In allen diesen Fällen haften die Eheleute gesamtschuldnerisch nicht deshalb, weil sie verheiratet sind, sondern weil sie sich gemeinsam – freilich aus Anlass ihrer Ehe – zur Übernahme einer Gesamtschuld verpflichtet haben. Bei der Frage, ob die Gesamtschuld wirksam begründet wurde, ist die Rechtsprechung des BGH zur Sittenwidrigkeit der Mithaftung bei krasser Überforderung des mithaftenden Ehegatten zu beachten. Die kreditgebende Bank muss grds. darlegen und beweisen, dass die Voraussetzungen für eine echte Mitdarlehensnehmerschaft vorliegen.[182]

Die gesamtschuldnerische Haftung von Ehegatten mag zwar im Außenverhältnis finanzielle Drücke auslösen. Im Innenverhältnis ist dies aber so lange unproblematisch, wie sich jeder Ehegatte für die gemeinsam eingegangenen Verbindlichkeiten (mit-) verantwortlich fühlt, was i.d.R. solange der Fall ist, wie die Ehe intakt ist. Hieraus schlussfolgert die ganz herrschende Meinung, dass Leistungen eines Ehegatten – eben weil sie »zugunsten der engeren Familie um der Ehe Willen erbracht«[183] werden – bei **intakter Ehe** grds. **keinen Ausgleichsanspruch** ggü. dem anderen Ehegatten auslösen können.[184] Es widerspräche vielmehr der »Natur (der Ehe), deswegen von dem anderen Ehegatten Ersatz zu fordern«.[185]

Etwas anderes ergibt sich auch nicht aus der in diesem Zusammenhang wichtigen Bestimmung des § 426 BGB. Denn diese die – grds. hälftige – Ausgleichungspflicht bei Gesamtschuldnern normierende Vorschrift wird bei intakter Ehe durch die ehelichen Pflichten **überlagert** und der in Art. 6 Abs. 1 GG verankerte Grundsatz der Gleichwertigkeit der in der Ehe erbrachten Leistungen als anderweitige Bestimmung i.S.v. § 426 Abs. 1 Satz 1 BGB angesehen.[186]

Eine Bestimmung i.S.d. § 426 Abs. 1 Satz 1 BGB (»soweit nicht ein anderes bestimmt ist«) kann sich nach ständiger Rechtsprechung des BGH[187] »**aus dem Gesetz, einer ausdrücklich, aber auch stillschweigend getroffenen Vereinbarung, aus Inhalt und Zweck eines zwischen den Gesamtschuldnern bestehenden Rechtsverhältnisses, aber auch aus der Natur der Sache, mithin aus der besonderen Gestaltung des tatsächlichen Geschehens ergeben**«. Diese bis heute maßgebliche Formulierung wählte der BGH – soweit feststellbar – erstmals in Zusammenhang mit einem

---

181 »Personen, die nebeneinander dieselbe Leistung aus dem Steuerschuldverhältnis schulden oder für sie haften oder die zusammen zu einer Steuer zu veranlagen sind, sind Gesamtschuldner. Soweit nichts anderes bestimmt ist, schuldet jeder Gesamtschuldner die gesamte Leistung«.
182 BGH, NJW 2009, 1494.
183 BGH, FamRZ 1989, 850 [13].
184 *Wever*, Vermögensauseinandersetzung der Ehegatten außerhalb des Güterrechts, Rn 362.
185 BGHZ 50, 266 [juris: 18].
186 BGH, FamRZ 1986, 881 [18]; *Wever* Rn. 362.
187 BGH, FamRZ 1986, 881 [18]; zuletzt: BGH, FamRZ 2015, 1272 [16].

Ausgleichsanspruch unter Ehegatten in seiner Entscheidung v. 17.05.1983,[188] fußt letztlich aber auf der Rechtsprechung des Reichsgerichts zu § 426 BGB.[189]

63 Der Grundsatz der fehlenden Ausgleichsverpflichtung gilt nicht nur bei einer **Alleinverdienerehe**, in der der allein oder ganz überwiegend erwerbstätige Ehegatte ohne Begründung eines Ausgleichsanspruchs die finanziellen Lasten allein zu tragen hat. Erwerben z.B. Ehegatten ein Haus und übernimmt einer von ihnen, der nach den Einkommens- und Vermögensverhältnissen allein dazu in der Lage ist, die Zins- und Tilgungsleistungen für die zur Finanzierung des Hauses gemeinschaftlich aufgenommenen Kredite, so bringen die Eheleute durch den Erwerb hälftigen Miteigentums zum Ausdruck, es solle so angesehen werden, als ob jeder von ihnen gleichviel zu den Kosten beigetragen habe. Wenn ein Ehegatte allein über ein Einkommen verfügt, während der andere den Haushalt versorgt, ist es »üblich«,[190] dass der verdienende Teil die gemeinschaftlichen finanziellen Verpflichtungen trägt, auch wenn sie dem gemeinsamen Vermögenserwerb dienen. Dem liegt die Anschauung zugrunde, dass die finanziellen Leistungen des einen und die Haushaltsführung des anderen Teils grds. gleichwertige Beiträge zur ehelichen Lebensgemeinschaft darstellen: Beide Leistungen sind unabhängig von ihrer ökonomischen Bewertung »gleichgewichtig«[191] bzw. als »gleichwertig«[192] anzusehen, woraus i.Ü. auch ganz umfassend der **Anspruch auf gleiche Teilhabe am gemeinsam Erwirtschafteten** folgt.[193] Ein nachträglicher Ausgleich würde sich demgegenüber als ein »Verstoß gegen das Rechtsgebot des konsequenten Verhaltens« darstellen,[194] weshalb § 1360b BGB auch normiert, dass dann, wenn ein Ehegatte zum Unterhalt der Familie einen höheren Beitrag leistet, als ihm obliegt, im Zweifel anzunehmen ist, dass er nicht beabsichtigt, von dem anderen Ehegatten Ersatz zu verlangen.

64 Der Grundsatz der fehlenden Ausgleichsverpflichtung kommt – wiederum freilich nur in Ermangelung einer »besonderen Gestaltung des tatsächlichen Geschehens« – auch bei einer **Doppelverdienerehe** zur Anwendung.[195] Denn bei dieser tragen die Ehegatten mit ihren Erwerbseinkünften zum Familienunterhalt bei und bedienen somit die finanziellen Verpflichtungen gemeinsam, ohne dass es darauf ankommt, ob die jeweils geleisteten Beiträge des einen oder anderen Ehegatten objektiv »gleichwertig« sind, also dem an den jeweiligen Einkünften ausgerichteten Haftungsanteil entsprechen.

65 Allerdings kann, was jedoch die Ausnahme sein wird, bei einer Doppelverdienerehe eine Haftungsquote entsprechend den jeweiligen Einkommen ebenso in Betracht kommen[196] wie deren Bestimmung am jeweiligen Vermögen der Ehegatten denkbar ist, wenn der einkommensschwächere Ehepartner über ein deutlich größeres Vermögen verfügt als der andere.[197] Dies aber auch nur dann, wenn aufgrund besonderer Umstände sich eine Ausgleichsverpflichtung, wenn sie nicht schon ausdrücklich vereinbart wurde, etwa daraus rechtfertigen lässt, dass die Ehegatten bereits während ihres Zusammenlebens den Schuldenabtrag jeweils zur Hälfte (oder auch nach anderen Quoten bestimmt) über ihre jeweiligen (getrennt geführten) Gehaltskonten abgewickelt haben. Dies legt die Annahme nahe, dass sich jeder Ehegatte nur für seinen hälftigen oder nach einer anderen Quote bestimmten Anteil verantwortlich zeigt, die Zahlungen auf die Gesamtschuld also gerade keinen

---

188 BGH, 9. Senat, FamRZ 1983, 795 [12].
189 RGZ 61 (1905), 56, 60.
190 BGH, FamRZ 1983, 795, 796.
191 BGH, FamRZ 2006, 317, 320 [27]; BGH, FamRZ 2005, 1979, 1981 [20]; BGH, FamRZ 2005, 1154, 1157 [23].
192 BGH, FamRZ 2004, 1173 [12].
193 BVerfG, FamRZ 2002, 527; ebenso: Dreiteilungsentscheidung des BVerfG, FamRZ 2011, 437 [32]; BGH, FamRZ 2001, 986, 990.
194 OLG Schleswig, NotBZ 2011, 69 [28]; OLG Karlsruhe, FamRZ 1991, 441.
195 *Wever*, Rn. 364.
196 BGH, FamRZ 1988, 264, 265.
197 BGH, FamRZ 1988, 264, 265.

Beitrag zur ehelichen Lebensgemeinschaft darstellen,[198] so dass bei einer späteren Inanspruchnahme eines Ehegatten durch die Bank hinsichtlich des infolge der Zahlungseinstellung des anderen Ehepartners aufgelaufenen Anteils diesem ein Ausgleichsanspruch zustehen kann.

Abgesehen von solchen besonderen Fallkonstellationen, die einen Gesamtschuldnerausgleich auch vor Scheitern der Ehe etwa deshalb rechtfertigen können, weil ein Ehegatte unmittelbar vor der Trennung eine besonders hohe Zahlung auf einen Hauskredit geleistet hat,[199] findet kein Innenausgleich zwischen den Ehegatten für die von einem von ihnen geleisteten Zahlungen auf eine Gesamtschuld statt. 66

Diese um der Ehe willen zu übende und – jedenfalls beim Güterstand der Zugewinngemeinschaft – gegen güterrechtliche Erwägungen nicht streitende Zurückhaltung endet allerdings mit **Scheitern der Ehe**. 67

Ob die Ehe mit **Trennung** der Eheleute bereits als gescheitert angesehen werden darf oder ob dies erst dann der Fall ist, wenn der **Scheidungsantrag rechtshängig** ist, wird in Rechtsprechung und Lehre kontrovers diskutiert. Für den letzteren Zeitpunkt streitet nach Auffassung des OLG München, dass bis zur Rechtshängigkeit beide Ehegatten über den Zugewinn an Tilgungsleistungen auf gemeinsame Darlehen partizipieren.[200] Zudem manifestiere erst der Scheidungsantrag die Trennung der Eheleute und nur die Rechtshängigkeit des Scheidungsverfahrens dokumentiere mit der erforderlichen Rechtsklarheit das Scheitern der Ehe. Dieser Zeitpunkt soll auch deshalb maßgebend sein, weil dem in Anspruch genommenen Ehegatten die Gelegenheit gegeben werden soll, sich auf die neue Situation einzustellen.[201] 68

Dieses zeitlichen Schutzes bedarf der getrennt lebende Ehegatte allerdings nicht, weiß er doch, dass mit der Trennung für ihn eine neue Situation eingetreten ist, die es erforderlich macht, eine Klärung der trennungsbedingten Folgen herbeizuführen, so dass i.d.R. von einem Scheitern der Ehe **mit endgültiger Trennung der Eheleute auszugehen ist**.[202] Nichts anderes kann gelten, wenn die Eheleute innerhalb der ehelichen Wohnung i.S.v. § 1567 Abs. 1 Satz 2 BGB voneinander getrennt leben, dann jedenfalls, wenn es sich nicht bloß um eine »scheidungsverfahrensfördernde« Trennung handelt, sondern bei der die gegenseitige Versorgung und das gemeinsame Wirtschaften vollständig eingestellt wurde, es also zu einer vollständigen wirtschaftlichen »Separation«[203] gekommen ist: Auch dann fehlt ebenso eine das Gesamtschuldverhältnis überlagernde Beziehung[204] wie es auch keine Rechtfertigung mehr dafür gibt, dem anderen Vermögensmehrungen, auf die dieser keinen Anspruch (mehr) hat, zuteil werden zu lassen.[205]

Bereits an dieser Stelle ist darauf hinzuweisen, dass Gesamtschuldner- und Zugewinnausgleich zwei völlig eigenständige Verfahrensgegenstände zum Inhalt haben: Mit Ersterem wird keine güterrechtliche Auseinandersetzung verfolgt, sondern ein schuldrechtlicher Anspruch geltend gemacht. 69

Wie in Fällen der Inanspruchnahme des Schwiegerkindes durch seine Schwiegereltern – wegen enttäuschter Erwartungen in den ehelichen Bestand in Zusammenhang mit einer sog. schwiegerelterlichen Zuwendung – gilt anerkanntermaßen der Grundsatz der »Zweigleisigkeit«: Forderungen, die außerhalb des güterrechtlichen Ausgleichs geltend gemacht werden können, bleiben »auch dann

---

198 OLG Bremen, FamRZ 2000, 1152.
199 BGH, FamRZ 1988, 264.
200 OLG München, FamRZ 2000, 672.
201 OLG Düsseldorf, FamRZ 2009, 1834 [35].
202 So die h.M.: BGH, FamRZ 2005, 1236 [Ls.]; OLG Jena, NJW 2012, 1235; OLG Hamm, FamRZ 2011, 1421 [1]; OLG Naumburg, FamRZ 2005, 906; OLG Köln, FamRZ 1992, 318; FA-FamR/ v. Heintschel-Heinegg, Kap. 10 Rn. 122; *Roßmann*, FuR 2011, 541, 544; *Schulz*, FPR 2006, 472, 473; *Hahne*, FF 1999, 99, 103 f.; *Kleinle*, FamRZ 1997, 8.
203 *Wever*, Rn. 485.
204 OLG Oldenburg, FamRZ 2013, 133 [Ls.].
205 OLG Saarbrücken, FamRZ 2010, 1902.

noch klagbar, wenn der güterrechtliche Ausgleich bereits stattgefunden hat und im Ergebnis nicht mehr korrigiert werden kann.«[206]

Mittelbar sind gleichwohl beide Verfahrensgegenstände (Gesamtschuldner- und Zugewinnausgleich) miteinander verknüpft, weil auch der auf § 426 BGB gestützte Ausgleichsanspruch Vermögenswert besitzt, der in das jeweilige Endvermögen des Ehegatten, der ihn geltend macht, entsprechend seinem Wert in die Zugewinnausgleichsbilanz als Aktivposten, und bei dem Ehegatten, der diesem Anspruch ausgesetzt ist, als Passivposten einzustellen ist.[207]

II. Gesamtschuldnerausgleich und Ehegattenunterhalt

70 Für die Zeit nach der Trennung kommt es entscheidend darauf an, ob der in § 426 Abs. 1 Satz 1 BGB normierte Grundsatz, dass Gesamtschuldner im Verhältnis zueinander zu gleichen Anteilen verpflichtet sind, (noch) zum Tragen kommen kann oder ob an die Stelle der ehelichen Lebensgemeinschaft – als eine bis zur Trennung anderweitige Bestimmung – nunmehr Umstände treten, die eine andere als die hälftige Haftungsquote rechtfertigen.

71 Wenn der ausgleichsberechtigte Ehegatte Unterhalt schuldet, wird er dem aber ganz oder teilweise unter Hinweis darauf entgegentreten, dass er auch weiterhin die Schulden tilge und dies bei der Bemessung des Unterhalts zu berücksichtigen sei. Er kann aber auch in Ansehung des nach Scheitern der Ehe bestehenden Gesamtschuldnerausgleichs erklären, dass er den Unterhalt ohne Abzug seiner mtl. Schuldentilgung zahle und der andere Ehegatte seinen Anteil an der Schuldentilgung vom Unterhalt zu bestreiten habe: Bestreitet der Unterhaltsberechtigte in diesem Fall seinen Anteil unmittelbar vom gezahlten Unterhalt, kann ein Gesamtschuldnerausgleich natürlich nicht entstehen, weil jeder Ehegatte den auf ihn entfallenden Anteil – bei hälftigem Miteigentum im Zweifel jeder die Hälfte, weil insoweit beide Miteigentümer vom Schuldenabtrag in gleichem Umfang profitieren – übernimmt und damit die Gesamtschuld (mit-) erfüllt.

72 Wird hingegen die Schuldentilgung – wie in der Praxis üblich – bei der **Unterhaltszumessung** »eingearbeitet«, bedarf es ebenfalls keines gesonderten Ausgleichs: Der Verteilungsmaßstab des § 426 Abs. 1 Satz 1 BGB wird vielmehr vom Unterhaltsrecht überlagert bzw. der hälftige Ausgleichsanspruch durch die Unterhaltsberechnung verdrängt.[208] Denn wenn die Leistungen des Unterhaltsverpflichteten auf die gemeinsamen Verbindlichkeiten bei der Berechnung des Bedarfs des unterhaltsberechtigten Ehegatten als Abzugsposten Berücksichtigung finden, folgt hieraus gleichzeitig, dass dies – so der BGH in ständiger Rechtsprechung – zu einer »dem hälftigen Schuldenabtrag nahezu entsprechenden Reduzierung des Unterhalts und damit wirtschaftlich zu einer mittelbaren Beteiligung des Unterhaltsberechtigten am Schuldenabtrag« führt, so dass die Annahme einer anderweitigen Bestimmung »nahe liegt«.[209] Dass in diesen Fällen, in denen ein Unterhaltsanspruch dem Grunde nach besteht und sich Zahlungen eines Gesamtschuldners auf die gemeinsame Verbindlichkeit im Ergebnis unterhaltsmindernd auf den Unterhaltsanspruch auswirken, ein Gesamtschuldnerausgleich ausscheidet, ergibt sich auch, wie das OLG Oldenburg meint,[210] »aus der Natur der Sache«: Denn dann beteilige sich »der Unterhaltsberechtigte über eine Kürzung oder einen Wegfall seines Unterhaltsanspruchs am Abtrag der gemeinsamen Schulden«.

73 Hierbei ist in der Praxis allerdings zu beachten, dass der schuldenbedingte Minderungsbetrag erst **nach** Abzug des Erwerbstätigenbonus vorgenommen wird, weil es ansonsten zu einer unzulässigen

---

206 BGH, FamRZ 2009, 193 [14].
207 OLG Koblenz, FamRZ 2018, 23.
208 OLG Oldenburg, FamRZ 2013, 550 [13]; FA-FamR/*v. Heintschel-Heinegg*, Kap. 10 Rn. 123.
209 BGH, FamRZ 2011, 622 [57]; BGH, FamRZ 2008, 602; BGH, FamRZ 1993, 676; OLG Hamm, FamRZ 2016, 1369; FamFR 2013, 560 [220]; OLG Jena, NJW 2012, 1235 [81]; OLG Frankfurt, Familienrecht kompakt 2011, 5 [12]; OLG Koblenz, FamRZ 2010, 1901 [21]; OLG Düsseldorf, FamRZ 2009, 1834.
210 OLG Oldenburg, FamRZ 2013, 550 [13].

Verkürzung des Erwerbstätigenbonus kommt. Dies sei an einem Beispiel (Einkommen: 3.500 €; Schuldenabtrag: mtl. 700 €) verdeutlicht:

▶ Berechnungsbeispiel:

(1) Ohne Berücksichtigung der Verbindlichkeiten in der Unterhaltsberechnung, die natürlich auch als anderweitige Bestimmung vereinbart oder stillschweigend praktiziert werden kann, ergibt sich ein Bedarf i.H.v. 1.500 €:

3.500 € x 6/7 = 3.000 € x 1/2 = 1.500 €.

Hiervon müsste der Unterhaltsberechtigte 350 € (1/2 von 700 €) für die Tilgung der Verbindlichkeiten einsetzen, so dass ihm noch 1.150 € verbleiben.

(2) Wird die Schuldentilgung vom Unterhaltsverpflichteten allein getragen und beim Bedarf berücksichtigt, ergibt sich nichts anderes:

3.500 € x 6/7 = 3.000 €./. 700 € = 2.300 € x 1/2 = 1.150 €.

(3) Würde hingegen der Minderungsbetrag vor Abzug des Erwerbstätigenbonus als Abzugsposten berücksichtigt, ergäben sich zulasten eines gekürzten Erwerbstätigenbonus hingegen:

3.500 €./. 700 € = 2.800 € x 6/7 = 2.400 € x 1/2 = 1.200 €.

Geht die Schuldentilgung mit einer **Hausfinanzierung** und damit i.d.R. auch mit einem **Wohnvorteil** einher, weil der Unterhaltspflichtige – und nicht der Unterhaltsberechtigte – im ehelichen Haus weiter wohnen geblieben ist und beträgt der – während der Trennungszeit **eingeschränkte**[211] – Wohnvorteil z.B. 500 €, erhält der einkommenslose Unterhaltsberechtigte im vorstehenden Beispiel vom Ergebnis her zwar

74

▶ Beispiel

1.500 € (3.500 x 6/7 x 1/2) + 1/2 Wohnvorteil (250 €) = 1.750 €,

muss allerdings hiervon 350 € für die Schuldentilgung einsetzen, so dass ihm noch 1.400 € verbleiben.

Dieser Betrag ergibt sich auch bei einer Unterhaltsberechnung, in die der Wohnvorteil unterhaltserhöhend und der vom Verpflichteten allein geleistete Schuldenabtrag unterhaltsmindernd eingerechnet wird:

▶ Beispiel

3.500 € x 6/7 = 3.000 €./. 200 €[212] (500 € Wohnvorteil – 700 € Schuldenabtrag) = 2.800 € x 1/2 = 1.400 €.

Und ist in einem solchen Fall der Unterhaltsberechtigte im ehelichen Haus weiter wohnen geblieben, reduziert sich sein Unterhalt gegenüber dem Unterpflichtigen, der die Finanzierung übernommen hat, auf:

▶ Beispiel

3.500 € x 6/7 = 3.000 €./. 200 € (500 € Wohnvorteil – 700 € Schuldenabtrag) = 2.800 € x 1/2 = 1.400 €, jedoch./. des von ihm in Anspruch genommenen unentgeltlichen Wohnvorteils (500 €) = 900 €.

---

211 BGH, FamRZ 2012, 517 [44]: Während der Trennung entspricht der Wohnbedarf dem, »was die Antragstellerin als Miete (einschließlich Nebenkosten) für eine dem Standard der Ehewohnung entsprechende und von der Größe her für eine Person (statt wie bisher für zwei Personen) genügende Wohnung aufzubringen hätte«; BGH, FamRZ 2008, 963 [LS].
212 Sog. »negativer Wohnvorteil«, für den allerdings – wie z.B. bei Mieteinkünften auch – der Halbteilungsgrundsatz gilt.

Wenn eine Unterhaltsberechnung in dieser Weise vorgenommen wird, ist selbstverständlich weder für einen Gesamtschuldnerausgleich (wegen der im Bedarf eingerechneten Schuldentilgung) noch für eine Nutzungsentschädigung[213] (wegen des eingerechneten Wohnvorteils) Raum,[214] weil eine so berechnete, den Schuldenabtrag und konsequenterweise auch den Wohnvorteil berücksichtigende Unterhaltszumessung unabhängig davon, ob sie Gegenstand einer Vereinbarung oder einer gerichtlichen, nicht notwendigerweise rechtskräftigen[215] Entscheidung gewesen ist, eine anderweitige Bestimmung i.S.v. § 426 Abs. 1 BGB darstellt.[216]

75 Keine anderweitige Bestimmung i.S.v. § 426 Abs. 1 BGB stellt »regelmäßig«[217] die Berücksichtigung des Schuldenabtrags beim **Kindesunterhalt** dar.[218] Denn es fehlt, wie dies beim Ehegattenunterhalt der Fall ist, an wechselseitigen Ansprüchen der Ehegatten,[219] weil es sich beim Kindesunterhalt um keinen Anspruch des betreuenden Elternteils, sondern um einen solchen des Kindes handelt. Zudem fehlt es meist auch an einer mittelbaren Beteiligung des betreuenden Elternteils an der Schuldentilgung. Diese scheidet jedenfalls dann aus, wenn lediglich eine ggf. erfolgte Eingruppierung des Unterhaltsschuldners in eine (bloß) niedrigere Einkommensgruppe der Unterhaltstabelle vorgenommen wird. Diese führe, so der BGH, nur in eingeschränktem Umfang zu einem reduzierten Kindesunterhalt und deshalb nicht zu einem angemessenen wirtschaftlichen Äquivalent für die alleinige Belastung mit der Gesamtschuld.[220] Schließlich lässt sich auch nicht argumentieren, dass der betreuende Elternteil die »Unterdeckung« beim Kindesunterhalt aus eigenen Mitteln ausgleichen wird und sich auf diesem Wege letztlich doch an den Verbindlichkeiten beteilige. Denn hierzu ist er nicht verpflichtet, weil er seine Verpflichtung, zum Unterhalt der Kinder beizutragen, durch deren Pflege und Erziehung erfüllt.[221]

76 Nicht einfach ist die i.Ü. für anwaltliche Vertreter haftungsträchtige Frage zu beantworten, ob eine die hälftige Ausgleichspflicht unter Gesamtschuldnern überlagernde anderweitige Bestimmung i.S.v. § 426 Abs. 1 Satz 1 BGB bereits dann anzunehmen ist, wenn ein Ehegatte die gemeinsamen Schulden nach der Trennung weiterhin allein abträgt, während der andere keinen Anspruch auf Trennungsunterhalt geltend macht. Diese Frage ist in der Praxis deshalb von erheblicher Bedeutung, weil Unterhalt für die Vergangenheit nur unter den Voraussetzungen des § 1613 Abs. 1 BGB verlangt werden kann, während ein etwa berechtigter Gesamtschuldnerausgleich – wie in allen Fällen des § 426 Abs. 1 BGB – grds. keinen Verzug des Ausgleichsverpflichteten voraussetzt. Dieser kann deshalb seiner Inanspruchnahme nach § 426 Abs. 1 Satz 1 BGB nicht ohne Weiteres entgegenhalten, er bzw. sein Anwalt habe den Unterhaltsanspruch grob überschlägig berechnet und sei zu dem Ergebnis gekommen, dass ein solcher zwar grds. bestehe, in Anbetracht der Schuldentilgung aber gegen Null gehe, weshalb er ihn gar nicht erst geltend gemacht habe.

77 Der BGH[222] fordert in diesen Fällen – in Ermangelung einer (sonstigen) ausdrücklichen Vereinbarung zwischen den Eheleuten – zumindest eine (**stillschweigend getroffene**) **anderweitige Bestimmung**,[223] eine sog. »**stillschweigende Nichtabrechnungsvereinbarung**«,[224] aus der sich schließen lasse, dass ein an sich bestehender Unterhaltsanspruch im Hinblick darauf, dass der Unterhaltspflichtige die gemeinsamen Schulden allein tilgt, nicht geltend gemacht wird.

---

213 Vgl. auch § 1361b Abs. 3 Satz 2 BGB.
214 KG, FamRZ 2008, 2034.
215 So aber KG, FamRZ 2008, 2034, 2035.
216 BGH, FamRZ 2008, 602.
217 BGH, FamRZ 2007, 1975 [Ls.].
218 BGH, FamRZ 2008, 602 [10]; a.A. OLG Celle, FamRZ 2001, 1071; LG Oldenburg, FamRZ 2003, 1191.
219 BGH, FamRZ 2008, 602 [10].
220 *Hahne*, FF 2009, 226, 229.
221 BGH, FamRZ 2008, 602 [10].
222 BGH, FamRZ 2005, 1236.
223 BGH, FamRZ 2008, 602 [Ls. 3].
224 OLG Düsseldorf, FamRZ 2009, 1834 [53]; OLG Bremen, FamRZ 2008, 1443 [8].

Der Umstand allein, dass bestehende wechselseitige Ansprüche zunächst geltend gemacht, dann aber nicht weiterverfolgt wurden, reicht dem BGH für die Annahme einer Nichtabrechnungsvereinbarung allerdings nicht aus, und begründet dies damit, dass die Nichtgeltendmachung (z.B.) von Trennungsunterhalt auch auf anderen Gründen beruhen könne, so etwa auf einem konkludenten »Stillhalteabkommen« mit Rücksicht auf einen umgekehrt ebenfalls nicht geltend gemachten Kindesunterhalt.[225] Auch sei denkbar, dass der außergerichtlich geltend gemachte Unterhalt ohne Berücksichtigung der die Leistungsfähigkeit des Verpflichteten mindernden Schuldentilgung gar nicht bestanden habe.[226]

Ähnlich dieser Auffassung entschied auch das OLG Frankfurt, dass eine zwischen den Ehegatten als Gesamtschuldner »seit der Trennung geübte Praxis«, nach der ein Ehegatte die Lasten eines gemeinsamen Hauses insgesamt trägt und der andere Ehegatte keine Nutzungsvergütung verlangt und keinen Anteil an Mieteinnahmen erhält, jedenfalls dann keine anderweitige Bestimmung darstelle, wenn noch eine hohe Restschuld ausstehe und i.Ü. von einer in einem kurzen Zeitraum geübten Praxis nicht auf einen langfristigen Bindungswillen der Beteiligten geschlossen werden könne.[227] Nichts anderes dürfte dann gelten, wenn in der Unterhaltsberechnung nur die monatlichen Zinszahlungen berücksichtigt sind. Auch darin kann keine anderweitige Bestimmung in Bezug auf das Darlehenskapital gesehen werden, so dass hinsichtlich der Tilgungsbeträge noch ein interner Ausgleich nach § 426 Abs. 1 BGB verlangt werden kann.[228] 78

Ob ein Anwaltsschreiben, in dem auf die in der Vergangenheit stillschweigende Nichtabrechnung hingewiesen wird, für die Annahme einer »Vereinbarung« ausreicht, erscheint ebenfalls fraglich. Das OLG Jena hatte dies jedoch in einem zu entscheidenden Fall ausreichen lassen, in dem der Anwalt u.a. schrieb: »Zu regeln ist auch die Frage des Trennungsunterhalts, da wir Ihren Briefen entnehmen müssen, dass sie mit einer Nichtabrechnung der wechselseitigen Ansprüche *nicht länger* einverstanden sind...«.[229] Diesem Hinweis wurde allerdings auch nicht entgegen getreten, was für das OLG Jena wohl fallentscheidend war.

Demgegenüber tritt das OLG München[230] in eine nachträgliche hypothetische Inzidentprüfung ein und nimmt zur Feststellung, ob dem bedürftigen Ehegatten wegen der Abzahlung der Schuld durch den anderen Ehegatten ein Unterhaltsanspruch zustand, eine Doppelberechnung vor, und zwar einmal mit und einmal ohne Berücksichtigung der Hausschulden. Dieser sicherlich anwaltsfreundlichen Rechtsprechung wird man allerdings nur dann beipflichten können, wenn eine an § 1613 BGB ausgerichtete Inverzugsetzung stattfand und eine Inzidentsaldierung nicht erst viele Jahre nach der Trennung vorgenommen wird, weil sich andernfalls der Ausgleichsberechtigte darauf einstellen durfte, dass er auf Trennungsunterhalt nicht in Anspruch genommen wird. 79

Entgegen der Ansicht des BGH, der sich bislang zu einer nachträglichen fiktiven Inzidentprüfung nicht veranlasst sah, fordert auch das OLG Bremen[231] zur Vermeidung vielfach unbefriedigender Ergebnisse kein besonderes Verhalten der Eheleute in Bezug auf die Verrechnung des Schuldenabtrags beim Unterhalt, das auf eine stillschweigende Nichtabrechnungsvereinbarung schließen lasse. Für die Annahme einer anderweitigen Bestimmung i.S.d. § 426 Abs. 1 Satz 1 BGB, so meint das OLG Bremen unter Hinweis auf *Wever*,[232] sei bereits ausreichend, wenn sich rechnerisch eine Reduzierung des Unterhalts bei Berücksichtigung des Schuldenabtrags ergebe. Hätte dieser also

---

225 BGH, FamRZ 2005, 1236 [18].
226 BGH, FamRZ 2008, 602 [13].
227 OLG Frankfurt, FamFR 2013, 538 [LS 3].
228 OLG Stuttgart, FamRZ 2010, 1165.
229 OLG Jena, NJW 2012, 1235 [85].
230 OLG München, FamRZ 2006, 208.
231 OLG Bremen, FamRZ 2008, 1443.
232 *Wever*, Rn. 387 ff.

Auswirkungen auf die Unterhaltshöhe, sei von einer anderweitigen Bestimmung auszugehen.[233] Dies gelte auch dann, wenn es nicht zu einer Vereinbarung oder deshalb zu keiner gerichtlichen Entscheidung gekommen sei, weil der Unterhaltsantrag, in dem der Schuldenabtrag berücksichtigt wurde, im Termin zurückgenommen wurde.[234]

80 Die weitere – ebenfalls haftungsrechtlich bedeutsame – Frage, ob eine **einstweilige Unterhaltsanordnung** für die Annahme einer anderweitigen Bestimmung i.S.v. § 426 Abs. 1 BGB ausreicht, wird vom OLG Düsseldorf verneint: Ein streitig geführtes Unterhaltsverfahren könne nur dann Grundlage einer anderweitigen Bestimmung sein, wenn es in ihm zu einem Urteil/Beschluss gekommen sei. Denn immer dann, wenn die Unterhaltsberechnung nicht auf einverständlichen Abreden beruhe, bedürfe es der Ersetzung des Einverständnisses durch eine abschließende gerichtliche Entscheidung. Eine solche sei deshalb erforderlich, weil die Beurteilung der wirtschaftlich mittelbaren Beteiligung des Unterhaltsberechtigten am Schuldenabtrag einer verlässlichen und in zeitlicher Hinsicht möglichst beständigen Grundlage zugänglich sein müsse. Dem genüge eine vorläufige gerichtliche Maßnahme mit von vornherein beschränkter Geltungsdauer und der Möglichkeit ihrer jederzeitigen Änderung nicht.[235]

81 Dieser Auffassung kann jedoch nicht beigepflichtet werden, weil zunächst die Form, mit der die Berücksichtigung des Schuldenabtrags beim Unterhalt vorgenommen wird, ohne Belang ist, weshalb der BGH eine anderweitige Bestimmung auch in einer außergerichtlich getroffenen einverständlichen Regelung erblickt.[236] Und dass eine einstweilige Anordnung jederzeit geändert werden kann, ist im Hinblick auf die Regelung des § 54 FamFG so nicht zutreffend, jedenfalls dann nicht, wenn die Unterhaltsanordnung nach vorangegangener mündlicher Verhandlung ergangen ist. Dann nämlich bedarf ein Aufhebungs- oder Abänderungsantrag eines Sachvortrags zu nachträglich entstandenen Änderungen,[237] mögen auch die Anforderungen an einen solchen Sachvortrag hinter denen des § 238 FamFG bleiben.[238] Für die Frage, ob in einer einstweiligen Anordnung eine anderweitige Bestimmung gesehen werden kann, kommt es ganz entscheidend darauf an, ob die Unterhaltsregelung zu einer dem hälftigen Schuldenabtrag nahezu entsprechenden Kürzung des Unterhalts und damit zu einer mittelbaren Beteiligung des Ausgleichsverpflichteten am Schuldenabtrag geführt hat.[239] Und ist dies der Fall, kann somit der Ausgleichsverpflichtete anhand der Unterhaltsanordnung den Nachweis führen, dass die Kreditbelastungen zu einer Verkürzung des Unterhaltsanspruchs geführt haben, stellt auch eine einstweilige Anordnung eine anderweitige Bestimmung i.S.v. § 426 Abs. 1 Satz 1 BGB dar, ohne dass deren Geltungsdauer von ausschlaggebender Bedeutung sein kann. Hinzu kommt, dass die Verselbstständigung der einstweiligen Anordnung ggü. dem Hauptsacheverfahren auch die Möglichkeit eröffnet, mit einer auf Leistung des vollen Unterhalts gerichteten Unterhaltsanordnung die Hauptsache vorwegzunehmen, wenn denn die Beteiligten mit ihr »zufrieden«[240] sind. Jedenfalls dann fehlt eine Rechtfertigung dafür, die einstweilige Anordnung als von »geringerer Bedeutung ggü. der Hauptsache«[241] zu erachten.

82 Wegen der insgesamt unsicheren Rechtslage zur »stillschweigenden Nichtabrechnungsvereinbarung« wird der anwaltliche Vertreter, der seinem Mandanten **außergerichtlich** von einer unterhaltsrechtlichen Inanspruchnahme des anderen Ehegatten wegen dessen alleiniger Tilgung gemeinschaftlicher Verbindlichkeiten – richtigerweise – abrät, gut beraten sein, wenn er dies ggü. dem anderen Ehegatten bzw. dessen Vertreter zeitnah schriftlich dokumentiert und sich von diesem z.B. bestätigen lässt, dass mit der Nichtgeltendmachung von Unterhalt bei gleichzeitiger

---

233 So auch: FA-FamR/*Gerhardt*, Kap. 6 Rn. 241.
234 OLG Bremen, FamRZ 2008, 1443 [10].
235 OLG Düsseldorf, FamRZ 2009, 1834.
236 BGH, FamRZ 2008, 602 (Rn. 9: »sei es einverständlich, sei es aber auch durch Urteil«).
237 Schulte-Bunert/Weinreich/*Schwonberg*, § 54 FamFG Rn. 6.
238 Wendl/Dose/*Schmitz*, § 10 Rn. 428.
239 BGH, FamRZ 2008, 602 [12].
240 BT-Drucks. 16/6308, S. 201, l. Sp.
241 OLG Düsseldorf, FuR 2010, 475.

Aufrechterhaltung der Schuldentilgung durch seinen Mandanten – ggf. auch wegen des Wohnvorteils – ein Gesamtschuldnerausgleich bzw. ein Anspruch auf Nutzungsentschädigung ausscheidet. Und wenn dies nicht bestätigt wird, sollte eigentlich klar sein, dass der Mandant mit dem »Kapitel Gesamtschuldnerausgleich« zu einem späteren Zeitpunkt noch konfrontiert wird: In diesem Fall sollte der Anwalt, der den »sichersten Weg«[242] einzuschlagen hat, dem Mandanten empfehlen, seinen 1/2-Finanzierungsanteil unmittelbar an die Bank zu zahlen und einen Unterhaltsantrag einzureichen. Das damit verbundene Kostenrisiko sollte es wert sein, sich zu einem späteren Zeitpunkt nicht einem Gesamtgläubigerausgleich ausgesetzt zu sehen, der, wie der Autor in einem Gerichtsverfahren erfahren musste, sich in einem hohen fünfstelligen Bereich bewegen kann.

Und im Rahmen eines vergleichsweise erledigten **Unterhaltsverfahrens** sollten im Vergleichstext **zwingend** die Vergleichsgrundlagen aufgenommen werden, damit hinreichend deutlich dokumentiert ist, dass sich der Unterhaltsberechtigte über eine Kürzung oder sogar über einen Wegfall seines Unterhaltsanspruchs am Abtrag der gemeinsamen Schulden beteiligt hat. Dies gilt im Hinblick auf die Entscheidung des OLG Düsseldorf[243] umso mehr, wenn ein einstweiliges Anordnungsverfahren im Vergleichswege erledigt wird. Wer dies nicht beachtet, läuft Gefahr, dass seinem Mandanten alsbald nach glücklich erledigtem Unterhaltsverfahren ein gerichtlicher Antrag auf Gesamtschuldnerausgleich zugestellt wird. 83

Ob ein den Schuldenabtrag berücksichtigender Verfahrensvergleich einer **Abänderung** dann zugänglich ist, wenn der Unterhaltsverpflichtete den beim Unterhalt berücksichtigten Schuldenabtrag nicht mehr oder nur unregelmäßig bedient, dürfte entgegen der Ansicht des OLG Hamm[244] zu bejahen sein. Denn nach § 239 Abs. 2 FamFG kann eine Korrektur des Vergleichs verlangt werden, wenn die Verhältnisse, die die Beteiligten zum »**Geltungsgrund des Vergleichs**«[245] ihrer Vereinbarung gemacht haben, sich so nachhaltig verändert haben, dass einem Beteiligten unter Berücksichtigung seines Vertrauens in die Vereinbarung nicht länger zugemutet werden kann, an ihr weiterhin festzuhalten. Wenn aber Grundlage des Vergleichs die Leistungen des Unterhaltsverpflichteten auf die Gesamtschuld bei der Unterhaltszumessung waren und diese – bei gleichzeitiger Freistellung des Ausgleichsverpflichteten ggü. dem Gläubiger – nicht mehr gezahlt werden, muss der Unterhaltsberechtigte nicht mehr an der Unterhaltsvereinbarung festhalten. Er kann vielmehr im Wege der Anpassung des Vergleichs, deren Prognose ja gerade war, dass der Unterhaltsverpflichtete für die Dauer des Bestands des Vergleichs den Schuldenabtrag leistet, eine neue Unterhaltsberechnung ohne Berücksichtigung des Schuldenabtrags verlangen. Dann nämlich kann er mithilfe eines um den Schuldenabtrag nicht geminderten und damit erhöhten Unterhalts selbst Zahlungen auf die Gesamtschuld erbringen und seine i.R.d. Gesamtschuldnerschaft geschuldete Zahlungsverpflichtung ggü. der finanzierenden Bank erfüllen, ohne dass es auf die Zahlungsbereitschaft des Unterhaltspflichtigen ankommt. Demgegenüber ist es dem Unterhaltsberechtigten nicht zumutbar, den Unterhaltsverpflichteten auf Freistellung ggü. den Gläubigern gerichtlich in Anspruch zu nehmen, um auf diese Weise für die zweckgemäße Verwendung des für den Schuldabtrag reservierten Einkommensanteils Sorge zu tragen, zumal dieser (fraglos zulässige) Weg verfahrensökonomisch insb. dann keine Vorteile bietet, wenn es beim Unterhaltsverpflichteten nicht zur vollständigen Zahlungseinstellung, sondern nur zu unregelmäßigen Zahlungen auf die Gesamtschuld gekommen ist. In solchen Fällen bietet die Abänderung des Vergleichs und unmittelbare Bedienung der Gesamtschuld durch den Unterhaltsberechtigten die größere Gewähr dafür, dass der Schuldenabtrag in Höhe seines Haftungsanteils auch tatsächlich künftig sichergestellt wird. 84

In Anbetracht der erheblichen Unsicherheiten, die sich angesichts der an einer Einzelfallbetrachtung ausgerichteten Entscheidung zur Frage ergeben können, ob eine anderweitige Bestimmung vorliegt, ist die **Verjährung von Gesamtschuldnerausgleichsansprüchen** zu beachten: Diese richtet 85

---

242 BGH, FamRZ 2013, 1567 [17]; zum »Wandel« vom »sicheren« zum Superlativ, dem »sichersten« Weg: vgl. Borgmann/Jungk/*Schwaiger*, § 21 Rn. 131 m.w.N.; Fallbeispiele zum »sichersten« Weg: Zugehör/*Vill*, Rn. 640.
243 OLG Düsseldorf, FamRZ 2009, 1834.
244 OLG Hamm, OLGR Hamm 2006, 692.
245 BGH, FamRZ 2001, 1687, 1689; BGH, FamRZ 2001, 1140, 1142; BGH, FamRZ 1994, 562, 564.

sich nach § 195 BGB (3 Jahre). Die Verjährung beginnt nach § 199 Abs. 1 Nr. 1 BGB »mit dem Schluss des Jahres, in dem der Anspruch entstanden ist«.

86 Nun könnte man meinen, dass damit der Anspruch gemeint ist, den der Ausgleichsberechtigte als jeweiligen Zahlungsanspruch vom Verpflichteten aufgrund seiner Leistungen auf die Gesamtschuld erstattet verlangt. Dies allerdings ist nicht der Fall. Denn nach Auffassung des BGH entsteht der Ausgleichsanspruch nach § 426 Abs. 1 BGB bereits mit der **Begründung der Gesamtschuld**.[246] Er besteht zunächst als Mitwirkungs- und Befreiungsanspruch und wandelt sich nach Befriedigung des Gläubigers in einen Zahlungsanspruch um. Hieraus folgt, dass der Ausgleichsanspruch unabhängig von seiner Ausprägung als Mitwirkungs-, Befreiungs- oder Zahlungsanspruch einer einheitlichen Verjährung unterliegt. Auch soweit er auf Zahlung gerichtet ist, ist er bereits mit der Begründung bzw. Entstehung[247] der Gesamtschuld i.S.v. § 199 Abs. 1 Nr. 1 BGB entstanden.

Der in der Literatur teilweise vertretenen Gegenauffassung, die für den Zahlungsanspruch den Beginn der Verjährungsfrist im Zeitpunkt der Zahlung durch den ausgleichsberechtigten Gesamtschuldner an den Gläubiger sieht, folgt der BGH nicht. Denn diese Auffassung berücksichtigt nicht ausreichend, dass es sich um einen einheitlichen Anspruch auf Ausgleich handele. Das Gesetz lässt aber gerade offen, wie der Ausgleich zwischen den Gesamtschuldnern zu erfolgen hat, insb. ist die Zahlung des Ausgleichsberechtigten an den Gläubiger keine tatbestandliche Voraussetzung des Ausgleichsanspruchs. Es entsteht also gerade kein neuer Anspruch durch diese Zahlung. Und wenn der Ausgleichsanspruch einmal verjährt ist, hat es hiermit sein Bewenden, auch wenn sich sein Inhalt dadurch ändert, dass an die Stelle des bisherigen Befreiungsanspruchs nunmehr ein Zahlungsanspruch getreten ist.[248]

Beim Gesamtschuldnerausgleich zwischen Ehegatten stellt sich allerdings die Schärfe dieser äußerst haftungsträchtigen Verjährungsbetrachtung nicht, weil die Verjährung von Ansprüchen zwischen Ehegatten nach § 207 Abs. 1 Satz 1 BGB gehemmt ist, solange die Ehe besteht. Die **Hemmung** endet also erst mit Auflösung der Ehe.

III. Gesamtschuldnerausgleich und Zugewinn

87 Bisweilen stellt sich in der Praxis die Frage danach, ob zwischen dem Gesamtschuldnerausgleich und dem Zugewinn ein **Rangverhältnis** besteht. Kann also ein Gesamtschuldnerausgleich verlangt werden, obgleich im Scheidungsverfahren ein Zugewinnausgleichsanspruch geltend gemacht, über diesen allerdings noch nicht entschieden oder sogar bereits entschieden wurde?

88 Der BGH bejaht dies mit der Begründung, dass die güterrechtlichen Vorschriften über den Zugewinnausgleich den Gesamtschuldnerausgleich nicht verdrängen, und zwar unabhängig davon, ob die Leistung eines gesamtschuldnerisch haftenden Ehegatten vor oder nach Rechtshängigkeit des Scheidungsverfahrens erbracht worden ist.[249] Denn bei **richtiger Handhabung der güterrechtlichen Vorschriften** könne, so der BGH, der Gesamtschuldnerausgleich das Ergebnis des Zugewinnausgleichs nicht verfälschen. Die Tilgung der Gesamtschuld durch einen der haftenden Ehegatten bewirke keine Veränderung des für die Ermittlung des Zugewinns maßgeblichen Endvermögens, wenn die Gesamtschuld wirtschaftlich zutreffend, d.h. unter Beachtung des gesamtschuldnerischen Ausgleichs in die Vermögensbilanz eingestellt werde.[250] Soweit bei Zustellung des Scheidungsantrags als Stichtag für die Berechnung des Endvermögens nach § 1384 BGB gemeinsame Verbindlichkeiten der Ehegatten noch nicht getilgt seien, müsse im Endvermögen beider Ehegatten jeweils

---

246 BGH, NJW 2010, 60.
247 OLG Stuttgart, 06.08.2008 – 4 U 52/08, juris.
248 BGH, NJW 2010, 60 [14].
249 BGH, FamRZ 2011, 705 [51]; 2011, 25 [16]; FamRZ 2015, 1272; zuletzt: BGH, 06.11.2019 – XII ZB 311/18, juris; OLG Düsseldorf, FamRZ 2009, 1834, 1835; OLG Frankfurt am Main, FamFR 2013, 538; OLG Karlsruhe, FamRZ 2018, 1737 [54].
250 BGH, 06.11.2019 – XII ZB 311/18, juris [14].

C. Gesamtschuldnerausgleich zwischen den Ehegatten   Kapitel 7

die noch bestehende Gesamtschuld, und zwar **in voller Höhe**, als Passivposten berücksichtigt werden. Demgegenüber sei, freilich die Durchsetzbarkeit des Anspruchs vorausgesetzt, der jeweilige Ausgleichsanspruch gegen den anderen Ehegatten als Aktivposten anzusetzen,[251] bei hälftigem Miteigentum somit i.d.R. zu 1/2 der Gesamtschuld.

Diese Rechtsprechung bedeutet, dass – wie bereits unter der Rdn. 69 ausgeführt – es **keinen Vorrang des Zugewinnausgleichs** gibt,[252] beide Ausgleichsformen vielmehr nebeneinander stehen. Gleichgültig ist auch, ob Leistungen auf die gemeinsame Verbindlichkeit vor oder nach dem Stichtag des § 1384 BGB erfolgt sind. Diese Rechtsprechung soll an einigen Beispielen unter folgenden Prämissen erläutert werden:

▶ Berechnungsbeispiel:

Noch offene Gesamtschuld: 50.000 €; mtl. Raten i.H.v. 500 €; Immobilienwert bei hälftigem Miteigentum: 150.000 €; M verfügt über eine Kapital-Lebensversicherung i.H.v. 40.000 € und F i.H.v. 20.000 €.

Endvermögen des M:

Immobilie 1/2	+	75.000
Gesamtschuld	-	50.000
Ausgleichsanspruch ggü. F	+	25.000
Kapital-LV	+	40.000
ergeben		90.000

Endvermögen der F:

Immobilie 1/2	+	75.000
Gesamtschuld	-	50.000
Ausgleichsanspruch ggü. M	+	25.000
Kapital-LV	+	40.000
ergeben		90.000
Zugewinnausgleich		keiner

Nichts anderes ergibt sich i.Ü., wenn bei beiden gesamtschuldnerisch haftenden Ehegatten die gemeinsamen Verbindlichkeiten im Endvermögen nur mit der Quote angesetzt werden, die im Innenverhältnis auf sie entfällt.[253]

Endvermögen des M:

Immobilie 1/2	+	75.000
Gesamtschuld 1/2	-	25.000
Ausgleichsanspruch ggü. F	./.	
Kapital-LV	+	40.000
ergeben		90.000

---

251 BGH, FamRZ 1983, 795, 797; BGH, FamRZ 2008, 602 [16].
252 So bereits BGH, FamRZ 1987, 1239; BGH, FamRZ 1989, 835.
253 BGH, FamRZ 1983, 795, 797; BGH, FamRZ 2008, 602 [16]; BGH, FamRZ 2011, 25 [16].

Endvermögen der F:

Immobilie 1/2	+	75.000
Gesamtschuld	-	25.000
Ausgleichsanspruch ggü. M	./.	
Kapital-LV	+	40.000
ergeben		90.000
Zugewinnausgleich wiederum		keiner

90 Hat sich M **unterhaltsrechtlich** verpflichtet, die Gesamtschuld bei gleichzeitiger Freistellung der F vollständig zu übernehmen – natürlich nur gegen einen entsprechend niedrigeren Unterhalt –, ist dies im Ergebnis auch für den Zugewinnausgleich **bindend**, weil andernfalls die Gesamtschuld doppelt »verwertet« würde, und zwar einmal beim Unterhalt und ein weiteres Mal im Zugewinnausgleich. Dies allerdings ist unzulässig, weil eine zweifache Teilhabe dem Grundsatz widerspricht, dass ein güterrechtlicher Ausgleich nicht stattfinden darf, wenn eine Vermögensposition bereits auf andere Weise ausgeglichen wurde.[254] Das Verbot der Doppelverwertung ist – sieht man einmal von § 2 Abs. 4 VersAusglG ab, wonach ein güterrechtlicher Ausgleich für (auszugleichende) Versorgungsanwartschaften nicht stattfindet[255] – zwar nicht normiert, mit unterschiedlichen Nuancen indes allgemein anerkannt.[256]

Wenn also die von M übernommene und mit F vereinbarte Rückführung des gesamten Darlehens zu einer – wie der BGH fordert – »dem hälftigen Schuldenabtrag nahezu entsprechenden Reduzierung des Unterhalts und damit wirtschaftlich zu einer mittelbaren Beteiligung des Unterhaltsberechtigten am Schuldenabtrag«[257] führt, darf die Gesamtschuld nicht ein weiteres Mal Gegenstand der Zugewinnausgleichsberechnung werden.

91 Etwas anderes gilt freilich dann, wenn der volle Quotenunterhalt **ohne Berücksichtigung der Gesamtschuld** gezahlt wird. Dann wäre die im Berechnungsbeispiel von M insgesamt übernommene Gesamtschuld ohne Beteiligung der insoweit im Innenverhältnis freigestellten F als Abzugsposten zu berücksichtigen. Der Ausgleich findet dann im Rahmen des Zugewinnausgleichs statt.

▶ Berechnungsbeispiel bei ansonsten gleich hohem Endvermögen:

Endvermögen des M:

Immobilie 1/2		75.000
Kapital-LV	+	40.000
Gesamtschuld	-	50.000
ergeben		65.000

---

254 BGH, FamRZ 2008, 761 [16]; vgl. ausführlich zum Doppelverwertungsverbot: *Viefhues*, FuR 2013, 674; *Wever*, Rn. 463; FA-FamR/*Gerhardt* Kap. 6 Rn. 19.

255 Was ehevertragsrechtlich auch anders geregelt werden kann, indem Versorgungsanrechte dem Zugewinn unterworfen und güterrechtlich ausgeglichen werden, was insb. bei »kleineren« privaten oder betrieblichen Versorgungsanrechten sinnvoll sein kann.

256 BGH, FamRZ 2003, 434; Kleffmann/Klein/*Kleffmann*, Kap. 1 Rn. 187 m.w.N.

257 BGH, FamRZ 2008, 602.

Endvermögen der F:

Immobilie 1/2		75.000
Kapital-LV	+	40.000
ergeben		115.000
Differenz		50.000
Ausgleichsanspruch des M		25.000

und damit eben die Summe, die M von F ansonsten nach § 426 Abs. 1 Satz 1 BGB fordern könnte (1/2 von 50.000 €): Die Gesamtschuld wird damit in den Zugewinnausgleich verlagert und dort jedenfalls dann ausgeglichen, wenn beide Ehegatten in der Ehe Zugewinn erwirtschaftet haben. Nur bei einem »negativen Zugewinn« kann dies anders sein, weil dieser nicht ausgeglichen wird.[258]

Bisweilen werden Ansprüche auf Gesamtschuldnerausgleich ganz oder teilweise zunächst nicht geltend gemacht und später im Zugewinnausgleich schlicht vergessen, obgleich sie die Ausgleichsforderung beeinflusst hätten.

▶ **Berechnungsbeispiel:**

Hierzu ein Beispiel mit folgenden Vermögenswerten: Noch offene Gesamtschuld: 90.000 €; Immobilienwert bei hälftigem Miteigentum: 80.000 €; F verfügt über eine Kapital-Lebensversicherung i.H.v. 20.000 €.

Ohne Berücksichtigung der Gesamtschuld

Endvermögen des M:

Immobilie 1/2	40.000

Endvermögen der F:

Immobilie 1/2	40.000
Kapital-LV	20.000
Differenz	20.000
Ausgleichsanspruch des M	10.000

Mit Berücksichtigung der Gesamtschuld

Endvermögen des M:

Immobilie 1/2		40.000
Gesamtschuld	–	90.000
Ausgleichsanspruch ggü. F	+	45.000
Zugewinn (neg.), also		keiner

---

258 In seiner Entscheidung v. 06.10.2010 hat der BGH unter Hinweis auf die Gesetzesbegründung (BT-Drucks. 16/10798 S. 11, 14) lapidar erklärt, dass es einen negativen Zugewinn auch weiterhin nicht gebe, weil andernfalls ein Ehegatte über den Zugewinn für die Verbindlichkeiten des anderen Ehegatten mithafte und dessen Gläubiger begünstigt würden (FamRZ 2011, 25 Rn. 34). Auch das OLG Köln schließt einen ausgleichspflichtigen negativen Zugewinn aus, weil ein Wertverlust nur eine Einzelposition in der Bilanz betreffen könne. Und würde sich in der Bilanz ein Verlust und kein Zugewinn ergeben, bliebe dieser Verlust unberücksichtigt (OLG Köln FamRZ 2009, 1070 [8]).Entscheidender dürfte das Argument von *Weinreich* (FuR 2015, 339, 342) sein, dass mit der Zulassung des negativen Zugewinns die Zugewinngemeinschaft gleichzeitig auch zu einer »Verlustgemeinschaft« erklärt würde, die sie gerade aber nicht sei (ebenso: *Kogel*, Strategien Rn. 307 ff., 315; anders aber: *Braeuer*, FamRZ 2010, 2036).

> Endvermögen der F:
>
> | | | |
> |---|---|---|
> | Immobilie 1/2 | | 40.000 |
> | Gesamtschuld | – | 90.000 |
> | Ausgleichsanspruch ggü. M | + | 45.000 |
> | Kapital-LV | + | 20.000 |
> | ergeben | | 15.000 |
> | Ausgleichsanspruch des M | | 7.500 |

Dass im vorstehenden Beispiel der Ausgleichsanspruch des M unterschiedlich hoch ist (10.000 € **ohne** und 7.500 € **mit** Berücksichtigung der Gesamtschuld), bestätigt die Richtigkeit der Annahme des BGH, dass (nur) bei richtiger Handhabung der güterrechtlichen Vorschriften ein Gesamtschuldnerausgleich – entsprechendes kann auch gelten, wenn die Ehegatten Gesamtgläubiger sind – das Ergebnis des Zugewinnausgleichs nicht verfälschen könne. **Und »eine richtige Handhabung«** bedeutet, dass in allen Fällen konsequent in die Zugewinnausgleichsbilanz jede in Betracht kommende positive wie auch negative Vermögensposition eingestellt werden muss und keine Vorabsaldierung[259] vorgenommen werden darf, weil andernfalls das Ergebnis verfälscht werden kann, so etwa beim negativen Zugewinn, aber auch in den Fällen der Deckelung der Ausgleichsforderung nach § 1378 Abs. 2 Satz 1 BGB.[260]

93 Da die Gesamtschuld den Zugewinn unter Umständen beeinflussen kann und sich nicht notwendigerweise zugewinnausgleichsneutral verhalten muss, mag dies auch die Regel sein, stellt sich die Frage, ob Ansprüche nach § 426 Abs. 1 Satz 1 BGB noch im Nachhinein, etwa nach rechtskräftiger Entscheidung über den Zugewinnausgleich oder nach dessen vergleichsweisen Erledigung, geltend gemacht werden können, wenn sie im Rahmen der güterrechtlichen Auseinandersetzung keine Berücksichtigung gefunden hat, weil sie z.B. vergessen wurde.

94 Der BGH bejaht diese Frage, weil die **Zweigleisigkeit** zwischen dem Güterrecht und der Geltendmachung schuldrechtlicher (Ausgleichs-) Ansprüche unter keinem Vorbehalt steht. Forderungen, die außerhalb des güterrechtlichen Ausgleichs geltend gemacht werden können, bleiben vielmehr auch dann noch klagbar, wenn der güterrechtliche Ausgleich bereits stattgefunden hat und im Ergebnis nicht mehr korrigiert werden kann.[261] Allerdings schränkt der BGH den Grundsatz der Zweigleisigkeit dahin gehend ein, dass der Ausgleichsschuldner durch seine nachträgliche Inanspruchnahme unter Berücksichtigung des Ausgangs des (abgeschlossenen) Zugewinnausgleichsverfahrens im Ergebnis keiner »evident unbilligen doppelten Inanspruchnahme ausgesetzt werden« dürfe. Dies sei bspw. dann der Fall, wenn

(1) ohne Berücksichtigung der Gesamtschuld das Endvermögen des Ausgleichsberechtigten nicht unter seinem Anfangsvermögen gelegen hätte

und

(2) das Endvermögen des Ausgleichsverpflichteten dessen Anfangsvermögen um mindestens den Betrag, der als Ausgleich verlangt werde, überstiegen hätte.[262]

Unabhängig davon, welcher der Beteiligten dem anderen danach ausgleichspflichtig gewesen wäre, hätte die Berücksichtigung des Darlehens dann nämlich dazu geführt, dass aufseiten des Berechtigten ein um diesen Betrag höherer, aufseiten des Verpflichteten ein um diesen Betrag niedrigerer

---

259 Wenn z.B. in der Zugewinnausgleichsbilanz eine Gesamtschuld, die beide Ehegatten im Innenverhältnis jeweils zu 50 % zu tragen haben, mit Null angesetzt wird.
260 Rechenbeispiele bei *Jüdt,* FuR 2019, 632. 635 ff.
261 BGH, FamRZ 2009, 193 [14].
262 BGH, FamRZ 2009, 193 [18].

Zugewinn hätte zugrunde gelegt werden müssen. Im Zugewinnausgleich hätte Letzterer dann zwangsläufig die Hälfte der Differenz mehr erhalten oder aber weniger zahlen müssen, wäre also bei zutreffend durchgeführtem Zugewinnausgleich um exakt den Betrag entlastet worden, der dem Ausgleichsbetrag entsprach: Im entschiedenen Fall waren dies 70.000 €, die F von M an Gesamtschuldnerausgleich einforderte.

Unter Verwendung von Beispielzahlen bedeutet dies: 95

▶ **Berechnung 1: Ohne Berücksichtigung der Gesamtschuld**

(»Das Endvermögen der F liegt nicht unter dem Anfangsvermögen«)

Endvermögen der F		60.000
Anfangsvermögen	–	50.000
Zugewinn		10.000

(»Das Endvermögen des M übersteigt dessen Anfangsvermögen um mindestens den Betrag, der als Ausgleich verlangt wird«)

Endvermögen des M		90.000
Anfangsvermögen	–	10.000
Zugewinn		80.000

Die Zugewinnausgleichsforderung beträgt in diesem Fall zugunsten der F 35.000 € (70.000 x 1/2).

Ergebnis: M hat an F bei Zweigleisigkeit 70.000 € (Gesamtschuld) zu zahlen und schuldet ferner eine im Scheidungsverfahren entschiedene Zugewinnausgleichsforderung i.H.v. 35.000 €. Bei einer unkorrigierten Zweigleisigkeit Zugewinn – Gesamtschuldnerausgleich müsste M an F also insgesamt 105.000 € zahlen.

Dieses Ergebnis bedarf einer Korrektur, denn wäre seinerzeit beim Zugewinn die Ausgleichsforderung berücksichtigt worden, hätte eine Zugewinnausgleichsforderung zugunsten des M i.H.v. 35.000 € bestanden:

▶ **Berechnung 2: Mit Berücksichtigung der Gesamtschuld**

Endvermögen der F		60.000
Anfangsvermögen	–	50.000
jedoch zzgl. Ausgleichsanspruch ggü. M	+	70.000
Zugewinn		80.000
Endvermögen des M		90.000
Anfangsvermögen	–	10.000
jedoch abzgl. Ausgleichsverpflichtung ggü. F	–	70.000
Zugewinn		10.000
Zugewinnausgleich (80.000 € – 10.000 €/2)		35.000

In (Ausnahme-) Fällen kann somit der Ausgleichsverpflichtete gegen seine isoliert geltend gemachte (spätere) Inanspruchnahme aus dem Gesamtschuldverhältnis nach § 426 Abs. 1 Satz 1 BGB »**den Einwand der nachträglichen Verfälschung eines bereits abgeschlossenen Zugewinnausgleichs** 96 geltend machen«.[263] Der Gläubiger eines Gesamtschuldnerausgleichs muss sich auf seinen Anspruch »darauf dasjenige anrechnen lassen, was er im Zugewinnausgleich infolge der Nichtberücksichtigung dieser Forderung mehr erhalten hat bzw. als Ausgleichspflichtiger weniger hat zahlen müssen, als dies bei zutreffender Berücksichtigung der Forderung im Zugewinnausgleichsverfahren der Fall gewesen wäre«.[264]

Unterstellt, M hätte an F einen Zugewinnausgleich i.H.v. 35.000 € bereits gezahlt, wären auf den Gesamtschuldnerausgleichsanspruch insgesamt 70.000 € anzurechnen (35.000 € an F gezahlt + 35.000 €, die M bei zutreffender Berücksichtigung der Forderung im Zugewinnausgleichsverfahren von F erhalten hätte), so dass im Ergebnis kein Gesamtschuldnerausgleichsanspruch mehr geschuldet ist.

97 Vielfach wird gegen eine Ausgleichsforderung nach § 426 Abs. 2 BGB eingewendet, diese könne nicht gezahlt werden: Dieser – zugewinnausgleichsrechtlich wegen der Deckelungsvorschrift des § 1378 Abs. 2 Satz 1 BGB eher selten vorgebrachte und in Fällen der Illoyalität wegen § 1378 Abs. 2 Satz 2 BGB i.a.R. unerhebliche – Einwand geht aber meist in Leere. Zwar trifft es zu, dass in den Fällen, in denen absehbar ist, dass die Ausgleichsforderung nach § 426 BGB **dauerhaft uneinbringlich** ist, diese in der Zugewinnausgleichsbilanz nicht oder nur mit einem Abschlag berücksichtigt werden darf.[265] Allerdings kann von einer zugewinnausgleichsrechtlich wertlosen Forderung nur dann ausgegangen werden, wenn dem überschuldeten Ehegatten gegen den anderen Ehegatten keine Zugewinnausgleichsforderung zusteht. Andernfalls könnte er – jedenfalls in Höhe dieser Forderung – den Ausgleichsanspruch nach § 426 BGB (zumindest teilweise) erfüllen.[266] Und natürlich hat der Zugewinnausgleichsschuldner auch etwa vorhandenes Immobilienvermögen, mag dieses auch belastet sein, einzusetzen, womit eine ansonsten bestehende wirtschaftliche Wertlosigkeit kompensiert werden kann.

98 Über eine besondere Sachverhaltsgestaltung hatte das OLG Karlsruhe[267] und ihm folgend der BGH[268] zu entscheiden. Die Besonderheit bestand darin, dass die Ehefrau **vor** Eheschließung eine Immobilie zu **Alleineigentum** erworben hatte, für deren Finanzierung sie allerdings gemeinsam mit ihrem (künftigen) Ehemann gesamtschuldnerisch haftete.

99 Lässt man einmal die vielfältigen Besonderheiten dieses Falles außer Betracht, so könnte man auf den ersten Blick meinen, dass das »Auseinanderfallen« von Immobilieneigentum und Finanzierung für den Ehemann kaum »gut ausgehen« kann, weil er bereits wegen seiner gesamtschuldnerischen Haftung seiner Ehefrau ggü. eigentlich zum Zugewinnausgleich verpflichtet sein müsste: Denn er hatte bei Eingehung der Ehe kein Aktivvermögen (Ehefrau war Alleineigentümerin der Immobilie) und die Kreditverbindlichkeiten bedeuteten für ihn negatives Anfangsvermögen i.S.v. § 1374 Abs. 3 BGB und damit, wenn denn kein Fall der Deckelung der Ausgleichsforderung nach § 1378 Abs. 2 Satz 1 BGB vorliegt, ausgleichspflichtiger Zugewinn.

100 Das OLG Karlsruhe hielt dieses Ergebnis für grob unbillig und entschied, dass in den Fällen, in denen künftige Ehegatten **vor** der Eheschließung als Gesamtschuldner einen Kredit zur Finanzierung eines nur einem Partner gehörenden Familienheims aufgenommen hätten, der im Innenverhältnis grds. bestehende Freistellungsanspruch des Nichteigentümers ggü. dem Alleineigentümer nicht nur in dessen Endvermögen, sondern wegen des späteren Scheiterns der Ehe auch im Anfangsvermögen mit einzustellen sei.[269]

---

263 BGH, FamRZ 2009, 193 [31].
264 BGH, FamRZ 2009, 193 [36]; ähnlich: OLG Hamm, FamRZ 1988, 620, 621.
265 BGH, FamRZ 2011, 25 [28]; BGH, FamRZ 1987, 1239, 1240; OLG Hamm, FamRZ 2002, 1032.
266 KG, FamRZ 2009, 1327 [33]; bestätigt BGH, FamRZ 2011, 25 [30].
267 OLG Karlsruhe, FamRZ 2018, 1737.
268 BGH, 06.11.2019 – XII ZB 311/18, juris.
269 OLG Karlsruhe, FamRZ 2018, 1737 [LS].

101 Demgegenüber bezog sich der BGH auf seine bisherige Rechtsprechung,[270] nach der die gesamtschuldnerische Darlehensaufnahme rechtlich und wirtschaftlich so eng mit dem Erwerb des Eigentums an der Immobilie verknüpft sei, dass sie nur im Anfangsvermögen des Alleineigentümers, nicht aber zugleich auch im Anfangsvermögen des Nichteigentümers zu berücksichtigen sei. In den Fällen des Alleineigentums eines Ehegatten sei deshalb in dessen Anfangsvermögen nicht nur der Grundstückswert als Aktivposten einzustellen, sondern auch die bei Eheschließung volle noch offene Darlehensvaluta als Passivposten, die demgegenüber beim Nichteigentümer nicht zu berücksichtigen sei. Dies auch nicht unter dem Gesichtspunkt der »familienrechtlichen Überlagerung«, weil diese vornehmlich die Zahlung der laufenden Kreditraten und deren – regelmäßig ausgeschlossenen – gesonderten Ausgleich betreffe. Dagegen wirke sie sich auf die Beteiligungsquote an der noch zur Rückzahlung offenen Kreditvaluta grundsätzlich nicht aus,[271] so dass sich für den BGH, der beim Ehemann keinen Zugewinn feststellte, folgende Zugewinnausgleichsberechnung ergab:

▶ **Berechnung**

Endvermögen der Ehefrau		
Aktiva	235.238,53 €	
Passiva	-193.864,48 €	
	41.374,05 €	41.374,05 €
Anfangsvermögen der Ehefrau		
Aktiva (Immobilie)	190.000,00 €	
Passiva (Finanzierung ungeachtet der Gesamtschuld zu 100 %)	-168.827,90 €	
	21.172,10 €	
Indexiert (: 89,7 x 102,5)	24.193,31 €	-24.193,31 €
Zugewinn der Ehefrau		17.180,74 €
Ausgleichsanspruch des Ehemanns (1/2)		8.590,37 €
Bereits vom OLG Karlsruhe zuerkannt		-3.616,19 €
Weitere Zahlungsverpflichtung der Ehefrau		4.974,18 €

IV. Gesamtschuldnerausgleich und Steuern

102 Bei **gemeinsamer Veranlagung** haften die Eheleute für Steuerschulden gesamtschuldnerisch. Dies ist gemeint, wenn § 44 Abs. 1 Satz 1 AO bestimmt, dass »Personen, die nebeneinander dieselbe Leistung aus dem Steuerschuldverhältnis schulden oder für sie haften oder die zusammen zu einer Steuer zu veranlagen sind, Gesamtschuldner sind«. Hieraus folgt, dass im Innenverhältnis eine Ausgleichspflicht nach § 426 Abs. 1 Satz 1 BGB besteht, und zwar – wenn nichts anderes bestimmt ist – zu gleichen Teilen. Auch hier gilt, dass eine solche Bestimmung »sich aus dem Gesetz, einer ausdrücklich, aber auch stillschweigend getroffenen Vereinbarung, aus Inhalt und Zweck eines zwischen den Gesamtschuldnern bestehenden Rechtsverhältnisses, aber auch aus der Natur der Sache, mithin aus der besonderen Gestaltung des tatsächlichen Geschehens ergeben«[272] kann.

---

270 BGH, FamRZ 2015, 1272.
271 BGH, FamRZ 2020, 231 [LS 3].
272 BGH FamRZ 1986, 881 [18]; BGH, FamRZ 1993, 676; BGH, FamRZ 1995, 216; BGH, FamRZ 2002, 739; BGH, FamRZ 2005, 1236; BGH, FamRZ 2007, 1975, 1976; BGH, FamRZ 2010, 542.

103 Eine von der Grundregel des § 426 Abs. 1 Satz 1 BGB abweichende Aufteilung kann sich aus den **Einkommens- und Vermögensverhältnissen** der Ehegatten ergeben. Denn Ehegatten sind unabhängig vom Güterstand hinsichtlich ihres Vermögens und ihrer Schulden selbstständig. Diese Selbstständigkeit führt dazu, dass jeder Ehegatte im Verhältnis zum anderen für die Steuer, die auf seine Einkünfte entfällt, grds. selbst aufzukommen hat. Und begleicht ein Ehegatte die Einkommensteuer (und wegen § 44 AO damit gleichzeitig auch eine Verbindlichkeit des anderen Ehegatten), so ergibt sich im Hinblick auf die rechtliche Selbstständigkeit der beiderseitigen Vermögen, dass er gegen den anderen Ehegatten einen Aufwendungsersatzanspruch hat.[273] Bei gemeinsamer Veranlagung nach § 26b EStG bedeutet dies, dass es bei der Aufteilung der von einem Ehegatten übernommenen Steuerschuld grds. auf die Höhe der beiderseitigen Einkünfte ankommt, die der Steuerschuld zugrunde liegen, es sei denn, von diesem Aufteilungsmaßstab wurde ausdrücklich oder konkludent abgewichen. Eine solche Abweichung kann z.B. darin begründet liegen, dass es der ständigen und dauerhaften Übung der Ehegatten entspricht, dass die Steuerschulden von einem von ihnen – im Zweifel dem wirtschaftlich Stärkeren – beglichen werden.[274] Denn aus einer solchen Übung der Ehegatten kann nach Auffassung des BGH geschlossen werden, dass der die Steuerschuld begleichende Ehegatte im Innenverhältnis für die Begleichung der Steuerverbindlichkeiten ohne Ausgleichsanspruch aufzukommen hat.[275]

104 Mit der Annahme einer anderweitigen Bestimmung durch ständige Übung sollte aber vorsichtig umgegangen werden, weil diesem Gesichtspunkt für die Zeit **nach dem Scheitern der Ehe** in aller Regel keine Bedeutung mehr zukommen kann. Denn nach Aufhebung der ehelichen Lebensgemeinschaft besteht für einen Ehegatten im Zweifel kein Anlass mehr, an der früheren Übung festzuhalten und dem anderen Ehegatten weiterhin wirtschaftliche Vorteile zukommen zu lassen.[276] Vielmehr ist mit dem Scheitern der Ehe und damit ab endgültiger Trennung der Ehegatten von einer grundlegenden Veränderung des Gesamtschuldverhältnisses auszugehen.[277]

105 Lange war die Beantwortung der Frage umstritten, ob die Aufteilung

(1) streng nach dem Verhältnis der Einkünfte,

(2) nach dem Verhältnis der Steuerbeträge im Fall (fiktiver) getrennter Veranlagung oder

(3) nach dem Verhältnis der Steuerbeträge vorzunehmen ist, die von den Ehegatten im Veranlagungszeitraum (tatsächlich) gezahlt wurden.

Mit seinem Urt. v. 31.05.2006 hat der BGH diese Frage dahin gehend entschieden, dass die Aufteilung einer nach der Trennung fällig gewordenen Steuerschuld und der sich hieraus ergebenden Erstattungs- bzw. Nachzahlungsansprüche zusammen veranlagter Ehegatten im Innenverhältnis grds. unter entsprechender Heranziehung des § 270 AO auf der Grundlage fiktiver getrennter Veranlagung der Ehegatten zu erfolgen hat.[278] Denn nur mit einer **einkommensteuerkonformen Aufteilung** könne erreicht werden, dass im Verhältnis der Ehegatten zueinander jeder von ihnen für die Steuer aufkommt, die auf seine Einkünfte entfällt. Dies gilt gleichermaßen für Steuererstattungen wie für Steuernachforderungen, und zwar unabhängig davon, ob Letztere erstmals oder nachträglich festgesetzt wurden. Denn in allen diesen Fällen geht es um die Steuerschuld, die die Ehegatten jeweils zu tragen haben.[279]

106 Eine anderweitige Bestimmung kann auch darin gesehen werden, dass die abhängig beschäftigten Ehegatten während ihres Zusammenlebens die **Steuerklassen III/V** gewählt haben. In diesen Fällen ist davon auszugehen, dass dies deshalb geschah, um mtl. mehr bare Geldmittel zur gemeinsamen

---

273 BGH, FamRZ 1995, 216 [26]; BGH, FamRZ 2006, 1178 [13].
274 BGH, FamRZ 2002, 729.
275 BGH, FamRZ 2002, 729 [16].
276 OLG Saarbrücken, FamRZ 2010, 1902.
277 BGH, FamRZ 2006, 1178 [15].
278 Rechenbeispiele bei *Christ*, FamRB 2007, 23 ff.
279 BGH, FamRZ 2006, 1178 [22]; OLG Brandenburg, FuR 2017, 92.

Verwendung zur Verfügung zu haben, als dies bei einer Wahl der **Steuerklassen IV/IV** der Fall gewesen wäre. Hierbei nehmen die Ehegatten bewusst in Kauf, dass das wesentlich höhere Einkommen relativ niedrig und das niedrige Einkommen vergleichsweise hoch besteuert wird. Deshalb kann der Ehegatte, dessen Einkommen nach der Steuerklasse V vergleichsweise hoch besteuert wurde, grds. auch nicht wegen des Scheiterns der Ehe den Mehrbetrag, den er wegen der Besteuerung seines Einkommens nach der Lohnsteuerklasse V im Vergleich zur Besteuerung bei getrennter Veranlagung in der Vergangenheit geleistet hat, vom anderen Ehegatten ersetzt verlangen.[280] Dies deshalb nicht, weil bis zur Trennung mit dem Einkommen der Ehegatten gemeinsam gewirtschaftet wurde und damit gleichzeitig auch die durch die Steuerklassenwahl erzielten zusätzlichen Geldmittel **gemeinsam verbraucht** worden sind.[281] Zudem gilt auch hier der Grundsatz, dass ohne anderweitige Bestimmung finanzielle Mehrleistungen eines Ehegatten nicht auszugleichen sind,[282] eine Totalrevision mit Vergangenheitsbezug also nicht stattfindet, oder, wie das OLG Karlsruhe es einprägsam formulierte, »der Lebenszuschnitt doppelt verdienender Ehegatten bei einverständlicher Wahl der Steuerklassen und gemeinsamer Wirtschaftsführung bei einer Ehekrise nicht im Nachhinein finanziell auseinander- und zurückgerechnet werden« könne.[283]

Erst **nach Aufhebung der ehelichen Lebensgemeinschaft** besteht für den steuerlich benachteiligten Ehegatten grds. kein Anlass mehr, an der Steuerklassenwahl III/V festzuhalten, es sei denn, die Trennung erfolgt erst zum Jahresende und die bis dahin erzielten Steuerersparnisse wurden bereits **gemeinsam verbraucht**. Dann freilich ist der Ehegatte mit der Steuerklasse V gehindert, für das komplette Kalenderjahr die getrennte Veranlagung zu verlangen, was bei dem Ehegatten der Steuerklasse III natürlich zu einer beachtlichen Steuernachzahlung führen würde, die dieser nicht hinnehmen muss. 107

Eine anderweitige Bestimmung kann schließlich auch darin gesehen werden, dass auf der Grundlage der (grds. sinnvollen) Beibehaltung der Steuerklassen III/V dem steuerlich benachteiligten Ehegatten **Trennungsunterhalt** gezahlt wird, was einer Zusammenveranlagung nicht entgegensteht, weil diese selbst dann noch für das gesamte Jahr zulässig ist, wenn die Eheleute Anfang des Jahres noch einige Tage zusammengelebt haben. Dann partizipiert der Unterhaltsberechtigte an der Steuerminderbelastung und damit am höheren Gesamteinkommen des Unterhaltspflichtigen, erhält somit entsprechend höheren Unterhalt, als wenn dieser nach der Lohnsteuerklasse I oder II versteuert würde. 108

Erfolgt der Ausgleich der steuerlichen Mehrbelastung des Unterhaltsberechtigten mittelbar über den Unterhalt, ist für einen weiteren Nachteilsausgleich natürlich kein Raum. 109

Etwas anderes gilt, wenn sich die Ehegatten für die Zeit nach der Trennung zwar auf die vorübergehende Beibehaltung der bisherigen Steuerklassenwahl, nicht aber über einen etwa zu zahlenden Unterhalt – ggf. in der Form eines »Mehrsteuerausgleiches« für das restliche Kalenderjahr, in dem eine gemeinsame Veranlagung steuerrechtlich noch zulässig ist – verständigt haben. Dann kann der steuerlich benachteiligte Ehegatte von dem anderen verlangen, im Innenverhältnis so gestellt zu werden, als sei ab Trennung eine getrennte Veranlagung durchgeführt worden. Andernfalls läuft der steuerlich privilegierte Ehegatte, der eine solche Kompensationszahlung ablehnt, Gefahr, dass der steuerlich mehr belastete Ehegatte (dann zulässigerweise) einen Steuerklassenwechsel vornimmt, um fortan – wenn er schon eine unterhaltsrechtliche Auseinandersetzung scheut – zumindest keinen steuerlichen Nachteil zu erleiden. 110

Steuerklassen-Diskussionen werden in der Praxis häufig dann geführt, wenn die Trennung nicht bereits zum Jahresbeginn, sondern erst im Laufe oder gar erst gegen Ende des Jahres stattgefunden hat. Wurde der bis dahin erzielte Steuervorteil des einkommensstärkeren Ehegatten von beiden 111

---

280 BGH, FamRZ 2007, 1229 [17].
281 BGH, FamRZ 2010, 269.
282 BGH, FamRZ 2002, 1024, 1026.
283 OLG Karlsruhe, FamRZ 1991, 441 [Ls.].

Ehegatten für den gemeinsamen Lebensbedarf verbraucht oder für eine Vermögensbildung, an der beide Ehegatten teilhaben, verwendet, ist es einem Ehegatten im Verhältnis zum anderen verwehrt, für sich die getrennte steuerliche Veranlagung zu wählen.[284] Verweigert er in diesen Fällen die Zustimmung zur Zusammenveranlagung oder wechselt er ohne Zustimmung des anderen Ehegatten die Steuerklasse, um in den Genuss einer Steuererstattung zu gelangen, macht er sich grds. schadensersatzpflichtig, was aus **§ 1353 Abs. 1 BGB** folgt. Denn aus dem Wesen der Ehe ergibt sich die für beide Ehegatten abgeleitete Verpflichtung, die finanziellen Lasten des anderen Ehegatten nach Möglichkeit zu mindern, soweit dies ohne Verletzung der eigenen Interessen möglich ist.

Ein Ehegatte ist deshalb dem anderen Ehegatten ggü. grds. verpflichtet, in eine von diesem gewünschte Zusammenveranlagung zur Einkommensteuer einzuwilligen, wenn dadurch dessen Steuerschuld verringert und der auf Zustimmung in Anspruch genommene Ehegatte keiner zusätzlichen steuerlichen Belastung ausgesetzt ist.[285] Wird dem steuerlich mehr belasteten Ehegatten aber für die Zeit ab Trennung und die Dauer der Beibehaltung der bislang getroffenen Steuerklassenwahl ein Ausgleich zumindest in der Höhe gezahlt, die seinem steuerlichen Nachteil entspricht, dürfte sein Interesse, nur die seinem Einkommen entsprechenden Steuern zahlen zu müssen, gewahrt sein.

112 Wenn zwischen Ehegatten eine einvernehmliche Verständigung darüber stattfindet, ob und für welche Zeiträume (noch) eine gemeinsame oder (nunmehr) getrennte Veranlagung vorgenommen wird, stellt sich bisweilen die Frage, ob der im Ergebnis von der Veranlagungswahl begünstigte Ehegatte dem anderen ggü. zum Ausgleich im weiteren Sinne verpflichtet ist. Ein solcher Ausgleich kann z.B. darin bestehen, dass die Steuernachzahlung des einen Ehegatten vom anderen Ehegatten (teilweise) erstattet oder eine an nur einen Ehegatten gezahlte Steuererstattung aufgeteilt wird.

113 **Ohne ausdrückliche Vereinbarung** scheidet eine Ausgleichsverpflichtung zwischen den Ehegatten aus, wenn sich die Eheleute auf eine **getrennte Veranlagung** verständigt hatten. Ausgangspunkt für dieses Ergebnis ist der Grundsatz, dass Ehegatten ungeachtet dessen, ob sie im gesetzlichen Güterstand der Zugewinngewinngemeinschaft oder in Gütertrennung leben, hinsichtlich ihres Vermögens und ihrer Schulden selbstständig sind. Dies führt dazu, dass im Verhältnis zueinander jeder Ehegatte nur für die Steuerbeträge aufzukommen hat, die auf seine Einkünfte entfallen.[286] Nichts anderes gilt bei Überzahlungen der Einkommensteuer, die nach § 37 Abs. 2 AO an den Ehegatten zu erstatten sind, auf dessen Rechnung die Steuer an den Fiskus gezahlt wurde. **Entscheiden sich also Ehegatten vorbehaltlos auf eine getrennte Veranlagung, trägt jeder für sich die Folgen dieser Entscheidung**, ohne dass ein (interner) Ausgleich stattfindet, blendet man einmal in diesem Zusammenhang den Zugewinnausgleich aus, auf den sich freilich eine Steuererstattung bzw. -nachzahlung auswirken kann, wenn eine solche in engem zeitlichen Zusammenhang zum Stichtag des § 1384 BGB erfolgt ist. In solchen Fällen sollte auch geprüft werden, ob eine an einen Ehegatten gezahlte besonders hohe Steuererstattung oder -nachzahlung einen – vielleicht auch nur vorübergehenden – Anspruch auf Trennungsunterhalt auslöst, was allerdings nur ausnahmsweise der Fall sein dürfte.

114 Nur bei **gemeinsamer Veranlagung** wird der Grundsatz der Haftung für Steuern entsprechend dem eigenen Einkommen (zunächst) durchbrochen und kann sodann über § 426 BGB im Wege einer entsprechenden Anwendung des § 270 AO einer Korrektur zugeführt werden. Im Ergebnis wird damit aber der »**Grundsatz der Haftung für Steuern entsprechend dem eigenen Einkommen**« wieder hergestellt, weil bei einer fiktiv vorgenommenen getrennten Veranlagung ermittelt wird, welche Steuererstattung oder -nachzahlung auf den jeweiligen Ehegatten unter Berücksichtigung seines Einkommens entfallen würde.

115 Wer sich bei gemeinsamer Veranlagung einen Anspruch auf Nachteilsausgleich für zurückliegende Steuerjahre vorbehalten möchte, wird gut beraten sein, wenn er seine Zustimmung zur gemeinsamen

---

284 BGH, FamRZ 2010, 269.
285 BGH, FamRZ 2010, 269 [11].
286 BGH, FamRZ 2007, 1229 [15]; FuR 2002, 476 [14].

Veranlagung von der Verpflichtung des anderen Ehegatten zum Nachteilsausgleich – z.B. im Rahmen eines Ehevertrags oder Scheidungsfolgenvereinbarung – abhängig macht.

»Die Beteiligten vereinbaren die Durchführung der gemeinsamen Veranlagung für die Kalenderjahre 2019 und 2020. Sie gehen hierbei von der Zulässigkeit der steuerlichen Zusammenveranlagung aus.

Der Ehemann verpflichtet sich, die Ehefrau von bei ihr infolge der Zusammenveranlagung etwa entstehenden steuerlichen Nachteilen freizustellen.

Die Beteiligten sind sich deshalb auch darüber einig, dass die Freistellungsverpflichtung des Ehemanns und ein etwa gegebener Anspruch der Ehefrau auf Nachteilsausgleich von der Abgeltungsregelung der vorstehenden Bestimmung[287] nicht erfasst wird«.

116

Zwar hat der BGH in seiner Entscheidung zum Verlustvortrag v. 18.11.2009[288] entschieden, dass ein Ehegatte auch dann verpflichtet sein könne, dem der steuerlichen Entlastung des anderen Ehegatten dienenden Antrag auf Zusammenveranlagung zur Einkommensteuer zuzustimmen, wenn er **während der Zeit des Zusammenlebens** steuerliche Verluste erwirtschaftet hatte, die er im Wege des Verlustvortrags nach § 10e EStG **nach erfolgter Trennung** zur Verminderung seiner eigenen Steuerlast einsetzen könnte.[289] Eine solche Zustimmungsverpflichtung mit der möglichen Konsequenz, keinen Nachteilsausgleich verlangen zu können, besteht nach Auffassung des BGH aber nur dann, wenn die Ehegatten im Veranlagungsjahr die mit Rücksicht auf eine infolge der Verluste zu erwartende geringere Steuerbelastung zur Verfügung stehenden Mittel für ihren Lebensunterhalt oder für die gemeinsame Vermögensbildung verwendet hätten. Um jedoch einer Diskussion zu dieser Frage – nämlich der, ob die Ehegatten eine andere Aufteilung ihrer Steuerschulden konkludent vereinbart haben, wovon der BGH in aller Regel jedenfalls für die Zeit bis zur Trennung nicht auszugehen scheint[290] – aus dem Wege zu gehen, empfiehlt es sich, entsprechend dem vorstehenden Formulierungsbeispiel eine Nachteilsausgleichsverpflichtung **ausdrücklich** zu vereinbaren. Dann nämlich fußt die Verpflichtung zum Nachteilsausgleich auf einer **vertraglichen Vereinbarung**.

117

V. Gesamtschuldnerausgleich und Mietwohnung

Mieten Eheleute eine Wohnung gemeinsam an, haften sie dem Vermieter ggü. als Gesamtschuldner. Hieraus folgt, dass allein der Auszug eines Ehegatten aus der Wohnung diesen nicht vor seiner Inanspruchnahme als Gesamtschuldner durch den Vermieter auf den vollen Mietzins schützt. Dies ist im Außenverhältnis ebenso selbstverständlich, wie im Innenverhältnis umstritten ist, ob der in der Wohnung verbliebene Ehegatte hinsichtlich des nach der Trennung gezahlten Mietzinses ggü. dem anderen Ehegatten einen Ausgleich nach § 426 Abs. 1 Satz 1 BGB verlangen kann.

118

Verständigen sich die Eheleute **einvernehmlich** über den Auszug eines Ehegatten aus der ehelichen Mietwohnung, ohne eine weitere konkrete Festlegung darüber zu treffen, wer künftig den Mietzins zu tragen hat, gilt dies in aller Regel als stillschweigende Vereinbarung i.S. einer anderweitigen Bestimmung nach § 426 Abs. 1 Satz 1 BGB dahin gehend, dass der in der Wohnung verbliebene Ehegatte den Mietzins alleine zu zahlen hat und dieser insoweit keinen gesamtschuldnerischen Ausgleich ggü. dem ausgezogenen Ehegatten verlangen kann.[291] Diese Annahme rechtfertigt sich

119

---

287 Wenn z.B. vereinbart wurde: »Die Beteiligten sind darüber einig, dass mit der Erfüllung der vorstehenden Vereinbarungen sämtliche gegenseitigen Ansprüche auf Ausgleich des von dem einen oder dem anderen erzielten Zugewinns während des Bestehens ihrer ehelichen Zugewinngemeinschaft abgegolten sind und verzichten vorsorglich wechselseitig auf weitergehende Zugewinnausgleichsansprüche. Entsprechendes gilt für sonstige Ausgleichsansprüche, die während der Ehe der Beteiligten entstanden sein könnten. Mit der Erfüllung der vorstehenden Vereinbarungen sind auch solche Ansprüche, gleich aus welchem Rechtsgrund, abgegolten«.
288 BGH, FamRZ 2010, 269.
289 Zu den steuerlichen Besonderheiten: *Perleberg-Kölbel*, FuR 2010, 254, 255.
290 BGH, FamRZ 2007, 1229 [13].
291 OLG Brandenburg, FamRZ 2007, 1172 [10]; OLG Köln, FamRZ 2003, 1664 [7]; OLG München, FamRZ 1996, 291.

daraus, dass es sich bei der Anmietung einer Wohnung um eine Dauerschuldverbindlichkeit handelt, die fortlaufend an gezogene Nutzungen knüpft. Diese Nutzungen sind – jedenfalls nach endgültiger Trennung – im Innenverhältnis der Ehegatten grds. demjenigen zuzurechnen, der die Nutzungen tatsächlich zieht.[292] Zudem ist bei einem einvernehmlichen Auszug eines Ehegatten aus der ehelichen Wohnung davon auszugehen, dass die Wohnung ihre Bestimmung als gemeinsame Ehewohnung endgültig verloren hat[293] und derjenige, der in der Wohnung verbleibt, damit zu erkennen gibt, dass er die Wohnung behalten will; schließlich hätte er dem Auszugswunsch des anderen Ehegatten beitreten und – spätestens für die Zeit nach Ablauf der Kündigungsfrist – ebenfalls eine neue Wohnung anmieten können.[294]

120 Erfolgt der Auszug eines Ehegatten aus der Mietwohnung hingegen nicht im Einvernehmen mit dem anderen Ehepartner, sondern war er für diesen unerwartet oder wurde ihm die Alleinnutzung sogar »**aufgedrängt**«, weil sie für ihn allein zu groß und zu teuer ist,[295] verbleibt es zunächst bei der Grundregel des § 426 Abs. 1 Satz 1 BGB: Die Eheleute tragen auch weiterhin den Mietzins je zur Hälfte, so dass der Ehegatte, der in der Wohnung verblieben ist und, um dem Vermieter keinen Anlass zur Beschwerde zu geben, die Miete voll zahlt, gegen den anderen Ehegatten einen Ausgleichsanspruch i.H.d. hälftigen Mietzinses hat. Denn für ihn bedeutet es eine »Härte«, wenn er »unvorbereitet plötzlich allein für die Kosten aufkommen muss, die nach der Vorstellung der Partner gemeinsam getragen werden sollten«.[296]

121 Ähnlich der Schonfrist bei Trennungsunterhalt, die dem die Haushaltsführung überlassenen und nicht oder nur teilweise berufstätigen Ehepartner gewährt wird, um sich beruflich erstmals oder neu orientieren zu können,[297] ist nach allgemeiner Auffassung auch dem in der Wohnung verbliebenen Ehepartner ohne entsprechendes Einvernehmen zur Wohnungsübernahme eine **Karenzzeit bzw. Überlegungsfrist** zuzubilligen, in der er sich entscheiden kann, ob er in der Wohnung bleiben oder aus der für ihn meist zu teuren Wohnung ausziehen möchte. Die Dauer der Überlegungsfrist wird in der Rechtsprechung je nach den Umständen des Einzelfalls bestimmt: Sie soll 2 1/2 Monate,[298] 3 Monate,[299] 4 1/2 Monate,[300] aber auch 6 Monate[301] betragen können. Es dürfte gut vertretbar sein, die Überlegungsfrist mit der gesetzlichen Kündigungsfrist des § 573c Abs. 1 BGB zu harmonisieren, so dass sie ebenfalls 3 Monate beträgt.[302]

122 Verbleibt der Ehegatte nach Ablauf der Überlegungsfrist endgültig in der Wohnung, ohne sich um die Auflösung des Mietverhältnisses bemüht zu haben, ist die Wohnungssituation dem in der Wohnung verbleibenden Partner nicht mehr »aufgedrängt«, sondern gewählt. Dies kann nicht ohne Folgen für den Gesamtschuldnerausgleich bleiben.

123 Umstritten ist aber, ab wann **bei endgültigem Verbleib** des Ehegatten in der Wohnung ein gesamtschuldnerischer Ausgleichsanspruch entfällt. Dies ist – auch unter Beachtung der finanziellen Belange des bereits ausgezogenen Ehegatten – in Fällen des endgültigen Verbleibes des anderen Ehegatten in der Wohnung nach umstrittener Auffassung bereits nach Ablauf der Überlegungsfrist (= 3 Monate) der Fall und nicht erst dann, wenn auch die Kündigungsfrist (+ 3 Monate) abgelaufen ist. Denn wer nach Ablauf der Überlegungsfrist die eheliche Wohnung nicht kündigt, gibt zu erkennen,

---

292 OLG Brandenburg, FamRZ 2007, 1172 [10].
293 OLG Köln, FamRZ 2003, 1664 [7]; OLG Hamburg, NJW-RR 2001, 1012 [10].
294 OLG Brandenburg, FamRZ 2007, 1172 [10].
295 OLG Jena, NJW 2012, 1235 [91]; ähnlich: OLG Brandenburg, FamRZ 2007, 1172 [11]; LG Mönchengladbach, WuM 2003, 204.
296 OLG München, FamRZ 1996, 291.
297 BGH, FamRZ 1990, 283, 286; OLG Jena, FamRZ 2008, 2003, 2205.
298 OLG München, FamRZ 1996, 291.
299 OLG Brandenburg, FamRZ 2007, 1172 [15]; AG Halle, ZMR 2011, 961 [LS].
300 OLG Jena, NJW 2012, 1235 [91] (allerdings einschließlich Auszug).
301 OLG Schleswig, OLGR Schleswig 1998, 357.
302 OLG Düsseldorf, FamRZ 2011, 375 [42]; OLG Köln, FamRZ 2018, 1815 [13].

dass er zu einer Fortführung des Mietvertrags bei alleiniger Kostentragung bereit ist.[303] Nach richtiger Ansicht ist deshalb eine weitere Mithaftung des ausgezogenen Ehegatten für die Mietkosten ab dem 4. Monat nach seinem Auszug nicht mehr gerechtfertigt,[304] so dass ab diesem Zeitpunkt auch kein Gesamtschuldnerausgleich mehr in Betracht kommt.

Zieht hingegen der in der Wohnung verbliebene Ehegatte nach angemessener Überlegungsfrist sowie unter Beachtung der dreimonatigen Kündigungsfrist des § 573c Abs. 1 BGB aus der Wohnung aus, hat er ggü. dem anderen Ehegatten wegen der von ihm bis zu seinem Auszug geleisteten Mietzinsen einen Ausgleichsanspruch für insgesamt 6 Monate (3 Monate Überlegungs- + 3 Monate Kündigungsfrist). 124

Fraglich ist, ob sich der Ausgleichsberechtigte entgegenhalten lassen muss, er habe, wäre er ebenfalls ausgezogen, Mietkosten aufwenden müssen, die deutlich über seinem hälftigen Anteil des bisherigen Mietzinses gelegen hätten. 125

Im Anschluss an die Entscheidung des OLG Düsseldorf v. 17.03.2014[305] hat das OLG Köln[306] dies dem Grundsatz nach bejaht und darauf hingewiesen, dass »dem in der Wohnung verbleibenden Ehegatten vorab derjenige Teil der Miete für die gemeinsame Wohnung allein zuzurechnen (sei), den er als Miete für die Nutzung einer anderweitigen, allein angemieteten Wohnung fiktiv erspart« habe. **Nur der überschießende Teil sei hälftig von dem anderen, aus der Ehewohnung bereits ausgezogenen Ehegatten zu tragen.**

Die Berücksichtigung eines solchen (fiktiven) »Vorteilsausgleichs« – z.B. wenn der Mietzins der ehelichen Wohnung 550 € und der für eine mietbare eheangemessene kleinere Wohnung 400 € beträgt, würde der Ausgleichsanspruch statt 275 € (550 € x 1/2) nur 75 € betragen (550 €./. fiktive Miete: 400 € = überschießender Teil i.H.v. 150 €/2 = 75 €)[307] – hat der ausgleichsverpflichtete Ehegatte als einen ihn begünstigenden Umstand darzulegen und ggf. auch zu beweisen.

Eine anderweitige Bestimmung i.S.d. § 426 Abs. 1 Satz 1 BGB kann nicht daraus hergeleitet werden, dass der wegen seines Auszugs in Anspruch genommene Ehegatte während des verfahrensgegenständlichen Mietzeitraums an den anderen Ehegatten sowohl Trennungs- als auch Kindesunterhalt gezahlt hat, wenn bei der Unterhaltsberechnung weder die Mietzahlungen durch den Unterhaltsempfänger noch sein Ausgleichsanspruch aus § 426 Abs. 1 BGB berücksichtigt wurden.[308] Es bedarf vielmehr einer Verständigung der Ehegatten darüber, dass die vom Unterhaltspflichtigen (trotz seines Auszugs aus der ehelichen Wohnung) auch weiterhin gezahlte Miete wie eine berücksichtigungswürdige Schuld behandelt werden soll, während dem Einkommen des Berechtigten dann allerdings auch ein Wohnvorteil wegen des im Ergebnis mietfreien Wohnens hinzuzurechnen wäre.[309] 126

---

303 Zum Streitstand vgl.: OLG München, FamRZ 1996, 291; OLG Schleswig, OLGR Schleswig 1998, 357; LG Hannover, FamRZ 2002, 29 [6]; LG Mönchengladbach, WuM 2003, 204 (und dies bei einer 1-jährigen Kündigungsfrist!); OLG Brandenburg, FamRZ 2007, 1172 [10].
304 a.A. OLG Düsseldorf, FamRZ 2011, 375 [38], das zur Frage der Dauer der Überlegungsfrist darauf abstellt, dass eine längere Mietdauer, die zu einer stärkeren Bindung an die Wohnung und das Wohnumfeld führe, eine Ausdehnung der Überlegungsfrist rechtfertigen könne, so z.B. 6 Monate Überlegungsfrist bei 6-jähriger Mietdauer.
305 OLG Düsseldorf, FamRZ 2011, 375.
306 OLG Köln, FamRZ 2018, 1815 [13].
307 Beispiel beim OLG Köln [14]: 808 € (Miete der Ehewohnung)./. 600 € (fiktive Neuwohnung)/2 = 104 € (Ausgleichsanspruch).
308 OLG Bremen, FamRZ 2016, 1367 [12 ff.].
309 OLG Brandenburg, FuR 2015, 482 [37].

▶ **Berechnungsbeispiel:**

127 M verfügt über ein Einkommen von 3.500 €, F hat kein eigenes Einkommen.

(1) Ohne Berücksichtigung der Mietzahlung ergibt sich ein Unterhalt i.H.v. 1.500 €:

3.500 € x 6/7 = 3.000 € x 1/2 = 1.500 €.

Hiervon müsste der Unterhaltsberechtigte 500 € für die Miete aufwenden, so dass ihm noch 1.000 € verbleiben.

(2) Wird die Mietzahlung auch weiterhin vom Unterhaltsverpflichteten in vollem Umfang allein getragen, beim Bedarf des Pflichtigen in Abzug gebracht und dieser Betrag beim Berechtigten als Einkommen berücksichtigt, ergibt sich nichts anderes:

3.500 € x 6/7 = 3.000 €./. 500 € (gezahlte Miete) = 2.500 €./. 500 € (freies Wohnen) x 1/2 = 1.000 €.

Möglich wäre es auch, sich darauf zu verständigen, dass die Mietzahlungen des Pflichtigen unterhaltsersetzend wirken sollen, wodurch auch der Zuschlag eines Wohnvorteils zum Einkommen der Berechtigten entfallen würde.[310]

128 Nur in mittelbarem Zusammenhang steht der Gesamtschuldnerausgleich mit den Rechten und Pflichten der Ehegatten im Verhältnis zum Vermieter nach § 1568a Abs. 3 BGB, wonach der Ehegatte, dem die Wohnung im Einvernehmen überlassen wird, zum Zeitpunkt des Zugangs der Mitteilung der Ehegatten über die Überlassung an den Vermieter an Stelle des zur Überlassung verpflichteten Ehegatten in ein von diesem eingegangenes Mietverhältnis eintritt oder ein von beiden Ehegatten eingegangenes Mietverhältnis allein fortsetzt. Hieraus schlussfolgert der 12. Senat des OLG Hamm,[311] dass wegen des vorrangigen Interesses des ausgezogenen Ehegatten auf Entlassung aus dem Mietverhältnis es diesem nicht zuzumuten sei, mit der Geltendmachung seines Anspruchs auf Mitwirkung des anderen Ehegatten an seiner Entlassung aus dem Mietverhältnis bis zur Rechtskraft der Scheidung zu warten. Deshalb sei der Ehegatte, der im Einvernehmen mit dem ausgezogenen Ehegatten die Ehewohnung alleine nutze, schon während der Trennungszeit verpflichtet, an der Entlassung des anderen Ehegatten aus dem gemeinsamen Mietverhältnis selbst dann mitzuwirken, wenn Streit darüber bestehe, ob dem in der Wohnung verbliebenen Ehegatten ggü. dem ausgezogenen Ehegatten noch Ansprüche aus dem Mietverhältnis zustehen (z.B. wegen drohender Nachzahlung von Betriebskosten aus den Jahren des Zusammenlebens oder wegen Ansprüchen der Ehegatten auf Rückzahlung einer Kaution). Denn die Entlassung aus dem Mietverhältnis wirke nur für die Zukunft und habe keinen Einfluss auf Ansprüche, die vorher entstanden seien.

Besteht entgegen einer früheren Entscheidung des 2. Senats des OLG Hamm[312] richtigerweise schon während der Trennungszeit eine **Mitwirkungsverpflichtung** seitens des in der Wohnung verbliebenen Ehegatten, erscheint es konsequent, dessen gesamtschuldnerischen Ausgleichsanspruch ggü. dem ausgezogenen Ehegatten jedenfalls ab dem Zeitpunkt zu verneinen, von dem ab er sich weigert, bei der Entlassung des anderen Ehegatten aus dem Mietverhältnis mitzuwirken.

129 Der Grundsatz, dass während einer Ehe die grundsätzliche Haftung von Gesamtschuldnern zu gleichen Teilen von der ehelichen Lebensgemeinschaft der Ehegatten in der Weise überlagert sein kann, dass sich im Innenverhältnis eine andere Aufteilung etwa deshalb ergibt, weil der allein verdienende Ehegatte zugunsten des haushaltsführenden Ehegatten die gemeinsamen Verpflichtungen allein getragen und daher ein Ausgleichsanspruch auszuscheiden hat,[313] findet auch auf **rückständige und erst nach Trennung der Ehegatten gezahlte Mietzinsen** Anwendung. Obliegt nach der von den Ehegatten gewählten Aufgabenverteilung einem von ihnen, für die Miete der gemeinsamen

---

310 OLG Brandenburg, FuR 2015, 482 [37].
311 OLG Hamm, FamRZ 2016, 1688.
312 OLG Hamm, FamRZ 2015, 667 [20].
313 OLG Jena, NJW 2012, 1235.

Wohnung allein aufzukommen, so umfasst die für die Zeit des Zusammenlebens anzunehmende anderweitige Bestimmung i.S.v. § 426 Abs. 1 Satz 1 BGB auch die Aufwendungen, die in dieser Zeit zu begleichen gewesen wären. Ein Gesamtschuldnerausgleich scheidet deshalb dann aus, wenn die vor der Trennung der Ehegatten fällig gewordenen Zahlungsverpflichtungen erst nach der Trennung erfüllt worden sind,[314] weil es auf den **Verwendungszweck**, nicht hingegen auf den Zeitpunkt der Leistungserbringung ankommt.

I.Ü. können Streitigkeiten aus Mietverträgen, und zwar einschließlich gewerblicher Mietverträge, die die Eheleute untereinander geschlossen haben, sonstige Familiensachen i.S.d. § 266 Abs. 1 Nr. 3 FamFG sein. Deshalb scheidet eine pauschale Zuordnung dieser Rechtsverhältnisse zu den allgemeinen Zivilgerichten aus.[315] Seine Rechtfertigung findet dies in § 266 FamFG, mit dem der Gesetzgeber den Zuständigkeitsbereich der Familiengerichte deutlich erweitern wollte (sog. »Großes Familiengericht«). Damit sollen bestimmte Zivilrechtsstreitigkeiten, die eine besondere Nähe zu familienrechtlich geregelten Rechtsverhältnissen aufweisen oder die in engem Zusammenhang mit der Auflösung eines solchen Rechtsverhältnisses stehen, ebenfalls Familiensachen werden. Ordnungskriterium, so der BGH, sei nach der Gesetzesbegründung allein die Sachnähe des Familiengerichts zum Verfahrensgegenstand.[316] Im Interesse aller Beteiligten solle das FamG alle durch den sozialen Verband von Ehe und Familie sachlich verbundenen Rechtsstreitigkeiten entscheiden. 130

VI. Gesamtschuldnerausgleich und Bankkonten

Ansprüche eines Ehegatten ggü. dem anderen Ehepartner wegen unberechtigter Verfügungen über ein **Gemeinschaftskonto** richten sich nicht notwendigerweise nur nach § 426 BGB. Zwar haften Ehegatten, die ein Bankkonto als Gemeinschaftskonto (z.B. in der Form eines sog. »Oder-Kontos«[317]) führen, im Außenverhältnis als Gesamtschuldner, so dass aus § 426 Abs. 1 Satz 1 BGB folgt, dass sie im Verhältnis zueinander zu gleichen Anteilen verpflichtet sind, soweit nicht ein anderes bestimmt ist. Hieraus folgt aber nicht, dass bei unberechtigten Verfügungen eines Ehegatten nur diese Ausgleichsbestimmung in Betracht kommt. Vielmehr können Erstattungsansprüche auch nach den Vorschriften der GOA (§§ 687 Abs. 2, 681 Satz 2, 667 BGB)[318] ebenso wie nach Deliktsrecht (z.B. bei »Kontoplünderung« nach § 823 Abs. 2 BGB i.V.m. § 266 StGB)[319] und schließlich auch schuldrechtliche Ausgleichsansprüche nach den §§ 741, 742, 749 BGB[320] bestehen. Entsprechendes gilt bei unberechtigten Verfügungen eines Ehegatten über ein **Einzelkonto**, bei dem diesem die Verfügungsbefugnis eingeräumt wurde, was sich bereits daraus ergibt, dass bei einem Einzelkonto keine Gesamtschuld zwischen den Ehegatten begründet wird und ein Ausgleichsanspruch nach § 426 Abs. 1 BGB auszuscheiden hat. 131

Auch das sog. »Und-Konto«[321] kann zu einer Ausgleichspflicht nach § 426 Abs. 1 BGB führen, denn auch dieses Konto läuft nicht nur auf den Namen beider Ehegatten, sondern verpflichtet diese auch als Gesamtschuldner. Die Besonderheit des Und-Kontos besteht allerdings darin, dass – anders 132

---

314 BGH, FamRZ 2010, 542 [Ls.].
315 BGH, FamRZ 2013, 281.
316 BGH, FamRZ 2015, 2153 [17].
317 Bei einem »Oder-Konto« ist jeder Kontoinhaber zu Verfügungen über das gesamte (!) auf dem Konto befindliche Guthaben berechtigt (bis in einen etwa gewährten Kontokorrentkredit hinein), freilich mit der Konsequenz einer Ausgleichsverpflichtung, wenn dem zu seinen Gunsten über das Oder-Konto verfügenden Ehegatten mehr zugeflossen ist, als seinem Anteil entspricht.
318 OLG Zweibrücken, FamRZ 2006, 1678.
319 BGH, FamRZ 1988, 476; OLG Düsseldorf, FamRZ 1992, 439.
320 OLG Brandenburg, FamRZ 2011, 114 [55].
321 Die Errichtung eines »Und-Kontos« hat zur Folge, dass die Ehegatten als Kontoinhaber über das Konto **nur gemeinsam** verfügen können, was nicht notwendigerweise mit einem gemeinsamen Gang zur Bank einhergehen muss, in jedem Fall aber eine einvernehmliche Verfügungsentscheidung erforderlich macht. Beim Und-Konto tritt damit das Vertrauen in die Redlichkeit des anderen Kontoinhabers/Ehegatten in den Hintergrund. Es wird ersetzt durch das auf die Bank übertragene Vertrauen, der unterstellt wird, dass

Jüdt

als bei einem Oder-Konto – nicht, wie dies § 428 bestimmt, »jeder die ganze Leistung zu fordern« berechtigt ist, sondern über das die Ehegatten als Kontoinhaber nur gemeinschaftlich verfügen dürfen.

133   Bei einem Gemeinschaftskonto scheidet **während intakter Ehe** ein Ausgleich wegen einer von einem Ehegatten vorgenommenen Verfügung über dieses Konto aus, wenn und soweit die Kontoverfügung dazu diente, die gemeinschaftlichen Bedürfnisse entsprechend der ehelichen Lebensführung zu befriedigen.[322] Der Zweck der Kontoverfügung (»Finanzierung der ehelichen Lebensverhältnisse«) führt zu einer »familienrechtliche Überlagerung« und stellt eine »anderweitige Bestimmung« i.S.v. § 426 Abs. 1 Satz 1 BGB dar.

134   Erstattungsansprüche scheiden bei intakter Ehe auch bei Verfügungen über ein **Einzelkonto** mit Vollmacht für den anderen Ehegatten aus, wenn sie zur Verwirklichung der ehelichen Lebensgemeinschaft eingesetzt werden: Denn räumt ein Ehegatte dem anderen Ehegatten die Verfügungsbefugnis über sein Einzelkonto ein, geschieht dies regelmäßig in der Absicht, diesem Ehegatten dadurch, dass er selbstständig auf das Konto zugreifen darf, die Befriedigung der Bedürfnisse der Familie zu ermöglichen.[323]

135   In diesem Zusammenhang ist die Rechtsprechung des BGH zur »stillschweigend begründeten Bruchteilsgemeinschaft an Forderungen in Bezug auf ein Einzelkonto eines Ehegatten«[324] zu beachten: Nach dieser Rechtsprechung, die allgemeine Anerkennung gefunden hat,[325] können Eheleute jederzeit – auch stillschweigend – eine Bruchteilsberechtigung des Ehegatten, der nicht Kontoinhaber ist, an der Kontoforderung vereinbaren. Eine solche stillschweigende Vereinbarung ist dann anzunehmen, wenn sich im Hinblick auf die eingezahlten Gelder eine gemeinsame Zweckverfolgung der Eheleute feststellen lässt. Dies ist z.B. zu bejahen, wenn zwischen den Ehegatten Einvernehmen darüber besteht, dass die auf einem Einzelkonto angesparten Gelder beiden Ehegatten mit der Folge der Ausgleichungspflicht nach § 430 BGB zugutekommen sollen.

136   Der Grundsatz des ehebedingten Verzichts auf Ausgleich vor Scheitern der Ehe gilt aber nur soweit, wie Verfügungen über das Gemeinschaftskonto der Gestaltung der ehelichen Lebensverhältnisse dienen, also im **Interesse beider Ehegatten** liegen. Befriedigt demgegenüber ein Ehegatte mithilfe des Kontos seine eigenen und nicht von der gemeinsamen Lebensplanung der Ehegatten gedeckten Bedürfnisse, etwa in Zusammenhang mit der anstehenden Trennung der Ehegatten,[326] oder hebt er vom Konto einen hohen Betrag ab, der erkennbar für die Finanzierung der ehelichen Lebensgemeinschaft nicht benötigt wird,[327] steht dem anderen Ehegatten aufgrund seiner Mitberechtigung an dem Konto ein Ausgleichsanspruch nach § 426 Abs. 1 Satz 1 BGB auch dann zu, wenn die Ehe noch nicht gescheitert ist.[328]

137   In solchen Fällen ist die Darlegungs- und Beweislast zu beachten:

Beim **Oder-Konto** hat ein Ehegatte – auch bei Abhebungen während intakter Ehe – nur darzulegen, dass dem anderen Ehegatten durch die Abhebung mehr zugeflossen ist, als seinem (hälftigen) Anteil entspricht. Dieser wiederum hat sodann eine Gestaltung des Innenverhältnisses darzulegen und zu beweisen, die eine andere als die vom Gesetz vermutete hälftige Ausgleichspflicht ergibt.[329]

---

sie nur Auszahlungen vornimmt, denen beide Kontoinhaber zugestimmt haben. Zur Vermeidung einer Schadensersatzverpflichtung (hierzu: BGH, NJW 2018, 2632) hält sich die Bank auch i.a.R. daran.
322 BGH, FamRZ 1990, 370 [5].
323 OLG Bamberg, FamRZ 1991, 1058.
324 BGH, FamRZ 2000, 948; BGH, FamRZ 2002, 1696.
325 OLG Brandenburg, 2011, 114; OLG Bremen, FamRZ 2009, 779; OLG Bremen, FamRZ 2006, 1121; OLG Celle, FamRZ 2008, 1949; OLG Karlsruhe, FamRZ 2003, 607.
326 OLG Bamberg, FamRZ 1991, 1058 (Einzelkonto mit Vollmacht).
327 OLG Zweibrücken, FamRZ 1991, 820.
328 A.A. OLG Düsseldorf, FamRZ 1982, 607 (überhaupt kein Ausgleich während des Zusammenlebens); anders aber: OLG Düsseldorf, FamRZ 1999, 1504.
329 BGH, FamRZ 1990, 370, 371.

Dies gilt umso mehr beim **Einzelkonto**: Der Kontoinhaber muss lediglich darlegen, dass der verfügungsberechtigte Ehegatte über sein Konto verfügt hat. Dieser muss nun den Nachweis führen, dass er mit der Kontoabhebung die eheliche Lebensgemeinschaft finanziert hat. Gelingt ihm dies nicht, weil er sich z.B. mit einer größeren Barabhebung oder Überweisung auf sein eigenes Konto tatsächlich zu Lasten des Kontoinhabers an dessen Konto »bedient« oder sogar das Einzelkonto »geräumt« hat, schuldet er die Erstattung dieses Betrages, nach Ansicht des OLG Zweibrücken[330] unter dem rechtlichen Gesichtspunkt einer angemaßten Eigengeschäftsführung nach §§ 687 Abs. 2, 681 Satz 2, 667 BGB.

Beim **Und-Konto** wird sich hingegen eine solche Sachverhaltsgestaltung eher selten ergeben, weil die Ehegatten über das Konto nur gemeinsam verfügen können, was eine einvernehmliche Verfügungsentscheidung erforderlich macht, damit die Bank eine Überweisungsanweisung überhaupt auszuführen bereit ist. Wurde aber über ein Und-Konto im beiderseitigen Einvernehmen eine Verfügung getroffen, hat der Ehegatte, der sich hinsichtlich dieser Verfügung eines Ausgleichsanspruchs berühmt, eine Gestaltung des Innenverhältnisses darzulegen und zu beweisen, dass ihm trotz einverständlicher Verfügung ein Ausgleichsanspruch zusteht.

Mit der **endgültigen Trennung** der Ehegatten[331] endet auch die Grundlage für die Annahme eines ehebedingten Ausgleichsverzichts, wenn der andere Ehegatte, wie dies i.d.R. der Fall sein dürfte, mit der Verfügung nicht einverstanden war.[332] Dem liegt die Überlegung zugrunde, dass mit der Trennung der Ehegatten das besondere Vertrauensverhältnis, das Grundlage für die Errichtung des Gemeinschaftskontos war,[333] entfallen ist. Zudem ist auch die Geschäftsgrundlage für einstmals getroffene ausdrückliche oder stillschweigende Vereinbarungen, die der Verwirklichung der ehelichen Lebensgemeinschaft gedient haben, weggefallen.[334] Nach Trennung der Eheleute begründet somit ein während des Zusammenlebens auf dem Gemeinschaftskonto etwa entstandener debitorischer Saldo einen Gesamtschuldnerausgleich nach § 426 Abs. 1 Satz 1 BGB. Der Ehegatte, der den Saldo ausgeglichen hat oder von der Bank dazu genötigt wurde, kann von dem anderen Ehegatten den hälftigen Ausgleich verlangen. Und befand sich auf dem Gemeinschaftskonto ein Guthaben, muss der andere Ehegatte der Umwandlung des Oder-Kontos in ein Einzelkonto nur dann zustimmen, wenn ihm der übernehmende Ehegatte die Hälfte des Guthabens auszahlt (§ 430 BGB), ohne dass es entweder entscheidend auf die Herkunft der auf das Konto eingezahlten Gelder noch darauf ankommt, aus welchen Gründen das Gemeinschaftskonto überhaupt errichtet wurde.[335]

138

In seiner Entscheidung v. 22.02.2017[336] hat der BGH die lange und heftig umstrittene Frage bejaht, dass in einem Verfahren auf Aufhebung eines Gemeinschaftskontos nur Einwendungen erhoben werden dürfen, die ihren Grund in dem Gemeinschaftskonto (selbst) haben, dessen Aufhebung begehrt wird. Mit anderen (sog. gemeinschaftsfremden) und im Zweifel nur vorgeschobenen und allein der Verfahrensverzögerung dienenden Einwendungen wegen vermeintlicher oder auch tatsächlich bestehender »Gegenansprüche« z.B. auf Zugewinnausgleich,[337] Trennungsunterhalt,[338] Nutzungsentschädigung für die einem Teilhaber während der Trennung überlassenen Ehewohnung, auf Gesamtschuldnerausgleich oder, so im Fall des BGH, auf »Ansprüche bezogen auf eine weitere Immobilie, die im Miteigentum der Ehegatten stand, auf Zahlungen für einen Sparvertrag

139

---

330 OLG Zweibrücken, FamRZ 2006, 1678; ebenso: OLG Düsseldorf, FamRZ 1992, 439.
331 Vgl. Rdn. 72.
332 OLG Karlsruhe, FamRZ 1990, 629 [LS].
333 OLG Düsseldorf, FamRZ 1999, 1504 [12].
334 BGH, FamRZ 1990, 370 [10].
335 OLG Brandenburg, FamRZ 2008, 2036 [6]; OLG Naumburg, NJW-RR 2007, 1158 [70]; OLG Düsseldorf, FamRZ 1998, 165 [11]; *Jüdt*, FuR 2019, 632, 635.
336 BGH, FuR 2017, 328.
337 OLG Düsseldorf, FamRZ 1999, 156 [LS 2].
338 OLG Hamm, 24.03.2017 – II-3 UF 225/16, juris [LS 3].

und eine Lebensversicherung sowie auf Nutzungsersatz für ein Kraftfahrzeug«,[339] seien die Teilhaber im Aufhebungsverfahren ausgeschlossen.

Begründet hat der BGH seine Ansicht mit § 749 Abs. 1 BGB, wonach das Recht eines Teilhabers, die »jederzeitige« Aufhebung der Gemeinschaft verlangen zu dürfen, nicht durch die Geltendmachung von Gegenrechten, die nicht in der Gemeinschaft wurzeln, beeinträchtigt werden dürfe. Denn »die Zuerkennung eines Zurückbehaltungsrechtes wegen güterrechtlicher oder sonstiger (familienrechtlicher) Ausgleichsforderungen (widerstreite) dem mit § 749 BGB verfolgten Zweck, die jederzeitige Aufhebung der Gemeinschaft zu gewährleisten«.[340] Wolle man demgegenüber noch vor der endgültigen Aufhebung der Bruchteilsgemeinschaft die Geltendmachung von Zurückbehaltungs- und Aufrechnungsrechten mit jedweden Forderungen zulassen, so könne sich die Erlösverteilung unter Umständen über Jahre hinziehen, weshalb Gegenrechte nur insoweit der Ausgleichsforderung entgegenhalten werden dürften, wenn sie gemeinschaftsoriginär seien, also aus dem ursprünglichen und zur Auflösung gestellten Gemeinschaftsverhältnis stammen. Diese Argumentation verfängt somit nicht bei gemeinschaftsimmanenten, also in dem Gemeinschaftsverhältnis wurzelnden Forderungen: Bei solchen Ansprüchen, werden sie in das Aufhebungsverfahren eingeführt, muss eine damit verbundene Verfahrensverzögerung selbst dann hingenommen werden, wenn sich die (streitige) Gegenforderung im Bagatellbereich bewegt.

140 Einen Sonderfall betrifft die Entscheidung des OLG Naumburg v. 24.11.2006,[341] in der es um Einzahlungen eines Ehegatten auf ein Oder-Konto ging, die dieser alleine ab Trennung vorgenommen bzw. veranlasst hatte, während die Ehefrau über das Konto ab diesem Zeitpunkt überhaupt keine Verfügungen mehr traf. Das OLG bejahte gleichwohl einen hälftigen Erstattungsanspruch der (zwischenzeitlich geschiedenen) Ehefrau, und zwar ausgehend von dem auf dem Konto befindlichen End-Gesamtguthaben, also unter Einbeziehung sämtlicher vom Ehemann eingezahlter bzw. auf seine Veranlassung überwiesener Beträge, die teilweise von seinem Arbeitsentgelt herrührten. Den Anspruch der Ehefrau stützte das OLG auf § 430 BGB und sah in dem Umstand, dass das Guthaben erst durch Einzahlung des Ehemannes nach Scheitern der Ehe entstanden war, keine anderweitige Bestimmung im Sinne dieser Vorschrift.

141 Richtiger dürfte es sein, in diesen Fällen eine Ausgleichungspflicht zu verneinen, weil es der »Natur der Sache« entspricht, nach Scheitern der Ehe auf einem Gemeinschaftskonto eingegangene Gelder demjenigen zuzuweisen, aus dessen Herkunft sie stammen. Dies gilt insb. dann, wenn der jeweilige Geldzufluss auf dem Konto nach dem Stichtag des § 1384 BGB stattgefunden hat und das so angesparte Vermögen damit auch keine Berücksichtigung mehr im Zugewinn findet: Spätestens ab diesem Zeitpunkt besteht kein vernünftiger Grund mehr, den anderen Ehegatten an einer Vermögensmehrung teilhaben zu lassen.[342] Schließlich ist dem Ehegatten, der sich des Kontos ab Trennung überhaupt nicht mehr bedient und sich um dieses auch sonst nicht gekümmert hat, das Oder-Konto nur noch formal zugeordnet. Auf eine solche bloß formale Zuordnung lässt sich nach Trennung der Ehegatten eine Ausgleichspflicht nach § 430 BGB ebenso wenig stützen wie im umgekehrten Fall ein Gesamtschuldnerausgleich nicht in Betracht kommt, wenn ein Ehegatte nach Trennung sowie unter Ausschluss des anderen Ehegatten den Kontokorrent eines Oder-Kontos allein für seine eigenen Bedürfnisse einsetzt und, wenn keine weiteren Abhebungen vom Konto mehr möglich sind, § 426 Abs. 1 Satz 1 BGB für einen hälftigen Ausgleich des erschöpften Kontokorrentsaldos deshalb vergeblich bemüht.

---

339 BGH, FuR 2017, 328 [46].
340 Diese Begründung findet sich bereits in der Entscheidung des BGH vom 13.11.2013 (FuR 2014, 231 [23]). Dort hatte der BGH der Ehefrau kein Zurückbehaltungsrecht wegen des ihr zustehenden Zugewinnausgleichs zugesprochen, weil zum einem die Bruchteilsgemeinschaft nicht aufgehoben sei und des Weiteren die Auseinandersetzung nicht durch gemeinschaftsfremde Gegenrechte beeinträchtigt werden dürfe.
341 OLG Naumburg, FamRZ 2007, 1740.
342 BT-Drucks. 16/10798 S. 18 r.Sp.

Über einen weiteren Sonderfall, der Schnittstellen des Gesamtschuldnerausgleichs unter getrennt 142
lebenden Ehegatten bei einer Steuererstattung einerseits und einem Oder-Konto andererseits ebenso berührt und für zwei juristische »Schattenblüher«[343] im Familienrecht, und zwar für den vorzeitigen Zugewinnausgleich nach §§ 1385 ff. BGB und den Arrest sensibilisiert, hatte das OLG Frankfurt in seinem Beschluss v. 27.02.2012[344] zu entscheiden: Die Beteiligten waren getrennt lebende Ehegatten und Inhaber eines Oder-Kontos, auf das eine Steuererstattung in Höhe von ca. 28.000 € überwiesen wurde. Noch am Tage der Gutschrift hatte der Ehemann von diesem Konto 25.900 € auf ein allein auf seinen Namen laufendes Konto überwiesen. Die Ehefrau beantragte daraufhin im Wege eines dinglichen Arrests in das Vermögen des Ehemannes die Sicherung einer Forderung in Höhe von 12.500 € mit der Begründung, die Steuererstattung stehe ihr wegen § 430 BGB zur Hälfte zu. Als Arrestgrund machte sie geltend, dass zu befürchten sei, dass ihr Ehemann das Geld ihrem Zugriff entziehen wolle; schließlich habe er sich davon bereits einen neuen Pkw gekauft. Das FamG wies diesen Antrag zurück. Die hiergegen eingelegte sofortige Beschwerde hielt das OLG Frankfurt zwar nach § 119 Abs. 2 FamFG i.V.m. §§ 922 Abs. 1 Satz 1, 567 ZPO für zulässig,[345] in der Sache aber für unbegründet, weil bereits der Arrestanspruch[346] nicht hinreichend glaubhaft gemacht sei:

Zwar stünde das Guthaben auf einem Oder-Konto den Ehegatten grds. hälftig zu, was einen Ausgleichsanspruch bei eigenmächtigen Verfügungen nach dem Scheitern der Ehe grds. denkbar erscheinen lasse. Bei Oder-Konten von Ehegatten, auf die nach der Trennung weiterhin Gehaltseingänge, Vermögenserträge oder Steuererstattungen flössen, sei regelmäßig jedoch keine hälftige Berechtigung anzunehmen, weil dann meist feststehe, »welche Summen von den einzelnen Kontoberechtigten stammen«. Insb. dann, wenn das Guthaben auf dem Oder-Konto aus einer Steuererstattung resultiere, seien die Grundsätze über die Aufteilung des Steuerguthabens zwischen gemeinsam veranlagten Ehegatten zu beachten, die zu einer abweichenden Bestimmung der Berechtigung am Guthaben auf dem Oder-Konto führen könnten. Denn die Aufteilung dieses Steuererstattungsguthabens habe im Innenverhältnis zwischen den Ehegatten nicht hälftig, sondern grds. unter entsprechender Heranziehung des § 270 AO auf der Grundlage fiktiver getrennter Veranlagung zu erfolgen. Fließe also eine Steuererstattung auf ein Oder-Konto und bestünden Anhaltspunkte für erheblich differierende Steuerzahlungen der Ehegatten, sei die Vermutung der hälftigen Berechtigung der Kontoinhaber so stark erschüttert, dass der Ehegatte, der einen hälftigen Ausgleich geltend mache, zumindest vorzutragen habe, wie die Verteilung im Innenverhältnis nach Maßgabe fiktiver getrennter Veranlagung zu erfolgen hätte. Und Anhaltspunkte für gleich hohe Steuerzahlungen erschienen auch deshalb zweifelhaft, weil die Antragstellerin einen Antrag auf Verfahrenskostenhilfe gestellt habe. Dies lasse es als unwahrscheinlich erscheinen, dass die Antragstellerin Steuern in einer Höhe bezahlt habe, die eine hälftige Teilhabe an der Steuererstattung rechtfertige.[347]

---

343 *Kogel*, FamRB 2013, 365.
344 OLG Frankfurt am Main, FamRZ 2012, 1078.
345 Ebenso: OLG Koblenz, FamRZ 2013, 1602; KG, FF 2013, 419; OLG Celle, FamFR 2013, 207; OLG Oldenburg, FamRZ 2012, 1077; nach a.A. ist demgegenüber gegen die Ablehnung eines beantragten Arrests in einer Familienstreitsache ohne mündliche Verhandlung die Beschwerde nach § 58 FamFG eröffnet: OLG München, FamRZ 2011, 746; OLG Karlsruhe, FamRZ 2011, 234; OLG Hamm, 06.06.2011 – II-8 UF 3/11, 8 UF 3/11, juris; hierbei handelt es sich i.Ü. um keinen bloßen akademischen Streit, weil die Antwort auf den richtigen Rechtsbehelf gegen den Nichterlass eines Arrestes zu völlig unterschiedlichen Kostenansätzen bei den Anwalts- und Gerichtskosten führen kann (eingehend: *Schneider*, FamRZ 2012, 1782).
346 Für die Annahme eines Arrestgrundes kommt es jeweils auf die Umstände des Einzelfalls an: Bei streitigen Ansprüchen aus Zugewinnausgleich, vor allem bei fehlender Anhängigkeit des Scheidungsverfahrens (Stichtag des § 1384 BGB), dürfte ein Arrestgrund in Betracht kommen, wenn die Voraussetzungen für einen vorläufigen Zugewinnausgleich nach §§ 1385 ff. BGB vorliegen, insb. also »Handlungen der in § 1375 Abs. 2 BGB bezeichneten Art zu befürchten sind und dadurch eine erhebliche Gefährdung der Erfüllung der Ausgleichsforderung zu besorgen ist«; zum Arrestgrund bei dinglicher Belastung: KG, FF 2013, 419.
347 OLG Frankfurt am Main, FamRZ 2012, 1078 [4].

Kapitel 8 Unterhalt eingetragener Lebenspartner

Übersicht	Rdn.	Übersicht	Rdn.
A. Einleitung	1	D. Ansprüche nach Aufhebung der Lebenspartnerschaft	22
B. Ansprüche während des Zusammenlebens	9	E. Ansprüche bei Abschluss eines Partnerschaftvertrages	24
C. Ansprüche nach Trennung der Lebenspartner	14	F. Ansprüche auf Unterhalt anlässlich des Todes eines Lebenspartners	38

A. Einleitung

1   Nach Redaktionsschluss der letzten (3.) Auflage dieses Handbuchs trat das »Gesetz zur Einführung des Rechts auf Eheschließung für Personen gleichen Geschlechts«, das sog. Eheöffnungsgesetz[1] in Kraft: Seit dem 01.10.2017 können homosexuelle Paare in Deutschland heiraten. Dieses Gesetz hat auch zur Folge, dass gleichgeschlechtliche Paare nach Art. 3 dieses Gesetzes keine Lebenspartnerschaften mehr begründen, jedoch eine bereits bestehende Lebenspartnerschaft in eine Ehe umwandeln lassen können, nicht jedoch notwendigerweise müssen.

Dies bedeutet aber nicht, dass dieses Kapitel, das sich dem Unterhalt eingetragener Lebenspartnerschaften widmet, entbehrlich geworden ist. Denn die Daten des Statistischen Bundesamts – jedenfalls soweit sie bis zum Redaktionsschluss vorgelegen haben – belegen, dass es nach wie vor noch eine durchaus beachtliche Anzahl eingetragener Lebenspartner gibt, die bislang von einer Umwandlung ihrer Partnerschaft in eine »Homoehe« abgesehen haben.

Dass die Anzahl eingetragener Lebenspartner infolge Inanspruchnahme der Umwandlungsoption nicht stärker – als vielleicht erwartet – zurückgegangen ist, wird dadurch belegt, dass nach den letzten und auf das Jahr 2015 bezogenen statistischen Erhebungen des Statistischen Bundesamtes es rund 44.000 und bis Oktober 2017, als die Umwandlungsmöglichkeit eröffnet wurde, ca. 53.000 eingetragene Lebenspartnerschaften gab. Bis Ende 2018 hatten 21.477 Lebenspartnerschaften von ihrem Recht auf Umwandlung ihrer Partnerschaft in eine Ehe Gebrauch gemacht, so dass anzunehmen ist, dass es Ende 2019 noch rund 20.000 eingetragene Lebenspartnerschaften gab. Hierzu liegen allerdings noch keine neueren belastbaren Zahlen vor.

2   Unterhaltsansprüche zwischen eingetragenen Lebenspartnern haben in der familiengerichtlichen Praxis immer schon ein »Schattendasein« geführt, was sicherlich nicht nur damit zusammenhängt, dass der Anpassungsprozess an das Ehegatten-Unterhaltsrecht, den das LPartG seit seinem Inkrafttreten 2001 sukzessive vollzog und schließlich in die Gleichstellung von Partnerschafts- und Ehegattenunterhalt mündete,[2] die Lebenswirklichkeit des Ehegattenunterhalt nie wirklich erreicht hat und künftig auch bei den in eine Ehe umgewandelten eingetragenen Lebenspartnerschaften nicht erreichen wird.

3   Der Gesetzgeber konzipierte das LPartG noch in dem Bewusstsein, dass Unterhaltspflichten i.d.R. – sieht man einmal von § 1615l BGB ab – nur durch die Ehe begründet werden können. Nur so ist zu verstehen, dass die Gesetzesbegründung[3] bereits in Zusammenhang mit dem in § 12 LPartG a.F.[4] normierten **Trennungsunterhalt** klarstellt, dass »ausgehend von einer anzunehmenden

---

1   BT-Drucks. 19/4670.
2   OLG Köln, VersR 2017, 82 [55].
3   BT-Drucks. 14/3751, S. 41 (l.Sp.).
4   (1) Leben die Lebenspartner getrennt, so kann ein Lebenspartner von dem anderen den nach den Lebensverhältnissen und den Erwerbs- und Vermögensverhältnissen während der Lebenspartnerschaft angemessenen Unterhalt verlangen. Der nichterwerbstätige Lebenspartner kann darauf verwiesen werden, seinen Unterhalt durch eine Erwerbstätigkeit selbst zu verdienen, es sei denn, dass dies von ihm nach seinen persönlichen Verhältnissen unter Berücksichtigung der Dauer der Lebenspartnerschaft und nach den wirtschaftlichen Verhältnissen der Lebenspartner nicht erwartet werden kann.

A. Einleitung

größeren wirtschaftlichen Unabhängigkeit beider Partner bereits in der Phase des Getrenntlebens als gesetzliche Regel die Verpflichtung statuiert (wird), dass grundsätzlich jeder Lebenspartner zur Sicherung des Unterhaltes durch eine eigene Erwerbstätigkeit verpflichtet ist«. Nur im Ausnahmefall zu dieser »gesetzgeberischen Annahme« komme eine Verpflichtung zur Leistung von Barunterhalt in Betracht, wobei § 12 Abs. 2 LPartG a.F.[5] anders als der ausgesprochen privilegiert ausgestaltete Anspruch nach § 1361 BGB sogar eine Versagung, Herabsetzung und/oder Befristung aus Billigkeitsgründen ermögliche.

Eine erste bedeutsame Angleichung an das Ehegatten-Unterhaltsrecht erfuhr § 12 LPartG zum 01.01.2005[6] sowie später zusammen mit dem Inkrafttreten des UÄndG zum 01.01.2008, mit dem das LPartG infolge der Änderungen der §§ 5, 12 und 16 eine weitestgehende Gleichstellung von Unterhaltsansprüchen eingetragener Lebenspartner mit denen von Ehegatten erfahren hat. Heute kann festgestellt werden, dass infolge der in diesen Bestimmungen vorgenommenen Verweisungen auf das Ehegatten-Unterhaltsrecht dieses in gleicher Weise für eingetragene Lebenspartner gilt.

Gleichwohl scheint die rechtliche Angleichung im Unterhaltsrecht nicht bei Gericht angekommen zu sein, denn unter »juris« finden sich lediglich zwei Entscheidungen zum Trennungsunterhalt nach § 12 LPartG.[7]

Die rechtliche Angleichung von Lebenspartnern und Ehegatten im Steuerrecht hat lange auf sich warten lassen: Erst infolge der Entscheidung des BVerfG vom 07.05.2013,[8] mit der die Ungleichbehandlung von Verheirateten und eingetragenen Lebenspartnern in den Vorschriften der §§ 26, 26b, 32a Abs. 5 EStG zum Ehegattensplitting für verfassungswidrig erklärt wurde, sah sich der Gesetzgeber zu einer steuerlichen Gleichstellung von Ehegatten und eingetragenen Lebenspartnern veranlasst.[9] Auch hier zeigt sich die Privilegierung der **eingetragenen** Lebenspartnerschaft ggü. der, die nicht eingetragen ist: Partner einer nichtehelichen verschiedengeschlechtlichen, somit rechtlich nicht institutionalisierten Lebensgemeinschaft haben keinen Anspruch darauf, gem. §§ 2 Abs. 8, 52 Abs. 2a i.V.m. §§ 26 Abs. 1, 26b, 32a Abs. 5 EStG unter Anwendung des Splittingtarifs zusammen zur Einkommensteuer veranlagt zu werden.[10] Für eine weitergehende Ausdehnung des § 2 Abs. 8 EStG auf nichteheliche verschiedengeschlechtliche Lebensgemeinschaften besteht nach dem Wortlaut und der Entstehungsgeschichte dieser Bestimmung kein Raum. Eine Verfassungsbeschwerde wurde erst gar nicht angenommen.[11] Nichts anderes gilt für die Erbschaftssteuer, bei der es verfassungsrechtlich nicht zu beanstanden ist, dass der überlebende Partner einer nichtehelichen Lebensgemeinschaft (erbschaft-) steuerrechtlich nicht wie ein eingetragener Lebenspartner behandelt wird.[12]

Die Tatsache, dass es in Deutschland bis Inkrafttreten des Eheöffnungsgesetzes »nur« ca. 53.000 eingetragene Lebenspartnerschaften gab – die Zahl nicht eingetragener gleichgeschlechtlicher Partnerschaften dürfte doppelt so hoch sein[13] – macht es allein nicht erklärbar, dass sich Lebenspartner in Bezug auf Unterhaltsansprüche nicht zu streiten scheinen. Entscheidend für die Zurückhaltung, die sich Lebenspartner insoweit offensichtlich auferlegen, dürfte vielmehr sein, dass

---

5 (2) Ein Unterhaltsanspruch ist zu versagen, herabzusetzen oder zeitlich zu begrenzen, soweit die Inanspruchnahme des Verpflichteten unbillig wäre. § 1361 Abs. 4 und § 1610a des Bürgerlichen Gesetzbuchs gelten entsprechend.
6 Leben die Lebenspartner getrennt, so kann ein Lebenspartner von dem anderen den nach den Lebensverhältnissen und den Erwerbs- und Vermögensverhältnissen der Lebenspartner angemessenen Unterhalt verlangen. § 1361 des Bürgerlichen Gesetzbuchs und § 16 Abs. 2 gelten entsprechend.
7 OLG Bremen, FamRZ 2003, 1280; OLG Düsseldorf, FamRZ 2006, 335.
8 BVerfG, FamRZ 2013, 1103.
9 Vgl. Rdn. 9 a.E.
10 BFH, FamRZ 2014, 1550.
11 BVerfG, 19.08.2015 – 2 BvR 1910/14.
12 BFH/NV 2017, 39 [LS 1] = 30.08.2016 – II B 100/15.
13 Nach dem aktuellen Mikrozensus zum Thema »Bevölkerung/Lebensformen« waren von insgesamt 112.000 gleichgeschlechtlichen Paaren 53.000 eingetragene Lebenspartnerschaften.

Lebenspartnerschaften von jeher vom **Grundsatz der Eigenverantwortlichkeit** geprägt waren und für die Partner, die überhaupt erstmals 2001 unter den Voraussetzungen des LPartG Unterhaltsansprüche geltend zu machen berechtigt waren, es immer schon selbstverständlich war, dass sie zwar während der Partnerschaft ihre Beiträge zur Befriedigung ihrer wechselseitigen Bedürfnisse je nach vereinbarter Rollenverteilung und Leistungsvermögen leisten, nach Scheitern ihrer Partnerschaft ihren Lebensbedarf aber aus eigenen Mitteln sicherstellen. Hierzu sind Lebenspartner i.d.R. auch in der Lage, weil bei ihnen meist keine bei Ehen mit Kindern vergleichbare Rollenverteilung besteht, was sich möglicherweise vereinzelt dadurch verändern wird, dass das BVerfG[14] das Verbot der Sukzessivadoption durch eingetragene Lebenspartner für verfassungswidrig erklärt hat.[15]

Schließlich wird für die wohl eher ausnahmsweise wechselseitige Inanspruchnahme von Lebenspartnern auf Unterhalt (auch) darin begründet liegen, dass eingetragene Lebenspartner ein überdurchschnittlich hohes formales Bildungsniveau mit entsprechenden Berufsabschlüssen aufweisen[16] und damit zu den »Besserverdienern« gehören: Nach *Eggen*[17] liegen die Erwerbseinkünfte gleichgeschlechtlicher Lebensgemeinschaften deutlich (ca. 2/3) über denen verschiedengeschlechtlicher Paare.

8 Die bei gleichgeschlechtlichen Lebenspartnern bestehende privilegierte Bildungssituation und deren günstigeren erwerbsbezogenen Rahmenbedingungen ggü. (Kinder betreuenden) Ehegatten wirken sich insb. beim **nachpartnerschaftlichen Unterhalt** aus. Hierauf stellt auch die Gesetzesbegründung ab, wenn sie darauf hinweist, dass dieser Unterhalt i.d.R. nicht verlangt werden kann, weil der Grundsatz der Eigenverantwortlichkeit gelte und Tatbestände, die der Annahme der wirtschaftlichen Selbstständigkeit von Lebenspartnern nach Aufhebung ihrer Partnerschaft entgegenstehen könnten, »nur in Ausnahmefällen zu erwarten« seien. Und solche Ausnahmefälle sieht die Gesetzesbegründung[18] im »Unvermögen des Partners, für sich selbst zu sorgen«, bei »Unerreichbarkeit einer angemessenen Erwerbstätigkeit« oder »eine im Einzelfall, insb. im Hinblick auf Alter oder Krankheit gegründete Annahme, dass die Aufnahme einer Erwerbstätigkeit durch den Lebenspartner sich nicht erwarten lässt«. Auch wenn im Zuge des Inkrafttretens des UÄndG die Neufassung des § 16 LPartG auf die §§ 1570 ff. BGB einschränkungslos verweist, so wird in der lebenspartnerschaftlichen Praxis offenbar aus dieser Gleichstellung wenig hergeleitet, sodass wohl die Annahme richtig sein dürfte, dass für Lebenspartner die Leistung von Lebenspartnerschaftsunterhalt (§ 5), da partnerschaftserhaltend, selbstverständlich ist, Trennungsunterhalt (§ 12) eher selten verlangt und nachpartnerschaftlicher Unterhalt nur in absoluten Ausnahmefällen gefordert wird.

Ob dies auch damit zusammenhängt, dass eingetragene Lebenspartner in der Vergangenheit steuerlich benachteiligt wurden, weil sie z.B. bei Unterhaltszahlungen nicht in den Genuss des sog. begrenzten Realsplittings gekommen sind,[19] erscheint eher zweifelhaft. Aber auch diese Ungleichbehandlung, die eingetragene Lebenspartner ggü. Ehegatten bislang erfahren mussten, wurde mit dem

---

14 BVerfG, FamRZ 2013, 521.
15 Bei der »Sukzessivadoption« handelt es sich um die Adoption eines Kindes durch einen Lebenspartner, das bereits von dem anderen Lebenspartner adoptiert wurde. Dies ist nach damals geltender Rechtslage nur bei einem ehelichen Kind möglich gewesen (§ 1742 BGB). Nach dem am 01.01.2009 in Kraft getretenen § 9 Abs. 7 LPartG konnte zwar ein Kind von einem Lebenspartner adoptiert werden. Dies aber dann nicht, wenn es sich hierbei um ein adoptiertes Kind handelt. Das BVerfG hat diese Ungleichbehandlung von Ehe und Lebenspartnerschaft im Adoptionsrecht in seiner Entscheidung vom 19.02.2013 für verfassungswidrig erklärt. Auf diese Entscheidung hatte der Gesetzgeber sodann reagiert und § 9 Abs. 7 LPartG in der Fassung vom 20.06.2014 durch die Einfügung von § 1742 BGB, der die Sukzessivadoption ermöglicht, geändert. Demgegenüber kann, wie der BGH jüngst entschied, eine mit ihrem Partner weder verheiratete noch in einer Lebenspartnerschaft lebende Person dessen Kind nicht annehmen, ohne dass zugleich das Verwandtschaftsverhältnis zwischen ihrem Partner und seinem Kind erlischt (BGH, FamRZ 2017, 626).
16 *Eggen*, ifb-Materialien 1–2009, S. 9.
17 *Eggen*, ifb-Materialien 1–2009, S. 9.
18 BT-Drucks. 14/3751, S. 42 (l.Sp.).
19 Vgl. Einzelheiten zur Gleichstellung eingetragener Lebenspartner mit Ehegatten im Einkommensteuerrecht: *Christ*, FamRB 2013, 257 ff.

Gesetz vom 15.07.2013 zur Änderung des Einkommensteuergesetzes in Umsetzung der Entscheidung des BVerfG[20] beendet,[21] nachdem das BVerfG am 07.05.2013[22] den Ausschluss eingetragener Lebenspartner vom Ehegattensplitting im Einkommensteuerrecht (§§ 26, 26b, 32a Abs. 5 EStG) für nicht verfassungsgemäß erklärt und der BFH ein halbes Jahr zuvor (Beschl. v. 21.12.2012)[23] die Lohnsteuerklassen eingetragener Lebenspartner im Wege der Aufhebung der Vollziehung vorläufig von jeweils I durch die Lohnsteuerklassen III und V ersetzt hat.[24]

B. Ansprüche während des Zusammenlebens

Nach § 5 LPartG, der § 1360 Satz 1 BGB nachgebildet ist, sind die Lebenspartner einander verpflichtet, durch ihre Arbeit und mit ihrem Vermögen die partnerschaftliche Lebensgemeinschaft angemessen zu unterhalten. 9

Da § 1360 Satz 2 und die §§ 1360a, 1360b BGB entsprechend gelten (§ 5 Satz 2 LPartG), ist ein Partner berechtigt, von dem anderen Partner an Unterhalt den Geldbetrag zu fordern, der zur Deckung der Kosten der (gemeinsamen) Haushaltsführung und/oder zur Befriedigung persönlicher laufender (z.B. Beiträge zur Kranken- und Pflegeversicherung[25] bzw. zur Altersvorsorge[26]) oder einmaliger Bedürfnisse (z.B. Kosten einer medizinisch notwendigen und nicht oder nicht vollständig von der Krankenversicherung übernommenen Behandlung[27]) benötigt wird. Auch besteht ein Anspruch auf ein nach § 850 ZPO bedingt pfändbares[28] Taschengeld, wenn das eigene Einkommen nicht ausreicht, um den Taschengeldbedarf zu decken. 10

Und macht ein Partner ausnahmsweise seinen Anspruch beim FamG geltend (vgl. § 269 Abs. 1 Nr. 9 FamFG), folgt aus § 1360a Abs. 4 BGB, dass er gegen den anderen (leistungsfähigen) Partner einen Anspruch auf Verfahrenskostenvorschuss hat, der im Wege der einstweiligen Anordnung nach § 246 Abs. 1 FamFG geltend gemacht werden kann, was allerdings das Ende der Partnerschaft bedeuten dürfte. 11

Diese Ansprüche bestehen jedoch nur so lange, wie die Partner von »Tisch und Bett« noch nicht getrennt leben: Eine ebenso seltsam anmutende wie auch nicht recht nachvollziehbare Konstellation, dass Lebenspartner noch das Bett teilen und der wirtschaftlich stärkere Partner dabei im gleichen Zug den bislang sprudelnden Geldhahn abdreht und dem wirtschaftlich schwächeren Partner keine finanziellen Mittel zum Bestreiten der Haushaltskosten und der persönlichen Bedürfnisse zur Verfügung stellt. 12

Die in der Praxis zu beachtende Schnittstelle zwischen Lebenspartnerschafts- und Trennungsunterhalt liegt zwischen dem noch partnerschaftlichen Zusammenleben, wie dies bisher praktiziert wurde (dann § 5 LPartG), und der auch für einen Dritten erkennbar zutage getretenen Trennung (dann § 12 LPartG), mag die Trennung auch innerhalb der partnerschaftlichen Wohnung vollzogen worden sein. Leben dagegen die Partner nicht in häuslicher Lebensgemeinschaft, was für eine partnerschaftliche Lebensgemeinschaft nach § 2 LPartG auch nicht konstitutiv[29] ist, darf die 13

---

20 Durch § 2 Abs. 8 EStG n.F.: »Die Regelungen dieses Gesetzes zu Ehegatten und Ehen sind auch auf Lebenspartner und Lebenspartnerschaften anzuwenden«.
21 § 2 Abs. 8 EStG ist allerdings **nur** auf alle noch nicht bestandskräftigen Steuerveranlagungen anzuwenden (§ 52 Abs. 2a EStG n.F.: »§ 2 Abs. 8 in der Fassung des Artikels 1 des Gesetzes vom 15. Juli 2013 ist in allen Fällen anzuwenden, in denen die Einkommensteuer noch nicht bestandskräftig festgesetzt ist«).
22 BVerfG, FamRZ 2013, 1103.
23 BFH, FamRB 2013, 114.
24 Zu den Auswirkungen dieser Entscheidung vgl. *Christ*, FamRB 2013, 115.
25 BGH, FamRZ 2004, 370 [26].
26 BGH, FamRZ 2004, 370 [20].
27 OLG Hamm, FamRZ 1987, 1142.
28 BGH, FamRZ 2004, 1784 [3]; für eine restriktive Auslegung des § 850 ZPO: OLG Schleswig, 20.08.2001 – 16 W 130/01, juris.
29 AG Holzminden, FamRZ 2005, 983.

»Trennung« der Partner nicht räumlich verstanden werden. Dann ist die Schnittstelle zwischen Lebenspartnerschafts- und Trennungsunterhalt an der bislang praktizierten Lebensform auszurichten und eine Trennung nur dann anzunehmen, wenn einer der Partner deutlich zum Ausdruck bringt, dass er die Lebenspartnerschaft nicht mehr fortsetzen will, wobei die damit eingenommene innere Distanz zum anderen Partner – wie in § 15 Abs. 5 LPartG formuliert – »erkennbar« werden muss, was bei Ehegatten nicht anders zu beurteilen ist.[30]

C. Ansprüche nach Trennung der Lebenspartner

14   Die Beantwortung der Frage, ob ein Unterhaltsanspruch nach § 5 LPartG (Lebenspartnerschaftsunterhalt) oder ein solcher nach § 12 LPartG (Trennungsunterhalt) geltend gemacht werden muss, kann deshalb von erheblicher verfahrens- wie auch (für den anwaltlichen Vertreter) haftungsrechtlicher Bedeutung sein, weil mangels Identität des Familienunterhalts in Form des Lebenspartnerschaftsunterhalts mit dem Trennungsunterhalt[31] ein (titulierter) Anspruch auf Familienunterhalt mit der Trennung ebenso erlischt[32] wie ein (titulierter) Anspruch auf Trennungsunterhalt mit einer nicht nur vorübergehenden[33] Wiederaufnahme der Partnerschaft.[34]

15   Dies bedeutet gleichzeitig, dass keiner dieser (erloschenen) titulierten Ansprüche wieder auflebt, also weder der Titel auf Trennungsunterhalt nach nicht nur vorübergehender Versöhnung und wiederaufgenommener Partnerschaft[35] infolge späterer erneuter Trennung, aber auch nicht der Anspruch auf Lebenspartnerschaftsunterhalt durch Wiederaufnahme der Partnerschaft nach einer zuvor erfolgten Trennung: In beiden Fällen muss der Familien- oder Trennungsunterhalt erneut geltend gemacht, bemessen und tituliert werden.

16   Das Erlöschen des titulierten Anspruchs kann – wie bei der Vollstreckung aus einem Titel auf Trennungsunterhalt nach Scheidung der Ehe auch[36] – mit dem Vollstreckungsabwehrantrag nach § 767 ZPO geltend gemacht werden.[37]

17   § 12 LPartG verweist zum einen auf § 1609 BGB, sodass die Rangfolge bei eingetragenen Lebenspartnern dieselbe wie bei Ehegatten ist. Zum anderen verweist diese Bestimmung seit dem 01.01.2005 – statt wie bisher nur auf dessen Abs. 4[38] – auf § 1361 BGB insgesamt. Damit werden Lebenspartner den Ehegatten in Bezug auf Trennungsunterhaltsansprüche rechtlich **völlig** gleichgestellt.

18   Hieraus folgt, dass – wie bei § 1361 BGB auch – der Anspruch eines Lebenspartners auf Zahlung von Trennungsunterhalt ausgesprochen privilegiert ist und sich wesentlich »komfortabler« erweist als der nachpartnerschaftliche Unterhaltsanspruch nach § 16 LPartG:
   – Nach Trennung der Partner gilt, dass dem die Haushaltsführung überlassen, also meist nicht oder nur in einem Teilzeitbeschäftigungsverhältnis berufstätigen Partner eine angemessene, meist **»einjährige Schon- oder Übergangsfrist«** zu gewähren sein dürfte,[39] es sei denn,

---

30   KG, FamRZ 2019, 524.
31   Grundlegend: OLG München, FamRZ 1981, 450.
32   OLG München, FamRZ 1981, 451.
33   Unschädlich bei Trennung bis zu 3 Monaten: OLG Hamm, NJW-RR 1986, 554; ebenso: OLG Düsseldorf, FamRZ 1995, 96; »Obergrenze« bei 3 Monaten, jedoch vorbehaltlich besonderer Umstände: OLG Saarbrücken, FamRZ 2010, 469.
34   OLG Düsseldorf, FamRZ 1992, 943 [4].
35   OLG Hamm, FamRZ 2011, 1234 [13].
36   BGH, FamRZ 1988, 370; BGH, FamRZ 1981, 242 [LS 2]; BGH, FamRZ 1980, 1099, 1100.
37   OLG Düsseldorf, FamRZ 1992, 943 [LS 2]; OLG Stuttgart, FamRZ 1982, 1012 [3].
38   »Der laufende Unterhalt ist durch Zahlung einer Geldrente zu gewähren. Die Rente ist monatlich im Voraus zu zahlen. Der Verpflichtete schuldet den vollen Monatsbetrag auch dann, wenn der Berechtigte im Laufe des Monats stirbt«.
39   BGH, FamRZ 2001, 350 [11]; OLG Düsseldorf, FamRZ 2019, 1134 [20]; OLG Hamm, FamRZ 2017, 1306 [29]; OLG Jena, FamRZ 2008, 2205 [57].

die finanziell angespannten Partnerschaftsverhältnisse legen eine Verkürzung dieser beruflichen Orientierungsphase nahe.
- Der Trennungsunterhalt knüpft an **keine besondere Bedürfnislage wie etwa die der §§ 1570 ff. BGB (Kindesbetreuung, Krankheit, Alter)**: Im gerichtlichen Verfahren reicht also der bloße Vortrag aus, dass die Partner getrennt leben, die Lebenspartnerschaft noch nicht aufgehoben wurde und der Mandant bedürftig und dessen Lebenspartner leistungsfähig ist.
- Der Trennungsunterhalt kennt **keinen Einsatzzeitpunkt**, kann also auch nach Ablauf der Trennungszeit (1 Jahr: § 15 Abs. 2 Nr. 1 LPartG) erstmals geltend gemacht werden, ohne dass dies unterhaltsrechtliche Folgen nach sich zieht, wie dies beim nachpartnerschaftlichen Unterhalt der Fall wäre, wenn ein Partner z.B. nach Aufhebung der Lebenspartnerschaft seinen Anspruch auf Krankenunterhalt nach Ablauf von mehr als 1 1/2 Jahren geltend machen würde.[40]
- Der Trennungsunterhalt ist, sieht man einmal von krassen Ausnahmen ab (z.B. bei einem Zusammenleben von nur anderthalb Monaten[41]), weder **befristbar** noch **herabsetzbar** ist, und der Unterhaltsanspruch nach § 12 Abs. 1 LPartG ein längeres Zusammenleben vor der Trennung insb. dann nicht voraussetzt, wenn der unterhaltsverlangende Lebenspartner, der bisher vom anderen Partner unterhalten wurde, aus krankheitsbedingten Gründen dauerhaft nicht erwerbsfähig ist.[42]

Gegen eine entsprechende Anwendung des § 1578b BGB auf den Trennungsunterhalt streitet, dass diese Vorschrift ihrem eindeutigen Wortlaut nach nur auf den nachehelichen bzw. – wegen der in § 16 LPartG vorgenommenen Verweisung – auf den nachpartnerschaftlichen Unterhalt Bezug nimmt und nicht auf den Trennungsunterhalt nach § 1361 BGB bzw. § 12 LPartG verweist.[43] Auch die Begründung zum RegE sieht ausdrücklich von der Anwendung des § 1578b BGB i.R.d. Trennungsunterhalts ab,[44] wie auch schließlich § 1361 BGB selbst in Abs. 3 lediglich § 1579 Nr. 2 bis 8 BGB über die Beschränkung oder Versagung des Unterhalts wegen grober Unbilligkeit für entsprechend anwendbar erklärt, ohne gleichzeitig auch auf § 1578b BGB zu verweisen.[45]

Eine entsprechende Anwendung des § 1578b BGB scheidet auch bei nur kurzem Zusammenleben der Partner, bei langer Trennungsdauer, fehlender Betreuung angenommener Kinder und bei Nichtvorliegen »partnerschaftsbedingter Nachteile« aus. Hierauf weist auch die noch zu § 12 LPartG a.F. ergangene Entscheidung des OLG Bremen[46] hin, das klarstellt, dass der Trennungsunterhalt nicht bereits deshalb entfalle, weil es bereits 3 Monate nach Eintragung der Lebenspartnerschaft zur Trennung gekommen sei und die Partner vor ihrer Trennung auch nicht über einen längeren Zeitraum zusammengelebt hätten. Vielmehr sei es einem leistungsfähigen Partner durchaus zuzumuten, für den Unterhaltsbedarf eines nicht erwerbstätigen Partners nach der Trennung aufzukommen. Dies insb. dann, wenn dieser auch schon während des Zusammenlebens vor Eintragung der Lebenspartnerschaft vom Einkommen des anderen Partners gelebt habe.[47]

Ob der partnerschaftliche Trennungsunterhalt nach § 1579 BGB deshalb verwirkt sein kann, weil der bedürftige Lebenspartner während des Bestehens der Lebenspartnerschaft eine sexuelle Beziehung zu einem Dritten aufgenommen hat, erscheint jedenfalls dann zweifelhaft, wenn man § 2

---

40 OLG Düsseldorf, FamRZ 1998, 1519, 1520; OLG Celle, FamRZ 1997, 1074, 1075; OLG Karlsruhe, FamRZ 2000, 233, 234.
41 So: OLG Hamburg, FamRZ 2002, 753 [LS].
42 OLG Bremen bei dreimonatigem Zusammenleben (FamRZ 2003, 1280 [4]).
43 OLG Brandenburg, FamRZ 2009, 699 [93].
44 BT-Drucks. 16/1830, S. 16.
45 OLG Bremen, FamRZ 2009, 1415.
46 OLG Bremen, FamRZ 2003, 1280.
47 OLG Bremen, FamRZ 2003, 1281.

LPartG dahingehend auslegt, dass zwischen eingetragenen Lebenspartnern weder eine Verpflichtung zur Wohngemeinschaft,[48] aber auch keine solche zur Geschlechtsgemeinschaft besteht,[49] weil die Lebenspartner selbst bestimmen, welche Gestalt ihr gemeinsames Sexualleben annehmen soll. Nach umstrittener Auffassung besteht nicht einmal eine Pflicht zur partnerschaftlichen Treue,[50] mag auch, wie die Gesetzesbegründung zu § 2 LPartG ausführt, eine Verpflichtung zur gegenseitigen Rücksichtnahme bestehen,[51] was eigentlich selbstverständlich sein sollte. Entscheidend dürfte sich das Maß der gegenseitigen Rücksichtnahme an der individuellen Ausgestaltung der partnerschaftlichen Lebensverhältnisse ausrichten: Wenn innerhalb der Partnerschaft einvernehmlich ein freizügiger Umgang in sexueller Hinsicht praktiziert wird, dürfte eine Berufung auf § 1579 BGB, dem wegen § 1361 Abs. 3 BGB auch beim Trennungsunterhalt grds. Bedeutung beizumessen ist, in aller Regel ausscheiden. Und wer sich selbst partnerschaftswidrig verhält, kann vom anderen Teil nicht partnerschaftliche Treue verlangen[52] oder sich im Falle seiner unterhaltsrechtlichen Inanspruchnahme auf Verwirkung berufen.

D. Ansprüche nach Aufhebung der Lebenspartnerschaft

22 Die Globalverweisung, die § 16 LPartG auf das nacheheliche Unterhaltsrecht vornimmt, mag diese im Schrifttum auch für verfehlt angesehen werden,[53] führt zwar zur unterhaltsrechtlichen Gleichstellung des Lebenspartners mit einem Ehegatten, womit auch für ersteren der gesamte Anspruchskatalog der §§ 1570 ff. BGB eröffnet ist. Die Verweisung führt aber gleichzeitig auch dazu, dass der nachpartnerschaftliche Unterhaltsanspruch grds. dem Einwand der Verwirkung (§ 1579 BGB), insb. aber dem der Befristung und Begrenzung nach § 1578b BGB ausgesetzt ist.

23 Hieraus folgt ohne gesonderte Feststellung, ob die zwischen den Lebenspartnern bestehenden Bindungen mit denen von Ehegatten überhaupt vergleichbar sind, dass
— der eingetragene Lebenspartner, der eine neue Lebenspartnerschaft (die wegen Art. 3 Abs. 3 des sog. Eheöffnungsgesetz[54] zwingend keine eingetragene Lebenspartnerschaft sein kann[55]) eingeht, sich nach deren Verfestigung mit dem Einwand des § 1579 Nr. 2 BGB konfrontiert sieht. Auch hier gilt wie bei Ehegatten, dass sich der Unterhaltsberechtigte infolge des Eingehens einer neuen Partnerschaft endgültig aus der partnerschaftlichen Solidarität löst und zu erkennen gibt, dass er diese nicht mehr benötigt.[56] I.Ü. dürfte es gerechtfertigt sein, die »Verfestigungsfrist«, die ohne besondere Umstandsmomente[57] bei nicht mehr als 2 – 3 Jahren,[58] ggf. aber auch

---

48 PWW/*Weinreich*, BGB 12. Aufl. 2017, § 2 LPartG Rn. 2; MünchKomm/*Duden* LPartG 8. Aufl. 2019, § 2 Rn. 3; *Grziwotz*, DNotZ 2001, 280, 290.
49 MünchKomm/*Duden* LPartG § 2 Rn. 4; Staudinger/*Voppel*, § 2 LPartG Rn. 28; HK-LPartG/Bruns/*Kemper* Rn. 16.
50 Zum Streitstand: MünchKomm/*Duden* § 2 Rn. 4.
51 BT-Drucks. 14/3751 S. 36 r.Sp.: »Wie sich aus der Rechtsprechung zu den Parallelvorschriften der §§ 1353, 1618a BGB ergibt, die im Übrigen auch für die Auslegung des § 2 LPartG heranzuziehen (sind), sind die Lebenspartner zur wechselseitigen Unterstützung und Hilfeleistung in allen Lebenslagen verpflichtet. Es kann von den Lebenspartnern nicht nur ein Tun verlangt werden. Sie haben auch gegenseitige Rücksichtnahme zu üben. Die Lebenspartnerschaft ist damit eine gegenseitige Einstehens-und Verantwortungsgemeinschaft«.
52 MünchKomm/*Duden* § 2 Rn. 6.
53 *Grziwotz*, FPR 2010, 191; ders. in Klein, FamVermR, Kap. 6 Rn. 6.
54 BT-Drucks. 19/4670.
55 »Lebenspartnerschaften können ab Inkrafttreten dieses Gesetzes nicht mehr begründet werden«.
56 BGH, MDR 2011, 1356 [20]; ebenso: BGH, FamRZ 2011, 1498 [LS 1].
57 Z.B. größere gemeinsame Investitionen wie der Erwerb eines gemeinsamen Familienheims (BGH, MDR 2011, 1356; OLG Saarbrücken, NJW-RR 2009, 1449); gemeinsame Wohnungsanmietung (OLG Frankfurt, FF 2011, 121); gemeinsames Kind.
58 OLG Düsseldorf, FF 2016, 205 [Os. 6].

schon deutlich früher[59] anzusetzen ist, bei Lebenspartnern eher zu verkürzen, weil diese anders als Ehegatten nicht zur häuslichen Gemeinschaft verpflichtet sind (arg. § 1353 BGB ggü. § 2 LPartG),
- der aufgrund einer zwischen den Lebenspartnern getroffenen Rollenverteilung beruflich benachteiligte Lebenspartner – z.B. wegen eines adoptierten »gemeinsamen« Kindes – zwar etwa entstandene »partnerschaftsbedingte Nachteile« kompensiert verlangen darf, soweit diese Nachteile nicht bereits über einen etwa durchgeführten Versorgungsausgleich (§ 20 LPartG i.V.m. dem VersAusglG) ausgeglichen wurden.[60] Jedoch wird i.a.R. eine bis zur endgültigen Unterhaltsbefristung nach § 1578b BGB teilweise Herabsetzung des Unterhalts geboten erscheinen, wenn und soweit dies der Billigkeit entspricht. Und der Billigkeit entspricht es nicht nur bei Ehegatten, sondern in zumindest gleicher Weise auch bei eingetragenen Lebenspartnern, dass dem unterhaltsberechtigten Lebenspartner nach einer Übergangszeit ein Lebensstandard zugemutet werden darf, der seinem Lebensstandard vor Eingehung der Lebenspartnerschaft entsprach,[61]
- für den vertraglichen Verzicht auf nachpartnerschaftliche Unterhaltsansprüche die Formvorschrift des § 1585c BGB ebenso zu beachten ist wie auch für den Unterhaltsausschluss die gleichen Maßstäbe gelten, die der BGH im Rahmen seiner Ehevertragsrechtsprechung zum Ehegattenunterhalt aufgestellt hat.

E. Ansprüche bei Abschluss eines Partnerschaftvertrages

Bei der Frage der **Wirksamkeit** eines in einem Partnerschaftsvertrag vereinbarten Unterhaltsausschlusses bzw. bei der sich hieran meist anschließenden weiteren Prüfung, ob sich der durch den Partnerschaftsvertrag begünstigte Lebenspartner auf einen vereinbarten Ausschluss von Partnerschaftsunterhalt berufen kann (sog. Ausübungskontrolle), kommt es entscheidend darauf an, welchen Platz der vom Ausschluss erfasste Unterhalt im Rahmen der **Kernbereichspyramide** einnimmt. 24

Nach der Grundsatzentscheidung des BGH vom 11.02.2004[62] ergibt sich hierbei folgende (bildliche) Darstellung des »Kernbereichs-Rankings«: 25

---

59 AG Essen, FamRZ 2009, 1917 (schon nach 1 Jahr); ebenso: AG Ludwigslust, FamFR 2011, 275; OLG Frankfurt am Main, FF 2011, 121 (1 1/4 Jahre); einen nur einjährigen Verfestigungszeitraum ließ auch das OLG Oldenburg (FamFR 2012, 203), das ein »offensichtlich schwerwiegendes Fehlverhalten« i.S.d. Nr. 7 nicht feststellen konnte oder aus beweisrechtlichen Gründen nicht wollte, dann ausreichen, wenn bereits **vor** Trennung der Eheleute regelmäßige Kontakte zu dem späteren Lebenspartner (gemeinsame Treffen, gemeinsamer Kegelurlaub mit Freunden, häufige Telefonate) bestanden, die die Ehefrau letztlich dazu veranlassten, **unmittelbar nach ihrem Auszug aus der ehelichen Wohnung** zu ihrem Partner in dessen Wohnung zu ziehen; im Ergebnis kann auch dies zu einer »Vorverlagerung« des Verfestigungszeitraums führen; in der gerichtlichen Praxis scheinen insb. jüngere Richter/Innen zu einem Verfestigungszeitraum von bloß einem Jahr zu tendieren mit der faktischen und für den Unterhaltsberechtigten unbefriedigenden Folge, dass eingeklagte Trennungsunterhaltsansprüche bei Terminierung nur noch in der Form von Unterhaltsrückständen verlangt werden können und für die Zukunft ihre »Erledigung« gefunden haben.
60 BGH, FamRZ 2018, 1421 [LS 1]; BGH, FamRZ 2014, 1276 [LS 3].
61 BGH, FamRZ 2007, 200 [36]; BGH, FamRZ 2006, 1006 [13]: Übernommen aus der Gesetzesbegründung des UÄndG 1986 (BT-Drucks. 10/2888 S. 19 [l.Sp.]); ebenso: OLG Brandenburg, ZFE 2007, 234, 235; OLG Karlsruhe, FamRZ 2007, 1176, 1177; OLG Koblenz, FamRZ 2007, 833 [LS 2]; OLG Oldenburg, FamRZ 2006, 1842 [32].
62 BGH, FamRZ 2004, 601.

	§ 1570 Abs. 1 BGB Betreuungsunterhalt (bei adoptiertem Kind)		
§ 1571 BGB Altersunterhalt	§ 1572 BGB Krankenunterhalt	§ 1570 Abs. 2 BGB Betreuungsunterhalt	Versorgungsausgleich
§ 1573 Abs. 1 BGB Erwerbslosenunterhalt				
§ 1573 Abs. 2 BGB Aufstockungsunterhalt		§ 1575 BGB Ausbildungsunterhalt	
Zugewinnausgleich			

26 Hiernach wird der – insb. kompensationslose – Verzicht auf Betreuungsunterhalt, der durch die Entscheidung des BVerfG zur Zulässigkeit der Sukzessivadoption durch eingetragene Lebenspartner an Bedeutung gewonnen haben dürfte, als im Ranking an oberster Stelle stehende Scheidungs- bzw. (richtigerweise) Aufhebungsfolge[63] in aller Regel keinen rechtlichen Bestand haben.

27 Die Aussage des BGH, dass der (partnerschaftliche) Betreuungsunterhalt grds. unverzichtbar, jedenfalls (partnerschaftlichen) Vertragsregelungen »am wenigsten zugänglich«[64] sei, bedarf infolge des Inkrafttretens des UÄndG 2008 im »Ranking« allerdings einer Differenzierung, auf die hinzuweisen sich auch der BGH veranlasst sah, ohne allerdings die Kernbereichspyramide neu zu »justieren«.[65]

28 Der **Basisbetreuungsunterhalt** der §§ 16 LPartG, 1570 Abs. 1 Satz 1 BGB mit seiner 3-Jahresgrenze hat »im Hinblick auf seine Ausrichtung am Kindesinteresse«[66] allerhöchste Priorität. Dies bedeutet gleichwohl nicht, dass der Betreuungsunterhalt jeglicher **Modifikation** entzogen wäre: So lassen sich durchaus Fälle denken, in denen die Art des Berufes des unterhaltsbedürftigen Lebenspartners es erlaubt, Kinderbetreuung und Erwerbstätigkeit miteinander zu vereinbaren, ohne dass das in der Partnerschaft betreute (adoptierte) Kind Erziehungseinbußen erleidet, was die Annahme beruflicher Nachteile (= partnerschaftliche Nachteile) ausschließen kann. Auch erscheint eine ganztägige Betreuung durch einen Lebenspartner nicht als unabdingbare Voraussetzung für einen guten Erziehungserfolg, so dass sich die Lebenspartner auch partnerschaftsvertraglich darüber verständigen können, dass ab einem bestimmten Kindesalter Dritte zur Betreuung herangezogen werden, um einen möglichst frühen Wiedereintritt des (erst)betreuenden Lebenspartners in das Berufsleben zu ermöglichen.

29 Der **verlängerte Betreuungsunterhaltsanspruch** nach §§ 16 LPartG, 1570 Abs. 1 Satz 2 BGB, der wegen der Adoptionssituation wohl eher in Betracht kommen dürfte, steht im Ranking unmittelbar hinter dem Basisbetreuungsunterhalt und darf für sich die zweithöchste Priorität in Anspruch nehmen, und zwar noch weit vor den Unterhaltsansprüchen der §§ 1571, 1572 BGB, weil diese nicht dem Kindeswohlinteresse geschuldet sind.

30 Partnerschaftsvertraglich vereinbarte Begrenzungen und Befristungen können sich jedoch dann als zulässig erweisen, wenn sie den partnerschaftsbedingten Nachteilen hinreichend Rechnung tragen **und** mit dem Gebot der (nachwirkenden) partnerschaftlichen Solidarität zu vereinbaren sind. Insoweit wird man an die Rechtsprechung des BGH zu § 1578b BGB anknüpfen können, der allerdings bei der Frage der Befristung des Betreuungsunterhalts allenfalls hilfsweise herangezogen

---

63 Lebenspartnerschaften werden »aufgehoben«, wie dies § 15 LPartG beschreibt.
64 BGH, FamRZ 2013, 195 [19], wobei eine Differenzierung nach Basis- und/oder verlängertem Betreuungsunterhalt nicht erforderlich war, weil eine tatsächliche Betreuungssituation nicht bestand (die Antragstellerin war zum Zeitpunkt der Entscheidung 63 Jahre alt).
65 In seiner Entscheidung vom 02.02.2011, in der es um einen ehevertraglichen Verzicht auf nachehelichen Unterhalt ging, hat der BGH (lediglich) darauf hingewiesen, dass die i.R.d. Ausübungskontrolle anzuordnende Rechtsfolge im Lichte des Unterhaltsrechts und damit auch der zum 01.01.2008 in Kraft getretenen Unterhaltsrechtsreform und deren Änderungen gesehen werden müsse (FamRZ 2011, 1377 [28]).
66 BGH, FamRZ 2004, 601 [40].

werden kann, weil § 1570 BGB insoweit eine Sonderregelung für die Billigkeitsabwägung enthält.[67] Im Übrigen ist die Frage, ob bei fehlenden partnerschaftsbedingten Nachteilen eine aus § 1578b BGB herzuleitende Herabsetzung des Unterhaltsbedarfs nach den partnerschaftlichen Lebensverhältnissen auf den angemessenen Lebensbedarf in Betracht kommt, im Wege einer umfassenden Billigkeitsabwägung zu beantworten.[68] Nach § 16 LPartG i.V.m. § 1578b BGB wird deshalb stets auch eine über die Kompensation partnerschaftsbedingter Nachteile hinausgehende nachpartnerschaftliche Solidarität zu berücksichtigen sein. Maßstab für eine Unterhaltsherabsetzung und/oder -begrenzung ist allein die fortwirkende Solidarität im Lichte des Grundsatzes der dem bedürftigen Partner obliegenden Eigenverantwortung (§§ 16 Satz 1 LPartG, 1569 Satz 1 BGB), wobei die in § 1578b Abs. 1 Satz 3 BGB genannten Umstände Bedeutung für das Ausmaß einer fortwirkenden Verantwortung haben.[69] Deshalb gibt es auch kein für alle Fälle gleiches Maß an nachpartnerschaftlicher Solidarität, so dass das im konkreten Einzelfall geschuldete Ausmaß deshalb auch immer das Ergebnis einer umfassenden Billigkeitsabwägung unter Berücksichtigung aller für die Partnerschaft maßgeblichen Gesichtspunkte ist.[70]

Ist der vereinbarte Unterhaltsverzicht mit der geschuldeten nachpartnerschaftlichen Solidarität nicht zu vereinbaren, bedarf der Unterhaltsausschluss im Wege der **Ausübungskontrolle** ganz oder teilweise einer Anpassung nach §§ 313, 242 BGB. Dies hat zur Folge, dass dem benachteiligten Lebenspartner ein (meist herabgesetzter) Unterhalt zuzusprechen ist, dessen Höhe im Wege der Schätzung nach § 287 ZPO nach der Differenz des Einkommens, das er aus einer seiner Ausbildung entsprechenden kontinuierlich ausgeübten Berufstätigkeit hätte erzielen können, und dem Verdienst bemessen wird, den er aus einer ihm nach dem (einvernehmlich getroffenen) Berufsverzicht noch möglichen und zumutbaren vollen Erwerbstätigkeit erlöst hätte oder doch zumindest hätte erlösen können.[71] Seine Grenze findet ein solcher Anspruch jedenfalls an dem nach den partnerschaftlichen Lebensverhältnissen bemessenen vollen Unterhalt.[72]

31

Außerhalb der §§ 16 LPartG, 1570 – 1572 BGB steht der Unterhalt nach den §§ 1573 ff., der – freilich unter Beachtung der nachpartnerschaftlichen Solidarität, die seit dem 01.03.2013 durch eine verstärkte Anknüpfung an die Ehedauer[73] (= Dauer der Lebenspartnerschaft) an Bedeutung gewonnen haben dürfte[74] – immer schon zeitlich und der Höhe nach begrenzbar war,[75] am ehesten zur Disposition und ist damit wie auch der Zugewinnausgleich[76] einem Ausschluss auch ohne Kompensation am ehesten zugänglich.

32

Da es sich beim **Versorgungsausgleich** auch um Unterhalt i.w.S. handelt, da er als »vorweggenommener Altersunterhalt« zu qualifizieren ist, gilt, dass

33

---

67 BGH, FamRZ 2011, 1377.
68 BGH, FamRZ 2010, 1971.
69 BGH, FamRZ 2009, 1207.
70 KG, FamRZ 2016, 1939 [31] mit eingehender Würdigung der Billigkeitsumstände [32 ff.].
71 So auch zahlreiche BGH-Entscheidungen, die seit der Unterhaltsreform beim nachehelichen Unterhalt gezielt auf das Vorliegen (nicht kompensierter) ehebedingter Nachteile abstellen (BGH, 13.11.2019 – XII ZB 3/19, juris; BGH, FuR 2018, 542).
72 BGH, FamRZ 2004, 601 [60].
73 Altfassung des § 1578b Abs. 1 Satz 2 vom 28.02.2013: »Dabei ist insbesondere zu berücksichtigen, inwieweit durch die Ehe Nachteile im Hinblick auf die Möglichkeit eingetreten sind, für den eigenen Unterhalt zu sorgen.« Neufassung des § 1578b Abs. 1 Satz 2: »Dabei ist insbesondere zu berücksichtigen, inwieweit durch die Ehe Nachteile im Hinblick auf die Möglichkeit eingetreten sind, für den eigenen Unterhalt zu sorgen, oder eine Herabsetzung des Unterhaltsanspruchs unter Berücksichtigung der Dauer der Ehe unbillig wäre«.
74 So etwa *Kemper* (FamRB 2013, 20 [21]), hiergegen allerdings der BGH (FamRZ 2013, 853) mit der Begründung, der Gesetzgeber habe mit der Neufassung von § 1578b BGB der Ehedauer lediglich eine klarstellende Funktion bei der Bestimmung des Maßes der nachehelichen Solidarität beimessen wollen.
75 FormB FA-FamR/*Jüdt*, Kap. 2 Rn. 967 Anm. 14.
76 BGH, FamRZ 2013, 269 [LS]; BGH, FamRZ 2008, 2011 [19]; BGH, FamRZ 2008, 386 [21]; BGH, FamRZ 2007, 1310 [17]; BGH, FamRZ 2005, 1444 [26]; BGH, FamRZ 2004, 601, 608.

– der Versorgungsausgleich zum Kernbereich der Aufhebungsfolgen[77] gehört und von daher einer vertraglichen Abbedingung nur eingeschränkt offensteht. Vereinbarungen von Lebenspartnern über den Versorgungsausgleich müssen deshalb nach denselben Kriterien geprüft werden wie ein vollständiger oder teilweiser Verzicht auf Kranken- oder Altersunterhalt, weshalb auch ein kompensationsloser Totalverzicht unwirksam sein kann,
– bei einem die partnerschaftsbedingten Nachteile nicht oder nicht ausreichend kompensierten Teilverzicht jedenfalls eine Ausübungskontrolle vorzunehmen ist, so etwa, wenn die Lebenspartner sehenden Auges in Kauf genommen haben, dass einer von ihnen, der die Betreuung des adoptierten Kindes übernimmt und hierfür aus dem Erwerbsleben ausscheidet, in nur eingeschränktem Umfang eigene Versorgungsanrechte begründen kann und bei Ausschluss des Versorgungsausgleichs die Gefahr läuft, Defizite bei der künftigen Altersversorgung zu erleiden,
– und in einem solchen Fall eine Ausübungskontrolle vorzunehmen ist, mit der der benachteiligte Lebenspartner die Versorgungsanrechte übertragen erhält, die er ohne Kindesbetreuung und bei Aufrechterhaltung seiner Erwerbstätigkeit hätte erwirtschaften können.[78] Auszugleichen sind somit die konkreten Versorgungsnachteile des benachteiligten Lebenspartners, aber auch nicht mehr.

34 Eine auf diesen Erwägungen im Unterhaltsbereich gestützte Modifikation der Kernbereichspyramide

§§ 16 LPartG, 1570 Abs. 1 Satz 1 BGB – Basisbetreuungsunterhalt			
§§ 16 LPartG, 1570 Abs. 1 Satz 2 BGB – verlängerter Betreuungsunterhalt			
§ 1571 BGB Altersunterhalt	§ 1572 BGB Krankenunterhalt	§ 1578 Abs. 2 BGB Vorsorgeunterhalt[79]	Versorgungsausgleich
§§ 1573 ff. Sonstiger Unterhalt		Zugewinnausgleich	

bedeutet damit für Lebenspartner, dass partnerschaftsvertraglich vor allem der Betreuungsunterhalt als kernbereichsnahe Aufhebungsfolge zu beachten ist. Daneben sollte auch mit einem Versorgungsausgleichsverzicht **partnerschaftsverträglich** umgegangen werden. Dies jedenfalls dann, wenn Lebenspartner sich mit der Absicht tragen, Kinder zu adoptieren und deren Erziehung und Betreuung einem von ihnen zu übertragen. Denn dies kann zu partnerschaftlichen Nachteilen (auch) im Bereich der Altersvorsorge führen, die, wenn der Versorgungsausgleich ausgeschlossen werden soll, es rechtfertigen können, im Rahmen eines Partnerschaftsvertrages vorsorglich Kompensationsregelungen zu treffen.

35 Unausgewogene Vertragsinhalte, die in aller Regel[80] die Wirksamkeitshürde nehmen, sind entweder hinzunehmen – etwa weil sie nur einen kernbereichsfernen Unterhaltstatbestand ausschließen – oder bedürfen der Anpassung an die veränderte Lebenswirklichkeit, die von den Lebenspartnern bei Abschluss des Vertrages nicht als eine mögliche Entwicklung ihrer gemeinsamen Lebensplanung vorhergesehen wurde. Dies aber auch nur dann, wenn die Aufrechterhaltung eines partnerschaftsvertraglich vereinbarten und vom Kernbereich des Partnerschaftsfolgenrechts ausgeschlossenen Unterhaltstatbestandes dazu führen würde, dass ein Lebenspartner hierdurch so benachteiligt wird,

---

77 BGH, FamRZ 2009, 1041 [19]; BGH, FamRZ 2008, 582, 584; BGH, FamRZ 2005, 185, 187.
78 BGH, FamRZ 2013, 195.
79 Seit der Entscheidung des BGH v. 25.05.2005 (FamRZ 2005, 1449) teilt bei der Inhaltskontrolle von Eheverträgen der Kranken- und Altersvorsorgeunterhalt den Rang des Elementarunterhalts, soweit die Unterhaltspflicht ehebedingte Nachteile ausgleichen soll. Damit wurde der Vorsorgeunterhalt aufgewertet, indem er aus dem »Nachrang« herausgenommen und dem jeweiligen Unterhaltstatbestand zugeordnet wird.
80 Die Entscheidung des BGH v. 31.10.2012 (FamRZ 2013, 195) streitet für die Richtigkeit dieser Annahme, weil (auch) diese Entscheidung das Zurückdrängen des Verdikts der Sittenwidrigkeit aufzeigt und von der Ausübungskontrolle verlangt, dass mit ihrer Hilfe ehebedingte Nachteile ausgeglichen werden müssen (*Bergschneider*, FamRZ 2013, 201).

dass dieses Ergebnis mit dem Gebot lebenspartnerschaftlicher Solidarität schlechthin unvereinbar erscheint.[81] Dies ist, wie bei Eheverträgen auch, immer der Fall, wenn die Aufhebung der Lebenspartnerschaft zu einer »evident einseitigen und nach Treu und Glauben nicht hinnehmbaren Lastenverteilung«[82] etwa deshalb käme, weil ein Lebenspartner die im Einvernehmen mit dem anderen Partner getroffene Entscheidung, wegen des (gemeinsam) adoptierten Kindes seine berufliche Tätigkeit aufzugeben, um sich ausschließlich der Familienarbeit und Kindererziehung zu widmen, kompensationslos allein tragen müsste, während der andere Lebenspartner seiner Beschäftigung weiter wie bisher nachgeht und dort z.B. Versorgungsanrechte erwirbt oder mithilfe seines Einkommens Vermögen bildet, an dem der andere Lebenspartner aufgrund des Partnerschaftsvertrages nicht und auch nicht mittelbar über den Partnerschaftsunterhalt partizipiert.[83]

In solchen Fällen wird der Familienrichter diejenige Rechtsfolge anordnen, die den berechtigten Belangen **beider** Lebenspartner in der eingetretenen Situation in ausgewogener Weise Rechnung trägt.[84] Hierbei hat sich der Richter umso stärker an der in § 16 LPartG vorgesehenen Rechtsfolge (volle Verweisung auf das nachpartnerschaftliche Unterhaltsrecht) zu orientieren, je zentraler diese Rechtsfolge im Kernbereich des partnerschaftlichen Unterhaltsrechts angesiedelt ist.[85] In Umsetzung dessen wäre der partnerschaftsvertraglich ausgeschlossene Basisbetreuungsunterhalt (Ranking 1) in vollem und der nach Billigkeit geschuldete verlängerte Betreuungsunterhalt (Ranking 2) in abgeschmolzenem Umfang und gleichzeitig auch zeitlich befristet zuzusprechen wie auch ein etwa vertraglich ausgeschlossener Versorgungsausgleich (Ranking 3) nur insoweit durchzuführen, als der benachteiligte Lebenspartner die Anrechte ausgeglichen erhält, die er ohne Begründung der Lebenspartnerschaft partnerschaftszeitbezogen aus eigenen Kräften hätte erzielen können. Er soll damit unter Abweichung des vertraglich Vereinbarten also so viel erhalten, wie er an Versorgungsanrechten hätte erwerben können, wäre keine Lebenspartnerschaft begründet worden. Und natürlich wird man ihm – wie dies beim Unterhalt des Ehegatten seit Beginn der Befristungsrechtsprechung[86] wie auch später[87] nach Inkrafttreten des UÄndG der Fall ist – auch abverlangen müssen, dass er sich künftig auf den Lebensstandard einrichtet, den er vor Begründung der Lebenspartnerschaft besaß. 36

Ein letzter Hinweis sei der salvatorischen Klausel gewidmet, auf die in Partnerschaftsverträgen trotz ihrer Fragwürdigkeit[88] nicht verzichtet werden sollte, weil für die Beurteilung der Frage, ob ein Partnerschaftsvertrag auch ohne einzelne sittenwidrige und daher nichtige Vertragsbestandteile geschlossen worden wäre, eine in den Vertrag aufgenommene salvatorische Klausel nicht von vornherein unbeachtlich ist.[89] Denn lassen sich ungleiche Verhandlungspositionen nicht feststellen, was der Fall ist, wenn der Partnerschaftsvertrag nicht »unfair«[90] zustande gekommen ist, wird man in aller Regel in Anbetracht des Vorhandenseins einer salvatorischen Klausel gegen die Beurteilung, dass ein teilweise nichtiger Partnerschaftsvertrag auch ohne seine unwirksame(n) Bestimmung(en) geschlossen worden wäre, nichts einzuwenden haben.[91] Dies schon gar nicht, wenn die salvatorische Klausel qualifiziert formuliert und mit ihr detailliert zwischen den einzelnen Aufhebungsfolgen differenziert wird.[92] 37

---

81 BGH, FamRZ 2005, 185, 187.
82 BGH, FamRZ 2011, 1377.
83 BGH, FamRZ 2013, 770 [20].
84 BGH, FamRZ 2006, 1359 [22]; BGH, FamRZ 2011, 1377 [LS]; BGH, FamRZ 2013, 269 [34].
85 BGH, FamRZ 2004, 601 [48].
86 BGH, FamRZ 2006, 1006.
87 BGH, FamRZ 2007, 200; 793; BGH, FamRZ 2007, 1232; BGH, FamRZ 2007, 2049; BGH, FamRZ 2008, 134; die nächsten Befristungsentscheidungen des BGH betreffen § 1578b BGB n.F.
88 BGH, FamRZ 2006, 1097 oder BGH, FamRZ 2008, 2011 einerseits und BGH, FamRZ 2013, 269 andererseits.
89 So bereits angedeutet in FamRZ 2005, 1444, 1447 [30].
90 *Bergschneider*, FamRZ 2013, 273, 274.
91 FamRZ 2013, 269 [31].
92 *Kogel*, FF 2013, 124, 125.

F. Ansprüche auf Unterhalt anlässlich des Todes eines Lebenspartners

38 Das Erbrecht des Lebenspartners wird in § 10 LPartG geregelt, mit dem die erbrechtliche Stellung des überlebenden Lebenspartners dem des überlebenden Ehegatten angeglichen ist: Der überlebende Lebenspartner beerbt – wenn testamentarisch nichts anderes bestimmt wurde und damit als gesetzlicher Erbe – den verstorbenen Lebenspartner neben dessen Verwandten der 1. Ordnung zu 1/4 und neben Verwandten der 2. Ordnung oder neben den Großeltern zu 1/2. Sind weder Erben der 1. und 2. Ordnung noch Großeltern vorhanden, erhält er nach § 10 Abs. 2 Satz 1 LPartG die ganze Erbschaft, ist damit also Alleinerbe.

39 Die Angleichung an das Erbrecht der Ehegatten bedeutet ferner, dass der überlebende Partner die Erhöhung seines gesetzlichen Erbteils um 1/4 nach § 1371 Abs. 1 BGB, auf den § 6 LPartG durch seine Bezugnahme auf die §§ 1364 bis 1390 BGB verweist, verlangen kann. Wurde zwischen den Lebenspartnern hingegen in einem Partnerschaftsvertrag die Gütertrennung vereinbart und sind neben dem Lebenspartner Kinder des Erblassers vorhanden, erben diese und der überlebende Lebenspartner zu gleichen Teilen, wie dies auch für Ehegatten in § 1931 Abs. 4 BGB geregelt ist.

40 **Unterhaltsrechtlich zu beachten** ist die auf den ersten Blick unauffällige Verweisung in § 10 Abs. 3 Satz 2 LPartG auf § 16 LPartG. Denn diese Verweisung kann dazu führen, dass in den in dieser Bestimmung genannten Fällen ein nachpartnerschaftlicher Unterhaltsanspruch gegen den Erben (als Nachlassverbindlichkeit) fortbesteht. Auch dies ist die konsequente Folge der Anpassung des Unterhaltsrechts der eingetragenen Lebenspartner an das Unterhaltsrecht der Ehegatten. Und weil § 16 Satz 2 LPartG ausdrücklich auf § 1586b BGB verweist, bedeutet dies, dass sich der Erbe eines verstorbenen Lebenspartners, dessen Lebenspartnerschaft noch zu Lebzeiten aufgehoben wurde (deshalb § 16 LPartG), sich mit einem Unterhaltsanspruch des überlebenden Lebenspartners konfrontiert sieht, dieser freilich beschränkt auf den Betrag, der dem Pflichtteil entspricht, der dem überlebenden Lebenspartner zugestanden hätte, wäre die Lebenspartnerschaft zuvor nicht aufgehoben worden.

41 Bei dieser »Erschöpfungseinrede« des Erben, deren Anwendung in der Praxis Probleme bereiten kann, ist der Wert des Gesamtnachlasses des verstorbenen Lebenspartners zum Zeitpunkt des Erbfalls[93] maßgebend. Bei der Berechnung des fiktiven Pflichtteils ist § 1586b Abs. 2 BGB[94] zu beachten: Der Pflichtteil richtet sich nur nach § 1931 Abs. 1 und 2 BGB (sog. kleiner Pflichtteil), sodass der Umstand, dass die Partner im gesetzlichen Güterstand der Zugewinngemeinschaft gelebt haben, für die Berechnung des fiktiven Pflichtteils irrelevant ist.[95]

42 Schuldete z.B. der verstorbene Lebenspartner einen titulierten nachpartnerschaftlichen Unterhalt i.H.v. mtl. 1.000 € und wurde dieser aufgrund testamentarischer Verfügung von seiner Mutter beerbt, kann der überlebende und (noch) unterhaltsberechtigte Lebenspartner den Titel auf diese als haftende Alleinerbin nach § 727 ZPO umschreiben lassen,[96] die wiederum bei einem unterstellten Nachlass von 100.000 € erst nach Ablauf von gut 2 Jahren die Beschränkung der Erbenhaftung nach § 1586b Abs. 1 Satz 3 BGB geltend machen kann: Denn bei einem Nachlass von 100.000 € beträgt das (fiktive) gesetzliche Erbe neben Erben der 2. Ordnung 1/2 (§ 1931 Abs. 1 BGB), also 50.000 € und damit der Pflichtteil 25.000 € (= 1/2 des Erbteils). Dem entsprechen – beginnend ab dem Monat, der auf den Sterbemonat folgt – insgesamt 25 Monate an (weiteren) Unterhaltszahlungen.

43 Prozessual wird die Beschränkung der Erbenhaftung richtigerweise mit dem Abänderungs- und nicht mit dem Vollstreckungsabwehrantrag geltend gemacht.[97]

---

93 BGH, FamRZ 2001, 282.
94 »Für die Berechnung des Pflichtteils bleiben Besonderheiten auf Grund des Güterstands, in dem die geschiedenen Ehegatten gelebt haben, außer Betracht«.
95 BGH, FamRZ 2003, 521 [3].
96 BGH, FamRZ 2004, 1546, 1547.
97 OLG Zweibrücken, FamRZ 2007, 1192; offen gelassen: BGH, FamRZ 2004, 1546, 1547.

Kapitel 9 Die Verwirkung, Befristung, Herabsetzung und Verjährung

Übersicht	Rdn.
A. **Herabsetzung und Befristung gem. § 1578b BGB**	1
I. Allgemeines	1
II. Der Tatbestand des § 1578b BGB	7
1. Anwendbarkeit	7
2. Billigkeitsabwägung	12
a) Kinderschutzklausel	14
b) Ehebedingte Nachteile	16
aa) Feststellung und Höhe des ehebedingten Nachteils	17
bb) Dauer der Pflege oder Erziehung eines gemeinschaftlichen Kindes	20
cc) Gestaltung von Haushaltsführung und Erwerbstätigkeit während der Ehe	23
dd) Beispiele für ehebedingte Nachteile	25
ee) Beispiele für keine ehebedingten Nachteile	28
c) Ergänzende Abwägung außerhalb ehebedingter Nachteile	35
aa) Kriterien der Abwägung	36
bb) Dauer der Ehe	37
cc) Weitere Abwägungskriterien	40
III. Die Rechtsfolgen	48
1. Herabsetzung	49
a) Allgemeines	49
b) Angemessener Lebensbedarf	51
2. Zeitliche Begrenzung (Befristung)	54
3. Kombination der Rechtsfolgen	57
4. Einzelfälle	58
a) Altersunterhalt, § 1571 BGB	58
b) Krankenunterhalt, § 1572 BGB	59
c) Aufstockungsunterhalt, § 1573 BGB	60
IV. Verfahrensrecht	61
1. Allgemeines	61
2. Darlegungs- und Beweislast	62
V. Verhältnis zwischen § 1578b BGB und § 1579 BGB	66
VI. Übergangsproblematiken in Abänderungsverfahren	71
1. Zumutbarkeit und Vertrauen nach § 36 Nr. 1 EGZPO	71
2. Abänderung eines Prozessvergleichs	74
3. Verhältnis der Herabsetzung nach § 1578b Abs. 1 BGB und § 1578 Abs. 1 Satz 2, 3 BGB a.F.	75
4. Befristung von Aufstockungsunterhalt nach § 1578b BGB	76

Übersicht	Rdn.
5. Keine Abänderung wegen Neufassung des § 1578b Abs. 1 BGB 2013	77
B. **Beschränkung und Versagung des Unterhalts gem. § 1579 BGB**	77
C. **Beschränkung oder Wegfall der Unterhaltsverpflichtung gem. § 1611 BGB**	78
I. Härtegründe	79
1. Eintritt der Bedürftigkeit durch sittliches Verschulden	80
a) Kindesunterhalt	81
b) Elternunterhalt	85
2. Gröbliche Vernachlässigung der eigenen Unterhaltpflicht ggü. dem Unterhaltsverpflichteten	86
3. Vorsätzliche schwere Verfehlung zum Nachteil des Unterhaltspflichtigen oder seiner nahen Angehörigen	87
a) Allgemeines	87
b) Handlungsformen	88
c) Verschulden	89
d) Nahe Angehörige des Unterhaltsverpflichteten	90
e) Einzelfälle	94
aa) Kindesunterhalt:	94
bb) Elternunterhalt:	99
cc) Unterhalt der Mutter/des Vaters aus Anlass der Geburt:	103
II. Rechtsfolge	104
1. Billigkeitsunterhalt	105
2. Entfallen des Unterhalts bei grober Unbilligkeit	108
3. Keine Ersatzhaftung	109
III. Verzicht/Verzeihung	111
IV. Konkurrenzen	112
V. Ausschluss für den Minderjährigenunterhalt	114
VI. Verfahrensrecht	115
VII. Ausschluss des Forderungsübergangs § 94 SGB XII	117
1. Forderungsübergang	117
2. Ausschluss des Übergangs	118
a) Ausschluss nach § 94 Abs. 1 Satz 2 SBG XII	118
b) Ausschluss wegen unbilliger Härte nach § 94 Abs. 3 Satz 1 Nr. 2 SGB XII	119
aa) Unbillige Härte	120
bb) Abgrenzung zur unbilligen Härte nach § 1611 BGB	122
c) Kein Übergang bei fehlendem Unterhaltsanspruch	124

Kapitel 9 — Die Verwirkung, Befristung, Herabsetzung und Verjährung

D. Verwirkung der Unterhaltsansprüche nach § 242 BGB	125	
I. Allgemeines	125	
II. Geltendmachung rückständigen Unterhalts	130	
III. Verwirkung nicht titulierter Unterhaltsansprüche	134	
1. Das Zeitmoment	135	
2. Das Umstandsmoment...........	139	
a) Schützenswertes Vertrauen	139	
b) Disposition des Unterhaltspflichtigen	140	
IV. Verwirkung titulierter Unterhaltsansprüche	142	
1. Verwirkung titulierter, künftig fällig werdender Unterhaltsansprüche....	142	
a) Künftig fällig werdender Unterhalt	142	
b) Voraussetzungen der Verwirkung	143	
2. Verwirkung titulierter, rückständiger Unterhaltsansprüche..........	148	
V. Besonderheiten bei der Verwirkung von Unterhaltsansprüchen minderjähriger Kinder........................	149	
VI. Verwirkung übergegangener Unterhaltsansprüche.................	151	
VII. Wirkung der Verwirkung.............	152	
E. Die Verjährung von Unterhaltsansprüchen...............	153	
I. Allgemeines......................	153	
II. Nicht titulierte Unterhaltsansprüche...	155	
III. Titulierte Unterhaltsansprüche	158	
1. Künftig fällig werdender Unterhalt..	159	
2. Maßnahmen zur Unterbrechung der Verjährung	160	

A. Herabsetzung und Befristung gem. § 1578b BGB

I. Allgemeines

1 Aus Art. 6 GG ergibt sich eine **fortwirkende Solidarität** der geschiedenen Ehegatten und daraus eine fortbestehende Verantwortung des unterhaltspflichtigen für den unterhaltsberechtigten Ehegatten. § 1578b BGB zeigt die Grenzen des im Laufe der Jahre nach der Scheidung immer schwächer werdenden Bandes der Solidarität im Hinblick auf den Grundsatz der Eigenverantwortung auf. Dieses Prinzip der Eigenverantwortung nach § 1569 BGB führt dazu, dass im konkreten Fall ein Unterhaltsanspruch – unter Wahrung der Belange eines gemeinschaftlichen, vom Berechtigten betreuten Kindes – umso eher beschränkt werden kann, je geringer die ehebedingten, auf der Aufgabenverteilung während der Ehe beruhenden Nachteile sind, die beim unterhaltsberechtigten Ehegatten infolge der Scheidung eintreten.[1]

2 Die Norm ist durch das **Unterhaltsänderungsgesetz 2007** als neue Billigkeitsnorm zur Herabsetzung und Begrenzung von Unterhaltsansprüchen in das BGB eingefügt worden. Während bis 1986 kaum die Möglichkeit bestanden hat, durch Billigkeitserwägungen den Unterhalt zeitlich zu begrenzen oder herabzusetzen, ist erstmals mit der Regelung des § 1573 Abs. 5 BGB a.F. die Möglichkeit geschaffen worden, den Unterhaltsanspruch wegen Erwerbslosigkeit oder Aufstockungsunterhalt aus Billigkeitsgründen zeitlich zu begrenzen. Darüber hinaus wurde mit der Regelung des § 1578 Abs. 1 Satz 2, 3 BGB a.F. die Möglichkeit geschaffen, sämtliche Unterhaltsansprüche auf den angemessenen Lebensbedarf herabzusetzen. Der Zweck der Vorschriften war es, die Eigenverantwortung zu fördern und der Einzelfallgerechtigkeit mehr Raum zu geben.

3 § 1578b BGB verfolgt das Ziel, die Beschränkung von Unterhaltsansprüchen anhand **objektiver Billigkeitsmaßstäbe** und hier insb. anhand des Maßstabs der »ehebedingten Nachteile« zu erleichtern.[2] Zum 01.03.2013 wurde Abs. 1 der Vorschrift geändert. Die Dauer der Ehe ist als Teil des ehebedingten Nachteils entfallen und stattdessen als eigenständiges Abwägungskriterium aufgenommen worden. Zur Begründung führt der Gesetzgeber Folgendes aus:

> »Im materiellen Unterhaltsrecht soll durch die eigenständige Nennung des Tatbestandsmerkmals der Ehedauer als weiterem Billigkeitsmaßstab für die Herabsetzung von Unterhaltsansprüchen in § 1578b BGB klargestellt werden, dass das Fehlen ehebedingter Nachteile nicht »automatisch« eine Beschränkung nachehelichen Unterhalts nach sich zieht.«[3]

---

1 BT-Drucks. 16/1830, S. 17.
2 BT-Drucks. 16/1830, S. 18.
3 BT-Drucks. 17/11885, S. 2.

A. Herabsetzung und Befristung gem. § 1578b BGB　　　Kapitel 9

Der Gesetzgeber stellt in der Gesetzesbegründung fest, dass sowohl der BGH als auch die Instanzgerichte den vorgenannten Automatismus nicht praktizieren. Dennoch hält er eine gesetzliche Klarstellung für geboten.[4] Einen Abänderungsgrund stellt die Neufassung des Gesetzes nicht dar.[5]

Ihr liegen folgende grundsätzliche Erwägungen zugrunde: 4
- Die Leistungen der Ehegatten, die sie aufgrund ihrer vereinbarten (gelebten) Arbeitsteilung in der Ehe erbringen, sind gleichwertig. Es gibt keine unterschiedliche Gewichtung von Berufstätigkeit, Haushaltsarbeit oder Kinderbetreuung und -erziehung.
- Daraus resultiert ein Anspruch auf gleicher Teilhabe am gemeinsam Erwirtschafteten.
- Dieser Anspruch beinhaltet keine Lebensstandardgarantie i.S. einer zeitlich unbegrenzten, in der Höhe nicht abänderbaren Teilhabe nach der Scheidung.

§ 1578b BGB steht im Spannungsverhältnis des Grundsatzes der Eigenverantwortung auf der einen Seite und der fortwirkenden Verantwortung für den Unterhaltsbedürftigen auf der anderen Seite. Die danach für den jeweiligen Einzelfall gebotene Billigkeitsabwägung soll das Spannungsverhältnis gerecht auflösen.[6] Eine Aufarbeitung ehelichen Fehlverhaltens erfolgt i.R.d. Billigkeitsabwägung des § 1578b BGB aber nicht.[7] 5

Gemäß § 1578b BGB muss das Gericht insoweit entscheiden, als dies aufgrund der gegebenen Sachlage und der zuverlässig voraussehbaren Umstände möglich ist. Das gilt insbesondere für eine bereits mögliche Entscheidung über die Herabsetzung nach § 1578b Abs. 1 BGB.[8] Ist aber beispielsweise die Höhe maßgeblicher Renteneinkünfte noch nicht feststellbar, muss über eine Befristung nicht entschieden werden.[9] 6

II. Der Tatbestand des § 1578b BGB

1. Anwendbarkeit

§ 1578b BGB ist grds. für alle **nachehelichen Ehegattenunterhaltsansprüche** anwendbar. Er ist auch bezogen auf den Krankenunterhalt nicht wegen Unbestimmtheit verfassungswidrig.[10] Allerdings kann die Regelung auf einen Unterhaltsanspruch nach **§ 1576 BGB** nicht angewendet werden. Der Unterhalt aus Billigkeitsgründen beinhaltet bereits tatbestandlich eine Billigkeitsabwägung und kann insoweit ohne § 1578b BGB herabgesetzt oder zeitlich begrenzt werden.[11] 7

Ähnliches gilt für den **Betreuungsunterhalt** nach § 1570. Hier kann nach dem Willen des Gesetzgebers eine zeitliche Begrenzung nur in seltenen Ausnahmefällen über § 1578b erfolgen.[12] Der Grund dafür ist die i.R.d. Billigkeitsabwägung nach § 1578b Abs. 1 BGB zu beachtende Kinderschutzklausel. Sie schützt auch im Hinblick auf eine Herabsetzung davor, dass der Betreuungsunterhalt nur so weit abgesenkt wird, dass zwischen dem Lebensstandard des die Kinder betreuenden Ehegatten und demjenigen der Kinder, die ungeschmälert Kindesunterhalt erhalten, kein erheblicher Niveauunterschied besteht. 8

Der BGH geht davon aus, dass Betreuungsunterhalt, der über das **dritte Lebensjahr** des Kindes hinaus geschuldet wird, nicht nach § 1578b BGB zu begrenzen ist. Nach Vollendung des dritten Lebensjahres steht dem betreuenden Elternteil nur noch Betreuungsunterhalt nach Billigkeit zu. Im 9

4　BT-Drucks. 17/11885, S. 6.
5　BGH, FamRZ 2013, 853 Rn. 34.
6　BT-Drucks. 16/1830, S. 19.
7　BGH, FamRZ 2020, 171 Rn. 50; BGH, FamRZ 2013, 1366 Rn. 82; BGH, FamRZ 2010, 2059 = FuR 2011, 100.
8　BGH, FamRZ 2018, 1506 Rn. 27.
9　BGH, FamRZ 2020, 97.
10　BGH, FamRZ 2010, 1414.
11　Kleffmann/Klein/*Klein*, § 1578b Rn. 52.
12　BT-Drucks. 16/1830, S. 19.

Rahmen dieser Billigkeitsabwägung sind bereits alle kind- und elternbezogenen Umstände des Einzelfalles zu berücksichtigen. Wenn sie zu dem Ergebnis führen, dass der Betreuungsunterhalt über die Vollendung des dritten Lebensjahres hinaus wenigstens teilweise fortdauert, können dieselben Gründe nicht zu einer Befristung i.R.d. Billigkeit nach § 1578b führen.[13]

10   Der Befristungseinwand kann auch dem Träger der Sozialhilfe entgegengehalten werden, wenn dieser aus übergegangenem Recht Unterhaltsansprüche des Bedürftigen geltend macht.[14]

11   **Trennungsunterhalt** kann nicht nach § 1578b BGB herabgesetzt oder befristet werden.[15]

2. Billigkeitsabwägung

12   Die Kriterien für die Billigkeitsabwägung ergeben sich aus § 1578b Abs. 1 Satz 2, 3 BGB. Danach ist bei der Billigkeitsabwägung vorrangig zu berücksichtigen, inwieweit durch die Ehe Nachteile im Hinblick auf die Möglichkeit eingetreten sind, für den eigenen Unterhalt zu sorgen. Solche Nachteile können sich vor allem aus der Dauer der Pflege und Erziehung eines gemeinschaftlichen Kindes, aus der Gestaltung von Haushaltsführung oder Erwerbstätigkeit während der Ehe sowie aus der Dauer der Ehe ergeben.[16]

13   Allein die Feststellung, dass keine ehebedingten Nachteile vorliegen, begründet nicht die Herabsetzung oder Begrenzung des Unterhalts.[17] § 1578b BGB beschränkt sich nicht auf die Kompensation ehebedingter Nachteile, sondern berücksichtigt auch eine darüber hinausgehende nacheheliche Solidarität. Auch wenn keine ehebedingten Nachteile feststellbar sind, ist eine Herabsetzung oder Befristung des nachehelichen Unterhalts nur bei Unbilligkeit eines fortdauernden Unterhaltsanspruchs nach den ehelichen Lebensverhältnissen vorzunehmen. Bei der insoweit gebotenen umfassenden Billigkeitsabwägung ist das im Einzelfall gebotene Maß der nachehelichen Solidarität festzulegen. Wesentliche Aspekte hierbei sind neben der Dauer der Ehe insbesondere die in der Ehe gelebte Rollenverteilung wie auch die vom Unterhaltsberechtigten während der Ehe erbrachte Lebensleistung. Bei der Beurteilung der Unbilligkeit einer fortwährenden Unterhaltszahlung sind ferner die wirtschaftlichen Verhältnisse der Parteien von Bedeutung, so dass der Tatrichter in seine Abwägung auch einzubeziehen hat, wie dringend der Unterhaltsberechtigte neben seinen eigenen Einkünften auf den Unterhalt angewiesen ist und in welchem Maße der Unterhaltspflichtige – unter Berücksichtigung weiterer Unterhaltspflichten – durch diese Unterhaltszahlungen belastet wird. In diesem Zusammenhang kann auch eine lange Dauer von Trennungsunterhaltszahlungen bedeutsam sein.[18]

a) Kinderschutzklausel

14   Durch die Kinderschutzklausel scheidet eine Herabsetzung oder Begrenzung des Betreuungsunterhalts aus.[19] Es besteht aber auch die Möglichkeit, dass die Kinder betreuende Unterhaltsberechtigte einen Anspruch auf Alters- (selten), Kranken- oder Aufstockungsunterhalt hat. Sodann gewinnt die Kinderschutzklausel an Bedeutung. Sie ist aber von dem Kriterium eines ehebedingten Nachteils nach § 1578b Abs. 1 Satz 3 BGB zu unterscheiden. Während dort die finanziellen Auswirkungen aus der Vergangenheit beleuchtet werden, dient die Kinderschutzklausel dem aktuellen Schutz des betreuenden Elternteils vor zu großen finanziellen Einschränkungen und einer Überforderung aus der Anwendung des Grundsatzes der Eigenverantwortung und der Betreuung des Kindes im

---

13 BGH, FamRZ 2011, 1209.
14 BGH, FamRZ 2010, 1057.
15 BGH, FamRZ 2011, 875.
16 BGH, FamRZ 2013, 1291 Rn. 18; BGH, FamRZ 2010, 1971.
17 BGH, FamRZ 2011, 188.
18 BGH, FamRZ 2020, 97 Rn. 38.
19 BGH, FamRZ 2011, 1209.

weiteren Sinn. Tatbestandlich wird keine tatsächliche Eigenbetreuung vorausgesetzt, sondern nur die Pflege und Erziehung eines anvertrauten, gemeinschaftlichen Kindes.

Die Bewertung der Kinderschutzklausel kann anhand der Überlegungen zur Herabsetzung eines Betreuungsunterhaltsanspruches erfolgen. Danach setzt eine Herabsetzung des Betreuungsunterhalts auf den angemessenen Lebensbedarf einerseits voraus, dass die notwendige Erziehung und Betreuung gemeinsamer Kinder trotz des abgesenkten Unterhaltsbedarfs sichergestellt und das Kindeswohl auch sonst nicht beeinträchtigt ist, andererseits muss eine fortdauernde Teilhabe des betreuenden Elternteils an den abgeleiteten Lebensverhältnissen während der Ehe unbillig erscheinen.[20] Unter Berücksichtigung dessen kann eine Herabsetzung insb. dann erfolgen, wenn der Unterhalt nach den ehelichen Lebensverhältnissen erheblich über dem angemessenen Lebensbedarf liegt.[21]

b) Ehebedingte Nachteile

Ein ehebedingter Nachteil äußert sich i.d.R. darin, dass der unterhaltsberechtigte Ehegatte nachehelich nicht die Einkünfte erzielt, die er ohne die Ehe und Kinderbetreuung erzielen würde.[22] Dazu genügt es, wenn ein Ehegatte sich entschließt, seinen Arbeitsplatz aufzugeben, um die Haushaltsführung und Kinderbetreuung zu übernehmen. Ob die Aufgabe des Arbeitsplatzes gegen den Willen des Unterhaltspflichtigen erfolgte, ist grundsätzlich nicht von Bedeutung. Wie sich aus dem Wortlaut des Gesetzes ergibt, ist auf die tatsächliche Gestaltung von Kinderbetreuung und Haushaltsführung abzustellen.[23]

aa) Feststellung und Höhe des ehebedingten Nachteils

Um den ehebedingten Nachteil der Höhe nach feststellen zu können, muss das tatsächlich erzielte Einkommen und das Einkommen, das ohne den Nachteil hätte erzielt werden können, festgestellt werden (Differenz zwischen dem angemessenen Lebensbedarf i.S.d. § 1578b Abs. 1 Satz 1 und dem tatsächlich erzielten Einkommen[24]). Einer exakten Feststellung des hypothetisch erzielbaren Einkommens bedarf es nicht.[25] Bei der Feststellung des hypothetischen Einkommens kann entsprechend § 287 ZPO geschätzt werden.[26] Dabei kann auch auf die durchschnittliche Einkommensentwicklung – auf Grundlage des Indexes des statistischen Bundesamtes »Verdienste und Arbeitskosten« – abgestellt werden.[27] Der Nachteil wird nicht hälftig auf beide Ehegatten aufgeteilt; er begrenzt die Möglichkeit der Herabsetzung des Unterhalts vielmehr in voller Höhe.[28] Ehebedingte Vorteile können den Nachteil (ggf. teilweise) ausgleichen.[29]

Wird der ehebedingte Nachteil durch ein hypothetisch im Ausland erzieltes Einkommen bestimmt, muss der Netto-Betrag im Hinblick auf die Kaufkraftunterschiede an das deutsche Preisniveau angepasst werden. Zuvor ist allerdings das Nettoeinkommen auf der Grundlage der im Ausland anfallenden Steuern und Sozialversicherungsbeiträge zu ermitteln.[30]

Soweit das Renteneinkommen zu berücksichtigen ist, ist zu ermitteln, ob durch ein, wegen eines ehebedingten Nachteils nach Scheidung bestehenden geringeren Einkommens, Einbußen bei der Altersrente festzustellen sind.[31]

---

20 BGH, FamRZ 2009, 1124.
21 BGH, FamRZ 2009, 1124; BGH, FamRZ 2009, 770.
22 BGH, FamRZ 2020, 97; BGH, FamRZ 2010, 1971.
23 BGH, FamRZ 2020, 171 Rn. 50.
24 BGH, FamRZ 2014, 1007 Rn. 18.
25 BGH, FamRZ 2013, 864 Rn. 30.
26 BGH, FamRZ 2010, 2059 = FuR 2011, 100.
27 OLG Schleswig, SchlHA 2011, 455.
28 BGH, FamRZ 2016, 1345 Rn. 19.
29 OLG Hamm, NZFam 2017, 29 Rn. 137.
30 BGH, FamRZ 2013, 864 Rn. 32.
31 BGH, FamRZ 2011, 1721.

▶ Praxistipp:

Dem Unterhaltsberechtigten kann ein Nachteil dadurch entstehen, dass er nach Zustellung des Scheidungsantrages, also außerhalb des Versorgungsausgleichs, ehebedingt ein geringeres Einkommen erzielt und dadurch bis zum Renteneintritt geringere Rentenanwartschaften erworben werden. Dieser Nachteil muss soweit möglich durch einen dem Unterhaltsberechtigten zugesprochenen Altersvorsorgeunterhalt ausgeglichen werden.[32] Dieser Aspekt muss vom Unterhaltsberechtigten bereits beim Trennungsunterhalt berücksichtigt werden.

bb) Dauer der Pflege oder Erziehung eines gemeinschaftlichen Kindes

20 Die Pflege und Erziehung eines gemeinschaftlichen Kindes schränkt regelmäßig die Erwerbstätigkeit des betreuenden Ehegatten ein. Je nachdem wie die Ehegatten es handhaben, kann keine Einbuße entstehen, wenn bereits nach Ablauf der Mutterschutzfrist die Arbeit fortgesetzt wird. Sodann erfolgt aber regelmäßig die Betreuung durch einen Dritten. Muss hingegen gar der Arbeitsplatz für die Kinderbetreuung aufgegeben werden, sind spätere Einkommenseinbußen wahrscheinlich. Dabei spielt es keine Rolle, wann das Kind geboren worden ist. Auch die **Betreuung eines vor der Ehe geborenen Kindes** kann während der Ehe durch die gewählte Rollenverteilung Nachteile entstehen lassen.[33]

21 Voraussetzung ist allerdings, dass ein **gemeinschaftliches** Kind betreut wird. Die Aufgabe des Arbeitsplatzes zur Betreuung eines Kindes, bspw. aus einer vorhergehenden Ehe, erfüllt den Tatbestand nicht.

22 Für das Bestehen ehebedingter Nachteile kommt es nicht darauf an, dass die Gestaltung der Kinderbetreuung in der Ehe einvernehmlich erfolgt ist.[34] Zu berücksichtigen ist der **tatsächlich gelebte Zustand**.

cc) Gestaltung von Haushaltsführung und Erwerbstätigkeit während der Ehe

23 Hierdurch führt die Hausfrauen-/Hausmannehe auch ohne Kinderbetreuung zu einem ehebedingten Nachteil. Entscheiden sich die Ehegatten, dass einer zu Hause bleibt oder seine Erwerbstätigkeit reduziert, um den Haushalt zu führen, entstehen regelmäßig Einkommenseinbußen, die sich auch nach der Scheidung noch auswirken können. Gleiches gilt bei einem ehebedingt nachteiligen Wechsel des Arbeitsplatzes.[35]

24 Für das Bestehen ehebedingter Nachteile kommt es nicht darauf an, dass die Gestaltung von Haushaltsführung und Erwerbstätigkeit in der Ehe einvernehmlich erfolgt ist.[36] Es kommt auf den tatsächlich gelebten Zustand an.[37]

dd) Beispiele für ehebedingte Nachteile

25 Beim Krankenunterhalt nach § 1572 BGB kann sich ein ehebedingter Nachteil aus der Aufgabe der Erwerbstätigkeit wegen Kindererziehung und Haushaltstätigkeit während der Ehe ergeben, wenn deswegen die Voraussetzungen für eine Rente wegen voller **Erwerbsminderung** nicht erfüllt sind (vgl. § 43 Abs. 2 Nr. 2 SGB VI).[38]

---

32 BGH, FamRZ 2018, 1421; BGH, FamRZ 2014, 1276 Rn. 47; BGH, FamRZ 2014, 823; BGH, FamRZ 2013, 109 Rn. 51.
33 OLG Karlsruhe, FamRZ 2011, 818.
34 BGH, FamRZ 2011, 152.
35 BGH, FamRZ 2013, 935.
36 BGH, FamRZ 2020, 171 Rn. 51; BGH, FamRZ 2011, 152.
37 BGH, FamRZ 2013, 1366 Rn. 82.
38 BGH, FamRR 2020, 97 Rn. 42; BGH, FamRZ 2011, 713.

Ein ehebedingter Nachteil kann darin bestehen, dass nach hypothetischer Betrachtung, bei fort- 26
schreitender Betriebszugehörigkeit oder mit zunehmender Berufserfahrung eintretende **übliche
Gehaltssteigerungen** durch die Gestaltung von Haushaltsführung und Kindererziehung in der Ehe
ausgeblieben sind.[39]

Die Aufgabe des Arbeitsplatzes zum Zwecke der Übernahme von Kindererziehung und Haushalts- 27
führung stellt einen ehebedingten Nachteil dar. Dies gilt nur ausnahmsweise dann nicht, wenn
der Verlust des Arbeitsplatzes ausschließlich auf Gründen beruht, die außerhalb der Gestaltung
der Verhältnisse in der Ehe liegen.[40] Dementsprechend führt auch die Nichtaufnahme einer beruflichen Tätigkeit nach **Abschluss eines Studiums** infolge der Eheschließung und Übernahme der
Haushaltsführung zu einem ehebedingten Nachteil.[41] Gleiches gilt, wenn der Unterhaltsberechtigte
ehebedingt seinen Arbeitsplatz wechseln muss und dadurch Nachteile erleidet.[42] Bspw. begründet
die umzugsbedingte Aufgabe einer **Anstellung als Beamter** einen ehebedingten Nachteil, wenn der
Umzug dem beruflichen Fortkommen des anderen Ehegatten gedient hat.[43]

ee) Beispiele für keine ehebedingten Nachteile

Der **Wegfall eines Unterhaltsanspruchs** aus einer vorangegangenen Ehe stellt keinen ehebedingten 28
Nachteil i.S.d. § 1578b Abs. 1 Satz 2, 3 BGB dar. Der Wegfall beruht auf einer zwingenden gesetzlichen Regelung. Er tritt daher unmittelbar aufgrund der Eheschließung ein und beruht nicht auf
der Rollenverteilung in der Ehe.[44]

Die **Erkrankung während der Ehe** stellt regelmäßig keinen ehebedingten Nachteil dar. Dies gilt 29
auch dann, wenn die psychische Erkrankung des Unterhaltsberechtigten durch die Ehekrise und
Trennung ausgelöst worden ist;[45] erst recht aber, wenn der Auslöser gänzlich außerhalb des ehelichen Zusammenlebens liegt.[46] Ehebedingte Nachteile i.S.d. § 1578b BGB müssen insb. durch die
Pflege und Erziehung eines gemeinsamen Kindes oder durch die Gestaltung von Haushaltsführung
und Erwerbstätigkeit entstanden sein. Daraus wird deutlich, dass unter ehebedingten Nachteilen
vornehmlich solche Einbußen zu verstehen sind, die sich aus der Rollenverteilung ergeben, nicht
aber aus sonstigen persönlichen Umständen, die etwa mit dem Scheitern der Ehe zusammenhängen.[47] Allerdings kann ein ehebedingter Nachteil dann vorliegen, wenn der Unterhaltsberechtigte
wegen der Gestaltung der Haushaltsführung und Kinderbetreuung nicht in der Lage gewesen ist,
mangels Erwerbstätigkeit ausreichende Anwartschaften für eine Erwerbsunfähigkeitsrente zu erwirtschaften[48] oder aufgrund dessen eine geringere Erwerbsunfähigkeitsrente erhält. In einer ergänzenden Überlegung sind allerdings sodann die durch den Versorgungsausgleich erzielten zusätzlichen Versorgungsanwartschaften zu ermitteln. Durch sie werden die Interessen in Bezug auf
die Versorgungsanwartschaften grds. gewahrt.[49] Etwas anderes gilt wiederum, wenn der Erwerb
geringerer Versorgungsanwartschaften selbst der Nachteil ist – bspw. wegen entsprechender Einschränkungen durch den Bezug einer Erwerbsminderungsrente.[50]

Der **Erwerb geringerer Rentenanwartschaften** durch ein ehebedingt geringeres Einkommen ist 30
soweit möglich durch Altersvorsorgeunterhalt auszugleichen.[51] Geringere Anwartschaften während

---

39 BGH, FamRZ 2010, 2059 = FuR 2011, 100.
40 BGH, FamRZ 2011, 152.
41 OLG Celle, FamRZ 2010, 1673.
42 BGH, FamRZ 2013, 935; BGH, FamRZ 2014, 1007 Rn. 21.
43 OLG Stuttgart, FamRZ 2011, 906.
44 BGH, FamRZ 2012, 197.
45 BGH, FamRZ 2013, 1291 Rn. 20.
46 OLG Hamm, FamRZ 2016, 64 Rn. 17.
47 BGH, FamRZ 2010, 1414; BGH, FamRZ 2009, 406.
48 BGH, FamRZ 2013, 1291 Rn. 22; BGH, FamRZ 2011, 152.
49 BGH, FamRZ 2010, 1057; BGH, FamRZ 2009, 406.
50 OLG Celle, NJW 2016, 2194 Rn. 34.
51 BGH, FamRZ 2018, 1421.

der Ehe belasten grds. durch den Versorgungsausgleich beide Ehegatten gleichmäßig. Sie stellen keinen ehebedingten Nachteil dar, der über § 1578b BGB auszugleichen wäre. Insoweit werden erlittene Nachteile umfassend im Versorgungsausgleich kompensiert.[52]

31 Ausnahmsweise kommt die Annahme eines ehebedingten Nachteils in Betracht, wenn
– der Unterhaltspflichtige nur für eine kurze Zeit der Ehe Anwartschaften erworben hat[53] oder
– der Berechtigte allein aufgrund des Versorgungsausgleichs noch nicht die Voraussetzungen für eine Erwerbsminderungsrente erfüllt, während dies ohne Berufspause der Fall gewesen wäre.[54]

32 Das **voreheliche Zusammenleben** ist grds. kein zu berücksichtigendes Billigkeitskriterium. Aus dieser Zeit kann kein ehebedingter Nachteil resultieren. Außerdem kann das voreheliche Zusammenleben ohne Weiteres kein erhöhtes Maß an nachehelicher Solidarität begründen.[55] Darüber hinaus stellt auch die während der Ehe erfolgte Auszahlung einer vor der Ehe erworbenen Versorgungsanwartschaft keinen ehebedingten Nachteil dar.[56]

33 Erreicht der Unterhaltsberechtigte durch die Befristung gem. § 1578b Abs. 2 BGB nicht mehr den Einsatzzeitpunkt für einen späteren Anspruch auf Altersunterhalt nach § 1571 Nr. 3 BGB, entsteht auch dadurch kein ehebedingter Nachteil. Das **Verpassen des Einsatzzeitpunkts** stellt keinen relevanten Grund für ein Unterlassen einer Befristung dar.[57]

34 Der Wegfall eines nur durch die Ehe erlangten **höheren Lebensstandards** stellt ebenfalls keinen ehebedingten Nachteil dar.[58]

c) Ergänzende Abwägung außerhalb ehebedingter Nachteile

35 Auch wenn keine ehebedingten Nachteile vorliegen, ist eine Herabsetzung oder zeitliche Begrenzung des nachehelichen Unterhalts nur bei Unbilligkeit eines fortdauernden Unterhaltsanspruchs nach den ehelichen Lebensverhältnissen begründet.[59] Der Gesetzgeber hat durch das Wort »insbesondere« deutlich gemacht, dass in der Billigkeitsabwägung auch Umstände zu berücksichtigen sind, die keinen ehebedingten Nachteil darstellen. Sind solche Nachteile nicht zu kompensieren, ist Billigkeitsmaßstab für die Herabsetzung oder zeitliche Begrenzung des Unterhalts allein die fortwirkende Solidarität im Licht des Grundsatzes der Eigenverantwortung.[60] Diese Umstände sind auch beim Aufstockungsunterhalt zu berücksichtigen.[61]

aa) Kriterien der Abwägung

36 Die Kriterien können vorrangig erneut dem § 1578b Abs. 1 Satz 2, 3 BGB entnommen werden.[62] In den Mittelpunkt rückt die Dauer der Ehe, auf der eine wirtschaftliche Verflechtung der Ehegatten insb. wegen der Aufgabe des Berufs und der Übernahme der Kinderbetreuung beruhen kann.[63] Daneben ist alles zu würdigen, was die Ehe besonders geprägt hat und einen gewissen unterhaltsrechtlichen Bezug aufweist.

---

52 BGH, FamRZ 2018, 1421; BGH, FamRZ 2013, 1291 Rn. 22; BGH, FamRZ 2011, 1721; BGH, FamRZ 2008, 1325; BGH, FamRZ 2008, 1508.
53 BGH, FamRZ 2011, 1381; BGH, FamRZ 2010, 1633.
54 BGH, FamRZ 2011, 1381; BGH, FamRZ 2011, 713.
55 BGH, FamRZ 2010, 1238.
56 BGH, FamRZ 2014, 1276 Rn. 34.
57 BGH, FamRZ 2010, 1238.
58 BGH, FamRZ 2010, 869.
59 BGH, FamRZ 2020, 97; BGH, FamRZ 2011, 875.
60 BT-Drucks. 16/1830, S. 17.
61 BGH, FamRZ 2011, 1851.
62 BGH, FamRZ 2010, 1414.
63 BGH, FamRZ 2010, 1971; BGH, FamRZ 2010, 1637.

bb) Dauer der Ehe

Zum 01.03.2013 wurde § 1578b Abs. 1 BGB geändert. Die Dauer der Ehe ist als Teil des ehebedingten Nachteils entfallen und stattdessen als eigenständiges Abwägungskriterium aufgenommen worden.[64] Für die Ehedauer ist auf die Zeit von der Eheschließung bis zur Zustellung des Scheidungsantrages abzustellen.[65] Sie stellt ein (widerlegbares) Indiz für die zunehmende Verflechtung der wirtschaftlichen Verhältnisse der Ehegatten dar.[66] Mit zunehmender Dauer kann ein Abhängigkeitsverhältnis des Ehegatten entstehen, aus dem er nach Scheidung finanziell schlechter gestellt herausgeht.

Von Gewicht und Bedeutung ist nicht die Zahl der Ehejahre. So sind auch mehr als 30 Ehejahre für sich allein genommen nicht als ausreichender Grund für einen unbegrenzten Unterhaltsanspruch angenommen worden.[67] Abzustellen ist vielmehr auf die wirtschaftliche Verflechtung. Beruht die wirtschaftliche Verflechtung, also die wirtschaftliche Abhängigkeit des Unterhaltsberechtigten vom Unterhaltspflichtigen auf der Betreuung gemeinsamer Kinder oder der Haushaltsführung in der Ehe, begründet dieser Umstand ein maßgebliches Kriterium gegen die Unbilligkeit eines dauerhaften Unterhaltsanspruches.

Beruht die wirtschaftliche Verflechtung dagegen auf einer schicksalhaften Entwicklung, muss der Unterhaltspflichtige dies nicht ohne Weiteres unbegrenzt mittragen.[68]

cc) Weitere Abwägungskriterien

Zu berücksichtigen sind auch Nachteile, die der Unterhaltsberechtigte erlebt, ohne dass sie auf der Ehe beruhen. Beispielhaft werden im RegE eine (nicht ehebedingte) **Erkrankung** oder das **Scheitern einer Erwerbstätigkeit** aufgrund der aktuellen Arbeitsmarktlage bei Scheidung genannt.

Auch eine (Mit-)Verantwortung des Unterhaltspflichtigen für die Erkrankung des Unterhaltsberechtigten kann bei der Abwägung berücksichtigt werden. Allerdings ist dabei Zurückhaltung geboten. Da keine Aufarbeitung ehelichen Fehlverhaltens i.R.d. Billigkeitsabwägung erfolgen soll,[69] wird ein zur Ehekrise oder Trennung führendes Verhalten des Unterhaltspflichtigen in den meisten Fällen kein zusätzliches Maß an nachehelicher Solidarität ggü. einem in Zusammenhang mit dem Scheitern der Ehe psychisch belasteten Ehegatten begründen können.[70]

Es können aber auch Belange mit einfließen, die die jetzige **Leistungsfähigkeit des Unterhaltsverpflichteten** betreffen, bspw. die Unterstützung der Ehefrau während der Ehe für eine Berufsausbildung des Ehemanns (Stichwort: Lebensleistung).[71] Darüber hinaus ein zwischenzeitlich geringerer Unterhaltsanspruch wegen Arbeitslosigkeit des Unterhaltsschuldners oder eine verspätete Offenbarung der Aufnahme einer besser bezahlten, den Unterhaltsanspruch erhöhenden Erwerbstätigkeit.[72]

Auch die **Zahlung von Trennungsunterhalt** ist zu berücksichtigen.[73] Dabei können Dauer und Höhe sich sowohl verkürzend als auch verlängernd auswirken. Verlängernd etwa dann, wenn nur sehr wenig Trennungsunterhalt oder nicht die gesamte Zeit der Trennung trotz Bedürftigkeit gezahlt worden ist.

---

64 BT-Drucks. 17/11885, S. 2.
65 BGH, FamRZ 2009, 406.
66 BGH, FamRZ 2009, 406; BGH, 2008, 1325.
67 BGH, FamRZ 2013, 856 Rn. 37.
68 BGH, FamRZ 2013, 1291 Rn. 27.
69 BT-Drucks. 16/1830, S. 19.
70 BGH, FamRZ 2013, 1291 Rn. 21.
71 BGH, FamRZ 2013, 1291 Rn. 24, 28.
72 BGH, FamRZ 2011, 1851.
73 BGH, FamRZ 2011, 875.

44 Ferner können besonders günstige **finanzielle Verhältnisse** aufseiten des Unterhaltspflichtigen, bei eher weniger guten aufseiten des Unterhaltsberechtigten entsprechend bewertet werden.[74] Andererseits ist es zu berücksichtigen, wenn der Vermögensstamm zur Zahlung des Unterhalts nach § 1577 Abs. 3 BGB heranzuziehen ist.[75]

45 Darüber hinaus ist in einem Abänderungsverfahren bei der Billigkeitsabwägung nach § 1578b BGB auch zugrunde zu legen, dass der Unterhaltsanspruch bereits (unbegrenzt) tituliert gewesen ist. Durch die Titulierung oder vertragliche Vereinbarung des Unterhaltsanspruchs entsteht regelmäßig ein **schützenswertes Vertrauen**, das entsprechend beachtlich ist.[76]

46 Berücksichtigungsfähig ist auch der Umstand, dass der Unterhaltspflichtige bereits dem gemeinsamen Kind Betreuungs- und Barunterhalt leistet.[77]

47 Zu den abwägungserheblichen Tatsachen gehört schließlich auch die Möglichkeit des Unterhaltspflichtigen, über § 33 Abs. 3 VersAusglG im Fall einer Unterhaltsverpflichtung einen ungekürzten Rentenanspruch geltend machen zu können.[78]

III. Die Rechtsfolgen

48 Herabsetzung und Begrenzung kommen grds. auch dann in Betracht, wenn ein ehebedingter Nachteil festgestellt worden ist. Dieser Nachteil ist allerdings entsprechend gewichtig zu würdigen.[79] Diese besondere Würdigung führt dazu, dass eine Begrenzung sodann nur bei außergewöhnlichen Umständen möglich ist.[80]

1. Herabsetzung

a) Allgemeines

49 Der Unterhaltsanspruch ist nach § 1578b Abs. 1 Satz 1 BGB herabzusetzen, wenn eine an den ehelichen Lebensverhältnissen orientierte Bemessung des Unterhaltsanspruchs auch unter Wahrung der Belange eines dem Berechtigten zur Erziehung oder Pflege anvertrauten gemeinschaftlichen Kindes unbillig wäre. Die Herabsetzung führt nach Durchführung der Billigkeitsabwägung des § 1578b Abs. 1 Satz 2, 3 BGB zu einer Reduzierung des Unterhaltsanspruchs. Es ist dabei zunächst festzustellen, wie hoch der Unterhaltsanspruch nach den ehelichen Lebensverhältnissen, also unter Berücksichtigung des Bedarfs des Unterhaltsberechtigten und der Leistungsfähigkeit des Unterhaltsverpflichteten, ist. Sodann kann dieser Unterhaltsanspruch nach Billigkeit gekürzt werden. Die untere Grenze der Kürzung ist der angemessene Lebensbedarf.

50 Ohne Belang sind bei der Herabsetzung die besseren Verhältnisse des anderen Ehegatten.[81] Sie sind ggf. bei der Billigkeitsabwägung zu würdigen.

b) Angemessener Lebensbedarf

51 Eine Herabsetzung kommt nur auf den angemessenen Lebensbedarf in Betracht. Der angemessene Lebensbedarf bestimmt sich nach dem Einkommen, das der Unterhaltsberechtigte ohne Ehe und Kindererziehung hätte erzielen können, einschließlich eines etwaigen Altersvorsorgebedarfs.[82] Bei

---

74 BGH, FamRZ 2010, 1637.
75 BGH, FamRZ 2012, 517 Rn. 64.
76 BGH, FamRZ 2010, 1414.
77 BGH, FamRZ 2010, 1057.
78 OLG Nürnberg, 11.01.2012 – 7 UF 747/11, WKRS 2012, 10159.
79 BGH, FamRZ 2011, 713.
80 BGH, FamRZ 2011, 192; BGH, FamRZ 2011, 152.
81 BGH, FamRZ 2011, 192.
82 BGH, FamRZ 2020, 97 Rn 39; BGH, FamRZ 2013, 109.

A. Herabsetzung und Befristung gem. § 1578b BGB   Kapitel 9

der hypothetischen Betrachtung ist auf die konkrete Situation abzustellen, d.h. im Fall einer aktuell bestehenden Erwerbsminderung auf das insoweit mögliche Einkommen.[83]

Die **Untergrenze** des angemessenen Lebensbedarfs stellt das sozialrechtliche Existenzminimum (Stand März 2020: 784 €) dar.[84] Der aus den unterhaltsrechtlichen Leitlinien der OLG oder der Düsseldorfer Tabelle zu entnehmende angemessene Selbstbehalt stellt keine beachtenswerte Bezugsgröße dar.[85] Ebenso wenig kann bei Erwerbstätigen auf das steuerliche Existenzminimum abgestellt werden. 52

Eine Herabsetzung kann bereits zum vollständigen Wegfall des Unterhaltsanspruchs führen, ohne dass es sodann einer Begrenzung bedarf.[86] 53

2. Zeitliche Begrenzung (Befristung)

Die zeitliche Begrenzung nach § 1578b Abs. 2 BGB wird in der Praxis häufig als Befristung des Unterhaltsanspruchs bezeichnet. Grds. besteht der Unterhaltsanspruch bei entsprechender Bedürftigkeit und Leistungsfähigkeit zeitlich unbegrenzt. Insb. der Renteneintritt rechtfertigt eine Beendigung des Unterhaltsanspruchs nicht. Erst über die zeitliche Begrenzung des § 1578b Abs. 2 BGB wird ein Ende des Unterhaltsanspruchs festgelegt. Die Begrenzung erfolgt, wenn ein zeitlich unbegrenzter Unterhaltsanspruch auch unter Wahrung der Belange eines dem Berechtigten zur Pflege oder Erziehung anvertrauten gemeinschaftlichen Kindes unbillig wäre. Es schließt sich eine Billigkeitsabwägung unter den Rahmenbedingungen der für die Herabsetzung geltenden Vorschrift des § 1578b Abs. 1 Satz 2, 3 BGB an. Dabei ist grds. zu beachten, dass die Begrenzung ggü. der Herabsetzung nach Abs. 1 einen schärferen Eingriff für den Unterhaltsberechtigten bedeutet. Dementsprechend sind höhere Anforderungen an die Billigkeitsabwägung zu stellen. 54

Der Stellenwert und die praktische Bedeutung der Befristung sind, damals noch zur allein möglichen Befristung eines Aufstockungsunterhaltsanspruchs nach § 1573 Abs. 5 BGB a.F., mit der **Entscheidung des BGH vom 12.04.2006**[87] verändert worden. Während zuvor eine Befristung bei langer Ehedauer praktisch ausgeschlossen gewesen ist, ist durch die Entscheidung die Anwendungsmöglichkeit deutlich erweitert worden. 55

Einer Befristung steht nicht entgegen, dass der Unterhaltsberechtigte sodann **sozialhilfebedürftig** würde.[88] 56

▶ Praxistipp:

Liegt ein ehebedingter Nachteil vor, will der BGH auf der Rechtsfolgenseite den Umstand berücksichtigen, dass der Unterhaltsberechtigte den Nachteil durch seine eigene Entscheidung (mit-)verursacht hat.[89] Während also auf der Seite des Unterhaltspflichtigen eheliches Fehlverhalten unberücksichtigt bleiben soll,[90] kann ein sich wirtschaftlich auswirkendes Fehlverhalten, hier die Auswahl einer schlechter bezahlten Beschäftigung, aufseiten des Unterhaltsberechtigten durchaus ins Gewicht fallen. Eine bemerkenswerte Ungleichbehandlung.

3. Kombination der Rechtsfolgen

Die in Abs. 3 vorgesehene Kombinationsmöglichkeit begründet stets eine von Amts wegen zu berücksichtigende Prüfungspflicht des Gerichts, ob neben der Herabsetzung als mildere Maßnahme 57

---

83 BGH, FamRZ 2010, 629.
84 BGH, FamRZ 2020, 97 Rn. 39; BGH, FamRZ 2010, 1633.
85 BGH, FamRZ 2012, 32; BGH, FamRZ 2009, 1990.
86 BGH, FamRZ 2009, 1721.
87 BGH, FamRZ 2006, 1006 = FuR 2006, 374.
88 BGH, FamRZ 2011, 713; BGH, FamRZ 2010, 1414.
89 BGH, FamRZ 2013, 274 Rn. 32.
90 Vgl. BT- Drucks. 16/1830, S. 19.

die Begrenzung kumulativ oder alternativ auszusprechen ist.[91] Es ist sodann zunächst zu prüfen, ob der Unterhaltsanspruch herabzusetzen ist und erst danach, inwieweit eine Begrenzung erfolgen kann.[92] Allerdings findet keine gesonderte Billigkeitsprüfung statt, da bereits zur Herabsetzung sämtliche Umstände zu würdigen sind. Bei der alternativen Begrenzung und der Kumulation ist lediglich die Tragweite der Entscheidung, nämlich das künftige vollständige Entfallen des Unterhaltsanspruchs, für die weiter gehende Abwägung der Folgen im Kontext von nachehelicher Solidarität auf der einen und der Eigenverantwortung auf der anderen Seite von Bedeutung. In der Praxis wird von der Kombination als Ausdruck des Grundsatzes der Verhältnismäßigkeit nicht selten Gebrauch gemacht.[93]

4. Einzelfälle

a) Altersunterhalt, § 1571 BGB

▶ Beispiel:

58 Ehedauer: 27 Jahre

Rahmenbedingungen: Zwei volljährige Kinder, Abänderungsverfahren.

Zeitliche Begrenzung: Ab Rechtskraft Scheidung 15 Jahre, ab Zustellung Scheidungsantrag 17 Jahre.[94]

b) Krankenunterhalt, § 1572 BGB

▶ Beispiel:

59 Ehedauer: 7 Jahre

Rahmenbedingungen: Ein minderjähriges Kind (10 Jahre), Trennung nach 3 Jahren, vollständige Erwerbsminderung.

Zeitliche Begrenzung: Ab Rechtskraft Scheidung 5 Jahre, ab Zustellung Scheidungsantrag 8 Jahre.[95]

Ehedauer: 9 Jahre

Rahmenbedingungen: Keine Kinder, fortgeschrittenes Alter, lediglich 5-jähriges Zusammenleben.

Zeitliche Begrenzung: Ja, aber vom BGH offen gelassen.[96]

Ehedauer: 9 Jahre

Rahmenbedingungen: Keine Kinder, lediglich 5-jähriges Zusammenleben, getrennte wirtschaftliche Verhältnisse.

Zeitliche Begrenzung: 3 Jahre.[97]

Ehedauer: 11 Jahre

---

91 BGH, FamRZ 2012, 197.
92 BGH, FamRZ 2011, 1851.
93 OLG Hamm, FamRB 2011, 271; OLG Hamm, FamFR 2010, 372; KG, FamFR 2010, 465; OLG Schleswig, NJW 2009, 2223.
94 OLG Schleswig, NJW 2009, 2223.
95 OLG Brandenburg, FamRZ 2011, 1301.
96 BGH, FamRZ 2012, 197.
97 BGH, FamRZ 2009, 406.

Rahmenbedingungen: Keine Kinder, zeitweise Beschäftigung der ungelernten Ehefrau.

Zeitliche Begrenzung: Ab Rechtskraft Scheidung 1 1/2 Jahre, ab Zustellung Scheidungsantrag 4 1/2 Jahre.[98]

Ehedauer: 12 Jahre

Rahmenbedingungen: Keine Kinder, vollständige Erwerbsminderung.

Zeitliche Begrenzung: Ab Rechtskraft Scheidung 3 Jahre, ab Zustellung Scheidungsantrag 4 Jahre.[99]

Ehedauer: 15 Jahre

Rahmenbedingungen: Keine Kinder, wirtschaftliche Vorteile für den Unterhaltsberechtigten, Abänderungsverfahren.

Zeitliche Begrenzung: Ab Rechtskraft Scheidung 3 Jahre, ab Zustellung Scheidungsantrag 4 Jahre.[100]

Ehedauer: 14 Jahre

Rahmenbedingungen: Keine Kinder, keine Hausfrauenehe.

Zeitliche Begrenzung: Ab Rechtskraft Scheidung 5 1/2 Jahre, ab Zustellung Scheidungsantrag 10 1/2 Jahre.[101]

Ehedauer: 37 Jahre

Rahmenbedingungen: Vier volljährige Kinder, keine Erwerbstätigkeit der Unterhaltsberechtigten seit 13 Jahren.

Zeitliche Begrenzung: Ab Rechtskraft Scheidung 8 Jahre, ab Zustellung Scheidungsantrag 10 Jahre.[102]

c) Aufstockungsunterhalt, § 1573 BGB

▶ Beispiel:

Ehedauer: 11 Jahre

Rahmenbedingungen: Keine Kinder, zeitweise Beschäftigung der ungelernten Ehefrau, Abänderungsverfahren.

Zeitliche Begrenzung: Ab Rechtskraft Scheidung 8 1/2 Jahre, ab Zustellung Scheidungsantrag 11 1/2 Jahre.[103]

Ehedauer: 22 Jahre

Rahmenbedingungen: Zwei volljährige Kinder, eigene Erwerbstätigkeit.

Zeitliche Begrenzung: ab Rechtskraft Scheidung 2 Jahre, ab Zustellung Scheidungsantrag 4 1/2 Jahre.[104]

Ehedauer: 25 Jahre

---

98 BGH, FamRZ 2011, 188.
99 OLG Hamm, FamRB 2011, 271.
100 OLG Saarbrücken, FamFR 2010, 250.
101 BGH, FamRZ 2011, 875.
102 OLG Stuttgart, 15.11.2011 – 17 UF 177/11, OLG Report Süd 1/2012 Anm. 4.
103 BGH, FamRZ 2010, 1238.
104 OLG Zweibrücken, FamFR 2011, 563.

Rahmenbedingungen: Drei volljährige Kinder, eigene Erwerbstätigkeit.

Zeitliche Begrenzung: Ab Rechtskraft Scheidung 3 Jahre, ab Zustellung Scheidungsantrag 5 Jahre.[105]

Ehedauer: 19 Jahre

Rahmenbedingungen: 2 volljährige Kinder, eigene Erwerbstätigkeit.

Zeitliche Begrenzung: ab Rechtskraft Scheidung 3 Jahre, ab Zustellung Scheidungsantrag 4 1/2 Jahre.[106]

Ehedauer: 17 Jahre

Rahmenbedingungen: Ein minderjähriges Kind (13 Jahre), eigene Erwerbstätigkeit, Abänderungsverfahren.

Zeitliche Begrenzung: Ab Rechtskraft Scheidung 8 Jahre, ab Zustellung Scheidungsantrag 10 Jahre.[107]

IV. Verfahrensrecht

1. Allgemeines

61 Über die Einwendung des § 1578b BGB ist von Amts wegen zu entscheiden. Dabei darf eine Entscheidung, auch allein die auf Herabsetzung des Unterhalts, grds. nicht in ein späteres Abänderungsverfahren verschoben werden. Das Gericht muss insoweit entscheiden, als dies aufgrund der gegebenen Sachlage und der zuverlässig voraussehbaren Umstände möglich ist. Das gilt insbesondere für eine bereits mögliche Entscheidung über die Herabsetzung nach § 1578b Abs. 1 BGB.[108] Insb. ist weder die weitere berufliche Entwicklung, noch das noch nicht durchgeführte Zugewinnausgleichsverfahren Grund genug, um von einer derzeitigen Entscheidung abzusehen.[109] Andererseits ist bei einem Anspruch auf Aufstockungsunterhalt, der ergänzend zum Betreuungsunterhalt geschuldet wird, anerkannt worden, dass im Hinblick auf die Kinderbetreuung noch nicht sicher absehbar ist, ob ehebedingte Nachteile entstehen. Deshalb konnte der Aufstockungsunterhalt zunächst nicht begrenzt werden.[110] Ist beispielsweise die Höhe maßgeblicher Renteneinkünfte noch nicht feststellbar, muss über eine Befristung ebenfalls nicht entschieden werden.[111]

▶ Praxistipp:

Im Abänderungsverfahren gelten die bekannten Grundsätze: In der Ausgangsentscheidung übersehene oder übergangene Umstände rechtfertigen kein Abänderungsverfahren.[112] Ist aber das Verfahren aus anderen Gründen eröffnet, sind die übersehenen oder übergangenen Umstände nur dann präkludiert, wenn sie im Ausgangsverfahren entscheidungserheblich waren. Umstände, die allein für die Billigkeitsentscheidung nach § 1578b im Ausgangsverfahren bedeutsam gewesen wären, sind regelmäßig nicht präkludiert.[113]

---

105 OLG Hamm, FuR 2012, 102 = FamFR 2011, 564.
106 OLG Brandenburg, FamRZ 2011, 226 = ZFE 2011, 151.
107 KG, FamRZ 2011, 225 = FamFR 2010, 465.
108 BGH, FamRZ 2018, 1506 Rn. 27.
109 BGH, FamRZ 2012, 1144 Rn. 65; BGH, FamRZ 2011, 454; a.A. OLG Koblenz, NZFam 2016, 507.
110 BGH, FamRZ 2009, 770.
111 BGH, FamRZ 2020, 97.
112 KG, NZFam 2016, 754.
113 BGH, FamRZ 2015, 1136, Rn. 19 ff.

2. Darlegungs- und Beweislast

Der Unterhaltspflichtige trägt die Darlegungs- und Beweislast für die Voraussetzungen der rechtsvernichtenden Einwendung des § 1578b BGB. Er erfährt jedoch Erleichterungen nach den von der Rechtsprechung zum **Beweis negativer Tatsachen** entwickelten Grundsätzen. Den Unterhaltsberechtigten trifft danach im Einklang mit der ständigen Rechtsprechung des BGH zum Beweis negativer Tatsachen eine sog. sekundäre Darlegungslast.[114]

Der Unterhaltspflichtige hat danach vorzutragen, dass keine ehebedingten Nachteile bestehen. Dies hat der Unterhaltsberechtigte qualifiziert zu bestreiten und seinerseits substanziiert vorzutragen, welche Nachteile konkret bestehen. Sodann muss der Unterhaltspflichtige diesen Vortrag widerlegen.[115]

Diese Grundsätze gelten entsprechend, soweit der Unterhaltsverpflichtete geltend macht, tatsächlich fortwirkende Nachteile seien nicht mehr als ehebedingt anzusehen, da es der Unterhaltsberechtigten nach der Trennung möglich gewesen wäre und sie die Obliegenheit getroffen hätte, diese Nachteile zwischenzeitlich vollständig auszugleichen.[116]

An die **Substanziierung des Vortrags zum ehebedingten Nachteil** dürfen keine zu hohen Anforderungen gestellt werden. Ihm liegen regelmäßig hypothetische Betrachtungen zugrunde. Bei der Beurteilung des substanziierten Vortrags besteht für die Gerichte ein Spielraum durch die Anwendung von Erfahrungssätzen in dem jeweiligen Berufsfeld, wie auch die Berücksichtigung tariflicher Regelungen. Dieser Spielraum entbindet den Unterhaltsberechtigten allerdings nicht von der Darlegung konkreter beruflicher Entwicklungsmöglichkeiten und bei behauptetem beruflichen Aufstieg, eine entsprechende Bereitschaft und Eignung des Unterhaltsberechtigten. Die Darlegungen müssen so konkret sein, dass sie vom Gericht auf ihre Plausibilität überprüft werden können und der Widerlegung durch den Unterhaltspflichtigen zugänglich sind.[117]

▶ Praxistipp:

Als ausreichend ist es beispielsweise angesehen worden, dass die Ehefrau vorgetragen hat, einen Hochschulabschluss zu haben und mithilfe einer Stellenanzeige das erzielbare Einkommen näher substanziiert hat. Dabei wurde verdeutlicht, dass das Einkommen nur von einer entsprechenden Berufserfahrung abhängig ist und keinen besonderen beruflichen Aufstieg erfordert.[118]

V. Verhältnis zwischen § 1578b BGB und § 1579 BGB

§ 1578b BGB ist wie § 1579 BGB als Billigkeitsvorschrift konzipiert. Allerdings unterscheiden sich beide Vorschriften inhaltlich deutlich voneinander und betreffen vollständig getrennt voneinander zu bewertende Umstände.

§ 1579 BGB sieht als Härtegründe der Billigkeitsabwägung bestimmte Fallkonstellationen vor. Diese beinhalten entweder, wie in den Fällen des § 1579 Nr. 1, 2 und 8 BGB, ausschließlich objektive Gesichtspunkte oder fordern, wie in den Fällen der Nr. 3 bis 7, ein Fehlverhalten des Unterhaltsberechtigten.

Dagegen erfordert § 1578b BGB eine Billigkeitsabwägung anhand bestimmter, objektiver Kriterien, denen kein Unwerturteil oder eine subjektive Vorwerfbarkeit anhaftet. I.R.d. Abwägung des § 1578b BGB findet also nicht etwa eine Aufarbeitung ehelichen Fehlverhaltens statt.[119] Verstöße

---

114 BGH, FamRZ 2020, 21 Rn. 54; BGH, FamRZ 2012, 93; BGH, FamRZ 2010, 875.
115 BGH, FamRZ 2014, 1007, Rn. 22.
116 OLG Celle, FamRZ 2010, 1911.
117 BGH, FamRZ 2012, 1483 Rn. 40; BGH, FamRZ 2012, 32; BGH, FamRZ 2010, 2059.
118 BGH, FamRZ 2013, 864 Rn. 29.
119 BGH, FamRZ 2010, 2059 = FuR 2011, 100; OLG Brandenburg, NZFam 2014, 959.

gegen die eheliche Solidarität wirken sich allein nach § 1579 BGB auf den nachehelichen Unterhalt aus.[120]

69 Die Rechtsfolgen der Billigkeitsvorschriften unterscheiden sich dementsprechend. § 1579 BGB sieht weitreichendere Folgen vor. Neben der Herabsetzung und Begrenzung kommt auch eine völlige Versagung des Unterhaltsanspruchs in Betracht.

70 Der Gesetzgeber sieht bei »Kurzzeitehen« Überschneidungen von § 1578b BGB und § 1579 Nr. 1 BGB als denkbar. Einerseits könne eine unbeschränkte Unterhaltsverpflichtung bei kurzer Ehedauer nach § 1579 Nr. 1 BGB grob unbillig sein. Andererseits könne sich eine kurze Ehe häufig nicht negativ auf die Möglichkeit des geschiedenen Ehegatten auswirken, selbst für seinen Unterhalt zu sorgen. Deshalb komme auch eine Anwendung von § 1578b BGB in Betracht. Das **Rangverhältnis** der beiden Normen wird wie folgt gesehen: Hat eine Ehe nur wenige Jahre gedauert, ist allein § 1579 Nr. 1 BGB zu prüfen. Während die Dauer der Ehe i.R.d. Prüfung von § 1578b BGB nur aufgegriffen wird, weil eine kurze Ehe darauf hindeutet, dass die Ehegatten durch die Ehe keine Nachteile haben, ist bei § 1579 Nr. 1 BGB die kurze Dauer der Ehe das entscheidende Tatbestandsmerkmal. Liegt eine kurze Ehe i.S.d. § 1579 Nr. 1 BGB vor, verengt sich der Entscheidungsspielraum des Gerichts. Die Versagung, Herabsetzung oder zeitliche Begrenzung des Unterhaltsanspruchs hängt dann nur noch von der in § 1579 Nr. 1 Halbs. 1 BGB vorgesehenen Billigkeitsprüfung ab, die vor allem der Wahrung der Belange gemeinschaftlicher Kinder dient.[121]

VI. Übergangsproblematiken in Abänderungsverfahren

1. Zumutbarkeit und Vertrauen nach § 36 Nr. 1 EGZPO

71 Die Vorschriften des seit dem 01.01.2008 geltenden Unterhaltsrechts, also auch des § 1578b BGB, finden über § 36 Nr. 1 EGZPO Anwendung auf Altfälle. Ist danach über den Unterhaltsanspruch vor dem 01.01.2008 rechtskräftig entschieden, ein vollstreckbarer Titel errichtet oder eine Unterhaltsvereinbarung getroffen worden, sind Umstände, die vor diesem Tag entstanden und durch das Gesetz zur Änderung des Unterhaltsrechts erheblich geworden sind, nur zu berücksichtigen, soweit eine wesentliche Änderung der Unterhaltsverpflichtung eintritt und die Änderung dem anderen Teil unter Berücksichtigung seines Vertrauens in die getroffene Regelung zumutbar ist. Die gesetzliche Bewertung der Zumutbarkeit der Abänderung nach § 36 Nr. 1 EGZPO ist **i.R.d. Billigkeitsabwägung nach § 1578b BGB durchzuführen**.[122]

72 Allerdings ist § 36 Nr. 1 EGZPO im Fall eines Anspruchs auf **Aufstockungsunterhalt** nicht anwendbar, da dieser bereits vor Einführung des § 1578b BGB über § 1573 Abs. 5 BGB a.F. begrenzt werden konnte.

73 Ein **schützenswertes Vertrauen** auf den Fortbestand der Unterhaltspflicht kann angenommen werden, wenn der Unterhaltsberechtigte im Hinblick auf die Höhe des Unterhalts Dispositionen vornimmt, die nicht, nicht sogleich oder nur unter unzumutbaren Umständen rückgängig gemacht werden können.[123]

2. Abänderung eines Prozessvergleichs

74 Für die Abänderung eines Prozessvergleichs über nachehelichen Unterhalt wegen der Möglichkeit einer Befristung des Unterhaltsanspruchs nach § 1578b BGB kommt es vorrangig darauf an, inwiefern der Vergleich im Hinblick auf eine mögliche Befristung eine bindende Regelung enthält.[124] Mangels einer entgegenstehenden ausdrücklichen oder konkludenten vertraglichen Regelung ist

---

120 BT-Drucks. 16/1830, S. 20; a.A. KG, NZFam 2017, 754.
121 BT-Drucks. 16/1830, S. 20.
122 BGH, FamRZ 2010, 1414.
123 BGH, FamRZ 2011, 1721.
124 BGH, FamRZ 2020, 171; OLG Hamm, NZFam 2017, 29; OLG Hamm, FamRZ 2016, 64.

jedenfalls bei der erstmaligen Festsetzung des nachehelichen Unterhalts im Zweifel davon auszugehen, dass die Parteien die spätere Befristung des Unterhalts offenhalten wollten. Dass der Unterhaltspflichtige einen früher erhobenen Einwand, der Unterhalt sei zeitlich zu begrenzen, schließlich fallen lässt, besagt noch nichts über eine spätere Befristung des Unterhalts. Auch ein Nachgeben des Unterhaltspflichtigen, nachdem er zuvor die Befristung geltend gemacht hatte, geht demnach nicht weiter, als dass die Prüfung der Befristung auf einen späteren Zeitpunkt hinausgeschoben werden sollte.[125] Eine Abänderung des Vergleichs ist insoweit auch ohne Änderung der tatsächlichen Verhältnisse und ohne Bindung an den Vergleich möglich.[126]

3. Verhältnis der Herabsetzung nach § 1578b Abs. 1 BGB und § 1578 Abs. 1 Satz 2, 3 BGB a.F.

Der Unterhaltspflichtige ist nicht deshalb mit einem Herabsetzungsbegehren in einem Abänderungsverfahren ausgeschlossen, weil er bereits zuvor im Ursprungsverfahren nach § 1578 Abs. 1 Satz 2, 3 BGB a.F. in der bis zum 31.12.2007 geltenden Fassung eine Herabsetzung hätte geltend machen müssen. Durch die Neuregelung des § 1578b Abs. 3 BGB, also der Kombination von Herabsetzung und Begrenzung, ist eine neue Rechtslage entstanden, auf die das Abänderungsbegehren gestützt werden kann.[127]

75

4. Befristung von Aufstockungsunterhalt nach § 1578b BGB

Für die Befristung von Aufstockungsunterhalt, die bereits seit 1986 möglich ist, gilt, dass durch die Änderung der Rechtsprechung des BGH im Jahr 2006 der Anwendungsbereich der Befristungsvorschrift erheblich erweitert worden ist.[128] Insoweit tritt eine Zäsur durch die neue Rechtsprechung ein. Ein davor ausgeurteilter, unbefristeter Aufstockungsunterhalt konnte bis Ende 2007 über § 1573 Abs. 5 BGB, danach über § 1578b BGB zeitlich begrenzt werden.

76

5. Keine Abänderung wegen Neufassung des § 1578b Abs. 1 BGB 2013

Die zum 01.03.2013 in Kraft getretene Neuregelung des § 1578b Abs. 1 BGB[129] verändert die bestehende Rechtslage nicht. Wie sich bereits aus der Gesetzesbegründung ergibt, hat das Gesetz im Wesentlichen klarstellende Funktion. Die Rechtsprechung des BGH und der Instanzgerichte hatten zuvor bereits die Dauer der Ehe als Billigkeitskriterium außerhalb des ehebedingten Nachteils berücksichtigt. Eine Abänderung zuvor ergangener Entscheidungen, die diese Billigkeitserwägungen bereits berücksichtigt haben, scheidet mangels Änderung der Rechtslage aus.[130]

77

B. Beschränkung und Versagung des Unterhalts gem. § 1579 BGB

Siehe Kap. 4 Rdn. 572 ff.

C. Beschränkung oder Wegfall der Unterhaltsverpflichtung gem. § 1611 BGB

Der Unterhaltsberechtigte kann seinen Unterhaltsanspruch teilweise oder vollständig verlieren, wenn er den Tatbestand des § 1611 Abs. 1 BGB verwirklicht. Die Vorschrift ist anwendbar für den **Verwandtenunterhalt**, also den Kindesunterhalt (ohne minderjährige, nicht verheiratete Kinder, § 1611 Abs. 2 BGB) und den Elternunterhalt sowie über § 1615l Abs. 3 Satz 1 BGB auch auf den

78

---

125 BGH, FamRZ 2020, 171.
126 BGH, FamRZ 2010, 1238.
127 BGH, FamRZ 2012, 197.
128 BGH, FamRZ 2008, 1911.
129 BGBl. I 2013, S. 273.
130 BGH, FamRZ 2013, 853 Rn. 34.

Unterhaltsanspruch der Mutter oder des Vaters aus Anlass der Geburt. Sie ist als Ausnahmevorschrift eng auszulegen.[131]

I. Härtegründe

79 § 1611 Abs. 1 BGB sieht insg. drei Härtegründe für eine Beschränkung oder Versagung des Unterhaltsanspruchs vor:

1. Eintritt der Bedürftigkeit durch sittliches Verschulden

80 Der Unterhaltsberechtigte muss seine Bedürftigkeit durch ein Verhalten verursacht haben, mit dem er in vorwerfbarer Weise das anerkannte Gebot der Sittlichkeit außer Acht gelassen hat.[132]

a) Kindesunterhalt

81 Die Begehung einer **Straftat im Ausland** (Drogendelikt) und die damit verbundene Inhaftierung, die wiederum zur Unterhaltsbedürftigkeit führt, stellt ein sittliches Verschulden dar. Der Verstoß gegen das Strafrecht ist nicht nur i.S.d. Äquivalenztheorie, sondern auch i.S.d. Adäquanztheorie kausal für die bestehende Bedürftigkeit.[133]

82 Bei einem **Suizidversuch** kann in Anlehnung an die zu § 1579 Nr. 3 BGB entwickelten Grundsätze von einem solchen Verschulden nur ausgegangen werden, wenn der Berechtigte ein mögliches Fehlschlagen seines Versuchs und als dessen Folge den Eintritt seiner Bedürftigkeit (Erwerbsunfähigkeit) bewusst ins Auge gefasst, gebilligt und sich rücksichtslos und verantwortungslos darüber hinweggesetzt hat.[134]

83 Hingegen kann bei einer **fortgeschrittenen Alkoholsucht** nach langjährigem Drogen- und Alkoholmissbrauch verbunden mit einer dauerhaften Epilepsieerkrankung der Schuldvorwurf auch bei einem 37-jährigen Kind entfallen sein.[135]

84 Ein **sittliches Verschulden** liegt auch nicht darin, dass der Unterhaltsberechtigte durch die Betreuung eines eigenen Kindes innerhalb der ersten drei Jahre unterhaltsbedürftig wird.[136]

b) Elternunterhalt

85 Soweit die Bedürftigkeit des Unterhaltsberechtigten auf außerhalb der Alkoholproblematik bestehenden, persönlichen Lebensumständen beruht, fehlt es an der Kausalität zwischen verschuldeter Alkoholsucht und Bedürftigkeit.[137]

2. Gröbliche Vernachlässigung der eigenen Unterhaltspflicht ggü. dem Unterhaltsverpflichteten

86 Die Alternative stellt maßgeblich auf den Elternunterhalt ab. Sie müssen als Unterhaltsberechtigte ihre Unterhaltspflicht ggü. dem nunmehr unterhaltsverpflichteten Kind zuvor gröblich vernachlässigt haben. Eine Unterhaltspflicht ggü. einem minderjährigen Kind besteht sowohl in Form des Bar- als auch des Betreuungsunterhalts, § 1612 Abs. 2 BGB. Die Verletzung der Unterhaltspflicht kann deshalb sowohl darin liegen, dass kein Barunterhalt gezahlt wurde, wobei insoweit die Leistungsfähigkeit des Unterhaltsschuldners festgestellt werden muss, als auch unabhängig von der

---

131 OLG Karlsruhe, FamRZ 2011, 1800.
132 OLG Frankfurt am Main, FamRZ 2011, 226.
133 OLG Hamm, FamRZ 2007, 165.
134 OLG Brandenburg, FamRZ 2008, 174 unter Hinweis auf BGH, FamRZ 1989, 1054.
135 OLG Frankfurt am Main, FamRZ 2011, 226.
136 BGH, FamRZ 2011, 1560; allgemein auch BGH, FamRZ 1985, 273.
137 OLG Celle, FamRZ 2010, 817.

Leistungsfähigkeit keine Betreuung der Kinder stattgefunden hat, auch wenn diese nicht immer persönlich ausgeführt werden muss.[138]

3. Vorsätzliche schwere Verfehlung zum Nachteil des Unterhaltspflichtigen oder seiner nahen Angehörigen

a) Allgemeines

Die Fälle vorsätzlicher schwerer Verfehlungen beschränken sich auf solche Umstände, bei denen eine tiefgreifende Beeinträchtigung schutzwürdiger wirtschaftlicher Interessen und persönlicher Belange des Unterhaltspflichtigen vorliegt,[139] also solche, die einen besonders groben Mangel an **verwandtschaftlicher Gesinnung** und menschlicher Rücksichtnahme erkennen lassen. 87

b) Handlungsformen

Die vorsätzliche schwere Verfehlung kann sowohl durch eine Handlung als auch durch Unterlassen begangen werden; Letzteres allerdings nur, wenn der Berechtigte dadurch eine Rechtspflicht, bspw. eine das Eltern-Kind-Verhältnis prägende Rechtspflicht, zum Handeln verletzt. Das gilt auch für die dauernde grobe Vernachlässigung und Verletzung der Aufsichtspflicht und für die Verletzung der Pflicht zu Beistand und Rücksicht nach § 1618a BGB.[140] 88

c) Verschulden

Der Härtegrund der schweren Verfehlung sieht ein Verschulden des Unterhaltsberechtigten vor. Es reicht insoweit nicht aus, dass er vorsätzlich gehandelt hat. Ergänzend ist zu prüfen, ob der Unterhaltsberechtigte **schuldfähig** war;[141] eine verminderte Schuldfähigkeit ist ausreichend. Eine Zurechnung der Handlung des Verfahrensbevollmächtigten findet nicht statt. So wenn dieser es versäumt, ihm bekanntes Einkommen des Unterhaltsberechtigten im Verfahren vorzutragen.[142] 89

d) Nahe Angehörige des Unterhaltsverpflichteten

Zur Frage, wer naher Angehöriger des Unterhaltspflichtigen ist, kann auf die Überlegungen zu § 1579 Nr. 3 BGB zurückgegriffen werden. Da dieser Härtegrund sich auf strafrechtliche Handlungen des Unterhaltsberechtigten bezieht, ist dort auf den Angehörigkeitsbegriff des StGB abgestellt worden. Nach § 11 Abs. 1 Nr. 1 StGB ist Angehöriger des Unterhaltsverpflichteten, wer zu den folgenden Personen gehört: 90

Verwandte und Verschwägerte gerader Linie, der Ehegatte, der Lebenspartner, der Verlobte, auch i.S.d. Lebenspartnerschaftsgesetzes, Geschwister, Ehegatten oder Lebenspartner der Geschwister, Geschwister der Ehegatten oder Lebenspartner sowie Pflegeeltern und Pflegekinder. 91

Ob sich die Angehörigeneigenschaft, wie im Strafrecht vorgesehen, auch dann fortsetzt, wenn die Ehe oder die Lebenspartnerschaft, welche die Beziehung begründet hat, nicht mehr besteht oder wenn die Verwandtschaft oder Schwägerschaft erloschen ist, ist zu bezweifeln. 92

Durch den Zusatz der »nahen« Angehörigen erfährt der Begriff eine Einschränkung. Der Angehörige und der Unterhaltspflichtige müssen eng miteinander verbunden sein. 93

---

138 BGH, FamRZ 2010, 1888; BGH, FamRZ 2004, 1559 = FuR 2004, 564; OLG Celle, FamRZ 2011, 984; OLG Frankfurt am Main, FamRZ 2016, 1855.
139 BGH, 12.02.2014 – XII ZB 607/12, juris = NSW BGB § 1611; BGH, FamRZ 2004, 1559 = FuR 2004, 564.
140 BGH, FamRZ 2004, 1559 = FuR 2004, 564.
141 BGH, FamRZ 2010, 1888 zur Abgrenzung der Voraussetzungen der § 1611 BGB und § 2333 Abs. 1 Nr. 1 BGB.
142 OLG Schleswig, OLGR 2000, 443.

e) Einzelfälle

aa) Kindesunterhalt:

94 Zu den vorsätzlichen schweren Verfehlungen gehören auch **Obliegenheitsverletzungen**. So etwa die Obliegenheit, eine Ausbildung zeitnah nach Abschluss der Schulausbildung zu beginnen. Eine Verletzung liegt dann nicht vor, wenn der Unterhaltsberechtigte durch die Betreuung eines eigenen Kindes innerhalb der ersten drei Jahre von der Aufnahme einer Ausbildung absieht.[143]

95 Darüber hinaus erfüllen den Tatbestand tätliche Angriffe auf den Unterhaltsverpflichteten, ständige grobe Beleidigungen und Bedrohungen, falsche Anschuldigungen und Schädigungen des Verpflichteten in seiner beruflichen und wirtschaftlichen Stellung.[144]

96 Das **Verschweigen eigener Einkünfte** des volljährigen Kindes kann eine schwere Verfehlung darstellen.[145] Ferner das **Verschweigen des Abbruchs der Schulausbildung**,[146] ebenso eine **unberechtigte Strafanzeige** gegen den Unterhaltspflichtigen.[147]

97 Bei einer falschen Verdächtigung wegen sexuellen Missbrauchs kann ein Verschulden dann fehlen, wenn das unterhaltsberechtigte Kind an einer tiefgreifenden neurotischen Persönlichkeitsstörung leidet.[148]

98 Allein die unterlassene Kontaktaufnahme zum Unterhaltspflichtigen erfüllt die Voraussetzung nicht,[149] insb. wenn der Unterhaltspflichtige selbst keine Anstrengungen unternimmt[150] oder ein Kontakt erst durch ein Unterhaltsverfahren zustande kommt.[151] Auch die Anrede des unterhaltsverpflichteten Vaters mit »Sehr geehrter Herr« und »Sie« stellt keine schwere Verfehlung dar.[152]

bb) Elternunterhalt:

99 Eine Verletzung der Pflicht zur Betreuung und zum Beistand ggü. dem Kind erfüllt die Voraussetzung einer schweren Verfehlung auch, wenn das **Sorgerecht** nicht mehr bestanden hat.[153] Dies setzt indes eine tiefgreifende Beeinträchtigung schutzwürdiger wirtschaftlicher Interessen oder persönlicher Belange des Pflichtigen voraus. Ein im natürlichen Sinn vorsätzliches Verhalten genügt nicht.[154] Dementsprechend kann eine **emotionale Vernachlässigung** insb. in schwierigen Lebenssituationen für eine vorsätzliche schwere Verfehlung nicht ausreichend sein.[155] Insgesamt sind allerdings die tatsächlichen und rechtlichen Umstände zum Zeitpunkt der vorgetragenen Vernachlässigung als Bezugsrahmen bei der Würdigung zu berücksichtigen; so bspw. eine mögliche Vernachlässigung eines Kindes durch den Elternteil im Jahr 1956 in der ehemaligen Sowjetunion.[156]

100 Das einmalige Zerschneiden der Kleidung der Kinder, die Verursachung des Waschzwangs und das mehrfache – seinem Umfang nach nicht näher dargelegte – Aussperren aus der Wohnung stellen vor dem Hintergrund einer psychischen Erkrankung der Mutter des nunmehr unterhaltspflichtigen Kindes ohne Hinzutreten besonderer Umstände keine schwere Verfehlung dar.[157]

---

143 BGH, FamRZ 2011, 1560; allgemein auch BGH, FamRZ 1985, 273.
144 OLG Celle, FamRZ 1993, 1235.
145 OLG Jena, FamRZ 2009, 1416 = FuR 2009, 647.
146 OLG Köln, FamRZ 2005, 301.
147 OLG Hamm, NJW-RR 2006, 509.
148 OLG Hamm, FamRZ 1995, 958.
149 OLG Brandenburg, FamRZ 2010, 344, differenzierend OLG Celle, FamRZ 1993, 1235.
150 BGH, 12.02.2014 – XII ZB 607/12, juris = NSW BGB § 1611; BGH, FamRZ 1995, 475.
151 BGH, FamRZ 1998, 367.
152 OLG Hamm, FamRZ 1995, 1439.
153 BGH, FamRZ 2004, 1559 = FuR 2004, 564.
154 BGH, FamRZ 2010, 1888.
155 OLG Celle, NJW 2010, 3727; OLG Hamm, FamRZ 2010, 303.
156 OLG Celle, FamRZ 2015, 71 Rn. 18.
157 OLG Hamm, FamRZ 2010, 303.

Auch fortgesetzte Kränkungen und Beleidigungen zum Nachteil der Tochter durch die unterhaltsbedürftige Mutter sind als nicht ausreichend angesehen worden.[158]

101

Ein Kontaktabbruch durch den Unterhaltsberechtigten stellt eine Verfehlung dar. Sie genügt aber nur in Ausnahmefällen für die Annahme einer Verwirkung. So bspw. wenn der Unterhaltsberechtigte den Unterhaltspflichtigen bereits als Minderjährigen bei den Großeltern zurückgelassen hat.[159]

102

In allen anderen Fällen müssen weitere Umstände hinzutreten, die das Verhalten als schwere Verfehlung erscheinen lassen. Das Enterben des Unterhaltspflichtigen gehört nicht dazu, da es der Testierfreiheit unterliegt.[160]

▶ Praxistipp:

Der alleinige Kontaktabbruch ggü. einem volljährigen Kind, wenn er auch noch so lang andauert – im entschiedenen Fall mehr als 40 Jahre – scheidet als Verwirkungsgrund nach der aktuellen Rechtsprechung des BGH aus.[161] Auch kommt es nicht darauf an, ob der Unterhaltsberechtigte sich um eine Wiederherstellung des Kontakts bemüht hat. Schließlich sind die Gründe und die Auswirkungen auf den Unterhaltspflichtigen, so sie denn allein in Zusammenhang mit dem Abbruch stehen, ohne Belang. Das Bemühen der Vorinstanz, die Auswirkungen des Abbruchs auf das erwachsene Kind und die dem ohne Zweifel vorangegangene Entfremdung der Beteiligten in die Bewertung einfließen zu lassen,[162] ist gescheitert.

cc) Unterhalt der Mutter/des Vaters aus Anlass der Geburt:

Die nachhaltige **Vereitelung des Umgangsrechts** kann als Grund ausreichend sein. Ebenso wiederholte, schwerwiegende Beleidigungen, insb. wenn sie nachteilige Auswirkungen auf den persönlichen und beruflichen Bereich des Unterhaltsverpflichteten haben, nicht aber eine einfache Körperverletzung.[163]

103

II. Rechtsfolge

Die Vollendung eines Härtegrunds nach § 1611 Abs. 1 Satz 1 BGB führt nicht immer zu einem vollständigen Ausschluss des Unterhaltsanspruchs, sondern zu einem Anspruch entsprechend der Billigkeit.

104

1. Billigkeitsunterhalt

Bei der Billigkeitsprüfung ist auf der einen Seite die Schwere des Härtegrunds und auf der anderen Seite die wirtschaftliche Belastung für den Unterhaltsverpflichteten bei Erfüllung des Unterhaltsanspruchs zu bewerten.[164] Deshalb ist es erforderlich, die wirtschaftlichen Verhältnisse des Unterhaltsverpflichteten aufzuklären.[165] Zur Feststellung der Billigkeit hat überdies eine auf den jeweiligen Einzelfall bezogene, umfassende Abwägung unter Einbeziehung der Umstände von Trennung und Scheidung der Kindeseltern und der sich hieraus ergebenden Eltern-Kind-Beziehung zu erfolgen.[166] Auch der Umstand, dass sich das volljährige Kind noch in der allgemeinen Schulausbildung befindet, ist besonders zu berücksichtigen.[167]

105

---

158 OLG Karlsruhe, FamRZ 2004, 971.
159 BGH, 12.02.2014 – XII ZB 607/12, juris = NSW BGB § 1611; BGH, FamRZ 1995, 475.
160 BGH, 12.02.2014 – XII ZB 607/12, juris = NSW BGB § 1611; a.A. OLG Oldenburg, FamRZ 2013, 1051 als Vorinstanz; OLG Celle, NJW 2010, 3727.
161 BGH, 12.02.2014 – XII ZB 607/12, juris = NSW BGB § 1611.
162 OLG Oldenburg, FamRZ 2013, 1051.
163 OLG Karlsruhe, FamRZ 2011, 1800.
164 OLG Hamm, FamRZ 2007, 165.
165 OLG Brandenburg, FamRZ 2009, 1226.
166 OLG Hamm, NJW-RR 2006, 509.
167 KG, NJW 2016, 2345 Rn. 71.

106 Im Fall des Unterhaltsanspruchs der Mutter/des Vaters aus Anlass der Geburt gem. § 1615l BGB sind wegen der Vergleichbarkeit mit § 1570 BGB[168] bei der Billigkeitsprüfung des § 1611 BGB auch die Belange des betreuten Kindes zu berücksichtigen.

107 Grds. besteht eine Verpflichtung zur Zahlung von Unterhalt. Der Billigkeitsunterhalt stellt daher nur eine **Herabsetzung** des Unterhaltsanspruchs dar.

2. Entfallen des Unterhalts bei grober Unbilligkeit

108 Die Rechtsfolge des § 1611 Abs. 1 Satz 2 BGB beinhaltet neben dem Versagen des Unterhaltsanspruchs auch als weniger einschneidende Maßnahme dessen zeitliche Begrenzung. Für das Entfallen des Unterhaltsanspruchs muss allerdings eine **grobe Unbilligkeit** festgestellt werden. Auch die Zubilligung eines (geminderten) Billigkeitsunterhalts muss angesichts der vorliegenden Umstände für den Unterhaltspflichtigen nicht mehr tragbar sein.[169] Bspw. kommt dafür ein Verschweigen von Einkünften mit erheblicher krimineller Energie in Betracht.[170]

3. Keine Ersatzhaftung

109 Die Reduzierung oder der Wegfall des Unterhaltsanspruchs nach § 1611 Abs. 1 BGB wirkt umfassend, d.h. auch für die gleich- bzw. nachrangigen Unterhaltspflichtigen, § 1611 Abs. 3 BGB. Bei einer gemeinsamen Barunterhaltspflicht beider Elternteile ggü. einem volljährigen Kind führt eine Reduzierung oder Versagung des Unterhaltsanspruchs ggü. dem einen Unterhaltspflichtigen nicht zur Erhöhung des Unterhaltsanteils des anderen. Ebenso wenig tritt ein nachrangiger Unterhaltsverpflichteter an die Stelle desjenigen, dessen Unterhaltsverpflichtung nach § 1611 Abs. 1 BGB entfallen ist.

110 Soweit Verwandte unterhaltspflichtig werden, weil der vorrangige Unterhaltsanspruch wegen §§ 1361 Abs. 3, 1579 BGB entfallen ist, soll § 1611 Abs. 3 BGB **analoge Anwendung** finden.[171] Die Regelung greift deutlich weiter als eine Lösung über die erste Alternative des § 1611 Abs. 1 Satz 1 BGB. Ein Verstoß gegen § 1579 BGB kann oft auch das sittliche Verschulden begründen. Allerdings wäre sodann eine Billigkeitsabwägung vorzunehmen, nach der wirtschaftlich starke Unterhaltspflichtige durchaus zur Zahlung verpflichtet werden können.

III. Verzicht/Verzeihung

111 Der Unterhaltsgläubiger kann auf die Geltendmachung der Einwendung ausdrücklich oder konkludent verzichten. Ferner kann er dem Unterhaltsverpflichteten verzeihen. Beides führt dazu, dass die Härtegründe in einem späteren Verfahren nicht mehr berücksichtigt werden dürfen.[172] Für die Verzeihung ist es erforderlich, dass der Unterhaltspflichtige zum Ausdruck bringt, dass er die erlittene Kränkung nicht mehr als solche empfindet.[173] Dazu müssen konkrete Feststellungen zum Verzicht bzw. zum Verzeihen des Fehlverhaltens gemacht werden können. Das setzt bei Fortzahlung des Unterhalts insb. auch die **Kenntnis vom Fehlverhalten** voraus.[174]

IV. Konkurrenzen

112 Beim Unterhaltsanspruch der Mutter oder des Vaters aus Anlass der Geburt ist eine ergänzende Anwendung des § 1579 BGB angesichts der Verweisung in § 1615l Abs. 3 Satz 1 BGB auf die Vorschriften des Verwandtenunterhalts und nicht auf die des Ehegattenunterhalts zweifelhaft und wird

---

168 BGH, FamRZ 2010, 444.
169 OLG Hamburg, FamRZ 1984, 610 für den Härtegrund des sittlichen Verschuldens.
170 OLG Karlsruhe, OLGR 1999, 46.
171 Kleffmann/Klein/*Klein*, § 1611 Rn. 28.
172 OLG Karlsruhe, FamRZ 2011, 1800; Kleffmann/Klein/*Klein*, § 1611 Rn. 2.
173 BGH, FamRZ 1984, 760.
174 KG, FamRZ 2002, 1357.

in der Rechtsprechung teilweise offen gelassen,[175] teilweise ausdrücklich abgelehnt.[176] Allerdings wird z.T. anerkannt, dass die Maßstäbe des § 1579 BGB bei der Anwendung des § 1611 BGB herangezogen werden können.[177]

Soweit dem Kind ein Anspruch auf **Ausbildungsunterhalt** zusteht, endet der Unterhaltsanspruch bei Wegfall der Voraussetzungen des § 1610 Abs. 2 BGB. Eines Verwirkungstatbestands nach § 1611 Abs. 1 BGB bedarf es nicht.[178] 113

V. Ausschluss für den Minderjährigenunterhalt

Auf minderjährige unverheiratete Kinder findet die Regelung des Abs. 1 wegen § 1611 Abs. 2 keine Anwendung. Das gilt auch für den Fall, dass das Fehlverhalten des Minderjährigen noch in der Zeit der Volljährigkeit fortwirkt.[179] Insoweit kommt auch keine rückwirkende Verwirkung des Minderjährigenunterhalts in Betracht.[180] Allerdings trifft auch das minderjährige Kind unter Umständen eine Erwerbsobliegenheit, so dass ihm bei unterhaltsbezogenem Verstoß hiergegen fiktive Einkünfte zugerechnet werden können. § 1611 BGB steht dem nicht entgegen, weil es bei der Frage der Zurechnung fiktiver Einkünfte nicht um die Verwirkung eines Unterhaltsanspruchs, sondern um die Bedürftigkeit des Unterhaltsgläubigers geht.[181] 114

VI. Verfahrensrecht

Es handelt sich bei § 1611 BGB um eine von Amts wegen zu berücksichtigende rechtsvernichtende Einwendung. Der Unterhaltspflichtige hat die für eine Billigkeitsabwägung erforderlichen Tatsachen darzulegen und zu beweisen.[182] Soweit er einen Anspruch aus übergegangenem Recht geltend macht, ist es grds. möglich und auch zumutbar, die notwendigen Informationen vom vorherigen Rechtsinhaber zu beschaffen.[183] 115

Einem **Auskunftsantrag** zum Einkommen des Unterhaltspflichtigen kann über § 1611 BGB regelmäßig nicht der Erfolg versagt werden. Zur Billigkeitsprüfung ist es erforderlich, die Einkünfte des Unterhaltspflichtigen zu kennen.[184] 116

VII. Ausschluss des Forderungsübergangs § 94 SGB XII

1. Forderungsübergang

Nach § 94 Abs. 1 SGB XII geht ein nach bürgerlichem Recht bestehender Unterhaltsanspruch auf den Träger der Sozialhilfe über, soweit dieser an die unterhaltsberechtigte Person Leistungen erbracht hat. Inwieweit das auch für eine Gewährung auf Grundlage eines Darlehens gilt, ist streitig.[185] 117

---

175 BGH, FamRZ 2008, 1739; OLG Hamm, FamRZ 2011, 1600.
176 OLG Frankfurt, NZFam 2019, 627; OLG Nürnberg, FamRZ 2011, 735; für eine analoge Anwendung der Kinderschutzklausel des § 1579: OLG Rostock, OLGR 2007, 639.
177 OLG Karlsruhe, FamRZ 2011, 1800.
178 BGH, FamRZ 1998, 671.
179 KG, NJW-RR 2010, 879.
180 BGH, FamRZ 1995, 475; FamRZ 1988, 159.
181 OLG Karlsruhe, FamRZ 2019, 965; Staudinger/*Klinkhammer* 2018, § 1602 Rn. 165.
182 OLG Celle, FamRZ 2011, 984.
183 OLG Frankfurt am Main, FamRZ 2016, 1855 Rn. 22.
184 OLG Brandenburg, FamRZ 2009, 1226; OLG Hamm, FamRZ 2007, 165.
185 OLG Frankfurt, NJW 2019, 3314 Rn. 114.

2. Ausschluss des Übergangs

a) Ausschluss nach § 94 Abs. 1 Satz 2 SBG XII

118 Der Übergang des Anspruchs ist ausgeschlossen, soweit der Unterhaltsanspruch durch laufende Zahlung erfüllt wird. Der Übergang des Anspruchs ist auch ausgeschlossen, wenn die unterhaltspflichtige Person selbst Hilfe zum Lebensunterhalt erhält. Außerdem, wenn sie mit der unterhaltsberechtigten, die Sozialleistung beziehenden Person nicht im ersten Grad verwandt ist. Gleiches gilt für Unterhaltsansprüche gegen Verwandte ersten Grades einer Person, die schwanger ist oder ihr leibliches Kind bis zur Vollendung seines sechsten Lebensjahres betreut.

b) Ausschluss wegen unbilliger Härte nach § 94 Abs. 3 Satz 1 Nr. 2 SGB XII

119 Darüber hinaus kommt der Ausschluss des Übergangs auch dann in Betracht, wenn dieser nach § 94 Abs. 3 Satz 1 Nr. 2 SGB XII eine unbillige Härte darstellen würde.

aa) Unbillige Härte

120 Das Verständnis der unbilligen Härte hängt von den sich wandelnden Anschauungen der Gesellschaft ab. Die Härte kann in materieller oder immaterieller Hinsicht bestehen und entweder in der Person des Unterhaltspflichtigen oder des Unterhaltsberechtigten vorliegen. Bei der Auslegung ist in erster Linie die Zielsetzung der Hilfe zu berücksichtigen; daneben sind aber auch die allgemeinen Grundsätze der Sozialhilfe, die Belange der Familie und die wirtschaftlichen und persönlichen Beziehungen sowie die soziale Lage der Beteiligten heranzuziehen. Entscheidend ist allerdings stets, ob durch den Anspruchsübergang soziale Belange vernachlässigt werden.[186]

121 Eine unbillige Härte liegt insb. vor,
– wenn und soweit der Grundsatz der familiengerechten Hilfe, nach dem u.a. gem. § 16 SGB XII auf die Belange und Beziehungen in der Familie Rücksicht zu nehmen ist, ein Absehen von der Heranziehung gebietet,
– wenn die laufende Heranziehung in Anbetracht der sozialen und wirtschaftlichen Lage des Unterhaltspflichtigen mit Rücksicht auf die Höhe und Dauer des Bedarfs zu einer nachhaltigen und unzumutbaren Beeinträchtigung des Unterhaltspflichtigen und der übrigen Familienmitglieder führen würde,
– wenn die Zielsetzung der Hilfe in der Gewährung von Schutz und Zuflucht, etwa in einem Frauenhaus, besteht und dies durch die Mitteilung der Hilfe an den Unterhaltspflichtigen gefährdet erscheint oder
– wenn der Unterhaltspflichtige den Sozialhilfeempfänger bereits vor Eintritt der Sozialhilfe über das Maß einer zumutbaren Unterhaltsverpflichtung hinaus betreut oder gepflegt hat.[187]

bb) Abgrenzung zur unbilligen Härte nach § 1611 BGB

122 Aus der tatbestandlich vorausgesetzten unbilligen Härte ergeben sich Abgrenzungsschwierigkeiten mit § 1611 Abs. 1 BGB.

123 Während die Frage, ob der Unterhaltsanspruch nach § 1611 BGB verwirkt ist, rein zivilrechtlicher Natur ist, richtet sich die Frage des Anspruchsübergangs gem. § 94 Abs. 1 SGB XII nach **öffentlichem Recht**. Deshalb genügt eine zivilrechtlich einzuordnende Störung familiärer Beziehungen i.S.d. § 1611 BGB grds. nicht, um eine unbillige Härte i.S.d. § 94 Abs. 3 Satz 1 Nr. 2 SGB XII zu begründen und damit einen Anspruchsübergang auf den Träger der Sozialhilfe auszuschließen.[188] Dies gilt schon gar nicht für eine an sich unter § 1611 BGB fallende Sachverhaltskonstellation, die nicht sämtliche Merkmale dieser Norm – wie etwa das Verschulden – erfüllt und deshalb nicht zu

---

186 BGH, FamRZ 2010, 1418; BGH, FamRZ 2004, 1097.
187 BGH, FamRZ 2003, 1468 = FuR 2004, 71.
188 BGH, FamRZ 2010, 1888 unter Hinweis auf BVerwG, BVerwGE 58, 209; ZfSH 1980, 84.

einer Verwirkung des Unterhaltsanspruchs führt.[189] Etwas anderes gilt nur dann, wenn der nach § 1611 BGB zu beurteilende Lebenssachverhalt aus Sicht des Sozialhilferechts auch soziale Belange erfasst, die einen Übergang des Anspruchs nach öffentlich-rechtlichen Kriterien ausschließen.[190]

c) Kein Übergang bei fehlendem Unterhaltsanspruch

§ 94 Abs. 1 SGB XII setzt einen Unterhaltsanspruch voraus. Deshalb begründet § 1611 Abs. 1 BGB zunächst insoweit eine Sperrwirkung, als die nach ihm versagten bzw. zu versagenden Unterhaltsansprüche ohnehin nicht bestehen und deshalb bereits nicht auf den Träger der Sozialhilfe übergehen können.[191]   124

D. Verwirkung der Unterhaltsansprüche nach § 242 BGB

I. Allgemeines

Grds. gilt, je kürzer die Verjährungszeit, desto geringer ist der Anwendungsbereich für die Annahme einer Verwirkung.[192] Dieser Grundsatz gilt im Unterhaltsrecht nicht.   125

Die Verwirkung ist ein Unterfall der unzulässigen Rechtsausübung wegen widersprüchlichen Verhaltens. Sie setzt voraus, dass   126
– der Berechtigte ein Recht längere Zeit nicht geltend macht, obwohl er dazu in der Lage wäre (sog. Zeitmoment) und
– der Verpflichtete sich mit Rücksicht auf das gesamte Verhalten des Berechtigten darauf einrichten durfte und sich darauf eingerichtet hat, dieser werde sein Recht auch künftig nicht mehr geltend machen (sog. Umstandsmoment).

Insofern gilt für Unterhaltsrückstände nichts anderes als für andere, in der Vergangenheit fällig gewordene Ansprüche.[193] Ebenso wie bei der Begründung des Vertrauenstatbestands gem. § 242 BGB ggü. allgemeinen zivilrechtlichen Ansprüchen genügt es im Unterhaltsrecht nicht, wenn der Unterhaltsgläubiger untätig bleibt.[194]   127

Eine Verwirkung noch nicht fällig gewordener Unterhaltsansprüche scheidet nach § 242 BGB aus.[195]   128

I.Ü. gelten nahezu identische Verwirkungsvoraussetzungen für Trennungs- und nachehelichen Ehegattenunterhalt, Kindes- und Elternunterhaltsansprüche sowie solchen aus Anlass der Geburt.   129

II. Geltendmachung rückständigen Unterhalts

Der Unterhalt dient seinem Wesen nach der Deckung des laufenden Lebensbedarfs. Eine Befriedigung dieser Bedürfnisse für eine zurückliegende Zeit ist grds. nicht möglich, weshalb der Unterhalt für die Vergangenheit eine Ausnahme darstellt. Ihn geltend zu machen richtet sich sowohl für den Trennungs- und nachehelichen Ehegattenunterhalt als auch für den Verwandtenunterhalt und den Unterhalt aus Anlass der Geburt nach § 1613 Abs. 1 BGB (vgl. §§ 1360a Abs. 3, 1585 Abs. 2, 1615l Abs. 2 BGB).   130

Voraussetzung für die Beanspruchung rückständigen Unterhalts ist danach   131
– die Aufforderung zur Auskunft,
– eine Inverzugsetzung oder
– die Rechtshängigkeit.

---

189 BGH, FamRZ 2010, 1888.
190 BGH, FamRZ 2010, 1888 unter Hinweis auf BVerwG, BVerwGE 58, 209; ZfSH 1980, 84.
191 BGH, FamRZ 2010, 1418; FamRZ 2004, 1097.
192 BGH, FamRZ 1988, 478.
193 BGH, FamRZ 2004, 531 = FuR 2004, 226.
194 BGH, FamRZ 2020, 681; BGH, FamRZ 2020, 589.
195 BGH, FamRZ 2002, 1698.

132 Das Vorliegen der Voraussetzungen zur Geltendmachung rückständigen Unterhalts führt lediglich zur Begründung eines solchen Anspruchs. Ob der Unterhaltsschuldner berechtigt ist, die Leistung zu verweigern, hängt weiter davon ab, ob der von Amts wegen zu berücksichtigende **Einwand der Verwirkung** gem. § 242 BGB erfolgreich entgegengehalten werden kann. Ein nicht geltend gemachter Unterhaltsanspruch kann grundsätzlich schon vor Eintritt der Verjährung und auch während der Hemmung nach § 207 Abs. 1 Satz 2 Nr. 2 BGB verwirkt sein.[196]

133 Zu unterscheiden ist zwischen titulierten und nicht titulierten Unterhaltsansprüchen.

III. Verwirkung nicht titulierter Unterhaltsansprüche

134 Eine Verwirkung rückständiger Unterhaltsansprüche kommt wegen illoyal verspäteter Geltendmachung gem. § 242 BGB in Betracht. Wird der Unterhalt erst nach Ablauf einer längeren Zeit gerichtlich geltend gemacht, obwohl der Unterhaltsschuldner zuvor
– den Unterhaltsverpflichteten zur Auskunft aufgefordert hat,
– den Unterhaltsverpflichteten in Verzug gesetzt hat oder
– eine Stufenklage eingereicht hat, die nach Beendigung der Auskunftsstufe noch rechtshängig ist, aber das Betragsverfahren lange Zeit nicht durchgeführt wurde,

kann eine Verwirkung angenommen werden, wenn Zeit- und Umstandsmomente vorliegen, die eine solche illoyal verspätete Geltendmachung begründen.[197] Das bloße Unterlassen der Geltendmachung des Unterhalts oder der Fortsetzung einer begonnenen Geltendmachung kann das Umstandsmoment der Verwirkung nicht begründen.[198]

1. Das Zeitmoment

135 Die Verwirkung des Unterhaltsanspruchs kann bereits vor Ablauf der allgemeinen Verjährungsfrist von drei Jahren gem. § 195 BGB eintreten. So gilt für den nachehelichen Ehegattenunterhalt gem. § 1585b Abs. 3 BGB und bei der Beanspruchung von Sonderbedarf nach § 1613 Abs. 2 Nr. 1 BGB eine **Jahresfrist** zur Geltendmachung von rückständigem Unterhalt. § 1585b Abs. 3 BGB ist als spezielle Ausformung des Rechtsinstituts der Verwirkung anzusehen.[199] Die vom Gesetzgeber in diesen Fällen vorgesehene Zeitschranke wird deshalb auch für die Verwirkung von Unterhaltsansprüchen im Allgemeinen argumentativ herangezogen.

136 Grds. gilt, dass an das Zeitmoment keine besonderen Anforderungen zu stellen sind.[200] Als Begründung wird in erster Linie der **Schuldnerschutz** herangezogen. Der Unterhaltsschuldner soll in besonderem Maße davor geschützt werden, dass aufgrund der wiederkehrenden Unterhaltslast eine Schuld heranwächst, die ihn am Ende vor nicht zu bewältigende finanzielle Schwierigkeiten stellt, ihn gleichsam finanziell erdrückt.

137 Darüber hinaus wird angeführt, dass es für weit zurückliegende Unterhaltsansprüche regelmäßig zu besonderen Schwierigkeiten bei der Feststellung der Leistungsfähigkeit kommen kann. Dieses Argument bezeichnet der BGH allerdings selbst als eher schwach.[201]

138 Das Zeitmoment wird deshalb nach Ablauf eines Zeitraums von **mehr als einem Jahr** nach Fälligkeit des Unterhaltsanspruchs erfüllt.[202] Allerdings ist im Einzelfall zu berücksichtigen, wann die vollständige Auskunft tatsächlich erteilt wurde.

---

196 BGH, FamRZ 2018, 589 Rn. 16.
197 BGH, FamRZ 2007, 453 = FuR 2007, 172; BGH, FamRZ 1982, 898.
198 BGH, FamRZ 2018, 681.
199 BGH, FamRZ 2005, 1162, 1163.
200 BGH, 22.11.2006 – XII ZR 152/04, FamRZ 2007, 453, 455.
201 BGH, FamRZ 2004, 531.
202 BGH, FamRZ 2018, 681 Rn. 17; BGH, FamRZ 2018, 589 Rn. 13; BGH, FamRZ 2007, 453 = FuR 2007, 172.

2. Das Umstandsmoment

a) Schützenswertes Vertrauen

Beim Umstandsmoment ist zu prüfen, ob der Berechtigte durch sein Verhalten beim Pflichtigen ein schützenswertes Vertrauen dahin geschaffen hat, er werde den Unterhalt nicht in Anspruch nehmen. Ebenso wie bei der Begründung des Vertrauenstatbestands gem. § 242 BGB ggü. allgemeinen zivilrechtlichen Ansprüchen genügt es im Unterhaltsrecht nicht, wenn der Unterhaltsgläubiger nur **untätig** bleibt.[203] Dies reicht nur dann aus, wenn zuvor über eine eigene Erwerbstätigkeit des Unterhaltsgläubigers gestritten worden ist und der Unterhaltspflichtige deshalb davon ausgehen durfte, dass der andere seinen Bedarf selbst deckt und keinen Unterhalt benötigt.[204] Auch das Unterlassen einer Handlung nach konkreter Androhung eines Verfahrens kann ein schützenswertes Vertrauen begründen.[205] Allerdings liegt es fern, von einem schützenswerten Vertrauen auszugehen, wenn der Unterhaltspflichtige selbst an den Unterhaltsberechtigten herantritt, um eine Klärung etwaiger Unterhaltsansprüche herbeizuführen.[206] 139

b) Disposition des Unterhaltpflichtigen

Einer besonderen Vertrauensinvestition des Unterhaltsschuldners bedarf es nicht. Vielmehr muss sich aus den Gesamtumständen seiner tatsächlich gelebten, persönlichen und wirtschaftlichen Verhältnisse ein Vertrauen auf die Nichtinanspruchnahme ergeben.[207] Dabei genügt es, wenn der Unterhaltsschuldner sein Einkommen entsprechend seinen Lebensverhältnissen schlicht verbraucht, ohne besondere Rücklagen für Unterhaltszwecke zu bilden.[208] 140

Das Umstandsmoment kann aber fehlen, wenn der Unterhaltspflichtige ob seines hohen Einkommens nicht schützenswert ist.[209] 141

IV. Verwirkung titulierter Unterhaltsansprüche

1. Verwirkung titulierter, künftig fällig werdender Unterhaltsansprüche

a) Künftig fällig werdender Unterhalt

Der Begriff des künftig fällig werdenden Unterhalts unterscheidet sich vom Begriff des laufenden Unterhalts. Die Abgrenzung zum rückständigen Unterhalt erfolgt nicht mit Ablauf des Monats der Rechtshängigkeit gem. § 1613 Abs. 1 BGB, sondern die Zäsur zwischen rückständigen und künftig fällig werdenden Leistungen i.S.d. § 197 Abs. 2 BGB tritt mit Ablauf des Monats der Rechtskraft des Beschlusses bzw. des Abschlusses des Vergleichs oder des Datums der Urkunde ein. 142

b) Voraussetzungen der Verwirkung

An die Verwirkung titulierter, künftig fällig werdender Unterhaltsansprüche werden ebenfalls keine besonderen, zusätzlichen Anforderungen gestellt.[210] 143

Dies gilt insb. für das **Zeitmoment**. Auch wenn ein Argument des kurzen Zeitmoments für nicht titulierte Unterhaltsansprüche entfällt, nämlich die Schwierigkeit der nachträglichen Rekonstruktion 144

---

203 BGH, FamRZ 2018, 681 Rn. 21; BGH, FamRZ 2018, 589; BGH, NJW-RR 2014, 195 Rn. 11.
204 BGH, FamRZ 2007, 453 = FuR 2007, 172.
205 BGH, FamRZ 1988, 370.
206 OLG Brandenburg, NZFam 2017, 465.
207 BGH, FamRZ 2002, 1698 = FuR 2003, 26.
208 BGH, FamRZ 2007, 453 = FuR 2007, 172; OLG Brandenburg, FamRZ 2014, 1708 Rn. 28.
209 BGH, FamRZ 2004, 531.
210 BGH, FamRZ 1999, 1422 = FuR 2000, 91; WKRS 2003, 19230; OLG Hamm, FPR 2003, 257, 258.

der Einkommensverhältnisse, so begründet der Schuldnerschutz auch hier einen grundsätzlichen Gleichlauf der Zeitspanne der Verwirkung von titulierten und nicht titulierten Ansprüchen. Die Schuldenlast kann mit ihrem fortlaufenden Zuwachs den Unterhaltsschuldner erdrücken. Wenn aber von einem Unterhaltsgläubiger verlangt werden kann, dass er seinen Unterhalt zeitnah geltend macht, so kann von ihm erst recht verlangt werden, dass er zeitnah Vollstreckungsmaßnahmen einleitet.

145 Als weiteres Argument folgt der Hinweis auf das ebenfalls dem Schuldnerschutz dienende Verjährungsrecht. Danach verjähren titulierte, künftig fällig werdende Unterhaltsansprüche ebenso innerhalb der Regelverjährungsfrist wie ein nicht titulierter Anspruch, §§ 197 Abs. 2, 195 BGB.

146 Eine geringere Schutzwürdigkeit des Schuldners ist im Hinblick auf das Zeitmoment nicht angenommen worden.[211]

147 Das Zeitmoment ist danach grds. nach Ablauf von etwas mehr als **einem Jahr** nach Fälligkeit des künftigen Unterhaltsanspruchs erfüllt.[212]

2. Verwirkung titulierter, rückständiger Unterhaltsansprüche

148 Eine Verwirkung titulierter, der 30-jährigen Verjährungsfrist unterliegenden Unterhaltsansprüche kommt nicht innerhalb des sonst üblichen Rahmens in Betracht. Hier kann allenfalls nach allgemeinen Überlegungen eine Verwirkung nach § 242 BGB angenommen werden. Der in den Mittelpunkt gestellte **Schuldnerschutz** erfordert eine frühzeitige Verwirkung jedenfalls nicht, da der Anspruch bereits tituliert feststeht und auch insoweit nicht weiter anwächst. Die veröffentlichten Entscheidungen befassen sich regelmäßig mit der Verwirkung künftig fällig werdenden Unterhalts.

V. Besonderheiten bei der Verwirkung von Unterhaltsansprüchen minderjähriger Kinder

149 Unterhaltsansprüche Minderjähriger verjähren wegen der Hemmungswirkung des § 207 Abs. 1 Satz 2 Nr. 2 BGB bis zum Eintritt der Volljährigkeit nicht. Der Grund für diese Regelung ist, dass der Gesetzgeber den auf gegenseitige Rücksichtnahme gegründeten Familienfrieden vor Störungen hat bewahren wollen. Ein Wunsch, der durch die kurzen Fristen des erfolgreichen Verwirkungseinwands unterlaufen wird.

150 Die Rechtsprechung erkennt die Möglichkeit der Verwirkung von Kindesunterhaltsansprüchen während der Zeit der Verjährungshemmung nach § 207 Abs. 1 Satz 2 Nr. 2 BGB an.[213]

VI. Verwirkung übergegangener Unterhaltsansprüche

151 Für die Beurteilung der Voraussetzungen der Verwirkung, also von Zeit- und Umstandsmoment, ist es ohne Belang, ob der Unterhaltsschuldner selbst den Anspruch geltend macht oder Unterhalt aus übergegangenem Recht, bspw. vom Träger der Sozialhilfe, beansprucht wird. Die Frage der fehlenden tatsächlichen Bedürftigkeit des Anspruchsinhabers (hier des Trägers der Sozialhilfe) wirkt sich insoweit nicht aus.[214]

---

211 BGH, FamRZ 2004, 531; BGH, FamRZ 1999, 1422.
212 BGH, FamRZ 2004, 531.
213 BGH, FamRZ 2018, 589; BGH, FamRZ 1999, 1422; BGH, FamRZ 1988, 370; OLG Nürnberg, ZFE 2010, 474; OLG Karlsruhe, FamRZ 2005, 1855, 1856; OLG Frankfurt am Main, OLG-R 2007, 320, 321.
214 BGH, FamRZ 2002, 1698 = FuR 2003, 26.

VII. Wirkung der Verwirkung

Durch die Verwirkung entfällt der vor dem Ablauf des Zeitmoments liegende Anspruch, nicht aber die Verzugsfolgen.[215] Der Unterhaltsgläubiger kann daher für die nähere Vergangenheit Unterhalt beanspruchen, ohne erneut in Verzug setzen zu müssen.

E. Die Verjährung von Unterhaltsansprüchen

I. Allgemeines

Da die Verwirkung bereits nach einem Jahr, die Verjährung aber frühestens nach drei Jahren eintreten kann, ist in der Praxis häufiger die rechtsvernichtende Einwendung die Verwirkung zu prüfen, als die Einrede der Verjährung.

Bei der Prüfung der Verjährung des Unterhaltsanspruchs ist zwischen titulierten und nicht titulierten Unterhaltsansprüchen zu unterscheiden. Bei den titulierten Unterhaltsansprüchen bestehen sodann Unterschiede zwischen den titulierten rückständigen und titulierten künftig fällig werdenden Unterhaltsansprüchen.

II. Nicht titulierte Unterhaltsansprüche

Unterhaltsansprüche unterliegen der regelmäßigen Verjährungsfrist von drei Jahren gem. § 195 BGB. Der Grund dafür ist im Wesentlichen der Schutz des Schuldners vor einem ruinösen Anwachsen von Unterhaltsschulden, die er sonst regelmäßig durch seine laufenden Einkünfte zu bedienen hätte. Das gilt auch für den auf den Scheinvater übergegangenen Anspruch.

Die Verjährungsfrist beginnt gem. § 199 Abs. 1 BGB mit dem Schluss des Jahres, in dem der Anspruch entstanden ist. Der Unterhaltsberechtigte kann daher im günstigsten Fall für vier Jahre seine rückständigen Unterhaltsansprüche verfolgen, ehe ihm die Verjährungseinrede mit Erfolg entgegengehalten werden kann. Beim Scheinvaterregress kann das den Beginn der Verjährungsfrist auslösende Ereignis auch bereits mit der Rechtskraft der Vaterschaftsanfechtung begründet werden.[216]

Der Ablauf der Verjährungsfrist ist für Trennungsunterhaltsansprüche bis zur rechtskräftigen Scheidung und für Kindesunterhaltsansprüche bis zum Eintritt der Volljährigkeit gem. § 207 Abs. 1 Satz 1 bzw. Satz 2 Nr. 2 BGB gehemmt.

III. Titulierte Unterhaltsansprüche

Grds. unterliegen sowohl rechtskräftig festgestellte Ansprüche als auch Ansprüche aus vollstreckbaren Vergleichen oder vollstreckbaren Urkunden der 30-jährigen Vollstreckungsverjährungsfrist gem. § 197 Abs. 1 Nr. 3 und 4 BGB. Bei Unterhaltsansprüchen ist gem. § 197 Abs. 2 BGB zu unterscheiden. Im Beschluss oder in Urkunden bzw. Vergleichen festgestellte rückständige Unterhaltsansprüche verjähren nach 30 Jahren, während künftig fällig werdende titulierte Ansprüche erneut der regelmäßigen Verjährungsfrist von 30 Jahren unterliegen.

1. Künftig fällig werdender Unterhalt

Der Begriff des künftig fällig werdenden Unterhalts unterscheidet sich vom Begriff des laufenden Unterhalts. Die Abgrenzung zum rückständigen Unterhalt erfolgt nicht mit Ablauf des Monats der Rechtshängigkeit gem. § 1613 Abs. 1 BGB, sondern die Zäsur zwischen rückständigen und künftig fällig werdenden Leistungen i.S.d. § 197 Abs. 2 BGB tritt mit Ablauf des Monats der Rechtskraft des Urteils bzw. des Abschlusses des Vergleichs oder des Datums der Urkunde ein. Auch die im Beschluss als laufender Unterhalt bezeichneten Beträge unterliegen danach bis zum Monat der Rechtskraft der 30-jährigen Verjährungsfrist. Ebenfalls der 30-jährigen Verjährungsfrist unterliegt

---

215 BGH, FamRZ 2007, 453, 455; a.A. OLG Oldenburg, FamRZ 2005, 722.
216 BGH, FamRZ 2017, 900 Rn. 23.

die in einem Unterhaltsabfindungsvergleich festgelegte (künftige) einmalige Zahlung eines Unterhaltsbetrages. Die Verpflichtung zur Zahlung eines Abfindungsbetrages entzieht der Zahlungsverpflichtung den Charakter einer wiederkehrenden Leistung.[217]

2. Maßnahmen zur Unterbrechung der Verjährung

160 Schutz vor der drohenden (kurzen) Verjährung bietet neben der für Trennungs- und Kindesunterhalt bestehenden Hemmung der Verjährungsfrist nach § 207 Abs. 1 Satz 1 bzw. Satz 2 Nr. 2 BGB auch § 212 Abs. 1 Nr. 2 BGB. Danach beginnt mit jedem Antrag auf eine gerichtliche Vollstreckungshandlung die Verjährungsfrist von Neuem zu laufen.

161 Ist die Einleitung der Vollstreckung nicht möglich, bspw. wegen des unbekannten Aufenthalts des Unterhaltsschuldners, muss der künftig fällig werdende Unterhalt vor Ablauf der Verjährungsfrist erneut tituliert werden, um einer etwaigen späteren Verjährungseinrede den Erfolg zu nehmen. Das nach § 256 ZPO erforderliche **Feststellungsinteresse** liegt vor, wenn die Feststellungsklage als ultima ratio den Eintritt der Verjährung verhindern kann.[218]

---

217 BGH, NZFam 2014, 994.
218 BGH, VersR 2003, 1323, 1324.

Kapitel 10 Unterhaltsvereinbarungen

Übersicht	Rdn.	Übersicht	Rdn.
A. Vereinbarungen zum Kindesunterhalt	1	I. Vereinbarungen zum Familienunterhalt	32
I. Obhutsprinzip beim minderjährigen Kind	3	1. Vereinbarungen zur häuslichen Gemeinschaft	32
II. Grenzen zulässiger Vereinbarungen	12		
III. Mehrbedarf, Sonderbedarf	18	II. Vereinbarungen zum Trennungsunterhalt	33
IV. Titulierungsmöglichkeiten	21		
V. Vereinbarungen beim Unterhalt für volljährige Kinder	25	III. Vereinbarungen zum Nachscheidungsunterhalt	39
B. Vereinbarungen zum Ehegattenunterhalt	31		

A. Vereinbarungen zum Kindesunterhalt

Vereinbarungen zum Kindesunterhalt sind, anders als Vereinbarungen über nacheheliche Ehegattenunterhalt, die vor der Scheidung getroffen werden (§ 1585c Satz 2 BGB), auch nach Inkrafttreten des UÄndG **nicht formbedürftig**. Eine vertragliche Regelung des Kindesunterhalts kann jedoch nach § 139 BGB unwirksam sein, wenn sie mit einer wegen Formmangels nichtigen Vereinbarung über Ehegattenunterhalt verbunden ist. I.Ü. sind **Vereinbarungen** über Kindesunterhalt nur **eingeschränkt zulässig**, weil auf künftigen Unterhalt nicht verzichtet werden darf (§ 1614 Abs. 1 BGB). Möglich ist allerdings, durch Vereinbarung einen Anspruch auf Unterhalt zu begründen, auch wenn die gesetzlichen Voraussetzungen hierfür nicht vorliegen. 1

Vereinbarungen können zwischen dem **volljährigen Kind** und den Eltern getroffen werden. 2

Für das Kind verbindlich wirkt nur eine gerichtliche Entscheidung oder ein gerichtlicher Vergleich (§ 1629 Abs. 3 Satz 2 BGB), nicht jedoch eine Unterhaltsvereinbarung der Eltern. Um in diesem Fall auch dem Kind eigene Ansprüche zu gewähren, wird eine solche Vereinbarung als **echter Vertrag zu Gunsten des Kindes** abgeschlossen. Damit erlangt das Kind einen eigenen Titel, der auch über die Volljährigkeit hinausgehen kann.

Für das **minderjährige Kind** muss der Alleinsorgeberechtigte, bei gemeinsamer Sorge der Elternteil, in dessen **Obhut** sich das Kind befindet (§ 1629 Abs. 2 Satz 2 BGB), die Vereinbarung schließen. Bei noch verheirateten Eltern, die getrennt leben oder zwischen denen eine Ehesache anhängig ist, kann ein Elternteil den Unterhaltsanspruch des Kindes nur in eigenem Namen geltend machen (§ 1629 Abs. 3 Satz 1 BGB) und sich dann auch für das Kind mit dem anderen Elternteil über den Kindesunterhalt einigen.

I. Obhutsprinzip beim minderjährigen Kind

Minderjährige Kinder werden grds. von ihren Eltern gemeinschaftlich vertreten (§ 1629 Abs. 1 Satz 2 BGB, **Gesamtvertretung**), sofern nicht einem Elternteil das alleinige Sorgerecht zusteht (§ 1629 Abs. 1 Satz 3 BGB). Ist über das Sorgerecht noch nicht gerichtlich entschieden oder verbleibt es auch nach Trennung der Eltern bei der gemeinsamen Sorge, kann der Elternteil, in dessen **Obhut** sich das gemeinsame Kind befindet, für dieses den Unterhalt gegen den anderen Elternteil geltend machen (§ 1629 Abs. 2 Satz 2 BGB). Das Gleiche gilt bei Kindern nicht miteinander verheirateter Eltern, die das gemeinsame Sorgerecht innehaben. 3

Obhut hat derjenige Elternteil inne, bei dem der **Schwerpunkt der tatsächlichen Fürsorge** liegt.[1] Die Obhut begründet einen Sonderfall der gesetzlichen Alleinvertretung für das minderjährige Kind zur Geltendmachung von Barunterhaltsansprüchen. Die Obhutsverhältnisse sollten, ggf. auch nur klarstellend, in einer Vereinbarung zum Kindesunterhalt geregelt sein. 4

---

1 BGH, FamRZ 2006, 1015.

▶ **Formulierungsbeispiel Obhut:**

5 Nach der einvernehmlichen Entscheidung der Eltern befindet sich das gemeinsame Kind..... in der Obhut der Mutter, in deren Haushalt es lebt und überwiegend betreut wird.

6 Während der Anhängigkeit einer Ehesache oder während des Getrenntlebens besteht für das minderjährige Kind Verfahrensstandschaft.[2] Der nach § 1629 Abs. 2 Satz 2 BGB gesetzlich vertretende Elternteil macht **im eigenen Namen** die Ansprüche mit Wirkung für und gegen das Kind geltend (§ 1629 Abs. 3 Satz 2 BGB).

7 Die Verfahrensstandschaft endet, wenn das minderjährige Kind während des Unterhaltsverfahrens **volljährig** wird. Das volljährig gewordene Kind kann sodann im Wege eines **gewillkürten Beteiligtenwechsels** ohne Zustimmung des Antragsgegners in das Verfahren eintreten.[3] Die Verfahrensstandschaft endet auch bei einem **Obhutswechsel**. Die Aktivlegitimation wechselt damit auch für Unterhaltsrückstände.[4] Der bisher Betreuende kann aber seinen Antrag wegen der Rückstände sachdienlich auf einen **familienrechtlichen Ausgleichsanspruch** ändern.[5]

8 Von Eltern im eigenen Namen geschlossene Vereinbarungen wirken für und gegen das minderjährige Kind, wenn sie gerichtlich protokolliert wurden. Notarielle Unterhaltsvereinbarungen der Eltern wirken nicht ohne Weiteres für das minderjährige Kind. Soll das Kind selbst anspruchsberechtigt werden, ist die Vertretung des Kindes offenzulegen oder ist ein echter **Vertrag zugunsten Dritter** (§ 328 Abs. 1 BGB) zu schließen.[6]

▶ **Formulierungsbeispiel für den Vertrag zugunsten Dritter:**

9 Durch die vorstehende Vereinbarung zwischen..... soll das gemeinsame Kind..... einen eigenen unmittelbaren Zahlungsanspruch gegen..... erlangen (§ 328 Abs. 1 BGB).

10 Auch sollte in der Vereinbarung geregelt werden, wem ggü. die **Zwangsvollstreckungsunterwerfung** (§ 794 Abs. 1 Nr. 5 ZPO) erfolgt.

▶ **Formulierungsbeispiel:**

11 Herr..... unterwirft sich wegen seiner Verpflichtung zur Zahlung eines monatlichen Unterhalts i.H.v...... € ggü. seinem Kind..... der sofortigen Zwangsvollstreckung in sein gesamtes Vermögen, und zwar auch in der Weise, dass auch die Mutter, Frau....., berechtigt sein soll, die Vollstreckung im eigenen Namen zur Leistung an das Kind zu betreiben. Eine vollstreckbare Ausfertigung dieser Urkunde kann jederzeit auf Antrag erteilt werden, wobei auch Frau..... berechtigt ist, die Erteilung der vollstreckbaren Ausfertigung zu beantragen.

II. Grenzen zulässiger Vereinbarungen

12 Auf Kindesunterhalt kann für die Zukunft nicht verzichtet werden (§ 1614 Abs. 1 BGB). Dieses Verbot betrifft auch einen **teilweisen Unterhaltsverzicht**. Eine Vereinbarung über den Kindesunterhalt darf sich nicht soweit vom gesetzlichen Unterhaltsanspruch entfernen, dass sie auf einen vollständigen oder teilweisen Verzicht hinausläuft. Ohne Bedeutung ist, ob die Parteien einen (Teil-)Verzicht ausdrücklich vereinbart haben. Es genügt, wenn der Kindesunterhalt objektiv verkürzt würde.[7]

13 Zulässig ist ein **Verzicht** auf Kindesunterhalt **für die Vergangenheit** (Erlassvertrag nach § 397 BGB).

---

2 Vgl. BGH, FamRZ 2000, 221.
3 BGH, FamRZ 2013, 1378.
4 BGH, FamRZ 2006, 1075; OLG München, NJW-RR 2003, 1010.
5 OLG Frankfurt am Main, FamRZ 2007, 909; vgl. jedoch auch OLG Rostock, FamRZ 2003, 933.
6 *Bergschneider*, Verträge in Familiensachen Rn. 256, 939; *Göppinger/Börger/Pfeil*, Vereinbarungen, Teil 4 Rn. 95 ff.
7 BGH, FamRZ 1984, 997.

Von einem unzulässigen Verzicht abzugrenzen ist eine grds. zulässige **Vereinbarung der Eltern** hinsichtlich des Kindesunterhalts. Durch eine solche Vereinbarung bleibt der Anspruch des Kindes unberührt.[8] Das Kind wird nicht gehindert, den Unterhalt gegen den freigestellten Elternteil geltend zu machen.[9] Dies gilt auch, wenn der Elternteil, der sich zur Freistellung des anderen verpflichtet hat, nach § 1629 Abs. 2 Satz 2 BGB als gesetzlicher Vertreter im Namen des Kindes oder nach § 1629 Abs. 3 Satz 1 BGB im eigenen Namen Kindesunterhalt verlangt.[10] Die **Freistellungsvereinbarung** zwischen den Elternteilen stellt sich als **Erfüllungsübernahme** dar.[11] Die Freistellungsvereinbarung kann auch, sofern entsprechende Anhaltspunkte bestehen, konkludent erfolgen.[12] Die Freistellungsvereinbarung kann sittenwidrig sein, wenn etwa das Sorgerecht über ein minderjähriges Kind als Tauschobjekt für die Freistellung benutzt wird[13] oder sie mit einer dem Kindeswohl widersprechenden Regelung hinsichtlich der Ausübung des Umgangs verbunden wird.[14]

14

▶ Formulierungsbeispiel für eine Freistellungsvereinbarung:

Herr..... und Frau..... vereinbaren, dass Frau..... Herrn..... für die Dauer von..... Jahren nach Abschluss dieser Vereinbarung und bis zum..... von der Zahlung von Kindesunterhalt für das gemeinsame Kind....., geboren am..... freistellt und freihält.

15

Die Vereinbarung betrifft nur das Innenverhältnis der Elternteile und ändert die Ansprüche der Kinder gegen die Eltern nicht.

Ggf. Motivation für die Freistellungsvereinbarung noch schildern.

Etwa:

Der Grund für diese Freistellungsvereinbarung liegt darin, dass Herr..... für die Dauer von..... Jahren ehegemeinsame Verbindlichkeiten i.H.v...... allein bedient und Gesamtschuldnerausgleichsansprüche ggü. Frau..... nicht geltend macht. Herr..... und Frau..... sind unter Beachtung des Kindeswohls darüber einig, dass die Freistellungsvereinbarung keine nachteilige Wirkung auf die Betreuung des Kindes..... hat, insb. nicht zu einer erweiterten beruflichen Tätigkeit von Frau..... führt.

Andererseits besteht für die Bemessung des Kindesunterhalts nach § 1610 BGB ein gewisser Spielraum. Zulässig ist eine **Unterschreitung der Tabellensätze** um 20 %, nicht mehr um (mehr als) ein Drittel.[15]

16

Im Hinblick auf eine spätere Abänderung **sollten die Grundlagen der Vereinbarung**, insb. die Einkommensverhältnisse des barunterhaltspflichtigen Elternteils, **in der Vereinbarung aufgenommen werden**.

17

III. Mehrbedarf, Sonderbedarf

In den Tabellensätzen der Düsseldorfer Tabelle sind über den Mindestbedarf hinausgehende regelmäßig wiederkehrende und voraussehbare Mehrkosten, wie z.B. Unterbringung in einer Privatschule, im Internat, die Gewährung von Nachhilfeunterricht etc., nicht enthalten.

18

Derartige Kosten können zusätzlich geltend gemacht und tituliert werden.

19

---

8 BVerfG, FamRZ 2002, 343.
9 BGH, FamRZ 1986, 444.
10 OLG Stuttgart, FamRZ 2006, 866; vgl. jedoch auch OLG Naumburg, FamRZ 2005, 298.
11 BGH, FamRZ 2009, 768.
12 BGH, FamRZ 2008, 2104.
13 BGH, FamRZ 1984, 778.
14 BGH, FamRZ 1984, 778.
15 BGH, FamRZ 1984, 997; OLG Karlsruhe, NJW-RR 2006, 1586; OLG Brandenburg, FamRZ 2004, 558.

▶ Formulierungsbeispiel bei begründetem Mehrbedarf:

20 Zusätzlich zu dem vorbezeichneten Unterhalt (Tabellenunterhalt./. hälftigen Kindergeldes) verpflichtet sich Herr….. für sein Kind….. zu Händen der Kindesmutter zunächst befristet bis zum….. einen zweckgebundenen Unterhaltsbetrag wegen Mehrbedarfs für die Beiträge bei der Musikschule bis zu einer Höhe von monatlich….. € als statischen Zuschlag bis zum 3. Werktag eines jeden Monats zu zahlen. Dieser Zuschlag bleibt auch im Fall einer Abänderung des regelmäßigen Unterhalts unverändert. Eine Ausgleichspflicht der Mutter entsprechend einer evtl. bestehenden anteiligen Haftung besteht nicht. Frau….. verpflichtet sich, Herrn….. unverzüglich zu unterrichten, wenn der Musikschulunterricht entfällt.

Ähnlich kann auch der Sonderbedarf, d.h. ein unregelmäßiger oder außergewöhnlicher Bedarf erfasst werden.

IV. Titulierungsmöglichkeiten

21 Der Kindesunterhalt kann unterschiedlich vereinbart werden:
– Durch einen genau bezifferten, statischen Unterhaltsbetrag mit der Möglichkeit der Abänderung nach § 239 FamFG.
– Als Mindestunterhalt oder als Prozentsatz des Mindestunterhalts für die derzeitige Altersgruppe
– Als Mindestunterhalt oder als Prozentsatz des Mindestunterhalts für alle Altersgruppen bis zum 18. Lebensjahr (dynamisiert)

22 Wird der Mindestunterhalt als Prozentsatz tituliert, ist eine genaue Bezifferung des Unterhalts nicht erforderlich, zur Klarstellung jedoch regelmäßig zweckmäßig.

▶ Formulierungsbeispiel für statischen Unterhalt:

23 Herr….. verpflichtet sich, ab….. zu Händen der Kindesmutter….. für das Kind….., geb. am….. monatlich im Voraus und bis spätestens zum dritten Werktag eines jeden Monats einen Tabellenunterhalt i.H.v.…… abzüglich anzurechnenden hälftigen Kindergeldes i.H.v. … €, somit….. zu zahlen.

Nach der einvernehmlichen Entscheidung der Eltern befindet sich das Kind….. in der Obhut der Mutter, in deren Haushalt es lebt und betreut wird.

Das staatliche Kindergeld wird von der Kindesmutter bezogen.

Grundlage der Vereinbarung ist ein bereinigtes monatliches Nettoeinkommen des Kindesvaters i.H.v.…..

Durch die Vereinbarung soll das Kind….. einen eigenen unmittelbaren Zahlungsanspruch gegen….. erlangen (§ 328 Abs. 1 BGB). Das Recht der….., den Unterhalt zur Leistung an das Kind fordern zu können, bleibt bestehen.

Der Kindesvater unterwirft sich dem Kind gegenüber wegen der Unterhaltszahlung in der festgelegten Höhe des monatlichen Zahlbetrages der sofortigen Zwangsvollstreckung aus dieser Urkunde in sein gesamtes Vermögen. Das Kind kann jederzeit die Erteilung einer vollstreckbaren Ausfertigung zu Händen der Kindesmutter ohne weiteren Nachweis verlangen.

Die vorstehende Unterhaltsregelung steht unter der auflösenden Bedingung, dass Frau….. das unterhaltsberechtigte Kind….. auch tatsächlich weiter betreut und ein Obhutsverhältnis fortbesteht.

Überwiegend hat die Praxis die Möglichkeit dynamisierter Unterhaltstitel angenommen.

▶ Formulierungsbeispiel für dynamisierten Unterhalt:

24 (1) Herr….. verpflichtet sich ab dem…..2012, für die aus der gemeinsamen Ehe hervorgegangenen Kinder, nämlich

1….., geboren am…..,

2….., geboren am…..,

3….., geboren am…..

A. Vereinbarungen zum Kindesunterhalt

monatlich im Voraus bis spätestens zum dritten Werktag eines jeden Monats zu Händen der Mutter in Ausgestaltung des gesetzlichen Anspruchs ***% – einhundert ***vom Hundert – des jeweiligen Mindestunterhalts der für jedes Kind maßgeblichen Altersstufe nach § 1612a Abs. 1 BGB, abzüglich anrechenbaren Kindergeldes für ein erstes, zweites und drittes Kind auf ein noch anzugebendes Konto zu zahlen (Gutschrift des Zahlbetrages).

(2) Der jeweilige Unterhalt ist dynamisiert. Der Unterhalt einer höheren Altersstufe ist für jedes unserer Kinder, abzüglich des für dieses anrechenbaren Kindergeldes ab dem dritten Werktag desjenigen Monats zu zahlen, in dem das jeweilige unserer Kinder das betreffende Lebensjahr nach Maßgabe des § 1612a Abs. 1 Satz 1 Nr. 1bis3 BGB vollendet.

(3) Die vorstehende Unterhaltsregelung steht bezogen auf jedes der gemeinsamen Kinder unter der auflösenden Bedingung, dass Frau..... oder ihre von ihr beauftragten Angehörigen das unterhaltsberechtigte Kind auch tatsächlich betreut und ein Obhutsverhältnis fortbesteht.

Kosten: Notargebühr 20/10-Gebühr gem. § 36 Abs. 2 KostO. Geschäftswert gem. § 24 KostO, grds. der fünffache Jahreswert.

Grundlage der Vereinbarung ist ein bereinigtes Nettoeinkommen des Herrn..... Grundlage ist weiter, dass Frau..... das Kindergeld i.H.v. ... € für die ersten zwei Kinder und i.H.v. ... € für das dritte Kind bezieht.

Herr..... unterwirft sich wegen seiner Verpflichtung zur Zahlung des monatlichen Unterhalts der sofortigen Zwangsvollstreckung in sein gesamtes Vermögen, und zwar auch in der Weise, dass auch die Mutter, Frau....., berechtigt sein soll, die Vollstreckung in eigenem Namen zur Leistung an das Kind zu betreiben. Eine vollstreckbare Ausfertigung dieser Urkunde kann jederzeit auf Antrag erteilt werden, wobei auch Frau..... berechtigt ist, die Erteilung der vollstreckbaren Ausfertigung zu beantragen.

(4) Diese Unterhaltsvereinbarung unterliegt der Abänderung nach § 239 FamFG.

▶ Formulierungsvorschlag dynamisierter Unterhalt (Kurzfassung)

Ich, der Ehemann, verpflichte mich, meinem Kind ..., geboren am ..., zu Händen meiner Ehefrau, jeweils zum Ersten eines Monats im Voraus Unterhalt in Höhe von ... % des Mindestunterhalts nach § 1612a BGB der jeweiligen Altersstufe unter Abzug des jeweils hälftigen Kindergeldes für ein erstes Kind in der jeweiligen Höhe zu zahlen, das sind derzeit ... €.

Zwangsvollstreckungsunterwerfungsklausel

Da die Tabellenbeträge die Beiträge der Krankenversicherung oder Mehrbedarfe etwa durch Kindergartenbeiträge, nicht abdecken, kann es erforderlich sein, eine zusätzliche Verpflichtung zur Zahlung der entsprechenden Beträge aufzunehmen.

▶ Formulierungsvorschlag für zusätzliche Leistungen

Ich verpflichte mich ferner, mein Kind ... bis zur Vollendung des 18. Lebensjahres in meiner privaten Krankenversicherung zu versichern, wenn und solange das Kind nicht bei der Kindesmutter krankenversichert ist. Die Elternteile vereinbaren, dass Krankheitskosten, die nicht von der Versicherung erstattet werden, zwischen ihnen hälftig geteilt werden.

Wir sind übereinstimmend der Auffassung, dass nach der Geburt unseres Kindes die Ehefrau nach Vollendung des dritten Lebensjahres des Kindes in ihrem Beruf als ... wieder arbeiten soll und die Kinder durch Dritte betreut werden sollen. Der Ehemann verpflichtet sich, die durch die Ganztagsbetreuung entstehenden Kosten bis zum ... Lebensjahr des Kindes zusätzlich zu den oben titulierten Unterhaltsbeträgen zu entrichten.

V. Vereinbarungen beim Unterhalt für volljährige Kinder

Bei volljährigen Kindern sind grds. **beide Elternteile zu Barunterhaltsleistungen verpflichtet.** Die Vereinbarung ist zwischen dem volljährigen Kind und den Eltern bzw. dem Elternteil zu treffen. Die Eltern können nach § 1612 Abs. 2 Satz 1 BGB bestimmen, in welcher Art und für welche

Zeit im Voraus der Unterhalt erbracht werden soll. Insb. können die Eltern auch beim volljährigen Kind festlegen, dass Naturalunterhalt im Haushalt eines Elternteils oder in einem Internat gewährt werden soll.

26 Wird Barunterhalt geschuldet, bestimmt sich der Bedarf nach der Summe der bereinigten unterhaltsrelevanten Einkünfte beider Elternteile und der Eingruppierung nach der Düsseldorfer Tabelle (4. Altersstufe).[16] Das Kindergeld wird auf den Bedarf angerechnet (§ 1612b Abs. 1 Nr. 2 BGB). Die barunterhaltspflichtigen Eltern haften anteilig (§ 1606 Abs. 3 Satz 1 BGB) entsprechend ihrer Leistungsfähigkeit.

27 Ist ein Elternteil nur fiktiv leistungsfähig, kann der andere auf den vollen Bedarf in Anspruch genommen werden. Auf ihn geht der Anspruch des Kindes jedoch über (§ 1607 Abs. 2 BGB).

28 Der **Anspruch des volljährigen Kindes ist mit dem Anspruch des minderjährigen Kindes identisch**.[17] Ein Titel für das minderjährige Kind wirkt mithin auch nach Eintritt der Volljährigkeit des Kindes fort. Eine Abänderung ist daher nicht mit dem Vollstreckungsabwehrantrag nach § 120 Abs. 1 FamFG i.V.m. § 767 ZPO geltend zu machen, sondern mit dem Abänderungsantrag nach § 238 FamFG.

29 Eine Dynamisierung (§ 1612a BGB) des Unterhalts volljähriger Kinder ist ausgeschlossen.

▸ Formulierungsbeispiel einer Unterhaltsvereinbarung für ein privilegiert volljähriges Kind:

30 (1) Wir, die Eltern unseres Kindes….., sind uns darüber einig, diesem einen monatlichen Unterhalt entsprechend 128 % – einhundertachtundzwanzig vom Hundert – der ersten Einkommensstufe i.V.m. der vierten Altersstufe der Düsseldorf Tabelle, also einen Tabellenbetrag i.H.v. … € – in Worten: … Euro – abzüglich Kindergeld i.H.v. … €, somit … € zu schulden.

Von dem Zahlbetrag entfallen anteilig 57,1 % oder … € auf den Vater und 42,9 % oder … € auf die Mutter.

Von einem evtl. darüber hinausgehenden Unterhaltsanspruch von….. stellt Herr….. Frau….. im Innenverhältnis frei. Der geschuldete Zahlbetrag ist monatlich im Voraus zum Ersten eines jeden Monats, erstmals zum….. auf ein noch zu benennendes Konto des Kindes zu zahlen. Das Kind….. erhält aus dieser Vereinbarung einen unmittelbaren Anspruch, Leistungen an sich verlangen zu können (§ 328 Abs. 1 BGB). Das Recht der….., den Unterhalt zur Leistung an das Kind fordern zu können, bleibt bestehen.

(2) Zwischen uns besteht Einigkeit, dass Frau….. ihre Unterhaltverpflichtung ggü…… in voller Höhe und solange dadurch erfüllt als das Kind in deren Haushalt lebt.

(3) Das jeweilige staatliche Kindergeld, zurzeit … €, das noch von Frau….. bezogen wird, ist dem Kind….. in voller Höhe in bar und zur Deckung seines Bedarfs zu belassen. Es ist bei der Berechnung des nach Abs. 1 geschuldeten Zahlbetrages bereits bedarfsmindernd abgezogen.

(4) Diese Vereinbarung endet, wenn das Kind das 21. Lebensjahr vollendet hat oder seine allgemeine Schulausbildung beendet oder nicht mehr im Haushalt seiner Mutter wohnt. Für den Fall des Eintritts der auflösenden Bedingung verpflichten wir uns bereits heute, eine abgeänderte Vereinbarung zu treffen.

Vollstreckungsunterwerfung zugunsten des Kindes, Abänderbarkeit, Rückstand etc.

B. Vereinbarungen zum Ehegattenunterhalt

31 Vereinbarungen zwischen Ehegatten über den Familienunterhalt (§§ 1360 bis 1360a BGB) und über den Trennungsunterhalt (§ 1361 BGB) sind formlos möglich. Vereinbarungen zum nachehelichen Unterhalt, die vor Rechtskraft der Scheidung getroffen werden, bedürfen nach § 1585c

---

16 BGH, NJW 2007, 1747.
17 BGH, FamRZ 2006, 99; OLG Koblenz, NJW-RR 2007, 438.

Satz 2 BGB der notariellen Beurkundung, an deren Stelle die gerichtliche Protokollierung durch das Prozessgericht der Ehesache treten kann (§ 1585c Satz 3 BGB). Dem steht die Protokollierung in einem Verfahren wegen Trennungsunterhalt gleich.[18] Nach Rechtskraft der Scheidung getroffene Vereinbarungen zum Geschiedenenunterhalt sind als erstmalige Vereinbarung und als Abänderung einer vorherigen unter Formzwang getroffenen Vereinbarung weiterhin formlos möglich.

I. Vereinbarungen zum Familienunterhalt

Aus dem Regelungszusammenhang der §§ 1356, 1360, 1360a BGB ergibt sich, dass Ehegatten sowohl die Rollenverteilung in der Ehe als auch die Art und Weise der Beschaffung und Verteilung sowie das Maß des eheangemessenen Unterhalts weitgehend frei gestalten können. Bei bestehender Lebensgemeinschaft kommen derartige Vereinbarungen regelmäßig aufgrund mündlicher oder stillschweigender Abrede zustande.

Vereinbarungen zum Familienunterhalt sind selten, können jedoch in vielfältiger Form erfolgen.

1. Vereinbarungen zur häuslichen Gemeinschaft[19]

Denkbar sind folgende Vereinbarungen:
– Vereinbarungen zur häuslichen Gemeinschaft
– Vereinbarung zur Geschlechtsgemeinschaft
– Vereinbarung zur Familienplanung
– Vereinbarung über Beistand in persönlichen Angelegenheiten (Aufnahme von Verwandten des anderen Ehegatten)
– Vereinbarungen zur religiösen Anschauung
– Vereinbarung in wirtschaftlichen Angelegenheiten (Vereinbarung wirtschaftlicher Rücksichtnahme)
– Bestimmung des Ehenamens
– Regelung über die Geschäfte zur Deckung des Lebensbedarfs

▶ Formulierungsbeispiel

1. Wir sind miteinander verheiratet. Wir sind durch Überschuldung in eine finanzielle Notlage geraten. Um unser Ausgabenvolumen künftig kontrollieren zu können, vereinbaren wir fas folgt:
2. Jeder Ehegatte von uns bleibt berechtigt, Geschäfte zur angemessenen Deckung des Lebensbedarfs der Familie auch für den anderen Ehegatten zu besorgen. Wir beschränken uns wechselseitig aber dahingehend, dass wir vereinbaren, keine einseitigen Geschäfte zu tätigen, die mit einem Ausgabenvolumen von mehr als 1.000 € im Einzelfall verbunden sind. Wir wissen, dass diese Vereinbarung Dritten gegenüber nicht wirksam ist.

– Ausschluss der Berechtigung zur »Schlüsselgewalt«
– Vereinbarungen zur Erwerbstätigkeit (etwa Mitarbeit im Betrieb, der Praxis eines Ehegatten oder ähnliches)
– Vereinbarungen über Studium und Erwerbstätigkeit
– Vereinbarungen über den Familienunterhalt korrespondierend mit Regelungen zur Eheführung (Haushaltsführungsehe, Doppelverdienerehe, Zuverdienstehe oder Nichterwerbsehe)
– Festlegung von Ausgaben
– Bezifferung des Wirtschaftsgeldes

▶ Formulierungsbeispiele:

Wir, die Eheleute ..., sind beide vollschichtig erwerbstätig. Deshalb werden die Ausgaben für den ehelichen Haushalt von uns aufgewendet, abhängig von unseren zeitlichen Möglichkeiten.

---

18 BGH, MDR 2014, 472.
19 Zu Einzelheiten vgl. auch *Horndasch*, Notarformulare, § 2.

Wir vereinbaren zur Höhe des Wirtschaftsgeldes, dass wir monatlich maximal 1.000 € in diesem Bereich verwenden.

Zu diesem Zweck werden wir ein gesondertes gemeinsames Giro-Konto bei der … Bank einrichten, über das wir einzeln verfügen können.

Die Ausgaben werden jeweils – soweit möglich – durch Belege nachgewiesen und in dem von uns in der Ehewohnung geführten Haushaltsbuch eingetragen.

- Vereinbarungen zum Taschengeld. Die Höhe des Taschengeldes richtet sich nach den Einkommens- und Vermögensverhältnissen der Ehegatten. Als angemessen wird allgemein ein Betrag zwischen 5–7 % des Nettoeinkommens der Familie angesehen.[20] Der vollständige Verzicht auf Taschengeld ist unwirksam (§§ 1360a Abs. 3, 1614 Abs. 1 BGB).
- Vereinbarungen zur Alterssicherung: Abschluss eines Lebensversicherungsvertrages etc.
- Vereinbarungen über die Bemessung des Familienunterhalts. Grundsätzlich ist bei der Bemessung des Familienunterhalts auf die Einkommens- und Vermögensverhältnisse der Eheleute abzustellen.[21] Die Eheleute können jedoch auch vereinbaren, dass sich der Familienunterhalt nach geringeren Beträgen bemisst (»Geiz-Vereinbarung«) oder bei überdurchschnittlichen Einkommens- und Vermögensverhältnissen sich der Lebensbedarf an überdurchschnittlichen Bedarfen orientiert (»Luxus-Vereinbarung«).[22]

II. Vereinbarungen zum Trennungsunterhalt

33 Trennungsunterhalt ist auf **Zahlung einer Geldrente** gerichtet (§ 1361 Abs. 4 Satz 1 BGB). Eine andere Art der Unterhaltsgewährung, etwa durch **Sachleistungen** (Wohnungsgewährung, Zurverfügungstellung eines Pkw etc.), kann vereinbart werden.

34 Nach der **pflichtgemäßen Belehrung der Ehepartner** über Voraussetzungen und Inhalt des Anspruchs auf Trennungsunterhalt stellt sich sowohl beim vorsorgenden Ehevertrag als auch beim Auseinandersetzungs- bzw. Scheidungsfolgenvertrag die Frage nach Gestaltungsmöglichkeiten bzw. nach der **Disponibilität des Trennungsunterhalts**. Ausgangspunkt der Frage sind zunächst §§ 1361 Abs. 4 Satz 4, 1360a Abs. 3, 1614 Abs. 1 BGB, wonach ein **Verzicht für die Zukunft nicht möglich ist**.[23] Im Umkehrschluss ist demgemäß ein **Verzicht für die Vergangenheit wirksam**.[24] Die in der Praxis oftmals verwendete Klausel, wonach der Notar über die Nichtabdingbarkeit des Trennungsunterhalts belehrt hat, die Beteiligten sich jedoch – im Wissen über die fehlende Rechtsverbindlichkeit – versprechen, keine Ansprüche geltend zu machen, ist zumindest bedenklich. Hierin liegt die mehr als latente Gefahr einer vollständigen Vertragsunwirksamkeit.[25] Ähnlich auch der BGH[26]:

»Für den Fall der Trennung wird keine der Parteien gegen die andere Getrenntlebensunterhaltsansprüche geltend machen. Insbesondere gehen sie davon aus, dass die Ehefrau wegen ihres ehebrecherischen Fehlverhaltens die Tatbestandsvoraussetzungen des § 1579 Nr. 6 i.V.m. § 1361 Abs. 3 BGB erfüllt und deshalb ihren Unterhaltsanspruch gegen den Ehemann verwirkt hat. Ohne Anerkennung einer Rechtspflicht und lediglich um anfängliche Härten der Trennung zu vermeiden verpflichtet sich der Ehemann, einen monatlichen Betrag in Höhe von … € zu zahlen.«

---

20 BGH, FamRZ 2006, 1827: 6 %.
21 BGH, FamRZ 1992, 291.
22 Beispiele bei *Horndasch*, Notarformulare, § 2 Rn. 104 ff.
23 BGH, FamRZ 2010, 964; zur Thematik »Naturalunterhalt« vgl. *Reinken*, NZFam 2019, 153.
24 OLG Zweibrücken, FuR 2009, 260.
25 *Münch*, Familienrecht in der Notar- und Gestaltungspraxis, § 3 Rn. 31.
26 BGH, NZFam, 2014, 450.

Für diese Konstellation hat der BGH festgestellt, dass diese Vereinbarung zwar nicht den Bestand des Anspruchs als solchen betrifft, aber eine Einrede gegen diesen begründet, die wirtschaftlich zum gleichen Ergebnis führt. Hierin liegt ein **unwirksames Umgehungsgeschäft**.

▶ Praxistipp

Das Gesetz geht eindeutig davon aus, dass ein Trennungsunterhaltsverzicht für die Zukunft nicht möglich und damit unwirksam ist. Das in Kenntnis dieser Unwirksamkeit abgegebene Versprechen, den Trennungsunterhalt nicht geltend zu machen um dadurch die Möglichkeit zu erlangen, dem Versprechenden später die Treuwidrigkeitseinrede nach § 242 BGB entgegenzuhalten, ist eine unzulässige Umgehung der §§ 1361 Abs. 4 Satz 4, 1360a, 1614 Abs. 1 BGB und muss[27] vermieden werden.[28]

Die **Toleranzgrenze**, innerhalb derer noch wirksame Vereinbarungen über die Höhe des Unterhalts getroffen werden können, wird überschritten, sobald der vereinbarte Unterhalt um mehr als 20 % hinter der üblichen Ehegattenquote zurückbleibt. Nichtigkeit ist jedenfalls anzunehmen, wenn der Unterhalt um mehr als ein Drittel hinter der üblichen Quote zurückbleibt.[29]

Gleichfalls unzulässig ist ein Verzicht auf Trennungsunterhalt gegen Zahlung einer Abfindung oder ein Verzicht auf die Vollstreckbarkeit. Hier gelten §§ 1361 Abs. 4 Satz 3, 1360a Abs. 3, 1614 Abs. 1 BGB entsprechend.[30]

Ein Verzicht ist zwar ein Erlassvertrag gem. § 397 BGB, jedoch gelten die einschlägigen Vorschriften auch für andere Rechtsgeschäfte und rechtsgeschäftliche Erklärungen, z.B.:
– einen Vergleich
– einen Schiedsvertrag, der entsprechendes regelt
– einen Vollstreckungsverzicht[31]
– ein pactum de non petendo[32]
– eine Abfindung künftigen Trennungsunterhalts, auch für den Teil einer entsprechenden Klausel, die künftigen Trennungs- und nachehelichen Unterhalt betrifft
– eine erhebliche Stundung des Trennungsunterhaltsanspruchs[33]
– einen Verzicht gegen Freistellung von einer Verbindlichkeit
– eine Abrede über die Unveränderbarkeit[34]
– möglicherweise die Festschreibung einer niedrigen sog. relativen Sättigungsgrenze auch für den Fall des späteren Wechsels der örtlichen Gerichtszuständigkeit.

Zulässig hingegen sind
– Vereinbarungen über die Zweckbindung von Teilbeträgen
– Vereinbarungen zur Konkretisierung der tatsächlich bestehenden Unterhaltspflicht.[35]

Trennungs- und Geschiedenenunterhalt sind **nicht identisch**.[36] Eine Vereinbarung zum Trennungsunterhalt sollte stets eine Regelung dahin enthalten, ob und inwieweit sie auch für den nachehelichen Unterhalt gelten soll.

Darüber hinaus sollte eine Vereinbarung zum Trennungsunterhalt eine Regelung enthalten, ob und inwieweit ab Rechtshängigkeit des Ehescheidungsverfahrens auch **Altersvorsorgeunterhalt** (§ 1361

---

27 BGH, NZFam 2014, 450.
28 Vgl. auch Palandt/*Brudermüller*, § 1361 Rn. 71.
29 OLG Hamm, FamRZ 2007, 732.
30 OLG Zweibrücken, NJW-RR 2009, 4.
31 OLG Zweibrücken, FamRZ 2009, 42.
32 BGH, FamRZ 2015, 2131; BGH, FamRZ 2014, 629.
33 BGH, FamRZ 2009, 198.
34 BGH, FamRZ 1984, 997.
35 OLG Karlsruhe, NJW-RR 2006, 1586.
36 BGH, FamRZ 1982, 465 und ständig.

Abs. 1 Satz 2 BGB) geschuldet ist. Vorausleistungen haben keine befreiende Wirkung (§§ 1361 Abs. 4 Satz 4, 1360a Abs. 3, 1614 Abs. 2, 760 Abs. 2 BGB), sodass der darüber Hinausleistende auf eigene Gefahr handelt.

§ 1578b BGB findet auf den Trennungsunterhalt keine Anwendung.

Gleichwohl kann es sinnvoll und taktisch klug sein, den Trennungsunterhalt zumindest für einen gewissen Zeitraum zu regeln. Dadurch kehrt zumindest vorübergehend Rechtsfrieden ein. Hierbei kann man den Unterhalt entweder am Tag X enden lassen oder beiden Beteiligten bei sonstiger Fortgeltung ein Abänderungsrecht einräumen.

▶ **Mindestlaufzeit Trennungsunterhalt[37]**

Diese Unterhaltsvereinbarung gilt bis zum ... und endet an diesem Tag. Sie kann bis dahin nur nach den gesetzlichen Vorschriften abgeändert werden. Es bleibt F vorbehalten, für die Zeit danach erneut Trennungsunterhalt zu verlangen. In diesem Fall sind beide Beteiligte nicht an die Geschäftsgrundlage der Vereinbarung gebunden. Der Unterhalt ist dann originär neu zu berechnen.

III. Vereinbarungen zum Nachscheidungsunterhalt

39 Der Grundsatz der **Vertragsfreiheit** gilt auch im Unterhaltsrecht.[38] Einen unverzichtbaren Mindestgehalt an Ehescheidungsfolgen gibt es nicht.[39] Erwerbs- und Familienarbeit sind nur insoweit als gleichwertig zu behandeln, als die Ehegatten nicht etwas anderes vereinbart haben.[40] **Modifikationen des Grundsatzes der gleichen Teilhabe** sind grds. nicht ausgeschlossen, wenngleich sie der Inhaltskontrolle unterliegen. I.Ü. hat die Reform des Unterhaltsrechts eine früher beginnende Erwerbsobliegenheit des kindesbetreuenden Ehegatten und ein früheres Ende der Unterhaltspflicht bewirkt.

40 Sie hat mit der Aufgabe der Lebensstandardgarantie und der Abschaffung eines festen Altersphasenmodells zu einer verstärkten Individualisierung der Unterhaltsberechnung geführt. Dies und die vom BVerfG[41] verworfene Dreiteilungsmethode auf der Bedarfsebene haben in der Praxis zunehmend zu **unterhaltsverstärkenden Vereinbarungen**[42] geführt. Hält ein ehevertraglich vereinbarter Verzicht auf nachehelichen Unterhalt der richterlichen Ausübungskontrolle nicht stand, muss die anzuordnende Rechtsfolge zumindest im Lichte der zu 01.01.2008 in Kraft getretenen Änderungen gesehen werden und insb. berücksichtigt werden, dass § 1570 BGB nur noch einen auf drei Jahre begrenzten Basisunterhalt vorsieht, der nur aus kind- oder elternbezogenen Gründen verlängert werden kann.[43]

41 I.R.d. § 1585c BGB können sowohl novierende Vereinbarungen als auch modifizierende Vereinbarungen getroffen werden.

42 Eine **novierende Vereinbarung** kann nur ausnahmsweise angenommen werden. Es muss deutlich zum Ausdruck kommen, dass eine schuldumwandelnde und schuldbegründende selbstständige Unterhaltsvereinbarung getroffen werden soll, welche die vereinbarten Ansprüche vom gesetzlichen Unterhaltsrecht löst und ausschließlich auf eine vertragliche Grundlage stellt.[44]

43 Im Zweifel ist nur eine unselbstständige **vertragliche Ausgestaltung des gesetzlichen Unterhaltsanspruchs** anzunehmen. Der gesetzliche Unterhaltsanspruch kann vielfältig vertraglich ausgestaltet

---

37 Vgl. auch *Herr*, Das familienrechtliche Mandat, § 9 Rn. 363.
38 BGH, FamRZ 2007, 1310.
39 BGH, FamRZ 2004, 601.
40 BGH, FamRZ 2005, 1444.
41 FamRZ 2011, 436.
42 *Münch*, FamRB 2011, 90; *Herrler*, FPR 2009, 506.
43 BGH, NJW 2011, 2969.
44 BGH, FamRZ 2009, 219.

werden,⁴⁵ etwa durch Begrenzung der Unterhaltstatbestände, Begrenzung des Unterhaltsmaßes, Begrenzung der Unterhaltszeit, Umsetzung von § 1579 BGB, Konkretisierung von Obliegenheiten, Regelung des Karrieresprungs, Regelung der Verwendung des Vorsorgeunterhalts, Regelung von Auskunftspflichten, Verzicht auf Abfindungen und Sicherheit, Ausschluss der Erbenhaftung etc.

Während in der Vergangenheit bei Eheverträgen nahezu völlige Vertragsfreiheit angenommen wurde, hat sich insb. aufgrund der Entscheidungen des BVerfG⁴⁶ und des BGH⁴⁷ die Rechtsprechung stark gewandelt. Eheverträge unterliegen der **Inhaltskontrolle** zu zwei verschiedenen Zeitpunkten mit unterschiedlichen Prüfungskriterien und andersartigen Rechtsfolgen. Zum Zeitpunkt des Vertragsabschlusses ist die Vereinbarung i.R.d. **Wirksamkeitskontrolle** auf Sittenwidrigkeit gem. § 138 BGB mit der evtl. Folge der gänzlichen Nichtigkeit zu prüfen.⁴⁸ Die richterliche Inhaltskontrolle kann sich nicht nur zugunsten, sondern auch zulasten des Berechtigen auswirken.⁴⁹ Es geht um den Ausgleich ehebedingter, nicht scheidungsbedingter Nachteile.⁵⁰ 44

Bei Scheitern der Lebensgemeinschaft wird mithilfe der **Ausübungskontrolle** nach § 242 BGB⁵¹ untersucht, ob die durch den Ehevertrag vereinbarten Rechtsfolgen nach dem Eintritt unerwarteter Veränderungen für den im Vertrag benachteiligten Ehepartner noch hinnehmbar erscheinen. Andernfalls erfolgt eine richterliche Vertragsanpassung. 45

Ziel beider Überprüfungen ist es, eine evident einseitige und nicht hinnehmbare Lastenverteilung zu korrigieren. Modifikationen des gesetzlichen Leitbildes der gleichen Teilhabe sind nicht ausgeschlossen.⁵² Jedoch darf die grds. Disponibilität der Scheidungsfolgen nicht dazu führen, dass der **Schutzzweck der gesetzlichen Regelungen** durch vertragliche Vereinbarungen beliebig unterlaufen werden kann. Insb. ist die Rangordnung der Scheidungsfolgen zu beachten. Je höherrangig die Scheidungsfolgen angesiedelt werden, desto schwerwiegender müssen die Gründe für deren Abbedingung sein.⁵³ 46

Die Maßstäbe der richterlichen Inhaltskontrolle ehevertraglicher Vereinbarungen erstrecken sich, auch wenn die auslösende Entscheidung des BVerfG⁵⁴ und die Grundsatzentscheidungen des BGH zu vorsorgenden Eheverträgen ergangen sind, auf familienrechtliche Verträge aller Art, insb. auch auf Scheidungs(folgen)vereinbarungen, nacheheliche Unterhaltsvereinbarungen,⁵⁵ Trennungsvereinbarungen und Lebenspartnerschaftsverträge. 47

Die Belastungen des einen Ehegatten werden bei jeder Art der Inhaltskontrolle umso schwerer wiegen und die Belange des anderen Ehegatten umso genauerer Prüfung bedürfen, je unmittelbarer die vertragliche Abbedingung gesetzlicher Regelungen in den **Kernbereich des Scheidungsfolgenrechts** eingreift.⁵⁶ 48

Die gesetzlichen Scheidungsfolgen sind dabei in ökonomischer und personeller Hinsicht von unterschiedlich gravierender Bedeutung. Die Scheidungsfolgen stehen nach der Kernbereichslehre des BGH in einer Hierarchie, die für die Dispositionsmöglichkeiten bedeutsam sind. 49

---

45 BGH, FamRZ 1997, 873.
46 BVerfG, FamRZ 2001, 343.
47 Seit BGH, FamRZ 2004, 601.
48 BGH, FamRZ 2005, 26; BGH, FamRZ 2005, 1449; BGH, FamRZ 2011, 1377; vgl. auch *Langenfeld*, NJW 2011, 966 und *Büte*, FuR 2011, 121.
49 BGH, FamRZ 2009, 198.
50 BGH, FamRZ 2008, 582.
51 BGH, FamRZ 2008, 582; BGH, FamRZ 2005, 26; BGH, FamRZ 2005, 1449.
52 BVerfG, FamRZ 2011, 436; OLG Hamm, FamRZ 2012, 232.
53 BGH, NJW 2009, 2124; BGH, FamRZ 2007, 1310; BGH, NJW 2006, 3142; BGH, FamRZ 2005, 1444.
54 BVerfG, FamRZ 2001, 343.
55 OLG München, FamRZ 2005, 215.
56 BGH, FamRZ 2007, 1310.

50 **Hierarchie der Scheidungsfolgen nach der Kernbereichslehre**
– Auf der ersten Stufe des Kernbereichs des Scheidungsfolgenrechts steht der Unterhalt wegen Kindesbetreuung (§ 1570 BGB, nunmehr § 1570 Abs. 1 BGB)
– Auf der zweiten Stufe befindet sich der Unterhalt wegen Alters und/oder Krankheit (§§ 1571, 1572 BGB) sowie der Versorgungsausgleich (§§ 1587 ff. BGB)
– Auf der dritten Stufe rangiert der Unterhalt wegen Erwerbslosigkeit (§ 1573 Abs. 1 BGB)
– Auf der vierten Stufe befinden sich der Aufstockungs- und Ausbildungsunterhalt (§§ 1573 Abs. 2, 1575 BGB)
– Der jeweilige (unselbständige) Unterhalt wegen Alters- oder Krankenvorsorge (§ 1578 Abs. 2, 1. Alt., Abs. 3 BGB) ist jeweils auf die gleiche Stufe zu stellen wie der Elementarunterhalt, von dem er sich ableitet[57]

51 **Außerhalb des Kernbereichs stehen:**
– Der Zugewinnausgleich (§§ 1378 ff. BGB)
– Erb- und pflichtteilsrechtliche Regelungen (bisher nicht höchstrichterlich entschieden)
– sonstige vermögensrechtliche Ausgleichsregelungen (ebenfalls gerichtlich nicht entschieden)

52 Eine durchweg einseitige Lastenzuweisung im Ehevertrag macht den gesamten Ehevertrag sittenwidrig, wenn der benachteiligte Ehegatte beim Vertragsschluss nicht als gleichstarker Verhandlungspartner handeln konnte, also ein Fall der Disparität bei Vertragsschluss vorlag. Nichtige Einzelregelungen im Vertrag müssen nicht notwendig zur **Gesamtnichtigkeit des Ehevertrages** führen.[58] Ob eine **Teilnichtigkeit** gem. § 139 BGB auch die weiteren Bestimmungen in einer notariellen Vereinbarung erfasst, hängt maßgeblich davon ab, ob und inwieweit ein enger Zusammenhang zwischen den einzelnen Vereinbarungen besteht und nach dem Willen der Beteiligten bestehen soll. Ob es sich bei gemeinsam beurkundeten Trennungs- und Scheidungsfolgenvereinbarungen aufgrund eines Einheitlichkeitswillens der Vertragsparteien um ein einheitliches Rechtsgeschäft handelt, ist durch Ermittlung und Auslegung des Parteiwillens festzustellen, wobei nach ständiger Rechtsprechung des BGH bei gemeinsamer Aufnahme mehrerer Vereinbarungen in eine Urkunde eine tatsächliche Vermutung für einen Einheitlichkeitswillen besteht.[59] Ist von einem einheitlichen Rechtsgeschäft auszugehen, muss nach den für die ergänzende Vertragsauslegung geltenden Grundsätzen weiter ermittelt werden, ob die beteiligten Eheleute die gleichen Vereinbarungen zu den Scheidungsfolgen auch getroffen hätten, wenn ihnen bewusst gewesen wäre, dass ein Verzicht auf Trennungsunterhalt oder eine ihm gleich stehende Beschränkung der Rechte auf Geltendmachung von Trennungsunterhalt nicht wirksam vereinbart werden kann. Dagegen könnte unter Umständen sprechen, wenn der unwirksame Ausschluss von Trennungsunterhalt durch Leistungen ausgeglichen werden sollte, die dem berechtigten Ehegatten i.R.d. Auseinandersetzung über die Scheidungsfolgen zugesagt worden sind.

Salvatorische Klauseln können jedenfalls helfen, wenn sie nicht standardisiert angewendet werden. Insb. bei einer späteren Inhaltskontrolle sind individuelle Angaben zu berücksichtigen, warum ein Vertragsbestandteil besonders wichtig ist, so dass er ohne Rücksicht auf die anderen bestehen bleiben soll, etwa wenn vermerkt ist, dass die güterrechtlichen Regelungen für die Bewahrung des Familienbetriebs und den Erhalt der dort vorhandenen Arbeitsplätze von überragender Bedeutung sind und von einer etwaigen Unwirksamkeit unterhaltsrechtlicher Regelungen nicht berührt sein sollen.[60]

---

57 BGH, FamRZ 2005, 1449.
58 BGH, NJW 2005, 2386; OLG Hamm, FamRZ 2012, 232.
59 BGH, NJW 2014, 1101.
60 Vgl. *Münch*, Ehebezogene Rechtsgeschäfte, 4. Aufl. Rn. 554 ff.

▶ Formulierungsbeispiel für eine salvatorische Klausel:

Sollten einzelne Bestimmungen dieses Vertrags unwirksam sein oder werden oder sollte sich im Vertrag eine Regelungslücke zeigen, so wird die Wirksamkeit der übrigen Bestimmungen hierdurch nicht berührt. Gleiches gilt bei nicht beurkundeten Nebenabreden.

Die Beteiligten sind dann verpflichtet, eine ersetzende Bestimmung zu vereinbaren, die dem wirtschaftlichen Sinn der unwirksamen Bestimmung im Gesamtzusammenhang der getroffenen Regelung in rechtlich zulässiger Weise am nächsten kommt oder eine neue Bestimmung zu treffen, welche die Regelungslücke des Vertrags so schließt, als hätten sie diesen Punkt von vornherein bedacht.

Der Notar hat die Beteiligten über die Auswirkungen der Klausel eingehend belehrt und darauf hingewiesen, dass die Klauseln nur zu einer Beweislastveränderung führen. Er hat die Vertragsteile befragt, ob Vertragsbestimmungen für sie so miteinander verbunden sind, dass die Unwirksamkeit der einen auch die der anderen zur Folge haben soll.

Die salvatorische Klausel führt nur zu einer Beweislastumkehr, rettet den Vertrag aber nicht unabhängig vom Parteiwillen.

Die umfassende Belehrungspflicht des Notars auch in Ehevertragsangelegenheit ist unbestritten. Insb. ist auf das Bestehen wie auch auf die Kriterien der Inhaltskontrolle hinzuweisen.

▶ Formulierungsbeispiel für Belehrungsvermerke:

Der Notar hat auf die Rechtsprechung des BVerfG und des BGH zur umfassenden Inhaltskontrolle von Eheverträgen hingewiesen. Danach darf die Freiheit zur Gestaltung von Eheverträgen und Scheidungsvereinbarungen nicht dazu führen, dass sich die getroffenen Vereinbarungen zulasten eines Sozialhilfeträgers auswirken oder der Schutzzweck der gesetzlichen Regelungen durch die vertragliche Vereinbarung unterlaufen wird. Insb. sind die Grenzen der Vertragsfreiheit überschritten, wenn durch die getroffene Vereinbarung eine evident einseitige und durch die individuelle Gestaltung der ehelichen Lebensverhältnisse nicht gerechtfertigte Lastenverteilung entstünde, die hinzunehmen für den belasteten Ehegatten, auch bei Berücksichtigung der angemessenen Belange des anderen Ehegatten und seines Vertrauens in die Geltung der getroffenen Abrede, bei verständiger Würdigung des Wesens der Ehe unzumutbar erscheint. Dann können die getroffenen Vereinbarungen im Wege der gerichtlichen Kontrolle angepasst oder sogar ganz für unwirksam erklärt werden. Dies kann nicht nur darauf beruhen, dass bereits bei Abschluss des Ehevertrages die Vereinbarung zu einer derartig einseitigen Lastenverteilung im Scheidungsfall führt, dass ihr die Anerkennung durch die Rechtsordnung ganz oder teilweise zu versagen ist. Auch erst infolge einer späteren Entwicklung der ehelichen Lebensverhältnisse kann sich die Berufung auf die früher getroffenen ehevertraglichen Vereinbarungen nunmehr als rechtsmissbräuchlich erweisen. Ob die in dieser Urkunde getroffenen Vereinbarungen daher Bestand haben werden, kann daher heute nicht abschließend beurteilt werden.

Oftmals ist es sinnvoll in einer Vereinbarung eine gewillkürte Beurkundungspflicht für abändernde Vereinbarungen einzubauen.

▶ Formulierungsbeispiel für gewillkürte Änderungsform:

Die Beteiligten vereinbaren, dass jede Abänderung oder Ergänzung der Vereinbarungen zum nachehelichen Unterhalt auch nach Rechtskraft der Scheidung zu ihrer Wirksamkeit der notariellen Beurkundung bedarf. Dies gilt auch für eine Vereinbarung zur Abweichung von dieser Formvorschrift.

▶ Formulierungsbeispiel für eine unterhaltsverstärkende Vereinbarung:[61]

.....

Wir vereinbaren hiermit Folgendes:

1.

Der in § 1570 Abs. 1 Satz 1 BGB vorgesehene Basisunterhaltsanspruchs auf Ehegattenunterhalt wegen Kindesbetreuung wird verlängert auf einen Zeitraum, bis das jüngste unserer gemeinschaftlichen Kinder das zehnte Lebensjahr vollendet hat.

---

61 In Anlehnung an *Münch*, Ehebezogene Rechtsgeschäfte, 4. Aufl. Rn. 2790.

Dies bedeutet, dass für diesen Zeitraum eine Erwerbsobliegenheit nicht besteht und auch keine Billigkeitsabwägung zu treffen ist, wie sie in § 1570 Abs. 1 Satz 2 und § 1570 Abs. 2 BGB vorgesehen ist.

Eine Herabsetzung oder zeitliche Begrenzung des Unterhalts nach § 1578b BGB schließen wir für den vorgenannten Zeitraum aus.

2.

Diese Verlängerung vereinbaren wir, weil unsere gemeinschaftlichen Kinder durch die Ehefrau ohne Fremdbetreuung erzogen werden sollen. Aus diesem Grund gilt die Verlängerung nur, wenn die Ehefrau diese Erziehungsaufgabe wahrnimmt, also – außerhalb der üblichen Halbtageskindergarten- und Schulzeiten nicht berufstätig ist, soweit dies nicht aus besonderen Gründen gemeinsam anders entschieden wird.

3.

Diese Regelung stellt nur eine Unterhaltsmodifikation dar. Das bedeutet, dass mit Ausnahme der in Nr. 1 festgelegten Betreuungszeiten alle anderen Unterhaltsvoraussetzungen in ihrer gesetzlichen Form erfüllt sein müssen und Unterhaltsbeträge in der gesetzlichen Höhe geschuldet werden.

4.

Wir sind darauf hingewiesen worden, dass diese Erweiterungen des Ehegattenunterhalts nicht zulasten vorrangig unterhaltsberechtigter Kinder gehen darf. Sie gilt daher nur, soweit und solange diese Unterhaltsansprüche nicht beeinträchtigt werden.

Soweit – etwa bei Wiederheirat oder im Fall des § 1615l BGB – vor- oder gleichrangige oder auf der Bedarfsebene sogar nachrangige Unterhaltsansprüche nach dem Gesetz durch diese Verlängerung nicht eingeschränkt werden können, bleibt die Verlängerung i.Ü. gültig. Allerdings kann sich der Ehemann dann nur auf einen Selbstbehalt berufen, wie er den Kindern ggü. besteht.

5.

Für Anschlussunterhaltstatbestände vereinbaren wir, soweit gesetzlich zulässig, den Ablauf der 3-jährigen Frist des gesetzlichen Basisunterhalts und ggf. den Ablauf von nach dieser Frist bestehenden Unterhaltsansprüchen nach § 1570 Abs. 1 Satz 1 oder 2 BGB als maßgeblich anstelle der hier verlängerten Frist.

60 Unterhaltsverstärkende Verträge können auch eingebettet sein in Vereinbarungen über das eheliche Rollenmodell.[62]

▶ Formulierungsbeispiel für eheliches Rollenmodell:

61 Wir vereinbaren mit Wirkung auch über die Trennung und Scheidung hinaus, dass die Ehefrau zugleich mit der Geburt eines gemeinsamen Kindes berechtigt ist, ihre Erwerbstätigkeit vollständig aufzugeben und sich ausschließlich der Betreuung und Erziehung des oder der gemeinschaftlichen Kinder zu widmen. Bis zum..... Lebensjahr des jüngsten Kindes trifft die Ehefrau keinerlei Erwerbsobliegenheit. Wir sind der Auffassung, dass zum Wohl des oder der Kinder keine Inanspruchnahme von Fremdbetreuung erfolgen soll.

Diese Vereinbarung gilt nur, wenn die Ehefrau diese Erziehungsaufgabe wahrnimmt, also außerhalb der üblichen halbtags Kindergarten- und Schulzeiten nicht berufstätig ist, soweit dies nicht aus besonderem Gründen gemeinsam anders entschieden wird.

62 Ein vollständiger wechselseitiger Unterhaltsverzicht kann sachgerecht sein bei Doppelverdienerehen, kinderlosen Ehen, bei Eheschließung im fortgeschrittenen Alter oder bei vermögenden Ehegatten.

---

62 Vgl. *Reetz*, in: Formularbuch/Reetz, V. 14.

▶ Formulierungsbeispiel für nachehelichen Unterhaltsverzicht:

Für den Fall der Scheidung unserer Ehe vereinbaren wir den gegenseitigen und vollständigen Verzicht auf die Gewährung jeglichen nachehelichen Unterhalts nach allen gesetzlichen Unterhaltstatbeständen und auch in unvorhersehbaren oder außergewöhnlichen Fällen oder Umständen.

Wir nehmen den Verzicht wechselseitig an.

Der Notar hat uns über die Folgen dieses Unterhaltsverzichts belehrt, insb. darüber, dass ein jeder von uns nach Scheidung der Ehe selbst in vollem Umfang und ohne Rücksicht auf die ehelichen Lebensverhältnisse zu sorgen hat. Der Notar hat uns ferner darauf hingewiesen, dass der vorstehende Verzicht, sofern er Dritte benachteiligt, nichtig oder im Einzelfall ein Berufen auf Verzicht unzulässig sein kann. Zudem kann die Unterhaltsvereinbarung insb. bei einer wesentlichen Veränderung der Lebensumstände der richterlichen Inhaltskontrolle und Anpassung unterliegen.

Wegen des Kernbereichsvorbehalts sind oftmals auflösend bedingte Verzichte oder Verzichte mit Rücktrittsvorbehalt sachgerechter.

▶ Formulierungsbeispiel für Unterhaltsverzicht mit auflösender Bedingung:

1.

Für die Zeit nach Scheidung unserer Ehe verzichten wir gegenseitig auf Unterhalt auch für den Fall der Not.

Der Unterhaltsverzicht wird auflösend bedingt vereinbart. Er entfällt für beide Vertragsteile, wenn ein gemeinsames Kind geboren oder angenommen wird und ein Ehegatte für die Betreuung dieses Kindes seine Berufstätigkeit ganz oder teilweise aufgibt.

Durch die Auflösung des Unterhaltsverzichts werden in einem solchen Fall die übrigen Vereinbarungen dieses Vertrages nicht berührt.

2.

Wir nehmen die Verzichte wechselseitig an.

3.

Der Verzicht gilt auch im Fall einer Änderung der einschlägigen gesetzlichen Vorschriften oder der Rechtsprechung.

4.

Belehrungen

▶ Formulierungsbeispiel für einen Unterhaltsverzicht mit Rücktrittsrecht:

1.

Für die Zeit nach Scheidung unserer Ehe verzichten wir gegenseitig auf Unterhalt, auch für den Fall der Not.

Wenn ein gemeinsames Kind geboren oder angenommen wird und ein Ehegatte für die Betreuung dieses Kindes seine Berufstätigkeit ganz oder teilweise aufgibt, so steht diesem Ehegatten das Recht zum Rücktritt von diesem Unterhaltsverzicht zu.

Der Rücktritt muss binnen eines Jahres nach Geburt oder Annahme des ersten gemeinschaftlichen Kindes zugestellt sein. Ansonsten erlischt das Rücktrittsrecht. Der Rücktritt ist zur Urkunde des Notars zu erklären und dem anderen Vertragsteil zuzustellen.

Im Fall des Rücktritts erlischt auch der Verzicht des anderen Vertragsteils. In diesem Fall bestehen die gesetzlichen Unterhaltsansprüche.

Durch den Rücktritt vom Unterhaltsverzicht werden die übrigen Vereinbarungen dieses Vertrages nicht berührt.

2.

Wir nehmen den Verzicht wechselseitig an.

3.

Belehrungen und Hinweise

67 Ehegatten können auch auf einzelne Unterhaltstatbestände verzichten, jedenfalls sofern sie nicht dem Kernbereich unterfallen. Dies gilt insb. für den Aufstockungsunterhalt nach § 1573 Abs. 2 BGB.

▶ Formulierungsvorschlag Verzicht auf Aufstockungsunterhalt:

68 Für die Zeit nach Scheidung unserer Ehe verzichten wir gegenseitig auf Aufstockungsunterhalt nach § 1573 Abs. 2 BGB, gleichgültig, ob ein Unterhaltsanspruch gegenwärtig bereits erkennbar ist oder nicht.

I.Ü. kann Unterhalt aus allen gesetzlichen Gründen verlangt werden.

Den Verzicht nehmen wir wechselseitig an.

69 Der Unterhaltsverzicht kann auch abhängig gemacht werden von der Ehedauer.

▶ Formulierungsbeispiel für Unterhaltsverzicht nach kurzer Ehedauer:

Die Ehepartner vereinbaren für den Fall der Scheidung ihrer Ehe den gegenseitigen Verzicht auf die Gewährung nachehelichen Unterhalts. Ausgenommen sind der Unterhaltsanspruch nach § 1570 BGB sowie die Ansprüche nach §§ 1571, 1572 BGB.

Der Unterhaltsausschluss gilt jedoch nur für den Fall, dass Rechtshängigkeit eines Ehescheidungsverfahrens innerhalb von fünf Jahren nach Eheschließung eintritt. Sollte diese Frist überschritten werden, gilt der Unterhaltsverzicht nicht.

70 Da nicht die Steigerung, sondern das Absinken des Geldwertes der allgemeinen Erfahrung entspricht, liegt die Vereinbarung einer Wertsicherungsklausel im Interesse des Berechtigten.

▶ Formulierungsbeispiel für vertragsmäßige Begrenzung und Währungsgleitklausel:

Für den nach..... geschuldeten Unterhalt, mit Ausnahme des Unterhalts gem. § 1570 BGB, vereinbaren wir einen Höchstbetrag von..... €. Mit der Festsetzung dieses Betrages haben wir berücksichtigt, in welcher Höhe durch die Ehe Nachteile im Hinblick darauf eintreten, für den eigenen Unterhalt zu sorgen.

Der Betrag beinhaltet jede Art von Kranken- und Altersvorsorgeunterhalt oder Mehrbedarf. Mit der Vereinbarung eines Höchstbetrages ist kein Anspruch auf Zahlung nachehelichen Unterhalts in der vereinbarten Höhe verbunden. Maßgebend sind vielmehr die gesetzlichen Bestimmungen. Nur wenn der zu leistende Unterhalt den vorstehend vereinbarten Höchstbetrag übersteigt, wird dieser durch den Höchstbetrag begrenzt und wird auf weiter gehende Unterhaltsansprüche verzichtet.

Der Höchstbetrag erhöht oder vermindert sich in demselben prozentualen Verhältnis, in dem sich der vom Statistischen Bundesamt für jeden Monat festgestellte und veröffentliche Verbraucherpreisindex für Deutschland (Basisjahr 2005 = 100 Punkte) bezogen auf den Tag der Beurkundung ggü. den nachstehend genannten Stichtag erhöht oder verringert. Eine Erhöhung oder Verminderung des Höchstbetrages tritt erstmals zum ersten des Monats, der der Rechtskraft der Ehescheidung folgt, ein und danach jeweils wieder, wenn sich der Verbraucherpreisindex ggü. dem für die letzte Festlegung des Höchstbetrags maßgeblichen Stand um 10 % nach oben oder unten verändert hat.

…..

Gem. § 1585 Abs. 2 BGB kann der Unterhaltsberechtigte bei Vorliegen eines wichtigen Grundes 71
verlangen, dass er anstatt einer monatlichen Geldzahlung eine Abfindung erhält. Der Verpflichtete
darf hierdurch nicht unbillig belastet werden.

▶ Formulierungsbeispiel für Unterhaltsverzicht gegen Abfindung:

Wir verzichten wechselseitig auf nachehelichen Unterhalt einschließlich des Falls der Not und 72
nehmen den Verzicht des jeweils anderen an.

Der Verzicht steht unter der aufschiebenden Bedingung, dass der Ehemann an die Ehefrau einen
Betrag i.H.v. ...... € als Abfindung für den Unterhaltsverzicht zahlt.

Die Abfindung ist wie folgt fällig......

Erlangt der Verzicht mangels Zahlung keine Wirksamkeit, ist der gesetzliche Unterhalt geschuldet, und zwar von der Rechtskraft des Scheidungsbeschlusses an. Teilweise geleistete Abfindungsbeträge sind hierauf anzurechnen. Die übrigen Regelungen dieser Urkunde bleiben unberührt, wenn die aufschiebende Bedingung nicht eintritt.

Soll ein rein vertraglicher Unterhaltsanspruch begründet werden, muss diese **Novation** in der Vereinbarung klar zum Ausdruck gebracht werden.[63] 73

▶ Formulierungsbeispiel:

Wir verzichten wechselseitig auf nachehelichen Unterhalt einschließlich des Falls der Not und 74
nehmen den Verzicht des jeweils anderen an.

Anstelle des gesetzlichen nachehelichen Unterhalts vereinbaren wir:

Der Ehemann verpflichtet sich, an die Ehefrau einen monatlichen vertraglichen Unterhalt wie folgt
zu leisten:......

Diese Beträge sind nicht abhängig vom Einkommen und/oder Vermögen eines Beteiligten oder
der Änderung des Familienstandes. Die Beträge sind nicht abänderbar und unterliegen keiner
Wertsicherung.

Vollstreckungsunterwerfung, Belehrungen etc.

Die Eheleute vereinbaren auch den Ausschluss der sog. kindbezogenen Verlängerungsgründe nach 75
§ 1570 Abs. 1 Satz 2 und 3 BGB, die der Notar ausführlich erläutert hat. Die Eheleute sind übereinstimmend der Auffassung, dass ein in der Person des Kindes begründeter Mehrbedarf an Betreuung (z.B. bei einer geistigen und/oder körperlichen Behinderung, eines Lern- oder Aufnahmedefizits oder auch einer besonderen Begabung des Kindes) ausschließlich durch professionelle Fremdbetreuung gedeckt werden soll. Die Kosten einer solchen Fremdbetreuung werden von den Eheleuten je zur Hälfte übernommen.

▶ Formulierungsbeispiel für die Erweiterung elternbezogener Verlängerungsgründe

Der Notar hat § 1570 Abs. 2 BGB eingehend erläutert und insbesondere darauf hingewiesen, dass
die Inanspruchnahme des verlängerten Unterhaltsanspruchs voraussetzt, dass der betreuende Elternteil zur Zeit der Inanspruchnahme des Unterhaltsanspruchs das Kind auch tatsächlich betreut.
Dies erachten die Ehegatten als nicht gerecht. Nach ihrer Auffassung ist § 1570 Abs. 2 BGB Ausdruck der nachehelich fortwirkenden Solidarität gerade auch für den Fall, dass die von der Ehefrau
betreuten Kinder keiner Betreuung mehr bedürfen. Sofern also die übrigen Voraussetzungen von
§ 1570 Abs. 2 BGB vorliegen, soll der Unterhaltsanspruch unabhängig davon verlängert werden,
ob die Ehefrau die Kinder tatsächlich noch betreut oder nicht.

Auch wenn das Altersphasenmodell nach dem UÄndG nicht mehr gilt, sind die Eltern gleichwohl
nicht gehindert, ein erweitertes modifiziertes Altersphasenmodell zu vereinbaren.

---

63 BGH, FamRZ 1985, 367; OLG Bamberg, FamRZ 1999, 1278.

▶ Formulierungsbeispiel für ein erweitertes modifiziertes Altersphasenmodell[64]

Die Ehepartner vereinbaren, dass der Ehemann die gemeinsamen Kinder bis zur Vollendung des sechsten Lebensjahres des jüngsten gemeinsamen Kindes, bei drei oder mehr gemeinschaftlichen Kindern bis zur Vollendung des zehnten Lebensjahres des jüngsten gemeinsamen Kindes, vollumfänglich betreuen soll, ohne dass ihn eine Erwerbsobliegenheit trifft.

Bis zur Vollendung des zwölften Lebensjahres des jüngsten gemeinsamen Kindes, bei drei oder mehr gemeinschaftlichen Kindern bis zur Vollendung des 15. Lebensjahres des jüngsten gemeinsamen Kindes trifft den Ehemann eine Erwerbsobliegenheit von zehn Stunden pro Woche, bis zur Vollendung des 18. Lebensjahres des jüngsten gemeinsamen Kindes, bei drei oder mehr gemeinsamen Kindern bis zur Vollendung des 21. Lebensjahres des jüngsten gemeinsamen Kindes, in Höhe von 25 Stunden pro Woche. Danach muss der Ehemann wieder vollumfänglich arbeiten.

76 Auch zum Krankheitsunterhalt können Vereinbarungen getroffen werden, etwa auch Teilverzichte vereinbart werden.

▶ Formulierungsbeispiel bei Krankheitsunterhalt

Der Notar hat den zukünftigen Ehepartnern den Krankheitsunterhalt nach § 1572 BGB erläutert. Die künftigen Ehepartner erklären, wechselseitig auf Krankheitsunterhalt zu verzichten. Beide Ehepartner erklärten, dass sie jeweils ausreichend Versicherungen, insb. für den Fall der Berufsunfähigkeit, abgeschlossen haben und insoweit auf einen Unterhaltsanspruch nicht angewiesen sind.

▶ Formulierungsbeispiel zur Erwerbsobliegenheit im Rahmen des § 1573 BGB[65]

77 Der Notar hat den Ehegatten die Vorschrift des § 1573 Abs. 1, Abs. 4 BGB ausführlich erläutert. Die Ehegatten vereinbaren hierzu, dass die Anforderungen an die Erwerbsobliegenheit nach der Dauer der Ehe wie folgt gestaffelt sein sollen:
1. Für den Fall, dass die Ehe bis zu zehn Jahre dauert, wird der Erwerbslosenunterhalt vollumfänglich und vorbehaltlos ausgeschlossen.
2. Für den Fall, dass die Ehe bis zu 15 Jahre dauert, hat der geschiedene Ehepartner in der Woche bis zu zehn Bewerbungen auf für ihn angemessene Stellen zu schreiben. Auf Stellen, die mehr als 50 km von dem Wohnort des Ehegatten entfernt liegen, braucht sich der Ehegatte nicht zu bewerben. Angemessen ist nur eine Tätigkeit als Arzt für Allgemeinmedizin. Erwerbslosenunterhalt wird aber auch maximal drei Jahre nach Rechtskraft der Scheidung begrenzt.
3. Für den Fall, dass die Ehe mehr als 15 Jahre dauert, hat der geschiedene Ehepartner in der Woche drei Bewerbungen auf für ihn angemessene Stellen zu schreiben. Auf Stellen, die mehr als 50 km vom Wohnort des Ehegatten entfernt liegen, braucht sich der Ehegatte nicht zu bewerben. Angemessen ist nur eine Tätigkeit als Arzt für Allgemeinmedizin. Der Erwerbslosenunterhalt wird aber auf maximal fünf Jahre nach Rechtskraft der Scheidung begrenzt.

▶ Formulierungsbeispiel für Aufstockungsunterhalt nach Ehephasen

78 Der Notar hat den Eheleuten den sog. Aufstockungsunterhalt (§ 1573 Abs. 2 BGB) erläutert. Die Eheleute modifizieren diese Vorschrift wie folgt:
1. Für den Fall, dass die Ehe bis zum Scheidungsantrag weniger als fünf Jahre angedauert hat, besteht wechselseitig kein Anspruch auf Aufstockungsunterhalt.
2. Für den Fall, dass die Ehe länger als fünf Jahre dauert, definieren die Ehepartner den vollen Unterhalt im Sinne des § 1578 Abs. 2 BGB wie folgt:
    a) Bei einer Ehedauer von weniger als zehn Jahren kann Aufstockungsunterhalt bis zur hiermit einvernehmlich festgelegten Grenze von … (z.B. 3.000 €) gefordert werden.
    b) Bei einer Ehedauer von weniger als 15 Jahren kann Aufstockungsunterhalt bis zur hiermit einvernehmlich festgelegten Grenze von … (z.B. 4.000 €) gefordert werden.
    c) Bei einer Ehedauer von mehr als 15 Jahren kann Aufstockungsunterhalt bis zur hiermit einvernehmlich festgelegten Grenze von … (z.B. 5.000 €) gefordert werden.

---

64 Vgl. auch Münch, FamR/*Schmitz*, § 3 Rn. 94.
65 Vgl. auch Münch, FamR/*Schmitz*, § 3 Rn. 128.

3. (Wertsicherungsklausel)
4. Im Übrigen bleibt die Vorschrift des § 1573 BGB unberührt.

▶ **Formulierungsbeispiel zur Verwertung des Vermögensstamms**[66]

Der Notar hat das geltende Unterhaltsrecht ausführlich erläutert. Er hat insbesondere darauf hingewiesen, dass zur Vermeidung bzw. zur Minderung einer Bedürftigkeit nach der Scheidung auch bestehendes Vermögen, also der Vermögensstamm, ggf. verwertet werden muss. Dies möchten die Ehegatten individuell für ihre Situation wie folgt anpassen:

1. Die Ehefrau ist Eigentümerin eines unbelasteten Grundstücks in …, bebaut mit einem Zweifamilienhaus [grundbuchmäßige Bezeichnung des Grundstücks]. Die Ehefrau erzielt hieraus monatliche Einkünfte aus Vermietung und Verpachtung in Höhe von netto 800 €.

Die Ehegatten vereinbaren, dass dieser Grundbesitz im Rahmen von § 1577 BGB nicht verwertet, insbesondere nicht verkauft und nicht belastet werden muss [Alt.: Die Ehegatten vereinbaren, dass dieser Grundbesitz im Rahmen von § 1577 BGB nur dann verkauft werden muss, wenn dadurch nach Abzug aller Kosten (etwaige Maklergebühren, Notar- und Gerichtskosten, Steuern) ein Reinerlös in Höhe von mindestens 180.000 € verbleibt].

2. Klarstellend wird vermerkt, dass die aus dem vorgenannten Grundbesitz gezogenen Erträge im Rahmen von § 1577 BGB berücksichtigt werden müssen.

Unterhaltszahlungen können als Sonderausgaben nach § 10 Abs. 1 Nr.1 EStG abgezogen werden. Der Unterhaltsverpflichtete hat gegen den Berechtigten einen Anspruch, dass dieser dem begrenzten Realsplitting zustimmt.

▶ **Formulierungsbeispiel begrenztes Realsplitting**[67]

Die Ehepartner erklären, dass die vorstehend vereinbarten Unterhaltszahlungen einschließlich der Vorsorgeaufwendungen im Sinne des § 10 Abs. 1 Nr. 3 EStG auf Seiten des Unterhaltsverpflichteten als Sonderausgaben abgezogen werden.

Dazu erteilt die Ehefrau für den Veranlagungszeitraum 2018 bereits hiermit ihre Zustimmung. Für die kommenden Veranlagungszeiträume bevollmächtigt die Ehefrau hiermit unwiderruflich ihren Ehemann, die insoweit jedes Jahr erforderliche Zustimmung im Rahmen der Steuererklärung zu erteilen.

Dadurch, dass der Ehemann die Unterhaltszahlungen steuerlich geltend machen kann, muss die Ehefrau die Unterhaltszahlungen versteuern. Der Ehemann verpflichtet sich hiermit, die der Ehefrau dadurch entstehenden Nachteile zu kompensieren, worunter auch etwaige dies betreffende Steuerberaterkosten fallen.

Nicht kompensiert werden aber steuerliche Nachteile, die im Zusammenhang mit einer Wiederheirat der Ehefrau stehen (Alt.: Insbesondere werden auch solche Nachteile kompensiert, die im Zusammenhang mit einer Wiederheirat der Ehefrau stehen.).

Hierbei handelt es sich um eine möglicherweise unterhaltsverstärkende Vereinbarung.

---

66 Vgl. Münch FamR/*Schmitz*, § 3 Rn. 181.
67 Vgl. Münch FaMR/*Schmitz*, § 3 Rn. 334.

Kapitel 11 Verfahrensrecht

Übersicht

		Rdn.
A.	**Der Unterhaltsleistungsantrag**	1
I.	Der Mindestinhalt des Unterhaltsantrags, § 253 Abs. 2 ZPO	4
II.	Das zuständige FamG in Unterhaltssachen	10
	1. Die sachliche Zuständigkeit	11
	2. Die örtliche Zuständigkeit in Unterhaltssachen	22
	a) Anhängigkeit einer Ehesache, § 232 Abs. 1 Nr. 1 FamFG	23
	b) Kindesunterhalt, § 232 Abs. 1 Nr. 2 FamFG	30
	c) Vorrang der Zuständigkeit nach § 232 Abs. 1 FamFG	37
	d) Die örtliche Zuständigkeit in isolierten Unterhaltsverfahren, § 232 Abs. 3 FamFG	39
	aa) Aufenthalt des Antragsgegners	39
	bb) Temporärer Wahlgerichtsstand bei Anhängigkeit des Kindesunterhalts	40
	cc) Unterhaltspflicht beider Eltern, § 232 Abs. 3 Nr. 2 FamFG	42
	dd) Gewöhnlicher Aufenthalt des Antragsgegners im Ausland, § 232 Abs. 3 Nr. 3 FamFG	47
III.	Die Bedeutung des § 258 ZPO	49
IV.	Rechtsschutzbedürfnis für einen Unterhaltsantrag	58
	1. Vollständige Titulierung des Unterhalts	60
	2. Einseitige titulierte Verpflichtungserklärungen	64
	3. Freiwillige Zahlung des Schuldners	71
	a) Vollständige Unterhaltsleistung	71
	b) Unterhaltsteilleistung	76
	aa) Titulierungsanspruch	80
	bb) Titulierungsaufforderung	83
V.	Die Geltendmachung von Kindesunterhalt	84
	1. Vertretung des Kindes im Unterhaltsverfahren	86
	a) Alleinsorge eines Elternteils	87
	b) Gemeinsame elterliche Sorge (§ 1629 BGB)	88
	c) Vertretung durch das Jugendamt, § 234 FamFG	91
	2. Die Verfahrensführungsbefugnis, § 1629 Abs. 3 Satz 1 BGB	94
	3. Obhutswechsel	98
	4. Scheidung der Eltern	103
	5. Eintritt der Volljährigkeit	104

Übersicht

		Rdn.
B.	**Der Unterhaltsstufenantrag**	110
I.	Der (isolierte) Auskunftsantrag	116
	1. Der Antrag	118
	a) Die Auskunft über die Einkünfte	120
	b) Die Auskunft über das Vermögen	121
	c) Der Antrag auf Vorlage von Belegen	123
	2. Die Begründung des Antrags	126
	3. Die Vollstreckung	128
II.	Das Stufenverfahren	130
	1. Der Stufenantrag nach § 254 ZPO	131
	2. Die zweite Stufe	136
	3. Der bezifferte Stufenantrag	141
III.	Der Unterhaltsantrag mit Einbindung der §§ 235, 236 FamFG	148
	1. Die verfahrensrechtliche Auskunftspflicht	149
	2. Bezifferter Unterhaltsantrag	155
	3. Stufenantrag	160
C.	**Unterhaltsanträge im Scheidungsverbundverfahren**	165
I.	Verbundfähige Unterhaltsanträge	169
II.	Die Antragstellung im Verbund	176
III.	Die Folgesache Kindesunterhalt, § 137 Abs. 2 Satz 1 Nr. 2 (1. Alt.) FamFG	184
IV.	Die Folgesache Ehegattenunterhalt, § 137 Abs. 2 Satz 1 Nr. 2 (2. Alt.) FamFG	186
V.	Die Abtrennung einer Unterhaltsfolgesache, § 140 FamFG	191
	1. Abtrennung nach § 140 Abs. 1 FamFG	192
	2. Härtefälle, § 140 Abs. 2 Satz 2 Nr. 5 FamFG	194
	3. Abtrennung einer Unterhaltsfolgesache, § 140 Abs. 3 FamFG	199
	4. Folgen der Abtrennung	200
D.	**Die Abänderungsverfahren**	203
I.	Die Abänderung von gerichtlichen Endentscheidungen nach § 238 FamFG	206
	1. Rechtsnatur des Abänderungsverfahrens nach § 238 FamFG	207
	2. Der Streitgegenstand des Abänderungsverfahrens	209
	3. Der Abänderungsantrag	212
	4. Die Abänderungsvoraussetzungen nach § 238 FamFG	217
	a) Hauptsacheentscheidung	217
	b) Wesentliche Änderung der Verhältnisse	218
	aa) Änderung der rechtlichen Verhältnisse	220
	bb) Änderung der tatsächlichen Verhältnisse	226

cc) Versäumnisbeschluss	229
dd) Anerkenntnisbeschluss	233
ee) Die Beweislast für die wesentliche Veränderung	234
c) Tatsachenpräklusion, § 238 Abs. 2 FamFG	237
d) Rückwirkungssperre, § 238 Abs. 3 FamFG	243
aa) Antrag auf Erhöhung des Unterhalts, § 238 Abs. 3 Satz 2 FamFG	246
bb) Antrag auf Herabsetzung des Unterhalts, § 238 Abs. 3 Satz 3 FamFG	247
cc) Jahresfrist, § 238 Abs. 3 Satz 4 FamFG	249
5. Die Abänderungsentscheidung, § 238 Abs. 4 FamFG	250
6. Einstellung der Zwangsvollstreckung nach § 242 FamFG	253
7. Die verschärfte Bereicherungshaftung nach § 241 FamFG	259
8. Abgrenzungsfragen	262
a) Verfahren nach Antragsabweisung	262
b) Erfolgreiche Abänderungsverfahren	269
c) Das Verhältnis zum Vollstreckungsabwehrverfahren nach § 767 ZPO	271
d) Verhältnis zum Rechtsmittel der Beschwerde	277
II. Die Abänderung von Vergleichen und Urkunden, § 239 FamFG	278
1. Der Anwendungsbereich des § 239 FamFG	279
2. Der Abänderungsantrag nach § 239 FamFG	287
3. Abänderung eines gerichtlichen Vergleichs	292
a) Eingeschränkter Vertrauensschutz	292
b) Störung der Geschäftsgrundlage	294
4. Abänderung von Jugendamtsurkunden oder notarielle Urkunden	303
a) Notarielle Urkunden nach § 794 Abs. 1 Nr. 5 ZPO	303
b) Jugendamtsurkunden nach §§ 59 Abs. 1 Nr. 3, 60 SGB VIII	305
aa) Unterhaltsvereinbarung wird mit Jugendamtsurkunde tituliert	306
bb) Einseitige Anfertigung einer Jugendamtsurkunde	307
E. Der Feststellungsantrag nach § 256 ZPO	309
I. Anwendungsmöglichkeiten in Unterhaltssachen	309
II. Das Feststellungsinteresse	312
III. Der Feststellungsantrag	316
F. Der Vollstreckungsabwehrantrag	318
I. Zielsetzung des Vollstreckungsabwehrantrags	320
II. Das zuständige Gericht	321
III. Einwendungen	325
1. Nachträglich	326
2. Relevante Einwendungen	328
IV. Die Antragstellung	336
V. Rechtsschutzbedürfnis	341
G. Die einstweilige Unterhaltsanordnung	346
I. Der Streitgegenstand	349
II. Der Antrag, § 51 Abs. 1 FamFG	350
III. Der Anordnungsgrund	354
IV. Der Anordnungsanspruch	358
V. Die Entscheidung über den eA-Antrag	359
1. Regelungsumfang	359
2. Entscheidung durch Beschluss	360
VI. Das Außerkrafttreten der einstweiligen Unterhaltsanordnung	364
VII. Rechtsschutz ggü. einer einstweiligen Unterhaltsanordnung	372
1. Änderung und Aufhebung der einstweiligen Unterhaltsanordnung nach § 54 FamFG	372
2. Einleitung der Unterhaltshauptsache nach § 52 Abs. 2 FamFG	376
3. Beschwerde, § 57 FamFG	380
4. Abänderungsverfahren nach § 238 Abs. 1 FamFG	381
5. Der negative Feststellungsantrag, § 256 ZPO	382
H. Die Beschwerde in Unterhaltssachen	383
I. Endentscheidungen	383
II. Beschwerdewert	384
III. Einlegung der Beschwerde	387
1. Einlegung der Beschwerde beim Ausgangsgericht	388
2. Inhalt der Beschwerdeschrift	390
3. Beschwerdefrist	391
IV. Beschwerdebegründung	393
1. Novenrecht (§ 65 Abs. 3 FamFG)	393
2. Begründung der Beschwerde	394
3. Beschwerdebegründungsfrist	396
a) 2-Monats-Frist	396
b) Fristverlängerung (§§ 117 Abs. 1 Satz 4 FamFG; 520 Abs. 2 Satz 2 ZPO)	397
c) Widereinsetzung in den vorigen Stand, § 233 ZPO	399
V. Anschlussbeschwerde nach § 66 FamFG	400
I. Die Rechtsbeschwerde	408
J. Das vereinfachte Unterhaltsverfahren	419
I. Das Verhältnis zum »allgemeinen« Unterhaltsverfahren	423

	1. Subsidiarität des vereinfachten Verfahrens	423	
	2. Konkurrenzen	424	
II.	Die Beteiligten des vereinfachten Verfahrens	427	
III.	Der Unterhaltsantrag im vereinfachten Verfahren	431	
IV.	Einwendungen des Antragsgegners, § 252 FamFG	435	
V.	Der Festsetzungsbeschluss nach § 253 FamFG	437	
VI.	Das streitige Verfahren nach § 255 FamFG	444	
VII.	Die Beschwerde gegen den Festsetzungsbeschluss, § 256 FamFG	451	
K.	**Der Verfahrenskostenvorschuss**	452	
I.	Die verfahrensrechtliche Umsetzung eines VKV-Anspruches	455	
	1. Der Anwendungsbereich der einstweiligen Anordnung nach §§ 49 ff.; 246 Abs. 1 FamFG	456	
	2. Der Antrag, § 51 Abs. 1 FamFG	457	
	3. Das zuständige Gericht	460	
	4. Das Regelungsbedürfnis	467	

5. Anordnungsanspruch	469	
a) Anspruchsberechtigte Personen	471	
b) Die Anspruchsvoraussetzungen nach § 1360a Abs. 4 BGB	478	
aa) Bestehende Ehe	480	
bb) Persönliche Angelegenheit	483	
cc) Bedürftigkeit	484	
dd) Leistungsfähigkeit	485	
ee) Billigkeit: Erfolgsaussicht und kein Mutwillen	490	
II. Die Entscheidung über den eA-Antrag	492	
1. Regelungsumfang	492	
2. Entscheidung durch Beschluss	495	
III. Rückzahlungsansprüche	498	
L. Verfahrenkostenhilfe	503	
I. Die »bedingte« Antragstellung	508	
II. Die Bewilligungsvoraussetzungen	515	
1. Antrag, §§ 113 Abs. 1 Satz 2 FamFG, 114, 117 ZPO	517	
2. Erfolgsaussicht	526	
3. Mutwilligkeit	531	
4. Bedürftigkeit	538	
III. Die VKH-Entscheidung	547	

A. Der Unterhaltsleistungsantrag

1   Hat der Unterhaltsschuldner außergerichtlich ordnungsgemäß Auskunft über seine Einkünfte erteilt, dann aber die berechnete Unterhaltsschuld nicht akzeptiert, so muss der Anspruch gerichtlich durchgesetzt werden.[1] Dies erfolgt regelmäßig durch einen entsprechenden Unterhaltsantrag beim zuständigen FamG. Es handelt sich dabei um eine **Familienstreitsache**, die nach den Verfahrensvorschriften der ZPO abgewickelt wird (§§ 112 Nr. 1, 113 Abs. 1 FamFG), sofern sich aus den §§ 231 bis 260 FamFG nichts Abweichendes ergibt. Insb. die Verfahrensvorschrift des § 258 ZPO (Titulierung wiederkehrender Leistungen) ist in Unterhaltssachen bedeutsam.

2   Die Einreichung der Antragsschrift bei Gericht hat die **Anhängigkeit** des Unterhaltsverfahrens zur Folge. Der Antragsteller begehrt mittels der Antragsschrift Rechtsschutz durch Erlass eines Beschlusses (§ 38 FamFG).

3   Die »Erhebung« der Unterhaltssache setzt die Zustellung des Antrags beim Antragsgegner voraus. Dies begründet die **Rechtshängigkeit** des Verfahrens (vgl. § 261 Abs. 1 ZPO), woran materielle Wirkungen anknüpfen (z.B. Verjährungshemmung, § 204 Abs. 1 Nr. 1 BGB oder Zinsansprüche, § 291 BGB).

I. Der Mindestinhalt des Unterhaltsantrags, § 253 Abs. 2 ZPO

4   Die Antragserhebung begründet ein Verfahrensrechtsverhältnis und fixiert den **Streitgegenstand**. Der Streitgegenstand (d.h. der bestimmte Unterhaltsantrag) ist für die gerichtliche Entscheidung maßgeblich (§ 308 ZPO), bestimmt deren Rechtskraft und darf vor keinem anderen FamG mehr anhängig gemacht werden (§ 261 Abs. 3 Nr. 1 ZPO). Der Mindestinhalt des Antrags ergibt sich aus § 253 Abs. 2 ZPO.

5   Erforderlich ist danach die Bezeichnung der Beteiligten und des Gerichts (§ 253 Abs. 2 Nr. 1 ZPO).

---

1   Wird schon die Auskunft nicht erteilt, ist ein sog. Unterhaltsstufenantrag erforderlich (dazu unter B., II., Rdn. 130).

Darüber hinaus ist nach § 253 Abs. 2 Nr. 2 ZPO die bestimmte Angabe des Gegenstandes und des Grundes des erhobenen Anspruchs notwendig.

Der Antrag kann bspw. lauten:

▶ Muster

Der Antragsgegner wird verpflichtet, an die Antragstellerin ab dem 01...... 20.., jeweils monatlich im Voraus, spätestens bis zum dritten Werktag des jeweiligen Monats einen Unterhalt i.H.v...... € zu zahlen.

Die Antragsschrift ist ein bestimmender (d.h. nicht nur vorbereitender) Schriftsatz. Sie bedarf daher einer eigenhändigen Unterschrift, die individuelle Züge aufweisen muss. Dies dient auch der Abgrenzung vom bloßen Entwurf eines Antrags und damit der Feststellung der Verfahrensabsicht.

Unterschreiben muss der mit Vollmacht ausgestattete Rechtsanwalt, da das Unterhaltsverfahren nach § 114 Abs. 1 FamFG dem Anwaltszwang unterliegt. Eine Ausnahme besteht freilich für die einstweilige Unterhaltsanordnung; diese hat der Gesetzgeber (unverständlicherweise) vom Anwaltszwang ausgenommen.[2]

II. Das zuständige FamG in Unterhaltssachen

Der Unterhaltsantrag muss beim zuständigen FamG eingereicht werden.[3]

1. Die sachliche Zuständigkeit

Die **sachliche Zuständigkeit** in Unterhaltssachen ist den §§ 23a Abs. 1 Nr. 1 GVG, 111 Nr. 8 FamFG zu entnehmen. Sachlich zuständig ist danach das Amtsgericht, **funktionell** nach § 23b GVG das FamG. Die sachliche Zuständigkeit ist eine **ausschließliche**, vgl. § 23a Abs. 1 Satz 2 GVG.

Der Begriff der **Unterhaltssache** wird in § 231 FamFG definiert.

Unterhaltssachen sind nach § 231 Abs. 1 FamFG Verfahren, die
1. die durch Verwandtschaft begründete gesetzliche Unterhaltspflicht,
2. die durch Ehe begründete gesetzliche Unterhaltspflicht,
3. die Ansprüche nach § 1615l oder § 1615m BGB

betreffen.

Ein Verfahren ist eine **Unterhaltssache**, wenn zur Begründung des erhobenen Anspruchs eine unterhaltsrechtliche Anspruchsgrundlage herangezogen werden muss (z.B. §§ 1601 ff., 1569 ff.; 1615l BGB). Ausschlaggebend für die Beurteilung, ob ein Verfahren eine Unterhaltssache darstellt, ist damit insb. die sog. **materielle Anknüpfung**.

Die Einordnung als Unterhaltssache nach § 231 Abs. 1 FamFG setzt nicht voraus, dass die Anspruchsgrundlage unmittelbar aus dem Familienrecht abgeleitet werden kann. Erforderlich ist jedoch ein **Sachzusammenhang**. Soweit der erhobene Anspruch nur mittelbare Auswirkung auf die Leistung von Unterhalt hat, ist nunmehr das Verfahren als sonstige Familiensache nach § 266 FamFG abzuwickeln.

Erforderlich ist mithin, dass der **Schwerpunkt des Begehrens** in den in § 231 Abs. 1 FamFG beschriebenen Rechtsbereich fällt.

Dies ist etwa der Fall, wenn es um **Rückzahlung von Unterhalt** geht. Ein solcher Anspruch wird regelmäßig auf Bereicherungsrecht gestützt oder auf Schadensersatzansprüche nach §§ 823

---

[2] Horndasch/Viefhues/*Roßmann*, § 114 Rn. 19; Schulte-Bunert/Weinreich/*Breuers*, § 114 Rn. 15.
[3] Dies gilt natürlich auch für andere Unterhaltsverfahren, also z.B. Unterhaltsabänderungsanträge, Feststellungsanträge, Vollstreckungsabwehranträge und dergleichen.

Abs. 2 i.V.m. § 263 StGB, 826 BGB; maßgeblich ist für die Entscheidung aber das Unterhaltsschuldverhältnis der Beteiligten, d.h. dieses steht im Mittelpunkt aller Überlegungen.[4]

17 Ähnlich verhält es sich bei der Geltendmachung des sog. familienrechtlichen **Ausgleichsanspruchs**; dieser findet u.a. Anwendung, wenn ein minderjähriges Kind im laufenden Kindesunterhaltsverfahren von der Obhut eines Elternteils in die des anderen wechselt. Der das Kind vertretende Elternteil ist dann gezwungen, das Verfahren betreffend den künftigen Kindesunterhalt für erledigt zu erklären, kann aber die Unterhaltsrückstände als sog. familienrechtlichen Ausgleichsanspruch gerichtlich weiterverfolgen. Dies ist ebenfalls eine Unterhaltssache nach § 231 Abs. 1 FamFG.[5]

18 Der familienrechtliche Ausgleichsanspruch findet auch Anwendung, wenn Eltern sich über den Kindergeldausgleich streiten bei einem **Wechselmodell**. Dieser Rechtsstreit ist eine Familienstreitsache und nicht etwa im Verfahren der freiwilligen Gerichtsbarkeit abzuwickeln.[6]

19 Auch der Lebenspartnerschaftsunterhalt nach §§ 5, 12, 16 LPartG ist aufgrund der Verweisung in § 270 Abs. 1 FamFG nach §§ 231 bis 260 FamFG abzuwickeln.

20 Die in § 231 Abs. 1 FamFG genannten Verfahren gehören zur Kategorie der **Familienstreitsachen** (vgl. § 112 Nr. 1 FamFG). In diesen Verfahren sind die Vorschriften der ZPO anzuwenden, vgl. § 113 Abs. 1 FamFG. I.Ü. gelten die speziellen Vorschriften der §§ 231 bis 260 FamFG.

21 Unterhaltssachen sind aber auch nach § 231 Abs. 2 FamFG Verfahren nach § 3 Abs. 2 Satz 3 BKGG und § 64 Abs. 2 Satz 3 EStG.[7] Diese Verfahren dienen der Bestimmung der für das Kindergeld bezugsberechtigten Person. Maßgebend für die Einbeziehung dieser Verfahren ist der enge tatsächliche und rechtliche Zusammenhang mit Verfahren, die den Unterhalt des Kindes betreffen. Nach § 1612b BGB hat das Kindergeld und damit auch die Frage, wer hierfür bezugsberechtigt ist, unmittelbaren Einfluss auf die Höhe des geschuldeten Unterhalts. Die in § 231 Abs. 2 FamFG genannten Angelegenheiten sind im Unterschied zu den Regelungsbereichen nach Abs. 1 **keine Familienstreitsachen**.

2. Die örtliche Zuständigkeit in Unterhaltssachen

22 § 232 FamFG regelt zentral und umfassend die **örtliche Zuständigkeit** in Unterhaltssachen.

a) Anhängigkeit einer Ehesache, § 232 Abs. 1 Nr. 1 FamFG

23 Ist eine Ehesache (§ 121 FamFG) anhängig, ist für Unterhaltssachen, die die Unterhaltspflicht für ein gemeinschaftliches Kind der Ehegatten (mit Ausnahme des vereinfachten Verfahrens über den Unterhalt Minderjähriger) oder die die durch die Ehe begründete Unterhaltspflicht betreffen, das Gericht nach § 232 Abs. 1 Nr. 1 FamFG ausschließlich örtlich zuständig, bei dem die Ehesache im ersten Rechtszug anhängig ist oder war.

24 Dies gilt entsprechend für den Ehegattenunterhalt. Die Ehesache zieht damit während ihrer Anhängigkeit alle anderen Verfahren des Regelungsbereichs der Nr. 1 unabhängig von den allgemeinen Zuständigkeitsbestimmungen an sich.

25 Die örtliche Zuständigkeit nach § 232 Abs. 1 Nr. 1 FamFG wird als **ausschließliche** angeordnet, so dass ein anderes Gericht nicht durch Prorogation oder rügelose Einlassung zuständig werden kann.

26 Zweck dieser umfassenden Zuständigkeitsregelung ist es, alle rechtlichen Angelegenheiten einer Familie bei einem Gericht zusammenzufassen, damit diese Verfahren mit besonderer Sachkenntnis und geringem verfahrensmäßigem Aufwand bearbeitet werden können.

---

4 Vgl. dazu BGH, NJW 1994, 1416.
5 Vgl. OLG Köln, FamRZ 2012, 575.
6 *Schürmann*, FamRZ 2017, 943; OLG Brandenburg, 01.09.2016 – 13 UF 59/16.
7 Vgl. dazu KG, FuR 2020, 44 = FamRZ 2020, 33.

Die **Anhängigkeit der Ehesache** richtet sich nach allgemeinen Grundsätzen, d.h. beginnt mit Einreichung des Antrags zu einer Ehesache (vgl. § 124 FamFG) und endet mit rechtskräftigem Verfahrensabschluss, der Rücknahme eines solchen Verfahrens (§ 141 FamFG) bzw. der übereinstimmenden Erledigungserklärung der Beteiligten. 27

Endet die Ehesache ehe die Unterhaltssache erledigt ist, verbleibt es bei der nach § 232 Abs. 1 Nr. 1 FamFG begründeten Zuständigkeit nach dem Gesichtspunkt der perpetuatio fori, §§ 253 Abs. 1, 261 Abs. 3 Nr. 2 FamFG. 28

Die Konzentrationswirkung der Scheidungssache endet auch dann mit deren Rechtskraft, wenn diese vor Abschluss einer nach § 140 FamFG abgetrennten Folgesache eintritt, d.h. der Folgesache kommt keine zuständigkeitsbegründende Wirkung mehr zu. 29

b) Kindesunterhalt, § 232 Abs. 1 Nr. 2 FamFG

Für Verfahren, die die gesetzliche Unterhaltspflicht eines Elternteils oder beider Elternteile ggü. einem minderjährigen Kind betreffen, ist das Gericht **ausschließlich** zuständig, bei dem das Kind oder der Elternteil, der aufseiten des Kindes zu handeln befugt ist, seinen allgemeinen Gerichtsstand hat. Hierdurch wird zugunsten der minderjährigen Kinder bewirkt, dass bei Überleitung des Vereinfachten Verfahrens nach § 255 FamFG die Abgabe an ein anderes Gericht vermieden wird. 30

Die Zuständigkeit nach § 232 Abs. 1 Nr. 2 FamFG gilt nunmehr auch für die nach § **1603 Abs. 2 Satz 2 BGB privilegierten volljährigen Kinder**. 31

§ 232 Abs. 1 Nr. 2 FamFG knüpft hinsichtlich der örtlichen Zuständigkeit an den **gewöhnlichen Aufenthalt** des unterhaltsberechtigten Kindes bzw. des insoweit vertretungsberechtigten Elternteils an. Der gewöhnliche Aufenthalt einer Person ist der tatsächliche Mittelpunkt des Lebens, d.h. der Ort, der faktisch (nicht rechtlich) den Schwerpunkt seiner sozialen und familiären Bindungen darstellt;[8] er unterscheidet sich zum einen vom schlichten Aufenthaltsort und zum anderen vom (gemeldeten) Wohnsitz i.S.d. §§ 7 ff. BGB. Da es sich bei der Begründung des gewöhnlichen Aufenthalts um einen rein tatsächlichen Vorgang handelt, setzt seine Begründung keine Geschäftsfähigkeit voraus.[9] Der (gemeldete) Wohnsitz und der gewöhnliche Aufenthalt können deshalb auseinanderfallen; die Anmeldung eines Wohnsitzes ist somit zwar ein Indiz, reicht aber nicht aus, um am Meldeort auch den gewöhnlichen Aufenthalt anzunehmen.[10] 32

Voraussetzung für die Annahme eines gewöhnlichen Aufenthalts ist deshalb regelmäßig eine gewisse Dauer der Anwesenheit und die Einbindung in das soziale Umfeld, was durch familiäre, berufliche oder gesellschaftliche Bindungen eintreten kann. Ferner ist der **Aufenthaltswille** beachtlich. Im Hinblick hierauf kann bereits nach kurzer Zeit ein (neuer) gewöhnlicher Aufenthalt angenommen werden. Dies gilt insb. bei einem vollständigen Umzug an einem anderen Wohnort, bei dem der Wechsel des gewöhnlichen Aufenthalts sofort eintritt. 33

Generell ist ein gewöhnlicher Aufenthalt anzunehmen, wenn der Aufenthalt mindestens **6 Monate** angedauert hat.[11] 34

Eine vorübergehende Abwesenheit (v.a. aus beruflichen Gründen) beendet nicht den gewöhnlichen Aufenthalt. 35

In den Fällen, in denen weder das Kind noch ein vertretungsberechtigter Elternteil seinen gewöhnlichen Aufenthalt im Inland hat, greift der gewöhnliche Aufenthalt des Unterhaltspflichtigen ein. Dadurch soll jedoch nicht eine ausschließliche internationale Zuständigkeit begründet werden; vielmehr beschränkt die Regelung die in Nr. 2 bestimmte ausschließliche Zuständigkeit des 36

---

8 BGH, FamRZ 2002, 1182.
9 AG Nürnberg, FamRZ 2008, 1777, 1778.
10 BGH, FamRZ 1996, 171, 172.
11 KG, FamRZ 2014, 1790; AG Nürnberg, FamRZ 2008, 1777, 1778.

ausschließlichen Gerichtsstands des Kindes oder des sorgeberechtigten Elternteils auf die reinen Inlandsfälle.

c) Vorrang der Zuständigkeit nach § 232 Abs. 1 FamFG

37 § 232 Abs. 2 FamFG ordnet den Vorrang der in Abs. 1 vorgesehenen ausschließlichen Zuständigkeit ggü. anderen ausschließlichen Gerichtsständen an. Die Kollision mehrerer ausschließlicher Gerichtsstände kann in Unterhaltssachen insb. im Fall des Vollstreckungsgegenantrags auftreten.

▶ Beispiel:

38 Das Amtsgericht FamG Bonn gewährt dem minderjährigen Kind K gegen seinen Vater Unterhalt. Das Kind zieht mit der Mutter nach Würzburg um. Nunmehr geht der Vater mit dem Vollstreckungsabwehrantrag nach §§ 113 Abs. 1 Satz 2 FamFG, 767 ZPO gegen den Unterhaltsbeschluss vor. K ist immer noch minderjährig.

Zuständig für den Vollstreckungsabwehrantrag nach §§ 113 Abs. 1 Satz 2 FamFG, 767 ZPO ist nicht das Amtsgericht FamG Bonn nach §§ 113 Abs. 1 Satz 2 FamFG, 767, 802 ZPO, sondern das Amtsgericht FamG Würzburg nach § 232 Abs. 1 Nr. 2 FamFG.

d) Die örtliche Zuständigkeit in isolierten Unterhaltsverfahren, § 232 Abs. 3 FamFG

aa) Aufenthalt des Antragsgegners

39 § 232 Abs. 3 Satz 1 FamFG verweist für den Fall, dass eine Zuständigkeit nach Abs. 1 nicht gegeben ist, auf die Vorschriften der ZPO zur örtlichen Zuständigkeit (vgl. §§ 12 ff. ZPO). Aus Gründen der Vereinheitlichung tritt in den Vorschriften über den allgemeinen Gerichtsstand der gewöhnliche Aufenthalt an die Stelle des Wohnsitzes. Damit ist das (isolierte) Unterhaltsverfahren, falls eine Zuständigkeit nach § 232 Abs. 1 FamFG nicht zu begründen ist, bei dem FamG einzuleiten, bei welchem der Antragsgegner seinen gewöhnlichen Aufenthalt hat.

bb) Temporärer Wahlgerichtsstand bei Anhängigkeit des Kindesunterhalts

40 Die Geltendmachung von Kindesunterhalt (§§ 1601 ff. BGB) sowie eines Anspruchs, der eine durch die Ehe begründete gesetzliche Unterhaltpflicht betrifft (§§ 1361 Abs. 1, 1569 ff. BGB), oder wegen eines Anspruchs nach § 1615l BGB kann verschiedene Gerichtsstände zur Folge haben.

41 Solange ein Verfahren **zum Unterhalt für ein minderjähriges Kind in erster Instanz anhängig** ist, können die zuvor genannten Verfahren des (i.d.R. das minderjährige Kind betreuenden) Elternteils auch bei dem Gericht erhoben werden, bei dem ein Verfahren über den Unterhalt des (gemeinsamen) Kindes anhängig ist, vgl. § 232 Abs. 3 Nr. 1 FamFG. Es handelt sich entsprechend dem Wortlaut um einen **Wahlgerichtsstand**. Hierdurch kann der Unterhalt begehrende Elternteil sicherstellen, dass über beide Unterhaltsansprüche von demselben Gericht entschieden wird, das regelmäßig beide Verfahren verbinden wird, § 147 ZPO.

cc) Unterhaltspflicht beider Eltern, § 232 Abs. 3 Nr. 2 FamFG

42 Die Vorschrift begründet einen **Wahlgerichtsstand der Streitgenossenschaft**. Gegenstand des Verfahrens muss die Unterhaltspflicht der Eltern ggü. dem Kinde sein.

43 Dadurch wird Kindern die Wahl ermöglicht, gegen beide Elternteile vor einem Gericht einen Unterhaltsantrag zu stellen, bei dem entweder der eine oder andere Elternteil einen Gerichtsstand hat. Die Erleichterung der Rechtsverfolgung der Kinder wird von sozialpolitischen Erwägungen getragen. So führt das gegen beide Elternteile an einem Gerichtsstand erhobene Unterhaltsverfahren zur Kostenersparnis und ausgeglichenen Festsetzung der jeweils geschuldeten Unterhaltsbeträge (§ 1606 Abs. 3 Satz 1 BGB) und damit insgesamt zur sachgerechten und beschleunigten Entscheidung der erfassten Streitigkeiten.

Soweit der gerichtliche Unterhaltsantrag eines minderjährigen Kindes zu beurteilen ist, geht der ausschließliche Gerichtsstand des § 232 Abs. 1 Nr. 2 FamFG vor. Etwas anderes gilt jedoch dann, wenn das Kind oder ein Elternteil seinen gewöhnlichen Aufenthalt im Ausland hat, § 232 Abs. 1 Nr. 2 aE FamFG.

Das im Gerichtsstand des § 232 Abs. 3 Nr. 2 FamFG erhobene Unterhaltsverfahren muss sich gegen **beide** Eltern des Kindes gemeinschaftlich richten. Dabei genügt die nachträgliche Einbeziehung des anderen Elternteils in das bereits rechtshängig gemachte Unterhaltsverfahren gegen einen Antragsgegner, weil der Antragsteller seine Wahlbefugnis auf diesem Wege bereits ausgeübt hat. Unbeachtlich ist das Ausscheiden eines Antragsgegners nach Rechtshängigkeit, § 261 Abs. 3 Nr. 2 ZPO. Dies gilt auch dann, wenn dies der zuständigkeitsbegründende Elternteil war.

▶ Beispiel:

Beispielhaft ist für die Vorschrift des § 232 Abs. 3 Nr. 2 FamFG das von einem Studenten gegen seine getrennt lebenden Eltern eingeleitete Unterhaltsverfahren. Studiert das 22-jährige Kind etwa in Bonn, während der Vater in Köln sowie die Mutter in Berlin leben, so kann das Kind das Verfahren gegen beide Elternteile in Köln beim FamG einleiten.

dd) Gewöhnlicher Aufenthalt des Antragsgegners im Ausland, § 232 Abs. 3 Nr. 3 FamFG

Die Rechtsverfolgung wäre erheblich erschwert, wenn Unterhaltsansprüche im Ausland verfolgt werden müssten, weil der Antragsgegner dort seinen gewöhnlichen Aufenthalt unterhält. Die Regelung des § 232 Abs. 3 Nr. 3 FamFG bezweckt zur Vermeidung dieses Nachteils eine Erleichterung bei der Geltendmachung solcher Ansprüche, in dem sie bei Unterhaltssachen einen Antragstellerwahlgerichtsstand verfügbar macht. Allerdings greift § 232 Abs. 3 Nr. 3 FamFG nur ein, wenn im Inland kein Gerichtsstand, auch nicht nach Art. 3 EuUntVO i. V. mit § 28 AUG, besteht. Die Vorschrift stellt nämlich einen Auffanggerichtsstand dar, der nur dann zum Tragen kommt, wenn der Antragsgegner im Inland keinen Gerichtsstand hat. Damit ist das Fehlen eines jeglichen Gerichtsstands, sei es ein allgemeiner oder besonderer, gemeint. Nur in diesem Fall eröffnet § 232 Abs. 3 Nr. 3 FamFG eine inländische örtliche Zuständigkeit, um dem als schwächer angesehenen Unterhaltsgläubiger eine Geltendmachung seiner Ansprüche im Inland zu ermöglichen.[12]

▶ Praxishinweis:

Das Unterhaltsverfahren eines Kindes gegen beide Eltern kann nach § 232 Abs. 3 Nr. 2 FamFG vor dem Gericht, das für das Verfahren gegen einen Elternteil zuständig ist, erhoben werden. Lebt zumindest ein Elternteil im Inland, hat das das Verfahren betreibende Kind die Wahl zwischen den Gerichtsständen des § 232 Abs. 3 Nr. 2 FamFG und des § 232 Abs. 3 Nr. 3 FamFG.

III. Die Bedeutung des § 258 ZPO

Der gerichtliche Unterhaltsantrag richtet sich auf Erlass eines Titels i.S.v. § 258 ZPO, der wiederkehrende Leistungen, nämlich Unterhalt, zum Gegenstand hat. Die Anwendbarkeit der Vorschriften der ZPO in Unterhaltssachen ergibt sich aus §§ 112 Nr. 1, 113 Abs. 1 Satz 2 FamFG.

Unterhaltsanträge werden häufig wie folgt formuliert:

▶ Muster

Der Antragsgegner wird verpflichtet, an die Antragstellerin ab dem 01...... 20.., jeweils monatlich im Voraus, spätestens bis zum dritten Werktag des jeweiligen Monats einen Unterhalt i.H.v...... € zu zahlen.

§ 258 ZPO ermöglicht die Titulierung künftiger Ansprüche im Fall wiederkehrender Leistungen (sog. Rentenantrag). Der Unterhaltsgläubiger erhält einen Vollstreckungstitel, damit er bei Fälligkeit

---

12 OLG Brandenburg, FamRZ 2017, 135.

seines Anspruchs sich unverzüglich die für die Lebensführung notwendigen Mittel besorgen kann. Auch soll andauernden Rechtsstreitigkeiten vorgebeugt werden.

52 **Wiederkehrende Leistungen** i.S.v. § 258 ZPO sind solche, die sich in ihrer Gesamtheit als Folge ein und desselben Rechtsverhältnisses ergeben, so dass die einzelne Folge nur noch vom Zeitablauf abhängig ist, ohne dass aber der Umfang der Schuld von vornherein feststeht.[13] Die (künftigen) Leistungen müssen bereits der Höhe nach bestimmbar sein, also mit ausreichender Sicherheit feststehen, wobei die noch nicht konkretisierbare Möglichkeit späterer Einwendungen der Rentenzahlungspflicht nach § 258 ZPO nicht entgegensteht.

53 Der gesetzliche Unterhaltsanspruch entsteht nach dem materiellen Recht in jedem Augenblick neu, in dem die dafür erforderlichen gesetzlichen Voraussetzungen vorliegen. Der einmal entstandene Unterhaltsanspruch wird durch den Antrag und den Beschluss nach § 258 ZPO als einheitliches, bis zum Wegfall seiner Voraussetzungen andauerndes, auflösend bedingtes Recht auf wiederkehrende Leistungen behandelt.

54 Allerdings muss gegenwärtig bereits ein Unterhaltsanspruch bestehen, da § 258 ZPO »auch« wegen künftiger Ansprüche den Antrag ermöglicht. Besteht gegenwärtig (noch) kein Anspruch, ist der Antrag als unbegründet abzuweisen.[14]

55 Unterhaltsanträge nach §§ 253, 258 ZPO machen damit eine »**zweistufige**« Überprüfung durch das FamG erforderlich: Zunächst muss der Unterhaltsantrag zum Zeitpunkt der mündlichen Verhandlung der Sache nach begründet sein; dann tätigt der erkennende Richter – unterstellt eine Unterhaltspflicht zum Zeitpunkt der mündlichen Verhandlung besteht – im zweiten Schritt eine **Prognose** dahin gehend, ob die dem Unterhaltsanspruch zugrunde liegenden Erwägungen auch zukünftig Bestand haben werden.

56 Der Familienrichter weist den Unterhaltsantrag (mit Ausnahme etwaiger Rückstände) ab, wenn zum Zeitpunkt der mündlichen Verhandlung eine Unterhaltsvoraussetzung (z.B. die Leistungsfähigkeit des Unterhaltsschuldners) nicht vorliegt. Dies gilt selbst dann, wenn der Unterhaltsschuldner mitteilt, dass er einen neuen Arbeitgeber hat und schon in wenigen Monaten die neue Arbeitsstelle antreten kann, so dass er dann wieder leistungsfähig ist. Die insoweit günstige Prognose ist bedeutungslos, da die »zweite Stufe« der Prüfung nicht erreicht wird. Der Antragsteller ist daher gezwungen, sobald die neue Arbeit angetreten wird, nochmals im Wege des Leistungsantrags Unterhalt einzufordern.

57 Liegt der Fall umgekehrt, d.h. der Antragsgegner hat zurzeit noch eine Arbeitsstelle, aber wurde zum übernächsten Monat wirksam gekündigt, wird der Antragsgegner zur Unterhaltszahlung verpflichtet. Die **erste Stufe** der Prüfung des § 258 ZPO erfolgt nämlich erfolgreich, da ein Unterhaltsanspruch zum Zeitpunkt der mündlichen Verhandlung gegeben ist. Die **zweite Stufe**, d.h. die Prognose für die Zukunft ist problematisch. Entweder der Richter geht davon aus, dass der Antragsgegner schon bald wieder eine Arbeitsstelle findet – dann kann er den Unterhalt unbegrenzt zusprechen und den Antragsgegner ansonsten auf das Abänderungsverfahren verweisen. Oder der Richter ist etwa aufgrund schlechter wirtschaftlicher Prognosen pessimistisch; dann wird der Unterhalt nur befristet bis zum Ablauf der Kündigungsfrist gewährt.

IV. Rechtsschutzbedürfnis für einen Unterhaltsantrag

58 Das Rechtsschutzinteresse für die Einleitung eines Unterhaltsverfahrens ist unproblematisch gegeben, wenn der Unterhaltsschuldner einer Unterhaltspflicht trotz ausreichender Aufforderung mit Fristsetzung nicht nachkommt.

---

13 BGH, NJW 2007, 294.
14 *Graba*, Die Abänderung von Unterhaltstiteln, Rn. 45.

Anders liegt es, wenn der Unterhaltsanspruch bereits ganz oder zumindest teilweise tituliert ist 59
bzw. der Unterhaltsschuldner freiwillige nicht titulierte Unterhaltszahlungen erbringt. Soweit im
Fall nur freiwilliger Unterhaltsleistungen ein sog. Titulierungsanspruch angenommen wird, besteht
das Risiko des sofortigen Anerkenntnisses mit der Kostenfolge nach § 243 Nr. 4 FamFG i.V.m.
§ 93 ZPO.[15]

1. Vollständige Titulierung des Unterhalts

Das **Rechtsschutzbedürfnis für ein Leistungsverfahren fehlt**, wenn in **voller Höhe** des beabsichtig- 60
ten Unterhaltsantrags bereits einer der nachfolgenden Unterhaltstitel vorliegt:
– ein Unterhaltsbeschluss,
– ein (nach § 794 Abs. 1 Nr. 1 oder § 794 Abs. 1 Nr. 5 ZPO titulierter) Unterhaltsvergleich,
– ein Rechtsanwalts-Vergleich (§ 796a ZPO), der gem. § 796b ZPO für vollstreckbar erklärt
  werden kann, falls seine Wirksamkeit nicht vom Gläubiger bestritten wird.
– eine Urkunde eines Notars (§ 794 Abs. 1 Nr. 5 ZPO),
– eine Urkunde des Jugendamts (vgl. §§ 59, 60 SGB VIII).

Ansonsten ist ein **Rechtsschutzbedürfnis** für ein Unterhaltsverfahren grds. **zu bejahen**. 61

Das Rechtsschutzbedürfnis für ein Unterhaltsverfahren ist insb. auch gegeben, wenn der Unter- 62
haltsanspruch durch eine **einstweilige Unterhaltsanordnung** (§§ 246 ff. FamFG) tituliert ist, weil
der Unterhaltsanspruch im Eilverfahren nicht rechtshängig ist und folglich über ihn im Anord-
nungswege auch n.rk. entschieden werden kann. Die Eilanordnungen schaffen nur eine einstweilige Vollstreckungsmöglichkeit eines (nur) vorläufig als bestehend angenommenen Anspruchs. Sie
stellen auch keinen Rechtsgrund i.S.v. § 812 BGB für Unterhaltszahlungen dar.

Der Unterhaltsgläubiger ist daher jederzeit berechtigt ein Unterhaltshauptsacheverfahren einzu- 63
leiten, um auf diesem Wege einen rechtskräftigen Unterhaltstitel, der dem Abänderungsschutz des
§ 238 FamFG unterliegt, zu erlangen.[16]

2. Einseitige titulierte Verpflichtungserklärungen

Umstritten ist das Rechtsschutzbedürfnis für einen Unterhaltsantrag im Fall einer einseitigen titu- 64
lierten Unterhaltsverpflichtungserklärung. Dies kommt in Betracht
– als Urkunde des Notars (§ 794 Abs. 1 Nr. 5 ZPO),
– als Urkunde des Jugendamts (vgl. §§ 59, 60 SGB VIII).

Grds. muss sich der Unterhaltsgläubiger mit einem solchen Titel zufriedengeben, d.h. es fehlt ein 65
Rechtsschutzbedürfnis für eine Titulierung des Unterhaltsanspruchs durch einen rechtskraftfähigen
Beschluss.

Das Rechtsschutzbedürfnis für ein Unterhaltsverfahren kann allerdings bei einer Jugendamtsurkun- 66
de bzw. einer notarielle Urkunde nach § 794 Abs. 1 Nr. 5 ZPO nicht verneint werden, soweit
der Gläubiger einen **höheren Unterhaltsbetrag beansprucht**, als in der betreffenden Urkunde tituliert ist.

Umstritten – insb. im Hinblick auf den bereits titulierten Unterhalt – ist freilich der dafür korrekte 67
Antrag, d.h. ob ein Leistungsverfahren nach §§ 253, 258 ZPO (sog. Titelergänzungsverfahren) oder
ob ein Abänderungsverfahren nach § 239 FamFG anzustrengen ist. Die Jugendamtsurkunde bzw.
die notarielle Urkunde nach § 794 Abs. 1 Nr. 5 ZPO würde als Titel minderen Werts behandelt,
wenn ohne weiteres eine vollständige erneute Titulierung nach §§ 253, 258 ZPO möglich wäre.

---

15 BGH, 02.12.2009 – XII ZB 207/08, NJW 2010, 238 ff.; FamRZ 2010, 195 ff.
16 OLG Celle, FuR 2014, 601; OLG Jena, FamRZ 2011, 491.

68 Der BGH[17] lässt einen **Titelergänzungsantrag** nach § 253, 258 ZPO zu, wenn der Unterhaltsschuldner mit einem außergerichtlichen Titel lediglich einen Sockelbetrag als Teilunterhalt anerkannt hat. Der restliche Unterhalt kann daher nicht im Wege des Abänderungsantrags nach § 239 FamFG geltend gemacht werden.

69 Nur wenn der Unterhaltsschuldner mit dem außergerichtlichen Titel den vollen Unterhalt anerkennen und der Unterhaltsgläubiger sich darauf einlassen würde, wäre eine spätere Anpassung im Wege des Abänderungsantrags nach § 239 FamFG möglich, was eine Vollstreckung aus einem einheitlichen Titel ermöglichen würde.

70 Eine solche Vereinbarung des vollen Unterhalts liegt nach Auffassung des **BGH** allerdings nicht vor, wenn die Beteiligten schon außergerichtlich über die Höhe des vollen Unterhalts streiten und sich nicht auf einen Betrag einigen können. Aus der Sicht des Unterhaltsgläubigers, auf die es insoweit ankommt, hat der Unterhaltsschuldner dann nur einen Teil des begehrten Unterhalts anerkannt. Und auch der Unterhaltsschuldner weiß im Fall eines fortdauernden Streits über die Unterhaltshöhe, dass er nur einen Teilbetrag des verlangten Unterhalts akzeptiert hat.

Anders verhält es sich bei Jugendamtsurkunden. Der Unterhaltsberechtigte ist nach Auffassung des BGH[18] in diesen Fällen berechtigt, ohne irgendwelche Bindungen, einen höheren Unterhalt mittels Abänderungsantrags nach § 239 FamFG zu fordern. Der Abänderungsantrag nach § 239 FamFG ist als ausschließlicher Rechtsbehelf zulässig. Der Unterhaltsberechtigte hat danach kein Wahlrecht, ob er seine Mehrforderung in einem Abänderungsantrag oder in einem Leistungsantrag geltend macht.[19]

Haben Eltern eine Scheidungsfolgenvereinbarung geschlossen, in der sich ein Elternteil unter anderem zur Zahlung von Unterhalt für das bei dem anderen Elternteil lebende Kind verpflichtet, so liegt darin ein echter Vertrag zu Gunsten des Kindes, wenn dem Kind ein eigenes Forderungsrecht eingeräumt wird. Davon kann ausgegangen werden, wenn sich der Unterhaltspflichtige wegen seiner Kindesunterhaltsverpflichtung der sofortigen Zwangsvollstreckung in sein Vermögen gegenüber dem Kind unterwirft. Das Kind kann dann selbst eine Abänderung der Unterhaltsregelung verlangen.[20]

3. Freiwillige Zahlung des Schuldners

a) Vollständige Unterhaltsleistung

71 Der Unterhaltsberechtigte hat einen **Titulierungsanspruch**. Ein Rechtsschutzbedürfnis für ein Unterhaltsverfahren besteht deshalb selbst dann, wenn der Schuldner regelmäßig und freiwillig zahlt.[21] Dies gilt für die gesamte Unterhaltsforderung (also nicht nur für einen etwa streitigen Spitzenbetrag, sondern auch für den unstreitigen Sockel).

72 Der Unterhaltsschuldner kann ohne Titulierung seine freiwilligen Zahlungen jederzeit einstellen; der Unterhaltsgläubiger ist aber auf laufende pünktliche Unterhaltsleistungen angewiesen, da der Unterhalt für den Lebensbedarf benötigt wird. § 258 ZPO sieht deswegen ausdrücklich die Möglichkeit eines Antrags auf künftige wiederkehrende Leistungen vor.

73 Allerdings gibt ein Unterhaltsschuldner, der den vollen geschuldeten Unterhalt regelmäßig zahlt, dem Unterhaltsgläubiger keinen Anlass zur Erhebung eines Unterhaltsantrags i.S.v. § 243 Nr. 4 FamFG i.V.m. § 93 ZPO. Der Unterhaltsgläubiger muss deswegen, wenn er die nachteiligen Kostenfolgen eines sofortigen Anerkenntnisses nach § 243 Nr. 4 FamFG i.V.m. § 93 ZPO

---

17 BGH, NJW 2010, 238, 239; vgl. auch BGH, FamRZ 2007, 983.
18 BGH, FamRZ 2011, 1034.
19 OLG Brandenburg, NZFam 2019, 264.
20 KG, FuR 2019, 708 = NZFam 2019, 719 mit Anm. *Graba*.
21 BGH, FamRZ 1998, 1165.

vermeiden will, den Unterhaltsgläubiger in solchen Fällen zunächst zur außergerichtlichen Titulierung des Unterhaltsanspruchs auffordern.[22]

Nochmals: Zahlt der Unterhaltsschuldner den vollen geschuldeten Unterhalt und wurde er vor Antragserhebung nicht ordnungsgemäß zur Titulierung aufgefordert, kann er wirksam im Unterhaltsverfahren sofortig anerkennen mit der Kostenfolge der § 243 Nr. 4 FamFG i.V.m. § 93 ZPO.[23] 74

▶ Praxishinweis:

Auch VKH wird dem Unterhaltsgläubiger für ein solches Verfahren auf Gesamtunterhalt wegen Mutwilligkeit verweigert, wenn dem Schuldner nicht zuvor Gelegenheit gegeben wird, i.H.d. freiwilligen Leistung eine vollstreckbare Verpflichtungserklärung abzugeben.[24] 75

Ein weiteres Problem in diesem Zusammenhang ist die Frage, wer die **Titulierungskosten** zu tragen hat. Der Kindesunterhalt wird vom Jugendamt bis zur Vollendung des 21. Lebensjahres kostenfrei tituliert (§ 59 Abs. 1 Satz 1 Nr. 3, 60 SGB VIII), so dass die Übernahme der Titulierungskosten keine Rolle spielt. Kostenfreiheit besteht auch für die Titulierung des Unterhalts nach § 1615l BGB (§ 59 Abs. 1 Satz 1 Nr. 4, 60 SGB VIII). Wird hingegen Ehegattenunterhalt gefordert, so ist umstritten, wer die Titulierungskosten zu tragen hat. Richtigerweise sollte die Übernahme der Titulierungskosten eine Nebenpflicht des Unterhaltsschuldners sein, da der Bedürftige kaum mit diesen Kosten belastet werden kann.[25]

b) Unterhaltsteilleistung

Einer Klärung bedarf noch, ob der Unterhaltsschuldner, der freiwillig nur einen Teil der geforderten Unterhaltsleistungen bezahlt, Veranlassung zu einem Unterhaltsantrag auf vollen Unterhalt bietet, insb. wenn er zuvor nicht zur Titulierung des freiwillig gezahlten Teils aufgefordert worden ist. 76

Mitunter wird die Auffassung vertreten, ein Unterhaltsschuldner, der nur Teilleistungen auf den geschuldeten Unterhalt erbringe, gebe durch sein Verhalten hinsichtlich des vollen Unterhaltsanspruchs Veranlassung zur Einreichung eines gerichtlichen Unterhaltsantrags i.S.v. § 243 Nr. 4 FamFG i.V.m. § 93 ZPO.[26] 77

Nach der Gegenauffassung gibt ein Unterhaltsverpflichteter im Umfang eines freiwillig gezahlten Teilbetrags auf den geschuldeten Unterhalt keine Veranlassung zu einem Unterhaltsantrag, wenn er nicht vorprozessual aufgefordert worden ist, diesen Teilbetrag titulieren zu lassen. Danach kommt in einem anschließenden Unterhaltsverfahren ein sofortiges Anerkenntnis des Unterhaltsschuldners i.S.d. § 243 Nr. 4 FamFG i.V.m. § 93 ZPO in Betracht.[27] 78

Der **BGH**[28] schließt sich der zuerst genannten Auffassung an. 79

aa) Titulierungsanspruch

Der Gläubiger hat nach Ansicht des BGH **zum einen** ein **Titulierungsinteresse** für den vollen geschuldeten Unterhalt, wenn der Unterhaltsschuldner lediglich einen Teilbetrag auf den geschuldeten Unterhalt zahlt. 80

---

22 Dies ist auch Voraussetzung, um VKH gewährt zu bekommen.
23 BGH, NJW 2010, 238, 239.
24 OLG München, FamRZ 1994, 1126.
25 str., vgl. OLG Nürnberg, FamRZ 2002, 1179; a.A. KG, FamRZ 2011, 1319 und OLG Karlsruhe, NJW 2003, 2922.
26 OLG Zweibrücken, FamRZ 2002, 1130; OLG Köln, NJW-RR 1998, 1703; OLG Düsseldorf, FamRZ 1991, 1207; OLG Koblenz, FamRZ 1986, 826.
27 OLG Oldenburg, FamRZ 2003, 1575; OLG Karlsruhe, FamRZ 2002, 102; OLG Nürnberg, NJWE-FER 2000, 100 = FamRZ 2000, S. 621; vgl. auch Thomas/Putzo/*Hüßtege*, § 93 ZPO Rn. 7a.
28 BGH, NJW 2010, 238 ff.

81 Hinsichtlich des nicht gezahlten Teils des Unterhalts ist ein Titel allein schon deswegen erforderlich, weil erst dieser dem Unterhaltsgläubiger die Vollstreckung ermöglicht.

82 Ein Titulierungsinteresse besteht allerdings auch hinsichtlich des gezahlten Teilbetrags. Das Titulierungsinteresse unterscheidet sich insofern nicht von den Fällen, in denen der Unterhaltsschuldner regelmäßig den vollen Unterhalt zahlt (s.o. Rdn. 71 ff.).

bb) Titulierungsaufforderung

83 Eine vorherige Aufforderung zur außergerichtlichen Titulierung des freiwillig gezahlten Sockelbetrages ist **zum anderen** nach Auffassung des BGH auch im Hinblick auf ein sofortiges Anerkenntnis i.S.d. § 243 Nr. 4 FamFG i.V.m. § 93 ZPO nicht erforderlich, da der Unterhaltsschuldner Anlass zur Einleitung der Unterhaltssache hinsichtlich des gesamten Unterhalts gibt.

V. Die Geltendmachung von Kindesunterhalt

84 Kindesunterhaltssachen sind von einigen Besonderheiten geprägt. Bereits behandelt wurde das Zuständigkeitsprivileg nach § 232 Abs. 1 Nr. 2 FamFG. Der Unterhaltsanspruch eines minderjährigen Kindes bzw. eines nach § 1603 Abs. 2 Satz 2 BGB gleichgestellten Kindes ggü. den Eltern wird ausschließlich bei dem Gericht eingefordert, bei dem das Kind seinen allgemeinen Gerichtsstand hat.

85 Minderjährige Kinder, die nur den Zahlbetrag der ersten Stufe der DT (Mindestunterhalt abzüglich anteiligen Kindergeldes) geltend machen, sind von der Darlegungs- und Beweislast entbunden. Dies betrifft sowohl ihren Bedarf als auch die Leistungsfähigkeit des Unterhaltsschuldners.[29] Der Verpflichtete muss also »umgekehrt« den Nachweis führen, dass er den Zahlbetrag nicht erwirtschaften kann.

1. Vertretung des Kindes im Unterhaltsverfahren

86 Erforderlich ist in allen Kindesunterhaltsverfahren eine ordnungsgemäße Vertretung minderjähriger Kinder.

a) Alleinsorge eines Elternteils

87 Übt ein Elternteil die elterliche Sorge allein aus oder ist ihm die Entscheidung nach § 1628 BGB übertragen, vertritt dieser Elternteil das Kind allein (§ 1629 Abs. 1 Satz 3 BGB).

b) Gemeinsame elterliche Sorge (§ 1629 BGB)

88 Häufig sind die Eltern getrenntlebende Eheleute, die gemeinsam die elterliche Sorge für das Kind haben. Der Elternteil, in dessen Obhut sich das Kind befindet, übernimmt die Vertretung des Kindes gem. § 1629 Abs. 2 Satz 2 BGB bei Geltendmachung des Unterhaltsanspruchs gegen den anderen Elternteil. Insoweit ergibt sich – allerdings nur für Unterhaltsfragen – ein **Alleinvertretungsrecht**. Ansonsten bleibt es bei gemeinsamer Vertretung durch beide Elternteile.

89 **Obhut** bedeutet dabei die tatsächliche Fürsorge für das Kind, also die Befriedigung der elementaren Bedürfnisse des Kindes durch Pflege, Verköstigung, Gestaltung des Tagesablaufs, Erreichbarkeit bei Problemen und emotionale Zuwendung.[30]

90 Unklar bleibt weiterhin die Rechtslage, wenn sich das Kind abwechselnd und in gleichem Umfang in der Obhut des einen und dann des anderen Elternteils befindet.[31] Die Geltendmachung von Unterhaltsansprüchen setzt aber nicht voraus, dass ein Elternteil die alleinige Obhut über die Kinder hat. Vielmehr reicht aus, dass der Schwerpunkt der tatsächlichen Betreuung von dem

---

29 BGH, FamRZ 2019, 112, 114.
30 Vgl. Palandt/*Götz*, § 1629 Rn. 25.
31 Vgl. *Büttner*, FamRZ 1998, 593.

unterhaltsbegehrenden Elternteil wahrgenommen wird. In Grenzfällen genügt auch ein nur geringer Betreuungsvorsprung eines Elternteils.[32] Ansonsten (Wechselmodell) ist eine gerichtliche Übertragung der Befugnis, Unterhalt gegen den anderen Elternteil geltend machen zu können, nach § 1628 BGB erforderlich.[33] Das OLG Frankfurt begründet dies damit, dass über § 1628 BGB auch die Entscheidungsbefugnis über das »Ob« der Einleitung eines Unterhaltsverfahrens geklärt werden könne. Deshalb sei dieser verfahrensrechtliche Weg gegenüber der Einsetzung eines Ergänzungspflegers vorzugswürdig. Nach anderer Auffassung wird ein Ergänzungspfleger nach § 1909 BGB für die Geltendmachung von Unterhalt benötigt.[34]

Das OLG Düsseldorf räumt dem Antragsteller beim Wechselmodell ein Wahlrecht zwischen der Bestellung eines Ergänzungspflegers und einem Antrag nach § 1628 BGB ein.[35]

c) Vertretung durch das Jugendamt, § 234 FamFG

§ 234 FamFG regelt die Vertretung eines Kindes in Unterhaltssachen durch das Jugendamt. Auf schriftlichen Antrag eines Elternteils kann das Jugendamt Beistand des Kindes werden (§ 1712 BGB). Durch die (freiwillige) Beistandschaft wird die elterliche Sorge nicht eingeschränkt (vgl. § 1716 Satz 1 BGB). Es kann daher sowohl der sorgeberechtigte Elternteil als auch das Jugendamt gesetzlicher Vertreter des Kindes im Unterhaltsverfahren sein. Um widerstreitende Erklärungen der gesetzlichen Vertreter im Unterhaltsverfahren zu vermeiden, ordnet § 234 FamFG (ebenso wie auch § 173 FamFG) an, dass die Vertretung durch das Jugendamt **Vorrang** haben soll und der sorgeberechtigte Elternteil die Fähigkeit, das gerichtliche Verfahren als gesetzlicher Vertreter des Kindes zu führen, verliert. Der Gesetzgeber ist der Auffassung, dass die teilweise Einschränkung der gesetzlichen Vertretungsmacht des sorgeberechtigten Elternteils hinnehmbar ist, da dieser jederzeit die Beendigung der Beistandschaft verlangen kann (§ 1715 Abs. 1 Satz 1 BGB), wenn sie von ihm nicht mehr gewollt ist.

91

Nach Auffassung des **BGH**[36] ist auch im Anwendungsbereich des § 1629 Abs. 3 BGB, also bei getrenntlebenden, verheirateten und gemeinsam sorgeberechtigten Eltern eine Vertretung des Kindes durch das Jugendamt als Beistand zur gerichtlichen Geltendmachung von Kindesunterhalt an Stelle der Verfahrensstandschaft (s.u. Rdn. 95) zulässig. Die Einrichtung einer Beistandschaft verursache keine Kosten, weil die Vertretung durch das Jugendamt als Beistand kostenfrei ist. Auch der mit § 1629 Abs. 3 Satz 1 BGB verfolgte Zweck, wonach das Kind aus dem Streit der Eltern herausgehalten werden soll, gebiete keine Einschränkung der Beistandschaft. Vielmehr wird die Hinzuziehung eines Beistands als gesetzlicher Vertreter des Kindes regelmäßig dafür sorgen, dass sowohl der betreuende Elternteil als auch das Kind aus dem Unterhaltsverfahren herausgehalten werden, so dass hierdurch im Zweifel Konflikte eher vermieden werden.

92

Mit Volljährigkeit des Kindes ist die Beistandschaft des Jugendamtes beendet; das volljährige Kind ist nunmehr Beteiligter des Unterhaltsverfahrens.

93

Durch die Beistandschaft wird das Jugendamt nicht zum Verfahrensbeteiligten.

2. Die Verfahrensführungsbefugnis, § 1629 Abs. 3 Satz 1 BGB

Aus dem Umstand, dass ein Elternteil das minderjährige Kind gesetzlich vertritt, ergibt sich noch nicht, ob der Kindesunterhalt nach Trennung der Eltern im Namen des Kindes oder im eigenen Namen des Elternteils geltend zu machen ist.

94

---

32 BGH, NJW 2007, 1882; BGH, FamRZ 2007, 707 mit Anm. *Luthin*.
33 OLG Frankfurt am Main, FuR 2017, 217.
34 OLG Celle, FamRZ 2019, 40; OLG Nürnberg, NZFam 2017, 257; *Götz*, FF 2015, 146, 149; *Seiler*, FamRZ 2015, 1845, 1850.
35 OLG Düsseldorf, 27.02.2019 – 6 UF 197/18 = FuR 2020, 246.
36 BGH, 29.10.2014 – XII ZB 250/14, FamRZ 2015, 130.

95 Der Gesetzgeber hat sich für die Dauer der Trennung bis zur Rechtskraft der Scheidung in § 1629 Abs. 3 Satz 1 BGB für die Verfahrensstandschaft entschieden, weil er vor allem vermeiden wollte, dass das minderjährige Kind als Beteiligter am Scheidungsverfahren der Eltern beteiligt wird. Die Verfahrensstandschaft umfasst auch Passivverfahren gegen die Kinder. Dies spielt eine Rolle bei Abänderungsanträgen nach § 238 bzw. § 239 FamFG.[37]

96 Der Anwendungsbereich des § 1629 Abs. 3 BGB betrifft nur verheiratete Eltern. Unverheiratete Eltern und geschiedene Eltern sind zur Verfahrensführung (im eigenen Namen) nicht befugt. In diesen Fällen muss das Kind als Beteiligter den Unterhaltsanspruch im eigenen Namen geltend machen, gesetzlich vertreten durch den allein sorgeberechtigten Elternteil (§ 1629 Abs. 1 Satz 3 BGB) oder – bei gemeinsamer Sorge – von dem Elternteil, in dessen Obhut es sich befindet (§ 1629 Abs. 2 Satz 2 BGB).

97 Der antragstellende Elternteil ist als Verfahrensstandschafter selbst Beteiligter. Deshalb kann beispielsweise der auf Kindesunterhalt in Anspruch genommene Elternteil seinen Zugewinnausgleichsanspruch gegen den betreffenden Elternteil im Wege eines Widerantrags geltend machen.

3. Obhutswechsel

98 Die Verfahrensstandschaft endet auch schon vor Rechtskraft der Scheidung, sobald das minderjährige Kind in die Obhut des anderen Elternteils kommt oder wenn dem auf Kindesunterhalt in Anspruch genommenen Elternteil die alleinige Personensorge (nach vorheriger alleiniger Personensorge des anderen Elternteils oder nach vorheriger gemeinsamer Sorge) übertragen wird.

99 In beiden Fällen wird das zuvor vom anderen Elternteil erhobene Verfahren auf Kindesunterhalt unzulässig, und zwar insgesamt, nicht nur für den Unterhaltszeitraum ab Sorgerechtsentscheidung oder ab Übergang des Obhutsverhältnisses auf den anderen Elternteil.[38]

100 Aufwendungen für das Kind können aber nach Antragsänderung im gleichen Verfahren im Rahmen eines **familienrechtlichen Ausgleichsanspruchs** gegen den anderen Elternteil weiterverfolgt werden.[39]

101 Dies betrifft freilich nur den rückständigen Unterhalt. Hinsichtlich des laufenden Unterhalts ist der Antrag zurückzunehmen bzw. für erledigt zu erklären. Letzteres empfiehlt sich aus Kostengründen und ist auch korrekt, soweit man unterstellt, dass das bisherige Verfahren zulässig und begründet war. Das Verfahren wird nämlich infolge des Obhutswechsels (= erledigendes Ereignis) unzulässig.

102 Dies gilt entsprechend auch für Unterhaltsverfahren des Kindes im eigenen Namen; die Vertretungsmacht des bislang vertretenden Elternteils zur Abgabe der Erledigungserklärung wird aus einer Analogie zu §§ 168, 672 Satz 2 BGB hergeleitet.[40] Um den familienrechtlichen Ausgleichsanspruch geltend machen zu können, ist – da das Kind bislang in eigenem Namen das Verfahren führt – zuvor noch eine **Beteiligtenwechselerklärung** erforderlich; die Befugnis dazu, kann ebenfalls aus einer Analogie zu §§ 168, 672 Satz 2 BGB hergeleitet werden.

4. Scheidung der Eltern

103 Wird während eines in Verfahrensstandschaft zulässigerweise begonnenen isolierten Unterhaltsverfahrens die Ehe rechtskräftig geschieden, so dauert die Verfahrensstandschaft des Elternteils in Analogie zu § 265 Abs. 2 Satz 1 ZPO bis zum Verfahrensende fort, falls diesem die elterliche Sorge für das Kind übertragen worden ist.[41]

---

37 OLG Brandenburg, FamRZ 2000, 1377.
38 Vgl. dazu OLG Hamm, FuR 2016, 536; OLG Brandenburg, FamRZ 2016, 1462.
39 Vgl. dazu *Roßmann*, in: FamRMandat Unterhaltsrecht, § 6 Rn. 36; OLG Rostock, FamRZ 2003, 933.
40 Vgl. dazu *Norpoth*, FamRZ 2007, 514 ff.
41 BGH, FamRZ 2000, 221.

5. Eintritt der Volljährigkeit

Die Verfahrensstandschaft endet aber in jedem Fall mit der Volljährigkeit des Kindes. 104

Handelt es sich um ein in Verfahrensstandschaft betriebenes Unterhaltsverfahren, so tritt das volljährig gewordene Kind durch gewillkürten Beteiligtenwechsel, der keiner Zustimmung des Gegners bedarf, selbst in den Rechtsstreit ein.[43] 105

Das Kind führt das Verfahren in dem Stand weiter, in dem es sich zum Zeitpunkt des Eintritts der Volljährigkeit befunden hat; dies ist bedingt durch § 1629 Abs. 3 Satz 2 BGB. Wird das Kind vor Eintritt der Rechtskraft volljährig, so kann es selbst Rechtsmittel einlegen. Andererseits muss mit Volljährigkeit die Beschwerde des verpflichteten Unterhaltsschuldners gegen das Kind eingelegt werden. 106

Über die Verwendung des zukünftigen Unterhalts entscheidet das volljährige Kind allein. Der rückständige Unterhalt gebührt dagegen im Innenverhältnis dem bisher betreuenden Elternteil, wenn er Naturalunterhalt geleistet hat, d.h. ihm steht ein familienrechtlicher Ausgleichsanspruch gegen den anderen Elternteil zu (Gesamtgläubigerschaft zum fortbestehenden Unterhaltsanspruch des Kindes, § 428 BGB). Das volljährige Kind ist gem. §§ 242, 1618a BGB verpflichtet, den rückständigen Unterhalt an den bisher betreuenden Elternteil abzuführen. 107

Haben der Vater oder die Mutter das Unterhaltsverfahren in Vertretung des Kindes geführt, so ist ein Beteiligtenwechsel nicht erforderlich. Die Stellvertretung entfällt und das Kind führt das Verfahren nach einer Fortsetzungserklärung fort. 108

Wenn das volljährig gewordene Kind nicht in das Verfahren eintritt, sollte der bisherige Verfahrensstandschafter oder Vertreter des Kindes, dessen Verfahren unzulässig geworden ist, die Hauptsache für erledigt erklären und in Bezug auf die Unterhaltsrückstände im Wege der Verfahrensänderung einen eigenen familienrechtlichen Ausgleichsanspruch geltend machen.[44] 109

B. Der Unterhaltsstufenantrag

Die Beteiligten einer Unterhaltssache sind zur Auskunft über die Einkommens- und Vermögensverhältnisse verpflichtet, soweit deren Kenntnis zur Klärung eines Unterhaltsanspruchs erforderlich ist, vgl. § 1605 BGB (ggf. i.V.m. §§ 1580, 1361 Abs. 4 Satz 4, 1615l Abs. 3 Satz 1 BGB). Oftmals wird dennoch die geforderte Auskunft über die Einkommens- und Vermögensverhältnisse verweigert. 110

Wird die geschuldete Auskunft nicht erteilt, ist der Auskunftsberechtigte regelmäßig gezwungen, den **Anspruch auf die Auskunft** entweder »isoliert« gerichtlich geltend zu machen oder aber im Rahmen eines sog. Stufenverfahrens nach §§ 113 Abs. 1 Satz 2 FamFG, 254 ZPO. 111

Eine **verfahrensrechtliche Auskunftspflicht** der Beteiligten einer Unterhaltssache ggü. dem FamG kodifizieren die **§§ 235, 236 FamFG**. 112

Nach § 235 Abs. 1 FamFG kann das Gericht Auskünfte über Einkünfte und Vermögen von den Beteiligten fordern, soweit dies für die Bemessung des Unterhalts von Bedeutung ist. Nach § 236 FamFG ist die Einholung von Auskünften auch bei Dritten möglich, sofern ein Beteiligter den Auskunftspflichten nach § 235 Abs. 1 FamFG nicht ausreichend nachgekommen ist. 113

---

42 OLG Hamm, FamRZ 1998, 379.
43 BGH, FamRZ 2013, 1378 ff.
44 Vgl. auch BGH, FamRZ 1989, 850 m.w.N.

114 Die Einbindung der verfahrensrechtlichen Auskunftspflicht in einen Unterhaltsantrag ist eine dritte Möglichkeit, um an die begehrte Auskunft zu kommen, die zur Berechnung des Unterhalts benötigt wird.[45]

115 Der Unterhaltsstufenantrag hat in der **Praxis** die größte Bedeutung. Der isolierte Auskunftsantrag ist zwar geeignet, um Auskünfte und Belege zu bekommen – meist schließt sich dann aber doch ein weiteres Verfahren auf Leistung an. Insofern ist es effektiver, die Leistungsstufe über einen Stufenantrag einzubinden, um nicht ein neues und weiteres Verfahren einleiten zu müssen. Trotz allem wird im Folgenden zunächst auf den isolierten Auskunftsantrag kurz eingegangen.

I. Der (isolierte) Auskunftsantrag

116 Das Auskunftsbegehren kann sowohl im Rahmen eines Stufenantrags nach § 254 ZPO, als auch »isoliert« erhoben werden. Ein isolierter Auskunftsantrag ist meist nicht sinnvoll, da nach Auskunft das Risiko besteht, ein zweites Verfahren auf Leistung einleiten zu müssen. Insofern ist der Stufenantrag effektiver.

117 Die nachfolgenden Ausführungen behandeln sowohl die (erste) Auskunftsstufe eines Stufenantrags als auch das isolierte Auskunftsverfahren.

1. Der Antrag

118 Die Antragsfassung in Auskunftsverfahren ist außerordentlich wichtig. Ein oberflächlich formulierter Antrag führt oft zu einer oberflächlichen Titulierung und damit zu einem unbestimmten Auskunftstitel, aus dem nicht vollstreckt werden kann.

Der Auskunftsantrag zu den Einkünften eines Arbeitnehmers kann wie folgt formuliert werden:

▶ Muster

119 ….. den Antragsgegner zu verpflichten, Auskunft zu erteilen durch Vorlage einer systematischen Aufstellung über sämtliche Einkünfte aus nichtselbstständiger Tätigkeit für die Zeit vom 01.01…… bis zum 31.12……., im vorgenannten Zeitraum etwa bezogenes Krankengeld bzw. Arbeitslosenunterstützung sowie über eine im Jahr….. erhaltene Steuererstattung

und

die Lohn-/Gehaltsabrechnungen der Monate Januar bis Dezember….., Bescheide über im vorgenannten Zeitraum etwa bezogenes Krankengeld bzw. Arbeitslosenunterstützung sowie einen im Jahr….. ergangenen Steuerbescheid vorzulegen.

a) Die Auskunft über die Einkünfte

120 Der Auskunftsantrag muss – wie alle Leistungsverfahren – die bestimmte Angabe des Gegenstandes sowie einen bestimmten Antrag enthalten (§ 253 Abs. 2 Nr. 2 ZPO).[46] Aus der Auskunftsvorschrift (§ 1605 Abs. 1 BGB) lassen sich **zwei verschiedene Anträge** entwickeln, die zueinander selbstständig sind, nämlich **erstens** Auskunft zu verlangen, soweit für den Unterhaltsanspruch erforderlich (§ 1605 Abs. 1 Satz 1 BGB) und **zweitens** die Vorlage von Belegen (§ 1605 Abs. 1 Satz 2 BGB). Notwendig ist die **konkrete Angabe**, auf welche Zeiträume (i.d.R. volle Kalenderjahre) und über welche Art von Einkünften (z.B. Arbeitseinkommen des Arbeitnehmers oder Gewinn des Unternehmers) Auskunft zu erteilen ist. Die Auskunftspflicht eines Arbeitnehmers zu seinen Einkünften bezieht sich auf das vergangene Jahr, während der Selbständige aufgrund der häufig stark schwankenden monatlichen Einkünfte sich über die letzten drei Kalenderjahre zu erklären hat.

---

45 Ausführlich dazu *Roßmann*, Taktik im familiengerichtlichen Verfahren, Rn. 2942 ff.
46 OLG Frankfurt am Main, FamRZ 1991, 1334.

Eine Auskunft kann nur verweigert werden, wenn sie unter keinem denkbaren Gesichtspunkt den Unterhaltsanspruch beeinflussen kann.[47]

Die Auskunft ist nach §§ 260, 261 BGB zu erteilen. Sie hat die systematische Zusammenstellung aller erforderlichen Angaben zu umfassen, die notwendig sind, um dem Auskunftsberechtigten ohne übermäßigen Arbeitsaufwand eine Berechnung seiner Unterhaltsansprüche zu ermöglichen.[48] Die Auskunft ist eine Wissenserklärung, die der Schriftform bedarf und vom Auskunftspflichtigen persönlich in einem Schreiben zu erteilen ist.[49]

Der Unterhaltsschuldner kann seine Auskunftspflicht auch nicht dadurch umgehen, dass er sich für unbeschränkt leistungsfähig erklärt.[50]

b) Die Auskunft über das Vermögen

121 Die Pflicht zur Auskunftserteilung umfasst auch das **Vermögen**, soweit die Auskunft zur Feststellung einer Unterhaltsverpflichtung erforderlich ist. Sie wird danach nur geschuldet, wenn der Unterhaltspflichtige ausnahmsweise für den Unterhalt seinen Vermögensstamm einzusetzen hat.[51] Dazu muss der Auskunftsberechtigte ausreichenden Vortrag geben. Die Auskunft kann nur auf einen bestimmten Zeitpunkt bezogen erteilt werden. Eine Auskunft über den Verbleib oder die Verwendung eines Vermögensgegenstandes scheidet aus.

122 Die Auskunft über das Vermögen ist also **stichtagsbezogen**. Geschuldet ist ein Verzeichnis i.S.v. § 260 Abs. 1 BGB zum Vermögensbestand mit Wertangaben. Unbedingt zu beachten ist, dass i.R.d. Auskunftsantrags der Stichtag festgelegt wird, da ansonsten die Vollstreckbarkeit nicht gesichert ist.[52]

c) Der Antrag auf Vorlage von Belegen

123 Nach § 1605 Abs. 1 Satz 2 BGB ist die **Vorlage von Belegen** geschuldet; dieser Anspruch bedarf der gesonderten Titulierung. Der Belegsanspruch macht es möglich, die Höhe der angegebenen Einkünfte zu überprüfen. Der Belegsanspruch bezieht sich aber nicht auf das Vermögen.

124 Der **unselbstständig tätige Unterhaltspflichtige** hat die Lohn- bzw. Gehaltsbescheinigungen i.d.R. für den Jahreszeitraum (letztes Kalenderjahr oder die vergangenen 12 Monate) vorzulegen. Hinzu kommen ggf. Abrechnungen über Spesen und Auslösungen, Krankengeld-, Arbeitslosengeld-, Arbeitslosenhilfe- oder Rentenbescheide. Die Vorlagepflicht umfasst auch Steuerbescheide, die in dem von der Auskunft umfassten Zeitraum ergangen sind, sowie die Steuererklärung.[53]

125 Der **Selbstständige** hat auf Verlangen die Bilanzen nebst Gewinn- und Verlustrechnungen, die Einkommensteuererklärung und den Einkommensteuerbescheid vorzulegen. Die Belege sind in diesem Fall für einen Zeitraum von drei Jahren zur Verfügung zu stellen, da Einkünfte von Selbstständigen mitunter stark schwanken und auf diese Art und Weise ein geeigneter Durchschnittswert der monatlichen Einkünfte für die Unterhaltsberechnung ermittelt werden kann.[54]

2. Die Begründung des Antrags

126 Der Auskunftsanspruch muss grds. nicht durch **substanziierten Vortrag** zum Unterhaltsanspruch begründet werden.[55]

---

47 BGH, NJW 2018, 468 = NZFam 2018, 130.
48 KG, FamRZ 2015, 1973.
49 OLG Brandenburg, 16.08.2018 – 13 WF 137/18, FuR 2019, 105.
50 Vgl. dazu *Breuers/Thormeyer*, FuR 2018, 179.
51 Vgl. dazu Palandt/*Brudermüller*, § 1601 Rn. 10.
52 Praktikabel ist als Stichtag der Vermögensbewertung der 31.12. des Vorjahres.
53 BGH, NJW 1983, 2243.
54 OLG München, FuR 2019, 107.
55 OLG Brandenburg, FamRZ 2007, 288.

127 Der Auskunftsanspruch nach §§ 1605, 1580 BGB bezweckt nämlich, dem Unterhaltsgläubiger die notwendigen Informationen für die Berechnung seines Unterhaltsanspruchs zu verschaffen. Der Auskunftsanspruch setzt daher das Bestehen eines Unterhaltsanspruchs voraus. Jedoch bedarf es i.d.R. keines substanziierten Vortrags zu dem Unterhaltsanspruch, da regelmäßig erst nach Erteilung der Auskunft feststeht, ob ein solcher Unterhaltsanspruch überhaupt besteht. Seiner Darlegungslast genügt der Unterhaltsgläubiger daher im Normalfall dadurch, dass er auf das in Betracht kommende Unterhaltsrechtsverhältnis hinweist und in allgemeiner Hinsicht den Grund für die Inanspruchnahme auf Unterhalt nennt. Eine Auskunft kann nur verweigert werden, wenn sie unter keinem denkbaren Gesichtspunkt den Unterhaltsanspruch beeinflussen kann.[56]

3. Die Vollstreckung

128 Die Vollstreckung aus dem Auskunftstitel kann sich nach § 887 ZPO oder nach § 888 ZPO richten, je nachdem ob die vorzunehmende Handlung nur von dem Schuldner selbst (Regelfall, § 888 ZPO mit der Möglichkeit der Zwangsgeldfestsetzung und Zwangshaft)[57] oder selbstständig von Dritten (§ 887 ZPO mit der Möglichkeit der Ersatzvornahme) vorgenommen werden kann.

129 Die Abgrenzung im Einzelfall ist schwierig. So soll bspw. die Erstellung einer Bilanz eine vertretbare oder eine unvertretbare Handlung sein, je nachdem, ob ein Dritter (z.B. ein Sachverständiger) die Bilanz allein anhand der Geschäftsbücher und der Geschäftspapiere zuverlässig fertigen kann oder ob er dazu der Mithilfe des Schuldners bedarf.[58]

II. Das Stufenverfahren

130 Das Auskunftsbegehren kann auch – wie bereits erwähnt – im Rahmen eines Stufenverfahrens nach § 254 ZPO erhoben werden. Mit Zustellung des Stufenantrags werden von Anfang an alle Stufen – also auch die Leistungsstufe – rechtshängig, und zwar in der Höhe, in der sie später beziffert wird.[59]

1. Der Stufenantrag nach § 254 ZPO

131 Der Stufenantrag ist ein Fall der objektiven Antragshäufung (§ 260 ZPO), nämlich dem gestaffelten Verlangen nach:
– Auskunft
– eidesstattlicher Versicherung
– Unterhaltsverpflichtung

132 mit der Besonderheit, dass abweichend von § 253 Abs. 2 Nr. 2 ZPO die letzte Stufe (Zahlungsstufe) nicht beziffert werden muss.

133 Über die einzelnen prozessualen Ansprüche ist Stufe für Stufe durch Teilbeschluss zu entscheiden, über die Leistungsstufe durch Endbeschluss. Eine sachliche Entscheidung über eine spätere Stufe setzt die Erledigung der vorherigen Stufe voraus.

134 Der Stufenantrag ist zulässig
– im Verbund, jedoch ist über den vorbereitenden Auskunftsanspruch vorab durch Teilbeschluss zu entscheiden,
– i.V.m. einem bezifferten Leistungsantrag (z.B. wird der Stufenantrag gestellt mit nach erteilter Auskunft zu beziffernder Zahlung, jedoch mindestens… €),[60]

---

56 OLG Saarbrücken, NJOZ 2017, 123.
57 Vgl. zum Antrag *Roßmann*, Taktik im familiengerichtlichen Verfahren, Rn. 2907.
58 Vgl. dazu OLG Köln, NJW-RR 2003, 33.
59 OLG Brandenburg, FamRZ 2007, 55; BGH, FamRZ 1995, 797.
60 BGH, FamRZ 2003, 31.

– i.V.m. einem Unterhaltsabänderungsantrag (§§ 238, 239 FamFG), wobei im Fall der Abänderung eines Unterhaltsbeschlusses die Rechtshängigkeit des neuen Stufenantrags die Zeitschranke des § 238 Abs. 3 FamFG überwindet.

Der Stufenantrag kann lauten:

▶ Muster

1. Der Antragsgegner wird verpflichtet, über sein gesamtes Einkommen aus nichtselbstständiger Tätigkeit einschließlich aller Sonderzuwendungen sowie über Steuererstattungen für den Zeitraum..... Auskunft zu erteilen und hierzu sämtliche Gehaltsbescheinigungen und den im gleichen Zeitraum erlassenen Einkommensteuerbescheid vorzulegen.
2. Der Antragsgegner wird verpflichtet, die Richtigkeit seiner Angaben an Eides statt zu versichern.
3. Der Antragsgegner wird verpflichtet, ab Rechtshängigkeit den sich aus der Auskunft ergebenden, noch zu beziffernden Unterhalt, monatlich im Voraus an die Antragstellerin zu bezahlen.

135

2. Die zweite Stufe

Die erste Stufe bedarf keiner weiteren Darstellung, da auf die Ausführungen zum isolierten Auskunftsantrag verwiesen werden kann (s.o. Rdn. 116 ff.).

136

Hat der Unterhaltsschuldner aufgrund eines Teilbeschlusses (Auskunftsbeschluss) Auskünfte erteilt, entsteht oft Unklarheit über das weitere Verfahren, wenn der Unterhaltsgläubiger beanstandet, die Auskunft sei unvollständig oder unrichtig. Es ist wie folgt zu verfahren:

137

Beruht die mangelhafte Auskunft auf unverschuldeter Unkenntnis oder entschuldbarem Irrtum des Unterhaltsschuldners, besteht (nur) ein **Anspruch auf ergänzende Auskunft**.[61]

138

Hätte der Unterhaltsschuldner dagegen die Unrichtigkeit der Auskunft (der Verdacht derselben genügt) bei gehöriger Sorgfalt vermeiden können (vgl. §§ 259, 260 BGB), d.h. hat er die Auskunft nicht mit der erforderlichen Sorgfalt gemacht, kann die **eidesstattliche Versicherung** nach §§ 259, 261 BGB verlangt werden, es sei denn, es handelt sich um »Peanuts« (§§ 259 Abs. 3, 260 Abs. 3 BGB).

139

Der Unterhaltsschuldner kann einer gerichtlichen Verpflichtung zuvorkommen, indem er freiwillig die Versicherung abgibt. Zuständig für die Abnahme der eidesstattlichen Versicherung ist nach § 410 Nr. 1, 411 Abs. 1 FamFG das Gericht, in dessen Bezirk die Verpflichtung zur Auskunft, zur Rechnungslegung oder zur Vorlage des Verzeichnisses zu erfüllen ist.

140

3. Der bezifferte Stufenantrag

Macht der Antragsteller im Rahmen eines Stufenantrags einen Mindestbetrag geltend, weil er seinen Antrag insofern beziffern und begründen zu können meinte, ohne auf eine Auskunft des Antragsgegners angewiesen zu sein, liegt nur wegen des darüber hinausgehenden Antragsbegehrens ein Stufenantrag nach § 254 ZPO, i.Ü. aber ein bezifferter Teilantrag vor.[62]

141

Auch ein solcher Stufenantrag ist sukzessive, d.h. Stufe für Stufe abzuwickeln.

142

Der **BGH**[63] führt dazu aus:

143

»Es ist zulässig, bei der Erhebung einer Stufenklage den Leistungsantrag (die dritte Stufe) von vornherein zu beziffern. Das kann z.B. geschehen, weil nach der Vorstellung des Kl. ein Mindestbetrag von vornherein feststeht und die beiden ersten Stufen der Stufenklage lediglich der Aufstockung dieses Mindestbetrages dienen sollen, oder weil der Auskunftsanspruch und der Anspruch auf Abgabe einer eidesstattlichen Versicherung eine fundiertere

---

61 OLG Köln, FamRZ 2001, 423.
62 BGH, NJW-RR 2003, 68.
63 BGH, NJW-RR 1996, 833 ff. (835).

Begründung des der Höhe nach bereits feststehenden Anspruchs ermöglichen sollen (BGH, BB 1972, 1245; Lüke, in: MünchKomm-ZPO, § 254 Rn. 16 ; vgl. auch Senat, BGHZ 107, 236 (239) = NJW 1989, 2821 = LM § 301 ZPO Nr. 37). In einem solchen Falle ist trotz der (teilweisen) Bezifferung des Leistungsantrages eine Entscheidung über die dritte Stufe erst zulässig, wenn die beiden ersten Stufen erledigt sind (BGH, BB 1972, 1245).«

144 Der Antragsteller kann natürlich den angekündigten Antrag in der zweiten Stufe fallen lassen und nach Auskunft sofort den Zahlungsantrag stellen.[64]

145 Eine Berechnung bzw. Bezifferung der dritten Stufe ist erst nach Abschluss der ersten beiden Stufen erforderlich; bis dahin reicht es, dass für die jeweilige Stufe ausreichender Vortrag angeboten wird.

146 I.Ü. ist es nach der BGH-Rechtsprechung möglich – solange die dritte Stufe noch nicht verhandelt wird – einen bereits geforderten Mindestbetrag umzuwandeln, d.h. zu einem unbezifferten Leistungsantrag überzugehen.

147 Der **BGH**[65] äußert dies wie folgt:

»Es gibt im Zivilverfahrensrecht keine Regelung, die es dem Kläger einer Stufenklage verwehrt, die vorläufige Bezifferung des Leistungsantrages mit einem Mindestbetrag rückgängig zu machen und anschließend die Stufenklage (wieder) mit einem unbezifferten Leistungsantrag weiterzuverfolgen.«

III. Der Unterhaltsantrag mit Einbindung der §§ 235, 236 FamFG

148 Der Unterhaltsberechtigte hat weiterhin die Möglichkeit, einen ziffernmäßig bestimmten Unterhaltsantrag zu stellen und im Rahmen dieses Verfahrens das FamG aufgrund von § 235 Abs. 2 FamFG zu veranlassen, Anordnungen zur Auskunftsermittlung nach § 235 Abs. 1 FamFG zu treffen.[66]

1. Die verfahrensrechtliche Auskunftspflicht

149 Nach § 235 Abs. 1 FamFG kann das FamG Auskunft über Einkünfte und Vermögen von den Beteiligten verlangen; dies bedeutet umgekehrt, dass die Vorschrift eine **Auskunftspflicht** der Beteiligten in den Unterhaltsverfahren des § 231 Abs. 1 FamFG ggü. dem Gericht kodifiziert. Das Anordnungsrecht wird zu einer **Anordnungspflicht** des Gerichts, wenn ein Beteiligter nach § 235 Abs. 2 FamFG einen entsprechenden Antrag stellt und der andere Beteiligte vor Beginn des Verfahrens einer nach den Vorschriften des BGB bestehenden Auskunftspflicht entgegen einer Aufforderung innerhalb angemessener Frist nicht nachgekommen ist.

150 Die Auskunftsregelung des § 235 Abs. 1 FamFG ist kein materiell-rechtlicher Anspruch i.S.d. §§ 1605, 1580 BGB, sondern sie leitet sich aus dem Prozessrechtsverhältnis der Beteiligten zum Gericht ab.[67]

151 § 235 Abs. 1 Satz 3 FamFG bestimmt, dass mit einer Anordnung nach Satz 1 oder 2 eine angemessene Frist gesetzt werden soll. Die Fristsetzung, die zugestellt werden muss, ist insb. für die Rechtsfolgen des § 236 FamFG für den Fall der Nichterfüllung der Auflagen von Bedeutung.

152 Der Fristablauf ist nämlich nach § 236 Abs. 1 FamFG Voraussetzung dafür, dass das Gericht sich die erforderlichen Informationen für die Unterhaltsbemessung bei Dritten beschafft (z.B. Arbeitgeber, Finanzamt).

153 Bedeutsam ist, dass auch die **Finanzämter** nach § 236 Abs. 1 Nr. 5 FamFG in allen Unterhaltssachen zur Auskunft ggü. dem Gericht verpflichtet sind.[68]

---

64 BGH, NJW 2001, 833.
65 BGH, NJW-RR 1996, 833 ff. (835).
66 HK-FamFG/*Viefhues*, § 235 Rn. 32.
67 Vgl. dazu Unterhaltsprozess/*Roßmann*, Kap. 3, Rn. 390 f.
68 Horndasch/Viefhues/*Roßmann*, § 235 Rn. 13/14.

Das FamG ist zur Einholung von Auskünften bei Dritten verpflichtet, wenn die Voraussetzungen des § 236 Abs. 1 FamFG vorliegen und der andere Beteiligte dies beantragt, vgl. § 236 Abs. 2 FamFG. 154

2. Beziffertet Unterhaltsantrag

Entsprechend dem Wortlaut und der Rechtsnatur der §§ 235, 236 FamFG ist für die Einholung der Auskunft durch das FamG erforderlich, dass der Unterhaltsberechtigte das Unterhaltsverfahren mit einem bezifferten Unterhaltsantrag eingeleitet hat. Im Rahmen dieses Verfahrens kann der Antragsteller das FamG mittels eines entsprechenden Antrags veranlassen, die außergerichtlich nicht oder nur unvollständig erteilte Auskunft beim Antragsgegner einzufordern, vgl. § 235 Abs. 2 FamFG.[69] 155

Diese Verfahrensweise kommt in Betracht, wenn der Unterhaltsberechtigte die Unterhaltshöhe einigermaßen verlässlich abschätzen kann. Erforderlich ist aber immer, dass diese Schätzung ausreichend substanziiert mit Sachverhaltsangaben begründet wird. 156

Dieses Verfahren bietet sich an, wenn beim Kindesunterhalt nur der Mindestunterhalt geltend gemacht wird, und die Auskunft der Aufstockung dienen soll. 157

Ebenso ist denkbar, dass der Antragsteller nur unvollständige Gehaltsabrechnungen des Antragsgegners vorliegen hat, die aber bereits eine verlässliche Kalkulation bzw. Berechnung der Unterhaltsschuld erlauben. 158

Schließlich ist vorstellbar, dass im Fall vollständiger außergerichtlicher Auskunftsverweigerung die wirtschaftlichen Lebensverhältnisse der Beteiligten ausgewertet werden mit dem Ziel, dadurch ein »Mindesteinkommen« zur Rechtfertigung des Unterhaltsantrags zu ermitteln. 159

3. Stufenantrag

Umstritten ist, ob nicht der Antrag nach §§ 235 Abs. 2, 236 Abs. 2 FamFG auch i.R.d. Stufenverfahrens gestellt werden kann. 160

Die Auskunftspflicht nach § 235 Abs. 1 FamFG leitet sich aus dem Prozessrechtsverhältnis der Beteiligten zum Gericht ab. Dies wird überwiegend so verstanden, dass erst über einen bezifferten Unterhaltsantrag das Prozessrechtsverhältnis mit dem Auskunftspflichtigen begründet werden muss, bevor gem. § 235 Abs. 2 FamFG der Auskunftsberechtigte das Gericht zur Einholung der Auskunft »zwingen« kann.[70] 161

Praktische Bedeutung können die Auskunftspflichten nach §§ 235, 236 FamFG allerdings nur als erste Stufe eines unbezifferten Stufenantrags erlangen. Ein derartiges Verständnis der Vorschriften der §§ 235, 236 FamFG ist mit dem Willen des Gesetzgebers zu rechtfertigen. Zweck der Neuregelung der Auskunftspflichten ist nämlich, dass in Unterhaltssachen die zeitintensiven Stufenanträge in möglichst weitgehendem Umfang entbehrlich werden. Die »Amtsermittlung« durch die FamG wird vom Gesetzgeber auch mit einem öffentlichen Interesse an einer sachlich richtigen Entscheidung in Unterhaltsangelegenheiten begründet, weil ungenügende Unterhaltszahlungen zu einem erhöhten Bedarf an öffentlichen Leistungen führen.[71] 162

Der Gesetzgeber will nicht mittels §§ 235, 236 FamFG in den Grundsatz der Dispositionsmaxime im Unterhaltsverfahren eingreifen.[72] Dies soll mit dem hier vertretenen Ansatz auch nicht geändert werden. Soweit damit freilich die Schlussfolgerung einhergeht, dass der Antragsteller das Risiko zu tragen habe, Einkünfte oder Vermögen des Unterhaltspflichtigen nicht belegen zu können, ist dies entsprechend der Zielsetzung des Gesetzgebers jedenfalls dann zu korrigieren, wenn Grund dafür eine unzureichende Auskunft ist.[73] 163

---

69 Kritisch dazu KG, FuR 2019, 708.
70 Vgl. HK-FamFG/*Viefhues*, § 235 Rn. 6.
71 BT-Drucks. 16/6308, S. 571.
72 KG, FuR 2019, 708.
73 Vgl. dazu auch Keidel/*Weber*, FamFG § 235 Rn. 14.

164 Legt der Pflichtige trotz Aufforderung nach §§ 235, 236 FamFG dem FamG keine ordnungsgemäße Auskunft vor, kann solches Unterlassen i.R.d. Beweiswürdigung, etwa als Beweisvereitelung nach § 286 ZPO frei gewürdigt werden.[74] Auch ist die Grundlage der **richterlichen Schätzung nach § 287 Abs. 2 ZPO** in solchen Fällen eröffnet.[75]

C. Unterhaltsanträge im Scheidungsverbundverfahren

165 Das sog. **Scheidungsverbundverfahren** nach § 137 FamFG ermöglicht die verfahrensmäßige Verbindung der Scheidungssache mit den sich aus der (rechtskräftigen) Auflösung der Ehe ergebenden Folgesachen.[76]

166 Mit Eintritt des Verbunds einer Folgesache mit dem Scheidungsantrag ist nach § 137 Abs. 1 FamFG über alle verbundenen Verfahren gleichzeitig und zusammen mit der Scheidung zu verhandeln und, sofern der Scheidungsantrag begründet ist, zu entscheiden (sog. Verhandlungs- und Entscheidungsverbund). Diese Bestimmung schließt es aber nicht aus, dass über einzelne Folgesachen umfangreiche Erörterungen zur Sache und die Beweisaufnahme in einem besonderen Termin durchgeführt werden. Dies kann eine unterhaltsrechtliche Auseinandersetzung der Eheleute betreffen, insb. wenn bei umfangreichen Beweiserhebungen Gegenstand und Umfang eines einzuholenden Sachverständigengutachtens von der Vernehmung von Zeugen abhängig ist.

167 § 142 Abs. 1 FamFG konkretisiert den Grundsatz des Verfahrens- und Entscheidungsverbunds nach § 137 FamFG hinsichtlich der zu treffenden Entscheidung. Die Regelung bestimmt in Abs. 1 Satz 1, dass bei begründetem Scheidungsantrag alle im Verbund eingeleiteten Folgesachen gemeinsam mit der Scheidungssache und **einheitlich durch Beschluss** zu entscheiden sind.

168 Ein Zwang, Folgesachen im Verbund geltend zu machen, besteht – mit Ausnahme des Versorgungsausgleichs – nicht. Auch kann für eine Folgesache nicht VKH verweigert werden, wenn diese außerhalb des Verbunds geltend gemacht wird.[77]

I. Verbundfähige Unterhaltsanträge

169 **Verbundfähig** ist als Folgesache der nacheheliche Unterhaltsanspruch der Eheleute sowie der Kindesunterhalt, vgl. § 137 Abs. 1 Satz 1 Nr. 2 FamFG.[78]

170 Familiensachen können nicht in den Verbund nach § 137 FamFG aufgenommen werden, wenn die Entscheidung **nicht** für den Fall der Scheidung zu treffen ist. Aus dem Bereich des Unterhalts sind dies vor allem der Getrenntlebensunterhalt nach § 1361 Abs. 1 Satz 2 BGB sowie der Kindesunterhalt für die Zeit der noch bestehenden Ehe.[79]

171 Auskunftsansprüche nach §§ 1361 Abs. 4, 1580, 1605 BGB, **die die Folgesache Unterhalt vorbereiten**, können mit der entsprechenden Folgesache im Verbund als **Stufenantrag** geltend gemacht werden. Nach § 137 Abs. 1 FamFG ist nur erforderlich, dass die letzte Stufe, d.h. der bezifferte Antrag zusammen mit der Scheidung entschieden wird. Über den Antrag auf Auskunft ist durch **Teilbeschluss** vorweg und nicht für den Fall der rechtskräftigen Scheidung zu entscheiden, weil diese Ansprüche zwar einem einheitlichen Verfahren zugehören, verfahrensmäßig aber selbstständige Teile sind.[80]

---

74 Bork/Jacoby/Schwab/*Kodal*, § 235 Anm. 20.
75 *Hütter/Kodal*, FamRZ 2009, 917, 920.
76 Ausführlich zum Verbund *Roßmann*, Taktik im familiengerichtlichen Verfahren, Rn. 1197 ff.
77 BGH, FamRZ 2005, 786.
78 Ausführlich zur Verbundfähigkeit von Anträgen *Roßmann*, FuR 2019, 430.
79 OLG Hamm, FamRZ 1994, 773.
80 OLG Brandenburg, FamRZ 2007, 410, 411.

C. Unterhaltsanträge im Scheidungsverbundverfahren

Wird nach Auskunftserteilung das Verfahren nicht auf der nächsten Stufe fortgesetzt, d.h. der Anspruch insb. nicht beziffert, ist die entsprechende Folgesache entweder nach § 140 Abs. 2 Nr. 5 FamFG abzutrennen oder die Folgesache auf Antrag des Gegners abzuweisen. 172

Das reine (**isolierte**) **Auskunftsverfahren** ist eine selbstständige Familiensache, die nicht verbundfähig ist.[81] Trotz des vorbereitenden Charakters des Auskunftsanspruchs kann i.R.d. Verbunds nicht ein Auskunftsanspruch ohne die entsprechende Hauptsache selbst als Folgesache verlangt werden, weil der Auskunftsanspruch den Streit über die Folgesache nicht erledigt und damit der Zwecksetzung des § 137 Abs. 1 FamFG widerspricht.[82] 173

Eine Ausnahme ist zu machen, wenn der Antragsgegner widerbeantragend einen isolierten Auskunftsanspruch gegen einen im Verbund erhobenen Stufenantrag in derselben Folgesache geltend macht.[83] 174

Der Scheidungsverbund regelt und entscheidet nämlich über die Folgen der Scheidung, d.h. beschäftigt sich nicht mit Vorgängen, die dies allenfalls vorbereiten. 175

II. Die Antragstellung im Verbund

Zur Einleitung eines Antragsverbunds ist nicht ein besonderer verfahrensrechtlicher Antrag erforderlich; es reicht aus, wenn bei einem anhängigen Scheidungsantrag eine isolierte verbundfähige Familiensache anhängig gemacht wird, für die eine **Entscheidung für den Fall der Scheidung** begehrt wird. 176

Der Antrag kann bspw. lauten:

▶ Muster

Der Antragsgegner wird verpflichtet, von der Rechtskraft des Scheidungsbeschlusses an, an die Antragstellerin, jeweils monatlich im Voraus, spätestens bis zum dritten Werktag des jeweiligen Monats einen Unterhalt i.H.v. ...... € zu zahlen. 177

Der antragstellende Ehegatte kann durch Rücknahme seines Antrages den Verbund hinsichtlich des Antragsverfahrens des § 137 Abs. 1 FamFG wieder aufheben. Allerdings sind die Kostenfolgen zu bedenken. Auch ist es jedem Ehegatten unbenommen, die sich aus § 137 Abs. 2 Satz 1 FamFG ergebende Frist verstreichen zu lassen und erst danach eine selbstständige »Folgesache« einzureichen.[84] 178

Ein Antrag zu einer Folgesache kann frühestens zusammen mit dem Scheidungsantrag eingereicht werden und muss **spätestens zwei Wochen vor der mündlichen Verhandlung im ersten Rechtszug in der Scheidungssache von einem Ehegatten anhängig gemacht worden sein**, § 137 Abs. 2 Satz 1 FamFG a.E. 179

Mit dem Ablauf der Zweiwochenfrist vor der mündlichen Verhandlung im ersten Rechtszug in der Scheidungssache können Folgesachen nicht mehr im Verbund geltend gemacht werden. 180

Die Zweiwochenfrist ist schwierig zu berechnen. Erforderlich ist eine »**Rückwärtsrechnung**« entsprechend der §§ 187–193 BGB. Der Tag der mündlichen Verhandlung zählt bei der Rückwärtsberechnung nach § 187 Abs. 1 BGB nicht mit; der letzte Tag der Frist endet weiterhin nicht erst um 24:00h, sondern bereits um 0:00h. Dies bedeutet bspw., dass im Falle einer Terminierung für den 20.11. eines Jahres die betreffende 2-Wochen-Frist am 19.11. rückwärts anläuft und durch den 06.11. um 0:00h begrenzt wird. Ein fristgerechter Folgesachenantrag muss daher bis spätestens 05.11. 24:00h beim FamG eingehen.[85] 181

---

81 OLG Koblenz, FamRZ 2004, 200.
82 BGH, FamRZ 1997, 811.
83 OLG Zweibrücken, FamRZ 1996, 749 f.
84 OLG München, FuR 2017, 402.
85 BGH, FamRZ 2013, 1300.

182 Die Frist des § 137 Abs. 2 FamFG wird durch einen Antrag auf VKH für einen Folgesachenantrag (z.B. gerichtet auf nachehelichen Unterhalt) gewahrt.[86]

183 Die Ladungsfrist in Scheidungssachen beträgt drei Wochen. Der **BGH**[87] begründet dies damit, dass es den beteiligten Ehegatten nach Zugang der Ladung möglich sein muss, unter Einhaltung der Zweiwochenfrist nach § 137 Abs. 2 Satz 1 FamFG eine Folgesache anhängig zu machen. Zur Vorbereitung eines Antrags muss den Ehegatten zusätzlich entsprechend der Ladungsfrist des § 217 ZPO eine Woche zur Verfügung stehen. Dies bedeutet m.a.W., dass zwischen der Zustellung der Ladung und dem Termin ein Zeitabstand von mindestens drei Wochen bestehen muss. Die Beteiligten haben einen Anspruch auf Terminverlegung, wenn die gerichtliche Terminbestimmung den erwähnten Vorgaben nicht gerecht wird. Einer Terminsverlegung bedarf es allerdings nicht, wenn sie – trotz zu kurzer Terminierung – Folgesachen noch bis zur mündlichen Verhandlung anhängig machen. Die Folgesachen werden dann schlichtweg Bestandteil des Scheidungsverbunds.

III. Die Folgesache Kindesunterhalt, § 137 Abs. 2 Satz 1 Nr. 2 (1. Alt.) FamFG

184 Kindesunterhalt kann als Folgesache geltend gemacht werden, sofern es die Unterhaltspflicht ggü. einem gemeinschaftlichen Kind betrifft mit Ausnahme des vereinfachten Verfahrens über den Unterhalt Minderjähriger.

185 Grds. wird Kindesunterhalt allerdings außerhalb des Scheidungsverbunds beantragt, da Unterhalt nicht erst ab Rechtskraft der Scheidung benötigt wird. Soweit dennoch Unterhalt für ein (eheliches) Kind im Verbund geltend gemacht wird, ist eine Titulierung erst ab Eintritt der Rechtskraft des Scheidungsausspruchs möglich (vgl. § 148 FamFG). Kindesunterhalt für die Zeit vor Rechtskraft der Scheidung kann nicht als Folgesache gefordert werden.[88]

IV. Die Folgesache Ehegattenunterhalt, § 137 Abs. 2 Satz 1 Nr. 2 (2. Alt.) FamFG

186 Unterhaltssachen, sofern sie die durch Ehe begründete gesetzliche Unterhaltspflicht betreffen, können Folgesachen nach § 137 Abs. 2 Satz 1 Nr. 2 (2. Alt.) FamFG sein.

187 Der Ehegattenunterhalt hat als Folgesache große praktische Bedeutung. Der Trennungsunterhalt nach § 1361 Abs. 1 BGB und der Scheidungsunterhalt nach den §§ 1569 ff. BGB sind nämlich nicht identisch. Deshalb wird ein Titel nach § 1361 Abs. 1 BGB im Zeitpunkt der Rechtskraft der Scheidung unwirksam; eine etwaige Vollstreckung könnte mit einem Vollstreckungsabwehrantrag nach §§ 113 Abs. 1 Satz 2 FamFG, 767 ZPO unterbunden werden.

188 Folglich muss der unterhaltsberechtigte Ehegatte nach § 137 Abs. 2 Nr. 2 FamFG den nachehelichen Unterhalt im Verbund geltend machen, um nicht Ansprüche einzubüßen.

189 Verfahren zum Unterhalt sind verbundfähig, wenn mit ihnen nachehelicher Unterhalt verlangt wird,[89] während Unterhalt für die Zeit vor Rechtskraft der Scheidung nicht als Folgesache geltend gemacht werden kann.[90]

190 Umgekehrt kann der in Anspruch genommene Unterhaltspflichtige unter den Voraussetzungen des §§ 113 Abs. 1 Satz 2 FamFG, 256 ZPO die Feststellung beantragen, dass er keinen oder nur einen geringeren Unterhalt schuldet, wenn sich der andere Ehegatte eines Unterhaltsanspruchs berühmt.

---

86 OLG Bamberg, FamRZ 2011, 1416.
87 BGH, FamRZ 2012, 863 ff.
88 OLG Koblenz, FamRZ 2002, 965.
89 OLG Karlsruhe, FamRZ 2002, 965.
90 BGH, FamRZ 1982, 781.

V. Die Abtrennung einer Unterhaltsfolgesache, § 140 FamFG

Im Fall der Scheidung ist nach § 142 Abs. 1 Satz 1 FamFG über sämtliche im Verbund stehenden Familiensachen durch einheitlichen Beschluss zu entscheiden. Folglich kann sich die Scheidung in die Länge ziehen, wenn ein Beteiligter in den Scheidungsverbund immer wieder Folgesachen einbringt. Eine solche »Verfahrensverlängerung« ist mitunter gewollt und ein Instrument, um der Gegenseite, die vielleicht eine schnelle Scheidung etwa wegen einer neuen Beziehung anstrebt, »das Leben schwer zu machen« bzw. auch eine Art Racheakt. Mitunter ist aber auch der Scheidungsverbund aus Kostengründen »vollgepackt«, weil die Ehegatten eine umfassende abschließende Regelung ihrer Probleme anstreben. Dies kann freilich den »Nebeneffekt« eines unvertretbar langen Verfahrens auslösen, so dass alle Beteiligte dann versuchen, den Verbund zu »entschärfen«, d.h. einzelne besonders langwierige Folgesachen abzutrennen. 191

1. Abtrennung nach § 140 Abs. 1 FamFG

Das FamG ist nach § 140 Abs. 1 FamFG, wenn in einer Unterhaltsfolgesache oder Güterrechtsfolgesache außer den Ehegatten eine weitere Person Beteiligter des Verfahrens wird, zur Abtrennung verpflichtet. 192

Bedeutsam wird diese Bestimmung in erster Linie nur dann, wenn im Verbund **Unterhalt für ein minderjähriges Kind** verlangt und im Verlauf des Verbundverfahrens dieses Kind volljährig wird. Die Verfahrensführungsbefugnis des bislang den Unterhalt fordernden Elternteils nach § 1629 Abs. 3 BGB entfällt mit Volljährigkeit des Kindes, d.h. das Verfahren ist nunmehr von dem Kind selbst fortzuführen und somit abzutrennen.[91] 193

2. Härtefälle, § 140 Abs. 2 Satz 2 Nr. 5 FamFG

Der Scheidungsverbund kann einzelne Folgesachen enthalten, die sehr umfangreich und deshalb langwierig sind. Dennoch kann eine Scheidung grds. erst erfolgen, wenn alle Folgesachen entscheidungsreif sind, es sei denn, eine Abtrennung nach § 140 Abs. 2 Satz 2 Nr. 5 FamFG ist möglich. Dies setzt eine **außergewöhnliche Verzögerung** des Scheidungsausspruchs **und** eine sich daraus ergebende **unzumutbare Härte** voraus. 194

Durch das bei dieser Vorschrift erforderliche **Antragserfordernis** wird eine Abtrennung von Amts wegen ausgeschlossen. 195

Eine **außergewöhnliche Verzögerung** i.S.v. § 140 Abs. 2 Nr. 5 FamFG ist zu bejahen, wenn die bei Durchführung der Folgesachen üblicherweise auftretende Verfahrensdauer weitreichend überschritten wird.[92] Die Rechtsprechung[93] sieht eine **Verfahrensdauer von zwei Jahren** als normal für ein Scheidungsverfahren an, d.h. erst nach Ablauf von zwei Jahren ist eine außergewöhnliche Verzögerung vertretbar. Eine außergewöhnliche Verzögerung kann in Unterhaltssachen auf die Einholung von Sachverständigengutachten (z.B. wegen Klärung einer Krankheit oder relevanter Einkünfte bei einem Selbstständigen) oder bei mehrfachen gerichtlichen Maßnahmen zur Auskunftserlangung (§§ 1379, 1580, 1605 BGB) zurückzuführen sein.[94] 196

Allein das Vorliegen einer außergewöhnlichen Verzögerung reicht nicht aus, um eine Abtrennung einer Folgesache nach § 140 Abs. 2 Satz 2 Nr. 5 FamFG zu rechtfertigen;[95] erforderlich ist vielmehr darüber hinaus eine für den Antragsteller **unzumutbare Härte**. Die Feststellung der unzumutbaren Härte erfolgt mittels einer Abwägung des Interesses des Antragstellers (entsprechend des Antragsgegners, wenn dieser den Abtrennungsantrag gestellt hat) an einer alsbaldigen Scheidung und des 197

---

91 BGH, FamRZ 1985, 471.
92 OLG Hamm, FamRZ 1992, 1086.
93 Z.B. BGH, FamRZ 1988, 312; OLG Koblenz, FamRZ 2008, 166, 167.
94 Musielak/*Borth*, § 140 Rn. 9.
95 OLG Düsseldorf, FamRZ 2008, 1266.

Interesses des Antragsgegners an einer Beibehaltung des Entscheidungsverbunds, d.h. einer gleichzeitigen Regelung der abzutrennenden Folgesachen.[96]

Die Folgesache nachehelicher Unterhalt ist sehr bedeutsam; es geht mitunter um die Absicherung der Existenz eines Ehegatten. Deshalb kommt eine Abtrennung nur selten in Betracht.

I.R.d. Abwägung der Interessen kann aber eine **obstruktive Verfahrensverzögerung** eines Beteiligten zu berücksichtigen sein.[97] Eine obstruktive Verfahrensverzögerung ist anzunehmen, wenn der Gegner seit einem nennenswerten Zeitraum eine Mitwirkung unterlässt oder der Gegner den Wunsch des die Scheidung Begehrenden durch eine verzögerliche Verfahrensführung hintertreibt.

198 Ein **überwiegendes Interesse des Antragstellers** kann zu bejahen sein bei begrenzter Lebenserwartung des antragstellenden Ehegatten, der eine Wiederheirat beabsichtigt.[98] Ähnlich liegt es bei bevorstehender Geburt eines Kindes aus einer neuen Beziehung, insb. wenn gleichzeitig die wirtschaftliche Lage des anderen Ehegatten abgesichert ist und für das Beibehalten des Verbundes nur formale Gesichtspunkte vorgebracht werden.[99]

3. Abtrennung einer Unterhaltsfolgesache, § 140 Abs. 3 FamFG

199 § 140 Abs. 3 FamFG begründet die Möglichkeit, im Fall der Abtrennung einer Kindschaftsfolgesache auch eine Unterhaltsfolgesache abzutrennen. Da die Sorgeentscheidung und der Kindes- sowie nacheheliche Unterhalt nach § 1570 BGB (Betreuungsunterhalt) häufig in einem sachlichen Zusammenhang stehen, d.h. die Entscheidung zum Kindes- und nachehelichen Unterhalt von der Sorgeentscheidung abhängt, ist die Regelung des § 140 Abs. 3 FamFG, d.h. die erweiterte Abtrennungsmöglichkeit für die unterhaltsrechtlichen Folgesachen gerechtfertigt.

4. Folgen der Abtrennung

200 § 140 Abs. 6 FamFG ordnet an, dass die Entscheidung über die Abtrennung in einem gesonderten Beschluss erfolgt. Sie kann also nicht als Teil der Endentscheidung, mit der die Scheidung ausgesprochen wird, ergehen.

201 Die Rechtsfolgen der Abtrennung ergeben sich aus § 137 Abs. 5 FamFG.

202 § 137 Abs. 5 Satz 1 FamFG bestimmt, dass die Eigenschaft als Folgesache für die Verfahren des § 137 Abs. 2 FamFG, d.h. eben auch für Unterhaltssachen, sofern sie die Unterhaltspflicht ggü. einem gemeinschaftlichen Kind oder die durch Ehe begründete gesetzliche Unterhaltspflicht betreffen mit Ausnahme des vereinfachten Verfahrens über den Unterhalt Minderjähriger, wenn eine Entscheidung für den Fall der Scheidung zu treffen ist, auch nach einer Abtrennung fortbesteht; sie sind also nach wie vor **keine selbstständige Familiensache**, selbst wenn die Scheidung mittlerweile rechtskräftig geworden sein sollte.

D. Die Abänderungsverfahren

203 Das FamFG nimmt sich in besonderer Weise der Problematik der Abänderung von Unterhaltstiteln an. Die Abänderung von Unterhaltstiteln ist ein wichtiger Bereich anwaltlicher und gerichtlicher Tätigkeit.

204 Unterhaltstitel basieren nämlich immer auf einer »**Prognose**« über die künftige Entwicklung insb. der wirtschaftlichen Verhältnisse der am Verfahren Beteiligten.[100] Derartige Prognosen können naturgemäß fehlgehen, so dass eine Abänderung erforderlich wird.

---

96 OLG Koblenz, NJW 2008, 2929.
97 OLG Hamm, FamRZ 2013, 2002.
98 OLG Hamm, FamRZ 2007, 651.
99 BGH, NJW 1987, 1772, 1773.
100 *Graba*, NZFam 2020, 274, 275.

D. Die Abänderungsverfahren   Kapitel 11

Die Vorschrift des § 238 FamFG ist eine Spezialregelung für die Abänderung gerichtlicher Entscheidungen (Beschlüsse) in Unterhaltssachen. Andere Titel unterliegen nicht dem Anwendungsbereich des § 238 FamFG, d.h. die Abänderung eines Unterhaltsvergleichs nach § 794 Abs. 1 Nr. 1 ZPO oder einer vollstreckbaren Urkunde richtet sich nach § 239 FamFG, während Unterhaltsentscheidungen nach den §§ 237 und 253 nach § 240 FamFG abgeändert werden. 205

I. Die Abänderung von gerichtlichen Endentscheidungen nach § 238 FamFG

Die Vorschrift des § 238 FamFG ist in vier Absätze gegliedert, wobei Abs. 1 und 3 die Zulässigkeit des Abänderungsantrags betreffen, Abs. 2 die Tatsachenpräklusion für den Antragsteller und Abs. 4 die Begründetheit des Antrags. 206

1. Rechtsnatur des Abänderungsverfahrens nach § 238 FamFG

Die Abänderungsverfahren des § 238 FamFG steht im engen Zusammenhang mit dem Unterhaltsleistungsverfahren auf wiederkehrende Leistungen gem. § 258 ZPO. Das Verfahren nach § 258 ZPO eröffnet dem Antragsteller die Möglichkeit, Unterhaltsansprüche geltend zu machen, die noch nicht im Zeitpunkt der Verfahrenseinleitung, sondern erst in einem in der Zukunft liegenden Zeitpunkt fällig werden. Der Beschluss, der einem Unterhaltsantrag nach § 258 ZPO stattgibt, bezieht sich auf die künftige Rechtslage, weil der Richter in seiner Entscheidung die für die Ansprüche maßgebenden Verhältnisse vorausschauend beurteilen muss, also eine **Prognose** anzustrengen hat.[101] Unterhaltsansprüche sind nämlich vom Bedarf des Berechtigten, der Bedürftigkeit und der Leistungsfähigkeit des Verpflichteten abhängig. Diese Umstände können sich anders entwickeln, als dies der Richter prognostiziert hat. Weicht die Realität von der richterlichen Annahme wesentlich i.S.v. § 238 Abs. 1 FamFG ab, so verlangt es die Billigkeit, der betroffenen Partei zu gestatten, diese Divergenz geltend zu machen und eine Korrektur des Beschlusses zu fordern. 207

Das Abänderungsverfahren nach § 238 FamFG kann erhoben werden, wenn im Fall der gerichtlich angeordneten Verpflichtung des Unterhaltsschuldners zu künftig fällig werdenden wiederkehrenden Unterhaltsleistungen (vgl. § 258 ZPO) eine wesentliche Veränderung derjenigen Verhältnisse eingetreten ist, die für Grund oder Höhe der Unterhaltsrente von Bedeutung waren. Der Rechtsnatur nach handelt es sich bei dem Abänderungsverfahren nach § 238 FamFG um eine prozessuale Gestaltung.[102] Neu gestaltet wird das Unterhaltsschuldverhältnis der Beteiligten. Zugleich handelt es sich auch um ein Leistungsverfahren, soweit eine erneute weiter gehende Verpflichtung des Unterhaltsschuldners erreicht werden soll, bzw. umgekehrt um ein negatives Feststellungsverfahren, wenn der Antragsteller eine völlige Beseitigung oder zumindest Teilreduzierung der durch den abzuändernden Beschluss ausgesprochenen Leistungspflicht begehrt.[103] 208

2. Der Streitgegenstand des Abänderungsverfahrens

Nach der überwiegend vertretenen Auffassung ist der **Streitgegenstand** die Begründetheit des Abänderungsbegehrens, d.h. die Frage, ob zugunsten des Antragstellers wegen wesentlicher Änderungen der Verhältnisse der vorhandene (rechtskräftige) Unterhaltsbeschluss abgeändert werden muss. Es geht demnach um den gleichen Streitgegenstand wie im Vorverfahren, da der gleiche Lebenssachverhalt untersucht wird. Nach herrschender Meinung[104] ist das Abänderungsverfahren ein Institut, das aus Gründen der Billigkeit die **Durchbrechung der materiellen Rechtskraft** des abzuändernden Beschlusses zulässt (sog. Billigkeitstheorie). 209

Grundlage dieser Ansicht ist, dass die materielle Rechtskraft der abzuändernden Entscheidung auch die richterliche Prognose erfasst; mitunter ist auch die Rede von der **Zukunftsrechtskraft** derartiger 210

---
101 *Graba*, Die Abänderung von Unterhaltstiteln, Rn. 47.
102 BGH, NJW 2005, 2313.
103 Wendl/Dose/*Schmitz*, § 10 Rn. 138.
104 Vgl. BGH, FamRZ 2007, 983.

Entscheidungen. Weicht nun die Realität von der Prognose ab, muss aus Gründen der Billigkeit eine Korrektur der Ausgangsentscheidung erfolgen.

211 **Gegenläufige Abänderungsverfahren** (ein Beteiligter fordert mehr Unterhalt, der andere beantragt eine Reduzierung) sind **streitgegenständlich identisch, können aber nach §§ 113 Abs. 1 Satz 2 FamFG, 33 ZPO im Erstverfahren im Wege des Widerantrags verbunden werden**.[105]

3. Der Abänderungsantrag

212 Der Abänderungsantrag muss zunächst konkret den abzuändernden Titel benennen. Fordert der Antragsteller erhöhten Unterhalt bzw. strebt er eine Verringerung seiner Verpflichtung an, ist dafür der Zeitpunkt der Abänderung im Antrag anzugeben.

Ein auf Erhöhung gerichteter Antrag kann folgenden Wortlaut haben:

▶ Muster

213 Der Antragsgegner wird unter Abänderung des Beschlusses des Amtsgerichts..... vom..... (Az.:......) verpflichtet, an den Antragsteller ab..... einen monatlich im Voraus, spätestens bis zum 3. eines jeden Monats, zu zahlenden Unterhalt i.H.v...... zu bezahlen.

Ein auf Herabsetzung gerichteter Antrag kann folgenden Wortlaut haben:

▶ Muster

214 Der Antragsteller wird unter Abänderung des Beschlusses des Amtsgerichts..... vom..... (Az.:......) verpflichtet, an den Antragsgegner ab..... einen monatlich im Voraus, spätestens bis zum 3. eines jeden Monats, zu zahlenden Unterhalt i.H.v. nur noch..... zu bezahlen.

Der Antrag, die Unterhaltspflicht möge ganz entfallen, ist wie folgt zu formulieren:

▶ Muster

215 Der Beschlusses des Amtsgerichts..... vom..... (Az.:......) wird dahin abgeändert, dass der Antragsteller ab..... keinen Unterhalt mehr an die Antragsgegnerin zu bezahlen hat.

216 Soweit der Antragsteller die Einkünfte des Antragsgegners nicht zuverlässig kennt, ist auch die Erhebung eines Abänderungsstufenantrags nach § 254 ZPO zulässig.

4. Die Abänderungsvoraussetzungen nach § 238 FamFG

a) Hauptsacheentscheidung

217 § 238 Abs. 1 Satz 1 FamFG bezeichnet diejenigen gerichtlichen Entscheidungen, die einer Abänderung zugänglich sind. Dies sind ausschließlich in der Hauptsache ergangene Entscheidungen, wodurch ausdrücklich klargestellt wird, dass Entscheidungen in einstweiligen Anordnungsverfahren nicht der Abänderung nach § 238 FamFG unterliegen. Die Abänderbarkeit derartiger Entscheidungen richtet sich u.a. (s.u. Rdn. 372 ff.) nach § 54 Abs. 1 FamFG.

b) Wesentliche Änderung der Verhältnisse

218 § 238 Abs. 1 Satz 2 FamFG behandelt das Wesentlichkeitskriterium nur unter dem Gesichtspunkt der Zulässigkeit des Abänderungsantrags, für die Begründetheit wird es in Abs. 4 nochmals gesondert erwähnt.[106] Ein Abänderungsantrag nach § 238 FamFG ist nur zulässig, wenn der Antragsteller Tatsachen vorträgt, aus denen sich eine wesentliche Veränderung ergibt.[107] Dabei können naturgemäß nur Tatsachen berücksichtigt werden, die nicht nach § 238 Abs. 2 FamFG ausgeschlossen sind.

---

105 Wendl/Dose/*Schmitz*, § 10 Rn. 180; a.A. OLG München, ZFE 2007, 317 m. Anm. *Schneider*.
106 Schulte-Bunert/Weinreich/*Herrmann*/Weik, § 238 Rn. 5.
107 OLG Brandenburg, FamRZ 2008, 797; BGH, FamRZ 1984, 353, 355.

Der zur Substantiierung eines zulässigen (§ 238 Abs. 1 Satz 2 FamFG) Abänderungsantrags erforderliche Vortrag kann sich nicht selektiv auf einen einzelnen Umstand beschränken, der sich seit der Ersttitulierung unzweifelhaft vermeintlich zu Gunsten eines Antragstellers geändert hat, wie etwa ein behaupteter Rückgang seines tatsächlichen Einkommens. Vielmehr hat der Vortrag bereits im Rahmen der Zulässigkeit auch die unstreitigen Gesichtspunkte unter Berücksichtigung der Zeitschranke des § 238 Abs. 2 FamFG mit zu umfassen. Die Gesamtbeurteilung aller Veränderungen und der unverändert gebliebenen Verhältnisse in der Antragsschrift muss erkennen lassen, ob es sich um wesentliche Veränderungen i.S.v. § 238 Abs. 1 Satz 2 FamFG handelt. Dies erfordert von Seiten des Antragstellers, dass er der Unterhaltsbemessung der Ausgangsentscheidung eine Neuberechnung gegenüberstellt, in die er die aus seiner Sicht eingetretenen Änderungen einarbeitet.[108]

Wesentlichkeit setzt auch Nachhaltigkeit voraus. Eine kurzfristige Arbeitslosigkeit wird daher überwiegend als nicht wesentlich angesehen.[109] Kurzfristige Einkommens- oder Bedarfsschwankungen können daher ein Abänderungsverfahren nicht rechtfertigen.[110]

Das Erfordernis einer wesentlichen Änderung der für die Unterhaltsentscheidung maßgebenden Verhältnisse wird allgemein auf den Unterhaltsanspruch bezogen. Die Praxis[111] orientiert sich bei Bestimmung der Wesentlichkeit an einer **10 %-Grenze**, ohne jedoch auszuschließen, dass eine wesentliche Änderung auch bei geringeren Prozentsätzen zu bejahen sein kann, insb. wenn die Beteiligten in bescheidenen Verhältnissen leben. Die individuelle Situation der Beteiligten ist zu berücksichtigen und danach die »Wesentlichkeit« einer Veränderung zu beurteilen. 219

aa) Änderung der rechtlichen Verhältnisse

Der Wortlaut des § 238 Abs. 1 FamFG stellt ausdrücklich klar, dass auch eine Veränderung der zugrunde liegenden **rechtlichen Verhältnisse**, wie etwa der höchstrichterlichen Rechtsprechung, ausreicht. 220

Eine Rechtsprechungsänderung stellte die Entwicklung der sog. »**Drittelmethode**« dar.[112] Schuldete der Unterhaltspflichtige danach sowohl einem geschiedenen als auch einem neuen Ehegatten Unterhalt, so war der nach den ehelichen Lebensverhältnissen (§ 1578 Abs. 1 BGB) zu bemessende Unterhaltsbedarf jedes Berechtigten im Wege der Dreiteilung des Gesamteinkommens des Unterhaltspflichtigen und beider Unterhaltsberechtigter zu ermitteln. 221

Diese Rechtsprechung wurde vom **BVerfG** »kassiert«, so dass danach Entscheidungen, die auf der Drittelmethode aufbauten, ihrerseits abgeändert werden mussten.[113] 222

Der Abänderungsantragsteller kann sich auf eine geänderte höchstrichterliche Rechtsprechung erst ab Verkündung des entsprechenden höchstrichterlichen Beschlusses stützen.[114] 223

Abänderungsgrund ist i.Ü. auch eine Gesetzesänderung, etwa die Unterhaltsreform v. 01.01.2008.[115] Gleichgestellt ist eine verfassungskonforme Auslegung durch das BVerfG, da diesen Entscheidungen Gesetzeskraft zukommt.[116] 224

---

108 OLG Brandenburg, FuR 2019, 540.
109 BGH, FamRZ 1996, 345.
110 Kritisch dazu Wendl/Dose/*Schmitz*, § 10 Rn. 197.
111 Vgl. OLG Hamm, FamRZ 2005, 1051.
112 BGH, NJW 2008, 3213 = FamRZ 2008, 1911.
113 Vgl. dazu *Roßmann*, ZFE 2011, 184 ff.
114 BGH, FamRZ 2007, 793.
115 Eine Ausnahme insoweit war die Gesetzesänderung betreffend den § 1578 Abs. 1 BGB. Der Gesetzgeber hatte mit Wirkung zum 01.03.2013 das Tatbestandsmerkmal der Ehedauer als weiteren konkret benannten Billigkeitsmaßstab neben dem Bestehen ehebedingter Nachteile in § 1578 Abs. 1 Satz 2 BGB aufgenommen. Der BGH (FamRZ 2013, 853) ist insofern der Meinung, dass diese tatbestandliche Neufassung nur eine lediglich klarstellende Funktion erfülle, um einer dem Willen des Gesetzgebers nicht entsprechenden Praxis entgegenzuwirken, beim Fehlen ehebedingter Nachteile automatisch zu einer Begrenzung des Unterhaltsanspruchs zu gelangen, ohne bei der Billigkeitsabwägung die sonstigen Umstände des Einzelfalls, darunter insb. die lange Ehedauer, zu berücksichtigen.
116 BGH, NJW 2001, 3618.

225 Die Änderung von Unterhaltsrichtlinien rechtfertigt für sich betrachtet ein Verfahren nach § 238 FamFG hingegen nicht, weil durch Unterhaltsrichtlinien lediglich Orientierungshilfen für die richterliche Beurteilung geschaffen werden.[117] Allerdings können die für die Änderung der Tabellen maßgebenden Gründe, wie bspw. ein allgemeiner Anstieg der Lebenshaltungskosten, die Erhöhung der geschuldeten Leistungen rechtfertigen, wenn sich dadurch eine wesentliche Veränderung der tatsächlichen individuellen Verhältnisse des Unterhaltsberechtigten ergibt, denn der **BGH** sieht in § 238 FamFG ein Instrument zur »Dynamisierung« des Unterhalts, um eine Anpassung an die Veränderung des Lebensstandards und an eine fortschreitende Geldentwertung zu ermöglichen. In dem Vorbringen eines Beteiligten, der sein Abänderungsverlangen auf eine Änderung der Bedarfssätze solcher Unterhaltsrichtlinien stützt, ist regelmäßig die Behauptung zu sehen, dass sich die Lebenshaltungskosten entsprechend geändert haben und eine Korrektur des Unterhaltstitels insoweit gerechtfertigt erscheint. Dies gilt ebenfalls für die Anpassung des Mindestunterhalts nach § 1612a BGB jeweils nach Ablauf von zwei Jahren bzw. ein Aufrücken in eine höhere Altersstufe der Düsseldorfer Tabelle.[118]

bb) Änderung der tatsächlichen Verhältnisse

226 Ansonsten kann nach § 238 Abs. 1 FamFG ein Abänderungsverfahren nur erfolgreich sein, wenn eine wesentliche Änderung derjenigen Verhältnisse eingetreten ist, die für die Verpflichtung zur Entrichtung der Unterhaltsleistungen, für die Bestimmung ihrer Höhe oder für die Dauer ihrer Entrichtung maßgebend waren. Die Änderung muss sich auf die **tatsächlichen** Grundlagen der Entscheidung beziehen und nicht lediglich auf die insoweit vom FamG vorgenommene Beurteilung.

227 Tatsächliche Abänderungsgründe i.S.v. § 238 Abs. 1 FamFG sind insb.
– Einkommensänderungen des Unterhaltsberechtigten oder -verpflichteten,
– Änderung der Leistungsfähigkeit des Unterhaltsschuldners infolge plötzlicher Arbeitslosigkeit,
– der Wechsel in eine höhere Altersstufe in den Unterhaltstabellen,[119]
– Minderung der Barunterhaltspflicht mit Eintritt der Volljährigkeit eines Kindes, weil der andere Elternteil nach § 1606 Abs. 3 Satz 1 BGB ebenfalls Barunterhalt zu leisten hat,
– Minderung der Bedürftigkeit des Unterhaltsgläubigers, der Arbeit gefunden hat.

228 Die für die Entscheidung bzw. Unterhaltsbemessung maßgeblichen tatsächlichen Verhältnisse können grds. dem abzuändernden Unterhaltsbeschluss entnommen werden.

cc) Versäumnisbeschluss

229 Im Fall einer **Versäumnisentscheidung** gegen den Antragsgegner ist umstritten, welche tatsächlichen Verhältnisse diesem zugrunde liegen.

230 Überwiegend wurde bislang vertreten, für die Abänderung eines Versäumnisbeschlusses sei nicht von den tatsächlichen Verhältnissen bei Erlass des Beschlusses, sondern von den fingierten Verhältnissen auszugehen. Der Versäumnisbeschluss beruhe allein auf dem schlüssigen Vortrag des Antragstellers und nur dieser liege wegen der Geständnisfiktion des § 331 Abs. 1 Satz 1 ZPO dem abzuändernden Versäumnisbeschluss zugrunde.[120]

231 Nach anderer Auffassung ist auch für die **Abänderung** eines Versäumnisbeschlusses auf eine Änderung der tatsächlichen Umstände abzustellen. Nur eine Abänderung der tatsächlichen Verhältnisse könne eine Abänderung des Versäumnisbeschlusses unter Beachtung seiner Grundlagen nach § 238

---

117 BGH, FamRZ 2005, 221.
118 BGH, FamRZ 2005, 608; OLG Karlsruhe, NJW-RR 2004, 585.
119 BGH, FamRZ 2005, 608.
120 OLG Köln, NJW-RR 2002, 438 = FamRZ 2002, 471.

Abs. 4 FamFG rechtfertigen und dabei zugleich die Rechtskraft der abzuändernden Entscheidung wahren.

Der **BGH**[121] schließt sich für eine Änderung der Einkommensverhältnisse der zuletzt genannten Auffassung an. Nur diese wahrt bei der Abänderung eines Versäumnisbeschlusses wegen veränderter Einkommensverhältnisse die Rechtskraft des abzuändernden Versäumnisbeschlusses. Die Zulässigkeit des Abänderungsantrags steht in untrennbarem Zusammenhang zur Präklusion nach § 238 Abs. 2 FamFG. Weil der Abänderungsantrag nur auf Gründe gestützt werden kann, die nicht mehr durch einen Einspruch gegen den Versäumnisbeschluss geltend gemacht werden können, können andere Gründe auch keine Zulässigkeit des Abänderungsantrags rechtfertigen. 232

dd) Anerkenntnisbeschluss

Auch die materielle Rechtskraft eines im Unterhaltsverfahren ergangenen **Anerkenntnisbeschlusses** führt grds. zur Bindungswirkung.[122] Wird die Abänderung eines solchen Beschlusses verlangt, so kommt es für die Frage, ob eine wesentliche Veränderung der maßgeblichen Verhältnisse eingetreten ist, auf die dem Anerkenntnis zugrunde liegenden tatsächlichen Umstände an. 233

ee) Die Beweislast für die wesentliche Veränderung

Das Abänderungsverfahren ist eine Familienstreitsache, so dass die allgemeinen Grundsätze zur Beweislast gelten. Danach muss jeder Beteiligte im Abänderungsverfahren die Tatsachen darlegen und beweisen, die für ihn günstig sind. 234

Für die Tatsachen, aus denen sich eine wesentliche Änderung der für die Festsetzung der Unterhaltsrente maßgebenden Verhältnisse ergibt, trägt damit grds. der Antragsteller die Beweisführungslast. Dies bedeutet, dass der Antragsteller, der eine Unterhaltserhöhung wegen einer Verbesserung der Einkommensverhältnisse des Unterhaltsschuldners fordert, die dafür bedeutsamen Tatsachen vorzutragen und ggf. zu beweisen hat.[123] 235

Da es sich jedoch um Vorgänge handelt, über die der Antragsteller regelmäßig nur unzureichende Kenntnisse haben wird, während der Antragsgegner die rechtserheblichen Tatsachen genau kennt, hat auch der Antragsgegner zur Aufklärung beizutragen, indem er substanziiert den Sachvortrag des Antragstellers bestreitet. I.Ü. hat der Antragsteller die Möglichkeit, Auskunft zu fordern (vgl. §§ 235, 236 FamFG). Steht fest, dass sich die dem früheren Beschluss zugrunde gelegten Verhältnisse verändert haben, dann hat der Antragsgegner die Tatsachen darzulegen und zu beweisen, die einen unveränderten Fortbestand der Unterhaltsverpflichtung rechtfertigen. 236

c) Tatsachenpräklusion, § 238 Abs. 2 FamFG

Die geltend gemachte Änderung der Verhältnisse muss nach § 238 Abs. 2 FamFG nach dem Schluss der mündlichen Verhandlung eingetreten sein, in der sie spätestens hätte geltend gemacht werden können oder bei einer Versäumnisentscheidung zu einem Zeitpunkt, in dem sie durch einen Einspruch nicht mehr geltend gemacht werden können. § 238 Abs. 2 FamFG errichtet damit insb. zur **Absicherung der Rechtskraft** unanfechtbar gewordener Entscheidungen eine **Zeitschranke** für die Berücksichtigung von Abänderungsgründen. Die Möglichkeit einer Abänderung besteht daher nicht, wenn die veränderten Verhältnisse schon im Ausgangsverfahren vorgetragen werden konnten, weil sie entweder bereits eingetreten waren oder zumindest voraussehbar waren.[124] Insb. der 237

---

121 BGH, NJW 2010, 2437 m. Anm. *Norpoth*.
122 BGH, NJW 2007, 2921 m. Anm. *Born*.
123 Vgl. OLG Brandenburg, FamRZ 2008, 797.
124 BGH, NJW 2004, 3108.

durch die Trennung der Beteiligten zu erwartende Steuerklassenwechsel, der bereits im Vorverfahren vorgetragen werden kann, ist daher kein Abänderungsgrund.[125]

238 Ähnlich liegt es, wenn im Ausgangsverfahren kein Vortrag zu einer Unterhaltsbegrenzung bzw. Befristung nach § 1578b BGB erfolgte.[126]

Ein vom Gericht im vorausgegangenen Verfahren **übersehener Umstand** kann für sich genommen zwar nicht die Abänderung der Entscheidung eröffnen. Wenn die Abänderung aber aus anderen Gründen eröffnet ist, ist die Berücksichtigung des Umstands nur dann ausgeschlossen (präkludiert), wenn dieser bereits im Ausgangsverfahren entscheidungserheblich war.[127]

239 Maßgebender Zeitpunkt ist der Schluss der mündlichen Verhandlung der letzten Tatsacheninstanz, damit auch der Beschwerdeinstanz, wenn eine solche stattgefunden hat. Dies gilt gleichermaßen für das Erstverfahren, wie das Abänderungsverfahren, und ist auch unabhängig von der jeweiligen Beteiligtenstellung im Vorverfahren. Dies ergibt sich aus dem Wortlaut der Vorschrift, die somit beide Beteiligte dazu anhält, ihre Meinung bereits im Ausgangsverfahren zu äußern. § 238 Abs. 2 FamFG stellt damit sicher, dass nicht gesonderte Abänderungsverfahren für Erhöhungs- und Herabsetzungsverlangen zur Verfügung stehen, sondern dass der Einfluss veränderter Umstände auf den titulierten Unterhaltsanspruch in einem einheitlichen Verfahren nach beiden Seiten geklärt werden muss. Die Rechtsprechung macht von diesem Grundsatz nur dann eine Ausnahme, wenn der vorausgegangene Abänderungsantrag der Gegenseite vollständig abgewiesen wurde. Ansonsten würde die Präklusionswirkung nach § 238 Abs. 2 FamFG unzulässigerweise über die Rechtskraftwirkung solcher Entscheidungen hinausgehen.[128]

240 Allerdings wird durch § 238 Abs. 2 FamFG der **Abänderungsgegner** nicht mit seinem Vorbringen ausgeschlossen, als damit nicht eine Abweichung von der früheren Rechtsfolge erstrebt, sondern an jener Entscheidung festgehalten wird. Argumentiert wird insoweit mit dem Wortlaut des § 238 Abs. 2 FamFG, nach dem allein die Berücksichtigung antragsbegründender Tatsachen geregelt und insoweit eine zeitliche Schranke für den Abänderungsantragsteller errichtet wird. Dass die Vorschrift außerdem die Einschränkung der Rechtsverteidigung des Abänderungsgegners zum Ziele hätte, lässt sich ihr nicht entnehmen.[129]

241 Dagegen ist es unschädlich, dass solche Abänderungsgründe durch ein Rechtsmittel im ersten Verfahren hätten vorgetragen werden können.[130]

242 Ausnahmsweise, nämlich zur Vermeidung einer groben Unbilligkeit, kann im Wege der **teleologischen Reduktion** eine Einschränkung der Präklusionsvorschrift des § 238 Abs. 2 FamFG in Betracht zu ziehen sein, so dass auch Alttatsachen zur Begründung des Abänderungsantrags herangezogen werden dürfen. In Betracht hierfür kommen bspw. Umstände, die der Gegner des Antragstellers entgegen einer Offenbarungspflicht im Vorverfahren in betrügerischer Weise verschwiegen hat (z.B. vorhandenes Vermögen[131]).

d) Rückwirkungssperre, § 238 Abs. 3 FamFG

243 Der Unterhaltsbeschluss darf grds. nur **ab Rechtshängigkeit** abgeändert werden (§ 238 Abs. 3 Satz 1 FamFG), so dass der Abänderungsantrag hinsichtlich des vor dem maßgeblichen Zeitpunkt liegenden Teils unzulässig ist.

---

125 OLG Naumburg, FamRZ 2008, 797.
126 Vgl. dazu *Viefhues*, ZFE 2010, 6.
127 BGH, FamRZ 2015, 1694 Rn. 19 ff., 23 ff; vgl. auch BGH, NZFam 2020, 244, 246.
128 BGH, FamRZ 2018, 914.
129 Vgl. BGH, NJW 2000, 3789; OLG Schleswig, NJW-RR 2007, 502.
130 OLG Koblenz, FamRZ 1988, 1072.
131 OLG Koblenz, NJW-RR 1997, 1229.

Maßgeblich ist die Zustellung des Antrags an den Gegner. Weder genügt die Einreichung eines entsprechenden Verfahrenskostenhilfegesuchs[132] noch die bloße Einreichung des Abänderungsantrags bei Gericht, d.h. auch § 167 ZPO ist nicht anwendbar.

Die Begründung für diese Regelung wird einmal darin gesehen, dass die Ermittlung des Zeitpunktes, in dem die Änderung der maßgebenden Verhältnisse tatsächlich eingetreten ist, meist mit erheblichen Schwierigkeiten verknüpft sein wird; zum anderen wird auf die Schutzbedürftigkeit des Vertrauens in den Bestand des Beschlusses verwiesen, das nicht ausreichend berücksichtigt würde, wenn Gläubiger und Schuldner eines Unterhaltstitels ohne Vorwarnung mit der Abänderung dieses Titels für die zurückliegende Zeit rechnen müssten.[133] Die Rechtshängigkeit des Antrags tritt ein durch Zustellung der Antragsschrift (§§ 253 Abs. 1, 261 ZPO); folglich ist die Abänderung des Unterhaltsbeschlusses ab dem Tag der Antragszustellung möglich.

aa) Antrag auf Erhöhung des Unterhalts, § 238 Abs. 3 Satz 2 FamFG

Im Fall eines auf Erhöhung des Unterhalts gerichteten Antrags ist dieser auch zulässig für die Zeit, für die nach den Vorschriften des BGB Unterhalt für die Vergangenheit verlangt werden kann. Soweit die Abänderung nach den §§ 1360a Abs. 3, 1361 Abs. 4 Satz 4, 1585b Abs. 2 und 1613 Abs. 1 BGB zu einem früheren Zeitpunkt verlangt werden kann, ist daher eine ggü. der Rechtshängigkeit vorgezogene Abänderung möglich. Der Abänderungszeitpunkt stimmt in diesen Fällen mit der materiellen Rechtslage überein, und zwar unter Berücksichtigung des Monatsanfangs.

bb) Antrag auf Herabsetzung des Unterhalts, § 238 Abs. 3 Satz 3 FamFG

§ 238 Abs. 3 Satz 3 FamFG bestimmt für Anträge auf Herabsetzung des Unterhalts, dass diese auch für die Zeit ab dem Ersten des auf ein entsprechendes **Auskunfts- oder Verzichtsverlangen** des Antragstellers folgenden Monats zulässig sind. Auf diese Weise wird die Gleichbehandlung von Gläubiger und Schuldner erreicht. Das auf eine Herabsetzung des Unterhalts gerichtete Verlangen unterliegt spiegelbildlich den Voraussetzungen, für die nach den Vorschriften des bürgerlichen Rechts Unterhalt für die Vergangenheit verlangt werden kann. Diese Voraussetzungen ergeben sich aufgrund der Neufassung des § 1585b Abs. 2 BGB einheitlich aus § 1613 Abs. 1 BGB. Erforderlich sind daher entweder ein Auskunftsverlangen mit dem Ziel der Herabsetzung des Unterhalts ggü. dem Unterhaltsgläubiger oder eine »negative Mahnung«, also die Aufforderung an den Unterhaltsgläubiger, teilweise oder vollständig auf den titulierten Unterhalt zu verzichten. I.Ü. gilt § 1613 BGB, d.h. es muss insb. ein entsprechendes Verlangen dem Unterhaltsgläubiger zugehen.

Die Verzichtsaufforderung kann wie folgt formuliert werden:

▶ Muster

»Sehr geehrte Frau…..,

nach Ihrer Mitteilung vom….. werden Sie am….. eine Arbeitsstelle bei der Firma….. antreten. Damit entfallen die Voraussetzungen für Erwerbslosenunterhalt. Ich fordere Sie hiermit unter Fristsetzung zum….. auf, auf den titulierten Unterhaltsanspruch vom….. (Aktenzeichen…..) mit Wirkung zum….. zu verzichten.

Nach Ablauf der o.g. Frist empfehle ich meinem Mandanten einen Abänderungsantrag bei Gericht zu stellen.«

---

132 Vgl. Keidel/*Meyer-Holz*, § 238 Rn. 67; BGH, NJW 1982, 1050 ff. Zur Vermeidung solcher Nachteile muss der Antragsteller nach § 14 Abs. 1 FamGKG den Vorschuss einzahlen oder nach § 15 Nr. 3 FamGKG die sofortige Zustellung beantragen.
133 *Graba*, Rn. 418.

cc) Jahresfrist, § 238 Abs. 3 Satz 4 FamFG

249 § 238 Abs. 3 Satz 4 FamFG enthält eine zeitliche Einschränkung für die Geltendmachung eines rückwirkenden Herabsetzungsverlangens und ist § 1585b Abs. 3 BGB nachgebildet. Während sich die rückwirkende Erhöhung des Unterhalts nach Satz 2 nach dem materiellen Recht richtet, ist das Herabsetzungsverlangen rein verfahrensrechtlich ausgestaltet, so dass sich z.B. die Frage der Verjährung nicht stellen kann.

5. Die Abänderungsentscheidung, § 238 Abs. 4 FamFG

250 Nach § 238 Abs. 4 FamFG ist der Abänderungsantrag begründet, wenn eine wesentliche Veränderung der tatsächlichen oder rechtlichen Verhältnisse tatsächlich vorliegt.[134] Der frühere Beschluss in der Unterhaltssache ist vom FamG ausdrücklich aufzuheben und die Zahlungspflicht des Unterhaltsschuldners aufgrund der veränderten Verhältnisse neu zu bestimmen. Der bisherige Titel verliert jedoch durch die im Abänderungsbeschluss ausgesprochene Aufhebung seine Vollstreckungsfähigkeit nicht rückwirkend, sondern nur von dem Zeitpunkt an, in dem der neue Titel an die Stelle des bisherigen tritt.

251 Das Abänderungsverfahren soll eine **Anpassung des Beschlusses** an veränderte Umstände ermöglichen. Dabei sind nach § 238 Abs. 4 FamFG freilich die Grundlagen der früheren Entscheidung zu wahren. Entsprechend dieser Zielsetzung ist eine Korrektur des Beschlusses nur insoweit zulässig, wie dies zur Anpassung des Titels geboten ist, d.h. i.Ü. ist von einer Bindung des FamG an den abzuändernden Beschluss auszugehen.[135] Eine **Fehlerkorrektur** ist mit dem Abänderungsverfahren keinesfalls verbunden. Diese Möglichkeit besteht nur im Rahmen einer Beschwerde.

252 Die **Abänderungsentscheidung** besteht dementsprechend in einer unter Wahrung der Grundlagen des Unterhaltstitels vorzunehmenden Anpassung des Unterhalts an veränderte Verhältnisse (§ 238 Abs. 4 FamFG). Für das Ausmaß der Abänderung kommt es darauf an, welche Umstände für die Bemessung der Unterhaltsrente seinerzeit maßgebend waren und welches Gewicht ihnen dabei zugekommen ist. Auf dieser durch Auslegung zu ermittelnden Grundlage hat der Richter im Abänderungsverfahren unter Berücksichtigung der neuen Verhältnisse festzustellen, welche Veränderungen in diesen Umständen eingetreten sind und welche Auswirkungen sich daraus für die Höhe des Unterhalts ergeben.[136]

6. Einstellung der Zwangsvollstreckung nach § 242 FamFG

253 Nach § 242 Satz 1 FamFG gilt § 769 ZPO entsprechend, wenn ein Abänderungsantrag **auf Herabsetzung** anhängig oder hierfür ein Antrag auf Bewilligung von VKH eingereicht wurde.

254 Das FamG kann damit nach § 242 FamFG i.V.m. § 769 ZPO auf Antrag anordnen, dass bis zum Erlass des Abänderungsbeschlusses die Zwangsvollstreckung gegen oder ohne Sicherheitsleistung eingestellt oder nur gegen Sicherheitsleistung fortgesetzt wird und dass Vollstreckungsmaßregeln gegen Sicherheitsleistung aufzuheben sind.

255 Erforderlich ist ein auf Vollstreckungsschutz gerichteter **Antrag** des Unterhaltsschuldners. Die tatsächlichen Behauptungen, die den Antrag begründen, sind glaubhaft zu machen.

256 Im Hinblick auf die Schwierigkeiten, Überzahlungen im Fall von Unterhalt zurückzufordern, dürfen die FamG keine überzogenen Anforderungen an die Glaubhaftmachung stellen.

257 Allerdings kann der Einstellungsantrag nicht weiter gehen als der Hauptsacheantrag; soweit die Rückwirkungssperre des § 238 Abs. 3 FamFG eine Abänderung nicht zulässt, kann daher auch keine Einstellung der Zwangsvollstreckung zugestanden werden.[137]

---

134 Vgl. BGH, NJW 2001, 3618.
135 *Graba*, Rn. 450 ff.
136 BGH, FamRZ 2015, 1694.
137 Vgl. dazu HK-FamFG/*Viefhues*, § 242 Rn. 3.

Der betreffende Antrag kann wie folgt formuliert werden:

▶ Muster

»Die Zwangsvollstreckung aus dem Beschluss (Vergleich) vom..... (Aktenzeichen.....) wird nach § 242 FamFG i.V.m. § 769 ZPO bis zum Erlass des Beschlusses in diesem Verfahren ohne Sicherheitsleistung einstweilen eingestellt.«

258

Begründung:

Die Einstellung der Zwangsvollstreckung ist nach § 242 FamFG i.V.m. § 769 ZPO im Wege der einstweiligen Anordnung erforderlich. Der Abänderungsantrag hat überwiegende Aussicht auf Erfolg (wird glaubhaft gemacht durch.....).

Ansonsten steht zu befürchten, dass ein etwaiger Rückzahlungsanspruch nicht vollstreckt werden kann.

7. Die verschärfte Bereicherungshaftung nach § 241 FamFG

Die **Rechtshängigkeit** eines auf Herabsetzung gerichteten Abänderungsantrags begründet eine verschärfte Bereicherungshaftung, soweit nach diesem Zeitpunkt noch Unterhaltsleistungen vom Antragsgegner bezogen werden.

259

Der Antragsgegner kann dadurch sich nicht mehr erfolgreich auf den **Entreicherungseinwand** nach § 818 Abs. 3 BGB berufen, wenn er erklärt, er habe den Unterhalt vollständig verbraucht.

260

Bedeutsam ist die Regelung, falls dem Vollstreckungseinstellungsantrag nach § 242 Satz 1 FamFG i.V.m. § 769 ZPO nicht stattgegeben wird.

261

8. Abgrenzungsfragen

a) Verfahren nach Antragsabweisung

Das Unterhaltsverfahren kann scheitern, der entsprechende Antrag also abgewiesen werden, wenn z.B. zum Zeitpunkt der mündlichen Verhandlung der Unterhaltsschuldner nicht leistungsfähig oder der Unterhaltsgläubiger nicht bedürftig ist. Dies kann sich freilich später wieder ändern. In diesem Fall ist der Unterhalt nochmals mit einem Leistungsantrag nach § 258 ZPO gerichtlich geltend zu machen.[138] Das Abänderungsverfahren nach § 238 FamFG findet entsprechend dem Wortlaut des Abs. 1 nämlich nur statt, wenn das FamG zuvor eine Verpflichtung zu künftig fällig werdenden wiederkehrenden Leistungen (vgl. § 258 ZPO) ausgesprochen hat und eine wesentliche Veränderung derjenigen Verhältnisse eingetreten ist, die für Grund oder Höhe der Unterhaltsrente von Bedeutung waren. Nur ein dem Unterhaltsantrag für die Zukunft wenigstens teilweise stattgebender Beschluss wirkt über den Zeitpunkt der Entscheidung hinaus, indem seine Rechtskraft auch die erst künftig zu entrichtenden Unterhaltsleistungen erfasst, deren Festsetzung auf einer Prognose der künftigen Entwicklung beruht. Weicht die tatsächliche Entwicklung von dieser Prognose ab, handelt es sich deswegen nicht um eine neue Tatsachenlage, sondern um einen Angriff gegen die Richtigkeit des früheren Beschlusses. Mit Hilfe von § 238 FamFG kann in einem solchen Fall unter **Durchbrechung der Rechtskraft** der Beschluss den veränderten Bemessungsgrundlagen angepasst werden.

262

Ist der Unterhaltsantrag hingegen abgewiesen worden, weil der geltend gemachte Unterhaltsanspruch nicht bestand, so liegt der Abweisung für die Zukunft keine sachliche Beurteilung nach den voraussichtlich in der Zukunft bestehenden Verhältnissen zugrunde.

263

Dem erneuten Unterhaltsantrag steht die **Rechtskraft** der früheren (abweisenden) Unterhaltsentscheidung nicht entgegen. Grundlage des »neuen« Leistungsverfahrens ist etwa die nun vorhandene

264

---

138 OLG Naumburg, FamRZ 2008, 1546.

Leistungsfähigkeit oder eine andere eingetretene Unterhaltsvoraussetzung.[139] Damit liegt ein anderer Sachverhalt zugrunde, so dass entgegenstehende Rechtskraft nicht gegeben ist.

265 Einem verfahrensabweisenden Beschluss kommt nämlich keine in die Zukunft reichende Rechtskraftwirkung zu, für deren Durchbrechung es der Vorschrift des § 238 Abs. 1 FamFG bedürfte. Tritt in diesen Fällen die vormals fehlende Anspruchsvoraussetzung später ein, steht die Rechtskraft des verfahrensabweisenden Beschlusses einem neuen Leistungsantrag ebenso wenig im Wege wie in sonstigen Antragsabweisungsfällen, in denen eine neue Tatsache eintritt, die einen anderen, vom rechtskräftigen Beschluss nicht erfassten Lebensvorgang schafft.[140]

266 Wurde hingegen Unterhalt durch Beschluss des FamG im Hauptsacheverfahren tituliert, so kann künftig nur noch unter den Voraussetzungen eines Abänderungsantrags eine Korrektur begehrt werden. Ein Leistungsantrag auf Unterhalt ist nur zulässig, wenn kein Abänderungsantrag zu erheben ist.

267 Ein Abgrenzungsproblem stellt die Nachforderung »**vergessenen**« Altersvorsorgeunterhalts in diesem Zusammenhang dar.[141]

Hat der Unterhaltsberechtigte im Erstverfahren lediglich Elementarunterhalt geltend gemacht, hängt die Zulässigkeit einer Nachforderung von Altersvorsorgeunterhalt im Wege eines neuen Leistungsantrags davon ab, ob sich der Berechtigte diese Nachforderung im Erstverfahren vorbehalten hat. Die bloße Nichtgeltendmachung von Altersvorsorgeunterhalt im Erstverfahren kann noch nicht die Annahme eines Nachforderungsvorbehalts begründen.

268 Anders formuliert: Behält sich der Bedürftige in seinem gerichtlichen Antrag den Vorsorgeunterhalt ausdrücklich vor oder bringt er dies unzweideutig zum Ausdruck, ist sein Antrag auf Elementarunterhalt ein **offener Teilantrag**. Verfahrensgegenstand war dann lediglich der Elementarunterhalt als Teil des gesamten Lebensbedarfs. Dann steht einer Nachforderung im Weg eines Leistungsantrags nichts entgegen. Der Abänderungsantrag scheitert nämlich in derartigen Fällen, weil regelmäßig von einer **Präklusion** nach § 238 Abs. 2 auszugehen ist. Der Unterhaltsberechtigte ist daher gezwungen, umfassend seine Ansprüche im Erstverfahren zu erheben oder einen eindeutigen Vorbehalt der Nachforderung aufnehmen zu lassen. Der BGH[142] hat nämlich wiederholt entschieden, dass im Unterhaltsrecht im Zweifel davon auszugehen ist, dass Unterhalt in voller Höhe geltend gemacht wird, so dass die Vermutung gegen das Vorliegen eines Teilantrags spricht. Für die Annahme eines Teilantrags ist daher zu fordern, dass der Unterhaltsberechtigte im Erstverfahren entweder ausdrücklich einen Unterhaltsteilanspruch geltend gemacht oder sich wenigstens erkennbar eine Nachforderung von Unterhalt vorbehalten hat.

b) Erfolgreiche Abänderungsverfahren

269 Der **BGH**[143] sieht aber das Abänderungsverfahren nach § 238 FamFG dann als richtige Verfahrensart an, wenn ein Unterhaltsgläubiger, der einen Titel über seinen Unterhalt erlangt hatte, dessen Unterhaltsrente jedoch später im Wege des Abänderungsverfahrens aberkannt worden ist, in der Folgezeit erneut Unterhalt verlangt.

270 Kommt es nämlich zu einer Entscheidung nach § 238 FamFG, so hat das Gericht – im Zuge der Korrektur der ursprünglichen Prognose – seinerseits die künftige Entwicklung der Verhältnisse vorausschauend zu berücksichtigen. Demgemäß beruht der abändernde Beschluss sowohl im Fall der Reduzierung als auch bei völliger Streichung der Unterhaltsrente weiterhin auf einer Prognose der zukünftigen Entwicklung und stellt den Rechtszustand auch für die Zukunft fest. Ein späteres

---

139 OLG Naumburg, FamRZ 2008, 1546.
140 BGH, NJW 2005, 142.
141 BGH, FamRZ 2015, 309.
142 BGH, FamRZ 2015, 309.
143 BGH, FamRZ 2008, 872, 873; BGH, NJW 2007, 2251.

Verfahren auf Wiedergewährung oder Erhöhung der Unterhaltsrente stellt daher abermals die Geltendmachung einer von der Prognose abweichenden tatsächlichen Entwicklung der Verhältnisse dar, für die das Gesetz das Abänderungsverfahren nach § 238 FamFG vorsieht, um die (erneute) Anpassung der Entscheidung an die veränderten Beschlussgrundlagen zu ermöglichen.

c) Das Verhältnis zum Vollstreckungsabwehrverfahren nach § 767 ZPO

Das Verhältnis des Abänderungsverfahrens nach § 238 FamFG zu einem Vollstreckungsabwehrantrag nach § 767 ZPO ist problematisch.[144] Grundlage der Abgrenzung ist, dass sich der Abänderungs- und der Vollstreckungsabwehrantrag gegenseitig ausschließen, denn sie verfolgen mit unterschiedlichen Mitteln unterschiedliche Ziele.[145] 271

So bezweckt das Abänderungsverfahren die Anpassung des Unterhaltstitels, d.h. es handelt sich um ein Gestaltungsverfahren, welches sowohl vom Unterhaltsschuldner als auch vom Unterhaltsgläubiger erhoben werden kann und den Unterhaltstitel selbst – unter Durchbrechung seiner materiellen Rechtskraft – an die stets wandelbaren wirtschaftlichen Verhältnisse (Leistungsfähigkeit, Bedürftigkeit, Bedarf) anpassen soll. 272

Der Vollstreckungsabwehrantrag nach § 767 ZPO wendet sich gegen die Zwangsvollstreckung aus dem Unterhaltstitel. Die Zwangsvollstreckung soll für unzulässig erklärt werden, weil der titulierte Anspruch inzwischen erloschen oder gehemmt ist. In Abgrenzung zu der Vorschrift des § 238 FamFG kommen für den Vollstreckungsabwehrantrag nur Gegengründe gegen den Unterhaltstitel infrage, die diesen unwandelbar vermindern. 273

Der Vollstreckungsabwehrantrag betrifft daher **punktuell eintretende Ereignisse, Einwendungen und Einreden**. Dies sind neben der Tilgung vergangener und gegenwärtiger Ansprüche nur solche Einwendungen, die den Unterhaltsanspruch gänzlich und für immer gesetzlich beendet haben (z.B. Wiederheirat, § 1586 BGB). 274

Alle anderen Gründe, gegen den Titel vorzugehen, sind Abänderungsgründe i.S.v. § 238 FamFG (z.B. Änderung der wirtschaftlichen Verhältnisse, Stundung etc.). 275

Wegen der unterschiedlichen Zielrichtung der Verfahren schließen sich der Vollstreckungsabwehrantrag und das Abänderungsverfahren für den gleichen Streitgegenstand grds. gegenseitig aus. Deswegen hat der Unterhaltsschuldner hinsichtlich konkreter Unterhaltsforderungen keine Wahlmöglichkeit zwischen der Vollstreckungsgegen- und der Abänderungsverfahren, sondern muss sein Rechtsschutzbegehren auf die Verfahrensart stützen, die dem Ziel seines Begehrens für den entsprechenden Unterhaltszeitraum am besten entspricht.[146] 276

d) Verhältnis zum Rechtsmittel der Beschwerde

Wird die vom ersten Familienrichter der Verpflichtung zu künftigen Unterhaltsleistungen zugrunde gelegte Prognose auf eine unrichtige Bewertung der für die Unterhaltsberechnung maßgeblichen Umstände gestützt, dann kann ein solcher Fehler nur mit der Beschwerde korrigiert werden. Denn die bloße Änderung der rechtlichen Beurteilung bereits bekannter und im früheren Verfahren gewürdigter tatsächlicher Verhältnisse kann eine Abänderung eines Unterhaltsbeschlusses auf der Grundlage des § 238 FamFG schon deshalb nicht rechtfertigen, weil dieses Verfahren nur der Korrektur einer fehlgeschlagenen Prognose dient, nicht aber wie ein Rechtsmittel der Fehlerbeseitigung. Der Wortlaut des § 238 Abs. 4 FamFG ist insoweit eindeutig, da danach die Erstentscheidung unter **Wahrung ihrer Grundlagen** nur angepasst werden darf.[147] 277

---

144 Ausführlich dazu *Graba*, Rn. 188 ff.
145 BGH, FamRZ 2005, 1479.
146 BGH, NJW 2005, 2313.
147 BGH, FamRZ 2015, 1694.

II. Die Abänderung von Vergleichen und Urkunden, § 239 FamFG

278 § 239 Abs. 1 Satz 1 FamFG bestimmt, dass Vergleiche nach § 794 Abs. 1 Nr. 1 ZPO und vollstreckbare Urkunden ebenfalls der Abänderung unterliegen, sofern sie eine Verpflichtung zu künftig fällig werdenden wiederkehrenden Leistungen enthalten. Die Vorschrift basiert auf der Rechtsprechung des BGH, der eine Abänderung dieser Titel allein nach materiellem Recht beurteilt. Dies ist dadurch bedingt, dass die Titel des § 239 FamFG keine Rechtskraft entfalten können; deshalb ist auch der **Vertrauensschutz** des Unterhaltsberechtigten weniger ausgeprägt.

1. Der Anwendungsbereich des § 239 FamFG

279 Anwendbar ist die Vorschrift des § 239 FamFG, sofern der Unterhalt mittels Vergleich nach § 794 Abs. 1 Nr. 1 ZPO oder vollstreckbarer Urkunde tituliert ist.

280 Vollstreckbare Urkunden in diesem Sinne können sein:
- notarielle Urkunden nach § 794 Abs. 1 Nr. 5 ZPO,
- vollstreckbar erklärte Anwaltsvergleiche (§§ 796a bis 796c ZPO),
- Jugendamtsurkunden nach §§ 59, 60 SGB VIII,[148]

falls durch sie eine Unterhaltsverpflichtung tituliert wird.

281 Eine nur **vorläufige vergleichsweise Regelung** des Unterhalts im einstweiligen Anordnungsverfahren kann hingegen nicht Gegenstand eines Abänderungsantrags nach § 239 FamFG sein.[149] Anders liegt es nur, wenn die Beteiligten eine endgültige Regelung schaffen wollten, wofür aber sichere Anhaltspunkte vorhanden sein müssen.

282 Ist durch Vergleich titulierter Unterhalt nur für einen bestimmten Zeitraum vereinbart worden, weil die Beteiligten davon ausgingen, für die Zeit danach werde der Unterhaltsanspruch mangels Bedürftigkeit entfallen, ist ein für einen späteren Zeitraum behaupteter Unterhaltsanspruch im Wege des **Leistungsantrags nach § 113 Abs. 1 i.V.m. §§ 253, 258 ZPO** geltend zu machen.[150]

283 Ebenso ist zu verfahren, wenn dem Unterhaltsgläubiger ein titulierter Unterhalt durch Prozessvergleich »aberkannt« wird.

284 § 239 FamFG findet daher **keine** Anwendung auf gerichtliche Vergleiche, in denen für die Zukunft keine Leistungspflicht festgelegt worden ist.

285 Diese Differenzierung bzw. die unterschiedliche Vorgehensweise ggü. abzuändernden Unterhaltsbeschlüssen basiert darauf, dass nur gerichtliche Entscheidungen (bzw. Zukunftsprognosen) der Rechtskraft fähig sind und deshalb nur unter den engen Voraussetzungen des § 238 FamFG korrigiert werden können.

286 Der **BGH**[151] fasst dies wie folgt zusammen: »Auch wenn die Parteien mit der getroffenen Regelung zum Ausdruck bringen wollten, dass für die Zukunft kein Unterhaltsanspruch mehr besteht, beschränkt sich die Vereinbarung auf den materiellen Anspruch; sein Nichtbestehen ist nicht rechtskräftig festgestellt (...).«

2. Der Abänderungsantrag nach § 239 FamFG

287 § 239 Abs. 1 Satz 2 FamFG entspricht § 238 Abs. 1 Satz 2 FamFG. Auch bei der Abänderung eines Vergleichs oder einer vollstreckbaren Urkunde muss der Antragsteller Tatsachen vortragen, die – ihre Richtigkeit unterstellt – die Abänderung des Titels rechtfertigen. Erforderlich ist jedenfalls, dass der Antragsteller sich ausführlich mit der Geschäftsgrundlage des abzuändernden Titels

---
148 Vgl. BGH, NJW 2003, 3770.
149 Vgl. OLG Köln, FamRZ 2015, 598; OLG Jena, FamRZ 2012, 54 ff.; Keidel/*Meyer-Holz*, § 239 Rn. 5.
150 BGH, FamRZ 2013, 853; BGH, NJW 2007, 2249.
151 BGH, FamRZ 2013, 853.

auseinandersetzt. Der Vortrag einzelner Umstände, die zu einer Änderung der maßgeblichen Verhältnisse geführt haben sollen, reicht dafür noch nicht aus, sondern vom Antragsteller ist auch die »Ergebnisrelevanz« der Umstände aufzuzeigen.[152] Ansonsten ist der Abänderungsantrag unzulässig.

Abweichend von § 238 Abs. 1 Satz 2 FamFG bestimmen sich die Abänderungsvoraussetzungen jedoch nicht nach der **Wesentlichkeitsschwelle**, sondern allein nach dem materiellen Recht; somit primär danach, welche Voraussetzungen die Beteiligten für eine Abänderung vereinbart haben, i.Ü. nach den Regeln über die Störung bzw. den Wegfall der Geschäftsgrundlage (§ 313 BGB).[153]

Der Abänderungsantrag muss zunächst konkret den abzuändernden Titel benennen. Fordert der Antragsteller erhöhten Unterhalt bzw. strebt er eine Verringerung seiner Verpflichtung an, ist dafür der Zeitpunkt der Abänderung im Antrag anzugeben. 288

Ein auf Erhöhung gerichteter Antrag kann folgenden Wortlaut haben:

▶ Muster

Der Antragsgegner wird unter Abänderung des vor dem Amtsgerichts – Familiengerichts..... am..... (Az.:......) geschlossenen Vergleichs verpflichtet, an den Antragsteller ab..... einen monatlich im Voraus, spätestens bis zum 3. eines jeden Monats, zu zahlenden Unterhalt i.H.v...... zu bezahlen. 289

Ein auf Herabsetzung gerichteter Antrag kann folgenden Wortlaut haben:

▶ Muster

1. Der Unterhaltsvergleich der Beteiligten, abgeschlossen am..... vor dem Amtsgericht..... (Aktenzeichen.....), wird dahin abgeändert, dass der Antragsteller an die Antragsgegnerin ab..... einen monatlich im Voraus, spätestens bis zum 3. eines jeden Monats zu zahlenden Scheidungsunterhalt i.H.v. nur noch..... zu zahlen hat.
2. Die Zwangsvollstreckung aus dem Vergleich vom..... (Aktenzeichen.....) wird nach § 242 FamFG i.V.m. § 769 ZPO bis zum Erlass des Beschlusses in diesem Verfahren nur noch i.H.v..... ohne Sicherheitsleistung einstweilen zugelassen.

290

Soweit der Antragsteller die Einkünfte des Antragsgegners nicht zuverlässig kennt, ist auch die Erhebung eines **Abänderungsstufenantrags** nach § 254 ZPO zulässig. 291

3. Abänderung eines gerichtlichen Vergleichs

a) Eingeschränkter Vertrauensschutz

§ 239 Abs. 2 FamFG verweist wegen der übrigen Voraussetzungen und wegen des Umfangs der Abänderung auf die Regelungen des bürgerlichen Rechts. Zu nennen sind hierbei in erster Linie die Störung bzw. der Wegfall der Geschäftsgrundlage (vgl. § 313 BGB) sowie die Grundsätze über das Schuldanerkenntnis (§ 781 BGB). 292

Die Abänderbarkeit eines Vergleichs unterliegt also weder einer Wesentlichkeitsgrenze noch einer zeitlichen Beschränkung; Grund dafür ist, dass die Titel des § 239 FamFG nicht der Rechtskraft fähig sind.[154] Mangels Verweisung des § 239 FamFG auf die Vorschrift des § 238 Abs. 2 FamFG ist auch eine **Präklusion** nicht denkbar.[155] Die Vertragspartner eines Vergleichs können die Kriterien der Abänderbarkeit autonom bestimmen. Einer **rückwirkenden Abänderung** können nur materiell-rechtliche Gründe entgegenstehen; i.Ü. löst eine rückwirkende Abänderung zugunsten des Unterhaltsschuldners grds. nur Bereicherungsansprüche aus – diese unterliegen freilich der Einschränkung des § 818 Abs. 3 BGB, d.h. gewähren Rückzahlungsansprüche nur im Rahmen einer fortbestehenden Bereicherung des Unterhaltsempfängers. 293

---

152 KG, FuR 2019, 708 = NZFam 2019, 719 mit Anm. *Graba*.
153 BGH, FamRZ 2020, 97.
154 BGH, NZFam 2020, 246.
155 BGH, FamRZ 2013, 1215.

b) Störung der Geschäftsgrundlage

294 Für die Abänderung von Vereinbarungen bzw. Urkunden i.S.d. § 239 FamFG kommt es allein darauf an, welche Verhältnisse zugrunde lagen und wie die Beteiligten diese Verhältnisse bewerteten. Letztlich bestimmen die Beteiligten nämlich autonom, welchen Regelungsgegenstand die Vereinbarung haben soll und unter welchen Umständen eine Anpassung zu vollziehen ist. So können die Beteiligten etwa auch vereinbaren, dass die Anpassung des Vergleichs sich nicht nach § 313 BGB richtet, sondern wie bei einer Unterhaltserstfestsetzung zu verfahren ist.

295 Ist in den maßgeblichen Verhältnissen seit Abschluss der Vereinbarung eine gewichtige Änderung eingetreten, so muss die danach gebotene Anpassung der getroffenen Regelung an die veränderten Verhältnisse nach Möglichkeit unter Wahrung der dem Beteiligtenwillen entsprechenden Grundlagen vollzogen werden.

Ein bei Vergleichsabschluss bereits bestehender, aber nicht in die Unterhaltsbemessung eingeflossener Umstand (z.B. die Unterhaltspflicht für ein weiteres Kind) kann die Abänderung des Vergleichs nicht begründen, weil es insofern an einer Veränderung der Geschäftsgrundlage im Sinne von § 313 Abs. 1 BGB fehlt. Hat hingegen der betreffende Umstand aufgrund der (sonstigen) Grundlagen des Vergleichs die Festlegung des Unterhalts nicht beeinflusst, so ist er auch nicht zur Grundlage des Vergleichs geworden und entfaltet seine Nichtberücksichtigung bei der aus anderen Gründen eröffneten Anpassung des Vergleichs dementsprechend keine Bindungswirkung. Der »übersehene Umstand« kann daher im Rahmen der Abänderung Berücksichtigung finden.[156]

296 Dabei können nicht nur Veränderungen der individuellen Verhältnisse, sondern auch solche in der bestehenden Rechtslage, insb. aufgrund der höchstrichterlichen Rechtsprechung, zu einer Störung der vertraglichen Vereinbarung führen, die nach den Grundsätzen des § 313 BGB im Wege der Anpassung zu bereinigen ist.

Für die Abänderung eines Prozessvergleichs über nachehelichen Unterhalt wegen **Unterhaltsbefristung** kommt es vorrangig darauf an, inwiefern der Vergleich im Hinblick auf die spätere Befristung eine bindende Regelung enthält. Mangels einer entgegenstehenden ausdrücklichen oder konkludenten vertraglichen Regelung ist jedenfalls bei der erstmaligen Festsetzung des nachehelichen Unterhalts im Zweifel davon auszugehen, dass die Parteien die spätere Befristung des Unterhalts offenhalten wollen. Eine Abänderung des Vergleichs ist insoweit auch ohne Änderung der tatsächlichen Verhältnisse und ohne Bindung an den Vergleich möglich.[157]

297 Haben sich die Verhältnisse so tief greifend verändert, dass dem Beteiligtenwillen für die vorzunehmende Änderung keine hinreichenden Anhaltspunkte mehr zu entnehmen sind oder lässt sich ein solcher Beteiligtenwille nicht mehr ermitteln, dann muss die Abänderung ohne eine fortwirkende Bindung an die Vereinbarung vorgenommen und im Fall einer Unterhaltsregelung der Unterhalt wie bei einer Erstfestsetzung nach den gesetzlichen Vorschriften bemessen werden.[158] Gleiches gilt, wenn die Parteien beim Abschluss ihrer Vereinbarung bestimmen, dass die Änderung nach Ablauf einer bestimmten Frist durch Neufestsetzung und nicht durch Abänderung gem. § 239 begehrt werden kann.

298 Mitunter fehlen in der Unterhaltsvereinbarung Angaben zur Geschäftsgrundlage bzw. es wurde darauf auch bewusst verzichtet. Auch in solchen Fällen ist der Unterhaltsanspruch ohne eine Bindung an den abzuändernden Vergleich allein nach den gesetzlichen Vorgaben zu ermitteln.[159] Lässt sich also dem Vergleich und dem ihm zugrunde liegenden Beteiligtenwillen kein hinreichender Ansatz für eine Anpassung an veränderte Umstände entnehmen, kann es geboten sein, die Abänderung

---

156 BGH, NZFam 2020, 244 ff. mit Anm. *Bruske*.
157 BGH, FamRZ 2020, 171 = FuR 2020, 108 = NJW 2020, 238 (Rn. 40, 41)
158 Vgl. dazu BGH, FamRZ 2008, 968, 970.
159 BGH, FamRZ 2008, 968, 970; OLG Düsseldorf, FamRZ 2008, 1002.

D. Die Abänderungsverfahren

ohne fortwirkende Bindung an die Grundlage des abzuändernden Vergleichs vorzunehmen. Der Unterhalt ist dann **wie bei einer Erstfestsetzung** nach den gesetzlichen Vorschriften zu bemessen.[160]

Das gilt **ausnahmsweise** dann nicht, wenn und soweit die Beteiligten in dem Unterhaltsvergleich bewusst eine restlose und endgültige Regelung getroffen und damit eine spätere Abänderung wegen nicht vorhersehbarer Veränderungen der maßgeblichen Verhältnisse ausdrücklich ausgeschlossen haben. Die abschließende Einigung auf der Grundlage einer bloßen Prognose ist dann Vertragsinhalt und nicht nur dessen Geschäftsgrundlage. Das kann etwa der Fall sein, wenn die Beteiligten mit der Vereinbarung eines Abfindungsbetrags eine abschließende Regelung ihres Unterhaltsrechtsverhältnisses herbeiführen wollen, auch wenn der Betrag in künftigen Raten zu zahlen ist.[161] 299

Der Ausschluss der Abänderbarkeit eines Unterhaltsvergleichs wegen nachträglicher Änderung der gesetzlichen Grundlagen oder der höchstrichterlichen Rechtsprechung kann damit nur auf einer ausdrücklichen vertraglichen Vereinbarung beruhen, für die derjenige die Darlegungs- und Beweislast trägt, der sich darauf beruft.[162] 300

Das KG[163] sieht eine **Korrekturmöglichkeit** bei vertraglich vereinbarter Unabänderbarkeit allerdings dann als möglich an, wenn durch die Vereinbarung die wirtschaftliche Existenz des Unterhaltspflichtigen gefährdet würde. 301

»Dass der Abänderungsantrag unbegründet ist, ergibt sich bereits aus dem Umstand, dass die Beteiligten in der ursprünglichen Unterhaltsvereinbarung,.., ausdrücklich auf jegliche Abänderung ihrer Vereinbarung verzichtet haben;.... Eine derartige Vereinbarung ist, ..., uneingeschränkt wirksam. ... Jedoch ist auch allgemein anerkannt, dass die Abrede der Unabänderlichkeit der Unterhaltsvereinbarung nicht grenzenlos gilt. ... Im Ergebnis kann sich ein Unterhaltspflichtiger, der die Abänderbarkeit einer Unterhaltsvereinbarung vertraglich ausgeschlossen hat, zur Abwehr des Unterhaltsanspruchs bzw. zu dessen Ermäßigung nur dann auf den Grundsatz von Treu und Glauben berufen, wenn andernfalls seine wirtschaftliche Existenz gefährdet wäre. An diesen Einwand sind strenge Anforderungen zu stellen (…).«

Die **wirtschaftliche Existenz** des Unterhaltsschuldners ist nach Auffassung des KG gefährdet, wenn ihm bei Bezahlung des vereinbarten Unterhaltsbetrags weniger als der notwendige Selbstbehalt verbliebe. 302

4. Abänderung von Jugendamtsurkunden oder notarielle Urkunden

a) Notarielle Urkunden nach § 794 Abs. 1 Nr. 5 ZPO

Mitunter tätigen die Beteiligten eine Vereinbarung über die Unterhaltspflicht und lassen dieselbe dann notariell beurkunden zwecks Titulierung. Die notarielle Vereinbarung enthält oftmals eine Geschäftsgrundlage, so dass eine Abänderung nach § 313 BGB voraussetzt, dass diese sich geändert hat. 303

Oftmals enthalten derartige Urkunden aber keine Geschäftsgrundlage. Im Abänderungsverfahren nach § 239 FamFG ist der Unterhaltsanspruch dann ebenfalls ohne eine Bindung allein nach den gesetzlichen Vorgaben zu ermitteln.[164] Die Anpassung richtet sich also allein nach den derzeitigen Verhältnissen. 304

b) Jugendamtsurkunden nach §§ 59 Abs. 1 Nr. 3, 60 SGB VIII

Jugendamtsurkunden nach §§ 59 Abs. 1 Nr. 3, 60 SGB VIII sind in der Praxis beliebt, weil sie kostenfrei errichtet werden können. Die Abänderung derartiger Urkunden ist von den Umständen des Einzelfalles abhängig. 305

---

160 So BGH, NJW 2010, 440 ff.
161 BGH, FamRZ 2005, 1662.
162 BGH, NJW 2010, 440, 442.
163 KG, NZFam 2016, 175.
164 OLG Brandenburg, NZFam 2019, 264.

aa) Unterhaltsvereinbarung wird mit Jugendamtsurkunde tituliert

306 Haben die Beteiligten sich über die Unterhaltspflicht verständigt und nur zwecks Titulierung eine Jugendamtsurkunde errichtet, ist der Inhalt der Vereinbarung Geschäftsgrundlage. Eine Abänderung setzt eine nachträgliche Veränderung voraus. Jugendamtsurkunden, denen eine Vereinbarung zugrunde liegt, sind also nicht frei abänderbar. I.R.d. Abänderung ist vielmehr stets der Inhalt der Vereinbarung der Beteiligten zu wahren.[165]

bb) Einseitige Anfertigung einer Jugendamtsurkunde

307 Häufig werden Jugendamtsurkunden aber auch einseitig, d.h. vom Verpflichteten errichtet, und der Gegenseite zwecks gerichtlicher Verfahrensvermeidung zur Verfügung gestellt. Dann kann der **Unterhaltsberechtigte** nach Auffassung des BGH[166] ohne irgendwelche Bindungen einen höheren Unterhalt mittels Abänderungsantrags nach § 239 FamFG fordern.

308 Der **Unterhaltspflichtige** hat mittels der Jugendamtsurkunde ein Schuldanerkenntnis nach § 781 BGB abgegeben. Dadurch ergibt sich eine Bindungswirkung, so dass er sich von der Verpflichtung nur lösen kann, wenn eine nachträgliche Änderung der maßgeblichen Verhältnisse eingetreten ist.[167]

E. Der Feststellungsantrag nach § 256 ZPO

I. Anwendungsmöglichkeiten in Unterhaltssachen

309 Diese Verfahrensart kommt in Unterhaltsstreitigkeiten überwiegend als negativer Feststellungsantrag vor, und zwar gerichtet gegen eine **einstweilige Unterhaltsanordnung** nach §§ 49 ff., 246 FamFG. Der negative Feststellungsantrag ist zulässig, wenn sich der Verpflichtete gegen den titulierten Unterhalt mit dem Ziel der Reduzierung bzw. Aufhebung seiner Verpflichtung verteidigen möchte.[168]

310 Mitunter werden Unterhaltsforderungen mit einem **offenen Teilantrag** geltend gemacht. Der Antragsteller berühmt sich z.B. einer Unterhaltsforderung i.H.v. 1.000 €, beantragt aber nur 500 €.

311 Der Antragsgegner kann in solchen Fällen, d.h. bei einem offenen Teilantrag die Angelegenheit durch einen **negativen Feststellungswiderantrag nach §§ 113 Abs. 1 Satz 2 FamFG, 256 ZPO** endgültig klären.

II. Das Feststellungsinteresse

312 Ein besonderes Feststellungsinteresse ist Voraussetzung für den Antrag nach § 256 ZPO.

313 Dieses ist zu bejahen bei einem negativen Feststellungsantrag, wenn der vermeintlich Unterhaltsberechtigte sich eines Unterhaltsanspruchs gegen den Antragsteller berühmt oder wenn der Unterhaltsschuldner gegen eine einstweilige Unterhaltsanordnung vorgehen will.

314 Dies ist unter Umständen auch denkbar als Verbundsache mit dem Antrag festzustellen, dass der Antragsgegner für den Fall der Scheidung keinen Unterhalt schuldet.[169]

315 Leitet der Unterhaltsberechtigte ein Unterhaltsleistungsverfahren – insb. als Reaktion auf den negativen Feststellungsantrag – ein, so hat der Unterhaltsschuldner den negativen Feststellungsantrag, soweit dieser sich mit dem Leistungsantrag überschneidet, für erledigt zu erklären, da das

---

165 Vgl. BGH, FamRZ 2011, 1034.
166 BGH, FamRZ 2011, 1034.
167 BGH, NZFam 2017, 111 m. Anm. *Graba*.
168 Vgl. BGH, FamRZ 2018, 1343; OLG Hamm, FamRZ 2017, 724; OLG Jena, FamRZ 2012, 54, 55.
169 OLG Düsseldorf, FamRZ 1985, 952.

Feststellungsinteresse nunmehr entfällt. Ansonsten wird der Feststellungsantrag kostenpflichtig als unzulässig abgewiesen.

III. Der Feststellungsantrag

Die Formulierung des negativen Feststellungsantrags erfolgt in der Weise, dass nicht die verbleibende Unterhaltspflicht positiv zu beantragen ist, sondern es ist negativ festzustellen, in welcher Höhe kein Unterhaltsanspruch (mehr) besteht. 316

▶ Praxishinweis:

Wenn der Unterhaltsberechtigte aus einer einstweiligen Unterhaltsanordnung über mtl. 600 € vollstreckt, und der Antragsteller »Herabsetzung« auf 300 € beansprucht, lautet der Feststellungsantrag: 317

»..... festzustellen, dass der Antragsteller nicht verpflichtet ist, mehr als mtl. 300 € zu zahlen«

(also nicht »festzustellen, dass der Antragsteller mtl. (nur noch) 300 € zu zahlen hat«).

F. Der Vollstreckungsabwehrantrag

Auch der Vollstreckungsabwehrantrag nach §§ 113 Abs. 1 Satz 2 FamFG, 767 ZPO ist in Unterhaltssachen von Bedeutung. Ergeben sich nämlich nach der Unterhaltsentscheidung Einwendungen, die den Unterhaltsanspruch endgültig ganz oder zumindest teilweise zum Erliegen bringen, ist dafür der Vollstreckungsabwehrantrag nach §§ 113 Abs. 1 Satz 2 FamFG, 767 ZPO der richtige Rechtsbehelf. 318

So liegt es etwa, wenn der Unterhaltsschuldner, der eine Erbschaft gemacht hat, dem Unterhaltsberechtigen einen großen Betrag anbietet, durch den die Unterhaltsschuld komplett erlassen wird. Droht trotz Annahme dieses Angebots dennoch weiterhin die Vollstreckung aus dem Unterhaltstitel, ist dies durch den Vollstreckungsabwehrantrag nach §§ 113 Abs. 1 Satz 2 FamFG, 767 ZPO abzuwenden. 319

I. Zielsetzung des Vollstreckungsabwehrantrags

Der Vollsteckungsabwehrantrag nach §§ 113 Abs. 1 Satz 2 FamFG, 767 ZPO verfolgt die Zielsetzung, einem titulierten Anspruch die Vollstreckbarkeit zu nehmen.[170] Es handelt sich nicht um Rechtskraftdurchbrechung, sondern vielmehr um einen Gestaltungsantrag, mit dem der Vollstreckungsschuldner die Beseitigung der Vollstreckbarkeit eines Titels aufgrund von **materiellrechtlichen Einwendungen oder Einreden** gegen den zu vollstreckenden materiellen Anspruch erstrebt. 320

II. Das zuständige Gericht

Nach §§ 113 Abs. 1 Satz 2 FamFG, 767 Abs. 1 ZPO sind Einwendungen, die den durch den Beschluss festgestellten Anspruch selbst betreffen, von dem Schuldner im Wege des Antrags bei dem FamG des ersten Rechtszuges geltend zu machen. 321

Das Verfahrensgericht des ersten Rechtszuges ist damit für die Angelegenheit grds. nach §§ 113 Abs. 1 Satz 2 FamFG, 767 Abs. 1, 802 ZPO ausschließlich zuständig. 322

Dies gilt freilich in Unterhaltssachen nicht (mehr) uneingeschränkt. Nach § 232 Abs. 2 FamFG geht die ausschließliche örtliche Zuständigkeit nach § 232 Abs. 1 FamFG derjenigen nach §§ 113 Abs. 1 Satz 2 FamFG, 767 Abs. 1, 802 ZPO vor. 323

---

170 BGH, NJW 2005, 2313; BGHZ 118, 236.

▶ Beispiel:

324 Das Amtsgericht FamG Schweinfurt gewährt dem minderjährigen Kind K gegen seinen Vater Unterhalt. Das Kind zieht mit der Mutter nach Würzburg um. Nunmehr geht der Vater mit einem Vollstreckungsabwehrantrag nach §§ 113 Abs. 1 Satz 2 FamFG, 767 ZPO gegen den Unterhaltsbeschluss vor. K ist immer noch minderjährig.

Zuständig für den Vollstreckungsabwehrantrag nach §§ 113 Abs. 1 Satz 2 FamFG, 767 ZPO ist nicht das Amtsgericht FamG Schweinfurt nach §§ 113 Abs. 1 Satz 2 FamFG, 767, 802 ZPO, sondern das Amtsgericht FamG Würzburg nach § 232 Abs. 1 Nr. 2 FamFG.

III. Einwendungen

325 Einwendungen gegen den titulierten Anspruch sind nach §§ 113 Abs. 1 Satz 2 FamFG, 767 Abs. 2 ZPO nur insoweit zulässig, als die Gründe, auf denen sie beruhen, erst nach dem Schluss der mündlichen Verhandlung, in der Einwendungen nach den Vorschriften dieses Gesetzes spätestens hätten geltend gemacht werden müssen, entstanden sind und durch Einspruch nicht mehr geltend gemacht werden können.

1. Nachträglich

326 **Nachträglich** (§ 767 Abs. 2 ZPO) muss die Einwendung entstanden sein, so dass der Antrag nach §§ 113 Abs. 1 Satz 2 FamFG, 767 ZPO unbegründet ist, wenn geltend gemacht werden soll, dass ein Beschluss die im Zeitpunkt der letzten mündlichen Verhandlung bereits geleisteten Unterhaltszahlungen in der Beschlussformel nicht berücksichtigt hat. Dieser Fehler ist noch im selben Verfahren (Beschwerde) zu beseitigen.[171]

327 Diese zeitliche Einschränkung gem. § 767 Abs. 2 ZPO (Präklusionswirkung) gilt jedoch nicht für Vollstreckungsgegenanträge gegen **gerichtliche Unterhaltsvergleiche**; denn die Einschränkung beruht auf der Rechtskraftwirkung – die Rechtskraft von Beschlüssen soll nicht mithilfe eines Vollstreckungsgegenantrags durchbrochen werden können –, und eine Rechtskraftwirkung kommt Verfahrensvergleichen nicht zu. Deshalb können ggü. dem in einem Verfahrensvergleich titulierten Anspruch materiell-rechtliche Einwendungen ohne zeitliche Einschränkung hinsichtlich ihrer Entstehung geltend gemacht werden (soweit diese Einwendungen nicht gerade durch den Vergleich geregelt worden sind, von dem Vergleich also gerade erfasst werden).

2. Relevante Einwendungen

328 Mit dem Antrag nach §§ 113 Abs. 1 Satz 2 FamFG, 767 Abs. 1 ZPO können rechtshemmende Einwendungen (z.B. Stundung) oder rechtsvernichtende Einwendungen geltend gemacht werden.

329 Der Vollstreckungsabwehrantrag kann insb. im Fall der rechtskräftig abgeschlossenen Scheidung auf den **Nichtidentitätsgrundsatz** gestützt werden, wenn Trennungsunterhalt in einem früheren Verfahren tituliert wurde.[172]

330 Ein z. Zt. der Minderjährigkeit des Kindes ergangener Unterhaltstitel gilt fort, wenn das Kind volljährig wird. Es besteht **Identität des Unterhaltsanspruchs** volljähriger Kinder mit dem Minderjährigenunterhalt.[173] Der Unterhaltsschuldner kann deshalb **nicht** mittels eines Vollstreckungsabwehrantrags nach § 767 ZPO gegen den Titel vorgehen (vgl. § 244 FamFG). Die Vorschrift des § 244 FamFG hat die Funktion, Vollstreckungsabwehranträge nach §§ 113 Abs. 1 Satz 2 FamFG, 767 ZPO gegen Mindestunterhaltstitel mit der Begründung des Eintritts der Volljährigkeit des unterhaltsberechtigten Kindes zu vermeiden, sofern die Unterhaltspflicht auch über die Minderjährigkeit hinaus fortbesteht.

---

171 BGH, FamRZ 1998, 1165.
172 BGH, FamRZ 1981, 441 f.
173 OLG Hamm, FamRZ 2008, 291.

F. Der Vollstreckungsabwehrantrag

Ein weiterer Einwand i.S.d. § 767 ZPO ist die **Wiederheirat (§ 1586 BGB)**.[174] 331

Ähnlich liegt es bei **Tod des Unterhaltsberechtigten**.[175] 332

Der Vollstreckungsabwehrantrag kann auch auf **Verwirkung** (illoyal verspätete Rechtsausübung) gestützt werden.[176] Dies gilt sowohl für tituliertem rückständigen Ehegattenunterhalt als auch Kindesunterhalt.[177] Verwirkung setzt voraus, dass der Berechtigte ein Recht längere Zeit nicht geltend macht, obwohl er dazu in der Lage wäre (sog. **Zeitmoment**) und der Verpflichtete sich mit Rücksicht auf das gesamte Verhalten des Berechtigten darauf einrichten durfte und sich darauf eingerichtet hat, dieser werde sein Recht auch künftig nicht mehr geltend machen (sog. **Umstands- oder Vertrauensmoment**). Es gelten diesbezüglich strenge Anforderungen, jedenfalls betreffend des sog. Umstandsmoment,[178] während das Zeitmoment schon nach einem Jahr erfüllt sein kann.[179] 333

Die Rechtsprechung[180] ist nämlich der Auffassung, dass der Vertrauenstatbestand nicht durch bloßen Zeitablauf geschaffen werden kann. Dementsprechend kann ein bloßes Unterlassen der Geltendmachung des Anspruchs für sich genommen kein berechtigtes Vertrauen des Schuldners auslösen. Auch wenn der Gläubiger davon absieht, sein Recht weiter zu verfolgen, kann dies für den Schuldner nur dann berechtigterweise Vertrauen auf eine Nichtgeltendmachung hervorrufen, wenn das Verhalten des Gläubigers Grund zu der Annahme gibt, der Unterhaltsberechtigte werde den Unterhaltsanspruch nicht mehr geltend machen, insbesondere weil er seinen Rechtsstandpunkt aufgegeben habe. 334

Weitere Einwendungen könnten sein der Verzicht, die Stundung oder die Aufrechnung. 335

IV. Die Antragstellung

Der Vollstreckungsgegenantrag richtet sich gegen die Vollstreckbarkeit des Schuldtitels und die Zulässigkeit der Vollstreckung aus dem Titel schlechthin, nicht nur – wie Erinnerung (§ 766 ZPO) oder Drittwiderspruchsklage (§ 771 ZPO) – gegen die Zulässigkeit einzelner Vollstreckungsmaßnahmen. 336

Der Verfahrensantrag muss daher so gestellt werden, dass die Vollstreckung aus dem Titel schlechthin – nicht nur eine einzelne konkrete Vollstreckungsmaßnahme – für unzulässig erklärt wird. 337

Der angegriffene Vollstreckungstitel ist im Antrag konkret zu benennen. 338

▶ Beispiel:

Die Zwangsvollstreckung aus dem Beschluss des Amtsgerichts – Familiengerichts –… vom… – Az.:… – wird ab… für unzulässig erklärt. 339

Der Antragsteller kann ergänzend noch den Antrag auf Herausgabe des Unterhaltstitels stellen. Dies ist auch als Hilfsantrag für den Fall des Erfolgs des Hauptantrags möglich, so dass ein Kostenrisiko vermieden wird. Die Herausgabepflicht ergibt sich aus § 371 BGB analog.[181] 340

---

174 BGH, FamRZ 1988, 46 f.; OLG Naumburg, FamRZ 2006, 1402.
175 BGH, NJW 2004, 2896.
176 Vgl. OLG Brandenburg, FuR 2012, 440.
177 Vgl. dazu FamR-Komm/*Klein*, Vor §§ 1360 bis 1360b BGB Rn. 205.
178 Vgl. OLG Köln, FuR 2017, 402.
179 OLG Brandenburg, FuR 2012, 440; vgl. auch BGH, MDR 2014, 51.
180 BGH, FuR 2018, 268 = FamRZ 2018, 589 = NZFam 2018, 263.
181 BGH, FamRZ 2008, 2196.

V. Rechtsschutzbedürfnis

341 Das Rechtsschutzbedürfnis für einen Vollstreckungsgegenantrag besteht grds., sobald ein Vollstreckungstitel vorliegt. Die Erteilung der Vollstreckungsklausel ist nicht erforderlich.

342 Das Rechtsschutzbedürfnis entfällt, sobald die Vollstreckung als Ganzes beendet ist. Wurde Unterhalt in einem gerichtlichen Unterhaltsvergleich befristet, d.h. sollten Unterhaltszahlungen lediglich bis Ende des Jahres 2020 erfolgen, so besteht ab 2021 kein Rechtsschutzbedürfnis für einen Vollstreckungsabwehrantrag mehr, da eine Vollstreckung nicht mehr möglich ist.

343 Die Nichtherausgabe eines Unterhaltstitels begründet das Rechtsschutzbedürfnis trotz monatlicher Erfüllung des Unterhaltsschuldners jedoch zunächst nicht, da der Titel noch für die künftig fällig werdenden Unterhaltsansprüche benötigt wird.

344 Anders ist es, wenn der titulierte Unterhaltsanspruch dauerhaft erloschen ist (z.B. infolge Wiederheirat) und der Titelgläubiger den Titel trotz Aufforderung nicht herausgibt.

345 Die bloße Erklärung des Titelgläubigers, er verzichte auf Vollstreckung, ist nicht ausreichend; das Rechtsschutzbedürfnis für einen Vollstreckungsabwehrantrag entfällt grundsätzlich erst mit Herausgabe des (entwerteten) Unterhaltstitels.[182]

G. Die einstweilige Unterhaltsanordnung

346 Unterhalt ist fast immer eilig, so dass die Verfahrenseinleitung durch eine einstweilige Anordnung unvermeidbar ist. Die einstweilige Unterhaltsanordnung hatte deshalb schon immer einen großen Stellenwert. Die Bedeutung der einstweiligen Unterhaltsanordnung wird infolge ihrer Hauptsacheunabhängigkeit, eine bedeutsame Errungenschaft des FamFG, voraussichtlich sogar noch zunehmen.

347 Das FamFG regelt die einstweilige Anordnung grundlegend in den §§ 49 bis 57 FamFG.[183] § 119 Abs. 1 Satz 1 FamFG stellt klar, dass die einstweilige Anordnung in **Familienstreitsachen**, somit auch in Unterhaltssachen statthaft ist. Dies bestätigt auch die Vorschrift des § 246 FamFG, die i.Ü. als **lex speciales** die allgemeinen Anordnungsvoraussetzungen der §§ 49 bis 57 FamFG teilweise verdrängt.[184]

348 Die einstweilige Unterhaltsanordnung kann von dem Unterhaltsberechtigten ohne anwaltliche Mitwirkung beantragt und erwirkt werden, obwohl nach § 114 Abs. 1 Nr. 1 FamFG sämtliche Familienstreitsachen dem **Anwaltszwang** unterworfen wurden. Diese Ausnahme vom Anwaltszwang nach § 114 Abs. 4 Nr. 1 FamFG ist nicht gerechtfertigt; einstweilige Anordnungen haben **große Bedeutung in Unterhaltsstreitigkeiten**. Aufgrund des summarischen Verfahrens ist eine schnelle Einschätzung der rechtlichen Möglichkeiten erforderlich, die von den Beteiligten kaum geleistet werden kann.[185]

I. Der Streitgegenstand

349 **Streitgegenstand** eines einstweiligen Unterhaltsanordnungsverfahrens ist nicht der geltend gemachte Unterhaltsanspruch, sondern die Zulässigkeit seiner vorläufigen Durchsetzung. Der Antrag auf Erlass einer einstweiligen Anordnung führt darum nicht zur Rechtshängigkeit des Anspruchs selbst und Entscheidungen in diesem Zusammenhang nicht zu einer Rechtskraftwirkung bezüglich des Unterhaltsanspruchs im Hauptsacheverfahren. Allerdings stellt der Unterhaltsanspruch die Grundlage für die einstweilige Anordnung dar. Die einstweilige Unterhaltsanordnung ist damit **rein**

---

182 Vgl. dazu OLG Karlsruhe, FamRZ 2017, 1575; OLG Celle, FuR 2014, 727; *Romeyko*, FamRZ 2007, 1217.
183 Ausführlich zur einstweiligen Anordnung *Götsche/Viefhues*, ZFE 2009, 124 ff.
184 *Schürmann*, FamRB 2008, 375, 376.
185 Vgl. dazu auch Horndasch/Viefhues/*Roßmann*, § 114 Rn. 19.

II. Der Antrag, § 51 Abs. 1 FamFG

Der Erlass einer einstweiligen Unterhaltsanordnung setzt einen bestimmten vollstreckungsfähigen Antrag voraus. 350

Der Antrag kann etwa folgenden Wortlaut haben:

▶ Muster

»Der Antragsgegner wird verpflichtet, an die Antragstellerin ab dem 01. Februar..., jeweils monatlich im Voraus, spätestens bis zum dritten Werktag des jeweiligen Monats, einen monatlichen Unterhalt in Höhe von 350 € zu zahlen.« 351

Der Antragsteller hat den gestellten Antrag zu begründen. Die **Begründung** muss die wesentlichen verfahrensrechtlichen und tatsächlichen Voraussetzungen enthalten. Die Voraussetzungen für die Anordnung sind nach § 51 Abs. 1 Satz 2 FamFG **glaubhaft** zu machen. Die Glaubhaftmachung bestimmt sich in Unterhaltssachen nach §§ 113 Abs. 1 FamFG i.V.m. § 294 ZPO.[186] Probate Möglichkeit der Glaubhaftmachung ist danach insb. die Versicherung an Eides statt. 352

Es genügt im AO-Verfahren nicht, einfach nur Zeugen zu benennen. Die Beweisaufnahme ist auf präsente Beweismittel beschränkt, vgl. § 294 ZPO, § 31 Abs. 2 FamFG. Das Gericht ist auch zu einer Ladung nicht verpflichtet. Zumindest ist daher deren eidesstattliche Aussage vorzulegen; besser ist mitunter sogar, die Zeugen zum Termin mitzubringen. 353

III. Der Anordnungsgrund

Erforderlich ist nach § 49 Abs. 1 FamFG ein **dringendes Bedürfnis für ein sofortiges Tätigwerden**. Diese Voraussetzung entspricht in ihrer Funktion etwa dem Verfügungsgrund für den Erlass einer einstweiligen Verfügung.[187] Ob ein dringendes Bedürfnis anzunehmen ist, ist eine Frage des Einzelfalls. Es wird regelmäßig zu bejahen sein, wenn ein Zuwarten bis zur Entscheidung in einer etwaigen Hauptsache nicht ohne Eintritt erheblicher Nachteile möglich wäre.[188] 354

In **Unterhaltssachen** weicht § 246 FamFG (als lex speciales) von § 49 FamFG ab, d.h. das FamG kann durch einstweilige Anordnung auf Antrag die Verpflichtung zur Zahlung von Unterhalt oder zur Zahlung eines Kostenvorschusses für ein gerichtliches Verfahren regeln. Ein dringendes Regelungsbedürfnis ist nicht erforderlich, weil Unterhalt lebensnotwendig ist und sich damit die Eilbedürftigkeit von selbst versteht. 355

Damit genügt als Anordnungsgrund ein »**einfaches**« **Regelungsbedürfnis**;[189] selbst daran fehlt es in folgenden Fällen: 356
– Ein Unterhaltstitel liegt bereits vor.
– Eine vorherige Zahlungsaufforderung fehlt.
– Unterhalt für die Vergangenheit kann nicht durch einstweilige Anordnung geregelt werden (nur für die Zeit ab Antragseingang).[190]
– Der Unterhaltsschuldner zahlt freiwillig den Unterhalt und es kann angenommen werden, dass er dies auch weiterhin tun wird (ein Titulierungsinteresse genügt **nicht**).[191]

---

186 Horndasch/*Viefhues*, § 51 Rn. 10.
187 Vgl. dazu auch Thomas/Putzo/*Reichold*, § 935 Rn. 6.
188 OLG Köln, FamRZ 2007, 658.
189 Vgl. Thomas/Putzo/*Hüßtege*, § 246 FamFG Rn. 4.
190 *Klein*, FuR 2009, 241, 244.
191 Vgl. *Schürmann*, FamRB 2008, 375, 377.

– Der Unterhaltsberechtigte hat bereits Einkünfte, die den Ehegattenmindestselbstbehalt (1.280 €) überschreiten.[192]

357 Die Bewilligung von Sozialleistungen nimmt dem Antragsteller hingegen nicht das Regelungsbedürfnis.

IV. Der Anordnungsanspruch

358 Die einstweilige Anordnung muss gem. § 49 Abs. 1 FamFG »**nach den für das Rechtsverhältnis maßgebenden Vorschriften gerechtfertigt**« sein. Diese Voraussetzung entspricht strukturell dem Erfordernis eines Verfügungsanspruchs im Recht der einstweiligen Verfügung nach der ZPO.[193] Die Formulierung des § 49 Abs. 1 FamFG macht deutlich, dass das FamG auch im summarischen Verfahren die einschlägigen – materiell-rechtlichen – Vorschriften zu prüfen bzw. sich zumindest daran zu orientieren hat.[194] Es muss freilich nicht jede Bedarfsposition konkret bestimmt werden.[195] Auch bestehen geringere Beweisanforderungen, insb. ist die Beweiserhebung gem. § 113 Abs. 1 FamFG i.V.m. § 294 Abs. 2 ZPO auf präsente Beweismittel beschränkt.[196]

V. Die Entscheidung über den eA-Antrag

1. Regelungsumfang

359 § 49 Abs. 1 FamFG macht deutlich, dass für eine einstweilige Anordnung nur **vorläufige Maßnahmen** in Betracht kommen.[197] Es gilt daher, wie im Recht der einstweiligen Verfügung, der **Grundsatz des Verbots der Vorwegnahme der Hauptsache**. Auch insoweit gilt für die einstweilige Anordnung in **Unterhaltssachen** freilich eine wichtige Besonderheit. Auf der Rechtsfolgenseite besteht nämlich die in § 49 FamFG vorgesehene Begrenzung auf vorläufige Maßnahmen nicht, vgl. § 246 Abs. 1 FamFG. Durch eine einstweilige Anordnung kann der volle laufende Unterhalt ohne zeitliche Begrenzung zuerkannt werden, soweit die Voraussetzungen dafür glaubhaft gemacht worden sind.[198]

2. Entscheidung durch Beschluss

360 Das Gericht entscheidet über den Unterhaltsanordnungsantrag durch **Beschluss**, §§ 51 Abs. 2 Satz 1, 38 Abs. 1 Satz 1 FamFG.

361 Eine **Versäumnisentscheidung** ist auch in Unterhaltssachen, die eine Familienstreitsache nach § 112 Nr. 1 FamFG darstellen, ausgeschlossen, § 51 Abs. 2 Satz 3 FamFG. Der Antragsgegner kann aber durch Säumnis die Anordnung nicht verhindern. Das FamG erlässt die Anordnung in diesem Fall nach »Aktenlage«.

362 Die einstweilige Unterhaltsanordnung wird in einem **selbstständigen Verfahren** erwirkt, vgl. § 51 Abs. 3 Satz 1 FamFG. Der Anordnungsbeschluss enthält daher nach §§ 51 Abs. 4, 82, 243 FamFG auch eine **Kostenentscheidung**.[199]

363 Der Unterhaltsanordnungsbeschluss ist vollstreckbar nach §§ 704 ff. ZPO (vgl. § 120 Abs. 1 FamFG); es bedarf allerdings nach § 53 Abs. 1 FamFG grds. keiner Vollstreckungsklausel.

---

192 AG Gemünden am Main, 22.03.2017 – S 001 F 33/17.
193 Vgl. dazu Thomas/Putzo/*Reichold*, § 935 Rn. 5.
194 Schulte-Bunert/Weinreich/*Schwonberg*, § 246 Rn. 12–16.
195 Musielak/*Borth*, § 246 Rn. 15.
196 *Giers*, FG Prax 2009, 47, 49.
197 *Löhnig/Heiß*, FamRZ 2009, 1101.
198 Wendl/Dose/*Schmitz*, § 10 Rn. 397; vgl. auch *Klein*, FuR 2009, 321 ff. (327).
199 *Schürmann*, FamRB 2008, 375, 379.

VI. Das Außerkrafttreten der einstweiligen Unterhaltsanordnung

Das Außerkrafttreten der einstweiligen Anordnung ist in § 56 FamFG geregelt. 364

Erforderlich ist die **Rechtskraft** einer anderweitigen Regelung in der betreffenden Unterhaltssache. 365
Dies hat der Gesetzgeber nunmehr in § 56 Abs. 1 Satz 1 FamFG eindeutig angeordnet, um einen regellosen Zustand für den schutzbedürftigen Unterhaltsgläubiger zu vermeiden.

Das Außerkrafttreten der einstweiligen Unterhaltsanordnung tritt im Fall des Ehegattenunterhalts 366
insb. auch nicht durch Scheidung ein, weil der **Grundsatz der Nichtidentität** für den Titel der einstweiligen Anordnung ohne Bedeutung ist.[200]

Nach anderer Auffassung kann die Wirkung der einstweiligen Unterhaltsanordnung nicht weiter- 367
gehen wie die Hauptsache. Habe das FamG während eines Trennungsunterhaltsverfahrens eine einstweilige Unterhaltsanordnung erlassen und vor Abschluss dieses Verfahrens die Ehe rechtskräftig geschieden, so sei auf Antrag nach § 54 Abs. 1 FamFG die einstweilige Anordnung aufzuheben, da mit Rechtskraft der Scheidung der Trennungsunterhalt beendet ist.[201]

Diese Auffassung verkennt, dass die einstweilige Anordnung hauptsacheunabhängig ist, also un- 368
abhängig von einem Hauptsacheverfahren beantragt werden kann.

Auch wenn nach § 49 Abs. 1 FamFG die einstweilige Anordnung »**nach den für das Rechtsver-** 369
hältnis maßgebenden Vorschriften gerechtfertigt« sein muss, tritt keine derart enge Bindung an den Trennungsunterhalt nach § 1361 BGB ein, dass mit Rechtskraft der Scheidung die einstweilige Unterhaltsanordnung allein dadurch ihre Wirkung einbüßt.

Der Gesetzgeber hat diese Bindung (entsprechend den früheren §§ 620 ff. ZPO) nicht gewollt 370
und bewusst aufgegeben; bezweckt wird, dass Hauptsacheverfahren aufgrund einstweiliger Anordnungen entbehrlich werden. Ist der Unterhaltsberechtigte daher mit der einstweiligen Unterhaltsanordnung einverstanden, muss nach Rechtskraft der Scheidung keine »nacheheliche« Unterhaltsanordnung beantragt werden, vielmehr gilt die bisherige fort.

Die einstweilige Unterhaltsanordnung nach § 246 FamFG wird nur durch eine anderweitige Rege- 371
lung außer Kraft gesetzt (vgl. § 56 Abs. 1 FamFG).

VII. Rechtsschutz ggü. einer einstweiligen Unterhaltsanordnung

1. Änderung und Aufhebung der einstweiligen Unterhaltsanordnung nach § 54 FamFG

Die Änderung einer einstweiligen Unterhaltsanordnung erfolgt nur auf Antrag, § 54 Abs. 1 Satz 2 372
FamFG. Die Befugnis zur Antragstellung haben alle Beteiligten, die durch die einstweilige Anordnung beschwert, d.h. durch den Beschluss in ihren Rechten beeinträchtigt sind.[202] Der Antrag nach § 54 Abs. 1 FamFG kann auch auf eine rückwirkende Änderung oder Aufhebung gerichtet werden, weil die einstweilige Unterhaltsanordnung der Rechtskraft nicht fähig ist.

Die Änderung der einstweiligen Unterhaltsanordnung nach § 54 Abs. 1 FamFG erfolgt nur auf- 373
grund **neuer Tatsachen**, die der Antragsteller vortragen muss. Der Änderungsantrag ist also unzulässig, wenn der Antragsteller allein die Änderung der getroffenen Entscheidung fordert, ohne neue Tatsachen vorzubringen; es fehlt in diesem Fall das **Rechtsschutzbedürfnis**.[203]

---

200 Str., so wie hier Wendl/Dose/*Schmitz*, § 10 Rn. 450; a.A. Schulte-Bunert/Weinreich/*Schwonberg*, § 56 Rn. 2.
201 Schulte-Bunert/Weinreich/*Schwonberg*, § 246 Rn. 39.
202 *Götsche/Viefhues*, ZFE 2009, 130.
203 *Schürmann*, FamRB 2008, 375, 380.

374 Die Änderungsmöglichkeit des § 54 Abs. 1 FamFG ist **subsidiär** ggü. dem Antrag nach § 54 Abs. 2 FamFG, wenn keine mündliche Verhandlung stattgefunden hat, was aber in Unterhaltssachen wegen § 246 Abs. 2 FamFG eher selten ist.[204]

375 Allerdings kann der Unterhaltsberechtigte **neben** dem Änderungsantrag nach § 54 Abs. 1 FamFG **oder stattdessen** auch das Verfahren zur Hauptsache einleiten bzw. der Unterhaltspflichtige einen negativen Feststellungsantrag erheben (s.u. Rdn. 382).

2. Einleitung der Unterhaltshauptsache nach § 52 Abs. 2 FamFG

376 Das Gericht hat auf Antrag nach § 52 Abs. 2 FamFG anzuordnen, dass der Beteiligte, der die einstweilige Anordnung erwirkt hat, binnen einer zu bestimmenden Frist Antrag auf Einleitung des Hauptsacheverfahrens oder Antrag auf Bewilligung von VKH für das Hauptsacheverfahren stellt, § 52 Abs. 2 Satz 1 FamFG.

377 **Antragsbefugt** sind alle Beteiligten, die durch die einstweilige Anordnung beschwert sind.

378 Der Antragsteller, der die einstweilige Anordnung erwirkt hat, hat kein gegen sich selbst wirkendes Antragsrecht; er kann das Hauptsacheverfahren einfach einleiten, in dem er einen Unterhaltsantrag nach §§ 253, 258 ZPO stellt.

379 Die für die Einleitung des Hauptsacheverfahrens gesetzte Frist darf nach § 52 Abs. 2 Satz 2 FamFG 3 Monate nicht überschreiten. Wird dieser Anordnung nicht Folge geleistet, ist die einstweilige Anordnung aufzuheben, § 52 Abs. 2 Satz 3 FamFG.

3. Beschwerde, § 57 FamFG

380 Die **Beschwerde** gegen die einstweilige Anordnung ist in § 57 **FamFG** geregelt. Danach ist die einstweilige Unterhaltsanordnung nicht anfechtbar. Dem beschwerten Beteiligten bleibt insb. die Möglichkeit der Abänderung aufgrund neuer Tatsachen (§ 54 Abs. 1 FamFG) oder die Einleitung des Hauptsacheverfahrens (§ 52 Abs. 2 FamFG).

4. Abänderungsverfahren nach § 238 Abs. 1 FamFG

381 Ein **Abänderungsverfahren nach § 238 Abs. 1 FamFG** ist nicht zulässig, da diese Vorschrift eine Abänderung nur von »Endentscheidungen« erlaubt. Die einstweilige Unterhaltsanordnung ist hingegen nur eine vorläufige Regelung, vgl. §§ 49 Abs. 1, 246 Abs. 1 FamFG.

5. Der negative Feststellungsantrag, § 256 ZPO

382 Lange Zeit wurde die Meinung[205] vertreten, der negative Feststellungsantrag sei unzulässig. Der Unterhaltsschuldner könne ein Hauptsacheverfahren nach § 52 Abs. 2 FamFG erzwingen[206]; damit werde auf einfachere Art und Weise dasselbe erreicht wie mit einem Feststellungsbeschluss, dass kein Unterhalt geschuldet werde.

Nach nunmehr wohl h.M. ist ein negativer Feststellungsantrag des Unterhaltsschuldners nach § 256 ZPO zulässig.[207] Der Unterhaltsschuldner hat ein Wahlrecht, ob er den Weg des § 52 Abs. 2 FamFG beschreitet oder einen negativen Feststellungsantrag erhebt.[208] Der Unterhaltsschuldner ist

---

204 *Götsche/Viefhues*, ZFE 2009, 130.
205 FA-FamR/Gerhardt (9. Aufl. 2013), Kap. 6., Rn. 864 und 896; Thomas/Putzo/*Hüßtege* (35. Aufl. 2014), § 246 Rn. 9. **Hinweis:** Diese Mindermeinungen wurden in Neuauflagen aufgegeben: FA-FamR/*Kintzel*, Kap. 6, Rn. 1126; Thomas/Putzo/*Hüßtege* (39. Aufl. 2018), § 246 Rn. 9.
206 Nach OLG Frankfurt a.M., 12.12.2017 – 3 UF 253/17 = FamRZ 2018, 519 ist kein Rechtsmittel gegen die Ablehnung eines Antrags auf Fristsetzung statthaft; vgl auch OLG Brandenburg, FamRZ 2017, 1248.
207 OLG Hamm FamRZ 2017, 724; OLG Thüringen, FamRZ 2012, 54 = FuR 2012, 48.
208 BGH, FamRZ 2018, 1343, 1344 (Tz 16) = NZFam 2018, 840.

nämlich bei einem Vorgehen gem. § 52 Abs. 2 FamFG dem Risiko von Fristverlängerungsanträgen ausgesetzt, vgl. § 224 Abs. 2 ZPO. Mit diesen kann die Einleitung eines Hauptsacheverfahrens herausgezögert werden, ohne dass der Unterhaltsschuldner immer entscheidenden Einfluss darauf nehmen kann.

Auch wird bei dieser Vorgehensweise überwiegend dem Unterhaltsschuldner die analoge Anwendung von § 241 FamFG mit der Folge der verschärften Haftung gem. § 818 Abs. 4 BGB für überzahlten Unterhalts zugestanden.[209]

Häufig wird im eAO-Verfahren ein Vergleich geschlossen. Dies ist auch vom Gesetzgeber gewollt. § 246 Abs. 2 FamFG bestimmt nämlich, dass die Entscheidung aufgrund mündlicher Verhandlung ergeht, wenn dies zur Aufklärung des Sachverhalts oder für eine gütliche Streitbeilegung geboten erscheint. Die Verhandlungssituation erleichtert das Zustandekommen von Unterhaltsvereinbarungen.

Auch ein solcher Vergleich kann bei einer Änderung der Sach- und Rechtslage abgeändert werden. Diesbezüglich ist zu differenzieren, ob der Vergleich nur eine vorläufige Wirkung haben soll oder als endgültige Lösung der Unterhaltsangelegenheit gewollt ist. Letzteres ist aber die Ausnahme, so dass für eine endgültige Wirkung deutliche Anhaltspunkte vorliegen müssen.

Eine nur vorläufige vergleichsweise Regelung des Unterhalts im einstweilen Anordnungsverfahren kann nicht Gegenstand eines Abänderungsantrags nach § 239 FamFG sein.[210] Die vorläufige Vergleichsregelung ist im Hinblick auf Abänderung und Aufhebung daher wie ein AO-Beschluss zu behandeln und entweder nach § 54 FamFG oder vom Unterhaltsschuldner mit einem negativen Feststellungsantrag (s.o.) zu korrigieren. Der Unterhaltsberechtigte kann gegebenenfalls eine Unterhaltserhöhung auch mit einem Leistungsantrag geltend machen.

Haben die Beteiligten im Rahmen der Geschäftsgrundlage des Vergleichs hingegen deutlich gemacht, dass eine endgültige Lösung der Unterhaltsangelegenheit gewollt ist, kann ein solcher Vergleich nur nach § 239 FamFG abgeändert werden.

H. Die Beschwerde in Unterhaltssachen

I. Endentscheidungen

Die Beschwerde ist nach § 58 Abs. 1 FamFG gegen **Endentscheidungen** statthaft. Dies ist gem. der Legaldefinition in § 38 FamFG die Entscheidung, die über den Verfahrensgegenstand in der Instanz ganz oder teilweise abschließend entscheidet. Die Beschwerde ist damit das Hauptsacherechtsmittel des FamFG (gegen Unterhaltsbeschlüsse).[211]

383

II. Beschwerdewert

Die Beschwerde gegen Entscheidungen in FamFG-Sachen mit vermögensrechtlichen Verfahrensgegenständen ist nach § 61 Abs. 1 FamFG nur zulässig ist, wenn der Beschwerdegegenstand 600 € übersteigt. Das Gesetz beschränkt dadurch bei Streitigkeiten mit geringer wirtschaftlicher Bedeutung den Rechtsweg auf eine Instanz.

384

---

209 OLG Hamm, FamRZ 2017, 724; a.A. FA-FamR/*Kintzel*, Kap. 6, Rn. 1061.
210 Vgl. Keidel/*Meyer-Holz*, a.a.O., § 239 Rn. 5.
211 Vgl. zur Beschwerde in Familiensachen *Roßmann*, FuR 2019, 320 ff.

▶ Berechnung:

385 Der Beschwerdewert bemisst sich in Unterhaltssachen nach § 113 Abs. 1 Satz 2 FamFG i.V.m. § 9 Satz 1 ZPO. Dies bedeutet, dass der 3,5 fache Wert des einjährigen Bezuges maßgeblich ist. Wurde etwa eine Unterhaltsrente von 250 € beantragt und hat der Antragsteller nur 230 € zugesprochen bekommen, so beträgt der Beschwerdewert 840 € (20 € x 12 = 240 € x 3,5 = 840 €).

Sobald eine Unterhaltsdifferenz von 15 € (genau 14,29 €) mit der Beschwerde angegriffen wird, ist der Beschwerdewert von 600,01 € schon erreicht.

Unterhaltsrückstände, die nicht zugesprochen wurden, können den Beschwerdewert zusätzlich noch erhöhen.

Der Beschwerdewert ist nicht identisch mit dem Gebührenstreitwert des § 51 FamGKG, der lediglich auf den einjährigen Bezug der Differenzrente abstellt.

386 Allerdings kann die Beschwerde in vermögensrechtlichen FamFG-Sachen bei grundsätzlicher Bedeutung der Rechtssache auch zugelassen werden (Zulassungsbeschwerde, vgl. §§ 61 Abs. 2, Abs. 3 FamFG), wenn eine Wertbeschwerde nicht statthaft ist.

III. Einlegung der Beschwerde

387 Die Beschwerde ist frist- und formgerecht gem. §§ 63, 64 FamFG zu erheben.

1. Einlegung der Beschwerde beim Ausgangsgericht

388 Die Beschwerde kann wirksam nur bei dem Gericht eingelegt werden, dessen Entscheidung angefochten wird, vgl. § 64 Abs. 1 FamFG.

389 Eine Einlegung der Beschwerde beim Rechtsmittelgericht ist nicht zulässig, wahrt insb. **nicht** die Rechtsmittelfrist.[212] Allerdings ist das Beschwerdegericht gehalten, die Beschwerde im ordentlichen Geschäftsgang an das Ausgangsgericht weiterzuleiten. Besondere Anstrengungen (z.B. telefonische Verständigung des Verfahrensbevollmächtigten; Telefax an das zuständige Gericht) können vom unzuständigen Gericht freilich nicht verlangt werden.[213] Die Beschwerde muss von einem Anwalt unterschrieben werden, ansonsten ist sie unzulässig.[214]

2. Inhalt der Beschwerdeschrift

390 Der notwendige Inhalt der Einlegungsschrift ergibt sich aus § 64 Abs. 2 Satz 3 FamFG.
 – Der angefochtene Beschluss ist zu bezeichnen.
 – Die Beschwerdeführerin/der Beschwerdeführer muss unbedingt erklären, dass Beschwerde eingelegt wird.
 – Beschwerdeführer und Beschwerdegegner sind in der Einlegungsschrift anzugeben.[215]

3. Beschwerdefrist

391 Die Beschwerdeeinlegungsfrist beträgt nach § 63 Abs. 1 FamFG **einen Monat** und beginnt mit der – von Amts wegen erfolgenden – Zustellung des in vollständiger schriftlicher Form abgefassten Unterhaltsbeschlusses (§ 63 Abs. 3 FamFG).

392 Die Rechtsmittelfrist beginnt spätestens, wenn eine schriftliche Bekanntgabe nicht erfolgt, mit Ablauf von fünf Monaten nach **Erlass des Beschlusses**.[216]

---

212 *Schürmann*, FuR 2009, 130, 137.
213 BGH, FamRZ 2009, 320, 321.
214 BGH, FamRZ 2018, 1689 = NZFam 2018, 618.
215 BGH, NJW-RR 2006, 284.
216 BGH, FamRZ 2015, 1006.

IV. Beschwerdebegründung

1. Novenrecht (§ 65 Abs. 3 FamFG)

Die Beschwerde kann auf neue Beweismittel und Tatsachen gestützt werden. Damit eröffnet die Beschwerde – und dies gilt auch für Unterhaltssachen – eine **volle zweite Tatsacheninstanz**.

2. Begründung der Beschwerde

§ 117 Abs. 1 Satz 1 FamFG statuiert allerdings abweichend von § 65 FamFG eine allgemeine **Begründungspflicht** für Beschwerden in Unterhaltssachen. Diese Verpflichtung beruht auf der auch in zweiter Instanz grds. geltenden Parteimaxime. § 68 Abs. 3 FamFG verweist für den Gang des weiteren Beschwerdeverfahrens auf die erstinstanzlichen Verfahrensvorschriften in Ehe- und in Familienstreitsachen, also grds. auf die Vorschriften der ZPO. Eine Überprüfung der Entscheidung von Amts wegen findet nicht statt; der Beschwerdeführer muss vielmehr durch den obligatorischen **Sachantrag** bezeichnen, in welchem Umfang er die erstinstanzliche Entscheidung angreift und welche **Gründe** er hierfür ins Feld führt. Dadurch ist dem Beschwerdegericht erkennbar, in welchem Umfang und mit welchem Ziel die angefochtene Entscheidung angegriffen wird und welche Abänderung der Ausgangsentscheidung angestrebt wird.[217] Die Beschwerde ist nach § 117 Abs. 1 Satz 2 FamFG dem Beschwerdegericht ggü. zu begründen.

Auf eine nähere Ausgestaltung dieser Begründungspflicht (wie in § 520 Abs. 3 Satz 2 Nr. 2 – 4 ZPO) hat der Gesetzgeber verzichtet. Deshalb muss betreffend der Anforderungen an die Begründung auf die entsprechende Anwendung des § 520 Abs. 3 Satz. 2 ZPO zurückgegriffen werden, auch wenn § 117 Abs. 1 Satz 4 FamFG nicht auf diese Vorschrift verweist.[218] Nach § 520 Abs. 3 Satz 2 Nr. 2 ZPO muss die Beschwerdebegründung die Umstände bezeichnen, aus denen sich nach Ansicht des Beschwerdeführers die Rechtsverletzung und deren Erheblichkeit für die angefochtene Entscheidung ergeben. Dazu gehört eine aus sich heraus verständliche Angabe, welche bestimmten Punkte des angefochtenen Beschlusses der Beschwerdeführer bekämpft und welche tatsächlichen oder rechtlichen Gründe ihnen im Einzelnen entgegengesetzt werden. Erforderlich ist, dass die Rechtsmittelbegründung geeignet ist, die gesamte angefochtene Entscheidung in Frage zu stellen.[219]

Der Beschwerdeantrag kann wie folgt lauten:

▶ **Muster**

1. Beschwerdeantrag des Antragstellers

Der Unterhaltsbeschluss des Amtsgerichts..... – FamG – vom....., Az.:......, wird wie folgt geändert:

Der Antragsteller wird verpflichtet, an die Antragsgegnerin über den im angefochtenen Beschluss zugesprochenen Unterhalt i.H.v. monatlich..... € hinaus, einen weiteren zum Ersten eines jeden Monats im Voraus zu leistenden Unterhalt i.H.v...... € zu zahlen.

oder

2. Beschwerdeantrag des Antragsgegners

Der Unterhaltsbeschluss des Amtsgerichts..... – FamG – vom....., Az.:......, wird wie folgt geändert:

Der Unterhaltsantrag wird abgewiesen.

---

217 BGH, FamRZ 2017, 886; BGH, FuR 2015, 526.
218 BGH, FamRZ 2019, 378; BGH, 2017, 885.
219 BGH, FamRZ 2018, 283.

3. Beschwerdebegründungsfrist

a) 2-Monats-Frist

396 Nach § 117 Abs. 1 Satz 3 FamFG beträgt die Frist zur Begründung der Beschwerde in Unterhaltssachen 2 Monate. Die Regelung ist angelehnt an § 520 Abs. 2 ZPO, dessen entsprechende Geltung i.Ü. in § 117 Abs. 1 Satz 4 FamFG angeordnet wird. Die Beschwerdebegründungsfrist beginnt mit der – von Amts wegen zu erfolgenden – Zustellung des in vollständiger schriftlicher Form abgefassten Beschlusses, spätestens aber, wenn eine schriftliche Bekanntgabe nicht erfolgt, mit Ablauf von fünf Monaten nach **Verkündung des Beschlusses**.

b) Fristverlängerung (§§ 117 Abs. 1 Satz 4 FamFG; 520 Abs. 2 Satz 2 ZPO)

397 Die Beschwerdebegründungsfrist kann **verlängert** werden, sofern der entsprechende Antrag noch innerhalb der Frist bei Gericht eingeht. Allerdings ist eine Verlängerung aufgrund eines verspätet eingegangenen Antrags wegen der mit Fristablauf eintretenden Rechtskraft nicht möglich.[220] Die Verlängerung muss auch nicht so rechtzeitig beantragt werden, dass der Vorsitzende hierüber nach dem gewöhnlichen Geschäftsgang noch vor Ablauf der Frist entscheiden kann.[221] Der Einwurf in den Nachtbriefkasten genügt daher.

398 Ein Anwalt darf regelmäßig mit einer erstmaligen Fristverlängerung rechnen, wenn er sich dazu auf einen erheblichen Grund, wie z.B. Arbeitsüberlastung, beruft.[222]

c) Widereinsetzung in den vorigen Stand, § 233 ZPO

399 Eine Wiedereinsetzung in den vorigen Stand wegen der Versäumung einer Rechtsmittelfrist ist möglich, so etwa bei Übersendung mit Telefaxschreiben, wenn sich eine Störung in der Übermittlungsleitung nicht ausschließen lässt. Allerdings ist die Rechtsprechung[223] insoweit sehr streng und verlangt eine erhöhte Sorgfalt, wenn eine Frist vollständig ausgeschöpft wird. In einem solchen Fall ist auch einzukalkulieren, dass das Empfangsgerät des Gerichts besetzt sein könnte. Notwendig ist deshalb eine einzuplanende ausreichende Zeitreserve, um gegebenenfalls durch Wiederholung der Übermittlungsvorgänge einen Zugang des zu übermittelnden Schriftsatzes bis zum Fristablauf zu gewährleisten.

Ein Anwalt, der wegen ständiger Belegung des Faxes seinen Schriftsatz nicht übermitteln kann, muss über den Internetauftritt des Beschwerdegerichts eine etwa vorhandene weitere Telefaxnummer des Gerichts ermitteln und seinen Schriftsatz an diese Telefaxnummer übersenden.[224]

V. Anschlussbeschwerde nach § 66 FamFG

400 Nach § 66 FamFG kann jeder Beschwerdeberechtigte sich der Beschwerde eines anderen Beteiligten anschließen. Dies gilt auch dann, wenn er auf die Beschwerde verzichtet hat oder die Beschwerdefrist verstrichen ist.

401 Der »Nachteil« der Anschlussbeschwerde ist die **Akzessorietät**: Wird die »Hauptbeschwerde« zurückgenommen oder als unzulässig verworfen, so verliert die Anschlussbeschwerde ihre Wirkung (§ 66 Satz 2 FamFG).

402 Der Beschwerdegegner hat praktisch ein **Wahlrecht**: Legt er innerhalb der gesetzlichen Frist nach § 63 Abs. 1 FamFG und unter Beachtung der erforderlichen Form **selbständig** eine Beschwerde ein, so ist über diese auch zu entscheiden, wenn der Beschwerdeführer im Verfahren von seiner

---

220 Vgl. BGHZ 116, 377.
221 BGHZ 83, 217.
222 BVerfG, FamRZ 2008, 131.
223 BGH, FamRZ 2018, 446.
224 OLG Bremen, FuR 2019, 156.

Beschwerde Abstand nimmt. Ansonsten ist es ihm möglich, auch nach Ablauf der Beschwerdefrist des § 63 FamFG eine (**unselbständige**) Anschlussbeschwerde zu erheben, welche aber von der Hauptbeschwerde abhängig ist, d.h. bei deren Rücknahme oder Unzulässigkeit gegenstandslos wird.

Die praktische Bedeutung der Anschlussbeschwerde liegt in der »Ausschaltung« der reformatio in peius; nach §§ 117 Abs. 2 i.V.m. 528 ZPO kann das Beschwerdegericht die erstinstanzliche Entscheidung nämlich nur insoweit abändern, als eine Abänderung beantragt ist. Ohne Anschlussbeschwerde kann sich daher der Beschwerdeführer in der zweiten Instanz nicht verschlechtern. Dieses Risiko besteht erst, wenn der Gegner ebenfalls Beschwerde bzw. Anschlussbeschwerde erhebt. Regelmäßig erfolgt daher die Anschlussbeschwerde als Gegenangriff innerhalb eines fremden Rechtsmittels. Die Anschlussbeschwerde ist insoweit kein Rechtsmittel, sondern nur ein angriffsweise wirkender Antrag innerhalb der fremden Beschwerde.[225]

403

Das Beschwerdegericht kann gem. § 117 Abs. 2 Satz 1 FamFG i.V.m. § 521 Abs. 2 ZPO dem Beschwerdegegner eine Erwiderungsfrist setzen. Diese Frist ist zudem prozessualer Anknüpfungspunkt für die Anschlussbeschwerde, vgl. § 117 Abs. 2 FamFG i.V.m. § 524 Abs. 2 Satz 2 und Satz 3 ZPO, die grundsätzlich nur bis zum Ablauf dieser gesetzten Frist zur Beschwerdeerwiderung erhoben werden kann.

404

Keine Anwendung findet die Befristung allerdings nach § 524 Abs. 2 Satz 3 ZPO bei wiederkehrenden Leistungen, also in Unterhaltssachen.

405

Die Beteiligten sind in Unterhaltssachen gehalten, auf jegliche Änderung maßgeblicher Unterhaltsverhältnisse unverzüglich zu reagieren, ansonsten sie in späteren Abänderungsverfahren präkludiert sind, vgl. § 238 Abs. 2 FamFG.[226] Damit kann eine Anschlussbeschwerde selbst im Termin der mündlichen Verhandlung beim Beschwerdegericht – vorbehaltlich der Bestimmung des § 115 FamFG – noch wirksam erhoben werden.

406

Der Antrag im Rahmen einer **Anschlussbeschwerde** kann wie folgt formuliert werden:

▶ Muster

Ich stelle folgende Anträge:
1. Die Beschwerde des Antragstellers gegen den Unterhaltsbeschluss des Amtsgerichts..... – FamG – vom....., Az.:....., wird zurückgewiesen.
2. Der Unterhaltsbeschluss des Amtsgerichts..... – FamG – vom....., Az.:....., wird wie folgt geändert:

407

Der Antragsteller wird verpflichtet, an die Antragsgegnerin über den im angefochtenen Beschluss zugesprochenen Unterhalt i.H.v. monatlich..... € hinaus, einen weiteren zum Ersten eines jeden Monats im Voraus zu leistenden Unterhalt i.H.v...... € zu zahlen.

I. Die Rechtsbeschwerde

Die Rechtsbeschwerde ist **dritte Instanz** für die FamFG-Sachen; zuständig ist der **BGH** (§ 133 GVG). Sie ist in den §§ 70 bis 75 FamFG geregelt. Die Rechtsbeschwerde kann nach § 72 FamFG nur darauf gestützt werden, dass die angefochtene Entscheidung, d.h. der Unterhaltsbeschluss, auf einer Verletzung des Rechts beruht.[227] Das Rechtsbeschwerdegericht befasst sich ausschließlich mit Verfahren, denen aufgrund ihrer grundsätzlichen Bedeutung eine über den Einzelfall hinaus reichende Wirkung zukommt. Neu eingeführt wurde durch das FamFG die Möglichkeit einer **Sprungrechtsbeschwerde**, vgl. § 75 FamFG.

408

---

225 Ausführlich zur Anschlussbeschwerde *Roßmann*, Taktik im familiengerichtlichen Verfahren, Rn. 313 ff.
226 BGH, FamRZ 1998, 99.
227 Schulte-Bunert/Weinreich/*Roßmann*, § 72 Rn. 8 ff.

409 Die Rechtsbeschwerde gegen Unterhaltsbeschlüsse ist nach § 70 FamFG nur statthaft, wenn sie vom Beschwerdegericht oder, wenn der Beschluss vom OLG im ersten Rechtszug erlassen ist, vom OLG in dem Beschluss zugelassen wurde.

410 Das Beschwerdegericht hat über die Zulassung der Rechtsbeschwerde **von Amts wegen** zu entscheiden; eines entsprechenden Antrags der Beteiligten bedarf es dafür nicht.

411 Die Rechtsbeschwerde ist vom Beschwerdegericht nach § 70 Abs. 2 FamFG zuzulassen, wenn
 – die Rechtssache grds. Bedeutung hat oder
 – die Fortbildung des Rechts oder die Sicherung einer einheitlichen Rechtsprechung eine Entscheidung des Rechtsbeschwerdegerichts erfordert.

412 Wird die Rechtsbeschwerde vom Beschwerdegericht zugelassen, obgleich die genannten Voraussetzungen für die Zulassung nicht gegeben sind, weil die Sache entweder keine grds. Bedeutung hat oder nicht der Rechtsvereinheitlichung dient, kann das Rechtsbeschwerdegericht die Rechtsbeschwerde durch Beschluss nach **§ 74a Abs. 1 FamFG** zurückweisen. Dieser Zurückweisungsbeschluss setzt aber zusätzlich noch voraus, dass für die Rechtsbeschwerde auch keine Erfolgsaussichten bestehen.

413 Die Nichtzulassung der Rechtsbeschwerde ist nicht angreifbar, d.h. es gibt **keine Nichtzulassungsbeschwerde**.[228] Diese wurde nämlich im FamFG nicht geregelt; auch ist keine Verweisung auf § 544 ZPO vorhanden.

414 Die Rechtsbeschwerde ist binnen einer Frist von einem Monat nach der schriftlichen Bekanntgabe des Beschlusses durch Einreichen einer Beschwerdeschrift bei dem **Rechtsbeschwerdegericht** einzulegen. Insoweit ergibt sich ein Unterschied zu § 64 Abs. 1 FamFG, der für das Beschwerdeverfahren die Einlegung beim Ausgangsgericht anordnet.

415 Die Einlegung ist fristgebunden, d.h. sie hat binnen einer Frist **von einem Monat** nach der schriftlichen Bekanntgabe des Beschlusses durch Einreichen einer Beschwerdeschrift bei dem Rechtsbeschwerdegericht zu erfolgen.[229]

416 Die Rechtsbeschwerde ist von einem beim BGH zugelassenen Rechtsanwalt zu unterschreiben, § 114 Abs. 2 FamFG.

417 Nach § 71 Abs. 1 Satz 4 FamFG **soll** mit der Beschwerdeschrift eine Ausfertigung oder beglaubigte Abschrift der angefochtenen Entscheidung beigefügt werden. § 71 Abs. 1 Satz 4 FamFG ist jedoch eine reine Ordnungsvorschrift, deren Nichteinhaltung keine prozessualen Nachteile nach sich zieht.

418 Die Rechtsbeschwerde unterliegt nach § 71 Abs. 2 FamFG einer **Begründungspflicht**. Die zulässigen Gründe für eine Rechtsbeschwerde sind § 72 FamFG zu entnehmen.

J. Das vereinfachte Unterhaltsverfahren

419 Das sog. vereinfachte Verfahren zur Unterhaltsfestsetzung ist geregelt in den §§ 249 bis 260 FamFG.

420 Der Unterhaltsanspruch minderjähriger Kinder kann in diesem Verfahren schnell und preiswert ggü. dem Unterhaltsverpflichteten tituliert werden. Der Unterhaltsfestsetzungsbeschluss wird nach § 253 FamFG i.V.m. § 25 Nr. 2c) RPflG vom Rechtspfleger erlassen. Das Verfahren betrifft nur die **Erstfestsetzung** von Kindesunterhalt.[230]

421 Der im vereinfachten Verfahren festzusetzende Unterhalt ist begrenzt auf max. das 1,2-fache des Mindestunterhalts nach § 1612a Abs. 1 BGB. Bei der Feststellung, ob diese Begrenzung eingehalten

---

228 Horndasch/Viefhues/*Reinken*, § 70 Rn. 13.
229 Schulte-Bunert/Weinreich/*Roßmann*, § 71 Rn. 7.
230 OLG Naumburg, FamRZ 2002, 1045.

ist, ist auf den Betrag des Unterhalts abzustellen, der vor Anrechnung der in §§ 1612b, 1612c BGB bestimmten Leistungen verlangt wird.

Der Antragsteller hat bis zu dieser Höhe keine Darlegungslast und kann diesen Betrag ohne Begründung verlangen; es obliegt dem Unterhaltspflichtigen seine mangelnde Leistungsfähigkeit vorzubringen, vgl. § 252 Abs. 4 FamFG. 422

I. Das Verhältnis zum »allgemeinen« Unterhaltsverfahren

1. Subsidiarität des vereinfachten Verfahrens

Nach § 249 Abs. 2 FamFG findet das vereinfachte Verfahren nicht statt, wenn zum Zeitpunkt der Zustellung des Antrags oder einer Mitteilung über seinen Inhalt an den Antragsgegner ein Gericht über den Unterhalt entschieden hat, ein solches Verfahren anhängig oder auf andere Weise ein zur Zwangsvollstreckung geeigneter Unterhaltstitel errichtet worden ist (Unterhaltsvergleich nach § 794 Abs. 1 Nr. 1 ZPO; notarielle Urkunde i.S.d. § 794 Abs. 1 Nr. 5 ZPO).[231] Hieraus folgt, dass das vereinfachte Verfahren nur für die erstmalige Festsetzung des Mindestunterhalts infrage kommt. 423

2. Konkurrenzen

Das vereinfachte Verfahren ist ggü. dem allgemeinen Unterhaltsverfahren nicht vorrangig. Der Unterhaltsberechtigte hat daher ein Wahlrecht, in welchem Verfahren die Unterhaltstitulierung erfolgen soll. 424

Das Verfahren nach den §§ 249 ff. FamFG kann insb. dann nicht als das »einfachere« Verfahren angesehen werden, wenn der Schuldner bereits außergerichtliche Einwände erhoben hat, die den Grund oder die Höhe des Anspruchs betreffen. Dann ist mit diesen Einwänden auch im vereinfachten Verfahren zu rechnen, so dass ein Übergang in das streitige Verfahren ohnehin zu erwarten ist. 425

Für diesen Fall besteht weitestgehend auch Einigkeit in der Rechtsprechung, dass für das reguläre Unterhaltsverfahren bei Vorliegen der weiteren Voraussetzungen **Verfahrenskostenhilfe** zu bewilligen ist.[232] Nur ausnahmsweise kann ein allgemeines Unterhaltsverfahren als **mutwillig** i.S.d. VKH einzuordnen sein, wenn das vereinfachte Verfahren zulässig ist, mit einem Übergang ins streitige Verfahren nicht zu rechnen ist und die Angelegenheit rechtlich und tatsächlich einfach gelagert ist.[233] 426

II. Die Beteiligten des vereinfachten Verfahrens

Antragsteller im vereinfachten Verfahren ist das minderjährige Kind, vertreten durch seinen gesetzlichen Vertreter. Sind die Eltern noch verheiratet, so kommt auch Verfahrensstandschaft nach § 1629 Abs. 3 BGB infrage. Das Jugendamt kann ebenfalls das Kind als Beistand nach §§ 1712, 1716 BGB vertreten. 427

Der Minderjährigenunterhalt kann auch dann noch im vereinfachten Verfahren festgesetzt werden, wenn das Kind nach der Antragstellung volljährig geworden ist.[234] Allerdings muss das Kind das Verfahren fortsetzen, da der bisherige gesetzliche Vertreter keine Aktivlegitimation mehr besitzt.[235] 428

Volljährige Kinder sind hingegen nicht antragsberechtigt. 429

Antragsgegner kann im vereinfachten Verfahren nur ein Elternteil sein, nicht dagegen ein sonstiger Verwandter, der z.B. im Wege der Ersatzhaftung gem. § 1607 Abs. 1 BGB auf Zahlung von 430

---

231 Schulte-Bunert/Weinreich/*Herrmann*/*Weik* § 249 Rn. 10 ff.
232 Vgl. OLG Rostock, FamRZ 2006, 1394.
233 OLG Brandenburg, FuR 2016, 243; OLG Nürnberg, FamRZ 2002, 891; Thomas/Putzo/*Hüßtege*, Vor § 249 Rn. 9.
234 BGH, FamRZ 2006, 402.
235 OLG Köln, FamRZ 2000, 678, 679.

Unterhalt in Anspruch genommen wird. Ein Elternteil kann nur Anspruch genommen werden, wenn das Kind nicht in dessen Haushalt lebt, vgl. § 249 Abs. 1 FamFG. Daran fehlt es, wenn feststeht, dass das betroffene Kind von beiden Eltern im Wechsel zu gleichen Anteilen betreut wird; in einem solchen paritätischen Wechselmodell lebt das Kind sowohl im Haushalt des einen als auch in dem des anderen Elternteils. Der Antrag ist dann unzulässig; im Übrigen fehlt in diesen Fällen dem Antragsteller – auch für die Geltendmachung etwaiger Unterhaltsrückstände aus dem zurückliegenden Zeitraum – schon die Vertretungsbefugnis für die Kinder, weil das dafür in § 1629 Abs. 2 Satz 2 BGB vorausgesetzte Obhutsverhältnis nicht gegeben ist. Beim echten Wechselmodell mit vollständig paritätischer Betreuung durch beide Eltern hat kein Elternteil die für § 1629 BGB erforderliche Obhut. Obhut im Rechtssinne setzt voraus, dass das Kind mehr als 50 % betreut wird.[236]

III. Der Unterhaltsantrag im vereinfachten Verfahren

431 Die an einen Antrag im vereinfachten Verfahren zu stellenden inhaltlichen Anforderungen regelt § 250 FamFG. Das Gericht benötigt die in dieser Vorschrift erwähnten Angaben zur Festsetzung des Unterhalts. Insb. muss der Antragsteller die Höhe des im vereinfachten Verfahren begehrten Unterhalts angeben, vgl. § 250 Abs. 1 Nr. 6 FamFG. Erforderlich ist, dass der Antrag vom Antragsteller eigenhändig unterschrieben wird.[237]

432 Nach § 250 Abs. 2 Satz 1 FamFG muss der Antrag zurückgewiesen werden, wenn bereits aufgrund des Antrags ersichtlich ist, dass dessen Zulässigkeitsvoraussetzungen nicht vorliegen und der Antragsteller den Mangel nicht beseitigen kann. Dies bezieht sich auf sämtliche Voraussetzungen des Abs. 1 Nr. 1–13.

433 Der Antragsteller ist vor der Zurückweisung zu hören. Kann er den Mangel beheben, ergeht ein **Zwischenbescheid**, mit welchem Gelegenheit zur Nachbesserung gegeben wird.

434 Nach § 250 Abs. 3 FamFG können mehrere Anträge, die Kinder des Antragsgegners betreffen, aus Gründen der Verfahrensvereinfachung und aus Kostensparnis verbunden werden. Nicht erforderlich ist hierbei, dass die Kinder aus einer Verbindung stammen.

IV. Einwendungen des Antragsgegners, § 252 FamFG

435 Ist der Antrag zulässig, verfügt das Gericht dessen Zustellung (§ 251 Abs. 1 Satz 1 FamFG). Das vereinfachte Verfahren vermutet die Leistungsfähigkeit des Antragsgegners bis zur Höhe des 1,2-fachen Mindestunterhaltes. Der Rechtspfleger prüft also keinesfalls einen etwaigen Anspruch nach §§ 1601 ff. BGB. Es ist daher Sache des Antragsgegners, sich ggü. dieser Vermutung ggf. zu verteidigen. Dies wird ihm aber durch § 252 FamFG nicht einfach gemacht. Die möglichen Einwendungen des Antragsgegners gegen die Unterhaltsfestsetzung beziehen sich auf die Zulässigkeit des vereinfachten Verfahrens (§ 252 Abs. 1 Satz 1 FamFG), auf den Einwand der Erfüllung (§ 252 Abs. 3 FamFG) und mangelnden Leistungsfähigkeit (§ 252 Abs. 4 FamFG). Ferner bestimmt § 252 Abs. 5 FamFG, bis zu welchem Zeitpunkt Einwendungen erhoben werden können.

Die Zulässigkeit des Einwands eingeschränkter oder fehlender Leistungsfähigkeit knüpft § 252 Abs. 4 FamFG an besondere Anforderungen, deren Erfüllung im Einzelfall einen erheblichen Aufwand mit sich bringen kann. Zusätzlich zu der Erklärung nach § 252 Abs. 2 FamFG, inwieweit er zur Unterhaltszahlung bereit ist und sich zur Unterhaltsleistung verpflichtet, muss der Antragsgegner Auskunft über seine Einkünfte, sein Vermögen und seine persönlichen und wirtschaftlichen Verhältnisse erteilen.[238] Belege müssen (auch bei selbständigen Unterhaltsschuldnern) nur für die Einkünfte der letzten 12 Monate vorgelegt werden.[239]

---

236 Vgl. dazu OLG Dresden, FuR 2020, 56 mit Anmerkung von *Viefhues*.
237 OLG Düsseldorf, FamRZ 2002, 547.
238 KG, NZFam 2019, 1108.
239 Schulte-Bunert/Weinreich/*Herrmann/Weik*, § 252 Rn. 5.

J. Das vereinfachte Unterhaltsverfahren

Hierdurch soll der Antragsteller in die Lage versetzt werden, auf der Grundlage dieser Angaben des Antragsgegners zu beurteilen, ob eine weitergehende Verfolgung des Unterhaltsbegehrens im Wege des streitigen Verfahrens Erfolg versprechend erscheint.

Der bisherige **Formularzwang** für Einwendungen wurde mit der Gesetzesänderung zum 01.01.2017 abgeschafft.[240] 436

V. Der Festsetzungsbeschluss nach § 253 FamFG

Der Festsetzungsbeschluss nach § 253 FamFG stellt einen Unterhaltstitel dar, so dass der Kindesunterhalt vollstreckbar ist. Nach § 116 Abs. 3 Satz 3 FamFG soll die sofortige Wirksamkeit angeordnet werden. 437

Nach § 253 Abs. 1 Satz 3 FamFG muss der Feststellungsbeschluss einen Anspruch zur Zahlung des Unterhalts beinhalten. Der Festsetzungsbeschluss nach § 253 FamFG ist Titel, der die Vollstreckung zulässt. Der Festsetzungsbeschluss ist nicht zeitlich zu beschränken, auch nicht auf den Zeitpunkt der Volljährigkeit des minderjährigen Kindes.[241] 438

Weiterhin regelt der Festsetzungsbeschluss auch die entstandenen **Kosten**, d.h. setzt diese fest. Dadurch soll ein nachfolgendes Kostenfestsetzungsverfahren vermieden werden. Gerichtskosten fallen in diesem Verfahren nicht an.[242] 439

Sollten sich im Einzelfall die erstattungsfähigen Kosten nicht ohne größeren Aufwand ermitteln lassen, ist ein Kostenfestsetzungsverfahren aber zulässig. 440

Weiterhin muss der Festsetzungsbeschluss nach § 253 Abs. 2 FamFG eine **Belehrung** darüber enthalten, welche Einwendungen mit der Beschwerde geltend gemacht werden können. 441

Mit der Beschwerde können nämlich nur Einwendungen gegen die Zulässigkeit oder die Unzulässigkeit des vereinfachten Verfahrens, die Zulässigkeit von Einwendungen nach § 252 Abs. 2–4 FamFG sowie die Unrichtigkeit der Kostenentscheidung oder Kostenfestsetzung geltend gemacht werden (vgl. dazu § 256 FamFG). Soweit sich die Beschwerde auf Einwendungen nach § 252 Abs. 2–4 FamFG stützt, ist auch maßgeblich, dass diese Einwendungen erhoben gewesen sein müssen, bevor der Festsetzungsbeschluss erlassen war. Ansonsten ist eine diesbezügliche Beschwerde ebenfalls unzulässig. Dies sollte der Antragsgegner wissen, damit er keine unzulässige Beschwerde nach § 256 FamFG erhebt. 442

Aufgeklärt wird er auch darüber, unter welchen Voraussetzungen eine Abänderung des Festsetzungsbeschlusses im Wege des Abänderungsverfahrens nach § 240 FamFG möglich ist. Fehlt die Belehrung, so ist dies jedoch grds. **folgenlos**. 443

VI. Das streitige Verfahren nach § 255 FamFG

§ 255 FamFG knüpft an die Regelung des § 254 FamFG an und ordnet für den Fall des Antrags eines Beteiligten (Antragsprinzip) die Durchführung des streitigen Verfahrens an, soweit Einwendungen des Antragsgegners nach § 252 Abs. 2 – 4 FamFG zulässig erhoben wurden.[243] 444

Wurde von einem Beteiligten das streitige Verfahren beantragt, ist vom Gericht wie nach Eingang eines Antrags in einer Unterhaltssache vorzugehen, § 255 Abs. 2 Satz 1 FamFG. 445

Einwendungen sind nach § 255 Abs. 2 Satz 2 FamFG als Erwiderung auf den Antrag anzusehen. Die 120 %-Grenze für Unterhalt gilt in diesem Verfahrensstadium nicht mehr, so dass auch ein 446

---
240 Kritisch dazu *Burghart*, NZFam 2015, 946.
241 OLG Brandenburg, FamRZ 2007, 484.
242 Schulte-Bunert/Weinreich/*Herrmann*/*Weik*, § 253 Rn. 3a.
243 Schulte-Bunert/Weinreich/*Herrmann*/*Weik*, § 255 Rn. 2.

weiter gehender Antrag zulässig ist. Der **höhere Unterhalt** wird mit Zustellung des antragserweiternden Schriftsatzes rechtshängig.

447 Der Rechtspfleger, der für das vereinfachte Verfahren zuständig ist (§ 25 Nr. 2c RPflG), gibt das Verfahren mit dem Antrag, in das streitige Verfahren überzugehen, an den zuständigen Familienrichter ab, der den weiteren Verfahrensgang festlegt.

448 Soweit der Antragsgegner im vereinfachten Verfahren bereits in ausreichendem Umfang Auskunft erteilt hat, kann sofort eine mündliche Verhandlung anberaumt werden.

449 Nach § 255 Abs. 4 FamFG ist vorgesehen, dass bei einem vorausgegangenen Festsetzungsbeschluss nach § 253 Abs. 1 Satz 2 FamFG (der Antragsgegner hat seine Unterhaltspflicht also teilweise eingestanden) der zukünftige maßgebliche Unterhalt in einem Gesamtbetrag bestimmt werden soll, so dass dann der frühere Festsetzungsbeschluss insoweit aufgehoben werden kann. Damit soll vermieden werden, dass für den Unterhalt zwei Titel nebeneinander bestehen.

450 Wird der Antrag auf Durchführung des streitigen Verfahrens nicht vor Ablauf von **sechs Monaten** nach Zugang der Mitteilung nach § 254 FamFG gestellt, so gilt der ursprüngliche Festsetzungsantrag, der über den Festsetzungsbeschluss nach § 253 Abs. 1 Satz 2 FamFG hinausgeht, als zurückgenommen, vgl. § 255 Abs. 6 FamFG.

Hat der Antragsgegner sich in zulässiger Weise für gänzlich leistungsunfähig erklärt, sich also gleichsam zur Zahlung von 0 € verpflichtet, so gilt der Festsetzungsantrag nach Ablauf von sechs Monaten als im Ganzen zurückgenommen.[244]

VII. Die Beschwerde gegen den Festsetzungsbeschluss, § 256 FamFG

451 Zulässiger Rechtsbehelf gegen den Festsetzungsbeschluss nach § 253 FamFG ist die Beschwerde. Der Festsetzungsbeschluss ist eine Endentscheidung nach § 38 FamFG, da das vereinfachte Verfahren damit abgeschlossen wird. Insoweit gelten die allgemeinen Anforderungen nach §§ 58 ff. FamFG. § 256 FamFG schränkt den **Prüfungsumfang des Beschwerdegerichts** allerdings ein, d.h. mit der Beschwerde nach § 256 i.V.m. §§ 58 ff. FamFG können nur Einwendungen gegen die Zulässigkeit oder die Unzulässigkeit des vereinfachten Verfahrens,[245] die Zulässigkeit von Einwendungen nach § 252 Abs. 2 – 4 FamFG sowie die Unrichtigkeit der Kostenentscheidung oder Kostenfestsetzung geltend gemacht werden (vgl. dazu § 256 FamFG). Soweit sich die Beschwerde auf Einwendungen nach § 252 Abs. 2 – 4 FamFG stützt, ist auch maßgeblich, dass diese Einwendungen erhoben gewesen sein müssen, bevor der Festsetzungsbeschluss erlassen war. Ansonsten ist eine diesbezügliche Beschwerde ebenfalls unzulässig, vgl. § 256 Satz 2 FamFG.

K. Der Verfahrenskostenvorschuss

452 Gerade in familienrechtlichen Verfahren ist die Bedeutung von VKH sehr groß. Vor einem Antrag auf VKH ist jedoch vorrangig ein Verfahrenskostenvorschussanspruch (VKV-Anspruch) zu prüfen. Denn bei einem durchsetzbaren VKV-Anspruch fehlt dem Antragsteller wegen insoweit vorhandenen Vermögens die Bedürftigkeit i.S.d. § 115 Abs. 2 ZPO.[246] VKV verdrängt daher VKH, falls der Anspruch realisierbar ist, d.h. unzweifelhaft besteht und kurzfristig durchsetzbar ist.[247]

---

244 Thomas/Putzo/*Hüßtege*, § 255 Rn. 11; a.A. Prütting/*Helms*, § 255 Rn. 14.
245 OLG Nürnberg, FamRZ 2018, 697 (Das vereinfachte Verfahren ist nicht zulässig, wenn der Unterhaltsschuldner darlegt, dass das Kind mit ihm in einem Haushalt lebt. Dieser Einwand kann erstmalig im Beschwerdeverfahren erhoben werden und führt zur Aufhebung des erstinstanzlichen Feststellungsbeschlusses).
246 FA-FamR/*Kintzel*, Kap. 16 Rn. 217.
247 BGH, FamRZ 2008, 1842.

VKV ist aber dann nicht kurzfristig umsetzbar, wenn der Antragsteller durch einen Unterhalts- 453
stufenantrag erst noch Kenntnis über die Einkommens- und Vermögensverhältnisse des Antragsgegners erlangen muss.[248] In einem solchen Fall ist VKH bei Bedürftigkeit und Erfolgsaussicht zu
gewähren.

▶ Praxishinweis:

Der anwaltliche Vertreter sollte sich schon der höheren Gebühren wegen im eigenen Interesse 454
mit VKV-Ansprüchen auseinandersetzen. Das FamG kann i.Ü. verlangen, dass der die VKH
begehrende Beteiligte darlegt, dass ein Anspruch auf VKV nicht besteht.[249]

I. Die verfahrensrechtliche Umsetzung eines VKV-Anspruches

Der Anspruch auf einen Verfahrenskostenvorschuss kann in einem Hauptsacheverfahren geltend 455
gemacht werden oder durch Antrag auf einstweilige Anordnung nach §§ 49 ff.; 246 Abs. 1 FamFG.
Praktische Bedeutung hat aber nur die einstweilige VKV-Anordnung nach §§ 49 ff.; 246 Abs. 1
FamFG, da sie schneller und effektiver zum Erfolg führt.

1. Der Anwendungsbereich der einstweiligen Anordnung nach §§ 49 ff.; 246 Abs. 1 FamFG

Der Anwendungsbereich der einstweiligen Anordnung nach §§ 49 ff.; 246 Abs. 1 FamFG ist nicht 456
auf Kostenvorschüsse für beabsichtigte Unterhaltsverfahren begrenzt, sondern es kann **Vorschuss
für alle Verfahren nach dem FamFG**, bspw. auch für eine beabsichtigte Scheidung oder ein Zugewinnausgleichsverfahren zugesprochen werden.[250] Der VKV-Anspruch ist dabei (unabhängig vom
beabsichtigten Hauptsacheverfahren) in dem selbstständigen Anordnungsverfahren nach §§ 49 ff.;
246 Abs. 1 FamFG durchzusetzen.[251]

2. Der Antrag, § 51 Abs. 1 FamFG

Der Erlass einer einstweiligen Anordnung setzt einen bestimmten vollstreckungsfähigen Antrag 457
voraus.

Der Antrag kann etwa folgenden Wortlaut haben:

▶ Muster

»Der Antragsgegner wird verpflichtet, an die Antragstellerin für das beabsichtigte Scheidungsver- 458
fahren einen Verfahrenskostenvorschuss in Höhe von..... € zu zahlen.«

Der Antragsteller hat den gestellten Antrag zu begründen. Die Begründung muss die wesentlichen 459
verfahrensrechtlichen und tatsächlichen Voraussetzungen enthalten. Die Voraussetzungen für die
Anordnung sind nach § 51 Abs. 1 Satz 2 FamFG glaubhaft zu machen.[252]

3. Das zuständige Gericht

Das Verfahren auf Erlass einer einstweiligen Anordnung ist ein in jeder Hinsicht selbstständiges 460
Verfahren (vgl. § 51 Abs. 3 Satz 1 FamFG).

Für diese Verfahren ist nach § 50 Abs. 1 Satz 1 FamFG das Gericht zuständig, welches für das Ver- 461
fahren zur Hauptsache zuständig wäre.

---

248 OLG Karlsruhe, FuR 2017, 101.
249 BGH, FamRZ 2008, 1842.
250 Keidel/*Giers*, § 246 Rn. 13.
251 Schulte-Bunert/Weinreich/*Schwonberg*, § 246 Rn. 18.
252 Vgl. dazu Horndasch/*Viefhues*, § 51 Rn. 8–11.

462 Ist ein Hauptsacheverfahren erstinstanzlich **bereits anhängig**, ist das Gericht des ersten Rechtszugs für den etwaigen Erlass einer diesbezüglichen einstweiligen Anordnung zuständig; da ein VKV-Hauptsacheverfahren praktisch nicht vorkommt, ist dieser Fall eher theoretisch.

463 Nochmals zur Klarstellung: Hauptsacheverfahren i.S.d. § 50 Abs. 1 FamFG wäre nicht das beabsichtigte familiengerichtliche Verfahren, sondern nur ein »**deckungsgleiches**« VKV-Hauptsacheverfahren.[253]

464 Möglich ist auch, dass das Verfahren, für welches VKV begehrt wird, bereits zweitinstanzlich beim Beschwerdegericht anhängig ist. Auch dadurch wird die Zuständigkeit des Beschwerdegerichts für die diesbezügliche VKV-Anordnung nicht begründet. Selbst wenn sich die im Beschwerdeverfahren angefallene Hauptsache auf laufenden Trennungsunterhalt bezieht, also die Deckung des allgemeinen Lebensbedarfs, entsprechen sich die Anträge nicht, obwohl auch der einstweilige VKV-Antrag unterhaltsrechtlichen Charakter hat, also einen aus einem konkreten Anlass anfallenden Sonderbedarf betrifft. Der Umstand, dass beide Verfahren Unterhaltsleistungen zum Gegenstand haben, genügt daher nicht, um eine Identität der Verfahrensgegenstände zu begründen (die übrigens bei anderen Verfahren wie den Kindschaftssachen oder Güterrechtssachen ohnehin nicht bestünde).[254]

465 Damit sind einstweilige VKV-Anordnungen beim erstinstanzlichen FamG einzuleiten (es sei denn, es wäre ein VKV-Hauptsacheverfahren beim Beschwerdegericht anhängig).

▶ Praxishinweis:

466 Die Zuständigkeit des Amtsgerichts-Familiengerichts bei Anhängigkeit der vorschussbedürftigen Familiensache im Beschwerdeverfahren ist nicht unproblematisch, weil das Beschwerdegericht mit der maßgeblichen Angelegenheit, für welche VKV gefordert wird, befasst ist und die Entscheidung auch von einer Erfolgsprognose abhängt.[255] Allerdings hat der Gesetzgeber die Zuständigkeit in dieser Weise unmissverständlich festgeschrieben, vgl. § 50 FamFG.[256]

4. Das Regelungsbedürfnis

467 Nach § 49 Abs. 1 FamFG setzt eine einstweilige Anordnung ein **dringendes Bedürfnis für ein sofortiges Tätigwerden** voraus. Ob ein dringendes Bedürfnis anzunehmen ist, ist eine Frage des Einzelfalls. Es wird regelmäßig zu bejahen sein, wenn ein Zuwarten bis zur Entscheidung in einer etwaigen Hauptsache nicht ohne Eintritt erheblicher Nachteile möglich wäre.[257]

468 In **Unterhaltssachen** weicht allerdings § 246 FamFG (als lex specialis) von § 49 FamFG ab. Das FamG kann durch einstweilige Anordnung auf Antrag die Verpflichtung zur Zahlung von Unterhalt oder zur Zahlung eines Kostenvorschusses für ein gerichtliches Verfahren regeln. Damit genügt in diesen Fällen als Anordnungsgrund ein »**einfaches**« Regelungsbedürfnis,[258] welches vorliegt, wenn der Antragsteller die Einleitung eines familiengerichtlichen Verfahrens beabsichtigt. Das Regelungsbedürfnis ist nicht gegeben, wenn das Verfahren, für welches VKV beansprucht wird, bereits abgeschlossen ist.

5. Anordnungsanspruch

469 Die einstweilige Anordnung muss gem. § 49 Abs. 1 FamFG »**nach den für das Rechtsverhältnis maßgebenden Vorschriften gerechtfertigt**« sein. Die Formulierung des § 49 Abs. 1 FamFG macht deutlich, dass das FamG auch im summarischen Verfahren die einschlägigen – materiellrechtlichen – Vorschriften zu prüfen bzw. sich zumindest daran zu orientieren hat. Allerdings

---

253 Wendl/Dose/*Schmitz*, § 10 Rn. 406 ff.
254 OLG Oldenburg, FuR 2012, 46, 47.
255 Kritisch dazu Schulte-Bunert/Weinreich/*Schwonberg*, § 246 FamFG Rn. 36.
256 OLG Oldenburg, FuR 2012, 46, 47.
257 OLG Köln, FamRZ 2007, 658.
258 Vgl. Thomas/Putzo/*Hüßtege*, § 246 FamFG Rn. 4.

K. Der Verfahrenskostenvorschuss	Kapitel 11

bestehen geringere Beweisanforderungen, insb. ist die Beweiserhebung gem. § 113 Abs. 1 FamFG i.V.m. § 294 Abs. 2 ZPO auf präsente Beweismittel beschränkt.[259]

Damit ist nunmehr auf die materiell-rechtlichen Voraussetzungen für VKV einzugehen. 470

a) Anspruchsberechtigte Personen

Gesetzlich geregelt ist der Anspruch auf Verfahrenskostenvorschuss lediglich in § 1360a Abs. 4 Satz 1 BGB als Bestandteil des Familienunterhalts und (über die Verweisung in § 1361 Abs. 4 BGB) des Trennungsunterhalts der **Ehegatten**. Dies bedeutet, dass **nach Scheidung** der Ehe ein Anspruch auf VKV nicht mehr besteht, es sei denn, der Pflichtige war vor der Scheidung mit der Vorschusszahlung säumig. Dies gilt auch für Kosten einer vormals im Verbund stehenden Folgesache, die nach der Scheidung abgetrennt fortgeführt wird.[260] 471

Der **neue Ehegatte** kann nach § 1360a Abs. 4 Satz 1 BGB vorschusspflichtig sein, wenn sich das Verfahren gegen den geschiedenen Ehegatten richtet. Dies bejaht die Rechtsprechung jedenfalls für einen Zugewinnausgleichsanspruch.[261] 472

Der Anspruch steht nach allgemeiner Meinung auch **minderjährigen** (unverheirateten) **Kindern** zu.[262] 473

Auch dem **volljährigen** (privilegierten, § 1603 Abs. 2 S. 2 BGB) **Kind** steht ein Anspruch auf Zahlung eines Verfahrenskostenvorschusses gegen seine Eltern zu, wenn es **noch keine selbstständige Lebensstellung** erreicht hat, insb. also zur Geltendmachung von Ausbildungsunterhalt.[263] 474

Ebenso wie beim Unterhalt volljähriger Kinder mit eigener Lebensstellung ist ein Anspruch auf Verfahrenskostenvorschuss i.R.d. **Elternunterhalts** zu verneinen.[264] 475

Umstritten ist der VKV-Anspruch des nicht verheirateten Elternteils. § 1615l Abs. 3 Satz 1 verweist zum einen auf die 1601 ff. BGB.[265] Zum anderen spricht auch die vom BGH im Grundsatz angewandte Gleichbehandlung mit kinderbetreuenden Ehegatten dafür.[266] Insoweit sollte der Kostenvorschuss zwecks Geltendmachung von Unterhaltsansprüchen nach § 1615l BGB zu rechtfertigen sein.[267] 476

Eingetragenen Lebenspartnern steht jedenfalls aufgrund der Verweisung in § 12 Satz 2 LPartG ein Anspruch auf Verfahrenskostenvorschuss gem. § 1360a Abs. 4 BGB zu. 477

b) Die Anspruchsvoraussetzungen nach § 1360a Abs. 4 BGB

§ 1360a Abs. 4 BGB gewährt einem Ehegatten, der nicht in der Lage ist, die Kosten eines Rechtsstreits zu tragen, der eine persönliche Angelegenheit betrifft, einen Anspruch auf Vorschuss gegen den anderen Ehegatten, soweit dies der Billigkeit entspricht. 478

---

259 *Giers*, FG Prax 2009, 47, 49.
260 BGH, FamRZ 2017, 1052; OLG München, NZFam 2017, 471.
261 BGH, FamRZ 2010, 189 = FuR 2010, 159.
262 BGH, FamRZ 2005, 883 m.w.N.
263 OLG Hamm, FuR 2016, 721; BGH, FamRZ 2005, 883.
264 *Caspary*, NJW 2005, 2577, 2578.
265 Bejahend OLG München, FamRZ 2002, 1219 = OLGR 2002, 67; ähnlich offenbar auch *Caspary*, NJW 2005, 2577, 2578.
266 BGH, FamRZ 2005, 357.
267 A.A. Schulte-Bunert/Weinreich/*Schwonberg*, § 246 FamFG Rn. 23.

479 Der Vorschusscharakter hat zur Folge, dass VKV nur vor und während eines Verfahrens, jedoch nicht mehr nach dessen Abschluss zugestanden werden kann.[268]

aa) Bestehende Ehe

480 Der VKV-Anspruch nach § 1360a Abs. 4 BGB setzt eine bestehende Ehe voraus (jedenfalls soweit die Vorschrift nicht analog etwa auf Kinder angewandt wird). Nach Rechtskraft der Scheidung kann daher VKV nicht mehr gefordert werden.

481 Dies gilt auch für Kosten einer vormals im Verbund stehenden Folgesache, die nach der Scheidung abgetrennt fortgeführt wird.[269]

482 Wird nachehelicher Unterhalt im Scheidungsverbund geltend gemacht, so kann dafür ein Kostenvorschuss gewährt werden, da dies Teil des Trennungsunterhalts ist.

bb) Persönliche Angelegenheit

483 Der Begriff »Persönliche Angelegenheit« wird gesetzlich nicht definiert, so dass sich die Rechtsprechung mit Fallgruppen behilft.[270] Das Unterhaltsverfahren ist bspw. eine wichtige persönliche Angelegenheit i.S.d. § 1360a Abs. 4 BGB. Dies gilt nicht nur für den gerichtlichen Unterhaltsantrag, sondern für alle Unterhaltsverfahren, also z.B. für den Auskunftsanspruch,[271] den Antrag auf Zustimmung zum steuerlichen Realsplitting[272] oder die Unterhaltsfolgesache im Scheidungsverfahren.[273] Grds. sind alle Familiensachen i.S.v. § 111 FamFG als persönliche Angelegenheit einzuordnen.[274]

cc) Bedürftigkeit

484 Der Anspruch auf VKV setzt voraus, dass der Unterhaltsberechtigte bedürftig ist (§ 1360a Abs. 4 Satz 1 BGB: »nicht in der Lage, die Kosten des Rechtsstreits zu tragen«). Dabei kommt es nicht auf den Maßstab der §§ 114 ff. ZPO an; entscheidend ist vielmehr die Billigkeit, nach der sich auch der Umfang des Anspruchs richtet.[275] Ein Vorschuss wird daher nicht erst bei Beeinträchtigung des notwendigen Unterhalts des Unterhaltsberechtigten geschuldet, sondern gegebenenfalls schon bei Gefährdung des angemessenen Unterhalts, wobei bei nicht unerheblichem Eigeneinkommen ein Verfahrenskostenvorschuss in der Regel ausscheidet. Dies gilt auch dann, wenn die Einkünfte des anspruchstellenden Ehegatten aus dem vom anderen Ehegatten gezahlten Trennungsunterhalt herrühren.[276] Die Bedürftigkeit ist z.B. nicht gegeben, wenn der Anspruchsteller über Vermögen verfügt (etwa aus dem Verkauf einer Immobilie), das er zur Bezahlung der Verfahrenskosten einsetzen kann.[277]

dd) Leistungsfähigkeit

485 Die Verpflichtung zur Zahlung von VKV erfährt eine Einschränkung durch das Erfordernis der Billigkeit. Unbillig ist eine Inanspruchnahme des Verpflichteten insb. dann, wenn er nicht leistungsfähig ist.

---

268 OLG Stuttgart, FamRZ 2012, 318.
269 BGH, FamRZ 2017, 1052; OLG München, NZFam 2017, 471.
270 Vgl. auch BGH, FuR 2020, 115 = NZFam 2020, 85 = FamRZ 2020, 114.
271 OLG Zweibrücken, FamRZ 1998, 491; OLG Zweibrücken, FamRZ 1996, 1288.
272 OLG Hamm, FamRZ 1989, 277.
273 KG, FamRZ 1995, 680.
274 Vgl. auch PWW/*Kleffmann*, § 1360a Rn. 16.
275 Palandt/*Brudermüller*, § 1360a Rn. 11.
276 AG Detmold, FuR 2017, 566 mit Anm. von *Viefhues*.
277 Vgl. dazu Wendl/Dose/*Klinkhammer*, § 6 Rn. 29.

Für die **Leistungsfähigkeit** ist dem Unterhaltspflichtigen grds. der nach den Unterhaltsleitlinien maßgebliche Selbstbehalt zu belassen.[278] 486

Der Antragsgegner ist leistungsfähig, wenn er den Kostenvorschuss zumindest **ratenweise aufbringen kann**.[279] 487

Die Billigkeit hat zur Folge, dass im Fall der Zahlung von **Trennungsunterhalt** i.d.R. keine Leistungsfähigkeit für einen Verfahrenskostenvorschuss vorliegt, da die gemeinsamen Einkünfte der Ehegatten über den Unterhalt annähernd hälftig verteilt werden. Eine Ausnahme kann vorliegen, wenn nicht prägende Einkünfte vorhanden sind bzw. der Pflichtige im Gegensatz zum Bedürftigen über Vermögen verfügt.[280] 488

▶ Praxishinweis:

Bei **zweifelhafter Leistungsfähigkeit** empfiehlt es sich für den Unterhaltsberechtigten, einen Antrag auf einstweilige VKV-Anordnung nach §§ 49 ff.; 246 Abs. 1 FamFG zu stellen und hilfsweise VKH zu beantragen. Die umgekehrte Vorgehensweise ist dagegen unzweckmäßig, weil nicht gewährleistet ist, dass bei Scheitern des VKH-Antrags ein Anspruch auf VKV besteht. 489

ee) Billigkeit: Erfolgsaussicht und kein Mutwillen

Unbillig ist eine Pflicht zum Verfahrenskostenvorschuss, wenn der Verfahrensführung die **Erfolgsaussicht** fehlt[281] oder sie **mutwillig** ist.[282] Danach müssen die außergerichtlichen Möglichkeiten der Rechtsverfolgung erschöpft sein; weiterhin darf es keine kostengünstigere Möglichkeit der Rechtsverfolgung geben. 490

Die Erfolgsaussicht ist in der Rechtsprechung z.B. verneint worden, wenn bei einem Antrag auf Auskunft die Frist nach § 1605 Abs. 2 BGB noch nicht abgelaufen ist.[283] Letztlich wird die Erfolgsaussicht beim Anspruch auf VKV **wie die Erfolgsaussicht bei der VKH-Bewilligung** beurteilt.[284] 491

II. Die Entscheidung über den eA-Antrag

1. Regelungsumfang

§ 49 Abs. 1 FamFG macht deutlich, dass für eine einstweilige Anordnung nur **vorläufige Maßnahmen** in Betracht kommen.[285] Es gilt daher, wie im Recht der einstweiligen Verfügung, der **Grundsatz des Verbots der Vorwegnahme der Hauptsache**. Auch insoweit gilt für die einstweilige Anordnung in **VKV-Sachen** freilich eine wichtige Besonderheit. Auf der Rechtsfolgenseite besteht nämlich die in § 49 FamFG vorgesehene Begrenzung auf vorläufige Maßnahmen nicht, vgl. § 246 Abs. 1 FamFG. 492

Der Anspruch richtet sich daher auf Bevorschussung aller notwendigen und fälligen gerichtlichen und außergerichtlichen Kosten. Dazu zählen auch die Kosten des einstweiligen Anordnungsverfahrens. Die Notwendigkeit kann an der Rechtsprechung zu § 91 Abs. 1 Satz 1 ZPO orientiert werden. Dass die Beauftragung eines Rechtsanwalts nicht notwendig ist, wird selten vorkommen und ist bspw. in Unterhaltssachen schon wegen des weitreichenden Anwaltszwangs[286] kaum vorstellbar (anders aber in Kindschaftssachen); auch die Einschaltung eines Verkehrsanwalts kann notwendig sein. Kosten einer außergerichtlichen Rechtsberatung sind dagegen nicht zu bevorschussen.[287] 493

---

278 Schulte-Bunert/Weinreich/*Schwonberg*, § 246 FamFG Rn. 29.
279 BGH, FamRZ 2004, 1633.
280 OLG Karlsruhe, FamRZ 2016, 1279; OLG München, NJW-RR 2006, 292.
281 OLG Hamburg, FamRZ 2020, 181 (aussichtsloser Prozess).
282 BGH, FamRZ 2005, 1363.
283 OLG Hamm, FamRZ 1993, 595.
284 BGH, FamRZ 2001, 1363 = NJW 2001, 1646 m.w.N. zum bisherigen Meinungsstand.
285 *Löhnig/Heiß*, FamRZ 2009, 1101.
286 Kein Anwaltszwang besteht in Unterhaltssachen nur in Verfahren der einstweiligen Anordnung.
287 OLG München, FamRZ 1992, 312.

Die Kosten des VKV-Anordnungsverfahrens können ebenfalls nicht geltend gemacht werden. Der Antragsteller hat keinen Anspruch auf doppelte Tutulierung seines gegen den Antragsgegner gerichteten Anspruchs, die Kosten des Anordnungsverfahrens zu tragen.

▶ Praxishinweis:

494 Die **Höhe des Kostenvorschusses** umfasst alle gerichtlichen und außergerichtlichen Kosten des beabsichtigten Verfahrens, d.h. regelmäßig 2,5 RA-Gebühren samt Auslagenpauschale und USt sowie die Verfahrensgebühr nach § 9 FamGKG.[288]

2. Entscheidung durch Beschluss

495 Das Gericht entscheidet über den VKV-Anordnungsantrag durch **Beschluss**, §§ 51 Abs. 2 Satz 1, 38 Abs. 1 Satz 1 FamFG.

496 Die einstweilige VKV-Anordnung wird in einem **selbstständigen Verfahren** erwirkt, vgl. § 51 Abs. 3 Satz 1 FamFG. Der Anordnungsbeschluss enthält daher nach §§ 51 Abs. 4, 82, 243 FamFG auch eine **Kostenentscheidung**.[289] Der Verfahrenswert entspricht dem der Hauptsache, da diese mit der einstweiligen Anordnung regelmäßig vorweggenommen wird.[290]

497 Der VKV-Anordnungsbeschluss ist vollstreckbar nach §§ 704 ff. ZPO (vgl. § 120 Abs. 1 FamFG); er bedarf nach § 53 Abs. 1 FamFG grds. keiner Vollstreckungsklausel.

III. Rückzahlungsansprüche

498 Entgegen der missverständlichen Bezeichnung ist der **VKV** grds. nicht zurückzuzahlen oder abzurechnen, selbst wenn der (vermeintlich) Unterhaltsberechtigte das Verfahren gegen den Vorschusspflichtigen verliert. Aus einer einstweiligen Anordnung auf Verfahrenskostenvorschuss kann daher noch nach Beendigung des Verfahrens und ungeachtet der ergangenen Kostenentscheidung vollstreckt werden.

499 Der VKV kann allenfalls zurückgefordert werden, wenn sich die wirtschaftlichen Verhältnisse des Vorschussempfängers wesentlich gebessert haben oder der Anspruch von vornherein nicht bestanden hat.[291] Der Rückzahlungsanspruch ist nach wohl allgemeiner Meinung ein familienrechtlicher Anspruch eigener Art.[292]

▶ Praxishinweis:

500 Ein VKV ist in den meisten Fällen für den Verpflichteten wohl endgültig verloren. Insoweit ist zu überlegen, ob nicht eine »Anzahlung« auf einen zu erwartenden Zugewinn- oder Nebengüterausgleichsanspruch des Ehegatten im Einzelfall Sinn macht; dies hätte nämlich zur Folge, dass der Antragsteller nicht mehr bedürftig ist.[293]

501 Die Berücksichtigung bzw. Anrechnung eines gezahlten VKV im **Kostenfestsetzungsverfahren** ist möglich.[294]

---

288 Wendl/Dose/*Klinkhammer*, § 6 Rn. 38.
289 *Schürmann*, FamRB 2008, 375, 379.
290 So Schulte-Bunert/Weinreich/*Schwonberg*, § 246 Rn 40; OLG Karlsruhe, FamRZ 2017, 1766; KG, FuR 2017, 508; OLG Köln, FamRZ 2015, 526, OLG Frankfurt, FamRZ 2014, 689; a.A. halber Wert gem. § 41 FamGKG OLG Koblenz, FamRZ 2018, 50; OLG Zweibrücken, FamRZ 2017, 54; OLG Celle, FamRZ 2016, 655; OLG Frankfurt am Main, FamRZ 2014, 1801.
291 FA-FamR/*Kintzel*, Kap. 16 Rn. 227; Wendl/Dose/*Klinkhammer*, § 6 Rn. 41.
292 Wendl/Dose/*Klinkhammer*, § 6 Rn. 42; Schulte-Bunert/Weinreich/*Schwonberg*, § 246 FamFG Rn. 34.
293 FA-FamR/*Kintzel*, Kap. 16 Rn. 228.
294 So PWW/*Kleffmann*, § 1360a Rn. 25; a.A. Wendl/Dose/*Klinkhammer*, § 6 Rn. 41.

> **Praxishinweis:**
> Bei einem Vergleich empfiehlt es sich, die Anrechenbarkeit des Vorschusses auf die Kostenerstattungsforderung ausdrücklich zu vereinbaren.

502

L. Verfahrenkostenhilfe

VKH ist in Unterhaltssachen von großer Bedeutung. Gerade der bedürftige Unterhaltsgläubiger wird die Kosten, die zur Durchsetzung der Unterhaltsansprüche erforderlich sind, meistens nicht aufbringen können.

503

Es gehört zu den anwaltlichen Pflichten, in geeigneten Fällen den Mandanten auf die Möglichkeit der VKH hinzuweisen.[295]

504

VKH ist eine Sozialleistung des Staates; sie bezweckt die weitgehende Gleichstellung von Bemittelten und Unbemittelten beim Zugang zu den Gerichten. Niemand soll aus wirtschaftlichen Gründen daran gehindert sein, sein Recht vor Gericht zu erkämpfen.

505

Unterhaltssachen sind Familienstreitsachen nach § 112 Nr. 1 FamFG; in Familienstreitsachen gelten die §§ 76 bis 78 FamFG aufgrund von § 113 Abs. 1 FamFG nicht. Folglich richten sich die Bewilligungsvoraussetzungen der VKH in Unterhaltssachen nach §§ **114 bis 127** ZPO.

506

Das VKH-Verfahren ist ein **nicht-streitiges Antragsverfahren**, an welchem nur der Antragsteller und das FamG beteiligt sind. Es gilt in diesem Verfahren der Amtsermittlungsgrundsatz.

507

I. Die »bedingte« Antragstellung

Mit der Einreichung eines Antrags in der Unterhaltssache entstehen Anwaltsgebühren.[296]

508

Das gilt auch, wenn die Antragsschrift zugleich ein Verfahrenskostenhilfegesuch enthält, weil dadurch neben dem Verfahrenskostenhilfeverfahren auch das Unterhaltsverfahren als solches anhängig wird.

509

Dies gilt natürlich dann nicht, wenn zum Ausdruck gebracht wird, dass der Antrag nur für den Fall der Verfahrenskostenhilfebewilligung als erhoben gelten soll, z.B. durch folgende Formulierungen:
– es sei **»beabsichtigt«** (nach Verfahrenskostenhilfebewilligung) den Antrag zu erheben;[297]
– es werde gebeten, **»vorab«** über das Verfahrenskostenhilfegesuch zu entscheiden oder
– der Antrag werde **»unter Vorbehalt«** (der Bewilligung von VKH) erhoben.
– Es wird nur der VKH-Antrag gestellt und nur ein **»Entwurf«** der Antragsschrift beigefügt.

510

In diesen Fällen wird der Antrag nicht förmlich der Gegenseite zugestellt, was bei vorzeitiger Erledigung die Kostenbelastung des Gegners ausschließt. Die förmliche Zustellung erfolgt erst nach VKH-Bewilligung.

511

Nicht ausreichend ist hingegen folgende Formulierung:
– den Schriftsatz als »Antrag und Verfahrenskostenhilfegesuch« zu überschreiben und
– dem Antrag hinzuzusetzen: »Wir fügen ferner anbei, die Erklärung über Verfahrenskostenhilfe und beantragen Verfahrenskostenhilfe«.

512

Im letztgenannten Fall entstehen anwaltliche Gebühren.

513

Der Antragsteller kann aber auch sogleich den Unterhaltsantrag anhängig machen, so dass das Unterhaltsverfahren und das VKH-Verfahren parallel laufen.[298]

514

---

295 BVerfG, NJW 2000, 2494.
296 OLG Koblenz, FamRZ 1998, 312.
297 OLG Koblenz, NJW 2008, 2929.
298 Vgl. FA-FamR/*Kintzel*, § 16 Rn. 18.

Wenn es auf den Eintritt der Rechtshängigkeit ankommt (z.B. bei einem Abänderungsantrag auf Herabsetzung titulierten Unterhalts nach § 238 Abs. 3 FamFG), kann bei anhängigem Antrag neben dem VKH-Antrag ein Antrag auf sofortige Zustellung des Unterhaltsantrags nach § 15 Nr. 3 FamFGKG gestellt werden. Dies birgt allerdings die Gefahr der späteren Kostentragung, insb., wenn VKH später versagt wird.

II. Die Bewilligungsvoraussetzungen

515 VKH wird nach Antragstellung bewilligt, wenn der Antragsteller die Kosten der Verfahrensführung nach seinen persönlichen und wirtschaftlichen Verhältnissen jedenfalls nicht vollständig aufbringen kann, die Rechtsverfolgung oder -verteidigung Aussicht auf Erfolg verspricht und nicht mutwillig erscheint, vgl. § 114 Abs. 1 Satz 1 ZPO.

516 Mutwillig ist die Rechtsverfolgung oder Rechtsverteidigung nach § 114 Abs. 2 ZPO, wenn eine Partei, die keine Prozesskostenhilfe beansprucht, bei verständiger Würdigung aller Umstände von der Rechtsverfolgung oder Rechtsverteidigung absehen würde, obwohl eine hinreichende Aussicht auf Erfolg besteht.

1. Antrag, §§ 113 Abs. 1 Satz 2 FamFG, 114, 117 ZPO

517 Die Bewilligung von VKH setzt zunächst einen entsprechenden Antrag voraus.

518 Zuständig für die VKH-Bewilligung ist das Prozessgericht, d.h. das Gericht der Hauptsache, vgl. §§ 113 Abs. 1 Satz 2 FamFG, 117 Abs. 1 ZPO.

519 Der Antrag ist zwar nicht fristgebunden, muss aber **spätestens bis zum Abschluss der Instanz** bei Gericht gestellt werden, da die VKH nach § 114 Abs. 1 Satz 1 ZPO für eine »beabsichtigte« Rechtsverfolgung gewährt wird.[299]

520 Wird der Antrag rechtzeitig gestellt, müssen aber noch die zur Klärung der persönlichen und wirtschaftlichen Verhältnisse erforderlichen Unterlagen nachgereicht werden, kann eine »nachträgliche« Bewilligung erfolgen, wenn das Gericht sich trotz Verfahrensabschluss damit einverstanden erklärt hat.[300]

521 Ein (verspäteter) Antrag nach Abschluss der Instanz wird nicht bearbeitet.

522 VKH wird gewährt für eine »Prozessführung«, vgl. § 114 Abs. 1 Satz 1 ZPO. Erforderlich ist also ein gerichtliches Verfahren.

523 Damit kommt in Unterhaltssachen VKH insb. in Betracht für
– die Durchführung des vereinfachten Verfahrens nach §§ 249 ff. FamFG,[301]
– den Antrag auf Erlass einer einstweiligen Unterhaltsanordnung, vgl. §§ 49 ff.; 246 bis 248 FamFG,
– einen Antrag auf Arrest,
– einen isolierten Auskunftsantrag zwecks Klärung von Unterhaltsansprüchen,
– Stufenanträge,
– Unterhaltshauptsacheverfahren.

524 VKH für **Unterhaltsstufenanträge** ist nicht Stufe für Stufe, sondern von Anfang an für alle Stufen zu bewilligen.[302] Uneinigkeit besteht jedoch darüber, wie verfahrenskostenhilfemäßig zu verfahren ist, wenn (später) die Leistungsstufe beziffert wird. Die Frage, die sich stellt, ist nämlich, ob jeder auch noch so hohe Zahlungsantrag durch die ursprüngliche Verfahrenskostenhilfebewilligung

---

299 FA-FamR/*Kintzel*, § 16 Rn. 28.
300 OLG Karlsruhe, FamRZ 1999, 305.
301 Str., vgl. FA-FamR/*Kintzel*, § 16 Rn. 58.
302 OLG Saarbrücken, NZFam 2019, 1114; OLG Stuttgart, FamRZ 2011, 387.

gedeckt ist. Nach wohl richtiger Auffassung ist die ursprüngliche Verfahrenskostenhilfebewilligung für den Stufenantrag bezüglich der unbezifferten Zahlungsstufe nur vorläufiger Art, so dass das FamG die Möglichkeit hat, die Erfolgsaussicht der Leistungsstufe nach deren Bezifferung erneut zu prüfen und die VKH einschränken kann, soweit der Zahlungsantrag nicht hinreichend Erfolg versprechend ist.[303]

Das VKH-Verfahren ist dem Verfahren vorgeschaltet. Für das VKH-Verfahren selbst kann keine VKH bewilligt werden.[304] Daher besteht für den **Antragsgegner** regelmäßig die Schwierigkeit, dass er erst nach Rechtshängigkeit Anspruch auf VKH hat. Wird dem Antragsteller die beantragte VKH versagt, besteht kein Anspruch auf Kostenerstattung.

Anträge auf Bewilligung von VKH für eine beabsichtigte **Beschwerde** sind nach § 64 Abs. 1 Satz 2 FamFG bei dem Gericht einzulegen, dessen Entscheidung angefochten werden soll, also beim Amtsgericht – Familiengericht. Der **Antrag auf Wiedereinsetzung** in diesen Fällen wegen Versäumung der Beschwerdefrist ist nach Bescheidung des VKH-Antrags innerhalb der zweiwöchigen Wiedereinsetzungsfrist (§ 234 ZPO) beim Beschwerdegericht einzureichen. Innerhalb der Wiedereinsetzungsfrist ist auch die versäumte Rechtshandlung – Beschwerde – nachzuholen. Diese ist dann wieder beim Ausgangsgericht (Familiengericht) einzulegen und später ggü. dem Beschwerdegericht zu begründen (vgl. § 117 Abs. 1 Satz 2 FamFG für Familienstreitsachen und Ehesachen).[305]

2. Erfolgsaussicht

Die beabsichtigte Rechtsverfolgung oder Rechtsverteidigung muss hinreichend Aussicht auf Erfolg bieten. Dies ist dann zu bejahen, wenn das Gericht das Vorbringen des Antragstellers in tatsächlicher und rechtlicher Hinsicht für zumindest vertretbar hält und die Möglichkeit einer Beweisführung gegeben ist. Es genügt grds. – da lediglich Erfolgsaussicht, nicht Erfolgsgewissheit erforderlich ist – die Zulässigkeit des beabsichtigten Verfahrens und die schlüssige Darlegung des Anspruchs mit Beweisantritt.[306]

Soweit das erkennende Gericht nicht mit einer höchstrichterlichen Rechtsprechung übereinstimmt, ist VKH zu bewilligen.

Schwierige und nicht geklärte Rechtsfragen dürfen nicht im VKH-Verfahren geklärt werden.[307]

Klärt sich im Laufe des Verfahrens eine zunächst zweifelhafte Rechtsfrage durch eine zwischenzeitliche höchstrichterliche Entscheidung zum Nachteil des Antragstellers, kann keine VKH mehr bewilligt werden.

Die Erfolgsprognose bezieht sich nicht nur auf die Schlüssigkeit des Vorbringens, sondern auch auf seine Beweisbarkeit; in Grenzen ist daher eine vorweggenommene Beweiswürdigung zulässig. VKH kann daher verweigert werden, wenn die Beweisaufnahme mit hoher Wahrscheinlichkeit negativ ausgehen wird.[308]

3. Mutwilligkeit

VKH ist zu versagen, wenn die Rechtsverfolgung oder -verteidigung mutwillig ist (§ 114 Abs. 2 ZPO). Mutwilligkeit ist anzunehmen, wenn eine verständige Partei ohne VKH ihr Recht in der beabsichtigten Form nicht verfolgen oder verteidigen würde.[309] Das Merkmal der Mutwilligkeit ist

---

303 Vgl. dazu FA-FamR/*Kintzel*, § 16 Rn. 169; OLG Hamm, FamRZ 1994, 312.
304 Horndasch/Viefhues/*Götsche*, § 76 Rn. 22.
305 Vgl. *Roßmann*, Taktik im familiengerichtlichen Verfahren, Rn. 640 ff.
306 BVerfG, FamRZ 2020, 113; BVerfG, FamRZ 2016, 1341.
307 BGH, FamRZ 2013, 369 = FuR 2013, 211; BVerfG, NJW 2008, 1060.
308 FA-FamR/*Kintzel*, § 16 Rn. 31.
309 Horndasch/Viefhues/*Götsche*, § 76 Rn. 76.

von der Erfolgsaussicht zu trennen. Die Mutwilligkeit kommt nur dann zum Tragen, wenn Erfolgsaussicht besteht.

532 Ein Hauptfall der Mutwilligkeit liegt darin, dass der VKH-Antragsteller sein Begehren auf andere, kostengünstigere Weise hätte verwirklichen können. Er muss dem kostenaufwändigeren im Wesentlichen aber gleichwertig sein. Mit schlechterem Rechtsschutz braucht sich der Hilfebedürftige nicht zufrieden zu geben.[310]

Die isolierte Geltendmachung eines Anspruchs auf Trennungsunterhalt weniger als ein Monat nach Einleitung eines Verfahrens auf Kindesunterhalt ist grundsätzlich mutwillig, wenn der Leistungsanspruch im Wege der Antragserweiterung im Kindesunterhaltsverfahren hätte verfolgt werden können.[311]

Die Verteidigung gegen einen mutwilligen Antrag ist hingegen nicht mutwillig.[312]

Der Antragsteller hat die Wahl zwischen einem Unterhaltshauptsacheverfahren und dem vereinfachten Unterhaltsverfahren nach §§ 249 ff. FamFG. Es ist daher nicht mutwillig, sofort ein Hauptsacheverfahren einzuleiten.[313]

Die unterbliebene Erklärung des anwaltlich vertretenen Antragsgegners zur Sache im Verfahrenskostenhilfeverfahren des Antragstellers begründet keine Mutwilligkeit des Vorgehens.[314] Der Antragsgegner hat nach § 118 Abs. 1 Satz 1 ZPO ein Recht zur Äußerung; daraus ist aber keine Obliegenheit abzuleiten. Das Nichtgebrauchmachen von einem Recht darf sich nicht nachteilig auf den eigenen VKH-Antrag für die Rechtsverteidigung auswirken. Der Antragsgegner kann daher Verfahrenskostenhilfe beantragen, unabhängig davon, ob er sich im VKH-Prüfungsverfahren des Antragstellers geäußert hat.[315]

Der Antragsteller hat ein Wahlrecht, ob er eine Folgesache im Verbund geltend macht oder später in einem isolierten Verfahren.[316] Mitunter wird bei der isolierten Geltendmachung einer Folgesache VKH mit der Begründung versagt, wegen der höheren Kostenlast (Zusammenrechnen der Werte aus Scheidungssache und Folgesachen nur im Verbund) sei die Rechtsverfolgung insoweit mutwillig. Dem steht jedoch entgegen, dass es durchaus Gründe für eine isolierte Geltendmachung einer Folgesache geben kann, beispielsweise im Zugewinnausgleichsverfahren bei hohen Ausgleichsbeträgen nach § 1378 Abs. 1 BGB, weil der Anspruch auf Verfahrens- sowie Verzugszinsen erst mit Beendigung des gesetzlichen Güterstands entsteht und deshalb bei einer Geltendmachung im Verbund eine erhebliche Verzögerung der Rechtskraft des Scheidungsausspruchs entstehen kann, die zu einem Zinsverlust führt.

533 Benötigt der Antragsteller für den Unterhaltshauptsacheantrag VKH, so könnte ihm diese verweigert werden mit der Begründung, dass eine einstweilige Unterhaltsanordnung nach dem FamFG auch ohne Hauptsache zulässig und es im Rahmen einer solchen einstweiligen Anordnung bereits möglich ist, das erstrebte Rechtsschutzziel zu erreichen.

534 Nach § 246 FamFG ist das FamG in Unterhaltssachen nicht auf eine vorläufige Regelung beschränkt, sondern kann den Unterhalt in voller Höhe titulieren.[317]

---

310 OLG Frankfurt, FamRZ 2017, 1585.
311 OLG Hamm, FamRZ 2017, 1143.
312 OLG Köln, NJW-RR 2001, 869.
313 OLG Bremen, NZFam 2018, 858.
314 OLG Oldenburg, FamRZ 2013, 59.
315 OLG Koblenz, NZFam 2020, 43 = FamRZ 2019, 1870; vgl. auch OLG Hamm, FamRZ 2014, 1475.
316 BGH, FamRZ 2005, 786; vgl. auch OLG München, 09.02.2017 – 12 WF 66/17 = FuR 2017, 402 = NZFam 2017, 424.
317 Vgl. Horndasch/Viefhues/*Roßmann*, § 246 Rn. 17 f.

L. Verfahrenkostenhilfe

Dennoch nimmt selbst der Erlass einer einstweiligen Unterhaltsanordnung dem Unterhaltsgläubiger nicht das Rechtsschutzbedürfnis für ein Hauptsacheverfahren. Dieses wird regelmäßig schon bei Unterhaltsrückständen deshalb erforderlich sein, weil im Verfahren der einstweiligen Unterhaltsanordnung kein rückständiger Unterhalt tituliert wird.[318] Aber auch unabhängig davon ist die einstweilige Unterhaltsanordnung nur das Ergebnis einer summarischen Prüfung, so dass die Beteiligten ein Rechtschutzbedürfnis für eine der Rechtskraft zugängliche endgültige Hauptsacheentscheidung haben. Der Vorteil der rechtskräftigen Unterhaltshauptsacheentscheidung ist insb., dass diese nur unter den strengen Voraussetzungen des § 238 FamFG abgeändert werden kann. 535

Der Unterhaltsberechtigte handelt daher nicht mutwillig, wenn er sowohl mit einer einstweiligen Unterhaltsanordnung als auch mit einem Hauptsacheverfahren Unterhalt beantragt.[319] Umgekehrt liegt der Fall freilich anders, d.h. ist bereits im Rahmen eines Hauptsacheverfahrens Unterhalt tituliert worden, besteht kein Regelungsbedürfnis für eine einstweilige Unterhaltsanordnung. 536

Mutwilligkeit kann auch vorliegen, wenn eine hinreichende Aussicht auf Erfolg besteht, aber die Vollstreckung dauernd aussichtslos ist wegen Vermögenslosigkeit des Schuldners. Problematisch ist insoweit, dass im Unterhaltsrecht vielfach mit fiktiven Einkünften aufgrund der Verletzung von Erwerbsobliegenheiten argumentiert wird und so nicht selten mit nicht unbeträchtlichem Aufwand Titel geschaffen werden, deren tatsächliche Durchsetzbarkeit zumindest oft zweifelhaft ist. Der Druck eines solchen Titels führt aber oft dazu, dass der Unterhaltspflichtige doch noch seinen Obliegenheiten nachkommt, eine Erwerbstätigkeit findet, dadurch Einkommen erzielt und dann seinen Unterhaltsverpflichtungen – einschließlich der Rückstände – nachkommt. Daher sollte VKH für derartige Verfahren gewährt werden.[320] 537

4. Bedürftigkeit

Die Verfahrenkostenhilfebedürftigkeit hängt nach § 115 ZPO vom **Einkommen und Vermögen des Antragstellers** ab.[321] Bei der Verfahrensstandschaft nach § 1629 Abs. 3 BGB ist nicht auf das Kind, sondern auf den klagenden Elternteil abzustellen.[322] Der Ansatz eines Familieneinkommens ist unzulässig.[323] 538

Zum **Einkommen** gehören nach der Legaldefinition des § 115 Abs. 1 Satz 2 ZPO alle Einkünfte in Geld oder Geldeswert.[324] 539

Das Vermögen des Antragstellers ist einzusetzen, soweit dies zumutbar ist, vgl. § 115 Abs. 3 ZPO. Die Frage der Zumutbarkeit wird konkretisiert durch den Verweis auf § 90 SGB XII, d.h. diese Vorschrift legt fest, welche Vermögensteile nicht verwertet werden müssen. 540

Vermögen sind gespartes Geld, verwertbare geldwerte Sachen, Rechte sowie Forderungen. Nicht dazu gehört das Einkommen nach § 115 Abs. 1 ZPO. 541

Verwertbar ist das Vermögen dann, wenn es tatsächlich veräußert werden kann. Dies muss zu angemessenen Bedingungen möglich sein.[325] 542

VKH kann allerdings auch in der Weise bewilligt werden, dass die Verfahrenskosten so lange gestundet werden, bis die Vermögenswerte verwertet werden können. 543

---

318 Vgl. *Klein*, FuR 2009, 241, 244.
319 So auch OLG Jena, FamRZ 2011, 491.
320 So auch *Viefhues*, FuR 2013, 489.
321 Ausführlich dazu Horndasch/Viefhues/*Götsche*, Anhang zu § 76 Rn. 1–143.
322 BGH, FamRZ 2005, 1165.
323 OLG Koblenz, FamRZ 2001, 925.
324 Ausführlich zum einzusetzenden Einkommen Schulte-Bunert/Weinreich/*Keske*, § 76 Rn. 11 ff.; *Roßmann*, Taktik im familiengerichtlichen Verfahren, Rn. 494 ff.
325 Ausführlich zum einzusetzenden Vermögen Schulte-Bunert/Weinreich/*Keske*, § 76 Rn. 23 ff.; *Roßmann*, Taktik im familiengerichtlichen Verfahren, Rn. 531 ff.

544 Auch ein Anspruch auf einen Verfahrenskostenvorschuss (VKV, s.o. Rdn. 452) z.B. gegen die Ehefrau zählt zum Vermögen.

545 Die Versagung von VKH wegen eines Vorschussanspruchs ist jedoch nur möglich, wenn der Anspruch realisierbar ist, d.h. unzweifelhaft besteht und kurzfristig durchsetzbar ist.[326]

546 Daran fehlt es, wenn das Einkommen und Vermögen des Verpflichteten unbekannt ist oder sich schwierige Rechtsfragen stellen.[327]

III. Die VKH-Entscheidung

547 Die bewilligende Entscheidung[328] besteht aus drei Elementen:
– VKH-Bewilligung (§ 119 ZPO)
– Ggf. Ratenfestsetzung (§§ 115 Abs. 2, 120 ZPO) oder Anordnung der Ratenzahlung aus Vermögen (§ 115 Abs. 3, 4 ZPO)
– Rechtsanwaltsbeiordnung (§ 121 ZPO)

548 Die **Bewilligung** erfolgt für jeden Rechtszug (jede Instanz) besonders (§ 119 Abs. 1 ZPO). Wird kein Wirkungszeitpunkt bestimmt, so wirkt die Bewilligung ab Antragstellung. Zur Instanz gehört auch ein Vergleich.

Nach § 120a Abs. 1 Satz 1 ZPO soll das Gericht die Entscheidung über die zu leistenden Zahlungen ändern, wenn sich die für die Prozesskostenhilfe maßgebenden persönlichen oder wirtschaftlichen Verhältnisse wesentlich verändert haben. Dies ist insbesondere der Fall, wenn ein Einkommenszuwachs von über 100 € brutto festzustellen ist (vgl. § 120a Abs. 2 Satz 2 ZPO) oder die Partei durch die Rechtsverfolgung etwas erlangt (z.B. einen Zugewinnausgleich), vgl. § 120a Abs. 3 ZPO.[329]

Eine Aufhebung der Bewilligung soll vom Gericht nach § 124 ZPO vorgenommen werden, wenn der Antragsteller das Streitverhältnis unrichtig dargestellt hat oder absichtlich oder aus grober Nachlässigkeit unrichtige Angaben über die persönlichen oder wirtschaftlichen Verhältnisse gemacht oder eine Erklärung nach § 120a Abs. 1 Satz 3 ZPO nicht oder ungenügend abgegeben hat.[330]

---

326 BGH, NJW-RR 2008, 1531.
327 OLG Karlsruhe, FuR 2017, 101.
328 Zur verzögerlichen Behandlung/Entscheidung s. OLG Karlsruhe, FamRZ 1999, 444.
329 Vgl. dazu FA-FamR/*Kintzel*, § 16 Rn. 184 ff.
330 Vgl. dazu FA-FamR/*Kintzel*, § 16 Rn. 192 ff.

Stichwortverzeichnis

Die **halbfett** gedruckten Ziffern verweisen auf die Kapitel im Handbuch; die normal gedruckten auf die entsprechenden Randnummern.

Abänderung
- eines gerichtlichen Vergleichs **11** 292
- eines Prozessvergleichs **9** 74
- Jugendamtsurkunde **11** 305
- Verfahren nach Antragsabweisung **11** 262
- verschärfte Bereicherungshaftung **11** 259
- von gerichtlichen Endentscheidungen nach § 238 FamFG **11** 206
- von Jugendamtsurkunden oder notariellen Vergleichen **11** 303
- von Vergleichen und Urkunden **11** 278

Abänderungsantrag 11 212
- Formulierungsbeispiele **11** 213
- Formulierungsbeispiele für – nach § 239 FamFG **11** 289
- nach § 239 FamFG **11** 287

Abänderungsentscheidung 11 250
- Anpassung des Beschlusses **11** 251

Abänderungsverfahren 11 203
- Abgrenzungsfragen **11** 262
- Änderung der rechtlichen Verhältnisse **11** 220
- Änderung der tatsächlichen Verhältnisse **11** 226
- Anerkenntnisbeschluss **11** 233
- Antrag auf Erhöhung des Unterhalts **11** 246
- Antrag auf Herabsetzung des Unterhalts **11** 247
- bei Erreichen der Volljährigkeit **1** 60
- Beweislast für die wesentliche Veränderung **11** 234
- Einstellung der Zwangsvollstreckung **11** 253
- erfolgreiche **11** 269
- gegen einstweilige Unterhaltsanordnung **11** 381
- gegenläufige **11** 211
- Jahresfrist **11** 249
- konkrete Bedarfsberechnung **4** 443
- Rechtsnatur **11** 207
- Rückwirkungssperre **11** 243
- Streitgegenstand **11** 209
- Tatsachenpräklusion **11** 237
- Übergangsproblematiken in **9** 71
- Verhältnis zum Vollstreckungsabwehrverfahren **11** 271
- Verhältnis zur Beschwerde **11** 277
- Versäumnisbeschluss **11** 229
- wesentliche Änderung der Verhältnisse **11** 218

Abänderungsvoraussetzungen 11 217

Abfindung
- Begriff **2** 28
- Kasuistik zur Streckung der **2** 29
- ohne Lohnersatzfunktion **2** 30
- Verbot der Doppelverwertung **2** 30
- Zahlung einer – zu Beginn des Vorruhestands **2** 26

Abfindung nach Auflösung einer stillen Gesellschaft
- Erträge aus **2** 151

Abfindungen
- Lohnersatzfunktion **2** 26

Abgeordnetenbezüge 2 25

Abitur-Lehre-Studium
- Kindesunterhalt **3** 92

Abschreibung
- außerplanmäßige AfA **2** 73
- Begriff **2** 57
- berufsbedingte Aufwendung **2** 305
- degressive **2** 63
- für Gebäude **2** 60
- für Gebäudenutzung **2** 172
- für Substanzverbrauch **2** 75
- Leistungs-AfA **2** 71
- Leitlinien der OLG **2** 76
- lineare **2** 59
- Sonder- **2** 66

Abtrennung
- der Unterhaltsfolgesache **11** 191
- Folgen der **11** 200

Abzugsposten
- berufsbedingte Aufwendungen **2** 266
- Betreuungsbonus **2** 266
- Kinderbetreuungskosten **2** 266
- Mehrbedarf wegen Krankheit, Behinderung oder Alter **2** 266
- Steuern **2** 267
- Unterhalt für vorrangig Berechtigte **2** 266
- Verbindlichkeiten **2** 266
- Vorsorgeaufwendungen **2** 266, 276

Additionsmethode 4 291

AfA-Tabellen
- Vermutung der Richtigkeit **2** 59

Aktien
- Überlassung von – als Sachbezug **2** 34

Aktienoptionen
- Erlöse aus – als Sachbezug **2** 34

ALG II
- Begriff **2** 98

Alter
- Ausschluss einer Erwerbsobliegenheit wegen **4** 65
- Mehraufwendungen wegen **2** 366
- Vorsorgeaufwendungen für **2** 84

Altersphasenmodell 4 101, 168, 187

Altersstufen
- in der Düsseldorfer Tabelle **1** 5

Altersunterhalt 4 194
- altersbedingte Unzumutbarkeit der Erwerbstätigkeit **4** 203

513

Stichwortverzeichnis

- Anspruchsvoraussetzungen 4 196
- Begrenzung 4 213
- Darlegungs- und Beweislast 4 216
- Disponibilität 4 219
- Eigenverantwortung der Ehegatten 4 202
- Einsatzzeitpunkte 4 197
- Freiberufler 4 203
- Kasuistik zur Begrenzung des Altersunterhalts 4 214
- Kasuistik: Befristung und Herabsetzung 9 58
- Kausalität 4 206
- kein Ausschluss durch Versorgungsausgleich 4 195
- Konkurrenzen 4 210
- Regelaltersgrenze 4 203
- Unzumutbarkeit der Erwerbstätigkeit 4 207

Altersversorgung
- Abgrenzung zu Aufwendungen für Vermögensbildung 4 412
- Aufwendungen für s. *Aufwendungen für die Altersversorgung*
- zusätzliche s. *zusätzliche Altersversorgung*

Altersvorsorge
- Aufwendungen für 4 30
- berufsständische 2 296
- Wahlfreiheit hinsichtlich Art der 2 88
- zusätzliche 2 290

Altersvorsorgeaufwendungen 2 288
- Bereinigung des Einkommens um 5 50, 52
- Erreichen des Rentenalters 2 293
- fiktive Abzüge 2 294
- kein fiktiver Abzug von 2 87
- Richtschnur für Abzugsfähigkeit 2 86
- Risikolebensversicherung 2 295
- sekundäre 2 291

Altersvorsorgeunterhalt 4 80
- für die Vergangenheit 4 134
- Verhältnis zu Krankenvorsorgeunterhalt 4 90
- Zweckgebundenheit des 4 91

Änderung der einstweiligen Anordnung 11 372
Anerkenntnisbeschluss 11 233
Angehörige
- nahe 9 90

Angemessene Erwerbstätigkeit
- Kasuistik 4 325

Angemessener Lebensbedarf
- Begriff 9 51

Angemessener Selbstbehalt
- Kindesunterhalt 3 30

Angemessener Unterhalt
- unbestimmter Rechtsbegriff 1 3

Anhängigkeit
- Begriff 11 2
- einer Ehesache 11 23

Anlageform
- Wahl der 2 248

Anmerkungen
- zur Düsseldorfer Tabelle 1 1

Anmerkungen zur Düsseldorfer Tabelle
- Begriff 1 70
- Eigenbedarfssätze 1 77
- Existenzminimum des unterhaltsberechtigten Ehegatten 1 81
- Selbstbehalte 1 73

Anrechnungsmethode 4 289
Anschlussbeschwerde 11 400
- Akzessorietät 11 401
- Formulierungsvorschlag für Antrag 11 407

Anschlussunterhalt
- Aufstockungsunterhalt 4 296
- Erwerbslosenunterhalt 4 268
- Kindesunterhalt 4 181
- nachehelicher Unterhalt 4 105

Ansparabschreibung 2 67
Anspruch auf Fortbildung und Umschulung
- Anspruchsvoraussetzungen 4 350
- Darlegungs- und Beweislast 4 355
- Konkurrenzen 4 353
- während der Trennung 4 354

Anspruchsübergang auf Sozialhilfeträger 5 82 ff.
Antragsschrift
- Inhalt der 11 8

Antragstellung
- bedingte 11 508

Antragstellung im Verbund 11 176
Anwaltszwang 11 9
- kein – bei einstweiliger Unterhaltsanordnung 11 348

Arbeit
- unzumutbare 4 455

Arbeitskräfte
- fiktives Einkommen bei ungelernten 2 242

Arbeitslosengeld
- Begriff 2 96
- Insolvenzgeld 2 97
- kein Erwerbstätigenbonus 2 96
- keine berufsbedingten Aufwendungen 2 299
- Kurzarbeitergeld 2 97
- Teilarbeitslosengeld 2 97
- Übergangsgeld 2 97

Arbeitslosigkeit
- Einkommensfiktion bei 2 245
- freiwillige Aufgabe einer versicherungspflichtigen Erwerbstätigkeit 3 46
- Kasuistik zur Einkommensfiktion bei 2 246
- kein Erwerbstätigenbonus 2 27, 279
- leichtfertiges Vorgehen 2 246
- Vorsorgeaufwendungen für 2 286

Arbeitsmittel
- berufsbedingte Aufwendung 2 305

Arbeitsplatz
- Verletzung der Obliegenheit, einen neuen – zu finden 2 246

Arbeitsplatzaufgabe
- um sich Unterhaltsverpflichtungen zu entziehen 2 246

Stichwortverzeichnis

Arbeitsplatzsuche
- Obliegenheit der 4 177
- Vermittelbarkeit 2 246
- Zeitaufwand für 2 246

Arbeitsplatzverlust
- Kindesunterhalt 3 47
- leichtfertiger 2 246
- verschuldeter 3 47

Arbeitsverhältnis
- Kündigung des –wegen Konflikten am Arbeitsplatz 2 246

Arbeitszeitgesetz 2 25

Arbeitszimmer
- berufsbedingte Aufwendung 2 304

Art der Unterhaltsgewährung
- Kindesunterhalt 3 143

Ärztekammer
- Beiträge zu – als berufsbedingte Aufwendungen 2 305

Aufenthalt
- gewöhnlicher 11 32

Aufhebung der einstweiligen Unterhaltsanordnung 11 372

Aufrechnung
- mit familienrechtlichem Ausgleichsanspruch 7 7, 53
- nachehelicher Unterhalt 4 125

Aufrechnungsverbot 4 125

Aufstockungsunterhalt 4 274
- Additionsmethode 4 291
- Anrechnungsmethode 4 289
- Anschlussunterhalt 4 296
- Anspruchsvoraussetzungen 4 276
- Ausschluss von Bagatellunterhalt 4 281
- Ausübung einer angemessenen Erwerbstätigkeit 4 279, 285
- Befristung 9 76
- Beweislast 4 304
- Differenzmethode 4 286
- Halbteilungsgrundsatz 4 287
- Herabsetzung 4 306
- Kasuistik: Befristung und Herabsetzung 9 60
- Konkurrenzen 4 278, 308
- Methodenwahl 4 286
- nachhaltige Unterhaltssicherung 4 297
- Normzweck 4 250
- Subsidiarität 4 278
- Verwirkung 4 306
- Wahrung der Einsatzzeitpunkte 4 283
- zeitliche Begrenzung 4 306

Aufwandsentschädigung 2 25

Aufwendungen für die Altersversorgung 4 415
- Bausparverträge 4 416
- Direktversicherung 4 416
- Einkommen über der Beitragsbemessungsgrenze 4 417
- Fondsanteile 4 416
- Lebensversicherungen 4 416
- Tilgungsleistungen für Immobilien 4 416
- Wertpapiere 4 416

Aufwendungen zur Vermögensbildung s. *Vermögensbildung*
- Berücksichtigung im Verwandtenunterhalt 2 364
- gemeinsame Vermögensbildung 2 363

Ausbildung
- als Kriterium für die Angemessenheit einer Erwerbstätigkeit 4 315
- Anspruch auf niveausteigernde 4 341
- Erforderlichkeit der 4 332
- zusammengesetzte 3 92

Ausbildungsbedingte Aufwendungen 3 20

Ausbildungsbeginn
- nachehelicher 4 354

Ausbildungsförderung
- Ausbildungsgeld für Behinderte 2 102
- BAföG-Leistungen 2 100
- Begriff/Einkommen 2 100
- Berufsausbildungsbeihilfen 2 101
- Stipendien 2 101

Ausbildungsgeld für Behinderte
- Einkommen 2 102

Ausbildungskosten
- Familienunterhalt 4 30

Ausbildungsmöglichkeiten
- Wahlrecht 4 333

Ausbildungsnachteile
- Ausgleich ehebedingter 4 342

Ausbildungsobliegenheit 4 329
- Auskunfts- und Informationsanspruch 4 335
- Voraussetzung der 4 331

Ausbildungsunterhalt 4 339
- Abitur-Lehre-Studium 3 92
- Anspruch auf eine niveausteigernden Ausbildung 4 341
- Ausbildungswechsel 4 348
- Ausgleich ehebedingter Ausbildungsnachteile 4 342
- Begriff 3 87
- Berufsausbildung 3 89
- ehebedingte Bedürfnislage 4 341
- Einsatzzeitpunkt 4 343
- Erwartung des Abschlusses innerhalb normaler Ausbildungszeit 4 346
- Fehleinschätzung der Begabung 3 98
- Höhe des 4 348
- Notwendigkeit der Ausbildung zur Erlangung angemessener Erwerbstätigkeit 4 344
- realistische Beschäftigungschance 4 344
- Trennungsunterhalt 4 77
- Voraussetzungen 4 340
- zusammengesetzte Ausbildung 3 92
- Zweitausbildung 3 91

Ausbildungsvergütung 2 25

Ausbildungsversicherung
- Umrechnung für die Dauer der Ausbildung 2 31

Ausbildungswechsel 4 348

Stichwortverzeichnis

Ausbildungszeit
- Abschluss innerhalb normaler 4 346

Ausfallhaftung
- echte 7 6, 28

Ausgleichsanspruch
- familienrechtlicher 7 4; 10 7
- gezahlte Miete 7 3, 118 ff.
- Kein familienrechtlicher 7 46

Ausgleichsansprüche
- und Kindesunterhalt 7 43

Ausgleichsforderung
- Bankonten und 7 131
- dauerhaft uneinbringliche 7 97

Aushilfstätigkeit
- Obliegenheit zur Aufnahme einer 2 246

Auskunft
- Anordnungspflicht des Gerichts 11 149
- Anspruch auf 11 111
- Anspruch auf ergänzende 11 138
- Antrag 11 118
- Beschwerde 2 436 ff.
- Einkünfte 11 120
- ergänzende 11 138
- Finanzamt 11 153
- nach § 888 ZPO zu vollstreckende unvertretbare Handlung 2 405
- Rentner und Pensionäre 2 410
- Vermögen 11 121
- Wissenserklärung 2 405

Auskunft bei § 1615l BGB 2 400

Auskunft beim Ehegattenunterhalt 2 390; 5 79 ff.
- Stufenantrag im Ehescheidungsverbundverfahren 2 391

Auskunft beim Elternunterhalt 2 396
- Geschwister untereinander 2 397

Auskunft beim Kindesunterhalt 2 386
- Elternteil gegenüber Elternteil 2 389
- minderjährige Kinder 2 388

Auskunft zwischen Lebenspartnern 2 401

Auskunftsanspruch 2 14, 371 ff.
- Abgabe einer eidesstattlichen Versicherung 2 427
- Begründung des Antrags 11 126
- bei § 1615l BGB 2 400
- bei nicht selbstständiger Tätigkeit 2 407
- bei Selbstständigen 2 415
- Beispiele für Sanktionen bei Verschweigen eigener Einkünfte 2 460
- erneuter – nach Ablauf von zwei Jahren 2 420
- familienrechtliche Auskunftspflichten 2 379
- für die konkrete Bedarfsberechnung 4 442
- Geheimhaltungsinteressen Dritter 2 430
- Krankheitsunterhalt 4 246
- materielle Auskunftspflichten 2 379
- Sonderfragen 2 420
- Taschengeld 4 35
- verfahrensrechtliche Auskunftspflichten 2 372
- Verfahrenswert 2 433
- Verschweigen eigener Einkünfte 2 452
- Verzug 2 423
- Vollstreckung 11 128
- Zurückbehaltungsrecht 2 432
- Zwangsvollstreckung 2 424
- zwischen Lebenspartnern 2 401

Auskunftsanspruch bei nicht selbstständiger Tätigkeit 2 407
- Auskünfte getrennt für jeden Monat 2 408
- Beispiel 2 409

Auskunftsanspruch bei Selbstständigen 2 415
- Beispiel 2 419
- drei Kalenderjahre 2 416

Auskunftsantrag 9 116
- Formulierungsbeispiel 11 119
- isolierter 11 116

Auskunftserteilung
- ergänzende 2 428
- Muster 2 413
- Pflicht zur unaufgeforderten 2 452
- Umfang der 2 402

Auskunftspflicht
- Elternunterhalt 5 72
- verfahrensrechtliche 11 112, 149

Auskunftsverfahren
- Isoliertes 11 173

Ausland
- gewöhnlicher Aufenthalt des Antragsgegners im 11 47

Auslandsschuljahr
- Kosten für 3 86

Auslandszulagen 2 25

Auslösungen 2 25

Ausschluss für den Minderjährigenunterhalt 9 114

Ausschüttungen von Investmentgesellschaften
- als Vermögenseinkünfte 2 148

Außergewöhnliche Einkommensentwicklungen 4 423
- Ausweitung zu einem gewinnbringenden Unternehmen 4 425
- Karrieresprung 4 425
- Leistungsbeförderung 4 425
- Sachvortrag 4 432
- unvorhersehbare Marktentwicklung 4 425

Außergewöhnliche Verzögerung
- Abtrennung aus dem Scheidungsverbund wegen 11 194

Außerplanmäßige AfA 2 73
- Beispiel 2 74

Ausstattung des Kindes
- Sonderbedarf 6 6

Ausübungskontrolle im Partnerschaftsvertrag 8 31

Auszubildende
- ausbildungsbedingte Aufwendungen 3 20
- Bedarfssatz 1 50
- berufsbedingte Aufwendungen 2 300

BAföG-Leistungen
- Einkommen 2 100
- Obliegenheit zur Inanspruchnahme von 2 100

Stichwortverzeichnis

Bagatellunterhalt
– Ausschluss von 4 127
Bankkonten
– Gesamtschuldnerausgleich 7 131 ff.
Barbezüge
– Kasuistik regelmäßiger 2 24
Barentnahmen 2 50
Barunterhalt
– Düsseldorfer Tabelle 1 11
– Gleichwertigkeit mit Betreuungsunterhalt 1 12
– Gleichwertigkeit mit Naturalunterhalt 3 104
– hälftige Anrechnung der Halbwaisenrente 2 139
Barunterhaltsleistungen
– als Einkünfte 2 208
Barunterhaltspflicht
– anteilige – der Eltern 3 185
– beiderseitige 1 17
Basisunterhalt
– Betreuungsunterhalt 4 151
Bauherrenmodell
– Beteiligung an 4 406
Bausparverträge
– Aufwendungen für Altersversorgung 4 416
Beamtenbund
– Beiträge zu – als berufsbedingte Aufwendungen 2 305
Beamter
– Anstellung als 9 27
Bedarf
– Elternunterhalt 5 5
– Kindesunterhalt 3 64
Bedarf des Kindes 1 7
– Bedarfsermittlung 3 76
– Bedeutung der Düsseldorfer Tabelle 3 67
– Bestimmung des 3 64
– gesteigerte Unterhaltsverpflichtung 1 8
– Hortkosten 3 80
– Kindergartenbeitrag 3 79
– Klassenfahrt 3 81
– Mehrbedarf 3 78
– Regelung des 1 11
– Sonderbedarf 3 84
Bedarf des volljährigen Kindes 3 182; 1 16
Bedarfsberechnung
– konkrete s. *Konkrete Bedarfsberechnung* 1 55
Bedarfsermittlung
– bei Kleinkindern 1 56
– bei volljährigen Kindern 1 56
– Ziel der 1 56
Bedarfskontrollbetrag 1 4
– Bedeutung des 1 32
– Begriff 1 27
– Beispiel 1 31
– keine Übernahme in die süddeutschen Leitlinien 1 33
– nach Unterhaltsreform 1 29
Bedarfssatz
– fester 1 43

Bedarfssätze 1 11
Bedingte Antragstellung
– Verfahrenskostenhilfe 11 508
Bedürftigkeit
– anrechenbare Einkünfte 4 451
– Begriff 3 19
– Beispiel zur Unterhaltsberechnung bei Einkünften aus unzumutbarer Tätigkeit 4 464
– Beweislast 4 479
– eheprägende Verbindlichkeiten 4 450
– Einkünfte des Kindes 3 20
– Einsatz von Vermögen 3 26
– Elternunterhalt 5 19
– Erwerbsobliegenheit 3 22
– Familienunterhalt 4 16
– freiwillige Einschränkung der Lebensführung 4 450
– Grenzen der Vermögensverwertungspflicht 4 473
– Kasuistik berücksichtigungsfähiger Vermögenswerte 4 472
– Kasuistik zu vom Gläubiger darzulegender und ggf. zu beweisender Umstände 4 480
– Kreditverpflichtungen 4 450
– Kriterien für die Bemessung des anrechnungsfreien Betrages 4 462
– Leben im Ausland 4 450
– Maßstab für die 4 449
– Mutwillige Herbeiführung der 4 586
– nachehelicher Unterhalt 4 446
– Nichtanrechnung von Einkünften aus unzumutbarer Arbeit 4 455
– Normzweck 4 447
– Rentenfall 4 449
– Trennungsunterhalt 4 57
– überobligatorische Einkünfte 4 461
– Unterhaltszahlungen 4 450
– Vermögensverlust 4 477
– Verwertung des Vermögensstammes 4 467
– Wohnwert 4 450
– Zinslasten 4 450
– zu berücksichtigende Ausgaben 4 451
Bedürftigkeit des volljährigen Kindes 3 172
Bedürftigkeitsprüfung 2 19
Befristung 9 1
– anschließende Sozialhilfebedürftigkeit 9 56
– Aufstockungsunterhalt 9 76
– Begriff 9 54
– Betreuungsunterhalt 4 191
– BGH-Entscheidung vom 12.04.2006 9 55
– Billigkeitsabwägung 9 12
– Darlegungs- und Beweislast 9 62
– Kasuistik 9 58
– Kombination der Rechtsfolgen mit Herabsetzung 9 57
– Unterhaltsanspruch nach § 1615l BGB 6 58
– Verfahrensrecht 9 61
– Verhältnis zu Verwirkung 9 66

517

Stichwortverzeichnis

Begrenztes Realsplitting
– Inanspruchnahme des 2 261
Begrenzung
– Altersunterhalt 4 213
– Betreuungsunterhalt 4 192
– Kasuistik zur – des Altersunterhalts 4 214
– Krankheitsunterhalt 4 248
– zeitliche 6 7; 4 112
Behinderte
– Ausbildungsgeld für 2 102
Behindertenwerkstatt
– Einkommen aus Arbeit in 1 53
Behindertes Kind
– Unterhaltsansprüche des 2 134
Beihilfeberechtigung
– Entfallen der 2 281
Beiträge für Ärztekammer
– berufsbedingte Aufwendungen 2 305
Beiträge für Beamtenbund
– berufsbedingte Aufwendungen 2 305
Beiträge für Gewerkschaften
– berufsbedingte Aufwendungen 2 305
Beiträge für Richterbund
– berufsbedingte Aufwendungen 2 305
Beiträge für Verbänden 2 81
Beiträge für Vereinen 2 81
Beleganspruch 2 371
– konkrete Bezeichnung der verlangten Belege 2 406
– selbstständiger Anspruch 2 406
Belege
– Antrag auf Vorlage von 11 123
Belegpflicht
– Umfang der 2 402
Belehrungsvermerk
– Formulierungsbeispiel 10 56
Benachteiligungsverbot 2 138
Beratungskosten 2 81
Bereicherungshaftung
– verschärfte 11 259
Bereinigtes Nettoeinkommen
– Abzugsposten 2 266
– Aufwendungen zur Vermögensbildung 2 363
– Begriff 2 265
– berufsbedingte Aufwendungen 2 297
– Doppelverwertungsverbot 2 346
– Gesamtschuldnerausgleich 2 339
– Mehraufwendungen wegen Krankheit oder Alter 2 366 f.
– Steuern 2 267
– Übersicht der Abzugsposten 2 266
– Umgangskosten 2 322
– Unterhalt anderer Berechtigter 2 350
– Verbindlichkeiten 2 328
– Verbraucherinsolvenzverfahren 2 344
– Vorsorgeaufwendungen 2 276
Bereinigung des Einkommens
– Elternunterhalt 5 49

Berufsausbildung
– Berücksichtigung der – bei Frage nach Erwerbsobliegenheit 4 65
– Kindesunterhalt 3 89
Berufsausbildungsbeihilfen
– Einkommen 2 101
Berufsausbildungsfreiheit 4 316
Berufsbedingte Aufwendungen
– Begriff 2 297
– bei Auszubildenden 2 300
– Beispiel zur Berechnung des Fahrtkostenaufwands 2 317
– Bereinigung des Einkommens um 5 50
– Kasuistik 2 305
– keine – bei Arbeitslosengeld 2 299
– keine – bei Pensionen 2 299
– keine – bei Renten 2 299
– Kinderbetreuungskosten 2 320
– Leitlinien 2 302
– notwendige Fahrtkosten 2 307
– pauschaler Betreuungsbonus 2 321
– Schätzung 2 303
– Selbstständige 2 298
– vor Erwerbstätigenbonus abziehen 2 318
Berufsständische Altersversorgung 2 296
Berufsunfähiger
– Erfüllung von Unterhaltspflichten gegenüber minderjährigen Kindern 2 246
Berufsunfähigkeitsversicherung
– Abzugsfähigkeit von Beiträgen 2 287
– Beiträge für – als Vorsorgeaufwendungen bei Selbstständigen 2 85
Berufswechsel
– unterlassene Vorsorge bei 2 246
Beschäftigungschance 4 257
Beschränkung des Unterhalts s. Verwirkung
– Rechtsfolgen 4 603
– Wiederaufleben 4 604
Beschwer
– Auskunft 2 435
Beschwerde
– gegen einstweilige Unterhaltsanordnung 11 380
– Rechts 11 408
– Verhältnis zum Abänderungsverfahren 11 277
Beschwerde in Unterhaltssachen 11 383
– Anschlussbeschwerde 11 400
– Beschwerdebegründung 11 393
– Beschwerdebegründungsfrist 11 396
– Beschwerdefrist 11 391
– Beschwerdeschrift 11 390
– Beschwerdewert 11 384
– Einlegung der 11 387
– Formulierungsbeispiel für Beschwerdeantrag 11 395
– Fristverlängerung 11 397
Besoldung 2 25
Betreuung
– Prüfung des Kindeswohls 4 175
– Rechtmäßigkeit der 4 162

Stichwortverzeichnis

Betreuung eines Enkelkindes 4 366
Betreuung eines nachehelichen gemeinschaftlichen Kindes 4 363
Betreuung eines Pflegekindes 4 364
Betreuung gemeinschaftlicher Kinder
– Trennungsunterhalt 4 65
Betreuung im Wechselmodell 3 108
Betreuung nicht gemeinschaftlicher Kinder 4 364
– Trennungsunterhalt 4 65
Betreuungsbonus
– Pauschalabzug eines – bei Einkünften aus unzumutbarer Arbeit 4 146
– pauschaler 2 321
Betreuungsleistungen
– Monetarisierung elterlicher 7 5
Betreuungsunterhalt 4 107
– Alter des zu betreuenden Kindes 4 172
– Altersphasenmodell 4 168, 187
– Anschlussunterhalt 4 181
– Anspruchsgrundlage 4 149
– Anspruchsvoraussetzungen 4 158
– Arbeitsplatzsuche 4 178
– Auswirkungen auf Trennungsunterhalt 4 186
– Basisunterhalt 4 151
– Bedürfnisse des Kindes 4 172
– Befristung 4 191
– Begrenzung der Höhe nach 4 192
– Begrenzung des Anspruchs 4 189
– Betreuungseinrichtung 4 172
– Beweislast 4 187
– Disponibilität 4 189
– Erreichbarkeit der Kindesbetreuung 4 172
– Erwerbsobliegenheit und Kindesbetreuung 4 164
– Fremdbetreuung 4 174
– Gebot der Einzelfallprüfung 4 172
– gemeinschaftliches Kind 4 159
– Gleichwertigkeit mit Barunterhalt 1 12
– Herabsetzung und Befristung 9 8
– Kasuistik zu elternbezogenen Verlängerungsgründen 4 156
– Kasuistik zu kindbezogenen Verlängerungsgründen 4 153
– Kasuistik zur Erwerbsobliegenheit bei Kindesbetreuung 4 173
– Kinderschutzklausel bei Herabsetzung oder Begrenzung des 9 14
– Kindesbetreuung und Erwerbsobliegenheit 4 164
– Logistik der Kindesbetreuung 4 172
– Obliegenheit der Arbeitsplatzsuche 4 178
– Pflege und Erziehung eines gemeinschaftlichen Kindes 4 159
– Rechtmäßigkeit der Betreuung 4 162
– Trennungsunterhalt 4 186
– Umfang des Anspruchs 4 180
– Verlängerung des –aus kind- oder elternbezogenen Gründen 6 15
– Verwirkung 4 190

Betriebliche Zusatzversicherung
– Beiträge zur 2 288
Betriebsrat
– berufsbedingte Aufwendungen 2 305
Betriebsvermögensvergleich
– Begriff 2 43
Beweis negativer Tatsachen 9 62
Bewerbungen
– Anforderungen an 3 42
Bewerbungsbemühungen
– Erwerbslosenunterhalt 4 261
Bewirtungskosten 2 81
– berufsbedingte Aufwendungen 2 305
Bezifferter Unterhaltsantrag 11 155
Bezugsberechtigte des Kindergeldes 1 25
Billigkeitsunterhalt 9 105; 4 107
– Anspruchsvoraussetzungen 4 357
– Befristung 4 370
– Begrenzung 4 370
– Darlegungs- und Beweislast 4 372
– grobe Unbilligkeit 4 360
– Kasuistik 4 362
– Konkurrenzen 4 368
– Kürzungen 4 495
– Nachehelicher Unterhalt 4 486
– Normzweck 4 356
– sonstige schwerwiegende Gründe 4 358
Blindbewerbungen 4 261
Blindengeld
– unterhaltsrelevantes Einkommen 2 132
Bremer Tabelle 4 85

Dauer der Ehe 9 37
– Berücksichtigung der – bei Frage nach Erwerbsobliegenheit 4 65
Dauer der Trennung
– Berücksichtigung der – bei Frage nach Erwerbsobliegenheit 4 65
Degressive Abschreibung
– Begriff 2 63
Deputate in Land- und Forstwirtschaft
– Sachbezug 2 34
Dienstfahrzeug
– Gestattung der Nutzung eines – als Sachbezug 2 34
Dienstleistungen
– Einkommen 5 25
Differenzmethode 4 286
Dingliches Wohnrecht
– nicht nutzbares 2 203
Direktlebensversicherung
– als Einkommen 2 25
Direktversicherung 4 416
Diskonterträge bei Wechselgeschäften
– als Vermögenseinkünfte 2 148
Disponibilität
– des Altersunterhalts 4 219
– des Betreuungsunterhaltsanspruchs 4 189

Stichwortverzeichnis

Dividenden
- als Vermögenseinkünfte 2 148

Doppelte Haushaltsführung
- Kosten für – als berufsbedingte Aufwendungen 2 305

Doppelverdienerehe
- Begriff 4 25
- Interner Ausgleich beim Regress 7 33, 91
- Umfang der Familienunterhaltsleistungspflicht 4 25

Doppelverwertungsverbot
- Begriff 2 346

Düsseldorfer Tabelle 1 1
- Altersstufen 1 5
- Alttitel 1 65
- Anmerkungen zur 1 1
- Auszubildende 1 50
- Bedarfskontrollbetrag 1 4, 27
- Bedarfssätze 1 11
- Bedeutung der 3 67
- Besonderheiten 3 69
- Darlegungs- und Beweislast bei Forderung von Höchstsätzen der 1 57
- Dynamisierung des Mindestbedarfs 1 59
- Eigenbedarfssätze 1 77
- Einkommensgruppen 1 7
- Elementarbedarf 1 18
- fester Bedarfssatz 1 43
- gehobene Einkommensverhältnisse der Eltern 1 48
- Geltungsdauer der 1 88
- gesetzliche Familienversicherung 1 14
- Herabstufung 1 34
- Hilfsmittel zur Ausfüllung des unbestimmten Rechtsbegriffs »angemessener Unterhalt« 1 3
- Höherstufung 1 34
- Kindergeld 1 21
- konkrete Bedarfsberechnung 1 55
- Kontrollrechnung 1 30
- Kosten der Krankenversicherung 1 14
- Mehrbedarf 1 18
- Rechtsqualität 1 3
- Schüler 1 50
- Sonderbedarf 1 18
- Tabellenwerk 1 4
- Übergangsregelung 1 65
- Volljährige mit einer eigenen Lebensstellung 1 52
- Volljährigenunterhalt 1 6
- Wohnbedarf des Kindes 1 13

Dynamischer Unterhalt
- Titulierungsmöglichkeit 10 24

Dynamischer Unterhaltstitel
- Begriff 3 153
- Bestimmung des Prozentsatzes 3 156
- Kindergeldanrechnung 3 163
- Tenorierung 3 160

Dynamisierung
- Grundsätze der 1 62

Dynamisierung des Mindestbedarfs 1 59
- Ende der – bei Volljährigkeit 1 60
- Formulierungsvorschlag 1 64
- Praxishinweis 1 63

Echte Ausfallhaftung 7 6, 28

Ehe
- Doppelverdiener 4 25
- Erkrankung während der 9 29
- Haushaltsführungs 4 24
- Nichterwerbstätigen 4 27
- Rollenwechsel in neuer 2 252
- Zuverdienst 4 26

Ehebedingte Nachteile 9 16
- Beispiele für 9 25
- Beispiele für keine 9 28
- Dauer der Pflege oder Erziehung eines gemeinschaftlichen Kindes 9 20
- ergänzende Abwägung außerhalb ehebedingter Nachteile 9 35
- Feststellung der 9 17
- Gestaltung von Haushaltsführung und Erwerbstätigkeit während der Ehe 9 23
- Substanziierung des Vortrags zu 9 65

Ehebruchkind
- Betreuung eines 4 367

Ehedauer
- kurze 4 574

Ehegatte
- Existenzminimum des unterhaltsberechtigten 1 81
- pflegebedürftiger 4 7
- Tod eines 4 9
- Verletzung eines 4 9

Ehegatten
- gegenseitiger Anspruch auf Familienunterhalt 4 21

Ehegattenselbstbehalt
- Warmmietkosten 1 76

Ehegattenunterhalt
- Auskunft beim 2 390
- Folgesache 11 186
- Karrieresprung 1 81
- Konkurrenz mit Unterhaltsanspruch nach § 1615l BGB 1 84
- Mindestbedarf 1 78
- Subsidiarität der Grundsicherung gegenüber Anspruch auf 2 138
- Unterhalt anderer Berechtigter 2 351
- Verbindlichkeiten 2 334
- Vereinbarungen zum – 10 31
- Verhältnis zu Gesamtschuldnerausgleich 7 70 ff.
- Verzicht auf genaue Einkommensermittlung bei hohem Einkommen 2 3, 53, 341

Eheliche Lebensgemeinschaft
- Begriff 4 15

Eheliche Lebensverhältnisse 4 66

- außergewöhnliche Einkommensentwicklung 4 423
- Begriff 4 374
- Bestimmung der 4 380
- Kriterium für Angemessenheit der Erwerbstätigkeit 4 320
- Maßstab 4 381
- nach Rechtskraft der Scheidung entstehende Umstände 4 375
- nachrangige Unterhaltsverpflichtungen 1 77
- Stichtagsprinzip 4 383
- Surrogationsprinzip 4 387
- Wandelbarkeit 4 383

Eheliches Rollenmodell
- Formulierungsbeispiel 10 61

Eheprägende Einkünfte 4 388
- Einkommen aus Erwerbstätigkeit 4 389
- Einkommen aus Vermögen 4 391
- fiktive Einkünfte 4 392
- Haushaltsführung 4 393
- Haushaltsführung für Dritte 4 395
- Kindesbetreuung 4 393
- Nebentätigkeiten eines Rentners 4 429
- Nebentätigkeiten eines Unterhaltspflichtigen 4 429
- nichtprägende Einkünfte 4 399
- Pensionen 4 396
- Renten 4 396
- Überstundenvergütung 4 429
- Wohnvorteil 4 397

Ehesache
- Anhängigkeit einer 11 23

Eidesstattliche Versicherung 11 139
- Abgabe einer 2 427

Eigenbedarfssätze 1 77

Eigene Lebensstellung
- Begriff 1 53

Eigenverantwortung
- Altersunterhalt 4 202
- wirtschaftliche 4 100, 250

Eingetragene Lebenspartner
- Verfahrenskostenvorschuss 8 11; 11 477

Einkommen
- aus Erwerbstätigkeit 4 389
- aus Vermögen 4 391
- Dienstleistungen 5 25
- Einkünfte 2 7, 72
- Einkunftsarten nach § 2 EStG 2 6
- fiktive Einkünfte 4 392
- Grundsicherung 5 20
- Krankengeld 2 142
- Krankenhaustagegeld 2 142
- Krankentagegeld 2 142
- öffentlich-rechtliche Zweckbestimmung der dem Pflichtigen oder Berechtigten zufließenden Mittel 2 5
- Pflegegeld als – der Pflegeperson 2 115
- Pflegeversicherung 5 20
- private Zweckbestimmung der dem Pflichtigen oder Berechtigten zufließenden Mittel 2 5
- Renten 2 139
- Sachleistungen 5 25
- Schuldentilgung 3 34
- Sozialhilfe 5 24
- Steuervorteile 2 275
- Umgangskosten 3 38
- unterhaltsrelevantes 2 4, 213
- Vermögensbildung 3 37
- Versorgungsbezüge 2 139
- Wohngeld 5 23
- Zurechnung fiktiver Einkünfte 3 39

Einkommensänderungen 4 427

Einkommensbegriff
- weiter 2 2, 182

Einkommensbereinigung
- Altersvorsorge für den nicht berufstätigen Ehegatten 5 50
- Altersvorsorgeaufwendungen 5 50
- Begriff 5 49
- berufsbedingte Aufwendungen 5 50
- Hausgeld für Eigentumswohnungen 5 50
- Instandhaltungsmaßnahmen 5 50
- Kosten der Besuche beim Unterhaltsberechtigten 5 50
- Krankenversicherungskosten 5 50
- Wohnkosten 5 50
- Zins- und Tilgungsleistungen 5 50

Einkommensentwicklung
- außergewöhnliche 4 423

Einkommensermittlung
- Auskunftsanspruch 2 14
- Bedürftigkeitsprüfung 2 19
- Einwand mangelnder Leistungsfähigkeit 2 13
- Erwerbsobliegenheit 5 42
- Erwerbstätigenbonus 2 20
- Grundlagen 2 1
- Haushaltsgeld 5 43
- Korrektur des ermittelten Einkommens aufgrund eingetretener Änderungen 2 18
- kostenfreies Wohnen 5 44
- maßgeblicher Zeitraum für Unterhaltsrückstände 2 11
- modifizierte – im Mangelfall und bei verschärfter Haftung 2 12
- Schonvermögen 5 45
- Selbstständige 2 10
- steuerliche Vorteile 5 39
- Taschengeld 5 43
- Überstundenvergütung 5 41
- Vermögensstamm 5 46
- Verzicht auf genaue 2 3, 53, 341
- Zuflussprinzip 5 38
- Zukunftsprognose 2 17

Einkommensfiktion bei Arbeitslosigkeit 2 245
- Kasuistik 2 246

Einkommensgruppe

521

Stichwortverzeichnis

- Einordnung in die richtige 1 7
- **Einkommensgruppen** 1 7
- **Einkommenssteuer**
  - unterhaltsrechtliche Abzugsfähigkeit 2 89
- **Einkommensverhältnisse**
  - außergewöhnlich gute 4 71
- **Einkommensverhältnisse der Eltern**
  - gehobene 1 48
- **Einkommenszeitraum**
  - repräsentativer 2 10
- **Einkünfte**
  - Abfindungen 2 26
  - Abgeordnetenbezüge 2 25
  - aufgrund sozialstaatlicher Zuwendungen 2 8
  - Aufwandsentschädigungen 2 25
  - aus Forstwirtschaft 2 38
  - aus Gewerbebetrieb 2 38
  - aus Kapitalvermögen 2 39
  - aus Landwirtschaft 2 38
  - aus selbstständiger Tätigkeit s. *Einkünfte aus selbstständiger Tätigkeit*
  - aus Vermietung 2 39
  - aus Verpachtung 2 39
  - Ausbildungsvergütung 2 25
  - Ausbildungsversicherung 2 31
  - Auskunft 11 120
  - Auslandszulagen 2 25
  - Barbezüge 2 24
  - Baruntherhaltsleistungen 2 208
  - Besoldung 2 25
  - Direktlebensversicherung 2 25
  - eheprägende 4 388
  - Entlassungsgeld 2 25
  - Entlassungsgeld des Zivildienstleistenden 2 31
  - Erschwerniszulage 2 25
  - Essensgeldzuschuss 2 25
  - Fahrgeldzuschuss 2 25
  - Familienzuschlag 2 25
  - fiktive 2 8, 222; 4 392
  - Fliegerzulage 2 25
  - Freiwillige Zuwendungen 2 213
  - Gerichtsvollziehereinkommen 2 25
  - Geschäftsführerbezüge 2 25
  - Gewinn 2 37
  - Grundsicherung 2 133
  - Jubiläumszuwendung 2 31
  - Kapitalvermögen 2 147
  - Kasuistik regelmäßiger Barbezüge 2 24
  - kinderbezogene Teile des Familienzuschlags 2 25
  - Kinderzuschlag 2 25
  - Kinderzuschuss 2 25
  - Krankenversicherungszuschüsse 2 25
  - Leibrente 2 207
  - Lohnfortzahlung 2 25
  - Mehrarbeit 2 25
  - Nebeneinkünfte 2 25
  - nichtprägende 4 399
  - Reisekosten 2 25
  - Renten 2 133
  - Sachzuwendung 2 33
  - Schätzung der 2 16
  - Sitzungsgelder 2 25
  - Sonderzuwendung 2 32
  - Sozialleistungen 2 133
  - Sozialstaatliche Leistungen 2 95
  - Spesen 2 25
  - Splittingvorteil aus neuer Ehe 2 218
  - Steuererstattungen 2 216
  - Steuervorteile 2 217
  - Taschengeld 2 212
  - Übergangsbeihilfe 2 31
  - Übergangsgebührnisse 2 31
  - Überschuss 2 37
  - Übersicht der 2 7, 72
  - Überstunden 2 25
  - Unterhalt 2 211
  - Urlaubsabgeltung 2 25
  - Urlaubsgeld 2 25
  - von Soldaten 2 25
  - Weihnachtsgeld 2 25
  - Wohnvorteil 2 147, 177
  - Zulagen 2 25
  - Zurechnung fiktiver 3 39
- **Einkünfte aus Kapitalvermögen** 2 147
  - Abzug von Werbungskosten 2 149
  - Herkunft des Vermögens 2 150
  - Übersicht zu Vermögenseinkünften 2 148
  - Vermögensverwertung 2 153
- **Einkünfte aus nicht selbstständiger Tätigkeit**
  - einmalig erzielte Einkünfte 2 26
  - regelmäßige Barbezüge 2 25
  - unregelmäßig erzielte Einkünfte 2 26
- **Einkünfte aus nichtselbstständiger Tätigkeit**
  - Begriff 2 21, 214
  - Erwerbstätigenbonus 2 22
- **Einkünfte aus selbstständiger Tätigkeit**
  - Abschreibungen 2 57
  - Abzüge 2 55
  - Aufwand und Betriebsausgaben 2 55
  - Gewinn als maßgebliche Größe zur Bestimmung des unterhaltsrelevanten Einkommens 2 40
  - Gewinn und Überschusseinkünfte 2 37
  - Gewinnerzielungsabsicht 2 40
  - Kosten der Lebensführung 2 80
  - Maßgeblicher Zeitraum Mehrjahresdurchschnitt von drei Jahren 2 52
  - Prüfung ob Minderheits- oder Mehrheitsgesellschafter 2 54
  - Richtschnur für Abzugsfähigkeit der Altersvorsorgeaufwendungen 2 86
  - Rückstellungen 2 77
  - Steuern 2 89
  - Vorsorgeaufwendungen 2 84
  - Wahlfreiheit hinsichtlich der Art der Altersvorsorge 2 88

Stichwortverzeichnis

Einkünfte aus Vermietung und Verpachtung 2 165
- Abschreibungen 2 172
- Immobilie im Miteigentum beider Ehepartner 2 171
- Instandhaltungsrücklagen 2 174
- Kasuistik 2 167
- Kasuistik zu berücksichtigungsfähigen Abzugspositionen 2 168
- notwendige Erhaltungsaufwendungen 2 172
- Verluste 2 175

Einkünfte des Kindes 3 20
- Abzug ausbildungsbedingter Aufwendungen 3 20
- freiwillige Leistungen Dritter 3 21

Einlagen bei Kreditinstituten
- als Vermögenseinkünfte 2 148

Einnahmen-Überschuss-Rechnung 2 44

Einsatz von Vermögen
- Volljährigenunterhalt 3 176

Einsatzzeitpunkt
- Begriff 4 106
- Verpassen des 9 33

Einstandspflicht
- Kindesunterhalt 3 117

Einstellung der Zwangsvollstreckung 11 253
- Formulierungsbeispiel für Antrag auf 11 258

Einstweilige Anordnung
- Verfahrenskostenvorschuss 11 456

Einstweilige Unterhaltsanordnung 7 80; 11 346
- Abänderungsverfahren 11 381
- Änderung der 11 372
- Anordnungsanspruch 11 358
- Anordnungsgrund 11 354
- Antrag 11 350
- Aufhebung der 11 372
- Außerkrafttreten der 11 364
- Beschluss 11 360
- Beschwerde 11 380
- Einleitung der Hauptsache 11 376
- Entscheidung über den Antrag 11 359
- kein Anwaltszwang 11 348
- negativer Feststellungsantrag 11 382
- Rechtsschutz gegenüber 11 372
- Rechtsschutzbedürfnis 11 62
- Streitgegenstand 11 349

Einwand der Haftungsbeschränkung
- nachehelicher Unterhalt 4 116

Einwand der Verwirkung 9 132

Einwand mangelnder Leistungsfähigkeit
- Einwendung 2 13

Einwendung
- fehlende Leistungsfähigkeit 4 484
- mangelnde Leistungsfähigkeit 2 13

Einzelkonto 7 97
- Darlegungs- und Beweislast für Ausgleichsforderung 7 106
- Erstattungsansprüche bei intakter Ehe 7 103

Einzelveranlagung
- fiktive 2 271

Elementarbedarf 1 18
Elterngeld 6 36
Elternunterhalt
- angemessener Unterhalt 5 5
- Anspruchsübergang auf Sozialhilfeträger 5 82 ff.
- Auskunft 5 79 ff.
- Auskunft beim 2 397
- Auskunftspflicht 5 72
- Barbedarf 5 14
- Barbetrag 5 14
- Bedarf 5 5
- Bedürftigkeit 5 19
- Darlegungs- und Beweislast 5 72
- Einkommen der Eltern 5 20
- Einkommensbereinigung 5 49
- Einkommensermittlung 5 38
- Eltern im eigenen Haushalt 5 9
- Eltern im Pflege- oder Altenheim 5 11
- emotionale Vernachlässigung 9 99
- Grundsicherung 5 20
- Haushaltsgeld 5 43
- Heimkosten 5 11
- Höhe der berücksichtigten Warmmietkosten beim Selbstbehalt 1 76
- kostenfreies Wohnen 5 44
- Leistungsfähigkeit 5 36
- Mehrbedarf 5 7
- mehrere Unterhaltsberechtigte 5 70
- Mindestbedarf 5 6
- Mindestselbstbehalt 5 57
- Notgroschen 5 32
- Pflegeversicherung 5 20
- Pflegewohngeld 5 16
- Rangverhältnis 5 53
- Rückgewähr geschenkten Vermögens 5 30
- Sach- und Dienstleistungen 5 25
- Schonvermögen 5 45
- Schwere Verfehlung 9 99
- Selbstbehalt 5 56; 1 74
- Selbstbehalt bei unverheirateten Kindern 5 59
- Selbstbehalt bei verheirateten Kindern 5 61
- Sozialhilfe 5 24
- sozialhilferechtliche Kriterien 5 14
- Taschengeld 5 43
- Übernahme einer Pflegeverpflichtung 5 26
- Unterhaltsverpflichtung 2 229
- Verfahrenskostenvorschuss 11 475
- Vermögen 5 28
- Vermögensverwertung 2 162
- Verwertung von Immobilien 5 35
- Verwirkung 5 73
- Voraussetzungen des Unterhaltsanspruchs 5 4
- vorrangige Unterhaltsansprüche 5 27
- Wegfall der Unterhaltsverpflichtung 9 85
- Wohngeld 5 23

Energiekosten
- freie oder verbilligte – als Sachbezug 2 34

Stichwortverzeichnis

Enkelkind
– Betreuung eines 4 366
Entbindungskosten
– Sonderbedarf 6 6
Entgeltfortzahlung 6 34
Entlassungsgeld 2 25
– des Zivildienstleistenden 2 31
Entnahmen
– als Anhaltspunkt für die in der Vergangenheit bestehenden Lebensverhältnisse 2 51
– Beispiele für 2 50
Entreicherungseinwand 11 260
Erbanteil an einem Baugrundstück 2 151
Erbengemeinschaft
– Mitglied einer 5 29
Erbenhaftung 6 40
Erbrecht
– Lebenspartner 8 38
Erbschaft
– Vermögen aus 2 151
Erfüllungsübernahme
– Kindesunterhalt 10 14
Ergänzende Auskunft 11 138
Ergänzende Auskunftserteilung 2 428
Erkrankung
– nicht ehebedingte 9 40
Erkrankung während der Ehe
– kein ehebedingter Nachteil 9 29
Erlös aus Veräußerung eines Eigenheims
– Kapitalvermögen 2 151
Ersatzhaftung 3 112; 7 6
– Benachteiligungsverbot 3 135
– Einstandspflicht 3 117
– Forderungsübergang 3 124
– keine –bei Reduzierung oder Wegfall des Unterhaltsanspruchs nach § 1611 BGB 9 109
– Leistungen des Scheinvaters 3 129
– Stiefeltern 3 128
– Unterhaltsanspruch nach § 1615l BGB 6 54
– Verwandte 3 128
Erschwerniszulage 2 25
Erwerbsbeeinträchtigung
– krankheitsbedingte 4 232
Erwerbsbemühungen
– Anforderungen an 2 246
– Beweiserleichterung 4 263
– Checkliste: Darlegung ernsthafter 4 263
– Darlegung ausreichender 2 246
– Darlegungs- und Beweislast 4 263
– überregionale 2 246
– Vermittelbarkeit des Arbeitsplatzsuchenden 2 246
– Zeitaufwand für Arbeitsplatzsuche 2 246
Erwerbseinkünfte
– Erwerbstätigenbonus 2 22
Erwerbslosenunterhalt
– Angemessenheit der Erwerbstätigkeit 4 255
– Anschlussunterhalt 4 268
– Anspruchsvoraussetzungen 4 252
– Bewerbungsbemühungen 4 261
– Blindbewerbungen 4 261
– Checkliste: Darlegung ernsthafter Erwerbsbemühungen 4 263
– Einsatzzeitpunkte 4 266
– Normzweck 4 250
– reale Beschäftigungschance 4 257
– standardisiertes Bewerbungsschreiben 4 258
– Subsidiarität des Anspruchs 4 253
– Umfang des Anspruchs 4 273
– Wegfall der Voraussetzungen 4 270
Erwerbslosigkeit
– kein Erwerbstätigenbonus bei 2 27, 278
– kein pauschaler berufsbedingter Aufwand 2 27, 278
– Selbstbehalt 2 27, 278
Erwerbsobliegenheit 5 42
– Beginn der 4 264
– bei Berufsausbildung 4 65
– bei Betreuung gemeinschaftlicher Kinder 4 65
– bei Betreuung nicht gemeinschaftlicher Kinder 4 65
– Berücksichtigung der Dauer der Ehe 4 65
– Berücksichtigung der Dauer der Trennung 4 65
– Berücksichtigung der wirtschaftlichen Verhältnisse 4 65
– Berücksichtigung des Alters 4 65
– Berücksichtigung gesundheitlicher Beeinträchtigungen 4 65
– Darlegung ausreichender Erwerbsbemühungen 2 246
– Kasuistik zur – bei Kindesbetreuung 4 173
– Kindesunterhalt 3 22
– Trennungsunterhalt 4 65
– und Kindesbetreuung 4 164
– Unterhaltsanspruch nach § 1615l BGB 6 43
– Verletzung der 3 50
Erwerbspflicht
– des volljährigen Kindes 3 173
– gegenüber Kindern 3 51
Erwerbstätigenbonus 2 20
– Abzug nach Fahrtkosten 2 318
– Begriff 2 22
– bei Konstellationen konkreter Bedarfsberechnung 2 23
– Familienunterhalt 4 7
– kein- bei Arbeitslosigkeit 2 96
– Pflegegeld 2 127
Erwerbstätigenfreibetrag
– Höhe des 1 73
Erwerbstätiger mit gesteigerter Unterhaltsverpflichtung
– Selbstbehalt 1 73
Erwerbstätigkeit
– altersbedingte Unzumutbarkeit der 4 203
– Anforderungen an die Aufnahme einer 4 309
– Angemessenheit der 4 310

Stichwortverzeichnis

- Angemessenheitskriterien 4 314
- Ausbildung 4 315
- Ausübung einer angemessenen 4 279
- Berufsübungsfreiheit 4 316
- Darlegungs- und Beweislast 4 336
- eheliche Lebensverhältnisse 4 321
- Einkommen aus 4 389
- Fähigkeiten 4 317
- Familienunterhalt 4 6
- Fortsetzung einer 4 326
- freiwillige Aufgabe einer versicherungspflichtigen 3 46
- frühere 4 320
- Gesundheitszustand 4 319
- Kasuistik zur Angemessenheit der 4 325
- Kriterienkatalog 4 312
- Lebensalter 4 318
- Scheitern einer – aufgrund der aktuellen Arbeitsmarktlage 9 40
- Unzumutbarkeit der 4 207

Erwerbsunfähigkeitsrente 4 247
Erzeugnisentnahmen 2 50
Erziehung
- Begriff 4 161
- Dauer der – eines gemeinschaftlichen Kindes 9 20
- eines gemeinschaftlichen Kindes 4 159

Erziehungsbeitrag 2 131
Erziehungsgeld 6 35
- Begriff 2 107
- kein Einkommen 2 103

Essensgeldzuschuss 2 25
Existenzminimum
- des unterhaltsberechtigten Ehegatten 1 81
- sozialrechtliches 9 52

Fachliteratur
- Aufwendungen für 1 58

Fähigkeiten
- als Kriterium für Angemessenheit der Erwerbstätigkeit 4 317

Fahnenflucht 2 259
Fahrgeldzuschuss 2 25
Fahrten
- Aufwendungen für 1 58

Fahrtkosten
- berufsbedingte Aufwendungen 2 305
- notwendige 2 307

Fahrtkostenaufwand
- Beispiel zur Berechnung des 2 317

Fahrzeugkosten 2 81
Familienbedarf
- Kasuistik zu den finanziellen Aufwendungen für die Deckung des 4 30

Familiengericht
- zuständiges – in Unterhaltssachen 11 10

Familienrechtliche Ausgleichsansprüche
- Ausgleichsansprüche infolge Forderungsübergang 7 6 ff.
- und Kindesunterhalt 7 5

Familienrechtliche Auskunftspflichten 2 379
Familienrechtlicher Ausgleichsanspruch 10 7
- Aufrechnung mit 7 44
- Begriff und Voraussetzungen 7 41 ff.
- für die Vergangenheit 7 49
- Konkurrenz zu Titel über Unterhaltsanspruch des Kindes 7 52
- Leistungsfähigkeit 7 47
- Schutzklausel des § 1607 Abs. 4 BGB 7 8
- Zinsen 7 51

Familienselbstbehalt 5 61; 1 75
Familienstreitsache 11 1
- Unterhaltssache 11 20

Familienunterhalt
- Anspruch auf Wirtschaftsgeld 4 32
- Anspruchsberechtigung 4 21
- Anspruchsgrundlage 4 2
- Anspruchsvoraussetzungen 4 15
- Anteilsberechnung zur Bemessung des – in der Doppelverdienerehe 4 28
- Antrag auf Wirtschaftsgeld 2 394
- Auskunftsanspruch 4 35
- Bedürftigkeit 4 16
- Begriff 4 1
- Bemessung des 4 29
- Doppelverdienerehe 4 25
- Eheliche Lebensgemeinschaft 4 15
- Einsatz des Vermögens 4 19
- Erlöschen des Anspruchs auf 4 42
- Erwerbstätigenbonus 4 7
- Erwerbstätigkeit 4 6
- gröbliche Verletzung der Pflicht zum – beizutragen 4 590
- Grundlagen 4 4
- Gütergemeinschaft 4 43
- Haushaltsführung 4 6
- Haushaltsführungsehe 4 24
- Höhe des Wirtschaftsgeldes 4 33
- Kasuistik zu den finanziellen Aufwendungen für die Deckung des Familienbedarfs 4 30
- Konkurrenz mehrerer unterhaltsberechtigter Ehegatten 4 13
- Kostenvorschuss 4 39
- Leistungsfähigkeit 4 17
- Monetarisierung 4 19
- Nichterwerbstätigenehe 4 27
- Obliegenheit zur Einleitung eines Verbraucherinsolvenzverfahrens 4 19
- pflegebedürftiger Ehegatte 4 7
- Proportionalitätsgrundsatz 4 5
- Selbstbehalt 4 17
- Sonderfragen 4 40
- Sozialleistungen 4 19
- substanziierte Darlegung der Gestaltung der Lebensgemeinschaft 4 45
- Taschengeld 4 34
- Tod eines Ehegatten 4 9

Stichwortverzeichnis

- Übersicht zu Unterhaltsbeiträgen 4 6
- Umfang der Leistungspflicht 4 22
- und Geschiedenenunterhalt 4 11
- und Kindesunterhalt 4 10
- und Trennungsunterhalt 4 11
- Unzulässigkeit der Vollstreckung für die Zeit ab Trennung 4 12, 49
- Verbraucherinsolvenzverfahren 4 19
- Vereinbarungen zum 10 31
- Verhältnis zu anderen Unterhaltsansprüchen 4 2
- Verletzung eines Ehegatten 4 9
- Vermögenserträge 4 6
- Vermögensverwertungsobliegenheit 4 6
- Verwirkung des Anspruchs auf 4 41
- Vorauszahlungen 4 46
- Wirtschaftsgeld 4 32
- Zuverdienstehe 4 26
- Zuvielleistungen 4 47

Familienversicherung
- gesetzliche 1 14

Familienzuschlag 2 25
- kein familienrechtlicher Ausgleichsanspruch 7 46

Fester Bedarfssatz 1 43
- Wohnkosten 1 44

Feststellungsantrag
- Anwendungsmöglichkeiten in Unterhaltssachen 11 309
- Feststellungsinteresse 11 312
- Formulierung des 11 317
- negativer 11 382

Fiktion bei unzureichender Vermögensnutzung 2 248

Fiktive Einkünfte 2 8
- Beendigung der Fiktion 2 237
- Begriff 2 222
- bei Strafgefangenen 2 256
- Bemühen um Arbeitsstelle 3 42
- Bewerbungen 3 42
- Einkommensfiktion bei Arbeitslosigkeit 2 245
- Erwerbsersatzeinkommen 4 339
- Erwerbsobliegenheit 3 39
- Erwerbstätigenbonus 2 239
- Fiktion bei unzureichender Vermögensnutzung 2 248
- Fiktion von Steuervorteilen 2 260
- Fiktive Kranken- und Pflegeversicherungspflichtgrenze 2 241
- Folgearbeitsstelle 3 41
- grobe Verletzung von Erwerbspflichten 3 40
- Grundlagen 2 224
- Höhe der fingierten Einkünfte 2 241
- Kasuistik zu fiktiven Erträgen bei unterlassener Vermögensnutzung oder Vermögensverwertung 2 250
- Kasuistik zu fingierten Einkünften bei ungelernten Arbeitskräften 2 243
- Kasuistik zur Einkommensfiktion bei Arbeitslosigkeit 2 246
- kausale Verletzungshandlung 2 233
- Rollenwechsel in neuer Ehe 2 251
- ungelernte Arbeitskräfte 2 242
- unterhaltsrechtlich relevanter Verschuldensmaßstab 2 235
- unterlassene Antragstellung öffentlich-rechtlicher Hilfen 2 262
- Vermittelbarkeit des Betroffenen 2 246
- Vier-Stufen-Prüfung 2 224
- wegen Versorgungsleistungen 2 254
- Zumutbarkeit einer Erwerbstätigkeit 2 240
- Zumutbarkeit einer Nebentätigkeit 2 240
- Zurechnung 3 39
- Zurechnung fiktiven Einkommens bei ungelernten Arbeitskräften 2 242

Fiktive Einzelveranlagung 2 271

Fiktive Erträge
- Kasuistik zu – bei unterlassener Vermögensnutzung oder Vermögensverwertung 2 250

Fiktive Steuerberechnung 2 176, 268, 273

Fiktives Einkommen
- Abzug von Krankenversicherungsschutz 2 285

Finanzamt
- Auskunftspflicht des 11 153

Finanzielle Verhältnisse
- Abwägungskriterium hinsichtlich Begrenzung oder Herabsetzung des Unterhalts 9 44

Firmenfahrzeug
- Gestattung der Nutzung eines – als Sachbezug 2 34
- Kasuistik zu geschätzten Vorteilen aus der Nutzung eines 2 36

Fliegerzulage 2 25
Folgesache Ehegattenunterhalt 11 186
Folgesache Kindesunterhalt 11 184
Fondsbeteiligung 4 416
Forderungsübergang 9 117
- Ausgleichsansprüche infolge 7 6
- Ausschluss des Übergangs 9 118
- bei Ersatzhaftung für Kindesunterhalt 3 128
- kein – bei fehlendem Unterhaltsanspruch 9 124

Forstwirtschaft
- Einkünfte aus 2 38

Fortbildung
- Anspruch auf – 4 349

Fortbildungskosten
- berufsbedingte Aufwendungen 2 305

Freiberufler
- Altersunterhalt 4 203
- Ermittlung des Gewinns 2 45

Freistellungsvereinbarung 2 210
- Beispiel für 10 15
- kein familienrechtlicher Ausgleichsanspruch 7 45
- Kindesunterhalt 10 14

Freiwillige Aufgabe einer versicherungspflichtigen Erwerbstätigkeit
- Kindesunterhalt 3 46

Stichwortverzeichnis

Freiwillige Leistungen Dritter
– beim Kindesunterhalt 3 21
Freiwillige Zahlungen des Schuldners 11 71
Freiwillige Zuwendungen
– als Einkünfte 2 213
Fremdbetreuung
– Obliegenheit der Inanspruchnahme von 4 174
Frühere Erwerbstätigkeit
– als Kriterium für Angemessenheit der Erwerbstätigkeit 4 320
Für-Prinzip
– Begriff 2 91, 268

Gebäude
– Abschreibungen für Nutzung 2 172
– Instandhaltungsrücklagen 2 174
– notwendige Erhaltungsaufwendungen 2 172
Gebäudeabschreibungen
– unterhaltsrechtlich nicht anzuerkennen 2 61
Gebrechen
– Begriff 4 225
Gehaltssteigerungen
– übliche 9 25
Geheimhaltungsinteressen Dritter
– Auskunftsanspruch 2 430
Gehobene Einkommensverhältnisse der Eltern 1 48
Geistige Schwäche
– Begriff 4 226
Geldrente 3 143; 4 4
Gemeinsame Vermögensbildung 2 363
Gemeinschaftliches Kind
– nicht 4 160
– Übersicht zu 4 159
Gemeinschaftskonto 7 131
Gerichtlicher Vergleich
– Abänderung eines 11 292
Gerichtsvollziehereinkommen 2 25
Gesamtschuldnerausgleich 2 339
– Beispiel bei Unterhaltsberechnung mit 1/7 Erwerbstätigenbonus 2 342
– Schuldentilgung 7 71 ff.
Gesamtschuldnerausgleich zwischen den Ehegatten 7 58 ff.
– Bankkonten 7 131 ff.
– Begründung der Gesamtschuld 7 86
– Hemmung der Verjährung 7 86
– Mietwohnung 7 118
– Nichtabrechnungsvereinbarung 7 77
– Schuldentilgung 7 71 ff.
– Steuern 7 102 ff.
– Verhältnis zu Zugewinn 7 87 ff.
– Verjährung von Ansprüchen 7 86
Geschäftsführerbezüge 2 25
Geschäftsgrundlage
– Störung der 11 294
Geschenke
– als Kosten der Lebensführung 2 81

Geschiedenenunterhalt
– Anspruchsgrundlagen 4 98
– Begriff s. nachehelicher Unterhalt
– wirtschaftliche Eigenverantwortung 4 100
Gesetzliche Familienversicherung 1 14
Gesetzliche Krankenversicherung
– Beendigung der Mitversicherung in der –mit Scheidung 2 280
Gesetzliche Rentenversicherungsbeiträge 2 288
Gestaltung von Haushaltsführung und Erwerbstätigkeit während der Ehe 9 23
Gesteigerte Unterhaltsverpflichtung
– Selbstbehalt bei 1 73
– Zumutbarkeitsgrenzen 2 227
Gesundheitliche Beeinträchtigung
– Ausschluss der Erwerbsobliegenheit wegen 4 65
Gesundheitszustand
– als Kriterium für Angemessenheit der Erwerbstätigkeit 4 319
Getrenntleben
– Begriff 4 52
Gewerbebetrieb
– Einkünfte aus 2 38
Gewerbesteuer
– Berücksichtigung bei Ermittlung des Gewinns 2 89
Gewerkschaft
– Beiträge zu – als berufsbedingte Aufwendungen 2 305
Gewerkschaftsbeiträge
– berufsbedingte Aufwendungen 2 305
Gewinn
– als maßgebliche Größe zur Bestimmung des unterhaltsrelevanten Einkommens 2 40
– Ermittlung des – bei Freiberuflern 2 45
– Ermittlung des – bei land- und forstwirtschaftlichen Betrieben 2 46
– Ermittlung des – durch Betriebsvermögensvergleich 2 42
– Ermittlung des – durch Einnahmen- Überschuss- Rechnung 2 44
– Schätzung der Besteuerungsgrundlagen durch Finanzbehörde 2 47
Gewinneinkünfte 2 37
Gewinneinnahme aus Kapitalbeteiligungen an Personengesellschaften
– als Vermögenseinkünften 2 148
Gewinnermittlung
– Änderung der Art der 2 48
Gewöhnlicher Aufenthalt
– Ausland 11 47
– des unterhaltsberechtigten Kindes 11 32
Gleichrangige Unterhaltsgläubiger
– Mangelfallberechnung 3 141
– Verteilung des verfügbaren Einkommens 3 140
Grobe Unbilligkeit 9 108; 4 600
Gröbliche Verletzung der Pflicht zum Familienunterhalt beizutragen 4 590

Stichwortverzeichnis

Gröbliche Vernachlässigung der eigenen Unterhaltspflicht gegenüber dem Unterhaltsverpflichteten 9 86
Grundbedarf
– Höhe des 1 73
Grundlagen der Einkommensermittlung 2 1
Grundsicherung 5 21 ff.
– Einkommen 5 20
– Obliegenheitsverletzung bei Nichtgeltendmachung 2 136
– Subsidiarität gegenüber Ehegattenunterhaltsanspruch 2 138
Grundsicherungsleistung
– Begriff 2 133
Güterrecht
– Zweigleisigkeit zwischen – und schuldrechtlichen Ansprüchen 7 88
Güterstand
– nachehelicher Unterhalt 4 128

Haftungsbeschränkung
– Einwand der 4 116
Halbteilungsgrundsatz 4 287
Halbwaisenrente
– hälftige Anrechnung auf den Barunterhalt des Minderjährigen 2 139
Hausfinanzierung
– Gesamtschuld der Ehegatten 7 74
Hausfrauen-Ehe 9 23
Hausgeld
– Bereinigung des Einkommens um 5 50
Haushalt
– Kind mit eigenem 1 58
Haushaltsersparnis
– Berücksichtigung beim Selbstbehalt 1 75
Haushaltsführung
– eheprägende Einkünfte 4 393
– Familienunterhalt 4 6
– Kosten für doppelte – als berufsbedingte Aufwendungen 2 305
Haushaltsführung für Dritte
– eheprägende Einkünfte 4 395
Haushaltsführungsehe
– Begriff 4 24
– Umfang der Familienunterhaltsleistungspflicht 4 24
Haushaltsgeld 5 43
Hauslasten
– von Wohnwert in Abzug zu bringen 2 185
Hausmann-Ehe 9 23
Hausmannrechtsprechung 2 251
– Erwerbspflicht gegenüber den Kindern 3 51
– Kindesunterhalt 3 49
– Rechtfertigung des Rollenwechsels 3 53
– Taschengeldanspruch 3 58
– Unterhalt trotz Rollenwechsel 3 55
– Verletzung der Erwerbsobliegenheit 3 50

Heirat
– Beendigung des Volljährigenunterhalts durch 3 169
Heirat des betreuenden Elternteils
– Beendigung des Unterhaltsanspruchs nach § 1615l BGB 6 56
Hemmung der Verjährung
– Gesamtschuldnerausgleichsansprüche 7 86
– Regressansprüche 7 38
Herabsetzung 9 1
– angemessener Lebensbedarf 9 51
– Billigkeitsabwägung 9 12
– Darlegungs- und Beweislast 9 62
– Durchführung der 9 49
– Kasuistik 9 58
– Kombination mit Rechtsfolgen der Befristung 9 57
– untere Grenze: angemessener Lebensbedarf 9 49
– Verfahrensrecht 9 61
– Verhältnis zu Verwirkung 9 66
– Wegfall des Unterhaltsanspruchs 9 53
Herabstufung
– Beispiel 1 38
– in andere Einkommensgruppe 1 34, 37
Hobby
– Aufwendungen für 4 30
Höherstufung
– in andere Einkommensgruppe 1 34, 36
– keine – bei unterdurchschnittlichen Unterhaltsverpflichtungen 1 40
Hortkosten
– kein Mehrbedarf 3 80

Immobilie
– Tilgungsleistungen für 4 416
– Unterhaltung zweier –, die keinen Nettoerlös bringen 2 250
– Verwertung einer 5 35
In-Prinzip
– Anwendung in der Vergangenheit 2 94
– Begriff 2 90, 267
Insolvenzgeld 2 97
– unterhaltsrechtlich relevantes Einkommen 2 143
Insolvenzverfahren
– Obliegenheit zur Einleitung eines 3 36
Instandhaltungsmaßnahmen
– Bereinigung des Einkommens um 5 50
Investitionsabzugsbetrag 2 68
Isolierter Auskunftsantrag 11 116
Isoliertes Auskunftsverfahren 11 173
Isoliertes Unterhaltsverfahren
– Aufenthalt des Antragsgegners 11 39
– gewöhnlicher Aufenthalt des Antragsgegners im Ausland 11 47
– Örtliche Zuständigkeit 11 39
– temporärer Wahlgerichtsstand bei Anhängigkeit des Kindesunterhalts 11 40
– Unterhaltspflicht beider Eltern 11 42

Stichwortverzeichnis

Jubiläumszuwendung
- Verteilung auf angemessenen Zeitraum 2 30

Jugendamt
- Titulierung beim 6 67

Jugendamtsurkunde
- Abänderung einer 11 305
- einseitige Anfertigung einer 11 307
- Unterhaltsvereinbarung 11 306

Kapital, das mit Mitteln des Unterhalts angespart wurde
- Erträge aus 2 151

Kapitalabfindung
- Erlöschen des Anspruchs auf nachehelichen Unterhalt wegen 4 112

Kapitalgesellschaft
- Einkünfte aus 2 148

Kapitalvermögen
- Einkünfte aus 2 147

Karrieresprung 1 81; 4 425

Kasuistik
- berufsbedingte Aufwendungen 2 305
- regelmäßiger Barbezug 2 24
- Streckung der Abfindung 2 29

Kenntnis vom Fehlverhalten 9 111

Kernbereichslehre
- Hierarchie der Scheidungsfolgen 10 50

Kernbereichspyramide 8 25

Kfz
- Aufwendungen für 4 30

Kieferorthopädische Behandlung
- Sonderbedarf 3 86

Kind
- Ausstattung des 6 6
- Bedarf des 1 7
- behindertes 2 134
- Betreuung des – und Erwerbsobliegenheit 4 164
- Betreuung eines nachehelichen gemeinschaftlichen 4 363
- Betreuung eines nicht gemeinschaftlichen 4 364
- Betreuung eines Pflege 4 364
- Dauer der Pflege oder Erziehung eines gemeinschaftlichen 9 20
- Ehebruchs 4 367
- eigene Lebensstellung 1 53
- Enkel 4 366
- Erwerbspflicht gegenüber 3 51
- Fehleinschätzung der Begabung 3 98
- gemeinschaftliches 4 159
- gesetzliche Familienversicherung 1 14
- Kindergeld als Einkommen des 2 111
- Lebensbedarf des 4 30
- mit eigenem Haushalt 1 58
- nicht gemeinschaftliches 4 160
- Pflege und Erziehung eines gemeinschaftlichen 4 159
- Stief 4 367
- Unterhaltsanspruch des behinderten 2 134

- Unterhaltsbedürftigkeit eines volljährigen –wegen Krankheit 1 52
- Vertretung des minderjährigen 3 8
- Wohnbedarf des 1 13

Kinderbetreuung
- kurze Ehedauer bei 4 576

Kinderbetreuungskosten
- berufsbedingte Aufwendungen 2 305, 320

Kinderbezogene Teile des Familienzuschlags
- als Einkommen 2 25

Kindergartenbeitrag
- Mehrbedarf 3 79

Kindergartenkosten 2 320

Kindergeld
- Ausgleich des – zwischen den Eltern 7 46
- Ausgleichspflicht bei fehlender Leistungsfähigkeit 1 25
- Auswirkung der bedarfsdeckenden Anrechnung des – im Mangelfall 1 23
- Begriff 2 109
- Behandlung in Düsseldorfer Tabelle 1 21
- Bezugsberechtigte 1 25
- Familienleistungsausgleich 2 110
- familienrechtlicher Ausgleichsanspruch bei fehlender Leistungsfähigkeit 1 25
- Höhe des 1 21
- interner Ausgleich zwischen den Bezugsberechtigten 1 22
- kein familienrechtlicher Ausgleichsanspruch bei Auszahlung an Eltern statt an volljähriges Kind 7 37
- Weiterleitung an Kind bei fehlender Leistungsfähigkeit 1 25
- Zählkindvorteil 2 112

Kindergeldverrechnung
- Übergangsregelung 1 67

Kinderschutzklausel
- Herabsetzung oder Begrenzung des Betreuungsunterhalts 9 14

Kinderzuschlag 2 25
- Einkommen 2 109

Kinderzuschüsse 2 25

Kindesbetreuung
- eheprägende Einkünfte 4 393
- und Erwerbsobliegenheit 4 164

Kindesinteressen 4 601

Kindesunterhalt
- Abänderungsverfahren 3 170
- Abitur-Lehre-Studium 3 92
- Alkoholsucht des Kindes 9 83
- Altersstufen 1 5
- Ansprüche des volljährigen Kindes 3 166
- Anspruchsgrundlage 3 1
- Art der Unterhaltsgewährung 3 143
- Ausbildungsunterhalt 3 87
- Ausgleichsansprüche und 7 5
- Auskunft beim 2 386
- Bedarf 3 64

529

Stichwortverzeichnis

- Bedarf des Kindes 1 7
- Bedarf des volljährigen Kindes 1 16
- Bedarfsermittlung 3 76
- Bedarfsermittlung bei Kleinkind 1 56
- Bedarfsermittlung bei volljährigem Kind 1 56
- Bedeutung der Düsseldorfer Tabelle 3 67
- Bedürftigkeit 3 19
- Behindertenwerkstatt 1 53
- beiderseitige Barunterhaltspflicht 1 17
- Berufsausbildung 3 89
- Darlegungs- und Beweislast bei Forderung von Höchstsätzen der Düsseldorfer Tabelle 1 57
- dynamische Unterhaltstitel 3 153
- Dynamisierung des Mindestbedarfs 1 59
- eigene Lebensstellung 1 53
- eigener Haushalt 1 58
- Einkommen 3 33
- Einkünfte des Kindes 3 20
- Einsatz von Vermögen 3 26
- Eintritt der Bedürftigkeit durch sittliches Verschulden 9 81
- Erfüllungsübernahme 10 14
- Errechnung des Mindestbedarfs 1 4
- Ersatzhaftung 3 112
- Erwerbsobliegenheit 3 22
- Erwerbspflicht gegenüber Kindern 3 51
- Fahrten am Studienort 1 58
- Fehleinschätzung der Begabung 3 98
- Folgesache 11 184
- Fortdauer des Unterhaltstitels bei Eintritt der Volljährigkeit 3 170
- Freistellungsvereinbarung 10 14
- freiwillige Aufgabe einer versicherungspflichtigen Erwerbstätigkeit 3 46
- Geldrente 3 143
- gleichrangige Unterhaltsgläubiger 3 140
- Hausmannrechtsprechung 3 49
- Heimfahrten 1 58
- Kind mit eigenem Haushalt 1 58
- konkrete Bedarfsberechnung 1 55
- Kosten der Krankenversicherung 1 14
- Kosten für Fachliteratur 1 58
- Leistungsfähigkeit 3 27
- Mangelfallberechnung 3 141
- Mehrbedarf 3 78
- Mindestunterhalt 3 145
- Obliegenheit zur Einleitung eines Insolvenzverfahrens 3 36
- Obliegenheit zur Einleitung eines Verbraucherinsolvenzverfahrens 3 36; 2 344
- Obliegenheitsverletzung 9 94
- Rangverhältnisse mehrerer Unterhaltspflichtiger 3 104
- Schuldenabtrag und Gesamtschuldnerausgleich 7 65
- schwere Verfehlung des Kindes 9 94
- Selbstbehalt 3 29
- Selbstbehalt eines Elternteils gegenüber volljährigem Kind mit eigener Lebensstellung 1 54
- Selbstbehalte 1 73
- sittliches Verschulden des Kindes 9 84
- Sonderbedarf 3 84
- statische Unterhaltstitel 3 150
- Straftat des Kindes im Ausland 9 81
- Studienkosten 1 58
- Suizidversuch des Kindes 9 82
- Titulierungsmöglichkeiten 10 21
- Tod des Berechtigten bzw. Pflichtigen 3 6
- Überblick 3 1
- Umgangskosten 3 38
- unberechtigte Strafanzeige gegen Unterhaltsverpflichteten 9 96
- und Familienunterhalt 4 10
- Unterhaltsansprüche des minderjährigen Kindes *s. Unterhaltsansprüche des minderjährigen Kindes*
- Unterhaltsbedürftigkeit eines volljährigen Kindes wegen Krankheit 1 52
- unterhaltsbezogene Leichtfertigkeit 3 48
- unterhaltsrechtlicher Rang 3 136
- Unterhaltstatbestand 3 18
- Unterhaltsvereinbarung 10 1
- Unterkunft 1 58
- Verbindlichkeiten 2 332
- Verfahrensstandschaft im Unterhaltsverfahren 3 8
- Verletzung der Erwerbsobliegenheit 3 50
- Vermögensbildung 3 37
- Vermögensverwertung 2 158
- Verpflegung 1 58
- verschuldeter Arbeitsplatzverlust 3 47
- Verschweigen des Abbruchs der Schulausbildung 9 96
- Verschweigen eigener Einkünfte 9 96
- Verteilung des verfügbaren Einkommens 3 140
- Vertretung des minderjährigen Kindes 3 8
- Verzicht 10 12
- Verzicht auf genaue Einkommensermittlung bei Einräumung der uneingeschränkten Leistungsfähigkeit 2 3, 53, 341
- Volljährige mit eigener Lebensstellung 1 52
- Volljährigenunterhalt 1 6
- Vollstreckungsabwehrantrag 3 170
- Voraussetzungen 3 4
- Vorrangstellung minderjähriger Kinder 3 137
- Wegfall der Leistungsfähigkeit 3 44
- Wohnvorteil 2 192
- zukünftiger 3 5
- Zurechnung fiktiver Einkünfte 3 39
- zusammengesetzte Ausbildung 3 92
- Zuständigkeit 11 30
- Zweitausbildung 3 91

Kindesunterhaltsanspruch
- Vorrang des 3 1

Kindesunterhaltspflicht
- getrennt lebender Eltern 3 3

Stichwortverzeichnis

Kindesunterhaltsverpflichtung
- keine zeitliche Beschränkung der 3 2

Kirchensteuer
- unterhaltsrechtliche Abzugsfähigkeit 2 89

Klassenfahrt
- Mehrbedarf 3 81

Kleidung
- Aufwendungen für 4 30

Kleinkind
- Bedarfsermittlung bei 1 56

Konfirmation
- Kosten für 3 86

Konflikte am Arbeitsplatz
- Kündigung des Arbeitsverhältnisses wegen 2 246

Konkrete Bedarfsberechnung 1 55
- Abänderungsverfahren 4 443
- Angemessenheit der 4 439
- Auskunftsanspruch 4 442
- bei Eltern mit hohem Einkommen 1 57
- Grundlagen der 4 437
- kein Erwerbstätigenbonus 2 23
- Kind mit eigenem Haushalt 1 58
- nachehelicher Unterhalt 4 436

Konsumkredit 5 50

Kontaktabbruch 9 102

Konten bei Kreditinstituten
- als Vermögenseinkünfte 2 148

Kontoführungsgebühr
- Gewähr von – als Sachbezug 2 34

Körperliche Schwäche
- Begriff 4 226

Kost
- freie oder verbilligte – als Sachbezug 2 34

Kosten der Besuche beim Unterhaltsberechtigten
- Bereinigung des Einkommens um 5 50

Kosten der Krankenversicherung
- bei volljährigem Kind 1 15
- Berücksichtigung im Kindesunterhalt 1 14

Kosten der Lebensführung
- Abgrenzung von Betriebs-/Praxisausgaben 2 80
- Begriff 2 80
- Übersicht 2 81

Kosten der Titulierung 11 74

Kosten des Vaterschaftsanfechtungsverfahrens
- Ausgleich der 7 46

Kosten für Nachhilfeunterricht
- familienrechtlicher Ausgleichsanspruch 7 44

Kostenfreies Wohnen 5 44

Kostensenkung
- wenn Betriebsausgaben unangemessen zu den Einnahmen 2 82

Kostenvorschuss
- Familienunterhalt 4 39

Kranken- und Pflegeversicherung
- private 7 44

Krankengeld
- unterhaltsrechtlich zu berücksichtigendes Einkommen 2 142

Krankenhaustagegeld
- unterhaltsrechtlich zu berücksichtigendes Einkommen 2 142

Krankentagegeld
- unterhaltsrechtlich zu berücksichtigendes Einkommen 2 142

Krankenversicherung
- Kosten der 1 14
- Vorsorgeaufwendungen bei Selbstständigen 2 85

Krankenversicherungskosten
- Bereinigung des Einkommens um 5 50

Krankenversicherungszuschüsse
- als Einkünfte 2 25

Krankenvorsorgeunterhalt
- Verhältnis zu Altersvorsorgeunterhalt 4 90

Krankenzusatzversicherung 2 284

Krankheit
- Begriff 4 223
- Mehraufwendungen wegen 2 366 f.
- Obliegenheit zur Inanspruchnahme einer zumutbaren Behandlung 4 227
- Unterhaltsbedürftigkeit eines volljährigen Kindes wegen 1 52
- Verpflichtung zur Durchführung von Operationen 4 228
- Vorsorgeaufwendungen für 2 84

Krankheitsbedingter Rentenanspruch 4 230

Krankheitskosten
- nicht gedeckte 4 30

Krankheitsunterhalt
- Anschlussunterhalt 4 241
- Anspruchsvoraussetzungen 4 221
- Auskunftsanspruch 4 246
- Begrenzung 4 248
- Darlegungs- und Beweislast 4 247
- Disponibilität des Anspruchs auf 4 242
- ehebedingter Nachteil 9 25
- Einsatzzeitpunkte 4 234
- Erwerbsunfähigkeitsrente 4 247
- fiktive Einkünfte bei Verstoß gegen Obliegenheiten 4 229
- Gebrechen 4 225
- Kasuistik: Befristung und Herabsetzung 9 59
- Konkurrenzen 4 243
- körperliche und geistige Schwäche 4 226
- Krankheit 4 223
- krankheitsbedingte Erwerbsbeeinträchtigung 4 232
- krankheitsbedingte Teilerwerbstätigkeit 4 245
- kurzfristige Erkrankung 4 231
- latent vorhandene Erkrankung 4 236
- Lohnersatzleistungen 4 231
- Normzweck 4 220
- Obliegenheit zur Inanspruchnahme einer zumutbaren Behandlung 4 227
- originärer 4 241
- Verhältnis zu krankheitsbedingtem Rentenanspruch 4 230

Stichwortverzeichnis

- Verpflichtung zur Durchführung von Operationen 4 228
- Verschiebung der Einsatzzeitpunkte 4 240
- Verwirkung 4 227, 248
- Wegfall der rechtlichen Betreuungsnotwendigkeit des gemeinschaftlichen Kindes 4 237
- Zeitpunkt der Beendigung der Pflege oder Erziehung eines gemeinschaftlichen Kindes 4 237
- Zeitpunkt der Beendigung einer Ausbildung, Fortbildung oder Umschulung 4 238

Krankheitsvorsorge
- Aufwendungen für 4 30

Kredite
- Aufnahme und Tilgung steuerlich irrelevant 2 83
- vermögensbildende 2 337

Kündigung des Arbeitsverhältnisses
- wegen Konflikten am Arbeitsplatz 2 246

Kurzarbeitergeld 2 97
- unterhaltsrechtlich relevantes Einkommen 2 143

Kurze Ehedauer 4 574
- bei Kinderbetreuung 4 576
- Zeitrahmen für eine 4 575

Landwirtschaft
- Einkünfte aus 2 38

Lange Ehedauer 4 322

Leasinggebühren
- als Kosten der Lebensführung 2 81

Lebensalter
- als Kriterium für Angemessenheit der Erwerbstätigkeit 4 318

Lebensbedarf
- angemessener 9 51

Lebensbedarf des Kindes
- Begriff 4 30

Lebensführung
- Kosten der 2 80

Lebensgemeinschaft
- eheliche 4 15
- verfestigte 4 577

Lebenspartner
- Auskunftsanspruch zwischen 2 401

Lebenspartnerschaftsunterhalt
- Anlässlich des Todes eines Lebenspartners 8 38
- Nach Aufhebung der Lebenspartnerschaft 8 22
- Trennungsunterhalt 8 14
- Während des Zusammenlebens 8 9

Lebensstandard
- höherer 9 34

Lebensstellung
- eigene – des Kindes 1 53

Lebensversicherung 4 416

Leibrente
- Einkünfte 2 207

Leichtfertiger Arbeitsplatzverlust 2 246

Leichtfertigkeit
- unterhaltsbezogene 3 48

Leistungen
- besondere – für den anderen Ehegatten 4 362
- wiederkehrende 11 49

Leistungen für Kindererziehung 5 24

Leistungs-AfA 2 71
- Beispiel 2 71

Leistungsfähigkeit
- Änderung des Selbstbehalts 4 511
- Berücksichtigung von Verbindlichkeiten 2 336
- Billigkeitsunterhalt 4 486
- eheangemessener Bedarf als Grenze der 4 485
- Einkommen 3 33
- Einwand mangelnde 2 13
- Einwendung fehlender 4 484
- Familienunterhalt 4 17
- Mangelfall 4 527
- nachehelicher Unterhalt 4 481
- Rangverhältnisse 4 527
- Selbstbehalt 3 29
- Selbstbehalt als Grenze der 4 506
- Trennungsunterhalt 4 53
- Unterhaltsanspruch nach § 1615l BGB 6 41
- Volljährigenunterhalt 3 180
- Wegfall der 3 44

Leistungsfähigkeit des Unterhaltsverpflichteten 9 42

Leistungspflicht
- Umfang der – beim Familienunterhalt 4 22

Leitlinien 1 1
- Begriff 1 89
- berufsbedingte Aufwendungen 2 302
- der OLG 1 2
- Handhabung der AfA 2 76
- Selbstbehalt 4 508
- Struktur der 1 90
- Versorgungsleistungen 2 255

Leitlinienstruktur 1 90

Lineare Abschreibung
- Begriff 2 59

Lohnersatzfunktion
- der Abfindung 2 26

Lohnersatzleistungen
- aus vorangegangener überobligatorischer Arbeit 4 459

Lohnfortzahlung
- im Krankheitsfall 2 25

Lohnsteuerkarte
- Obliegenheit zur Eintragung außergewöhnlicher Belastungen 2 261

Lottogewinn
- Kapitalvermögen 2 151

Luxus
- keine Teilhabe des Kindes am 1 56

Mahnungswiederholung 4 133

Mangelfall
- Auswirkungen der bedarfsdeckenden Anrechnung des Kindergeldes 1 23
- Auswirkungen der Rangverhältnisse im 4 552

Stichwortverzeichnis

- Bedeutung des Bedarfskontrollbetrages 1 32
- Begriff 4 56
- modifizierte Einkommensberechnung 2 12
- zusätzliche Altersversorgung 4 419

Mangelfallberechnung
- Begriff 3 141
- Bestimmung des Einsatzbetrages 1 24
- Einsatzbeträge 4 566
- Einsatzbeträge für den mit dem Unterhaltspflichtigen zusammenlebenden Ehegatten 4 569
- Einsatzbeträge für den Unterhaltsberechtigten nach § 1615l BGB 4 570
- Einsatzbeträge für getrennt lebende oder geschiedene Ehegatten 4 567
- Grundsätze der – 4 561

Mangelnde Leistungsfähigkeit
- Einwand 2 13

Marktmiete
- objektive 2 178

Maß des Unterhalts
- Berücksichtigung von Unterhaltspflichten 4 400
- Berücksichtigung von Verbindlichkeiten 4 402
- eheliche Lebensverhältnisse 4 374
- eheprägende Einkünfte 4 388
- Grundlagen 4 373
- Vermögensbildung 4 403

Materielle Auskunftspflichten 2 379

Mehrarbeit
- Einkünfte aus 2 25
- Zumutbarkeit 2 25

Mehraufwendungen wegen Krankheit oder Alter 2 366 f.
- Darlegungs- und Beweislast 2 368

Mehrbedarf
- Begriff 3 78; 1 19
- Einnahme von Diätkost 5 7
- Erwerb von Medikamenten 5 7
- Formulierungsbeispiel bei begründetem 10 20
- Hortkosten 3 80
- keine Berücksichtigung in Düsseldorfer Tabelle 1 18
- Kindergartenbeitrag 3 79
- Klassenfahrt 3 81
- Notwendigkeit der Einstellung einer Haushaltshilfe 5 7
- regelmäßiger 4 79
- trennungsbedingter 4 67

Mehrheitsgesellschafter
- Begriff 2 54
- Grundsatz der Vollausschüttung 2 54

Miete
- als Kosten der Lebensführung 2 81
- Ausgleichsanspruch wegen gezahlter - 7 118 ff.
- rückständige 7 129

Mieteinnahmen 2 165

Mietwohnung
- und Gesamtschuldnerausgleich 7 89

Minderheitsgesellschafter
- Begriff 2 54

Minderjährigenunterhalt
- Ausschluss 9 114
- rechtliche Leistungsunfähigkeit 7 29

Minderjähriges Kind
- Betreuungsunterhalt 1 12
- Obhutsprinzip 10 3
- Unterhaltsansprüche des 3 17
- Verfahrenskostenvorschuss 11 473
- Vertretung des 3 8; 10 3
- Verwertung des Vermögensstamms 4 470
- Vorrangstellung 3 137

Mindestbedarf 4 433
- Beispiele 1 80
- des mit dem Unterhaltspflichtigen zusammenlebenden Ehegatten 1 79
- Dynamisierung des 1 59
- Ehegattenunterhalt 1 78
- Elternunterhalt 5 6
- Errechnung des 1 4
- nachehelicher Unterhalt 4 433

Mindestselbstbehalt
- Elternunterhalt 5 57

Mindestunterhalt 3 145
- Scheinvater-Regress 7 9, 27

Miteigentumsanteil an einem Haus
- Kapitalvermögen 2 151

Mitversicherung
- Beendigung der –in der gesetzlichen Krankenversicherung 2 280

Modifizierte Einkommensermittlung
- im Mangelfall und bei verschärfter Haftung 2 12

Monetarisierung
- des Familienunterhaltsanspruchs 4 9

Mutterschaftsgeld 6 34
- Einkommen 2 103
- Lohnersatzfunktion 2 108

Mutterschutzfrist 6 5

Mutwillige Herbeiführung der Bedürftigkeit 4 586

Mutwillige Verletzung von Vermögensinteressen des Verpflichteten 4 589

Mutwilligkeit 4 588

Nachehelicher Ausbildungsbeginn 4 354

Nachehelicher Unterhalt
- Abänderungsantrag des Erben 4 119
- Angemessenheit der Erwerbstätigkeit 4 309
- Anschlussunterhalt 4 105
- Anspruch auf Fortbildung und Umschulung s. *Anspruch auf Fortbildung und Umschulung*
- Anspruchsgrundlagen 4 103
- Aufrechnung 4 125
- Aufstockungsunterhalt s. *Aufstockungsunterhalt*
- Aufwendungen für die Altersversorgung 4 415
- Ausschluss von Bagatellunterhalt 4 127
- außergewöhnliche Einkommensentwicklungen 4 423

533

Stichwortverzeichnis

- Bedarf 4 388
- Bedürftigkeit s. *Bedürftigkeit*
- Beginn des Anspruchs auf 4 110
- Beispiel für Wohnvorteil 2 183
- Berücksichtigung von Unterhaltspflichten 4 400
- Berücksichtigung von Verbindlichkeiten 4 402
- Beschränkung oder Versagung des Unterhalts wegen grober Unbilligkeit 4 572
- Betreuungsunterhalt s. *Betreuungsunterhalt* 4 149
- Billigkeitsunterhalt 4 107, 486
- Darlegungs- und Beweislast 4 120
- Disponibilität 4 136
- eheangemessener Bedarf als Grenze der Leistungsfähigkeit 4 485
- eheprägende Einkünfte 4 388
- einheitlicher Anspruch 4 102
- Einreden 4 121
- Einsatzzeitpunkte 4 106
- Einwand der Haftungsbeschränkung 4 116
- Einwand des Bereicherungswegfalls 4 147
- Einwendung fehlende Leistungsfähigkeit 4 484
- Einwendungen 4 121
- Erbe 4 117
- Erlöschen des Anspruchs auf 4 111
- Grenzen der Vermögensverwertungspflicht 4 473
- grobe Unbilligkeit 4 600
- Güterstand 4 128
- Herabsetzung und Befristung 9 7
- Kapitalabfindung 4 112
- Kasuistik berücksichtigungsfähiger Vermögenswerte 4 472
- Kindesinteressen 4 601
- konkrete Bedarfsberechnung 4 436
- kurze Ehedauer 4 574
- Leistungsfähigkeit s. *Leistungsfähigkeit*
- Mangelfall 4 527
- Mangelfallberechnung s. *Mangelfallberechnung*
- Maß des Unterhalts s. *Maß des Unterhalts*
- Maßstab für die Bedürftigkeit 4 449
- Mindestbedarf 4 433
- Obergrenze 4 381
- Obliegenheit zur Einleitung eines Verbraucherinsolvenzverfahrens 2 344
- passive Vererblichkeit 4 116
- Pfändbarkeit 4 124
- Rangverhältnisse 4 527
- Rangverhältnisse zwischen mehreren unterhaltsberechtigten Ehegatten 4 538
- Rückforderung 4 141
- Rückforderung wegen ungerechtfertigter Bereicherung 4 146
- Sättigungsgrenze 4 434
- Schadensersatzforderungen 4 141
- Selbstbehalt als Grenze der Leistungsfähigkeit 4 506
- Selbstbehalt des Ehegatten nach den Leitlinien des OLG 4 508
- Tatbestandskette 4 108
- Teilunterhalt 4 105
- Übergangsregelungen 4 137
- Unterhalt aus Billigkeitsgründen s. *Billigkeitsunterhalt*
- Unterhalt für die Vergangenheit 4 128
- Unterhalt wegen Alters s. *Altersunterhalt*
- Unterhalt wegen Ausbildung, Fortbildung und Umschulung s. *Ausbildungsunterhalt*
- Unterhalt wegen Erwerbslosigkeit s. *Erwerbslosenunterhalt*
- Unterhalt wegen Krankheit s. *Krankheitsunterhalt*
- Unterhaltskette 4 109
- Vereinbarungen 10 39
- Verfahrenskostenvorschuss 11 471
- Verhältnis zu anderen Unterhaltsansprüchen 4 2
- Verjährung 4 122
- Vermögensbildung 4 403
- Vermögensverlust 4 477
- Vermögensverwertung 2 153
- Verpflichtung zur Vermögensverwertung 4 555
- Versagung 4 572
- Verwertung des Vermögensstammes 4 467
- Verwirkung 4 113, 122
- Verwirkungstatbestände 4 574
- Verzicht 4 112
- Verzug 4 128
- Wiederaufleben des Anspruchs auf – nach Auflösung einer weiteren Ehe 4 107
- Wiederverheiratung 4 114
- zeitliche Begrenzung 4 112

Nachehelicher Unterhaltsverzicht
- Formulierungsbeispiel 10 63

Nachhaltige Unterhaltssicherung
- Kasuistik zur 4 303

Nachhilfeunterricht
- Kosten für 7 44

Nachrangig Unterhaltsberechtigter
- Mindestbedarfssatz des 1 87

Nachrangige Unterhaltsverpflichtungen
- Berücksichtigung von – bei Bemessung der ehelichen Lebensverhältnisse 1 77

Nahe Angehörige des Unterhaltsverpflichteten
- Begriff 9 90

Naturalunterhalt
- Gleichwertigkeit von 3 107

Nebeneinkünfte 2 25

Nebentätigkeit
- Darlegungs- und Beweislast für Hinderungsgründe 2 246
- Obliegenheit zur Aufnahme einer 2 246
- Rentner 4 429
- Unterhaltspflichtiger 4 429
- Zumutbarkeit einer 2 240
- Zumutbarkeit einer – bei Umschulung 2 246

Negative Tatsachen
- Beweis 9 62

Negativer Feststellungsantrag 11 382

Negativer Wohnwert 2 186

Nettoeinkommen
– bereinigtes 2 265
Neue Ehe
– Kinderbetreuung durch Dritte nicht möglich 2 253
– Rollenwechsel in 2 251
– Vorsorgemaßnahmen 2 253
– wesentlich günstigere Einkommenssituation 2 253
Nichtabrechnungsvereinbarung 7 77
Nichteheliche Lebensgemeinschaft
– Hausmannrechtsprechung 2 251
Nichterwerbstätigenehe
– Begriff 4 27
– Umfang der Familienunterhaltsleistungspflicht 4 27
Nichterwerbstätiger
– Selbstbehalt 1 73
Nichtprägende Einkünfte 4 399
Nichtselbstständige Tätigkeit
– Auskunfts- und Beleganspruch bei 2 407
– Einkünfte aus 2 21, 214
Nichtzulassungsbeschwerde 11 413
Notarielle Urkunde
– Abänderung einer 11 303
Notgroschen 5 32, 48
Notwendige Fahrtkosten
– berufsbedingte Aufwendungen 2 307
Notwendiger Selbstbehalt 1 74
– Kindesunterhalt 3 31
– Warmmietkosten 1 76
Nutzungsentnahmen 2 49, 50
Nutzungsentschädigung
– Verhältnis zu Wohnwert 2 204

Oberlandesgerichte
– Leitlinien der 1 2
Obhut
– Begriff 3 11
– Formulierungsbeispiel 10 5
Obhutsprinzip 10 3
Obhutswechsel 10 7
Objektive Marktmiete
– Bemessung des Wohnwerts 2 178
Obliegenheit zur Einleitung eines Insolvenzverfahrens
– Kindesunterhalt 3 36
Obliegenheit zur Einleitung eines Verbraucherinsolvenzverfahrens
– Prüfungsschema hinsichtlich der 2 345
Obliegenheitsverletzung
– Kindesunterhalt 9 94
Oder-Konto 7 97
– Darlegungs- und Beweislast für Ausgleichsanspruch 7 106
Öffentliche Verkehrsmittel 2 308

Öffentlich-rechtliche Hilfe
– Einkommensfiktion bei unterlassener Antragstellung 2 262
Opfer
– außergewöhnliche – für den anderen Ehegatten 4 362
Örtliche Zuständigkeit
– in isolierten Unterhaltsverfahren 11 39
– in Unterhaltssachen 11 22

Pachteinnahmen 2 165
Partnerschaftsvertrag
– – und salvatorische Klausel 8 37
– Ausübungskontrolle beim – 8 31, 36
– Inhaltskontrolle beim – 8 24, 26
– Kernbereichslehre 8 25, 34
– Kernbereichspyramide 8 34
– Wirksamkeit des – 8 24
Passive Vererblichkeit
– eines Anspruchs auf nachehelichen Unterhalt 4 116
Pauschaler Betreuungsbonus 2 321
Pension
– eheprägende Einkünfte 4 396
– keine berufsbedingten Aufwendungen 2 299
Pensionär
– Auskunft von 2 410
Personal
– Einsatz von betrieblichem – für private Zwecke 2 49, 50
Personalkosten
– als Kosten der Lebensführung 2 81
Pfändbarkeit
– nachehelicher Unterhalt 4 124
– Taschengeldanspruchs 4 38
Pflege
– Begriff 4 161
– Dauer der – eines gemeinschaftlichen Kindes 9 20
– eines gemeinschaftlichen Kindes 4 159
– Kosten für 4 30
Pflegebedürftiger Ehegatte
– Familienunterhalt 4 7
Pflegegeld
– Begriff 2 115
– Blindengeld 2 132
– Einkommen der Pflegeperson 2 115
– Erwerbstätigenbonus 2 127
– Erziehungsbeitrag 2 131
– nach Landesrecht 2 129
– Schwerstbehindertenzulage 2 132
– Unfallrente 2 132
– Versorgungsrente 2 132
Pflegekind
– Betreuung eines 4 364
Pflegeleistungen
– Übernahme von – durch einen Ehegatten 2 370

Stichwortverzeichnis

Pflegeperson
– Pflegegeld ist Einkommen der 2 115
Pflegeverpflichtung
– Übernahme einer 5 26
Pflegeversicherung 5 20
– Vorsorgeaufwendungen bei Selbstständigen 2 85
Pflegeversicherungsbeiträge 2 285
Pkw-Kosten 2 308
Porto
– als Kosten der Lebensführung 2 81
Praxishinweis
– Abänderungsverfahren 3 170
– Bedarf des Kindes 3 66
– Berechnung der angemessenen Altersversorgung 4 418
– Beweislast für ausreichendes Bemühen um Arbeitsplatz 3 43
– Beweislast für Ersatzhaftung beim Kindesunterhalt 3 127
– Darlegungs- und Beweislast bei Berufen auf Rangvorschrift 3 139
– Darlegungslast bei Unterhaltsanspruch nach § 1615l BGB für die ersten drei Jahre 6 14
– Dynamisierung des Unterhalts 1 63
– Ersatzhaftung beim Kindesunterhalt 3 119
– Feststellungsantrag 11 317
– Fortdauer des Unterhaltstitels bei Eintritt der Volljährigkeit 3 170
– Hinweis auf die Möglichkeit der Geltendmachung des Altersvorsorgeunterhaltsanspruchs 4 82
– Höhe des Verfahrenskostenvorschusses 11 494
– Isoliertes Unterhaltsverfahren 11 48
– Mindestunterhalt 3 149
– Rangverhältnis der Unterhaltsschuldner 3 106
– Realsplitting 2 279
– Taschengeldanspruch 3 59
– Titulierungskosten 11 75
– Trennungsunterhalt: außergewöhnlich gute Einkommensverhältnisse 4 74
– unterhaltsbezogene Leichtfertigkeit 3 48
– Verfahrenskostenvorschuss 11 454, 500
– Vergleich und Verfahrenskostenvorschuss 11 502
– Verlängerung des Unterhaltsanspruchs nach § 1615l BGB 6 39
– Volljährigenunterhalt 3 190
– Vollstreckungsabwehrantrag 3 170
– Vorgehen bei zweifelhafter Leistungsfähigkeit 11 489
– zuständiges Gericht bei Beschwerdeverfahren hinsichtlich Verfahrenskostenvorschuss 11 466
Private Kranken- und Pflegeversicherung
– verauslagte Beiträge für 7 44
Private Unfallversicherung
– Leistungen aus – als Einkommen 2 143
Proportionalitätsgrundsatz
– im Familienunterhalt 4 5

Provisionen
– als Kosten der Lebensführung 2 81
Prozesskostenvorschusspflicht
– Unterhaltsanspruch nach § 1615l BGB 6 39
Prozessvergleich
– Abänderung eines 9 74

Quotenunterhalt
– Auswirkungen des Mindestbedarfs 1 86
– Unterhaltsanspruch nach § 1615l BGB 6 28

Rangfragen
– Unterhaltsanspruch nach § 1615l BGB 6 51
Rangstufen 4 529
Rangverhältnisse 4 527
– Auswirkungen der – im Mangelfall 4 552
– Beurteilung der 4 538
– Elternunterhaltsanspruch 5 53
– Rangstufen 4 529
– Unterhaltsberechnung bei Gleichrang 4 545
– Unterhaltsberechnung bei Nachrang des geschiedenen Ehegatten 4 547
– Unterhaltsberechnung bei Vorrang des geschiedenen Ehegatten 4 544
– Vorrangstellung minderjähriger Kinder 3 137
– zwischen mehreren unterhaltsberechtigten Ehegatten 4 537
Rangverhältnisse mehrerer Unterhaltspflichtiger 3 104
Realsplitting
– Inanspruchnahme es begrenzten 2 261
– Obliegenheit zur Geltendmachung des 2 275
Rechtliche Verhältnisse
– wesentliche Änderung der 11 220
Rechtsausübungssperre 7 10
Rechtsbeschwerde 11 408
– Begründung 11 418
– Frist 11 415
– Gericht 11 414
Rechtshängigkeit
– Begriff 11 3
Rechtsqualität
– der Düsseldorfer Tabelle 1 3
Rechtsschutzbedürfnis
– einseitige titulierte Verpflichtungserklärung 11 64
– einstweilige Unterhaltsanordnung 11 62
– für Unterhaltsantrag 11 58
Regelmäßige Barbezüge
– Kasuistik 2 24
Regelmäßiger Mehrbedarf
– Trennungsunterhalt 4 79
Regress
– Scheinvater- 7 6 ff.
Regressansprüche
– Verjährung 7 37
– Verwirkung 7 39 ff.

Stichwortverzeichnis

Reinigungskosten
– berufsbedingte Aufwendungen 2 305
Reisekosten
– als Kosten der Lebensführung 2 81
– Einkünfte 2 25
Rente
– eheprägende Einkünfte 4 396
– Erwerbsunfähigkeits 4 247
– keine berufsbedingten Aufwendungen 2 299
– unterhaltsrechtlich relevantes Einkommen 2 139
Rentenalter
– Berücksichtigung von Altersvorsorgeaufwendungen ab Erreichen des 2 293
Rentenanspruch
– krankheitsbedingter 4 230
Rentenanwartschaften
– Erwerb geringerer 9 30
Rentenleistungen
– rückwirkende Bewilligung von 7 44
Rentenversicherungsbeiträge
– gesetzliche 2 288
Rentner
– Auskunft von 2 410
– Nebentätigkeit eines 4 429
Repräsentationskosten
– als Kosten der Lebensführung 2 81
– berufsbedingte Aufwendungen 2 305
Richterbund
– Beiträge zu – als berufsbedingte Aufwendungen 2 305
Richterliche Schätzung 11 164
Risikolebensversicherung 2 295
Rollentausch 2 251
Rollenwahl
– Voraussetzungen für die Akzeptanz der 2 253
Rollenwechsel
– in neuer Ehe 2 251
– Rechtfertigung des 3 53
– Unterhalt trotz 3 55
Rückgewähr geschenkten Vermögens 5 30
Rückständige Miete 7 129
Rückständiger Unterhalt
– Geltendmachung 9 130
Rückstellungen 2 77
– Auflösung der – wegen Entfallen des Grundes 2 79
– erhöhte 2 79
– für Pensionen und ähnliche Verpflichtungen 2 78
– Inanspruchnahme der 2 79
– Steuerrückstellungen 2 78
– Übersicht 2 78
Rückwirkende Bewilligung von Rentenleistungen
– familienrechtlicher Ausgleichsanspruch 7 44
Rückwirkungssperre 11 243

Sachbezug
– Beispiele für 2 34
Sachleistungen
– Einkommen 5 25
Sachliche Zuständigkeit des Familiengerichts 11 11
Sachzuwendung
– unterhaltspflichtiges Einkommen 2 33
Salvatorische Klausel
– Formulierungsbeispiel 10 53
Sättigungsgrenze
– Nachehelicher Unterhalt 4 434
Säuglingserstausstattung
– Sonderbedarf 3 86
Schadensersatzforderung
– wegen falscher Angaben im Unterhaltsprozess 4 141
Schadensersatzpflicht
– Erfüllung von 4 30
Schätzung
– der Einkünfte 2 16
– Richterliche 11 154
Scheidungsverbund
– Abtrennung 11 192
– Abtrennung einer Unterhaltsfolgesache, § 140 Abs. 1 FamFG 11 191
– Abtrennung einer Unterhaltsfolgesache, § 140 Abs. 3 FamFG 11 199
– außergewöhnliche Verzögerung 11 194
– Folgen der Abtrennung 11 200
– Härtefälle 11 194
Scheidungsverbundverfahren
– Begriff 11 165
– durch Beschluss 11 167
– Unterhaltsanträge im 11 165
– verbundfähige Unterhaltsanträge 11 169
Scheinarbeitsverhältnis 4 302
Scheinvater
– Leistungen eines 3 129
Scheinvater-Regress 7 8
Schmerzensgeldzahlung
– Kapitalvermögen 2 151
Schonvermögen 5 45
Schuldenabtrag
– Berücksichtigung beim Kindesunterhalt 7 75
Schuldentilgung
– Kindesunterhalt 3 34
– Unterhalt und Gesamtschuldnerausgleich 7 70 ff.
Schuldrechtlicher Ausgleichsanspruch
– Zweigleisigkeit zwischen – und Güterrecht 7 94
Schüler
– Bedarfssatz 1 50
Schulgeld
– familienrechtlicher Ausgleichsanspruch 7 44
Schwäche
– körperliche und geistige 4 226
Schwere Straftat
– Art der in Betracht kommenden Delikte 4 583
– Opfer 4 585
– Verschulden 4 584

Stichwortverzeichnis

– Verwirkungstatbestand 4 582
Schwerstbeschädigtenzulagen
– unterhaltsrelevantes Einkommen 2 132
Sekundäre Altersvorsorgeaufwendungen
– keine Berücksichtigung bei Tangierung des Mindestunterhalts minderjähriger Kinder 2 292
– keine Berücksichtigung in Mangelfallkonstellationen 2 292
– Wahlfreiheit 2 291
Sekundärhaftung
– Kindesunterhalt 3 112
Selbstbehalt
– als Grenze der Leistungsfähigkeit 4 506
– Änderung des 4 509
– angemessener 3 30
– Berücksichtigung der Haushaltsersparnis 1 75
– Berücksichtigung von Mietkosten 4 511
– Deckung der Lebenshaltungskosten 4 510
– des Ehegatten nach den Leitlinien der OLG 4 508
– Ehegatten 1 76
– eines Elternteils gegenüber einem volljährigen Kind mit eigener Lebensstellung 1 54
– Elternunterhalt 5 56; 1 74, 76
– Erwerbstätiger mit gesteigerter Unterhaltsverpflichtung 1 73
– Familien 1 75
– Familienunterhalt 4 17
– geringere Miete als der in die Selbstbehaltssätze eingearbeitete Wohnkostenanteil 4 520
– höhere Miete als die in den Selbstbehaltssätzen berücksichtigten Wohnkosten 4 514
– Kindesunterhalt 3 29
– Mindest- beim Elternunterhalt 5 57
– Nichterwerbstätige 1 73
– notwendiger 3 31; 1 74
– Trennungsunterhalt 4 56
– Unterhaltsanspruch nach § 1615l BGB 6 41
– Warmmietkosten 1 76
– Zusammenleben im Fall der Wiederheirat 4 525
– Zusammenleben mit neuem Lebenspartner 4 525
Selbstbehalte
– Begriff 1 73
Selbstständige
– berufsbedingte Aufwendungen 2 298
– berufsständische Altersversorgung 2 296
– Einkommensermittlung 2 10
– Einkünfte s. *Einkünfte aus selbstständiger Tätigkeit*
– Vorlage von Belegen 11 125
Selbstständige Tätigkeit
– Aufgabe einer 2 246
– Obliegenheit zur Aufgabe einer 2 246
Selbstständiger Unterhaltsschuldner
– Verpflichtung, sich besser bezahlte Tätigkeit zu suchen 2 246
Sitzungsgelder 2 25

Sofortabschreibung geringwertiger Wirtschaftsgüter 2 70
Soldaten
– Einkünfte der 2 25
Solidaritätszuschlag
– unterhaltsrechtliche Abzugsfähigkeit 2 89
Sonderabschreibung
– Ansparabschreibung 2 67
– Begriff 2 66
– Investitionsabzugsbetrag 2 68
Sonderbedarf
– Auslandsschuljahr 3 86
– Ausstattung des Kindes 6 6
– Begriff 3 85; 1 20
– Beispiel 3 86
– Computeranschaffung 3 86
– Durch Schwangerschaft oder Geburt versachter 6 6
– Entbindungskosten 6 6
– für die Vergangenheit 4 129
– keine Berücksichtigung in Düsseldorfer Tabelle 1 18
– kieferorthopädische Behandlung 3 86
– Konfirmation 3 86
– rückwirkende Geltendmachung des 3 84
– Säuglingserstausstattung 3 86
– Umstandskleidung 6 6
Sonderzuwendung
– Berücksichtigung in vollem Umfang 2 32
Sozialhilfe 5 24
– kein bedarfsdeckendes Einkommen 2 140
Sozialleistungen 6 35
– Familienunterhalt 4 19
Sozialrechtliches Existenzminimum 9 52
Sozialstaatliche Leistungen
– ALG II 2 98
– Arbeitslosengeld 2 96
– Ausbildungsförderung 2 100
– Einkünfte 2 95
– Elterngeld 2 103
– Erziehungsgeld 2 103
– Kindergeld 2 109
– Kinderzuschlag 2 109
– Mutterschaftsgeld 2 103
– Pflegegeld 2 115
Sozialstaatliche Zuwendungen
– Einkünfte aufgrund 2 8
Sparguthaben
– Einkünfte aus 2 151
Spekulationsgewinne
– Einkünfte aus 2 148
Spenden 2 81
Spesen 2 25
Splittingvorteil 2 270
– aus neuer Ehe als Einkommen 2 218
Sprungrechtsbeschwerde 11 408
Standschaft im eigenen Namen 10 6
Statische Unterhaltstitel 3 150

Stichwortverzeichnis

Statischer Unterhalt
– Titulierungsmöglichkeit 10 23
Steuerberatungskosten
– berufsbedingte Aufwendungen 2 305
Steuerberechnung
– fiktive 2 93, 176, 268, 273
Steuererstattungen
– als Einkommen 2 216
Steuerklassen 7 102 ff.
Steuerklassenwahl
– zutreffende 2 261
Steuerliche Freibeträge
– Geltendmachung von 2 261
Steuerliche Pauschalen
– Geltendmachung von 2 261
Steuerliche Vorteile
– Inanspruchnahme von 5 39
Steuern
– Abzugsposten bei Ermittlung des Nettoeinkommens 2 266
– Einkommensteuer 2 89
– Für-Prinzip 2 91, 268
– Gesamtschuldnerausgleich zwischen den Ehegatten 7 102 ff.
– Gewerbesteuer 2 89
– In-Prinzip 2 90, 267
– Kirchensteuer 2 89
– Obliegenheit zur Geltendmachung des Realsplittings 2 275
– Solidaritätszuschlag 2 89
– Splittingvorteil 2 270
– Umsatzsteuer 2 89
Steuerschulden
– einkommensteuerkonforme Aufteilung 7 105
Steuervorteile
– als Einkommen 2 217, 275
– Fiktion von 2 260
Stiefelternteil
– Ersatzhaftung für Kindesunterhalt 3 128
Stiefkind 4 367
Stille Gesellschaft
– Einkünfte aus 2 148
Stipendien
– Einkommen 2 101
Störung der Geschäftsgrundlage 11 294
Strafgefangene
– fiktive Einkünfte bei 2 256
Straftat
– schwere 4 582
Streitgegenstand 11 4
Streitgenossenschaft 11 42
Stückzinsen
– als Vermögenseinkünfte 2 148
Student
– fester Bedarfssatz 1 43
– Unterhaltsanspruch 1 43
Studienkosten 1 58

Studium
– Abschluss eines 9 27
Stufenantrag 11 110, 131, 160
– Formulierungsbeispiel 11 135
Stufenverfahren 11 130
– bezifferter Stufenantrag 11 141
– zweite Stufe 11 136
Substanziierung des Vortrags zum ehebedingten Nachteil 9 65
Substanzverbrauch
– Abschreibungen für 2 75
Süddeutsche Leitlinien
– Bedarfskontrollbetrag 1 33
Surrogat
– des Wohnvorteils 2 190

Tabelle
– Bremer 4 85
– Düsseldorfer 1 1
Tabellenwerk 1 4
Taschengeld 5 43
– Anspruch auf 4 34
– Auskunftsanspruch 4 35
– Einkommen 2 212
– Höhe des 4 36
Taschengeldanspruch
– Hausmannrechtsprechung 3 58
– Pfändbarkeit 4 38
Tatbestandskette
– nachehelicher Unterhalt 4 108
Tätigkeit
– Einkünfte aus nichtselbstständiger 2 21, 214
Tatsache
– Beweis negativer 9 62
Tatsachenpräklusion 11 237
Tatsächliche Verhältnisse
– Änderung der 11 226
Teilarbeitslosengeld 2 97
Teilunterhalt
– nachehelicher Unterhalt 4 105
Telefonkosten
– als Kosten der Lebensführung 2 81
– Sachbezug 2 34
Tilgungsleistungen für Immobilien 4 416
Titelergänzungsantrag 11 68
Titulierter Unterhalt
– schützenswertes Vertrauen in 9 45
– Und familienrechtlicher Ausgleichsanspruch 7 45
Titulierter Unterhaltsanspruch
– Verwirkung 9 142
Titulierung
– Kosten der 11 74
– vollständige – des Unterhalts 11 60
Titulierung beim Jugendamt
– Unterhaltsanspruch nach § 1615l BGB 6 67
Titulierungsanspruch 11 71
– freiwillige Unterhaltsleistung 11 80
Titulierungsaufforderung 11 83

539

Stichwortverzeichnis

Tod des Unterhaltsberechtigten 11 332
Tod des unterhaltspflichtigen Vaters
– Beendigung des Unterhaltsanspruchs nach § 1615l BGB 6 57
Tod eines Ehegatten
– Familienunterhaltsanspruch bei 4 9
Trennungsbedingter Mehrbedarf 4 67
Trennungsjahr
– erstes 4 59
Trennungsunterhalt
– Altersvorsorgeunterhalt 4 80
– Anspruchsvoraussetzungen 4 52
– Ausbildungsunterhalt 4 77
– außergewöhnlich gute Einkommensverhältnisse 4 71
– Bedeutung des Güterstandes 4 50
– Bedürftigkeit 4 57
– Darlegungs- und Beweislast für Leistungsfähigkeit 4 56
– eheliche Lebensverhältnisse 4 66
– eingetragene Lebenspartner 8 14
– eingetragene Lebenspartner und Steuern 8 8
– eingetragene Lebenspartner und Verwirkung 8 21
– eingetragene Lebenspartner, Abgrenzung zum Partnerschaftsunterhalt 8 13
– erstes Trennungsjahr 4 59
– Erwerbsobliegenheit 4 65
– gesteigerte Unterhaltsverpflichtung 2 231
– Getrenntleben 4 52
– Grundlagen 4 48
– Herabsetzung und Befristung 9 11
– Kasuistik zu denkbaren Bedarfspositionen 4 76
– Kriterien für das Einsetzen der Erwerbsobliegenheit 4 65
– Leistungsfähigkeit 4 53
– Maß des 4 66
– Obergrenze des Bedarfs 4 66
– Obliegenheit zur Einleitung eines Verbraucherinsolvenzverfahrens 2 344
– regelmäßiger Mehrbedarf 4 79
– Selbstbehalt 4 55
– trennungsbedingter Mehrbedarf 4 67
– Übersicht zu den Abwägungskriterien zur Vermögensverwertungsobliegenheit in der Trennungszeit 2 157
– und Familienunterhalt 4 11
– Unzulässigkeit der Vollstreckung nach erneutem Zusammenleben 4 12
– Vereinbarungen zum 10 33
– Verfahrenskostenvorschuss 11 471
– Verfestigung der Trennung 4 60
– Verhältnis zu anderen Unterhaltsansprüchen 4 2
– Vermögensverwertung 2 155
– Verpflichtung zur Vermögensverwertung 4 556
– Versöhnungsversuch 4 52
– Verwertung des Vermögensstamms 4 468
– Verzicht 10 34

– Vorsorgeunterhalt 4 80
– Weiterzahlung nach Rechtskraft der Scheidung 4 49
– Wohnvorteil 2 180
– Wohnwert 2 187
– Zahlung von 9 43
– Zeitpunkt der Bedarfsbemessung 4 69

Übergangsbeihilfe 2 30
Übergangsgebührnisse 2 30
Übergangsgeld 2 97
– unterhaltsrechtlich relevantes Einkommen 2 143
Überobligatorische Arbeit
– Lohnersatzleistungen aufgrund 4 459
Überobligatorische Einkünfte 4 461
– Beispiel zur Unterhaltsberechnung bei 4 464
– Kriterien für die Bemessung des anrechnungsfreien Betrages 4 462
Überschusseinkünfte 2 37, 166
Überstunden
– Einkünfte aus 2 25
Überstundenvergütung 5 41
– eheprägender Charakter der 4 429
Umfang der Auskunfts- und Belegpflicht 2 403
Umgangskosten 2 322
– Berücksichtigung beim Kindesunterhalt 3 38
Umsatzsteuer
– unterhaltsrechtlich nicht relevant 2 89
Umschulung
– Anspruch auf 4 349
– Zumutbarkeit einer Nebentätigkeit bei 2 246
Umstandskleidung
– Sonderbedarf 6 6
Umstandsmoment 9 139; 7 40
Umzugskosten
– berufsbedingte Aufwendungen 2 305
Unberechtigte Strafanzeige gegen Unterhaltsschuldner 9 96
Unbilligkeit
– grobe 9 108; 4 600
Unfallrente
– unterhaltsrelevantes Einkommen 2 132
Unfallversicherung
– Leistungen aus der privaten – als Einkommen 2 143
Ungelernte Arbeitskräfte
– Kasuistik zu fingierten Einkünften 2 243
– Zurechnung fiktiven Einkommens bei 2 242
Unselbstständig tätige Unterhaltspflichtige
– Vorlage von Belegen 11 124
Unterbrechung der Verjährung 9 160
Unterhalt
– angemessener 1 3
– Beschränkung des 4 572
– Einkommen 2 211
– Entfallen des – bei grober Unbilligkeit 9 108
– freiwillige Zahlungen des Schuldners 11 71
– Geldrente 3 143

Stichwortverzeichnis

- künftig fällig werdender 9 142
- rückständiger 9 130
- Teilleistung des 11 76
- titulierter 7 45
- Versagung des – 4 572
- vollständige Titulierung des 11 60

Unterhalt anderer Berechtigter 2 350
- Anspruch des neuen Ehegatten 2 358
- Ehegattenunterhalt 2 351
- Elternunterhalt 2 362
- Kindesunterhalt 2 360

Unterhalt eingetragener Lebenspartner
- Ansprüche anlässlich des Todes eines Lebenspartners 8 38
- Ansprüche nach Aufhebung der Lebenspartnerschaft 8 22
- Ansprüche nach Trennung der Lebenspartner 8 14
- Ansprüche während des Zusammenlebens 8 9
- Erbrecht 8 38
- Grundsatz der Eigenverantwortung 8 7
- Lebenspartnerschaftsunterhalt 8 9 ff., 9 ff.
- Nachpartnerschaftliche Solidarität 8 32
- nachpartnerschaftlicher Unterhalt 8 22
- Partnerschaftliche Nachteile 8 23, 30
- partnerschaftsbedingte Nachteile 8 20
- Trennungsunterhalt 8 3, 14 ff., 14 ff.
- Wirksamkeit eines in einem Partnerschaftsvertrag vereinbarten Unterhaltsausschlusses 8 24

Unterhalt für die Vergangenheit
- nachehelicher Unterhalt 4 128
- Unterhaltsanspruch nach § 1615l BGB 6 65

Unterhaltsanordnung
- einstweilige 11 62, 346
- einstweilige – und anderweitige Bestimmung 7 80

Unterhaltsanspruch
- Verjährung 9 153
- Verwirkung nach § 242 BGB 9 125
- Verwirkung nicht titulierten 9 134
- Verwirkung titulierten 9 142
- vorrangiger – beim Elternunterhalt 5 27
- Wegfall eines 9 28
- Wiederaufleben des 4 298

Unterhaltsanspruch nach § 1615l BGB
- Anspruch auf Ersatz der Kosten, die hinsichtlich der Schwangerschaft oder Geburt entstehen 6 6
- Anspruchskonkurrenz mehrerer Pflichtiger 6 46
- Auskunftsanspruch 2 400
- Bedarf 6 26
- Bedürftigkeit 6 26
- Beendigung des Anspruchs 6 56
- befristeter Unterhalt für die Zeit von sechs Wochen vor und acht Wochen nach der Geburt 6 5
- Befristung 6 58
- Begrenzung der Höhe nach 6 32
- Beleidigung durch die Mutter 6 61
- Berufsausbildung der Mutter 6 30
- Betreuungsunterhalt 6 10
- Checkliste 6 4
- Darlegungen 6 63
- eigene Einkünfte der Kindsmutter 6 33
- Einmalbegegnung 6 21
- elternbezogene Gründe für Verlängerung des Betreuungsunterhalts 6 21, 25
- Elterngeld 6 36
- Entgeltfortzahlung 6 34
- Ersatzhaftung 6 51
- Erwerbsobliegenheit 6 43
- Erziehungsgeld 6 35
- gescheiterte Partnerschaften 6 21
- Heirat des betreuenden Elternteils 6 56
- Jugendamtsurkunde 6 67
- Kausalität der Schwangerschaft oder Geburt 6 7
- kindbezogene Gründe für Verlängerung des Betreuungsunterhalts 6 25
- Konkurrenz zu Ehegattenunterhalt 1 84
- Leistungsfähigkeit 6 41
- Mindestbedarf 6 29
- Mutter lebt im Haushalt ihrer Eltern 6 31
- Mutterschaftsgeld 6 34
- örtliche Zuständigkeit 6 66
- Prozesskostenvorschusspflicht 6 39
- Quotenunterhalt 6 28
- Rangfragen 6 51
- schwere Verfehlung 9 103
- Selbstbehalt 6 41
- Sozialleistungen 6 35
- Straftaten der Mutter 6 61
- Tatbestand 6 5
- Teilzeittätigkeit 6 16, 38
- Titulierung beim Jugendamt 6 67
- Tod des unterhaltspflichtigen Vaters 6 57
- Unterhalt für die Vergangenheit 6 65
- Unterhaltsanspruch der Mutter gegen den Vater, wenn sie infolge der Schwangerschaft oder Entbindung verursachten Erkrankung außerstande ist, ihre vorher ausgeübte Erwerbstätigkeit auszuüben 6 7
- Verbraucherinsolvenzverfahren 2 344
- Vereitelung des Umgangs 6 62; 9 103
- Verfahren 6 63
- Verfahrenskostenvorschusspflicht 6 39
- verfestigte Lebensgemeinschaft der betreuenden Mutter 6 60
- Verlängerung des Betreuungsunterhalts aus kind- oder elternbezogenen Gründen 6 15
- Vermögen der Kindsmutter 6 34
- Verwertung des Vermögensstamms 6 37
- Verwirkung 6 56, 59
- Wegfall der Unterhaltsverpflichtung nach § 1611 BGB 9 78
- zeitliche Begrenzung 6 7
- Zusammenfassung Bedarf und Bedürftigkeit 6 36

Stichwortverzeichnis

Unterhaltsansprüche des minderjährigen
  Kindes 3 17
– Bedürftigkeit 3 19
– Einkünfte des Kindes 3 20
– Einsatz von Vermögen 3 26
– Erwerbsobliegenheit 3 22
– Unterhaltstatbestand 3 18
Unterhaltsantrag
– bezifferter 11 155
Unterhaltsantrag im Scheidungsverbundverfahren 11 165
Unterhaltsausschluss
– Wirksamkeit eines in einem Partnerschaftsvertrag vereinbarten – 8 24 ff., 24 ff.
Unterhaltsberechtigter Ehegatte
– Existenzminimum 1 81
Unterhaltsbezogene Leichtfertigkeit 3 48
Unterhaltsfolgesache
– Abtrennung einer 11 191
Unterhaltsgeld
– bei Teilnahme an Maßnahmen der beruflichen Weiterbildung 2 143
Unterhaltsgewährung
– Art der 3 143
Unterhaltsgläubiger
– gleichrangige 3 140
Unterhaltskette 4 109
Unterhaltsleistungsantrag 11 1
– Bedeutung des § 258 ZPO 11 49
– Formulierungsbeispiel 11 7
– Mindestinhalt 11 4
– Rechtsschutzbedürfnis 11 58
– wiederkehrende Leistungen 11 49
– zuständiges Familiengericht 11 10
Unterhaltspflicht
– Berücksichtigung von 4 400
– getrennt lebender Eltern gegenüber ihren Kindern 3 3
– keine zeitliche Beschränkung der – bei Kindesunterhalt 3 2
Unterhaltspflichtiger
– Leistungsfähigkeit des 9 42
– Nebentätigkeit eines 4 429
Unterhaltspflichtiger; Versterben des 6 40
Unterhaltsrechtliches Treueverhältnis 2 454
Unterhaltsrelevantes Einkommen 2 4, 214
Unterhaltsrückstände
– maßgeblicher Zeitraum für Einkommensermittlung 2 11
Unterhaltssache
– Begriff 11 12
– Feststellungsantrag 11 309
– örtliche Zuständigkeit 11 22
Unterhaltssachen
– Beschwerde in 11 383
Unterhaltsschuldner
– freiwillige Teilleistung 11 76
– freiwillige vollständige Unterhaltsleistung 11 71

Unterhaltssicherung
– nachhaltige 4 303
Unterhaltsstufenantrag 11 110
Unterhaltsteilleistung 11 76
– Titulierungsanspruch 11 80
– Titulierungsaufforderung 11 83
Unterhaltstitel
– dynamische 3 153
– statische 3 150
Unterhaltsvereinbarung
– Ehegattenunterhalt s. Vereinbarungen zum Ehegattenunterhalt
– Jugendamtsurkunde 11 306
– Kindesunterhalt s. Vereinbarungen zum Kindesunterhalt
– Novation 10 73
Unterhaltsverfahren
– Isoliertes 11 39
– vereinfachtes 11 419
Unterhaltsverpflichtung
– Beschränkung oder Wegfall der – gem. § 1611 BGB 9 78
Unterhaltsverpflichtung gegenüber minderjährigen oder privilegierten volljährigen Kindern
– Zumutbarkeitsgrenzen 2 227
Unterhaltsverstärkende Vereinbarung
– Formulierungsbeispiel 10 59
Unterhaltsverzicht gegen Abfindung
– Formulierungsbeispiel 10 72
Unterhaltsverzicht mit auflösender Bedingung
– Formulierungsbeispiel 10 65
Unterhaltsverzicht nach kurzer Ehedauer
– Formulierungsbeispiel 10 69
Unterhaltsvorschussgesetz
– Leistungen nach 2 144
Unterkunft
– Aufwendungen für 1 58
Unterlassene Vermögensnutzung
– Kasuistik zu fiktiven Erträgen bei 2 250
Unterlassene Vermögensverwertung
– Kasuistik zu fiktiven Erträgen bei 2 250
Unzumutbare Arbeit
– Nichtanrechnung von Einkünften aus 4 455
Unzumutbare Tätigkeit
– Beispiel zur Unterhaltsberechnung bei Einkünften aus 4 464
Unzureichende Vermögensnutzung
– Einkommensfiktion bei 2 248
Urkunde
– Abänderung einer notariellen 11 303
– Abänderung von 11 278
– Jugendamts 11 305
Urlaub
– Aufwendungen für 4 30
Urlaubsabgeltung 2 25
Urlaubsgeld 2 25

Stichwortverzeichnis

Vaterschaftsanfechtungsverfahren
– Kosten des 7 37
Verbände
– Aufwendungen für 4 30
Verbindlichkeiten
– bedeutsame Umstände für die gebotene Interessenabwägung 2 330
– Berücksichtigung von 4 402
– berücksichtigungswürdige 2 328
– Darlegungs- und Beweislast 2 338
– Ehegattenunterhalt 2 334
– Gesamtschuldnerausgleich 2 339
– Grundlagen 2 329
– Kindesunterhalt 2 332
– Leistungsfähigkeit 2 336
– Verbraucherinsolvenzverfahren 2 344
– vermögensbildende Kredite 2 337
Verbot der Doppelverwertung
– Abfindungen ohne Lohnersatzfunktion 2 30
Verbraucherinsolvenzverfahren
– Einleitung eines 2 344
– Verpflichtung zur Einleitung eines 4 19
Verbund
– Abtrennung einer Unterhaltsfolgesache 11 191
– Antragstellung im 11 176
– Formulierungsbeispiel für Antrag im 11 177
Verbundfähigkeit 11 169
Vereinbarungen zum Ehegattenunterhalt 10 31
– Ausübungskontrolle 10 45
– Familienunterhalt 10 31
– Inhaltskontrolle 10 44
– Kernbereich des Scheidungsfolgenrechts 10 49
– Nachehelicher Unterhalt 10 39
– novierende 10 42
– Salvatorische Klauseln 10 52
– Trennungsunterhalt 10 33
– unterhaltsverstärkende 10 40
– Wirksamkeitskontrolle 10 44
Vereinbarungen zum Kindesunterhalt
– Formbedürftigkeit 10 1
– Grenzen zulässiger 10 12
– Mehrbedarf 10 18
– Sonderbedarf 10 18
– Titulierungsmöglichkeiten 10 21
– Unterschreitung der Tabellensätze 10 16
– Volljähriges Kind 10 25
Vereinfachtes Unterhaltsverfahren 11 419
– Antrag 11 431
– Beschwerde gegen Festsetzungsbeschluss 11 451
– Beteiligte 11 427
– Einwendungen des Antragsgegners 11 435
– Feststellungsbeschluss 11 437
– Konkurrenzen 11 424
– streitiges Verfahren 11 444
Vererblichkeit
– passive 4 116
Verfahrensführungsbefugnis
– Wegfall der 11 333

Verfahrenskostenhilfe 11 503
– Antrag 11 517
– bedingte Antragstellung 11 508
– Bedürftigkeit 11 538
– Bewilligungsvoraussetzungen 11 515
– Entscheidung über 11 547
– Erfolgsaussicht 11 526
– für Unterhaltsstufenantrag 11 524
– Mutwilligkeit 11 531
Verfahrenskostenvorschuss 11 452
– anspruchsberechtigte Person 11 471
– Anspruchsvoraussetzungen 11 478
– Antrag auf Erlass einer einstweilen Anordnung 11 456
– Entscheidung durch Beschluss 11 495
– Entscheidung über den eA-Antrag 11 492
– Rückzahlungsansprüche 11 498
– verfahrensrechtliche Umsetzung des Anspruchs 11 455
– zuständiges Gericht 11 460
Verfahrenskostenvorschusspflicht
– Unterhaltsanspruch nach § 1615l BGB 6 39
Verfahrensrechtliche Auskunftspflicht 11 149
Verfahrensrechtliche Auskunftspflichten 2 372
– Erklärungspflicht an Dritten 2 378
– Musterantrag 2 377
Verfahrensstandschaft 3 14
Verfahrensstandschaft im Unterhaltsverfahren 3 8
Verfahrenswert
– Auskunftsanspruch 2 433
Verfestigte Lebensgemeinschaft
– Verwirkungstatbestand 4 577
– Voraussetzungen für Verfestigung 4 579
Vergangenheit
– Unterhalt für die 6 65; 4 128
Vergleich
– Abänderung eines 11 278
– Abänderung eines gerichtlichen 11 292
Verhältnisse
– wesentliche Änderung der 11 218
Verjährung
– Gesamtschuldnerausgleichsansprüche 7 85
– Hemmung 7 38, 86
– künftig fällig werdender Unterhalt 9 159
– Maßnahmen zur Unterbrechung der Verjährung 9 160
– nachehelicher Unterhalt 4 122
– nicht titulierte Unterhaltsansprüche 9 155
– Regressansprüche 7 37
– titulierte Unterhaltsansprüche 9 158
Verkehrsmittel
– öffentliche 2 308
Verletzung der Erwerbsobliegenheit
– Hausmannrechtsprechung 3 50
Verletzung eines Ehegatten
– Familienunterhaltsanspruch bei 4 9
Verluste aus Vermietung und Verpachtung 2 175

543

Stichwortverzeichnis

Vermietung
- Einkünfte aus 2 39, 165
- Verluste aus 2 175

Vermittelbarkeit
- fehlende – des Arbeitsplatzsuchenden 2 246

Vermögen
- Auskunft 11 121
- Berücksichtigung des – bei Unterhaltsanspruch nach § 1615l BGB 6 34
- Einkommen aus 4 391
- Einsatz des 4 19
- Einsatz von 3 26, 176
- Mitglied einer Erbengemeinschaft 5 29
- Rückgewähr geschenkten 5 30
- Schon 5 45
- Verwertung von Immobilien 5 35
- Wahl der Anlageform 2 248

Vermögensbildende Kredite 2 337

Vermögensbildung 4 403
- Abgrenzung zu Aufwendungen für die Altersversorgung 4 412
- auf Kosten des Unterhaltsbedürftigen 4 403
- Aufwendungen zur 2 364; 4 30
- Beteiligung an Bauherrenmodell 4 406
- gemeinsame 2 363
- gemeinsames Eigentum 4 409
- Immobilien 4 404
- Kapitalanlagen 4 404
- Kindesunterhalt 3 37
- Lebensversicherungen 4 404
- Mieteinnahmen 4 408

Vermögenseinkünfte
- Übersicht zu 2 148

Vermögenserträge
- Familienunterhalt 4 6

Vermögensnutzung
- Fiktion bei unzureichender 2 248
- Kasuistik zu fiktiven Erträgen bei unterlassener 2 250

Vermögensstamm
- fehlende Verpflichtung zur Verwertung des 2 161
- Verpflichtung zur Verwertung des 2 153
- Verwertung des 6 37; 5 46; 4 467

Vermögensverlust
- nachehelicher Unterhalt 4 477

Vermögensverwertung 2 153
- Elternunterhalt 2 162
- Kasuistik zu fiktiven Erträgen bei unterlassener 2 250
- Kindesunterhalt 2 158
- Nachehelicher Unterhalt 2 153; 4 555
- Notgroschen 5 32
- Trennungsunterhalt 2 155; 4 556
- Übersicht zu den Abwägungskriterien zur Verwertungsobliegenheit in der Trennungszeit 2 157
- Unwirtschaftlichkeit der 2 154

Vermögensverwertungsobliegenheit
- Familienunterhalt 4 6

Vermögensverwertungspflicht
- Elternunterhalt 5 28
- Grenzen der 4 473
- Kasuistik zu iRd Billigkeitsprüfung zu berücksichtigender Kriterien 4 476

Vermögenswerte
- Kasuistik berücksichtigungsfähiger 4 472

Verpachtung
- Einkünfte aus 2 39, 165
- Verluste aus 2 175

Verpflegung
- Aufwendungen für 1 58; 4 30

Verpflichtungserklärung
- einseitige titulierte 11 64

Versagung des Unterhalts s. *Verwirkung*
- Rechtsfolgen 4 603
- Wiederaufleben des Anspruchs 4 604

Versäumnisbeschluss 11 229

Verschärfte Bereicherungshaftung 11 259

Verschweigen des Abbruchs der Schulausbildung
- Kindesunterhalt 9 96

Verschweigen eigener Einkünfte
- Beispiele für Sanktionen 2 460
- Kindesunterhalt 9 96

Verschweigen unterhaltsrelevanter Umstände 2 452

Versicherungen
- als Kosten der Lebensführung 2 81
- Aufwendungen für 4 30

Versöhnungsversuch
- Auswirkungen auf Trennungsunterhaltsanspruch 4 52

Versorgungsausgleich
- und Altersunterhalt 4 195

Versorgungsbezüge
- unterhaltsrechtlich relevantes Einkommen 2 139

Versorgungsleistungen 4 460
- Begriff 2 254
- Darlegungs- und Beweislast 2 255
- fiktive Einkünfte wegen 2 254
- Leitlinien 2 255

Versorgungsrente
- unterhaltsrechtlich relevantes Einkommen 2 132

Versteigerungserlös
- Kapitalvermögen 2 151

Vertrag zugunsten Dritter
- Formulierungsbeispiel 10 9

Vertragliche Vereinbarung
- schützenswertes Vertrauen durch 9 45

Vertrauen
- schützenswertes – durch Titulierung oder vertragliche Vereinbarung über Unterhaltsanspruch 9 45

Vertretung des minderjährigen Kindes 3 8
- ein Elternteil übt die elterliche Sorge alleine aus 3 9
- gemeinsame elterliche Sorge 3 9

Verwandte
- Ersatzhaftung für Kindesunterhalt 3 128

544

Stichwortverzeichnis

Verwandtenunterhalt
- Elternunterhalt s. *Elternunterhalt*
- Unterhaltsverpflichtung 2 229
- vermögenswirksame Aufwendungen 2 364
- Verwertung des Vermögensstamms 4 469
- Wegfall der Unterhaltsverpflichtung nach § 1611 BGB 9 78
- Wohnvorteil 2 192

Verwertung des Vermögensstamms
- minderjähriges Kind 4 470
- nachehelicher Unterhalt 4 467
- Trennungsunterhalt 4 467
- Unterhaltsanspruch nach § 1615l BGB 6 37
- Verwandtenunterhalt 4 469
- volljähriges Kind 4 469

Verwertungsobliegenheit
- Übersicht zu den Abwägungskriterien zur – in der Trennungszeit 2 157

Verwirkung
- Betreuungsunterhalt 4 190
- Elternunterhalt 5 2
- Familienunterhaltsanspruch 4 41
- Krankheitsunterhalt 4 248
- nachehelicher Unterhalt 4 112, 122
- nicht titulierter Unterhaltsansprüche 9 134
- Rechtsfolge 5 78
- Regressansprüche 7 39 ff.
- Umstandsmoment 7 40
- Unterhaltsanspruch nach § 1615l BGB 6 59
- Verhältnis zu Befristung und Herabsetzung 9 66
- Wiederaufleben des Unterhaltsanspruchs 4 604
- Zeitmoment 7 38

Verwirkung nach § 242 BGB 9 125
- Besonderheiten bei der – von Unterhaltsansprüchen minderjähriger Kinder 9 149
- Geltendmachung rückständigen Unterhalts 9 130
- künftig fällig werdender Unterhalt 9 142
- nicht titulierter Unterhaltsansprüche 9 134
- titulierte Unterhaltsansprüche 9 142
- titulierte, rückständige Unterhaltsansprüche 9 148
- übergegangene Unterhaltsansprüche 9 151
- Umstandsmoment 9 139
- Wirkung 9 152
- Zeitmoment 9 135

Verwirkungstatbestände
- anderer schwerwiegender Grund 4 596
- gröbliche Verletzung der Pflicht zum Familienunterhalt beizutragen 4 590
- kurze Ehedauer 4 574
- mutwillige Herbeiführung der Bedürftigkeit 4 586
- mutwillige Verletzung von Vermögensinteressen des Verpflichteten 4 589
- nachehelicher Unterhalt 4 574
- offensichtlich schwerwiegendes, eindeutig beim Berechtigten liegendes Verhalten 4 591

- schwere Straftat 4 582
- verfestigte Lebensgemeinschaft 4 577

Verzeihung 9 111

Verzicht 9 111
- auf nachehelichen Unterhalt 4 112
- Kindesunterhalt 10 12
- Trennungsunterhalt 10 34

Verzicht auf Aufstockungsunterhalt
- Formulierungsbeispiel 10 68

Verzichtsaufforderung
- Formulierungsbeispiel 11 248

Verzögerung
- Abtrennung aus dem Scheidungsverbund wegen außergewöhnlicher 11 194

Verzug
- Begründung des 4 132
- durch Auskunftsbegehren 2 423
- nachehelicher Unterhalt 4 128

Vollausschüttung
- Grundsatz der – bei Mehrheitsgesellschaftern 2 54

Volljährigenunterhalt 1 6
- anteilige Barunterhaltspflicht der Eltern 3 185
- Bedarf 3 182
- Bedürftigkeit 3 172
- Dauer 3 168
- Einsatz von Vermögen 3 176
- Ermittlung des Bedarfs 1 16
- Erwerbspflicht 3 173
- Heirat 3 169
- Kosten der Krankenversicherung 1 15
- Leistungsfähigkeit 3 180
- Selbstbehalt eines Elternteils gegenüber volljährigem Kind mit eigener Lebensstellung 1 54

Volljähriges Kind
- Bedarfsermittlung bei 1 56
- Bedürftigkeit des 3 172
- Einsatz von Vermögen des 3 176
- mit eigener Lebensstellung 1 52
- Selbstbehalt eines Elternteils gegenüber – mit eigener Lebensstellung 1 54
- Unterhaltsanspruch des 3 166; 2 228
- Unterhaltsbedürftigkeit wegen Krankheit 1 52
- Verfahrenskostenvorschuss 11 474
- Vermögensverwertungsobliegenheit 2 159
- Verwertung des Vermögensstamms 4 469

Volljährigkeit
- Beendigung der Dynamisierung des Mindestbedarfs 1 60

Vollstreckung
- Auskunftsantrag 11 128

Vollstreckungsabwehrantrag 11 318
- Antragstellung 11 336
- Einwendungen 11 325
- Rechtsschutzbedürfnis 11 341
- Zielsetzung 11 320
- zuständiges Gericht 11 321

Stichwortverzeichnis

Vollstreckungsabwehrverfahren
– Verhältnis zum Abänderungsverfahren 11 271
Vollstreckungsmaßnahmen 7 7
Voreheliches Zusammenleben
– kein ehebedingter Nachteil 9 32
Vorlage von Belegen
– Antrag auf 11 123
Vorrang des Kindesunterhaltsanspruchs 3 1
Vorrangiger Unterhaltsanspruch
– beim Elternunterhalt 5 27
Vorsätzliche schwere Verfehlung zum Nachteil des Unterhaltspflichtigen oder seiner nahen Angehörigen 9 87
Vorsorgeaufwendungen
– als Abzugsposten des Nettoeinkommens 2 276
– Alters 2 288
– Berufsunfähigkeitsversicherung 2 85, 287
– betriebliche Zusatzversicherung 2 288
– für Arbeitslosigkeit 2 286
– für Krankheit und Alter 2 84
– gesetzliche Rentenversicherung 2 288
– Krankenversicherung 2 85, 276
– Krankenzusatzversicherung 2 283
– Pflegeversicherung 2 85, 276
– Pflegeversicherungsbeiträge 2 285
– zusätzliche Altersvorsorge 2 290
Vorsorgeaufwendungen für Arbeitslosigkeit 2 286
Vorsorgeunterhalt 4 80
– Berechnung des 4 85

Wahlgerichtsstand 11 42
Warenbezug
– verbilligter – als Sachbezug 2 34
Warenentnahmen 2 49, 50
Warmmietkosten
– beim Ehegattenselbstbehalt berücksichtigte 1 76
– beim Elternunterhaltselbstbehalt berücksichtigte 1 76
– beim notwendigen Selbstbehalt berücksichtigte 1 76
– Höhe der 1 73
Wechselmodell
– Betreuung im 3 108
Wegfall der Leistungsfähigkeit
– freiwillige Aufgabe einer versicherungspflichtigen Erwerbstätigkeit 3 46
– Kindesunterhalt 3 44
– verschuldeter Arbeitsplatzverlust 3 47
Wegfall der Unterhaltsverpflichtung gem. § 1611 BGB 9 78
Wegfall der Verfahrensführungsbefugnis 11 333
Wegfall eines Unterhaltsanspruchs
– kein ehebedingter Nachteil 9 28
Weihnachtsgeld 2 25
Weiter Einkommensbegriff 2 2, 182
Werbekosten 2 81
Werbungskosten
– Abzug von 2 149

Wertpapiere
– Aufwendungen für Altersversorgung 4 416
– Einkünfte aus 2 148
Wesentliche Änderung der Verhältnisse 11 218
– Änderung der rechtlichen Verhältnisse 11 220
– Beweislast 11 234
Wiederaufleben des Unterhaltsanspruchs 4 298
– nach Auflösung einer weiteren Ehe 4 107
Wiederheirat 11 331
Wiederkehrende Leistungen
– Begriff 11 52
– Unterhaltsantrag 11 49
Wirtschaftliche Eigenverantwortung 4 250
– Geschiedenenunterhalt 4 100
Wirtschaftliche Verhältnisse
– Berücksichtigung der – bei Frage nach Erwerbsobliegenheit 4 65
Wirtschaftsgeld
– Anspruch auf 4 32
– Antrag auf 2 394
– Höhe des 4 33
Wirtschaftsgüter
– Sofortabschreibung geringwertiger 2 70
Witwenrente
– wiederaufgelebte 2 145
Wohnbedarf
– des Kindes 1 13
Wohnen
– Aufwendungen für 4 30
– freies oder verbilligtes – als Sachbezug 2 34
– kostenfreies 5 44
Wohngeld 5 23
– unterhaltsrechtlich relevantes Einkommen 2 146
Wohnkosten
– Bereinigung des Einkommens um – 5 50
– enthalten im festen Bedarfssatz 1 44
Wohnkostenanteil
– Überschreitung des 1 44
Wohnrecht
– dingliches 2 203
Wohnvorteil 2 147, 177; 7 74
– beim Trennungsunterhalt 2 180
– Beispiel für – beim nachehelichen Unterhalt 2 183
– Bemessung des Wohnwerts 2 178
– Dauer des Getrenntlebens 2 180
– dingliches Wohnrecht, das nicht nutzbar ist 2 203
– Ehegatte erwirbt Eigentumsanteil des anderen Ehegatten 2 191
– eheprägende Einkünfte 4 397
– Kindesunterhalt 2 192
– mehrere Wohnungen 2 178
– objektive Marktmiete 2 178
– Verwandtenunterhalt 2 192
Wohnwert
– beim Trennungsunterhalt 2 186
– Bemessung des 2 178

Stichwortverzeichnis

- Entfallen des –, wenn Familienheim während der Trennungszeit verkauft 2 190
- Hauslasten 2 185
- Miteigentum der Eheleute 2 185
- negativer 2 186
- Surrogat bei Verkauf 2 190
- Verhältnis zu Nutzungsentschädigung 2 204
- Zinsen 2 185

Zählkindvorteil
- Begriff 1 26

Zeitaufwand für Arbeitsplatzsuche 2 246

Zeitliche Begrenzung
- des Anspruchs auf nachehelichen Unterhalt 4 112
- des Unterhaltsanspruchs nach § 1615l BGB 6 7

Zeitmoment 9 135

Zins- und Tilgungsleistungen
- Bereinigung des Einkommens um 5 50

Zinsaufwendungen 2 81

Zinsen
- als Vermögenseinkünfte 2 148

Zuflussprinzip 5 38

Zugewinn
- dauerhaft uneinbringliche Forderung 7 97
- Verhältnis zu Gesamtschuldnerausgleich 7 87 ff.

Zugewinnausgleich
- Erträge aus 2 151

Zukünftiger Kindesunterhalt
- kein Verzicht auf 3 5

Zukunftsprognose
- bei Einkommensermittlung 2 17

Zulagen 2 25

Zumutbarkeit einer Erwerbstätigkeit
- Obergrenze 2 240

Zumutbarkeit einer Nebentätigkeit 2 240

Zurechnung fiktiver Einkünfte
- Kindesunterhalt 3 39

Zurückbehaltungsrecht
- bei Auskunftsanspruch 2 432

Zusammengesetzte Ausbildung 3 92

Zusammenleben
- voreheliches 9 32

Zusätzliche Altersversorgung
- Bereinigung des Einkommens um – für den nicht berufstätigen Ehegatten 5 50
- im Mangelfall 4 419

Zusätzliche Altersvorsorge 2 290

Zusatzversicherung
- Beiträge zur betrieblichen 2 288

Zuschüsse
- Gewährung von – als Sachbezug 2 34

Zuständiges Familiengericht in Unterhaltssachen 11 10

Zuständigkeit
- Kindesunterhalt 11 22, 30
- örtliche – in isolierten Unterhaltsverfahren 11 39
- sachliche 11 11
- Vorrang der – nach § 232 Abs. 1 FamFG 11 37

Zuverdienstehe
- Begriff 4 26
- Umfang der Familienunterhaltsleistungspflicht 4 26

Zuwendungen
- Einkünfte aufgrund sozialstaatlicher 2 8
- freiwillige 2 213

Zwangsvollstreckung
- Auskunftsanspruch 2 424
- Einstellung der 11 253

Zwangsvollstreckungsunterwerfung 10 10

Zweitausbildung
- Kindesunterhalt 3 91